Ulrich Battis, Andrea Edenharter
Einführung in das Verfassungsrecht
De Gruyter Studium

Ulrich Battis, Andrea Edenharter

Einführung in das Verfassungsrecht

Staatsorganisationsrecht und Grundrechte

8., neu überarbeitete Auflage

DE GRUYTER

Prof. Dr. Dr. h.c. *Ulrich Battis*, Humboldt-Universität zu Berlin
Prof. Dr. *Andrea Edenharter*, FernUniversität Hagen

ISBN 978-3-11-126939-9
e-ISBN (PDF) 978-3-11-127130-9
e-ISBN (EPUB) 978-3-11-127163-7

Library of Congress Control Number: 2024947312

Bibliografische Information der Deutschen Nationalbibliothek
Die Deutsche Nationalbibliothek verzeichnet diese Publikation in der Deutschen Nationalbibliografie; detaillierte bibliografische Daten sind im Internet über http://dnb.dnb.de abrufbar.

Einbandabbildung: Alfonso Sangiao / iStock / Getty Images Plus

www.degruyter.com
Fragen zur allgemeinen Produktsicherheit:
productsafety@degruyterbrill.com

Vorwort

Die vorliegende Einführung in das Verfassungsrecht ist als Studienbuch für Leserinnen und Leser konzipiert, die noch keine Vorkenntnisse im Öffentlichen Recht aufweisen. Sie behandelt verfassungsrechtliche Grundbegriffe. Aufbauend auf einleitenden Darlegungen zur Einordnung des Grundgesetzes in das geltende Recht werden im ersten Teil Gehalt und Funktion der Verfassung für Rechtsordnung und Gemeinwesen sowie die daraus resultierenden Probleme der Verfassungsinterpretation erörtert. Sodann werden fallorientiert die Staatsform und Staatsorganisation bestimmenden verfassungsgestaltenden Grundentscheidungen für die Republik, die Demokratie, den Bundesstaat, den Sozialstaat und den Rechtsstaat sowie die diese ausgestaltenden Gewaltenteilungen vorgestellt. Daran schließt sich im zweiten Teil die Darstellung der einzelnen Grundrechte mit dem Schwerpunkt der allgemeinen Grundrechtslehren an. Eine Anleitung zur Falllösung mit Beispiel soll die praktische Verwendbarkeit der vermittelten Informationen in Hausarbeit und Klausur vermitteln.

Zu manchen Fragen wird die Darstellung mehr Fragen aufwerfen als beantworten. Mögen die Ergebnisse mancherorts wenig konkret sein, so ist darauf hinzuweisen, dass gerade im Verfassungsrecht die Diskussion vielfach im Fluss ist. Unvorhergesehene, oft krisenhafte Entwicklungen stellen Verfassungsinterpreten und Verfassungsgeber vor neue Herausforderungen, die zu zahlreichen Verfassungsänderungen, aber auch gewandeltem Verfassungsverständnis führen. Die Darstellung teilt das Schicksal des heutigen wissenschaftlichen Erkenntnisstandes: Wo Gewissheit fehlt, ist die Kenntnis der maßgeblichen Fragestellungen und Diskussionsrichtungen unentbehrlich. Es gilt, Grundlagen festzuhalten und Orientierung zu vermitteln, zentrale Lösungsansätze vorzustellen und zu diskutieren. Vollständigkeit wird dabei weder erreicht, noch angestrebt.

Die Autorin Edenharter hat den gesamten zweiten Teil – die Grundrechte und den Anhang, der Autor Battis die §§ 1–7 bearbeitet. Die Darstellung ist auf dem Stand von Oktober 2024. Zu diesem Zeitpunkt wurden die Internetquellen eingesehen.

Berlin/Hagen, im Oktober 2024 Ulrich Battis/Andrea Edenharter

https://doi.org/10.1515/9783111271309-001

Vorwort

Inhaltsübersicht

Inhaltsverzeichnis

2. Teil
Die Grundrechte — 275

Abkürzungsverzeichnis

a. A.	anderer Ansicht
a. a. O.	am angegebenen Ort
AbgG	Abgeordnetengesetz
abl.	ablehnend
abw.	abweichend
AEMR	Allgemeine Erklärung der Menschenrechte
AEUV	Vertrag über die Arbeitsweise der Europäischen Union
a. F.	alte Fassung
AG	Aktiengesellschaft
AGG	Allgemeines Gleichbehandlungsgesetz
AGVwGO	Gesetz zur Ausführung der Verwaltungsgerichtsordnung (Bayern)
Anm.	Anmerkung
AnwBl	Anwaltsblatt (Zeitschrift)
AO	Abgabenordnung
AöR	Archiv des öffentlichen Rechts (Zeitschrift)
AOK	Allgemeine Ortskrankenkasse
AP	Arbeitsrechtliche Praxis (1954: Nachschlagewerk des Bundesarbeitsgerichts)
APuZ	Aus Politik und Zeitgeschichte (Zeitschrift)
ArbGG	Arbeitsgerichtsgesetz
Art.	Artikel
AsylVfG	Asylverfahrensgesetz
Aufl.	Auflage
AuR	Arbeit und Recht (Zeitschrift)
ausf.	ausführlich
AuslG	Ausländergesetz
AWACS	Airborne Early Warning and Control System
BAG(E)	Bundesarbeitsgericht (Entscheidungen des Bundesarbeitsgerichts – amtliche Sammlung)
Banz	Bundesanzeiger
bay.	bayerisch
BayObLG	Bayerisches Oberstes Landesgericht
BayPAG	Bayerisches Polizeiaufgabengesetz
BayVBl.	Bayerische Verwaltungsblätter (Zeitschrift)
BBankG	Gesetz über die Deutsche Bundesbank
BBG	Bundesbeamtengesetz
bbg	brandenburgisch
BbgPolG	Brandenburgisches Polizeigesetz
Bd.	Band
BeamtStG	Beamtenstatusgesetz
BeckRS	Beck-Rechtsprechung
Beschl.	Beschluss
BGB	Bürgerliches Gesetzbuch

https://doi.org/10.1515/9783111271309-002

BGBl.	Bundesgesetzblatt
BGH(Z)	Bundesgerichtshof (Entscheidungen des Bundesgerichtshofs in Zivilsachen – amtliche Sammlung)
BHO	Bundeshaushaltsordnung
BImschG	Bundes-Immissionsschutzgesetz
BK	Bonner Kommentar
BKA	Bundeskriminalamt
BMI	Bundesministerium des Innern
BNatSchG	Bundesnaturschutzgesetz
BND	Bundesnachrichtendienst
BNDG	Gesetz über den Bundesnachrichtendienst
BRAO	Bundesrechtsanwaltsordnung
BRD	Bundesrepublik Deutschland
BR-Drs.	Bundesrat Drucksache
brem.	bremisch
BRK	UN-Behindertenrechtskonvention
BRRG	Beamtenrechtsrahmengesetz
bspw.	beispielsweise
BT-Drs.	Bundestagsdrucksache
BVerfG(E)	Bundesverfassungsgericht (Entscheidungen des Bundesverfassungsgerichts – amtliche Sammlung)
BVerfGG	Bundesverfassungsgerichtsgesetz
BVerwG(E)	Bundesverwaltungsgericht (Entscheidungen des Bundesverwaltungsgericht – amtliche Sammlung)
BV-G	Bundesverfassungsgesetz (Österreich)
bw.	baden-württembergisch
BWahlG	Bundeswahlgesetz
BWPolG	Polizeigesetz für Baden-Württemberg
BWVBl	Baden-Württembergische Verwaltungsblätter (Zeitschrift)
CETA	Comprehensive Economic and Trade Agreement
DDR	Deutsche Demokratische Republik
ders.	derselbe
DGVZ	Deutsche Gerichtsvollzieher Zeitung (Zeitschrift)
d. h.	das heißt
DHS	Dürig/Herzog/Scholz, Grundgesetz
DJT	Deutscher Juristentag
DNA	Desoxyribonukleinsäure
DÖV	Die Öffentliche Verwaltung (Zeitschrift)
DRiG	Deutsches Richtergesetz
DSGVO	Datenschutz-Grundverordnung
DSt	Der Staat (Zeitschrift)
DVBl.	Deutsches Verwaltungsblatt (Zeitschrift)
E	Entscheidung
ebd.	ebenda
EG	Europäische Gemeinschaft

EGMR	Europäischer Gerichtshof für Menschenrechte
EGV	Vertrag zur Gründung des Europäischen Gemeinschaft
EK	Europäische Kommission
EKMR	Europäische Kommision für Menschenrechte
EL	Ergänzungslieferung
EMRK	Europäische Menschenrechtskonvention
EStG	Einkommenssteuergesetz
EU	Europäische Union
EuGH	Gerichtshof des Europäischen Union
EuGRZ	Europäische Grundrechte-Zeitschrift
EuR	Europarecht (Zeitschrift)
EUV	Vertrag über die Europäische Union
EuZW	Europäische Zeitschrift für Wirtschaftsrecht
EV	Einigungsvertrag
EWS	Europäisches Wirtschafts- und Steuerrecht (Zeitschrift)
f., ff.	folgende
FAZ	Frankfurter Allgemeine Zeitung
fdGO	freiheitliche demokratische Grundordnung
FGO	Finanzgerichtsordnung
Fn.	Fußnote
FS	Festschrift
G	Gesetz
GA	Goltdammer's Archiv für Strafrecht
gem.	gemäß
GEMA	Gesellschaft für musikalische Aufführungs- und mechanische Vervielfältigungsrechte
GesR	GesundheitsRecht (Zeitschrift)
GewArch	Gewerbearchiv (Zeitschrift)
GG	Grundgesetz
ggf.	gegebenenfalls
GGK	v. Münch/Kunig, Grundgesetz Kommentar
GGO	Gemeinsame Geschäftsordnung der Bundesministerien
GmbH	Gesellschaft mit beschränkter Haftung
GO	Geschäftsordnung; Gemeindeordnung
GOBR	Geschäftsordnung des Bundesrates
GOBReg	Geschäftsordnung der Bundesregierung
GOBT	Geschäftsordnung des Bundestages
GRC	Charta der Grundrechte der Europäischen Union
GRUR Int.	Gewerblicher Rechtsschutz und Urheberrecht Internationaler Teil (Zeitschrift)
GS	Gedenkschrift
GüKG	Güterkraftverkehrsgesetz
GVBl.	Gesetz- und Verordnungsblatt
GVG	Gerichtsverfassungsgesetz
GVwR	Grundlagen des Verwaltungsrechts
Halbs.	Halbsatz

hamb.	hamburgisch
HandwerksO	Handwerksordnung
HChE	Herren-Chiemsee-Entwurf
hess.	hessisch
Hg., (Hrsg.)	Herausgeber, herausgegeben
HGRe	Handbuch der Grundrechte
HHSOG	Gesetz zum Schutz der öffentlichen Sicherheit und Ordnung der Hansestadt Hamburg
h. M.	herrschende Meinung
Hs.	Halbsatz
HSOG	Hessisches Gesetz über die öffentliche Sicherheit und Ordnung
HStR	Handbuch des Staatsrechts
HRG	Hochschulrahmengesetz
HVfR	Handbuch des Verfassungsrechts
HVwR	Handbuch des Verwaltungsrechts
i. d. R.	in der Regel
i.E.	im Ergebnis
IFG	Informationsfreiheitsgesetz
IngG	Ingenieursgesetz
InsO	Insolvenzordnung
IPbpR	Internationaler Pakt über bürgerliche und politische Rechte
IPwskR	Internationaler Pakt über wirtschaftliche, soziale und kulturelle Rechte
IRG	Gesetz über die internationale Rechtshilfe in Strafsachen
IS	sog. Islamischer Staat (Terrororganisation)
i. S.	im Sinne
i. S. d.	im Sinne des/der
i. V. m.	in Verbindung mit
JA	Juristische Arbeitsblätter (Zeitschrift)
JBl	Justizblatt (Zeitschrift)
Jh.	Jahrhundert
JÖR	Jahrbuch des Öffentlichen Rechts der Gegenwart
Jura	Juristische Ausbildung (Zeitschrift)
JuS	Juristische Schulung (Zeitschrift)
JZ	Juristenzeitung (Zeitschrift)
KJ	Kritische Justiz (Zeitschrift)
KG	Kammergericht
KostO	Kostenordnung
KPD	Kommunistische Partei Deutschlands
KreisO	Kreisordnung
krit.	kritisch
KritV	Kritische Vierteljahresschrift für Gesetzgebung und Rechtswissenschaft (Zeitschrift)
KUG	Kunsturheberrechtsgesetz
LG	Landgericht
LKV	Landes- und Kommunalverwaltung (Zeitschrift)

Ls.	Leitsatz
LuftSiG	Luftsicherheitsgesetz
LuftVG	Luftverkehrsgesetz
MD	Maunz/Dürig, Grundgesetz
MdB	Mitglied des Bundestages
m. E.	meines Erachtens
MedR	Medizinrecht (Zeitschrift)
MMR	Zeitschrift für IT-Recht und Recht der Digitalisierung
m. w. N.	mit weiteren Nachweisen
Nachw.	Nachweis(e)
NATO	North Atlantic Treaty Organization
nds.	niedersächsisch
NdsSOG	Niedersächsisches Gesetz über die öffentliche Sicherheit und Ordnung
NdsVBl.	Niedersächsische Verwaltungsblätter (Zeitschrift)
n.F.	neue Fassung
NJ	Neue Justiz (Zeitschrift)
NJW	Neue Juristische Wochenschrift (Zeitschrift)
NJW-RR	Neue Juristische Wochenschrift-Rechtsprechungs-Report (Zeitschrift)
Nomos-BR	Nomos-Erläuterungen zum Deutschen Bundesrecht
NordÖR	Zeitschrift für Öffentliches Recht in Norddeutschland
NPD	Nationaldemokratische Partei Deutschlands
NPL	Neue Politische Literatur (Zeitschrift)
Nr.	Nummer
NRW	Nordrhein-Westfalen
NRWSchulG	Schulgesetz für das Land Nordrhein-Westfalen
NSA	National Security Agency
NStZ	Neue Zeitschrift für Strafrecht
NStZ-RR	Rechtsprechungsreport Strafrecht (Zeitschrift)
NVwZ	Neue Zeitschrift für Verwaltungsrecht
nw.	nordrhein-westfälisch
NWVBl	Nordrheinwestfälische Verwaltungsblätter (Zeitschrift)
NZA	Neue Zeitschrift für Arbeitsrecht
NZFam	Neue Zeitschrift für Familienrecht
o.	oben
OFD	Oberfinanzdirektion
OHG	Offene Handelsgesellschaft
OLG	Oberlandesgericht
OVG	Oberverwaltungsgericht
PartG	Parteiengesetz
PassG	Passgesetz
PlPr	Plenarprotokoll
PolG NRW	Polizeigesetz des Landes Nordrhein-Westfalen
PostG	Postgesetz

PrALR	Preußisches Allgemeines Landrecht
ProstG	Prostitutionsgesetz
PUAG	Gesetz zur Regelung des Rechts der Untersuchungsausschüsse des Deutschen Bundestages
PVS	Politische Vierteljahresschrift (Zeitschrift)
RdA	Recht der Arbeit (Zeitschrift)
RelErzG	Gesetz über die religiöse Kindererziehung
rh.-pf.	rheinland-pfälzisch
RiA	Recht im Amt (Zeitschrift)
Rn.	Randnummer
RPPOG	Polizei- und Ordnungsbehördengesetz von Rheinland-Pfalz
Rs.	Rechtssache
Rspr.	Rechtsprechung
RuP	Recht und Politik (Zeitschrift)
RW	Rechtswissenschaft (Zeitschrift)
S.	Seite
s.a.	siehe auch
SächsPolG	Polizeigesetz des Freistaates Sachsen
SED	Sozialistische Einheitspartei Deutschland
SGB	Sozialgesetzbuch
SGG	Sozialgerichtsgesetz
Slg.	Sammlung
SlPolG	Saarländisches Polizeigesetz
SOG LSA	Gesetz über die öffentliche Sicherheit und Ordnung des Landes Sachsen-Anhalt
Sp.	Spalte
StGB	Strafgesetzbuch
StGH	Staatsgerichtshof
StPO	Strafprozessordnung
StR	Staatsrecht
st. Rspr.	ständige Rechtsprechung
ThürPAG	Thüringer Gesetz über die Aufgaben und Befugnisse der Polizei
ThürVBl.	Thüringer Verwaltungsblätter (Zeitschrift)
TKG	Telekommunikationsgesetz
TTIP	Transatlantic Trade and Investment Partnership
u.	unten
UWG	Gesetz gegen unlauteren Wettbewerb
VereinsG	Vereinsgesetz
VerfBlog	Verfassungsblog
VerfG	Verfassungsgericht
VerfGH	Verfassungsgerichtshof
VersG	Versammlungsgesetz
VerwArch	Verwaltungsarchiv (Zeitschrift)

VG	Verwaltungsgericht
VGH	Verwaltungsgerichtshof
vgl.	vergleiche
vMKS	von Mangoldt/Klein/Starck, Grundgesetz
VO	Verordnung
VR	Verwaltungsrundschau (Zeitschrift)
VvB	Verfassung von Berlin
VVDStRL	Veröffentlichungen der Vereinigung der Deutschen Staatsrechtslehrer
VwVfG	Verwaltungsverfahrensgesetz
WaffG	Waffengesetz
wistra	Zeitschrift für Wirtschafts- und Steuerstrafrecht
WRV	Weimarer Reichsverfassung
ZAR	Zeitschrift für Ausländerrecht und Ausländerpolitik
z. B.	zum Beispiel
ZBR	Zeitschrift für Beamtenrecht
ZEuS	Zeitschrift für Europarechtliche Studien
ZfP	Zeitschrift für Politik
ZfRSoz	Zeitschrift für Rechtssoziologie
ZfU	Zeitschrift für Umweltpolitik
ZG	Zeitschrift für Gesetzgebung
ZJS	Zeitschrift für das Juristische Studium
ZParl	Zeitschrift für Parlamentsfragen
ZRP	Zeitschrift für Rechtspolitik
z. T.	zum Teil
ZUM	Zeitschrift für Urheber- und Medienrecht

Literaturverzeichnis

Die folgenden grundlegenden Werke sind im Text abgekürzt zitiert:

a) Lehrbücher

Badura, Staatsrecht, 7. Aufl., 2018.
Bumke/Voßkuhle, Casebook Verfassungsrecht, 9. Aufl., 2023.
Degenhart, Staatsrecht I, Staatsorganisationsrecht, 39. Aufl., 2023.
Epping/Lenz/Leydecker, Grundrechte, 10. Aufl., 2024.
Gröpl, Staatsrecht I, 16 Aufl., 2024.
Hesse, Grundzüge des Verfassungsrechts der Bundesrepublik Deutschland, 20. Aufl., 1999.
Hufen, Staatsrecht II, 10. Aufl., 2023.
Ipsen/Wischmeyer, Staatsrechtsorganisationsrecht, 36. Aufl., 2024.
Ipsen, Staatsrecht II, 24. Aufl., 2021.
Kingreen/Poscher, Grundrechte, Staatsrecht II, 39. Aufl., 2023.
Korioth/Müller, Staatsrecht I, 6. Aufl., 2022.
Kloepfer, Verfassungsrecht: Band I, 2011; Band II, 2010.
Manssen, Staatsrecht II, 20. Aufl., 2024.
Maurer/Schwarz, Staatsrecht I, 7. Aufl., 2023.
Morlok/Michael, Staatsorganisationsrecht, 6. Aufl., 2023; Grundrechte, 8. Aufl., 2022.
Mager, Verfassungsrecht I, 8. Aufl., 2021.
Papier/Krönke, Grundkurs öffentliches Recht 1, 3. Aufl., 2019; 4. Aufl., 2022.
Sachs, Verfassungsrecht II – Grundrechte, 3. Aufl., 2017.
Schlaich/Korioth, Das Bundesverfassungsgericht, 12. Aufl., 2021.
Stein/Frank, Staatsrecht, 21. Aufl., 2010.
Stern, Staatsrecht I, 2. Aufl., 1984; II, 1980; III/1, 1988; III/2 1994; IV/1, 2006; IV/2, 2011; V, 1999.
Zippelius/Würtenberger, Deutsches Staatsrecht, 33. Aufl., 2018.

b) Kommentare

Kahl/Waldhoff/Walter (Hrsg.), Bonner Kommentar zum Grundgesetz, Bd. I–VII, Loseblatt, seit 1952. Stand: 225. Erg.-Lfg, 2024
Dreier, Grundgesetz, Bd. I, 4. Aufl., 2023; Bd. II, 3. Aufl., 2015; Bd. III, 3. Aufl. 2018.
Dürig/Herzog/Scholz, Grundgesetz, Loseblatt, seit 1958. Stand: 103. Erg.-Lfg, Januar 2024.
Friauf/Höfling (Hrsg.), Berliner Kommentar zum Grundgesetz, Losebl., seit 2000. Stand: 2024.
Huber/Voßkuhle,Grundgesetz, Bd. I–III, 8. Aufl., 2024.
Jarass/Pieroth, Grundgesetz für die Bundesrepublik Deutschland, München, 18. Aufl., 2024.
von Münch/Kunig, Grundgesetz-Kommentar, Bd. I/II, 7. Aufl., 2021.
Sachs, Grundgesetz, 10. Aufl., 2024.

https://doi.org/10.1515/9783111271309-003

c) Handbücher

Benda/Maihofer/Vogel, Handbuch des Verfassungsrechts der Bundesrepublik Deutschland, 2. Aufl., 1995 (HVfR)
Isensee/Kirchhof, Handbuch des Staatsrechts (HStR), Bd. I–XIII, 3., 2003 ff.
Kischel/Kube, Handbuch des Staatsrechts (HStR) Bd. I–III, 2023 f.
Merten/Papier, Handbuch der Grundrechte (HGRe), Bd. I–VII/2, 2004 ff.
Stern/Sodan/Möstl, Das Staatsrecht der Bundesrepublik Deutschland im europäischen Staatenverbund (StR), 2. Aufl. 2022

d) Fallbücher

Degenhart, Klausurenkurs im Staatsrecht II, 10. Aufl., 2024.
Geis, Examens-Repetitorium Staatsrecht, 4. Aufl., 2022.
Heimann/Kirchhof/Waldhoff, Verfassungsrecht und Verfassungsprozessrecht, 3. Aufl., 2022.
Höfling/Rixen, Fälle zum Staatsorganisationsrecht, 6. Aufl., 2019.

§ 1 Einführung

I. Verfassungsrecht und Staatsrecht in der Rechtsordnung

Das Grundgesetz ist die **Verfassung** der Bundesrepublik Deutschland. 1

Die Verfassung ist ein Gesetz, dessen Regeln denen anderer Gesetze vorgehen 2 (Art. 20 III GG – Vorrang der Verfassung). Die Verfassung wird in einem besonderen Gesetzgebungsverfahren erlassen und geändert (Art. 146, 79 GG). Jedes Gesetz, das dem Grundgesetz widerspricht, ist verfassungswidrig; ebenso jede sonstige staatliche Maßnahme.

Als **formelles Verfassungsrecht** bezeichnet man alle in der Verfassungs- 3 urkunde enthaltenen Vorschriften, einschließlich der Vorschriften, die wie z. B. Art. 34 GG (Haftung für Amtspflichtverletzungen) inhaltlich zum Verwaltungsrecht, oder wie Art. 102 GG (Verbot der Todesstrafe) inhaltlich zum Strafrecht zählen.

Das **materielle Verfassungsrecht** umfasst die Vorschriften des Grundgesetzes, 4 die die Grundrechte und die Staatsorganisation festlegen.

Die staatsorganisationsrechtlichen Vorschriften des Grundgesetzes regeln, er- 5 gänzt durch unterverfassungsrechtliche Vorschriften, eines der drei Elemente, die für die Existenz eines Staates entscheidend sind. Nach der völkerrechtlichen 3-Elemente-Lehre, die von G. Jellinek (1851–1911) entwickelt wurde und bis heute maßgeblich ist[1], wird der **Begriff des Staates** bestimmt durch *Staatsvolk*, *Staatsgebiet* und *Staatsgewalt.*

Dementsprechend gehören zum Staatsrecht im materiellen Sinne außer den 6 Regelungen des Grundgesetzes auch andere das Staatsvolk, das Staatsgebiet und insbesondere die Organisation oberster Staatsorgane betreffende Vorschriften, z. B. das seit 1913 die deutsche Staatsangehörigkeit regelnde Staatsangehörigkeitsgesetz[2] (Staatsvolk), ein Gesetz zur Neugliederung des Bundesgebietes nach Art. 29 II GG (Staatsgebiet) oder das die Ausübung der Staatsgewalt regelnde Gesetz über die Rechtsverhältnisse der Mitglieder des deutschen Bundestages (Abgeordnetengesetz). Derartige unterverfassungsrechtliche staatsrechtliche Regelungen brauchen kein förmliches Gesetz zu sein, wie z. B. die Geschäftsordnung des Bundestages.

Aus dem **Vorrang der Verfassung** und der Bedeutung der Regelungsge- 7 genstände – Organisation der obersten Staatsorgane (Bundestag, Bundesrat, Bundespräsident, Bundesregierung, Bundesverfassungsgericht) sowie der Bindung der Staatsgewalt an die Grundrechte der Bürger – folgt erstens negativ, dass „einfache

1 BVerfGE 123, 267, 381.

2 Zuletzt geändert durch G. v. 20.12.2024, BGBl. I Nr. 439.

https://doi.org/10.1515/9783111271309-004

Gesetze“ dem Grundgesetz nicht widersprechen dürfen, sondern zweitens positiv, dass die einfachen Gesetze die Verfassung zu verwirklichen haben. So wird z. B. Art. 6 IV GG, demzufolge jede Mutter Anspruch auf den Schutz und die Fürsorge der Gemeinschaft hat, durch arbeitsrechtliche Regelungen wie das Mutterschutzgesetz konkretisiert. Art. 14 I 1 GG gewährleistet das Eigentum als Grundrecht. Art. 14 I 2 GG ermächtigt den einfachen Gesetzgeber Inhalt und Schranken dieses Grundrechts durch Gesetz zu bestimmen, orientiert an der in Art. 14 II GG normierten Sozialpflichtigkeit des Eigentums.

8 Das Staats- und Verfassungsrecht sind Teil des **Öffentlichen Rechts.** Als Öffentliches Recht bezeichnet man typisierend die Rechtsnormen, die Inhaber staatlicher Gewalt berechtigen und verpflichten (Subjektstheorie) und/oder typischerweise durch Über- und Unterordnung gekennzeichnete Rechtsverhältnisse zwischen Bürger und Staat regeln (Subordinationstheorie) oder die auf das Gemeinwohl ausgerichteten Rechtsnormen (Interessentheorie).

Die pragmatisch gehandhabte, von verschiedenen Theorien versuchte Abgrenzung des Öffentlichen Rechts vom Privatrecht ist vor allem bedeutsam für die Zuweisung des Rechtsweges zu den Zivil- oder den Verwaltungsgerichten.

9 Das Landesverfassungsrecht regelt vor allem das Staatsorganisationsrecht der Länder, z. B. Wahl und Rechtstellung des Ministerpräsidenten und das Verhältnis von Landtag, Landesregierung und Landesverwaltung sowie zu den Kommunen. Die jeweiligen Landesgrundrechte stehen, abgesehen von den zum Teil ausführlich geregelten sozialen Grundrechten[3], im Schatten der Grundrechte des Grundgesetzes und deren Auslegung durch das Bundesverfassungsgericht.

10 Innerhalb des Öffentlichen Rechts besteht die engste Beziehung zwischen **Verfassungsrecht** in der Gestalt des **Staatsorganisationsrecht** und dem **Verwaltungsrecht.** Gesetzgebung und Regierung bestimmen, was die Verwaltung zu tun hat. Man kann das Verhältnis beider Rechtsgebiete ebenso wie das von Parlament und Regierung zur Verwaltung mit „oben“ und „unten“ beschreiben. Auch kann man wie im Verhältnis von Regierung und Parlament zur Verwaltung sagen, dass das Staatsrecht verbindliche Ziele und Rahmen festlegt, die dann vom Verwaltungsrecht ausgeführt werden. Mit dem Satz „Verwaltungsrecht ist konkretisiertes Verfassungsrecht“ hat ein früherer Präsident des Bundesverwaltungsgerichts, Fritz Werner, die enge Verbindung von Verfassungsrecht und Verwaltungsrecht beschrieben.

11 Zum Öffentlichen Recht gehört auch das vom Staats- und Verfassungsrecht zu unterscheidende **Völkerrecht**, das rechtliche Regeln zwischen den Staaten trifft.

3 Dazu *Shirvani* in: Merten/Papier, HdGR VIII, 2016, § 242.

Treffender sind die Begriffe *public international law* bzw. *droit international public.* Nach traditionellem Verständnis berechtigt und verpflichtet das Völkerrecht primär die Staaten, z. B. als Kriegsvölkerrecht oder als Völkervertragsrecht, das die Rechte und Pflichten in internationalen Organisationen wie den Vereinten Nationen bestimmt. Der Internationale Gerichtshof (IGH) in Den Haag ist das wichtigste Gericht der Vereinten Nationen für das Völkervertrags- und Kriegsvölkerrecht. Zunehmend gewinnt der einzelne Mensch völkerrechtliche Berechtigungen, z. B. durch die multilaterale völkerrechtliche Verträge mit weltweiter Geltung wie die Allgemeine Erklärung der Menschenrechte von 1948, die Genfer Flüchtlingskonvention von 1951 oder die regional geltende Europäische Menschenrechtskonvention (EMRK von 1950), deren Einhaltung durch Individualbeschwerde gerichtlich bei dem Europäischen Gerichtshof für Menschenrechte (EGMR) in Straßburg gegenüber den Mitgliedsstaaten des Europarates durchgesetzt werden kann.[4] Das seit dem Nürnberger Prozess (1945/46) sich entwickelnde Völkerstrafrecht begründet die Strafbarkeit von Menschen wegen Völkerrechtsverbrechen, z. B. Völkermord (s.a. § 220a StGB). Verhandelt wird das Völkerrecht z. B. vor dem Internationalen Strafgerichtshof in Den Haag. Gemäß Art. 25 S. 1 GG sind die allgemeinen Regeln des Völkerrechts Bestandteil des Bundesrechts. Art. 1 II GG verdeutlicht, dass die Grundrechte als Ausprägung der im Völkerrecht verankerten Menschenrechte zu verstehen sind.[5]

Zum Öffentlichen Recht gehört neben dem nationalen Strafrecht auch das 12
Europarecht. Damit ist im weiteren Sinne das Recht aller europäischen Organisationen gemeint, z. B. die völkerrechtlichen Regeln des Europarats. Europarecht im engeren Sinne ist das supranationale **Unionsrecht** der EU, und zwar das im Vertrag über die EU (EV) und in der konsolidierten Fassung des Vertrages über die Arbeitsweise der EU (AEUV) geregelte **Primärrecht** sowie das insbesondere in Verordnungen und Richtlinien der EU geregelte **Sekundärrecht.** Der EuGH in Luxemburg hat den **Anwendungsvorrang** des Unionsrechts vor dem Recht der Mitgliedsstaaten, einschließlich deren Verfassungsrechts durchgesetzt. Demgegenüber regeln Art. 25, 59 II GG die Geltung des Völkerrechts in der deutschen Rechtsordnung gesondert und differenzierter. Art. 23 I 1 GG verpflichtet die Bundesrepublik Deutschland zur Verwirklichung eines vereinten Europas bei der Entwicklung der EU mitzuwirken. Unter bestimmten Voraussetzungen hat das Unionsrecht auch unmittelbare Rechtswirkungen für und gegen Unionsbürger und Unternehmen z. B. bei der Staatshaftung nach Unionsrecht oder dem Verbot staatlicher Beihilfen (Art. 107–109 AEUV).

4 → Rn. 805.

5 BVerfG E 128, 326/369.

II. Das Grundgesetz

13 Ein Blick in das Inhaltsverzeichnis des Grundgesetzes dient der ersten Orientierung.

Auf die anlässlich der Wiedervereinigung Deutschlands durch Art. 4 Nr. 1 EV geänderte Präambel, die Beweggründe und Zielsetzungen der Verfassungsgebung durch das Staatsvolk beschreibt, folgen zunächst und in der Reihenfolge durchaus programmatisch die Grundrechte, die die Staatsgewalt binden (Art. 1–19).

Der II. Abschnitt „Der Bund und die Länder" trifft nicht nur Grundentscheidungen für die bundesstaatliche Ordnung, sondern z. B. auch über die europa- und völkerrechtliche Einbindung (EU, NATO), die natürlichen Lebensgrundlagen, die Parteien, die Hauptstadt, den öffentlichen Dienst.

Die Abschnitte III bis VI treffen institutionelle Regelungen zu obersten Staatsorganen, namentlich Bundestag, Bundesrat, Bundespräsident und Bundesregierung.

Die funktionelle Regelung der Staatsorganisation enthalten die Abschnitte VII bis X, nämlich die Gesetzgebung des Bundes, die Ausführung der Bundesgesetze durch Landes- oder Bundesverwaltung, Gemeinschaftsaufgaben und Verwaltungszusammenarbeit, die Rechtsprechung und das Finanzwesen.

Der XI. Abschnitt enthält vorwiegend Übergangs- und Schlussvorschriften.

Durch die Abschnitte IVa und Xa wurde 1968 die den äußeren Notstand betreffende Notstandsverfassung eingefügt.

1. Entstehung des Grundgesetzes

14 Nach dem Zusammenbruch des nationalsozialistischen Regimes, dokumentiert in der bedingungslosen Kapitulation der Wehrmacht vom 8.5.1945, wurde in dem in vier Zonen geteilten Deutschland die Regierungsgewalt von den Besatzungsmächten ausgeübt, soweit nicht die Gebiete östlich der Oder-Neiße-Linie Polen und der Sowjetunion eingegliedert wurden. Das Potsdamer Abkommen vom 2.8.1945 legte als wichtigste gemeinsame Ziele der vier Besatzungsmächte die Befreiung des deutschen Volkes vom Nationalsozialismus, die Demokratisierung und völlige Entmilitarisierung Deutschlands fest.

15 Die dem Potsdamer Abkommen zugrundeliegende Absicht, Deutschland als wirtschaftliche und politische Einheit zu behandeln, zerbrach – am weltpolitischen (Ost-West) Konflikt und an internen Zwistigkeiten der Besatzungsmächte. Deutschland wurde durch den eisernen Vorhang zerschnitten und in Europa zum Hauptfeld des **Kalten Krieges**, dessen Verlauf die Eingliederung der westlichen wie der östlichen Besatzungszone(n) in die jeweiligen Bündnissysteme förderte. Stationen dieser Entwicklung waren u. a. die Schaffung der Bi-Zone, die Einbeziehung

der West-Zonen in den Marshallplan, der Aufbau der Verwaltung des Vereinigten Wirtschaftsgebietes, die Währungsreform[6] einerseits, der Prager Umsturz, die Spaltung des alliierten Kontrollrats, die Berlin-Blockade andererseits. Der Aufbau eines westdeutschen Staates wurde zum Mittel der Politik der Eindämmung des Kommunismus. Er vollzog sich aus kommunalen und regionalen Verwaltungen über die neu- oder wiedergegründeten Länder, z. B. Nordrhein-Westfalen oder Bayern.

Auf der Londoner Vier-Mächte-Konferenz Ende 1947 schlugen die drei West- 16
mächte zusammen mit den Benelux-Staaten den Ministerpräsidenten der westdeutschen Länder in den **Frankfurter Dokumenten** die Bildung einer verfassungsgebenden Nationalversammlung für den westdeutschen Teil Deutschlands vor. Aus Sorge vor der weiteren Spaltung Deutschlands befürworteten die Ministerpräsidenten nur eine provisorische Lösung, die in der Bezeichnung und im Verabschiedungsverfahren des Grundgesetzes (statt Verfassung) zum Ausdruck kommen sollte. Der von der Ministerpräsidentenkonferenz bestellte Sachverständigenausschuss tagte im August 1948 in Herrenchiemsee und erarbeitete einen Verfassungsentwurf. Dabei hatten die Sachverständigen die Anordnung des 1. Frankfurter Dokuments zu beachten, „eine demokratische Verfassung" zu erarbeiten, „die für die beteiligten Länder eine Regierungsform des föderalistischen Typs schafft, die am besten geeignet ist, die gegenwärtig zerrissene deutsche Einheit schließlich wiederherzustellen und die Rechte der beteiligten Länder schützt, eine angemessene Zentralinstanz schafft und Garantien der individuellen Rechte und Freiheiten enthält".

Die alliierte Anordnung legte also grundlegende Aussagen für die neue Ver- 17
fassung fest, nämlich:

1. Demokratie
2. Bundesstaat: Länder + Zentralinstanz
3. Grundrechte.

Anstelle einer verfassungsgebenden Nationalversammlung trat am 1.9.1948 der 18
Parlamentarische Rat in Bonn zusammen. Er hatte 65 von den Landtagen gewählte Mitglieder, die sich nach ihrer Parteizugehörigkeit in Fraktionen zusammenschlossen (27 CDU/CSU, 27 SPD, 5 FDP, 2 Zentrum, 2 DP, 2 KPD – hinzu kamen mit beratender Stimme die Vertreter Berlins: SPD 3, CDU 1, FDP 1). Die Besatzungsmächte nahmen auf die Beratungen des Parlamentarischen Rates Einfluss, insbesondere hinsichtlich des föderalistischen Aufbaus. Am 8.5.1949 wurde das Grund-

6 Vom 20.6.1948, die die Westdeutschen ungleich stärker bewegte als die Entstehung und Verkündigung des Grundgesetzes.

gesetz mit 53 gegen 12 Stimmen vom Parlamentarischen Rat angenommen. Die Besatzungsmächte genehmigten das Grundgesetz, allerdings – unter Vorbehalten, insbesondere hinsichtlich des Status von Berlin. Anschließend wurde das Grundgesetz von den Volksvertretungen aller damaligen westdeutschen Länder mit Ausnahme Bayerns angenommen, so dass es gem. Art. 145 I, II GG nach Ausfertigung und Verkündigung durch den Parlamentarischen Rat am 24.5.1949 um 0 Uhr in Kraft trat und gemäß Art. 145 III GG als Nr. 1 im Bundesgesetzblatt veröffentlicht wurde.

19 Die Protokolle über die Beratungen des Parlamentarischen Rates und seiner Ausschüsse sind veröffentlicht im Jahrbuch für Öffentliches Recht, Bd. 1 (1951). Sie geben in vielen Fällen Aufschluss über die **Motive des Verfassungsgebers** und den beabsichtigten Sinn gesetzlicher Regelungen.

20 Die Eröffnung der Verfassungsartikel durch den Grundrechtsteil, angeführt durch die Garantie der unantastbaren Menschenwürde und deren Schutz durch staatliche Gewalt (Art. 1 I GG), der Bindung von Gesetzgebung, vollziehender Gewalt und Rechtsprechung an die Grundrechte (Art. 1 III GG), das Bekenntnis zu den unveräußerlichen Menschenrechten (Art. 1 II GG), das Verbot des Angriffskrieges (Art. 26 GG), die Abschaffung der Todesstrafe (Art. 102 GG) oder auch die Verweisung auf die Entnazifizierungsvorschriften (Art. 139 GG) sind Reaktionen auf die Verbrechen des Nationalsozialismus. „Das bewusste Absetzen von der Unrechtsherrschaft des Nationalsozialismus war historisch zentrales Anliegen aller an der Entstehung wie Inkraftsetzung des Grundgesetzes beteiligten Kräfte.“[7] Das Bundesverfassungsgericht hat deshalb das Grundgesetz „geradezu als Gegenentwurf zu dem Totalitarismus des nationalsozialistischen Regimes“ gedeutet.

21 Die Protokolle belegen auch, dass sich die Mitglieder des Parlamentarischen Rates positiv wie negativ in großem Umfang an den Regelungen der Weimarer Reichsverfassung und den damit gemachten Erfahrungen orientiert haben. Die Weimarer Verfassung zählte zu den fortschrittlichsten Verfassungen ihrer Zeit.[8] Die Weimarer Republik ist weniger an ihrer Verfassung als am fehlenden republikanischen Engagement der Bürger und der Inhaber öffentlicher Ämter gescheitert. Gleichwohl glaubte man aus den „Fehlern von Weimar“ lernen zu können, z. B. durch die Stärkung der Regierung (Konstruktives Misstrauensvotum, Art. 67 GG), durch die Stärkung repräsentativ demokratischer anstelle plebiszitär demokratischer Formen wie die mittelbare Wahl des überwiegend auf die Repräsentation beschränkten Bundespräsidenten (Art. 54 GG), den Wegfall politisch bedeutungsvoller Volksabstimmungen und die Entscheidung für die „wehrhafte Demokratie“,

7 BVerfGE 124, 300, 328 – Wunsiedel.

8 Insbesondere ihre Sozialverfassung, dazu *Gusy* 100 Jahre Weimarer Verfassung, 2018.

Parteiverbotsverfahren (Art. 21 II GG), sowie die Verwirkung von Grundrechten (Art. 18 GG) und das Vereinsverbot (Art. 9 II GG).

Als Reaktion auf die Weimarer Praxis, die Verfassung mit der erforderlichen Mehrheit durch von der Verfassung abweichende Gesetze zu ändern, ohne den Verfassungstext zu ändern, enthält Art. 79 I GG das der Rechtssicherheit förderliche Gebot der Textänderung. Art. 79 III GG entzieht wichtige Verfassungsprinzipien (nicht aber die Grundrechte der Art. 2–19 GG) der Verfassungsänderung. Damit soll insbesondere eine scheinlegale Verfassungsänderung wie nach dem Ermächtigungsgesetz von 1933 verhindert werden. 22

Weiterführend:
U. Di Fabio, Die Weimarer Verfassung -Aufbruch und Scheitern 2018; H. *Dreier/C. Waldhoff* (Hrsg.), Das Wagnis der Demokratie, 2019; *Mußgnug* Zustandekommen des Grundgesetzes und Entstehen der Bundesrepublik Deutschland, in: HStR I, 3 Aufl. 2003, § 8; *Stolleis* Besatzungsherrschaft und Wiederaufbau deutscher Staatlichkeit, 1945–1949, in: HStR I, 3 Aufl., § 7; *Wilms* Ausländische Einwirkungen auf die Entstehung des Grundgesetzes, 1999.

2. Deutsche Teilung und Wiedervereinigung

Mit der Ausfertigung und Verkündung des Grundgesetzes am 23.5.1949 war die Bundesrepublik Deutschland gegründet. Eine Woche später verabschiedete der nach Einheitslisten durch offene Stimmabgabe gewählte dritte Volkskongress die Verfassung der Deutschen Demokratischen Republik. 23

Beide Verfassungen beanspruchten die Geltung für ganz Deutschland und strebten die Wiedervereinigung an. Zur Unterstützung der wechselnden Deutschlandpolitik beider politischen Einheiten wurde die Rechtswissenschaft bemüht. Die in der Rückschau recht zeitbedingt erscheinenden Theorien zur Rechtslage Deutschlands zielten darauf, den Fortbestand deutscher Staatlichkeit zu sichern. 24

In seinem Urteil zum Vertrag über die Grundlagen der Beziehungen zwischen der Bundesrepublik Deutschland und der Deutschen Demokratischen Republik, bekräftigte das BVerfG: Die Existenz zweier eigenständiger staatlicher Teilordnungen unter dem Dach des weiterbestehenden Gesamtstaates Deutsches Reich.[9] 25

Die ebenfalls[10] gesamtdeutsch orientierte, Länder voraussetzende **Gründungsverfassung der DDR** von 1949 war trotz des Grundsatzes der Gewalteneinheit, der Regierungsbildung nach dem SED-geführten Blocksystem und der Installation staatlicher Wirtschaftsplanung noch von der Weimarer Rechtsverfassung beeinflusst. Die sozialistische Verfassung von 1968 bekannte sich zu der seit Mitte 26

9 BVerfGE 35, 193.

10 BVerfGE 36, 1, 16; *Grigoleit* Bundesverfassungsgericht und Deutsche Frage, 2004, S. 6.

der 50er Jahre entwickelten Zwei-Staaten-Theorie bei gleichzeitigem Festhalten am Auftrag der Vereinigung der beiden Staaten. Die Totalrevision der Verfassung von 1974 beseitigte das Vereinigungsgebot. Art. 1 legte die „führende Rolle der Partei" fest, durchgesetzt mit Hilfe des demokratischen Zentralismus, der die Leitung der umfassenden Planwirtschaft einschloss und der sozialistischen Gesetzlichkeit, die eine bewusste Parteilichkeit mit umfasste. Die auf der Mitgliedschaft in der militärischen Allianz des Warschauer Paktes und der wirtschaftlichen Kooperationsgemeinschaft des Rates für gegenseitige Wirtschaftshilfe (RGW) fußende Außenpolitik der DDR war eingebunden in die abgestimmte Politik der „sozialistischen Staatengemeinschaft".

27 Die Unfertigkeit der Rechtslage des geteilten und als Ganzes unter der Verantwortung der Vier Mächte stehenden Deutschlands offenbarte stets augenfällig der besatzungsrechtlich geprägte **Status Berlins**, der zweigeteilten Stadt, in der sich die beiden deutschen Staaten jeweils in besonderer Weise engagierten. Die DDR erklärte bereits in ihrer Gründungsverfassung Berlin zur Hauptstadt der DDR und strebte für den Westteil der Stadt einen Status als „selbständige politische Einheit" an. Auch der Bundestag erklärte Berlin 1949 zur Hauptstadt Deutschlands.

28 Bei der Genehmigung des Grundgesetzes machten die Westalliierten den Vorbehalt, dass Berlin nicht durch den Bund regiert werde und die Berliner Vertreter im Bundestag und Bundesrat kein Stimmrecht besäßen. Soweit der Vorbehalt der Besatzungsmächte nicht entgegenstand, galt das Grundgesetz auch in Berlin (West). Bundesgesetze wurden bis zum Überleitungsgesetz vom 25.9. 1990 vom Berliner Abgeordnetenhaus übernommen und galten dann auch als Bundesrecht.

29 „Die erste friedliche Revolution auf deutschem Boden" führte 1989 „zur Öffnung der Berliner Mauer und der innerdeutschen Grenze." Mit dem Ruf „Wir sind das Volk" wurde die Diktatur der SED zur Aufgabe gezwungen; mit dem Ruf „Wir sind ein Volk" wurde die Einheit der Nation gefordert, die „in freier Ausübung des Selbstbestimmungsrechts mit dem Beitritt" gem. Art. 23 GG a.F. „am 3. Oktober 1990 Wirklichkeit" wurde[11]. Art. 2 I des Einigungsvertrages bestimmte wiederum Berlin als Hauptstadt des wiedervereinigten Deutschlands. Die im Einigungsvertrag noch offen gelassene Frage des Parlaments- und Regierungssitzes wurde durch Bundestagsbeschluss vom 20.6.1991 mit knapper Mehrheit ebenfalls zugunsten Berlins anstelle von Bonn entschieden.

30 In der Rückschau stellen sich Entstehung und Untergang der DDR als gescheiterter Versuch einer Sezession vom deutschen Nationalstaat dar, der seit 1945 zunächst nur auf dem Gebiet und mit der Bevölkerung der Bundesrepublik fortbestand. Der heftige verfassungsrechtliche und vor allem verfassungspolitische

---

11 Denkschrift zum Einigungsvertrag, BT-Drucks. 11/7760, S. 335.

Streit um die Herstellung der Einheit – Beitritt nach Art. 23 GG a.F., also Ausdehnung des Grundgesetzes, oder über die Wiedervereinigungsklausel des Art. 146 GG a.F., also Ablösung des Grundgesetzes durch eine neue Verfassung qua Volksabstimmung – ist politisch durch die Volkskammerwahl vom 18.3.1990 entschieden worden,[12] nämlich durch Abwahl der SED/PDS geführten Regierung. Der Streit schwelt jedoch fort bei der Auslegung des nach der Wiedervereinigung neugefassten Art. 146 GG. Streitig ist insbesondere, ob bei einer Umwandlung der EU zu einem Bundesstaat für die Bundesrepublik Deutschland allein Art. 146 GG oder ob für das Verfahren nach Art. 146 GG auch die Ewigkeitsklausel des Art. 79 III GG gilt[13].

Parallel zum Einigungsprozess in Deutschland wurden im Jahre 1990 zwischen 31 den beiden deutschen Staaten und den Vier Mächten, die seit 1945 die Verantwortung für Deutschland als Ganzes trugen, die äußeren Aspekte der Herstellung der deutschen Einheit einschließlich der Fragen der Sicherheit der Nachbarstaaten geklärt – **2 + 4-Gespräche.** Der Vertrag „über die abschließende Regelung in Bezug auf Deutschland vom 12.9.1990“[14] legt die Grenzen Deutschlands völkerrechtlich endgültig fest. Gemäß Art. 1 II des Vertrages haben die Bundesrepublik Deutschland und die Republik Polen am 14.11.1990 die zwischen ihnen bestehende Grenze völkerrechtlich bestätigt. Außer der Grenzregelung trifft der Vertrag u. a. Regelungen zum Gewaltverzicht, zur Atomwaffenfreiheit des Gebiets der ehemaligen DDR, zur Freiheit der Bündniszugehörigkeit Deutschlands[15]. Den Rückzug der sowjetischen Truppen aus Deutschland kompensierte der Vertrag über gute Nachbarschaft, Partnerschaft und Zusammenarbeit zwischen der Bundesrepublik Deutschland und der UdSSR[16] einschließlich des wechselseitigen Gewaltverzichts. Art. 7 I des 2 + 4-Vertrages beendet die Rechte der Vier Mächte in Bezug auf Berlin und Deutschland als Ganzes. Deutschland hat gem. Art. 7 II die „volle Souveränität über seine inneren und äußeren Angelegenheiten“ erhalten. Der 2 + 4-Vertrag ersetzte einen Friedensvertrag mit allen Feindmächten, auch denen, die wie vor allem Russland, Ukraine, Polen aber auch Griechenland und Italien schwerste Verbrechen und große Schäden unter der deutschen Besatzung erlitten haben.

Angesichts der militärischen Einbindung Deutschlands in die NATO und 32
des fortgeschrittenen Prozesses der Bildung einer Europäischen Union ist der Aussagewert des aus dem klassischen Völkerrecht stammenden Begriffes Souve-

12 Dazu *Timothy Garton Ash* frei nach *B. Brecht:* „Bei den Wahlen am 18. März/Das Volk/Löste die Republik auf und/Wählte eine andere.“, Die Zeit v. 7.12.1990, S. 7.

13 Dazu anknüpfend an BVerfGE 123, 267/343 kontrovers *Isensee* HStR XII, § 268 Rn. 103 ff.; *Michael* BK, Art. 146 Rn. 695 ff; dazu *Weber/von Tschirnhaus* EuR 2023, 381.

14 BGBl. II, 1990, S. 1318

15 Dazu *Schweitzer* HStR VIII, S. 190.

16 Vgl. BT-Drucks. 12/199 zum Vertrag v. 9.11.1990.

ränität[17] ziemlich begrenzt. Allerdings betont das Bundesverfassungsgericht in der Entscheidung zum Lissabon-Vertrag nachdrücklich die Souveränität der Bundesrepublik Deutschland als einer der Herren des der Europäischen Verträge.[18]

Weiterführend:
Bernhardt Die deutsche Teilung und der Status Gesamtdeutschlands, HStR. 3. Aufl., 2003, § 8; *Kilian* Der Vorgang der Wiedervereinigung, HStR, 3. Aufl., § 12; *Jaggi* The 1989 revolution in East Germany, its impact on unified Germany's constitutional law, 2016; *H.A. Winkler*, Weimar, Bonn, Berlin, Vierteljahreshefte für Zeitgeschichte, 2009, 485.

3. Wandlungen des Grundgesetzes

33 Das Grundgesetz war bei seinem Erlass, wie in der ursprünglichen Fassung der Präambel zum Ausdruck gebracht, als Provisorium für den freien Teil Deutschlands konzipiert. Es ist im geschichtlichen Verlauf, wie es Satz 3 der durch Art. 4 Nr. 1 EV neugefassten Präambel und der durch Art. 4 Nr. 6 EV neugefasste Art. 146 GG ausdrücken, zum Grundgesetz für das gesamte Deutsche Volk geworden. Im Laufe dieser Entwicklung ist aufgrund außen- und innenpolitischer Veränderungen der Text des Grundgesetzes in dem besonderen Verfahren nach Art. 79 GG vielfach geändert worden.[19] Daneben hat sich ohne ausdrückliche Änderung des Wortlauts die Wirkungsweise des Grundgesetzes innerstaatlich wie supranational erheblich gewandelt.

34 Die Bundesrepublik Deutschland war nach Inkrafttreten des Grundgesetzes zunächst durch alliierte Vorbehalte in ihrer Souveränität eingeschränkt. Diese Vorbehalte wurden im Zuge des Deutschlandvertrages mit den Westmächten[20], der zur Aufhebung des **Besatzungsstatuts** im Mai 1955 führte, weitgehend abgebaut. Allerdings behielten sich die Westalliierten weiterhin die bisher von ihnen ausgeübten und innegehabten Rechte und Verantwortlichkeiten in Bezug auf Deutschland als Ganzes einschließlich der Wiedervereinigung Deutschlands und einer friedensvertraglichen Regelung vor.

35 In den 50er Jahren wurde im Zuge des Beitritts zur Westeuropäischen Union und zur NATO die **Wehrverfassung** ins Grundgesetz eingefügt.[21] Der insbesondere durch den Beitritt zur Europäischen Wirtschaftsgemeinschaft[22] vollzogenen

17 Dazu *Paulus*, HStR I 2023, § 8.
18 Dazu *Grimm* HStR I 3 Souveränität, 2009; *Heinig* VVDStRL 75 (2016), S. 65/74 ff.
19 Zuletzt durch Gesetz v. 19.12.2022, BGBl. I, 2478.
20 BGBl. II, 1955, S. 305.
21 BGBl. I, 1954, S. 111.
22 BGBl. II, 1957, S. 766.

Westintegration entsprachen außenpolitisch die Anfang der 70er Jahre abgeschlossenen **Ost-Verträge** mit der Sowjetunion[23] und Polen[24], in denen sich die Bundesrepublik zum Gewaltverzicht und zur Unverletzlichkeit der Grenzen in Europa bekannte.

Die erste Große Koalition (1966–1969) initiierte zwei umfangreiche Grundgesetznovellen. Die insgesamt 25 Artikel ändernde, aufhebende oder einfügende **Notstandsverfassung** war Stimulanz einer von der sogenannten 68er Generation getragenen, in den USA ausgelösten Kulturrevolution. Die praktische Bedeutung dieser Verfassung zum äußeren Notstand[25] ist vergleichsweise gering geblieben. Das unterscheidet sie von der ersten **Finanzreform**[26], durch die die bundesstaatliche Ordnung im Sinne eines kooperativen Föderalismus grundlegend neu gestaltet wurde, insbesondere durch Neuordnung der Lasten- und Steuerverteilung zwischen Bund und Ländern, des horizontalen Finanzausgleichs zwischen den Ländern und der Einführung der Gemeinschaftsaufgaben. Gleichzeitig wurden zudem die Kompetenzen des Bundes markant erweitert.[27] 36

Mit dem **Beitritt der DDR** zur BRD nach Art. 23 GG a.F. fasste Art. 4 des (völkerrechtlichen) Einigungsvertrages die beitrittsbedingten Änderungen zusammen, nämlich die Neufassung der Präambel, die Aufhebung des durch den Beitritt der DDR erfüllten Art. 23 GG a.F., die Neuverteilung und Neugewichtung der Stimmen im Bundesrat (Art. 51 II GG), die Ergänzung des Art. 135a GG – Aufhebung oder Kürzung übergegangener früherer Verbindlichkeiten –, die nur teilweise befristete Aufrechterhaltung von grundgesetzwidrigem DDR-Recht – Art. 143 GG, insbesondere Fristenregelung beim Schwangerschaftsabbruch, nicht mehr rückgängig zu machende Eigentumsfragen[28] – und die Neufassung der Regelung der Geltungsdauer des Grundgesetzes (Art. 146). Zusätzlich zu weiteren Übergangs- und Ausnahmevorschriften zur Finanzverfassung und zu Art. 131 GG in Art. 6, 7 EV empfahl Art. 5 EV den gesetzgebenden Körperschaften sich mit weiteren Verfassungsänderungen und -ergänzungen zu befassen. Die Gemeinsame Verfassungskommission von Bundestag und Bundesrat[29] schlug statt einer Totalrevision (nur) zahlreiche und z.T. schwerwiegende Verfassungsänderungen vor, die teilweise in modifizierter Form durch verfassungsändernde Gesetze umgesetzt wurden. Dazu zählen Staatszielbestim- 37

23 BGBl. II, 1972, S. 354.

24 BGBl. II, 1972, S. 362.

25 S. Art. 115a I GG; zum inneren Notstand Art. 91, 87a IV sowie Art. 35 II, III GG E. Klein HStR XII 3. Aufl., 2014, § 280.

26 BGBl. I, 1969, S. 359.

27 BGBl. I, 1969, S. 373.

28 Dazu BVerfGE 84, 90; BVerwGE 96, 8; *Papier* NJW 1991, 193.

29 BT-Drs. 12/6000; dazu *Kloepfer* Verfassungsänderung statt Verfassungsreform, 1995.

mungen der Art. 3 II 2 GG (Förderung der Gleichberechtigung von Frauen und Männern), Art. 3 III 2 GG (Verbot der Benachteiligung Behinderter), Art. 20a (Schutz der natürlichen Lebensgrundlagen), Art. 23 GG (Europaartikel). Letzterer stärkte, ebenso wie weitere Änderungen, z. B. Art. 24 Ia, Art. 52 III GG (Europakammer des Bundesrates), Art. 72, 74, 75, 76 GG, die Stellung von Bundesrat und Ländern im innerstaatlichen wie im europäischen Meinungsbildungs- und Entscheidungsfindungsprozess. Die Länder konnten diese Gewichtsverlagerung entgegen der vorherrschenden Tendenz zur Unitarisierung des Bundesstaates durchsetzen, weil im Zuge der verfassungsrechtlichen Absicherung des Maastrichter Vertrages ihre Zustimmung vonnöten war, z. B. bei der Änderung von Art. 88 S. 2 GG[30].

38 Die zum 1. 9. 2006 in Kraft getretene **Föderalismusreform I**[31] war bisher die umfangreichste Änderung des Grundgesetzes (Art. 22, 23, 33, 42, 72, 73, 74, 74a, 75, 84, 85, 87c, 91a, c, 93, 98, 104a, b, 105, 109, 125a, b, c, 143c), aber nicht die gelungenste[32]. Statt vereinfachender Entflechtung führt z. B. Art. 72 III GG die überkomplizierte Abweichungskompetenz der Länder ein. Die Reform der Gemeinschaftsaufgaben (Art. 91a, b GG) blieb halbherzig. Positiv zu bewerten sind der Wegfall der Rahmengesetzgebung (Art. 75 GG) und die Streichung der erst 1994 eingeführten Erforderlichkeitsklausel des Art. 72 I.

39 Die wichtigste Neuregelung der **Föderalismusreform II**[33] war die sukzessive Einführung der Schuldenbremse (Art. 109 I, II, 115 I, II GG). Der damalige Präsident des Bundestages hat einigen kleinteiligen, z. B. Art. 143d GG – Konsolidierungshilfen –, oder überflüssigen Vorschriften, z. B. Art. 91c, d GG – Zusammenarbeit bei informationstechnischen Systemen und Vergleichsstudien – bescheinigt, sie versündigten sich an der Ästhetik der Verfassung[34].

40 Nach langem Ringen zwischen armen und reichen Ländern und allen Ländern mit dem Bund ist erst 2017 die für das Gelingen der Föderalismusreform fundamentale **zweite große Haushalts- und Finanzverfassungsreform** zu Stande gekommen.[35] Statt durch den Länderfinanzausgleich, gleichen die Länder ihre unterschiedliche Steuerkraft nur noch über die Verteilung des Anteils an der Mehrwertsteuer aus. Der Bund leistet höhere Ausgleichszahlungen an die Länder. Im Gegenzug gewinnt der Bund entgegen der Zielsetzung von Föderalismusreform I

30 Dazu BVerfGE 89, 155, 199 – Maastricht; 97, 350 – Euro.

31 Gesetz vom 28. 8. 2006, BGBl. I, S. 2034.

32 S.a. *Selmer* JuS 2006, 1052; *H. Meyer* Föderalismusreform 2006, 2008.

33 Gesetz vom 29. 7. 2009, BGBl. I, S. 2248; dazu *Hofmann/Schlief (Hrsg.)* Grundgesetz mit Begleitgesetz, 2009.

34 FAZ v. 23. 4. 2009; *Korioth* JZ 2009, 729; *Selmer* NVwZ 2009, 1255 – „Monstrum simile".

35 G. v. 13. 7. 2017 BGBl. I, 2347, dazu Rn. 175 ff.

und II zusätzliche Kompetenzen, z. B. Art. 90 – Bundesautobahnverwaltung – Art. 104c- Finanzhilfen für kommunale Bildung.

Ein **Verfassungswandel**[36], ohne Änderung des Vertragstextes, kann bewirken, 41
dass dem unveränderten Text neue Sachverhalte zugeordnet oder neue Auslegungen entnommen werden. Jüngere Beispiele sind die Öffnung des Ehebegriffes für Gleichgeschlechtliche, die Erweiterung des Familienbegriffs- da wo Kinder sind. Grundlegend für die frühe Bundesrepublik war das LüthUrteil[37], das die Meinungsfreiheit (Art. 5 I GG), also ein individuelles Grundrecht der Bürger gegen den Staat, zur Basis der Auslegung des Demokratieprinzips machte. Weitere Beispiele des Verfassungswandels ohne Textänderungen sind die „Entdeckung" des Grundrechts auf informationelle Selbstbestimmung[38] sowie des Schutzes vor informationstechnischen Systemen[39] oder die Betonung der Bedeutung der Versammlungsfreiheit als einem Stück direkter Demokratie,[40]die Erstreckung der Grundrechte auf die Auslandsaufklärung des BND,[41] sowie die Stärkung des Klimaschutzes durch die Kreation des grundrechtlichen, intertemporalen Freiheitsschutzes[42] und die funktionale Subjektivierung von Art. 38 GG i.V.m. Art. 20 I, 79 III und Art. 146 GG, mit dem Ziel Bürgern die Kontrolle von Unionspolitiken durch das Bundesverfassungsgericht zu eröffnen.[43]

Die insbesondere in den 50er und 60er Jahren kraftvoll ausgearbeitete frei- 42
heitssichernde Grundrechtsjudikatur wurde ein maßgeblicher Faktor zur Integration der Bürger in das neue Gemeinwesen, gefördert auch durch die Aufnahme der eher im Übermaß ausgeübten Verfassungsbeschwerde in das Grundgesetz (Art. 93 IVa)[44].

Die Wechselwirkung zwischen der Grundrechtsjudikatur des Bundesverfas- 43
sungsgerichts und der des Europäischen Gerichtshofes hat wiederum ohne Textänderung dazu geführt, dass der EuGH abweichend von seiner früheren Rechtsprechung aufgrund von grundsätzlichen Vorbehalten des Bundesverfassungsgerichts[45] die im damaligen EG-Vertrag nicht geregelten Grundrechte als allgemeine Rechtsgrundsätze dem Europarecht implantierte, woraufhin das Bundesverfassungsgericht

36 *Michael:* HStR I, 2023, § 8 Rn. 63; *Becker/Kersten* AöR 2016, 1.
37 BVerfGE 7, 198.
38 BVerfGE 96, 171, 181; 118, 168, 184.
39 BVerfGE 120, 274/303.
40 BVerfGE 69, 315, 346; 104, 92, 104; → Rn. 558.
41 BVerfG NJW 2020, 2235; → Rn. 448.
42 BVerfGE 157, 30; → Rn. 43, 372.
43 BVerfGE 123, 267/331 – Lissabon-Vertrag; E134, 366 mit Sondervotum S. 419 und 430; krit. *Ruffert* EuR 2011, 842; *Mayer* EuR 2014, 473/490; Gegenposition *Gärditz/Hillgruber* JZ 2009, 872.
44 Durch Gesetz v. 29.1.1969, BGBl. I, S. 97.
45 BVerfGE 37, 271 – Solange I.

seinerseits seine Vorbehalte hintanstellte[46]. Mit dem in Kraft treten der EGRC sind neue Abgrenzungsprobleme zum Anwendungsbereich der Unionsgrundrechte gegenüber den Grundrechten des GG[47] und der Auslegung der Unionsgrundrechte durch das BVerfG entstanden.[48]

44 Dem Urteil des Bundesverfassungsgerichts zum Lissabon-Vertrag[49], das die Linie des Maastricht-Urteils[50] fortgesetzt hat[51], haben Kritiker vorgeworfen, dass das Gericht die Konzeption des Demokratieprinzips im europäischen Mehrebenensystem[52] und den Integrationsauftrag des Art. 23 I 1 GG[53] verkenne, das Subsidiaritätsprinzip (Art. 23 I 1 Hs. 2 GG) hingegen, sowie die Garantie der nationalen Identität[54] (Art. 4 II 1 EUV) übermäßig betone[55].

45 Den Kritikern ist entgegenzuhalten, dass das auf seinem Letztentscheidungsrecht gegenüber „ausbrechenden Hoheitsakten der EU"[56] beharrende Bundesverfassungsgericht in Europa nicht alleinsteht, wie die Karriere der Maastricht-Entscheidung innerhalb der Mitgliedsstaaten der EU zeigt[57]. Der nach dem Lissabon-Vertrags Urteil ergangene Beschluss zu den Voraussetzungen und Grenzen der ultra vires-Kontrolle verdeutlicht das spannungsvolle Kooperationsverhältnis von EuGH und BVerfG[58], das aus Luxemburger und Brüsseler Sicht hierarchisch verstanden wird, aus Karlsruher Sicht aber als fein auszutarierendes Mobile. Vor der Feststellung eines ultra vires-Aktes, ist dem EuGH durch Vorabentscheidungsverfahren nach Art. 267 AEUV Gelegenheit zur Vertragsauslegung sowie zur Entscheidung über die Gültigkeit und die Auslegung der fraglichen Handlung zu geben. Zudem räumt das

---

46 BVerfGE 73, 339 – Solange II.

47 BVerfGE 152, 216 (Rn. 57).

48 Dazu EuGH Rs. C-617/10 Åkerberg Fransson; → Rn. 808.

49 BVerfGE 123, 267.

50 BVerfGE 89, 155-Prinzip der begrenzten Einzelermächtigung; *Huber* AöR 2023, 25, 40.

51 Dazu *Häberle* ÖR 58 (2010), 317; *van Ooyen* Die Staatstheorie des Bundesverfassungsgerichts, 6. Aufl. 2016: „Europafeindlichkeit".

52 Z. B. *Fisahn* KJ 2009, 220; *Schwarze* Europarecht, 2010, 108; s.a. *Lammert*, Einigkeit. Und Recht. Und Freiheit, 2010, S. 208; vertiefend: *Hatje/Terhechte (Hrsg.)* Europarecht Beiheft 1, 2010, Grundgesetz und Europäische Integration.

53 *Pache* EuGRZ 2009, 285; *Frenz* VerwArch 2009, 475, 483.

54 Dazu *Ruffert* JuS 2022, 1177.

55 *v. Bogdandy* NJW 2010, 1, 4.

56 *T. Nolte*, Die Ultra-vires-Kontrolle von Rechtsakten der EU, 2024; s.a. BVerfG. B.v. 6. 2. 2024, 2 BvE 6/23.

57 *F. G. Meyer* Kompetenzüberschneidung und Letztentscheidung, 2000; *ders.* in: v. Bogdandy/ Bast (Hrsg.), Europäisches Verfassungsrecht, 2. Aufl., S. 559, 602 ff.

58 Dazu *Huber*, Der Gerichtshof der Europäischen Union und das Bundesverfassungsgericht als Hüter der unionalen Kompetenzordnung, 2023; *Voßkuhle* NVwZ 2010, 1; *von Danwitz* ZRP 2010, 143; *Skouris* in: Stern (Hrsg.), 60 Jahre Grundgesetz 2010, 37/48.

BVerfG dem EuGH einen „Anspruch auf Fehlertoleranz" ein und beschränkt den Bürger auf einen (noch nicht entwickelten) Entschädigungsanspruch.[59] Offen bleibt, wann der „hinreichend qualifizierte Verstoß der Europäischen Organe" zu einer „strukturell bedeutsamen Veränderung zu Lasten des Mitgliedsstaates führt".[60] Beide Gerichte betonen die Vorlagepflicht gem. Art. 267 AEUV, allerdings mit unterschiedlichen Akzenten.[61]

Anders als bei der EZB-Entscheidung[62] hat das PSPP-Urteil offenbar gereizt durch die Nichtbeantwortung der dritten Vorlagefrage[63] durch den EuGH[64] das PSPP Anleiheprogramm der EZB zwar nicht als verfassungswidrige Wirtschaftspolitik (Art. 120 AEUV), wohl aber wegen ihrer Folgen z. B. für Sparer als unverhältnismäßig und zu erläuternde Währungspolitik (Art. 127 AEUV) beanstandet. Ungeachtet des prinzipiell anderen europarechtlichen Ansatzes des EuGHs und der EZB zum verfassungsrechtlichen (nationalen) Ansatz des BVerfG haben EZB, Bundestag und Bundesregierung sowie das Europäische Parlament trotz harscher Äußerung der Europäischen Kommission eine pragmatische Lösung im Wege gegenseitiger Unterrichtung für die Beratungen des Anleiheprogrammes gefunden, die das BVerfG gebilligt hat.[65] Das gleichwohl von der Europäischen Kommission eingeleitete Vertragsverletzungsverfahren ist politisch einvernehmlich beendet worden. Offen bleibt, ob die verfassungsrechtliche Beurteilung des Handelns der EZB innerhalb der sich dramatisch verändernden Finanz- und Wirtschaftspolitik, anhand des Maßstabes der Verhältnismäßigkeit, ohne intensiven Einbezug ökonomischen Sachverstands sinnvoll ist[66]. Die Kooperation zwischen EuGH und BVerfG ist immer noch verbesserungswürdig. Eines besonderen Kompetenzgerichtes oder einer gemeinsamen Kammer der höchsten Gerichte in der EU bedarf es dazu nicht. 46

Auch das Verhältnis zwischen BVerfG und EGMR ist nicht spannungsfrei; nicht so sehr wegen der häufigen Rügen des EGMR wegen zu langer Verfahrensdauer[67]. Vielmehr ist die Caroline-Entscheidung des EGMR anzuführen, die die gefestigte Rechtsprechung des BVerfG zum Verhältnis von Art. 2 I GG – allgemeines Persön- 47

---

59 BVerfGE 126, 286/303, Sondervotum Landau, S. 319.

60 Krit. *Landau* NZA 2010, 995, 1001; *Grimm* FAZ vom 9. 9. 2010, S. 8.

61 EuGH, NJW 2010, 427, m. Anm. v. *Lindner* BayVBl. 2010, 271; BVerfG EuGRZ 2010, 247.

62 BVerfGE 134; EuGH C 62/14; BVerfGE 142, 123; dazu *Ruffert* JuS 2020, 574; *Haltern* NVwZ 2020 870; *Pernice* EuZW 2020 508; *Hufeld* JM, 2020 331.

63 E146, 216

64 Rs C 193/17.

65 B. v. 29.04.2021 2 BvR 1651/15, 2 BvR 2006/15- Ablehnung einer Vollstreckungsanordnung; einlenkend NVwZ, Beilage I, 2003, 1, Sondervotum *Müller* S. 20; s.a. *Goldmann* NVwZ, 2023, 791.

66 Dazu auch Hellwig, NJW 2020, 2497.

67 Z. B. EGMR, NJW 2010, 3555 m Anm. v. *Meyer-Ladewig* u. NJW 2011, 1073 m. Anm. v. *Brüning*.

lichkeitsrecht – zu Art. 5 II GG – Pressefreiheit – umgedreht hat[68]. Ganz zu schweigen von den Querelen um das Sorgerechtsverfahren Görgülü. In der Auseinandersetzung um das Streikverbot deutscher Beamter (Lehrer) hingegen ist der EGMR dem BVerfG gefolgt.[69].

48 Der angehaltene Beitritt der EU zur EMRK hat ein weiteres Spannungsverhältnis, diesmal zwischen EGMR und EuGH[70] offengelegt.

Weiterführend:
Kirchhof Die Identität der Verfassung, HStR II, § 21; *Ingold* Die verfassungsrechtliche Identität der BRD, AöR 140(2015), 1; Mischenski, Der Schutz der nationalen Identität in der EU, 2020; *Haltern*, Europäische Integration, HStR I, 3. Aufl., 2003, § 3; *Di Fabio*, Europaverfassungsrecht aus Karlsruhe, AöR 2023, 50.

III. Gehalt und Funktionen der Verfassung

49 Eingangs wurde die Verfassung entsprechend einer **positivistischen**, d.h. einer allein am positiven, geschriebenen Recht orientierten **Betrachtungsweise** vorgestellt als ein Gesetz, das anderen Gesetzen vorgeht und von besonderer Bestandskraft ist[71]. Diese Sicht hat den Vorzug der Einfachheit und der Klarheit, sie wird aber weder Gehalt noch Funktion der Verfassung ganz gerecht. Das zeigt sich z. B. anhand der Staatszielbestimmungen der Art. 20, Art. 28 I GG, denen zufolge die Bundesrepublik Deutschland u. a. ein sozialer Bundes- bzw. sozialer Rechtsstaat sein muss. Was das Sozialstaatsprinzip konkret vorschreibt, erschließt sich auch dem gesetzeskundigen Leser trotz eifriger Lektüre nicht allein aus dem Verfassungstext, mit dem sich unterschiedliche politische Vorstellungen verbinden.

50 Die Verwirklichung der Staatszielbestimmungen ist für das gedeihliche Zusammenleben der Menschen von großer Bedeutung. Ohne ihre Verwirklichung würde die Mehrheit der Bürger diesen Staat nicht als den ihren akzeptieren. Die der Verfassung aufgegebene politische Einheit und die rechtliche Ordnung des Staates – Verfassung als Integrationsordnung – würden nicht verwirklicht werden können. Die Verfassung geht trotz ihrer einheitsstiftenden Funktion nicht von einer unwirklichen allgemeinen Harmonie aus. Deshalb muss sie gerade dann, wenn sie ihrer Funktion gerecht werden soll, die konfliktlösenden Mechanismen zur Verfügung stellen, die angesichts der unterschiedlichen sozialen und politischen Inter-

---

68 NJW 2004, 2647; → Rn. 1024ff.

69 EGMR, ZBR, 2024, 92; BVerfGE 148, 296; dazu *Battis*, ZBR, 2024, 73.

70 Zum diesbezüglichen Rechtsgutachten des EuGHs. *Toda Castán* DÖV 2016, 12; *Walter* FS Jarass 2015, S. 145; *D. Engel* Der Beitritt der EU zur EMRK 2016.

71 Vgl. zu diesem Ansatz *Henke* Der Staat, 1973, 441, 444f.

essen und Vorstellungen in der Gesellschaft vonnöten sind, z.B. hinsichtlich des Verhältnisses von Freiheit und Gleichheit. Der **materielle Gehalt** der Verfassung kann als grundsätzliche Normierung der Staatsfunktionen und des Verhaltens der obersten Staatsorgane zueinander zur Beschränkung und Rationalisierung der Macht verstanden werden. Zugleich legt die Verfassung das prinzipielle Verhältnis von Staat und Bürger fest, um einen freien politischen Lebensprozess zu gewährleisten[72]. Diese inhaltliche Betrachtungsweise entbehrt allerdings die Einfachheit und Klarheit der positivistischen Sicht.

Von diesen beiden Beispielen juristischer Betrachtungsweise ist der sozial- 51
wissenschaftliche Ansatz zu unterscheiden, der auf den tatsächlichen Zustand, den Stil des Staatslebens, auf die tatsächliche, materielle oder wirkliche Verfassung im Unterschied zur papiernen, bloß formellen Verfassung abstellt. Diese Unterscheidung geht zurück auf den deutschen Sozialistenführer Ferdinand Lasalle[73] (1825–1864). Die Betrachtungsweisen und die Betrachtungsgegenstände (Verfassung als Sollensordnung – Verfassung als Seinsordnung) sind gegensätzlich. Die Gegenüberstellung von geschriebener Verfassung und Verfassungswirklichkeit kann jedoch Anlass sein zur Verwirklichung von Verfassungsgeboten, zur Rechtsfortbildung oder zur Verfassungsreform.

Weiterführend:
Grimm Ursprung und Wandel der Verfassung, HStR I, 3. Aufl., 2003, § 1; *Bull*, Wie wirkt die Verfassung?, KritV, 2023, 319; *Wahl* Elemente der Verfassungsstaatlichkeit, JuS 2001, 1041.

1. Probleme der Verfassungsinterpretation

Eine Gesetzesvorschrift soll typischerweise eine unbestimmte Vielzahl von Le- 52
benssachverhalten für eine unbestimmte Anzahl von Bürgern regeln. Die Aussage einer Rechtsnorm ist also typischerweise abstrakt und generell.

„Wer vorsätzlich oder fahrlässig das Leben, den Körper, die Gesundheit, die 53
Freiheit, das Eigentum oder ein sonstiges Recht eines anderen widerrechtlich verletzt, ist dem anderen zum Ersatz des daraus entstehenden Schadens verpflichtet" (§ 823 I BGB). Welches Handeln welcher Personen und in welchen Fällen von § 823 I BGB erfasst werden wird, stand weder beim Inkrafttreten der Norm (1.1.1900) noch steht es heute fest.

72 Vgl. *Hesse* Grundzüge, § 1, insbesondere Rn. 16ff.
73 Über Verfassungswesen. Drei Abhandlungen von *Ferdinand Lassalle* hrsg. v. E. Bernstein, Berlin 1907.

54 Darin liegt der typische Unterschied zu einer an einen bestimmten Adressaten gerichteten Verwaltungsmaßnahme (Verwaltungsakt).

55 Wenn bei einer Verkehrskontrolle der Polizeibeamte Sie durch ein Zeichen mit der Kelle zum Anhalten veranlasst, so gilt diese Maßnahme nur für Sie und nur zu diesem Zeitpunkt an dieser Stelle.

56 Eine abstrakt-generelle Regelung muss weit und flexibel genug gefasst sein, um alle von Gesetzes wegen als gleich zu behandelnde und bewertende Sachverhalte zu erfassen. Daraus folgt, dass bei der Anwendung eines Gesetzes auf einen bestimmten Lebenssachverhalt der Sinn der weit gefassten Rechtsnorm durch Auslegung, d.h. durch nachvollziehendes Verstehen ermittelt werden muss.

57 Dieser Prozess des nachvollziehenden Verstehens ist bei der Anwendung der Verfassung häufig besonders anspruchsvoll. Denn viele Verfassungsvorschriften sind von großer inhaltlicher Weite und Unbestimmtheit. Begriffe wie „Würde des Menschen" (Art. 1 I 1 GG), „Sozialer Rechtsstaat" (Art. 28 I 1 GG) werden rechtstheoretisch gerade wegen ihrer Unbestimmtheit als durch Gesetz oder Einzelentscheidungen zu konkretisierende, unter Abwägungsvorbehalt stehende Prinzipien, nicht aber als definitiv ausformulierte Regeln verstanden.

58 Die Unbestimmtheit und Weite der Verfassung hat viele Gründe. Jede **Verfassung** ist ein **Kompromiss**,[74] der zwischen den an der Verfassungsgebung Beteiligten ausgehandelt wird. Insoweit fixiert die Verfassung den jeweiligen Stand des politischen Kräftespiels. Das zeigt sich z. B. an den, also der frühen Nachkriegszeit (1948/1949) beratenen und ausgehandelten, Art. 14, 15 GG, in denen das Eigentum und das Erbrecht geschützt, gleichzeitig die Sozialpflichtigkeit betont und die Sozialisierung zugelassen wird. Im Streit um die Einführung der paritätischen Mitbestimmung beriefen sich daher sowohl Gewerkschaften wie Unternehmer zur Stützung ihrer gegensätzlichen Position auf die Verfassung.[75] Entsprechendes wiederholt sich zur Zeit in der Diskussion um die Vergesellschaftung von Wohneigentum.[76]

59 Der Kompromisscharakter einer Verfassung kann dazu führen, dass eine für die Gemeinschaft besonders wichtige Frage mangels Konsens gar nicht geregelt wird, bei der Verabschiedung des Grundgesetzes z.B. die Frage der Wirtschaftsverfassung, also Planwirtschaft oder Marktwirtschaft. Im Parlamentarischen Rat hoffte die Führung der SPD nach den Wahlen zum 1. Bundestag, ihre damals sozialistische Konzeption durchzusetzen und die mit der Währungsreform durch den späteren Wirtschaftsminister und Bundeskanzler Ludwig Erhard eingeleitete Entwicklung rückgängig machen zu können.

---

74 Dazu *Koutnatzis* Kompromisshafte Verfassungsnormen, 2010.

75 BVerfGE 50, 230 ff.

76 Dazu *Battis/Hennig/Hoffmann* FAZ, 21.12.2023; *Laven*, KJ, 2023, 313.

Manche Verfassungsvorschriften werden im Zeitpunkt der Verfassungsgebung als Ziele ausgegeben, die in Zukunft erst schrittweise realisiert werden sollen, z. B. im Grundgesetz der Sozialstaat, dessen Verwirklichung in der Not der frühen Nachkriegsjahre wesentlich anders vorstellbar war als in der entwickelten Wohlstandsgesellschaft. Wegen der damaligen Notlage und der Annahme, diese in absehbarer Zeit nicht überwinden zu können, verzichtete man darauf anders als in der Weimarer Reichsverfassung oder mancher Landesverfassung, ins Grundgesetz **soziale Grundrechte** wie das Recht auf Arbeit (Art. 163 II WRV; Art. 166 II BayVerf) aufzunehmen. Anders als von intendiert wurden in Art. 5 EV auch nicht, die vom Runden Tisch der DDR vorgeschlagenen sozialen Grundrechte in Staatszielbestimmungen umformuliert[77]. 60

Manche Verfassungsvorschriften sind von vornherein so konzipiert, dass sie sich wechselnden, nicht voraussehbaren und nicht in der Verfassung fixierten gesellschaftlichen Anschauungen öffnen. Derartige unbestimmte und anpassungsfähige Formeln sind z. B. „Wohl der Allgemeinheit“ (Art. 14 III 1 GG), „Sittengesetz“ (Art. 2 I GG). Solche offenen Formeln erleichtern es, den Anspruch der Verfassung zu erfüllen, das Zusammenleben der Gemeinschaft auf Dauer zu regeln. Eine nicht „in die Zeit hin offene“ Verfassung würde rasch veralten, obsolet werden oder müsste ständig geändert werden. 61

Die Verfassung soll **Grundsatzfragen**, nicht aber alle Details regeln. Letzteres soll sie den einfachen Gesetzen überlassen. Dabei darf aber nicht übersehen werden, dass die einfachgesetzliche Ausgestaltung auf die verfassungsrechtliche Vorschrift zurückwirkt. So ist z. B. das durch Gesetz eingeführte Kunsturheberrecht (GEMA-Gebühren) Eigentum i. S. v. Art. 14 GG, das aber durch die Entwicklung global agierenden digitaler Intermediäre einem Stresstest ausgesetzt ist. Durch die Novellierung des WasserhaushaltsG hat der Gesetzgeber hingegen mit Rücksicht auf die überragende ökologische Bedeutung des Grundwassers dieses aus dem verfassungsrechtlichen Eigentumsbegriff ausgeschieden.[78] 62

In jüngerer Zeit ist mehr und mehr die Unsitte eingerissen, den Verfassungstext durch detaillistische oder marginale Vorschriften „aufzublähen“[79], z. B. Art. 13 III–VI (Einführung des Großen Lauschangriffs), Art. 16a II–V (sog. Asylkompromiss), Art. 143b III (Personalüberleitung bei der Postprivatisierung) oder Art. 143d GG (Konsolidierungshilfen). Derartige Unsicherheit kaschierende Vorschriften sind 63

77 S. aber die mit „Solidarität“ überschriebenen Art. 27–38 EGRC, z. B. Art. 31 – Gerechte und angemessene Arbeitsbedingungen, Art. 34 – Soziale Sicherheit und soziale Unterstützung, Art. 38 – Verbraucherschutz.

78 Dazu BVerfGE 58, 300 – Naßauskiesung.

79 *Pestalozza* JURA 1994, 561, 572.

auch Ausdruck der Dominanz bürokratischen Expertentums gegenüber parlamentarischer Gestaltung.

2. Auslegungsregeln

64 Die skizzierten Eigenarten einer Verfassung ändern aber nichts daran, dass die Verfassung ein Gesetz ist, ein Gesetz mit überragendem Geltungsanspruch. Für die Verfassung gelten daher auch die allgemeinen Regeln der Gesetzesauslegung, insbesondere

- die **grammatische Interpretation** (Wortinterpretation) – Ausgangspunkt und Grenze der Auslegung ist der Wortsinn. Fallen z. B. Gewerbebetriebe, etwa eine Fabrikanlage, unter den Begriff Wohnung in Art. 13 GG? (was überwiegend bejaht wird; → Rn. 615) –
- die **systematische Interpretation** – Auslegung nach der Stellung der Vorschrift im Gesetzessystem. Gelten z. B. die Schranken des Art. 5 II GG außer für Art. 5 I GG (Meinungs- und Pressefreiheit) auch für den nachfolgenden Art. 5 III (Wissenschafts- und Kunstfreiheit)? Nach herrschender Meinung nicht (→ Rn. 534 ff.).
- die **historische Interpretation** – d. h. die Auslegung aus historischen Gegebenheiten bei Schaffung einer Norm. Trotz theoretischer Vorbehalte – Gefahr der Erstarrung und des Abstellens auf subjektive Vorstellungen einzelner an der Verfassungsgebung Beteiligter – greift das BVerfG oft auf diese Methode zurück[80].
- Eine Variante der historischen Interpretation, den. sog. Textualismus (Originalismus) vertreten konservative Mitglieder des US Supreme Court wie die Richterin Barrett oder der frühere Richter Scalia, um dezidiert richterliche Zurückhaltung gegenüber der im Vergleich zum GG durch sog. Amendments[81] wenig geänderten US-Verfassung zu begründen[82]. –
- die **teleologische Interpretation** – Schon früh benutzte das BVerfG[83] statt der *historisch*-subjektiven *Auslegung* die **objektiv-teleologische Auslegung** entsprechend dem Sinn, den die Vorschrift unabhängig vom subjektiven Willen des Gesetzgebers hat („Das Gesetz ist klüger als seine Väter und Mütter"). Durch die objektive Auslegung wächst die Macht der Interpreten bis an die Grenze zur Beliebigkeit[84]. –

---

80 So dezidiert z. B. BVerfGE 79, 127 – kommunale Selbstverwaltung; s. a. *Sachs* DVBl. 1984, 73 ff.

81 Z. B. dreizehntes Amendment Sklavenbefreiung (1865)

82 S. Scalia, Universität Cincinnati Law Review 1989, 849; Lepore Diese Wahrheiten, 2019 S. 837.

83 BVerfGE 1, 299, 312.

84 Ablehnend *Rüthers* Rechtstheorie, 2009, S. 253, 274; *ders.* NJW 2011, 434, gegen *Hassemer* ZRP 2007, 213; *Ogorek* FS Hassemer, 2010, 159

– die **rechtsvergleichende Auslegung**, die trotz wechselnder Internationalisierung und Europäisierung noch unterentwickelt ist.[85]

Zusätzlich zu diesen „klassischen", für alle Gesetze geltenden Auslegungsregeln, die gemäß dem Grundsatz der Methodenfreiheit miteinander oder von den jeweiligen Streitparteien auch gegeneinander verwendet werden können, gibt es zusätzliche spezifisch **verfassungsrechtliche** Auslegungsmaximen[86]: 65

– das Prinzip der Einheit der Verfassung – alle Verfassungsnormen sind so zu interpretieren, dass Widersprüche zu anderen Verfassungsnormen vermieden werden; das gilt auch für Alternativen wie Art. 14, 15 GG
– das Integrationsprinzip – Bevorzugung derjenigen Gesichtspunkte, die einheitsstiftend wirken, aber nicht auf Kosten geschützter Verfassungsgüter, problematisch z. B. die Kriegsdienstverweigerungsentscheidung[87] –
– das Prinzip der funktionellen Richtigkeit – jedes verfassungsauslegende Organ hat sich im Rahmen der ihm zugewiesenen Funktion zu halten, z. B. hat das Bundesverfassungsgericht als Kontrollorgan eine Interpretation zu vermeiden, durch die die Gestaltungsfunktion des Gesetzgebers über die durch die Verfassung gezogenen Grenzen hinaus (wo aber liegen diese konkret?) durch eine Gestaltungsfunktion des Gerichts ersetzt wird[88]–
– das Prinzip optimaler Verwirklichung der Verfassungsgebote – es ist die Interpretation zu wählen, die ein Grundrecht am stärksten zur Geltung bringt-
– und das in der Praxis häufig benannte Prinzip **praktischer Konkordanz** – schonenster Ausgleich zwischen im Einzelfall miteinander kollidierender verfassungsrechtlich geschützter Rechtsgüter, z. B. Pressefreiheit (Art. 5 I 2 GG) und Ehrenschutz (Art. 2 I i.V.m. Art. 1 I GG) ohne vorschnelle Güterabwägung[89]–.

Von den vorgenannten spezifisch verfassungsrechtlichen Auslegungsregeln ist zu unterscheiden die vom Bundesverfassungsgericht entwickelte **verfassungskonforme Auslegung.** Einfache Gesetze und nach Meinung des Bundesverfassungsgerichts auch verfassungsändernde Gesetze müssen so ausgelegt werden, dass sie mit der Verfassung übereinstimmen.[90] Lässt ein Gesetz mehrere Auslegungsmöglichkeiten zu, dann ist es so auszulegen, dass es mit der Verfassung ver- 66

---

85 Dazu *Kloepfer* Verfassungsrecht I § 1 Rn. 158; *Baer*, Renaissance der Verfassungsvergleichung?, 2023.
86 Grundlegend *Hesse* Grundzüge, § 2.
87 BVerfGE 48, 127.
88 Dazu *Schlaich/Korioth* Das Bundesverfassungsgericht, Rn. 530.
89 Dazu *Hoffmann-Riem* AöR 2019, 467.
90 BVerfGE 2, 266, 282, seither st. Rspr.: *Schlaich/Korioth* 440 – 451; BVerfGE 88, 145, 166; 112, 164, 182.

einbar ist. „Die Grenzen jeder Auslegung von Verfassungsrecht liegen [...] dort, wo einer nach Wortlaut und Sinn eindeutigen Vorschrift ein entgegengesetzter Sinn verliehen, der normative Gehalt der auszulegenden Norm grundlegend neu bestimmt oder das normative Ziel in einem wesentlichen Punkt verfehlt würde."[91] Die verfassungskonforme Auslegung hat den Vorteil, dass die durch die Nichtigkeit eines Gesetzes entstehenden Unsicherheiten vermieden werden. Sie birgt aber auch die Gefahr in sich, dass der Gesetzgeber übergangen wird, indem das Bundesverfassungsgericht mittels der verfassungskonformen Interpretation das vom Gesetzgeber Gewollte, die verfassungswidrige und damit nicht zum Tragen kommende Auslegungsmöglichkeit, ausschaltet[92]. Ein Beispiel[93] einer solchen zu weit gehenden, in Wirklichkeit verunklarenden statt klärenden verfassungskonformen Interpretation enthält das erste Abhörurteil: Das Gericht erklärte gegen den Wortlaut des Gesetzes und den Willen des verfassungsändernden Gesetzgebers, dass Art. 10 II 2 GG nur so verstanden werden könne, dass er die nachträgliche Benachrichtigung des Überwachten in den Fällen fordert, in denen eine Gefährdung des Zweckes der Überwachungsmaßnahme und eine Gefährdung des Schutzes der freiheitlichen demokratischen Grundordnung oder des Bestandes bzw. der Sicherung des Bundes oder eines Landes ausgeschlossen werden kann.

67 Die **unionsrechtskonforme** (insbesondere richtlinienkonforme) Auslegung[94] verwirklicht den Vorrang des Unionsrechts gegenüber dem nationalen Recht einschließlich des Verfassungsrechts des jeweiligen Mitgliedstaats. Der Vorrang des Unionsrechts bindet gerade auch den nationalen Gesetzgeber, der gelegentlich Mühe hat, seiner Pflicht nachzukommen.

68 Von der Auslegung der Verfassung ist die Verfassungsvermittlung[95] zu unterscheiden, die als eine Form der politischen Bildungsarbeit mehr als nur die Akzeptanz der Verfassung anstrebt.

Weiterführend:
Hassemer, Gesetzesbindung und Methode, ZRP 2007, 213; *Rieble* , Richterliche Gesetzesbindung und BVerfG, NJW, 2011, 819; *Bumke* HStR II 2024, § 26 Praxis der Verfassungsauslegung.

---

91 BVerfGE 109, 279, 316, s.a. Sondervotum BVerfGE 122, 248, 282.

92 *Schlaich/Korioth* Das Bundesverfassungsgericht, Rn. 440 – 451; *Bettermann* Die verfassungskonforme Auslegung, 1986.

93 BVerfGE 30, 1, dazu Rn. 208; zu weiteren s. BVerfGE 85, 69 – VersammlungsG, dazu Sondervotum S. 77; BVerfGE 86, 288 – § 264a I 1 StPO, dazu Sondervoten S. 340, 355.

94 Z. B. BVerfG 1 BvR 1550/19 Rn. 196- unionsrechtskonforme Auslegung von Art. 19 III GG im Licht von Art. 49 AEUV- Vattenfall, NJW 2010, 2783 – Erweiterung von Art. 6 GG durch Art. 14 EMRK, Art. 9 GRC; *Payandeh* NJW 2015, 2392; *Brennecke* EuR 2015, 440; *Wietfeld* JZ 2020, 485; krit. *Isensee/Kirchhof,* HStR XI, 3. Aufl., 2013, S. VIII.

95 *Michel* JöR, 2023, 87; *Kloepfer/Bakalovic* DöV, 2022, 517.

3. Verfassungstheorie

Die vorgestellten Auslegungsmethoden sind das Handwerkszeug des Juristen für die Interpretation der Verfassung. Die Art und Weise des Einsatzes dieses Handwerkszeugs wird entscheidend dadurch bestimmt, welches Vorverständnis der Interpret hat, welcher Verfassungstheorie er zugrunde legt. Die Unbestimmtheit und inhaltliche Weite vieler Verfassungsnormen ist auf eine Gewissheitsverluste ausgleichende, aufklärende Verfassungstheorie angwiesen. Beispielhaft und verkürzt sei dies an miteinander konkurrierender Grundrechtstheorien belegt.[96] Verficht der Interpret eine eine überkommene **liberale Staatsauffassung**, so kann er die Grundrechte nur als Abwehrrechte, als Schutz des Bürgers vor dem Staat verstehen.[97] 69

Grundannahme des liberalen Staatsverständnisses ist der Dualismus von Staat und Gesellschaft. Die strikte Scheidung von Staat und Gesellschaft ist eine im Deutschland des 19. Jahrhunderts progressive, politische, freilich nie gänzlich realisierte Forderung des aufstrebenden liberalen Bürgertums gewesen. Der Staat wurde verkörpert durch die prinzipiell nicht vom Volk abhängige monarchische Gewalt in Gestalt des Herrschers und der auf ihn persönlich verpflichteten Militärs und Beamten (Staatsdiener). Die Gesellschaft hingegen war der staatsfreie Bereich der wirtschaftenden Bürger – Gesellschaft als Hort der Freiheit. Der Staat sollte lediglich durch Ruhe und Ordnung nach außen und innen für die Rahmenbedingungen der wirtschaftenden Gesellschaft sorgen (Nachtwächterstaat). Eingriffe des Staates in die Gesellschaft mittels Steuer- und Polizeibefehls bedurften gesetzlicher Grundlage. Nach abwehrrechtlichem Grundrechtsverständnis dienen Grundrechte der Sicherung des privaten Freiheitsraumes. Der Staat hat keine Gewährleistungspflicht für die Realisierung der grundrechtlichen Freiheit. Die Verwirklichung der rechtlich eingeräumten Chance bleibt dem autark agierenden selbstverantwortlichen Individuum überlassen, das über beherrschten Lebensraum (Eigentum) verfügt. Eine Grundrechtsbindung sozial mächtiger Privatunternehmen[98] oder global agierender Internetkonzerne[99] bliebe nach überkommenem, deutschem Verständnis ausgeblendet. 70

96 Grundlegend *Böckenförde* Grundrechtstheorie und Grundrechtsinterpretation, NJW 1974, 1529; krit. *Kersten* Die Notwendigkeit der Zuspitzung 2020 S. 117, 134.

97 Vgl. *Klein* Die Grundrechte im demokratischen Staat, 1972; *Forsthoff* (Hrsg.) Begriff und Wesen des sozialen Rechtsstaates, in: Rechtsstaatlichkeit und Sozialstaatlichkeit, 1986, S. 165 ff. (S. 198 These VII).

98 Dazu BVerfGE 148, 267- Stadionverbot; E 128, 226- Fraport; → Rn. 460 f.

99 Dazu EuGH, RsC 319/20-Meta-Facebook; RsC 201/04-Microsoft; (str.) s. *Muckel*, VVDStRL, 79 (2020), 245, 279; *Edenharter*, ebenda, S. 328.

71 Zu einer anderen, weitergehenden Auslegung des Grundgesetzes wird ein Vertreter des **institutionellen Verfassungsverständnisses** kommen. Das institutionelle Denken war in der Weimarer Republik ein Mittel, um leerlaufende Grundrechte zu effektuieren. So diente die institutionelle Auslegung der Eigentumsgarantie der Sicherung des status quo gegenüber einer möglichen entschädigungslosen Sozialisierung durch Gesetz.[100] In Abgrenzung zum liberalen Freiheitsverständnis wird die vorgegebene Freiheit zur konstituierten rechtlichen Freiheit. Die Freiheit wird verstanden als organisierte, normativ geordnete Freiheit. Die Grundrechte sind nicht nur subjektive Rechte des Berechtigten, sondern werden auch als objektive Ordnungsprinzipien für die von ihnen geregelten Lebensbereiche gesehen.[101] Die dem liberalen Grundrechtsverständnis eigene Blindheit gegenüber den tatsächlichen Voraussetzungen der Grundrechtsausübung wird aufgegeben. Spezifische Aufgabe des verfassungsrechtlichen Institutionenbegriffes ist es, die soziale Wirklichkeit in das normative Grundrechtsverständnis einzubeziehen. Die gewandelten sozialen Beziehungen verändern das Verhältnis von Staat und Gesellschaft und fördern die zunehmende staatliche Intervention und die wechselseitige Durchdringung, welche sich auch in der Grundrechtstheorie niederschlagen.

72 Das zeigt sich z. B. bei Art. 5 I 2 GG. Die Pressefreiheit war schon im 20. Jahrhundert tatsächlich das Recht von 200 Leuten, die über die Mittel verfügten, eine Zeitung herauszugeben – wie der konservative Journalist Paul Sethe einmal gesagt hat. Aus einem institutionellen Verständnis der Pressefreiheit heraus ist es das Recht und die Pflicht des Staates, die Voraussetzungen für die wirkliche Meinungsvielfalt zu schaffen, z. B. durch steuerliche Entlastung, sonstige finanzielle Förderung, notfalls im Zwangswege gegen Verleger mit Monopol- oder Oligopolstellung. Neue grundrechtsbezogene Gefahrenlagen können Schutzpflichten auslösen.[102]

73 Auch die vom Bundesverfassungsgericht entwickelte **Werttheorie**[103] hat ihren Ausgangspunkt in der Weimarer Republik, nämlich in der **Integrationslehre** von Rudolf Smend.[104] Integration wird verstanden als grundlegender Lebensvorgang aller gesellschaftlichen Gebilde, als Mittel zum Verständnis der Lebenswirklichkeit des Staates. Der Staat beruhe letztlich nicht auf seinem Recht und seiner tatsächlichen Macht, sondern auf der immer neuen freiwilligen Zustimmung seiner Angehörigen. Andernfalls gerate er in schwere Daseinskrisen, was gerade das

100 Vgl. *C. Schmitt* Freiheitsrechte und institutionelle Garantien der Reichsverfassung, in: Verfassungsrechtliche Aufsätze 1958, S. 160 ff.

101 Vgl. *Häberle* Die Wesensgehaltsgarantie des Art. 19 III GG, 3. Aufl. (1983), S. 79 ff.

102 →Rn. 1018.

103 BVerfGE 7, 198, 205 – Lüth-Urteil, → Rn. 1028; st. Rspr. BVerfGE 73, 261, 269; 96, 375, 398.

104 Evangelisches Staatslexikon, 2. Aufl. 1975, Stichwort „Integration", Sp. 1024–1027.

Schicksal der Weimarer Republik beweise. In dem in seinem sozialen Sein als beständiger Integrationsvorgang zu einer Erlebnis-, Kultur- und Wertgemeinschaft zu verstehenden Staat sind die Grundrechte als maßgebliche Faktoren dieses Vorgangs Elemente und Mittel der Staatshervorbringung. Vermittels der Werttheorie wird der **objektive Charakter der Grundrechte** betont – Grundrechte als objektive Normen statuieren eine Wertordnung. Die Werttheorie dient auch dazu, die Grundrechte zu einem geschlossenen Wert- und Anspruchssystem auszubauen und Probleme der Kollision von Grundrechten zu lösen, z. B. Recht auf Leben des nasciturus vs. Recht auf freie Entfaltung der Persönlichkeit der Mutter. Die Werttheorie öffnet die Verfassung für das rasche Einströmen zeitgebundener wechselnder Wertvorstellungen. Sie kann zur Verhüllungsformel richterlicher Dezision werden, zumal es keine allgemeingültige Rangfolge der jeweils mit absolutem Geltungsrang auftretenden Werte gibt.[105] Die Wirkkkraft der Werte zeigt sich aber darin, dass die EU sich nicht nur als Rechtegemeinschaft, sondern auch als Wertegemeinschaft versteht.[106]

Evident sind die politischen Folgen einer Verfassungstheorie, die das **Sozialstaats**- und/oder das **Demokratiegebot** zum Angelpunkt macht. Die Verfassung hat demnach den Anspruch, auch in wichtige, vor allem ökonomisch-gesellschaftliche Eigengesetzlichkeiten einzugreifen. Das Sozialstaats- und das Demokratiegebot proklamieren nach dieser Ansicht mit dem sowohl demokratischen als auch sozialen Staat die gleichschrittliche Entfaltung von Demokratie in der staatlichen und in der gesellschaftlichen Sphäre.[107] Auch beim BVerfG finden sich Anklänge dazu, aus einer Kombination von Grundrechten, z.B. Art. 12 oder der Garantie der Menschenwürde,[108] dem Gleichheitssatz und dem Sozialstaatsprinzip, Leistungsansprüche gegen den Staat abzuleiten, um Freiheit real zu verwirklichen.[109] 74

Auch der Dissens zwischen dem EuGH und dem BVerfG (vielfach auch der zwischen Europa- und Staatsrechtlern) über die Finalität der EU, aber auch über die Stellung beider Gerichte zueinander kann unionsverfassungsrechtlich und verfassungstheoretisch unterschiedlich begründet werden. Einerseits Art. 1 II EUV- immer engere Union der Völker Europas und Präambel sowie Art. 23 GG als bereits getroffene Entscheidung für eine Union nach dem Muster der USA, also Bundestaat Vereinigte Staaten von Europa, andererseits nach der vom Maastricht-Urteil ein- 75

105 Vgl. *I. Augsberg*, Handbuch des Verfassungsrechts, 4. Aufl., 2023, § 9 Wertordnung, Leitbilder.; *Jestaedt* Grundrechtsentfaltung im Gesetz 1999., S. 75 ff.

106 Art. 3 EUV- Grundlegende Werte der EU; Voßkuhle, Die Idee der europäischen Wertegemeinschaft, 2018.

107 *Ridder* in: Mück (Hrsg.) Verfassungsrecht S. 87 ff. (insb. S. 112 ff.).

108 BVerfG, NJW 2010, 505; BVerfGE 152,68 – Hartz IV; E 132, 134 → Rn. 583.

109 BVerfGE 33, 303, 330; kritisch *Zacher* HStR I, 3. Aufl., § 25 Rn. 114, Fn. 470; anders BVerfG, Urt. v. 21.7.2015, 1 BvF 2/13 – Betreuungsgeld, Rz 39.

geschlagenen Konzeption des BVerfG: Festhalten an der überkommenen Vorstellung souveräner, wenn auch kooperierender offener Staatlichkeit- gestützt auf Art. 4 EUV – Identität der Mitgliedsstaaten und Art. 5 – begrenzte Einzelermächtigung, Mitgliedsstaaten als Herren der Verträge sowie Art. 146 GG – Vorbehalt für die Umsetzung der europäischen Integration.[110] Der ehemalige Verfassungsrichter D. Grimm hat die Auseinandersetzung zugespitzt auf die Frage, ob und inwieweit die Konstitualisierung der Rechtsordnung auf inter- und supranationale Gerichte wie den EuGH überhaupt übertragbar ist.[111] Demgemäß lässt sich auch fragen, ob das unionale Primärrecht insbesondere der AEUV die gesamte Innen- und Sozialpolitik mit konstitutioneller Wirkung vorgeben darf.

76 In einem durch Interessenpluralismus geprägten Gemeinwesen konkurrieren im Einzelfall die verschiedenen Verfassungstheorien prinzipiell gleichberechtigt miteinander. Als verfassungstheoretisches Leitinteresse bleibt dann Reflexion und Kommunikation auf Dauer wirksam zu halten. Aus der Konkurrenz unterschiedlicher verfassungstheoretischer Ansätze wachsen dem Verfassungsinterpreten, insbesondere dem verbindlich letztentscheidenden Bundesverfassungsgericht erhebliche Macht und Verantwortung zu. Ein Interpret, der auf die ein Gemeinwesen bewegenden Zukunftsfragen nur verneinende oder gar keine Antworten gibt, verfehlt die staatsleitende und integrierende Funktion der Verfassung. Das gilt auch für Gerichte, die statt andere Staatsorgane zu kontrollieren, im Wettstreit mit diesen politisch gestaltend tätig werden.[112] Auch Entscheidungen des Bundesverfassungsgerichts sind nicht authentische, sondern nur „autoritative" und revidierbare Verfassungsinterpretationen.[113]

Weiterführend:
Morlok Was heißt, und zu welchem Ende studiert man Verfassungstheorie? 1988; *Grabenwarter* Verfassungstheorie, in FS P. Kirchhof I, 2013, § 13; *Depenheuer/ Grabenwarter* (Hrsg.) Verfassungstheorie 2010; *Vesting*, Staatstheorie 2018. *Augsberg/Unger* (Hrsg.) Basistext Grundrechtstheorie, 2012 – *Volkmann*, Interpretation der Verfassung, HbStR, 2023, §7; *Bumke*, Verfassungsstaat und Verfassung, 2023.

---

110 Huber, in Sachs Art. 146 Rn. 18.

111 Constitutionalism, Past Present, Future 2016, ders. FAZ vom 18.05.2020, S. 9.

112 Dazu *Schlaich/Korioth* Das Bundesverfassungsgericht, Rn. 530 ff.

113 *Jestaedt* Grundrechtsentfaltung im Gesetz S. 363 ff., 374 ff.; auch der Gesetzgeber ist zu keiner authentischen Auslegung des von ihm erkannten Gesetzes befugt. Dies verstieße gegen die Gewaltenteilung (BVerfGE 135, 1/14).

4. Verfassungsgerichtsbarkeit als politische Kraft

Im ersten Abhörurteil[114] hat das Bundesverfassungsgericht das getan, was vielfach 77
von ihm verlangt wird. Es hat, um politisch heftig umstrittene Verfassungsänderungen nicht scheitern zu lassen, „judicial restraint", also richterliche Zurückhaltung, geübt. Seit der Errichtung des Bundesverfassungsgerichts im Jahr 1952 haben immer wieder andere Entscheidungen Vorwürfe ausgelöst, wie die von den Konter-Kapitänen in Karlsruhe, der Über-, Neben-, oder Gegenregierung, die politische Entscheidungen im Wege des Gerichtsurteils anstelle des demokratisch legitimierten Gesetzgebers fällten.

Beispiele sind:

- Das Urteil zum Grundlagenvertrag zwischen der Bundesrepublik und der DDR[115] – Kritik von der Regierung und den Regierungsparteien (berüchtigt ist die kolportierte Fehlleistung eines hohen Repräsentanten einer Regierungspartei: „Wir lassen uns die OstPolitik nicht von den acht Arschlöchern in Karlsruhe kaputtmachen."[116]).
- Der „Soldaten sind Mörder"-Beschluss[117] – Förmliche Entschließungsanträge in Bundestag und Bundesrat, prinzipielles Infragestellen des Gerichts und seiner Ehrenschutzrechtsprechung durch Rechtswissenschaftler.
- Das Maastricht-, das Lissabon-Vertrags-und das PSPP-Urteil – Kritik aus der Politik und der Wissenschaft wegen europarechtswidriger Missachtung des Integrationsauftrags und der unionsrechtlich vorgegebenen Letztentscheidungskompetenz des EuGHs.
- Die erste Hartz IV-Entscheidung[118] – politisch unverantwortliche Sozialpolitik des Gerichts.
- Die Entscheidung zur steuerrechtlichen Diskriminierung eingetragener Lebenspartnerschaften.[119]
- BVerfGE 129, 300 – 3 %-Hürde, Sondervotum Müller: Nicht Sache des Bundesverfassungsgerichts eine vertretbare Entscheidung des Gesetzgebers durch eine eigene vertretbare Entscheidung zu ersetzen;

---

114 BVerfGE 30, 1.

115 BVerfGE 36, 1.

116 BVerfGE 84, 90

117 BVerfGE 93, 266.

118 BVerfGE 125, 175 s.a. U. v. 05.11.2019 – 1 BvL 7/16.

119 BVerfG, NJW 2010, 2783 – „eklatante, objektiv willkürliche Missachtung von Art. 6 I GG" (so *Hillgruber* JZ 2010, 41/42); s.a. *Uhle* (Hrsg.) Zur Disposition gestellt? 2014.

– BVerfGE 141, 220 – BKA-Gesetz – Überbewertung der informationellen Selbstbestimmung gegenüber Terrorabwehr, Sondervotum Schluckebier, S. 353 und Eichberger, S. 362.[120]

Zu den Grenzen der Verfassungsgerichtsbarkeit s.a. Sondervotum Lübbe-Wolff, BVerfGE 134, 366 Rn. 105 ff. – OMT; Sondervotum Gaier, E132, 1 Rn. 61 – Ersatzgesetzgeber; Sondervotum Landau, E126, 286/318; sowie weitere Sondervoten Gerhardt, E134, 366 Rn. 133 ff. – Erweiterung des Zugangs zum Gericht; Di Fabio/Mellinghoff, E129, 300/346 – zu 5 %-Klauseln – kein Verbot der geschäftsmäßigen Förderung der Selbsttötung[121] -Geltung der Grundrechte auch für Auslandstätigkeit des BND[122]- Rechtsreferendarin mit Kopftuch[123] – Wiederaufnahme nach § 362 Nr. 5 StPO[124]

78 Die Feststellung der Kritiker, die Richter machten Politik, trifft zu. Freilich haben die Kritiker bis heute nicht den Nachweis geliefert, wie Verfassungsrecht und Politik klar zu scheiden sind. Das Bundesverfassungsgericht, das letztverbindlich die gesamte Verfassung interpretiert und damit jede verfassungsrechtliche Streitigkeit verbindlich entscheidet, übt als eines der obersten Verfassungsorgane auch politische Gewalt aus. Zur Unmöglichkeit, zwischen politischen und juristischen Streitfragen vor der Verfassungsgerichtsbarkeit zu unterscheiden, hat bereits in der Weimarer Republik der Präsident des Staatsgerichtshofes festgestellt, diese Unterscheidung käme auf dasselbe hinaus, als wolle man Blumen in wohlriechende und giftige einteilen.[125] Jede verfassungsrechtliche Entscheidung ist ein konstitutiver Verfassungsakt, der die Aussage der Verfassung aktuell und autoritativ, aber nicht wie es oft heißt authentisch,[126] festlegt. Diese Entscheidung ist eine rechtsetzende und damit notwendig politische. Die letztverbindliche Auslegung der die Grundlagen des politischen Lebens regelnden Verfassungsnormen – wozu das Bundesverfassungsgericht kraft Gesetzes verpflichtet ist – kann nicht unpolitisch sein.

79 Eine andere Frage ist die, ob das demokratisch nicht direkt legitimierte und nicht verantwortliche Bundesverfassungsgericht im Wettstreit mit dem Gesetzgeber sich durch extensive (weite) Auslegung von Verfassungsnormen zum Sprachrohr nicht organisierter, konfliktschwacher Interessen, zum Vorreiter von Forde-

---

120 *Lindner/Unterreitmeier* DÖV 2017,90; *Möllers* JZ 2017, 271; *Rusteberg* DÖV 2017, 319.

121 BVerfG DVBl 2020, 868; *Rixen*, BayVBl, 2020; *Boehme-Neßler*, NVwZ, 2020, 1012.

122 BVerfG, DVBl 2020, 945, dazu *Huber*, NVwZ, Beilage 1 / 2020; *Sachs*, JuS, 2020, 705..

123 BVerfGE 151, 1 mit Sv. *Maidowski*; dazu *Battis*, ZBR, 2020 217; *Classen* JZ 2020, 417; *Kukuczka/Herbolzheimer*, DÖV, 2020, 724.

124 U.v. 31.10.2022, 2 BvR 900 – 22.

125 *Lammers/Simons* (Hrsg.) Die Rechtsprechung des Staatsgerichtshofs für das Deutsche Reich, Geleitwort v. Simons zu Band 2, 1930, S. 8 f.

126 → Rn. 76.

rungen machen soll, von denen die Verfassungsgeber noch nichts wussten, ob praktisch alle Fragen der Innenpolitik, insbesondere der Sozialpolitik unter Grundrechtsdruck gesetzt werden sollen. Eine weitere Frage ist die, ob und inwieweit sich das Bundesverfassungsgericht nach den von ihm in den ersten Jahrzehnten erbrachten grundrechts- und bundesstaatspolitischen Aufbauleistungen stärker zurückhalten soll oder darf,[127] um den demokratisch-politischen Willensbildungsprozess nicht durch rechtsstaatlich-judizielle Eingriffe zu sehr zu beschneiden. Schlimmstenfalls könnte die Überidentifizierung der Bürger mit der Verfassungsgerichtsbarkeit ein unpolitisches, antiparteiliches, antipluralistisches Misstrauen gegen die Demokratie fördern.[128] Es ist ein Paradox, dass das nur mittelbar demokratisch legitimierte,[129] elitärste oberste Staatsorgan in der Öffentlichkeit die höchste Anerkennung erfährt, weit höher als das Zentralorgan der repräsentativen Demokratie. Nicht zufällig ist gelegentlich von der „Karlsruher Republik" die Rede,[130] die zu einer einzigartigen Verrechtlichung der Politik geführt hat. Anders als der US Supreme Court hat das Bundesverfassungsgericht nicht die Kompetenz aus politischen Gründen einen Rechtstreit nicht zu entscheiden.[131] Die Instrumentalisierung der Verfassungsgerichtsbarkeit durch Verbände und Parteien,[132] impliziert die Gefahr, dass politische Gestaltungsspielräume im Interesse der Besitzstandswahrung einzelner Gruppen verrechtlicht werden.

Eine weitere heikle Konfliktlinie ist das Verhältnis des Bundesverfassungsge- 80
richts zur sogenannten Fachgerichtsbarkeit.[133] Einerseits rufen Entscheidungen, die direkt die Entscheidungen der obersten Bundesgerichte aufheben, gelegentlich den Vorwurf der Kompetenzüberschreitung aus.[134] Andererseits wirft ein Sondervotum dem Mehrheitsvotum, das eine Entscheidung des Bundesgerichtshofs billigt, vor, „der Senat verkennt die verfassungsrechtlichen Grenzen richterlicher Rechtsfortbildung. Der Große Senat für Strafsachen des Bundesgerichtshofs hat mit der Einführung des Verfahrens nachträglicher Protokollberichtigung [...] unter Verstoß

---

127 VVDStRL 30, Diskussionsbeiträge von *Kriele* und *Böckenförde* S. 160 – 162, 162 – 165; zugespitzt *Manow*, Unter Beobachtung – Die Bestimmung der liberalen Demokratie und ihrer Freunde, 2024.

128 VVDStRL 30, Diskussionsbeiträge von *Kriele* und *Böckenförde* S. 160 – 162, 162 – 165.

129 110a Zur Parteinähe und zum Abstimmungsverhalten von Richtern *Engst/Gschend* u. a. JZ 2017, 117.

130 *Casper* ZRP 2002, 214; *Lindner/Unterreidmeier* DÖV 2017, 90.

131 Zu anderen unsichtbaren Grenzen der Verfassungsgerichtsbarkeit *Voßkuhle* BayVwBl 2020, 577; *Wiederin* ebd. 583.

132 Sogar einer Partei die die Regierung mittrug, BVerfGE 90, 286 – Bundeswehr/Auslandseinsatz; s.a. *Stüwe* Die Opposition im Bundestag und das Bundesverfassungsgericht, 1997.

133 Dazu m.w.N. *Roellecke* HStR III, 3. Aufl. § 68.

134 Z. B. BVerfGE 88, 203 – Zweites § 218 Urteil; 92, 1 – Sitzblockade; 93, 266 – Soldaten sind Mörder; 92, 277 – DDR-Spionage, SV S. 360; 93, 121 – Vermögenssteuer, SV S. 149.

gegen Art. 20 II und III GG in den Kompetenzbereich des Gesetzgebers übergegriffen.“ [135]

81 Die Vorbildfunktion, die das Bundesverfassungsgericht im Ausland, z. B. Spanien, Ungarn, auch in Südafrika hatte, dürfte ein besserer Gradmesser seiner Leistung sein als gelegentliche innenpolitische Aufgeregtheiten. Dieses Bild kann dauerhaft auch nicht durch ein sich „zankendes“ Gericht[136] beeinträchtigt werden, so unerfreulich die Folgen für Gerichte und Rechtssuchende sind, wie der Ansehensverlust des US Supreme Court zeigt. Die trotz populistisch geprägter, nicht nur durch parteipolitisch einseitige Besetzung der Richterstellung eingetretener Rückschläge (z. B. Israel, Polen, Ungarn[137]), anhaltende Erfolgsgeschichte der Verfassungsgerichtsbarkeit ist der schlagenste Beleg für die Konstitutionalisierung der nationalen Rechtsordnungen.[138]

82 Die fortschreitende Konkretisierung der weitgefassten Grundrechte durch Rechtsprechung und Wissenschaft hat eine Eigendynamik. Ausgefeilte, vollentwickelte Grundrechtslehren erfassen mehr Lebenssachverhalte. Ein frühes Beispiel ist die Entwicklung des Schulrechts. Die Rechtsprechung zur sogenannten **Wesentlichkeitstheorie**[139] führte dazu, dass die vordem unangefochtene Übung, wichtige schulische Entscheidungen wie Schulverweisung, Versetzung, Einführung neuer Unterrichtsfächer verwaltungsintern, ohne spezielle gesetzliche Grundlage zu regeln, wegen Verstoßes gegen die Grundrechte von Schulpflichtigen und Eltern für verfassungswidrig erklärt wurden.[140] Der Streit um die Rechtschreibreform[141] oder um eine Kopftuch tragende Lehrerin oder Rechtsreferendarin sind weitere Belege dafür, dass Bürger mangels Konsens in der Gesellschaft Entscheidungen der Verwaltung nicht mehr akzeptieren, sondern früher nicht existente Probleme an die Gerichte herantragen.

83 Das Grundgesetz regelt das Bundesverfassungsgericht im Abschnitt über die Rechtsprechung und nicht im Gesetzgebungsabschnitt. Dem Bundesverfassungs-

---

135 BVerfGE 122, 248.

136 BVerfG, NJW 1998, 519 (1. Senat) u. 523 (2. Senat) – Kind als Schaden; BVerfGE 115, 118; E132, 1 – Luftsicherheitsgesetz; s.a. *Aust* EuGRZ 2020, 410.

137 Dazu EuGH Rs. 156–21; 157–21; *Britz* NJW 2023, 2819; problematisierend *Harbarth/Spielmann* DVBl. 2023, 1177; s.a. *Voßkuhle*, JZ, 2024, 1 – „weltweite Krise der Verfassungsgerichtsbarkeit“; einschränkend auch *Miller*, HStR I, 2023, § 22; *Ladeur* RuP 2024, 430; *Kurishima* DVBl 2024, 1201.

138 Dazu *Schuppert/Bumke* Die Konstitutionalisierung der Rechtsordnung 2000; *Jestaedt* in: Masing/Jonanjan (Hrsg.), Verfassungsgerichtsbarkeit 2011, S. 37; krit. zur Verrechtlichung der Politik *Manow*, Unter Beobachtung, 2024.

139 BVerfGE 40, 237, 250; E 147, 253, 310; *Lerche* in: Merten/Papier (Hrsg.), Handbuch der Grundrechte III, 2009, § 62, → Rn. 694 ff.

140 BVerfGE 41, 251 – Schulverweisung; 45, 400 – Neuordnung Oberstufe.

141 BVerfG NJW 1998, 2515; dazu *Hufen* JuS 1998, 1153.

gericht sind als einem Gericht, das (nur und erst) in einem gerichtsförmigen Verfahren zu entscheiden hat, die Verfassungsnormen als Kontrollmaßstäbe, nicht aber als Handlungsmaßstäbe vorgegeben. Wichtiger als diese eher vagen funktionell-rechtlichen Aussagen ist der Umstand, dass die Verfassungsgerichtsbarkeit als gerichtliche Entscheidung das Vorhandensein einschlägiger verfassungsrechtlicher Maßstäbe voraussetzt. Fehlen justitiable Maßstäbe ganz oder haben sie (noch) keinen hinreichenden Regelungsgehalt, so endet die Kontrollbefugnis des Bundesverfassungsgerichts, wie sich mit Entscheidungen des Gerichts zu wirtschaftspolitischen Maßnahmen, z. B. BVerfGE 4, 7 – Investitionshilfegesetz, E 30, 250 – Absicherungsgesetz, E 50, 290 – Unternehmensmitbestimmung, zur Verteidigungspolitik, E 68, 1 – Raketenstationierung, zum Umweltschutz, z. B. Beurteilungsspielräume im Naturschutzrecht oder auch anhand des Beschlusses zum Plutoniumbrüter Kalkar belegen lässt:

> „In einer notwendigerweise mit Unsicherheiten belasteten Situation liegt es zuvörderst in der politischen Verantwortung des Gesetzgebers und der Regierung, im Rahmen ihrer jeweiligen Kompetenzen die von ihnen für zweckmäßig erachteten Entscheidungen zu treffen. Bei dieser Sachlage ist es nicht Aufgabe der Gerichte, mit ihrer Einschätzung an die Stelle der dazu berufenen politischen Organe zu treten. Denn insoweit ermangelt es rechtlicher Maßstäbe."

Die überragende Rolle des Bundesverfassungsgerichts zeigt sich auch in der Bindungswirkung seiner Entscheidungen für die anderen Verfassungsorgane, insbesondere also auch für den Gesetzgeber (§ 30 I BVerfGG). Dies führt zu[142] einem schon sprichwörtlichen „Bundesverfassungsgerichtspositivismus" in der Rechtswissenschaft[143] und einer im europäischen Vergleich wohl einzigartigen Verrechtlichung politischer Konflikte. Eingedenk der vorstehenden Problematisierung sollte jedoch stets bedacht werden, dass auch verfassungsgerichtliche Urteile wie die Verfassung dem stillen Wandel in der Zeit unterliegen. 84

Die Sonderstellung des Bundesverfassungsgerichts zeigt sich auch darin, dass Richtern des Bundesverfassungsgerichts gem. **§ 30 II BVerfGG Sondervoten** erlaubt sind. Dadurch können sie zusammen mit dem Urteil darlegen, warum das Gericht den vorliegenden Fall anders hätte entscheiden oder seine Entscheidung anders hätte begründen müssen.[144] Sondervoten von drei oder gar vier von acht entscheidenden Richtern nehmen der konkreten Entscheidung nicht ihre Ver- 85

142 BVerfGE 49, 89; BVerfGE 143, 246 – Atomausstieg; *Shirvani* DÖV 2017, 281.

143 So *Schlink* Der Staat, 1989, 161, 163; Grimm (Hrsg.) Vorbereiter – Nachbereiter? 2019.

144 Weltweit umfassend und einzigartig eingehend: *Lübbe-Wolff*, Beratungskulturen. Wie Verfassungsgerichte arbeiten und wovon es abhängt, ob sie integrieren oder polarisieren, abrufbar unter: https://www.kas.de.

bindlichkeit, dem zugrundeliegenden Problem jedoch auch nicht seine Virulenz. Besonders anschaulich zeigt sich dies in der Entscheidung zu den Nebeneinkünften von Abgeordneten, bei der sich tragende wie abweichende Meinung durchgängig in der Begründung abwechseln, unterschieden nur nach Schrifttype.[145]

86 § 30 II BVerfGG unterscheidet zwei Arten von Sondervoten, die abweichende Entscheidung und die ganz oder teilweise abweichende Begründung.[146] Im zweiten Fall stimmt der Dissenter der Entscheidung im Ergebnis zu, allerdings mit anderer Begründung.[147]

87 Zwei Entscheidungen zum Hochschulrecht seien als Beleg angeführt, für den Verfassungswandel, trotz unveränderten Wortlauts der Verfassung und dessen Aufscheinen durch ein Sondervotum. Das niedersächsische Hochschulurteil[148] verwarf die Drittelparität der Hochschulangehörigen bei der Selbstverwaltung zugunsten einer absoluten Professorenmehrheit. Im Sondervotum der Richterin Rupp von Brünneck und des Richters Simon heißt es dazu:

> „Ergebnis und Begründung des Urteils beruhen weiterhin auf übereinstimmender verfassungsrechtlicher Beurteilung [...]. Jedoch halten wir es nicht für vertretbar, unmittelbar aus der Verfassung zu detaillierte organisatorische Anforderungen für die Selbstverwaltung der Universität herleiten zu wollen.
>
> Die insoweit in der Urteilsbegründung verwendete unbestimmte Formulierung, der Gruppe der Hochschullehrer sei in Berufungs- und Forschungsangelegenheiten der ‚ausschlaggebende Einfluß' zu sichern, bedeutet zusammen mit der verfassungsrechtlichen Beanstandung der einschlägigen Vorschriften des VorschaltG, daß es innerhalb des Systems der Gruppenuniversität verfassungswidrig sein soll, wenn der Gruppe der Hochschullehrer ‚nur' 50 % und nicht mindestens 51 % der Stimmen im Verhältnis zu den anderen Gruppen eingeräumt werden.
>
> Mit dieser Entscheidung setzt sich das Bundesverfassungsgericht unter Überschreitung seiner Funktion an die Stelle des Gesetzgebers."[149]

88 31 Jahre später hat das Gericht offenbar unter dem Einfluss der internationalen Hochschulentwicklung Art. 5 III 1 GG deutlich weniger strikte Anweisungen an den Gesetzgeber entnommen:

> „Die gesetzliche Zuweisung von Entscheidungskompetenzen an monokratische Leitungsorgane von Hochschulen ist mit Art. 5 III S. 1 GG vereinbar, sofern diese Kompetenzen sachlich be-

---

145 BVerfGE 118, 277, 352; s.a. Rn. 77, 80.
146 So z.B. *Lübbe-Wolff* BVerfGE 134, 366, zur Auslegung von Art. 38 GG.
147 Z.B. BVerfGE 113, 273 – abweichende Begründung *Broß* zum Europäischen Haftbefehl.
148 BVerfGE 35, 79.
149 BVerfGE 35, 79, 147 ff.

grenzt sind und zugleich organisatorisch hinreichend gewährleistet ist, dass von ihrer Wahrnehmung keine strukturelle Gefährdung der Wissenschaftsfreiheit ausgeht. [...] Art. 5 III S. 1 GG enthält kein Verbot, an die Bewertung wissenschaftlicher Qualität Folgen bei der Mittelverteilung anzuknüpfen. Die Entscheidung des Gesetzgebers, die Verteilung von Mitteln im Hochschulbereich auch leistungsorientiert vorzunehmen, ist verfassungsrechtlich nicht zu beanstanden, wenn eine wissenschaftsadäquate Bewertung der Leistung hinreichend gewährleistet ist."[150]

Weiterführend:
Gusy Parlamentarischer Gesetzgeber und Bundesverfassungsgericht, 1985; *Haltern* Verfassungsgerichtsbarkeit, Demokratie und Mißtrauen, 1998; *Jestaedt/Lepsius/Möllers/Schönberger* Das entgrenzte Gericht, 2011; *Waldhoff*, HbStR, 4. Aufl., 2023, § 5, Rechtliche Verfasstheit des Staates; Kieschel ebenda, § 10, Deutsches Verfassungsrecht im weltweiten Austausch; *Roellecke* Aufgaben und Stellung des BVerfG im Verfassungsgefüge, in: HStR III, § 67; *Rüthers* Die heimliche Revolution vom Rechtsstaat zum Richterstaat, 2. Aufl. 2016; *Voßkuhle* Die Zukunft der Verfassungsgerichtsbarkeit in Deutschland und Europa, EuGRZ 2020, 165; Nußberger Justiz – die „sensible Gewalt", NJW 2020, 3294.

5. Verfassungsrechtliche Grundentscheidungen

Jede Verfassung bekennt sich zu politischen Gestaltungsprinzipien der konkreten staatlichen Existenz – verfassungsrechtlichen Grundentscheidungen[151] (Verfassungsprinzipien, -grundsätzen, -strukturbestimmungen). Es handelt sich um rechtliche und vor allem politische Grundwertungen über Art und Organisation des Gemeinwesens, und zwar 89

- hinsichtlich der Staatsform Republik oder Monarchie, Einheits- oder Bundesstaat, parlamentarisches, präsidiales oder plebiszitäres System, konstitutionelle oder absolute Regierungsweise,
- hinsichtlich des Verhältnisses des Staates zu seinen Bürgern, und zwar als Einzelne oder als Gruppen, totaler oder insbesondere grundrechtlich begrenzter, absoluter oder rechtsstaatlicher, religiös gebundener oder neutraler Staat und
- hinsichtlich des Verhältnisses des Staates zum Wirtschafts- und Sozialleben, Steuerstaat oder „selbstproduzierender" Staat,[152]planwirtschaftlicher Zentralverwaltungsstaat oder Marktwirtschaft,[153] Vorrang sozialer oder individueller Gesundheits- und Alterssicherung.

---

150 BVerfGE 111, 333 – Brandenburger Hochschulgesetz; enger aber BVerfGE 136, 338; 127, 87.
151 Vgl. *Maurer* Staatsrecht I, § 6 Rn. 1 f.; *Kloepfer* Verfassungsrecht I, § 6 Rn. 1 f.
152 Dazu *Vogel* in: HStR II, 3. Aufl., 2004, § 30 Rn. 51 ff.
153 Dazu *Badura* HStR X, § 225 Rn. 28 ff.; vgl. *Rupp* HStR IX, 1. Aufl., § 203.

90 Das Grundgesetz trifft die verfassungsrechtlichen Grundentscheidungen in **Art. 1** und **Art. 20, 28 I GG.** Oberstes Prinzip der vom Grundgesetz gesetzten Ordnung ist die Unantastbarkeit der **Würde des Menschen**[154] und die Verpflichtung aller staatlichen Gewalt, sie zu schützen. Ausgeführt wird diese verfassungsrechtliche Grundentscheidung insbesondere durch die Grundrechte (Art. 2–19 GG).

91 Die Staatsform bestimmen Art. 20 I, 28 I GG: Republik, Demokratie, Bundesstaat, Rechtsstaat, Sozialstaat.

92 Die Herkunft der die Staatsform bestimmenden Begriffe aus der politischen Ideengeschichte bringt es mit sich, dass sich mit ihnen teilweise sehr unterschiedliche Vorstellungen und Erwartungen verbinden. Sie sind daher ein bevorzugter Kampfplatz ideologischer Auseinandersetzungen und Leitstern politischer Wunschvorstellungen. Ihre spezifisch staatsrechtliche Begrenzung, Verbindlichkeit und Anwendbarkeit erfahren sie überwiegend durch die Verfassungsbestimmungen, die die Staatsformbestimmungen ausgestalten.

93 So wird das Demokratieprinzip auf eine bestimmte Form der Demokratie ausgerichtet, nämlich auf die parlamentarische, durch die Vorschriften über den Bundestag (Art. 38–49 GG), die Bundesregierung (Art. 62–69 GG) und die Parteien (Art. 21 GG).

94 Als politische Gestaltungsprinzipien werden die verfassungsrechtlichen Grundentscheidungen zum einen in anderen Verfassungsvorschriften wie den zuvor genannten Organisationsentscheidungen konkretisiert. Zum anderen enthalten politische Grundentscheidungen in unterschiedlichem Umfang politische und damit auch verfassungsrechtlich umstrittene Zielvorstellungen über die Aufgaben des Staates. So können aus dem als Verfassungsauftrag verstandenen Demokratieprinzip Konsequenzen zur Verwirklichung der Demokratie in Wirtschaft und Verbänden gefordert werden. Das Sozialstaatsprinzip kann als noch aufgegebenes Gebot zur Lösung sozialer Fragen, so z.B. anlässlich der deutschen Wiedervereinigung,[155] als erst teilweise erfüllte Staatszielbestimmung verstanden werden. Welche Fragen als soziale zu bewerten und wie sie gegebenenfalls gelöst werden sollen, entscheidet zuvörderst dass der parlamentarische Gesetzgeber in Ausübung seiner politischen Gestaltungskraft.

95 Gleiches gilt für andere **Staatszielbestimmungen**[156] friedens-, kulturstaatlicher[157] oder tierschützender sowie umweltschützender (Art. 20a GG) oder gleich-

---

154 Ebenso Art. 1 EGRC.

155 Dazu *Depenheuer* HStR IX, 1. Aufl., 1997, § 204.

156 *Sommermann* Staatsziele und Staatszielbestimmungen, 1997 S. 198; zur Friedenstaatlichkeit P. Becker DVBl 2020, 1501.

157 *Häberle/Kotzur*, AöR 2023, 1.

stellungspolitischer (Art. 3 II 1 GG) Programmatik, wie sie in verschiedenen Landesverfassungen (z. B. Bayern,[158] Bremen, Brandenburg) zum Teil schon seit längerem vorhanden sind. Staatszielbestimmungen gewähren keine gerichtlich durchsetzbaren subjektiven Rechte.[159] Sie wenden sich primär an den Gesetzgeber und nach dessen Vorgaben an die Verwaltung und die Gerichte. Das schließt nicht aus, , dass einfaches Gesetzesrecht oder auch Grundrechte im Lichte von Staatszielbestimmungen zugunsten von Bürgern auszulegen sind. Programmatisch richtet sich der Schutzauftrag für die natürlichen Lebensgrundlagen zunächst an den Gesetzgeber. Ihm obliegt die gesetzliche Ausgestaltung des als Prinzip, nicht als strikte Regel konzipierten Staatsziels. Art. 20a GG ist justiziabel und verpflichtet den Staat zur Herstellung von Klimaneutralität mittels des aus Art. 2 I, Art. 20a GG zugunsten der jungen Beschwerdeführer abgeleiteten intertemporalen Freiheitsschutzes.[160] Ob Art. 20a GG im Anklang an die verfassungsrechtlichen Grundentscheidungen der Art. 20 I, 28 I GG als Normierung des „Umweltstaates“ bezeichnet werden sollte,[161] wird von der weiteren Ausgestaltung des Staatsziels durch Gesetzgeber, Rechtsprechung und Verwaltung abhängen. Avancierte das globale Leitbild der Nachhaltigkeit im Zuge der Klimapolitik zum Staatsziel,[162] so könnte dies über das Verfassungsrecht hinaus einschneidende Veränderungen der Rechtsordnung haben, z. B. durch Anerkennung der Natur als Rechtssubjekt.[163]

Seit längerem wird aus Art. 12, 109 GG i.V.m. dem Sozialstaatsprinzip eine Ver- 96
pflichtung der staatlichen Wirtschaftspolitik zur Vollbeschäftigung abgeleitet. Daraus kann nach richtiger Ansicht kein subjektiver Anspruch geltend gemacht werden. Die Kulturstaatlichkeit ist als Staatsziel des GG ohne ausdrückliche Formulierung anzuerkennen.[164] Hierfür – wie für das Nationalstaatsprinzip[165] – gilt aber, dass beide angesichts der deutschen Geschichte im 20. Jahrhundert nicht zufällig in Art. 20 I, 28 I GG nichtbenannt sind. Für die Nationalstaatlichkeit ist bezeichnend, dass sie zwar in S. 2 der Präambel und in den Deutschengrundrechten (Art. 8, 9, 11, 12 GG) enthalten ist, aber durch die Staatszielbestimmung des Art. 23 I 1 GG – Verwirklichung des vereinten Europas durch Mitwirkung bei der Entwicklung

---

158 Z. B. Tierschutz, Art. 141 I 2 BayVerf.

159 BbgVerfG NVwZ-RR 2010, 337 – Schutz von Kulturgütern.

160 BVerfG E157, 30, 177, 256; *Britz*, NVwZ 2022, 825; *Christ*, NVwZ 2023, 1193; *Kersten*, Das ökologische Grundgesetz, 2023, 35; *Klinger*, ZUR, 2022, 577; *Di Fabio*, Verfassung und Klimahaftung, 2023; s.a. Erstes Gesetz zur Änderung des Klimaschutzgesetzes vom 18.08.2021, BGBl. I, S. 3905.

161 S. *Kloepfer* Verfassungsrecht I, § 12 m.w.N.; zu Vorgaben für den Bund *Gassner* DVBl. 2017, 942.

162 Dazu *Fischer Lescano*, ZfU 2018, 205; *Kersten*, APuZ 2020, 27.

163 *Bosselmann*, KJ 1985, 345; ders., KJ, 1986, 1.

164 BVerfGE 36, 321, 331; *Häberle* Kulturstaatlichkeit und Kulturverfassungsrecht, 1982.

165 Dazu *Bleckmann* Staatsrecht I, § 13; *Kloepfer* Verfassungsrecht I, § 1 Rn. 53 f.

der Europäischen Union – und durch Art. 24 I GG – Übertragung (weiterer) Hoheitsrechte – eingehegt wird ohne, wie das Bundesverfassungsgericht in seiner Lissabon-Vertrags-Entscheidung betont hat, obsolet[166] zu werden.

166 BVerfGE 123, 267; s.a. einerseits auch *Kirchhof* HStR X, § 214 Rn. 94–97 andererseits *Pernice* HStR VIII, 1. Aufl., § 191 Rn. 3 – 5.

1. Teil
Staatsform und Staatsorganisation

§ 2 Republik

I. Die Entscheidung des Grundgesetzes

Anders als in Frankreich – République française – spielt in Deutschland der Begriff der Republik trotz seiner langen Tradition im Verfassungstext und in der Verfassungswirklichkeit eine eher blasse Rolle. Eine eigene Vorschrift, wie Art. 1 I WRV– „Das Deutsche Reich ist eine Republik" – gibt es im Grundgesetz nicht. Immerhin bezeichnet Art. 20 I GG den Staat als Bundes*republik* Deutschland und Art. 28 I GG verpflichtet die Länder auf die republikanische Staatsform. 97

Die republikanische Staatsform ist heute unproblematisch. Anders war dies noch in der Weimarer Republik, die bezeichnenderweise diese Frage als erste in der Verfassung entschied,[1] in der Verfassungswirklichkeit aber nur sehr unvollkommen durchsetzen konnte. Die Entscheidung für die Republik konkretisieren die Vorschriften über das Staatsoberhaupt, den Bundespräsidenten (Art. 54–61 GG). 98

Eine Republik (von *res publica* = Gemeinwesen) ist ein Staat, der keine Monarchie ist. Das Staatsoberhaupt darf also nicht auf dynastischer Grundlage und i. d. R. auf Lebenszeit bestimmt werden. 99

Lange Zeit umfasste der Begriff Republik auch den der Demokratie im heutigen Sinne.[2] Im weiteren Sinne bedeutet republikanisch auch heute noch freiheitlich, volksstaatlich und vor allem antidiktatorisch.[3] Daran knüpfen gerne wieder populistische Bewegungen an, wie schon die Partei „Republikaner". In diesem älteren Begriffssinne ist ein Staat republikanisch, wenn sich alle öffentliche Gewalt auf die Gemeinschaft zurückführen lässt – d.h. Gewaltausübung vermittels öffentlicher Ämter[4] kraft besonderer Ermächtigung durch die Gemeinschaft – und wenn diese Gewaltausübung auf das Allgemeinwohl verpflichtet ist. Legt man diesen weiteren Begriff der Republik zugrunde, der zunehmend wieder in den Blick gerät[5], so sind 100

---

1 Krit. dazu *Elicker* JöR 57 (2009), S. 207.

2 Dazu M.A. *Wiegand* Demokratie und Republik 2017.

3 Siehe die Freistaaten Bayern, Sachsen und Thüringen und die Freien Hansestädte Bremen und Hamburg.

4 Dazu *Gärditz* JöR 64 (2016), S. 1.

5 BVerfGE 123, 39, 69 – Wahl und Kontrolle des Wahlverfahrens Angelegenheit der Bürger; s.a. *Klein* DÖV 2009, 741; *Robbers* FS Herzog 2009, S. 379; zurückhaltend *Kloepfer* Verfassungsrecht I, § 8 Rn. 9.

https://doi.org/10.1515/9783111271309-005

dann republikanisch grundiert auch Vorschriften wie Art. 4 (Glaubens- und Gewissensfreiheit), Art. 20 II (Ausübung der Regierungsgewalt durch besondere Ämter), Art. 33 IV, V GG (Wahrnehmung öffentlicher Ämter durch den öffentlichen Dienst) sowie Art. 97, 98 GG (Richteramt) und in spezieller Weise auch das Demokratie- und das Rechtstaatsprinzip. Der ältere weite Republiksbegriff dient auch dazu, die Teilhabe von Bürgern an supra- und völkerrechtlichen Organisationen, z. B. der EU zu aktivieren.[6]

101 Art. 28 I GG verpflichtet zwar die Länder auf die republikanische Staatsform, aber die Strukturklausel[7] des Art. 23 I 1 GG, die der Bundesrepublik Deutschland die Mitwirkung an der Entwicklung der Europäischen Union vorschreibt, führt das republikanische Prinzip nicht auf. Das ist auch nicht verwunderlich, waren doch bis zum Vollzug des Brexits sieben Mitgliedstaaten der EU Monarchien. Umgekehrt galt die monarchisch geprägte Reichsverfassung von 1871 auch für die Republiken Hamburg, Bremen und Lübeck.

102 Das republikanische Prinzip wird innerstaatlich gem. Art. 79 II, III GG geschützt. Umstritten ist, ob Art. 79 III GG auch eine Verfassungsneugebung nach Art. 146 GG bindet.[8] Seit der Neufassung von Art. 146 GG – Wegfall der Wiedervereinigung als Tatbestandsvoraussetzung für das Außerkrafttreten des Grundgesetzes – hat das Grundgesetz seinen provisorischen Charakter verloren, ohne dass es zu einer Volksabstimmung i. S. v. Art. 146 GG a.F. gekommen ist. Deren Fehlen schließt aber die „Legitimation des Grundgesetzes durch das deutsche Volk“[9], insbesondere aufgrund der revolutionären Entwicklung in der DDR, nicht aus.

103

Weiterführend:
Anderheiden HStR II 2024, § 33; *Gröschner* HStR II, 3. Aufl., § 23; *ders.* Weil wir frei sein wollen, 2016; *Henke* HStR I, 1. Aufl., § 21; *Hölzing* Republikanismus, 2014.

II. Der Bundespräsident

104 Ebenso wie die Staatsformbestimmung Republik vorwiegend negativ als Gegenbegriff zur Monarchie definiert wird, ist es üblich, das Staatsoberhaupt der Bundes-

6 Dazu *von Bogdandy* JZ 2005, 529; weiterführend *Gröschner* JZ 2014, 674/676 ff.; *Nowrot* Das Republikprinzip in der Rechtsgemeinschaft 2014.

7 Dazu *Streinz* in: Sachs, Art. 23 Rn. 16.

8 *Jarass/Pieroth* GG, Art. 146 Rn. 2 f. m.w.N., a.A. *Huber* in: Sachs, GG, Art. 146 Rn. 10.

9 Dazu *Heckel* HStR VIII, 1. Aufl., 1995, § 197.

republik, den Bundespräsidenten, negativ durch Entgegensetzung zum Reichspräsidenten der Weimarer Reichsverfassung zu charakterisieren. Richtig ist, dass der Bundespräsident weniger Kompetenzen hat als der vom Volk direkt gewählte Reichspräsident, dem insbesondere das Notverordnungsrecht und die Reichsexekution (Art. 48 WRV) zustand. Die negative Entgegensetzung wird jedoch der integrativen und nach außen und innen gerichteten repräsentativen Funktion des ranghöchsten Staatsorgans nicht gerecht. Die Bedeutung des Amtes wird nur zutreffend erkannt, wenn neben der äußeren Schwäche auch seine „innere Stärke" gesehen wird.[10] Die Ereignisse um die beiden vorzeitigen Auflösungen des Bundestages (1983, 2005) haben zudem gezeigt, dass der Bundespräsident zumindest bei geminderter Handlungsfähigkeit anderer oberster Verfassungsorgane gem. Art. 63 IV, 68 GG auch selbständige politische Entscheidungsbefugnisse innehat. Die Reservefunktion in diesem Fall oder in dem des Gesetzgebungsnotstandes gemäß Art. 81 GG geht über die Rolle des Staatsnotars hinaus. Ohne parteipolitische Neutralität könnte der Bundespräsident seine Integrationsfunktion allerdings nicht erfüllen.

Gewählt wird der Bundespräsident von der **Bundesversammlung** (Art. 54 I 105
GG). Diese besteht je zur Hälfte aus Mitgliedern des Bundestages und aus Mitgliedern, die von den Landtagen gewählt werden, ihnen aber nicht angehören müssen, z. B. Gesine Schwan, Gloria von Thurn und Taxis. Die **Amtszeit** des Bundespräsidenten beträgt (außer im Verteidigungsfall nach Art. 115 h I 2 GG) 5 Jahre. Einmalige Wiederwahl ist zulässig (Art. 54 II GG). Außer durch Rücktritt oder Tod kann die Amtszeit vorzeitig durch Anklage vor dem Bundesverfassungsgericht enden (Art. 61 GG). Die Präsidentenklage ist eine aus der Weimarer Reichsverfassung (Art. 59) übernommene Nachbildung der Ministeranklage. Dieses aus der konstitutionellen Monarchie überkommene Rechtsinstitut enthält das Grundgesetz, anders als manche Landesverfassungen (z. B. Art. 63 VerfNRW), nicht. Art. 54 I 2 GG regelt bestimmte persönliche Voraussetzungen für die Wahl des Bundespräsidenten, Art. 55 GG Inkompatibilitäten, die nach dem Ausscheiden aus dem Amt nicht mehr gelten.

Die **Kompetenz** des Bundespräsidenten umfasst 106

- die Ausfertigung von Gesetzen (Art. 82 GG). Bei diesem der Verkündung vorausgehenden Teil des Gesetzgebungsverfahrens stellt sich nicht selten die Frage nach dem Umfang des Prüfungsrechts des Bundespräsidenten.[11]
- die völkerrechtliche Vertretung des Bundes (Art. 59 GG)

---

10 *Stern* FS Carstens, 1984, S. 740 ff.

11 → Rn. 284.

- die Mitwirkung an der Regierungsbildung bei der Wahl des Bundeskanzlers (Art. 63 I GG)
- bei der Ernennung und Entlassung von Bundesministern (Art. 64 I GG)
- die Mitwirkung an parlamentarischen Krisenfällen, nämlich
- bei der Auflösung des Bundestages (Art. 63 IV 3, 68 I GG)
- bei der Erklärung des Gesetzgebungsnotstandes (Art. 81 GG)
- die Festsetzung des Wahltermins innerhalb des verfassungsrechtlich vorgegebenen Rahmens (§ 16 BWahlG)
- die Ernennung der Bundesbeamten, Bundesrichter und Angehörigen der Bundeswehr (Art. 60 I GG), bei der nach h.M. der Bundespräsident über die Prüfung der rechtlichen Voraussetzungen hinaus auch eine begrenzte qualifikationsbezogene sachliche Prüfungskompetenz besitzt[12]
- das traditionelle Recht des Staatsoberhauptes
- zur Begnadigung (Art. 60 II GG)[13] und
- zur Ordensverleihung (§ 6 des Gesetzes über Titel, Orden und Ehrenzeichen v. 26.7.1957) sowie
- vielfältige Formen zur Integration wie öffentliche Reden, Interviews, Publikationen, Teilnahme an öffentlichen Veranstaltungen, Schirmherrschaften, Kondolenz- und Glückwunschadressen,[14] Empfänge etc.

107 Kennzeichnend für die Rolle des Bundespräsidenten als Integrationsorgan ohne eigene politische Führungskompetenz ist die **Gegenzeichnung** nach Art. 58 GG. Alle Anordnungen und Verfügungen des Bundespräsidenten außer den nach Satz 2 ausgenommenen bedürfen zu ihrer Gültigkeit der Gegenzeichnung durch den Bundeskanzler oder den zuständigen Minister. Die im Verfassungsrecht der konstitutionellen Monarchie entwickelte Gegenzeichnung soll die parlamentarische Verantwortung der Bundesregierung für Amtshandlungen des Bundespräsidenten gegenüber dem Bundestag begründen. Zugleich soll sie die Einheitlichkeit der Staatsleitung im Exekutivbereich gewährleisten.[15] Ebenso wie der unverletzliche (= unverantwortliche) Monarch, der an seine verantwortlichen Minister gebunden wurde, ist der Bundespräsident politisch-parlamentarisch nicht unmittelbar verantwortlich. Aber die Gegenzeichnung schließt anders als beim Monarchen seine verfassungsrechtliche Verantwortung nicht aus.[16] Dies gilt sowohl für die Präsidentenklage als auch für die wichtigeren sonstigen verfassungsgerichtlichen Ver-

---

12 *Stern*, Staatsrecht II, § 30 III 5 g.
13 Dazu OVG Berlin/Brandenburg, NJW, 2024, 2054.
14 Instruktiv, BVerfG, NVwZ, 2024, 507 m. krit. Anm. v. *Heinemann*.
15 *Stern*, Staatsrecht II, § 30 II 7b.
16 BVerfGE 62, 1, 33.

fahren, insbesondere das Organstreitverfahren. Hinzu kommt, dass anders als in monarchischer Zeit der Minister nicht mehr die vom Monarchen gefällte Entscheidung zu überprüfen hat, sondern die Entscheidungsgewalt nunmehr bei der Regierung liegt.

Ein vom späteren Bundespräsidenten (1994–1999) Roman Herzog initiiertes Verständnis will deshalb Entscheidung und Gegenzeichnung umpolen. Die Regierung übernehme nicht die Verantwortung für Entscheidungen des Bundespräsidenten, der Bundespräsident habe vielmehr die Entscheidungen der Regierung zu ratifizieren.[17] Regierungsakte werden demnach also vom Bundespräsidenten „gegengezeichnet“.

Streitig ist, ob die Gegenzeichnung alle politisch bedeutsamen Handlungen des Bundespräsidenten erfasst, also zum Beispiel auch regierungskritische Reden und Interviews. Der Wortlaut von Art. 58 GG – „bedürfen zu ihrer Gültigkeit“ – spricht für die engere Auffassung, der zufolge Anordnungen und Verfügungen als rechtlich verbindliche Akte, z.B. Minister- oder Beamtenernennung, Begnadigung, Ordensverleihung unter Art. 58 GG fallen; nur sie können gültig werden, nicht aber Interviews. Die Vertreter der engeren Auffassung nehmen den Bundespräsidenten aber über die allgemeine Verfassungsorgantreue in die Pflicht.[18] Der „Totalitätsanspruch“ der weiten Gegenzeichnungslehre[19] entspricht nicht der Praxis. Alle Bundespräsidenten haben z.B. das Recht auf gegenzeichnungsfreie öffentliche Rede in Anspruch genommen. 108

Allerdings lässt sich für die weite Gegenzeichnungslehre anführen, dass öffentliche Reden, aber auch von den Medien gemeldete Schirmherrschaften und Glückwunschadressen für die amtsspezifische Integrations- und Repräsentationsfunktion des Bundespräsidenten von größter Bedeutung sein können, mit gerade außenpolitisch weitgehenden Folgewirkungen. Erinnert sei an die auf dem Wege zum 1. Weltkrieg verhängnisvollen Reden von Kaiser Wilhelm II.[20] 109

Wie jeder Inhaber eines öffentlichen Amtes darf der Bundespräsident private politische Ansichten im politischen Meinungskampf nicht mit der Autorität seines Amtes kundtun. 110

Beispielsfall: In einer Diskussionsveranstaltung mit Gymnasiasten bei der auch Medienvertreter anwesend waren, hatte Bundespräsident Gauck NPD Mitglieder und andere Rechtsextremisten als „Spinner“ bezeichnet. Den dagegen von der NPD eingeleiteten Normenkontrollantrag (Art. 93 I Nr. 1 GG) wies BVerfGE 136, 323 zurück. 111

---

17 *Herzog* FS für G. Müller, 1970, S. 128; *Brinktrine* in: Sachs, Art. 58 Rn. 5.

18 W.N. bei *Kloepfer* Verfassungsrecht I, § 17 Rn. 169 f.

19 So *Brinktrine* in: Sachs, Art. 58 Rn. 18.

20 S.a. *Jochum* Worte als Taten, 2000.

112 Auch für den Bundespräsidenten gelte wie für jedes Staatsorgan das Verbot der parteipolitischen Einflussnahme auf Parteien. Der Bundespräsident habe „nicht unter evidenter Vernachlässigung seiner Interpretationsfunktion und damit willkürlich“ Partei ergriffen. Die besondere kommunikative Rolle des Bundespräsidenten bewahrte ihn davor wie die Bundeskanzlerin[21] Bundesminister[22] oder Oberbürgermeister[23] in vergleichbaren Fällen vor Gericht zu verlieren.

113 Gemäß Art. 59 I GG vertritt der Bundespräsident den Bund **völkerrechtlich** und schließt im Namen des Bundes **Verträge mit auswärtigen Staaten.** Gemäß Art. 59 I 3 GG beglaubigt er deutsche Gesandte (Botschafter) im Ausland und akkreditiert ausländische Gesandte (Botschafter) in Deutschland.

114 Art. 59 I GG eröffnet dem Bundespräsidenten keinen außenpolitischen Handlungsspielraum. Die Außenpolitik obliegt Parlament und Regierung.[24] Art. 59 I GG muss insbesondere im Zusammenhang mit Art. 65 S. 1, Art. 59 II und Art. 58 GG gesehen werden. Der Bundespräsident schließt (nur) die Verträge, die die Bundesregierung zuvor ausgehandelt hat. Gerade bei außervertraglichem Handeln nach Art. 59 GG ist der Bundespräsident auf die außenpolitische Linie der Regierung verpflichtet. Empfängt er z. B. einen Staatsgast nicht oder unter bewusster Verletzung der Höflichkeit, so bedarf dies der (zumindest konkludenten) nachträglichen Gegenzeichnung.

115 Soweit das Erfordernis der Mitwirkung des Bundestages nach Art. 59 I GG reicht, darf der Bundespräsident einen ausgehandelten und paraphierten Vertrag erst in Kraft setzen (ratifizieren), wenn Bundestag und ggf. Bundesrat dem Vertragszweck in Gesetzesform zugestimmt haben.

116 Das in Art. 59 II S. 1 GG statuierte Zustimmungs- und Mitwirkungserfordernis, welches die parlamentarischen Kompetenzen auch im außerpolitischen Bereich sichert, erstreckt sich auf zwei Fälle:
- **Verträge**, welche die **politischen Beziehungen** des Bundes regeln
- **Verträge**, die sich auf **Gegenstände der Bundesgesetzgebung** beziehen.

---

21 NVwZ 2022, 1113 m. SV *Wallrabenstein* S. 1125 m. Anm. v. *Nellessen* S. 1118; kontrovers *Neumeier*, AöR, 2024, 1: *Ingold*, NVwZ 2024, 609; *van Ooyen* RuP 2022, 377; s.a. *Lennartz* AöR 2023, 124; s.a. Nds. StGH, NVwZ, 2024, 164 – Ehemaliger Minister.

22 E148, 11-; E140,225 Wanka, eher großzügig E138, 102- Schwesig, Gegenposition *Wieland*, FS Morlok 2019, 353; s.a. Nds StGH NVwZ 2021, 147 - Ministerpräsident -> Rn. 326.

23 OVG Münster, NVwZ 2017, 1316

24 BVerfGE 90, 286/357; E121, 135/162, wobei bei Verträgen, die nicht langfristig und grundsätzlich unauflösbar sind, der Bundesregierung eine grundsätzliche Prärogative zukommt BVerfGE 131, 152/195.

Die erstgenannte Fallgruppe erfasst Verträge, die die Existenz des Staates, seine territoriale Integrität, seine Unabhängigkeit, seine Stellung oder maßgebliches Gewicht in der Staatengemeinschaft unmittelbar berühren.[25] Der Zustimmung oder Mitwirkung des Bundestages bedürfen nicht völkerrechtliche Willenserklärungen, die sich im Rahmen bestehender Verträge bewegen.[26] 117

In der zweiten Fallgruppe sind Verträge gemeint, die zu ihrer innerstaatlichen Durchführung eines Gesetzes bedürfen.[27] 118

Der Vertragsabschluss vollzieht sich in drei Etappen: 119

(1) **Aushandlung des Vertragstextes** durch die Bundesregierung; am Ende steht i. d. R. die **Paraphierung**; sie bedeutet die Bestätigung der gefundenen textlichen Einigung, verbunden mit der Verpflichtung, für das endgültige Zustandekommen zu sorgen.

(2) Zustimmung des Bundestages (unter Mitwirkung des Bundesrates), sog. **Ratifizierungsgesetz**; dieses Zustimmungsgesetz hat eine doppelte Funktion:

- Es ermächtigt den Bundespräsidenten, den Vertrag endgültig in Kraft zu setzen (Ermächtigung zur Ratifizierung).
- Es formt, sofern möglich, die in dem Vertrag enthaltenen Rechte und Pflichten in innerstaatliches, für jedermann gültiges Recht um (Transformationswirkung).

(3) **Ratifikation** des Vertrages durch den Bundespräsidenten (Art. 59 I GG). Das Prüfungsrecht des Bundespräsidenten vor der Ratifikation unterscheidet sich nicht von dem bei anderen Gesetzen[28]

Weiterführend:
Callies HStR IV, 3. Aufl., 2006, § 83 – Auswärtige Gewalt; *Nettesheim* HStR III, 3. Aufl., 2005, §§ 61–63 – Der Bundespräsident; *Schorkopf* Staatsrecht der internationalen Beziehungen, 2017; *Eibach*, Die Bundesversammlung zwischen Kür und Wahl, 2023; *Gusy*, VerwArch, 2024, 109 – Staatsaufgabe Legitimation.

---

25 BVerfGE 1, 283; E90, 286/357; zur Information und zu Beteiligungsrechten des Bundestages bei Gemischten Abkommen wie CETA, TTIP *Weiß* DÖV 2016, 661; *Grzeszik/Hettche* AöR 2016, 225; *von Arnauld* ebenda, S. 268; *Frenz* DVBl. 2017, 468.

26 BVerfGE 68, 1 – Aufstellung von Mittelstreckenraketen und NATO-Doppelbeschluss.

27 Zum späteren Abweichen des Gesetzgebers von einem geschlossenen Vertrag s. BVerfGE 141, 1 m. SV. *König* S. 44.

28 Rn. 740 ff.

§ 3 Demokratie

120 Auf der Staatsrechtslehrertagung 1970 begann der Referent seinen Vortrag zum Thema „Das demokratische Prinzip im Grundgesetz“ mit dem Satz: „Mir ist zumute wie einem Dorfkaplan, der beauftragt worden ist, vor dem vatikanischen Konzil einen einstündigen Vortrag zu halten über das Thema: Die Bibel[1] Die Verzagtheit ob der Komplexität des Themas ist verständlich, damals zur Zeit des weltweiten Ost-West-Konflikts und im Gefolge der Kulturrevolution von 1968, ebenso wie heute, wenn das westliche liberale System durch identitären Populismus und Autoritarismus in Frage gestellt wird, gespeist durch die als ungleich empfundene Verteilung der Vorteile der globalisierten Wirtschaft und durch Misstrauen gegen kosmopolitische Eliten. Nicht minder radikal ist im globalen Nord-Süd-Konflikt die postkoloniale Kritik am Modell der westlich-liberalen Demokratie, wenn deren Institutionen und Vertreter durch *cancel culture* und *public shaming* als rassistisch und paternalistisch klassifiziert werden, beruhend auf spezifischen, nicht universalen Erfahrungen alter weißer Männer.

121 „Kaum ein anderer Begriff der politischen Sprache ist so allgegenwärtig und wird so universell eingesetzt wie die Begriffe ‚Demokratie‘ und ‚Demokratisierung‘. Über kaum einen anderen Begriff herrschen so viele Missverständnisse wie über diesen.“[2]

122 Um für unsere Einführung in das geltende Staatsrecht Boden unter die Füße zu bekommen, wird es vonnöten sein, die Elemente des grundgesetzlichen Demokratiebegriffes möglichst genau zu bestimmen. Zuvor sollen jedoch einige Hauptlinien der um das demokratische Prinzip kreisenden Diskussion nachgezeichnet werden. Denn die Grenze zwischen unzweifelhaftem verfassungsrechtlichem Gebot und verfassungspolitischem Wunsch ist in vielen Fällen fließend, insbesondere, wenn man das Demokratieprinzip als ein teilweise noch der Verwirklichung harrendes Verfassungsziel versteht. Im partei- und gesellschaftspolitischen Alltag wird das demokratische Prinzip regelmäßig nicht nur in seinem durch das Grundgesetz eindeutig bestimmten Gehalt verwendet. Zudem können demokratietheoretische Erkenntnisse für die Erkenntnis von tatsächlichen Demokratiedefiziten in unserem Gemeinwesen als Anregung für Verbesserungen wichtig sein.

1 *V. Simson*, VVDStRL 29 (1971), S. 4.

2 *Denninger*, Staatsrecht I, 1973, S. 55; zu Phasen der Entdemokratisierung Selk, „Demokratiedämmerung“, 2023.

https://doi.org/10.1515/9783111271309-006

I. Demokratietheorie

Übersetzt man die beiden griechischen Bestandteile des Wortes, so bedeutet Demokratie Herrschaft des Volkes. Dementsprechend bestimmt Art. 20 II 1 GG: „Alle Staatsgewalt geht vom Volke aus." Demokratietheorie beschäftigt sich mit der saloppen, aber treffenden Frage Bert Brechts: „Aber wo geht sie hin?" 123

Demokratietheoretisches Erkenntnisinteresse leitet eine sozialwissenschaftliche Realanalyse darüber, ob in einem Land, einer Gemeinde, einem Verband, einer Partei tatsächlich die Herrschaftsmacht von den Mitgliedern ausgeht. Das Ergebnis der auf die soziale Wirklichkeit fokussierten Analyse wird nicht nur durch den Untersuchungsgegenstand bestimmt, sondern entscheidend auch von der Vorstellung davon, was demokratisch ist, also vom angelegten normativen Maßstab, der zwischen Utopie und Anpassung an die vorgefundenen Gegebenheiten oszillieren kann. 124

Ein bis heute aufschlussreicher Vortrag des Sozialwissenschaftlers und „gelernten Juristen" F. Scharpf aus dem Jahre 1970 über Erkenntnisse und Hintergründe der Demokratietheorie trägt denn auch den programmatischen Titel „Demokratietheorie zwischen Utopie und Anpassung". Eine politikwissenschaftliche Untersuchung ein und desselben Verbandes wird zu ganz unterschiedlichen Ergebnissen gelangen, je nachdem, ob der Verfasser Vorstellungen einer identitären oder einer repräsentativen Demokratie anhängt. 125

Die Idee der **identitären Demokratie** geht von der Identität von Herrschenden und Beherrschten aus, von der idealen Selbstbestimmung des Menschen. Sie ist maßgeblich vom französischen Philosophen Jean Jaques Rousseau (1712–1778) formuliert worden, der sie als Bürger Genfs am Modell des überschaubaren Stadtstaates entwickelt hat. Seine Lehre von der volonté générale führt den Staat mit äußerster Konsequenz auf die Zustimmung der Bürger zurück. Den Gegenpol bildet die auf den modernen Flächenstaat ausgerichtete **repräsentative Demokratie,** also die Ausführung der Volksherrschaft durch gewählte Vertreter. Statt zur Abschaffung der Herrschaft von Menschen über Menschen wird die Demokratie dadurch zu einer Herrschaftsform, die Machtstrukturen und einen Apparat zur Herrschaft der Mehrheit über die Minderheit benötigt. Ein wichtiger Vertreter der Idee der repräsentativen Demokratie, und zwar in der Form der **parlamentarischen Demokratie**, ist der englische Staatsphilosoph E. Burke (1729–1797). Mit seinem Werk legitimierte er den englischen Parlamentarismus gegen die rasch wechselnden zum Terror sich steigernden Herrschaftsformen der französischen Revolution. 126

Eine Variante der Entgegensetzung von identitärer und repräsentativer, von direkter und indirekter Demokratie ist die von parlamentarischer Demokratie und **Rätedemokratie.** Letztere strebt die universelle Selbstbestimmung der Menschen 127 an als Gegenmodell zur Fremdbestimmung durch Abgeordnete, die an Weisungen nicht gebunden sind, und durch Bürokratien, deren Beamte durch das Lebenszeitprinzip gesichert sind. Verwirklicht werden soll die Selbstbestimmung durch die Einheit von gesetzgebender und vollziehender Gewalt. Dazu dient das **imperative Mandat**, d.h. die Bindung von Abgeordneten an Weisungen und die jederzeitige Abberufbarkeit von Richtern und Amtsträgern der Verwaltung. Gegen das Rätekonzept wird eingewendet, dass anstelle einer Verwirklichung des Ideals der Selbstbestimmung die Gefahr des Umschlagens in totale Herrschaft droht, weil nämlich mangels Gleichklang der Interessen die Identität von Herrschenden und Beherrschten für diejenigen entfällt, die nach, herrschaftsfreiem rationalem Diskurs letztendlich überstimmt werden. Die Minderheit ist dann einem durch keine Machtbalancen eingeschränkten Mehrheitswillen in allen Erscheinungsformen der öffentlichen Gewalt ausgesetzt.

Der antiautoritäre Impetus der Rätebewegung wirkt in jüngerer Zeit fort als antiautoritäre Opposition zu staatlichen und gesellschaftlichen Institutionen und führt zur authentitätspolitischen „Entkernung des demokratischen Bürgerstaats“. Dasselbe Ergebnis zeitigt auch das Gegenmodell der autoritären Revolte.[3]

128 Unter bewusstem Verzicht auf die als zu „hoch hängend“ bewerteten identitären Ideale richten Vertreter einer nach eigenem Verständnis **realistischen Demokratietheorie** ihre Blicke auf vorfindliche Erscheinungsformen der Demokratie. Dazu verwenden sie die Methoden der empirischen Sozialforschung. Die vielfach an der weitgehend entpolitisierten US-amerikanischen Konsumgesellschaft der „goldenen 30er Jahre“ nach dem 2. Weltkrieg orientierten Untersuchungen kamen beispielsweise zu Ergebnissen, dass es in der Realität regelmäßig nur eine kleine aktive und eine große passive Öffentlichkeit gibt, dass entgegen dem Postulat der Befassung aller Bürger mit den öffentlichen Angelegenheiten politische Apathie ein Indikator politischer Stabilität eines Gemeinwesens sei, intensive und breite politische Auseinandersetzungen hingegen Instabilität anzeigen, dass die Elitenherrschaft der periodisch gewählten Führungsmannschaften stärker von speziellen Interessen weniger Interessenten, vorgetragen durch schlagkräftige pressure groups und Lobbyisten, weit wirksamer beeinflusst wird als von allgemeinen Interessen der Mehrheit der Bevölkerung.

129 Auf den Punkt bringt dies das vom amerikanischen Soziologen W. Olson (1926–2004) entwickelte paradox erscheinende Olson'sche Gesetz: Je spezieller ein Inter-

3 Dazu *Kersten* in: Bultmann/Grigoleit/et. al. (Hrsg.), Demokratie als Bauherrin, 2024, S. 88 ff.; *Weiß*, Die autoritäre Revolte, 2021.

esse ist, umso besser lässt es sich in einer Demokratie durchsetzen. Je allgemeiner ein Interesse ist, umso mehr Widerstand erzeugt es.

Setzt man die vorfindliche Demokratie mit der wahren Demokratie gleich, so 130 wird Demokratie zur bloßen politischen **Methode**, eine institutionelle Ordnung, um zu politischen, legislativen und administrativen Entscheidungen zu gelangen (so z. B. der österreichische Ökonom Schumpeter (1883–1950). Aus dem Angebot der auf dem politischen Markt konkurrierenden Machteliten kann der auf die Stimmabgabe beschränkte Bürger die Partei auswählen, von der er sich den größten privaten Nutzen verspricht. Entscheidend, aber auch ausreichend, ist, dass mindestens zwei Parteien zur Wahl stehen. Die weitgehende Gleichheit der politischen Programme beeinträchtigt die als bloße politische Methode verstandene Demokratie dann nicht.

Noch einen Schritt weiter geht ein libertäres, „anarchokapitalistisches“ Verständnis der Demokratie, das auf „outsourcing democracy“, also auf die Privatisierung staatlicher Institutionen zielt.[4] Extrem zugespitzt ist auch das System einer aleatorischen Demokratietheorie, die anstelle von Wahlen und Abstimmungen auf Losverfahren setzt – „Lottokratie“.[5]

Gegen die Entleerung des demokratischen Prinzips zu einer bloßen Methode der 131 Entscheidungsfindung richtet sich die **normative Demokratietheorie**, die aus radikaldemokratischen und marxistischen Quellen gespeist wird. Sie stellt die bloß formale Demokratie als oligarchische Wirklichkeit bloß. Das Parlament wird kritisiert als bloßes Instrument der Veröffentlichung von Herrschaftsentscheidungen, die in Wirklichkeit die sich aus wenigen Verbandseliten rekrutierenden Parteioligarchien von keiner Basis kontrolliert treffen.

Die normative Demokratietheorie macht Ernst mit der Selbstbestimmung, zu 132 deren Durchsetzung der mündige Bürger befähigt werden soll (Habermas).[6] Demokratie wird als für alle Lebensbereiche durchgängige **Lebensform**, als alle Gesellschaftsbereiche durchdringendes Prinzip, als allgemeine Zielmarkierung des gesamtgesellschaftlichen Entwicklungsprozesses verstanden: **Demokratisierung** als Verwirklichung demokratischer Grundsätze in allen Bereichen der Gesellschaft.

Tagespolitisch umgemünzt erscheint die Demokratisierung als Reizwort für so 133 unterschiedliche Forderungen wie den Aufbau wirksamer Strukturen zur Kontrolle

---

4 *David D. Friedman* Das Räderwerk der Freiheit, 2003.

5 Krit. *Böhm/Kersten* DöV 2023, 361; s.a. *Berger*, Grundgesetz und aleatorische Demokratie, 2024; *Buchstein* Demokratietheorien in der Kontroverse, 2009, S. 235 ff., 253 ff.; *van Reybrouck* Gegen Wahlen, 2016.

6 Skeptischer aber *Habermas*, Ein neuer Strukturwandel der Öffentlichkeit und die deliberative Politik, 2022.

der Exekutivorgane der EU, die Direktwahl von Bundespräsident oder Ministerpräsident, die Einführung der auf Länderebene, zum Beispiel Art. 59, 60 BaWüLV, Art. 62, 63 VvB aber auch auf europäischer Ebene in Art. 11 IV EU[7] vorgesehenen Formen direkter Demokratie. Auch auf Bundesebene gibt es Ansätze über die bestehenden rudimentären Ansätze (Art. 29, 146 und den obsoleten Art. 118 GG) hinaus, wie auf Landesebene Einwohnerinitiative,[8] Volksbegehren und Volksentscheid einzuführen, also repräsentative Entscheidungsverfahren durch plebiszitäre zu ergänzen.

134 Demokratietheoretisch grundiert sind die völker- und unionsrechtlich vorgegeben Partizipation Betroffener oder Interessierter an kommunalen und staatlichen Planungsentscheidungen, [9] aber auch die gewerkschaftliche Mitbestimmung in Unternehmen und bei der Investitionskontrolle, die Schüler- und Eltern-Mitwirkung in der Schule oder die Laienmitbestimmung nicht nur in den protestantischen, sondern auch in den katholischen Kirchenleitungen.

135 Anliegen der **deliberativen Demokratie**[10] ist es durch faire und vernünftige zivilgesellschaftlich getragene Diskussion in (näher zu bestimmender Weise) staatliche oder kommunale Entscheidungen, z. B. der Umsetzung der Energiewende, mitzubestimmen. Notwendige Voraussetzung deliberativer Demokratie ist die umfassende Zugriffsmöglichkeit auf staatliche Informationen etwa durch Informationsfreiheitsgesetze. Eine Schlüsselrolle kommt dabei den Medien zu, deren demokratische Legitimation trotz Schwarmintelligenz durchaus prekär[11] und deren Einfluss auf repräsentative oder direkt demokratische Entscheidungen etwa durch Manipulation mit Hilfe von social bots gefährlich sein kann. **Liquid Democracy**, also die digitalisierte Kombination von partizipativen und assoziativen Beteiligungsformen mit Expertenwissen und Direktwahl muss sich noch in der Praxis bewähren.[12]

136 In Reaktion auf die weit gefächerten Demokratisierungsforderungen beschränkt die Gegenposition Demokratie auf den politisch-staatlichen Bereich. Demokratie bestimmt nur die Staatsform und wirkt als Prinzip nur innerhalb der Organisation der staatlichen Herrschaftsausübung, nicht aber im Bereich der

---

7 Europäische Bürgerinitiative, →. Rn. 165.

8 Z. B. Art 61, 62 VvB.

9 §§ 3, 4a BauGB, §§ 66, 73 VwVfG; dazu Rennert DVBl. 2021, 385.

10 Dazu *Ottmann/Barisic* Deliberative Demokratie, 2015.

11 S. *Kersten* JURA 2017, 193; *ders.* IT und Demokratie in Hoffmann-Riem (Hrsg.), Innovation im Recht 2016, S. 305; von Münch, Die Krise der Medien 2020; Muckel VVDStRL 79 (2020), S. 46 / 262 ff.

12 Dazu *Seckelmann/Bauer* Verwaltung und Management, 2012, 81; *Buchholtz* DÖV 2017, 1009: Wewer, Verwaltung und Management, 2019, 264, 2020, 15.

staatsfreien Gesellschaft (so der Politologe Hennis (1923–2012) und der Soziologe Schelsky (1912–1984)).

In der Wirklichkeit der Bundesrepublik bestehen nicht mehr die Voraussetzungen eines strengen Dualismus von **Staat und Gesellschaft**, demzufolge der Staat als prinzipiell von der Gesellschaft abgelöste Herrschaftsorganisation erscheint. Die Gesellschaft ist abhängig von den planenden, organisierenden, intervenierenden, bestimmenden, Leistungen ausschüttenden, den meisten Bürgern erst ein Mindestmaß an Freiheit verbürgenden Sozialgestaltungen des Staates. Ebenso ist die politische Herrschafts- und Entscheidungseinheit Staat auf die ständige Einflussnahme seiner Bürger als Einzelner wie als Gruppen, z. B. Gewerkschaften, Wirtschaftsverbände, Nichtregierungsorganisationen oder sonstiger Verbände angewiesen (assoziative Demokratie). In Einzelfällen kann die aushandelnde statt entscheidende Staatstätigkeit infolge der bestimmenden Einflussnahme von Verbands- und Parteiinteressen auf die staatliche Willensbildungsorgane und -verfahren überkommenen Vorstellungen staatlicher Herrschaftsausübung gänzlich wiedersprechen. Zudem kann ein Staat, der wie die Bundesrepublik eingegliedert ist in supranationale Einheiten nicht mehr allein, sondern nur noch mitentscheiden zumal seine Vertreter nicht selten überstimmt werden oder sich der Stimme enthalten. Nach dem Zusammenbruch des Gegenmodells zentraler planwirtschaftlicher Volksdemokratien lässt sich fragen, ob im globalen Markt überhaupt noch wesentliche politische Gestaltungsspielräume und damit auch gehaltvolle demokratische Entscheidungen möglich sind. Zugespitzt: Ob nicht die frei gewählte, Gewaltenteilung und Grundrechte achtende Demokratie gegenüber sich ausbreitenden, zwar teilweise tendenziell rechtsstaatlichen, aber nicht demokratischen Staatsformen wie Singapur, China oder Saudi-Arabien ein unterlegenes Modell sozial und ökonomisch erstarrter, überalterter Wohlstandsgesellschaften ist, kaum noch von zivilgesellschaftlichem Engagement getragen. 137

Man kann den Staat als gesamtgesellschaftliches Teilsystem mit besonderen Ordnungs- und Steuerungsfunktionen verstehen. In Ausübung dieser Funktion darf der Staat hoheitlichen Zwang anwenden. Dazu dient ein Sonderrecht, das Öffentliche Recht, dessen Steuerungsleistung im aushandelnden Staat allerdings defizitär sein kann. Das staatliche Gewaltmonopol (Gerichte, Militär, Polizei, Verwaltung) schließt den privaten Bürgerkrieg (Privatfehde) aus. Die funktionelle Differenzierung von Staat und Gesellschaft bleibt grundlegend für die Beschränkung staatlicher und überstaatlicher Aktivitäten. Ohne die prinzipielle Beschränkung staatlicher und überstaatlicher Funktionen herrschte der totale Staat. Die Unterwerfung aller Lebensbereiche unter den Mechanismus der Mehrheitsentscheidungen wäre das Ende individueller Freiheit. Diese sichert das Grundgesetz für die Bürger der Bundesrepublik Deutschland als einem in seiner nationalen Identität garantierten Mitgliedstaat der Europäischen Union (Art. 4 II EUV) insbesondere durch die Ge- 138 waltenteilung und die Grundrechte. Das Ineinandergreifen von unionalem und nationalem Verfassungsrecht lässt in demokratie-theoretischer Perspektive das Grundgesetz als eine Teilordnung innerhalb der rahmensetzenden unionalen Gesamtordnung erscheinen.[13]

139 Nach diesen kursorischen Vorbemerkungen soll im Folgenden anhand des Verfassungstextes die Ausformung des Demokratiegebotes im Grundgesetz näher bestimmt werden.[14]

Weiterführend:
Böckenförde Demokratie als Verfassungsprinzip, in: HStR II, 3. Aufl., 2004 § 24; *Hennis* Die mißverstandene Demokratie, 1973; *Jörke/Nachtwey* (Hrsg.) Das Volk gegen die (liberale) Demokratie, Leviathan Sonderband 32, 2017; *Issacharoff* Die Defizite der Demokratie, DSt 2017, 329; *Kersten* Schwarmdemokratie, 2017; *Mehde/Seckelmann* (Hrsg.) Zum Zustand der repräsentativen Demokratie, 2017; *Möllers* Demokratie – Zumutungen und Versprechen, 2008; *Schmidt* Demokratietheorien, 6. Aufl., 2019; *Thiele*, Der gefräßige Leviathan, 2019; Raschke, Die Erfindung der modernen Demokratie 2020; *Kirste* HStR 2024, § 46 Staat und Gesellschaft; *Gusy* Protest – Demokratie – politische Kultur, JöR 2024, 1.

II. Elemente des grundgesetzlichen Demokratiebegriffs

1. Bundesebene

140 Die erste Bestimmung des Grundgesetzes zum Inhalt des demokratischen Prinzips haben wir bereits kennengelernt mit der Aussage über die **Herkunft der Staatsgewalt.**

„Alle Staatsgewalt geht vom Volke aus." (Art. 20 II 1 GG)

141 Nur der Wille des Volkes legitimiert also die staatliche Gewalt, nicht etwa die von Gottes Gnaden abgeleitete Macht eines Monarchen – **Grundsatz der Volkssouveränität.** In der Lissabon-Entscheidung hat das Bundesverfassungsgericht die Bedeutung der Volkssouveränität für die demokratische Legitimation des europäischen Einigungsprozesses betont.[15]

142 Darüber hinaus macht Art. 20 II 1 GG eine Aussage zum Prozess der **politischen Willensbildung.** Es ist das Recht eines jeden Bürgers, nicht einer staatstragenden Schicht, teilzuhaben am Willensbildungsprozess, der wegen der unterschiedlichen Interessen und Ansichten agonal und konfliktreich verläuft.[16] Dem demokratischen

13 Dazu *Mayer* VVDStRL 75 (2015), 7; *Heinig* ebd., S. 65/81.
14 Dazu auch *Pieroth* JuS 2010, 473.
15 BVerfGE 123, 267, 347, 398; s.a. *Gärditz/Hillgruber*, JZ, 2009, 872.
16 BVerfGE 123, 267, 340.

Gleichheitsgebot liegt nicht die Annahme zugrunde, dass alle Menschen die gleiche Fähigkeit haben, politische Fragen zu beurteilen, wohl aber die, dass die Verteilung solcher Fähigkeiten nicht an bestimmten sozialen Eigenschaften festgemacht werden darf.[17] Die Verfassung garantiert jedem die gleiche Chance, zusammen mit anderen Bürgern eine Mehrheit zur Durchsetzung seiner Interessen und Ansichten zu gewinnen. Damit umschließt Art. 20 II 1 GG auch den Gehalt, der im 19. Jahrhundert primär dem republikanischen Prinzip zugeordnet wurde.

Die Teilhabe an der politischen Willensbildung wird allen Bürgerinnen und 143
Bürgern zugewiesen, nicht nur dem Adel, den Philosophen (Plato) oder den Wissenschaftlern, etwa den Ökonomen oder sonstigen Experten, deren divergierenden Erkenntnisse ohnehin unter Korrekturvorbehalt stehen. Diese Zuweisung wird getragen von der der Demokratie eigenen Einsicht in die Beschränktheit menschlicher Erkenntnis, vom Wissen um die fehlende Bereitschaft, stets der eigenen Einsicht gemäß zu handeln und vom Wissen um die Unfähigkeit, alle gewollten und ungewollten Folgen des eigenen Handelns steuern zu können. Da diese Beschränkungen jedem Bürger – wenn auch in unterschiedlicher Verteilung – zu eigen sind, ist jeder berufen, mit gleicher Stimme am Volkswillen teilzuhaben. Die im 20. Jahrhundert in Europa durch Nationalsozialismus und Kommunismus existentiell in Frage gestellte Demokratie bedarf wie keine andere Staatsform breiter Zustimmung, gerade auch ihrer Leistungseliten. Die Welt verdankt den Griechen nicht zufällig außer der Idee der Volksherrschaft auch den Mythos des Sisyphos.[18] Das sollte gerade in dem Land bedacht werden, das eine starke romantische Tradition hat, welche die magische Kraft der Musik dem analytischen Diskurs vorzieht, einem Land, dessen hervorragendste Köpfe, z. B. Th. Mann, „Betrachtungen eines Unpolitischen", vielfach die kalte westliche Zivilisation einschließlich demokratischer Verfahrensweisen als dem deutschen Gemüt unangemessen diskreditiert haben[19]. Verfehlt wäre es allerdings, die Bedeutung von Emotionen in der Politik zu unterschätzen, heutzutage insbesondere angesichts politischer Kampagnen in sozialen Medien.[20]

Die Frage, wo die Staatsgewalt hingeht, auf die, wie wir gesehen haben, die 144
Verfassung je nach Demokratietyp ganz unterschiedliche Antworten geben kann, beantwortet Art. 20 II 2 GG noch ziemlich allgemein mit einer grundsätzlichen Aussage über die **Ausübung der Staatsgewalt:**

---

17 *Möllers*, Freiheitsgrade, 2020, S. 2117; s.a. *L. Münkler*, Expertokratie, 2020.

18 S.a. FS Schäuble, Der fröhliche Sisyphos, 2012.

19 Dazu *Fechner* Thomas Mann und die Demokratie, 1990.

20 Dazu *Korte* (Hrsg.) Emotionen und Politik, 2015.

145 Die Staatsgewalt „wird vom Volke in Wahlen und Abstimmungen und durch besondere Organe der Gesetzgebung, der vollziehenden Gewalt und der Rechtsprechung ausgeübt".

146 Mit der Ausübung der Staatsgewalt durch wahlberechtigte Bürger bei regelmäßig stattfindenden Wahlen und wenigen Abstimmungen (Art. 29, 146 GG – sowie der obsolete Art. 118 GG) einerseits und durch besondere, voneinander getrennte Staatsorgane andererseits entscheidet sich das Grundgesetz im Grundsatz für die **repräsentative**, mittelbare und gegen die identitäre, direkte **Demokratie.** Hinsichtlich der Ausübung der Staatsgewalt wird das Volk zunächst einmal auf die Beteiligung an Wahlen und Abstimmungen beschränkt. Es soll nicht selbst über alle Angelegenheiten des staatlichen Lebens direkt entscheiden.

147 Anders als z. B. beim Modell der Rätedemokratie sind auch nicht gesetzgebende und vollziehende Gewalt in einem Organ, den Räten, vereinigt; vielmehr werden getrennte Organe für Gesetzgebung und vollziehende Gewalt, Regierung und Verwaltung vorgeschrieben.

148 Die 2. Hälfte des Satzes 2 in Abs. 2 verpflichtet die Ausübung der Staatsgewalt auf den Grundsatz der **Gewaltenteilung** (oder Gewaltentrennung). Dieser von Montesquieu in seinem Buch „De l'esprit des lois" (1748) entwickelte Grundsatz dient zum einen der Begrenzung staatlicher Macht und damit dem Schutz der Bürger und zum anderen der sachgemäßen Verteilung der staatlichen Kompetenzen und gewährleistet damit die Funktionsfähigkeit der Staatsorgane.[21]

149 Art. 20 II 2 GG legt nicht nur die doppelte Zweckbestimmung des Grundsatzes der Gewaltenteilung fest. Die Vorschrift soll zugleich den politischen Willensbildungsprozess und die Teilhabe daran sichern und zwar durch das demokratische Verfahren mit den ihm eigenen Wettbewerb politischer Lösungsvorschläge und den in der Öffentlichkeit zu verantwortenden Entscheidungen.

150 Es lassen sich also aus der allgemeinen Fassung des Art. 20 II GG einige Elemente des grundgesetzlichen Demokratiebegriffs entnehmen. Jedoch fehlt eine besondere inhaltliche Bestimmung des grundgesetzlichen Demokratiebegriffs, die bei der Entstehung des Grundgesetzes eine wichtige Rolle gespielt hat: die Abgrenzung gegenüber jeder Form totalitärer Herrschaftsausübung, beruhend auf den Erfahrungen der NS-Zeit, aber auch auf der Realität in der damaligen sowjetisch besetzten Zone. Zur inhaltlichen Abgrenzung muss ebenso wie bei der näheren Festlegung einzelner Elemente des grundgesetzlichen Demokratiebegriffs auf weitere Vorschriften des Grundgesetzes zurückgegriffen werden.

---

21 Zur näheren Ausgestaltung des Grundsatzes der Gewaltenteilung → § 7.

In den beiden Parteiverbotsverfahren (Art. 21 II GG) gegen die rechtsradikale Sozialistische Reichspartei (SRP)[22] und dem gegen die KPD[23] hat das Bundesverfassungsgericht in den 1950er Jahren den in den Art. 10 II, 11 II, 18, 21 II, 87a IV, 91 I GG verwendeten Begriff der **freiheitlichen demokratischen Grundordnung** als eine Ordnung definiert, 151

> „die unter Ausschluß jeglicher Gewalt- und Willkürherrschaft eine rechtsstaatliche Herrschaftsordnung auf der Grundlage der **Selbstbestimmung des Volkes** nach dem Willen der jeweiligen **Mehrheit** und der Freiheit und Gleichheit darstellt. Zu den grundlegenden Prinzipien dieser Ordnung sind mindestens zu rechnen: die Achtung vor den im Grundgesetz konkretisierten Menschenrechten, vor allem vor dem Recht der Persönlichkeit auf Leben und freie Entfaltung, die **Volkssouveränität**, die **Gewaltenteilung**, die **Verantwortlichkeit der Regierung**, die Gesetzmäßigkeit der Verwaltung, die Unabhängigkeit der Gerichte, das **Mehrparteienprinzip** und die **Chancengleichheit** für alle politischen Parteien mit dem Recht auf verfassungsmäßige Bildung und Ausübung einer **Opposition.**“

In dieser nicht zuletzt dem Kalten Bürgerkrieg in Deutschland geschuldeten Definition sind zahlreiche (vorstehend fett gedruckte) Begriffe enthalten, die dem Demokratieprinzip zuzuordnen sind. 152

Im zweiten NPD-Verbotsverfahren hat das Bundesverfassungsgericht den Begriff der freiheitlich demokratischen Grundordnung anders als im KPD-Urteil auf drei zentrale Grundprinzipien, die den freiheitlichen Verfassungsstaat ausmachen, zurückgeführt und zwar auf die Garantie der Menschenwürde (1 III GG) als Ausgangspunkt, das Demokratieprinzip und das Rechtsstaatsprinzip. Das sehr ausführliche Urteil weist die Ziele der NPD und das Verhalten ihrer Anhänger gegen die Menschenwürde nach, die gegen den Kern des Demokratieprinzips und des Rechtstaatsprinzips verstoßen, insbesondere wegen der Wesensverwandtschaft mit dem historischen Nationalsozialismus.[24] Im Leitsatz 3b des Urteils heißt es: 153

> „Unverzichtbar für ein demokratisches System sind die Möglichkeit gleichberechtigter Teilnahme der Bürgerinnen und Bürger am Prozess der politischen Willensbildung und die Rückführung der Ausübung der Staatsgewalt auf das Volk (Art. 20 Abs. 1 und 2 GG).“ Das Gericht stellt also wiederum auf den Grundsatz der Volkssouveränität ab.

22 BVerfGE 2, 2, 12.
23 BVerfGE 5, 85, 139.
24 A.a.O., Rn. 634 ff.

154 Zur **demokratietheoretischen Schlüsselfrage**, wie weit das Demokratiegebot reicht, ob es auf die Staatsgewalt beschränkt oder auf den gesamten gesellschaftlichen Bereich übertragen werden muss oder darf, sagt das Grundgesetz ausdrücklich wenig.

155 Zu einem anderen Befund kann man nur gelangen, wenn man die weiten Prinzipien der Art. 20, 28 GG zum Gegenstand von Auslegungskünsten macht.[25] Nach h.M.[26] wird durch Art. 20 II GG die Volkssouveränität ausgerichtet auf die Ausübung der Staatsgewalt. Über eine Demokratisierung der Gesellschaft sagt die Vorschrift weder Positives noch Negatives.

156 Hingegen beschränkt Art. 21 I 3 GG das Demokratiegebot nicht auf den staatlichen Bereich. Da politische Parteien nicht Teil der Staatsorganisation sind, sondern Vereinigungen von Bürgern, die an der politischen Willensbildung des Volkes mitwirken sollen (§ 1 I 1, 2 I 1 PartG), zählen sie zum Bereich der Gesellschaft. Gemäß Art. 21 I 3 GG gilt also das Demokratiegebot insoweit auch im gesellschaftlichen Bereich.

157 Art. 21 I 3 GG lässt sich entnehmen, dass eine lebendige Demokratie unmöglich ist ohne Transparenz, ohne permanente Rückkopplung und Kontrolle von unten nach oben innerhalb der Parteien als der Einheiten, die den politischen Willensbildungsprozess innerhalb der Gesellschaft tragen. Daraus lässt sich verallgemeinernd die These ableiten, dass außer den Parteien auch die Gesellschaft tragende Verbände sowie sonstige, den Bereich des Privaten verlassende Einrichtungen, z. B. Presse, Großunternehmen, wegen ihres Eintritts in die Sphäre des Öffentlichen demokratischer Kontrolle unterliegen sollen. Wo die Grenzen zu ziehen sind, lässt sich dem Demokratiegebot kaum, wohl aber anderen Verfassungsvorschriften, insbesondere den Grundrechten, entnehmen. Die spezielle Vorschrift über die Sozialisierung (Art. 15 GG) vermag die allgemeine und grundsätzliche demokratietheoretische Frage nicht zu beantworten, auch wenn sie wie die Mitbestimmung in Unternehmen und Betrieben als Ausdruck der Demokratisierung der Wirtschaft verstanden wird.

158 Art. 20 II 2 GG beschränkt die unmittelbare Ausübung der Staatsgewalt durch das Volk auf die Teilnahme an den Wahlen (zum Bundestag) und an den inzwischen in der politischen Praxis marginalisierten Abstimmungen (nach Art. 29 GG – Neugliederung des Bundesgebiets) sowie auf den umstrittenen Art. 146 GG (- Erlass einer neuen Verfassung). Das Bundesverfassungsgericht verlangt zudem für den Fall der

25 *Abendroth* Demokratie als Institution und Aufgabe, in: Matz (Hrsg.), Grundprobleme der Demokratie, 1973, S. 156 ff.; *Ridder* Die soziale Ordnung des Grundgesetzes, 1975, S. 35 ff.; krit. *Stern* Staatsrecht I, S. 888.

26 A.A. *Stein/Frank* Staatsrecht, § 8 II.

Umwandlung der EU zu einem Bundesstaat eine Volksabstimmung gemäß Art. 146 GG.[27]

159 Alle Landesverfassungen enthalten zusätzlich zur Wahl zum Landesparlament weitergehende Regelungen direkter Demokratie als das Grundgesetz.[28] Teilweise sind diese Vorschriften wie Art. 116 I, 124 HessVerf älter als das GG. Art. 116 I HessVerf behandelt Volk und Landtag als gleichberechtigte Organe der Gesetzgebung. Allerdings bestimmt Art. 116 II HessVerf die Gesetzgebung durch den Landtag als Regelfall. Teilweise sind die direktdemokratischen Vorschriften wie Art. 76 BbgVerf (Volksinitiative), Art. 77 BbgVerf (Volksbegehren), Art. 78 BbgVerf (Volksentscheid) im Zuge der Verfassungsdebatte aus Anlass der deutschen Einigung oder wie in Hamburg (Art. 48 I HmbVerf) danach eingeführt worden.[29] Seither haben Plebiszite in Hamburg, aber auch in Bayern und Berlin zugenommen. Plebiszite verstoßen nicht gegen das Homogenitätsprinzip des Art. 28 Abs. 1 Satz 1 GG. Die antiplebiszitäre Grundhaltung des Grundgesetzes ist eine bewusste Reaktion auf Weimar.[30] Schon in der alten Bundesrepublik hatten sich die Stimmen gemehrt, die darin eine Überreaktion sehen und eine Verstärkung plebiszitärer Elemente, insbesondere auf Bundesebene, z. B. Volksbegehren befürworten.[31] Die gemeinsame Verfassungskommission von Bundestag und Bundesrat konnte sich über die Einführung eines dreistufigen Verfahrens direkter Demokratie (Volksinitiative, Volksbegehren, Volksentscheid) auf Bundesebene nicht verständigen.[32]

160 Für die Einführung plebiszitärer Formen wird angeführt: die stärkere Einbindung des Volkes in den politischen Prozess, der nicht nur in den neuen Ländern verbreitete Wunsch in der Bevölkerung nach mehr politischer Gestaltungsbefugnis ohne parteipolitische Vorgaben sowie die positiven Erfahrungen zahlreicher anderer europäischer Länder.[33] Gegen die Einführung wird außer dem Hinweis auf Weimar vor allem vorgetragen: die Gefahr eines populistischen, emotionalisierenden Missbrauchs plebiszitärer Elemente durch Parteien, Verbände, schlagkräftige Minderheiten, die diese für ihre Zwecke manipulativ u. U. mit Hilfe der Massenmedien einsetzen könnten. Abgrenzungsschwierigkeiten können bei haushalts-

27 BVerfGE 123, 267, 344, 364; anders *Fisahn* KJ 2009, 220; *Pache* EUGRZ 2009, 285, 298; → Rn. 30.

28 Zusammenstellung bei *Degenhart* Rn. 110 – 122; *Rux*, Direkte Demokratie in Deutschland, 2008; *P. Neumann* Sachunmittelbare Demokratie, 2009.

29 *M. Solar* Regieren im Schatten der Volksrechte, 2016.

30 Dazu ausführlich *Krause* Verfassungsrechtliche Möglichkeiten unmittelbarer Demokratie, in: HStR III, 3. Aufl., 2005, § 35; *Dreier/Wittreck* Jahrbuch für direkte Demokratie 2009, S. 11.

31 *Pestalozza* Der Popularvorbehalt der Verfassung, 1981; *Ebsen* AöR 1985, 2; skeptisch *Krause* a.a.O., Rn. 45 – 49.

32 Dazu *Kloepfer* Verfassungsänderung statt Verfassungsreform, S. 85 ff.

33 Ausgewogen *Lübbe-Wolff*, Demophobie, 2023; s.a. *Mau*, Ungleich vereint, 2024.

wirksamen Volksentscheiden entstehen. Unter Rückgriff auf das aus Art. 28 Abs. 2 GG abgeleitete Übergewicht der parlamentarischen Demokratie haben, gemäß dem Homogenitätsprinzip des Art. 28 Abs. 1 S.1 GG, Landesverfassungsgerichte der Ausweitung direkt-demokratischer Modelle auf Landesebene Grenzen gezogen.[34]

161 Als Vorbild für die Stärkung der direkten Demokratie in Deutschland wird die Schweiz[35] angeführt, die zudem gemäß der sogenannten Zauberformel auf der Bundesebene als **Konkordanzdemokratie** funktioniert. Alle im Parlament vertretenen Parteien bilden die Bundesregierung. Eine weitergehende „Demokratisierung der Demokratie" nach deren Vorbild ist auf Bundesebene in der nach Fläche und Einwohnerzahl ungleich größeren Bundesrepublik problematisch. Das der direkten Demokratie zugrundeliegende ausgeprägt positive Menschenbild sollte in Deutschland nach den Erfahrungen des zwanzigsten Jahrhunderts mit dem „Neuen Menschen" bzw. Volksgenossen zumindest in Frage gestellt sein. Erinnert sei auch daran, dass es die radikal-egalitäre direkte Demokratie Athens kennzeichnete das Kollektiv hervorzuheben und die jeweiligen Amtsinhaber zu marginalisieren, ganz zu schweigen vom sprichwörtlichen Scherbengericht. Nur angemerkt sei, dass die perikleische Demokratie eine Angelegenheit einer schmalen Elite von freien Männern war. Anders als heute wurde noch zur Zeit der Gründung der USA die Demokratie als Entartung der Politik stigmatisiert – Herrschaft des Pöbels statt Herrschaft der Vielen.[36]

162 Art. 20 I, II GG zielt auf die Ausübung deutscher Staatsgewalt. Die Staatszielbestimmung des Art. 23 I 1 GG verpflichtet die deutschen Staatsorgane dazu, zur Verwirklichung des schon in der Präambel adressierten vereinten Europas an der Entwicklung der **Europäischen Union** mitzuwirken, die auch demokratischen Grundsätzen verpflichtet ist. Nach herkömmlichem Verständnis ist die Europäische Union noch kein Staat. Das Bundesverfassungsgericht[37] bezeichnet die Europäische Union als Staatenverbund. Dadurch soll die Eigenart der EU abgegrenzt werden zu den historisch geprägten Begriffen wie Staatenbund und Bundesstaat.

163 Die programmatische Verpflichtung der EU in Art. 2 S. 1 EUV auf die Demokratie – gleich nach Menschenwürde und Freiheit – zusammen mit Gleichheit, Rechtsstaatlichkeit und Menschenrechte, kontrastiert mit dem vielfach empfundenen Demokratiedefizit der EU. Die Beteiligung der Unionsbürger an den Europawahlen kann dieses Defizit nicht hinreichend abbauen, solange das Europäische Parlament

34 HambVerfG, NVwZ 2016, 1708 m. Anm. v. *F. Becker; Sachs* JuS 2017, 282; krit. *Kieser* DÖV 2017, 16; s.a. BayVerfGH, NVwZ 2017, 319; MeckVorpVerfGH., NordÖR 2016, 55; s.a. Rn. 73

35 Zur Differenzierung zwischen Urnen- und Versammlungsdemokratie *H.P. Schaub* Landsgemeinde oder Urne – Was ist demokratischer? 2016

36 *Lepore*, Diese Wahrheiten, 2019 S. 155

37 BVerfGE 89, 155, 186; 123, 267, Leitsatz 1 und passim.

gegenüber dem Europäischen Rat und der Europäischen Kommission nicht die Rolle spielt, die dem demokratischen Prinzip entspricht. Zwar hat das Bundesverfassungsgericht in seinem Urteil zum Lissabon-Vertrag eingeräumt, dass die demokratischen Grundsätze im Staatenverbund der EU nicht in gleicher Weise wie im Grundgesetz verwirklicht werden können und müssen, aber angesichts der unterschiedlichen Kontingentierung der Sitze des Europaparlamentes sieht das Gericht den demokratischen Grundsatz der Wahlgleichheit nicht gewahrt.[38] Hinzu kommt, dass der Rat, nicht das Europäische Parlament, das zentrale Organ der Gesetzgebung bleibt, dass die Europäische Kommission und nicht das Europäische Parlament das Gesetzesinitiativrecht hat. Zudem hat sich bisher keine europäische politische Öffentlichkeit gebildet. Trotz der doppelten demokratischen Legitimation der EU durch gewählte Abgeordnete des Europäischen Parlaments einerseits, und durch in nationalen Parlamenten verantwortliche Minister im Rat andererseits, war für das Gericht letztlich ausschlaggebend, dass das Europäische Parlament kein Repräsentativorgan eines europäischen Volkes ist[39]. Seither hat das Bundesverfassungsgericht mehrfach verlangt, dass die demokratischen Defizite durch die verstärkte Integrationsverantwortung von Bundestag und Bundesrat kompensiert werden.[40] Diese Rechtsprechung hat das Gesetz über die Zusammenarbeit von Bund und Ländern in Angelegenheiten der EU geprägt.[41]

Mit der (verhalten) positiven Würdigung der europäischen Regelungen **partizipativer und assoziativer Demokratie** (Art. 11 EUV)[42]hat das Bundesverfassungsgericht die lange im deutschen Schrifttum vorherrschende Exklusion partizipativer Beteiligungen aus dem Demokratiebegriff aufgegeben.[43] Eingeleitet hat das Gericht diese Entwicklung in der Entscheidung Emscher Genossenschaft/Lippeverband,[44] welche die funktionale Selbstverwaltung als eine Vermittlungsform demokratischer Legitimation anerkennt. 164

Die Bürgerinitiative im Sinne von Art. 11 IV EUV, Art. 24 AEUV ist eine Erscheinungsform partizipativer Demokratie, ausgerichtet auf die Europäische Kommission, zusätzlich zu dem an das Europäische Parlament ausgerichteten Pe- 165

38 BVerfGE 123, 267, 366, 733 ff.

39 BVerfGE 123, 267, 371.

40 E129, 124; E130, 318; E131, 152; E132, 195; E140, 317, BeckRS 2016, 47387 – OMT; dazu *Ruffert* JuS 2016, 756; zur Integrationsverantwortung des Bundestages s. *Engels* JuS 2012, 210.

41 *von Arnauld/Hufeld* Systematischer Kommentar zu den Lissabon-Begleitgesetzen, 2. Aufl. 2017.

42 BVerfGE 123, 367, 377.

43 Anders BVerfGE 93, 37, 68 – schleswig-holsteinisches Mitbestimmungsgesetz; s.a. *Battis/Kersten* DÖV 1996, 584.

44 BVerfGE 107, 59, 87; ansatzweise früh schon BVerfGE 9, 268, 281 – Bremer Personalvertretung, BVerfGE 10, 89 – Erftverband.

titionsrecht und den alle fünf Jahre stattfindenden Wahlen zum Europäischen Parlament.[45]

2. Selbstverwaltung, Selbstorganisation, Partizipation, Transparenz

166 Traditionell verwaltungs-, nicht verfassungsrechtlich eingeordnete Partizipationsrechte sind solche Mitwirkungsrechte, die dem Einzelnen oder Verbänden aufgrund einfachen Gesetzes an hoheitlichen Verfahren eingeräumt werden. An dieser Stelle genügt ein kurzer Überblick eingedenk dessen, dass diese Mitwirkungsrechte zum Teil dem vagen Begriff **„Demokratisierung der Verwaltung"** zugeordnet werden.

167 Aussagekräftiger sind die Begriffe **Selbstverwaltung**, Selbststeuerung und Selbstorganisation, denen mit unterschiedlicher Richtung und Gewichtung gemeinsam ist, dass sie gesellschaftliche Kräfte für die Erledigung öffentlicher Aufgaben nutzen und in die Exekutive integrieren, aber auch Transparenz schaffen und demokratische Kontrolle ermöglichen sollen. Der Begriff der Selbstverwaltung steht in enger Beziehung zu dem zunächst in der katholischen Soziallehre entwickelten und inzwischen unionsrechtlich (Art. 5 I 2, III EUV) und verfassungsrechtlich (Art. 23 I 1 GG) normierten **Subsidiaritätsprinzip**[46]. Art. 5 I 2, III EUV und Art. 23 I 1 GG richten das Subsidiaritätsprinzip als Regel der Kompetenzverteilung auf das Verhältnis zwischen EU und Mitgliedsstaaten aus. Das Subsidiaritätsprinzip betrifft aber auch innerstaatliche Strukturen, zum Beispiel das Verhältnis zwischen Staat und kommunaler, regionaler oder auch fachlicher Selbstverwaltung.[47] Als ein Regulativ zwischen Staat und Gesellschaft, aber auch zwischen supranationaler Einheit und Mitgliedstaaten einschließlich deren innerstaatlichen Organisationseinheiten (Länder, Regionen, Kommunen) besagt es, dass die größere Einheit nur zuständig sein soll, wenn die jeweils kleinere Einheit dazu aus eigener Kraft nicht in der Lage ist. Als Prinzip der Kompetenzverteilung ist das Subsidiaritätsprinzip auf der Ebene der EU bisher faktisch wirkungslos geblieben.

168 Die durch Art. 28 II GG institutionell garantierte **kommunale Selbstverwaltung**[48] wird insbesondere in den Gemeindeordnungen und Kreisordnungen (Lan-

---

45 Dazu *Hierlemann/Roch/Butcher/et. al*, Under Construction, 2022; *Epiney* NVwZ 2020, 995/997; *Knauff* DVBl. 2020, 404; s.a. *Labitzke*, Mehr partizipative Demokratie wagen, 2016.

46 Dazu *Isensee* Subsidiaritätsprinzip und Verfassung, 1968; *Ronge* Legitimität durch Subsidiarität, 1998.

47 S.a. *Jarass/Pieroth* Art. 23 Rn. 19; *Pernice* in: Dreier, GG, Art. 23 Rn. 68.

48 BVerfGE 79, 127 – Rastede; dazu *Waldhoff* in: Steinbach (Hrsg.), Verwaltungsrechtsprechung 2017, Nr. 52; BVerfGE 103, 332 – Finanz- und Planungshoheit; BVerfGE 107, 1 – Kommunalreform; BVerfG NVwZ 2018, 140 – Kinderbetreuung.

desgesetze) ausgestaltet. Die Bürger, einschließlich der in der Gemeinde ansässigen Unionsbürger (Art. 9 Satz 2, 3 EUV, Art. 40 EGC, Art. 22 I AEUV, Art. 28 I 3 GG), sollen im kommunalen Bereich – Gemeinden und Gemeindeverbände, z. B. Landkreis – nicht nur verwaltet werden, sondern mitverwalten. Die Einrichtung der durch Wahlen legitimierten Gemeindevertretungen dient nicht zuletzt der demokratischen Kontrolle und Legitimation der Entscheidungen über die Angelegenheiten der örtlichen Gemeinschaft, z. B. Erlass von Bebauungsplänen, Unterhalt von Sportanlagen. Kommunale Selbstverwaltung ist zwar mittelbare Staatsverwaltung, aber sie kann wegen ihres partizipativen demokratischen Gehalts[49] als Gegenmodell zu staatlicher Bürokratie verstanden werden.

Art. 28 I 4 GG erlaubt mit der Gemeindeversammlung aller Gemeindebürger 169 eine reine Form der unmittelbaren Demokratie. Sie ist anders als in § 73 shGO a.F. nicht mehr in den Gemeindeordnungen der Länder geregelt.

Praktisch wichtig ist eine andere Form direkter Demokratie, die Wahl der 170 Bürgermeister und Landräte durch die Gemeindebürger, wie sie sich nach den Vorbildern in Baden-Württemberg und Bayern inzwischen in den meisten Ländern durchgesetzt hat.[50] Die kommunale Selbstverwaltung ist wehrfähig vermittels der kommunalen Verfassungsbeschwerde vor dem BVerfG (Art. 93 I Nr. 4b GG) und dem Landesverfassungsgericht.[51]

Als Ausgleich für den Verlust der Bürgernähe, der durch die kommunale Ge- 171 bietsreform eingetreten ist, sind in den Gemeindeordnungen der Länder andere Formen der Bürgerbeteiligung an der kommunalen Selbstverwaltung erweitert worden, in Form der Ortsbeiräte[52], Bezirksvertretungen[53], Bürgerversammlungen[54], Bürgerbefragungen[55], des Bürgerantrags, -begehrens und -entscheids[56] und der Beteiligung sachkundiger Bürger[57] an Ausschüssen der Gemeindevertretungen. Letztere haben als Deputationen besonderen Rang und Reichweite in den Stadt-Staaten Hamburg[58] und Bremen[59]. Teilweise gewähren diese Rechtsinstitute Bera-

49 Dazu *Waldhoff* DVBl. 2016, 1022.

50 Dazu *Mehde* DVBl. 2010, 465; zum Einfluss der Direktwahl auf die Parteienkonkurrenz *Holtkamp* Kommunale Konkordanz- und Konkurrenzdemokratie, 2008; *Heusch* NVwZ 2017, 1325.

51 BVerfG, DVBl. 2018, 35 m. Anm. *Henneke*; VerfGBbg, DVBl. 2017, 500; s.a. Rn. 429.

52 § 81 ff. HessGO.

53 § 13a NwGO.

54 § 20a BwGO; § 15 ThürGO.

55 § 21 BwGO.

56 § 21 BwGO; § 68 HessGO; § 25 SächsGO; § 26 NwGO; *Tischer*, Bürgerbeteiligung und demokratische Legitimation, 2017; *Burgi* Kommunalrecht, 6. Aufl., § 11 III m.w.N.

57 §§ 33 III, 40 BwGO; § 42 NwGO; § 51 VII NdsGO.

58 § 7 ff. HambVerwaltungsbehördenG.

59 Art. 105, 123 BremVerf.

tungs- und Anhörungsrechte, teilweise Mitentscheidungsrechte, teils sind sie wie die Ortsbeiräte und Bezirksvertretungen repräsentativdemokratischer, teils wie Bürgerbegehren und Bürgerentscheid plebiszitärdemokratischer Natur.

172 Außer der kommunalen garantiert das Grundgesetz in Art. 5 Abs. 3 Satz 1 auch die Hochschulselbstverwaltung.[60] Wichtige weitere Formen dieser **funktionalen Selbstverwaltung** sind die auf Art. 87 II GG abstützbare soziale[61] Selbstverwaltung in Gestalt der Deutschen Rentenversicherung und der Wirtschafts- und Berufskammern, des Handels und der Industrie,[62] des Handwerks, der Landwirtschaft, der Rechtsanwälte, Notare, Ärzte und Apotheker. Gemeinsam ist diesen Arten der Selbstverwaltung, dass ein bestimmter Kreis von Betroffenen an der Wahrnehmung öffentlicher Aufgaben in eigener Verantwortung beteiligt ist. Nicht alle der in Selbstverwaltung wahrgenommenen Aufgaben sind staatliche, wie das Beispiel der akademischen Angelegenheiten in der Hochschulselbstverwaltung zeigt. Kommunaler und funktionaler Selbstverwaltung ist gemeinsam, dass sie zur mittelbaren Staatsverwaltung zählen und als Partizipation der Betroffenen bezeichnet werden können.[63] Spezifisch für die kommunale Selbstverwaltung ist jedoch, dass sie durch Art. 28 II GG ausgerichtet ist auf alle Angelegenheiten der örtlichen Gemeinschaft und sich hinsichtlich der auf allgemeinen Wahlen beruhenden demokratischen Legitimation nicht von Bund und Ländern unterscheidet. Die Wahlen in den Einrichtungen der funktionalen Selbstverwaltung knüpfen hingegen an spezielle Betroffenheitskriterien an, zum Beispiel Arbeitnehmer, Rechtsanwalt, Student, wie sie sich auch bei der partizipativen Demokratie finden. Gemeinden haben neben staatlichen eigenen nichtstaatlichen Aufgaben, die ihre Eigenart ausmachen. Aber auch soweit die Selbstverwaltungskörperschaften wie die Sozialversicherungsträger staatliche Aufgaben in Selbstverwaltung wahrnehmen, unterliegen sie grundsätzlich nur der Rechtsaufsicht des Staates, nicht der Fachaufsicht. Die Selbstverwaltungsträger haben das Satzungsrecht, dürfen also eigene Rechtsnormen erlassen. Der staatliche Gesetzgeber hat aber die Pflicht, „in grundlegenden normativen Bereichen, zumal im Bereich der Grundrechtsausübung, soweit diese staatliche Regelung zugänglich ist, alle wesentlichen Entscheidungen selbst zu treffen“[64].

173 Von der in juristischen Personen (des öffentlichen Rechts) institutionalisierten kommunalen oder funktionalen Selbstverwaltung zu unterscheiden sind einfacher

---

60 S.a. Art. 21 Berliner Verfassung, Art. 14 GRCh.

61 *Kluth*, HVwR III, 2022, § 65; *Hase* HStR VI, 3. Aufl., 2008, § 145; BVerfGE 140, 229.

62 BVerfG NVwZ 2017, 1282; *Kirchberg* NJW 2017, 2744; *Sachs* JuS 2017, 1135; zum Austrittsrecht BVerwG NJW 2021, 406 m. Anm. v. Heyne; *Kluth*, NVwZ 2021, 345.

63 Dazu *Hendler* HStR VI, § 143 Rn. 16 (str.).

64 BVerfGE 41, 251, 260; 61, 260, 275.

strukturierte Formen der **Beteiligung der Öffentlichkeit an Verwaltungsentscheidungen.** Wie alle Formen partizipativer Demokratie sollen sie Transparenz schaffen und Kontrolle ermöglichen. Derartige Partizipationsformen finden sich in zunehmendem Maße und in unterschiedlicher Intensität – von der bloßen Anhörung über Beratungs- bis zu Mitentscheidungsrechten – in zahlreichen Verwaltungsbereichen, z. B. bei Fachplanungen (§ 73 VwVfG), bei städtebaulichen Planungen (§§ 3, 4 BauGB), bei sonstigen raum- und entwicklungsbedeutsamen kommunalen Planungen (z. B. § 6b nwGO), in der Schule (Schüler- und Elternvertretungen, z. B. §§ 72–100 NdsSchulG).

In jüngerer Zeit haben die Formen der Öffentlichkeitsbeteiligung vornehmlich 174
auf Grund der völkerrechtlichen Aarhus-Konvention[65] und unionsrechtlicher Vorgaben auch im Recht der Mitgliedsstaaten stark zugenommen, z. B. Umweltinformationsgesetze, Verbraucherinformationsgesetze, Informationsfreiheitsgesetze[66] und Transparenzgesetze.[67]

Innerhalb der Judikative verwirklichen einen demokratischen Kontroll- und 175
Mitentscheidungsanspruch die **ehrenamtlichen Richter** im Straf-[68] und Verwaltungsgerichtsprozess[69] sowie ausgewählt nach Gruppenzuständigkeit (Arbeitgeber, Arbeitnehmer, Kaufmann) im Arbeitsgerichts-[70] und Sozialgerichtsprozess und bei den Kammern für Handelssachen[71].

Kontrolle und Transparenz im Sinne partizipativer Demokratie soll auch die im 176
BundespersonalvertretungsG und in Landespersonal-vertretungsgesetzen geregelte **Personalvertretung** schaffen.[72] Jedoch muss sie die Rechte des parlamentarisch und damit demokratisch verantwortlichen Ministers wahren.

Ein Beispiel für die Verbindung repräsentativ demokratischer Gesetzgebung 177
mit partizipativer Demokratie (Art. 11 EUV) ist der vom Bundestagspräsidenten eingeführte **Bürgerrat**, ein nach dem Zufallsprinzip beschicktes Beratungsorgan, das instrumental begrüßenswert, aber unzulänglich umgesetzt worden ist.[73] **Assoziative** demokratische (Art. 11 EUV) Funktionen, aber primär in Form von In-

---

65 Dazu v. *Danwitz* NVwZ 2004, 272.

66 *Ostermann*, Transparenz und öffentlicher Meinungsbildungsprozess, 2019; *Hertz-Müller/Eigenwald/Ziekow*, Transparenzgesetzgebung in Deutschland 2018; BVerfG, NVwZ 2015, 1603 m. Anm. v. *Schnabel* – Informationszugang zu Arbeiten des wissenschaftlichen Dienstes.

67 OVG Hamburg DVBl 2020, 967, Privatisierung; *Maatsch/Schnabel* Das Hamburger Transparenzgesetz, 2015; zu RP *Reclam/Kruse/Mateina/Ziekow*, VerwArch. 2023, 268.

68 §§ 28 ff., 76 ff. GVG.

69 § 19 ff. VwGO.

70 § 16 ArbGG.

71 § 105 ff. GVG.

72 Einschränkend noch BVerfGE 93, 37; dazu krit. *Battis/Kersten* DÖV 1996, 584.

73 *Schäuble*, Erinnerungen, 2024, S. 589 ff; krit. *Böhm/Kersten* DÖV 2023, 361; *F. Weber* JöR 2023, 285.

teressenwahrnehmung hat schließlich die **Beteiligung von Verbänden** an der Gesetzgebung, in Form von Anhörungen bei der Ministerialverwaltung gem. § 23 der Gemeinsamen Geschäftsordnung der Bundesministerien, bei Bundestagsausschüssen gem. § 73 III, § 74a I Geschäftsordnung des Bundestages sowie gesteigert für Spitzenverbände des öffentlichen Dienstes bei beamtenrechtlichen Regelungen gem. § 94 Bundesbeamtengesetz (als Ausgleich für das ausgeschlossene Beamtenstreikrecht). Auf europäischer Ebene sind beratende Organe der Wirtschafts- und Sozialausschuss und der Ausschuss der Regionen (Art. 300 AEUV).

178 Die beschränkte Befugnis, die die genannten bloßen Anhörungsrechte einräumen, darf nicht den Blick dafür trüben, dass in der Verfassungswirklichkeit die Verbände großen, kontrollbedürftigen Einfluss auf Regierung, Ministerialverwaltung und Parlament ausüben.[74] Das im Jahre 2021 erlassene und 2023 novellierte[75] Lobbyregistergesetz ist ein wichtiger Schritt[76] um demokratischer Transparenz gegenüber Lobbyisten durchzusetzen.

179 Außer über Mitglieder des Bundestages, die selbst Verbänden angehören oder gar hauptberuflich für diese tätig sind, und über die öffentlichen und damit kontrollierbaren Anhörungen vollzieht sich die Einflussnahme der Verbände in den überaus zahlreichen Beiräten, deren Angehörige als Fachleute und als Interessenvertreter im vorparlamentarischen Raum (also vor den gewählten Volksvertretern) die meisten Gesetzgebungsverfahren nachhaltig beeinflussen. Diese enge, durch informelle Kontakte verstärkte Zusammenarbeit wird in der Politikwissenschaft vielfach als Klientelverhältnis zwischen den einzelnen Ministerien und Verbänden bezeichnet, z. B. Arbeits- und Sozialministerium – Gewerkschaften; Landwirtschaftsministerium – Bauernverband, Umweltministerium – Umweltverbände. Dass die Einflussnahme wechselseitig sein kann, lässt sich an der Konzeption der Konzertierten Aktion des noch geltenden, aber nicht mehr praktizierten Stabilitätsgesetzes aufzeigen, dessen § 3 auch dazu dienen sollte, die teilnehmenden Verbände ohne den Einsatz von Hoheitsmitteln zu bestimmtem Wohlverhalten zu bewegen. Der kooperierende Staat nutzt den Sachverstand der Verbände, er wird durch die in Rechnung zu stellenden Verbandsinteressen nicht nur begrenzt, sondern kann durch Ausspielen widerstreitender Interessen in der Rolle des Maklers Handlungsspielraum gewinnen. Er kann aber auch seine Entscheidungsbefugnis verspielen, wenn nicht nur die Entscheidungsvorbereitung, sondern die Entscheidung selbst im Wege der Aushandlungen vonstattengeht. In diesem Fall kann die Kooperation mit den Sachverstand vermittelnden, aber auch Interessen protegie-

74 Zu Verbesserungsvorschlägen s. BT-Prot. 16/221 vom 13. 5. 2009 (Innenausschuss).
75 BGBl. I, 2024, Nr. 10; krit. *Friehe* DVBl. 2023, 1252; *Irmscher*, NJW, 2024, 791.
76 Dazu *Battis* in Polk/Mause (Hrsg.), Handbuch Lobbyismus, 2023, S. 91.

renden Verbänden und/oder den von diesen nach mancherlei Proporz nominierten Sachverständigen statt zur Indienstnahme Privater durch den Staat zur Indienstnahme des Staates durch Private führen.

Von der informellen oder institutionalisierten Einflussnahme der Verbände auf das Gesetzgebungsverfahren ist zu unterscheiden die Mitwirkung von Verbänden an der Vorbereitung von Verwaltungsentscheidungen, z. B. die Mitwirkung förmlich anerkannter (§§ 58–60 BNatSchG) Verbände im Umweltrecht. Eine gesteigerte Form der **Wahrung öffentlicher Interessen durch Private** ist die sogenannte **altruistische Verbandsklage,**[77] wie sie § 64 I BNatSchG und das völker- und unionsrechtlich vorgegebene aber mehrfach unzulänglich umgesetzte[78] UmwRechtsbehelfsG regeln. 180

Ein jüngeres Beispiel für die Erstreckung des demokratischen Prinzips auf Verbände ist § 3 I 2 Nr. 5 UmweltrechtsbehelfG, demzufolge jedermann (nicht nur Experten) als Mitglied des Verbands aufgenommen werden muss. 181

Nicht durchgesetzt haben sich Vorstöße, die innere Ordnung von Verbänden wie bei Parteien gem. Art. 21 I 3 GG zu demokratisieren.[79] Die dadurch zu erwartender zusätzlicher Legitimation könnte standesrechtliche Tendenzen fördern und der parlamentarischen Demokratie zuwiderlaufen. 182

Verfehlt ist es, wenn ähnlich wie während der Weimarer Republik anlässlich der (Anti-)Parteiendiskussion die Aushöhlung des Staates durch die Verbände beschworen wird. Das Schlagwort von der Herrschaft der Verbände hat trotz seines auf den Schutz des Parlaments zielenden Anspruchs eine letztlich antidemokratische Tendenz. Die Vielfalt organisierter Interessen ist ein konstitutives Element des demokratischen Verfassungsstaates. Das grundlegende parlamentarische Prinzip des Wechselspiels von Regierung und Opposition kann nur bei Anerkennung der unterschiedlichen, die Gesellschaft tragenden Gruppen und Interessen funktionieren. Funktionierender Interessenpluralismus ist nicht der Keim der Staatszerstörung, sondern Ferment einer lebendigen, vom Wettbewerb verschiedener Parteien getragenen und vom Wechsel lebenden Demokratie – Demokratie = Herrschaftsbefugnis auf Zeit. 183

Weiterführend:

Bauer Das Demokratieprinzip und die Mitwirkung Privater an der Erfüllung öffentlicher Aufgaben, DÖV 2004, 910; *Franzius/Meyer* (Hrsg.), Modelle des Parlamentarismus im 21. Jahrhundert, 2015; *v. Komorowski* Demokratieprinzip und EU, 2010; *Steiger*, Der partizipative Staat,

77 Dazu *Rehbinder* HdUR II, 2. Aufl., 1994, S. 2559.

78 Dazu *Berkemann* DVBl. 2015, 389.

79 Z. B. *Kriele* Legitimationsprobleme der Bundesrepublik, 1977, S. 17 ff., 44 ff. hinsichtlich der Gewerkschaften.

2023; *Röttger/Donges/Zerfaß* (Hrsg.), Handbuch Public Affairs, 2021; *P. Kirchhof*, Gewissheiten einer Demokratie, DÖV 2024, 1.

III. Ausgestaltung des grundgesetzlichen Demokratiegebotes

1. Wahlen und Abstimmungen

a) Mehrheitsprinzip – Minderheitenschutz

184 Unmittelbar wirkt das Volk an der Ausübung der Staatsgewalt durch die Teilnahme an Wahlen und Abstimmungen mit (Art. 20 II GG). Modus dieser Sachentscheidungen ist das **Mehrheitsprinzip,** nicht das **Einigungsprinzip,** das in der durch vielfältige Interessengegensätze gekennzeichneten gesellschaftlichen Wirklichkeit eine Entscheidung unmöglich machte. Das Mehrheitsprinzip ist ein durchgängiges Strukturprinzip der parlamentarischen Demokratie.[80] Es gilt auch bei verfassungsändernden Gesetzen, nähert sich aber in diesem Fall als qualifizierte Mehrheit dem Einigungsprinzip (Art. 79 II GG), so dass die Minderheit eine Sperrminorität hat. Sie obsiegt also insoweit über den Willen der Mehrheit.

185 In allen übrigen Entscheidungsfällen wird jedoch ganz im Gegensatz zu identitären Demokratievorstellungen der Wille der Minderheit dem der Mehrheit unterworfen. Das ist nur erträglich, weil in der Demokratie die Möglichkeit unterschiedlicher und sich ändernder Mehrheiten besteht, der Wechsel also systemimmanent ist. Diese Änderbarkeit der Mehrheitsverhältnisse, nicht aber eine vermutete Richtigkeit gefällter Entscheidungen legitimiert das Mehrheitsprinzip.[81] Andererseits ist es mit dem demokratischen Prinzip unvereinbar, dass die Minderheit unter Berufung auf die Richtigkeit und Dringlichkeit ihrer Meinung, z.B. wegen Irrevisibilität der Entscheidung über die Endlagerung atomarer Brennstoffe oder wegen der keinen Abschub duldenden Klimakatastrophe, eine Frage vom Mehrheitsprinzip ausnimmt.[82] Der Sache nach wäre dies eine Entscheidung im Sinne der Minderheit. Ein Obsiegen der Minderheit über die Mehrheit sieht das Grundgesetz aber nur im Rahmen des Art. 79 II GG vor.

186 Soweit keine Verfassungsänderung ansteht, erhält die Minderheit den wirksamsten Schutz dadurch, dass die Mehrheit bei einer Ausübung des Gesetzgebungsrechts an die Verfassung gebunden ist, insbesondere an die Grundrechte

---

80 Dazu *Höfling/Burkiczak* JURA 2007, 561; weiterführend *Krüper/Pilniok* (Hrsg), Mehrheit/Minderheit, 2023.

81 *Gusy* AöR 1981, 329 ff. m.w.N.

82 S. aber *Simon* in: Glotz, Ziviler Ungehorsam im Rechtsstaat, 1983, S. 99.

(Art. 1 III GG), und dass die Minderheit die Wahrung des Grundgesetzes durch Anrufung des Bundesverfassungsgerichts überwachen lassen kann.

Das demokratische Prinzip verlangt, dass Wahlen in festgelegten periodischen Abständen erfolgen. Dadurch wird der für die Demokratie essentielle (unblutige) Machtwechsel ermöglicht. Eine Verlängerung der Legislaturperiode von vier auf fünf Jahren, wie sie in den meisten Ländern und für die Wahlen zum Europäischen Parlament eingeführt worden ist, ist aus demokratietheoretischen Gründen verfehlt. Das wichtigste politische Recht, das Wahlrecht (und die für Politiker lästige Abwahlmöglichkeit) wird dadurch um 20 % vermindert. 187

b) Abstimmungen

Das Grundgesetz regelt Abstimmungen i.S.v. Art. 20 II 2 GG lediglich in Art. 29 188 hinsichtlich der im Rahmen der Neugliederung des Bundesgebietes möglichen Volksbegehren und Volksentscheide, im erledigten Art. 118 (Volksbefragung zur Neugliederung des Süd-West-Raumes)[83] und in Art. 118a– Neugliederung Berlin/ Brandenburg. Letzterer ist trotz einfach gesetzlicher aber gescheiterter Abstimmung[84] nicht obsolet, verlangt aber keine Volksabstimmung für einen rechtlich möglichen erneuten Neugliederungsversuch. Art. 29 GG hat seit seiner 1976 erfolgten Änderung in eine „Kannvorschrift" an Dringlichkeit verloren. Angesichts der extrem unterschiedlichen Leistungsfähigkeit der Länder (Bayern, Hessen, Baden-Württemberg einerseits und Saarland, Bremen, Berlin, Mecklenburg-Vorpommern, Sachsen-Anhalt andererseits) hätte die Neugliederung des Bundesgebietes im Zuge der Finanzreform aktuell werden können. Die 2017 durchgesetzte (inzwischen aber von Bayern verfassungsgerichtlich angefochtene) Lösung besagt, dass der Bund entgegen den Intentionen der Föderalismusreform I und II den Ländern mehr Mittel gibt und dafür von den Ländern mehr Kompetenzen erhält.[85] Dadurch ist die Chance der Neugliederung in weite Ferne gerückt. Das Beispiel der Schweiz mit ca. 9 Millionen Einwohnern verteilt auf 26 Kantone, zeigt aber, dass wichtiger als die Zahl und der Größe der Kantone bzw. Länder die Sicherung eines auskömmlichen Steueraufkommens ist.

Der folgende, um eine landesverfassungsrechtliche Abstimmung kreisende Fall 189 soll die anlässlich der Ausübung der Staatsgewalt durch das Volk angesprochenen Probleme vertiefen.[86]

---

83 Dazu BVerfGE 1, 14 ff.

84 Dazu *Keunecke* Die gescheiterte Neugliederung Berlin-Brandenburg, 2001.

85 S. Rn. 530 ff.

86 Nach BVerfGE 8, 104.

! Der Deutsche Bundestag lehnte im März 1958 Anträge der Opposition ab, die darauf hinausliefen, die Bundesregierung zu ersuchen, auf die Bewaffnung der Bundeswehr mit Atomwaffen zu verzichten und anzustreben, dass in keinem Teil Deutschlands Atomwaffen gelagert oder Atomwaffenanlagen errichtet würden. Im Anschluss daran wurde in der Öffentlichkeit die Forderung nach einer allgemeinen Volksbefragung über Atomwaffen erhoben. Die Fraktion der SPD brachte im Bundestag ein entsprechendes Gesetz ein, das keine Mehrheit fand.

Im Mai 1958 erließ die Freie und Hansestadt Hamburg ein Gesetz betreffend die Volksbefragung über Atomwaffen. Danach sollten die Wahlberechtigten folgende Fragen beantworten:

1. Sind Sie für eine Ausrüstung der Bundeswehr mit atomaren Waffen?
2. Sind Sie für eine Lagerung von Atomwaffen im Gebiet der Bundesrepublik?
3. Sind Sie für die Errichtung von Abschussbasen für Atomraketen in der Bundesrepublik?

Stimmberechtigt waren die am Tag der Volksbefragung Wahlberechtigten. Die Stimmbezirke der letzten Wahl zur hamburgischen Bürgerschaft bildeten die Abstimmungsbezirke. Die Bundesregierung klagte gegen dieses nach ihrer Meinung mit dem Grundgesetz unvereinbare Hamburger Gesetz (und ein entsprechendes Bremer Landesgesetz) vor dem Bundesverfassungsgericht.

190 In dem Bund-Länder-Verfahren gem. Art. 93 I Nr. 2 GG, § 13 Nr. 11 BVerfGG, also dem Streit über die Vereinbarkeit des Hamburger Gesetzes mit dem Grundgesetz, trug die Bundesregierung u. a. vor:

> Die in den Gesetzen angeordnete **Volksbefragung** betreffe die Angelegenheiten der Verteidigung und der auswärtigen Politik, die zur ausschließlichen Gesetzgebungs-, Regierungs-, und Verwaltungszuständigkeit des Bundes gem. Art. 73 I Nr. 1, 65, 65a, 87a, 87b GG gehörten. Diese Gesetze seien auch deshalb mit dem Grundgesetz unvereinbar, weil sie der Beschränkung plebiszitärer Einrichtungen durch das Grundgesetz zuwiderliefen.

191 Die Freie und Hansestadt Hamburg führte aus:

> Die Gesetze regelten weder die Ausrüstung der Bundeswehr noch ein Stück der auswärtigen Angelegenheiten des Bundes. Man könne nur fragen, ob der Bund ein ausschließliches Gesetzgebungsrecht auf dem Gebiet der Volksbefragung habe. Die Gesetze beschränkten sich darauf, dem Bürger Gelegenheit zu geben, in einer geordneten Weise von seinem Grundrecht der freien Meinungsäußerung (Art. 5 I 1 GG) und dem verfassungsmäßig garantierten Recht zur Petition (Art. 17 GG) Gebrauch zu machen. Insbesondere aber stelle sich die Volksbefragung als ein in der Demokratie unentbehrliches Mittel der Vorformung des politischen Willens, als ein Stück Bildung der öffentlichen Meinung dar, die das Grundgesetz in Art. 5 mit besonderem verfassungsrechtlichen Schutz ausstattet.

192 Das Bundesverfassungsgericht erklärte das Hamburger Gesetz wegen Unvereinbarkeit mit dem Grundgesetz für nichtig, weil die in dem Gesetz angeordnete

konsultative Volksbefragung in die ausschließliche **Gesetzgebungs-, Regierungs-,** und **Verwaltungskompetenz** des Bundes übergreife.[87] Im Urteil heißt es u. a.:

> „Die Gesetze sind auch nicht schlicht Mittel zur Meinungsforschung; die darin angeordneten Volksbefragungen sind nicht demoskopische Umfragen [...] Meinungsumfrage, Demoskopie ist eine nichtamtliche Veranstaltung; [...].
>
> Das Grundgesetz selbst geht als selbstverständlich von der in der Demokratie bestehenden Notwendigkeit einer politischen Willensbildung aus, wenn es in Art. 21 GG von den Parteien sagt, dass sie daran mitwirkten [...]. Öffentliche Meinung und politische Willensbildung des Volkes kann aber nicht identifiziert werden mit staatlicher Willensbildung, d. h. der Äußerung der Meinung oder des Willens eines Staatsorgans in amtlicher Form. Auch das Grundgesetz geht von dieser Unterscheidung aus: Einerseits handelt Art. 21 Abs. 1 GG von der politischen Willensbildung des Volkes, andererseits handelt Art. 20 Abs. 2 GG von einer Bildung des Staatswillens. In diesem Zusammenhang ist entscheidend, [...] daß sich die wahlberechtigten Bürger, also das Staatsvolk, genauso wie bei verbindlichen Volksabstimmungen, Volksbegehren und Volksentscheiden äußern soll [...]. Die angegriffenen Gesetze schaffen also die Rechtsgrundlage [...] für eine Teilnahme des Bürgers als Glied des Staatsvolkes bei der Ausübung von Staatsgewalt [...] In dieser Eigenschaft macht der Bürger nicht von seinen gegen den Staat gerichteten Grundrechten der freien Meinungsäußerung oder des Petitionsrechts Gebrauch [...]. Das Tätigwerden als Staatsorgane ‚ist' – gleichgültig in welcher Form und mit welcher Wirkung es geschieht – im freiheitlich-demokratischen Rechtsstaat durch Kompetenznormen verfassungsrechtlich begrenzt."

Das Gericht unterscheidet also die Ausübung der Staatsgewalt durch das Volk, d. h. die Tätigkeit des Volkes als Verfassungsorgan, einerseits, vom Prozess der politischen Willensbildung des Volkes, d. h. des Volkes als einer Vielzahl von Grundrechtsträgern andererseits. Dieser unterschiedliche Status wird näher bei den Grundrechten behandelt. **193**

c) Wahlgrundsätze

Ungleich bedeutungsvoller als die Abstimmungen sind die in Art. 20 II 2 GG genannten Wahlen. Die Schlüsselvorschrift des Art. 38 GG bestimmt in Abs. 1 S. 1 die Art und Weise, in der das Volk diese Staatsgewalt ausübt. Wahlgrundsätze der allgemeinen, unmittelbaren, freien, gleichen und geheimen Wahl und die grundsätzliche Festlegung der Rechtsstellung der Abgeordneten – freies Mandat –die Grundentscheidungen für die Ausgestaltung des parlamentarischen Systems. Abs. 2 regelt als „politisches Grundrecht" die aktive und passive Wahlberechtigung. **194**

87 Zur kompetenzwidrigen Erklärung des Gemeindegebietes zur atomwaffenfreien Zone s. *Burgi* Kommunalrecht, 7. Aufl. 2024, § 6 Rn. 16; restriktiv zur Rechtmäßigkeit einer konsultativen von der Regierung initiierten Volksbefragung Bay. VerfGH, NVwZ 2017, 319 (s. Rn. 69).

195 **Allgemein** ist eine **Wahl**, wenn grundsätzlich alle Bürger wählen dürfen. Unzulässig ist daher z. B. ein Zensuswahlrecht.

196 Der Grundsatz der allgemeinen Wahl verpflichtet das parlamentarische System auf das Demokratiegebot. Der Prototyp des parlamentarischen Systems, das englische Parlament des 18. und 19. Jahrhunderts, war keine Vertretung des ganzen Volkes, sondern einer kleinen Schicht freier Männer. In Deutschland setzte sich das allgemeine Wahlrecht mit dem Frauenwahlrecht zur deutschen Nationalversammlung (1919) durch.

197 Der Grundsatz der allgemeinen Wahl erlaubt es, die Wahlberechtigung abhängig zu machen von einem Mindestalter, vom Freisein von geistigen Mängeln oder von durch Richterspruch festgestellten staatsbürgerlichen Mängeln. Zulässig ist schließlich auch der Ausschluss des Wahlrechts von Deutschen, die dauernd im Ausland wohnen und daher von den Folgen der Ausübung des Wahlrechts nicht oder kaum betroffen werden.[88] Diese Einschränkungen sind in dem gem. Art. 38 III GG ergangenen Bundeswahlgesetz näher geregelt.

§ 12 BWahlG bestimmt vier Gründe, die die Allgemeinheit der Wahl begrenzen:

1. Die Eigenschaft als Deutscher, gesetzlich definiert in Art. 116 I GG, am Wahltag, § 12 I BWahlG
2. Das Wahlalter, Vollendung des 18. Lebensjahres[89] am Wahltag (Art. 38 II Halbs. 1 GG); § 12 I Nr. 1 BWahlG
3. Wohnsitz oder dauernder Aufenthalt seit mindestens drei Monaten im Wahlgebiet, § 12 I Nr. 2 BWahlG.[90]

Ausnahme vom Grundsatz der Ansässigkeit im Bundesgebiet in § 12 II: Es genügt bei Vorliegen der sonstigen Voraussetzungen das Innehaben einer Wohnung oder der gewöhnliche Aufenthalt im Bundesgebiet seit nicht länger als 25 Jahren (1) oder Vertrautheit mit dem politischen Verhältnis in Deutschland und davon betroffen sein (2)..

4. **Ausschluss** vom Wahlrecht nur noch durch Richterspruch (§ 13 BWahlG),

198 Kein Wahlrecht haben in Deutschland lebende **Ausländer** für die Bundestags- und Landtagswahlen. Deutsche Staatsgewalt soll gem. Art. 20 II 2 GG nur vom deutschen Volk ausgeübt werden. „Art. 20 II 1 GG bestimmt, dass das Staatsvolk der Bundesrepublik Deutschland Träger und Subjekt der Staatsgewalt ist. Das Staatsvolk, von dem die Staatsgewalt ausgeht, wird nach dem Grundgesetz nur von den Deutschen,

88 BVerfGE 36, 139.

89 Anders: 16 Jahre nach Landesrecht, z. B. Bremen (Bürgerschaft), Schleswig-Holstein (Kommunalwahlen); weitergehend *Hiller/Junk/Wiener*, NVwZ, 2024, 323..

90 Dazu BVerfG, NJW 1991, 689; weitergehend *Mohamed* DÖV 2017, 698.

also den deutschen Staatsangehörigen und den ihnen nach Art. 116 I GG Gleichgestellten gebildet.“[91]

Das BVerfG hat zudem das kommunale Wahlrecht für Ausländer, das Schleswig-Holstein und Hamburg (Bezirke) eingeführt hatten, für mit Art. 20 II 2 GG unvereinbar erklärt. In Kenntnis der von der EG beabsichtigten Einführung des kommunalen Ausländerwahlrechts hat das Gericht jedoch die entsprechende Verfassungsänderung vorab für zulässig erklärt.[92]

Der Vertrag von Maastricht schuf mit der Unionsbürgerschaft auch das aktive und passive Wahlrecht bei Kommunalwahlen für Unionsbürger mit Wohnsitz in einem Mitgliedstaat der EU.[93] In Reaktion darauf wurde durch Verfassungsänderung Art. 28 I 3 GG n.F. eingefügt und in den Ländern das Kommunalwahlrecht angepasst.[94] 199

Vom kommunalen Wahlrecht der Unionsbürger ist zu unterscheiden das Wahlrecht zum Europaparlament für nichtdeutsche Unionsbürger, die in Deutschland ihren Wohnsitz haben.[95] 200

Aus der **Unmittelbarkeit der Wahl** folgt das Verbot, zwischen die Stimmabgabe der Bürger und die Auswahl der Abgeordneten eine weitere Instanz mit Auswahlbefugnis zwischenzuschalten, z. B. Wahlmänner wie bei der Präsidentenwahl in den USA. Die Listenwahl, bei der die Wahl eines Bewerbers von der Mitwahl weiterer Bewerber abhängt, ist mit der Unmittelbarkeit der Wahl vereinbar, solange der Wähler das entscheidende Wort behält. Allerdings bestimmen die Parteien mit der Aufstellung der (starren) Listen de facto ganz erheblich die Zusammensetzung des künftigen Parlaments.[96] Durch Volksentscheid haben die Wähler in Hamburg die Abschaffung starrer Listen für Bürgerschaftswahlen durchgesetzt.[97] Die Wahlbeteiligung hat sich dadurch nicht erhöht, wohl aber die Abgabe ungültiger Stimmen durch überforderte Wähler. 201

Die **Freiheit der Wahl** verbietet jeden Zwang oder sonstige äußere Beeinflussungen bei der Ausübung des Wahlrechts, z. B. auch durch die gem. § 32 II BWahlG verbotene Veröffentlichung von während der Wahl durchgeführten Wählernachfragen vor Schließung der Wahllokale. Nicht verboten wird die Wahlwerbung durch Parteien oder Dritte, z. B. Hirtenbrief der Bischöfe mit dem Aufruf, christliche 202

91 BVerfGE 83, 37; 83, 60.

92 BVerfGE 83, 37, 59.

93 Dazu HambVerfG, NVwZ-RR, 2010, 123 – Wahlrecht der Unionsbürger zur Bezirksversammlung.

94 Dazu *Pieroth/Schmülling*, DVBl., 1998, 365.

95 Dazu *Dürig*, NVwZ, 1994, 1180.

96 Krit. dazu: *v. Arnim*, JZ, 2002, 578.

97 Hamburger Gesetzblatt 2004, 313.

Kandidaten zu wählen.[98] Verboten wäre aber die Androhung kirchlicher Sanktionen. Das Bundesverfassungsgericht hat offen gelassen, ob vom Wahlkreisbewerber (vor der Wahl) verteilte kleine Wahlgeschenke eine unzulässige Wahlbeeinflussung darstellen.[99] Unter den Grundsatz der freien Wahlen lässt sich die Regelung des Art. 78 II HessVerf subsumieren, der zufolge gegen die guten Sitten verstoßende Handlungen, die das Wahlergebnis beeinflussen, die Wahl ungültig machen.[100] Umstritten ist, ob **Paritätsgesetze,** denen zufolge nach dem Reißverschlussverfahren die Listenplätze paritätisch mit Frauen und Männern zu besetzen sind, gegen die Freiheit und die Gleichheit der Wahl verstoßen.[101]

203 Der Grundsatz der **geheimen Wahl** ergänzt den Grundsatz der **freien Wahl** und umgekehrt. Frei ist die Wahl, wenn jedermann sein Wahlrecht informal möglichst gleicher Weise ausüben kann.[102]

204 Das Wahlgeheimnis wird nicht verletzt durch die gesetzliche Pflicht, anlässlich der Wahlvorbereitungen eine bestimmte Anzahl von Unterschriften auf **Wahlvorschlägen** vorzuweisen. Derartige Unterschriften gewähren in der Praxis auch Unentschlossene oder die Wähler anderer Parteien, so dass die Unterschrift keinen zuverlässigen Schluss auf das Wahlverhalten erlaubt.[103] Bei der **Briefwahl** kann anlässlich der Ausfüllung des Stimmzettels das Wahlgeheimnis verletzt werden. Dies wird in (zu weiten) Grenzen[104] wegen der besseren Verwirklichung des Grundsatzes der allgemeinen Wahl in Kauf genommen.[105]

205 Die allgemeine Einführung elektronischer Wahlen wäre im Hinblick auf den Geheimnisschutz noch problematisch, sollte aber wie Estland zeigt, machbar werden.[106] Der Einsatz von Wahlcomputern bei der Wahl zum 16. Deutschen Bundestag verstieß hingegen nicht gegen den Grundsatz der geheimen Wahl, son-

---

98 OVG Münster, JZ, 1962, 767.

99 BVerfGE 21, 196 (199).

100 → BVerfGE 103, 111 – in concreto verneinend, bei massiv rechtswidriger Wahlfinanzierung; s.a. Hessisches Wahlprüfgericht, NJW 2001, 1054.

101 Dazu BVerfG NVwZ 2021, 469, Rn. 103 ff; bejahend ThürVerfGH DVBl 2020, 1347; *Heimerl*, Paritätische Aufstellung von Kandidaten für Bundestagswahlen, 2023; BdbgVfG NJW 2020, 3579 u. 3590, bayVfGH NVwZ-RR 2018, 457; ablehnend *Eibenstein*, Das mit Parité-Gesetzen verfolgte Leitbild der Gruppensouveränität vor dem grundgesetzlichen Demokratieprinzip; *Valentiner* JöR 2023, 209; m.w.N. *Sacksofsky* in: Herdegen/Masing/Poscher/Gärditz (Hrsg.), Verfassungsrecht, 2021, § 19, Rn. 128; s.a. *Sachs*, JuS, 2020, 803.

102 BVerfGE 79, 161/166; E 124, 1/18

103 → Krit. *Meyer* HStR III, 3. Aufl., 2005, § 16 Rn. 22.

104 → BVerfGE 59, 119, 127.

105 → BVerfGE 21, 200; 123, 39/75; 134, 25 Rn. 13 ff.; kritisch *Haug/et.al* DÖV 2023, 790; enger StGH Bremen NVwZ-RR 2023, 748 m. Anm. v. *Böttner/Mintrup*; *Wischmeyer*, JuS 2023, 986.

106 → Dazu *Karpen* (Hrsg.) Elektronische Wahlen? 2005.

dern den Grundsatz der **Öffentlichkeit der Wahl,** den das Bundesverfassungsgericht aus Art. 38 GG i.V.m. den verfassungsrechtlichen Grundentscheidungen für Demokratie, Republik und Rechtsstaat (Art. 20 I, II GG) ableitet.[107] Dieser bei der Stimmabgabe gültige Grundsatz gebietet, dass alle wesentlichen Schritte der Wahl, insbesondere Wahlvorbereitung und Feststellung des Wahlergebnisses, öffentlich überprüft werden können, soweit nicht andere verfassungsrechtliche Belange, wie bei der Stimmabgabe der Geheimschutz, vorgehen.

Der **Grundsatz der gleichen Wahl**, Art. 38 I 1 GG, ist wegen der fundamentalen 206
Verbindung mit dem egalitären demokratischen Prinzip im Sinne einer strengen und formalen Gleichheit zu verstehen.[108] Er gebietet, dass jede Stimme den gleichen **Zählwert** hat. Der gleiche Zählwert sichert jedem Wähler die gleiche Stimmzahl.

Der bis in die 70er Jahre des vorigen Jahrhunderts in Liechtenstein und in ei- 207
nigen Kantonen der Schweiz geltende Ausschluss der Frauen vom Wahlrecht verstößt nicht gegen die Gleichheit, sondern gegen die Allgemeinheit der Wahl. Ein Verstoß gegen den Grundsatz der Wahlgleichheit läge vor, wenn Frauen zwar wählen dürften, die Stimmen der Männer aber doppelt zählten. Mit dem Grundsatz der Wahlgleichheit unvereinbar ist auch die Idee des Familien-, Eltern- oder Kinderwahlrechts.[109]

Der VfGH Berlin, hat die Wahlen zum Berliner Abgeordnetenhaus und zu den Bezirksämtern wegen Verstoßes gegen die Freiheit, die Allgemeinheit und die Gleichheit der Wahl für nichtig erklärt, weil es in der Vorbereitung und Durchführung der Wahl zu zahlreichen, mandatsrelevanten Verstößen gekommen sei.[110] Das BVerfG hat in teilweise kritischer Auseinandersetzung mit der Berliner Entscheidung für die Bundestagswahl in Berlin wegen der geringeren Mandatsrelevanz nur eine deutlich eingeschränktere Wahlwiederholung angeordnet.[111]

Der **Erfolgswert** einer Stimme hängt vom jeweiligen Wahlsystem ab und ist daher 208
sehr unterschiedlich.

Beim **Mehrheitswahlrecht**, bei dem nur derjenige ein Mandat erhält, der die 209
meisten Stimmen im Wahlkreis erhalten hat, haben die für die unterlegenen Kandidaten abgegeben Stimmen keinen Erfolg. In Großbritannien führte das z. B. bei den Parlamentswahlen von 1974 dazu, dass die Liberalen 6056000 Stimmen =

---

107 → BVerfGE 123, 39, 68.

108 → BVerfGE 82, 322, 337; 95, 408, 418; 121, 266, 297.

109 → Str. BT-Drucks. 15/1544; *Rolfsen* DÖV 2009, 348; *Müller-Franken*, Familienwahlrecht und Verfassung, 2013.

110 JZ 2023, 155; zustimmend *Waldhoff* JZ 2023, 134; krit. *Glauben* NVwZ 2023, 21; *Wischmeyer* JuS 2023, 286; *Pestalozza* RuP 2023, 54; abl. Sondervotum *Lembke.*

111 2 BvC 4/23; zum vorläufigen Verfahren BVerfG NVwZ 2023, 903, m. Amn. v. *Battis/Wohlstein*; krit. *Blankenagel*, DVBl., 2023, 1358.

13,3% aber nur 14 von 634 Parlamentssitzen = 2,2% erhielten, für einen Sitz also 433000 Stimmen benötigten, während Labour 39000 Stimmen pro Sitz reichten. Nach dem System der Mehrheitswahl kann es keinen auch nur annähernd gleichen Erfolgswert geben. Das Bundesverfassungsgericht[112] sieht darin keinen Verstoß gegen die Gleichheit der Wahl.[113]

210 Bei der **Verhältniswahl** müssen alle Stimmen bei der verhältnismäßigen Besetzung des Parlaments gleich berücksichtigt werden, die Stimmen haben also außer dem gleichen Zähl- auch den gleichen Erfolgswert.[114] Allerdings ist auch beim strikt angewandten Verhältniswahlrecht der Erfolgswert nie völlig gleich, weil die Zahl der zu verteilenden Sitze begrenzt ist und es Stimmen gibt, auf die kein Sitz entfällt.

211 Die Verhältniswahl gibt ein ziemlich getreues Abbild der politischen Kräfte eines Volkes, allerdings um den Preis der Zersplitterung und damit einer in der Regel schwierigen Regierungsbildung. Der Einfluss der Wähler auf die Regierungsbildung wird durch Koalitionsvereinbarungen deutlich reduziert. Das Mehrheitsprinzip begünstigt ein Zwei-Parteien-System und schafft so häufiger klare Regierungsmehrheiten. Andererseits schließt es das Entstehen neuer Parteien praktisch aus, soweit sie nicht lokal spezialisierte oder gar separatistische Interessen vertreten (Schottland, Wales), und führt, wie das obige Beispiel aus Großbritannien zeigt, zu grob-unterschiedlichem Erfolgswert der Stimmen.

212 Das Grundgesetz überlässt es bewusst dem einfachen Gesetzgeber (Art. 38 III GG), für welches **Wahlsystem** er sich im Rahmen der Wahlgrundsätze entscheidet.[115] Es ist dem Gesetzgeber auch unbenommen, beide Wahlsysteme miteinander zu verbinden.[116] Allerdings folgt aus den Grundsätzen der formalen Wahlgleichheit und der Chancengleichheit der Parteien, dass dem (zwangsläufig im Eigeninteresse befangenen) Gesetzgeber bei der Ordnung des Wahlrechts nur ein eng bemessener Spielraum für Differenzierungen verbleibt. Die Differenzierungen bedürfen zu ihrer Rechtfertigung stets eines zwingenden Grundes.[117] Bis zur Reform 2023[118] galt die **personalisierte Verhältniswahl** mit vorgeschalteter Mehrheitswahl in Ein-

112 BVerfGE 1, 244.

113 A.A. *Meyer* HStR III, § 45 Rn. 31.

114 BVerfGE 34, 99.

115 A.A. *Meyer* HStR III, § 45 Rn. 31 – Verhältniswahlrecht geboten; Gegenposition *v. Arnim* in: Strohmeier (Hrsg.), Wahlrechtsreform, Sonderband ZfP 2009, 183 – Mehrheitswahlrecht vorzugswürdig.

116 BVerfGE 6, 84, 90; 95, 335, 349; E121, 266/296; E131, 316/336.

117 BVerfGE 82, 322.

118 V. 7.3.2023, BGBl I NR. 91.

zelwahlkreisen, die den Kontakt zwischen Wahlkreisabgeordneten und Wählern fördern soll.

Das System der Verhältniswahl wird durchbrochen durch die **5%-Klausel**, die selbst wiederum durch die im Zuge der Wahlrechtsreform 2023 abgeschaffte Grundmandatsklausel (Gewinn dreier Wahlkreise) modifiziert wurde (§ 6 VI BWahlG). Das Bundesverfassungsgericht hat die in der 5-%-Klausel liegende Abweichung vom Grundgesetz der Wahlgleichheit schon früher gebilligt, da Splitterparteien im Parlament die Regierungsbildung gefährdeten.[119] Da das Europäische Parlament weder wie der Bundestag das zentrale Gesetzgebungsorgan und als Kreationsorgan dem Bundestag nicht vergleichbar sei, hat das Bundesverfassungsgericht die 5%-Klausel für Europawahlen verworfen und gegen das Votum des Bundestages auch eine 3%-Klausel.[120] Zudem haben das Bundesverfassungsgericht[121] und mehrere Landesverfassungsgerichte[122] für Kommunalwahlen einschließlich Wahlen zur Bezirksversammlung die 5%-Klausel und sogar die 2,5%-Klausel[123] aufgehoben. Der EGMR hingegen hat die 10%-Sperrklausel für Wahlen zum türkischen Parlament als mit Art. 3 des Zusatzprotokolls zur EMRK im Grundsatz für vereinbar erklärt.[124] 213

Jeder Wähler hat zwei Stimmen, eine für den **Direktkandidaten**, eine für die **Landesliste** (§ 4 BWahlG). 214

Die durch die Wahlrechtsreform 2020[125] in § 1 I BWahlG auf 630 festgesetzte Gesamtzahl der Mandate wird nach dem Verhältnis der für die Listen abgegebenen Zweitstimmen auf die Parteien verteilt, die 5% der Stimmen oder drei Direktmandate errungen haben. Aufgrund der Wahlrechtsreform 2024 bedarf es für den Mandatsgewinn zusätzlich zum Gewinn der (einfachen) Mehrheit der Erststimmen im Wahlkreis der **Zweitstimmendeckung** (§ 1 III, 6 I, IV 1, 2 BWahlG). Ein Mandat erhält nur die Person, die so viele Zweitstimmen erhalten hat, wie sie den bundesweiten Zweitstimmenabteil seiner Partei entsprechen. Der Mandatsgewinn er- 215

---

119 BVerfGE 6, 84, 92; 95, 408, 419; 131, 316/344; s.a. EGMR, NVwZ 2017, 945 – 5%-Klausel für Friesenpartei/LT Nds. zulässig.

120 BVerfGE 129, 300/324; E135, 250 Rn. 34 ff.; billigend aber 2% B.v. 6.2.2024, 2 BvE 6/23; BVerfG, NVwZ, 2024, 725; dazu *Classen*, EuR, 2024, 322; *Ruffert*, JuS, 2024, 473; s.a. *Jendro*, Sperrklauseln im Mehrebenensystem des Europawahlrechts, 2024; *Sydow*, JZ, 2024, 313.

121 BVerfGE 120, 82/109.

122 VerfGH NRW, DVBl. 1999, 1271; StGH Bremen, NVwZ-RR 2009, 905; Hamb. VerfGH, DVBl. 2016, 248; s.a. *Kramer/Bahr u. a.* DÖV 2017, 353; *Roth* Verfassungsmäßigkeit der Empfehlung einer 3%-Sperrklausel für Kommunalwahlen durch Verfassungsänderung, 2014.

123 VfGH NRW NVwZ 2018, 159.

124 NVwZ-RR 2010, 81; krit. Henneke FAZ v. 24.09.2020 S. 6.

125 Billigend zur Wahlrechtsreform 2023 (Große Koalition) BVerfG, NVwZ, Beilage 1/2024, 28 – drei Sondervoten; s.a. *Wischmeyer*, JuS, 2024, 282.

fordert also zusätzlich zur Stimmenmehrheit im Wahlkreis der Legitimation durch die Zweitstimmendeckung. Überhangmandate und Ausgleichsmandate entfallen dadurch ersatzlos. Das Bundesverfassungsgericht[126] hat die Stärkung des Verhältniswahlrechts zulasten des Mehrheitswahlrechts ausdrücklich gebilligt, da die Wahl weder dem Grundsatz der Gleichheit, noch der Allgemeinheit der Wahl (Art. 38 I GG), noch der Chancengleichheit der Parteien (Art. 21 I GG) widerspreche. Unter Rückgriff auf das „Bürgerrecht auf aktive Wahl" hat das Gericht die abweichende Behandlung unabhängiger Bewerber (§ 6 II BWahlG) gebilligt.

216 Nach der Kassation der Aufhebung der Grundmandatsklausel verbleibt dem Gesetzgeber die Möglichkeit z. B. künftig die 5%-Klausel abzusenken und die Grundmandatsklausel abzuschaffen.

§ 6 III BWahlG a.F. ließ abweichend vom System der Verhältniswahl einer Partei der nach dem **Verhältnisausgleich** weniger Mandate zustanden als sie Direktmandate errungen hatte diese als **Überhangmandate** zu. Zur Wahrung des Verhältniswahlsystems erhielten andere Parteien **Ausgleichsmandate.** Beides zusammen führte zur Aufblähung des Bundestages. Überhangmandate ohne Ausgleich hielt das Bundesverfassungsgericht für gleichheitswidrig, allerdings nur soweit sie über den „Umfang von mehr als einer halben Fraktionsstärke" hinausgingen.[127] Der Reparaturversuch des § 6 V BWahlG a.F. hatte zu einem „abstrusen Wahlsystem" geführt.

217 Die Mandate werden also allein entsprechend der Zweitstimmen verteilt.

218 Schon früh hatte das Bundesverfassungsgericht[128] auch die **Grundmandatsklausel** gebilligt. Eine kleine Partei mit drei Direktmandaten entspreche dem System der mit der Personalwahl verbundenen Verhältniswahl, da dieses ein besonderes Gewicht auf die Wahl von Abgeordneten in Wahlkreisen lege. Nach § 6 VI 1 Hs. 2 BWahlG ist es z. B. möglich, dass eine Partei, die nur 2% aller Zweitstimmen, aber drei Direktmandate erhalten hat, zusätzlich bei der Verteilung der Zweitstimmen berücksichtigt wird, während eine andere Partei mit 4,9% Zweitstimmen ganz leer ausgeht. Trotz des evident ungleichen Erfolgswerts der Stimmen hat das Gericht[129] die Grundmandatsklausel als Mittel des Ausgleichs zwischen der Sicherung der Funktionsfähigkeit des Parlaments und der Integration des Staatsvolks durch Wahlen gebilligt. Die Abschaffung der Grundmandatsklausel durch die

126 NVwZ 2024, 1323 m. Anm. v. *Sangi/Wittmer*; *Simon* http://juwiss.de; *Wischmeyer* JuS 2024, 899; krit. *Magiera*, Sachs Art. 38 Rn. 120, 122; s.a. *Thomsen* DVBl 2024, 1126; 1 BvF 1/23 v. 30.7.2024.

127 BVerfGE 131, 316 (357); zum (erledigten) Folgeproblem des negativen Stimmgewichts BVerfGE 121, 266/298; E. 131, 316/346; Voraufl. Rn. 83 m.w.N.

128 BVerfGE 3, 397; 4, 41.

129 BVerfGE 95, 408, 420; krit. *Jarass/Pieroth* § 38 Rn. 37 m.w.N.

Wahlrechtsreform 2023 hat das Bundesverfassungsgericht[130] verworfen. Die 5%-Sperrklausel sei aber zur Sicherung der Funktionsfähigkeit des Bundestages „unter den gegenwärtigen Bedingungen nicht im vollen Umfang erforderlich". Zum Beleg verweist das Gericht auf die Fraktionsgemeinschaft von CDU und CSU. Es sei nicht zu beanstanden, wenn Abgeordnete eine gemeinsame Fraktion mit Abgeordneten einer anderen Partei bildeten, wenn beide Partei zusammen über 5% kämen. Voraussetzung sei aber, dass beide Parteien nicht bloß ein Wahlbündnis oder einer Koalitionsabsprache träfen, sondern sie müssen erstens gleichgerichtete Ziele verfolgen, zweitens schon seit einiger Zeit bestehen und drittens nicht im gesamten Bundesgebiet im Wettbewerb stehen. Da die Partei Die Linke diese Voraussetzungen nicht erfüllt hat das Gericht deren Normenkontrollantrag abgelehnt.

Bis zur Wahlrechtsreform 2023 galt, wer im Wahlkreis die meisten Stimmen 219
erzielt hat, ist gewählt (§ 5 BWahlG a.F.). Alle Abgeordneten werden zur Hälfte in Wahlkreisen nach dem relativen Mehrheitsprinzip gewählt, zur anderen Hälfte über die nur von Parteien aufgestellten Landeslisten (§ 1 II BWahlG). Jeder Wähler hat zwei Stimmen, eine für den **Direktkandidaten**, eine für die **Landesliste** (§ 4 BWahlG).

Die gem. § 1 I BWG auf 630 festgesetzte Gesamtzahl der Mandate wird nach dem 220
Verhältnis der für die Listen abgegebenen Zweitstimmen auf die Parteien verteilt, die 5% der Stimmen oder drei Direktmandate errungen haben.

Die Sitze werden nunmehr allein entsprechend den **Zweitstimmen** ver- 221
teilt. Die Sitzverteilung erfolgte bis 1985 nach dem von d'Hondt[131] entwickelten Höchstzahlberechnungsverfahren, dann nach dem Berechnungsverfahren der mathematischen Proportion (System Hare/
Niemeyer) und seit 2008 nach der Divisionsmethode mit Standardrundung nach Sainte-Laguë/Schepers, einer verfeinerten Proportionalrundung (§ 6 II BWG).

130 NVwZ 2024, 1323 m. Anm. v. *Sangi/Wittmer*; Simon http://juwiss.de; *Wischmeyer* JuS 2024, 899; krit. *Magiera*, Sachs Art. 38 Rn. 120, 122; s.a. *Thomsen* DVBl 2024, 1126; 1 BvF 1/23 v. 30.7. 2024.

131 Dazu VerfGH Berlin NVwZ-RR 2017, 633.

Verfahren nach d'Hondt

Parteien	Stimmen	geteilt				
		durch				
		1	2	3	4	5
A	99000	99000 (1)	49500 (3)	33000 (5)	24750 (7)	19800 (9)
B	89000	89000 (2)	44500 (4)	29666 (6)	22250 (8)	17800
C	12000	12000	6000	4000	3000	2400
Bei 9 zu vergebenden Sitzen erhält die A-Partei 5, die B-Partei 4 und die C-Partei 0 Sitze						

Verfahren nach Hare/Niemeyer

			§ 6 II BWahlG	§ 6 II BWahlG	
Parteien	Stimmen	Gesamtzahl der zu vergebenden Sitze (9) Stimmen der A (B, C-Partei)	Anzahl der Sitze nach ganzen Zahlen	Anzahl der Sitze nach den höchsten Zahlenbruchteilen	Endgültige Sitzverteilung
		Gesamtzahl der abgegebenen Stimmen (200000)			
A	99000	4,455	4	–	4
B	89000	4,005	4	–	4
C	12000	0,54		1	1
Bei 9 zu vergebenden Sitzen erhalten die A- und die B-Partei je 4 Sitze und die C-Partei 1 Sitz					

Verfahren nach Sainte-Laguë/Schepers

Zu verteilen sind 9 Sitze.

Stimmen: Partei A: 99.000
Partei B: 89.000
Partei C: 12.000

Grundformel nach § 6 II 2 BWahlG:

$$\frac{\text{Stimmenanzahl Partei A (B, C)}}{\text{Zuteilungsdivisor}} = \text{Sitzanzahl Partei A (B, C)}$$

In einem ersten Schritt ist daher der Zuteilungsdivisor nach § 6 II 6 BWahlG zu ermitteln:

$$\frac{\text{Gesamtzahl aller Stimmen}}{\text{Gesamtanzahl der zu verteilenden Sitze}} = \text{vorläufiger Zuteilungsdivisor, also:}$$

$$\frac{200.000}{9} = 22.222,\overline{2}$$

Nach der Grundformel ergeben sich somit folgende Ergebnisse:

Partei A:	4,445	→	Standardrundung nach § 6 II 3, 4 BWahlG	→	4 Sitze
Partei B:	4,005	→	Standardrundung	→	4 Sitze
Partei C:	0,54	→	Standardrundung	→	1 Sitz
					9 Sitze

Hätte die Division mit dem Zuteilungsdivisor $22.222,\overline{2}$ dazu geführt, dass eine höhere oder niedrigere Gesamtsitzzahl als 9 entstanden wäre, hätte das Verfahren nach § 6 II 7 BWahlG durchgeführt werden müssen: Der Zuteilungsdivisor hätte solange erhöht bzw. herabgesetzt werden müssen, bis die Sitzzuteilung mit der Gesamtzahl der zu vergebenen Sitze übereinstimmt.

Der Grundsatz der gleichen Wahl gilt für das aktive, aber auch für das passive 222
Wahlrecht. Daraus hat das Bundesverfassungsgericht[132] den **Grundsatz der Chancengleichheit** der Wahlbewerber, und zwar der Parteien wie auch einzelner

132 BVerfGE 14, 137.

Wahlbewerber, abgeleitet[133]. Das Recht der Parteien auf Chancengleichheit im politischen Wettbewerb (Art. 21 I Nr. 1 Satz 1 GG) begrenzt die Öffentlichkeitsarbeit der Regierung und die Zulässigkeit sonstiger parteipolitischer Äußerungen.[134] Bei der „Gratwanderung zwischen Neutralitätsgebot und politischem Wettbewerb"[135] gesteht das Bundesverfassungsgericht dem Bundespräsidenten eine gewisse Sonderstellung ein. → Rn. 48, 123

223 Ein grundrechtliches, aber auch demokratietheoretisches Problem ist, inwieweit die Regierung oder auch die Verwaltung durch sogenanntes Nudging den Bürger durch „sanften Paternalismus" anstelle von verbindlichen Vorgaben zu bestimmten umwelt- oder gesundheitsbegünstigenden Verhaltensweisen veranlassen darf.[136]

224 Im Maastricht- und im Lissabon-Vertragsurteil hat das Bundesverfassungsgericht in Art. 38 I 1 GG eine integrationsbezogenen Popularklage auf Erhaltung des Demokratieprinzips hineininterpretiert.[137]

225 Die **Wahlprüfung** ist im Bund, anders als z. B. im Berlin[138] Sache des Bundestages (Art. 41 GG, § 48 BVerfGG, § 49 BWG[139]), der damit „Richter in eigener Sache" wird. Die Parlamentsautonomie ist historisch aus der Emanzipation des bürgerlichen Parlaments gegenüber dem Monarchen zu erklären. Gegen die Entscheidung des Bundestages ist die Beschwerde an das Bundesverfassungsgericht zulässig (Art. 41 II GG). Da bei jeder Volkswahl Fehler unvermeidlich sind, führen nur solche Fehler zur (teilweisen) Aufhebung der Wahl, die die Sitzverteilung im Bundestag beeinflussen können – sogenannte Mandatsrelevanz.[140] Fehler bei der Aufstellung der Kandidaten, bzw. Fehler bei der Vorbereitung und während der Wahl haben das BVerfG und zwei Landesverfassungsgerichte[141] veranlasst, die Bundestagswahl, bzw. die Wahl zur Bürgerschaft/zum Abgeordnetenhaus und den Bezirksvertretungen teilweise, bzw. ganz aufzuheben und Wahlwiederholungen anzuordnen.

---

133 BVerfGE 41, 413 – Daniels.

134 BVerfGE 140, 225/241 – BMBF vs. AfD; Thür. VerfGH, NVwZ 2016, 1408 – Ministerpräsident vs. NPD.

135 *Barczak* NVwZ 2015, 1014; OVG Münster NVwZ 2017, 1316; *Ferreau* NVwZ 2017, 1259; *Stumpf* DVBl. 2017, 1265.

136 Dazu *Hufen* JuS 2020, 193; *Bornemann/Reisch* ZParl 2016, 629.

137 Krit. *Jestaedt* Der Staat 2009, 497, 503; *Schönberger* Der Staat 2009, 531, 539; positiv *Murswiek* JZ 2010, 702; s.a. Rn. 77.

138 § 40 VvB.; *Lange*, DV, 2024, 311; s.a. *Bröchler*, ebenda, 399 – Wahlorganisation.

139 Dazu *Lackner* JuS 2010, 307.

140 BVerfGE 146, 327 (375); 89 291 (304); B. v. 5.7.2023, 2 BvC 4/23.

141 VfGH Berlin, JZ, 2023, 155; *Waldhoff*, JZ, 2023, 134; krit. *Wischmeyer*, JuS, 2023, 286; *Glauben*, NVwZ Beilage 1, 2024, 3; VfGHH, DVBl. 1993, 1073 m. Anm. v. *Karpen*; s.a. *Arndt* NVwZ 1993, 1066; zur Verfassungsmäßigkeit der Regelung der Nachwahl BVerfGE 124,1.

Weiterführend:
Grzeszick Verfassungsrechtliche Grundsätze des Wahlrechts, JURA 2014, 1110; *Hölscheidt/Menzenbach* Referenden in Deutschland und Europa, DÖV 2009, 777; *Kotzur* Freiheit und Gleichheit der Wahl, HGR V § 120; *Meyer* in: HStR III, 3. Aufl., 2005, § 45 – Demokratische Wahl und Wahlsystem, § 46 – Wahlgrundsatz und Wahlverfahren; *Sacksofsky* Wahlrecht und Wahlsystem, in: Morlok/Schliesky/Wiefelspütz (Hrsg.), Parlamentsrecht, 2016, § 6; *Schreiber*, Bundeswahlgesetz, 11. Aufl. 2021; *Krüper/Pilniok* (Hrsg.) Mehrheit/Minderheit. 2023; *Schorkopf*, HStR I, 2023, § 14 – Einheit und Vielfalt, Mehrheit und Minderherheit; *Thym*, HStR I, 2023, § 11 – Staatsvolk, Migration, Nation.

2. Parteien

a) Funktion und Begriff

Die Parteien sind in der parlamentarischen Demokratie das wichtigste Instrument zur Transformation des Volkswillens. Dem trägt das Grundgesetz dadurch Rechnung, dass es die Parteien mit einem eigenen Artikel bedenkt. 226

Während noch die Weimarer Rechtsverfassung sich in einer abwehrenden Form erschöpfte – Art. 130 „Die Beamten sind Diener der Gesamtheit, nicht einer Partei", – beschreibt Art. 21 I 1 GG ausdrücklich die integrierende Funktion der Parteien im demokratischen Prozess: „Die Parteien wirken bei der politischen Willensbildung des Volkes mit." Der bewusst verwendete Plural verdeutlicht, dass Parteien im Mehrparteiensystem miteinander konkurrieren, orientiert an unterschiedlichen Interessen und unterschiedlichen Zielsetzungen sowie alternativen Lösungen. Wie die Mitwirkung der politischen Parteien sich vollziehen soll, sagt § 1 I, II Parteiengesetz deutlicher. 227

Die Parteien sollen nicht die alleinigen Träger der **politischen Willensbildung** sein. Sie sollen gem. § 1 II PartG an der Bildung des politischen Willens des Volkes nur **mitwirken.** Weitere Inhaber der politischen Mitwirkungsrechte sind außer den Verbänden, z. B. Gewerkschaften, Arbeitgeberverbänden, sonstigen Wirtschafts- und Berufsverbänden, Religionsgemeinschaften, Presse, Rundfunk, insbesondere alle Bürger, wenn sie in Präsenz oder in Sozialen Medien von ihren Grundrechten der Meinungsäußerungs- (Art. 5 I 1), der Versammlungs- (Art. 8 I), der Vereinigungsfreiheit (Art. 9 I) oder dem Petitionsrecht (Art. 17) Gebrauch machen. Es ist daher mit Art. 2 I 1 GG unvereinbar, wenn ein Gesetz das Recht, Wahlvorschläge zu machen, allein den Parteien vorbehält, Bürgerinitiativen z. B. davon ausschließt[142]. 228

Die Vorschrift über politische Parteien auf **europäischer Ebene** (Art. 10IV EUV) 229
verdeutlicht die integrierende Rolle von Parteien, in diesem Fall insbesondere bei

142 Wahlprüfungsgericht bei dem Abgeordnetenhaus von Berlin, GVBl. 1976, S. 250.

der Ausbildung eines europäischen Bewusstseins und der Transformation des politischen Willens der Bürger.[143] Gem. Art. 2 Nr. 3 ParteienVO kann eine politische Partei auf europäischer Ebene auch ein Bündnis von politischen Parteien sein.[144] Eine Initiative zur Zulassung transnationaler Listen für transnationale Parlamentssitze bei der Europawahl 2024 hat sich nicht durchsetzen können.[145]

230 Den Begriff der Partei bestimmt nicht das Grundgesetz, sondern ebenfalls das Parteiengesetz, und zwar in § 2.

231 Die vier Hauptmerkmale des Parteienbegriffs sind:

1. Bürgervereinigung
2. Ziel: Dauernde politische Einflussnahme
3. Mittel: Teilnahme an Landtags- und Bundestagswahl
4. Gewähr für die Ernsthaftigkeit der Zielsetzung.

232 Keine **Parteien** sind demnach sogenannte Ein-Punkt-Organisationen, die, wie manche **Bürgerinitiativen**[146], sich mit sachlich und zeitlich begrenzter Stoßrichtung der Beseitigung bestimmter Missstände widmen., Die gesetzlich nicht geregelten Bürgerinitiativen sind auch dann keine Parteien, wenn sie sich zwar an der Wahl beteiligen wollen, jedoch nur eine Befragung der Wahlberechtigten zu konkreten Einzelfragen durchführen, hingegen nicht im Parlament mitwirken wollen.[147] Möglich ist aber, dass eine derartige Bürgerinitiative nach Erreichung des angestrebten ursprünglichen Zwecks sich mit weitergehender Zielsetzung auf Dauer etabliert.

233 Von den zivilgesellschaftlichen, in der Regel informell organisierten Bürgerinitiativen sind zu unterscheiden die unionsrechtliche Bürgerinitiative (Art. 11 IV EUV, Art. 24 AEUV) und Initiativen zur Ausübung kommunalrechtlicher Institute der Öffentlichkeitsbeteiligung. → Rn. 97, 99.

234 Zur Partei im Sinne von § 2 PartG wird eine Vereinigung dann, wenn sie wie die Freien Wähler Mandate im Landtag oder im Bundestag anstrebt. Keine Parteien im Sinne von § 2 PartG sind daher die sogenannten **„Rathausparteien“**, die sich nur an Kommunalwahlen beteiligen.[148] Aus der Garantie der kommunalen Selbstverwal-

---

143 Dazu *Kersten* in: Kersten/Rixen (Hrsg.), Parteiengesetz und europäisches Parteienrecht 2009, S. 604 ff.; *Tsatsos* EuGRZ 1994, 45; *Nepler* EuGRZ 1998, 191.

144 Dazu *Kersten* in: Kersten/Rixen, Art. 191 EGV Rn. 98; *Kloepfer* Verfassungsrecht I, § 7 Rn. 306.

145 Freund https://www.danielfreund.eu/2024-keine-transnationalen-Listen.

146 Vgl. hierzu *v. Brünneck* in: Evangelisches Staatslexikon, Sp. 243.

147 BVerfGE 74, 44.

148 BVerfGE 6, 367, 373; 69, 92; anders *Kunig* in: HStR III, 3. Aufl., § 40 Rn. 80; *v. Münch/Mager* Staatsrecht I, Rn. 135; differenzierend *Morlok/Merten* DÖV 2011, 125; s.a. BVerfG BayVwBl 2017, 847.

tung (Art. 28 II GG) und dem allgemeinen Gleichheitssatz (Art. 3 I GG) leitet das Bundesverfassungsgericht jedoch zu Recht ab, dass in den Gemeinden und Kreisen Wählervereinigungen wie Rathausparteien den politischen Parteien im Sinne von § 2 PartG rechtlich grundsätzlich gleichzustellen sind.[149] Verfehlt ist, dass § 2 PartG die politische Willensbildung in Europa nicht ausdrücklich aufnimmt.[150] Mangels Ernsthaftigkeit der Zielsetzung sind die rechtsradikale FAP und die Nationalen Liste nicht als Partei eingestuft worden.[151] Das BVerfG hat die NPD als verfassungsfeindliche Partei klassifiziert, auch wenn es an konkreten Anhaltspunkten von Gewicht fehlt, die es möglich erscheinen lassen, dass ihr verfassungswidriges Handeln zum Erfolg führte.[152]

Keine Partei im Sinne von § 2 PartG sind Nebenorganisationen[153] von Parteien wie z. B. Parteistiftungen. Fraktionen sind keine Nebenorganisationen von Parteien, sondern parlamentarische Einheiten.[154] Ebenfalls nicht unter § 2 PartG fallen Nebenorganisationen anderer Vereinigungen, z. B. „Aktion Ausländerrückführung“,[155] oder politische Vereinigungen, deren Mitglieder oder deren Vorstandsmitglieder in der Mehrheit Ausländer sind oder deren Sitz oder Geschäftsleitung sich außerhalb des Geltungsbereichs des Parteiengesetzes befindet (§ 2 III PartG). 235

Eine Partei verliert ihre Rechtsstellung als Partei, wenn sie sich sechs Jahre lang weder an einer Bundestagswahl noch an einer Landtagswahl beteiligt (§ 2 II PartG). Ob eine Vereinigung unter den Parteienbegriff des Parteiengesetzes fällt, ist deshalb wichtig, weil das Grundgesetz für Parteien besondere, sie von anderen Vereinigungen abhebende Pflichten und Rechte festlegt. Ob eine Partei im Rahmen der Prüfung der Zulassung von Wahlvorschlägen gem. § 28 BWG als Partei gem. § 18 II–IV BWG vom Bundeswahlausschuss anerkannt wird, kann gemäß der Rechtsprechung erst im Wahlprüfungsverfahren (Art. 41 GG) nach der Bundestagswahl gerichtlich überprüft werden.[156] Dieser restriktive Rechtsschutz kommt zu spät. Art. 19 IV GG gewährt in zutreffender Auslegung verwaltungsgerichtlichen Rechtschutz außer hinsichtlich der Erklärung der Ungültigkeit der Wahl. 236

---

149 BVerfG NVwZ 2008, 998, 1000; *St. Augsburg* in: Kersten/Rixen, § 5 Rn. 28.

150 Dazu *Morlok* DVBl. 1989, 393.

151 BVerfGE 91, 262 u. 276; krit. wegen Ersetzung der Ernsthaftigkeit durch Erfolgsaussichten, *Wietschel* Der Parteibegriff, 1996, S. 178.

152 BVerfG, NJW 2017, 611 LS 9c.

153 Dazu *Wißmann* in: Kersten/Rixen (Hrsg) § 2 Rn. 22–25.

154 → Rn. 314.

155 Zu deren Verbot durch den BMI s. BVerfGE 74, 44.

156 BVerfG NVwZ 2020, 1261; NVwZ 2009, 1367 – „Die Partei“; krit. *Klein* ZG 2010, 151; anders Sächs. VfGH SächsVwBl 2020, 13; krit. *Rozek/Zimmermann* SächsVwBl 2020,37.

b) Innere und äußere Parteifreiheit

237 Wegen der überragenden Bedeutung der Parteien für den Prozess der politischen Willensbildung und für die Ausübung der Staatsgewalt in Parlament und Regierung bestimmt Art. 21 I 3 GG, dass die innere Ordnung der Parteien demokratischen Grundsätzen entsprechen muss. Die Durchsetzung des Demokratiegebotes innerhalb der Parteien entscheidet die Schlüsselfrage der res publica, ob nämlich eine wirkliche Volksherrschaft oder eine letztlich oligarchische Elitenkonkurrenz besteht, kurz, ob der Hauptimpuls des politischen Willensbildungsprozesses von unten nach oben oder von oben nach unten verläuft.[157]

238 Die durch Art. 21 I 3 GG statuierte **innere Parteifreiheit** wird durch das Parteiengesetz näher ausgestaltet (z. B. § 9 Mitglieder- und Vertreterversammlung, Parteitag[158], § 10 Recht der Mitglieder, § 11 Vorstand, § 15 Willensbildung in den Organen, § 17 Aufstellung von Wahlbewerbern). Art. 23 I 3 GG und seine gesetzliche Ausgestaltung sollen dem vom Soziologen Robert Michels formulierten „Gesetz der Oligarchie" entgegenwirken.[159] Die Tätigkeit der gesetzlich geregelten Parteiorgane kann durch Mitgliederbefragung ergänzt werden.[160] Sogenannte „Frauenquoten" für die Besetzung von Parteiämtern sind zulässig.[161]

239 Die **äußere Parteifreiheit** soll Parteien vor staatlicher Einflussnahme schützen. Die Gründung einer Partei ist frei (Art. 21 I 2 GG).[162] Ein staatliches Zulassungsverfahren oder gar die staatliche Begrenzung der Parteienzahl wäre verfassungswidrig.

240 Da jedermann eine eigene Partei gründen kann und sich die Parteien wie alle privatrechtlich organisierten Vereinigungen auf die Vereinsautonomie berufen können, besteht gem. § 10 I 1 PartG kein Anspruch auf Aufnahme in eine bestehende Partei.[163] Der Durchsetzung der innerparteilichen Demokratie dient das Verbot, allgemeine Aufnahmesperren, sei es auch nur befristet, zu erlassen (§ 10 I 3 PartG). Andernfalls könnten lokale Führungsgruppen ihre Machtbasis zementieren. Parteischädigende Unterwanderer und Personen mit Doppelmitgliedschaft brauchen keinesfalls aufgenommen werden, denn sie können gem. § 10 IV PartG aus der

---

157 Dazu stark in Diagnose und Kritik aber überzogen in der Abhilfe *Towfigh* Das Parteien-Paradox, 2015.

158 OVG Koblenz, NVwZ 1986, 776; HambVerfG, DVBl. 1993, 1073.

159 Dazu *Augsberg* in: Kersten/Rixen, § 9 Rn. 1.

160 *Morlok/Streit* ZRP 1996, 447; *Lenz* VBlBW 2005, 135.

161 BVerfG, Beschl. v. 1.4.2015, 2 BvR 3058/14 – Rn. 25; dazu *Penz* DÖV 2015, 963; zu str. Parité-Gesetzen → Rn. 202.

162 *Morlok/Poguntke/Zons* (Hrsg.) Etablierungschancen neuer Parteien, 2016.

163 BGHZ 101, 193, 205; a.A. *Jarass/Pieroth* Art. 21 Rn. 25; s.a. *Stoklossa* Der Zugang zu den politischen Parteien, 1989; problematisch ist die Aufnahmepraxis einer Kaderpartei.

Partei ausgeschlossen werden. Über den Ausschluss entscheiden Parteischiedsgerichte in I., II. oder III. Instanz [164] (§ 10 V PartG). Der abschließende Schiedsspruch kann nur eingeschränkt von den ordentlichen Gerichten überprüft werden.[165]

Dem Schutz der äußeren Parteifreiheit dient auch das Parteienprivileg des Art. 21 II GG, demzufolge eine **Partei** nur unter den Voraussetzungen des Art. 21 II 1 GG und nur durch Spruch des Bundesverfassungsgerichts (Art. 21 II 2 GG) **verboten** werden kann (→ Rn. 102 ff.). 241

c) Chancengleichheit

Bei den Wahlgrundsätzen haben wir bereits den Grundsatz der Chancengleichheit kennenlernt. Anhand eines Falles, der mehreren Gerichtsentscheidungen[166] nachgebildet ist, soll vertieft werden, wie dieser Grundsatz das Verhältnis der miteinander konkurrierenden Parteien zueinander bestimmt. 242

In Baden-Württemberg besteht als eingetragener Verein ein Landesverband freier Wählergemeinschaften, der in Kreis- und Ortsverbände gegliedert ist und sich aufgrund eines allgemeinen kommunalpolitischen Programms mit eigenen Wahlvorschlägen an Kommunalwahlen beteiligt. Der Antrag, bei der Zuteilung von Sendezeiten für die Wahlwerbung entsprechend den Landesverbänden der politischen Parteien berücksichtigt zu werden, wurde vom damaligen Südfunk abgelehnt. Der Landesverband möchte wissen, ob eine Klage auf Zuteilung von Sendezeiten Aussicht auf Erfolg hat. !

Eine Klage hätte Erfolg, wenn sie zulässig und begründet wäre. 243

Zulässig ist die Klage u. a. nur, wenn das sachlich und örtlich zuständige Gericht von einem klagebefugten Kläger angegangen wird. Diese Fragen wollen wir hier zurückstellen, obwohl ein Gericht sie als erstes prüft. Wenn eine Klage unzulässig ist, z. B. weil ein anderes Gericht örtlich zuständig ist, braucht das Gericht erst gar nicht in die Prüfung der Sachfragen einzusteigen. Wir wollen uns hier zunächst mit der Begründetheit der Klage beschäftigen.

Begründet ist die Klage, wenn der Landesverband gegen den Südfunk einen Anspruch auf Zuteilung von Sendezeiten hat. Dazu bedarf es einer Anspruchsgrundlage. 244

In Betracht kommt § 5 PartG, der Parteien einen Anspruch auf Gleichbehandlung bei der Gewährung von öffentlichen Leistungen einräumt. Der Landesverband müsste also eine Partei im Sinne von § 5 PartG sein. Gemäß § 2 I PartG liegt eine 245

164 CDU-Bundesparteigericht NVwZ-RR 1999, 153.
165 BVerfG NVwZ 2020, 665; *Wißmann*, in: Kersten/Rixen, 2009 § 14 Rn. 38.
166 BVerwGE 35, 344; s.a. BVerwGE 87, 270; VG Bremen, NJW 1996, 140.

Partei im Sinne des Parteiengesetzes nur vor, wenn die Vereinigung an der Vertretung des Volkes im Bundestag oder einem Landtag teilnehmen will.

246 Die vom Landesverband vertretenen freien Wählergemeinschaften nehmen aber nur an Kommunalwahlen teil. Der Landesverband selbst nimmt an gar keiner Wahl teil. Er ist daher keine Partei im Sinne des Parteiengesetzes und kann damit keinen Anspruch aus § 5 PartG herleiten.

247 Der Landesverband könnte jedoch einen **Anspruch auf** Zuteilung von **Sendezeiten** aus dem verfassungsrechtlichen Grundsatz der Chancengleichheit herleiten. Den Grundsatz der Chancengleichheit klassifiziert das Bundesverfassungsgericht in ständiger Rechtsprechung als einen Art. 38 GG konkretisierenden Anwendungsfall des allgemeinen Gleichheitssatzes (Art. 3 I GG) für das Gebiet des Wahlrechts. Dieser Grundsatz gebietet, dass jedem Wahlbewerber grundsätzlich die gleichen Möglichkeiten im Wahlkampf und damit die gleichen Chancen im Wettbewerb um die Wählerstimmen gewährleistet werden. Anders als der allgemeine Gleichheitssatz ist der Grundsatz der Chancengleichheit mit Rücksicht auf die demokratisch-egalitären Grundlagen der Verfassungsordnung streng formal anzuwenden. Differenzierungen sind nur zulässig, wenn Zweck und Natur des Wahlverfahrens diese zwingend erfordern.

248 Zwar stellt Art. 38 I GG nur auf den Wahlvorgang ab. Aber der Grundsatz der Chancengleichheit kann seine volle Wirkung nur entfalten, wenn er nicht nur beim Wahlvorgang, sondern auch bei der Wahlvorbereitung, und zwar für das gesamte Vorfeld der Wahlen einschließlich der Wahlwerbung im Rundfunk gilt.

249 Soweit kein Anspruch auf Gewährung von Wahlsendezeiten aufgrund von Vorschriften des jeweiligen Rundfunkgesetzes besteht, lässt sich aus dem Grundgesetz kein originärer Anspruch auf Zuteilung von Sendezeiten für Wahlwerbung ableiten.[167] Wenn die Rundfunkanstalten aber Wahlsendungen freiwillig gewähren, sind auch kleine Parteien aufgrund des Grundsatzes der Chancengleichheit gebührend zu berücksichtigen. Gegen eine Berufung des Landesverbandes auf den Grundsatz der Chancengleichheit könnte aber sprechen, dass nur derjenige sich auf diesen Grundsatz berufen kann, für den Stimmen bei der Wahl abgegeben werden können. Personen oder Vereinigungen, die lediglich andere Wahlbewerber unterstützen – z. B. Wählerinitiativen – können keine Sendezeit beanspruchen. Auch liegt keine Verletzung der Chancengleichheit vor, wenn der Rundfunk sich darauf beschränkt, den überörtlichen Parteien Sendezeiten zur Verfügung zu stellen, einzelne örtliche Wählergemeinschaften ohne allgemeines politisches Programm aber von der Erörterung örtlicher Probleme im Rundfunk ausschließt.[168]

167 BVerfGE 47, 138; BVerwGE 75, 67; 87, 270.

168 BVerwGE 35, 344.

Die im Landesverband zusammengeschlossenen freien Wählervereinigungen treten auf Orts- und Kreisebene mit eigenen Wahlvorschlägen auf und verfügen über ein allgemeines kommunalpolitisches Programm. Der Landesverband ist daher wie eine politische Partei in der Lage, den Kommunalwahlkampf unter allgemeinen kommunalpolitischen Gesichtspunkten in Bezug auf alle Gemeinden des Landes zu führen. 250

Der Anspruch auf Zuteilung von Sendezeit ist entsprechend § 5 I 2 PartG nach der Bedeutung der Wählergemeinschaften zu berechnen.[169] § 5 I 2 PartG konkretisiert auch insoweit das verfassungsrechtliche Gebot der Chancengleichheit und lässt eine Abstufung nach Bedeutung der Wahlwerber zu, obwohl dadurch zumindest tendenziell demokratiewidrig eine Verfestigung des status quo begünstigt wird (abgestufte Chancengleichheit).[170] 251

Zur **Zulässigkeit** der Klage sei nur kurz darauf hingewiesen, dass der Landesverband vor dem örtlich zuständigen Verwaltungsgericht 1. Instanz klagen müsste. Denn es handelt sich um eine öffentlich-rechtliche Streitigkeit nichtverfassungsrechtlicher Art (§ 40 I VwGO). Der Südfunk ist eine Anstalt des öffentlichen Rechts, also Träger öffentlicher Gewalt. Mit der Zuteilung von Sendezeiten für Wahlwerbung übt er öffentliche Gewalt aus[171], nicht aber bei der Ausstrahlung redaktionell gestalteter Sendungen[172]. Eine verfassungsrechtliche Streitigkeit liegt nicht vor. Der Südfunk ist kein Verfassungsorgan[173], wie z. B. die Regierung, und auch kein sonstiges am Verfassungsleben teilnehmendes Organ, wie z. B. eine Fraktion. Die Tatsache, dass die Anspruchsgrundlage direkt aus der Verfassung gewonnen wird, lässt den Rechtsstreit nicht zu einer verfassungsrechtlichen Streitigkeit werden, andernfalls wäre jeder Rechtsstreit, bei dem ein Bürger sich auf ein Grundrecht beruft, eine verfassungsrechtliche Streitigkeit.

Den angedeuteten Bedenken gegen eine zu weitgehende Abstufung bei der Vergabe von öffentlichen Einrichtungen und Leistungen trägt die Rechtsprechung z. B. bei der Vermietung von Stadthallen[174] an extremistische Parteien[175] Rechnung, ebenso bei der straßenrechtlichen Genehmigung von Wahlsichtwerbung[176]. Die Abstufung der Sichtwerbung dürfe nicht zum optischen Untergang einer kleinen Partei gegenüber der Plakatwerbung einer großen Partei führen. Deshalb habe jede Partei 252

---

169 BVerwGE 87, 270, 275; Bremer Staatsgerichtshof, NVwZ-RR 1997, 329, 330.

170 Krit. zur Abstufung unter den Parteien *Kunig* HStR III, 3. Aufl., § 40 Rn. 96, 99; *St. Augsberg* in: *Kersten/Rixen*, § 5 Rn. 18, m.w.N.

171 BVerfGE 7, 99, 104.

172 S.a. *Mager,* StR I Rn. 144.

173 Vgl. BVerfGE 7, 99, 103; 14, 121, 129.

174 BVerwG, DVBl. 1992, 430; VG Gelsenkirchen, NVwZ 2024, 1192.

175 BVerwG, DVBl. 1990, 154; VGH Mannheim, DVBl. 1995, 927; anders bei der Besetzung der Kuratoriums der Landeszentrale für politische Bildung: VerfGH BaWü, NVwZ, 2024, 913; *Lenz/Schulte,* NVwZ, 2024, 903.

176 BVerwGE 47, 280/284; 56, 56/60.

einen Sockelanspruch von 5% der zur Verfügung stehenden Stellplätze. Darüber hinaus dürfte die größte Partei nicht mehr als vier- bis fünfmal so viel Stellplätze erhalten wie die kleinste Partei.

253 Bei der Vermietung von Versammlungsräumen bindet § 5 PartG nur Träger öffentlicher Gewalt, also Bund, Länder, Gemeinden, Anstalten, Körperschaften und Stiftungen des öffentlichen Rechts, nicht aber Private. Ein privater Halleneigentümer kann, gestützt auf die Vertragsfreiheit, einer Partei den Saal vermieten, der anderen nicht. Die durch Art. 2 I GG geschützte Vertragsfreiheit wird durch das Gebot der Chancengleichheit nicht aufgehoben. Hat ein Träger öffentlicher Gewalt eine Einrichtung (z. B. eine kommunale Stadthalle) nur formell (z. B. als GmbH) privatisiert, also die GmbH-Anteile behalten, so gilt der Grundsatz der Chancengleichheit auch zugunsten von Parteien, die der Verfassungsschutz beobachtet, die aber nicht nach Art. 21 II GG verboten sind. Hat ein Privater ein örtliches Monopol, so kann sich ein Anspruch aus §§ 134, 138, 226, 242 BGB ergeben.[177] Entsprechendes gilt für den Abdruck von Wahlwerbungen in Zeitungen (str.).[178] Private Rundfunkveranstalter sind bei Europa- und Bundestagswahlen bundesweit staatsvertraglich sowie nach jeweiligem Landesmedienrecht zur Verbreitung von Wahlsendungen verpflichtet, und zwar entsprechend § 5 PartG.

d) Parteienfinanzierung

254 Die Chancengleichheit (formaler Gleichheitssatz) soll auch die Parteienfinanzierung leiten. Ihre Ausgestaltung und Kontrolle ist stets umstritten gewesen, zumal das Bundesverfassungsgericht mehrfach seine Rechtsprechung gewechselt hat. Geblieben ist der ständig wachsende Finanzbedarf der Parteien. Seit jeher umstritten sind vor allem zwei Fragen, nämlich ob und inwieweit private Parteispenden steuerlich begünstigt und ob und inwieweit Parteien vom Staat finanziert werden dürfen.

255 **Nichtstaatliche Finanzquellen** sind Mitgliedsbeiträge (§ 27 I 1 PartG), Mandatsträgerbeiträge (§ 27 I 2 PartG), Spenden (§ 27 I 3 PartG), Einnahmen aus Unternehmenstätigkeit und sonstigem Vermögen, aus Veranstaltungen, z. B. Sponsoring[179] (s. § 24 IV Nrn. 1–7 PartG) und sonstigen Einnahmen wie Erbschaften oder Vermächtnissen. Trotz der gesetzlichen Definitionen von Spenden und Beiträgen in § 27 I PartG sind deren Grenzen wegen der Bezugnahme auf satzungsrechtliche Vorschriften fließend. § 25 I 1 PartG erlaubt den Parteien ausdrücklich Spenden anzunehmen. Für Großspenden (ab 35.000 €) gelten verschärfte Transparenzregeln.

---

177 OLG Saarbrücken, NJW-RR 2008, 1632.

178 S. *Morlok* in: Dreier, Art. 21 Rn. 96.

179 Dazu § 27 Ia, sowie § 27a PartG; s.a. Wissenschaftlicher Dienst BT WD-3–3000–104/22.

Die Art und Weise der Anmeldung und Weiterleitung regelt § 25 I 3, 4 PartG. § 25 I 2, II PartG enthalten Spendenannahmenverbote zur Wahrung der Chancengleichheit und des Transparenzgebotes, insbesondere das Verbot von Barspenden über 1000 €, Spenden öffentlich-rechtlicher Körperschaften, Fraktionen, Berufsverbänden, etc. und anonymen Spenden sowie Erwartungsspenden (§ 25 II Nr. 7). Spenden aus dem Ausland sind nur unter besonderen Einschränkungen erlaubt (§ 25 Abs. 2 S. 3 a–c PartG).

Der Anteil der Mitgliedsbeiträge an den Gesamteinnahmen variiert zwischen 256 den Parteien ganz erheblich. Die grundsätzliche Zulässigkeit von Parteispenden ist unstreitig – Parteifreiheit und Umkehrschluss aus Art. 21 I 4 GG. Der Bericht des Bundestagspräsidenten bewertet auch „kreative" Formen der Parteienfinanzierung wie dem Goldhandel der AfD.[180]

Die Rechenschaftsberichte sind unter https://www.bundestag.de: DHB-Kapi- 257 tel 1.23-Rechenschaftsberichte der Parteien abrufbar.

Seit jeher werden Parteispenden steuerlich begünstigt. Art. 21 I GG sagt zu 258 dieser Form der **indirekten staatlichen Parteienfinanzierung** ausdrücklich nichts. Das Bundesverfassungsgericht hat in ständiger Rechtsprechung zur Wahrung der Chancengleichheit der Parteien untereinander und der Sicherung des Rechts des einzelnen Bürgers auf die gleiche Teilhabe an der politischen Willensbildung nur die sehr beschränkte Abzugsfähigkeit von Spenden erlaubt[181] ohne dabei zwischen juristischen und natürlichen Personen zu unterscheiden. Nachdem das Gericht mehrheitlich 1986 noch eine erhebliche Ausweitung der Abzugsfähigkeit durch die Novellierung des Parteiengesetzes von 1984 gebilligt hatte[182], verwarf das Gericht 1992 die steuerliche Begünstigung von Spenden juristischer Personen[183], weil den hinter den juristischen Personen stehenden natürlichen Personen gegenüber anderen Personen ein größerer Einfluss auf die demokratische Willensbildung eingeräumt werde. Zugleich wurde die Abzugsfähigkeit der Spenden auf den gleichen Höchstbetrag für alle Steuerpflichtigen verfassungsrechtlich eingefordert. § 10b II, § 34 g EStG setzen diese Vorgaben um.

Mit Spenden und Beiträgen sowie den sonstigen nichtstaatlichen Einnahmen 259 kommen die Parteien nicht aus. Ihr chronischer Geldbedarf wäre ohne direkte **staatliche Parteienfinanzierung** noch größer.

Jede staatliche Parteienfinanzierung ist jedoch prinzipiell nicht unbedenklich. 260 Sie birgt die Gefahr in sich, dass die Parteien ihren Charakter als freie, nichtstaatliche Vereinigung verlieren. Darüber hinaus impliziert die Regelung der Mit-

180 BT-Drs. 18/7912 S. 113.

181 BVerfGE 8, 51, 63; 24, 300, 358; 52, 63, 88; NJW 1985, 1017, 1018.

182 Anders aber schon Sondervotum *Böckenförde* und *Mahrenholz* BVerfGE 73, 103, 117.

183 BVerfGE 85, 264, 312 ff.; dazu *Tsatsos/Schmidt/Steffen* JURA 1993, 194 u. 243.

telvergabe die Gefahr der Selbstbedienung der in eigener Sache entscheidenden, etablierten Parteien.

> „Art. 21 Abs. 1 GG, der die Struktur der Parteien als frei konkurrierende, aus eigener Kraft wirkende und vom Staat unabhängige Gruppen verfassungskräftig festlegt, verbietet es, die dauernde finanzielle Fürsorge für die Parteien zur Staatsaufgabe zu machen.“[184]

261 Mit diesen deutlichen Worten verwarf das Bundesverfassungsgericht 1966 die staatliche Parteienfinanzierung, die es zuvor ohne weiteres für zulässig erklärt hatte.[185] Gleichzeitig wurde aber für zulässig erklärt, die notwendigen Kosten eines angemessenen Wahlkampfes zu erstatten. Diese Ausnahme vom Verbot der staatlichen Finanzierung wurde damit begründet, dass die Abhaltung von Wahlen eine öffentliche Aufgabe sei, deren Durchführung den verfassten Staatsorganen obliege. „[...] ohne die politischen Parteien können aber in der modernen Massendemokratie Wahlen nicht durchgeführt werden.[186]

262 Im Jahr 1992 hat das Bundesverfassungsgericht diese Konzeption aufgegeben und die direkte staatliche Parteienfinanzierung gebilligt, ohne aber den Grundsatz der Staatsfreiheit der Parteien aufzugeben.

> „Entgegen der bisher vom Senat vertretenen Auffassung ist der Staat verfassungsrechtlich nicht gehindert, den Parteien Mittel für die Finanzierung der allgemein ihnen nach dem Grundgesetz obliegenden Tätigkeit zu gewähren. Die allgemeine politische Tätigkeit der Parteien ist außerhalb von Wahlkämpfen und während derselben die gleiche. Wahlen erfordern allerdings darüber hinaus Vorbereitungen besonderer Art, wie etwa die Ausarbeitung von Wahlprogrammen, die Aufstellung von Wahlbewerbern und die Führung von Wahlkämpfen [...].“[187]

263 Parteien nehmen nicht nur wie andere Vereinigungen, z. B. Verbände und Institutionen, oder Medien an der öffentlichen Willensbildung teil. Sie sind auch nicht als bloße Wahlvorbereitungsorganisationen tätig. Sie nehmen mit Hilfe der von ihnen gebildeten institutionalisierten staatlichen Organe wie Parlament und Fraktionen[188] politisch integrierend selber an der staatlichen Willensbildung teil. Parteien wurzeln im gesellschaftlichen Bereich und wirken auch im staatlichen Bereich. Dem entspricht ihre rechtliche Konstruktion. Sie sind privatrechtliche Organisationen, meistens nicht eingetragene Vereine, haben aber besondere verfassungs-

---

184 BVerfGE 20, 56, 97.

185 BVerfGE 8, 51, 63; 12, 276, 280.

186 BVerfGE 20, 56, 112.

187 BVerfGE 85, 264, 285 f.

188 Zu ihrer historischen Genese aus Parlamentsfraktionen s. *Grimm* in: HVfR, S. 217.

rechtlich vorgeschriebene (Art. 21 GG), im Parteiengesetz ausgestaltete öffentlich-rechtliche Pflichten. Sie können unabhängig von ihrer Rechtsform unter ihrem Namen klagen und verklagt werden (§ 3 PartG) und, soweit es um ihre verfassungsrechtlichen Aufgaben geht, diese im Wege des Organstreits (Art. 93 I Nr. 1 GG)[189], im Übrigen aber wie jeder Bürger im Wege der Verfassungsbeschwerde (Art. 93 I Nr. 4a GG) durchsetzen.

Der Status der Parteien wird entgegen dem Wortlaut von Art. 21 I 1 GG – nur „mitwirken" – überhöht, wenn von parteienstaatlicher Demokratie die Rede ist.

Gemäß dem verfassungsrechtlichen Grundsatz der Staatsfreiheit der Parteien lässt das Bundesverfassungsgericht nur eine **staatliche Teilfinanzierung** der Parteien zu. Der **Umfang** des Anspruchs der Parteien muss sich auf das beschränken, was zur Aufrechterhaltung ihrer Funktionsfähigkeit notwendig ist und von der Partei nicht selbst aufgebracht werden kann. Hieraus leitet das Bundesverfassungsgericht eine „relative" und eine „absolute" Obergrenze ab. Als **relative Obergrenze** darf die staatliche Direktfinanzierung nicht die Summe der selbst erwirtschafteten Einnahmen einer Partei übersteigen (§ 18 V PartG). Die **absolute Obergrenze** regelt § 18 II PartG. Um dem Mitglieder- und Wählerschwund entgegenzuwirken hatten CDU/CSU und SPD in der 19. Legislaturperiode die absolute Obergrenze auf 190 Mio. erhöht. Dem ist das BVerfG entgegengetreten.[190]Als Antwort darauf legt § 18 II PartG, gestützt auf gestiegene Kosten wegen Digitalisierung, Datenschutz und stärkerer Einbindung der Mitglieder, die neue Obergrenze mit 184.793.822 € fest. Diese darf der Bundestag nur nach dem in § 18 VI festgelegten Index ändern. Die Indexierung ersetzt die Notwendigkeit, nimmt aber nicht die Möglichkeit eine Sachverständigenkommission gem. § 18 VII einzuberufen, die über das vom Bundesverfassungsgericht aufgestellte Erfordernis der „einschneidend veränderten Verhältnisse" urteilen soll(te). 264

Das wechselvolle und immer komplizierter gewordene Recht der Parteienfinanzierung hat anregend auf andere Parlamente – z. B. das Europäische Parlament[191] – gewirkt 265

Die Vergabe öffentlicher Mittel zur Förderung politischer Bildungsarbeit an **parteinahe Stiftungen** hat das BVerfG für verfassungsrechtlich unbedenklich erklärt, wenn die Stiftungen von den Parteien rechtlich und tatsächlich unabhängige 266

189 BVerfGE 60, 53, 61; ablehnend *Kunig* HStR III, 3. Aufl., § 40 Rn. 127.

190 NJW 2023, 672; s.a. *Wischmeyer,* JuS 2023, 474: krit. *D. Rennert,* JZ, 2023, 354; *Lenz/Gerhold,* NVwZ 2023, 375; zur Berechnung *Behmenburg/Poschmann* NVwZ 2024, 1218.

191 Vgl. *Tsatsos* (Hrsg.) Parteifinanzierung im europäischen Vergleich, 1992; krit. *v. Arnim* NJW 2005, 247.

Institutionen sind, die sich selbständig, eigenverantwortlich und in geistiger Offenheit dieser Aufgabe annehmen.[192] Erst im Jahre 2023 hat das BVerfG, gestützt auf das Recht auf Chancengleichheit im politischen Wettbewerb, eingefordert, die Vergabe von staatlichen Geldern an Parteistiftungen nicht nur im Haushaltsgesetz, sondern in einem gesonderten Gesetz zu regeln. [193]Das daraufhin ergangene Stiftungsgesetz[194] erlaubt nur die Förderung der Stiftungen, die in Fraktionsstärke drei Mal hintereinander im Bundestag vertreten sind. Die jeweilige Partei darf zudem nicht wegen mangelnder Verfassungstreue von der staatlichen Parteienfinanzierung gem. Art. 21 III GG ausgeschlossen sein.

267 Als weitere Form der verdeckten staatlichen Teilfinanzierung werden die staatlichen Zuschüsse an die Fraktionen infrage gestellt. Eine dagegen gerichtete Klage der ÖDP hat das Bundesverfassungsgericht als unzulässig verworfen.[195] Das Verfahren betraf zudem die Erhöhung der Zahl der Mitarbeiter von Abgeordneten, deren Tätigkeit zwar verfassungsrechtlich zwischen Partei- und Parlamentsmitarbeit klar geschieden werden kann, in der Praxis aber kaum kontrollierbar ist.[196]

268 Die **Rechenschaftspflicht** des Art. 21 I 4 GG soll eingedenk der Folgen der Finanzierung der NSDAP in der Weimarer Republik durch Industrielle (z.B. Thyssen) eine mit demokratischen Grundsätzen unvereinbare Finanzherrschaft über Parteien verhindern. Die Verflechtung wirtschaftlicher und politischer Interessen, finanzieller und politischer Macht soll offengelegt werden. Die Parteispendenaffäre, die in den 1980er Jahren alle damals im Bundestag vertretenen Parteien mit Ausnahme der Grünen kompromittiert hat, hat offengelegt, wie die Rechenschaftslegung vielfach umgangen wurde. Im Zuge der Aufarbeitung immer wieder aufgetretener Spendenskandale (Flick, Möllemann, Kohl) sind die Vorschriften zur Rechenschaftslegung mehrfach verschärft worden, bis hin zu Strafvorschriften (§ 31d). Maßgeblich ist das demokratische **Transparenzgebot.** Der Vorstand der Partei ist zur Rechenschaftslegung verpflichtet (§ 23 PartG). Kernstück ist der von Wirtschaftsprüfern (§ 31) vorzuprüfende (§ 29) Rechenschaftsbericht (§ 24), der aus einer Ergebnisrechnung, einer Vermögensbilanz (§ 28)

---

192 BVerfGE 73,1; s.a. BVerwGE 106, 177; *Merten* Parteinahe Stiftungen im Parteienrecht, 1999; *Geerlings* Verfassungs- und verwaltungsrechtliche Probleme bei der staatlichen Finanzierung parteinaher Stiftungen, 2003.

193 NJW 2023, 831-Desiderius Stiftung; dazu *Morlok*, JZ, 2023, 677; *Ogorek*, JZ, 2023, 684; *Neelen*, DÖV, 2023, 504; *Geerlings*, NVwZ, 2023, 504.

194 BGBl. I, 2023, Nr. 383; dazu *Lauenstein/Gerhold*, DÖV, 2024, 179.

195 E140, 1; *von Arnim* DÖV 2020, 593; *Grzeszick* NVwZ 2017, 985.

196 Gleiches gilt für Mitarbeiter von Ministern *Lenski* DÖV 2014, 585; Merten, DVBl 2020, 918; zur schwierigen Rückforderung von Fraktionszuschüssen VG Stuttgart, NVwZ 2023, 453; *Waldhoff*, JuS, 2023, 610-Keine Verwaltungsaktsbefugnis.

und Erläuterungen besteht. Der Bundestagspräsident prüft den testierten (§ 30 II) Rechenschaftsbericht (§ 23a) und kann Unrichtigkeiten sanktionieren (§ 31a – Rückforderung staatlicher Finanzierung, § 31b – Strafzahlungen bei Unregelmäßigkeiten des Rechenschaftsberichts, § 31c – bei rechtswidrig erlangten oder nicht veröffentlichten Spenden).[197]

Über die Gewährung der staatlichen Teilfinanzierung entscheidet der Präsident des Bundestages auf Antrag (§ 19 PartG). Der Präsident des Bundestages darf einen positiven Festsetzungsbescheid nur erlassen, wenn die Partei (§ 19a I) einen Rechenschaftsbericht vorgelegt hat, der den Vorschriften über die Rechenschaftspflicht entspricht. Zu diesen zählt auch § 19a PartG, der bei einem formell ordnungsgemäßen, aber materiell fehlerhaften Rechenschaftsbericht die Auszahlung zulässt.[198] Die Folgen eines unrichtigen Rechenschaftsberichts regelt das Parteiengesetz in den §§ 31a–d gesondert. 269

e) Parteiverbot

Art. 21 II 1 GG erklärt Parteien, die nach ihren Zielen oder nach dem Verhalten ihrer Anhänger darauf ausgehen, die freiheitlich-demokratische Grundordnung zu beeinträchtigen oder zu beseitigen oder den Bestand der Bundesrepublik Deutschland zu gefährden, für verfassungswidrig. Gem. Art. 21 II 2 GG hat allein das Bundesverfassungsgericht die Kompetenz, ein Parteiverbot auszusprechen. 270

Art. 21 II GG ist eine der „Lehren aus Weimar". Der Saal- und Straßenterror der SA und SS, aber auch des Roten Frontkämpferbundes, dessen sich die republikanischen Parteien weder mit dem Reichsbanner Schwarz-Rot-Gold noch der Eisernen Front zu erwehren vermochten, das Dahinsiechen des Staatsapparates, in dessen Schlüsselstellen Feinde der Republik agierten, endend in der scheinlegalen Machtübernahme durch die Nationalsozialisten, all das sollte nicht ein zweites Mal geschehen können. Die streitbare Demokratie[199] soll ich wehren können, um die ihr eigene pluralistische Offenheit auf Dauer zu garantieren. 271

Dagegen lässt sich einwenden, dass ein staatliches **Parteiverbot** dem Demokratieprinzip zuwiderläuft. Denn Herrschaft des Volkes besagt auch, dass das Volk, nicht aber der Staatsapparat entscheidet, wem die Macht übertragen werden soll. Zweifellos verengt das Grundgesetz durch das Parteiverbotsverfahren ebenso wie durch das Verfahren der Grundrechtsverwirkung (Art. 18 GG) den Begriff der De- 272

---

197 Dazu BVerfGE 111, 54, 83; *Shirvani* NVwZ 2017, 1321; zur sanktionsbefreienden Selbstanzeige bei Verstößen gegen Rechenschaftspflichten BVerwG, NVwZ 2017, 151 m. Anm. v. Morlok.

198 Dazu *Schwarz* in: Kersten/Rixen (Hrsg.), Kommentar zum Parteiengesetz, 2009, § 19a.

199 Dazu *Bickenbach* DVBl. 2017, 149; *Schliesky* HStR XII, § 277.

mokratie.[200] Das ist jedoch angesichts der Weite des Demokratiebegriffs kein schlagender Einwand, zumal diese Verengung auch eine Antwort ist, auf die im deutschen Namen begangenen Verbrechen der NS-Zeit.

273 Schwerwiegender als die demokratietheoretischen sind pragmatische Einwände. Eine kleine Partei zu verbieten, ist ziemlich überflüssig und schafft Märtyrer. Eine große Partei zu verbieten, ist kaum durchsetzbar.[201] Vor allem wird bei der historischen Argumentation leicht übersehen, dass in der Weimarer Republik Parteien nach einfachem Polizeirecht verboten werden konnten und verboten worden sind; nur wurden diese Verbote, etwa der NSDAP, nicht durchgehalten und wieder aufgehoben.[202]

274 Der Niedergang der Weimarer Republik zeigt, dass eine Demokratie nur bestehen kann, wenn die für das politische Kräftespiel konstitutiven Differenzen der verschiedenen Lager den gemeinsamen Basiskonsens der Demokraten nicht beseitigen können. Des gemeinsamen Basiskonsenses bedarf die herrschaftsausübende Demokratie im Unterschied zum philosophischen Diskurs. Der Bestand der Demokratie ist nur gesichert, wenn sie von einer breiten Mehrheit seiner Bürger bejaht und getragen wird.

275 Der als Waffe gegen verfassungswidrige Parteien konzipierte Art. 21 II GG gewährt den Parteien gleichzeitig durch das Verbotsmonopol gegenüber anderen Vereinigungen besonderen Bestandsschutz. Der Parteiverbotsartikel wird dadurch zum **Parteienprivileg** z. B. gegenüber Vereinen (Art. 9 II GG).

276 Art. 21 II 1 GG setzt die **Voraussetzungen des Parteiverbots** abschließend fest. Den Begriff der freiheitlich-demokratischen Grundordnung hat das Bundesverfassungsgericht im zweiten NPD-Verbotsverfahren neu definiert, abgrenzend zu den beiden einzigen bisher erfolgreichen Parteiverbotsverfahren[203] aus den 1950er Jahren[204]. Danach umfasst die freiheitlich demokratische Grundordnung drei zentrale Grundprinzipien, nämlich Menschenwürde, Demokratie und Rechtsstaatsprinzip, in ihrer für den freiheitlichen Verfassungsstaat gerade spezifischen Ausprägung.[205]

277 Der neben der freiheitlich demokratischen Grundordnung durch Art. 21 II 1 GG geschützte Bestand der Bundesrepublik Deutschland soll Angriffe gegen die terri-

---

200 S. *Volkmann*, DÖV 2007, 577.

201 Vgl. *Schuster* ZfP 1968, 413, 417.

202 *Stein*, ZParl 2001, 536.

203 BVerfGE 2,1 – SRP; BVerfGE 5, 85 – KPD.

204 → Rn. 153.

205 BVerfGE144, 29, , 611; dazu *Gusy* NJW 2017, 601; *Sachs* JuS 2017, 377; s.a. *Wihl*, KJ, 2023, 291, 301; *Höhnerlein*, DVBl., 2024, 267.

toriale Unversehrtheit (Separatismus) und die außenpolitische Handlungsfreiheit abwehren.

Für ein Verbot genügt nicht, dass die Zielsetzung der Partei gegen die freiheitlich demokratische Grundordnung gerichtet ist. „Vielmehr muss die Partei auf die Beeinträchtigung oder Beseitigung der fdGO ausgehen. Ein solches Ausgehen setzt begrifflich ein aktives Handeln voraus. Nicht erforderlich ist aber, dass durch das Handeln eine konkrete Gefahr für die durch Art. 21 Abs. 2 GG geschützten Rechtsgüter begründet wird ... Allerdings bedarf es konkreter Anhaltspunkte von Gewicht, die einen Erfolg das gegen die fdGO und den Bestand der BRD gerichteten Handelns zumindest möglich erscheinen lassen.“[206] 278

Ein Parteiverbotsverfahren setzt einen **Antrag** von Bundestag, Bundesrat oder Bundesregierung voraus (§ 43 I BVerfGG). Den Verbotsantrag gegen eine auf das Gebiet des Landes beschränkte Partei kann auch eine Landesregierung stellen (§ 43 II BVerfGG). Ob ein Antrag auf Einleitung eines Verbotsverfahrens gestellt wird, steht nach h.M. im Ermessen des Antragsberechtigten. Damit kontrastiert die kategorische Fassung von Art. 21 II 1 GG „sind verfassungswidrig“. Politische Zweckmäßigkeitserwägungen haben während der ersten großen Koalition (1966–1969) – kein Verbotsantrag gegen die damals in mehreren Landesparlamenten vertretene NPD, Wiederzulassung der KPD als DKP – dazu geführt, den Antrag nach Ermessen zu stellen, was der Wortlaut von § 43 BVerfGG auch nahelegt.[207] 279

Gemäß § 45 BVerfGG ist zum Schutz der inkriminierten Partei ein Vorverfahren durchzuführen. Der Beschluss, die Hauptverhandlung gegen die Partei zu eröffnen, bedarf gemäß § 15 IV 1 BVerfGG einer Zwei-Drittel-Mehrheit im Senat. Daran ist das Verbotsverfahren gegen die NPD im Jahre 2003 gescheitert.[208] Drei Richter sahen ein nicht behebbares Verfahrenshindernis darin, dass in der Führungsebene der NPD V-Leute des Verfassungsschutzes maßgeblich vertreten waren. 280

Im zweiten Verbotsverfahren bescheinigte das Bundesverfassungsgericht zwar der NPD, dass sie planvoll und qualifiziert auf die Erreichung ihrer gegen die fdGO gerichteten Ziele hinarbeite. Gleichwohl wies das Gericht den Verbotsantrag als unbegründet zurück, weil es „an konkreten Anhaltspunkten von Gewicht“ fehle, „die es zumindest möglich erscheinen lassen, dass das Handeln zum Erfolg führt“. Diese sogenannte Potentialität dürfte der Rechtsprechung des EGMR geschuldet sein.[209] 281

---

206 AaO, LS 6c, LS 9d.

207 Krit. *Koch* in: Sachs, Art. 21 Rn. 181.

208 BVerfGE 107, 339; Sondervotum der vier anderen Richter, S. 378.

209 AaO. LS 9; krit. zur Potenzialität *Ipsen* RuP 2017, 3; *Uhle* NVwZ 2017, 583/589 f; zur Rechtsprechung der EGMR *Wolter* EnGRZ 2016, 92; s.a. EGMR NVwZ-RR 2017, 473 – unzulässige Auflösung einer prokurdischen Partei.

282 Den Schutz des **Parteienprivilegs** genießen außer den Parteien auch deren Mitglieder und Anhänger. So darf z.B. eine für verfassungswidrig gehaltene Partei vor Abschluss des Verbotsverfahrens vor dem Bundesverfassungsgericht nicht von der Benutzung öffentlicher Einrichtungen für Parteizwecke ausgeschlossen werden, z.B. Benutzung einer Stadthalle für Parteiversammlungen[210]. Das Parteienprivileg befreit aber nicht von der Einhaltung der für alle Bürger geltenden Gesetze, insbesondere der Strafgesetze[211]. So kann eine Rundfunkanstalt die Ausstrahlung einer Wahlsendung verweigern, aber auch nur dann, wenn deren Inhalt einen evidenten und nicht leicht wiegenden Verstoß gegen allgemeine Gesetze, insbesondere Strafgesetze darstellt.[212]

283 Eine Anregung aus der Urteilsverkündung aufgreifend hat der verfassungsändernde Gesetzgeber in Art. 21 III GG, § 43 I BVfGG geregelt, dass eine Partei, die nach ihren Zielen oder dem Verhalten ihrer Anhänger gegen Art. 21 II GG verstößt ohne das Tatbestandsmerkmal der Potentialität zu erfüllen, von staatlicher Finanzierung ausgeschlossen wird, einschließlich der steuerlichen Begünstigung von Parteien und von Zuwendungen an diese (→ Rn. 95f.). Die Entscheidung obliegt dem Bundesverfassungsgericht (§ 46a BVerfGG).[213]

284 **Zur Vertiefung** ein vom BVerfG zur NDP entschiedener Fall,[214] dessen Problematik in jüngster Zeit auch bei der Beobachtung der AfD durch das Bundesamt für Verfassungsschutz virulent ist.[215]

! Der vom Bundesinnenminister als Nr. 21 der Öffentlichkeitsarbeit des Ministeriums herausgegebene Bericht „Verfassungsschutz 1973" enthält in erster Linie Zahlenmaterial über die Mitglieder und Sympathisantenentwicklung der verschiedenen Gruppen und ihrer Gliederungen, über die Publikationsorgane und deren Auflagen und Aufmachungen, ferner über Strategie und Taktik der Gruppen sowie Zahlenmaterial über verübte Gewalttaten und deren Abklärung und Aburteilung. Daran schließt sich eine kurze Beurteilung der Sicherheitslage an. Die NPD wird in dem Bericht als Erscheinung des organisierten Rechtsradikalismus bezeichnet und gewürdigt, und zwar als einer der Repräsentanten der sog. alten Rechten.

---

210 BVerwGE 31, 368; NJW 1990, 134; → Rn. 93; OVG Saarlouis NVwZ 2018, 183-Raumüberlassung; *Ipsen* NVwZ 2017, 939; zur Teilhabe kommunaler Fraktionen VGH Kassel, NVwZ 2017, 886; *Meyer*, NVwZ, 2024, 534; zum zulässigen Ausschluss eines NPD-Mitgliedes aus einem Sportverein BVerfG (K), NJW, 2023, 976.

211 BVerfGE 47, 130, 139.

212 BVerfGE 47, 198, 233; 69, 257; VG Berlin, NJW 1990, 402.

213 BVerfG, NJW, 2024, 645; *Shirvani*, NJW, 2024, 624; *Lenz/Stützel*, NVwZ. Beilage 2, 2024, 57.

214 Nach BVerfGE 40, 287; s.a. BVerwGE 110, 126 – Beobachtung durch Verfassungsschutz.

215 VG Köln, U. v. 5.10.2023 – 13 L190/23; s.a. OVG Münster NVwZ-RR 2021, 62; *Schunder*, DÖV, 2022, 372.

Die NPD beantragte, das BVerfG möge feststellen, der BMI habe dadurch gegen Art. 21 I GG verstoßen, dass er in dem Bericht die NPD als eine Partei mit verfassungsfeindlicher Zielsetzung und Betätigung beschrieben habe. Zu Recht?

Die vorrangige Frage nach der Zulässigkeit der Klage konnte das Bundesverfassungsgericht offenlassen, da es den Antrag für offensichtlich unbegründet hielt und daher gem. § 24 BVerfGG durch einstimmigen Beschluss den Antrag verwarf. 285

Der Beschluss umschreibt zunächst die Schutzwirkung des Parteienprivilegs. 286

„Die verbindliche Feststellung, dass eine Partei verfassungswidrig ist, kann nach Art. 21 II 2 GG nur das Bundesverfassungsgericht in dem dafür vorgesehenen Verfahren (§§ 43 ff. BVerfGG) treffen. Das Entscheidungsmonopol des Gerichts schließt ein administratives Einschreiten gegen den Bestand einer politischen Partei schlechthin aus, mag sie sich gegenüber der freiheitlichen demokratischen Grundordnung noch so feindlich verhalten. Bis zur Entscheidung des Bundesverfassungsgerichts kann deshalb niemand die Verfassungswidrigkeit einer Partei geltend machen; d.h., gegen die Partei, ihre Funktionäre, Mitglieder und Anhänger dürfen wegen ihrer mit allgemein erlaubten Mitteln arbeitenden partei-offiziellen Tätigkeiten keine rechtlichen Sanktionen angedroht oder verhängt werden. An dieser Bestands- und Schutzgarantie (‚Parteienprivileg') des Grundgesetzes hat auch die NPD vollen Anteil."

Dann wendet sich das Gericht der Antragsbefugnis von Bundestag, Bundesrat oder Bundesregierung im Parteiverbotsverfahren zu. 287

„Diese Verfassungsorgane haben nach pflichtgemäßem Ermessen, für das allein sie politisch verantwortlich sind, zu prüfen und zu entscheiden, ob sie den Antrag stellen wollen, oder ob die Auseinandersetzung mit einer von ihnen für verfassungswidrig gehaltenen Partei im politischen Felde geführt werden soll."

Den Verfassungsschutzbericht 1973 wertete das Bundesverfassungsgericht als ein Mittel der mit Argumenten geführten politischen Auseinandersetzung. 288

„Damit wird der NPD die Funktion, die auch sie im Parteienstaat des Grundgesetzes hat, und um derentwillen die politischen Parteien in den Rang einer verfassungsrechtlichen Institution erhoben und mit der Bestands- und Schutzgarantie des Art. 21 ausgestattet worden sind, nicht bestritten. Im Gegenteil, die Herausforderung der NPD, ‚nationale Opposition' zu sein, wird politisch angenommen. Das Recht und die faktische Möglichkeit, sich wie jede andere Partei zur Wahl zu stellen, bleiben unberührt.

Soweit durch die Änderungen im Verfassungsschutzbericht für eine Partei faktische Nachteile entstehen, ist sie dagegen nicht durch Art. 21 GG geschützt."

Nach der Entscheidung des 2. Verbotsverfahrens wird die Tätigkeit des Verfassungsschutzes wegen der expliziten Feststellung, dass die NPD planvoll und qualifiziert auf die Erreichung ihrer gegen die fdGO gerichteten Ziele hinarbeitet, 289 deutlich legitimiert. Als Grenze der politischen Auseinandersetzung bestimmt das Gericht:

> „[...] wäre es der Regierung untersagt, eine nicht verbotene politische Partei in der Öffentlichkeit nachhaltig verfassungswidriger Zielsetzung und Betätigung zu verdächtigen, wenn diese Maßnahme bei verständiger Würdigung der das Grundgesetz beherrschenden Gedanken nicht mehr verständlich wäre und sich daher der Schluss aufdrängte, dass sie auf sachfremden Erwägungen beruhte."[216]

290 Schutz gegen Werturteile, die die Regierung im Rahmen der politischen Auseinandersetzung mit einer für verfassungswidrig gehaltenen Partei abgibt, gewährt also nur Art. 3 I GG, nicht Art. 21 GG.

291 Effektiver, da grundrechtssensibel ist hingegen der Schutz, den das Bundesverfassungsgericht aus Art. 5 II GG gegen Berichte des Verfassungsschutzes ableitet. Die Einordnung der Zeitschrift „Junge Freiheit" als rechtsextremistisch und verfassungsfeindlich im Verfassungsschutzbericht NRW 1994/1995 und deren Billigung durch die Fachgerichte greife in die Pressefreiheit ein. Eine Rechtfertigung dieses Eingriffs müsse zwischen den verfassungsfeindlichen Ansichten einiger Autoren und den Ansichten der Zeitung unterscheiden.[217] In der politischen Auseinandersetzung gewährt das speziellere Parteienprivileg weniger Schutz als das allgemeine Grundrecht.

292 Die Unterscheidung von den für Art. 21 II GG allein relevanten rechtlichen Auswirkungen administrativer Maßnahmen und den irrelevanten faktischen Nachteilen politischer Werturteile liegt auch der Rechtsprechung des Bundesverfassungsgerichts zur Beschäftigung von **Extremisten im öffentlichen Dienst**[218] zu Grunde. Das Parteienprivileg schütze nur den normalen Status des politischen Aktiv-Bürgers in der Gesellschaft, nicht dagegen den Bürger in seiner besonderen rechtlichen Stellung als Beamter. Das Parteienprivileg kann nach Ansicht des Bundesverfassungsgerichts die verfassungsrechtlich (Art. 33 IV, V GG) und einfachgesetzlich (z. B. § 7 I Nr. 2 BBG, § 7 I Nr. 2 BeamtenstatusG) vorgegebene Treuepflicht des Beamten nicht verdrängen. [219]

293 Angesichts des hohen Anteils der Angehörigen des öffentlichen Dienstes an der Gesamtzahl der Arbeitnehmer beschneidet der Ausschluss von Funktionären und Anhängern einer für verfassungswidrig gehaltenen Partei vom öffentlichen Dienst die Entfaltungsmöglichkeiten dieser Partei weitgehend. Das galt in den 70er und

---

216 E40, 287.

217 BVerfGE 113, 30, 83 f.; zur Kritik an Verfassungsschutzberichten *Baade*, DÖV, 2023, 1002.

218 BVerfGE 39, 334; zu Reichsbürgern *C.*u. *S. Schönberger*, Die Reichsbürger, 2023.

219 Dazu *Schwarz*, DVBl 2024, 1262.

80er Jahren des vorigen Jahrhunderts insbesondere für den Schuldienst. Es ist sehr fragwürdig, diese Beschneidung des Schutzbereichs von Art. 21 GG als bloß faktischen Nachteil abzutun[220].

Dass Regierungen sicherheitsrelevante Dienstposten z. B. bei der Polizei, dem Verfassungsschutz oder in der Ministerialverwaltung nicht mit Mitgliedern oder dezidierten Anhängern politisch extremer Gruppen und Parteien besetzen, ist keine deutsche Besonderheit.[221] 294

Sowohl der EuGH als auch der EGMR haben denn auch die deutsche Praxis zur Einstellung von Extremisten in den öffentlichen Dienst gebilligt.[222] Allerdings hat der EGMR im Gegensatz zum BVerfG[223] mehrheitlich im Falle einer beamteten Studienrätin, die einfaches DKP-Mitglied war, der Meinungs- und Vereinigungsfreiheit den Vorrang vor der Verfassungstreue eingeräumt, sofern keine konkreten Pflichtverstöße vorlagen.[224]Für Beamte haben das BVerfG und die Verwaltungsgerichte, anders als das BAG bei Tarifbeschäftigten im öffentlichen Dienst[225], an der für alle Ämter, egal ob Grundschullehrer, Briefträger oder Polizeipräsident, einheitlichen, gerade nicht amts- und funktionsbezogenen differenzierten politischen Treuepflicht festgehalten. Diese deutsche Besonderheit dürfte Ausfluss des in Deutschland bis zum Jahr 1989 währenden kalten Bürgerkriegs sein. Nach dessen Ende sollte auch die deutsche Praxis zur differenzierten funktionsbezogenen Bewertung der Verfassungstreue und damit der Eignung (Art. 33 II GG) für das jeweilige Amt übergehen.[226] Das muss aber nicht für Anhänger einer Partei gelten, der wie im 2. NPD-Verbotsverfahren vom Bundesverfassungsgericht bescheinigt worden ist, planvoll und qualifiziert auf die Erreichung ihrer gegen die fdGO gerichteten Ziele hinzuwirken.

Eine größere Gefahr für die Integrität des öffentlichen Dienstes und das Vertrauen der Bürger in diesen ist die politische **Ämterpatronage** durch etablierte Parteien einher, oft auch proportional nach internen Schlüsseln verteilt. Sie ist ein eklatanter Verstoß gegen die für den öffentlichen Dienst in Art. 33 II GG vorgegebene Bestenauslese und stellt die Funktionsfähigkeit des öffentlichen Dienstes bei einem Regierungswechsel in Frage. Neben der Kontrolle durch die Medien ist das wichtigste Gegenmittel, trotz prozessualer Unzulänglichkeiten, der verwaltungs- und verfassungsgerichtlich durchsetzbare Konkurrentenschutz.[227] 295

220 In diesem Sinne Sondervotum *Rupp* BVerfGE 39, 334, 380.
221 S. *Böckenförde/Tomuschat/Umbach* (Hrsg.) Extremisten und öffentlicher Dienst, 1988.
222 EuGH, NJW 1985, 540; EGMR, NJW 1986, 3005 u. 3007.
223 Beschluss der 3. Kammer des 2. Senats vom 7.8.1990 – 2 BvR 2034/89.
224 NJW 1996, 975; abgrenzend EGMR, EuGRZ, 2023, 211.
225 BAG, NJW 1987, 1100.
226 Zur Praxis: *Battis* BBG, 6. Aufl., 2022, § 7 Rn. 19–25; s.a. *Lorse* ZBR 2021, 1.
227 Dazu BVerwGE138, 102; BVerfG, NVwZ 2017, 46; krit. *Herrmann* NVwZ 2017, 105.

Weiterführend:
Grimm in: HVfR, Die politischen Parteien, § 14; *Henke* Die Parteien und der Ämterstaat, NVwZ 1985, 616; *Ipsen*, Verfassungsschutz durch Parteiverbot, JöR, 2023, 1; *Poguntke/Sokolov* (Hrsg.), Parteienstaat, Parteien und Demokratie, 2018; *Rusteberg*, Schutz der Verfassung durch nachrichtendienstliche Tätigkeit, JöR, 2023, 167; *Steinbeis*, Verfassungsmissbrauch beobachten, JöR, 2023, 135; *Werner-Kappler*, Das Recht der Extremismusbekämpfung, AöR, 2023, 204; *Kuhn/Lukosek*, in Hofmann (Hg) Zeiten der Bewährung, 2024; *Tsatsos/Schefold/Schneider* Parteienrecht im europäischen Vergleich, 1990.

3. Rechtsstellung der Abgeordneten

a) Grundlagen

296 Die Wahlgrundsätze des Art. 38 I 1GG konkretisieren die unmittelbare Mitwirkung des Volkes an der Ausübung der Staatsgewalt in Gestalt der Teilnahme an Wahlen und Abstimmungen (Art. 20 II GG). Art. 38 I 2 GG trifft mit dem Grundsatz des freien Mandats eine wichtige Ausgestaltung des parlamentarischen Systems.[228] Art. 38 I 2 GG gewährleistet zugleich den verfassungsrechtlichen Status der Abgeordneten des Deutschen Bundestages. Im Detail werden die Pflichten und Rechte der Abgeordneten geregelt in anderen Vorschriften des Grundgesetzes, z. B. in den Art. 46 I (Indemnität), Art. 46 II (Immunität), Art. 47 (Zeugnisverweigerung), in anderen Gesetzen, wie z. B. dem Gesetz über die Rechtsstellung der Mitglieder des Deutschen Bundestages (Abgeordnetengesetz) und in weiteren Vorschriften, die nicht in Gesetzesform verabschiedet worden sind, wie z. B. der **Geschäftsordnung des Deutschen Bundestages** (Art. 40 I 2 GG), die als Ausfluss der Geschäftsordnungsautonomie als autonomes Parlamentsrecht bezeichnet wird[229]. Die dem einzelnen Abgeordneten aus seinem verfassungsrechtlichen Status zufließenden Rechte werden durch die Geschäftsordnung nicht erst begründet. Da sie nur die Art und Weise der Ausübung der Rechte regelt, darf die Geschäftsordnung dem Abgeordneten seine Rechte nicht grundsätzlich entziehen. Richtmaß für die Ausgestaltung der Organisation und des Geschäftsgangs muß das Prinzip der Beteiligung aller Abgeordneten bleiben.[230] Der durch Art. 38 garantierte Status des Abgeordneten ist Grundlage für die repräsentative Stellung des Bundestages, der als besonderes Or-

---

228 →. Rn. 194.
229 Dazu BVerfGE 160, 368; *Kretschmer* Geschäftsordnung deutscher Volksvertretungen in: Schneider/Zeh (Hrsg.) Handbuch des Parlamentsrechts und der Parlamentspraxis, 1989, § 9 Rn. 43, 54; *P. Cancic* Rechtsquellen des Parlamentsrechts in Morlok/Schliesky/Wiefelspütz (Hrsg.), Parlamentsrecht, 2016, S. 368 ff., 378 ff.; s.a *Lücke*, Nicht kodifizierte Regeln im Deutschen Bundestag, 2024.
230 BVerfGE 80, 188, 218; 84, 304, 321.

gan die vom Volk repräsentierte Staatsgewalt ausübt (Art. 20 I GG). Zu den Befugnissen des Abgeordneten zählen vor allem
- das Rederecht,
- das Stimmrecht,
- die Beteiligung am Frage- und Informationsrecht des Parlaments,
- die Beteiligung an parlamentarischen Wahlen,
- das Recht, parlamentarische Initiativen zu ergreifen und
- das Recht, sich mit anderen Abgeordneten zu einer Fraktion zusammenzuschließen.[231]

In Übereinstimmung mit einer durch mehrere deutsche und andere europäische Verfassungen (französische Verfassung von 1791, belgische Verfassung von 1831) tradierten Formulierung sind die Abgeordneten Vertreter des ganzen Volkes, an Aufträge und Weisungen nicht gebunden und nur ihrem Gewissen unterworfen (Art. 38 I 2 GG). Dieser Grundsatz des **freien Mandats** soll die Handlungsfreiheit des Abgeordneten sichern gegenüber Regierung, Fraktion, Partei, Verbänden, aber auch den Wählern. 297

Die kategorische Fassung des Art. 38 I 2 GG – „sind Vertreter des ganzen Volkes" – **verpflichtet die Abgeordneten** zugleich dazu, ihr Mandat nach bestem Wissen und Gewissen und mit allen Kräften dafür einzusetzen, was nach ihrer Meinung am besten dem Gemeinwohl dient. Die Geschäftsordnung des Bundestages, die sich der Bundestag für jeweils eine Wahlperiode gibt (Art. 40 I 2 GG), bestimmt als wichtigste Pflicht die Teilnahme an den Sitzungen des Bundestages und seiner Ausschüsse (§ 13 II GO-BT, § 14 GO-BT: Urlaubserteilung durch den Präsidenten). 298

Die **Abgeordneten** üben ein **öffentliches Amt** aus. Ihre Tätigkeit ist von einem ursprünglich unentgeltlichen Ehrenamt, seit 1906 versehen mit einer bloßen Aufwandsentschädigung, zu einem den vollen Einsatz der Arbeitskraft erfordernden **Beruf** geworden. Ausgehend von diesem Befund hat das Bundesverfassungsgericht[232] im Diätenurteil ausgesprochen, dass die angemessene Entschädigung Vollalimentation ist, also Entgelt für geleistete Berufsausübung. Die Abgeordnetenentschädigung beträgt 10.592 € (§ 11 I AbgG). Sie ist wie jedes andere Einkommen zu versteuern. Hinzu kommt eine steuerfreie Amtsausstattung (§ 12 I AbG). Dazu zählen insbesondere eine Kostenpauschale, z. B. für die Unterhaltung von Wahl- 299

231 S. BVerfGE 80, 188; s.a. *Badura* Die Stellung des Abgeordneten nach dem Grundgesetz und den Abgeordnetengesetzen in Bund und Ländern, in: Schneider/Zeh, Parlamentsrecht und Parlamentspraxis, § 15 Rn. 35 – 40.
232 BVerfGE 40, 296.

kreisbüros (§ 12 II AbgG) und für die Beschäftigung von Mitarbeitern (§ 12 III AbgG) und Sachleistungen wie die Bereitstellung eines Büros am Sitz des Bundestages und die Nutzung des Informations- und Kommunikationssystems des Bundestages (§ 12 IV AbgG).[233] Die Höhe der Abgeordnetenentschädigung orientiert sich an den Monatsbezügen eines Bundesrichters (Besoldungsgruppe R6). Ihre Höhe ist angesichts der Belastung der Abgeordneten entgegen populistischer, letztlich antiparlamentarischer Vorwürfe nicht zu beanstanden. Das 2014 eingeführte Anpassungsverfahren[234] steuert § 11 Abs. 4, 5 AbgG vermittelts des vom Statistischen Bundesamt ermittelten Nominallohnindexes. Zweifelhaft ist, ob die gleichfalls eingefügte Ausweitung der Amtszulagen (§ 11 Abs. 2 AbgG) für Vorsitzende von Ausschüssen, Untersuchungsausschüssen, Enquête-Kommissionen vereinbar ist mit der rigiden Rechtsprechung des Bundesverfassungsgerichts zum Grundsatz der Gleichbehandlung aller Abgeordneten.

300 Problematisch wäre eine automatische Übernahme der Bezüge. Das Bundesverfassungsgericht verlangt zu Recht[235], dass die Abgeordneten ihre Entscheidung in eigener Sache vor der Öffentlichkeit vertreten. Der verwaltungsrechtliche und justizielle Grundsatz der Befangenheit gilt in der parlamentarischen Demokratie für das Parlament gerade nicht.[236] Potentiell entscheidet das Parlament stets mehr oder weniger bei jedem Gesetz, z. B. Einkommenssteuergesetz, auch in Angelegenheiten der Abgeordneten. Dem demokratischen Transparenzgrundsatz entspräche es, Erhöhungen nur für die nächste Legislaturperiode, wie in den USA, zu beschließen, obwohl die Mehrzahl der Abgeordneten im folgenden Parlament vertreten sein wird.

301 Umstritten sind Höhe und Struktur der **Altersversorgung** (§ 19 AbgG), die ein ausscheidender Abgeordneter zusätzlich zum Übergangsgeld (§ 18 AbgG) erhält.[237] Sie ist weitaus günstiger als andere Altersversorgungen, einschließlich von Zusatzversorgungen.[238]Die Tätigkeit als Abgeordneter ist auf jeweils eine Wahlperiode beschränkt. Die Mehrzahl der Abgeordneten bleibt nicht mehr als zwei Wahlperioden im Bundestag und daran schließen sich regelmäßig andere Berufstätigkeiten

---

233 Zur zulässigen Steuerfreiheit BVerfG, NVwZ 2010, 1429; zur grundsätzlichen Zulässigkeit der Pauschale s. Bericht der Unabhängigen Kommission zu Fragen des Abgeordnetenrechts BT-Drs. 17/ 12500, S. 31 f.

234 Dazu *Schwarz* NVwZ 2016, 97; abl. *von Arnim* DVBl. 2014, 605.

235 BVerfGE 40, 296; s.a. ThürVerfGH, NVwZ-RR 1999, 282.

236 S.a. *Isensee* in: FS Schiedermair, 2001, S. 181 (str.); *Streit*, Entscheidung in eigener Sache, 2006.

237 Dazu Bericht der Unabhängigen Kommission BT-Drs. 17/12500, S. 22 ff.

238 Dazu *Lang* in: Wieland (Hrsg.), Entscheidungen des Parlaments in eigener Sache, 2011, S. 4, 15; zur rückwirkenden Erhöhung der Versorgungsbezüge durch das Berliner Abgeordnetenhaus *Schieders*, DVBl., 2023, 851; VG Berlin, U. v.. 23.09.2022 – 5K2096/20.

an, häufig durch Wiedereintritt in die der Mandatszeit vorangegangene. Es ist sachgerecht für derartige Erwerbsbiografien, die Entschädigung so zu erhöhen, dass die Abgeordneten daraus eine eigene Altersversorgung bestreiten können, z. B. durch Versicherungen. Mehrere Landtage, z. B. der in NRW, haben diesen Systemwechsel durch die Einrichtung eines Versorgungswerkes für Abgeordnete eingeführt.

Die Entwicklung der Abgeordnetenentschädigung veranschaulicht den Wandel 302 vom unabhängigen, als Einzelpersönlichkeit gewählten, über Besitz (und Bildung) verfügenden Vertreter des bürgerlich-liberalen Honoratiorenparlaments zum parteigebundenen und von der Partei getragenen Berufspolitiker der modernen „Massen"-Demokratie. Auch wenn die Entschädigung den Charakter einer Besoldung für die im Parlament geleisteten Dienste angenommen hat, so bleiben die grundlegenden statusrechtlichen Unterschiede zwischen auf Zeit gewählten Abgeordneten und dem grundsätzlich auf Lebenszeit berufenen Beamten bestehen[239].

Art. 48 II GG verbietet es, den Abgeordneten an der Ausübung seiner Haupt- 303 beschäftigung, des Mandats, zu hindern. Eine Kündigung oder Entlassung aus diesem Grunde ist unzulässig (Art. 48 II 2 GG). Dieser Kündigungsschutz wird auf abhängige Arbeit beschränkt, soll daher nicht für freiberufliche Tätigkeiten gelten, z. B. Kündigung eines Rechtsanwalts durch die Sozietät[240]. Zulässig ist aber die Nichtzahlung von Bezügen wegen fehlender Leistung.

Art. 46 I GG schützt die freie und offene Auseinandersetzung im Parlament – 304 **Indemnität.** Indemnität bedeutet Nichtverfolgbarkeit des Abgeordneten wegen im Bundestag oder in einem seiner Ausschüsse getätigter Abstimmungen oder Äußerungen, es sei denn, es handelt sich um eine verleumderische Beleidigung (§§ 103, 187, 188 II StGB). Art. 46 I GG verhindert jedes staatliche Vorgehen, sei es strafrechtlicher (Strafausschließungsgrund, § 36 StGB), zivilrechtlicher, disziplinar- oder ehrengerichtlicher Art. Wegen rassistischer, verfassungsfeindlicher Äußerungen außerhalb des Parlamentes können Richter (und ehemalige Abgeordnete) sehr wohl disziplinarrechtlich belangt werden.[241] Da die Indemnität auch die Funktionsfähigkeit des Parlaments als Stätte freier politischer Auseinandersetzung schützt, kann ein Abgeordneter nicht auf ihre Rechtswirkungen verzichten, selbst wenn sie ihm etwa zur gerichtlichen Klärung eines Streites lästig sind.

Art. 46 I GG verbietet nur staatliche, nicht parteirechtliche, vereinsrechtliche 305 oder sonstige private Sanktionen. Außerdem ist der Schutz des Art. 46 I GG auf Äußerungen im Bundestag, in einem seiner Ausschüsse und nach h.M. (gerade)

---

239 BVerfGE 76, 246, 341 gegen Missdeutungen und Fehlentwicklungen.

240 BGH, NJW 1985, 2635.

241 Dienstgericht des Bundes beim BGH U. v. 05.10.2023 – RiZ (R) 1/23,

auch in der Fraktionssitzung beschränkt[242]. Ein Abgeordneter kann also mit einem Parteiordnungsverfahren überzogen werden wegen parteischädigender Äußerungen im Bundestag.[243]

306 Die Entscheidungsfreiheit des Abgeordneten schützt auch das **Zeugnisverweigerungsrecht** des Art. 47 GG. Abgeordnete sind berechtigt, über Personen, die ihnen in ihrer Eigenschaft als Abgeordnete oder denen sie in dieser Eigenschaft Tatsachen anvertraut haben sowie über diese Tatsachen selbst das Zeugnis zu verweigern. Das Zeugnisverweigerungsrecht fördert das Vertrauensverhältnis zwischen Abgeordneten und Bürgern und damit auch die demokratisch wünschenswerte Rückkopplung zwischen Abgeordneten und Wählern. Zugleich schützt Art. 47 GG die parlamentarische Arbeit und stärkt die Ausübung des freien Mandats.[244]

307 Bekannter ist die **Immunität**, die den Abgeordneten vor Beschränkungen der persönlichen Freiheit ohne Genehmigung des Parlaments schützt (Art. 46 II GG). Im Unterschied zur Indemnität umfasst die Immunität jede mit Strafe bedrohte Handlung, gerade auch die außerhalb des Parlaments oder seiner Ausschüsse begangene, einschließlich der verleumderischen Beleidigung. Andererseits schließt die Immunität, anders als die Indemnität, die Strafbarkeit nicht aus. Erteilt der Bundestag die Genehmigung, wird der Abgeordnete strafrechtlich verfolgt; ebenso, wenn er auf frischer Tat festgenommen wird. Die Ausnahme von dem Genehmigungserfordernis legt den historischen Kern der Immunität offen: sie sollte willkürliche Verhaftungen durch den Monarchen oder die Regierung verhindern, durch die wiederholt in die Mehrheitsverhältnisse eingegriffen worden war. Die Verhaftung eines auf frischer Tat Betroffenen ist nicht willkürlich.

308 Die in der privilegienfeindlichen Demokratie nicht unproblematische Immunität wird heute gerechtfertigt mit der Wahrung der Funktionsfähigkeit und des Ansehens des Parlaments.[245] Daher kann auch nur der Bundestag die Immunität aufheben (Art. 46 III GG, § 7 GOBT). Ein Abgeordneter hingegen kann nicht über den Schutz verfügen, der in erster Linie nicht ihm dienen soll. Die Immunität besteht

---

242 Dazu *Härth* Die Rede- und Abstimmungsfreiheit des Parlamentsabgeordneten in der Bundesrepublik Deutschland, 1983, S. 114; *Klein* Indemnität und Immunität, in: Schneider/Zeh, Handbuch des Parlamentsrechts und Parlamentspraxis, § 17 Rn. 39.

243 *Schulze-Fielitz* in: Dreier, Art. 46 Rn. 20 (h.M.); Gegenposition *Achterberg/Schulte* in: M/K/S, 6. Aufl., 2010, Art. 46, Rn. 24.

244 BVerfGE 108, 251, 269 – Durchsuchung und Beschlagnahme im Mitarbeiterbüro; s.a. BVerfG NVwZ 2020, 1002 m.A.v. Strauß; Friehe DÖV 2020, 213- Verfassungswidriges Betreten des Büros durch die Bundestagspolizei; BVerfGE 134, 141, Überwachung durch den Verfassungsschutz- Ramelow.

245 BVerfGE 104, 310, 325 – Pofalla; *Glauben* DÖV 2012, 378; *Klein* HStR III, 3. Aufl., § 51 Rn. 40.

nur während der Dauer der Zugehörigkeit zum Parlament.[246] Art. 46 III GG erweitert den Schutz, indem auch andere als strafrechtliche Beschränkungen der persönlichen Freiheit (z. B. zivilprozessuale Erzwingungshaft, Ordnungsstrafen § 178 GVG) genehmigungspflichtig sind.

Die **parlamentarischen Beteiligungsrechte** umfassen die Befugnis des Abgeordneten an den Verhandlungen und Beschlussfassungen des Bundestages teilzunehmen (Art. 42 I, II GG)[247] und einen **Anspruch auf** diejenigen **Informationen**, die für eine sachverständige Beurteilung der Gesetze erforderlich sind.[248] Die für die „öffentliche Verhandlung" des Bundestages (Art. 42 I 1 GG) konstitutive Redefreiheit des Abgeordneten gewährleistet Art. 38 I 2 GG. Art und Weise der Ausübung des **Rederechts**[249] wird in der Geschäftsordnung des Bundestages detailliert ausgestaltet, insbesondere hinsichtlich der Redezeit, des Anspruchs auf Eröffnung der Aussprache, der Reihenfolge der Redner, der Erklärung außerhalb der Tagesordnung und der die Ausübung des Rederechts gestaltenden, ggf. auch durch Rüge, Ordnungsruf[250], Wortentziehung sanktionierenden **Leitungsgewalt** des sitzungsleitenden **Präsidenten.**[251] 309

Der Bundestag darf die Einführung einer Gesamtredezeit zu einem Punkt und deren prozentuale Aufteilung auf die Fraktionen beschließen.[252] Bei der Bemessung der Redezeit eines **fraktionslosen Abgeordneten** ist auf das Gewicht und die Schwierigkeit des Verhandlungsgegenstandes, auf die Gesamtdauer der Aussprache 310

246 Dazu BayVerfGH, NVwZ, 2023, 1908 m. Anm. v. Schwarz S. 1880.

247 BVerfGE 70, 324, 355; umfassend zu Status, Rechten und Pflichten, Fraktionen, Gruppen und von fraktionslosen Abgeordneten *Klein/Krings* in: Morlok/Schliesky/Wiefelspütz, Parlamentsrecht, §§ 17, 18.

248 Dezidiert trotz Geschäftsordnungsautonomie des Bundestages: BVerfG, B. v. 05.07.2023 – 2 BvE 3/23; *Heilmann/Bornecke/Heckmann*, RuP, 2023, 394; *Hillgruber*, JZ, 2023, 927; *Sander*, DÖV, 2024, 195; krit. *Meinel*, Verfassungsblog v. 09.07.2023; *Volkmann*, FAZ v. 10.08.2023, S.6.

249 Zum Rederecht ausführlich *Klein/Krings* in: Morlok/Schliesky/Wiefelspütz, Parlamentsrecht, S. 617 ff; zur Rede zu Protokoll (§ 78 VI GOBT), *Kornmeier* DÖV 2010, 676.

250 Dazu VerfGH LSA, NVwZ, 2023, 1729 – Grenzen der Redefreiheit; *Wischmeyer*, JuS, 2024, 89; *Lenz/Dörrfuß*, NVwZ, 2023, 1717; SchlHVerfG, NVwZ-RR 2017, 593; VerfG MV, NVwZ, 2010, 958 – Wortentziehung wegen Verharmlosung nationalsozialisitscher Gewaltverbrechen; s.a. *Manns/Haettich*, DÖV, 2023, 1044 – Extremistischer Abgeordneter.

251 Dazu *Schreiner* Geschäftsordnungsrechtliche Befugnisse des Abgeordneten, in: Schneider/Zeh, Parlamentsrecht und Parlamentspraxis, § 18 Rn. 34; zum Missbrauch BayVerfGH NVwZ-RR 1998, 409; zur Obstruktion im Parlament *Hölscheidt*, Der Staat, 2022, 129 ; *Jung* JöR 71 (2023); zur Zulässigkeit eines Antrags zur Tagesordnung vor der Wahl des Landtagspräsidenten ThürVerfGH B. v. 27.09.2024 VerfGH 36/24; → Rn. 365.

252 BVerfGE 10, 4.

und darauf Bedacht zu nehmen, ob er gleichgerichtete politische Ziele wie andere fraktionslose Abgeordnete verfolgt und sich für diese äußert.[253]

311 Eine Rüge, die der Präsident des Bundestages einem Abgeordneten erteilt, berührt i. d. R. nicht dessen Status (Rechtsstellung) als Abgeordneter.[254] Daher kann er keine Verletzung seiner Rechte aus Art. 38 I 2 GG verfassungsgerichtlich einklagen. Ein auf Art. 5 I 1 GG gestützter Antrag ist ebenfalls unzulässig, da die Redefreiheit des Abgeordneten im Parlament nicht die in Art. 5 GG geschützte Freiheit des Bürgers gegenüber dem Staat ist. Vielmehr ist sie das in der Demokratie notwendige Mittel zur Wahrnehmung parlamentarischer Aufgaben.[255]

312 In der Ausübung des **Stimmrechts** wird der **einzelne Abgeordnete** nur als Teil des obersten Verfassungsorgans Bundestag tätig. Es bedarf dazu also des Zusammenwirkens mehrerer Abgeordneter (Mehrheitsbeschlüsse). Ein Verstoß gegen die Geschäftsordnung beim Hammelsprung verletzt den Abgeordneten noch nicht in seinem Status, es sei denn er wirkt sich auf das Stimmergebnis aus.[256]

313 Der einzelne Abgeordnete ist berechtigt, kurze mündliche **Anfragen** an die Bundesregierung zu richten (§105 GO-BT)[257] und Änderungen zu Gesetzesentwürfen in der 2. Beratung schriftlich mit näherer Begründung zu beantragen (§ 82 I 2 GO-BT).[258]

314 Bei Gesetzesinitiativen hingegen bedarf er wie in fast allen Fällen parlamentarischer Tätigkeit der Unterstützung anderer Abgeordneter, und zwar in Fraktionsstärke (§ 76 I GO-BT). Eine **Fraktion** bilden mindestens 5 % der Mitglieder des Bundestages[259], die derselben Partei angehören oder wie CDU und CSU solchen Parteien angehören, die auf Grund gleichgerichteter politischer Ziele in keinem (Bundes-)Land miteinander im Wettbewerb stehen (§ 10 GO-BT).

325 Mitglieder des Bundestages, die sich zusammenschließen wollen, aber die Fraktionsstärke nicht erreichen, können gem. § 10 IV 1 GOBT vom Bundestag als **Gruppe** anerkannt werden.

---

253 BVerfGE 80, 188; *Klein* in: Morlok/Schliesky/Wiefelspütz Parlamentsrecht, § 18 Rn. 29.

254 Anders aber ein Ausschluss aus der Sitzung, LVerfG MV, NordÖR 2009, 205 – Wortentziehung wegen Verharmlosung der nationalsozialistischen Gewaltverbrechen.

255 BVerfGE 60, 374 – Dreckschleuder/Geschichtsklitterung.; krit. *Achterberg* JuS 1983, 840; s.a. *Kemper*, Parlamentarische Redefreiheit, 2024.

256 SächsVerfGH, LKV 2008, 221.

257 → BVerfGE 147, 50; zum überaus regen Gebrauch *Deutelmoser/Pieper*, NVwZ 2020, 839.

258 S.a. BayVerfGH, NJW 1990, 380 – Antragsrecht gem. § 66 I GO-LT auf Wiedereinbringung gegenstandsgleicher Anträge.

259 Dazu BVerfGE 84, 304/326; E96, 264/279.

Im **Plenum** prägen weitere **Kollektivrechte**[260] die Stellung des Abgeordneten stärker als individuelle Statusrechte[261]. 315

Ein Quorum in Höhe von **5% der Mitglieder** des Bundestages (= Mindeststärke einer Fraktion,) oder das Handeln einer Fraktion ist z. B. erforderlich

- bei einem Widerspruch gegen die Beratung nicht auf die Tagesordnung gesetzter Gegenstände (§ 20 III GO-BT),
- bei der Bezweiflung der Beschlussfähigkeit des Bundestages (§ 45 II GO-BT),
- beim Widerspruch dagegen, dass über nicht verteilte Anträge abgestimmt wird (§ 78 II GO-BT.

Ein Quorum in Höhe einer Fraktionsstärke ist erforderlich auch bei anderen selbständigen Vorlagen von Mitgliedern des Bundestages (§ 76 1 GO-BT) als Gesetzesvorlagen.

Außerdem ist die Unterstützung in Fraktionsstärke u. a. nötig,

- beim Antrag auf Vertagung oder Schluss der Beratung (§ 25 II GO-BT),
- beim Antrag auf Vertagung der Sitzung (§ 26 GO- BT),
- beim Verlangen auf namentliche Abstimmung (§ 52 GO-BT),
- bei Großen und Kleinen Anfragen an die Bundesregierung (§ 75 I, III i.V.m. § 76 I GO-BT),
- beim Verlangen nach allgemeiner Aussprache in der ersten Beratung von Gesetzesentwürfen (§ 79 GO-BT),
- beim Verlangen nach allgemeiner Aussprache in der 2. und 3. Beratung (§ 81 I, § 84 GO-BT),
- bei Änderungsanträgen zur 3. Beratung (§ 85 GO-DT),
- bei Anträgen auf Anrufung des Vermittlungsausschusses (§ 89 GO-BT),
- bei Anträgen zur Wahrung der Rechte des Bundestages in Unionsangelegenheiten i. S. v. Art. 23 GG (§ 93b II GO-BT),
- beim Verlangen auf Stellungnahme des Wehrbeauftragten zu seinem Bericht und Herbeirufung des Wehrbeauftragten zu Sitzungen des Bundestages (§ 115 I, II GO-BT),
- beim Vorschlagsrecht zur Wahl des Wehrbeauftragten (§ 13 des Gesetzes über den Wehrbeauftragten des Bundestages).

Ein Quorum in Höhe von einem **Zehntel der Mitglieder** des Bundestages wird verlangt für den Antrag auf Ausschluss der Öffentlichkeit (§19 S. 2 GO-BT; Art. 42 I GG).

Die Unterstützung von einem **Viertel der Mitglieder** des Bundestages ist erforderlich für

- Vorschläge zur Wahl des Bundeskanzlers aus der Mitte des Bundestages im 2. und 3. Wahlgang (§ 4 GO-BT; Art. 63 III, IV GG),
- den Antrag auf Einsetzung eines Untersuchungsausschusses (Art. 44 I GG),
- den Antrag auf Einsetzung einer Enquetekommission (§ 56 I GO-BT),
- den Antrag auf ein konstruktives Misstrauensvotum (§ 97 I GO-BT; Art. 67 GG),

260 Dazu *Schreiner* Geschäftsordnungsrechtliche Befugnisse des Abgeordneten, in: Schneider/ Zeh, Parlamentsrecht in Parlamentspraxis, § 18 Rn. 4 – 31.

261 Dazu *Abmeier* Die parlamentarischen Befugnisse des Abgeordneten des Deutschen Bundestages nach dem Grundgesetz, 1984, 202; s.a. *Achterberg* JA 1983, 303.

- den Antrag auf Wahl eines anderen Bundeskanzlers nach Ablehnung der Vertrauensfrage (§ 98 II GO-BT; Art. 68 I 2 GG)

Ein **Drittel der Mitglieder** des Bundestages muss das Verlangen auf Einberufung des Bundestages unterstützen (Art. 39 III 3 GG, § 21 II GO-BT).

316 Der Großteil der eigentlichen Sacharbeit des Bundestages wird nicht im Plenum, sondern in den **Ausschüssen** geleistet. Die durch Art. 38 I 1 GG gewährleistete Gleichheit aller Abgeordneten gebietet es daher, dass der einzelne Abgeordnete ein prinzipielles **Mitwirkungsrecht** in den Ausschüssen hat. Jeder einzelne Abgeordnete hat Anspruch darauf, in einem Ausschuss mit Rede- und Anfragerecht mitzuwirken. Ein alleiniges Benennungsrecht der Fraktionen für Ausschusssitze widerspricht Art. 38 I GG.[262] Dagegen ist es nicht geboten, dem fraktionslosen Abgeordneten im Ausschuss ein gegenüber den fraktionsangehörigen Abgeordneten überproportionales Stimmrecht zu geben. Grundsätzlich soll jeder Abgeordnete Mitglied eines Ausschusses sein (§ 57 I 2 GO-BT).

b) Freies Mandat

317 Nach der erstmaligen Bildung der sozialliberalen Koalition auf Bundesebene verlor diese während der 6. Wahlperiode ihre knappe parlamentarische Mehrheit, da mehrere Abgeordnete der FDP zur Fraktion der CDU/CSU überwechselten. Damals und immer wieder danach wurde und wird anlässlich von Fraktionswechslern im Bundestag oder Landtag[263] die Forderung laut, Fraktionswechsler müssten ihr Mandat verlieren. Gesteigert wird dies gefordert, wenn Fraktionswechsler nicht direkt im Wahlkreis gewählt, sondern über die von der Partei aufgestellte Landesliste in das Parlament eingezogen sind. Die Wechsler berufen sich regelmäßig darauf, dass sie Vertreter des ganzen Volkes, nicht einer Partei, an Aufträge und Weisungen nicht gebunden und nur seinem Gewissen unterworfen seien.

318 Gemäß **Art. 38 1 2 GG** sind die Abgeordneten „Vertreter des ganzen Volkes", also nicht Vertreter ihrer Wähler, ihres Wahlkreises, der Partei, auf deren Liste sie gewählt worden sind oder des Verbandes, dem sie angehören. Die Unabhängigkeit des Abgeordneten unterstreicht Art. 38 I 2 GG noch dadurch, dass die Abgeordneten „an Aufträge und Weisungen nicht gebunden und nur ihrem Gewissen unterworfen" sind. Die Ausschließlichkeit der Unterworfenheit unter das eigene Gewissen sagt, dass das Verhalten der Abgeordneten als Mitglieder des Bundestages nur durch ihr Gewissen bestimmt werden soll – Grundsatz des freien Mandats.

---

262 BVerfGE 80, 188; Sondervotum BVerfGE 80, 241; zum Berechnungsverfahren s. § 57 II GO-BT.
263 S. *Ipsen* NdsVwBl 2017, 328.

Das **freie Mandat** ist essentielles Element der repräsentativen Demokratie. Es bildet das Gegenstück zum **imperativen**, gebundenen Mandat, das der identitären Demokratie zugeordnet wird. 319

Das Prinzip der **Repräsentation** besagt, dass im Parlament das nicht als Ganzes anwesende Staatsvolk durch die von ihm gewählten Abgeordneten vergegenwärtigt wird. Damit verbindet sich der idealistische Anspruch, das Parlament repräsentiere das Volk nicht als einzelne Gruppen, Schichten, Klassen, Stände, sondern als ganze Nation, als geistige Einheit. Der englische Staatstheoretiker E. Burke (1729 – 1797) hat die Eigenart von Repräsentation und freiem Mandat in einer Wahlrede so beschrieben: 320

> „Das Parlament ist kein Kongress von Botschaftern im Dienste verschiedener und feindlicher Interessen, die jeder als Vertreter und Befürworter gegen andere Vertreter und Befürworter verfechten müsste, sondern das Parlament ist die beratende Versammlung einer Nation, mit einem Interesse, dem des Ganzen, wo nicht lokale Zwecke, nicht lokale Vorurteile bestimmend sein sollten, sondern das allgemeine Wohl, das aus der allgemeinen Vernunft des Ganzen hervorgeht. Wohl sind Sie es, die einen Abgeordneten wählen, aber wenn Sie ihn gewählt haben, ist er nicht ein Vertreter für Bristol, sondern ein Mitglied des Parlaments.“

Diesem traditionellen Verständnis[264] lässt sich entgegenhalten: Der Abgeordnete ist Vertreter einer Partei, von dieser für den Wahlkreis nominiert und/oder auf deren Liste in das Parlament gewählt worden. Die Wahlberechtigten haben eine Partei und/oder deren Spitzenpolitiker wählen wollen. Durch den Fraktionswechsel wird der **Wählerwille verfälscht.** Das Parlament ist keine Versammlung finanziell und geistig unabhängiger Einzelpersönlichkeiten, die in freier und öffentlicher Diskussion die für das Allgemeinwohl beste Entscheidung im Sinne einer höheren Vernunft ermitteln. Kurz, das freie Mandat als ein Relikt vorkonstitutioneller Ideologie, das der Wirklichkeit der **parteienstaatlichen Demokratie**, der Mediatisierung des Volkes durch Parteien und Verbändepluralismus nicht gerecht wird. 321

In diesem Sinne hat der Göttinger Staatsrechtler G. Leibholz (1901 – 1982) Art. 38 I 2 GG als liberalstaatlichen Anachronismus klassifiziert, der unvereinbar sei mit dem modernen Parteienstaat, da dieser nichts anderes sei als eine rationalisierte Erscheinungsform der auf dem Identitätsprinzip statt auf dem Repräsentationsprinzip aufbauenden, plebiszitären Demokratie, ein Surrogat derselben im modernen Flächenstaat.[265] 322

---

264 S.a. BVerfG NVwZ 2021, 469 Rn. 65 ff.

265 *Leibholz* Strukturprobleme der modernen Demokratie, 3. Aufl., S. 78, 93.

323 Dieser Ansatz kann auf Art. 21 GG, der erstmals die Parteien verfassungsrechtlich anerkennt, zurückgreifen. In diesem Sinne heißt es im SRP-Urteil[266], das erging, als Leibholz als Richter am Bundesverfassungsgericht wirkte:

> „Die deutschen Verfassungen der Zeit nach dem 1. Weltkrieg erwähnten die politischen Parteien kaum, obwohl schon damals – nach der Einführung des parlamentarischen Regierungssystems und des Verhältniswahlrechts – das demokratische Verfassungsleben weitgehend von ihnen bestimmt war. Die Gründe hierfür sind vielfältig, gehen daher letztlich auf die demokratische Ideologie zurück. Sie wehrte sich dagegen, zwischen der freien Einzelpersönlichkeit und dem Willen des Gesamtvolkes, der aus der Summe der einzelnen Willen zusammengesetzt und durch Abgeordnete als Vertreter des ganzen Volkes im Parlament repräsentiert gedacht war, Gruppen anzuerkennen, die den Prozeß der politischen Willensbildung denaturieren könnten. Das Grundgesetz verläßt diesen Standpunkt und trägt der politischen Wirklichkeit Rechnung, indem es die Parteien als Träger der politischen Willensbildung des Volkes – wenn auch nicht als einzige – ausdrücklich anerkennt [...]. Damit wird auch in der Verfassung selbst, nämlich in Art. 21 und 38 GG, das besondere Spannungsverhältnis erkennbar, das in der Doppelstellung des Abgeordneten als Vertreter des gesamten Volkes und zugleich als Exponenten einer konkreten Parteienorganisation liegt. Diese beiden Vorschriften lassen sich theoretisch schwer in Einklang bringen: Auf der einen Seite erscheinen die Parteien als hauptsächliche Träger der politischen Willensbildung des Volkes, auf der anderen Seite soll aber der Abgeordnete, der nach aller Regel über eine Partei sein Mandat erhält, als Vertreter des Gesamtvolkes und nicht als Repräsentant seiner Partei gesehen werden.

324 Der These von der prinzipiellen Unvereinbarkeit von Art. 21 und Art. 38 I 2 GG ist zu widersprechen. Die Argumentation ist unhistorisch, ganz im Gegensatz zu dem sie tragenden Anspruch, das Auseinanderklaffen von Verfassungswirklichkeit und Verfassung zu beheben. Die Funktion des freien Mandats ist in der egalitären Demokratie des Grundgesetzes eine andere als zu Zeiten des bürgerlich-liberalen, aber durchaus nicht demokratischen Honoratiorenparlaments. Nur wenn man das freie Mandat mit der Bedeutung, die es im 19. Jh. haben sollte, auf die Gegenwart überträgt, ist es überholt. Das gilt im Übrigen für jede demokratietheoretische Kritik, die den heutigen von Parteien geprägten Parlamentarismus an Maßstäben misst, die nur oder nicht einmal für seine früheren Erscheinungsformen galten, die nur eine schmale männliche Oberschicht repräsentierten, idealtypisch überhöht.

325 Gerade wenn die politische Willensbildung maßgeblich von Parteien geprägt wird, ist innerparteiliche Demokratie eine der wichtigsten Forderungen des demokratischen Prinzips. Das freie Mandat sichert, die Unabhängigkeit des Abgeordneten wenigstens in Grenzfällen. Es kann die innerparteiliche Diskussion und Konkurrenz, die freie Meinungsbildung und Willensbildung fördern. Der herrschenden Meinung, die daher die Mitnahme des Mandats bei einem Parteiwechsel

266 BVerfGE 2, 72.

als geringeres Übel in Kauf nimmt, ist zuzustimmen. Inkonsequent ist es allerdings, wenn, wie im SRP Urteil[267] und in § 46 I Nr. 5 BWahlG bestimmt, im Fall des **Verbots einer Partei** durch das Bundesverfassungsgericht die dieser Partei angehörenden Abgeordneten ihr Mandat verlieren.

Das Bundesverfassungsgericht hat in späteren Urteilen die rigide „parteienstaatliche" Linie des SRP-Urteils wieder aufgegeben. So heißt es in der Entscheidung zur Einzelkandidatur des ehemaligen Bonner Oberbürgermeisters Daniels sen.:[268] 326

> „Es mag in der Konsequenz eines idealtypisch zu Ende gedachten Parteienstaates liegen, daß sich die Willensbildung des Volkes nur durch das Medium der Parteien vollzöge, die gleichberechtigte Teilnahme der Aktiv-Bürger an der Auslese der Wahlbewerber nur in dem von den politischen Parteien beherrschten Raum erfolgen könnte. Diese Konsequenz wird jedoch vorn Grundgesetz auf Bundesebene durch das Bekenntnis zum repräsentativen Status des Abgeordneten in Art. 38 GG verfassungskräftig abgewehrt. Die Parteien wirken zwar an der politischen Willensbildung des Volkes mit, sie haben aber kein Monopol, die Willensbildung des Volkes vorzuformen und zu beeinflussen."

Im ersten Urteil zu den Grenzen der Öffentlichkeitsarbeit der Regierung wird die Distanzierung zum „Parteienstaat" unter einem weiteren Aspekt erweitert.[269] Den in dieser Entscheidung vom Bundesverfassungsgericht vertretenen Ansatz erläutert der Bayreuther Staatsrechtslehrer Häberle[270] so: 327

> „Regierung und Parlament sind, obwohl von Parteien getragen, als solche etwas anderes als die Parteien. Sie sind keine parteiliche Veranstaltung, sondern institutionell-repräsentativer Teil der res publica, der Sache aller Bürger. Als Garant der Rechts- und Friedensordnung, als institutioneller Rahmen für die freie Selbstbestimmung der Bürger gewinnt der (Verfassungs-) Staat eigenen Rang. Die Regierung darf als solche dafür werben ‚im Amt zu bleiben' – auch hier wird ihr vom Staat bejahter eigenständiger Verfassungscharakter sichtbar. Den Parteien wird dadurch ihre Verfassungsfunktion keineswegs abgesprochen, wohl aber werden ihre Ansprüche auf den Staat (im Sinne eines ‚CDU' – oder ‚sozial-liberalen Staates') abgewiesen, wird die Verfilzung von Staat und Parteien verworfen."[271]

Art. 38 I 2 GG verbietet **Fraktionszwang**, nicht aber **Fraktionsdisziplin.** Geschlossenheit nach außen ist Voraussetzung politischen Erfolgs und letztlich auch für das Vertrauen der Wähler. Ein Blick in Geschäfts- bzw. Arbeitsordnung von Bundestagsfraktionen erweckt den Eindruck, dass „die dort ausformulierten Rechte 328

267 BVerfGE 2, 72.

268 BVerfGE 41, 399, 416.

269 BVerfGE 44, 125; s.a. E136, 323 Rn. 28; E138, 102 Rn. 26.

270 *Häberle* JZ 1977, 364.

271 Zu den streitigen Folgen dieses Ansatzes für öffentliche Äußerungen von Politikern → Rn. 112.

der Abgeordneten wahrhaft unbedeutend sind"[272]. Etwaige Neidgefühle fraktionsabhängiger Abgeordneter auf den vom Bundesverfassungsgericht gestärkten Status des fraktionslosen Abgeordneten[273] erscheinen fast verständlich.

329 Die Grenzen zwischen unzulässigem Fraktionszwang und zulässiger Fraktionsdisziplin sind „in einem Parlament der Fraktionen" angesichts der vielfältigen faktischen Abhängigkeiten des Abgeordneten von Fraktion und Partei im Einzelfall nicht leicht zu ziehen.[274]

330 Unzulässig und daher unwirksam sind eine vor einer Abstimmung oder gar zu Beginn einer Legislaturperiode bei der Fraktionsführung hinterlegte (Blanko)-Verzichtserklärung oder das Versprechen der Rückzahlung von Wahlkampfkosten an die Partei für den Fall des Parteiaustritts.

331 Zulässig ist aber, wenn die Fraktionsgeschäftsordnung einen Abgeordneten verpflichtet, seine abweichende Meinung in einer wichtigen Frage dem Fraktionsvorsitzenden zu eröffnen und u.U. mit ihm zu erörtern. Zulässig sind auch die Abberufung von Fraktions- und Parlamentsämtern, z.B. die Abberufung aus einem Parlamentsausschuss[275] und der Ausschluss aus der Fraktion.[276]

332 Diese Mittel der Fraktionsdisziplin werden gerechtfertigt mit der Aufgabe der **Fraktion**, die Entscheidungen des Parlaments vorzubereiten und die organisatorischen Bedingungen für seine Tätigkeit zu schaffen.[277] Die vom Grundgesetz nur in Art. 53a Abs. 1 Satz 2 genannten Fraktionen sind Gliederungen (Organteile) des Parlaments[278], die den technischen Ablauf der Parlamentsarbeit steuern. Sie sind der „organisierten Staatlichkeit" eingefügt. Deshalb dürfen sie mit staatlichen Zuschüssen finanziert werden.[279] Ihre Rechtstellung basiert nicht auf Grundrechten, sondern dem Abgeordnetenstatus. Fraktionen agieren im vorgelagerten parteipolitischen und im staatsorganisatorischen Bereich. Die Geschäftsordnung des Bundestages regelt im Interesse der Arbeitsfähigkeit des Parlaments die Bildung der Fraktionen (§ 10), ihre Reihenfolge (§ 11), ihre Stellenanteile in den Gremien sowie

---

272 So die ehemalige Abgeordnete *Hamm-Brücher* im Beitrag „Abgeordneter und Fraktion", in: Schneider/Zeh, Parlamentsrecht und Parlamentspraxis, § 22 Rn. 44.

273 BVerfGE 80, 188.

274 Dazu Holla, JuS 2020, 928; *Henke* Das Recht der politischen Parteien, 2. Aufl., 1972, S. 148; *Achterberg* Parlamentsrecht, S. 219; *Klein*, HStR III, 3. Aufl., 2005, § 51 Rn. 14 – 18.

275 (Str.), s. *Kasten* Ausschußorganisation und Ausschußrückruf, 1983; *Arndt* ZParl 1984, 523; *Grigoleit/Kersten* DÖV 2001, 363.

276 S. *Bäcker* Der Ausschluss aus der Bundestagsfraktion, 2011.

277 BVerfGE 43, 147; *Klein/Krings* in: Morlok/Schliesky/Wiefelspütz, Parlamentsrecht, § 17.

278 BVerfGE 20, 56, 204; 80, 188, 231; NJW 1988, 287 – Rückforderung von Fraktionsmitteln.

279 BVerfGE 70, 324, 362; NJW 1998, 387; E140, 1; s.a. Rn. 267.

bei Wahlen des Bundestages (§ 12). Die §§45–54 AbgG bestimmen detailliert die Rechtsstellung der Fraktionen- rechtsfähige Vereinigungen von Abgeordneten im Bundestag, kein Teil der öffentlichen Verwaltung (§ 46), Aufgaben, Finanzierung, Haushalts- und Wirtschaftsführung, Rechnungslegung, Rechnungsprüfung sowie Beendigung und Liquidation..[280] Die Angewiesenheit des einzelnen Abgeordneten auf seine Fraktion verdeutlichen die zahlreichen Fälle, in denen die Geschäftsordnung des Bundestages die Fraktionsstärke als Quorum verlangt[281].

Zusammenschlüsse von Abgeordneten, die keine Fraktionsmindeststärke erreichen, können sich als **Gruppe** konstituieren (§ 10 IV GO-BT). In der 20. Legislatur hat sich die Fraktion *Die Linke* in zwei Gruppen gespalten. Die Mehrheit des Bundestages entscheidet, wie die analoge Anwendung von § 10 V 2 GOBT auf Gruppen ausgestaltet wird, insbesondere hinsichtlich der Mitgliedschaft in Ausschüssen, der Einbringung von Gesetzesentwürfen, und Anträgen, der Redezeit, der Kleinen und Großen Anfragen und der Geld- und Sachleistungen. 333

Aus dem Grundsatz der Spiegelbildlichkeit von Parlament und Ausschüssen hat das Bundesverfassungsgericht[282] abgeleitet, dass bei der Ausschussbesetzung Gruppen zu berücksichtigen sind, wenn auf sie bei der gegebenen Größe der Ausschüsse und auf der Grundlage des vom Bundestag angewendeten Verfahrens ein oder mehrere Sitze entfielen. 334

Fraktionen und Gruppen dürfen keine Parteispenden zahlen (§ 25 II Nr. 1 PartG), Abgeordnete aber Mandatsträgerbeiträge (§ 24 IV Nr. 2 PartG). Das Freiheitsgebot in Art. 38 I 2 GG verlangt, die Abgeordneten in Statusfragen formal gleich zu behandeln, damit keine Abhängigkeiten oder Hierarchien über das für die Arbeitsfähigkeit des Parlaments hinausgehende Maß entstehen. Daher verlangt das Bundesverfassungsgericht[283] die Zahl der mit Zulagen bedachten Fraktionsstellen auf wenige, politisch besonders herausragende parlamentarische Funktionen zu beschränken, z. B. Fraktionsvorsitzende, Fraktionsgeschäftsführer. 335

Das Spannungsverhältnis zwischen dem Grundsatz des freien Mandats, der Rolle der Parteien in der repräsentativen Demokratie sowie das Verständnis der Wahlgrundsätze (Art. 38 I 1 GG) bestimmen die verfassungsrechtliche Beurteilung des **„ruhenden Mandats“**. 336

280 Dazu *Wolters* Der Fraktionsstatus, 1996; s.a. *Kürschner* Das Binnenrecht der Bundestagsfraktionen, 1995; zum Anspruch einer Fraktion auf amtliche Informationen gemäß § 1 I 1 IFG VGH München, NVwZ 2016, 1107; *Waldhoff* JuS 2017, 284.

281 →Rn. 314.

282 BVerfGE 84, 304, 324; 90, 286 – PDS.

283 BVerfGE 102, 224/235.

§ 40a HessLandtagswahlG sah vor, dass ein Abgeordneter, der Mitglied der Landesregierung ist, gegenüber dem Präsidenten des Landtages schriftlich unwiderruflich erklären konnte, dass sein Mandat für die Dauer seiner Amtszeit ruhen solle. Dadurch sollte es einer kleinen Partei, die in einer Koalitionsregierung aus ihrem kleinen Kreis von Abgeordneten zwei oder mehr Minister stellt, ermöglicht werden, die Abgeordnetensitze der Minister durch Nachrücker wahrnehmen zu lassen, damit die Fraktion ihre Parlaments- und Ausschussarbeit besser erledigen kann.

337 Der hessische Staatsgerichtshof[284] sah in der verdrängenden Rückkehr auf den früheren Abgeordnetensitz einen Verstoß gegen den Grundsatz der Unmittelbarkeit der Wahl. Die Einführung von „normalen“ Abgeordneten, privilegierten „Minister-Abgeordneten“ und unterprivilegierten Ersatz-Abgeordneten verstoße zudem gegen die vom Grundsatz der gleichen Wahl gebotene Statusgleichheit aller Abgeordneten. Schließlich sei die vorzeitige Abberufung unvereinbar mit dem Grundsatz des freien Mandats. Dass ein Minister zugleich Abgeordneter sein kann, entspricht dem Verständnis der Lehre der Gewaltenteilung (→ Rn. 239).

Das **„rotierende Mandat“**, also die zeitweilig von den Grünen praktizierte Verpflichtung von Abgeordneten, sich auf Grund eines Landesdelegiertenbeschlusses zur Mitte der Legislaturperiode auswechseln zu lassen, gilt als mit dem freien Mandat unvereinbar.[285] Die zum Teil auch auf den Grundsatz der Unmittelbarkeit der Wahl und Art. 39 I 1 GG – vierjährige Wahlperiode – gestützte Verfassungswidrigkeit lässt sich jedoch praktisch kaum feststellen, wenn ein Abgeordneter erklärt, aus freien Stücken und individuellen Gründen sein Mandat niederzulegen.[286]

c) Inkompatibilität

338 Klagen über die „Verbeamtung“ der Parlamente sind verbreitet. Tatsächlich sind Angehörige des öffentlichen Dienstes weit überproportional in den Parlamenten von Bund und Ländern vertreten.

339 Gegen die Mitgliedschaft von Angehörigen des öffentlichen Dienstes im Parlament spricht das Prinzip der Gewaltenteilung (Art. 20 II GG). Es soll u. a. verhindern, dass, wer in der Exekutive tätig ist, zugleich deren Kontrolleur im Parlament sein kann.[287] Um die Personalunion von Kontrolleuren und Kontrollierten zu verhindern, enthält Art. 137 I GG eine spezielle Ermächtigung, die Wählbarkeit von Beschäftigten des öffentlichen Dienstes zu beschränken.

284 NJW 1977, 2065.
285 Nds. StGH, DVBl. 1985, 1063 m. krit. Anm. v. *Achterberg* u. *Kasten*.
286 *Frank/Stober* Rotation im Verfassungsstreit, 1985.
287 BVerfGE 18, 183; 38, 329.

Entgegen der Forderung der Alliierten bestimmt das Grundgesetz keine Ineligibilitätsvorschrift[288] in dem Sinne, dass Angehörige des öffentlichen Dienstes nicht in Parlamente gewählt werden dürfen. Eine derartige **Ineligibilität** entspricht – abgesehen vom Sonderfall der kommunalen Selbstverwaltung – nicht der deutschen Rechtstradition, für die vielmehr die Vereinbarkeit von Amt und Mandat typisch war. 340

Im Diätenurteil[289] hat das Bundesverfassungsgericht das Beamtenprivileg der Entschädigung aus dem Mandat und der Besoldung aus dem Amt als Widerspruch zum überkommenen Beamtenrecht (Art. 33 V GG) klassifiziert. Daran anknüpfend ordnet § 5 I bzw. § 8 AbgG das Ruhen der Rechte und Pflichten der Beschäftigten des öffentlichen Dienstes (Beamte, Soldaten, Richter, Tarifbeschäftigte) für die Dauer der Mitgliedschaft im Bundestag an. Sonderregelungen gelten für Beamte auf Widerruf, also junge Menschen, die noch in der Ausbildung sind (§ 5 III AbgG), Hochschullehrer (§ 9 AbgG) und Wahlbeamte auf Zeit (§ 10 AbgG). 341

Während der Mandatsausübung ruhen die Rechte und Pflichten aus dem öffentlich-rechtlichen Dienstverhältnis mit Ausnahme der Pflicht zur Amtsverschwiegenheit und dem Verbot der Annahme von Belohnungen und Geschenken (§ 5 I 1 AbgG). Die Umsetzung des Urteils hat aber nicht verhindert, dass in den Landtagen weiterhin Beamte, insbesondere Lehrer und Tarifbeschäftigte des öffentlichen Dienstes überrepräsentiert sind. Wahlrechtsbeschränkungen gelten nicht für die Wahl von Bundes- und Landesbeamten in Gemeinderäte.

Abgesehen von einigen sehr jungen Abgeordneten oder solchen die „unbezahlte Carearbeit“ geleistet haben, haben Abgeordnete vor dem erstmaligen Einzug ins Parlament einen bezahlten Beruf ausgeübt. Die §§ 45 bis 52a AbgG regeln mögliche Konflikte zwischen der weiter ausgeübten Berufstätigkeit und dem Mandat – § 44a AbgG (Ausübung der Mandate) und § 44b AbgG (Verhaltensregeln). Ausgangspunkt ist die **Mittelpunktregelung** des § 44a I 1 AbgG, die dem Wandel des Erscheinungsbildes des Abgeordneten Rechnung tragen soll. „Die Ausübung des Mandats steht im Mittelpunkt der Tätigkeit eines Mitglieds des Bundestages.“ Im Lichte von Art. 38 I 2 GG ist dies als Ausdruck der Achtung vor der Mitgliedschaft im Parlament, dem Mittelpunkt der Staatsorganisation,[290] zu verstehen. Damit ist unvereinbar ein quantitatives Verständnis der Mittelpunktregelung, also als Maß für den Zeitaufwand zur Wahrnehmung des Mandats im Vergleich mit anderen gem. § 44a I 2 AbgG grundsätzlich zulässigen Tätigkeiten, etwa als Minister oder als Rechtsanwalt. Das 342

288 *Morlok/Krüper* NVwZ 2003, 573; *Tsatsos* Unvereinbarkeit zwischen Bundestagsmandat und anderen Funktionen, in: Schneider/Zeh, Parlamentsrecht und Parlamentspraxis, § 23 Rn. 19; a.A. *Schlaich* AöR 1980, 188, 214.

289 BVerfGE 40, 296.

290 So Unabhängige Kommission Abgeordnetenrecht BT-Drs. 17/12500, S. 6.

Bundesverfassungsgericht[291] hat sich bei der Beurteilung der Verfassungsmäßigkeit der gem. § 44b AbgG ergangenen Verhaltensregelungen zur Angabe von Tätigkeiten neben dem Mandat und der gestaffelten pauschalierten Angabe der daraus bezogenen Einkünfte ausgehend von zwei gegensätzlichen und jeweils überzogenen Leitbildern des Abgeordneten zerstritten. Die die Entscheidungen tragenden vier Richterinnen und Richter haben im Ergebnis zu Recht einen Verfassungsverstoß verneint. Daran anschließend hat das Bundesverwaltungsgericht[292] die Pflicht eines als Rechtsanwalt tätigen Abgeordneten zur Anzeige einzelner Tätigkeiten bestätigt, ebenso die Rechtmäßigkeit des vom Präsidenten des Bundestages gegenüber dem Abgeordneten verhängten Ordnungsgeldes. Da es zwischen der Wahrnehmung des Mandats und der Ausübung des bürgerlichen Berufs im Einzelfall zu Unvereinbarkeiten kommen kann, sind Transparenzregeln geboten. Dies hat der Vortrag eines klagenden Abgeordneten vor dem Bundesverfassungsgericht veranschaulicht. Der Abgeordnete war mit der anwaltlichen Begleitung eines Börsengangs eines staatlichen Unternehmens mandatiert worden.[293] Die Verhaltensregeln für Bundestagsabgeordnete[294] regeln in § 3 die Veröffentlichung der erzielten Einkünfte durch den Bundestagspräsidenten. Die Verhaltensregeln sind infolge der Verwicklung einzelner Abgeordneter in die Corona-Masken-Affäre verschärft worden. Einkünfte dürfen nicht mehr großzügig nach einem Stufensystem angegeben werden, sondern müssen auf Euro und Cent genau offengelegt werden. Zudem hat § 44e AbgG ein Ordnungsgeld eingeführt. Schließlich wird mit § 108f StGB der Straftatbestand der unzulässigen Interessenwahrnehmung eingeführt.

343 Prinzipiell unstrittig sind die Regelungen des § 44a II AbgG, die die beiden Vorgaben des Diäten-Urteils zur unzulässigen Tätigkeit umsetzen: Nämlich das objektive Moment des Beziehens von Einkünften ohne berufliche Gegenleistung und das subjektive Moment der vom Geldgeber verfolgten Absicht unzulässiger Einflussnahme auf die freie Mandatsausübung.[295] „Arbeitsloses" Einkommen eines Abgeordneten wird somit nicht schon als solches beanstandet. Ein privater Arbeitgeber darf also – anders als der Staat bei den Angehörigen des öffentlichen Dienstes – auch weiterhin einem in das Parlament gewählten Arbeitnehmer das Arbeitsentgelt ganz oder teilweise weiterzahlen, auch wenn dieser während der Mandatszeit nicht die dafür geschuldete Gegenleistung erbringen kann.

344 Die Verhaltensregeln des Bundestages sind vom US-amerikanischen Vorbild des Abgeordneten „mit gläsernen Taschen" weit entfernt. Nicht nur angesichts der

291 BVerfGE 118, 277.

292 DVBl. 2010, 114.

293 BVerfGE 118, 277, 295 f. – Merz.

294 *Ingold*, JöR 64, 2016, 43.

295 Dazu *Käß* VerwArch 2010, 457.

unterschiedlichen politischen Kultur erscheint eine vergleichbar weitgehende Regelung zweifelhaft, könnte doch dadurch, verbunden mit einer Drosselung aller Nebeneinkünfte, außer bei sehr vermögenden Abgeordneten, die Auslieferung der Abgeordneten an den Parteiapparat besiegelt werden.[296]

Weiterführend:
Achterberg Parlamentsrecht, 1984; *Austermann/Schmahl* (Hrsg.) Abgeordnetenrecht, 2. Aufl., 2023; *Heck* Mandat und Transparenz, 2014;; *Klein* Der Status der Abgeordneten, in: HStR III, 3. Aufl., 2005, § 51; *Klein/Krings* Fraktionen, in: Morlok/Schliesky/Wiefelspütz , Parlamentsrecht, § 17; *Röhl* Das „Freie Mandat", Der Staat 2000, 23; *Sauer* Rechtsstellung des Abgeordneten – Pflichten und Rechte, in: Morlok/Schliesky/Wiefelspütz (Hrsg.), Parlamentsrecht 2016, § 11; *Sendler* Abhängigkeiten des unabhängigen Abgeordneten, NJW 1985, 1425; *Wiefelspütz* Indemnität und Immunität, in: Morlok/Schliesky/Wiefelspütz , Parlamentsrecht, § 13, ders., ebd. § 12, Abgeordnetenmandat.

4. Bundestag und Bundesregierung

a) Funktionen des Parlaments

Die dem Bundestag zustehenden Kompetenzen gliedern sich funktional in die 345

- Gesetzgebungsfunktion,
- Artikulationsfunktion,
- Kontrollfunktion,
- Gesamtleitung.

Letztere geht über die klassischen Parlamentsfunktionen hinaus. Gemeinsam mit 346 der Regierung und dem Bundesrat nimmt der Bundestag in Angelegenheiten der EU (Art. 23 Abs. 2–7 GG)[297] seine Integrationsfunktion wahr, die das BVerfG zur Sicherung der demokratischen Einflussmöglichkeiten betont.[298] Zudem ist der Bundestag an Auslandseinsätzen der Bundeswehr, dem „Parlamentsheer", zu beteiligen (Parlamentsbeteiligungsgesetz).[299]

Die Artikulationsfunktion soll angesichts der für die pluralistische Demokratie 347 konstitutiven Interessengegensätze Probleme identifizieren und durch kontroverses Aushandeln Lösungen finden, sowie Akzeptanz schaffen.[300]

---

296 S.a. *Stolleis* VVDStRL 44, 7, 31.

297 In Verbindung mit dem Gesetz über die Zusammenarbeit von Bundesregierung und Deutschem Bundestag in Angelegenheiten der EU, EUZBBG, sowie dem EUZBLG, LänderG.

298 Z.B. EUGRZ 2020,16.

299 BVerfGE 140, 160; 123, 167, 364; 126, 55; 140, 211; NJW, 2020, 1793 – Patentgericht; s.a. Rn. 353.

300 Dazu Unabhängige Kommission, BT-Drs. 17/2500, S. 13; zum Nudging Rn. 223.

348 Als **Gesetzgebungsorgan** hat der Bundestag vor allem die Kompetenz, Gesetze zu initiieren, zu beraten und zu verabschieden (Art. 77 I 1 GG). Das Recht zur Gesetzesinitiative haben außer dem Bundestag auch Bundesregierung und Bundesrat (Art. 76 I GG). Außer abstrakt-generellen Gesetzen kann der Bundestag auch auf Einzelfragen bezogene Maßnahmegesetze oder Zustimmungsgesetze zu Staatsverträgen[301] beschließen. Gewisse äußerste Grenzen des legislativen Zugriffs bestehen außer durch Art. 19 I GG im Bereich der Verwaltungsorganisation und des Personalwesens[302] und praktisch am wichtigsten gegenüber der Bundesregierung hinsichtlich des oft strittigen „Kernbereichs exekutiver Eigenverantwortung" etwa bei der Entscheidung über Rüstungsexporte gemäß Art. 26 Abs. 2 GG.[303] Das seit jeher besonders wichtige Budgetrecht des Parlaments umfasst das Recht, auf Vorlage der Regierung durch das Haushaltsgesetz den Haushaltsplan festzustellen (Art. 110 GG) und das Recht die Regierung durch Gesetz zur Kreditaufnahme zu ermächtigen (Art. 115 GG).

349 Außer der **Wahl** des Bundeskanzlers (Art. 63 GG), obliegt dem Bundestag die Mitwirkung bei der Bestellung anderer Staatsorgane und Amtsträger: Wahl des Bundespräsidenten durch die Bundesversammlung (Art. 54 III GG), Wahl der Richter des Bundesverfassungsgerichts (Art. 94 I 2 GG), Wahl der Richter der obersten Gerichtshöfe des Bundes (Art. 95 II GG), Wahl des Wehrbeauftragten des Bundestages (Art. 45b GG, §§ 113–115 GO-BT), einem parlamentarischen Hilfsorgan zur Wahrnehmung der Kontrolle im Wehrbereich. Ebenso wie in der Mehrzahl der Länder, anders aber noch Art. 107 II 1 BremVerf, obliegt dem Bundestag nicht die Wahl der Minister.[304]

350 Die Befugnis des Parlaments zur **Kontrolle** von Regierung und Verwaltung ist im Grundgesetz in zahlreichen Einzelvorschriften geregelt – Art. 43 I (Zitierungsrecht gegenüber Mitgliedern der Bundesregierung), Art. 44 GG (Untersuchungsausschüsse), Art. 45 S. 2 GG (Europaausschuss), Art. 44a II GG (Verteidigungsausschuss als Untersuchungsausschuss), Art. 45d GG (Gremien des Bundestages zur Kontrolle der Nachrichtendienste), Art. 114 II 2 GG (Bundesrechnungshof), Art. 10 II 2 GG (Kontrollorgan bei Eingriffen in das Brief-, Post- und Fernmeldegeheimnis[305]), Art. 13 VI 2 GG (Eingriffe in die Unverletzlichkeit der Wohnung), Art. 17 GG Petitionsausschuss, letztlich auch Art. 67 GG (konstruktives Misstrauensvotum). Im Üb-

---

301 Zu den verschiedenen Gesetzesbegriffen *Achterberg* Parlamentsrecht, S. 15.

302 Dazu *Maurer/Schnapp* VVDStRL 34, 135 – Der Verwaltungsvorbehalt; weitergehend *Janssen* Über die Grenzen des legislativen Zugriffsrechts, 1990.

303 Dazu BVerfGE 137, 185; BVerwG DVBl 2024, 1164.

304 Zur Wahl des thür. MP *Schleicher*, ThürVBl., 2024, 1.

305 BVerfGE 100, 313, 401.

rigen wird die Kontrollbefugnis vorausgesetzt, wie Art. 45b GG (Wehrbeauftragter) erkennen lässt.

Die parlamentarische Kontrolle von Regierung und Verwaltung steht im Vordergrund der Tätigkeit der **Opposition**[306] sowohl im Bundestag wie auch in den Landesparlamenten.[307] Anders als manche Landesverfassung (z. B. Art. 16a BayVerf, Art. 55 II BbgVerf, Art. 12 SHVerf) enthält das Grundgesetz keine eigene Vorschrift über Aufgaben und Rechtsstellung der Opposition. Die Tätigkeit der die Regierung tragenden Parlamentsmehrheit hat dagegen mehr den Charakter eines mitregierenden, zielführenden „Controlling“. Kontrollmittel sind z. B. Große und Kleine Anfragen (§§ 100, 104 GO-BT)[308], Aktuelle Stunden (§ 106 GO-BT) und Berichtsersuchen an die Regierung[309], etwa Auftrag an die Regierung, bis zu einem bestimmten Termin einen Bericht über die Entwicklung und die Reform eines Sachbereichs vorzulegen, z. B. Entwicklung der Alterssicherungssysteme oder des Gesundheitssystems oder Entwicklung der DB oder der Bafin.[310] Unzulängliche parlamentarische Opposition kann rechten oder linken gegen die repräsentative Demokratie gerichteten Populismus begünstigen, insbesondere wenn dieser bereits im Parlament vertreten ist.[311] 351

Den Auftrag für einen Bericht der Regierung erteilt der Bundestag durch sog. **schlichten Parlamentsbeschluss.** Dieser ist im Grundgesetz nicht allgemein geregelt, sondern nur speziell, z.B in Art. 41 I (Wahlprüfung). Die Kompetenz des Bundestages zu schlichten Parlamentsbeschlüssen folgt grundsätzlich aus dessen Wahl- und Kontrollkompetenz, z. B. § 112 GO-BT – Petitionsbeschluss. Wichtiger als die rechtlichen sind i. d. R. die politischen Wirkungen schlichter Parlamentsbeschlüsse, z. B. Auftrag an die Regierung, nach Maßgabe der Vorgaben des Parlaments innerhalb einer bestimmten Frist einen Gesetzesentwurf vorzulegen oder Aufforderung, die in einem bestimmten Genehmigungsverfahren vom Bundesumweltminister nach Ermessen zu vergebende Genehmigung aus Gründen des Umweltschutzes zu versagen, oder die Missbilligung des Verhaltens eines Ministers und Aufforderung an Bundeskanzler und Bundespräsidenten, diesen zu entlassen. 352

---

306 Dazu *Poscher* AöR 1997, 444; *Schneider* in: Buckmiller/Perels (Hrsg.), Opposition als Triebkraft der Demokratie, 1998, S. 245; *Ingold* Das Recht der Oppositionen, 2015.

307 *Cancic* Parlamentarische Oppositionen in den Landesverfassungen, 2000.

308 Dazu NwVerfGH, NVwZ 1994, 678; *Gusy* JuS 1995, 878; SächsVerfGH, DVBl. 1998, 774; NdsVBl. 2016, 141 – Unverzügliche Antwort.

309 Zur Unterrichtungspflicht der Bundesregierung, BVerfG, NVwZ, 2023, 54, m. Anm. v.. *Singer*; zur unzureichenden Begründung der Nichtbeantwortung einer Kleinen Anfrage zu geheimdienstlicher Informationsbeschaffung BVerfGE 124, 161; *Sachs* JuS 2010, 840; BVerfG, NVwZ 2017, 137 – NSA-Untersuchungsausschuss; *Glauben* NVwZ 2017, 129; *Holzner* DÖV 2016, 668; *Nees* DÖV 2016, 674.

310 BVerfG DVBl. 2918, 1558.

311 S. *Heinisch/Holtz/Mazzoleni* (Hrsg) Political Populism, 2017; H. Möller (Hrsg.), Populismus, 2022.

Rechtlich verbindlich ist ein solcher Beschluss für die Bundesregierung nicht.[312] Zwar zählt die Abhängigkeit der Regierung vom Vertrauen des Parlaments zu den Grundbedingungen der parlamentarischen Demokratie, die Bundesregierung darf aber nicht als bloßer Vollzugsausschuss des Parlaments missverstanden werden. Die Richtlinienkompetenz des Bundeskanzlers (Art. 65 GG) definiert nicht nur die Befugnisse innerhalb Regierung, sondern lässt auch die Eigenständigkeit der Regierung gegenüber dem Parlament erkennen.[313] Andererseits kann ein schlichter Parlamentsbeschluss die dem demokratischen Prinzip des Grundgesetzes gemäße Form der **Billigung** einer Maßnahme der Regierung sein, z. B. Beschluss über die zustimmende Entgegennahme eines Energieberichts, in dem eine die Vorgaben des Atomgesetzes verwirklichende Technologie dargestellt wird[314] oder ein Beschluss, der die Zustimmungserklärung der Bundesregierung zur Lagerung von Raketen gem. dem Nato-Vertrag billigt[315].

353 Einzigartig auch im internationalen Vergleich ist die Bedeutung von Parlamentsbeschlüssen in **Verteidigungsangelegenheiten.** Gem. Art. 115a I GG stellt der Bundestag den Verteidigungsfall durch schlichten aber bindenden Parlamentsbeschluss fest. Auch andere militärische Auslandseinsätze betreffende Entscheidungen über „Krieg und Frieden“ hat der Bundestag verbindlich zu entscheiden – „Wehrverfassungsrechtlicher Parlamentsvorbehalt“.[316] Das Entsendegesetz[317] räumt dem Bundestag daher ein Rückrufrecht zum Auslandseinsatz der Bundeswehr ein. Die dominante Rolle des Bundestages gegenüber den als „Parlamentsheer“ verstandenen Streitkräften zeigt sich bei der erneuten konstitutiven Zustimmung des Bundestages bei einer Änderung wesentlicher Einsatzbedingungen[318] oder beim innerstaatlichen Einsatz mit dem Beschluss nach Art. 87a IV 2 GG.

354 Bindend ist auch der Einstellungsbeschluss des Bundestages nach Art. 115 II 6, 7 GG zur vorübergehenden Lockerung der Schuldengrenze,[319] im Falle von Naturkatastrophen oder ausgewöhnlicher Notsituationen, die sich der Kontrolle des Staates entziehen und die Finanzlage erheblich beeinträchtigen, nicht aber wegen Folgen eines vom Bundesverfassungsgericht festgestellten Verstoßes gegen das

---

312 Gegen den BDS-Beschluss des Bundestages ist der Verwaltungsrechtsweg nicht eröffnet, da verfassungsrechtliche Streitigkeit: OVG B-Bdb, NVwZ, 2023, 1928, m. Anm. v. *Hüther/Lepej.*

313 BVerfGE 1, 299, 310; E137, 185 – Waffenexport.

314 BVerfGE 49, 89 – Schneller Brüter.

315 BVerfGE 68, 1 – Pershing.

316 BVerfGE 121, 135 – AWACS-Einsatz Türkei.

317 Dazu *Wiefelspütz* NVwZ 2005, 496; *Arndt* DÖV 2005, 908.

318 BVerfGE 124, 267 – Kosovo.

319 BVerfGE 129, 124/180; E130, 318/347; E132, 135 Rn. 110; E135, 107 Rn. 165.

Haushaltsrecht,[320] die Zustimmung zu Bund-Länder-Vereinbarungen über informationstechnische Systeme (Art. 91c II 2 GG). Gerade die letztgenannte auch in der Föderalismusreform II eingeführte Regelung erscheint technizistisch und verfassungsrechtlich entbehrlich, ist aber defacto anregend für die schleppende Digitalisierung der öffentlichen Verwaltung.

Ein wirkungsvolles Recht des Bundestages zur Kontrolle von Regierung und 355
Verwaltung und grundsätzlich auch der Gerichtsbarkeit ist das Recht, **Untersuchungsausschüsse** einrichten zu können. Art. 44 I GG unterscheidet zwei Arten der Einsetzung eines Untersuchungsausschusses: durch Mehrheitsbeschluss des Bundestages oder auf Antrag einer Minderheit. Wenn ein Viertel der gesetzlichen Mitgliederzahl des Bundestages die Einsetzung eines Untersuchungsausschusses zu einem hinreichend bestimmten Untersuchungsgegenstand beantragt, so muss der Bundestag diesem Antrag stattgeben (§ 2 PUAG),[321] es sei denn der Antrag verstößt hinsichtlich des Untersuchungsgegenstandes gegen die Vorgaben des Grundgesetzes und des PUAG, z. B. wegen Verstoßes gegen die bundesstaatliche Kompetenzverteilung, insbesondere zwischen Bundestag und Landesparlamenten.[322] Ein wirksames Minderheitsrecht kann der Untersuchungsausschuss u. a. nur sein, weil die Mehrheit den von der Minderheit beantragten hinreichend bestimmten Untersuchungsgegenstand nicht verändern darf.[323]

Im 18. Deutschen Bundestag hatten die Oppositionsfraktionen zusammen so 356
wenig Mandate, dass sie das Quorum für Minderheitenrechte wie in Art. 44 Abs. 1 Satz 1 GG nicht erreichten.[324] Eine Klage auf Herabsetzung der Quoren scheiterte. Das Bundesverfassungsgericht betonte zwar den Grundsatz einer effektiven Opposition, lehnte aber eine Pflicht zur Schaffung spezifischer Oppositionsrechte ab.[325] In der abschlägigen Entscheidung zur Herausgabe der NSA-Sektorenliste an den NSA-Untersuchungsausschuss hat das Bundesverfassungsgericht seine Position bestätigt.[326]

Die Beweiserhebung des Untersuchungsausschusses (§ 17 PUAG) ist per defi- 357
nitio-nem auf die Feststellung von Tatsachen beschränkt. Aufgrund der so festge-

---

320 DVBl., 2024, 233; dazu *Korioth*, JZ, 2024, 43; *Henneke*, DVBl., 2024, 197; *Meyer*, DÖV, 2024, 91.

321 Dazu *Wiefelspütz* Das Untersuchungsausschussgesetz, 2003, S. 180; *Waldhoff/Gärditz* PUAG Kommentar 2005.

322 Dazu kontrovers *Glauben*, DVBl., 2023, 1443; *Kloepfer/Krude*, DÖV, 2023, 781; *v. Achenbach*, DÖV, 2024, 169.

323 BVerfGE 49, 70; zum atypischen Fall eines Untersuchungsausschusses zum Verhalten einer Oppositionsfraktion RhPf VerfGH, NVwZ 2011, 115; dazu *Sachs*, JuS, 2011, 379.

324 Dazu *Hölscheidt* ZG 2015, 246; *Ingold* ZRP 2016, 143.

325 NVwZ 2016, 122; dazu *Sachs* JuS. 2016, 764; s.a. Nds. StGH, DVBl. 2017, 432.

326 NVwZ 2017, 137; *Wolff* ZG 2016, 361; krit. *Möllers* JZ 2017, 271

stellten (Art. 44 II GG) Tatsachen ist der Ausschuss berechtigt, politische Bewertungen und Empfehlungen an Regierung und Bundestag auszusprechen.

358 Das Recht auf Aktenvorlage durch die dem Bundestag verantwortliche Bundesregierung ist integraler Bestandteil des parlamentarischen Kontrollrechts. Es erstreckt sich auf die Tatsachen, die mit dem Kontrollauftrag des Untersuchungsausschusses, wie ihn der Bundestag formuliert hat, in sachlichem Zusammenhang stehen. Das gemäß Art. 44 II 1 GG i.V.m. § 96 StPO, § 30 AO zu beachtende Wohl des Bundes oder eines Landes ist im parlamentarischen Regierungssystem des Grundgesetzes nicht der Bundesregierung allein, sondern Bundestag und Bundesregierung gemeinsam anvertraut. Die Berufung auf das Wohl des Bundes kann in aller Regel dann nicht in Betracht kommen, wenn beiderseits wirksame Vorkehrungen gegen das Bekanntwerden von Dienstgeheimnissen getroffen werden. Dies hat der Bundestag mit der Geheimschutzordnung des Bundestages (§ 15 II 1 PUAG) getan. Die §§ 14 bis 16 PUAG treffen weitere Regelungen zum Schutz staatlicher Geheimnisse.[327]

> „Nur unter ganz besonderen Umständen können sich Gründe finden lassen, dem Untersuchungsausschuß Akten unter Berufung auf das Wohl des Bundes oder eines Landes vorzuenthalten. Solche Gründe können sich insbesondere aus dem Gewaltenteilungsgrundsatz ergeben. Die Verantwortung der Regierung gegenüber Parlament und Volk setzt notwendigerweise einen Kernbereich exekutivischer Eigenverantwortung voraus, der einen auch von parlamentarischen Untersuchungsausschüssen nicht ausforschbaren Initiativ-, Beratungs- und Handlungsbereich einschließt."[328]

359 Im Fall des Untersuchungsausschusses Flick, bei dem es um die Herausgabe von Steuerakten zu einer steuerneutralen Wiederanlage eines großen industriellen Veräußerungsgewinnes ging, hat das Bundesverfassungsgericht besondere Umstände verneint. Die Bedeutung des parlamentarischen Kontrollrechts gestattet i. d. R. keine Verkürzung des Aktenherausgabeanspruchs zugunsten des allgemeinen Persönlichkeitsrechts und des Eigentumsschutzes, wenn erstens Parlament und Regierung Vorkehrungen für den Geheimnisschutz getroffen haben, die das ungestörte Zusammenwirken beider Verfassungsorgane auf diesem Gebiet gewährleisten, und wenn zweitens der Grundsatz der Verhältnismäßigkeit gewahrt ist. Soweit der Untersuchungsausschuss gegenüber Privaten hoheitliche Gewalt ausübt, ist er an die Grundrechte gebunden[329].

---

327 Dazu BVerfG, NVwZ 2009, 1353, Rn. 131 – BND-Ausschuss.

328 BVerfGE 67, 100 – Flick; 77, 1 – Neue Heimat.

329 BVerfGE 76, 363, 391; EuGH, NVwZ, 2024, 407 – Datenschutz; *Glauben*, DVBl. ,2006, 1263 – Rechtsschutz Privater.

Zum **Kernbereich der exekutivischen Eigenverantwortung** gehören z. B. die laufende Willensbildung der Regierung, nicht aber generell alle abgeschlossenen Beratungen auf Regierungsebene[330]. Allerdings soll auch die Begründung der Entscheidung der Bundesregierung über den Export von Rüstungsgütern gemäß Art. 26 Abs. 2 GG nur beschränkt parlamentarisch überprüfbar sein.[331] 360

Landesrecht, z. B. Art. 56 III BbgVerf kann Abgeordneten als weitere Kontrollrechte ein Zugangsrecht zu Landesbehörden einschließlich eines Auskunfts- und Aktenvorlagerechts einräumen. Eine besondere grundrechtsbezogene Beschränkung des Untersuchungsrechts folgt aus Art. 44 II 2 GG. Einem Untersuchungsausschuss ist der unmittelbare Eingriff in die Grundrechte des Art. 10 GG, insbesondere nach den §§ 99 ff. StPO, entzogen. Dem Ausschuss ist aber nicht prinzipiell jeglicher Zugriff auf Akten schon dann verwehrt, wenn sich in den Akten Ergebnisse vorangegangener Eingriffe in ein Grundrecht aus Art. 10 GG befinden.[332]

Von den Untersuchungsausschüssen des Art. 44 GG sind zu unterscheiden die **(Fach-) Ausschüsse des Bundestages,** die insbesondere im Gesetzgebungsverfahren der Vorbereitung der Verhandlungen des Bundestages dienen. Sie leisten den überwiegenden Teil der parlamentarischen Arbeit. Für sie gilt das nach einem früheren Bundestagspräsidenten benannte „Struck'sche Gesetz", demzufolge kein in den Bundestag eingebrachter Gesetzesentwurf das Parlament unverändert verlässt. Das parlamentarische Zitierrecht (Art. 43 I GG) und das Zutritts- und Anhörungsrecht der Mitglieder des Bundesrates und der Bundesregierung (Art. 43 II GG) gilt für beide Ausschussarten. 361

Die in Ausübung der Geschäftsordnungsautonomie des Bundestages (Art. 40 I 2 GG) vorwiegend in der Geschäftsordnung des Bundestages (§§ 54–74) geregelten Ausschüsse gruppieren die Abgeordneten in erster Linie nach Sachkunde und damit häufig einhergehender persönlicher Interessiertheit, z. B. Beamte – Innenausschuss, Gewerkschaftsangehörige – Arbeits- und Sozialausschuss, Rechtsanwälte – Rechtsausschuss. Die Sachkunde der Ausschussmitglieder gewährleistet zugleich eine wirksame Kontrolltätigkeit. Bei der Entscheidung über die Größe von Ausschüssen sind Arbeitsfähigkeit und repräsentative Zusammensetzung miteinander in Einklang zu bringen. Es gilt der Grundsatz der Spiegelbildlichkeit.[333] Die Aus- 362

330 StGH Bremen, DVBl. 1989, 453 – Senatsprotokolle; BbgVerfG, NVwZ 1998, 209 – Prüfberichtsentwürfe des Rechnungshofs; BayVerfGHE 38, 165, 175 ; *Baer,* Der Staat 2001, 525.

331 BVerfGE 137, 185; s.a. Rn. 348.

332 BVerfG, NVwZ 2009, 1353.

333 BVerfGE 84, 304; BayVerfGH, NVwZ-RR 2010, 209; *Huber* BayVBl. 2010, 289; *Steinbach* DÖV 2016, 286.

schüsse wählen nicht, sondern bestimmen ihre Vorsitzenden und deren Stellvertreter nach den Vereinbarungen im Ältestenrat des Bundestages (§ 58 GOBT).[334]

363 Besondere Kontrollfunktion haben der Petitionsausschuss (Art. 45c GG) und der Verteidigungsausschuss (Art. 45a II GG). Beide sind wie der Ausschuss für Angelegenheiten der Europäischen Union (Art. 45 GG) und der für auswärtige Angelegenheiten (Art. 45a I GG) obligatorische Ausschüsse (Pflichtausschüsse). Das Budgetrecht des Parlaments unterstreichen besondere Zustimmungsrechte des für den Haushaltsvollzug überaus wichtigen Haushaltsausschusses (§ 95, 96 GO-BT), der z. B. auch gem. Art. 43 I GG Minister in einer Haushaltsangelegenheit zitieren kann.

364 Neben den Fachausschüssen können z. B. für größere Gesetzesvorhaben **Sonderausschüsse** gebildet werden, wie z. B. der Strafrechtsreformausschuss (§ 54 I 2 GO-BT). Keine Ausschüsse i. S. v. Art. 43 GG sind der als „Notparlament" im Verteidigungsfall fungierende Gemeinsame Ausschuss (Art. 53a GG, 115e GG), der im Gesetzgebungsverfahren tätige, von Bundestag und Bundesrat paritätisch beschickte Vermittlungsausschuss (Art. 77 II 1 GG), der durch die Föderalismusreform II in Art. 109a GG eingefügte Stabilitätsrat und die aus Abgeordneten sowie externen Experten zusammengesetzten **Enquetekommissionen** (Art. 56 GO-BT), z. B. Gentechnologie oder Ausbau erneuerbarer Energien. Der Hauptausschuss ersetzt nach einer Bundestagswahl bis zur Regierungsbildung die Fachausschüsse die sich am Ressortzuschnitt orientieren.

365 Als autonomes Oberstes Staatsorgan regelt der Bundestag seine inneren Angelegenheiten selbst. Er unterliegt keiner Aufsicht und ist an keinerlei Weisungen gebunden. Demgemäß regelt der Bundestag in Ausübung seiner **Geschäftsordnungsautonomie** seine Organisation und sein Verfahren durch eine Geschäftsordnung (Art. 40 I 2 GG). Sie wird nach traditioneller Ansicht als autonome Satzung, nach neuerer Ansicht als „parlamentarische Innenrechtsnorm" klassifiziert.[335] Die Geschäftsordnungsautonomie schützt nicht nur das Parlament vor Pressionen der Regierung, sondern vor allem auch die Minderheit vor der Mehrheit.[336] Art. 40 II GG ergänzt die Parlamentsautonomie durch Bestimmungen über das Hausrecht und die Polizeigewalt [337]des **Bundestagspräsidenten** (Art. 40 I 1 GG) und das Verbot ungenehmigter Durchsuchungen und Beschlagnahmen.

---

334 Hölscheidt, DVBl, 2024, 741; zur Abberufung eines Vorsitzenden aber BVerfGE 154, 1 u. NJW 2024, 3355 m. Anm. v. *Sangi*; Glauben DVBL 2024, 1481; BVerfGE 60, 368 – Nichtwahl eines Vizepräsidenten; zur s.a. *Amthor*, NVwZ, 2024, 125; *Schmidt*, DÖV, 2024, 481.

335 Dazu *P. Cancic* in: Morlok/Schliesky/Wiefelspütz (Hrsg.), S. 368 ff.

336 Dazu mit unterschiedlichen Folgerungen BVerfGE 70, 324 und Sondervoten BVerfGE 70, 366, 372.

337 Dazu BayVerfGH BayVwBl 2024, 668; *Risse*, JöR, 2023, 57; *Detterbeck* in: GS Sachs, 2024, 121 → Rn. 309.

Weiterführend:
Bräcklein Investigativer Parlamentarismus, 2006; *Klein* Aufgaben des Bundestages, in: HStR III, 3. Aufl., 2005, § 50; *Glauben/Bröcker* Das Recht der parlamentarischen Untersuchungsausschüsse in Bund und Ländern, 4. Aufl., 2024; *Hilf/Kämpfer/Schwerdtfeger*, PUAG, 2024; *Link* Entstehung und Fortbildung des Enquête- und Untersuchungsrechts in Deutschland, 2015; *Masing* Parlamentarische Untersuchungen privater Sachverhalte, 1998; *Morlok/Schliesky/Wiefelspütz* (Hrsg.) Parlamentsrecht, 5. Abschnitt: Ausschüsse, Kommissionen, Gremien, §§ 23–32; Schwerdtfeger, Parlamentarische Ordnungsgewalt in der Rechtsprechung, DVBl 2020, 933; *Zeh* HStR III, 3. Aufl., 2005, § 5 – Gliederung und Organe des Bundestages, § 53 – Parlamentarisches Verfahren; *Schmahl*, Reform des Wahl- und Parlamentsrechts des Bundes, ZG, 2023, 223; *F. Lücke*, Nicht kodifizierte Regeln im Deutschen Bundestag, 2024.

b) Funktionen, Bildung und Organisation der Bundesregierung

Die vorstehenden Bemerkungen zum Bundestag und die folgenden zur Bundesregierung müssen vor dem Hintergrund gesehen werden, dass das Grundgesetz die Gestaltung des politischen Prozesses nicht akribisch durch abschließende Kompetenzzuweisungen festschreibt. Die politische Staatsleitung obliegt Bundestag und Bundesregierung gemeinsam „zur gesamten Hand". Ob und in welchem Maße das eine oder das andere Staatsorgan die einflussreichere richtungweisende Kraft wird, ist dem politischen Kräftespiel überlassen, hängt ab von Mehrheitsverhältnissen und Persönlichkeiten, ist rechtlich im Einzelnen nur beschränkt etwa durch die Formel vom Kernbereich exekutivischer Eigenverantwortung steuerbar. So sind das Verhältnis von Bundesregierung, Bundestagsmehrheit und Opposition zueinander und die jeweiligen internen Konstellationen bei einer großen Koalition anders als bei einer absoluten Mehrheit einer Partei oder bei Zwei- oder Drei-Parteien-Koalitionen. Bei einer absoluten Mehrheit einer Partei kann eine starke Fraktionsführung die Legislativ-, aber auch die Kontrollfunktion des Parlaments ungleich wirkungsvoller ausfüllen als die Opposition. Eine breite Parlamentsmehrheit stärkt regelmäßig die Regierung, da Abweichler weniger ins Gewicht fallen. Andererseits kann eine knappe Mehrheit sehr disziplinierend wirken. Zusätzlich kompliziert wird die Lage durch die Mitwirkungsrechte des Bundesrates und dessen Mehrheitsverhältnisse, die wegen der zahlreichen Koalitionsmöglichkeiten in den Ländern, sehr variantenreich sind. 366

Die staatsleitende Funktion der Bundesregierung[338] verdeutlicht Art. 76 I GG. Neben dem Bundestag hat auch die Bundesregierung das Gesetzesinitiativrecht. Weitere wesentliche **Funktionen** der Regierung sind die Kompetenzen zu planendem und prozesssteuerndem Handeln durch mehrjährige Finanzplanung, die das Budgetrecht des Bundestages einschränkenden Rechte bei Ausgabenerhöhungen (Art. 113 GG), die Gestaltung der auswärtigen Beziehungen (Art. 59 II GG), das 367

338 *Voßkuhle/Schemmel*, JuS 2020, 736.

Rederecht in Bundestag[339] und Bundesrat und deren Ausschüssen (Art. 43 II, 53 GG), die Rechtsetzungsbefugnisse nach Art. 80 I GG, die die bundeseigene Verwaltung ausgestaltende Organisationsgewalt (Art. 86 GG) und die gegenüber den Landesverwaltungen wirksamen Direktions- und Aufsichtsbefugnisse (Art. 84 II, V, 85 II, III, 108 III, VII GG).

368 Unmittelbar parlamentarisch abhängig ist nur der Bundeskanzler (Art. 63, 67 GG). Die Minister werden auf Vorschlag des Bundeskanzlers vom Bundespräsidenten ernannt und entlassen (Art. 64 I GG). Das Amt der Minister endet stets mit dem des Bundeskanzlers (Art. 69 II GG). Ein Misstrauensvotum „mit Abgangspflicht" gegenüber einem Minister kennt das Grundgesetz nicht. Die „Kanzlermehrheit" des Art. 63 I GG soll Minderheitsregierungen vermeiden. Die geheime **Wahl des Bundeskanzlers** (§ 4 GOBT) findet zum Schutz der Autorität des vorschlagenden Bundespräsidenten, aber wohl auch des Kandidaten ebenso wie gem. Art. 54 I 1 GG ohne Aussprache statt. Zuvor werden außerhalb des Parlaments Koalitionsverhandlungen zwischen Parteien und Fraktionen geführt, die in der Regel in Koalitionsvereinbarungen münden. Nach einem erfolglosen ersten Wahlgang geht das Initiativrecht vom Bundespräsidenten (Art. 63 I GG) auf den Bundestag über (Art. 63 III GG). Erzielt der Gewählte im dritten Wahlgang nur die einfache Mehrheit, so kann der Bundespräsident nach eigenem Ermessen entweder den so Gewählten zum Bundeskanzler einer Minderheitsregierung ernennen oder den Bundestag auflösen (Art. 63 IV 3 GG). In diesem Krisenfall und dem des Art. 81 GG (Gesetzgebungsnotstand) wächst dem Bundespräsidenten die ausschlaggebende politische Rolle zu.[340]

369 Die **innere Organisation** und Arbeitsweise der Bundesregierung regelt Art. 65 GG:

- Richtlinienkompetenz des Kanzlers, S. 1 – **Kanzlerprinzip**
- Ressortverantwortung jedes einzelnen Ministers, S. 2 – **Ressortprinzip**
- Kollegialentscheidung bei Meinungsverschiedenheiten, S. 3 – **Kabinettsprinzip.**

370 Unter die **Richtlinienkompetenz** fallen politische Leitentscheidungen der inneren und äußeren Politik (§ 1 S. 1 GOBReg), die typischerweise als Rahmenentscheidungen ergehen wie die Festlegung der Ressorts nach Zahl und Geschäftsbereich – durch sog. Organisationerlasse des Bundeskanzlers. Unter die Richtlinienkompetenz fallen auch politisch bedeutungsvolle Einzelentscheidungen wie die Nichtentlassung eines Ministers trotz gegenteiligen Parlamentsbeschlusses oder die historische Aufnahme diplomatischer Beziehungen mit Israel im Jahre 1965.

339 Dazu *Queng* JuS 1998, 610.

340 → Dazu *De Petris*, FS Morlock 2019, S. 521, 354 a.

Koalitionsvereinbarungen können politisch, nicht aber rechtlich verbindlich die durch Art. 65 S. 1 GG abgesicherte Richtlinienkompetenz des Kanzlers einschränken. Koalitionsvereinbarungen sind keine einklagbaren verfassungsrechtlichen Verträge, sondern bloße politische Absprachen.[341]

Eine Klage eines Koalitionspartners gegen den Bundeskanzler auf Erfüllung des Koalitionsvertrages vor dem Bundesverfassungsgericht wäre mangels Aufzählung im Katalog des Art. 93 GG – Enumerationsprinzip – unzulässig; der (materiell) verfassungsrechtlichen Streitigkeit ist auch der Verwaltungsrechtsweg verschlossen (§ 40 I 1 VwGO – „nichtverfassungsrechtlicher Art"). Die den Grundrechtsteil abschließende Rechtsweggarantie des Art. 19 IV GG berechtigt nur Bürger, nicht aber Verfassungsorgane.

Politisch, nicht rechtlich begründet ist eine mögliche Führungskonkurrenz zwischen Kanzler und Kabinett. Die Richtlinienkompetenz des Kanzlers[342] bindet Kabinett, Ressortminister – auch soweit sie die Sonderrechte innehaben, den Finanzminister (Art. 112 GG, § 26 I GOBReg), den Verteidigungsminister (Art. 65a GG), den Innen- und den Justizminister (§ 26 II GOBReg), nicht aber den Bundestag. Trotz dieser Sonderrechte kann der Bundeskanzler auch diese Minister zur Entlassung vorschlagen (Art. 64 I GG). Das Zugriffsrecht des Bundestags in allen politischen Fragen wird nur durch den engen Kernbereich exekutivischer Eigenverantwortung begrenzt. Die Richtlinienkompetenz gibt dem Bundeskanzler kein „Durchgriffsrecht" auf die den Ministern nachgeordneten Ressortbediensteten. 371

Das **Kollegialprinzip** (Art. 65 S. 3 GG) gilt für die Entscheidung von Meinungsverschiedenheiten innerhalb der Bundesregierung, namentlich zwischen Ministern (Art. 65 S. 3 GG), die Einbringung von Bundesgesetzen (Art. 76 I GG), den Erlass bestimmter Rechtsverordnungen (Art. 80 I GG) und Verwaltungsvorschriften (Art. 84 II, 85 II, 86 S. 1 GG). Es tritt dabei allerdings in Konkurrenz zur Richtlinienkompetenz des Bundeskanzlers, die durch effektive Steuerung des Bundeskanzleramtes gestärkt wird, insbesondere vermittels der mit den einzelnen Ressorts korrelierenden Spiegelreferate.[343] Politisch wird das Kollegialprinzip insbesondere durch Koalitionsvereinbarungen aufgewertet. 372

c) Beendigung der Amtsdauer der Bundesregierung und Auflösung des Bundestages

In jedem Fall endet das Amt der Bundesregierung mit dem Zusammentritt eines neuen Bundestages (Art. 69 II GG). Im Normalfall geschieht dies nach Neuwahlen 373

341 Str., s. *Kloepfer*, Verfassungsrecht I, § 18, Rn. 89; m.w.N.; s.a. *Miller* Der Koalitionsausschuss, 2011.

342 Dazu eher unpolitisch Lennartz, Kanzlerdemokratie, 2023 S. 161 ff.

343 *Busse/Hofmann*, Bundeskanzleramt und Bundesregierung, 8. Aufl., 2022.

wegen Ablaufs der vierjährigen Legislaturperiode (Art. 39 I GG). Bis zur Ernennung seines Nachfolgers ist der Bundeskanzler auf Ersuchen des Bundespräsidenten verpflichtet, nach dem Zusammentritt eines neuen Bundestages eine **geschäftsführende Regierung** weiterzuführen.[344]

374 In der Weimarer Republik sind zahlreiche Koalitionsregierungen zerfallen. Neue Regierungsmehrheiten kamen in den 1930er Jahren im Reichstag vor der Machtergreifung Hitlers nicht mehr zustande. Eingedenk dieser Erfahrung soll das **konstruktive Misstrauensvotum** des Art. 67 I 1 GG die Bildung von **Minderheitsregierungen**[345] verhindern. Der Bundestag kann die bestehende Regierung nur dadurch stürzen, dass die Mehrheit seiner Mitglieder einen neuen Bundeskanzler wählt.

375 Im Grundgesetz nicht ausdrücklich geregelt, aber in Art. 69 II und III GG vorausgesetzt ist als weitere Möglichkeit die, dass der Bundeskanzler und damit gem. Art. 69 II Hs. 2 GG die ganze Regierung zurücktritt, so 1963 (Adenauer), 1966 (Erhard) und 1974 (Brandt). Der Bundestag hat dann die Möglichkeit, im Verfahren nach Art. 63 GG einen neuen Bundeskanzler zu wählen. Gelingt dies nur mit einfacher Mehrheit, entscheidet der Bundespräsident nach Art. 63 IV 3 GG (→ Rn. 137).

376 Wenn dem Bundestag kein konstruktives Misstrauensvotum gelingt und der Bundeskanzler trotz fehlender parlamentarischer Mehrheit nicht zurücktritt, eröffnet Art. 68 GG über die **Vertrauensfrage** des Bundeskanzlers den Weg zu **vorzeitigen Neuwahlen.** Mangels Vertrauens des neuen Bundestages kann einer geschäftsführenden Regierung (Art. 69 III GG) gem. Art. 67 I 1 GG weder das Misstrauen ausgesprochen werden, noch kann der Geschäftsführende Bundeskanzler gem. Art. 69 GG die Vertrauensfrage stellen.

377 Die Vertrauensfrage nach Art. 68 GG ist als Instrument konzipiert, mit dem der Bundeskanzler feststellen kann, ob er noch eine regierungsfähige absolute, Mehrheit im Parlament hat. Sie kann zugleich der Disziplinierung der Abgeordneten dienen, die eine vorzeitige Auflösung des Bundestags fürchten. Von der **„echten Vertrauensfrage"** ist die **„unechte** auflösungsgerichtete **Vertrauensfrage"** zu unterscheiden, mit der der Bundeskanzler vorzeitige Neuwahlen herbeiführen will. Stellt der Bundeskanzler – auch in Verbindung mit einer Gesetzesvorlage oder einem Sachantrag – die Vertrauensfrage und verweigert der Bundestag mit der Mehrheit seiner Mitglieder (Kanzlermehrheit) dem Bundeskanzler das Vertrauen, so kann der Bundeskanzler dem Bundespräsidenten vorschlagen, den Bundestag aufzulösen.

---

344 Dazu *Brinktrine*, in Sachs, Art. 69 Rn. 26–40; *Schemmel* NVwZ 2018, 105.
345 Dazu *Finkelnburg* Die Minderheitsregierung im deutschen Staatsrecht, 1982; *Puhl* Die Minderheitsregierung nach dem Grundgesetz, 1986; *Krings* ZRP 2018, 3.

Statt dieser ersten Möglichkeit kann der Bundeskanzler auch ohne parlamentarische Mehrheit, also als Minderheitsregierung, weiterregieren – zweite Möglichkeit oder als dritte Möglichkeit zurücktreten[346] und damit die Möglichkeit der Wahl eines Nachfolgers nach Art. 63 GG eröffnen. 378

Beantragt der Bundeskanzler nach negativem Vertrauensvotum gem. Art. 68 I 1 GG beim Bundespräsidenten, den Bundestag binnen 21 Tagen aufzulösen, so liegt es im politischen Ermessen des Bundespräsidenten, ob er dem Antrag stattgibt. Anders als die Parlamente der Länder, z. B. Art. 43 I 1 BV, hat der Bundestag nicht das Recht, sich selbst aufzulösen. Er kann nur die Voraussetzung für das Auflösungsrecht des Bundespräsidenten durch die Wahl eines neuen Bundeskanzlers mit Kanzlermehrheit beseitigen (Art. 68 I 2 GG). 379

Art. 68 I 1 GG weist dem Bundespräsidenten wie in der Krisensituation des Art. 63 IV 3 GG erneut eine Schlüsselrolle zu. Er kann nach pflichtgemäßem Ermessen den Bundestag auflösen. 380

Die verfahrensmäßigen Voraussetzungen sind: 381
- Vertrauensfrage des Bundeskanzlers,
- Verweigerung durch den Bundestag,
- Auflösungsantrag des Bundeskanzlers,
- Einhaltung der 21-Tage-Frist und
- Nichterlöschen des Auflösungsrechtes nach Art. 68 I 2 GG.

Nach dem Koalitions- und Regierungswechsel der FDP im Jahre 1982 war umstritten, ob Art. 68 I GG als weiteres Tatbestandsmerkmal eine materielle Auflösungslage voraussetze. Ob also wie bei einem Minderheitskanzler die Auflösungsanordnung zwingend voraussetze, dass der Bundeskanzler die Vertrauensfrage mit dem Ziel stellt, hierfür die Zustimmung der Mehrheit der Mitglieder des Bundestages zu erhalten, um damit eine Regierungskrise abzuwenden[347] oder ob eine von Bundeskanzler und Bundestag „konzertiert" betriebene „unechte Vertrauensfrage" das Selbstauflösungsverbot des Grundgesetzes umgehe und daher verfassungswidrig sei. 382

Da das Grundgesetz kein freies Auflösungsrecht vorsieht, legte das Bundesverfassungsgericht Art. 68 GG dahin aus[348], dass ein Bundeskanzler, der zweifelsfrei eine ausreichende Mehrheit im Parlament habe, sich nicht zum ihm geeignet erscheinenden Zeitpunkt die Vertrauensfrage stellen dürfe, um sie sich negativ beantworten zu lassen, mit dem Ziel, die Auflösung des Bundestages zu betreiben. Das 383

346 Zur Amtsausstattung eines ehemaligen Bundeskanzlers: OVG BB, U. v. 6.6.2024, 10 B34/23; VG Berlin, NVwZ, 2023, 1107, m. Anm. v. *Ipsen*; ders., RuP 2023, 381; *Waldhoff*, JuS, 2023, 988.

347 So *Schenke* NJW 1983, 150.

348 BVerfGE, 62, 43 – Sondervoten 70, 108.

Gericht fügte ein ungeschriebenes Tatbestandsmerkmal hinzu: „Die politischen Kräfteverhältnisse im Bundestag müssen" die „Handlungsfähigkeit" des Bundeskanzlers „so beeinträchtigen oder lähmen, daß er eine vom stetigen Vertrauen der Mehrheit getragene Politik nicht sinnvoll zu verfolgen vermag." – **„instabile Lage"**. Ob eine solche Situation gegeben ist, habe zunächst der Bundeskanzler zu beurteilen. Der Bundespräsident habe bei seiner Entscheidung „die Einschätzungs- und Beurteilungskompetenz des Bundeskanzlers zu beachten, wenn nicht eine andere die Auflösung verwehrende Einschätzung der politischen Lage der Einschätzung des Bundeskanzlers eindeutig vorzuziehen ist". Indem das Bundesverfassungsgericht den obersten Verfassungsorganen Bundeskanzler und Bundespräsident im Zusammenspiel mit dem Bundestag Einschätzungs- und Beurteilungsspielräumen bzw. Ermessen bei ihren politischen Leitentscheidungen einräumte, nahm es die Gerichtskontrolle auf eine Evidenzkontrolle zurück.

384 Exakt nach dem vom Bundesverfassungsgericht „geschriebenen Drehbuch" betrieb im Jahre 2005 der damalige Bundeskanzler Schröder die erneute vorzeitige Bundestagsauflösung vermittels einer „auflösungsgerichteten Vertrauensfrage". Nachdem der Bundespräsident dem Antrag des Bundeskanzlers nach Art. 68 I 1 GG gefolgt war, billigte das Bundesverfassungsgericht mehrheitlich erneut dieses Vorgehen, allerdings leicht modifiziert durch den Austausch des ungeschriebenen Tatbestandsmerkmals „instabile Lage" durch das „weichere" Tatbestandsmerkmal **„Gefahr der Handlungsunfähigkeit der Regierung"**.[349]

385 Die Gemeinsame Verfassungskommission von Bundestag und Bundesrat hatte sich zuvor nicht auf ein erweitertes Selbstauflösungsrecht einigen können.[350]

Weiterführend:
Detterbeck HStR III, 3. Aufl., 2005, § 66 – Innere Ordnung der Bundesregierung; *Grzeszick/Limanowski* Nachamtliche Berufsverbote für Politiker, DÖV 2016, 313; *Mehde* Die Ministerverantwortlichkeit nach dem Grundgesetz, DVBl. 2001, S. 13; *Meinel*, Selbstorganisation des parlamentarischen Regierungssystems, 2019; *Menzenbach* Die Parlamentarischen, 2015 (Staatssekretäre); *Schröder* in: HStR III, 3. Aufl., 2005, § 64 – Aufgaben der Bundesregierung, § 65 – Bildung, Bestand und parlamentarische Verantwortung der Bundesregierung; *C. Schönberger*, Auf der Bank – Die Inszenierung der Regierung im Staatstheater des Parlaments, 2022; *Kersten* in: Herdegen/Masing/Poscher/Gärditz, HVerfR, 2021, § 11 – Parlamentarisches Regierungssystem; *Pilniok*, Parlamentarisches Regieren, 2024.

349 BVerfGE 114, 121, Sondervotum *Lübbe-Wolff* S. 182, 195; *Pestalozza* NJW 2005, 2817.
350 Krit. *Kloepfer* Verfassungsänderung statt Verfassungsreform, S. 90.

§ 4 Bundesstaat

I. Problemaufriss

Bei der Behandlung der verfassungsrechtlichen Grundentscheidungen haben wir bereits festgestellt, dass Art. 20 I GG als Staatsform auch den Bundesstaat festlegt. 386

Angesichts des verbreiteten Unmuts über das zersplitterte Schulwesen, die Kosten für die aus Steuergeldern zu unterhaltenden 16 Landesparlamente und 16 Landesregierungen oder der berechtigten Kritik daran, dass das Coronamanagement unter der mangelhaften Digitalisierung der verschiedenen Bundes-, Landes- und Kommunalverwaltungen gelitten hat,[1] wird der Föderalismus in Deutschland eher skeptisch bewertet. Das Grundgesetz hingegen misst dem föderativen Aufbau der Bundesrepublik höchsten Rang zu, indem es das **Bundesstaatsprinzip** durch die „Ewigkeitsgarantie" des Art. 79 III GG schützt. 387

In der deutschen Geschichte ist das Bundesstaatsprinzip seit dem Mittelalter prägend. Das Deutsche Reich von 1871 war ein Fürstenbund. Auch die Weimarer Republik war als Bundesstaat konzipiert, wenn auch als unitarischer. Die Nationalsozialisten unterbrachen 1934 diesen Zustand durch das zentralistische Gesetz über den Neuaufbau der Länder des Reiches. Im besetzten Deutschland bestanden die Länder vor dem Bund. Die Landtage der (alten) Länder nahmen das Grundgesetz mehrheitlich an, das die von den Landtagen entsandten Mitglieder des Parlamentarischen Rates entworfen hatten. 388

In den Frankfurter Dokumenten und während der Beratungen des Parlamentarischen Rates haben die Westalliierten nachhaltig den Aufbau einer föderalen Republik verfochten. Ebenso wie Bayern, dessen Landtag wegen nicht hinreichender Verwirklichung des föderativen Prinzips die Annahme des Grundgesetzes ablehnte, aber die Pflicht zum Bundesbeitritt anerkannte und erfüllte. 389

Im Abschnitt über die deutsche Teilung und Wiedervereinigung haben wir gesehen, dass mit dem Beitritt der DDR zur Bundesrepublik Deutschland die Länder Brandenburg, Mecklenburg-Vorpommern, Sachsen, Sachsen-Anhalt und Thüringen Länder der Bundesrepublik Deutschland geworden sind. Ihre Rekonstruktion durch das von der Volkskammer der DDR verabschiedete Länder-Einführungsgesetz vom 22.7.1990[2] war eine wichtige staatsrechtliche Voraussetzung für die deutsche Einigung. 390

1 *Schwarz/Sairinger* NVwZ 2021, 265.
2 Gbl. I Nr. 51, S. 955.

https://doi.org/10.1515/9783111271309-007

391 Art. 5 EV intendierte die Aufwertung von Bundesrat und Ländern bei der weiteren Entwicklung der Europäischen Union, insbesondere durch Art. 23 und Art. 52 IIIa GG. Diese anlässlich der Zustimmung des Bundesrates zum Vertrag von Maastricht durchgesetzte Änderung des Grundgesetzes geht zurück auf eine verfassungsrechtliche und verfassungspolitische Diskussion in der alten Bundesrepublik. Sie bildete die Grundlage dafür, dass der in Bund und Länder gegliederte deutsche Bundesstaat an der „immer engeren Union der Völker Europas" (Art. 1 II EUV) mitwirkte.[3] Damit wird die deutsche Binnensicht verlassen und die **europäische Dimension des Föderalismus** eröffnet. Föderalismus wird verstanden als politisches Prinzip der Zuordnung selbständiger staatlicher Einheiten unter Anerkennung ihrer politischen und kulturellen Eigenarten.[4]

392 Ein **Bundesstaat** ist eine staatsrechtliche Vereinigung von Glied-Staaten zu einem Gesamt-Staat.

Gegenbegriffe sind der Staatenbund und der Einheitsstaat.

393 Ein **Staatenbund** ist eine völkerrechtliche Vereinigung von Staaten, die selbst keine Staatsqualität hat. Beim Einheitsstaat hingegen fehlt den innerstaatlichen Gliederungen – Selbstverwaltungskörperschaften, Gebietskörperschaften – die Staatsqualität, z. B. in den Niederlanden den Reichsprovinzen, in Polen den Wojewodschaften. Ein Staatenbund war z. B. der Deutsche Bund von 1815–1866, wiewohl in der damaligen rechtspolitischen Diskussion die Begriffe Staatenbund und Bundesstaat durchaus changierend verwendet wurden[5].

394 Die **Europäische Union** ist kein Staat[6] und damit auch kein Bundesstaat. Das Bundesverfassungsgericht bezeichnet die EU als **Staatenverbund**, ein durchaus umstrittener Begriff, der die Grenze zum Bundesstaat verdeutlichen soll.[7] Die Begriffsbildung soll den (auflösbaren) Verbund souveräner Staaten betonen, deren Verfassungsidentität wahren und die Übertragung von Hoheitsrechten begrenzen. Die Europäische Union ist kein bloßer Staatenbund. Art. 1 II EUV spricht von der Verwirklichung einer „immer engeren Union der Völker Europas". Die Finalität der EU ist nicht erst seit dem Brexit und durch die PSPP Entscheidung des Bundesverfassungsgerichts umstritten.[8]

---

3 Dazu *Vitzthum* AöR 1990, S. 281.

4 S. *Kimminich* in: HStR II, 3. Aufl. 2004, § 26 Rn. 1–5; *Jestaedt* HStR II, 3. Aufl., § 29 Rn. 9.

5 S. *Wadle* Der Staat, Beiheft 12, 1998, S. 137, 170.

6 BVerfGE 89, 155 – Maastricht; BVerfGE 123, 267, 348, NJW 2020, 1647 – PSPP.

7 Dazu mit weiterem Nachweis *Streinz* HStR X,3. Aufl., 2012, § 218 Rn. 47.

8 Dazu *Schorpkopf*, Die unentschiedene Macht, 2023; s.a. *Gollasch*, EuR, 2023, 433-Forderung des Europäischen Parlaments nach einem Verfassungskonvent; zur weiteren Debatte im EP: *Schiffauer*, EuGRZ, 2023, 549.

Der traditionsverhaftete Begriff des Staatenbundes ist zu unspezifisch für den dynamischen Prozess der Entwicklung der Europäischen Union. Die Aussagekraft der Begriffe „Staatenbund“ und „Staatenverbund“ lässt sich unter föderalistischen Aspekten zumindest in Frage stellen. So heißt es in den Federalist Papers, die die Grundlage legten für die bundesstaatliche Verfassung der USA: „Eine föderative Republik kann man einfach als einen ‚Verbund von Gemeinwesen‘ oder als eine Vereinigung von zwei oder mehreren Staaten zu einem Staat definieren“[9]. Auch die Verwendung des Begriffs „Verbund von Gemeinwesen“ hat nicht verhindert, dass angesichts der Entwicklung der USA in Großbritannien Föderalismus als zentralstaatlich geprägte, unitarische Bundesstaatlichkeit verstanden wird. Das hat dazu geführt, dass der Vertrag von Maastricht statt der ursprünglich vorgesehenen Europäischen Föderation die Europäische Union kreiert hat. 395

Gemäß Art. 23 GG wirkt die Bundesrepublik Deutschland mit bei der Entwicklung der Europäischen Union, die ausdrücklich auch föderalistischen Grundsätzen verpflichtet sein muss. Die Staatszielbestimmung des Art. 23 I 1 GG verpflichtet Bund und Länder an der Ausgestaltung des Föderalismus innerhalb der Europäischen Union mitzuwirken. Es steht also nicht im politischen Belieben der deutschen Verfassungsorgane, sich an der europäischen Integration zu beteiligen oder nicht[10] – „Grundsatz der Europarechtsfreundlichkeit“. Einen europäischen Bundesstaat schreibt Art. 23 I 1 GG nicht vor. Nach Ansicht des BVerfG sagt das von der Präambel und von Art. 23 I GG vorgeschriebene Integrationsziel nichts über den endgültigen Charakter der politischen Verfasstheit Europas. Das Gericht geht noch einen Schritt weiter: „Das Grundgesetz ermächtigt die für Deutschland handelnden Organe nicht, durch einen Eintritt in einen Bundesstaat das Selbstbestimmungsrecht des Deutschen Volkes in Gestalt der völkerrechtlichen Souveränität Deutschlands aufzugeben. Dieser Schritt ist wegen der mit ihm verbundenen unwiderruflichen Souveränitätsübertragung auf ein neues Legitimationssubjekt allein dem unmittelbar erklärten Willen des Deutschen Volkes vorbehalten.“[11] Aus diesem Vorbehalt zu Gunsten einer freien „Entscheidung des Deutschen Volkes“[12] wird z.T. wegen Art. 79 III GG gar geschlossen, das Grundgesetz verwehre einen Beitritt zu einem europäischen Bundesstaat.[13] 396

9 *Hamilton* in: Die „Federalist Papers“, 1993, S. 92.

10 So BVerfGE 123, 267, 346 f.

11 BVerfGE 123, 267, 347.

12 BVerfGE 123, 267, 343, 364.

13 So *Gärditz/Hillgruber* JZ 2009, 872, 874 f.; *Isensee* ZRP 2010, 33, 35; s.a. *Kirchhof* HStR, 1. Aufl., VII, 1992, § 183 Rn. 67; dagegen zu Recht *Frowein* DÖV 1998, 806; *Jestaedt* Der Staat 2009, 497; *Röper* DÖV 2010, 285; s.a. Rn. 44 f.

397 Zwingend ist dieses auf einer extensiven Auslegung von Art. 79 III, 146 GG beruhende Bundesstaatsverbot[14] nicht. In der alten Bundesrepublik war der Beitritt zu einem europäischen Bundesstaat erklärter Konsens der maßgeblichen Parteien. Nach dem Fall des Eisernen Vorhangs sind elf ehemals zum Warschauer Pakt gehörende Staaten der EU beigetreten. Deren Bevölkerung ist stolz auf ihren nationalen Freiheitskampf, macht aber Interessenlage und Selbstverständnis der zur Zeit 27 Mitgliedstaaten komplexer. Wenn auch das umstrittene Eigenmittelbeschluss-Ratifizierungsgesetz[15] einen Schritt in Richtung Transfer- und Fiskalunion sein könnte, so dürfte doch die Frage eines europäischen Bundesstaates in absehbarer Zeit nicht zur Entscheidung anstehen.

398 Art. 23 veranschaulicht die Rolle von Bundestag und Bundesrat im Staatenverbund der EU. Weniger staatsbezogen als der Begriff Staatenverbund und stattdessen verfassungsbezogen ist der Zwillingsbegriff des **Verfassungsverbundes**[16], demzufolge das Grundgesetz zur Teilverfassung[17] der Gesamtverfassung des europäischen Mehrebenensystems wird.[18] Vor Erlass von Art. 23 GG n.F. wirkte die Bundesrepublik Deutschland gem. Art. 24 GG an der Entwicklung der EU mit. Die EU wurde daher korrekt aber aussageschwach auch als **zwischenstaatliche Einrichtung** i.S.v. Art. 24 I GG klassifiziert. Die Eigenart der EU unter den auf völkerrechtlicher Rechtsgrundlage basierenden internationalen Organisationen, z.B. UNO, NATO kennzeichnet die Klassifizierung als **supranational.** Dadurch soll verdeutlicht werden, dass die Befugnisse der EU gegenüber den Mitgliedstaaten, deren Behörden und ihren Bürgern auf den jeweiligen Bereichen weiter gehen als dies in anderen internationalen Organisationen der Fall ist. Das schlägt sich nicht zuletzt nieder in dem vom EuGH früh durchgesetzten Anwendungsvorrang des Unionsrechts gegenüber dem Recht der Mitgliedstaaten.[19] Der Begriff der Supranationalität verdeckt allerdings den alten zwischen Europarechtlern und Staatsrechtlern bestehenden Streit, ob das Europarecht abgelöstes oder abgeleitetes Recht ist[20].

---

14 *Schönberger* Der Staat 2009, 535.

15 S. BVerfG Beschluss v. 26.03.2021 – 2 BvR 547/21 – Anordnung zur Nichtausfertigung des Gesetzes.

16 Grundlegend *Pernice* VVDStRL 60, (2001), S. 148, 164; krit. *Herdegen*, ebenda, S. 355.

17 Dazu *F. Mayer/Heinig* VVDStRL 75, (2016), S. 8, 65.

18 Grundlegend *Pernice* VVDStRL 60 (2001), 148, 172 ff., krit. Badura ebd. S. 353.

19 S. *Oppermann/Classen/Nettesheim* Europarecht, 7. Aufl. 2016, § 9 Rn. 14 ff.; *Haratsch/Koenig/Pechstein* Europarecht, 13. Aufl,. 2023, Rn. 179 ff.

20 Dazu *Wahl* Der Staat 2009, 589, 591.

II. Föderalismus auf europäischer und staatlicher Ebene

1. Föderalismus auf europäischer Ebene

Soweit das Bundesverfassungsgericht [21] die Staatsqualität der EU wegen des fehlenden europäischen Staatsvolks verneint, verweist es auf das demokratische Prinzip. Ein weiterer Argumentationsstrang ist föderalistisch geprägt. 399

> „Die Bundesrepublik Deutschland ist somit auch nach dem Inkrafttreten des EU-Vertrags Mitglied in einem Staatenverbund, dessen Gemeinschaftsgewalt sich von den Mitgliedstaaten ableitet und im deutschen Hoheitsbereich nur kraft des deutschen Rechtsanwendungsbefehls verbindlich wirken kann. Deutschland ist einer der ‚Herren der Verträge', die ihre Gebundenheit an den ‚auf unbegrenzte Zeit' beschlossenen EU-Vertrag (Art. Q EUV) mit dem Willen zur langfristigen Mitgliedschaft begründet haben, diese Zugehörigkeit aber letztlich durch einen gegenläufigen Akt auch wieder aufheben könnten. Geltung und Anwendung von Europarecht in Deutschland hängen von dem Rechtsanwendungsbefehl des Zustimmungsgesetzes ab. Deutschland wahrt damit die Qualität eines souveränen Staates aus eigenem Recht den Status der souveränen Gleichheit mit anderen Staaten i.S. des Art. 2 Nr. 1 UN-Satzung."[22]

Das Urteil zum Lissabon-Vertrag führt die Verbindung von demokratischer und föderalistischer Argumentation fort. Zugleich baut das BVerfG seine schon im Maastricht-Urteil beanspruchte Schlüsselrolle zu Lasten des in seinen Gestaltungsrechten erheblich eingeengten demokratischen Gesetzgebers aus.[23] Das Maastricht-Urteil hatte bereit mit der Ultra-Vires-Doktrin die Kontrolle und gegebenenfalls die Kassation ausbrechender Hoheitsakte der EU beansprucht. In diesem Sinne heißt es in der Lissabon-Entscheidung: 400

> „Das Bundesverfassungsgericht prüft, ob Rechtsakte der europäischen Organe und Einrichtungen sich unter Wahrung des gemeinschafts- und unionsrechtlichen Subsidiaritätsprinzips (Art. 5 I 2 und III EUV) in den Grenzen der ihnen im Wege der begrenzten Einzelermächtigung eingeräumten Hoheitsrechte halten [...] Darüber hinaus prüft das Bundesverfassungsgericht, ob der unantastbare Kerngehalt der Verfassungsidentität des Grundgesetzes nach Art. 23 I 3 in Verbindung mit Art. 79 III GG gewahrt ist."[24]

Das Letztentscheidungsrecht über die Wahrung der nationalen Verfassungsidentität wird als „Integrationsresistenz des nationalen Verfassungsstaats" begrüßt,[25] 401

---

21 BVerfGE 89, 155; E123, 267/348 – Lissabon Vertrag; NJW 2020, 1647 – PSPP..

22 BVerfGE 89, 155, 190.

23 Eindringlich zum Demokratiedefizit der EU: *Lübbe-Wolff*, VVDStRL 60, 246, 248, 288.

24 BVerfGE 123, 267 – Leitsatz 4; insoweit auch BVerfG NJW 2020, 1647 – PSPP.

25 So *Isensee* ZRP 2010, 33, 35.

aber auch als „Ausrichtung der europäischen Integration am Leitmotiv der staatlichen Souveränität“ kritisiert.[26] In der *Honeywell*-Entscheidung[27] hat das BVerfG zumindest gegenüber dem EuGH die Ausübung seines Letztentscheidungsrechts verfahrensrechtlich und materiellrechtlich auf institutionell bedeutsame Veränderungen zu Lasten der Mitgliedsstaaten abgemildert. Im Vorabentscheidungsverfahren zum Ankauf von Staatsanleihen durch die Europäische Zentralbank (OMT) hat das Bundesverfassungsgericht seinen Kontrollvorbehalt zunächst betont,[28] nach der selbstbewussten Antwort des EuGH[29] in seiner abschließenden Entscheidung[30] aber das Verhalten der Europäischen Zentralbank unter Auflagen hingenommen. Inhaltlich entspricht diese Judikatur der flexiblen Linie, die das Bundesverfassungsgericht in der Bananenmarktentscheidung hinsichtlich der Grundrechtsgeltung gefunden hat.[31] Im PSPP Verfahren hat das Bundesverfassungsgericht dann aber ein deutliches Stopp-Signal gesetzt (→ Rn. 34a).

402 Der überragende Einfluss der EU im Wirtschafts-, Umwelt-, Agrar- und im Verbraucherschutzrecht darf nicht den Blick dafür verstellen, dass der Einfluss der EU auf die nationale Gesetzgebung, z. B. im Sozial-, Steuer- und Bildungsrecht bisher eher gering ist. Spezifisch föderalistisch geprägt und von großer praktischer Bedeutung ist die Abgrenzung der Kompetenzen von EU und Mitgliedstaaten nach dem **Prinzip der begrenzten Einzelermächtigung** (Art. 5 I, II EUV). Schon im Maastricht-Urteil hatte das BVerfG mit Hilfe des Prinzips der begrenzten Einzelermächtigung eine Vertragsabrundungskompetenz der EU verworfen.

403 Das Urteil zum Lissabon-Vertrag nimmt die Ausweitung der Kompetenzen der EU (Art. 3 ff. AEUV), die Reform ihrer Instrumente und Verfahren, insbesondere die drei Verfahrensarten, nach denen die Verträge geändert werden können (Art. 48 II–V EUV – ordentliches Verfahren, Art. 48 VI – vereinfachtes Verfahren und Art. 48 VII – Brückenverfahren) zum Anlass, die **Integrationsverantwortung** von Bundestag und Bundesrat einzufordern:

> „Sofern die Mitgliedstaaten das Vertragsrecht so ausgestalten, dass unter grundsätzlicher Fortgeltung des Prinzips der begrenzten Einzelermächtigung eine Veränderung des Vertragsrechts ohne Ratifikationsverfahren herbeigeführt werden kann, obliegt neben der Bundesregierung den gesetzgebenden Körperschaften eine besondere Verantwortung im Rahmen der Mitwirkung, die in Deutschland innerstaatlich den Anforderungen des Art. 23 I GG genügen

---

26 So *Thym* Der Staat 2009, 559, 585; s.a. *Murken* Der Staat 2009, 517: „Identity Trumps Integration“; *v. Bogdandy* NJW 2010, 1.

27 E126, 286/303 – Sondervotum *Landau*, S. 319; s.a. Rn. 46.

28 E134, 366/398.

29 Rs. C-62/14; dazu *Mayer* NJW 2015, 1999.

30 Vom 21.6.2016; krit. *Classen* EuR 2016, 529.

31 E102, 147; s.a. E129, 78/99 – Cassina zum Ganzen m.w.N. *Ludwigs/Sinara* EWS 2016, 121.

muss (Integrationsverantwortung) und gegebenenfalls in einem verfassungsgerichtlichen Verfahren eingefordert werden kann."[32]

Das Bundesverfassungsgericht hat die Ausgestaltung der Integrationsverantwortung von Bundestag und Bundesrat am Rechtsetzungsverfahren der EU durch das Begleitgesetz zum Lissabon-Vertrag – nicht aber das Zustimmungsgesetz – für verfassungswidrig erklärt, da es der Integrationsverantwortung von Bundestag und Bundesrat nicht gerecht werde. Der Bundesgesetzgeber hat daraufhin das Gesetz über die Ausweitung und Stärkung der Rechte des Bundestages und des Bundesrates in Angelegenheiten der EU[33] erlassen, dessen Kernstück das in Art. 1 geregelte Integrationsverantwortungsgesetz ist, sowie das Gesetz zur Änderung des Gesetzes über die Zusammenarbeit von Bundesregierung und dem Deutschen Bundestag in Angelegenheiten der EU[34]. Das Integrationsverantwortungsgesetz regelt neben Unterrichtungspflichten der Bundesregierung in EU-Angelegenheiten (§ 11) die Unterrichtung bei Änderungen des EU-Vertrages, einschließlich von Vetorechten von Bundestag und Bundesrat bei Brückenklauseln (§ 10).

Das Maastricht-Urteil[35] verwendet das in Art. 5 III EUV sowie Art. 23 I 1 GG normierte **Subsidiaritätsprinzip** dazu, das Prinzip der beschränkten Einzelermächtigung zu verdeutlichen und zu begrenzen. 404

„Besteht eine vertragliche Handlungsbefugnis, so bestimmt das Subsidiaritätsprinzip, ob und wie die Europäische Gemeinschaft tätig werden darf. Will der Gemeinschaftsgesetzgeber eine ihm zugewiesene Gesetzgebungsbefugnis ausüben, so muß er sich zunächst vergewissern [...], daß die Ziele der in Betracht gezogenen Maßnahme durch ein Tätigwerden der Mitgliedstaaten auf nationaler Ebene nicht ausreichend erreicht werden können. Sodann muß dieser Befund den weiteren Schluß rechtfertigen, daß die Ziele in Anbetracht des Umfangs oder der Wirkungen der Maßnahme besser auf Gemeinschaftsebene zu erreichen sind."

Auch diese Linie hat das Urteil zum Lissabon-Vertrag fortgeführt.[36] Das hat dem Gericht den Vorwurf einer „übermäßigen Betonung des Subsidiaritätsprinzips" eingebracht.[37] Hingegen ist in der Rechtsprechung des EuGHs ist das Subsidiaritätsprinzip bisher praktisch folgenlos geblieben, auch weil es an Subsidiaritäts- 405

32 BVerfGE 123, 267- Leitsatz 2a; bestätigend B. v. 27.04.2021 2 BvE 9/15- Griechenlandhilfe.

33 Vom 22.9.2009, BGBl. I, 3022; dazu *v. Arnauld/Hufeld* Systematischer Kommentar zu den Lissabon-Begleitgesetzen, 2. Aufl. 2018; s.a. BVerfGE 157, 1 – Ceta.

34 Vom 22.9.2009, BGBl. I, 3026.

35 BVerfGE 89, 155, 211.

36 BVerfGE 123, 267, 359.

37 So *v. Bogdandy* NJW 2010, 1, 4.

klagen des Bundesrates und/oder des Bundestages nach Art. 23 Ia GG gegen einen Gesetzgebungsakt der EU vor dem EuGH[38] mangelt.

406 Eine föderalistische Struktur ist kein konstitutives Element des Typus „Verfassungsstaat". Bezeichnenderweise enthält der EUV kein Bekenntnis zum Föderalismus. Bei der Gründung der EWG (1956) war die Bundesrepublik Deutschland der einzige beteiligte Bundesstaat. Inzwischen sind Belgien und Österreich hinzugekommen. In typischen Einheitsstaaten, wie Frankreich, Spanien, Italien und Großbritannien, ist zwar ein Prozess der Regionalisierung in Gang gekommen, aber von Bundesstaatlichkeit sind diese Staaten weit entfernt. Ein Vergleich mit dem einflussreichsten Bundesstaat, den USA belegt, dass „der Bundesstaat als reife Entfaltung des modernen Staates"[39] noch kein europäisches Allgemeingut ist. Schon deshalb ist es zweifelhaft, ob die künftige Europäische Union ein „dreistufiger Bundesstaat" sein wird, also – Gliedstaaten = Länder – Gesamtstaat = Bundesrepublik Deutschland – Zentralstaat = Europäische Union .[40] Auch wenn die EU kein „Phänotypus eines Verbandes offener Nationalstaaten"[41] bleibt, ist es zweifelhaft, dass der im Vergleich zu den USA historisch einzigartige europäische Einigungsprozess in einem Bundesstaat herkömmlicher Art münden wird.

407 Die römischen Verträge waren „landesblind" (H. P. Ipsen). Das Leitbild vom **Europa der Regionen** war das Instrument, mit dem es den deutschen Ländern gelungen ist, im Vorfeld des Vertrages von Maastricht ihre Position innerhalb des Bundesstaates zu verbessern (Art. 23, 24 I a, 50 GG) und innerhalb der EU zu begründen (Art. 16 II EUV, Art. 305 AEUV). Art. 16 II EUV erlaubt die Vertretung der Bundesrepublik Deutschland durch Landesminister im Rat der Europäischen Union.[42] Der unter 16 Ländern und dem Bund bestehende Koordinierungsbedarf hat allerdings nicht selten die Folge, dass ein Landesminister in Brüssel die sprichwörtliche „German Vote" abgibt, sich also mangels interner Einigung der Stimme enthalten muss.

Das Leitbild „Europa der Regionen" sollte zugleich der in Deutschland lange Zeit verwurzelten Vorstellung von einem föderativ verfassten, von den Mitgliedstaaten getragenen europäischen

38 S.a. Art. 6 des Protokolls über die Anwendung der Grundsätze der Subsidiarität und Verhältnismäßigkeit, § 11 IntVG; dazu *Gas* DÖV 2010, 313; anregend zur Effektuierung von Art. 5 Abs. 1 EUV *L. von Danwitz*, Föderale Verhältnismäßigkeit, 2024.

39 Dazu *Isensee* AöR 1990, 248, 262; *Kingreen* AöR 2016, 486.

40 Dazu *Vitzthum* AöR 1990, 281, 285 in Anlehnung an Kelsen.

41 So *Klein* VVDStRL 50, 56, 59.

42 Dazu *Greulich* Der Landesminister als Vertreter der Bundesrepublik Deutschland im Rat der Europäischen Union, 1997; s.a. Jahrbuch des Föderalismus I, Föderalismus, Subsidiarität und Regionen in Europa, 2000.

Bundesstaat[43] eine Absage erteilen und stattdessen die Überwindung der Nationalstaaten durch eine regional verfasste EU fördern[44]. Die deutsche Utopie des Europas der Regionen mutet an wie ein Nachklang des verbreiteten gebrochenen Nationalbewusstseins der alten Bundesrepublik. Das Urteil zum Lissabon-Vertrag hat Bundestag und Bundesrat eine besondere Integrationsverantwortung auferlegt, nicht den Ländern und schon gar nicht deren Parlamenten. Die Landesparlamente sind in der Praxis kaum in der Lage die innerstaatlichen Entscheidungsprozesse beim Zusammenwirken nach Art. 91a – e GG wirksam zu kontrollieren. Eine gestaltende Rolle auf Unionsebene wäre weit schwieriger zu meistern.

Im **Ausschuss der Regionen** (Art. 305 AEUV) sind zwei Typen von Verwaltungseinheiten vertreten mit oft gegensätzlichen Interessen, nämlich staatlich föderale Regionen und kommunal strukturierte Regionen.[45]Der Ausschuss hat vierundzwanzig deutsche Mitglieder. Drei stellen die kommunalen Spitzenverbände (Deutscher Städtetag, Deutscher Landkreistag, Deutscher Städte- und Gemeindeverbund), alle übrigen Sitze die deutschen Länder. In jedem Fall sind Regionen Verwaltungseinheiten, also gerade nicht das, was die deutschen Länder sind und bleiben wollen, nämlich Staaten.[46] Demgemäß ist der Regionalausschuss keine dritte Kammer, sondern ein beratendes Organ, ähnlich dem **Wirtschafts- und Sozialausschuss** (Art. 301 – 304 AEUV), ein Organ, das allerdings anders als der Ausschuss der Regionen (Art- 263 III AEUV) kein eigenes Klagerecht besitzt (Art. 263 II AEUV). 408

Die Büros der Länder in Brüssel[47] belegen, dass die Länder zumindest zusätzlich zur institutionellen Mitwirkung den Weg des politischen Lobbyismus gehen, um mehr Einfluss auf das Brüsseler Geschehen zu erlangen. Diesen Weg gehen andere Interessenten, insbesondere Verbände, Unternehmen oder Universitäten auch. 409

Weiterführend:
Atkinson/Huber/James/Scharpf Nationalstaat und Europäische Union, 2016; *Di Fabio* Das Recht offener Staaten, 1998; *Fritsch*, Europa der Regionen 2020; *Haltern*, HdB StR, 2023, § 3, Europäische Integration; *Huber*, ebenda, § 4, Bundesstaatlichkeit; *Merten* (Hrsg.) Föderalismus und europäische Gemeinschaften, 1990; *Oeter* Integration und Subsidiarität im Bundesstaat, 1998; *Vitzthum* AöR 1990, 280, Der Föderalismus in der europäischen und internationalen Einbin-

---

43 Vgl. *Hallstein* Der unvollendete Bundesstaat, 1969.

44 Vgl. dazu m.w.N. *Battis* in: Battis/Tsatsos/Stefanou (Hrsg.), Europäische Integration und nationales Verfassungsrecht, 1995, S. 81, 115.

45 Dazu *Föhn* Der Ausschuss der Regionen, 2003; *Hesse* Regionen in Europa, I, II, 1996.

46 So *Badura* in: FS Lerche, 1993, S. 383; ausführlich *Pahl* Regionen mit Gesetzgebungskompetenzen in der EU, 2004.

47 Dazu *Pahl* Regionen mit Gesetzgebungskompetenzen, S. 73 ff.; *Bauer* VR 1996, 417.

dung der Staaten; *Voßkuhle* Integration durch Recht – Beitrag des Bundesverfassungsgerichts, JZ 2016, 161.

2. Der Bund und die Länder

410 Hinter der schlichten Gegenüberstellung von Bundesstaat, Einheitsstaat und Staatenbund verbergen sich traditionell tiefgreifende begrifflich-konstruktive Probleme, die u. a. unter den Stichworten Eigenstaatlichkeit der Länder, Zweigliedrigkeit, Dreigliedrigkeit ausgiebig, aber ziemlich unergiebig diskutiert werden. Darauf, vor allem aber auf die innerstaatliche Mitwirkung der Länder an der Europäischen Union gem. Art. 23 GG ist nachfolgend einzugehen.

411 Die **Eigenstaatlichkeit der Länder**, ihre Staatsqualität, wird vom Bundesverfassungsgericht bejaht. Die Länder seien als Glieder des Bundesstaates mit eigener – wenn auch gegenständlich beschränkter –, nicht vom Bund abgeleiteter, sondern von ihm anerkannter Hoheitsmacht.[48] Sie üben ihre Staatsgewalt durch eigene Gesetzgebung, Vollziehung und Rechtsprechung aus. Sie haben eigenes Hoheitsgebiet und können trotz der Aufhebung von Art. 74 Nr. 8 GG a.F. eigene Staatsangehörigkeitsgesetze erlassen[49] – 3-Elementen-Lehre. Die Länder sind nicht nur autonome Gebietskörperschaften.[50]

412 Misst man die Staatsqualität hingegen an der **Souveränität**, so fällt die Probe negativ aus. Souveränität hat der französische Staatsphilosoph Jean Bodin (1530–1596) definiert als die absolute und dauernde Gewalt des Staates. Aus völkerrechtlicher Sicht kann es nur einen souveränen Staat Bundesrepublik Deutschland geben. „Die Pflege der Beziehungen zu auswärtigen Staaten ist Sache des Bundes" (Art. 32 I GG). Art. 32 III GG gestattet den Ländern nur auf ihren Gesetzgebungsgebieten – also gegenständlich beschränkt, was gerade der Souveränität nicht entspricht –, und nur mit Zustimmung der Bundesregierung, mit auswärtigen Staaten Verträge abzuschließen.[51] Entsprechendes regelt Art. 24 Ia GG für die Übertragung von Hoheitsrechten der Länder auf grenznachbarschaftliche Einrichtungen.

Beide Vorschriften hielten einen Ministerpräsidenten davon ab, den Beitritt NRWs zum völkerrechtlichen Vertrag der Benelux-Staaten weiter zu verfolgen. Andererseits ist der überkommene völkerrechtliche Souveränitätsbegriff angesichts der Übertragung von Hoheitsakten gem. Art. 23 GG auf die EU und gem. Art. 24 I GG auf die NATO, die WTO oder den Interna-

---

48 BVerfGE 1, 34.

49 S. Art. 6 BayVerf; dazu *Lindner* www.jurablogs.com vom 7.12.2016.

50 BVerfGE 34, 19.

51 Dazu *Vizthum* AöR 1990, 280, 297 ff; s.a. Rn. 32.

tionalen Strafgerichtshof ein zweifelhafter Maßstab. Angesichts dieser Verschiebungen, wird seit geraumer Zeit ein „elastischer Souveränitätsbegriff" propagiert.[52]

Die Eigenstaatlichkeit der Länder erscheint auch nicht eben überzeugender, wenn man sie, statt anhand des Völkerrechts, anhand des Staatsrechts näher untersucht. Qualifiziert man die **Verfassungsautonomie** zur Voraussetzung originärer Staatsgewalt[53], so treten neue Zweifel auf[54]. 413

Art. 28 I GG schreibt den Ländern verbindlich als verfassungsmäßige Ordnung die verfassungsrechtlichen Grundentscheidungen für Republik, Demokratie, Sozialstaat und Rechtsstaat vor. Die Wiedereinführung etwa der Monarchie in Bayern wäre verfassungswidrig, könnte also notfalls mit Bundeszwang (Art. 37 GG) verhindert werden. 414

Die Grenzen der Tauglichkeit des Begriffs lassen sich an der Geschichte der Bundesrepublik Deutschland aufzeigen. Außer sogenannten **Reichsbürgern**[55] wird niemand ernsthaft bestreiten, dass die Bundesrepublik Deutschland ein Staat ist. Eingedenk der inhaltlich genau bekannten Einflussnahmen der Alliierten vor und während der Beratungen des Parlamentarischen Rates kann aber dessen Verfassungsautonomie durchaus in Frage gestellt werden. Auch die erst durch den 2 + 4-Vertrag abgelösten Vorbehalte der Alliierten in Bezug auf Deutschland als Ganzes waren mit einem strenggenommenen Souveränitätsbegriff kaum vereinbar. Gleichwohl hat das BVerfG in den Entscheidungen zum Maastricht- und zum Lissabonvertrag nicht nur den demokratischen Begriff „Volkssouveränität", sondern gerade auch die Konzeption der Mitgliedsstaaten als souverän bleibende Staaten in den Mittelpunkt gestellt.[56]

Vieles spricht für die Ansicht von Hugo Preuß (1860 – 1925), eines Staatsrechtslehrers und zeitweiligen Ministers und Staatssekretärs, der maßgeblich den Entwurf der Weimarer Reichsverfassung verfasst hat. Er verwarf die bereits 1923 umstrittene Frage – „Gliedstaat eines Bundesstaates oder autonomer Selbstverwaltungskörper eines dezentralisierten Einheitsstaates" – als unergiebig.[57] 415

Unergiebig ist auch der Streit um die juristische Konstruktion des Bundesstaates. Nach der herrschenden **Zweigliedrigkeitsdoktrin** ist aus dem Zusam- 416

52 So *Herdegen* FS Herzog, 2009, S. 117, 129.

53 BVerfGE 34, 19.

54 Dagegen BVerfGE 36, 19.

55 Dazu *Schönberger/Schönberger*, Die Reichsbürger als Herausforderung für Staat, Recht und Wissenschaft 2020; *Waldhoff* JuS 2021, 289, 293; VGH München, NVwZ, 2024, 761, m. Anm. v. *Nitschke*.

56 BVerfGE 123, 267 – Leitsatz 1; zur Kritik s. Rn. 399 – 406.

57 Deutschlands Republikanische Reichsverfassung, 2. Aufl., 1923, S. 23.

menschluss der Gliedstaaten (Länder) der mit besonderen Zentralorganen und -kompetenzen ausgestattete Gesamtstaat Bundesrepublik = Bund – entstanden[58].

Nach der **Dreigliedrigkeitslehre**[59] bilden die Gliedstaaten (Länder) einen Zentralstaat (Bund). Über Gliedstaaten und Zentralstaat wölbt sich der Gesamtstaat (Bundesrepublik Deutschland). Art. 36 II, 79 III GG sprechen aber von der Gliederung des Bundes in Länder, nicht von Gliederung der Bundesrepublik in Bund und Länder. Das eigentliche Anliegen der Dreigliedrigkeitslehre, nämlich, dass sich Bund und Länder nicht beziehungslos gegenüberstehen, lässt sich anders und unverfänglicher verständlich machen, z. B. durch Hinweis auf den Bundesrat, das Verfassungsorgan des Bundes, durch das die Länder an der Willensbildung des Bundes mitwirken.

417 Wichtiger als diese juristischen Begrifflichkeiten und Konstruktionsversuche sind die **Funktionen**, die der **Bundesstaat** erfüllen soll.

418 Der bundesstaatliche Aufbau kann der Erhaltung einer historisch gewachsenen Ordnung[60] und Eigenart der meist älteren Gliedstaaten dienen, so z. B. die beiden Freistaaten und ehemaligen Königreiche (von Napoleons Gnaden) Bayern und Sachsen und die beiden Freien Hansestädte. Auch ehemalige preußische Provinzen wie das („up ewig ungedeelte") Schleswig-Holstein, von Brandenburg als Ursprung Preußens ganz zu schweigen, sind durchaus keine geschichtslosen Kunstprodukte. Gerade die Rückbesinnung in der Bevölkerung der vergehenden DDR auf die 1952 zumindest faktisch und mit der Verfassung von 1968 spätestens auch rechtlich untergegangenen Länder auf dem Gebiet der DDR belegt deren identitätsstiftende Wirkung.

419 Der Wettbewerb zwischen Ländern, deren Regierungen von unterschiedlichen Parteien getragen werden, kann sich innovativ und leistungssteigernd z. B. auf die Bildungs-, Wissenschafts-, Medien- und Wirtschaftspolitik der einzelnen Länder auswirken. Die unterschiedlichen Koalitionsregierungen in Bund und Ländern ermöglichen es zudem den im Bund in der Opposition agierenden Parteien, sich in einzelnen Ländern sowie im Bundesrat als Regierungspartei zu profilieren und für einen Wechsel im Gesamtstaat zu empfehlen.

420 Die bundesstaatliche Organisation der Bundesrepublik dient vornehmlich der Begrenzung und Kontrolle der politischen Macht und damit auch der Freiheitssicherung. Die bundesstaatliche Verteilung der Gesetzgebungs-, Verwaltungs-, und Rechtsprechungskompetenzen führt zur **vertikalen Gewaltenteilung.** Zugleich kommt es zur horizontalen Gewaltenteilung durch die Mitwirkung des Bundesrates

58 BVerfGE 13, 77; *Maurer* § 10 Rn. 4 f., m.w.N.

59 *v. Mangoldt/Klein* 2. Aufl., Anm. II 2 zu Art. 20.

60 Zur Geschichte *Kloepfer* Verfassungsrecht I, § 9 Rn. 22 f.

als der Vertretung der Länder bei der Bundesgesetzgebung und der Bundesverwaltung.

Darüber hinaus soll der bundesstaatliche Aufbau, wie jedes föderalistische System, die Mitwirkungsmöglichkeiten des einzelnen Bürgers verbessern. Die **Dezentralisierung** der Aufgaben soll deren raschere und rationelle Erledigung fördern, was allerdings bei bundesweiten Krisen, z. B. einer Pandemie an Grenzen stößt. Jedenfalls können die Besonderheit und Mannigfaltigkeit des jeweiligen räumlichen Bereichs besser berücksichtigt werden. Die fortgeschrittenere Ausdifferenzierung bundesstaatlicher Verwaltung ermöglicht es, vielfältigere Interessen und Gegebenheiten zu verarbeiten, immerhin dann, wenn öffentliche Verwaltung und Private über eine funktionierende digitale Infrastruktur verfügen. Dessen bedarf es in gesteigertem Maße, weil die europäische Legislative und Exekutive auf einen europäischen Binnenmarkt ohne Binnengrenze ausgerichtet sind, also noch großräumiger ausgerichteten und noch hochstufiger und damit von der Einzelumsetzung i. d. R. noch weiter entfernt agieren. 421

Das Schwergewicht der Verwaltungstätigkeit liegt bei den Ländern (Art. 30, 83 ff. GG). Die fortschreitende europäische Integration dürfte die bei den Ländern zentrierte Exekutive eher noch stärken, da die EU außerstande ist, den überwiegenden Teil ihrer Rechtssetzung durch eigene Verwaltungsorgane zentral europaweit umzusetzen.[61] 422

Dazu gegenläufig sind die Auswirkungen des Integrationsprozesses auf die **Gesetzgebungskompetenz** von Bund und Ländern. Insoweit gibt es zwei dominante Entwicklungen, die Abwanderung von Gesetzgebungskompetenzen von den Ländern zum Bund und später einsetzend, aber nicht minder signifikant vom Bund zur EU. Auf Letzteres reagieren **Art. 23 GG** und die dazu ergangenen vom Bundesverfassungsgericht eingeforderten[62] Lissabon-Begleitgesetze.[63] Auf den innerstaatlichen Mitwirkungsprozess und die zuletzt durch die Föderalismusreform I und II dazu getroffenen, zum Teil aber auch zurückgenommenen Gegenmaßnahmen wird in folgendem Abschnitt eingegangen. 423

Art. 23 GG regelt in Absatz 1 Satz 1 Anforderungen an die Struktur der Europäischen Union, die die Organe der Bundesrepublik Deutschland binden (Strukturklausel), 424

– in I 2 die Beteiligung des Bundesrates bei der Übertragung von Hoheitsrechten durch Gesetz (Kompetenzübertragungsklausel[64]),

61 Dazu *Weiß* in: Kahl/Ludwigs (Hrsg.), HdB VerwR II, 2021, § 25.

62 BVerfGE 123, 267.

63 S. Rn. 403.

64 BVerfG, DÖV, 2020, 529 – Europäisches Patentgesicht.

- in I 3 formelle und materielle Schranken etwaiger für die Mitwirkung notwendiger Verfassungsänderungen (Verfassungsbestandsklausel),
- in Ia Klagerechte von Bundestag und Bundesrat vor dem EuGH wegen Verstoßes eines Gesetzgebungsaktes der EU gegen das Subsidiaritätsprinzip und
- in II bis IV überaus kompliziert das Zusammenspiel von Bundesregierung, Bundestag und Bundesrat bei der Mitwirkung der Bundesrepublik Deutschland an der Europäischen Union im Einzelnen.[65]

425 Art. 23 II 1 GG bestimmt, dass außer der Bundesregierung und des Bundestages auch der Bundesrat in Angelegenheiten der EU mitwirkt. Beide sind umfassend und frühestmöglich zu unterrichten (Art. 23 II 2 GG). Das BVerfG hat die Integrationsverantwortung von Bundestag und Bundesrat mehrfach eingefordert.[66] Die Unterrichtung von Bundestag und Bundesrat leidet bis heute unter der Fülle der Informationen und oftmals der Kürze der damit verbundenen Fristen. § 12 IntVG soll die Unterrichtung von Bundestag und Bundesrat effektuieren.[67] Die Bundesregierung hat dem Bundestag vor ihrer Mitwirkung an allen Rechtsetzungsakten der EU Gelegenheit zur Stellungnahme zu geben (Art. 23 III 1 GG). Art. 23 III 2 GG verpflichtet die Bundesregierung, die Stellungnahme des Bundestages bei den Verhandlungen zu berücksichtigen.

426 Art. 23 II 1, IV, V 1, 2, VI 1 GG machen durch die ausdrückliche Erwähnung der Länder deutlich, dass die Vorschrift nicht nur auf die Beteiligung des Bundesorgans „Bundesrat" zielt, sondern auf die Wahrung der speziellen Interessen der einzelnen Länder. Art. 23 IV GG verpflichtet die Bundesregierung, den Bundesrat lückenlos zu beteiligen, soweit er an einer entsprechenden innerstaatlichen Maßnahme mitzuwirken hätte oder soweit die Länder innerstaatlich zuständig wären. Zur wirksamen Wahrnehmung dieser Beteiligungsrechte dient die **Europakammer des Bundesrates** (Art. 52 IIIa GG). Kern der Beteiligung ist die Hinzuziehung von Vertretern der Länder an der Beratung zur Festlegung von Verhandlungspositionen gem. § 4 I des Gesetzes über die Zusammenarbeit von Bund und Ländern in Angelegenheiten der Europäischen Union. Die Mitwirkung wird im Einzelnen noch differenziert durch Art. 23 V GG, orientiert an der Gesetzgebungskompetenz und der Betroffenheit der Länder. Art. 23 VI GG füllt innerstaatlich die Wahrnehmung mitgliedsstaatlicher Rechte der Bundesrepublik Deutschland durch einen Ländervertreter gem. Art. 16 II EUV, Art. 305 AEUV aus.

---

65 *Breuer* NVwZ 1994, 417, 421; *Hobe* Der offene Verfassungsstaat zwischen Souveränität und Interdependenz, S. 149.

66 BVerfGE 123, 267; EuGRZ 2020, 16- Europäischer Haftbefehl; NJW 2020, 1647 – PSPP.

67 Dazu *Nettesheim* NJW 2010, 177, 182; *v. Arnauld/Hufeld* Systematischer Kommentar zu den Lissabon-Begleitgesetzen, 2. Aufl. 2017, 2010, m.w.N.

Die durch die Ausführungsgesetze zu Art. 23 GG noch erheblich verkompli- 427
zierten und vermeintlich perfektionierten Regelungen sind als Sackgasse kritisiert worden[68]. Die Subsidiaritätsklage nach Art. 23 Ia GG soll die Rolle von Bundestag und Bundesrat in Angelegenheiten der EU stärken. Zur Klageerhebung genügen ein Viertel der Mitglieder des Bundestages (Art. 23 Ia 2 GG). Dadurch wird eine zusätzliche Klage vor dem Bundesverfassungsgericht nicht ausgeschlossen sein.

Die Länder wirken durch das Bundesorgan „*Bundesrat*" in Angelegenheiten der 428
EU mit, gemeinsam mit dem Bundestag. Im Rahmen des Art. 23 GG treten sie hingegen einzeln nicht nach außen in Erscheinung, auch nicht, soweit ein Vertreter der Länder nach Art. 23 VI GG tätig wird.

Weiterführend:
Hobe Der offene Verfassungsstaat zwischen Souveränität und Interpendenz, 1998; *Kokott* Deutschland im Rahmen der Europäischen Union, AöR 1994, 207; *Meißner* Die Bundesländer und die Europäischen Gemeinschaften, 1996; *Möllers/Limpert* Die Parlamentarisierung der politischen Willensbildung in europäischen Angelegenheiten, ZG 2013, 44; *Puttler* HStR VI, 3. Aufl., 2008, § 142, Die deutschen Länder in der EU.

3. Kommunale Selbstverwaltung

Das Beispiel des landesgesetzlichen Versuchs, vor der Neufassung von Art. 28 I 3 GG 429
ein Ausländerwahlrecht auf Kommunalebene einzuführen[69], hat gezeigt, dass die Länder durch das Homogenitätsgebot des Art. 28 I 1 GG an die verfassungsrechtlichen Grundentscheidungen des Art. 28 I GG auch auf der Ebene der Kommunen einschließlich der Bezirksverwaltungen (in Berlin und Hamburg) gebunden sind. Unter bundesstaatlichem Aspekt ist hinzuzufügen, dass die Bestimmung der Grenzen der durch Art. 28 II GG garantierten kommunalen Selbstverwaltung nach der Kompetenzverteilung des Grundgesetzes grundsätzlich der **Landesgesetzgebung** vorbehalten ist.[70] Die Kommunen sind aber an Gesetze und Rechtsverordnungen gebunden, die der Bund in Ausübung seiner Gesetzgebungskompetenz erlassen hat. Tatsächlich führen die Kommunen den weitaus größten Teil der Bundesgesetze aus, z. B. Asyl-, Sozialhilfe- und Bauplanungsrecht, in den beiden ersten Beispielsfällen mit einschneidenden Folgen für die kommunalen Haushalte. In der Föderalismusreform I haben daher Länder und Gemeinden das **Durchgriffsverbot** des Art. 84 I 7, 85 I 2 GG durchsetzen können. Danach dürfen durch

---

68 So *Breuer* NVwZ 1994, 417; s.a. *Classen* ZRP 1993, 57; *Di Fabio* Der Staat 1993, 191, 209.

69 BVerfGE 83, 37 u. 60.

70 BVerfGE 55, 274, 319; 75, 108, 150.

Bundesgesetz Kommunen Aufgaben nicht übertragen werden.[71] Dies kann nur durch Landesgesetz erfolgen, unter Wahrung des landesrechtlichen **Konnexitätsgebots** (z. B. Art. 137 hessVerf, 78 III nrwVerf [72]), also der Kostentragungspflicht des Landes.

430 Der im Zuge der **Haushalts- und Finanzreform 2017** eingeführte Art. 104c GG ermächtigt den Bund finanzschwachen Kommunen für gesamtstaatlich bedeutsame Investitionen Finanzhilfen im Bereich der Bildungsinfrastruktur zu gewähren. Art. 104c ist eine Ausnahmevorschrift zu Art. 104b, der wegen der Länderkompetenzen im Bildungsbereich Finanzhilfen im Bildungsbereich gerade nicht zulässt. Art. 104c legt keine Kriterien fest, nach denen zu bestimmen ist, dass eine finanzschwache Kommune vorliegt.[73] Besser wäre es gewesen, die Finanzhoheit der Kommunen dauerhaft zu stabilisieren, etwa nach dem Schweizer Vorbild.

431 Zudem ermächtigt Art. 107 Abs. 2 Satz 6 GG erstmals zu Gemeindesteuerkraftzuweisungen an leistungsschwache Länder mit Gemeinden, die eine besonders geringe Steuerkraft aufweisen. Auch diese Regelung ist das Gegenteil von denen, was ursprünglich mit der Föderalismusreform beabsichtigt war, nämlich die Stärkung der Länder und Gemeinden durch Entflechtung.

432 Zunehmend wirken unionsrechtlich, z. B. durch Richtlinien ausgelöste Bundes- oder Landesgesetze, aber auch Verordnungen der EU oder Primärrecht wie Art. 107 ff. AEUV – Beihilferecht – auf die kommunalen Verwaltungen ein. **Kommunale Selbstverwaltung und Europäische Integration** wird zum einen prinzipiell diskutiert als Frage nach der „Europafestigkeit“ der Garantie der kommunalen Selbstverwaltung (Art. 28 II GG), die in dieser Form innerhalb der Mitgliedsstaaten einzigartig ist.[74] Insoweit bestehen Parallelen zur Länder- Regionen- Diskussion innerhalb der EU, insbesondere hinsichtlich der institutionalisierten Einflussnahme auf den Willensbildungsprozess in der EU. Immerhin nennt Art. 4 II 1 EUV die lokale und regionale Selbstverwaltung.

Weniger akademisch sind die einschneidenden Auswirkungen zahlreicher Richtlinien, insbesondere zum Umwelt-, Vergabe-, Energie- oder Telekommunikationsrecht, welche z. B. die kommunale Bauleitplanung, das kommunale Vergabewesen oder das Verhalten der Kommune als Anbieter im Bereich der Daseinsvorsorge (Art. 14 AEUV), zum Teil auch als Nachfrager, z. B.

---

71 Dazu BVerfG NJW 2020, 3231 m. Anm. v. *Groth*; *Meßmann* DÖV 2010, 726; s.a. *Henneke*, Sächs VwBl 2020, 169..

72 Dazu *Leisner-Egensperger*, NVwZ, 2021, 1487; *Henneke*, Die Kommunen in der Finanzverfassung, 5. Aufl., 2012; zu verfassungsrechtlichen Maßstäben *Schmidt*, DÖV, 2024, 191.

73 *Speiser* DÖV 2020, 14; *Henneke* DVBl. 2017, 214; ders. Aufgaben und Finanzbeziehungen von Bund, Ländern und Kommunen,2.A. 2020 .

74 *Henneke* Kommunen und Europa, 1999; zur Europäischen Charta der kommunalen Selbstverwaltung des Europarates s. *Schmidt* EuR 2003, 936.

im Energie-, Wasser-, Abfall-, Verkehrs- und Telekommunikationsmarkt spätestens nach ihrer innerstaatlichen Umsetzung maßgeblich determinieren. Darauf ist im Verwaltungsrecht einzugehen.[75]

III. Kompetenzverteilung im Bundesstaat

1. Verteilungsgrundsätze

In einem Bundesstaat muss die Ausübung der staatlichen Befugnisse und die Erledigung der staatlichen Aufgaben zwischen dem Gesamtstaat und den Gliedstaaten verteilt werden. Dazu kann man unterschiedliche Verteilungsprinzipien auswählen. So könnte, nach Funktionen verteilt, die Gesetzgebung insgesamt dem Bund, die Verwaltung und Rechtsprechung insgesamt den Ländern zugewiesen werden. Stattdessen könnten die Aufgaben auch nur nach Sachgruppen verteilt werden, so dass eine Materie, z. B. das Bildungswesen, sowohl in legislativer, administrativer und judikativer Hinsicht den Ländern zugewiesen würde. 433

Das Grundgesetz wählt keines der beiden Verteilungsprinzipien. Vielmehr begründet Art. 30 GG eine Zuständigkeitsvermutung zugunsten der Länder. 434

Die umfassende **Zuständigkeitsvermutung zugunsten der Länder** muss in jedem Einzelfall widerlegt werden entweder im Grundgesetz selbst oder aufgrund einer grundgesetzlichen Ermächtigung in einem einfachen Gesetz (s. Art. 30 GG – „zulässt“). Fehlt eine solche grundgesetzlich erlaubte Ermächtigung, darf der Bund nicht, auch nicht privatrechtlich, tätig werden. Deshalb war z. B. die Gründung der „Deutschland-Fernsehen-GmbH“ durch die Bundesregierung verfassungswidrig, mangels Kompetenzzuweisung des GG für Kultur an den Bund.[76] 435

Die Verteilung der Aufgaben nach dem Prinzip der Fülle (für die Länder) und der Enumeration (für den Bund) darf jedoch nicht zu dem Trugschluss verleiten, dass das Schwergewicht staatlicher Tätigkeit bei den Ländern liegt. Vielmehr trifft das Grundgesetz in den meisten Fällen eine andere Regelung bzw. lässt diese zu, und zwar 436

- in den Art. 70 – 74 für die Gesetzgebung
- in den Art. 83 – 91 für die Verwaltung
- in den Art. 92 – 96 für die Rechtsprechung
- in den Art. 104a–109a für die bundesstaatliche Finanzverfassung
- in Art. 32 für die auswärtigen Beziehungen

75 *Röhl* in: Schoch/Eifert, Besonderes Verwaltungsrecht, 2. Aufl., 2023, Kpt. 2, Rn. 7.
76 BVerfGE 12, 205.

– in Art. 91a–91e für Gemeinschaftsaufgaben und Verwaltungszusammenarbeit.

Die ersten drei Komplexe sind funktional gegliedert in Gesetzgebung, Verwaltung und Rechtsprechung, während der vierte Komplex sachbezogen ist – Finanzen – und sowohl legislative wie administrative und judikative (Art. 108 VI GG) Regelungen trifft. Der fünfte und sechste Komplex regeln schwerpunktmäßig exekutives Handeln. Art. 59 II 1 und Art. 91a II GG weisen aber dem Bund auch Gesetzgebungskompetenzen zu; dies geschieht auch außerhalb der Finanz- und Haushaltsartikel, etwa in Art. 4 III 2 oder Art. 21 III GG – vorbehaltene Gesetzgebung. Der Bund erhält also nicht nur durch Vorschriften des Abschnitts VII „Die Gesetzgebung des Bundes" Gesetzgebungskompetenzen.

437 Da Bund und Ländern die Legislativfunktion zusteht, sichert die Kollisionsnorm des Art. 31 GG die Widerspruchsfreiheit des Rechtssystems durch die Höherrangigkeit des Bundesrechts: „Bundesrecht bricht Landesrecht". Unerheblich ist dabei der Rang des jeweiligen Bundes- oder Landesrechts. Es ist daher möglich, dass eine Bundesrechtsverordnung eine Vorschrift einer Landesverfassung bricht.

438 Sonderfälle sind die Abweichungsgesetzgebung nach Art. 72 III GG[77] und die Ausnahmevorschrift des Art. 104c.[78]

Weiterführend:
Mager, HSrR II 2024 § 40 Bundesstaat; *Pietzcker* Zuständigkeitsordnung und Kollisionsrecht im Bundesstaat, in: HStR VI, 3. Aufl., 2008, § 134

2. Gesetzgebungszuständigkeiten

439 Für jeweils aufgezählte Gegenstände steht dem Bund
– die ausschließliche Gesetzgebung (Art. 71, 73 GG) oder
– die konkurrierende Gesetzgebung (Art. 72, 74 GG) zu.

440 Jahrzehntelang sind im Zuge der Unitarisierung des Bundesstaates die Gesetzgebungskompetenzen des Bundes stetig ausgeweitet worden. Den Ländern verbleiben wesentliche Regelungsbefugnisse im Kulturbereich, im Polizei-, Gemeinde-, Bau- und Straßenrecht. Aber selbst die Kulturhoheit – „das Kernstück der Eigenstaatlichkeit der Länder"[79] – ist durch Gesetzgebungskompetenzen des Bundes eingeschränkt worden (Art. 74 I Nr. 13 GG – Ausbildungsbeihilfen und Förderung der wissenschaftlichen Forschung, Art. 75 I Nr. 1a GG a.F. – allgemeine Grundsätze des Hochschulwesens, Art. 91a I Nr. 1, II GG a.F. – Ausbau und Neubau von Hochschulen).

77 Dazu Rn. 445, 732.
78 Dazu Rn. 429.
79 BVerfGE 6, 346; krit. zum Begriff *Lammert* Einigkeit und Recht und Freiheit, S. 147.

Die Anziehungskraft des Bundesbudgets hat sich augenfällig dadurch manifestiert, dass nach der Föderalismusreform II deren Ergebnisse zu Hochschul-, Forschungs- und Bildungsbereich durch den modifizierten Art. 91b revidiert worden sind.[80]

Zusätzlich sind die Länder der wachsenden Ingerenz der EU ausgesetzt. Kompetenzen der EU in der allgemeinen und beruflichen Bildung (Art. 165, 166 AEUV) sowie der Kultur (Art. 167 AEUV) berühren ebenso Länderkompetenzen wie wirtschaftspolitische (z. B. Bauproduktenrichtlinie) oder medienpolitische Aktivitäten (z. B. Rundfunkrichtlinie). Gesteigert gilt dies für die in Art. 67–89 AEUV geregelten polizeilichen und justiziellen Kompetenzen des Titels V „Raum der Freiheit, der Sicherheit und des Rechts“. 441

Im Vorfeld der Zustimmung des Bundesrates zum Vertrag von Maastricht und in der Gemeinsamen Verfassungskommission haben die Länder zum einen ihre Einbindung in die Vorbereitung der europabezogenen Entscheidungen durchgesetzt (Art. 23 II, IV, VI GG) und zum anderen Veränderungen der Gesetzgebungskompetenzen zu ihren Gunsten erreicht, insbesondere eine vom BVerfG[81] dann sehr streng ausgelegte Erforderlichkeitsklausel in Art. 72 II GG a.F.

Der den Abschnitt VII eröffnende Art. 70 GG ist eine spezielle Ausprägung der Grundentscheidung des Art. 30 GG. Art. 30 GG – „Grundregel unserer bundesstaatlichen Verfassung“[82], – begründet eine im Einzelfall zu widerlegende **Zuständigkeitsvermutung für die Länder.** 442

Gegenstand der **ausschließlichen Gesetzgebung** des Bundes (Art. 73 GG) sind vor allem die Materien, die Attribute der Staatlichkeit des Bundes betreffen, wie Verteidigung, Staatsangehörigkeit, Zoll, aber auch Abwehr von Terrorismus, Luftverkehr, Post, Telekommunikation. Die Länder dürfen die in Art. 73 GG genannten Materien nur regeln, wenn und soweit sie hierzu ausdrücklich in einem Bundesgesetz ermächtigt worden sind (Art. 71 GG). 443

Die im Katalog des Art. 74 I Nr. 1–33 GG aufgeführten Gegenstände der **konkurrierenden Gesetzgebung** dürfen die Länder nur regeln, solange und soweit der Bund von seiner Gesetzgebungszuständigkeit nicht durch Gesetz Gebrauch gemacht hat. Hat der Bund von seiner Kompetenz Gebrauch gemacht, dürfen die Länder grundsätzlich den betreffenden Regelungsgegenstand nicht mehr regeln – zeitliche („so lange“) und sachliche („soweit“) Sperrwirkung (Art. 72 1 GG). 444

80 Dazu *J. Wolff* DÖV 2015, 771.

81 BVerfGE 106, 62, 136 – Altenpflegergesetz; 110, 141, 175 – Kampfhunde; 112, 226, 244 – Studiengebühren.

82 BVerfGE 16, 79; s.a. *Voßkuhle/Wischmeyer* JuS 2020, 315; *Mende* Kompetenzverlust der Landesparlamente im Bereich der Gesetzgebung, 2010.

445 Die ursprüngliche Bedürfnisprüfung gem. Art. 72 II GG a.F. räumte dem Bund einen weitgehenden, vom Bundesverfassungsgericht nur beschränkt nachprüfbaren Beurteilungsspielraum ein und förderte die Unitarisierung des Bundesstaates. Die 1994 im Zuge der Zustimmung zum Vertrag von Maastricht eingeführte Erforderlichkeitsklausel des Art. 72 II GG verlangt eine strikt am Grundsatz der Verhältnismäßigkeit orientierte Prüfung, ob und in welchem Ausmaß die Bundesregelung zur Herstellung gleichwertiger Lebensverhältnisse oder zur Wahrung der Rechts- und Wirtschaftseinheit im gesamtstaatlichen Interesse erforderlich ist. Das BVerfG räumt dem Gesetzgeber insoweit weder ein Ermessen noch einen Beurteilungsspielraum ein. Die Föderalismusreform I hat der Vorschrift jedoch dadurch die „Zähne gezogen", dass der Katalog auf einige praktisch weniger wichtige Materien beschränkt worden ist, z. B. Nr. 15 – Sozialversicherung, Nr. 20 – Lebensmittel, aber auch Nr. 11 – Recht der Wirtschaft. Für den größeren und gewichtigeren Teil der im Katalog des Art. 74 I GG enthaltenen Materien, z. B. Nr. 1 – Bürgerliches Recht, Strafrecht, Gerichtsverfassung, Nr. 12 – Arbeitsrecht und auch für die Bekämpfung von Pandemien (Nr. 19) gilt die Erforderlichkeitsklausel seit der Föderalismusreform I nicht mehr.

446 Praktisch weniger bedeutungsvoll aber verzwickter ist die durch die Föderalismusreform I in Art. 72 III GG eingeführte **Abweichungsgesetzgebung**[83]. Für die in den Nrn. 1–6 abschließend aufgeführten Materien, z. B. Naturschutz (Nr. 2), Raumordnung (Nr. 4), können die Länder von den vom Bund zuvor verabschiedeten Regelungen abweichen. Grundsätzlich treten daher diese Bundesgesetze frühestens nach sechs Monaten in Kraft (Art. 72 III 2 GG). Der Bund kann aber ein vom Land erlassenes Gesetz selbst wieder durch eine eigene Regelung ersetzen. Art. 72 III 2 GG bestimmt daher den Anwendungsvorrang des jeweils jüngeren Bundes- oder Landesgesetzes. Das nach dieser ausgeklügelten Regelung mögliche „Ping-Pong" von Landesgesetzgeber und Bundesgesetzgeber ist zwar theoretisch möglich, aber bisher nicht vorgekommen. Die etwas despektierlich als Fachbruderschaften bezeichneten jeweiligen Arbeitsebenen der Fachministerkonferenzen, z. B. Raumordnungsministerkonferenz, Umweltministerkonferenz, haben durch vertrauensvolles Zusammenwirken[84] dysfunktionale Folgen der Abweichungsgesetzgebung bisher verhindert.

---

83 Z. B.: BGBl. I, 2023, Nr. 161 – BaWü Grundsteuergesetz; BGBl. I, 2023, Nr. 232 – § 34 I Nr. 1, 5, 6 NWLWG abweichend von § 49 WHG; *Zsinka* Das Zitiergebot für die Abweichungsgesetzgebung, 2017.
84 Dazu *Petschulat* Die Regelungskompetenzen der Länder für die Raumordnung nach der Föderalismusreform, 2015; Hofmann, DVBl 2020, 907.

Gleichwohl ist festzuhalten, dass die unter dem Motto der Entflechtung der Kompetenzen angetretene Föderalismusreform I in diesem Fall eher ein abschreckendes Beispiel für „Entflechtung durch Verflechtung" geschaffen hat.

Praktisch bedeutungslos ist die 1994 eingeführte **Rückholklausel** des Art. 72 IV GG, der zur Folge der Bund die Länder ermächtigen kann, Bundesrecht durch eigenes Recht zu ersetzen. Art. 125a II GG enthält eine wichtige, ähnlich strukturierte **Übergangsvorschrift.**

Bundesrecht, das wegen der Änderung des Art. 72 II GG nicht mehr als Bundesrecht ergehen könnte, gilt als Bundesrecht fort (Satz 1). Gemäß Satz 2 kann der Bund dieses Recht dem Landesgesetzgeber freigeben. Dieses Ermessen ist, wenn grundlegende Neuregelungen geboten sind, reduziert.[85] 447

Art. 125a I GG räumt den Ländern das Recht zur Abänderung bestimmter als Bundesrecht ergangener Regelungen ein, ohne dass der Bund dazu tätig werden muss. Es handelt sich um Regelungen, die auf Grund der Verfassungsänderung von 1994, z.B. das Erschließungsbeitragsrecht (Art. 74 I Nr. 18 a.F. GG) und von 2006, z.B. Ladenschlussrecht (Art. 74 I Nr. 11 a.F. GG) unter die Landeskompetenz fallen.

Die in der Föderalismusreform I gestrichene **Rahmengesetzgebung** (Art. 75 GG a.F.) ermächtigte den Bund zu Regelungen, die der Ausfüllung durch die Länder fähig und bedürftig sein mussten, schloss aber nicht aus, dass der Bund außer an die Landesgesetzgeber gerichtete Rechtsnormen auch einheitlich und unmittelbar für die Bürger geltende Vorschriften erlässt[86], z.B. die §§ 121–133 f. BRRG. Die **Übergangsvorschrift** des Art. 125b GG regelt die Fortgeltung des Rahmenrechts als Bundesrahmenrecht, das der Bund nunmehr in ausschließlicher, z.B. Melde- und Ausweiswesen (Art. 73 I Nr. 3 GG) oder in konkurrierender Gesetzgebung, z.B. Art. 74 I Nr. 27 GG – öffentlicher Dienst – abändern kann. Die Länder erhalten durch Art. 125a I 2 GG eine Abweichungsbefugnis, die an Art. 72 II 1 GG anknüpft. Art. 125b II GG regelt Organisations- und Verfahrensrecht. 448

Die frühere Grundsatzgesetzgebung kam der Rahmengesetzgebung nahe. Adressaten waren Organe des Bundes und der Länder, die dadurch auf gemeinsame Grundsätze der Haushaltspolitik und Finanzplanung sowie der Gemeinschaftsaufgaben verpflichtet wurden (Art. 109 III, 91a II 2 GG a.F.).[87]

Zur Vertiefung ein BVerfGE 26, 146 nachgebildeter Fall: 449

---

85 BVerfGE 111, 10, 28.

86 BVerfGE 4, 130.

87 Dazu *Rengeling* HStR VI, 3. Aufl., 2008, § 135 Rn. 320 – 327.

Der Bundestag verabschiedete ein Gesetz zum Schutz der Berufsbezeichnung Ingenieur. Danach durften die Berufsbezeichnung Ingenieur in Zukunft nur noch die Personen führen, die das Studium einer überwiegend technisch-naturwissenschaftlichen Fachrichtung an einer deutschen wissenschaftlichen Hochschule oder an einer deutschen staatlichen oder staatlich anerkannten Ingenieurschule erfolgreich abgeschlossen hatten. A befand sich zur Zeit der Verabschiedung des Gesetzes im 5. Semester an einer von einer privaten GmbH getragenen Ingenieurschule für Wirtschaft und Betriebstechnik. Nach Ablauf des 6. Semesters hat er erfolgreich eine Prüfung abgelegt und ist seitdem in der Wirtschaft tätig. Da die von ihm besuchte Schule nicht staatlich anerkannt ist, darf er die Berufsbezeichnung Ingenieur nicht führen. Er hält das Ingenieurgesetz für verfassungswidrig. Dem Bunde fehle die Gesetzgebungszuständigkeit.
Insbesondere könne eine Zuständigkeit des Bundesgesetzgebers nicht aus Art. 74 (I) Nr. 11 GG geltend machen kann
A möchte wissen, ob eine Verfassungsbeschwerde Aussicht auf Erfolg hätte.

450 Eine Verfassungsbeschwerde ist erfolgreich, wenn sie zulässig und begründet ist.

451 Die Verfassungsbeschwerde des A ist zulässig, wenn A durch das Gesetz in einem Grundrecht verletzt zu sein (s. § 90 BVerfGG). Im Regelfall muss ein Bürger vor der Anrufung des Bundesverfassungsgerichts zunächst den Rechtsweg einer anderen Gerichtsbarkeit, z. B. den Verwaltungsgerichten, ausschöpfen. Wenn aber ein Gesetz einen Bürger unmittelbar betrifft, ohne dass es eines behördlichen Vollzugsaktes bedarf, ist der Verfassungsrechtsweg eröffnet.

452 Da das Gesetz dem A verbietet, die Berufsbezeichnung Ingenieur zu führen, ohne dass es eines weiteren behördlichen Vollzugsaktes bedarf, ist A durch das Gesetz *selbst, gegenwärtig* und *unmittelbar* betroffen.[88] Die Verfassungsbeschwerde ist also zulässig.

453 Begründet ist die Verfassungsbeschwerde, wenn das Gesetz den A in einem seiner Grundrechte verletzt.

465 A ist in seinem durch Art. 12 I GG geschützten Grundrecht auf freie Ausübung seines Berufes verletzt, wenn der Bund das Gesetz mangels Gesetzgebungskompetenz nicht erlassen durfte.

454 Der Bundesminister für Wirtschaft trug im Verfassungsstreit vor:

> Die Kompetenz des Bundesgesetzgebers ergebe sich aus Art. 74 (I) Nr. 11 GG. Das Gesetz diene der Klarheit und Wahrheit im geschäftlichen Verkehr und regele damit Modalitäten der Berufsausübung in der Wirtschaft. Jedermann solle darauf vertrauen können, daß ein Geschäftspartner, der sich Ingenieur nenne, eine bestimmte fachliche Vorbildung habe [...]. Die Tatsache, daß das Ingenieurgesetz aus Zweckmäßigkeitsgründen kein umfassendes Berufsrecht geschaffen habe, sondern nur eine Teilregelung enthalte, ändere nichts an seinem

88 → Rn. 1271 ff..

wirtschaftsordnenden Charakter. Es knüpfe zwar an Tatsachen an, die im Schulrecht ihre Wurzel hätten, werde jedoch dadurch nicht zu einer Norm des Schulrechts.[89]

Dieser Ansicht folgte das Bundesverfassungsgericht nicht: 455

„Im Gegensatz zur Reichsverfassung von 1871 und zur Weimarer Verfassung verbietet die Systematik des Grundgesetzes eine extensive Interpretation der Zuständigkeitsvorschriften zugunsten des Bundes. Art. 30 GG geht von dem Primat der Länderzuständigkeit aus. Art. 70 Abs. 1 GG präzisiert diese Regel für den Bereich der Gesetzgebung dahin, daß die Länder das Recht der Gesetzgebung haben, soweit dieses Grundgesetz nicht dem Bund Gesetzgebungsbefugnisse verleiht. Hieraus ergibt sich eine allgemeine Schranke für die in Art. 73–75 GG aufgeführten Bundeskompetenzen."[90]

Nach diesen allgemeinen länderfreundlichen Bemerkungen zur Auslegung der 456
Kompetenzvorschriften prüft das Gericht das Ingenieurgesetz anhand der Kompetenzvorschrift des Art. 74 Nr. 11 GG a.F. = 74 I Nr. 11 GG n.F.

„Zum Recht der Wirtschaft gehören zunächst die Bestimmungen über den Wirtschaftlichen Wettbewerb und den Verbraucherschutz. Hierauf stellt der Bundesminister für Wirtschaft mit seinem Hinweis ab, das Ingenieurgesetz diene der Klarheit und Wahrheit im geschäftlichen Verkehr [...]

Das Ingenieurgesetz kann aber weder verhindern, daß nichtqualifizierte Kräfte beim Angebot von Ingenieurleistungen mit qualifizierten weiterhin in Wettbewerb treten, noch kann es bewirken, daß der Verbraucher darauf vertrauen kann, daß sein Geschäftspartner, der sich Ingenieur nennt, eine bestimmte fachliche Vorbildung hat. Schon die Besitzstandswahrungsklausel des § 1 I Nr. 1 IngG schließt eine solche Wirkung aus.

Die Gesetzgebungszuständigkeit des Bundes nach Art. 74 Nr. 11 GG erstreckt sich auch darauf, Berufe „in der Wirtschaft" rechtlich zu ordnen und ihre Berufsbilder rechtlich zu fixieren [...]

Eine solche Regelung enthält das Ingenieurgesetz aber gerade nicht. Es normiert lediglich das Führen der Berufsbezeichnung „Ingenieur", legt aber weder fest, was der Inhalt der beruflichen Tätigkeit des Ingenieurs ist, noch läßt es Ansätze für die Bestimmung eines Berufsbildes „Ingenieur" erkennen."[91]

Obwohl keine andere, im Grundgesetz ausdrücklich geregelte Gesetzgebungskom- 457
petenz vorliegend ersichtlich war, prüfte das Gericht noch weitere, im Grundgesetz ausdrücklich nicht genannte, ungeschriebene Bundeskompetenzen.

Ungeschriebene Bundeskompetenzen bestehen 458

89 BVerfGE 26, 246, 250.

90 BVerfGE 26, 246, 254; Art. 75 a.F. regelte die Rahmengesetzgebung.

91 BVerfGE 26, 246, 254.

- kraft Sachzusammenhangs
- als Annexkompetenz
- aus der Natur der Sache.[92]

459 Eine Bundeskompetenz kraft **Sachzusammenhangs** besteht nur,

> „wenn eine dem Bund ausdrücklich zugewiesene Materie verständlicherweise nicht geregelt werden konnte, ohne daß zugleich eine nicht ausdrücklich zugewiesene Materie mitgeregelt würde, wenn also ein Übergreifen in eine nicht ausdrücklich zugewiesene Materie die *unerläßliche* Voraussetzung wäre für die Regelung einer der Bundesgesetzgebung zugewiesenen Materie."[93]

460 Ein Beispiel der Bundeskompetenz kraft Sachzusammenhangs ist die Zuteilung von Sendezeiten an politische Parteien im Rundfunk. Rundfunk fällt unter die Kompetenz der Länder.[94] Wegen des Sachzusammenhangs zum Recht der politischen Parteien (Art. 21 III GG) ist aber der Bund zuständig.[95]

461 Die **Annexkompetenz** ist ein Sonderfall der Kompetenz kraft Sachzusammenhangs.[96] Sie ist gegeben, wenn eine an sich nicht der Bundeskompetenz unterliegende Materie keine einheitliche und selbständige ist, wenn sie in einem notwendigen Zusammenhang mit einer der Zuständigkeit des Bundes unterliegenden Materie steht und deshalb als Annex jenes Sachgebietes angesehen werden kann. So bestimmt § 3 BPolG, dass die die Bundespolizei als Bahnpolizei den Bahnverkehr des Bundes (Art. 73 I Nr. 6a GG) sichert. Weil die Polizei grundsätzlich Ländersache ist, bedarf es einer besonderen gesetzlichen Regelung, für die es nur eine Gesetzgebungskompetenz in Form der Annexkompetenz gibt.[97] Eine ausdrückliche Gesetzgebungskompetenz besteht gemäß Art. 87 I 2 GG für die als Bundespolizei geführten früheren Einheiten des Bundesgrenzschutzes.

462 Die Annexkompetenz ist zur ordnungsrechtlichen Bewehrung der vom Bund aufgrund seiner Sachkompetenz erlassenen Gesetze von großer Bedeutung. Im Ausgangsfall kommt sie aber nicht in Betracht. Stattdessen prüft das Gericht eine andere ungeschriebene Gesetzgebungskompetenz.

---

92 Zum Ganzen: *Rengeling* HStR VI, 3. Aufl., § 135 Rn. 72 – 81; *Kloepfer* Verfassungsrecht I, § 21 Rn 149 f.

93 BVerfGE 26, 246 (256).

94 BVerfGE 12, 205- Fernsehurteil. → Rn. 435.

95 BVerfGE 12, 241; 98, 265 – Schwangerschaftsabbruch; *v. Münch/Kunig* GG, Rn. 24 zu Art. 70.

96 BVerfGE 8, 148 ff.; 22, 210; *Degenhart* in: Sachs, Art. 70 Rn. 36 ff.

97 BVerfGE 8, 143, 149; 97, 198, 219; dazu *Rozek* in: Huber/Voßkuhle II, 2024, Art. 70 Rn. 45, 48.

„Auch eine Bundeskompetenz aus der **Natur der Sache** scheidet aus. Die Erwägung, eine bundesrechtliche und daher einheitliche Regelung für das Führen der Berufsbezeichnung ‚Ingenieur' sei zweckmäßig, reicht für die Annahme einer solchen Kompetenz nicht aus [...]. Eine Kompetenz aus der Natur der Sache ‚ist' nur dann ‚anzunehmen', wenn gewisse Sachgebiete, weil sie ihrer Natur nach eine eigenste, der partikularen Gesetzgebungszuständigkeit a priori entrückte Angelegenheit des Bundes darstellen, vom Bund und nur von ihm geregelt werden können."

Beispiele für die Ausübung der Kompetenzvorschrift Natur der Sache finden sich im Bereich internationale Selbstdarstellung und Repräsentation, wie Festlegung von Flaggen, der Bundeshauptstadt und der Festlegung von Nationalfeiertagen.[98] 463

Da im vorliegenden Fall auch keine der ungeschriebenen Bundeskompetenzen eingreift, war der Bund zum Erlass des Gesetzes nicht zuständig. Die Verfassungsbeschwerde ist daher begründet.

3. Verwaltungskompetenzen

Der 8. Abschnitt des Grundgesetzes (Art. 83 – 91) regelt die Ausführung der Gesetze und damit die Verwaltungskompetenzen, verteilt auf Bundes- und Landesverwaltung. 464

Gemäß Art. 83 GG ist die **Ausführung der Bundesgesetze** grundsätzlich Ländersache. Der Bund hat die Verwaltungskompetenz nur, wenn sie ihm im Grundgesetz oder aufgrund einer grundgesetzlichen Ermächtigung in einem einfachen Gesetz zugewiesen wird. 465

Anders als bei der Gesetzgebungskompetenz entspricht die gesetzliche **Vermutung** der Verwaltungskompetenz der Verfassungswirklichkeit. Der Schwerpunkt des Gesetzesvollzuges **liegt bei den Ländern.** Allerdings führen nicht Landesbehörden, sondern Gemeinden und Kreise die meisten Bundesgesetze aus. Im Bundesstaat sind aber die Kommunen Teil der Länder und nicht etwa eine „dritte Säule" des Staatsaufbaus. Art. 83 GG regelt wie der ganze Abschnitt VIII nur die Ausführung von Bundesgesetzen, nicht die von Landesgesetzen. Deshalb gilt für die Ausführung von Landesgesetzen die allgemeine Vorschrift des Art. 30 GG. Gemäß Art. 30 GG sind zur **Ausführung der Landesgesetze** ausschließlich die Länder zuständig. „Die Ausführung von Landesgesetzen durch Bundesbehörden ist [...] nach dem Grundgesetz schlechthin ausgeschlossen".[99] Die Gesetzgebungskompe- 466

98 *Rozek* in: Huber/Voßkuhle II, 2024, Art. 70 Rn. 40, 42.

99 BVerfGE 21, 325.

tenz des Bundes markiert die äußere Grenze seiner Verwaltungszuständigkeit, d. h. die Verwaltungskompetenz folgt der Gesetzgebungskompetenz.

467 Den **Ländern** obliegt

- der Vollzug der Landesgesetze,
- der Vollzug von Bundesgesetzen als eigene Angelegenheit (Art. 83, 84 GG),
- der Vollzug von Bundesgesetzen im Auftrag des Bundes – Bundesauftragsverwaltung (Art. 85 GG).

468 Führen die Länder Bundesgesetze als **eigene Angelegenheit** aus, so beschränkt Art. 84 III 1 GG die Aufsicht des Bundes auf die bloße Rechtsaufsicht. Weisungen des Bundes aufgrund von Zweckmäßigkeitserwägungen sind also ausgeschlossen. Der Bund hat gemäß Art. 84 IV GG das Recht zur Mängelrüge, über deren Berechtigung das BVerfG entscheiden kann (Art. 84 IV 2 GG). Ausnahmsweise sind Einzelweisungen mit Zustimmung des Bundesrates zulässig (Art. 84 II GG).

469 Gemäß Art. 84 I 1 GG sind Errichtung von Behörden und das Verwaltungsverfahren Sache der Länder. Ohne Zustimmung des Bundesrates kann der Bund jedoch nach Art. 84 I 2 Hs. 1 GG selbst diesbezügliche Regelungen treffen. Davon können die Länder wiederum gemäß Art. 84 I 2 Hs. 2 GG durch Ausübung ihres Zugriffsrechts abweichen.

470 Die abweichenden Regelungen des Landes treten jeweils nach sechs Monaten in Kraft, soweit nicht wiederum ein Bundesgesetz mit Zustimmung des Bundesrates Gegenteiliges bestimmt (Art. 84 I 3 GG). Will der Bund die Abweichungsgesetzgebung von vornherein ausschließen, kann er nach den strengen Voraussetzungen des Art. 84 I 5 GG abweichen, aber nur mit Zustimmung des Bundesrates (Art. 84 I 6 GG).[100]

471 Die in der Föderalismusreform I eingefügten **Durchgriffsverbote** in Art. 84 I 7 und Art. 85 I 2 GG verbieten dem Bund den Kommunen durch Gesetz Aufgaben zu übertragen.[101]

472 Bei der **Bundesauftragsverwaltung** umfasst die Bundesaufsicht die Gesetzmäßigkeit – „Rechtsaufsicht“ und die Zweckmäßigkeit – „Fachaufsicht“. Die starke Stellung des Bundes bei

- Einrichtung von Behörden der Länder durch zustimmungsbedürftiges Bundesgesetz (Art. 85 I),
- Erlass allgemeiner Verwaltungsvorschriften mit Zustimmung des Bundesrates (Art. 85 II 1),
- Personalrekrutierung (Art. 85 II 2 u. 3)

100 Dazu *Germann* in: Kluth (Hrsg.), Föderalismusreform, S. 181 ff.

101 S. Rn. 155.

– äußert sich besonders deutlich im Weisungsrecht des Bundes (Art. 85 III).

Dadurch kann der Bund die Sachkompetenz ganz an sich ziehen, so dass das Land auf das Handeln nach außen (Wahrnehmungskompetenz) reduziert wird[102]. Die Ausgaben der Länder für die Bundesauftragsverwaltung trägt der Bund (Art. 104a II GG). Für Bundesgesetze, die Geldleistungen gewähren und die von den Ländern ausgeführt werden, z. B. Sparprämiengesetz, Wohngeldgesetz, kann der Bund gemäß Art. 104a III 1 GG durch Gesetz die Kostenlast abweichend von Art. 104a I GG bestimmen. Nach Art. 104a I GG folgt grundsätzlich aus der Aufgabenverantwortung auch die Ausgabenverantwortung. 473

Für die **bundeseigene Verwaltung** (Art. 86–90 GG) gibt es zwei Organisationsformen: 474
– die bundes**unmittelbare** Verwaltung, entweder
– **mit eigenem Unterbau**, z. B. Auswärtiger Dienst, Bundespolizei, Bundeswehrverwaltung und die Finanzverwaltung hinsichtlich der Zölle und Verbrauchsteuern (OFD und (Haupt)Zollämter, nicht aber Finanzämter, die Landesbehörden sind, ebenso wie die OFD insoweit sie den Ländern zustehende Steuern verwalten oder)
– **ohne eigenen Unterbau**, z. B. Bundeskriminalamt, Kraftfahrt-Bundesamt und
– die **mittelbare** Bundesverwaltung, d. h. in Form von Körperschaften, Anstalten und Stiftungen des Öffentlichen Rechts, z. B. Bundesagentur für Arbeit, Deutsche Rentenversicherung Bund.

Das Finanz- und Haushaltsreformgesetz 2017[103] hat die Verwaltung der Bundesautobahnen und sonstigen Straßen des Fernverkehrs in die Bundesverwaltung überführt. Der Bund bedient sich zur Verwaltung der Bundesautobahnen einer **Gesellschaft privaten Rechts** – GmbH, Hauptsitz Leipzig (Art. 90 II 2GG). Art. 90 II4 GG verbietet eine unmittelbare oder mittelbare Beteiligung Dritter am „unveräußerlichen Eigentum des Bundes", um die Beteiligung Privater im Wege der ÖPP zu begrenzen.[104] Für die Verwaltung der sonstigen Bundesstraßen des Fernverkehrs sind die Länder im Wege der Auftragsverwaltung nach Art. 90 III GG zuständig. 475

Aus der Trennung der Verwaltungsräume von Bund und Ländern und dem „numerus clausus der Verwaltungstypen" wird traditionell ein **Verbot der Mischverwaltung** abgeleitet.[105] Die Rechtsprechung des BVerfG zum Verbot der 476

102 BVerfGE 81, 310 – Kalkar; 84, 25 – Schacht Konrad.
103 Vom 13.7.2017, BGBl. I, S. 2347; dazu Rn. 531.
104 S. BT-Drs. 18/12588, S. 6; *Gröpl* ZG 2017, 114; Übergangsregelung in Art. 143e GG.
105 *Stern* Staatsrecht II, S. 832.

Mischverwaltung ist beinahe so wechselvoll wie die zur Parteienfinanzierung. Das Gericht hat als unzulässige Mischverwaltung bezeichnet „eine Verwaltungsorganisation, bei der eine Bundesbehörde einer Landesbehörde übergeordnet ist oder bei der ein Zusammenwirken von Bundes- und Landesbehörde durch Zustimmungserfordernisse erfolgt".[106]

477 Demgegenüber heißt es in einer späteren Entscheidung:[107]

> „Die Verwendung des Begriffs ‚Mischverwaltung' mag zur klassifizierenden Kennzeichnung einer bestimmten Art verwaltungsorganisatorischer Erscheinungsformen sinnvoll sein. Für die Prüfung, ob ein Zusammenwirken von Bundes- und Landesbehörden bei der Verwaltung im konkreten Fall rechtlich zulässig ist, ergibt sich daraus nichts [...]. Eine verwaltungsorganisatorische Erscheinungsform ist nicht deshalb verfassungswidrig, weil sie als Mischverwaltung einzuordnen ist, sondern nur, wenn ihr zwingende Kompetenz- oder Organisationsformen oder sonstige Vorschriften des Verfassungsrechts entgegenstehen."

478 Es gibt also kein generelles Verbot der Mischverwaltung. Das Gericht unterscheidet verbotene und zulässige Mischverwaltung. Die Einordnung ist nicht ganz einfach. So hat das Gericht in der zitierten Entscheidung es zugelassen, dass ein Träger der Sozialversicherung i. S. v. Art. 87 II GG – ein berufsständiges Versorgungswerk – eine Einrichtung der Landesverwaltung mit der Geschäftsführung betraut. Dem gegenüber hat das Gericht die durch die Hartz IV – Reform veranlasste Zusammenlegung von Arbeitslosenhilfe und Sozialhilfe in den Fragen, die von der Bundesagentur für Arbeit und den Kommunen getragen werden, als unzulässige Mischverwaltung verworfen.[108] Das hat den verfassungsändernden Gesetzgeber aber nicht gehindert, dieses Modell entgegen der Verfassungsauslegung des Bundesverfassungsgerichts in Art. 91e GG wieder einzuführen.[109]

479 Weitere Beispiele für Mischverwaltungen, die zulässigerweise durch Grundgesetzänderungen eingeführt worden sind, bilden die Gemeinschaftsaufgaben (Art. 91a und b GG), die Verwaltungszusammenarbeit bei informationstechnischen Systemen (Art. 91c, 114a GG)[110] und der Art. 91d GG, der das Zusammenwirken von Bund und Ländern in Leistungsvergleichen (Benchmarking) überflüssigerweise ausdrücklich für zulässig erklärt.[111] Art. 91c Abs. 2 ermächtigt dazu, durch Bundesgesetz einen verbindlichen bundesweiten Portalverbund einzuführen, um auf

---

106 BVerfGE 11, 124; 32, 156.
107 BVerfGE 63, 1, 38.
108 BVerfGE 119, 331.
109 *Sachs/Mann*, in Sachs, GG, Art. 79, Rn. 27.
110 Dazu *Martini*/Wiesner ZG 2017, 193.
111 S. *Seckelmann* Information durch Performance Measure, 2012; *Hammer*, DVBl., 2012, 525.

die Online-Anwendungen der Öffentlichen Verwaltung von Bund und Ländern und Gemeinden zugreifen zu können – bisher aber wenig erfolgreich.

Der Praxis der Mischverwaltung trägt der durch die Finanz- und Haushaltsreform 2017 eingefügte Art. 114 Abs. 1 Satz 2 GG Rechnung. Der **Bundesrechnungshof** wird ermächtigt, im Rahmen der ihm obliegenden Prüfung der Haushalts- und Wirtschaftsführung des Bundes hinsichtlich der zweckentsprechenden Verwendung von Bundesmitteln im Bereich der Art. 91a, 91b, 104b, 104c und 125c GG auch Erhebungen bei den mit der Mittelbewirtschaftung beauftragten Dienststellen der Landesverwaltungen durchzuführen. Das Zusammenwirken von Bund und Ländern oder Kommunen im Bereich der Grundsicherung für Arbeitssuchende nach Art. 91e GG fällt nicht unter die Ermächtigung nach Art. 114 Abs. 1 Satz 2. Das Bundesverfassungsgericht hat schon zuvor festgestellt, dass dem Bundesrechnungshof in diesem Bereich die Finanzkontrolle erlaubt ist.[112] Bei der Prüfung nach Art. 114 Abs. 1 Satz 2 GG regelt Art. 93 Abs. 1 BHO die Zusammenarbeit im Benehmen mit dem jeweiligen Landesrechnungshof.[113]. 480

Entgegen den ursprünglichen Intentionen der Föderalismusreform, nämlich die Finanzströme zwischen Bund und Ländern zu entflechten, heißt es in Art. 104b II 1 GG: „Das Nähere, insbesondere die Arten der zu fördernden Investition und die Grundzüge der Ausgestaltung der Länderprogramme zur Verwendung der Finanzhilfen, wird durch Bundesgesetz, das der Zustimmung des Bundesrates bedarf, oder auf Grundlage des Bundeshaushaltsgesetzes durch Verwaltungsvereinbarung geregelt."

Vom Grundsatz, dass der **Bund** nur die Verwaltungskompetenzen hat, die ihm vom Grundgesetz ausdrücklich zugewiesen sind, hat das Bundesverfassungsgericht[114] – wie bei der Gesetzgebungskompetenz – als Ausnahme eine **Verwaltungskompetenz kraft Natur der Sache** zugelassen. 481

„Es sind Gesetze denkbar, deren Zweck durch das Verwaltungshandeln eines Landes überhaupt nicht erreicht werden kann [...]. Nur dann, wenn diese vollständige Ausführung durch Landesverwaltung nicht erreicht werden kann, könnte man annehmen, daß das Grundgesetz stillschweigend eine andere Regelung zuläßt, nämlich die, daß die Ausführung dem Bund übertragen ist."

---

112 E137, 137/150.

113 BT-Drs. 18/11131, S. 19.

114 BVerfGE 11, 17; 22, 216.

4. Gerichtsorganisation

482 Der Abschnitt „IX. Die Rechtsprechung“ konkretisiert den **Grundsatz der Gewaltenteilung** (Art. 20 III GG), indem er die Gerichtsorganisation regelt, die Rechtstellung der Richter bestimmt, die Todesstrafe abschafft und justizielle Grundrechte garantiert. Art. 92 GG definiert die Rechtsprechung im **organisatorischen Sinne** als selbstständigen Zweig der Staatsgewalt, die besonderen Organen, den Richtern, anvertraut ist (Halbs. 1). Entsprechend dem bundesstaatlichen Aufbau des Grundgesetzes teilt der 2. Halbs. die Ausübung der einheitlichen Gerichtsbarkeit, die mit Ausnahme der Verfassungsgerichtsbarkeit einen Instanzenzug bildet, auf Bund und Länder auf. Soweit das Grundgesetz nicht ausdrücklich die Ausübung der rechtsprechenden Gewalt Bundesgerichten zuweist, sind die Gerichte in Übereinstimmung mit der Grundregel des Art. 30 Gerichte der Länder.

483 Richter üben somit Staatsgewalt in völliger organisatorischer Verselbstständigung gegenüber der Legislative und der Exekutive aus. Insbesondere darf kein Gericht einer Verwaltungsbehörde in dem Sinne angegliedert sein, dass die Richter einem Verwaltungsbeamten organisatorisch unterstehen. Jedes Weisungs- oder Auftragsverhältnis einer Stelle der Legislative oder Exekutive gegenüber der Justiz ist dadurch verfassungsrechtlich ausgeschlossen (Art. 97 I GG).

„Spruchkammern“ oder „Spruchkörper“ bei einer Behörde sind demnach niemals Gerichte, sondern Verwaltungsbehörden; und zwar auch dann, wenn ihnen für bestimmte Aufgaben Weisungsfreiheit garantiert ist. Solche (heute kaum noch anzutreffenden) verselbständigten Einheiten sind zwar zulässig, aber keine Organe der Justiz. Sie üben keine Rechtsprechung aus, sondern unterliegen der Kontrolle durch diese. Auch dürfen richterliche Befugnisse nur vom Richter, nicht von Beamten „nebenbei“ wahrgenommen werden.[115]

484 Die **Verfassungsgerichte** (Verfassungsgerichtshöfe, Staatsgerichtshöfe) in Bund und Ländern stehen selbstständig nebeneinander. Das Bundesverfassungsgericht bildet keine zweite Instanz über den Landesverfassungsgerichten.[116] Art. 28 I GG fordert nur ein gewisses Maß an Homogenität der Bundes- und Landesverfassungen.[117] Das Bundesverfassungsgericht hat sich zunehmend aus der Prüfung von Verfassungsbeschwerden gegen Urteile der Landesverfassungsgerichte zurückgezogen.[118] Landesverfassungsgerichte können bundesrechtlich geregelte, aber von Landesbehörden betriebene Verfahren anhand von Landesgrundrechten prüfen, trotz

---

115 S. Rn. 679.

116 BVerfGE 60, 175, (301).

117 BVerfGE 36, 342 (372).

118 BVerfG, NVwZ, 2023, 903; U.v. 19.12.2023, 2 BvC 4/23 – Wahlprüfung Berlin; 85, 148 (157); 99, 1 (19); *Battis*, GS Sachs, 2024, S. 113; *Gärditz* DVBl 2024, 870.

gleichlautender Bundesgrundrechte.[119] Landesrecht kann zweigleisigen Rechtsschutz ausschließen, z.B. Art. 6 II, 113 Nr. 4 BbgVerf, §§ 42 ff. VerfGGBbg.[120] Gem. Art. 93 I Nr. 4 Alt. 3 GG kann das Bundesverfassungsgericht als subsidiäres Landesverfassungsgericht tätig werden.[121]

Entsprechend der Kompetenzverteilung des Art. 92 Halbs. 2 GG sind die unteren und mittleren **Instanzgerichte** Gerichte der Länder, die obersten Gerichte Bundesgerichte. 485

Der Bund darf **eigene Instanzgerichte** nicht errichten. Ausnahmen sind gem. Art. 96 GG 486

- ein Bundesgericht für gewerblichen Rechtsschutz, das Bundespatentgericht,
- Truppendienstgerichte (Nord und Süd) als Disziplinargerichte für Soldaten,
- Wehrstrafgerichte (vor allem im Verteidigungsfall, bisher aber wegen ihres furchtbaren Wütens in der NS-Zeit[122] nicht errichtet).

Ein organisatorischer Sonderfall ist die mittelbare Bundesgerichtsbarkeit qua Organleihe gemäß Art. 96 V GG. Gerichte der Länder können Bundesgerichtsbarkeit in Strafsachen ausüben, die den Bund wesentlich betreffen, wie Völkermord, Kriegsverbrechen oder Staatsschutz. 487

Oberste Gerichtshöfe sind gemäß Art. 95 I GG 488

- der Bundesgerichtshof für die ordentliche Gerichtsbarkeit (Zivil- und Strafrechtspflege) in Karlsruhe und in Leipzig
- das Bundesarbeitsgericht in Erfurt,
- das Bundesverwaltungsgericht in Leipzig,
- der Bundesfinanzhof in München,
- das Bundessozialgericht in Kassel.

Zur Wahrung der Einheitlichkeit der Rechtsprechung bilden die obersten Gerichtshöfe einen Gemeinsamen Senat (Art. 95 III GG). 489

Über die Berufung der Bundesrichter entscheidet der für das jeweilige Sachgebiet zuständige Bundesminister (Justiz- bzw. Arbeitsminister) gemeinsam mit einem Richterwahlausschuss. Der Richterwahlausschuss besteht paritätisch aus den für das jeweilige Sachgebiet zuständigen Landesministern und den vom Bundesrat gewählten Mitgliedern (Art. 95 II GG).

119 Einschränkend, HessStGH, DÖV 1999, 388; s.a. BVerfGE 94, 345; *Lange* NJW 1998, 1278.
120 Zusammenstellung bei *Degenhart* Rn. 896 – 915.
121 *Kluckert* in: Stern/Sodan/Möstl, Staatsrecht, § 42 Rn. 232.
122 S. *Görtemaker*/*Safferling* Die Akte Rosenburg, 2016, S. 435.

490 Art. 92 GG gilt nur für **staatliche Gerichte**, also Gerichte, die aufgrund staatlicher Gesetze vom Staat eingerichtet worden sind. Andere „Gerichte" sind private Schiedsinstanzen, die zwar zulässig sind, aber den Aufgabenbereich der staatlichen Gerichte nicht begrenzen können; sie unterliegen also einer eingeschränkten staatlichen Nachprüfung. Abgrenzungsprobleme können bei der Ehrengerichtsbarkeit auftreten, die bei den Kammern, z. B. Anwaltskammer, eingerichtet ist. Sie sind Gerichte i. S. d. Art. 92 GG, wenn sie gesetzlich vorgesehen sind und von staatlichen Stellen besetzt werden, wobei den Kammern ein Mitwirkungsrecht zukommen kann.[123]

491 Trotz der Garantie der richterlichen Unabhängigkeit (Art. 97 GG) können die Landesjustizministerien vermittels der Personalpolitik (Ernennungen) die Besetzung von Landes- und auch Bundesrichterstellen beeinflussen.

492 Soweit in einem Rechtsstreit landesrechtliche Vorschriften, z. B. des Polizei- oder Schulrechts, anzuwenden sind, ist die Auslegung durch das jeweilige letztinstanzliche Ländergericht auch für Bundesgerichte verbindlich. Vereinheitlichend wirkt sich aus, dass sowohl das materielle Recht, das die Gerichte anwenden, als auch das Gerichtsverfassungsrecht, also die Bestimmungen über die Zuständigkeit der Gerichte für die einzelnen Rechtsgebiete, und das Verfahrensrecht (Art. 74 I Nr. 1 GG) überwiegend Bundesrecht ist, z. B. das Schiedsverfahren nach §§ 125 ff ZPO, Schiedsgerichte von politischen Parteien (§14 PartG) oder internationale Schiedsgerichte wie der CAS Lausanne[124] oder Schiedsgerichte aufgrund völkerrechtlicher Verträge, z. B. der WTO oder bei bilateralen Investitionsschutzverträgen.[125] Kirchliche Gerichte garantiert Art. 140 GG in Verbindung mit Art. 137 III WRV.

493 Ausgelöst durch Rationalisierungsbemühungen ist umstritten, ob Art. 95 GG das fünfgliedrige Gerichtssystem auch in den Ländern garantiert.[126] Außer Streit ist die Zulässigkeit von länderübergreifenden Gerichten, z. B. OVG Berlin/Brandenburg.[127]

Weiterführend:
Degenhart HStR V, 3. Aufl., 2007, § 114 – Gerichtsorganisation; Hesselbarth, Schiedsgerichtsbarkeit und Grundgesetz 2004; *Wittreck* Die Verwaltung der Dritten Gewalt, 2006, *Zobel*, Schiedsgerichtsbarkeit und Gemeinschaftsrecht, 2005.

123 Einzelheiten in BVerfGE 26, 186, 195; 48, 300, 315 ff.

124 Schiedsurteil vom 25.11.2009 – CAS 2000/A/1912; dazu BVerfG (K) B.v. 03.06.2022, 1 BvR 2103/16 gegen BGH U. v. 07.06.2016 KZR 6/15 – Pechstein.

125 Z.B. Vattenfall vs. BRD vor dem ICSID – im Nachgang zu BVerfG B. v. 29.09.2020 1 BvR 1550/19 erledigt.

126 Verneinend *Voßkuhle* in: Huber/Voßkuhle III, 2024, Art. 95 Rn. 29; a.A. *Hense* HStR VI, 3. Aufl., § 137 Rn. 48 m.w.N.

127 Dazu *Remmert* Jahrbuch des Föderalismus 2005, 2006.

IV. Bundesrat

1. Verfassungsrechtliche Stellung des Bundesrates

„Durch den Bundesrat wirken die Länder bei der Gesetzgebung und Verwaltung des Bundes mit" (Art. 50 GG). 494

Der Bundesrat ist ein **Verfassungsorgan des Bundes.** Er ist staatsrechtlich kein gemeinsames Organ der Länder; auch wenn die Länder über den Bundesrat versuchen, ihre gemeinsamen oder speziellen Interessen politisch durchzusetzen. Der Bundesrat verwirklicht das Bundesstaatsprinzip in der Willensbildung des Bundes. Indem die Länder über den Bundesrat an der Ausübung der Bundesgewalt beteiligt werden, verwirklicht der Bundesrat zugleich die horizontale Gewaltenteilung. Schon in der Weimarer Republik hat Rudolf Smend (1882–1975) als Beispiel für die Unitarisierung des Bundesstaates angeführt, dass dem Verlust der Länder an eigenständiger Gesetzgebungskompetenz der Gewinn an Einflussnahme auf den Gesamtstaat entspricht. Anknüpfend an die Vorschläge der Gemeinsamen Verfassungskommission von Bund und Ländern[128] haben die Länder im Vorfeld der Zustimmung des Bundesrates zum verfassungsändernden Maatsricht-Ratifikationsgesetz die Aufwertung der Rolle des Bundesrates in Angelegenheiten der EU durchgesetzt und zwar in Art. 23 II, IV, V, VI, und Art. 52 IIIa GG – Europakammer der Bundesrates – Subsidiaritätsklage von Bundesrat (und Bundestag). Art. 23 VI – Wahrnehmung der Mitgliedschaftsrechte durch einen Ländervertreter – und Art. 23 Ia GG. Die Mitwirkung der Länder „durch den Bundesrat" verknüpft also Landes- und Europapolitik.[129] 495

Als Bundesorgan ist der Bundesrat kein nach „Zwischenländerstaatsrecht" gebildeter Länderrat. Erscheinungsformen des vom Grundgesetz weder vorgesehenen noch verbotenen **„Rechts der Zwischenländerkooperation"** sind z. B. die **Ministerpräsidentenkonferenz**, die schon vor dem Grundgesetz die Einberufung des Parlamentarischen Rates (→ Rn. 9) verabredete und die verschiedenen **Fachministerkonferenzen** wie die Kultusministerkonferenz (einschließlich der Wissenschaftsministerkonferenz der Länder) oder die Bauministerkonferenz, die auf der „Arbeitsebene" mit erheblichem bürokratischen Unterbau versorgt sind, wie das ständige Sekretariat der Kultusministerkonferenz mit einem Generalsekretär oder die auf der „Arbeitsebene" regelmäßig tagende Arbeitsgemeinschaft Bau. Der Bund wird auf den meisten Fachministerkonferenzen durch den zuständigen 496

128 BT-Drs. 12/6000; *Scholz* NJW 1993, 1690; krit. *Kloepfer* Verfassungsgebung als Zukunftsbewältigung aus Vergangenheitserfahrung, 1994.

129 Dazu *Dästner* NWVBl 1994, 1.

Bundesminister als Gast vertreten. Daneben gibt es eine Vielzahl durch Verwaltungsabkommen und Koordinationsabsprachen geschaffene Kooperationsformen im Bildungsbereich, gestützt auf Art. 91b GG, gemeinsam mit dem Bund zur Forschungsförderung und zur Evaluation wie die Gemeinsame Wissenschaftskonferenz (GWK). Die von der Föderalismusreform II eingeführten Art. 91c, d GG bilden kompetenzrechtlich die seit Langem bestehenden zahlreichen Vereinbarungen zwischen Bund und Ländern ab, z. B. der in Hochschul- und Forschungsfragen einflussreiche Wissenschaftsrat.

497 Die Mitglieder des Bundesrates sind instruierte Vertreter der Landesregierungen (Art. 51 I GG). Sie sind keine vom Volke unmittelbar (oder durch die Länderparlamente) gewählte, an Weisungen nicht gebundene (Art. 38 I GG) Volksvertreter (wie in den USA die Mitglieder des Senats) und keine von den sozialen, wirtschaftlichen, kulturellen und gemeindlichen Körperschaften des Landes entsandte Standesvertreter (wie die Mitglieder des früheren Senats in Bayern, Art. 34 BayVerf a.F.).

498 Der Bundesrat ist ein immerwährendes Verfassungsorgan des Bundes ohne Wahl- oder Sitzungsperioden. Deshalb gilt für ihn anders als für den Bundestag nicht der Grundsatz der **Diskontinuität**, d. h. mit dem Ende einer Legislaturperiode des Bundestages verfallen nicht alle im Bundesrat nichtverabschiedeten Gesetzesvorlagen.[130] Mitglieder des Bundesrates sind die Regierungsvertreter der einzelnen Länder. Da die Mitglieder des Bundesrates nicht das jeweilige Landesvolk repräsentieren, entspricht die Stimmengewichtung im Bundesrat nicht annähernd der Bevölkerungszahl der einzelnen Länder. Der durch Art. 4 Nr. 3 EV geänderte Art. 51 II GG wahrt die Sperrminorität der vier großen Länder (Nordrhein-Westfalen, Bayern, Baden-Württemberg, Niedersachsen) mit je sechs Stimmen. Die beiden kleinsten Länder (Bremen 0,6 Mio., Saarland 1 Mio. Einwohner) haben zusammen ebenso viele Stimmen wie das größte Land (Nordrhein-Westfalen, 17,9 Mio. Einwohner). Insoweit setzt sich das Bundesstaatsprinzip gegenüber dem demokratischen Prinzip durch. Dem bundesstaatlichen Prinzip entspräche es aber auch, wenn jedes Land nur eine Stimme hätte. Die verfassungsrechtliche Ausgestaltung belegt die doppelte Kennzeichnung der Bundesrepublik als Demokratie und Bundesstaat in Art. 20 I GG. Die Mitwirkung der Länder am Regierungssystem des Bundes kann als duplex (doppeltes) regimen bezeichnet werden.

> „In den Räumen des Bundesrates herrscht die gepflegt-geräuscharme Atmosphäre diplomatisch-vorsichtiger Höflichkeit, gemischt mit der Sachlichkeit der ihrer eigenen Unentbehrlichkeit wohlbewußten Fachleute. Dies hat insofern seine Berechtigung, als die Produkte der manchmal recht praxisfern konzipierenden Ministerialbürokratie des Bundes, des auch nicht

130 *Aumüller*, Das Diskontinuitätsprinzip im Parlamentsrecht, 2023.

immer durch Insider-Wissen gestählten Bundestages im Bundesrat zum ersten Mal mit der praktischen Verwaltungserfahrung der Landesressortminister und Landesbürokratien konfrontiert werden. Der Sachverstand, der sich aus der Kenntnis und Anschauung der konkreten Verwaltungs- und Lebensverhältnisse und aus Erfahrungen mit dem praktischen Vollzug von Gesetzen bildet, kann hier oft zu sinnvollen Korrekturen an Gesetzesentwürfen oder -beschlüssen führen".[131]

Zu diesem Bild passen die vorwiegend in den Ausschüssen zu Tage tretenden, an materiellen Interessen orientierten wechselnden „Koalitionen" von Küstenländern, Stadtstaaten, Flächenstaaten oder von Ländern, die durch bestimmte Wirtschaftszweige geprägt werden, z. B. „Autoländer", „Energieländer" sowie von armen und reichen Ländern. Die reichen Länder Hessen, Baden-Württemberg, Bayern, Hamburg konnten in der Föderalismusreform II den von ihnen angestrebten Wettbewerbsföderalismus nicht durchsetzen. Stattdessen hat die Finanz- und Haushaltsreform 2017 die Zahlungen des Bundes an die Länder erhöht, aber auch dessen Einfluss verstärkt. Die durch Art. 105 III GG eingeräumte starke Stellung des Bundesrates[132] gegenüber dem Bundestag und der Bundesregierung ist beibehalten worden. 499

Die Verfassungswirklichkeit kennt aber auch die politische, auf die Parteizugehörigkeit des jeweiligen Ministerpräsidenten abstellende Klassifizierung von A-, B- und C-Ländern. Sie ist besonders brisant, wenn im Bundesrat eine vom Bundestag abweichende politische Mehrheit besteht. Die Vielfalt der unterschiedlichen Koalitionsregierungen in den Ländern hat die Praxis verfestigt, dass bei Nichteinigung innerhalb der jeweiligen Landesregierung das Land sich bei Abstimmungen im Bundesrat der Stimme enthält, wodurch die kleinen Koalitionspartner erheblich an Einfluss gewinnen. 500

Man kann die parteipolitische Fraktionierung in A-, B und C–Länder als Ausprägung der durch Art. 21 GG sanktionierten „parteienstaatlichen" Demokratie erklären. Die Parteienfraktionierung im Bundesrat ist der wichtigste Beleg dafür, dass das traditionell durch Konkordanz und Kooperation geprägte Verständnis des Bundesstaatsprinzips der Wirklichkeit des parteienstaatlichen Konkurrenzföderalismus[133] schon lange nicht mehr gerecht wird. Der Wettbewerb der Parteien in den Ländern setzt sich auf Bundesebene umso mehr fort, je mehr die Länder an Mitwirkungsrechten auf gesamtstaatlicher Ebene gewinnen, was sie auf Landesebene an eigenständigen Kompetenzen verlieren. Die Wiedergewinnung eigener Hand- 501

131 So *Denninger* Staatsrecht 2, S. 74.

132 S. Rn. 545.

133 So *Schneider* in: Klönne u. a., Lebendige Verfassung, Das Grundgesetz in Perspektive, 1981, S. 91, 117.

lungsspielräume der Länder könnte ein Mittel zu Bekämpfung „parteitaktischer Degenerationen" des Bundesstaates sein. Die Föderalismusreform I und II haben Schritte in diese Richtung getan, die aber durch die erneute Revision von Art. 91b GG und vor allem durch die Finanz- und Haushaltsreform 2017 nicht in Richtung eines Wettbewerbsföderalismus[134] fortgeführt worden sind.

502 Die Einschränkung des für die Demokratie konstitutiven Mehrheitsprinzips durch das Bundesstaatsprinzip ist im Grundgesetz angelegt. Im Falle der Zustimmungsgesetze, die ohne Zustimmung des Bundesrates nicht zustande kommen können (Art. 77, 78 GG), wird das demokratische Mehrheitsprinzip bei unterschiedlichen parteipolitischen Mehrheiten von Bundestag und Bundesrat durch einen Zwang zur Großen Koalition in Sachfragen ersetzt.[135] Man kann darin eine Denaturierung des Parlamentarismus durch das Bundesstaatsprinzip sehen, sollte aber nicht außer Acht lassen, dass der durch Art. 21 I GG legitimierte Parteienwettbewerb diese Folgen zeitigt.

503 Die Umwandlung eigenständiger Landeskompetenzen in Mitwirkungsrechte an der Gesetzgebung und Verwaltung des Bundes hat nicht nur Rückwirkungen auf das parlamentarische System des Bundes, sondern auch auf das der Länder. Die Zunahme der Mitwirkungsrechte des Bundesrates stärkt die Landesregierungen. Die Abnahme der eigenständigen Landeskompetenzen schwächt vor allem die Landesparlamente. Der Kompetenzverlust wird nicht ausgeglichen durch Ansätze, im Landesparlament das Verhalten der Landesregierung im Bundesrat effektiver zu kontrollieren. Trotz der parlamentarischen Verantwortlichkeit der Landesregierung beeinträchtigen die kurzen Fristen der Art. 77 II 1, III GG die wirksame Kontrolle des Verhaltens der Landesregierung im **Bundesrat** durch das **Landesparlament.** Hinzu kommt, dass das Landesparlament am unmittelbaren Geschehen auf Bundesebene nicht selbst beteiligt ist. Nicht zuletzt daraus erklärt sich die in der Föderalismusreform I kulminierende Skepsis von Landespolitikern gegenüber Erscheinungsformen des „Beteiligungsföderalismus"[136]. Die (teilweise) Beibehaltung der Gemeinschaftsaufgaben des Art. 91a GG und die Regelungen zur Verwaltungskooperation in den Art. 91b GG (Föderalismusreform I) und Art. 91c, d GG (Föderalismusreform II) sowie Art. 91e GG belegen, dass die Mehrheit der Länder den Beteiligungsföderalismus dem Wunsch nach mehr Eigenständigkeit vorzieht.

Weiterführend:
Gusy Das parlamentarische Regierungssystem und der Bundesrat, DVBl. 1998, 917; *Herzog*

---

134 Dazu *Volkmann* DÖV 1998, 613; zurückhaltend *Isensee* HStR VI, 3. Aufl., 2008, § 126 Rn. 331–334.
135 *Wahl* AöR 1978, S. 477, 502.
136 Zu Informationspflichten der Regierung gegenüber dem Parlament zum beabsichtigten Abstimmungsverhalten BremStGH, NVwZ-RR 2010, 547.

Stellung des Bundesrates im demokratischen Bundesstaat, in: HStR III, 3. Aufl., § 57; *T.I. Schmidt* Der Bundesrat, Geschichte, Struktur, Funktion, in Härtel (Hrsg.), Handbuch Föderalismus I, 2012, S. 651.

2. Zusammensetzung des Bundesrates

Der Bundesrat besteht aus Mitgliedern der Landesregierungen, die von der jeweiligen Landesregierung bestellt und auch von ihr abberufen werden können (Art. 51 I 1 GG). Jedes Land kann so viele Mitglieder entsenden, wie es Stimmen hat (Art. 51 III 1 GG). Wie viele Mitglieder eine **Landesregierung** in den Bundesrat **entsenden** kann, bestimmt Art. 51 II GG nach vier einwohnerbezogenen Klassen. Die **Stimmabgabe** erfolgt entsprechend dem föderativen Prinzip einheitlich (Art. 51 III 2 GG). Daraus und im Gegenschluss aus Art. 53a I 3, 77 II 3 GG, wonach die in den Gemeinsamen Ausschuss und in den Vermittlungsausschuss entsandten Mitglieder des Bundesrates weisungsfrei sind, folgt, dass die Mitglieder des Bundesrates (außer im Vermittlungsausschuss – Art. 77 II 3 GG) an die **Weisungen** ihrer jeweiligen Landesregierung **gebunden** sind. 504

Das unterscheidet sie von den vom Volk demokratisch gewählten Abgeordneten des Bundestages (Art. 38 I GG), die eben dieses Volk repräsentieren (Art. 38 I 2 GG). 505

Mit der Rechtssicherheit wäre es unvereinbar, wenn Abstimmungen eines Gesetzgebungsorgans durch die nachträgliche Mitteilung einer Landesregierung umgestoßen werden könnten. Der Landesvertreter kann aber abberufen und als Minister entlassen werden. Aus dem (änderbaren) Wortlaut von Art. 52 III 1 – „Mehrheit seiner Stimmen" – folgt, dass Enthaltungen als Neinstimmen zählen. 506

Gibt der über die Stimmen gemäß Art. 51 III 2 GG verfügende Stimmführer diese entgegen der Weisung seiner Landesregierung ab, so ist diese Stimmabgabe gültig. Widerspricht ein stimmberechtigtes Mitglied dem eigenen Stimmführer nach dessen Stimmabgabe in der noch laufenden Abstimmung, so liegt eine uneinheitliche, gegen Art. 51 III 2 GG verstoßende und damit unwirksame Stimmabgabe des Landes vor.[137] Der Präsident des Bundesrates darf bei eindeutig gespaltener Stimmabgabe nicht erneut und nur den Stimmführer befragen.[138]

Die Entscheidungen des Bundesrates werden in seinen Ausschüssen vorbereitet. Die Ausschüsse tagen anders als regelmäßig der Bundesrat (Art. 52 III, 3, 4 GG) nicht öffentlich (§ 37 II 1 GOBR). Mitglieder der Ausschüsse sind außer den Mitgliedern der Landesregierung auch **Beauftragte** der Landesregierungen. Durch die Beauf- 507

137 So BVerfGE 106, 310, 330 – Zuwanderungsgesetz.

138 BVerfGE 106, 310, 332; s.a. Sondervotum *Osterloh* und *Lübbe-Wolff* BVerfGE 106, 337; zur Neugewichtung von Stimmenthaltungen im Bundesrat s.a. *Thiele* KritV 2010, 169, 173.

tragung von Landesbeamten wird der Einfluss der Landesbürokratien gestärkt, um spezifische Fach- und Länderbelange zu wahren. Allerdings rechtfertigen die Amtsbezeichnungen der handelnden Ministerialbeamten längst nicht mehr die Titulierung des Bundesrates als „Parlament der Oberregierungsräte".

3. Aufgaben des Bundesrates

508 Art. 50 GG beschreibt die wichtigsten Aufgaben und Rechte des Bundesrates: Mitwirkung bei der Gesetzgebung und Verwaltung des Bundes und in Angelegenheiten der EU.

509 An der **Gesetzgebung** wirkt der Bundesrecht dadurch mit, dass

- der Bundesrat beim Bundestag Gesetzesvorlagen einbringen kann – Gesetzesinitiativrecht, Art. 76 I GG,
- Gesetzesvorlagen der Bundesregierung vor Einbringung beim Bundestag dem Bundesrat zur Stellungnahme zuzuleiten sind (Art. 76 II GG),
- alle Gesetze nach ihrer Annahme durch den Bundestag unverzüglich dem Bundesrat zuzuleiten sind (Art. 77 I 2 GG),
- der Bundesrat gegen Einspruchsgesetze den Vermittlungsausschuss anrufen und Einspruch einlegen kann, wodurch das Inkrafttreten des Gesetzes verzögert, aber nicht verhindert werden kann (Art. 77 II, III GG),
- der Bundesrat Zustimmungsgesetzen die Zustimmung versagen kann, was letztlich trotz Einschaltung des Vermittlungsausschusses das Inkrafttreten eines Gesetzes endgültig verhindern kann (Art. 77 IIa GG). Diese Zustimmungsbedürftigkeit wird bei zahlreichen Gesetzgebungsmaterien im Grundgesetz angeordnet, insbesondere bei Verwaltungskompetenzen (Art. 84 I 3, 6, II, V, 85 I 1, III 2, 87 III 2, 87b I 3, 87c, 87d II GG) und in der Finanzverfassung (Art. 104a IV, V 2, VI 4, 104b II 1, 105 III, 106 III 3, IV 2, V 2, Va 3, VI 5, 106a S. 2, 106b S. 2, 107 I 2, 4, 108 II 2, IV 1, 109 IV, 109a S. 1 GG).
- der Bundesrat die Hälfte der Mitglieder des Vermittlungsausschusses stellt (Art. 77 II 2 GG, § 1 GO Vermittlungsausschuss),
- der Bundesrat sogar das entscheidende Gesetzgebungsorgan in den Fällen des sog. Gesetzgebungsnotstandes wird (Art. 81 GG, einer besonders schweren Regierungskrise infolge einer Vertrauensfrage).

510 **An der Exekutive** des Bundes **wirkt der Bundesrat** mit, insbesondere

- an dem nach Häufigkeit und Gehalt wichtigen Rechtsetzungsverfahren der Exekutive, nämlich dem Erlass von Rechtsverordnungen gem. Art. 80 II, III GG,
- bei der Ausführung der Bundesgesetze durch die Länder als eigene Angelegenheit

- (Einrichtung der Behörden und des Verwaltungsverfahrens Art. 84 I 1–6 GG mit Abweichungsmöglichkeiten; Erlass allgem. Verwaltungsvorschriften Art. 84 II GG; Aufsicht Art. 84 III 2 GG; Mängelrüge Art. 84 IV 1 GG; Einzelzuweisungen Art. 84 V GG),
- bei der Ausführung von Bundesgesetzen im Auftrag des Bundes
- (Einrichtung von Behörden, Art. 85 I 1 GG; allgemeine Verwaltungsvorschriften, Art. 85 II 1 GG),
- bei den Gemeinschaftsaufgaben (Art. 91a II, 91c IV2, 91e IV GG), nicht aber bei Art. 91b und 91dGG, bei denen statt des Bundesrates gemäß Art. 91b I 2 GG alle Länder mitwirken müssen oder bei denen gemäß Abs. 2 S. 3 die Volksvertretungen der beteiligten Länder zustimmen müssen. Bei Art. 91d GG reichen Vereinbarungen zwischen Bundes- und Landesverwaltungen aus. Bei Art. 91c GG müssen zusätzlich zum Bundesrat Bund und Länder Vereinbarungen treffen (Art. 91c II). Art. 91c III ermöglicht Vereinbarungen zwischen Ländern,
- beim Bundeszwang gegenüber einem Land (Art. 37 I GG)
- (dem äußersten (Zwangs-)Mittel zur Sicherung des bundesstaatlichen Prinzips),
- durch die Vertretung des Bundespräsidenten durch den Präsidenten des Bundesrates (Art. 57 GG).

An der Wahl des Bundespräsidenten ist der Bundesrat nicht beteiligt. Stattdessen 511 wählen die Länderparlamente die Hälfte der Mitglieder der Bundesversammlung (Art. 54 III GG).

An Gesetzgebung und Verwaltung des Bundes **wirkt der Bundesrat** auch **im** 512 **Notstandsfall mit**, und zwar

- bei der Bundesintervention anlässlich des inneren Notstandes (Art. 91 II 2 GG),
- durch die Stellung von einem Drittel der Mitglieder des Gemeinsamen Ausschusses (Art. 53a GG), dem obersten Verfassungsorgan im Verteidigungsfall (Legaldefinition in Art. 115a I 1 GG),
- durch weitere Mitwirkungsbefugnisse im Verteidigungsfall gem. Art. 115c I 2, III; 115d II; 115 f II; 115k III; 115 l II, III GG.

An der **Judikative** wirkt der Bundesrat mit durch die Wahl der Hälfte der Mit- 513 glieder des Bundesverfassungsgerichts (Art. 94 I 2 GG).

Im Wahlausschuss für die Richter der obersten Gerichtshöfe des Bundes (Bundesgerichtshof, Bundesverwaltungsgericht, Bundesfinanzhof, Bundessozialgericht) wirken die Länder durch ihre Minister mit (Art. 95 II GG). Das Bundesorgan Bundesrat ist nicht beteiligt.

Schließlich hat der Bundesrat weitere **Einwirkungs- und Kontrollrechte** 514

- in **Angelegenheiten der Europäischen Union** (Art. 23 Ia – Subsidiaritätsklage vor dem EuGH, II 1, IV, V 1, 2, VI 1, VII GG i.V.m. dem Gesetz über die Zusammenarbeit von Bund und Ländern in Angelegenheiten der EU (dazu Rn. 153 f.) und dem EuZBLG)
- gegenüber der Regierung das **Ministerzitierrecht** und Recht auf laufende Unterrichtung über die Führungen der Geschäfte der Bundesregierung, Art. 53 S. 1, 3 GG,
- gegenüber dem Bundestag in Gestalt eines **Zutritts- und Rederechts** – Art. 43 II GG, wodurch Ministerpräsidenten der Länder die politisch wichtige Möglichkeit haben, im Bundestag zu sprechen,
- gegenüber dem Bundespräsidenten durch das Recht der Präsidentenanklage, Art. 61 I 2, 3 GG,
- bei der Rechnungsprüfung, Art. 114 I, II 2 GG,
- zum Schutz der freiheitlich-demokratischen Grundordnung durch das Recht, den Antrag auf Entscheidung des Bundesverfassungsgerichts zu stellen, ob eine Partei verfassungswidrig ist, Art. 21 II 2 GG i.V.m. § 43 I BVerfGG.

515 **Zur Vertiefung** ein BVerfGE 37, 363 nachgebildeter Fall:

! Im Jahre 1972 erging mit Zustimmung des Bundesrates das Rentenreformgesetz, das u. a. das Verfahren der Landesverwaltung bei der Ausführung rentenrechtlicher Bestimmungen regulierte.
Im Jahre 1973 beschloss der Bundestag das 4. Rentenrechtsreformänderungsgesetz, das wegen seines materiell-rechtlichen Inhalts nicht der Zustimmung des Bundesrates bedurfte, aber das Rentenreformgesetz, also ein Zustimmungsgesetz, änderte.
Die bayerische und rheinland-pfälzische Landesregierung halten das Gesetz für verfassungswidrig, weil es ohne Zustimmung des Bundesrates erlassen worden ist und stellen gem. Art. 93 I Nr. 2 GG den Antrag, das Bundesverfassungsgericht möge feststellen, dass das 4. Rentenreformänderungsgesetz mit dem Grundgesetz nicht vereinbar und daher nichtig ist.

---

516 Das Bundesverfassungsgericht wird dem **Antrag** stattgeben, wenn er **zulässig** und begründet ist.

517 Da die bayerische und rheinland-pfälzische Landesregierung das 4. Rentenreformänderungsgesetz, also Bundesrecht, wegen Unvereinbarkeit mit den Artikeln 77 II, 78 GG für nichtig halten, ist der Antrag gem. Art. 93 I Nr. 2 GG, § 13 Nr. 6, § 78 S. 1 BVerfGG zulässig.

518 **Begründet** ist der **Antrag**, wenn ein Gesetz, das selbst keine zustimmungspflichtigen Normen enthält, allein deshalb der Zustimmung des Bundesrates bedarf, weil es ein seinerseits zustimmungsbedürftiges Gesetz ändert.

Zur Begründung beruft sich der Bundesrat[139] auf die von ihm nach seiner Auffassung mit der Zustimmung übernommene Verantwortung für das genannte Gesetz – **Mitverantwortungstheorie.** 519

Die Bundesregierung hält Änderungsgesetze zu Zustimmungsgesetzen nur dann für zustimmungsbedürftig, 520

- wenn sie Normen betreffen, die in ihrer ursprünglichen Fassung die Zustimmungsbedürftigkeit ausgelöst haben,
- oder aber neue zustimmungsbedürftige Normen enthalten.

Das Bundesverfassungsgericht hat sich für die restriktive Auslegung des Art. 77 II GG entschieden, da der an der Gesetzgebung nur „mitwirkende" Bundesrat **ausnahmsweise** ein **Zustimmungsrecht** innehabe, nämlich dann, wenn der Interessenbereich der Länder besonders betroffen sei, also bei den Verwaltungskompetenzen, bei Eingriffen in die Verwaltungshoheit[140] und bei finanzverfassungsrechtlichen Fragen. 521

Entgegen dem Regel-Ausnahme-Verhältnis von Art. 84 I 2 GG a.F., das in Art. 84 I 1, 2 GG n.F. fortbesteht, hat sich im Laufe der Zeit die Regelung der Verwaltungsverfahren und der Einrichtung von Behörden durch Bundesgesetz de facto zum Regelfall entwickelt. Die in der Föderalismusreform I eingeführte komplizierte Neuregelung des Art. 84 I 1–6 GG soll Verfassungsrecht und Verfassungswirklichkeit wieder zusammenführen.[141]

Hinter der restriktiven Auslegung des Art. 77 II GG steht die Erwägung, dass der Standpunkt des Bundesrates im Ergebnis zur Zustimmungsbedürftigkeit von immer mehr Gesetzen und damit – unter Veränderung des Funktionssystems des Grundgesetzes – der Bundesrat zu einer „echten zweiten Kammer" im Gesetzgebungsverfahren aufrücke. 522

Weiterführend:
Posser Der Bundesrat und seine Bedeutung, in: HVfR, § 24; *Herzog* Aufgaben des Bundesrates, in: HStR III, 3. Aufl., 2008, § 58; *Reuter* Praxishandbuch Bundesrat, 2. Aufl., 2007.

---

139 Dazu *Lerche* in: Bundesrat (Hrsg.), 40 Jahre Bundesrat, 1989, S. 183, 194.

140 BVerfGE 37, 363, 384; 75, 108, 150; zurückhaltend BVerfG, NVwZ 2010, 1146; dazu *Papier* NVwZ 2010, 1113.

141 Dazu *Keitel* NVwZ 2008, 710.

V. Finanz- und Haushaltsverfassung

523 Das Grundgesetz regelt das Finanzwesen als geschlossenes Sachgebiet umfassend im Abschnitt X ergänzt durch Übergangsvorschriften in Art. 143c–g. Die Art. 104a–115 bestimmen als Finanz- und als Haushalsverfassung im Wesentlichen die

- Steuergesetzgebungshoheit,
- Steuerverwaltungshoheit, also das Recht, Steuern zu verwalten, das heißt insbesondere, Steuern zu erheben,
- Steuerertragshoheit, also das Recht, über den Ertrag der Steuer verfügen zu dürfen,
- Haushaltsautonomie, einschließlich der Schuldenbremse,
- den Bundeshaushalt, die Kreditaufnahme, sowie
- den Haushaltsvollzug und die Haushaltskontrolle.

524 Zentrales bundesstaatliches Problem der Finanzverfassung ist es, die Unabhängigkeit des Bundes und aller Länder finanziell zu sichern. Dazu können zwei verschiedene Aufbauprinzipien verwendet werden:

- das Trennsystem oder
- das Verbundsystem.

525 Nach dem **Trennsystem** werden Bund und Ländern gesondert die Einnahmen- und Ausgabenverantwortung zugewiesen. Beim **Verbundsystem** stehen die Einnahmen Bund und Ländern gemeinsam zu und werden nach einem variablen Schlüssel verteilt. Das Trennsystem fördert die finanz- und haushaltswirtschaftliche Selbständigkeit von Bund und Ländern. Seine Starrheit kann zu unterschiedlicher Aufkommensentwicklung zwischen Bund und den einzelnen Ländern und zu sachlich nicht gerechtfertigten Unterschieden in der Ausgabenentwicklung führen. Das Verbundsystem ist elastischer, aber auch politisch konfliktanfälliger.

526 Die Finanzverfassung war im Kaiserreich ausgeprägt föderalistisch – das Reich als Kostgänger der Bundesstaaten –, in der Weimarer Republik hingegen unitarisch – Länder als Kostgänger des Reiches. Auf Drängen der Alliierten war die Finanzverfassung des Grundgesetzes in ihrer ursprünglichen Fassung vom zentrifugalen Trennsystem geprägt.

527 Bereits in den frühen 50er Jahren bürgerte sich die Praxis ein, dass der Bund im Bereich der sog. gesetzesfreien Verwaltung aufgrund eigener Förderungsprogramme für besondere Zwecke den Ländern Finanzhilfe gewährte, z. B. Grüner Plan für die Landwirtschaft, Bundesjugendplan. Wegen des Gebots der getrennten Haushaltsführung wurden die Finanzhilfen in Fonds des Bundes verwaltet. Diese neben dem Grundgesetz entwickelte und daher umstrittene **Fondswirtschaft** verschaffte dem Bund erheblichen Einfluss auf die „am goldenen Zügel" geführten

Länder. Waren doch die Finanzhilfen zweckgebunden und mit Bedingungen (Einvernehmens-, Zustimmungs-, Genehmigungsvorbehalten etc.) und Auflagen sachlicher und finanzieller Art (Dotationsauflagen)versehen.

Fußend auf dem Troeger-Gutachten, benannt nach dem Vorsitzenden einer Sachverständigenkommission, brachte die Große Koalition 1969 eine Finanzreform zustande, die die Finanzverfassung und das Haushaltsrecht erheblich umgestaltete. Hauptziele der **Finanzreform** waren die Neuverteilung der Steuerquellen, die Stärkung der Gemeindefinanzen und die Harmonisierung von Verfassungsrecht und Verfassungswirklichkeit. Letzteres erfolgte durch die Legalisierung der Fondswirtschaft und die Einführung der Gemeinschaftsaufgaben von Bund und Ländern. 528

Die **Föderalismusreform I** hat die Finanz- und Haushaltsverfassung im Wesentlichen nur um „Einstreuungen"[142] ergänzt, nämlich die Neuregelungen der Ausgabenlasten zu Gunsten der Länder (Art. 104a IV), eine Haftungsverteilung bei Verletzung supra- und völkerrechtlicher Verpflichtungen (Art. 104a VI, 109 V), eine Neuregelung der Finanzhilfen des Bundes (Art. 104b),[143] Modifikationen der Erhebung und der Einbeziehung der Grunderwerbssteuer in den Finanzausgleich (Art. 105 IIa, 107 I 4), die Neuregelungen der Gemeinschaftsaufgaben und der Verwaltungszusammenarbeit in Art. 81a, b, das Verbot der Aufgabenübertragung des Bundes auf die Kommunen (Art. 84 I 7, 85 I 2), ergänzt um Übergangsregelungen der Bundesfinanzierung für die entfallenen Gemeinschaftsaufgaben Hochschulbau und Bildungsplanung und für die gestrichenen Finanzhilfen zur Verbesserung der Verkehrsverhältnisse der Gemeinden zur sozialen Wohnraumförderung (Art. 143c). 529

Schwerpunkt der **Föderalismusreform II**[144] war die Einführung der Schuldenbremse (Art. 109 III, 115) und des Stabilitätsrats (Art. 109a) und die Einhaltung der in Art. 109, 115 GG für Länder und Bund angeordneten Schuldenbremse überwachen, um Voraussetzungen und Verfahren der Feststellung einer drohenden Haushaltsnotlage und Grundsätze zur Aufstellung und Durchführung von Sanierungsprogrammen durch Bundesgesetz mit Zustimmung des Bundesrates zu regeln. 530

Das Bundesverfassungsgericht hat lange die Regelungen des Grundgesetzes zur Finanzverfassung eher zurückhaltend ausgelegt.[145] Der in der Berlin-Entscheidung[146] vollzogene Kurswechsel hat maßgeblich die Föderalismusreform II mit ausgelöst. Vorausgegangen ist der Fö-

---

142 So *Selmer* NVwZ 2009, 1255; positiv *Schmidt* DVBl. 2009, 1274.

143 Zu Art. 107 II 3 GG – Ergänzungszuweisungen; zuvor restriktiv BVerfGE 116, 327 – Berlin im Vgl. zu BVerfGE 86, 148 – Bremen/Saarland.

144 Dazu skeptisch *Sieckmann* in: Sachs, Vor Art. 104a, Rn. 42 ff; detailliert *Conrad/Jochimsen* (Hrsg.): Föderalismusreform II, 2008.

145 BVerfGE 86, 148.

146 BVerfGE 116, 327.

deralismusreform II eine Änderung des Art. 106 I, II, 106b, 107 I und 108 I 1 GG[147], die das Aufkommen der Kfz-Steuer auf den Bund übertragen hat.

531 Als Abschluss – nicht als Anfang der Föderalismusreform, was besser gewesen wäre – ist die Finanzverfassung in Art. 90, 91c, 104b, 104c, 107, 108, 109a, 114, 125c, 143d, 143e, 143 f und 143 g GG neu konzipiert worden[148]. Grundlage der Neuregelungen war ein Beschluss der Konferenz der Ministerpräsidentinnen und Ministerpräsidenten vom 14.10.2016. Dessen Eckpunkte forderten den Verzicht auf den bisherigen Finanzausgleich der Länder untereinander. Dieser wird nur formal ersetzt durch eine Neuverteilung der Umsatzsteuer nach gewichteten Einwohnerzahlen und erhebliche zusätzliche Leistungen des Bundes an die Länder. Im Gegenzug konnte der Bund als Kompensation seiner zusätzlichen Finanzhilfen durchsetzen, dass er die zusätzlich zum Eigentum auch die Verwaltungskompetenz für die Autobahnen erhielt und in Privatrechtsform führt (Art. 90 GG). (→ Rn. 164). Die im Kern seit dem 1.1.2020 geltenden Neuregelungen können erst nach dem 31.12.2030 auf Antrag der Bundesregierung, des Bundestages oder von drei gemeinsam auftretenden Ländern durch einen Antrag auf Neuordnung zur Disposition gestellt werden (Art. 143 f). Vorwürfe wie „Selbstentmachtung der Länder", „Weg in den Zentralstaat"[149] erscheinen eher überzogen. Die Steuerhoheit der Länder ist aber entgegen den ursprünglichen Intentionen der Föderalismusreform nicht gestärkt worden.[150]

532 Der 1970 eingeführte **Art. 104a GG** bestimmt in Abs. 1 als Lastenverteilungsgrundsatz das **Prinzip der gesonderten Ausgabentragung** von Bund und Ländern nach Zuteilung der Verwaltungsaufgaben – **Konnexitätsprinzip.** Entsprechend dem **Trennsystem** folgt also der getrennten Aufgabenverantwortung die getrennte Ausgabenverantwortung. Gleichzeitig werden aber gewichtige **Ausnahmen** zugelassen[151]: Art. 104a II–IV GG – Divergenzen zwischen Aufgabenzuständigkeit und Aufgabenverantwortung, und zwar bei der Bundesauftragsverwaltung, bei Geldleistungsgesetzen, z. B. Wohnungsgeld, BAföG, Art. 104b – Finanzhilfen des Bundes für Investitionen der Länder, deren Programme der Bund in den Grundzügen ausgestalten und überwachen darf. Art. 104b – Finanzhilfen des Bundes an finanzschwache Gemeinden für die

147 Gesetz vom 19.3.2009, BGBl. I 606.

148 G. v. 13.07.2017 BGBl. I, 2347; dazu *Förster/Krönert* ZG 2017, 228; krit. *Henneke* Aufgaben und Finanzbeziehungen von Bund, Ländern und Kommunen 2017; *Korioth* ZG 2017, 289.

149 S.a. *Henneke* DVBl. 2017, 214.

150 Kronberger Kreis, Stiftung Marktwirtschaft (Hrsg.), Für eine echte Reform der Bund-Länder-Beziehung, 2016; angesichts der Befristung in Art. 143 f I 1 GG ist der Normenkontrollantrag Bayerns aus dem Jahre 2023 gegen den Finanzausgleich erstaunlich.

151 Dazu BVerfGE 39, 96; *Häde* JA 1994, 1, 2.

kommunale Bildungsinfrastruktur, Art. 106 VIII – Ausgleich für Sonderbelastungen und den Konsolidierungshilfen des befristet geltenden Art. 143d GG, sowie bei den Gemeinschaftsaufgaben, Art. 91a, b GG und den auslaufenden Besatzungskosten und Kriegsfolgekosten, Art. 120 GG. Art. 104a V GG stellt ergänzend zum Lastenverteilungsgrundsatz des Abs. 1 klar, dass Bund und Länder die in ihrem Verwaltungsbereich anfallenden Verwaltungskosten selbst tragen.

Das Trennsystem setzt sich fort im Haushaltsrecht. Gemäß Art. 109 I GG sind 533
Bund und Länder in ihrer Haushaltswirtschaft formell und materiell selbständig und voneinander unabhängig. Allerdings unterliegt die Haushaltspolitik von Bund und Ländern den überkommenen gesamtwirtschaftlichen Verpflichtungen (Art. 109 II GG), den an anderer Stelle vor der Föderalismusreform II neu eingefügten unionsrechtlichen Stabilitätsverpflichtungen des **Art. 126 I, II AEUV** (Ex-Art. 104 EGV) sowie gemeinsamen Haushaltsgrundsätzen (Art. 109 III GG). Der Trennungsgrundsatz sichert die Staatlichkeit der Länder.[152] Ihm entspricht auch, dass der Bundesrat beim Haushaltsgesetz nur ein Einspruchsrecht, also eine relativ schwache Stellung hat.[153]

Unionsrechtlich (Art. 126 AEUV) aber auch schweizerisch[154] beeinflusst sind die 534
umgangssprachlich als **Schuldenbremse** bezeichneten Regelungen zur Rückführung der Staatsverschuldung (Art. 109 III 1, 5, 115 II GG).[155] Abweichend vom Trennungsgrundsatz schränken sie die Finanzierungsspielräume der Länder durch das ausnahmslose Verbot struktureller Verschuldung (Art. 109 III 5 GG) erheblich ein. Dies wird zum Teil als Verstoß gegen die Eigenstaatlichkeit der Länder und damit gegen Art. 79 III GG kritisiert.[156] Dem gegenüber darf der Bund gem. Art. 115 II 4, 5 Abweichungen von der nach Art. 115 I 1–3 zulässigen Kreditobergrenze zulassen. Das befreite aber die Bundesregierung nicht davon beim Erlass des zweiten Nachtragshaushalts 2021, der unter anderem nicht ausgeschöpfte Kreditermächtigungen in einem Klima- und Transformationsfond speiste, von den verfassungsrechtlichen Anforderungen an die notlagenbedingte Kreditaufnahme aus Art. 109 III

152 BVerfGE 116, 327, 377; 72, 330, 383; 39, 96, 108.

153 *Häde* JA 1994, 80, 84.

154 → S. *Siekmann* in: Sachs, Art. 109, Rn. 50.

155 Vgl. *Köhne/Tiedemann* DÖV 2024, 721; *Kastrop/Meister-Scheufellen/Sudhof* (Hrsg.) Die neuen Schuldenregeln im Grundgesetz, 2010; *Ryczewski* Die Schuldenbremse im Grundgesetz, 2011; s.a. *Bravidor* Die Vereinbarkeit der Schuldenbegrenzungsregelungen mit der Garantie der kommunalen Selbstverwaltung, 2016.

156 So *Selmer* NVwZ 2009, 1225, 1261; s.a. *Kloepfer* Verfassungsrecht I, § 26 Rn. 208 f.; a.A. *Ohler* DVBl. 2009, 1265, 1273; *Tappe* DÖV 2009, 881, 888.

1,2, Art. 115 II 1, 6 GG und auch nicht vom Gebot der Vorherigkeit (Art. 110 II 1 GG) und dem Grundsatz der Haushaltsklarheit und -wahrheit (Art. 110 I 1 GG).[157]

535 Ein Teil der Länder hat anknüpfend an Art. 109 III GG die Schuldenbremse in ihrer jeweiligen Verfassung geregelt, z. B. Art. 82 BayVerf, Art. 141 HessVerf. Andere Länder etwa Nordrhein-Westfalen und Berlin haben einfachgesetzliche Regelungen in den Landeshaushaltsordnungen getroffen, z. B. § 18 a-b NWLHO. Umstritten ist, ob landesgesetzliche Regelungen nach dem Vorbild des Klima- und Transformationsfonds verfassungswidrig sind und von den Landesverfassungsgerichten überprüft werden können.[158]

536 Die Diskussionen um die Nachtragshaushalte 2021 und 2023 oder das Sondervermögen für die Bundeswehr und der Umgang mit 126 I, II GG in der „Eurokrise" veranschaulichen, dass die Schuldenbremse politische Gestaltungskraft nicht über die Maßen ausschließt. Statt die Schuldenbremse aufzuweichen oder gar abzuschaffen, dürfte es sinnvoller sein die Haushaltsprobleme von Ländern und Kommunen durch Entflechtung zu verbessern. Dafür spricht auch die beispiellose auf Art. 109 III 2 GG gestützte Neuverschuldung in der Corona Krise.[159]

537 **Dem Entstehen** von Haushaltsnotlagen soll der **Stabilitätsrat** entgegenwirken, ein gemeinsames Gremium des Bundes und der Länder (Art. 109a GG). [160]Seine Mitglieder haben insbesondere darüber zu wachen, dass die Haushalte von Bund, Ländern und Kommunen sowie Sozialversicherungen die im Haushaltsgrundsätzegesetz festgelegte Obergrenze des strukturellen gesamtstaatlichen Finanzdefizits von 0,5 % des Bruttosozialprodukts nicht überschreiten. Zudem obliegt es dem Stabilitätsrat zu überprüfen, ob Deutschland seine Verpflichtungen aus dem Europäischen Fiskalvertrag einhält.

538 Bei der **Steuerertragshoheit**, dem politischen Kernproblem der Verteilung des Steueraufkommens, das aus bundes- oder landesgesetzlich geregelten Steuern fließt, verwendet das Grundgesetz **teilweise** auch das Trennsystem, und zwar in Art. 106 I GG (Steuerertragshoheit des Bundes) und Art. 106 II GG (Steuerertragshoheit der Länder).

539 Bedeutungsvoller ist jedoch, dass die jeweils aufkommensstarke Einkommenssteuer, Körperschaftssteuer und Umsatzsteuer Bund und Ländern gemeinsam zustehen. Entsprechend dem **Verbundsystem** werden diese Gemeinschaftssteuern quotenmäßig auf Bund und Länder verteilt (Art. 106 III–IV GG).

---

157 BVerfG, NJW, 2023, 1892 m. Anm. v. *Pracht*; *G. Kirchhof*, NJW, 2023, 3757; *Korioth*, JZ, 2024, 43; *Waldhoff*, JuS, 2024, 285; abl. *Frankenberg/Preuß*, KJ, 2024, 313; *Fisahn*, ZUR, 2024, 67.

158 Kontrovers *Wernsmann/Geiß*, NVwZ, 2023, 1113; *Falter*, Die Schuldenbremse des GG und ihre Umsetzung in den Ländern, 2021; *Waldhoff/Roßbach*, Eine Schuldenbremse für NRW, 2015.

159 S.a. *Gröpl* NJW 2020, 2523.

160 Dazu *Thye* Der Stabilitätsrat 2014.

Primär erfolgt der **vertikale Finanzausgleich** gem. Art. 106 III, IV GG durch die Verteilung der Gemeinschaftssteuern im Bund und in der Gesamtheit der Länder auf der Grundlage des Durchschnittsbedarfs aller Länder. Zum vertikalen Finanzausgleich (in seiner korrigierenden Form) zählen zudem Ergänzungszuweisungen des Bundes an finanzschwache Länder (Art. 107 II GG), Finanzzuweisungen nach Art. 106 IV 2, 3 GG sowie der Sonderlastenausgleich nach Art. 106 IV, VIII GG. 540

Art. 106 III 4 Nr. 2 GG enthält als Grundsatz für die Verteilung des vertikalen Finanzausgleich noch die „Einheitlichkeit der Lebensverhältnisse“ im Bundesgebiet, ein Begriff, der in Art. 72 II GG bewusst durch den „flexibleren und angemesseneren Begriff der „Wahrung der Rechts- und Wirtschaftseinheit“ ersetzt worden ist. 541

Der neugefasste Art. 107 GG ist ein Kernstück der Finanzreform 2017[161]. Der in Art. 107 Abs. 1 Satz 4 a.F. geregelte horizontale Länderfinanzausgleich ist entfallen und durch den **Umsatzsteuervorwegausgleich** ersetzt worden. Der Länderanteil an der Umsatzsteuer wird grundsätzlich entsprechend der Einwohnerzahl verteilt (Art. 107 Abs. 1 Satz 4). Art. 107 Abs. 2 modifiziert die Grundregel durch die Festsetzung von Zu- und Abschlägen. Die unterschiedlichen gemeindlichen Finanzkraftverhältnisse sind zu berücksichtigen (§ 107 Abs. 1 HS. 2). Die Neuregelung soll die Minderheit der reichen Geberländer entlasten. Deshalb gleicht der Bund, die durch die Entlastung der reichen Länder entstandenen Mindereinnahmen der Nehmerländer durch Finanzzuweisungen aus. 542

Das Anliegen der finanzstarken Länder den Finanzausgleich in Richtung Entflechtung und Wettbewerbsföderalismus[162] umzugestalten, hat sich nicht durchsetzen können Gleichwohl sprechen gute Gründe, insbesondere die Schweizer Erfahrungen, für den Vorschlag, die alleinige Verantwortung für die erhobenen und verwalteten Steuern jeweils auf Bund, Länder und Gemeinden zu übertragen. So könnten die direkten Steuern z. B. die Mehrwertsteuer, allein dem Bund und die indirekten Steuern, z. B. Lohn- und Einkommenssteuern allein den Ländern zukommen, wobei letztere ihre Steuern je unterschiedlich festlegen könnten.

Art. 107 Abs. 2 Satz 5 ermächtigt den Bund zu allgemeinen **Bundesergänzungszuweisungen und Sonderbedarfsergänzungszuweisungen.** Zusätzlich zu den Gemeindesteuerkraftzuweisungen gemäß Art 107 Abs. 2 Satz 6 ermächtigt § 107 Abs. 2 Satz 5 den Bund leistungsschwachen Ländern Ergänzungszuweisungen zur Deckung ihres allgemeinen Finanzbedarfs zu gewähren. Art. 107 Abs. 2 Satz 6 HS. 2 ermächtigt den Bund außerdem dazu solchen leistungsschwachen Ländern, deren 543

161 Dazu *Korioth* ZG 2017, 289.

162 Dazu *Häde* Finanzausgleich, 1996 einerseits und *Korioth* Der Finanzausgleich zwischen Bund und Ländern, 1997 andererseits.

Anteile an den Fördermitteln nach Art. 91b (Forschungsförderung) ihre Einwohneranteile unterschreiten, Zuweisungen zu gewähren. Gemäß Art. 107 Abs. 2 Satz 4 kann zur Bemessung der Finanzkraft auch die bergrechtliche Förderabgabe teilweise berücksichtigt werden, wodurch die bisherige durch eine Entscheidung des Bundesverfassungsgerichts vom 24. Juni 1986 geschaffene Regelung ersetzt wird.[163] Schließlich gewährleistet Art. 125c übergangsweise oder wie bei Seehäfen fortdauernd Finanzhilfen des Bundes.

544 Art. 143d Abs. 4 ermächtigt dem Bund den Ländern Bremen und Saarland ab dem 1.1.2020 wegen ihrer besonders schwierigen Haushaltsklage Sanierungsbeihilfen zu gewähren, um strukturell ausgeglichene Haushalte gemäß Art. 109 Abs. 3 zu erreichen. Dazu hat der Stabilitätsrat Verwaltungsvereinbarungen gem. § 4 Konsolidierungsgesetz mit den Ländern Bremen und Saarland geschlossen.[164]

545 Die **Steuergesetzgebungshoheit** steht schwerpunktmäßig dem Bund zu, da der Bund die ausschließliche Gesetzgebung über die Zölle und Finanzmonopole hat (Art. 105 I GG) und unter den Voraussetzungen des Art. 105 II GG die konkurrierende Kompetenz für die übrigen Steuern abzüglich der örtlichen Verbrauchs- und Aufwandsteuern, z. B. Getränkesteuer, und zur Bestimmung der Gewerbesteuer (Art. 105 II, IIa GG). Das Zustimmungserfordernis des Bundesrates für Steuergesetze des Bundes, deren Aufkommen den Ländern oder den Gemeinden ganz oder zum Teil zufließt (Art. 105 III GG), soll die Steuerertragshoheit von Ländern und Gemeinden schützen. In dem vom Bund belassenen Rahmen haben die Länder ein Steuererfindungsrecht. So ist z. B. die landesgesetzlich eingeführte Zweitwohnungssteuer nicht gleichartig i. S. v. Art. 105 II GG mit der Einkommenssteuer.[165]

546 Eine eigene Steuergesetzgebungshoheit (Steuersatzungshoheit) der **Gemeinden** garantiert Art. 105 GG nicht.[166] Allerdings können die Länder den Gemeinden zur eigenverantwortlichen Erfüllung der ihnen obliegenden Angelegenheiten der örtlichen Gemeinschaft (Art. 28 II GG) die Steuergesetzgebungshoheit für die örtlichen Verbrauchs- und Aufwandssteuern übertragen (Art. 105 IIa GG)[167]. Für die Deckung des kommunalen Finanzbedarfs von besonderer Bedeutung ist das Recht der Gemeinden, die Hebesätze für Gewerbe- und Grundsteuer festzusetzen (Art. 106 VI 2 GG).

547 Das Grundgesetz definiert den **Steuerbegriff** nicht. Auch die Finanzverfassung setzt den Steuerbegriff der Abgabenordnung voraus. Unter einer Steuer versteht

---

163 BT-Drs. 18/11131, S. 18.

164 https://www.stabilitätsrat.de//vv.

165 Dazu BVerfGE 65, 325, 351.

166 Dazu *Häde* JA 1994, 1, 11.

167 Dazu BVerwG, NVwZ 2017, 1871 – Wettbürosteuer; OVG Weimar DVBl. 2017, 1572 – Bettensteuer.

man Geldleistungen, die nicht eine Gegenleistung für „eine besondere Leistung darstellen und von einem öffentlich-rechtlichen Gemeinwesen zur Erzielung von Einnahmen allen auferlegt werden, bei denen der Tatbestand zutrifft, an den das Gesetz die Leistungskraft knüpft; die Erzielung von Einnahmen kann Nebenzweck sein" (§ 3 I AO). Der zweite Halbsatz verdeutlicht, dass Steuern politisches Lenkungsmittel einer aktiven staatlichen Wirtschafts- und Gesellschaftspolitik sein dürfen.[168] Die in Art. 105, 106 GG aufgeführten Steuern und Steuerarten sind Typusbegriffe, die ein Steuererfindungsrecht begrenzen.[169]

Nicht an dieser Stelle, sondern im Verwaltungs- und besonders im Steuerrecht ist zu erörtern, wie Steuern von den beiden anderen „klassischen" Abgabenarten, nämlich **Gebühren** und **Beiträgen** abzugrenzen sind. Gebühren und Beiträge knüpfen jeweils an einen speziellen Zurechnungsgrund an. Sie werden deshalb auch als Vorzugslasten bezeichnet.

Von Steuern sind abzugrenzen, umwelt- oder wirtschaftspolitisch motivierte **Sonderabgaben**, z.B. Kohlepfennig, Abwasserabgabe. Die Finanzverfassung verbietet dem Gesetzgeber eine öffentliche Abgabe nach seiner Wahl im Wege der Besteuerung oder durch Erhebung einer Sonderabgabe zu finanzieren – kein Wahlrecht.[170] Nach der differenzierten, Gesamtstaat und Gliedstaaten in ihrem Anteil an der Volkswirtschaft ausbalancierenden Regelung der Finanzverfassung soll die Finanzierung der staatlichen Aufgaben grundsätzlich aus dem Ertrag der in Art. 105 ff. GG geregelten Einnahmequellen erfolgen und nur ausnahmsweise dürfen Einnahmen außerhalb der Finanzverfassung erschlossen werden.[171] Nur wenn der Gesetzgeber in dem jeweiligen Kompetenzbereich der Art. 73 ff. GG gestaltend wirkt, darf er sich über den bundesstaatlich begrenzten Ausschließlichkeitsanspruch der Finanzverfassung hinwegsetzen. 548

Die zeitlich begrenzten und von Zeit zu Zeit zu überprüfenden Sonderabgaben sind nur in engen Grenzen zulässig.[172] Die Sonderabgabe muss einem vom Gesetzgeber verfolgten Sachzweck dienen, der über die Mittelbeschaffung hinausgeht. Es muss eine von der Allgemeinheit klar abgrenzbare homogene Gruppe belastet werden. Zwischen dem mit der Abgabenerhebung verfolgten Zweck und dieser Gruppe muss eine spezifische Sachnähe bestehen – Finanzierungsverantwortung. Zudem muss die Sonderabgabe gruppennützig verwendet werden.[173] 549

168 BVerfGE 55, 274, 299; 98, 106, 117; 110, 274, 292.

169 BVerfGE 145, 171 Rn. 45 f – – Kernbrennstoffsteuer; *Wernsmann*, JZ 2017, 954; BVerwG, DVBl, 2024, 46, m. Anm. v. *Henneke* – Tübinger Verpackungssteuer; *Waldhoff*, JuS, 2023, 1172.

170 BVerfGE 55, 274, 300; dazu *Walther* JA 1998, 373.

171 BVerfGE 55, 274, 298; 67, 256, 274; 75, 108, 174; w.N. *Kloepfer* Verfassungsrecht I § 26 Rn. 30 f.

172 BVerfGE 91, 186, 202; 101, 141, 147; 110, 370, 389 – Klärschlammentschädigungsfond.

173 Letzteres verneint in BVerfGE 113, 128, 131.

550 Die **Steuerverwaltungshoheit** regelt Art. 108 GG.

551 Von den Bundesfinanzbehörden werden die Verbrauchssteuern einschließlich der Einfuhrumsatzsteuer, die Kfz-Steuer und sonstige Verkehrssteuern sowie die Abgaben im Rahmen der EU verwaltet (Art. 108 I GG). Bundesfinanzbehörden sind das Bundesfinanzministerium, die Oberfinanzdirektion (Abteilung Zölle und Verbrauchsteuern) und die Hauptzollämter mit den Zollämtern als Außenstellen. Die übrigen und damit die meisten Steuern werden durch die Landesfinanzbehörden verwaltet. Landesfinanzbehörden sind das Landesfinanzministerium, die Oberfinanzdirektion (Abteilung Besitz- und Verkehrssteuern) und die Finanzämter.

552 Daneben können die Länder den Gemeinden oder Gemeindeverbänden ganz oder zum Teil die Verwaltung der diesen allein zufließenden Steuern übertragen (Art. 108 IV 2 GG).

553 Der Bund hat sein Anliegen in der Föderalismusreform die gesamte Steuerverwaltung zu übernehmen, nicht durchsetzen können. Um künftig zu verhindern, dass die Länder wie bisher recht uneinheitlich die Steuergesetze vollziehen, sieht aber Art. 108 Abs. 4 Satz 3 vor, dass die Gesetzgebungskompetenz des Bundes zum Zusammenwirken von Bund und Ländern im Bereich der Informationstechnik in der Steuerverwaltung auch die Möglichkeit umfasst, Mehrheitsentscheidungen, die alle Länder binden, bundesgesetzlich vorzuschreiben. Der neue Abs. 4a Satz 1 schafft zudem die verfassungsrechtliche Grundlage dafür, dass im Einvernehmen mit den betroffenen Ländern durch Bundesgesetz mit Zustimmung des Bundesrates ein Zusammenwirken der Landesfinanzbehörden möglich ist, einschließlich der Übertragung von Zuständigkeiten einer Landesfinanzbehörde auf Landesfinanzbehörden eines oder mehrerer Länder. Ziel muss es ein, den Vollzug der Steuergesetze erheblich zu verbessern und zu erleichtern. Die Länder können allerdings auch durch Kooperation und Zuständigkeitsübertragungen kraft Vereinbarungen untereinander diese Zielsetzung verfolgen.[174]

554 Im Zuge der Finanz- und Haushaltsreform 1967/69 wurde über die Harmonisierung von Verfassung und Verfassungswirklichkeit hinaus im Grundgesetz eine bestimmte Art der Volkswirtschaftspolitik festgeschrieben.

555 Art. 104b I GG bindet die Finanzhilfen in das Instrumentarium der wirtschaftlichen **Globalsteuerung** ein, wodurch der Bund verpflichtet wird, im einheitlichen Wirtschaftsraum Bundesgebiet durch Struktur- und Konjunkturpolitik Wachstumsvorsorge zu betreiben. Ausgelöst durch die Rezession von 1966 wurde die vom englischen Wirtschaftswissenschaftler Keynes (1883–1946) propagierte Politik der Globalsteuerung bereits 1967 durch die haushalts- und konjunkturpoli-

---

174 Zum gemeinsamen Konzept von Bund und Ländern zur Modernisierung des Besteuerungsverfahrens *Heintzen* DÖV 2015, 780.

tischen Regelungen von Art. 109 II–IV GG a.F. installiert, um bundesweit eine einheitliche, zum Konjunkturverlauf antizyklische Geld- und Kreditpolitik aller „öffentlichen Hände" zu ermöglichen. Bekanntestes Ausführungsgesetz zu Art. 109 IV GG (= Art. 109 III a.F.) ist das Stabilitätsgesetz mit seinem in Rechtssatzform gekleideten „magischen Viereck": Stabilität des Preisniveaus, hoher Beschäftigungsstand, außenwirtschaftliches Gleichgewicht bei stetigem und angemessenem Wirtschaftswachstum.

Ein wichtiges Instrument staatlicher Haushaltsdeckung und insbesondere einer 556
antizyklischen Wirtschaftspolitik im keynsianischen Sinne ist die **Kreditaufnahme.** Um Missbrauch zu vermeiden, setzt Art. 115 I GG der Kreditaufnahme Grenzen, die durch die Föderalismusreform II nach Streichung des ineffektiven Abs. 1 S. 2[175] für den Bund in Abs. 2 detailliert verschärft worden sind – sog. **Schuldenbremse** (→ Rn. 177c).

Die Gewährung von **Finanzhilfen** des Bundes an die Länder regelte Art. 104a 557
GG a.F. ebenfalls auf der Basis von wirtschaftspolitischen Vorstellungen, die zwischenzeitlich an Überzeugungskraft verloren haben, wie auch die Regelung der Schuldenbremse zeigt. Finanzhilfen haben aber im Zuge der Weltfinanzkrise seit 2008 gegenüber den wirtschafts- und finanzpolitischen Vorstellungen der Chicago Schule (Milton Friedman, 1912–2006) wieder an Renommé gewonnen. Gemäß Art. 104b I 1 Nr. 1 können sie zur Abwehr einer Störung des gesamtwirtschaftlichen Gleichgewichts oder zum Ausgleich unterschiedlicher Wirtschaftskraft im Bundesgebiet oder zur Förderung des wirtschaftlichen Wachstums gewährt werden, sofern sie erforderlich sind. Die Wechselhaftigkeit der finanzverfassungsrechtlichen Gesetzgebung zeigt sich auch darin, dass die Föderalismusreform II die in der Föderalismusreform I neu positionierte Regelung des Art. 104b um einen Absatz II erweitert hat. Die Fülle der überaus kleinteilig[176] geregelten Finanzhilfen des Bundes kontrastieren mit den Grenzen, die das Bundesverfassungsgericht zuvor aufgestellt hat.

In einer grundlegenden Entscheidung zu einem der nach Art. 104a IV GG a.F.[177] 558
ergangenen Programm heißt es:

> „Finanzleistungen aus dem Bundeshaushalt an die Länder [...] schaffen die Gefahr von Abhängigkeiten der Länder vom Bund. Sie gefährden damit die verfassungsrechtlich garantierte Eigenständigkeit der Länder, denen das Grundgesetz die volle Sach- und Finanzverantwortung für die ihnen obliegenden Aufgaben eingeräumt hat. In einem System, das darauf angelegt ist,

175 Dazu BVerfGE 79, 311, 399; 119, 96; *Waldhoff* JZ 2008, 200.

176 S. BT-PlPr 17/237 v. 1.6.2017, S. 23977: „monströser Eingriff in das Grundgesetz" (Kahr); s.a. Abstimmungsverhalten Lammert ebd. S. 24027, 2403.

177 BVerfGE 39, 96; s.a. BVerfGE 41, 291; m.N. *Kloepfer* Verfassungsrecht I, § 26 Rn. 53 f.

eine der Aufgabenverteilung gerecht werdende Finanzausstattung zu erreichen, dürfen deshalb nach dem bundesstaatlichen Grundverhältnis zwischen Bund und Ländern Bundeszuschüsse in Form von Finanzhilfen für Landesaufgaben nur eine Ausnahme sein."

559 Die Aussagen zur Bedeutung einer Finanzausstattung, die der Aufgabenverteilung nicht gerecht wird für die Eigenständigkeit (= Staatlichkeit) der Länder könnten im Streit um die Verfassungsmäßigkeit der Verschuldensverbote der Länder (Art. 109 III 1, 5 GG) durchaus aktuell werden.

560 Wie in beinahe allen Bund-Länder-Streitigkeiten spielte der Grundsatz des bundesfreundlichen Verhaltens – **Bundestreue**[178] – bei der Verteilung der Finanzhilfen auf die Länderprogramme eine Rolle. Der Grundsatz verpflichtet Bund und Länder (diese auch untereinander), und zwar nicht nur zur bloß korrekten Erfüllung der jeweiligen staatsrechtlichen Pflichten, sondern vor allem zu einem bestimmten politischen Stil, bei notwendigen Entscheidungen gemeinsam, einvernehmlich und rücksichtsvoll zu verfahren. Das Bundesverfassungsgericht leitet aus dem Grundsatz konkret über die ausdrücklich normierten Pflichten hinausgehende Wohlverhaltens-, Informations- und Mitwirkungspflichten ab. Ein Verstoß gegen den Grundsatz des bundesfreundlichen Verhaltens führt zur Verfassungswidrigkeit des staatlichen Verhaltens. Der Grundsatz des bundesfreundlichen Verhaltens fungiert als umfassend einsetzbare Generalklausel.

561 Die Weite und Unbestimmtheit des Grundsatzes impliziert die Gefahr, dass er zur Verhüllungsformel richterlicher Dezision wird, insbesondere in den Fällen, in denen gar nicht bundesstaatliche Fragen im Streit sind.[179] Jedoch kann die Instrumentalisierung eines nur äußerlich bundesstaatlichen Streitverfahrens für eine eigentlich parteipolitische und als solche legitime Auseinandersetzung in Grenzfällen durchaus als mit dem Grundsatz der Bundestreue unvereinbar gewertet werden. Jedoch darf der vorschnelle Rückgriff auf die bequeme Generalklausel nicht die genaue Prüfung spezieller geschriebener Rechtsnormen ersetzen.[180]

562 Außerhalb der Finanzverfassung im Abschnitt VIIIa regeln die Art. 91a,b seit 1967 einen weiteren Nachfolgetyp der früheren Fondsverwaltung: Versuche, die von Beginn an umstrittenen **Gemeinschaftsaufgaben** abzuschaffen, sind in der Föderalismusreform I weitgehend gescheitert. Die Föderalismusreform II hat zudem den Abschnitt VIIIa durch weitere Formen der Verwaltungszusammenarbeit von Bund und Ländern erweitert (Art. 91c, d GG), was auch wegen der Erweiterung von Art. 104b GG zu Recht als „Rolle rückwärts" bei der intendierten Entflechtung der

178 Dazu *Starski*, HdB VerwR III, § 79.

179 *Hesse* Grundzüge, Rn. 269 f.

180 So dezidiert BVerfG, NVwZ, 2024, 658.

Aufgabenverantwortung kritisiert worden ist.[181] Schließlich ist mit Art. 91e GG noch eine weitere Form der Zusammenarbeit von Bund und Ländern eingeführt worden, nämlich bei der Grundsicherung für Arbeitssuchende.

Bei den Gemeinschaftsaufgaben gem. **Art. 91a GG** wird die Zusammenarbeit 563
von Bund und Ländern, insbesondere die Mitwirkung des Bundes, durch ein Bundesgesetz geregelt, soweit nicht das Grundgesetz selbst Bestimmungen trifft. Nach Art. 91a GG werden Bund und Länder gemeinsam tätig

- bei der Verbesserung der regionalen Wirtschaftsstruktur,
- bei der Verbesserung der Agrarstruktur und des Küstenschutzes.[182]

Die Föderalismusreform I hat außer dem Ausbau der Hochschulen (Art. 91a I 1 Nr. 1 a.F.) die Pflicht zur Rahmenplanung (Art. 91a III a.F.) gestrichen und in Art. 91b GG das sogenannte Kooperationsverbot für die Forschungsförderung eingeführt, das aber bereits 2014 wieder abgeschafft wurde.

Art. 91b I 1 GG erlaubt es durch bloße Vereinbarungen, z.B. Staatsverträge oder 564
Verwaltungsabkommen bei der Förderung von Wissenschaft, Forschung und Lehre zusammenzuarbeiten, wenn das Förderungsobjekt überregionale Bedeutung hat. Wenn Hochschulen betroffen sind, müssen alle Länder zustimmen außer bei Forschungsbauten und Großgeräten.

Art. 91b II ermächtigt zudem Vereinbarungen über Evaluationen und Emp- 565
fehlungen zur Leistungsfähigkeit des Bildungswesens. Die Bildungsplanung hat die Föderalismusreform I gestrichen. Der von der Föderalismusreform II eingefügte Art. 91c (Zusammenarbeit von Bund und Ländern bei Planung und Errichtung und dem Betrieb von informationstechnischen Systemen) ist im Zuge der Finanzreform 2017 erweitert worden. Abs. 5 ermächtigt dazu, den übergreifenden informationstechnischen Zugang zu den Verwaltungsleistungen von Bund und Ländern zu regeln. Dadurch soll die **Digitalisierung von Verwaltungsleistungen** durch die Einrichtung eines verbindlichen, bundesweiten Portalverbundes ermöglicht werden, damit „alle Nutzer einfach und sicher auf die Onlineanwendungen der Öffentlichen Verwaltung von Bund, Ländern und Kommunen zugreifen können."[183]

---

181 So *Selmer* NVwZ 2009, 1255, 1260.

182 Dazu *Wernsmann/Hausbach*, DVBl 2024, 1117.

183 BT-Drs. 18/11131, S. 12; *Spiecker* gen. *Döhmann*, HdB StR II, 2023, § 20; *Martini*, HdB VerwR, 2021, § 28; *Seckelmann*, DV, 2023, 1; dieselbe (Hrsg.), Digitalisierte Verwaltung 2. Auflage 2019; *Guckelberger*, VerwArch 2020, 133..

566 Art. 91d erlaubt ausdrücklich Vergleichsstudien zur Leistungsfähigkeit der Verwaltung von Bund und Ländern.[184] „**Benchmarking**" unter Verwaltungen gab es zulässigerweise schon zuvor.

567 Der durch die Entscheidung des BVerfG zur unzulässigen Mischfinanzierung[185] ausgelöste Art. 91e ordnet zur Organisation der Grundsicherung für Arbeitssuchende genau das an, was das BVerfG zuvor als einfachgesetzliche Regelung verworfen hatte.

568 Die Gemeinschaftsaufgaben nach Art. 91a, b GG wurden von Anfang an wegen der impliziten Entmachtung der Parlamente, und zwar der Landesparlamente, aber auch des Bundestages kritisiert. Die **Planungen** wurden und werden in der Bund-Länder-Kommission von Verwaltungsfachleuten ausgehandelt. Kein Landtag wagt es, das ausgehandelte Gesamtpaket durch Änderungswünsche zum anteiligen Länderanteil und damit auch die seinem Land zugedachten Bundesmittel zu gefährden.

569 Die spezifisch bundesstaatlich begründete Kritik sieht die Eigenstaatlichkeit der Länder (und die Selbstverwaltung der Gemeinden) ausgehöhlt. Niemand könne sich den Verlockungen der Angebotsdiktatur des Bundes entziehen. Projekte würden „durchgezogen", weil es Geld gibt, nicht, weil sie notwendig sind. Die Haushalts- und Finanzreform 2017 hat das Übergewicht des Bundes gegenüber den Ländern noch verstärkt.

570 Aufgrund empirischer verwaltungswissenschaftlicher Untersuchungen[186] ist schon früh bezweifelt worden, ob Art und Ausmaß der Kooperation nicht längst zu Lasten der Handlungsfähigkeit des politischen Gesamtsystems gehen, so dass beide Seiten ihre Politikfähigkeit beeinträchtigen – **Überverflechtung.** Durch übergreifenden Corpsgeist geprägte vertikale Fachverbundsysteme („Fachbruderschaften"), z. B. Bundes- und Landesbaubürokratie führten zu nicht mehr kontrollierbaren eigenständigen Entscheidungsstrukturen, da sich die Fachressorts von Bund und Ländern zur Wahrung und Mehrung ihres Besitzstandes gegenseitig verstärkten. Diese verfestigten, auf dem kleinsten gemeinsamen Nenner oder auf der Basis fester Quoten beruhenden Strukturen dienten notfalls auch als Alibi zur Abwehr von Änderungswünschen[187]. Die Gemeinschaftsaufgaben können daher als die Erscheinungsform des Exekutivföderalismus bezeichnet werden. Föderalismusreform I und II haben sie nicht beseitigt. Der in den Beratungen beteiligte Soziologe

---

184 Dazu *Seckelmann* DVBl. 2010, 1284.

185 BVerfGE 119, 331; → Rn. 165.

186 *Scharpf/Reissert/Schnabel* Politikverflechtung, 1976; differenzierend *Benz/Detemple/Heinz* Varianten und Dynamiken der Politikverflechtung im deutschen Bundesstaat 2016; s.a. *Lenz/Stützel*, NVwZ, 2023, 1783.

187 *Wagener* VVDStRL 37, 238.

und „gelernte Jurist“ Fritz Scharpf[188] hat dazu zuvor schon das auf die Finanzverfassung bezogene, aber auch für die Gemeinschaftsaufgaben geltende „Gesetz der antizipierenden Reaktion“ aufgestellt,

> „das intelligente Leute daran hindert, Vorhaben ernsthaft zu betreiben, die bei notwendigen anderen Beteiligten auf Ablehnung stoßen müssen. Jede Änderung der Finanzverfassung erfordert ja die Zustimmung der großen und der kleinen, der wirtschaftsstarken und der strukturschwachen Länder. Selbst wenn also alle Länder mit dem Status quo der Politikverpflichtung unzufrieden sein sollten (was der Fall zu sein scheint), wären sie sich doch nicht einig über die Richtung der anzustrebenden institutionellen Reform. Mehr noch: Die für eine Seite optimale Lösung (etwa die Neugliederung des Bundesgebietes oder der großzügige Finanzausgleich) wäre für die andere Seite besonders unattraktiv. In diesem Sinne also erweist sich die deutsche Politikverflechtung in der Tat als institutionelle Falle: Das gegenwärtige Gleichgewicht ist zwar für alle Beteiligten höchst unkomfortabel, aber für jeden einzelnen von ihnen erscheint sie als das kleinere Übel. Im Vergleich zu den Bedingungen, unter denen die anderen einer Änderung allenfalls zustimmen könnten.“

Weiterführend:
v. Arnim Finanzzuständigkeit, HStR VI, 3. Aufl., § 138; *Hofmann/Schlief* (Hrsg.) Grundgesetz mit Begleitgesetz 2009 – Föderalismusreform II; *Meyer* Föderalismusreform 2006, 2008; *Pünder* Staatsverschuldung, HStR V, 3. Aufl., § 123; *Tappe/Wernsmann* Öffentliches Finanzrecht, 3. Aufl., 2023, § 6, Kreditfinanzierung und Grenzen der Staatsverschuldung; *Henneke* (Hrsg.) Die Schuldenbremse in der Krise, 2023.

188 In: Bundesrat (Hrsg.), 40 Jahre Bundesrat, 1989, S. 121, 152.

§ 5 Sozialstaat

571 „Sozial heißt heute weltweit einer der wichtigsten Maßstäbe staatlicher Herrschaft. Mit dem ‚sozialen' Charakter kann nur noch die ‚demokratische' Rechtfertigung der Herrschaft an Bedeutung wetteifern. Zwischen beiden besteht ein dichter Zusammenhang."[1]

572 33 Jahre später schrieb Hans F. Zacher, der Nestor des deutschen Sozialrechts:[2] „Keiner der Begriffe, mit denen das Anliegen eines "sozialen„ Gemeinwesens benannt wird, erklärt schlechthin die Entwicklung, welche die meisten europäischen Staaten und viele außereuropäische Staaten hinsichtlich ihrer Verantwortung für die Lebensverhältnisse der Menschen genommen haben."[3] Es folgt Zachers zentrale Hypothese: „Die Norm geht von der Gleichheit aller Menschen aus. Und sie verlangt, dass die Gleichheit aller Menschen Konsequenzen auch für die Lebensverhältnisse der Menschen hat. D. h. nicht, dass die Lebensverhältnisse aller Menschen gleich sind oder gleich sein sollen."[4]

573 Art. 20 1 GG spricht vom sozialen Bundesstaat und Art. 28 I GG vom sozialen Rechtsstaat. Es ist heute unstreitig, dass die adjektivistische Verwendung des Wortes der Bedeutung des Sozialstaatsprinzips keinen Abbruch tut; vielmehr steht das Sozialstaatsprinzip gleichrangig neben den anderen tragenden Verfassungsgrundsätzen Republik, Demokratie, Bundesstaat, Rechtsstaat und wird wie diese durch die „Ewigkeitsgarantie" des Art. 79 III GG geschützt.

574 Von allen Staatsformbestimmungen ist das Sozialstaatsprinzip das offenste. Es ist in besonderem Maße abhängig von den jeweiligen tatsächlichen Verhältnissen eines Gemeinwesens, in Deutschland institutionell manifestieren, z. B. Errichtung der Sozialversicherungssysteme durch kaiserliches Edikt vom 17.11.1881, als Abfederung der Industrialisierung, Bewältigung der Kriegsfolgen durch Sozial- und Arbeitsverfassung in der Weimarer Republik, auf Ausgleich und Umverteilung in der sozialen Marktwirtschaft zielende Renten-, Gesundheits- und Bildungspolitik der alten und der neuen Bundesrepublik.

575 Art. 3 EUV verpflichtet die als Wirtschaftsgemeinschaft gegründete EU unter anderem auf die **soziale** Marktwirtschaft (III (1)), Bekämpfung sozialer Ausgrenzung und Diskriminierung, sozialen Schutz, Solidarität zwischen den Generationen (III (2)) und sozialen Zusammenhalt (3 III). Diese Ziele der EU verwirklichen insbesondere die in den Titeln X und XI AEUV geregelte Sozialpolitik und der Euro-

1 So *Zacher* in: FS Ipsen, 1977, S. 207, 221.

2 S.a. die Würdigungen von *U. Becker/Stolleis/Rixen* in: JöR 2016, 663, 673, 679.

3 FS P. Kirchhof I, 2013, § 26 Rn. 6.

4 a.a.O., Rn. 7.

https://doi.org/10.1515/9783111271309-008

päische Sozialfonds, aber auch XII allgemeine und berufliche Bildung, sowie XV Verbraucherschutz. Letzterer fällt auch unter Titel IV der Europäischen Grundrechtscharta „Solidarität“ (Art. 18 – 38), zusammen mit Arbeitnehmerrechten und , Gesundheitsschutz.[5]

Die EU ist aber keine Sozialunion.[6] Die „Europäische Säule sozialer Rechte“[7] soll 576 den sozialen Zusammenhalt fördern, gewährt aber bisher keine individuell einklagbaren Rechte.

Art. 2 S. 1 EUV führt vor den weiteren Zielen (Art. 3 EUV) und den diese ver- 577 wirklichenden Politiken Solidarität als Wert an, auf den sich die Union gründet (Art. 2 S. 1 EUV). Zudem stellt Art. 9 AEUV zusätzlich zum Gleichstellungsgebot (Art. 8 AEUV) und zum Diskriminierungsverbot (Art. 10 AEUV) eine umfassende Sozialklausel der Arbeitsweise der EU voraus. Dem entspricht das Gebot von Art. 23 I 1 GG, demzufolge die Bundesrepublik Deutschland bei der Entwicklung der Europäischen Union mitzuwirken hat, die sozialen Grundsätzen verpflichtet ist (Art. 23 I 1 GG). Das Bundesverfassungsgericht[8] hat ausdrücklich die europäische Politik gegen den Vorwurf einer reinen Marktpolitik ohne sozialpolitische Ausrichtung in Schutz genommen und die Zunahme des Sozialen im europäischen Primärrecht bestätigt mit Hinweis auf den Titel IV der Grundrechtscharta. Zudem hat das Bundesverfassungsgericht dem EuGH bescheinigt, durch seine Rechtsprechung eine soziale Identität anzustreben.[9]

Diese positive Würdigung ist umso bemerkenswerter als eine den Kündigungsschutz, also das soziale Prinzip, konkretisierende Entscheidung des EuGH[10] Spannungen im Kooperationsverhältnis von EuGH und Bundesverfassungsgericht verstärkt hat. In der Literatur ist gar der EuGH „als Feind eines sozialen Europas“ gebrandmarkt worden., z. B. wegen seiner Rechtsprechung zur „marktfähigen Erbringung verschiedener Dienste von „allgemeinen wirtschaftlichen Interesse“, die in Deutschland unter dem Begriff Daseinsvorsorge beschrieben werden, z . B. Öffentlicher Personennahverkehr, Energie- und Wasserversorgung.[11] Angeführt wird auch die Rechtsprechung des EuGH's zu Tariftreueklauseln im Vergaberecht,[12] zum kollektiven Arbeitsrecht[13] und zur deutschen Unternehmensmitbestimmung.[14]

---

5 Zu völkerrechtlichen Vorgaben: *Brosius-Gersdorf*, HdB VerwR III, § 83, Rn. 2 – 16.
6 EuGH C-299/14; dazu *Frenz* DVBl. 2016, 501.
7 Amtsblatt der EU C 428/10 v. 13.12.2017.
8 BVerfGE 123, 267, 426 – 431- Lissabonvertrag.
9 Zu weiteren sozialen Regelungen siehe BVerfGE 123, 267, 428.
10 EUGH Rs. C 144, 04 – Mangold.
11 EuGH Slg. 2003 I-7747 – Altmark Trans.
12 EuGH Rs. C 319/06 Slg. 2008 I-4323.
13 EuGH Rs. C 438/05 Slg. 2007 I-10779; Rs. C 341/05 – Laval; Slg. I-11767.
14 EuGH, Rs. C 706/22.

578 Das **Grundgesetz** konkretisiert das Sozialstaatsprinzip im Grundrechtsteil: Art. 14 II (Sozialbindung des Eigentums), Art. 15 (Sozialisierung), Art. 6 IV (Mutterschutz), 6 V (nichteheliche Kinder), Art. 7 IV 3 (Anforderungen an eine Privatschule), Art. 9 III (Koalitionsfreiheit), der Struktursicherungsklausel (Art. 23 I 1 GG)[15] und am ausführlichsten in den Kompetenztiteln für die Gesetzgebung: Art. 73 I Nr. 13 (Versorgung der Kriegsbeschädigten und Kriegshinterbliebenen, Fürsorge für ehemalige Kriegsgefangene), Art. 74 I Nr. 6 (Flüchtlinge und Vertriebene), Nr. 7 (öffentliche Fürsorge), Nr. 9 (Kriegsschäden und Wiedergutmachung), Nr. 10 (Kriegsgräber und Opfer von Gewaltherrschaft), Nr. 12 (Arbeitsrecht, Sozialversicherung), Nr. 13 (Ausbildungsbeihilfen), Nr. 15 (Sozialisierung), Nr. 16 (Verhütung des Missbrauchs wirtschaftlicher Macht), Nr. 19a (Krankenhäuser), Nr. 30 (Bodenverteilung), Nr. 33 (Hochschulzulassung).

579 Daneben finden sich in einigen **Landesverfassungen** der alten Länder außer einer allgemeinen Sozialstaatsklausel ausgedehntere Sozialstaatsprogramme (Bayern, Bremen, Saarland, Rheinland-Pfalz),[16] ohne dass deshalb in der staatlichen Praxis in diesen Ländern signifikante Unterschiede zu anderen Ländern festzustellen wären.

580 Das Verdikt von der „Irrelevanz der Sozialverfassungen"[17] bietet sich als Erklärung für diesen Befund an. Eine andere ist die, dass der Schwerpunkt der Sozial- und Wirtschaftspolitik, die das Sozialstaatsprinzip verwirklicht, beim Bund liegt. Den Löwenanteil am Bundeshaushalt haben das Bundesministerium für Arbeit und Sozialordnung, das für Familie, Frauen, Jugend und Senioren und das für Gesundheit. In diesem Zusammenhang sind auch die Ministerien zu nennen, die zur Förderung sozialer Zwecke, z. B. sozialverträglicher Anpassungsmaßnahmen, die meisten Subventionen verteilen, nämlich die für Bildung und Wissenschaft, für Landwirtschaft, für Verbraucherschutz, für Verkehr, für Wohnen, Stadtentwicklung und Bauwesen sowie für Wirtschaft und Energie.

581 Es wäre naiv, aus der schieren Fülle der sozialstaatlich motivierten Staatsleistungen zu folgern, soziale Gleichheit sei erreicht. Das real verwirklichte Sozialrecht kann zwar als Ausdruck sozialer Gerechtigkeit verstanden werden, aber damit ist das Sozialstaatsprinzip nicht erfüllt.[18] Der politische Streit um Bürgergeld, Min-

---

15 *Brosius-Gersdorf*, HdB VerwR III, § 83, Rn. 27.

16 Art. 124 ff. BayVerf; Art. 21 ff. BremVerf; Art. 23 ff. Rh-PfVerf; Art. 22 ff. SaarlVerf.

17 *Wiederin* VVDStRL 64 (2005), 53, 79.

18 So krit. *Heinig* Der Sozialstaat im Dienst der Freiheit, 2008, S. 139 zu Zacher; s.a. *Kießling* Rechtswissenschaft 2016, 597; grundlegend zum freiheitsfördernden Sozialstaat John *Rawls*, Eine Theorie der Gerechtigkeit, 1975.

destlohn oder bedingungsloses Grundeinkommen belegt ebenso das Gegenteil wie z. B. das Verhältnis von Einkommen zu Morbidität und Mortalität.[19]

Die politische Bedeutung des Sozialstaatsprinzips veranschaulichte während der deutschen Wiedervereinigung der Titel des „ersten bedeutsamen Schritts in Richtung auf die Herstellung der staatlichen Einheit", des Vertrages über die Schaffung einer Währungs-, Wirtschafts- und **Sozialunion.**[20] 582

Trotz gemeinsamer Wurzeln und Zielsetzung unterscheidet sich der rechtsstaatliche und föderale Sozialstaat des Grundgesetzes konzeptionell grundlegend von sozialistischen Staaten,[21] die Einparteienherrschaft, zentralverwaltete Planwirtschaft, Volkseigentum und die Negation der prinzipiellen Scheidung von Staat und Gesellschaft kennzeichnen.

Obgleich manchen Rückgriffs auf das Sozialstaatsprinzip, ist die Rechtsprechung des Bundesverfassungsgerichts zum Sozialstaatsprinzip nicht selten eher blass. In einem frühen Sondervotum der Richterin Rupp von Brünneck heißt es: 583

„Obwohl das Sozialstaatsprinzip zu den tragenden Verfassungsgrundsätzen gehört, kennzeichnet die Rechtsprechung des Bundesverfassungsgerichts eine gewisse Scheu, diesen Grundsatz für die verfassungsrechtliche Prüfung fruchtbar zu machen. Dies liegt – neben möglichen anderen Gründen – nicht unwesentlich an der vergleichsweisen Unbestimmtheit dieses Prinzips, wobei freilich Ursache und Wirkung umkehrbar sind: Gerade diese mangelnde Berücksichtigung verhindert, daß das Sozialstaatsprinzip verfassungsrechtlich näher erfaßt und deutlicher konturiert wird".[22]

In dem vom Bundesverfassungsgericht zu entscheidenden Fall kommt die Richterin, anders als die Senatsmehrheit, zur Verfassungswidrigkeit der Beschränkung der Beitragsnachentrichtungsbefugnis für berufstätige Frauen, indem sie „das Sozialstaatsprinzip seiner Bedeutung entsprechend [...] schon unmittelbar bei der Prüfung an Art. 3 Abs. 1 GG zum Zuge kommen" lässt.

Dementsprechend bildet im ersten Urteil zur angemessenen Höhe der Hartz-IV-Leistungen die Menschenwürde (Art. 1 I GG) und nicht das Sozialstaatsprinzip den Angelpunkt der Argumentation des Gerichts.[23] Gleiches gilt für das Urteil zur Mindesthöhe des Bedarfs nach dem Asylbewerberleistungsgesetz.[24] 584

---

19 S.a. *U. Davy* VVDStRL 68 (2009), S. 122/124; *Axer* ebd., S. 177/178.

20 18.5.1990, BGBl. II, S. 537; *Rupp* HStR IX, 3. Aufl., 1997, § 203 Rn. 2.

21 → Rn. 150.

22 BVerfGE 36, 248.

23 BVerfGE, 125, 175/221.

24 BVerfGE 132, 134; dazu *Heinig* Sozialsaat, S. 315; *Thym* VVDStRL 76 (2017), S. 109/169 m.w.N.; klarstellend *Paulus* ebd. S. 222 f.

585 In einer seiner ersten Entscheidungen hat das Bundesverfassungsgericht[25] seine Interpretation des Sozialstaatsprinzips formuliert:

> „Damit ist zwar nicht gesagt, daß der einzelne überhaupt kein verfassungsmäßiges Recht auf Fürsorge hat, wenn auch die Wendung vom ‚sozialen Bundesstaat' nicht in den Grundrechten, sondern in Art. 20 GG des Grundgesetzes (Bund und Länder) zu finden ist, so enthält sie doch ein Bekenntnis zum Sozialstaat, welches bei der Auslegung des Grundgesetzes wie auch anderer Gesetze von entscheidender Bedeutung sein kann. Das Wesentliche zur Verwirklichung des Sozialstaates aber kann nur der Gesetzgeber tun; er ist gewiß verfassungsrechtlich zu sozialer Aktivität, insbesondere dazu verpflichtet, sich um einen erträglichen Ausgleich der widerstreitenden Interessen und um die Herstellung erträglicher Lebensbedingungen für alle die zu bemühen, die durch die Folgen des Hitler-Regimes in Not geraten sind. Aber nur, wenn der Gesetzgeber diese Pflicht willkürlich, das heißt ohne sachlichen Grund versäumte, könnte möglicherweise dem einzelnen hieraus ein mit der Verfassungsbeschwerde verfolgbarer Anspruch erwachsen."

586 Die drei Hauptaussagen des Bundesverfassungsgerichts lauten:

1. Das Sozialstaatsprinzip wendet sich in erster Linie an **den Gesetzgeber** und **verpflichtet** ihn zu sozialer Aktivität.
2. Nur wenn der Gesetzgeber seine Pflicht ohne sachlichen Grund verletzt, kann aus dem Sozialstaatsprinzip ausnahmsweise ein **Anspruch** des Bürgers **auf** ein entsprechendes **Handeln des Gesetzgebers** entstehen, häufig unter der zusätzlichen Berufung auf Grundrechte wie Art. 3, 12 GG[26]
3. Das Sozialstaatsprinzip ist wiederum häufig unter zusätzlicher Berufung auf Grundrechte als **Auslegungsregel** bei der Anwendung von Gesetzen durch Verwaltung und Rechtsprechung zu beachten, z. B. richterliche Korrektur völlig ungleichgewichtiger Verträge.[27]

587 Die Aussage Nr. 2 besagt nicht, dass das Sozialstaatsprinzip allein (oder mit Grundrechten kombiniert) Ansprüche auf Leistungen, insbesondere finanzieller Art, gegenüber der Verwaltung gewährt. Das Gericht spricht von der Pflicht des (demokratisch gewählten und legitimierten) Gesetzgebers, nicht von der der Verwaltung. Für die Verwaltungstätigkeit fehlt dem Sozialstaatsprinzip in der Regel die zielkonkretisierende Kraft.[28]

588 Im Grundrechtsteil (→ Rn. 846) ist zu behandeln die schon im Abschnitt über die Verfassungstheorie kurz angesprochene Ableitung von Leistungsansprüchen aus

25 BVerfGE 1, 97, 105.

26 BVerfGE 33, 303, 331 – Hochschulzugang.

27 BVerfGE 89, 214, 232 – Bürgschaft.

28 Dazu m.w.N. *Brosius-Gersdorf*, HdB VerwR III, § 83, Rn. 66–82; *Wallrabenstein*, HdB VerwR I, § 19, Rn. 4.

Grundrechten i.V.m. dem Sozialstaatsprinzip. Das Verhältnis von **Sozialstaatsprinzip und Grundrechten** wird wesentlich dadurch bestimmt, dass die als Abwehrrechte verstandenen Grundrechte dem zu sozialer Aktivität verpflichteten Gesetzgeber die wichtigste, im Einzelfall sorgfältig zu bestimmende Schranke setzen. Wie schwierig die Grenzziehung im Einzelfall sein kann, belegt die Rechtsprechung des Verfassungsgerichts. Zwar hat das Gericht festgestellt, das Sozialstaatsprinzip vermöge den Grundrechten keine unmittelbaren Schranken zu ziehen.[29] Gleichwohl besteht kein Zweifel mehr, dass die Unternehmensmitbestimmung als Eingriff in das Unternehmenseigentum auch sozialstaatlich gerechtfertigt werden kann.[30]

Im KPD-Urteil,[31] also abgrenzend zum Staatssozialismus, hat das BVerfG die erste der drei Hauptaussagen des Sozialstaatsprinzips konkretisiert, und zwar hinsichtlich des Prozesses der Verwirklichung des Prinzips und hinsichtlich seines Verhältnisses zu anderen Staatszielbestimmungen. 589

„Wenn als ein leitendes Prinzip aller staatlichen Maßnahmen der Fortschritt zu ‚sozialer Gerechtigkeit‘ aufgestellt wird, eine Forderung, die im Grundgesetz mit seiner starken Betonung des ‚Sozialstaats‘ noch einen besonderen Akzent erhalten hat so ist auch das ein der konkreten Ausgestaltung im hohem Maße fähiges und bedürftiges Prinzip. Was jeweils praktisch zu geschehen hat, wird also in ständiger Auseinandersetzung aller an der Gestaltung des sozialen Lebens beteiligten Menschen und Gruppen ermittelt. Dieses Ringen spitzt sich zu einem Kampf um die politische Macht im Staate zu. Aber er erschöpft sich nicht darin. Im Ringen um die Macht spielt sich gleichzeitig ein Prozeß der Klärung und Wandlung dieser Vorstellungen ab. Die schließlich erreichten Entscheidungen werden gewiß stets mehr den Wünschen und Interessen der einen oder anderen Gruppe oder sozialen Schicht entsprechen: Die Tendenz der Ordnung und die in ihr angelegte Möglichkeit der freien Auseinandersetzung zwischen allen realen und geistigen Kräften wirkt aber [...] in Richtung auf Ausgleich und Schonung der Interessen aller. Das Gesamtwohl wird eben nicht von vornherein gleichgesetzt mit den Interessen oder Wünschen einer bestimmten Klasse; annähernd gleichmäßige Förderung des Wohles aller Bürger und annähernd gleichmäßige Verteilung der Lasten wird grundsätzlich erstrebt. Es besteht das Ideal der ‚sozialen Demokratie in den Formen des Rechtsstaates‘.“

Inhaltlich legt das Bundesverfassungsgericht das Sozialstaatsprinzip fest auf den Fortschritt aller staatlichen Maßnahmen zu sozialer Gerechtigkeit. Daraus folgt dass der Gesetzgeber verpflichtet ist, bestehende Ungleichheiten in wirtschaftlicher, sozialer und kultureller Hinsicht zu verringern – Sozialstaatsprinzip als **Staatszielbestimmung.** 590

29 BVerfGE 59, 231, 262.

30 BVerfGE 50, 290.

31 BVerfGE 5, 85, 197.

591 Die Klassifikation des Sozialstaatsprinzips als Staatszielbestimmung verdeutlicht seine „Aufgegebenheit" an den Gesetzgeber und verdeutlicht seine Eigenart besser als die in der Zielrichtung gleichartigen sozialen Grundrechte mancher Landesverfassungen, der Weimarer Reichsverfassung, der europäische Grundrechtscharta oder auch der Verfassungsentwurf des Runden Tischs.

592 Mit der inhaltlichen Ausrichtung trifft das Bundesverfassungsgericht zugleich verfahrensmäßige Vorgaben für die Verwirklichung des Sozialstaatsprinzips. Die jeweilige verbindliche Entscheidung des Gesetzgebers wird vom konfliktgeladenen politischen Willensbildungsprozess in der Gesellschaft beeinflusst. Das Sozialstaatsprinzip kann dem demokratisch und bundesstaatlich verfassten Gesetzgeber lediglich Richtungen weisen, die jeweils möglichen Wege sind politisch zu entscheiden.[32]

593 Schließlich enthält die Entscheidung eine Aussage zur Stellung des Sozialstaatsprinzips in der Verfassung. Durch die Schlussformel vom „Ideal der sozialen Demokratie in den Formen des Rechtsstaates" wird die Herrschaft nach dem Grundgesetz durch das demokratische und das soziale Prinzip inhaltlich ausgerichtet, und zwar auf die Bürger bezogen und für sie bestimmt. Gleichzeitig wird der den staatlichen Gewalten aufgegebene Gestaltungsauftrag rechtsstaatlich „in Form gebracht".[33] Auch das sozialstaatliche Handeln muss begrenzt, berechenbar und kontrollierbar sein.

594 Letzteres verweist auf die wechselseitige Verwiesenheit von **Sozialstaat und Rechtsstaat**, ein Thema, das insbesondere in den 50er und 60er Jahren Gegenstand der Auseinandersetzung zwischen einem spezifisch rechtstaatlichen und einem dezidiert sozialstaatlichen Verfassungsverständnis war.

595 Auf der einen Seite stand die von Ernst Forsthoff (1902–1974) vertretene Position, die Rechtsstaats- und Sozialstaatlichkeit auf die Verwaltungsebene reduziert – Daseinsvorsorge.[34] Nach der z.B. vom Juristen und Politologen W. Abendroth (1906–1985) vertretenen Gegenposition ist dem Staat durch das Sozialstaatsgebot von Verfassung wegen aufgegeben, die privaten Besitzstände ökonomischer und politischer Macht einer öffentlichen Kontrolle zu unterwerfen.[35] In

32 *Frank* Sozialstaatsprinzip und Gesundheitssystem, 1983, der gleichwohl eine ziemlich weitgehende staatliche Regulierungspflicht im Gesundheitswesen aus dem Sozialstaatsprinzip ableitet; tendenziell anders *Heinig* Sozialstaat, der das vorherrschende „pragmatische Sozialstaatsverständnis" abzugrenzen sucht zu einem freiheitsfunktionalen Sozialstaat.

33 *Hesse* Grundzüge, Rn. 214.

34 *Forsthoff* Verwaltungsrecht I, 10 Aufl., 1973, S. 4; *ders.* VVDStRL 12 (1954), 8, 14; krit. *Wallrabenstein*, HdB VerwR I, § 19, Rn. 3; *Heinig* Sozialstaat, S. 22; → Rn. 34.

35 VVDStRL 12, 84; ders. in: *Forsthoff* (Hrsg.): Rechtsstaatlichkeit und Sozialstaatlichkeit, 1968, S. 114 f.; krit. *Heinig* Sozialstaat, S. 34.

Verbindung mit dem **Demokratieprinzip** wird daraus die Überführung privater Verfügungsreservate in demokratische Selbstbestimmung gefordert.

Unzweifelhaft kann es im Einzelfall zu Konflikten zwischen dem Sozialstaats- 596
und dem Rechtsstaatsgebot kommen, z. B. dürfen gesetzliche Formen der Mietpreisbindungen nicht so vage sein, dass sie zu einem verkappten Mietstopp führen[36] und Investitionen in vermietbares Wohnungseigentum prinzipiell unmöglich machen.[37] Aber auch der Rechtsstaat ist nicht auf formelle Prinzipien beschränkt, sondern beinhaltet auch das Gebot materieller Gerechtigkeit. Der „soziale Rechtsstaat" kann als Staat sozialer Rechte verstanden werden.[38]

Im Übrigen ist, im Anschluss an Zacher, zu obigen Interpretationen zu sagen, 597
dass Verfassungsinterpretationen den Sozialstaat nicht schaffen. „Den Sozialstaat zu definieren ist ein politisches Geschäft."[39]

Das „Hauptgeschäft" des Sozialstaats ist seine Verpflichtung und Verantwor- 598
tung für eine funktionsfähige soziale Infrastruktur, in Deutschland schon früh geschaffen mit den Sozialversicherungssystemen und fortgeführt mit der sozialen Daseinsvorsorge.[40] Die Ergebnisse des politischen Ringens um die Verwirklichung sozialer Gerechtigkeit finden sich in den unterschiedlichsten Rechtsgebieten, z. B. im Zivilrecht (Verbraucherschutz bei allgemeinen Geschäftsbedingungen, bei Abzahlungskäufen), im Prozessrecht (Prozesskostenhilfe), im Arbeitsrecht (Ausgestaltungen des Kündigungsschutzgesetzes), vor allem aber im SGB, dessen § 2 SGB-AT soziale Rechte einräumt, die in den weiteren Büchern des SGB ausgestaltet werden (z. B. SGB II – Bürgergeld; Arbeitsförderung – SGB III; SGB IV – soziale Entschädigung, z. B. § 24 Impfschäden; gesetzliche Krankenversicherung – SGB V, gesetzliche Rentenversicherung – SGB VI, gesetzliche Unfallversicherung – SGB VII, Kinder- und Jugendhilfe – SGB VIII, soziale Pflegeversicherung – SGB XI). Die Corona Krise hat verdeutlicht, wie der Sozialstaat im Arbeits-, Sozial- und Mietrecht auf neue Lagen reagiert. Im Vergleich zu anderen Staaten hat sich die deutsche gesundheitssichernde Infrastruktur trotz Vollzugsschwächen durchaus bewährt.[41]

Die kaum überschaubaren gesetzlichen Regelungen dessen, was heute als „so- 599
ziales Netz" bezeichnet wird, können als Ausgestaltungen des Sozialstaatsprinzips

---

36 BVerfGE 37, 132.

37 BVerfG (K), B.v. 18.7.2019, 1 BvL 1/18, Rn. 53 – Mietpreisbremse.

38 So *Eichenhofer* DVBl. 2016, 78.

39 *Zacher* Festschrift Ipsen, S. 237, 266.

40 *Brosius-Gersdorf*, HdB VerwR III, § 83, Rn. 47, 52 ff.

41 Dazu *Kersten/Rixen*, Der Verfassungsstaat in der Corona-Krise, 3. Aufl., 2022, S. 67 ff; zurecht krit.: zur Kontrolldichte des BVerfG, BVerfGE 159, 355, Rn. 135-Bundesnotbremse I; zur Gesetzgebung *Dederer/Preuß*, AöR, 2023, 289; überzogen *Lepsius*, DV, 2022, 261.

verstanden werden. Deshalb sind sie aber nicht unveränderlich festgeschrieben;[42] ebenso wenig wie das vom BMAS veröffentlichte Deutsche Sozialbudget, das im Jahr 2019, also vor der Corona Krise, sich auf 1040 Mill. Euro belief.

600 Das Grundgesetz schreibt keine bestimmte sozialrechtliche Wirklichkeit vor. Gemäß dem aus Art. 1 I GG i.V.m. dem Sozialstaatsprinzip abgeleiteten

> „Grundrecht auf Gewährleistung eines menschenwürdigen Existenzminimums [...] stehen jedem Hilfebedürftigen diejenigen materiellen Voraussetzungen zu, die für seine physische Existenz und für ein Mindestmaß an Teilhabe am gesellschaftlichen und politischen Leben unerlässlich sind. Dieses unverfügbare Grundrecht [...] bedarf aber der Konkretisierung und stetigen Aktualisierung durch den Gesetzgeber, der die zu erbringenden Leistungen an den jeweiligen Entwicklungsstand des Gemeinwesens und den bestehenden Lebensbedingungen auszurichten hat. Dabei steht ihm ein Gestaltungsspielraum zu, bei dessen Ausübung er „alle existenznotwendigen Aufwendungen in einem transparenten und sachgerechten Verfahren realitätsgerecht und nachvollziehbar auf Grundlage verlässlicher Zahlen und schlüssiger Verfahren zu bemessen" hat.[43]

601 Die Pflicht des Gesetzgebers, die Leistungen in einem transparenten sachgerechten Verfahren im Vorhinein[44] zu **begründen**, hat das Bundesverfassungsgericht außer für die Bestimmungen der Sozialleistungen auch für die gesetzliche Festlegung der Beamtenbesoldung entwickelt und zwar wegen der spezifischen Unbestimmtheit der verfassungsrechtlichen Grundlagen dieser Leistungen, nämlich dem Sozialstaatsprinzip bzw. dem Alimentationsprinzip.[45] Im Regelfall schuldet der Gesetzgeber von Verfassungswegen nur ein Gesetz, keine Begründung.[46]

602 Im Bereich des Wirtschaftsrechts ist der Gestaltungsspielraum des Gesetzgebers eher noch größer. Auch nach Unionsrecht, steht es dem Gesetzgeber frei, trotz der Verpflichtung auf die soziale Marktwirtschaft (Art. 3 III (1) 2 EUV), gem. Art. 15 GG bestimmte Wirtschaftszweige zu sozialisieren[47] oder aber zur Steuerung des Eigentums in der Bevölkerung staatliche Unternehmen zu privatisieren – Volksaktien.[48] Sozialstaatliche Teilhaberechte stehen unter dem Vorbehalt des Möglichen. Bestandsschutz gegenüber Änderungen gewährt in Maßen am ehesten der rechtsstaatliche Vertrauensschutz und soweit z.B. sozialrechtliche Anwartschaften der Existenzsicherung des Berechtigten zu dienen bestimmt sind – Art. 14 GG.[49] Das

---

42 S. BVerfG, NJW 2011, 1058 – Abschaffung der Arbeitslosenhilfe.
43 BVerfGE 125, 175 – Hartz IV; s.a. U. v. 05.11.2019 I BvL 7/16- Sanktionen.
44 Dazu *Lindner* ZBR 2019, S. 83 – Zweite Säule der gerichtlichen Kontrolle.
45 BVerfG B. v. 15.12.2020 2 BvR 46/19 Rn. 43f.
46 S. *Hebeler* DÖV 2010, 754; gegenläufig *G. Kirchhof* Die Allgemeinheit des Gesetzes, 2009; → Rn. 274.
47 Dazu *Durner* in: D/H/S, Art. 15.
48 BVerfGE 12, 354, 363.
49 S. BVerfGE 64, 87; 69, 272.

Sozialstaatsprinzip ist für Fortentwicklungen mit unterschiedlichen Akzentuierungen aber auch für disruptive Veränderungen nach oben oder unten offen.

Weiterführend:
U. Davy/Axer VVDStRL 68 (2009), S. 122, 177, Soziale Gleichheit – Voraussetzung oder Aufgabe der Verfassung?; *Kersten*, Die Verfassung öffentlicher Güter, 2023; Kießling, Das Recht der öffentlichen Gesundheit, 2023; *Kingreen* HStR II 2024 § 39 Sozialstaat; *Voßkuhle/Wischmeyer* Da Sozialstaatsprinzip, JuS 2015, 693; *Wallrabenstein*, HdB VerwR I, 2021, § 7-Sozialstaat; *Wiederin* Sozialstaatlichkeit im Spannungsverhältnis von Eigenverantwortung und Fürsorge, VVDStRL 64 (2004), 53; *Zacher* in: HStR II, 3. Aufl., § 28, „Das soziale Staatsziel".

§ 6 Rechtsstaat

I. Genese und Elemente des Rechtsstaates

603 Das Rechtsstaatsprinzip zählt zu den elementaren Prinzipien des Grundgesetzes.[1] Es gilt als allgemeiner Rechtsgrundsatz. Aber seine Positivierung im Grundgesetz ist nicht ganz einfach zu bestimmen. Zutreffend hat eine juristische Habilitationsschrift[2] die zunehmende „atomisierende Verteilung des Rechtsstaatsprinzips auf Dutzende von Verfassungsvorschriften" festgestellt. Art. 20 I GG verwendet den Begriff nicht; Art. 28 I GG verpflichtet die Bundesländer auf den „Rechtsstaat im Sinne dieses Grundgesetzes", setzt also das Prinzip Rechtsstaat voraus, sagt aber inhaltlich nichts über die Rechtsstaatlichkeit. Art. 23 I 1 GG verpflichtet die Bundesrepublik Deutschland dazu, bei der Entwicklung einer EU mitzuwirken, die u. a. rechtsstaatlichen Grundsätzen verpflichtet ist. Schon früh hat das Bundesverfassungsgericht ausgeführt,

> „daß das Verfassungsrecht nicht nur aus den einzelnen Sätzen der geschriebenen Verfassung besteht, sondern auch aus gewissen sie verbindenden, innerlich zusammenhaltenden allgemeinen Grundsätzen und Leitideen, die der Verfassungsgesetzgeber, weil sie das verfassungsmäßige Gesamtbild geprägt haben, von dem er ausgegangen ist, nicht in einem besonderen Rechtssatz konkretisiert hat. Zu diesen Leitideen [...] gehört das Rechtsstaatsprinzip; es ergibt sich aus einer Zusammenschau der Bestimmungen der Art. 20 Abs. 3 GG über die Bindung der Einzelgewalten und der Art. 1 Abs. 3, 19 Abs. 4, 28 Abs 1 S. 1 GG sowie aus der Gesamtkonzeption des Grundgesetzes."[3]

604 Der Rechtsstaat liegt demnach dem Grundgesetz als Prinzip voraus und zugrunde; er ist nicht auf eine einzige eigenständige Verfassungsnorm radiziert, z. B. nicht auf Art. 20 III GG, der nur Teilelemente des Rechtsstaatsprinzips enthält. Demgemäß gehen Rechtsprechung und Rechtswissenschaft in ständiger Praxis davon aus, dass

- das Rechtsstaatsprinzip einen Bestandteil des geltenden Rechts darstellt und als solcher Verbindlichkeit besitzt;
- dem Rechtsstaatsprinzip ein von den einzelnen Normen des Grundgesetzes verschiedener Inhalt zukommt, es also inhaltlich mit den Bestimmungen, aus denen es hergeleitet wird, nicht zusammenfällt;
- das Rechtsstaatsprinzip **Verfassungsrang** besitzt, so dass es gem. Art. 20 III GG Gesetzgebung, vollziehende Gewalt und Rechtsprechung verpflichtet.

---

1 BVerfGE 20, 323, 331.

2 *Sobota*, Das Prinzip Rechtsstaat, 1997, S. 408.

3 BVerfGE 1, 280, 403.

https://doi.org/10.1515/9783111271309-009

Als seine wichtigsten Elemente gelten:[4] 605

- Die Bindung des Gesetzgebers an die verfassungsmäßige Ordnung, Art. 20 III GG,
- Die Bindung der vollziehenden Gewalt und der Rechtsprechung an Gesetz und Recht, einschließlich der europäischen Normenhierarchie und der Grundsätze der Kohärenz und Effizienz,[5] Art. 20 III GG,
- Der Vorbehalt des Gesetzes, demzufolge zumindest belastende Maßnahmen der Exekutive einer ausreichenden gesetzlichen Grundlage bedürfen,
- die Grundrechtsbindung nach Art. 1 III GG mit den Gesetzesvorbehalten in den Grundrechten, z. B. Art. 2 I GG,
- die Gewaltenteilung, Art. 20 II 2 GG,
- die Rechtsschutzgarantie, Art. 19 IV GG,
- die Justizgrundrechte, Art. 100, 101, 103, 104 GG
- das Bestimmtheitsgebot,
- das Gebot der Rechtssicherheit und des Vertrauensschutzes, einschließlich des Rückwirkungsverbots von Gesetzen,
- die Verfahrensrechte wie Anhörung, Akteneinsicht, Publizität und Transparenz,
- der Grundsatz der Verhältnismäßigkeit und das Willkürverbot sowie
- das Staatshaftungsrecht, Art. 34 GG,

Die Idee des Rechtsstaats hat sich als Eigenart der deutschen Verfassungsgeschichte, 606 maßgeblich im vordemokratischen 19. Jahrhunderts, entwickelt. Im 20. Jahrhundert hat der Rechtsstaatsbegriff zunehmend die europäische und außereuropäische Rechtsentwicklung beeinflusst, insbesondere dann, wenn totalitäre Systeme überwunden wurden, z. B. in Portugal, Spanien und Griechenland in den 1970 er Jahren oder in Polen, Ungarn und Südafrika Ende der 1980er Jahre. Diese Länder haben sich z. B. bei der Einführung einer Verfassungsgerichtsbarkeit nicht unwesentlich am Bundesverfassungsgericht orientiert. Die Installation des Bundesverfassungsgerichts war eine Antwort auf das Unrechtssystem der NS-Herrschaft, allerdings primär orientiert am Supreme Court der USA und nicht so sehr an deutscher und österreichischer (Kelsen, 1881–1973) Rechtsstaatlichkeit.

Dem EGMR (Art. 19–51 EMRK) obliegt es, rechtstaatliche Normen wie Art. 5 – 607 Recht auf Freiheit und Sicherheit, Art. 6 – Recht auf faires Verfahren und Art. 9 – Keine Strafe ohne Gesetz in den Mitgliedstaaten des Europarates zu schützen. Die

---

4 *Kahl*, HdB VerwR III, § 66, Rn. 18–68.

5 *Kahl*, aaO, Rn. 65, 68.

Präambel der EMRK beruft sich ausdrücklich darauf, dass die Regierungen der europäischen Staaten auf Freiheit und Rechtstaatlichkeit achten.[6]

608 Art. 2 S. 1 EUV bezeichnet die Rechtsstaatlichkeit als einen der Werte, auf die sich die EU gründet. Dessen Wirkkraft muss sich z. B. in der Beilegung von Rechtsstaatsdefiziten in Polen, Ungarn und Bulgarien bewähren. Verfahren nach Art. 7 EUV sind wegen der erforderlichen Einstimmigkeit nicht effektiv. [7] Wirkungsvoller ist die Rechtsprechung des EuGH's, die Sanktionen der Europäischen Kommission auslösen kann[8].

609 Angesichts des befremdlichen Umgangs der Organe der EU mit der Finanz- und Flüchtlingskrise lässt sich fragen, inwieweit die supra- und die nationale Politik nach dem Motto „Not kennt kein Gebot" den rechtsstaatsspezifischen Vorrang des (Verfassungs-) Rechts vor der Politik noch respektiert.[9] Zumindest hat sich im Verlauf der Corona Pandemie in Deutschland die Herrschaft des Rechts auch in der Not überwiegend bewährt.[10]

610 Der EuGH hat schon früh rechtsstaatliche Elemente, wie den Grundsatz der Verhältnismäßigkeit, die Grundsätze des Vertrauensschutzes, der Rechtssicherheit, des Rechtsschutzes durch unabhängige Gerichte als rechtsstaatliche Elemente des Gemeinschaftsrechts verwendet.[11] Dem entspricht die Mitwirkungspflicht des Art. 23 I 1 GG. Die Entfaltung rechtsstaatlicher Elemente im Unionsrecht wirkt zurück auf das deutsche Recht, z.T. aber auch in der Weise, dass hochentwickelte Formen des rechtsstaatlichen Vertrauensschutzes, wie § 48 II VwVfG wegen Unvereinbarkeit mit dem Unionsrecht abgebaut werden[12]. Die in einem politischen Mehrebenensystem unvermeidlich zunehmende Kooperation von Verwaltungen sind nicht nur föderale, sondern auch rechtstaatliche Herausforderungen, außer beim Vertrauensschutz z. B. auch bei der Haftung und dem rechtzeitigen und effektiven Rechtschutz.

---

6 Zum Rechtsstaatsprinzip im Unions- und Völkerrecht: *Kahl*, aaO, Rn. 8–17.

7 *Möllers/Schneider* Demokratiesicherung in der EU, 2018; *Huber* DSt 2017, 389.

8 EuGH G-619/18; C-354/20; Mitteilung der EK, COM (2020) 580; *Germelmann*, DÖV, 2021 193; *Hering*, DÖV 2020, 293; *Payandeh*, JuS 2020, 370.

9 Dazu *Voßkuhle*, JZ 2016, 161; *Schmidt-Aßmann*, FS P. Kirchhof I, § 22.

10 *Kersten/Rixen*, Der Verfassungsstaat in der Corona-Krise, 3. Aufl., 2022, S. 335; K.A. *Schwarz* in: Härting/Schwarz (Hrsg.), Corona im Rechtsstaat, 2021, S. 391; krit. *Lepsius*, LTO, 03.12.2021; *van Ooyen/Wassermann* (Hg.) Corona und Grundgesetz, 2021.

11 Dazu *Zuleeg* in: Battis/Mahrenholz/Tsatsos, Das Grundgesetz im internationalen Wirkungszusammenhang der Verfassungen, 1990, S. 227, 240; *Skouris* in: Stern (Hrsg.), 60 Jahre Grundgesetz 2010, 37.

12 S. EuGH, DÖV 1998, 287; BVerwG, NJW 1998, 3728; *Frowein* DÖV 1998, 806.

Rechtsstaat ist ein spezifisch deutscher Begriff, der mehr umfasst als der englische Begriff „rule of law". Mit dem Rechtsstaatsbegriff verbinden sich eine Vielzahl von Eigenheiten der deutschen Verfassungsgeschichte.[13] Nachdem das Scheitern der Französischen Revolution dem deutschen Bürgertum vor Augen geführt hatte, dass es die Staatsgewalt in absehbarer Zeit dem Monarchen und dem Adel nicht werde entreißen können, konzentrierten sich die Bemühungen fortan weitgehend darauf, dem bestehenden monarchischen Staat rechtliche Bindungen aufzuerlegen. Der Staat sollte den Landesherren überlassen bleiben, allerdings in seinen Befugnissen gegenüber den Bürgern beschränkt werden. In der Theorie entstand hier die **Entgegensetzung von Staat und Gesellschaft:** Zugespitzt: Staat als die Handlungseinheit im Gemeinwesen, welche nicht Angelegenheit des Volkes ist; Gesellschaft als die Handlungseinheit, auf die der Staat nur nach rechtsstaatlichen Grundsätzen zugreifen kann. 611

Das Recht sollte die Freiheit der Gesellschaft sichern. Daher musste primäres Anliegen sein „Ideen zu einem Versuch, die Grenzen der Wirksamkeit des Staates zu bestimmen".[14] Bei diesem Versuch erschienen die Grundrechte als zentrale Instrumente für die Sicherung der „freien" Gesellschaft gegen staatlichen Zwang. Solche Grundrechte konnten keine demokratischen Teilhaberechte sein. Sie wurden als Abwehrrechte zum Schutz von Freiheit und Eigentum der Bürger gedacht. 612

Die Forderung nach Grenzen des Staates sagte noch nichts darüber, wie solche Grenzen begründet werden sollten und welches ihr genauer Inhalt sei. Hier unterscheiden sich zumindest in den praktischen Konsequenzen **materieller Rechtsstaat** und **formeller Rechtsstaat.** Die Lehre vom materiellen Rechtsstaat nahm spätestens seit Immanuel Kant (1724 – 1804) ihren Ausgangspunkt in der historischen **Staatszwecklehre:** Der Staat darf nur solche Zwecke verfolgen, welche ihm zulässigerweise aufgegeben worden sind. Welche Zwecke dies sein sollten, wurde von den materiellen Rechtsstaatslehren aus dem **„Rechtszweck"** bestimmt. Staatszwecke und Rechtszwecke fielen zusammen: Der Staat soll die Rechte der Bürger und der Gemeinschaft ausformen, gegeneinander abgrenzen und sichern. Diese Formulierung nimmt Art. 20 III GG auf, wenn er formuliert, Exekutive und Justiz seien an Gesetz „und Recht" gebunden. 613

Damit wird die Diskussion um den materiellen Rechtsstaat beeinflusst von der **Naturrechts**diskussion und zwar zunächst hinsichtlich der Frage, woher jenes „Recht" kommt, wie

13 Zur Geschichte *Böckenförde* Staat – Gesellschaft – Freiheit, 1976, S. 65 ff.; *Scheuner* in: Forsthoff, Rechtsstaatlichkeit und Sozialstaatlichkeit, 1968, S. 461 ff.; *C. Bäcker* Gerechtigkeit im Rechtsstaat, 2015, S. 130 ff.

14 So der Titel der programmatischen Schrift von *W. v. Humboldt* 1792; zur Ideengeschichte *v. Mohl* Enzyklopädie der Staatswissenschaften, 1859, S. 18 ff., 324 ff.

es zu definieren ist und wer es definieren darf. Dieses Dilemma beschreiben Formulierungen wie: Materieller Rechtsstaat ist der „Gerechtigkeitsstaat“, der „vernünftige Staat“, der Staat „des richtigen Rechts“,. Derartige Umschreibungen können allerdings aus dem Grundproblem nicht herausführen, nämlich der Frage: Wann ist das Recht gerecht? Ist Gerechtigkeit überhaupt ein zentraler Maßstab des Rechtstaatsprinzips[15] oder nicht?[16] Mangels plausibler Antworten haben in jüngerer Zeit normative Theorien, die auf den Rahmen positiver Rechtsordnungen abstellen (Ronald Dworkin, 1931–2013) an Boden gewonnen. Davon zu unterscheiden ist der auf der strikten Trennung von Recht und Moral beruhende rechtspositivistische Ansatz.[17]

614 Dem materiellen Rechtstaatsprinzip kann der nur **formelle** (entpolitisierte) **Rechtstaat** des 19. Jahrhunderts begrifflich entgegengehalten werden.[18] Konstitutiv für den formellen Rechtstaat sind Gesetzmäßigkeit der Verwaltung, Unabhängigkeit der Gerichte und Rechtschutz gegen die Exekutive. Der formelle Rechtstaat zielte auf die Begrenzung der monarchischen Macht. Die Fixierung auf das Gesetz und die Gesetzmäßigkeit ermöglichte es, auch den totalitären NS-Stadt als formellen Rechtstaat zu deklarieren.[19] Formeller Rechtstaat dahinverstanden, dass der Staat an das geltende Recht gebunden ist, gilt auch unter dem Grundgesetz. Art. 20 III GG bindet vollziehende Gewalt und Rechtsprechung an „Gesetz und Recht“. Die inhaltliche Bindung der Gesetzgebung an die verfassungsmäßige Ordnung des Grundgesetzes geht aber über den bloß formellen Rechtstaatsbegriff hinaus.

615 Das Grundgesetz enthält vielfältige Einzelbestimmungen, welche mit historischen Rechtsstaatsideen übereinstimmen: Man kann sie als „Ausprägungen des Rechtsstaatsprinzips“ bezeichnen. Darin erschöpft sich jedoch nach Ansicht des Bundesverfassungsgerichts das grundgesetzliche Rechtsstaatsprinzip nicht: Vielmehr steht es „hinter“ den einzelnen grundgesetzlichen Bestimmungen und geht somit über sie hinaus. Insbesondere ist es in der Lage, eigenständige Rechtsfolgen zu begründen, die von konkreten Verfassungsnormen verschieden sind. Als solche sind insbesondere genannt:

– Das Gebot der **Bestimmtheit** und der **Rechtsklarheit:** Die Rechtsordnung muss eindeutig erkennbar, insbesondere ausreichend publiziert, hinreichend bestimmt[20] und inhaltlich möglichst widerspruchsfrei[21] sein.

---

15 So BVerfGE 7, 89, 92; E74, 129, 152 st. Rspr.
16 So *C. Bäcker* Gerechtigkeit im Rechtstaat.
17 W.N. bei *Sieckmann* Naturrecht, in: Evangelisches Staatslexikon, Neuaufl. 2006, Sp. 1608.
18 Dazu *C. Bäcker* Gerechtigkeit im Rechtstaat, S. 140 m.w.N.
19 Dazu *Kloepfer* Verfassungsrecht I, § 10 Rn. 9; *Hilger* Rechtstaatsbegriffe im 3. Reich, 2003.
20 Dazu *Papier/Müller* AöR 122 (1997), 177.
21 Dazu BVerfGE 89, 83, 97; 98, 265, 301; krit. *Sendler* NJW 1998, 366.

- Das Prinzip des **Vertrauensschutzes:** Gesetze dürfen grundsätzlich nicht rückwirkend in Kraft treten und müssen auch für die Zukunft das schutzwürdige Vertrauen des Bürgers grundsätzlich wahren.[22]
- Das Prinzip der **Rechtssicherheit:** Jedes Verfahren muss einmal sein Ende finden und unabhängig von der materiellen Rechtslage eine stabile Entscheidung hervorbringen. Daher müssen durch Fristablauf Gerichtsentscheidungen rechtskräftig und Verwaltungsentscheidungen bestandskräftig werden.
- Das **Verhältnismäßigkeitsprinzip** (Übermaßverbot), also das Prinzip, dass freiheitseinschränkende Gesetze einen legitimen öffentlichen Zweck verfolgen und zu dieser Zweckverfolgung geeignet, erforderlich und verhältnismäßig sein müssen. Das in Deutschland entwickelte Verhältnismäßigkeitsprinzip ist inzwischen in ausländischen Rechtsordnungen, im Unions- und Völkerrecht verbreitet.[23]
- Die **Funktionsfähigkeit der Rechtspflege:** Gerichte müssen zur rechtzeitigen Entscheidung wirksam in der Lage sein, eine Forderung, die der EGMR gegenüber dem „instanzenseligen" deutschen Rechtschutz in zahlreichen Entscheidungen angemahnt hat[24]; zur rechtsstaatlichen Rechtspflege zählen insbesondere auch das **faire Verfahren**, die **„Waffengleichheit"** im Prozess und die **freie Wahl des Verteidigers.**

Diese Grundsätze werden, obwohl sie als wesentliche Elemente des Rechtsstaats- 616
prinzips gelten, an dieser Stelle nicht näher behandelt. Stattdessen sind sie dort zu erörtern, wo sie anhand konkreter Verfassungsnormen, insbesondere anhand von Grundrechten, z. B. Art. 14 GG und Vertrauensschutz, oder anhand von Normen des Verwaltungsrechts, z. B. §§ 48–50 VwVfG – Aufhebung von Verwaltungsakten –, erörtert werden können. Dahinter steht das Anliegen, die Berufung auf das Rechtsstaatsprinzip nicht zur beliebigen Argumentationsfigur verkommen zu lassen.[25] Soweit normierte Einzelausprägungen vorhanden sind, gewinnt der juristische Diskurs an Disziplin und Verständlichkeit.

---

22 BVerfGE 105, 48, 57; 108, 370, 398; *Maurer* HStR IV, 2006, § 79; *Schwarz* Vertrauensschutz als Verfassungsprinzip, 2002; *Kahl* FS P. Kirchhof I, § 27; *Voßkuhle/Kaufhold* JuS 2011, 794; zur echten Rückwirkung; BVerfGE 114, 258, 300; 95, 64, 86; hypertroph die Rspr. zur unechten Rückwirkung; BVerfGE 101, 239, 263; 69, 272, 309.

23 S. *F. Becker*, FS P. Kirchhof I, § 21; *Lindner*, NJW, 2024, 564.

24 EGMR v. 24.6.2010 30141/04 – Allerbach/Deutschland – dazu: *Steinbeiß-Winkelmann* ZRP 2010, 205; EGMR NJW 2001, 213.

25 Dazu prinzipiell *Kunig* Das Rechtsstaatsprinzip, 1986, einerseits und *Sobota* Das Prinzip Rechtsstaat, S. 399 andererseits; sowie *Möllers* HStR II 2024 § 35 Rechtsstaat.

617 Der Zwiespalt zwischen einem als Gerechtigkeitsstaat verstandenen materiellen Rechtsstaat und dem formellen, auf Rechtssicherheit, Regeln und Fristen angewiesenen Rechtsstaat ist im Verlauf der deutschen Wiedervereinigung virulent geworden. Gemeint ist die Klage der DDR-Bürgerrechtlerin Bärbel Bohley (1945–2010), man habe Gerechtigkeit erwartet und stattdessen den Rechtsstaat erhalten.[26] Soweit „damit bürokratische Auswüchse des instanzenseligen Rechtswegestaates" und seines „Wohlstandsrechts" gemeint sind, ist die Kritik zutreffend. Gegenüber der mit revolutionärem Pathos eingeforderten unbedingten Gerechtigkeit sollten sich gerade Juristen bewusst sein, dass alles staatliche Handeln menschliches Handeln und damit unvollkommen ist. Spezifisch rechtsstaatliche Probleme der deutschen Einigung[27], wie strafrechtliche Ahndung von Systemunrecht, Übernahme Systembelasteter in den öffentlichen Dienst, Rückgabe von Eigentum, DDR als Unrechtsstaat und viele andere Fragen der „Vergangenheitsbewältigung durch Recht"[28] zeigen dies überdeutlich. „Aus Sehnsucht nach dem Unbedingten" sollte aber nicht der Wert formaler rechtsstaatlicher Verfahrensstrategien übersehen werden.[29]

So hat das Bundesverfassungsgericht Art. 103 III GG als Vorrangentscheidung zugunsten der Rechtsstaatlichkeit gegenüber der materiellen Gerechtigkeit bewertet.[30]

618 Art. 20 III GG begründet die Bindung aller Staatsgewalt an das geltende Recht einschließlich des unmittelbar anwendbaren Unionsrechts. **Bindung** bedeutet **Bewertung nach den binären Maßstäben rechtmäßig oder rechtswidrig**, zulässig oder unzulässig, gesollt oder nicht gesollt. Daraus folgen

– **die Verselbständigung des bindenden Rechts:** Bewertungsmaßstab und bewertetes Verhalten müssen ihrer Herkunft nach verschieden sein. Wer das bewertete Verhalten vornimmt, darf nicht zugleich über den Bewertungsmaßstab disponieren.
– Exekutive und Justiz dürfen keine formellen Gesetze erlassen.
– **Die Einseitigkeit der Bindung:** Der Bewertungsmaßstab bewertet unabhängig davon, ob sein Adressat dieses akzeptiert oder anerkennt. Bindung ist Fremdbestimmung.

---

26 Dazu *Isensee* in: HStR IX, 1. Aufl. 1997, § 202 Rn. 23.
27 Dazu *Sendler* DÖV 1998, 768; *Eisenhardt* Journal der Juristischen Zeitgeschichte 2009, 45.
28 *Isensee* (Hrsg.) 1992.
29 Dazu *Schuller* in: Gedächtnisschrift für Roman Schnur, 1997, S. 117, 131.
30 BVerfG, DVBl 2024, 989 -Wiederaufnahmeverfahren; m. SV Müller u. Langenfeld.

- Die gebundenen Organe müssen das sie bindende Recht anwenden (**Anwendungsgebot**) und dürfen nicht davon abweichen (**Abweichungsverbot**). Richterrecht contra legem darf es nach dem Grundgesetz nicht geben.[31]
- Die **inhaltliche Eigenständigkeit des gebundenen Rechts:** Das bindende Recht ist aus sich heraus und nicht aus dem Handeln heraus auszulegen, welches an das Recht gebunden ist.
- Was das Grundgesetz unter „Versammlung" oder „Parteien" versteht, ist durch dieses und nicht durch das einfache Gesetz zu ermitteln.
- Die **Kontrolle der Bindung:** Rechtsbindung reicht nur so weit, wie die Organe zu ihrer Umsetzung reichen. Dementsprechend kann es nicht dem Adressaten eines Rechtssatzes alleine überlassen bleiben, verbindlich zu beurteilen, ob er sich an das für ihn geltende Recht hält oder nicht.

Die Rechtmäßigkeitskontrolle ist primär Aufgabe der Gerichte. Dies bedeutet aber nicht, dass notwendig stets gerichtliche Kontrolle stattfinden muss. Die Gesetze binden auch die Gerichte; trotzdem entscheidet über die Vereinbarkeit einer Gerichtsentscheidung mit dem Gesetz letztinstanzlich ein Gericht.

II. Verfassungsbindung

1. Vorrang der Verfassung

Art. 20 III GG bindet die Gesetzgebung an die „verfassungsmäßige Ordnung". Damit 619
ist der „**Vorrang der Verfassung**" normiert.[32] Daraus folgt, dass im Falle einer Kollision zwischen Verfassung und Gesetz das Verfassungsrecht vorgeht. Das Verfassungsrecht bindet den Gesetzgeber in formeller und materieller Hinsicht: Die Legislative ist an die grundgesetzliche Zuständigkeits- und Verfahrensordnung ebenso gebunden wie an die inhaltlichen Vorgaben für Gesetze. Für die Grundrechte ist diese Bindung in Art. 1 III GG noch einmal ausgeführt. Art. 143 GG erlaubte (I II) und erlaubt (III) wiedervereinigungsbezogene Ausnahmen

Unklar sind allerdings die Konsequenzen des Vorrangs der Verfassung. Ein- 620
deutig ist, dass er seine Effektivität durch Entscheidungen des Bundesverfassungsgerichts gewinnt. Dieses prüft und entscheidet allein, ob ein Gesetz mit dem

---

31 S. Rn. 784; Rn. 66; BVerfGE 149, 126; *Ipsen* Richterrecht und Verfassung, 1975; *Müller* Richterrecht, 1986; *Sendler* DVBl. 1988, 828; *Rüthers* Die heimliche Revolution vom Rechtsstaat zum Richterstaat, 2. Aufl. 2016.

32 Dazu*Wahl* DSt 1981, 485; ders., NVwZ 1984, 401; *Wolff* Ungeschriebenes Verfassungsrecht unter dem Grundgesetz, 2000, S. 279.

Grundgesetz vereinbar ist. In Ausübung dieser Aufgaben kann es gemäß § 31 II BVerfGG ein Gesetz für nichtig erklären. Nach herrschender Meinung ist das verfassungswidrige Gesetz von Anfang an nichtig. Der Verfassungsverstoß führt automatisch zur Nichtigkeit, die vom Gericht nur noch festgestellt zu werden braucht.[33] Nach der Gegenmeinung bleibt das Gesetz trotz Verfassungswidrigkeit wirksam und wird nur vom Bundesverfassungsgericht **vernichtbar**, indem es mit konstitutiver Wirkung für nichtig erklärt ist.[34]Das Bundesverfassungsgericht hat seine Rechtsprechung ausdifferenziert in Nichtigerklärung, Unvereinbarkeitserklärung, Appellentscheidung, einschließlich der Aufforderung innerhalb einer Frist die verfassungswidrige Norm zu ersetzen und schließlich „Heilung" durch verfassungskonforme Auslegung.

Umstritten ist, ob die Exekutive eine für verfassungswidrig gehaltene Norm nach Ausschöpfung verwaltungsinterner Normenkontrollen nicht anwenden darf.[35]

2. Verfassungsänderung, Verfassungswandel

621 Das Grundgesetz bindet gem. Art. 20 III GG Gesetzgebung, vollziehende Gewalt und Rechtsprechung; von einer Bindung der verfassungsändernden Gewalt ist hingegen nicht die Rede. Vielmehr bestimmt Art. 79 GG die formellen und materiellen Rechtmäßigkeitsbedingungen für Verfassungsänderungen.

622 Art. 79 I 1 GG ordnet eine formelle Bedingung für Grundgesetzänderungen an: Jede Änderung muss den „Wortlaut des Grundgesetzes" ändern oder ergänzen. Er untersagt somit die „Verfassungsdurchbrechung", also die Setzung von Verfassungsrecht außerhalb des Grundgesetzes in anderen Gesetzen, wie sie insbesondere in der Weimarer Republik nicht selten war. Art. 79 I 1 GG begründet den Grundsatz der Vollständigkeit und Abgeschlossenheit des geltenden Verfassungsrechts im Grundgesetz: **Kein positives Verfassungsrecht außerhalb des Grundgesetzes.**

Eine Ausnahme für bestimmte völkerrechtliche Verträge nach Art. 79 I 2 GG ist mit Art. 142a GG bisher nur einmal (im Zuge der Verhandlung zu einer Europäischen Verteidigungsgemeinschaft- EVG) zeitweilig in Kraft getreten.

623 Wenn das Grundgesetz vollständig und abschließend ist, kann und darf es kein **ungeschriebenes Verfassungsrecht** geben. Wie fließend die Grenzen des Verbots

---

33 *Ipsen* Rechtsfolgen und Verfassungswidrigkeit von Norm und Einzelakt, 1980, S. 145 ff. m.w.N.
34 So erstmals *C. Böckenförde* Die sogenannte Nichtigkeit verfassungswidriger Gesetze, 1966; w.N. bei *Battis* HStR XII, 3. Aufl., 2014, § 275.
35 *Sachs/von Coelln* in: Sachs, Art. 20 Rn. 97.

ungeschriebenen Verfassungsrechts sind, zeigt die Existenz ungeschriebener Gesetzgebungskompetenzen (Rn. 162). Sie werden im Wege der Auslegung der geschriebenen Verfassung entnommen. Noch deutlicher zeigt dies die US-amerikanische Doktrin der *implied powers,* die jede in der geschriebenen Verfassung ausdrücklich vorgesehene oder ableitbare Kompetenz mit einschließt, um alle notwendigen Mittel zu deren Durchsetzung zu ergreifen.[36]

Umstritten ist auch die Anerkennung von **Verfassungsgewohnheitsrecht**[37], 624
wozu zum Beispiel der Grundsatz der Diskontinuität[38] gezählt wird. Problematisch ist schon, dass es ungeschrieben ist: Warum soll Gewohnheitsrecht gerade den Rang des Grundgesetzes und nicht denjenigen eines einfachen Rechts oder gar einer Geschäftsordnung aufweisen? Wenn Art. 79 I 1 GG formelle Anforderungen an das geltende Verfassungsrecht stellt, so liegt gerade hierin die Anerkennung der **Lückenhaftigkeit und Offenheit des GG**[39]. Fließend ist zudem die Abgrenzung zur Rechtsfortbildung durch das Bundesverfassungsgericht.

Art. 79 II GG begründet das formelle Erfordernis der **Zwei-Drittel-Mehrheit** bei 625
der Abstimmung über Verfassungsänderungen und die Notwendigkeit der **Zustimmung des Bundesrates** zu solchen Änderungsgesetzen. Die Mehrheit des Bundestages soll nicht allein und mit einfacher Mehrheit Regelungen, welche gerade für die Grundordnung des staatlichen Lebens und die Stellung der Minderheiten in ihm von Bedeutung sind, ändern können. Daher ist hier die Entscheidung dem Konsensprinzip angenähert.[40]

Der Begriff der Zweidrittel-Mehrheit i. S. v. Art. 97 II GG wird durch Art. 121 GG 626
präzisiert. Danach ist Mehrheit der Mitglieder des Bundestages die Mehrheit der gesetzlichen Mitglieder wie sie § 1 I S. 1 BWahlG festlegt.

Der Bundestag könnte also ein verfassungsänderndes Gesetz nicht mit 80 zu 30 Stimmen verabschieden. Eine derartige Abstimmung reichte aber für eine einfache Gesetzesvorlage aus, sofern niemand nach § 45 GO-BT die Beschlussfähigkeit in Frage stellt.[41]

Art. 79 III GG normiert die materiellen Anforderungen an die Zulässigkeit von 627
Verfassungsänderungen. Die sog. „**Ewigkeitsklausel**" schließt Änderungsgesetze aus, welche

---

36 Supreme Court, 17 U.S. 316 (1819) – McCulloch vs. Maryland; *Badura* HStR XII,3. Aufl., 2014, § 270 Rn. 12.

37 BVerfGE 11, 78, 87; 45, 1, 33; *Tomuschat,* Verfassungsgewohnheitsrecht?, 1972; H.A. *Wolff* Ungeschriebenes Verfassungsgericht unter dem Grundgesetz, 2000.

38 → Rn. 498.

39 Dazu näher *Böckenförde,* NJW 1976, 2089 f.; *Gusy* JöR 1984, 105.

40 *Blankenagel,* Tradition und Verfassung, 1987, S. 129; → Rn. 184.

41 BVerfGE 44, 308, 318 f.

- die Gliederung des Bundes in Länder, nicht hingegen den konkreten Bestand der einzelnen Bundesländer (s. dazu Art. 29 GG),[42]
- die grundsätzliche Mitwirkung der Länder bei der Gesetzgebung oder
- die in Art. 1 und 20 GG niedergelegten Grundsätze „berühren" ; nicht hingegen die in Art. 1 bis 20 GG genannten Bestimmungen; die Grundrechte der Art. 2–19 GG fallen nur insoweit unter die „Ewigkeitsklausel", als sie zugleich in Art. 1 oder 20 GG mitgarantiert sind.

628 Umstritten ist, ob Art. 79 III GG auch für eine nach Art. 146 GG zustande gekommene Verfassung gilt.[43]

629 In einer der ersten von vielen Entscheidungen, die das ambivalente Verhältnis von Sicherheit und Freiheit austarieren, der Abhör-Entscheidung zur Neufassung von Art. 10 II GG[44], hat das Bundesverfassungsgericht die Kompetenz zur Prüfung von Verfassungsänderungen am Maßstab des Art. 79 III GG in Anspruch genommen. Es prüft zunächst einen Verstoß gegen das – materielle – **Rechtsstaatsprinzip** und führt dazu aus:

> „Auch in Art. 20 GG sind mehrere Grundsätze niedergelegt, nicht jedoch ist dort ‚niedergelegt' das ‚Rechtsstaatsprinzip', sondern nur ganz bestimmte Grundsätze des Rechtsstaatsprinzips: in Abs. 2 der Grundsatz der Gewaltenteilung und in Abs. 3 der Grundsatz der Bindung der Gesetzgebung an die verfassungsmäßige Ordnung, der vollziehenden Gewalt und der Rechtsprechung an Gesetz und Recht. Aus dem Rechtsstaatsprinzip lassen sich mehr als die in Art. 79 Abs. 3 GG in Bezug genommenen Rechtsgrundsätze des Art. 20 GG entwickeln. Das Bundesverfassungsgericht hat solche Rechtsgrundsätze entwickelt [...]. Die mit der Formulierung des Art. 79 Abs. 3 GG verbundene Einschränkung der Bindung des verfassungsändernden Gesetzgebers muß bei der Auslegung um so ernster genommen werden, als es sich um eine Ausnahmevorschrift handelt, die jedenfalls nicht dazu führen darf, daß der Gesetzgeber gehindert wird, durch verfassungsänderndes Gesetz auch elementare Verfassungsgrundsätze systemimmanent zu modifizieren. In dieser Sicht gehört der aus dem Rechtsstaatsprinzip ableitbare Grundsatz, daß dem Bürger ein möglichst umfassender Gerichtsschutz zur Verfügung stehen muß, nicht zu den in Art. 20 GG ‚niedergelegten Grundsätzen'; er ist in Art. 20 GG an keiner Stelle genannt. Art. 19 Abs. 4 GG, der eine Rechtsweggarantie in diesem Sinne enthält, ist also durch Art. 79 Abs. 3 GG einer Einschränkung und Modifizierung durch verfassungsänderndes Gesetz nicht entzogen."

630 Damit ist allerdings noch nicht entschieden, ob ein Verstoß gegen eine in Art. 20 GG niedergelegte Dimension des Rechtsstaatsprinzips vorliegen könnte. Hier kommt der Grundsatz der Rechtsbindung aller Staatsgewalt nach Art. 20 III GG in Betracht:

---

42 → Rn. 188.

43 S. Rn. 30, 396.

44 BVerfGE 30, 1; krit. *Häberle*, Kommentierte Verfassungsrechtsprechung 1979, S. 91 .

„Jedenfalls enthält Art. 20 GG ausdrücklich den Gesetzmäßigkeitsgrundsatz und den Grundsatz der Dreiteilung der Gewalten; beides sind rechtsstaatliche Prinzipien. [...] Der in Art. 20 Abs. 3 GG verankerte Grundsatz der Gesetzmäßigkeit bindet die Organe der Staatsgewalt an die verfassungsmäßige Ordnung, an Gesetz und Recht und bietet damit einen objektiven Schutz. Dem Bürger muß es, wenn der Schutz wirksam sein soll, darüber hinaus auch möglich sein, sich selbst gegen den Eingriff der Staatsgewalt zu wehren und ihn auf seine Rechtmäßigkeit prüfen zu lassen. Dies wird durch das nach Art. 20 Abs. 2 GG von der Legislative und Exekutive getrennte Organ der Rechtsprechung gewährleistet; der Gewaltenteilungsgrundsatz, dessen Sinn in der wechselseitigen Begrenzung und Kontrolle öffentlicher Macht liegt, kommt damit auch dem einzelnen zugute. Schon Art. 20 Abs. 2 GG enthält infolgedessen das rechtsstaatliche Prinzip individuellen Rechtsschutzes."[45]

Trotz dieser ausführlichen Herleitung des Rechtsschutzes durch Gerichte erklärt das BVerfG mehrheitlich den Ausschluss des Rechtsweges und seine Ersetzung durch die Nachprüfung mittels anderer unabhängiger, durch keine Weisungen gebundene staatliche Organe[46] gemäß dem Gesetz zur Beschränkung des Brief-, Post- und Fernmeldegeheimnisses – G 10-Gesetz[47] – im Wege der verfassungskonformen Auslegung für mit dem Grundgesetz vereinbar. 631

Eine **verfassungskonforme** Auslegung setzt voraus:[48] 632

- Ein Gesetz muss mehrere Auslegungsalternativen zulassen. Die Auslegung hat sich auf Wortlaut, Systematik, Geschichte, Sinn und Zweck zu erstrecken. Die Orientierung am Wortlaut allein reicht nicht aus. Sofern eine grammatisch denkbare, aber durch Auslegung falsifizierbare Alternative zur Diskussion steht, stellt sich das Problem der verfassungskonformen Auslegung nicht.
- Von den mehreren Auslegungsalternativen muss mindestens eine verfassungsgemäß, andere hingegen verfassungswidrig sein.
- Die verfassungsgemäße Auslegung darf den Sinn der ursprünglichen Vorschrift nicht verfälschen. Der Sinn der Vorschrift darf nicht in sein Gegenteil verkehrt werden; die Praxis geht hier allerdings sehr weit. Verfassungskonforme Auslegung dient der „Erhaltung" des Willens des Gesetzgebers, nicht seiner Umdeutung oder Verkehrung. Sie darf nicht der Umdeutung verfassungswidriger in verfassungsgemäße Normen dienen.

„Was schließlich den ‚Ausschluß des Rechtswegs' anlangt, so kommt im Lichte des Verfassungsprinzips der Rechtsstaatlichkeit bei der Auslegung des Art. 10 Abs. 2 S. 2 GG dem Umstand besondere Bedeutung zu, daß die Nachprüfung durch von der Volksvertretung bestellte Organe und Hilfsorgane ‚anstelle des Rechtsweges' treten soll. Das bedeutet, daß in Ausführung dieser

45 BVerfGE 30, 1, 40 f.

46 BVerfGE 67, 157, 185.

47 BGBl. I 2001, 1254; krit. *Schafranek* DÖV 2002, 846; s. auch BVerfGE 100, 313, 360.

48 Dazu *Schlaich/Korioth* Das Bundesverfassungsgericht, Rn. 440 – 451; → Rn. 66.

Vorschrift das Gesetz eine Nachprüfung vorsehen muß, die materiell und verfahrensmäßig der gerichtlichen Kontrolle gleichwertig, insbesondere mindestens ebenso wirkungsvoll ist, auch wenn der Betroffene keine Gelegenheit hat, in diesem ‚Ersatzverfahren' mitzuwirken. Bei dieser Auslegung verlangt Art. 10 Abs. 2 S. 2 GG, daß
das zu seiner Ausführung ergehende Gesetz unter den von der Volksvertretung zu bestellenden Organen und Hilfsorganen ein Organ vorsehen muß, das in richterlicher Unabhängigkeit und für alle an der Vorbereitung, verwaltungsmäßigen Entscheidung und Durchführung der Überwachung Beteiligten verbindlich über die Zulässigkeit der Überwachungsmaßnahme und über die Frage, ob der Betroffene zu benachrichtigen ist, entscheidet und die Überwachungsmaßnahmen untersagt, wenn es an den rechtlichen Voraussetzungen dazu fehlt. Dieses Organ kann innerhalb und außerhalb des Parlaments gebildet werden. Es muß jedoch über die notwendige Sach- und Rechtskunde verfügen; es muß weisungsfrei sein; seine Mitglieder müssen auf eine bestimmte Zeit fest berufen werden. Es muß kompetent sein, alle Organe, die mit der Vorbereitung, Entscheidung, Durchführung und Überwachung des Eingriffs in das Brief-, Post- und Fernmeldegeheimnis befaßt sind, und alle Maßnahmen dieser Organe zu überwachen. Diese Kontrolle muß laufend ausgeübt werden können. Zu diesem Zweck müssen dem Kontrollorgan alle für die Entscheidung erheblichen Unterlagen des Falles zugänglich gemacht werden. Diese Kontrolle muß Rechtskontrolle sein."[49]

633 Das Sondervotum dreier Richter[50] lehnt die verfassungskonforme Auslegung des Art. 10 II 2 GG ab. Die „systemimmanente Umgestaltung" der in Art. 79 III GG genannten Grundsätze führt dazu, dass ein Verstoß gegen jene Bestimmungen nur noch dann vorliegt, wenn der Grundsatz nicht nur „berührt", sondern grundsätzlich „beeinträchtigt" wird. Die Grundsätze des Art. 79 III GG sind somit nur noch grundsätzlich geschützt.

634 Das erste Abhör-Urteil bildet den Auftakt zahlreicher Entscheidungen, die das richtige Verhältnis von Sicherheit und Freiheit[51] im Zuge des durch die Entwicklung der elektronischen Medien und ihrer Nutzung durch Kriminelle und Staatsorgane ausgelösten Verfassungswandel zu bestimmen suchen. Eckpfeiler sind das Recht auf informationelle Selbstbestimmung[52] und der Schutz vor informationstechnischen Systemen[53], beide aus Art. 2 I GG entwickelt[54] zum Teil auch im Dialog mit dem EuGH.[55]

---

49 BVerfGE 30, 1, 23 f.; zur Unabhängigkeit des Kontrollorgans s.a. BVerfGE 67, 157/185; zur personellen und sachlichen Ausstattung und zum Umfang der Datenerfassung BVerfGE 100, 313/401; zur Weiterverbreitung BVerfGE 100, 313/388 NVwZ 2020, 2235- BND Kontrollorgan; s.a. *Schmal*, NVwZ 2020, 2221; w.N. bei *Jarass/Pieroth* Art. 10 Rn. 28 f.

50 BVerfGE30, 1/33.

51 Dazu grundsätzlich einerseits *Depenheuer* in: Schuppert/Merkel/Nolte/Zürn (Hrsg.), Der Rechtsstaat unter Bewährungsdruck, 2010, S. 9; andererseits *Lepsius* ebd., S. 23.

52 BVerfGE 115, 166/187; E118, 168/184.

53 BVerfGE 120, 274/303.

54 Ausführlich → Rn. 885 ff.

3. Bindung an „Gesetz und Recht“

Art. 20 III GG bindet vollziehende Gewalt und Rechtsprechung an „Gesetz und Recht“. Er regelt, was diese Zweige der Staatsgewalt dürfen, wenn eine Materie von einer Rechtsnorm geregelt ist – **„Gesetzmäßigkeit der Verwaltung“.** 635

Die Formel von der „Gesetzmäßigkeit der Verwaltung“ besagt nicht, dass die Verwaltung nur aufgrund eines Gesetzes handeln darf. Art. 20 III GG regelt nicht, wann ein Gesetz vorliegen muss. 636

Bindung an Gesetz und Recht begründet für Exekutive und Justiz 637

- das **Anwendungsgebot.**

  Über die Anwendung des geltenden Rechts dürfen die gebundenen Staatsorgane nicht disponieren. Weder dürfen sie Rechtsnormen außer Betracht lassen noch ältere, außer Kraft getretene Vorschriften anwenden. Bedeutung erlangt dies insbesondere im Bundesstaat: Die Länder sind gem. Art. 83 ff. GG verpflichtet und nicht nur berechtigt, das Bundesrecht im Rahmen ihrer Verwaltungskompetenz auszuführen.

- das **Abweichungsverbot.**

  Liegen die Tatbestandsvoraussetzungen einer Norm im Einzelfall vor, so darf das gebundene Staatsorgan keine anderen Rechtsfolgen anwenden. Probleme bereitet hier insbesondere die Rechtsprechung contra legem im Falle der Rechtsfortbildung (s.a. Rn. 29).

Die Auslegung der Begriffe „Gesetz“ und „Recht“ ist eng miteinander verquickt. Partiell wird „Gesetz“ als positives Recht, „Recht“ hingegen als „überpositives“ oder Naturrecht begriffen. Demgegenüber findet sich auch das Verständnis von „Gesetz“ als förmlichem Parlamentsgesetz i. S. d. Art. 78 I GG und dem aufgrund gesetzlicher Delegation (Art. 80 GG) gesetzten Recht, während das „Recht“ als das Grundgesetz begriffen wird. Der Streit ist einerseits nur schwer zu klären, weil der Gesetzesbegriff des Grundgesetzes höchst unterschiedlich verwendet wird[56]; andererseits erlangen die Unterschiede praktisch selten, in diesen Fällen allerdings höchste Relevanz. 638

Die Auslegung des Art. 20 III GG hat in engem Kontext zur Gewaltenteilung zu stehen, die in Art. 20 II 2 GG angeordnet und in Art. 20 III GG aufgenommen wird. Beide Bestimmungen unterscheiden zwischen einer gesetzgebenden, einer vollziehenden und einer rechtsprechenden Gewalt, von denen das Grundgesetz als „verfassungsmäßige Ordnung“ in Art. 20 III GG abgegrenzt ist. In diesem Sinne regelt Art. 20 III GG insbesondere das Verhältnis der drei Gewalten zueinander. „Gesetz“ i. S. d. Art. 20 III GG ist dann die Norm, die von der „Gesetzgebung“ 639

55 Rs. C-131/12, Urt. v. 13. 5. 2014 – Recht auf Vergessen; BVerfGE 152, 152 u. 152,216.

56 Zum Gesetzesbegriff des Grundgesetzes *Ossenbühl* in: HStR V, 3. Aufl., 2007, § 100 Rn. 5.

i.S.d. Art. 20 II GG geschaffen worden ist. Insoweit ordnet jene Vorschrift den **Vorrang des Gesetzes** an: Maßnahmen von Verwaltung und Justiz, die in inhaltlichem Widerspruch zum Gesetz stehen, sind nachrangig und wegen jenes Widerspruchs aufhebbar. In diesem Sinne bedeutet Bindung an das „Gesetz" Bindung an förmliche Parlamentsgesetze i.S.d. Art. 78 I GG und die aufgrund gesetzlicher Delegation erlassenen Normen. Diese Gesetzesbindung wird für die Justiz in Art. 97 I GG wiederholt.[57]

640 Dazu ein BVerfGE 34, 269 nachgebildeter Fall:

! Nach § 253 BGB kann Schadensersatz in Geld für immateriellen Schaden nur insoweit verlangt werden, als dies gesetzlich ausdrücklich bestimmt ist. A ist in seinem „Allgemeinen Persönlichkeitsrecht" verletzt und verlangt, obwohl dafür kein gesetzlicher Sondertatbestand vorliegt, vom Schädiger Geldersatz.

---

641 Fraglich ist, ob Verwaltung und Gerichte von den Gesetzen abweichen dürfen und A einen Anspruch auf Schadensersatz wegen Verletzung des allgemeinen Persönlichkeitsrechts hat, ohne dass dies ausdrücklich gesetzlich geregelt ist? Dies richtet sich nach der Antwort auf eine doppelte Fragestellung:

- Wie ist der Begriff des „**Rechts**" in Art. 20 III GG inhaltlich zu konkretisieren?
- Wie ist das Rangverhältnis zwischen Gesetz und Recht im Falle einer inhaltlichen Kollision?

> „Die traditionelle Bindung des Richters an das Gesetz, ein tragender Bestandteil des Gewaltentrennungsgrundsatzes und damit der Rechtsstaatlichkeit, ist im Grundgesetz jedenfalls der Formulierung nach dahin abgewandelt, daß die Rechtsprechung an ‚Gesetz und Recht' gebunden ist (Art. 20 Abs. 3). Damit wird nach allgemeiner Meinung ein enger Gesetzespositivismus abgelehnt. Die Formel hält das Bewußtsein aufrecht, daß sich Gesetz und Recht zwar faktisch im Allgemeinen, aber nicht notwendig und immer decken. Das Recht ist nicht mit der Gesamtheit der geschriebenen Gesetze identisch. Gegenüber den positiven Satzungen der Staatsgewalt kann u.U. ein Mehr an Rechten bestehen, das seine Quelle in der verfassungsmäßigen Rechtsordnung als einem Sinnganzen besitzt und dem geschriebenen Gesetz gegenüber als Korrektiv zu wirken vermag; es zu finden und in Entscheidungen zu verwirklichen, ist Aufgabe der Rechtsprechung. Der Richter ist nach dem Grundgesetz nicht darauf verwiesen, gesetzgeberische Weisungen in den Grenzen des möglichen Wortsinns auf den Einzelfall anzuwenden. Eine solche Auffassung würde die grundsätzliche Lückenlosigkeit der positiven staatlichen Rechtsordnung voraussetzen; ein Zustand, der als prinzipielles Postulat der Rechtssicherheit vertretbar, aber praktisch unerreichbar ist. Richterliche Tätigkeit besteht nicht nur im Erkennen und Aussprechen von Entscheidungen des Gesetzgebers. Die Aufgabe der Rechtsprechung kann es insbesondere erfordern, Wertvorstellungen, die der verfassungsmäßigen Rechtsordnung immanent, aber in den Texten der geschriebenen Gesetze nicht oder nur unvollkommen zum Ausdruck gelangt sind, in einem Akt des bewertenden Erken-

---

57 Dazu *Ossenbühl* HStR V, § 101 Rn. 1; *Gusy* JuS 1983, S. 189.

nens, dem auch willenhafte Elemente nicht fehlen, ans Licht zu bringen und in Entscheidungen zu realisieren. Der Richter muß sich dabei von Willkür freihalten; seine Entscheidung muß auf rationaler Argumentation beruhen. Es muß einsichtig gemacht werden können, daß das geschriebene Gesetz seine Funktion, ein Rechtsproblem gerecht zu lösen, nicht erfüllt. Die richterliche Entscheidung schließt dann diese Lücke nach den Maßstäben der praktischen Vernunft und den fundierten allgemeinen Gerechtigkeitsvorstellungen der Gemeinschaft'."[58]

Das Recht nimmt nach dieser Passage eine Doppelstellung ein. Einerseits ist es vom positiven Recht, insbesondere dem positiven Gesetz, verschieden; andererseits spricht das Gericht von der „verfassungsgemäßen Rechtsordnung". Zudem ist zwar der Fall thematisiert, dass das Gesetz das postulierte „Mehr an Recht" „nicht oder nur unvollkommen zum Ausdruck" bringt, also die Gesetzeslücke. Der inhaltliche Widerspruch zwischen Gesetz und Recht ist dadurch aber noch nicht angesprochen. Vor dem Hintergrund dieser offenen Fragen entschied das Gericht den Beispielsfall so: 642

„Die Beschränkungen des Geldersatzes für immateriellen Schaden auf die wenigen ausdrücklich – und zudem mit einer gewissen ‚Konzeptionslosigkeit' – geregelten Sonderfälle wurde als eine ‚legislative Fehlleistung' gekennzeichnet [...]. Die Kritik mußte sich verschärfen, nachdem die Zivilgerichte unter dem Einfluß der ‚privatrechtsgestaltenden Kraft des Grundgesetzes' den Schritt zur Anerkennung des allgemeinen Persönlichkeitsrechts getan hatten. Damit wurde eine Lücke im Blick auf die Sanktionen, die bei einer Verletzung dieses Persönlichkeitsrechts zu verhängen waren, sichtbar; ein Problem, dessen Bedeutung z.Z. der Entstehung des Bürgerlichen Gesetzbuches noch nicht abzusehen war, verlangte unter dem Einfluß eines geänderten Rechtsbewußtseins und der Wertvorstellungen einer neuen Verfassung dringlich nach einer Regelung, die dem Gesetz infolge der Enumerationsklausel des § 253 nicht zu entnehmen war. Die Rechtsprechung stand vor der Frage, ob sie diese Lücke mit den ihr zu Gebote stehenden Mitteln schließen oder aber das Eingreifen des Gesetzgebers abwarten solle [...]. Ein Ergebnis aber, das auf einem zivilrechtlich zumindest diskutablen, jedenfalls den Regeln zivilrechtlicher Hermeneutik nicht offensichtlich widersprechenden Weg gewonnen wurde, kann von der Verfassung her nicht beanstandet werden, wenn es gerade der Durchsetzung und dem wirksamen Schutz eines Rechtsgutes dient, das diese Verfassung selbst als Mittelpunkt ihres Wertsystems ansieht. Dieses Ergebnis ist ‚Recht' i. S. d. Art. 20 III GG – nicht im Gegensatz, sondern als Ergänzung und Weiterführung des geschriebenen Gesetzes. Die Alternative, eine Regelung durch den Gesetzgeber abzuwarten, kann nach Lage der Dinge nicht als verfassungsrechtlich geboten erachtet werden."[59]

Zum letzten Satz drängt sich die Frage auf: Warum denn nicht?

Die Formulierung von „Gesetz und Recht" wird vielfach dahin verstanden, dass sie 643
vor dem Hintergrund der Erfahrungen aus der nationalsozialistischen Zeit das

58 BVerfGE 34, 269, 286 f.; s.a. BGH, NVwZ, 2018, 438 – Aufopferung.

59 BVerfGE 34, 269, 289 f., 291.

Bewusstsein wach halten solle, dass auch das Gesetz zu „Unrecht" werden könne.[60] In derartigen Fällen müsse Recht vor Gesetz gehen. Mit „Recht" werde die Idee der Gerechtigkeit angesprochen.[61] Die Idee der Gerechtigkeit ist dem Recht als Leitbild vorgegeben.[62] Die Folgen dieses Leitbilds für die Rechtsanwendung im Einzelfall können aber durchaus kontrovers sein.[63] Die Argumentation des Gerichts löst daher kritische Nachfragen aus:

– Welches sind die staatlichen Vorkehrungen gegen extrem ungerechte Gesetze?

  Die Bundesrepublik hat für derartige Gesetze ein adäquates Reaktionsinstrument: Ein extrem ungerechtes Gesetz kann vom Bundesverfassungsgericht für nichtig erklärt werden, soweit es gegen das Grundgesetz verstößt. Eine inhaltliche Differenz zwischen dem Grundgesetz einerseits und dem überpositiven Recht andererseits ist kaum feststellbar.[64]

– Welchen Stellenwert nimmt neben der Rechtsbindung die Gesetzesbindung ein?

  Wenn in der zuerst zitierten Stelle die rechtsschöpfende Aufgabe der Gerichte mit der Unvollständigkeit des Gesetzes begründet wird, so stellt sich das Problem der contra-legem-Rechtsprechung gerade für den Fall, dass ein Gesetz auf den vorliegenden Fall anwendbar ist. Warum soll eine für eine unvollkommene Situation begründete Rechtsbindung auch in vollkommenen Situationen gelten?

– Wie können rechtstheoretische und rechtspolitische Postulate geltendes Recht werden?

  Wenn eingangs der zweiten zitierten Passage der Umstand, dass eine Norm rechtspolitisch umstritten ist, als Medium dafür verwendet wird, die „gewandelten Rechtsvorstellungen" als geltendes Recht zu qualifizieren, so wird hier jener Teil des Grundgesetzes ignoriert, der genau regelt, wann ein Rechtsbewusstsein in geltendes Recht umschlägt. Nicht Rechtsphilosophie, sondern der demokratische Gesetzgeber erlässt das Recht.

---

60 S. etwa BVerfGE 3, 225, 232; zur Verurteilung von Mauerschützen s. BVerfGE 95, 96; NJW 1998, 2585, 2586; methodisch anders, im Ergebnis aber ebenso: EGMR NJW 2001, 3035, 3037; dazu: *Werle* NJW 2001, 301; *Starck* JA 2001, 1102.

61 *Sobota* Das Prinzip Rechtsstaat, S. 91.

62 Dazu *Isensee* Gerechtigkeit – Die vorrechtliche Idee des Rechts, FS Merten, 2007, S. 7; *Badura* Staatsrecht, S. 9; *C. Bäcker* Gerechtigkeit im Rechtstaat, S. 314 m.w.N.

63 → Rn. 197, 200.

64 So schon BVerfGE 3, 225, 232; s.a. BVerfGE 62, 1, 43: „Nach dem GG bedeutet verfassungsgemäße Legalität zugleich demokratische Legitimität."

- Warum wird der postulierte Widerspruch zwischen der „privatrechtsgestaltenden Kraft des Grundgesetzes" und dem BGB nicht auf die dafür vorgesehene Weise bereinigt?

  Hier hätte § 253 BGB partiell für verfassungswidrig und nichtig erklärt werden können, um sodann aufgrund einer Analogie zu § 847 BGB a.F., der ausdrücklich Schmerzensgeld bei unerlaubter Handlung regelte, Schadensersatz zuzusprechen. Der verfassungsrechtlich vorgezeichnete Weg wurde im vorliegenden Fall aber überhaupt nicht beschritten.

- Wie kann ein „Auslegungsergebnis", welches dem eindeutigen Wortlaut, Sinn und Zweck des ausgelegten Gesetzes unzweifelhaft widerspricht, nach „den Regeln zivilrechtlicher Hermeneutik" „zumindest diskutabel" sein?

Als Ergebnis der dargestellten Kritik ist demnach festzustellen, dass das Grundgesetz selbst Verstöße gegen die elementaren Mindestgarantien verhindert. Eine Rechtsetzung, wie sie für den Nationalsozialismus charakteristisch war, ist durch das positive Verfassungsrecht rechtlich ausgeschlossen, was in Art. 123 I, II, 139 GG unzweifelhaft zum Ausdruck gebracht ist. Derartige Verfassungsverstöße können auch in der für solche Fälle vorgesehenen Weise (Art. 100 GG) vom Bundesverfassungsgericht bereinigt werden. Ist insoweit das Verwerfungsmonopol bei einer Instanz konzentriert, so dürfen die anderen Gerichte nicht das Gesetz unter Berufung auf das „Recht" umgehen. Die Rechtsprechung contra legem unter Berufung auf das „Recht" in Art. 20 III GG ist aus Kompetenzgründen nicht zulässig. 644

Dem hat das Bundesverfassungsgericht in einer späteren Entscheidung[65] Rechnung getragen, in welchem die Sicherstellung einer Finanzierung der Sozialpläne im Konkurs – also eine Maßnahme, die die soziale Stellung vieler Menschen in erheblicher Weise betrifft – entgegen den Bestimmungen der Konkursordnung (inzwischen durch die Insolvenzordnung abgelöst) unter Berufung auf das „Recht" abgelehnt wurde. Das Gesetz habe eindeutig entschieden und sei nicht verfassungswidrig. Es dürfe daher nicht von der Rechtsprechung „korrigiert" werden. Den Unterschied zum Beispielsfall begründete das Gericht damit, bei der Konkursordnung sei – im Gegensatz zu § 253 BGB – ein Konsens über den Widerspruch zwischen Gesetz und Recht in der Wissenschaft und Praxis nicht feststellbar. Dieses Argument ist umso aufschlussreicher, als im Beispielsfall die kritischen Stimmen ignoriert worden waren. Mit § 123 InsO hat der Gesetzgeber das Problem inzwischen gelöst.

Positiv gewendet folgt aus der dargestellten Kritik: 645

65 BVerfGE 65, 182, 194 f.; s.a. BVerfGE, JZ 1990, 811, m. abl. Anm. *Roellecke*.

- **„Recht"** in Art. 20 III G, einschließlich des unmittelbar anwendbaren Unionsrechts und des innerstaatlich geltenden Völkerrechts[66], **ist mit dem Grundgesetz identisch** – Verfassungsbindung von Exekutive und Judikative[67].
- Jegliche „Rechtsfortbildung" ist stets an Verfassung und Gesetz gebunden. Verwaltung und Gerichte dürfen praeter legem nur entscheiden, wenn auf den vorliegenden Fall kein Gesetz anwendbar ist (Anwendungsgebot); bei der Entscheidung praeter legem sind sie an das Grundgesetz gebunden.
- Entscheidungen contra legem oder contra constitutionem sind nach Art. 20 III GG wie auch der grundgesetzlichen Kompetenzordnung unzulässig.

646 Grundsätzlich **darf kein Gesetz von einer niederrangigen Vorschrift verdrängt oder durchbrochen werden.**[68] Es kann allerdings anordnen, dass seine eigenen Bestimmungen nur subsidiär gelten, sofern nicht durch Rechtsverordnung oder Verwaltungsvorschrift aufgrund gesetzlicher Delegation anderes normiert worden ist.[69] Eine solche Subsidiarität stößt allerdings auf Grenzen, sofern die Materie dem Gesetzesvorbehalt unterliegt; ferner aus den Grundsätzen der Rechtsklarheit und Rechtssicherheit.

647 Art. 20 III GG bindet die Gerichte an die Verfassung und die einfachen Gesetze. Das Bundesverfassungsgericht hingegen prüft im Regelfall allein anhand des Grundgesetzes. Ausnahme ist die Prüfung von Landesrecht an Bundesrecht bei der abstrakten Normenkontrolle gem. Art. 93 I Nr. 2 GG. In den Fällen der konkreten Normenkontrolle aufgrund einer Richtervorlage (Art. 100 I GG), und denen einer gegen ein Urteil, z. B. des Bundesverwaltungsgerichts[70] gerichteten Verfassungsbeschwerde (Art. 93 I Nr. 4a GG), stellt sich die Frage nach der Arbeitsteilung zwischen Bundesverfassungsgericht und den sogenannten Fachgerichten. Die Verfassungsbeschwerde macht das Bundesverfassungsgericht nicht zur „Superrevisionsinstanz". Es ist darauf beschränkt spezifische Grundrechtsverletzungen zu beanstanden. Ob das Bundesverfassungsgericht die richtige Balance für die Arbeitsteilung jeweils gefunden hat, ist häufig umstritten.[71]

---

66 Dazu BVerfGE 112, 1, 24; Sondervotum Lübbe-Wolff, S. 44, 48.

67 Grundlegend dazu *Roellecke/Starck* VVDStRL 34, 7, 43.

68 BVerfGE 8, 169 f.; 40, 247.

69 BVerfGE 8, 169 ff.; zu den Grenzen BVerfGE 40, 248 ff.; *Schenke* DÖV 1977, 27.

70 BVerfG DVBl. 2010, 250 – Effektiver Rechtsschutz.

71 Siehe Sondervotum *Grimm* S. 35, zu BVerfGE 81, 29; Sondervotum dreier Richter in BVerfGE 122, 248, 282; weiterführend *Alexy/Kunig/Heun/Hermes* VVDStRL 61 (2002), 8 ff.

4. Normenhierarchie

Rechtsetzung ist im gewaltenteilenden Bundesstaat, der zudem Mitglied der EU ist, eine überaus differenzierte, vielschichtige Aufgabe. Innerstaatliche Rechtsnormen können vom Bund oder den Ländern herstammen; sie können auf Bundes- und Landesebene mit unterschiedlichem Rang erlassen werden. Im Falle eines Widerspruches zwischen mehreren Normen beantwortet das *Vorrangprinzip* (Art. 20 III GG) die Frage, welche Vorschrift vorgeht, welche also sich im Kollisionsfalle durchsetzt. Aus dem Vorrang und Nachrang aller Vorschriften untereinander ergibt sich sodann die bundesstaatliche Normenhierarchie. Das geltende Recht kennt dabei folgende Arten von Rechtsnormen: 648

- Die **Verfassung** als Summe von Rechtssätzen, die in einer **besonderen Urkunde** zusammengefasst sind und denen in der Rechtsordnung ein besonderer Rang zukommt;

  Für den Bund ist dies das Grundgesetz, für die Länder ihre jeweiligen Landesverfassungen.[72]

- Das **förmliche Gesetz** als typischerweise **abstrakt-generelle Norm**, die vom **parlamentarischen Gesetzgeber** in einem besonderen Verfahren erlassen worden ist.

  Diese – auch Parlamentsgesetze oder „förmliche Gesetze" genannten – Gesetze werden für den Bund im Verfahren des Art. 78 GG, für die Länder nach ihrem jeweiligen Landesverfassungsrecht (gem. Art. 59 II, 62 VvB auch im Wege von Volksbegehren und Volksentscheid) beschlossen.

- Die **Rechtsverordnung**[73] als typischerweise **abstrakt-generelle Norm**, die aufgrund besonderer **gesetzlicher Delegation** von einem zuständigen Organ erlassen worden ist.

  Die dafür maßgebliche Delegationsnorm ist im Bund Art. 80 GG, der in Abs. 1 strenge Formerfordernisse an das delegierende Gesetz und die Rechtsverordnung stellt und in Abs. 2 besondere Verfahrenserfordernisse für den Erlass von Rechtsverordnungen vorsieht (→ 261–264). Die Länder haben – zumeist in den Landesverfassungen – eigene Bestimmungen über Rechtsverordnungen erlassen. Rechtsverordnungen dienen dazu, den **parlamentarischen Gesetzgeber von den Detailaufgaben zu entlasten.** Die wahrscheinlich bekannteste Rechtsverordnung ist die Straßenverkehrsordnung (Habersack 35a), die aufgrund der Er-

72 Zum Landesverfassungsrecht Überblick bei *Kloepfer*, Verfassungsrecht I, § 3, Rn. 2–4; *Vitzthum*, VVDStRL, 46, 7; zur Landesverfassungsgerichtsbarkeit *Heusch*, DVBl, 2023, 770; *Brocker/Emmenegger*, NVwZ-Extra, 2018, 1.

73 Dazu *Ossenbühl*, HStR V, 3. Aufl., § 103; *Saurer*, Die Funktionen der Rechtsverordnung, 2005.

mächtigung des § 6 I StVG (Habersack 35) ergangen ist. Rechtsverordnungen sind zu unterscheiden von Verordnungen der EU (Art. 288 AEUV), die in allen ihren Teilen verbindlich sind und unmittelbar in jedem Mitgliedstaat gelten und vom Europäischen Parlament und Rat auf Vorschlag der EK erlassen werden (Art. 289 I, II AEUV).

– Die **Satzung**[74] **als Norm autonomer Selbstverwaltung** aufgrund ihres gesetzlich begründeten Selbstverwaltungsrechts.

Satzungen sind somit nicht von den Staatsorganen (Parlament, Regierung) erlassen, sondern von Selbstverwaltungskörperschaften, denen durch Gesetz Autonomie verliehen worden ist. Hierzu zählen insbesondere die Gemeinden (Art. 28 II GG), Universitäten, Kammern und Sozialversicherungsträger. Sie regeln ihre Angelegenheiten im Rahmen der Gesetze selbst und erlassen daher Normen, innerhalb ihrer Zuständigkeit verbindlich sind, z. B. Bebauungsplan einer Gemeinde (§ 10 BauGB, Bibliothekssatzung einer Universität). Das Verfahren ist in den jeweiligen Gesetzen, welche das Selbstverwaltungsrecht begründen, vorgeschrieben oder selbst durch Satzung geregelt.

649 Verfassungsrecht, Gesetze und Rechtsverordnungen werden von Bund und Ländern erlassen. Das Rangverhältnis dieser Normen untereinander regeln verfassungsrechtliche Vorrangregelungen. Maßgebliche Rechtsgrundlage für die Prinzipien vom Vorrang und Nachrang der einzelnen Normen sind für den Bund Art. 20 III, 80 GG; für die Länder die parallelen Vorschriften in ihren Landesverfassungen. Das Verhältnis von Bundesrecht und Landesrecht ist in Art. 31 GG i.S. eines Vorrangs des Bundesrechts geregelt. **Rechtsfolgen des Vorrangprinzips** sind:

– **Pflicht zur Aufhebung entgegenstehenden niederrangigen Rechts**;

Wird eine vorrangige Rechtsnorm erlassen und sind zu diesem Zeitpunkt entgegenstehende niederrangige in Kraft, so hat die Instanz, die das niederrangige Recht gesetzt hat, dieses aufzuheben. Wird das niederrangige Recht nicht entsprechend außer Kraft gesetzt oder geändert, so entscheidet für den Bund das Bundesverfassungsgericht nach Art. 93, 100 GG; für das Land bei Verstößen gegen das Landesrecht das Landesverfassungsgericht nach Art. 99, 100 I GG.

– **Sperrwirkung für entgegenstehendes niederrangiges Recht.**

Nachträglich darf kein nachrangiges Recht erlassen werden, das dem vorrangigen widerspricht.

74 Grundlegend BVerfGE 33, 125; 76, 143; 101, 312 (322); 111, 191 (217); *Ossenbühl*, HStR V, § 105.

Aus den genannten Regeln ergibt sich die folgende Normenhierarchie: 650

Bundesverfassungsrecht (GG)

Bundesgesetze

Bundesrechtsverordnungen

Landesverfassungsrecht

Landesgesetze

Landesrechtsverordnungen

Autonomes Recht (Satzungen)

Politisch betrachtet ist das Vorrangprinzip Ausdruck für eine bestimmte Machtverteilung zwischen den verschiedenen Zweigen und Organen der Staatsgewalt. Weil das Parlament durch seine Gesetze das Handeln von Verwaltung und Rechtsprechung steuern kann, kommt ihm in der parlamentarischen Demokratie der Primat vor den Organen der vollziehenden und rechtsprechenden Gewalt zu. Das Parlament hat kraft seiner Befugnis, vorrangiges Recht zu setzen, eine Steuerungskompetenz und damit die Spitzenstellung inne. Vorrang des parlamentarischen Gesetzes ist zugleich Vorrang des Parlaments im Staat. 651

Die dargestellte Normenhierarchie wird durch die Mitgliedschaft der Bundesrepublik Deutschland in der EU überlagert. Rechtsakte i. S. v. Art. 288 AEUV gehen nationalem Recht vor. Dieser **Anwendungsvorrang des Unionsrechts**[75] gilt auch gegenüber deutschem Verfassungsrecht. Das dem Unionsrecht widersprechende nationale Recht ist zwar nicht nichtig, aber nicht anwendbar. Vom Anwendungsvorrang des Unionsrechts ist zu unterscheiden die Frage, ob das Unionsrecht selbst wirksam ist. Nach der ultra-vires-Lehre des Bundesverfassungsgerichts darf dieses selbst ausbrechende Rechtsakte der EU auf ihre Wirksamkeit überprüfen und gegebenenfalls für nichtig erklären, also nicht nur der für die Anwendung des Unionsrechts zuständige EuGH.[76] 652

75 EuGHE 1968, 373 – Costa, st. Rspr; *Skouris*, EuR, 2021, 3; zur unmittelbaren Wirkung: *Kokott*, AöR, 2023, 496.

76 → Rn. 45.

Auf das komplexe Verhältnis von nationalen Grundrechten und den Grundrechten der Europäischen Grundrechtscharta sowie, den unionalen Grundfreiheiten[77] ist im Grundrechtsteil einzugehen.[78]

653 Wegen des Europartikels Art. 23 GG[79] bedarf es zur Begründung des Anwendungsvorrangs des Unionsrechts nicht mehr des Rückgriffs auf Art. 24 GG. **Rechtsakte zwischenstaatlicher Einrichtungen**, denen wirksam deutsche Hoheitsrechte übertragen worden sind,[80] gehen ebenfalls innerstaatlichem Recht vor, z. B. Einsatzfreigabe durch die NATO.[81]

654 **Allgemeine Regeln des Völkerrechts** nach Art. 25 GG sind universal – nicht bloß regional – anerkannte Rechtsgrundsätze des Völkerrechts ohne Rücksicht darauf, ob die Bundesrepublik sie anerkennt oder nicht. Sie gehen den Gesetzen vor; ihr Rang ist gegenüber dem Grundgesetz umstritten, wobei überwiegend eine Zwischenstellung zwischen Grundgesetz und Gesetz angenommen wird.[82]

655 **Verwaltungsvorschriften** nach Art. 84 II, 85 II, 86 S. 1, 108 VII, 129 GG sind nach h.M. nur Innenrechtssätze. Sie binden als solche – anders als die Außenrechtssätze der dargestellten Normenhierarchie – nur nachgeordnete Behörden, nicht aber den Bürger und Gerichte. Darauf ist im Allgemeinen Verwaltungsrecht einzugehen.

Weiterführend:
Benda Der soziale Rechtsstaat, in: Benda/Maihofer/Vogel, HVfR, § 17; *v. Bogdandy* Gubernative Rechtsetzung, 2000; *Forsthoff/Bachof* Begriff und Wesen des sozialen Rechtsstaats, VVDStRL 12, 1/37; *Huster/Rudolph* (Hrsg.) Vom Rechtsstaat zum Präventionsstaat, 2008; *Isensee* Rechtsstaat – Vorgabe und Aufgabe der Einigung Deutschlands, in: HStR IX, 3. Aufl., 2011, § 202; *Kunig* Das Rechtsstaatsprinzip, 1986; *Möllers* HStR II 2024 § 35 Rechtsstaat; *Schmidt-Aßmann* Der Rechtsstaat, in: HStR II, 3. Aufl., 2004, § 26; *Sendler* Wiedervereinigung und Rechtsstaat, DÖV 1998, 768; *Sobota* Das Prinzip Rechtsstaat, 1997.

---

77 *Kingreen* FS Jarass, 2015, S. 51.

78 → Rn. 808.

79 → Rn. 396.

80 Dazu BVerfGE 37, 271, 280; 58, 1, 40.

81 BVerfGE 68, 1, 93 – Pershing; BVerfGE 90, 286, 350 – Somalia (str.); s. *Streinz* in: Sachs, Art. 24, Rn. 34 f.; *Jarass/Pieroth* Art. 24 Rn. 8.

82 Dazu *H.J. Cremer*, HStR XI, 3. Aufl., 2013, § 235.

§ 7 Gewaltenteilung

I. Einführung

Die Idee der Gewaltenteilung ist historisch älter als diejenige des Rechtsstaates. Beide Vorstellungen haben aber gemeinsame Wurzeln: Dem Ziel, das Volk an der Staatsgewalt zu beteiligen bei gleichzeitig fehlendem Willen oder fehlender Macht, die Staatsgewalt dem Monarchen zu entreißen. Historisch verwirklicht Gewaltenteilung also einen Kompromiss: Wenn die Bürger die Herrschaft schon nicht selbst übernahmen, so wollten sie wenigstens an deren Ausübung beteiligt sein. In diesem Sinne war Gewaltenteilung die Forderung nach Teilung der Staatsgewalt und eigener Beteiligung daran. 656

In der Diskussion um die Gewaltenteilung forderte **John Locke** die Beteiligung des – reichen – Bürgertums, **Charles de Montesquieu** insbesondere diejenige des niederen Adels an der Herrschaft. Während sie die Staatsgewalt „teilen" wollten, war die Rechtsstaatsidee gerade nicht auf innere Teilung, sondern auf äußere Begrenzung der Staatsgewalt aus. Gewaltenteilung forderte inneren Übergang der Staatsgewalt, Rechtsstaat äußere Begrenzung. Deutlich zeigt sich dies an den Vertretungskörperschaften: Während die „Parlamente" im Konzept der Gewaltenteilung Staatsgewalt ausüben sollten, werden sie in der Rechtsstaatsdiskussion als **Vertretungen der Gesellschaft gegen den Staat** konzipiert.[1]

Die historische Diskussion verwendete den **Begriff der Gewalten** in einem doppelten Sinne: 657

- als **Anteil an der staatlichen Herrschaft**, also als Gesetzgebungs-, Vollziehungs- oder Rechtsprechungsfunktion;
- als **Stand innerhalb der Bevölkerung**, also Monarch, Adel, Klerus, Bürgertum.

Den historischen Gewaltenteilungslehren ging es darum, die einzelnen Staatsfunktionen auf die einzelnen Stände zu verteilen. **Gewalt ist dann ein Stand, der einen Teil der staatlichen Herrschaft ausübt.**

Mit der Durchsetzung der Demokratie ist die ständische Aufteilung der Macht entfallen. Es geht nicht mehr um Gewaltenteilung oder Demokratie, sondern um die Gewaltenteilung in der Demokratie, also um die organisatorische Trennung der unterschiedlichen Staatsfunktionen, weshalb Gewaltenteilung auch als **Funktionentrennung** bezeichnet wird.

Grundlage des grundgesetzlichen Gewaltenteilungskonzepts ist Art. 20 II 2 GG. 658
Danach wird „alle" Staatsgewalt im Sinne des Art. 20 II 1 GG durch „besondere

1 → Rn. 611.

https://doi.org/10.1515/9783111271309-010

Organe" ausgeübt. **„Staatsgewalt"** ist alles, was der Staat tut. Dabei kommt es weder auf die Rechtsform einer Maßnahme (zivilrechtlich oder öffentlich-rechtlich), ihre Wirkung (nur innerstaatlich oder mit Außenwirkung gegenüber Bürgern), noch auf Ihren Inhalt (eingreifend oder leistend) an.

659 **Gewaltenteilung ist** demnach **die Ausübung der Staatsgewalt durch verschiedene Organe** der Gesetzgebung, der vollziehenden Gewalt und der Rechtsprechung. Die verschiedenen Organe üben nicht verschiedene Staatsgewalten, sondern die eine Staatsgewalt aus, die gem. Art. 20 II 1 GG vom Volke ausgeht.

Der vielfach betonte Grundsatz der **„Einheit der Staatsgewalt"**[2] bedeutet demgegenüber nicht organisatorische oder politische Einheit, sondern Zurechnungseinheit: Alle Handlungen der Staatsorgane werden dem Staat zugerechnet und unterliegen deshalb den rechtlichen Bindungen, die für den Staat gelten.

660 Gewaltenteilung lässt sich in drei Dimensionen beschreiben, die kumulativ erst einen gewaltenteilenden Staat begründen:[3]

- **Sachliche Gewaltenteilung** als Unterscheidung verschiedener Aufgaben: Differenzierung der Aufgabenerfüllung setzt Differenzierung der Aufgaben voraus. Dabei ist das Grundgesetz allerdings bei der Aufgabendifferenzierung sehr zurückhaltend. Es bestimmt nicht, was gesetzgebende oder vollziehende Gewalt tun soll. Einzige Ausnahme ist Art. 92 GG, welcher der Justiz die Rechtsprechung zuweist, ohne allerdings zu erklären was Rechtsprechung ist.
- **Organisatorische Gewaltenteilung** als Differenzierung der Staatsorgane. „Besonders" i. S. d. Art. 20 II 2 GG ist ein Organ nur, wenn es von den anderen **„besonderen Organen"** verschieden ist. Dem trägt das Grundgesetz Rechnung, indem es in einzelnen Abschnitten die Organe der Gesetzgebung (Art. 76 ff. GG), der vollziehenden Gewalt (Art. 82ff., 91aff. GG) und der Rechtsprechung (Art. 92 ff. GG) näher bestimmt.
- **Funktionale Gewaltenteilung** als Verteilung der Aufgaben auf die Organe. Jedes besondere Organ hat seine besonderen Aufgaben zu erfüllen. Idealtypisch hätten demnach die Organe der Gesetzgebung die Aufgabe der Gesetzgebung, die Organe der vollziehenden Gewalt die Aufgabe der Vollziehung und die Organe der Rechtsprechung die Aufgabe der Rechtsprechung wahrzunehmen. So einfach stellt sich das grundgesetzliche Schema aber nicht dar, was insbesondere auf Zweckmäßigkeitserwägungen und die fehlende exakte Aufgabendifferenzierung zurückzuführen ist.

661 **Sinn und Zweck der Gewaltenteilung** lassen sich in der grundgesetzlichen Kompetenzordnung durch die der Zuordnung von Legitimation, Kompetenz und Verantwortung beschreiben:

---

2 Dazu *Bryde/Haverkate* VVDStRL 46, S. 181/217.

3 Grundlegend *Möllers* Gewaltengliederung, 2005.

- Legitimation der Staatsgewalt durch organ- und funktionsgerechte **Verfahren**, welche sicherstellen, dass die von den jeweiligen Organen ausgeübte Staatsgewalt tatsächlich auf das Volk rückführbar ist;
- **Rationalisierung der Staatsgewalt** durch funktionsgerechte Zuordnung von Kompetenzen. Die Staatsaufgaben und Entscheidungen sind von solchen Organen zu erledigen, die nach ihrer Legitimation, ihrer organisatorischen und personellen Ausstattung und ihrem Verfahren geeignet sind, die Aufgaben in zweck- und rechtmäßiger Weise zu erfüllen.
- **Kontrolle der Staatsgewalt** durch organisatorisches Gegeneinander der verschiedenen Organe. Aus dem differenzierten Kontrollsystem im Grundgesetz ergibt sich insbesondere die **freiheitssichernde Funktion der Gewaltenteilung.** Die politische Kontrolle ist dem Parlament (Art. 42 ff. GG), die Rechtskontrolle den Gerichten zugewiesen (Art. 19 IV, 92 GG). Eine klare und transparente Verantwortlichkeitszuordnung[4] ermöglicht Verantwortlichkeitszuweisung und Sanktionierbarkeit des Organhandelns: Wenn man nicht weiß, wer eine Entscheidung getroffen hat, kann man die Verantwortlichen weder verklagen noch abwählen.

Das Grundgesetz teilt die Ausübung aller Staatsgewalt auf drei Zweige auf, welche als **Gesetzgebung, vollziehende Gewalt und Rechtsprechung** bezeichnet werden. Diese Aufzählung ist **abschließend**; weitere Zweige gibt es nicht. Zugleich indiziert Art. 20 II 2 GG, dass alles was jene Organe tun, Ausübung von Staatsgewalt darstellt und somit dem Staat zugerechnet wird. Anderes als Staatsgewalt können und dürfen jene Organe nicht ausüben. 662

Das **Verhältnis der drei Gewalten zueinander** wird neben dem Gewaltenteilungsprinzip vor allem vom Demokratiegebot des Grundgesetzes bestimmt. Zwischen den drei Gewalten besteht **keine Gleichrangigkeit:** Sie sind rechtlich weder gleichwertig noch gleichberechtigt. Unter allen Zweigen der Staatsgewalt kommt dem parlamentarischen Gesetzgeber der Primat zu. Der Vorrang des Gesetzes aus Art. 20 III GG ist zugleich der Vorrang des Gesetzgebers. Zwingend folgt daraus die Bindung von Verwaltung und Justiz an die Gesetze. **Das Parlament als unmittelbar demokratisch legitimiertes Staatsorgan ist zugleich das oberste Organ** nach dem Staatsvolk als Souverän. Ein System der „checks and balances" ist nicht in reiner Form realisiert, sondern wird durch das demokratische Prinzip modifiziert. 663

Zur Vertiefung:
Voßkuhle/Kaufhold, Der Grundsatz der Gewaltenteilung, JuS 2012, S. 314; *Möllers* Gewaltengliederung, 2005; *Di Fabio* Gewaltenteilung, in: HStR II, 3. Aufl., 2004, § 27; *Classen* Demokratische Legitimation im offenen Rechtsstaat, 2010; *Berger* Die Ordnung der Aufgaben im Staat, 2016.

4 BVerfGE 119, 331, 363 ff.

II. Durchführung der Gewaltenteilung im Grundgesetz

664 Das Grundgesetz beschränkt sich nicht auf die bloße Anordnung der Gewaltenteilung in Art. 20 II 2 GG; vielmehr führt es diese durch konkrete Normen in vielfältiger Weise aus.

1. Trennung und Verschränkung der Gewalten

665 Das Grundgesetz geht von der **organisatorischen Trennung der einzelnen Zweige der Staatsgewalt** aus. Deutlich wird dies schon durch die Formulierung von den „besonderen" Organen der Gesetzgebung, Vollziehung und Rechtsprechung. Grundsätzlich ordnet es die Gesetzgebung dem Bundestag (unter Mitwirkung des Bundesrates) zu (Art. 76 I, 77 I, 78 GG), die Vollziehung den „Behörden" (Art. 84 I, 85 I, 86 S. 2 GG), die Rechtsprechung den Gerichten (Art. 92 GG). Diese sind untereinander institutionell verselbständigt: Sie nehmen ihre Aufgaben jeweils selbst, unabhängig voneinander und mit eigenen Mitteln wahr.[5] Dabei handelt die Legislative durch die Abgeordneten (Art. 38 GG), die Exekutive durch öffentliche Bedienstete (Art. 33 II, IV, V GG), die Justiz durch die Richter (Art. 92 GG). Diese Verselbstständigung bezieht sich insbesondere auf die prinzipielle

- **Trennung der Organisation.** Jeder Zweig der Staatsgewalt hat seine eigenen Einrichtungen, die auf spezifische Weise ihre Aufgaben wahrnehmen. Sie sind voneinander verschieden; ein Organ der Staatsgewalt darf grundsätzlich keine Aufgabe eines anderen Zweiges erfüllen, sofern dies nicht eigens angeordnet ist.
- **Trennung der Handlungsformen und Befugnisse.** Jeder Zweig der Staatsgewalt hat ausschließlich die Befugnisse, die gerade ihm zugewiesen sind. Das gilt insbesondere für eingreifende Maßnahmen gegenüber den Bürgern. Daraus folgt die Trennung der Information: Die Gewaltenteilung ist auch **informationelle Gewaltenteilung.** Nicht der „Staat" hat Informationen, sondern eine bestimmte Stelle zu einem bestimmten Zweck.[6] Innerhalb der Verwaltung ist die Gewaltenteilung durch interne Funktionsdifferenzierungen in Landesverfassungen und Organisationsgesetzen weiter ausgeführt, so dass sich daraus die „Gewaltenteilung innerhalb der Verwaltung" ergibt.
- **Trennung des Personals.** Wer als Organwalter Aufgaben einer Staatsgewalt wahrnimmt, kann nicht zugleich Aufgaben einer anderen Gewalt erfüllen. Andernfalls würde die Gewaltenteilung leerlaufen, wenn sie von denselben Personen in unterschiedlichen Rollen wahrgenommen würde.[7]

---

5 BVerfGE 63, 141; 119, 331, 367.

6 Zur informationellen Gewaltenteilung grundsätzlich BVerfGE 133, 277, 322 ff.; *Schlink* Die Amtshilfe, 1982, S. 169 ff.; *Gusy* Jahrbuch Öffentliche Sicherheit 2008/9, S. 177.

7 Dazu Rn. 673 ff.

Art. 20 II 2 GG spricht von „besonderen Organen“, nicht von deren strikter Trennung, weil die Erfüllung der Staatsaufgaben auf vielfältige Formen der **Überschneidung und Verflechtung der Gewalten** angewiesen ist. Elementarste Verflechtungsformen sind solche, die sich daraus ergeben, dass die sachliche Bedeutung der Begriffe „Gesetzgebung“, „Vollziehende Gewalt „ und “Rechtsprechung„ nicht exakt abgegrenzt werden kann. 666

Dabei sind zwei Fragenkomplexe zu unterscheiden: (1) Welche Aufgabe steht 667
einem Zweig der Staatsgewalt offen? Dies ist die Frage nach ihrem **Zugriffsbereich,** also demjenigen Bereich der Staatsgewalt, welcher einem Zweig der Staatsgewalt maximal zugeordnet werden kann; dieser darf nicht überschritten werden.[8] (2) Sein Gegenstück ist der **Vorbehaltsbereich** oder Kernbereich. Er bezeichnet die Summe derjenigen Aufgaben, welche einem Zweig der Staatsgewalt mindestens zugewiesen sind. Diese vorbehaltenen Aufgaben dürfen ihm nicht entzogen werden; sie bilden demnach die Untergrenze des Aufgabenbestandes jedes Zweiges.[9] So bezeichnen etwa Art. 92, 13 II–V, 104 GG den grundsätzlichen Vorbehaltsbereich der Rechtsprechung. Dagegen sind etwa Art. 28 II, 59 I, 60, 65, 80 I, 84 II, 85 II, 110 I, III GG Quellen des Vorbehaltsbereichs der Voll-ziehung. Bezeichnet jener Vorbehalts- oder Kernbereich das grundgesetzlich garantierte Minimum der Aufgaben jedes Zweiges der Staatsgewalt, so gilt zugleich: **Der Vorbehaltsbereich einer Gewalt ist zugleich die Grenze des Zugriffsbereichs der anderen Gewalten.**

Innerhalb des weiten Rahmens zwischen Zugriffs- und Vorbehaltsbereich ist 668
der Gesetzgeber berechtigt, Aufgaben, die materiell einer Staatsgewalt zuzurechnen sind, Organen eines anderen Zweiges zuzuweisen, wenn nur der Kernbereich aller Gewalten unberührt bleibt. Worin allerdings dieser **Kernbereich** liegen soll, ist nicht nach abstrakten Formeln, sondern lediglich aus dem Grundgesetz zu klären. Dabei kennt das Verfassungsrecht **keine exakte Abgrenzung der einzelnen Gewalten** von- und gegeneinander. Vielmehr sind in ihm zahlreiche Überschneidungs- bzw. Verflechtungsformen zwischen jenen Zweigen angelegt. Die vier wesentlichen Verflechtungsformen sind

- Die **Erfüllung von materiellen Aufgaben einer Staatsgewalt durch Organe eines anderen Zweiges.** Hierzu zählt insbesondere die Mitwirkung der Exekutive an der Rechtssetzung durch Bundesregierung und Landesregierungen beim Rechtsverordnungserlass (Art. 80 I GG), die Ausfertigung der Bundesgesetze durch den Bundespräsidenten (Art. 82 I GG) oder das Vetorecht der Bundesregierung bei bestimmten Bundesgesetzen (Art. 113 GG).

8 *Janssen,* Über die Grenzen des legislativen Zugriffsrechts, 1990; *Roth,* Bundeskanzlerermessen im Verfassungsstaat, 2009, S. 177 ff.

9 Zum Kernbereich BVerfGE 9, 268 (280); 67, 100 (139); 110, 199 (214); → Rn. 360.

Auch zählt hierzu die Erfüllung von Verwaltungsaufgaben durch die Justiz bei der freiwilligen Gerichtsbarkeit.[10]

- Die Verflechtung durch **Kooperationspflichten verschiedener Organe bei einer Maßnahme.** Hierzu zählen etwa: Zwischen Legislative und Exekutive die Zustimmungsbedürftigkeit gewisser völkerrechtlicher Verträge nach Art. 59 II GG, der Erlass von Verwaltungsvorschriften mit Zustimmung des Bundesrates (Art. 84 II, 85 II GG) oder die **Vorbereitung und Einbringung von Gesetzen** durch die Bundesregierung (Art. 76 I GG) sowie die Richterwahl nach Art. 95 II GG; zwischen verschiedenen Stellen der Exekutive die Gegenzeichnung für Maßnahmen des Bundespräsidenten (Art. 58 GG).
- Die wechselseitige **Kontrolle der Gewalten durch Wahlen und Rechenschaftspflichten.** Hierzu zählt die Wahl der Abgeordneten durch das Volk (Art. 38 I 1 GG), des Bundeskanzlers durch den Bundestag (Art. 63 GG), der Bundesverfassungsrichter durch Bundestag und Bundesrat (Art. 94 I GG), der sonstigen Bundesrichter durch Richterwahlausschüsse. Umgekehrt zählen hierzu die politische Kontrolle durch den Bundestag, sofern ein Organ nicht ausdrücklich davon ausgenommen ist (s. etwa Art. 114 II GG für den Bundesrechnungshof) und die Rechtskontrolle durch die Gerichte.
- Alle Behörden des Bundes und der Länder leisten sich gegenseitig **Rechts- und Amtshilfe** (Art. 35 I GG). Amtshilfe ist verwaltungsinterne Hilfe im Staatsbereich. Durch sie manifestiert sich die Einheit der Staatsgewalt unter Respektierung der Kompetenzverteilung zwischen Bund und Ländern sowie zwischen unmittelbarer und mittelbarer Staatsverwaltung. Amtshilfe beseitigt nicht die staatliche Kompetenzverteilung, sondern setzt diese voraus. Keine nur ergänzende Hilfe und damit auch keine Amtshilfe liegt vor, wenn die ersuchte Behörde mehr als nur unselbstständige Hilfeleistung erbringt. Verfahrensherrschaft und -verantwortung müssen bei der ersuchenden Behörde bleiben. Der ersuchten Behörde wachsen durch die Amtshilfe keine Befugnisse zu, die ihr nicht bereits nach dem für sie maßgeblichen Recht zustehen.

669 Verflechtungen zwischen den Gewalten sind demnach zulässig, sofern

- **das Grundgesetz diese** selbst **anordnet** oder
- **ein Gesetz sie im Rahmen der verfassungsrechtlichen Grenzen vorsieht.** Die Grenze der legislativen Ausgestaltung ist überschritten, wenn ein Gesetz einem Zweig eine Aufgabe zuweist, welche nach dem Grundgesetz ausschließlich einer anderen Gewalt zufällt.

670 **Zur Vertiefung** folgender fiktiver Fall:

! Im BMI wird ein neues Bundespersonalvertretungsgesetz vorbereitet. Da das Bundesverfassungsgericht (E93,27) die Regelung des SH Mitbestimmungsgesetzes zur Einigungsstelle für mit dem Demokratiebegriff unvereinbar erklärt hat, ist zu prüfen, ob und inwieweit eine Neuregelung zur Einigenstelle erforderlich und möglich ist. Gem. § 73 II 1 BPersVG besteht die Einigungsstelle aus je drei Beisetztern, die von der obersten Dienststelle und der bei ihr bestehenden Personalvertretung (Personalrat) bestellt

---

10 Dazu BVerfGE 21, 244.

werden und einem unparteiischen Vorsitzenden, auf deren Person sich beide Seiten einigen müssen. Die Einigungsstelle entscheidet abschließend über Ernennungen, Beförderungen und Versetzungen von Beamten.
Fraglich ist, ob die vom Parlament durch das Gesetz angeordnete Bindung des Ministers an die Entscheidung der weisungsfreien Einigungsstelle mit der Gewaltenteilung vereinbar ist?

> „Wie das Bundesverfassungsgericht schon wiederholt ausgeführt hat „liegt der Sinn der Gewaltenteilung“ nicht darin, dass die Funktionen der Staatsgewalt scharf getrennt werden, sondern dass die Organe der Legislative, Exekutive und Justiz sich gegenseitig kontrollieren und begrenzen, damit die Staatsmacht gemäßigt und die Freiheit des Einzelnen geschützt wird. Die in der Verfassung vorgenommene Verteilung der Gewichte zwischen den drei Gewalten muss aufrechterhalten bleiben, keine Gewalt darf ein von der Verfassung nicht vorgesehenes Übergewicht über die andere Gewalt erhalten, und keine Gewalt darf der für die Erfüllung ihrer verfassungsmäßigen Aufgaben erforderlichen Zuständigkeiten beraubt werden. Nicht jede Einflussnahme des Parlaments auf die Verwaltung bedeutet schon einen Verstoß gegen die Gewaltenteilung. Selbst eine gewisse Gewichtsverlagerung auf Kosten der Exekutive zugunsten des Parlaments ist in der parlamentarischen Demokratie unbedenklich. Erst wenn zugunsten des Parlaments ein Einbruch in den Kernbereich der Exekutive erfolgt, ist das Gewaltenteilungsprinzip verletzt.“ (BVerfGE 9, 268, 279 f.)

Ein Einbruch in den Kernbereich der Exekutive durch das Parlament droht vorliegend nicht, da Abgeordnete der Einigungsstelle nicht vertreten sind. 671

Problematisch könnte aber die Bindung von Regierung und Minister (Art. 65 2 GG) an die Entscheidung der Einigungsstelle sein. Aus der demokratischer Verantwortlichkeit folgt der **Grundsatz der Verantwortungsklarheit.** Nur wenn klar ist, wer verantwortlich war, kann dieser von Kontrollinstanzen und letztlich den Wählern zur Rechenschaft gezogen werden.[11] 672

> „Die Regierung ist das oberste Organ der vollziehenden Gewalt [...]. Damit ist nicht gesagt, dass es keinerlei ‚ministerialfreien Raum‘ auf dem Gebiet der Verwaltung geben dürfe und dass von der Regierung unabhängige Ausschüsse für bestimmte Verwaltungsaufgaben in jedem Fall unzulässig seien. Wohl aber gibt es Regierungsaufgaben, die wegen ihrer politischen Tragweite nicht generell der Regierungsverantwortung entzogen und auf Stellen übertragen werden dürfen, die von Regierung und Parlament unabhängig sind; andernfalls würde es der Regierung unmöglich gemacht, die von ihr geforderte Verantwortung zu tragen. [...] Müsste sich die Regierung im Konfliktfall der Entscheidung einer unabhängigen Schiedsstelle beugen, so würde eine wesentliche Regierungsfunktion in Wirklichkeit von dieser anderen Instanz wahrgenommen und die Regierung der Entscheidungsgewalt und Verantwortlichkeit enthoben, die ihr im demokratischen Rechtsstaat zukommt (Art. 28 I 1 GG). [...] Die generelle Übertragung der Entscheidungsgewalt in allen personellen Fragen der Beamten an einen Ausschuss, dessen Mitglieder der Regierung nicht verantwortlich sind, ist daher mit dem

11 BVerfGE, 19, 331 (363 ff.).

Prinzip des demokratischen Rechtsstaates wegen des Art. 28 I S. 1 GG nicht vereinbar." (BVerfGE 9, 268, 282 ff.)

673 Der Primat des Parlaments als oberstes Staatsorgan, der im Vorrang des Gesetzes zum Ausdruck kommt, bezieht sich auch auf die demokratische Kontrolle aller Staatsgewalt durch die Volksvertretung. **Gewaltenteilung entbindet nicht von demokratischer Verantwortung der Regierung oder Exekutive.** Ausnahmen hiervon sind nur in engen Grenzen zulässig, soweit das Grundgesetz dies selbst vorsieht oder zulässt (Art. 88 S. 1 GG für Bundes- und Europäische Zentralbank, Art. 97 I GG für die Richter, Art. 114 II 1 GG für den Bundesrechnungshof).

674 Das shMBG und auch die LPVG von Hessen, Rheinland-Pfalz und Niedersachsen hatten die Beteiligung der Personalvertretung durch eine Kombination von Initiativrecht des Personalrats und Letztendscheidung der Einigungsstelle erheblich ausgeweitet. Der Hessische Staatsgerichtshof[12] und der Verfassungsgerichtshof Rheinland-Pfalz[13] haben, auf das Demokratieprinzip und in Sonderheit auf die Organisationsgewalt der Regierung und die parlamentarische Verantwortung der Regierung gestützt, die jeweiligen Landesgesetze weitgehend für verfassungswidrig erklärt. Auch das Bundesverfassungsgericht[14] hat die einschlägigen Regelungen des shMBG mit dem demokratischen Prinzip für unvereinbar erklärt und die Schutzpflicht des Gesetzgebers für eine effektive Verwaltung betont.

Darüber hinaus hat das Bundesverfassungsgericht gestützt auf das Prinzip der doppelten Mehrheit mit Hilfe der Figur der Schutzzweckgrenze und der Verantwortungsgrenze, der Partizipation im Öffentlichen Dienst einengende Subsumtionsvorgaben gemacht, die praktisch schwerlich umsetzbar sind und die vom Gesetzgeber gewollte und von den Fachgerichten jahrzehntelang gebilligte bisherige Rechtspraxis in weiten Teilen in Frage stellt.[15]

Die Kompetenzen von Einigungsstelle und Personalrat nach den §§ 78–80 BPersVG sind weniger weitgehend als die nach den Vorschriften der inkriminierten LPVG. Daher wird ein Verstoß gegen den Grundsatz der Gewaltenteilung verneint.

12 PersV, 1986, 227.

13 PersV, 1994, 307.

14 BVerfGE, 93, 37.

15 Dazu *Battis* in: Ehlers/Fehling/Pünder (Hrsg.), Besonderes Verwaltungsrecht, Bd. 3 4. Aufl. 2021, § 89 Rn. 46.

2. Personelle Gewaltenteilung

Gewaltenteilung wird illusorisch, wenn zwar die Staatsorgane differenziert organisiert sind, die Ämter in diesen Organen jedoch stets mit denselben Personen besetzt sind. Wäre eine Person morgens Abgeordneter, nachmittags Verwaltungsbeamter und abends Richter, könnte von einer funktionierenden Gewaltenteilung nicht mehr die Rede sein. Dann fehlte zwar nicht die organisatorische Dimension, wohl aber deren Durchführung auf der Ebene des staatlichen Personals. Diese Ausformung der Funktionentrennung ist die **personelle Gewaltenteilung.** Das Grundgesetz kennt nur wenige Vorschriften, welche diese Dimension ausdrücklich anordnen. So verbietet Art. 55 I GG die Ämterkumulation in der Person des Bundespräsidenten; Art. 66 GG begründet ein Berufsverbot für Mitglieder der Bundesregierung; Art. 94 I 3 GG wiederholt Art. 55 I GG für Mitglieder des Bundesverfassungsgerichts. 675

Die genannten Vorschriften betonen **obligatorisch** die personelle Gewaltenteilung. Hinzu tritt die **fakultative Ämtertrennung** in Art. 137 I GG. Er lässt Beschränkungen des allgemeinen passiven Wahlrechts nach Art. 38 I 1 GG für Angehörige des öffentlichen Dienstes durch Gesetz zu. Danach kann gesetzlich die Unvereinbarkeit von Abgeordnetenmandat und anderen Staatsämtern, die **Inkompatibilität**, angeordnet werden. Zuständig für das Gesetz ist diejenige Körperschaft, welche das jeweilige Wahlrecht regeln darf, also der Bund für den Bundestag (Art. 38 III GG) und die Länder für die Landtage und Gemeindevertretungen. Derartige Bestimmungen sind eingeführt in §§ 5 ff. AbgG für Angehörige des öffentlichen Dienstes (→ Rn. 771 ff.) sowie in § 2 GOBR für die Unvereinbarkeit von Bundestags- und Bundesratsmandat. Nicht ausgeschlossen ist demgegenüber die Vereinbarkeit von parlamentarischem Mandat und Regierungsamt. 676

Nicht inkompatibel sind hingegen Abgeordnetenmandate. Bei parlamentarischen Staatssekretären ist das Abgeordnetenmandat sogar regelmäßig Voraussetzung für das Regierungsamt. In Hamburg sind hingegen Mitgliedschaft im Senat und Bürgerschaftsmandat inkompatibel. 677

Bündnis 90 / Die Grünen haben ihre abweichende Praxis zur Inkompatibilität inzwischen weitgehend aufgegeben. Bundeskanzler und Bundesminister müssen nicht Mitglied des Bundestages sein, anders Art. 52 I nwLV für den Ministerpräsidenten. 678

! Zur Entlastung der Justiz soll im Bundesland B für kleinere Rechtsstreitigkeiten eine Friedensgerichtsbarkeit eingeführt werden. Friedensrichter ist der oberste Verwaltungsbeamte der Gemeinde, der zugleich Vorgesetzter des örtlichen Ordnungsamtes und der Ortspolizei ist (nach BVerfGE 10, 200). Mit welcher Ausprägung des Grundsatzes der Gewaltenteilung könnte diese Regelung unvereinbar sein?

---

679 Das Grundgesetz regelt nicht ausdrücklich die personelle Gewaltenteilung zwischen Exekutive und Justiz für Richter und Beamte. Das Bundesverfassungsgericht geht bei der Beurteilung des **Beispielsfalles** allerdings von dem Grundsatz der Gewaltenteilung aus:

> „Die Aufgaben des Bürgermeisters als Ortspolizeibehörde und seine Befugnis, auch dem staatlichen Polizeivollzugsdienst fachliche Weisungen zu erteilen, müssen immer wieder zu Kollisionen mit seinen Pflichten als Friedensrichter führen. Selbst in den Fällen, in denen er noch nicht als Verwaltungsbehörde tätig war und infolgedessen nicht als Richter gesetzlich ausgeschlossen ist, muss schon seine Eigenschaft als Leiter der Gemeindeverwaltung und besonders als Ortspolizeibehörde eine objektive, spezifisch richterliche Einstellung erschweren, wenn nicht unmöglich machen. [...] Besonders schwerwiegend sind jene Pflichtenkollisionen, wenn vom Bürgermeister als Friedensrichter eine objektive Auslegung oder gar eine Prüfung der Rechtmäßigkeit der von ihm selbst erlassenen Anordnungen verlangt werden muss. Unter dem Gesichtspunkt der Gewaltenteilung verfassungsrechtlich unbedenklich sind nur Gemeindefriedensgerichte, die ausschließlich mit Bürgern besetzt sind, die an der Gemeindeverwaltung nicht beteiligt sind oder die mit einem hauptamtlichen Friedensrichter besetzt sind, dem auch keine ins Gewicht fallende Nebentätigkeit in der Verwaltung übertragen ist." (BVerfGE 10, 200, 217)

680 Demnach gilt wegen der Möglichkeit der Pflichtenkollision die personelle Gewaltenteilung auch für die Amtswalter von Exekutive und Justiz. Dieser Grundsatz findet sich gegenwärtig in § 4 DRiG, wonach einem Richter nicht zugleich Aufgaben der vollziehenden und der rechtsprechenden Gewalt übertragen werden dürfen, während ein Beamter wegen Art. 92 GG nicht als Rechtsprechungsorgan fungieren darf.

3. Gewaltenteilung im parlamentarischen Regierungssystem

681 Die dominierende Rolle der Parteien im politischen Leben (→ Rn. 86 ff) hat dazu geführt, dass die Konflikt- und Konsenslinien regelmäßig nicht zwischen der ersten und zweiten Gewalt verlaufen. Die über die Parlamentsmehrheit verfügende Partei bzw. Koalition stellt die Regierung und stützt sie, kontrolliert sie hingegen eher intern. Handlungszentren sind nicht Parlament einerseits und Regierung andererseits. Mehrheitsfraktion(en) und Regierung sitzen vielmehr „in einem Boot" und sehen sich der Opposition gegenüber. Die **Grenzlinie verläuft** insoweit nicht zwischen den vom Grundgesetz unterschiedenen Staatsfunktionen und -organen, sondern primär **zwischen Koalition und Opposition.** Dabei handelt es sich nicht etwa um eine verfassungswidrige Aushöhlung der grundgesetzlichen Gewaltenbalance, sondern um eine Ausprägung der parlamentarischen Demokratie. Die parlamentarische Auseinandersetzung mit der Opposition dient primär der **Darstel-**

lung und Begründung der bereits gefestigten Meinungen gegenüber der Öffentlichkeit; der pejorativ verwendete Begriff „Fensterreden" ist daher durchaus anschaulich.

Im **parlamentarischen Regierungssystem**[16] ist eine strenge Funktionentrennung und ausgeprägte Gewaltenhemmung zwischen den Staatsorganen Parlament und Regierung weder möglich noch beabsichtigt. Beiden Organen bleibt zwar ein Kernbereich eigener Funktionen, der verfassungsrechtlich gewährleistet ist. Aber die Durchdringung des gesamten Staatswesens durch die politischen Parteien bewirkt, dass die deutlich gewaltenhemmende Bipolarität nur zwischen der Opposition einerseits und dem Regierungslager andererseits besteht. Die im Sozialstaat umfangreiche sozialgestaltende Tätigkeit bedarf zumeist hochspezifischer gesetzlicher Regelungen, die eine enge Kooperation zwischen der Regierung mit ihrer sachkundigen Bürokratie und den in den jeweiligen Parlamentsausschüssen vertretenen sachkundigen Abgeordneten erfordern. Die Vorstellung, die Plenardebatte bilde das Muster guter Parlamentsarbeit ist antiquiert.[17] Funktionsverschiebungen sind so weniger eine Krise der Gewaltenteilung als vielmehr deren grundgesetzlich zugelassene Voraussetzungen und Ausgestaltungen. Von besonderer Bedeutung sind deshalb heute andere gewaltenhemmende Faktoren der Rechtsordnung, die nicht an der in Art. 20 II 2 GG genannten Funktionsdreiteilung anknüpfen, z. B. Föderalismus, Selbstverwaltung von Kommunen und anderen Selbstverwaltungsträgern, öffentliche Berichterstattung durch freie Medien, Tarifautonomie.

Grundgesetzlich konsequent durchgeführt ist die Teilung der Gewalten in funktionaler und personeller Hinsicht nur bei der Rechtsprechung. Die im Grundgesetz normierte Unabhängigkeit der Richter (Art. 97 GG) verbietet jedes Zusammentreffen von Richteramt und einer anderen Staatsfunktion, bei der auch nur die Gefahr einer Pflichtenkollision entstehen kann.

§§ 4, 36 DRiG verbieten daher die gleichzeitige Ausübung von Richteramt und Mandat im Bundestag oder Landtag, sowie Regierungsamt, nicht aber die Mitgliedschaft im Gemeinderat.

III. Gesetzgebung

„Der **Gesetzesbegriff des Grundgesetzes**"[18] ist inhaltlich diffus, weil das Grundgesetz in unterschiedlichen historischen Traditionen steht, die in seine Terminologie eingeflossen sind. So wird der Gesetzesbegriff etwa in Art. 12 I 2; 77 I, 79 I, 83 I, 100 I GG in durchaus unterschiedlichem Sinne verwendet. Dementsprechend fasst der 7. Abschnitt des Grundgesetzes höchst heterogene Phänomene zusammen und bezeichnet diese als „Die Gesetzgebung des Bundes". 682

16 Seit BVerfGE 1, 208.

17 *Morlok*, VVDStRL 62 (2003), 37/65.

18 Dazu *G. Kirchhof* in: FS P. Kirchhof I, 2013, § 32.

Der Grund für diese Inkonsistenz liegt in der Geschichte des Gesetzesbegriffs seit dem Konstitutionalismus. Ausgangspunkt war die Abgrenzung zwischen zustimmungsbedürftigen allgemeinen Regelungen und solchen, welche der Monarch allein erlassen konnte. Erstere wurden als Gesetz, letztere später als Verordnungen bezeichnet. Mit Zustimmung der Kammern wurden „formelle", ohne sie lediglich „materielle" Gesetze erlassen.[19]

683 Gesetz ist jede Willensäußerung des Parlaments, die im Gesetzgebungsverfahren erlassen und als Gesetz verkündet ist. Dieser Begriff des „förmlichen Gesetzes"[20] stellt ausschließlich darauf ab, von welchem Zweig der Staatsgewalt die Maßnahme stammt. Damit hat der Gesetzesbegriff seine materielle Bedeutung verloren. Insbesondere ist nicht jedes Gesetz notwendig generell-abstrakt: Wäre dies schon per definitionem der Fall, so brauchte dies nicht erst für bestimmte Fälle in Art. 19 I 1 GG ausdrücklich geregelt zu werden. Auch ist keineswegs jedes Gesetz an den Bürger gerichtet, wie insbesondere Organisationsgesetze gem. Art. 87 I 2; 87 III GG oder das Haushaltsgesetz gem. Art. 110 II GG zeigen. Was die einzelnen Bestimmungen des Grundgesetzes jeweils unter dem Begriff des Gesetzes verstehen, ist wegen der historisch bedingten Diffusität nicht aus einem allgemeinen Gesetzesbegriff, sondern im Einzelfall im Wege der Auslegung zu ermitteln. Der 7. Abschnitt des Grundgesetzes umfasst drei Arten von Rechtsnormen:

- die **verfassungsändernden Gesetze** nach Art. 79 GG, (→ Rn. 621 ff)
- die förmlichen **Parlamentsgesetze** nach Art. 78 GG,
- die **Rechtsverordnungen** nach Art. 80 GG, die keine förmlichen Gesetze darstellen. (→ Rn. 648, 705 ff.)

684 Zentrales Mittel der Gesetzgebung ist demnach das förmliche Parlamentsgesetz. Es wird vom Bundestag gem. Art. 77 I GG beschlossen. Das förmliche Gesetz hat ein gesteigertes Maß an demokratischer Legitimation, ersten infolge der unmittelbaren demokratischen Legitimation der Abgeordneten und zweitens wegen der Öffentlichkeit des Verfahrens nach Art. 42 GG. Gesetzgebung gilt als primäres Gestaltungsmittel des demokratischen Staates. Nach dem Grundgesetz ist das Gesetz die ranghöchste Rechtsquelle überhaupt. Exekutive und Justiz sind gem. Art. 20 III GG an die Gesetze gebunden. Daraus ergibt sich der „**Vorrang des Gesetzes**". (→ Rn. 685, 7)

19 Überblick bei *Böckenförde* Gesetz und gesetzgebende Gewalt, 2. Aufl., 1981.
20 Seit *Heller* VVDStRL 4, S. 98; *Hesse* Grundzüge, Rn. 502.

1. Vorbehalt des Gesetzes

a) Der Umfang des Vorbehaltes

Der **Vorbehalt des Gesetzes** umschreibt Materien, welche **ausschließlich durch den Gesetzgeber gestaltet** werden dürfen. Zwar begründet er nicht stets eine Handlungspflicht der Legislative, doch dürfen Verwaltung und Justiz kein Eingriff in Rechte der Bürger ohne gesetzliche Grundlage vornehmen. Deutlich wird dies etwa an der Formulierung des Art. 12 I 2 GG, wonach Regelungen der Berufsausübung nur „durch Gesetz" oder aufgrund eines Gesetzes erfolgen dürfen. Daraus ergibt sich folgende Abgrenzung: 685

- Der **Vorrang des Gesetzes** beschreibt, was Verwaltung und Justiz **aufgrund Gesetzes** dürfen;
- **Der Vorbehalt des Gesetzes** thematisiert, was Verwaltung und Justiz **ohne Gesetz** nicht dürfen (z. B.: Kein Grundrechtseingriff ohne Gesetz!).

Das Grundgesetz kennt eine Vielzahl von Gesetzesvorbehalten, z. B.: 686

- Art. 23 I 2; 24 I, 59 II GG für die internationalen Beziehungen;
- Art. 109 IV, 110 II, 106 III 3 GG im **Haushaltsrecht**;
- Art. 38 III, 41 III, 45b S. 2, 45c II, 48 III 3 GG für das Parlamentsrecht;
- Art. 80 I GG als Ermächtigungsgrundlage für Rechtsverordnungen;
- Art. 28 II GG als Regelungsvorbehalt für die kommunale Selbstverwaltung;
- Art. 84 I 2; 85 I 1; 87 III GG für die Staatsorganisation;
- Art. 4 III 2; 5 II, 6 III, 8 II, 10 II 1; 11 II, 12 I 2; 13 II, VII, 14 I 2, III 2; 15, 16 I, 16a II 2, III 1, IV 2; 17a, 101 I 2; 103 II, 104 I GG für die **Grenzen der Grundrechte.**

Diese – keineswegs abschließende[21] – Aufzählung zeigt insbesondere, dass das Grundgesetz in einer Vielzahl von Einzelfällen relativ unsystematisch bestimmte Materien dem Gesetzgeber zur Regelung vorbehält. Diese Materien müssen von der Legislative geregelt worden sein, ehe Verwaltung und Gerichte tätig werden dürfen. Dabei verfolgen die überaus heterogenen Bestimmungen auch überaus heterogene Zwecke. Partiell will das Grundgesetz einzelne Materien nicht selbst regeln, sondern sie dem politischen Ausgleich im Parlament überlassen, da im Parlamentarischen Rat keine Einigung zustande kam, z. B. hinsichtlich der Sozialisierung (Art. 15 GG). In anderen Fällen sollen etwa die Entscheidungen des Bundestages über die Aufgabe eigener Kompetenzen (Art. 23 I 2; 24 I GG), die Mitwirkung des Bundesrates bei der Entscheidungsfindung (Art. 87 III GG), die besondere politische Kontrolle der Regierung (Art. 110 GG) oder die Mitwirkung der Repräsentanten des Volkes bei der Einschränkung der Grundrechte der Bürger garantiert werden. 687

---

21 Dazu: *Kloepfer/Barkalovic*, DVBl., 2022, 321.

688 Diese Systemlosigkeit wie auch der Wandel der Staatsformen haben das Bedürfnis nach **Systematisierung und Überprüfung der Vorbehaltslehren** begründet.

Ausgangspunkt auch der Lehre vom Gesetzesvorbehalt war das Staatsrecht des Konstitutionalismus. Dieses begründete in seiner rechtsstaatlichen Tradition die Trennung von **Staat und Gesellschaft**, wobei der **Staat die Sphäre des Zwangs, die Gesellschaft die Sphäre der Freiheit** sein sollte.[22] Grundsätzlich bedeutete dies: Der Staat durfte nicht in die Gesellschaft „hineinregieren", wenn seine Maßnahmen mit Zwang verbunden waren. Ein solches Konzept war allerdings undurchführbar, wenn der Staat seiner Ordnungsfunktion im Gemeinwesen überhaupt noch gerecht werden wollte. Diese bedingt Polizei- und Justizzwang. Aus jenem Dilemma zog das Rechtsstaatskonzept die Konsequenz: Staatliche Eingriffe in der Gesellschaft mit Verpflichtungs- oder Zwangswirkung mussten zulässig sein; aber nur, wenn und soweit die Gesellschaft zustimmte.

689 Maßnahmen, die mit Zwang verbunden waren, bedurften der Zustimmung in Gesetzesform. Das Gesetz erging nach konstitutionellem Staatsrecht im Zusammenwirken Zustimmung zwischen dem Monarchen als Repräsentanten des Staates und den Landesständevertretungen als Repräsentanten der Gesellschaft.[23] Der Umfang des Gesetzesvorbehaltes bestimmte sich demnach auf folgende Weise:

- Staatliche **Eingriffe** in **„Freiheit und Eigentum"** der Bürger unterlagen dem **Gesetzesvorbehalt.** Hierzu zählten insbesondere Gesetze über die Wehr- und die Steuerpflicht, den Staatshaushalt sowie Straf- und Polizeigesetze.
- Staatliche Maßnahmen, die keine Eingriffe darstellten, sondern **Leistungen** gewährten, bedurften konsequent **keiner gesetzlichen Grundlage.**
- Staatliche Maßnahmen, welche die Gesellschaft überhaupt nicht betrafen, sondern nur **„Innenwirkung"** hatten, ergingen gesetzesfrei. Dazu sollten auch Personen zählen, welche in einem **Sonderverhältnis** zum Staat standen, sei es freiwillig (Beamte), sei es unfreiwillig (Schüler, Strafgefangene).

690 Konsequent wurde der so umschriebene Vorbehalt des Gesetzes als **„Eingriffsvorbehalt"** bezeichnet. Dieser gilt auch im demokratischen Staat. Wenn es das Anliegen der Demokratie ist, Herrschaft auf das Volk zurückzuführen („No taxation without representation"), dann ist es das elementarste Anliegen der im Volke zusammengeschlossenen Bürger, ihre eigenen Rechte im Staat durch demokratische Herrschaft und Kontrolle gesichert zu wissen. In der Demokratie nehmen so die Bürger als Träger der Staatsgewalt ihre eigenen Rechte im Staat selbst in die Hand.

22 → Rn. 70, 137f.

23 Eingehend hierzu *Wahl* Der Staat 1979, 321; *ders.* in: Böckenförde (Hrsg.), Moderne deutsche Verfassungsgeschichte, 2. Aufl., 1981, S. 346.

Der Eingriffsvorbehalt gilt so gegenwärtig als ungeschriebener Gesetzesvorbehalt fort: Grundrechtseingriffe sind – auch bei Grundrechten, deren Text ihn nicht enthält (s. etwa Art. 4 II; 5 III GG) – stets nur aufgrund Gesetzes zulässig.[24]

Gegenstand der neueren Diskussion ist, ob und inwieweit der Gesetzesvorbehalt über den Eingriffsvorbehalt hinausreicht. Mit der steigenden Bedeutung des Parlaments im demokratischen Staat müsse auch dem Bereich von Gesetz und Gesetzesvorbehalt steigende Bedeutung zukommen. Als zentrale Diskussionsfelder erweisen sich insbesondere 691

- der **Bereich der staatlichen Leistungen:** Hier wird zwar nicht (unmittelbar) in die Freiheit der Bürger eingegriffen, wohl aber über den Staatshaushalt disponiert, namentlich kann die Höhe von Steuern und Abgaben präjudiziert werden. Können die Vergabe staatlicher Mittel, deren Voraussetzungen, das Verfahren und die Bedingungen durch die Exekutive selbständig geregelt werden?
- der **staatliche Innenbereich:** Verwaltungsvorschriften, die im Grundgesetz etwa in Art. 84 II, 85 II, 86 S. 1 GG anerkannt sind, betreffen vielfach – aber nicht stets – auch Bürger, wenn etwa der Staat Verfahrensvorschriften einführt, technische Grenzwerte festlegt u. ä. Das gilt erst recht, wenn die Verwaltungsvorschrift ein Gesetz ersetzt oder vertritt.

Die Lehre vom **Totalvorbehalt**[25] hat sich in der Bundesrepublik – anders als in Österreich (Art. 18 B-VG) – nicht durchgesetzt. Danach sollen alle staatlichen Maßnahmen nur aufgrund eines Gesetzes ergehen dürfen. Begründet wurde diese Lehre mit dem Primat des Parlaments in der Demokratie einerseits und Art. 80 I GG andererseits: Wenn schon der Erlass jeder Rechtsverordnung einer gesetzlichen Ermächtigungsgrundlage bedürfe, so müsse das erst recht für alle sonstigen Verwaltungsmaßnahmen gelten. Jene Lehre ignoriert einerseits den Umstand, dass aus dem Primat des Gesetzgebers sicher das Recht folgt, auf die Sozialgestaltung in weitem Umfang zuzugreifen. Der Gesetzgeber darf – nahezu – alles regeln; aber dürfen deshalb die anderen Staatsgewalten – nahezu – nichts regeln? Art. 80 I GG ist insoweit als allgemeine Grundlage des Gesetzesvorbehaltes wenig geeignet, da Rechtsverordnungen mit anderen Verwaltungsmaßnahmen kaum vergleichbar sind. 692

Das Bundesverfassungsgericht leitet den **Umfang des Gesetzesvorbehaltes** nicht allein aus Grundrechten, sondern **auch aus dem Demokratieprinzip** her: 693

„Die von der konstitutionellen, bürgerlich-liberalen Staatsauffassung des 19. Jh. geprägte Formel, ein Gesetz sei nur dort erforderlich, wo ‚Eingriffe in Freiheit und Eigentum' in Rede

24 So grundsätzlich BVerfGE 47, 46, 79; s. weiter BVerfGE 83, 130, 142; 108, 282, 297.
25 *Hölscheidt*, JA 2001, 409, 410; *Jesch*, Gesetz und Verwaltung, 2. Aufl., 1968, S. 205, 227.

stehen, wird dem heutigen Verfassungsverständnis nicht mehr voll gerecht. Im Rahmen einer demokratisch-parlamentarischen Staatsverfassung, wie sie das Grundgesetz ist, liegt es näher, anzunehmen, dass die Entscheidung aller grundsätzlichen Fragen, die den Bürger unmittelbar betreffen, durch Gesetz erfolgen muss, und zwar losgelöst von dem in der Praxis fließenden Abgrenzungsmerkmal des ‚Eingriffs'. Staatliches Handeln, durch das dem Einzelnen Leistungen und Chancen gewährt und angeboten werden, ist für eine Existenz in Freiheit oft nicht weniger bedeutungsvoll als das Unterbleiben eines direkten ‚Eingriffs'. Hier wie dort kommt dem vom Parlament beschlossenen Gesetz gegenüber dem bloßen Verwaltungshandeln die unmittelbare demokratische Legitimation zu, und das parlamentarische Verfahren gewährleistet ein höheres Maß an Öffentlichkeit der Auseinandersetzung und Entscheidungssuche und daher auch größere Möglichkeiten eines Ausgleichs widerstreitender Interessen." (BVerfGE 40, 237, 249)

694 Die vom Bundesverfassungsgericht durchgesetzte **„Wesentlichkeitstheorie"**[26] besagt: Wesentliche Entscheidungen unterliegen dem Gesetzesvorbehalt, „unwesentliche" können von Exekutive und Justiz ohne Gesetz getroffen werden. Zentrales Problem dieser Formel ist weniger ihre dogmatische Fundierung als ihre rechtliche Abgrenzung: Was wesentlich und was unwesentlich ist, lässt sich aufgrund rechtlicher Kriterien kaum entscheiden. Die Formeln des Bundesverfassungsgerichts bleiben demnach auch recht abstrakt. Kriterien der „Wesentlichkeit" sind etwa

- **jeder Eingriff in Grundrechte:** Hier wird das Eingriffskriterium als Teil der neuen Lehre fortgeführt;
- die Eigenart des jeweiligen Sachbereichs sowie die Intensität der Regelung;
- die Eigenschaft eines Gesetzes als Langzeit- oder Grundsatzregelung, die Zahl der von einer Regelung Betroffenen;
- die Verwirklichung von „tragenden Prinzipien" der Verfassung oder die Bedeutung des Gesetzes für die Staatsorganisation;
- Regelungen im *„grundrechtsrelevanten Bereich"* von Freiheit und Gleichheit, etwa für Auslandseinsätze der Bundeswehr[27] oder des BND.[28]

Auf diese Weise werden auch Maßnahmen, die bislang als Staatsinterna galten, grundrechtlich erschlossen. Das gilt insbesondere für das staatliche Organisationsgefüge, welches die Gesellschaft im Konstitutionalismus nicht tangierte und daher als grundrechtsfrei galt. Hierzu zählten nach konstitutionellem Verständnis das Beamtenrecht ebenso wie die Rechtsstellung von Schülern, Strafgefangenen und den Benutzern staatlicher Einrichtungen, die in einem

---

26 BVerfGE 47, 46, 78 ff.; 116, 24, 58; E137, 350 Rn. 33; BVerwGE 138, 201 Rn. 26; *Ossenbühl* in: HStR V, § 101 Rn. 49.

27 Zum erforderlichen Parlamentsvorbehalt: *Reiling*, DVBl., 2023, 561; s.a. BVerfGE 125, 55 (69 ff.); 121, 135 (163 ff.); 40, 237 (250) – Strafvollzug; 49, 89 (125) – Kalkar; 83, 130 (142) – Mutzenbacher, 147, 253 (310) – Studienplatzvergabe; zur Pandemiegesetzgebung: *Dederer/Preuß*, AöR, 2023, 289.

28 BVerfGE 154, 152.

„besonderen Näheverhältnis" zum Staat standen („**Sonderstatusverhältnis**").[29] Die rechtliche Erschließung dieser besonderen Gewaltverhältnisse, insbesondere des Schulverhältnisses, war ein wesentlicher Motor der neuen Entwicklung um den Gesetzesvorbehalt.[30]

Insgesamt sind die getroffenen Aussagen jedoch **wenig konkret** und gelangen oft über die Umschreibung der „Betroffenheit" oder „Grundrechtsrelevanz" nicht hinaus. Dementsprechend werden partiell typisierende Differenzierungen vorgenommen, die in die Aufzählung von Einzelfällen einmünden. 695

Zur Vertiefung ein BVerfGE 108, 282 nachgebildeter Fall: 696

Nach den Vorschriften des Landesbeamtengesetzes und des Schulgesetzes des Bundeslandes B besteht für Lehrer die allgemeine Pflicht zur politischen und weltanschaulichen Mäßigung und Zurückhaltung. Die zuständige Schulbehörde des Landes verweigerte auf dieser Grundlage der Lehrerin L die Verbeamtung, weil sie (auch) während des Unterrichts aus religiösen Gründen ein Kopftuch tragen wollte und bislang trug. Zu Recht? !

Das Bundesverfassungsgericht geht davon aus, dass es sich beim Schulrecht um einen besonders grundrechtssensiblen Bereich handelt, in welchem grundrechtlich geschützte Freiheiten von Schülern, Lehrern und Eltern aufeinandertreffen. Die vorhandenen allgemeinen Regelungen im Schul- und Beamtengesetz zur Zurückhaltung und Mäßigung der Lehrer reichten nicht aus, um jener Gemengelage hinreichend eindeutig zu begegnen. 697

> „Insbesondere im Schulwesen verpflichten Rechtsstaatsgebot und Demokratieprinzip des Grundgesetzes den Gesetzgeber, die wesentlichen Entscheidungen selbst zu treffen und nicht der Schulverwaltung zu überlassen [...]. Das gilt auch und gerade dann, wenn und soweit auf gewandelte gesellschaftliche Verhältnisse und zunehmende weltanschaulichreligiöse Vielfalt in der Schule mit einer strikteren Zurückdrängung jeglicher religiöser Bezüge geantwortet und damit die staatliche Neutralitätspflicht innerhalb der von der Verfassung gezogenen Grenzen neu abgesteckt werden soll. Eine solche Entscheidung hat erhebliche Bedeutung für die Verwirklichung von Grundrechten im Verhältnis zwischen Lehrern, Eltern und Kindern sowie dem Staat. [...] Eine Regelung, nach der es zu den Dienstpflichten einer Lehrerin gehört, im Unterricht auf das Tragen eines Kopftuchs oder anderer Erkennungsmerkmale der religiösen Überzeugung zu verzichten, ist eine im Sinne der Rechtsprechung zum Parlamentsvorbehalt wesentliche. Sie greift in erheblichem Maße in die Glaubensfreiheit der Betroffenen ein. Sie betrifft außerdem Menschen verschiedener Religionszugehörigkeit unterschiedlich intensiv, je nachdem, ob sie die Befolgung bestimmter Bekleidungssitten als zur Ausübung ihrer Religion gehörig ansehen oder nicht. Dementsprechend hat sie besondere Ausschlusswirkungen für

---

29 BVerfGE 85, 386 (403); 102, 282 (306 ff.); vormals „besonderes Gewaltverhältnis", dazu BVerfGE 33, 1 (11 f.).; 40, 276 (283); zum Jugendvollzug: BVerfGE 116, 69 (80 ff.).

30 Zum Schulrecht: BVerfGE 41, 251 (260); 45, 400 (418); *Staupe* Parlamentsvorbehalt und Delegationsbefugnis, 1986.

bestimmte Gruppen. Wegen dieses Gruppenbezuges kommt der Begründung einer solchen Dienstpflicht für Lehrkräfte über ihre Bedeutung für die individuelle Grundrechtsausübung hinaus auch hinsichtlich der gesellschaftlichen Ordnungsfunktion der Glaubensfreiheit wesentliche Bedeutung zu.“ (BVerfGE 108, 282, 312 f.)

698 Das elementare **Problem der Wesentlichkeitsformel** besteht in ihrer **inhaltlichen Unbestimmtheit.** „Wesentlich ist, was das Bundesverfassungsgericht für wesentlich hält.“[31] „Wesentlich“ heißt nicht nur „rechtlich wesentlich“, sondern auch „politisch wesentlich“. Damit gerät die Diskussion in den Sog der Politik und damit des subjektiven Meinens, kaum hingegen nicht der objektiven Begründung aus der Verfassung.[32] Deutlich wird dies an der Frage, was im Schulrecht oder Subventionsrecht „wesentlich“ ist und wie weit demnach der Gesetzesvorbehalt reicht.

699 Die Wesentlichkeitsformel führt faktisch zur **Gesetzgebungspflicht** für alle wesentlichen Bereiche, da andernfalls zentrale Sachbereiche staatlicher Einwirkung vollständig entzogen sind, und zwar unabhängig vom Merkmal des Eingriffs. So wird der Gesetzesvorbehalt nicht mehr nur zu einer Kompetenzsperre für Exekutive und Justiz, sondern vielmehr zu einer Handlungspflicht für den Gesetzgeber.

700 Die Wesentlichkeitsformel lässt konkrete Verfassungsbestimmungen außer Betracht, wenn etwa die Selbstverwaltungsgarantie ausgehöhlt und auf „Unwesentliches“ zurückgedrängt wird.[33] Damit verliert die neue Auslegung ihren Sinn, wenn der Gesetzgeber „alles“ Wesentliche selbst regeln muss. Vielmehr geht das Grundgesetz von differenzierten Vorstellungen aus, wenn es partiell die Delegation der Gesetzgebungsbefugnisse zulässt (Art. 80 I GG), partiell Selbstverwaltung anerkennt (Art. 28 II GG) und im Übrigen die Verwaltung an die Gesetze, Rechtsverordnungen und Satzungen bindet. Dass hier qualitative Unterschiede vorliegen, die nicht einfach applaniert werden dürfen, liegt nahe. Dem verschließt sich auch das Bundesverfassungsgericht grundsätzlich nicht:

„Wann es einer Regelung durch den parlamentarischen Gesetzgeber bedarf, lässt sich nur im Blick auf den jeweiligen Sachbereich und die Eigenart des betroffenen Regelungsgegenstandes beurteilen. Die verfassungsrechtlichen Wertungskriterien sind dabei den tragenden Prinzipien des Grundgesetzes, insbesondere den dort verbürgten Grundrechten zu entnehmen […].

---

31 So *P.M. Huber*, VVDStRL, 83 (2024), 256; krit. *Klement*, ebd., S. 193, 232, 260; Gegenposition *Masing*, ebd., S. 254, 255; *Ludwigs*, ebd., S. 258.

32 *Kisker*, NJW 1977, 1313; zum Gesetzesvorbehalt im Subventionsrecht *Hömig*, FS BVerwG, 2003, S. 273 ff.; *Lübbe-Wolff* Grundrechte als Eingriffsabwehrrechte, 1988, S. 217 ff., 233 ff., 309 f.

33 Zur Selbstverwaltung nach der Wesentlichkeitslehre BVerfGE 33, 125; *Engels* Die Verfassungsgarantie kommunaler Selbstverwaltung, 2014, S. 399 f.; *Emde* Die demokratische Legitimation der funktionalen Selbstverwaltung, 1991, S. 49 ff.

Zwar führt allein der Umstand, dass eine Regelung politisch umstritten ist, nicht dazu, dass diese als wesentlich verstanden werden müsste [...]. Nach der Verfassung sind die Einschränkung von grundrechtlichen Freiheiten und der Ausgleich zwischen kollidierenden Grundrechten aber dem Parlament vorbehalten, um sicherzustellen, dass Entscheidungen von solcher Tragweite aus einem Verfahren hervorgehen, das der Öffentlichkeit Gelegenheit bietet, ihre Auffassungen auszubilden und zu vertreten, und die Volksvertretung dazu anhält, Notwendigkeit und Ausmaß von Grundrechtseingriffen in öffentlicher Debatte zu klären." (BVerfGE 108, 282, 311 f.)

Bezeichnend für die der Wesentlichkeitstheorie eigene Vagheit ist, dass das Bundesverfassungsgericht, in einer weiteren Entscheidung, nicht auf die Wesentlichkeitstheorie sondern darauf abgestellt, ob durch das Tragen des Kopftuchs eine Gefahr für den Schulfrieden eintritt oder nicht.[34]

Die Wesentlichkeitstheorie ist nach wie vor der Stand der Rechtsprechung und 701
Literatur. In jedem Falle ist von folgenden Grundlagen auszugehen:

- Zunächst sind die **im Grundgesetz geschriebenen Gesetzesvorbehalte** heranzuziehen.
- Sodann ist der **allgemeine Eingriffsvorbehalt** zu untersuchen.
- Schließlich ist die **Wesentlichkeit** zu thematisieren: Dabei sind rechtliche Aspekte maßgeblich; politische Postulate sind einer gerichtlichen Kontrolle nicht zugänglich. Dementsprechend ist – auch insoweit mit dem Bundesverfassungsgericht – Zurückhaltung bei der Begründung des Gesetzesvorbehalts im Einzelfall aufgrund der Wesentlichkeit angezeigt.

Als Ergebnis kann festgehalten werden, dass die Wesentlichkeitstheorie vermehrt 702
in Anlehnung an die geschriebenen Gesetzesvorbehalte im Grundgesetz angewendet wird. Die Gesetzesvorbehalte werden aber im Kontext des Grundgesetzes ausgelegt, nicht mehr in demjenigen überkommener Theoriebildung aus älteren Verfassungen oder der vorkonstitutionellen Staatsrechtswissenschaft.

Zur Vertiefung:
Ossenbühl Vorrang und Vorbehalt des Gesetzes, § 101 im HStR V 3. Aufl. 2007; v. *Bogdandy* Gubernative Rechtssetzung, 2000; *Geis*, HdB VerwR I, § 18 – Eingriffsverwaltung; *Seiler* Der einheitliche Parlamentsvorbehalt, 2000; *Gusy* Gesetzesvorbehalte im Grundgesetz, JA 2002, S. 610; *Wallrabenstein*, HdB VerwR I, § 19 – Leistungsverwaltung.

34 BVerfGE 138, 296 (325); ebenso: DVBl. 2017, 124 – Kita; E 153, 1 – Rechtsreferendarin; noch anders EuGH, C-148/22: Ermessen der Verwaltung, ob sie Kopftuch verbietet oder nicht – w.N. *Battis* in: Sachs, Art. 33 Rn. 43.

b) Sicherung des Gesetzesvorbehaltes: Grenzen der Rechtssetzungsdelegation und Bestimmtheitsgebote

703 Die Weimarer Praxis hat gezeigt, dass Gesetzesvorbehalte auf unterschiedliche Weise umgangen werden und so inhaltsleer bleiben. So konnte das Parlament seine **Rechtssetzungsbefugnisse** pauschal auf andere Staatsorgane **delegieren** oder nur vage, **inhaltsleere Normen** erlassen, die dann von den anderen Staatsgewalten ohne konkrete Anhaltspunkte „ausgelegt" und „angewendet" werden konnten. Zudem konnte die Exekutive selbst anstelle des Gesetzgebers tätig werden **(selbstständiges Verordnungsrecht**). Gegen solche Umgehungsmechanismen hält das Grundgesetz eine Vielzahl von normativen Vorkehrungen bereit.

aa) Begrenzung der Delegation von Rechtssetzungskompetenzen

704 Das **Parlament** kann nicht alles selbst regeln. Hierzu ist es **nicht ausreichend fachkundig**, weil es generalisierend auf allen Gebieten tätig wird und mit Detailfragen überlastet wäre. Auch würde sein Verfahren **nicht rasch und flexibel genug** sein, um Einzelfragen hinreichend schnell zu entscheiden. Daher kann der Gesetzgeber Aufgaben der Rechtssetzung gem. Art. 80 GG delegieren.

705 Zentrale Handlungsform der rechtssetzenden Exekutive sind die Rechtsverordnungen. **Rechtsverordnungen** sind **Rechtsnormen, die von der staatlichen Exekutive erlassen** sind und an den Bürger gerichtet sein können.[35] Die Bürger können durch sie unmittelbar berechtigt und verpflichtet werden.

706 Voraussetzung des Erlasses von **Rechtsverordnungen** ist gem. Art. 80 GG die Ermächtigung durch ein **förmliches Bundesgesetz.**[36] Sie unterliegen einem strikten Gesetzesvorbehalt: Ohne gesetzliche Ermächtigung darf keine Rechtsverordnung ergehen. Insoweit kommt der Exekutive kein selbständiges Verordnungsrecht zu. Die gesetzliche Ermächtigungsgrundlage unterliegt nach Art. 80 I 2 GG spezifischen materiellen Anforderungen.[37] Sie muss nach **Inhalt, Zweck und Ausmaß**[38] bestimmt sein.

- **„Inhalt"** bezieht sich auf den Gegenstand der Rechtsverordnungen, also ihren **Tatbestand.** Die ermächtigende Norm muss den möglichen Tatbestand bestimmt angeben. Der Satz: „Das Nähere regelt die Bundesregierung durch Rechtsverordnung" reicht nicht aus.

---

35 Zu den Rechtsverordnungen *Ossenbühl*, HStR V, 3. Aufl., § 103; *Saurer*, Die Funktionen der Rechtsverordnung, 2005, S. 209 ff.

36 Zulässigkeit und Grenzen von Rechtsverordnungen nach Landesgesetzen richten sich nach dem Landesrecht, z. B. nach Art. 70 LVerfNRW.

37 S. BVerfGE 22, 180, 214 f.; 78, 179, 197 f.; BVerfG, NJW-RR 2001, 1203.

38 Eingehend hierzu *Busch*, Das Verhältnis von Art. 80 I 2 GG zum Gesetzes- und Parlamentsvorbehalt, 1992; *Mößle*, Inhalt, Zweck und Ausmaß, 1990; *Moench/Ruttloff*, DVBl 2012, 1261.

- „**Ausmaß**“ bezeichnet die Grenzen der Regierungsbefugnis, bezieht sich also auf die **Rechtsfolgen**, z. B. eine weitergehende Ermächtigung an einen Bundesminister als das Gesetz enthält.
- „**Zweck**“ ist die Intention der Rechtsverordnungen, also die Regelungsabsicht und ihr generalisierter Sinn. Unter den genannten Bedingungen ist die Zweckbindung nach der Rechtsprechung des BVerfG die bedeutsamste.

Diese Anforderungen werden entsprechend auch auf vorkonstitutionelle Verordnungsermächtigungen angewandt: 707

Zulässigkeit und Grenzen von Rechtsverordnungen in den Ländern richten sich nach Landesrecht z. B. Art. 70 nwLV.

Der Kreis der **Delegatare** ist in Art. 80 I 1 GG abschließend aufgezählt. Nur Bundesregierung, ein oder mehrere Bundesminister oder die Landesregierungen dürfen Rechtsverordnungen erlassen. Die Delegation an einen Landesminister ist unzulässig. Die Delegation kann auch an mehrere Organe alternativ erfolgen, die dann jeweils allein tätig werden dürfen. Kumulative Delegation, wonach Rechtsverordnungen nur durch mehrere Delegatare im Zusammenwirken erlassen werden dürfen, ist nur für mehrere Bundesminister gemeinsam zulässig, im Übrigen aber unzulässig. Zum Normerlass ist nur der Delegatar ermächtigt, auf den die Kompetenz gesetzlich delegiert wurde. So darf nicht etwa einfach die Bundesregierung für einen Bundesminister oder umgekehrt tätig werden.[39] Die Befugnis zum Verordnungserlass kann allerdings weiter übertragen werden **(Subdelegation)**, sofern dies im ermächtigenden Gesetz ausdrücklich vorgesehen ist (Art. 80 I 4 GG). Die Subdelegation erfolgt durch Rechtsverordnung. 708

Bundesregierung und Bundesminister dürfen, soweit dies im Grundgesetz vorgeschrieben ist, nur mit **Zustimmung des Bundesrates** Verordnungen erlassen (Art. 80 II GG). Auch das ermächtigende Gesetz kann die Zustimmung des Bundesrates oder gar des Bundestages oder eines seiner Ausschüsse vorsehen.[40] Unzulässig ist es demgegenüber, die Zustimmungspflicht anderer Stellen anzuordnen, die ihrerseits nicht zum Rechtsverordnungserlass ermächtigt sind, etwa sozialer Gruppen oder der Personalvertretung der Beschäftigten von Behörden. Ein bloßes Anhörungsrecht solcher Stellen ist dagegen unproblematisch.

---

39 Zum Verfahren des Erlasses von Rechtsverordnungen durch die Bundesregierung BVerfGE 91, 148, 165 ff.; VGH Kassel, NJW 1990, 2704.

40 Krit. Überblick hierzu bei *Sommermann*, JZ, 1997, 434 f.

709 Die **Rechtsverordnung hat ihre gesetzliche Ermächtigung anzugeben** (Art. 80 I 3 GG). Gibt sie eine andere Vorschrift an, so ist die Verordnung selbst nichtig.[41] Das gilt auch, wenn die angegebene Vorschrift noch nicht in Kraft getreten ist oder außer Kraft gesetzt ist. Die Ermächtigungsnorm muss spätestens zum selben Zeitpunkt in Kraft treten wie die Rechtsverordnung.[42] Tritt die Ermächtigungsnorm vor der Rechtsverordnung außer Kraft, so soll letztere bis zu ihrer eigenen Aufhebung fortgelten. Dies wird damit begründet, dass alle Rechtsverordnungen nur für ihren Erlass, nicht hingegen für ihre gesamte Geltung(sdauer) einer gesetzlichen Grundlage bedürfen.[43]

Rechtsverordnungen sind gem. Art. 82 I 2 GG im **Bundesgesetzblatt** oder nach dem Gesetz zur Verkündung von Rechtsverordnungen (BGBl. I 1960, 23) im Bundesanzeiger zu verkünden. Auf eine anderweitige **Verkündung** muss im Bundesgesetzblatt hingewiesen werden.

710 Art. 80 GG verfolgt demnach einen doppelten Zweck: Er soll einerseits den **Gesetzgeber entlasten** und andererseits die **Delegation von Rechtssetzungskompetenz begrenzen**, indem sich der Gesetzgeber nicht seinen Aufgaben entziehen kann.

711 Die detaillierten Vorgaben von Art. 80 GG dürfen nicht durch den Erlass von **Verwaltungsvorschriften** i. S. d. Art. 84 II, 85 II, 86 S. 1 GG umgangen werden. Verwaltungsvorschriften sind **Normen, die** nicht an den Bürger, sondern **von vorgeordneten Behörden an nachgeordnete Stellen oder Amtswalter gerichtet sind.** Verwaltungsvorschriften können wie Rechtsverordnungen wirken. Eine solche Unterscheidung ist allerdings ausschließlich formaler Natur: Für Betroffene ist es gleichgültig, ob aufgrund Gesetzes durch Rechtsverordnung etwa die Bedingungen für eine Leistung festgelegt werden oder aber durch Verwaltungsvorschrift mit Bindungswirkung für die handelnden Amtswalter bestimmt wird, dass eine Leistung nur erhält, wer bestimmte Bedingungen erfüllt.

Deutlich zeigt sich dies etwa im Subventionsrecht, wo Voraussetzungen, Verfahren und Modalitäten der Subventionsvergabe in Verwaltungsvorschriften geregelt werden, die hier an die Stelle des Gesetzesrechts treten; bei „außenwirksamen" Verwaltungsvorschriften besteht kein struktureller Unterschied zu Rechtsverordnungen, was der detaillierten Regelung des Art. 80 GG widerspricht.[44]

712 Für den Erlass von Verwaltungsvorschriftengeboten gilt:

---

41 BVerfGE 101, 1 (43).

42 BVerfGE 3, 255 (259).

43 BVerfGE 14, 245 (249); 44, 216 (226); 78, 179 (198).

44 *Ossenbühl*, HStR V, § 104 Rn. 41 ff.

- Verwaltungsvorschriften können gem. Art. 84 II, 85 II, 86 S. 1 GG **ohne gesetzliche Ermächtigung** erlassen werden. Verwaltungsvorschriften dürfen nur an Behörden adressiert sein. Rechte und Pflichten der Bürger begründen sie selbst nicht; derartige Wirkungen entstehen aber gem. Art. 3 I GG durch Selbstbindung der Verwaltung.[45] Wegen dieser „mittelbaren Außenwirkung" ist zu fragen, ob und inwieweit die Kompetenz zum Erlass gesetzesfreier Verwaltungsvorschriften nach Art. 84 II, 85 II, 86 S. 1 GG gegenständlich beschränkt ist. Eine zweifelsfreie Antwort fehlt bis heute. –Die **Zuständigkeit zum Erlass** von Verwaltungsvorschriften kann gesetzlich geregelt werden. Ist sie gesetzlich geregelt, ist nur die ermächtigte Stelle zu ihrem Erlass befugt, nicht hingegen auch sonstige Stellen.
- Umstritten ist, ob und inwieweit Verwaltungsvorschriften **veröffentlicht** werden müssen. Verwaltungsvorschriften, welche „mittelbar" Rechte und Pflichten der Bürger begründen können, müssen veröffentlicht werden.[46]

Satzungen sind **Rechtsnormen, welche von Trägern der Selbstverwaltung in Ausübung ihres Selbstverwaltungsrechts erlassen werden.** Sie sind nur zulässig, soweit das Selbstverwaltungsrecht der erlassenden Körperschaft reicht, binden nur deren Mitglieder und die Benutzer ihrer Einrichtungen. Auch dürfen sie den Wesentlichkeitsbereich des Gesetzgebers nicht tangieren.[47] Art. 80 GG ist auf Satzungen nicht anwendbar. 713

Rechtsverordnungen, Verwaltungsvorschriften und Satzungen unterliegen dem Vorrang des Gesetzes, sie gehen dem Gesetz nach. Dementsprechend vermögen sie Gesetze auch nicht zu ändern. Ein solches Änderungsverbot enthält Art. 129 III GG für vorkonstitutionelle Gesetze ausdrücklich. Demgegenüber ermächtigten manche nachkonstitutionelle Gesetze zu Gesetzesänderungen durch Rechtsverordnungen. Solche Vorschriften sind mit Vorrang und Vorbehalt des Gesetzes schlechterdings unvereinbar: **Änderungen und Aufhebung von Gesetzen unterliegen stets dem Gesetzesvorbehalt.** Demgegenüber hat das Bundesverfassungsgericht jene Vorschriften für verfassungsgemäß erklärt, wenn die Rechtsverordnungen auf einer gesetzlichen Ermächtigung beruhten und auf Ausnahmefälle beschränkt seien.[48] Umgekehrt soll der Gesetzgeber berechtigt sein, (bestimmte) Rechtsverordnungen zu ändern oder aufzuheben.[49]

---

45 BVerfGE 116, 135 (253); BVerwGE 126, 23 Rn. 52.

46 BVerwGE 122, 264 (269); s.a. BVerfGE 40, 237 (253).

47 Sehr weit zulasten der Selbstverwaltungskörperschaften BVerfGE 33, 125; einschränkend BVerfGE 119, 331 363; *Selmer/Hummel*, NVwZ, 2006, 14, 18 ff.

48 BVerfGE 7, 282, (291); 8, 274, (306); 15, 151, (160); 20, 180, (214); BVerfG, NJW, 1998, 669, (670).

49 Ausführlich *Studenroth*, DÖV 1995, 525, 535; *Sommermann*, JZ, 1997, 434 ff.

714 **Zur Vertiefung** ein BVerfGE 65, 248 nachgebildeter Fall:

! Das Preisgesetz aus dem Jahre 1948 diente der Bewirtschaftung nach dem 2. Weltkrieg und zur Bewältigung der Folgen der Währungsreform. Sein § 2 ermächtigte zum Erlass von Rechtsverordnungen zur „Aufrechterhaltung des Preisstandards". Auf dieser Grundlage erließ die Bundesregierung im Jahre 1969 die Preisauszeichnungsverordnung, nach welcher „Preisklarheit und Preiswahrheit" dadurch gefördert werden sollten, dass die ausgestellten Waren in Geschäften mit Preisangaben zu versehen waren. War diese Verordnung zulässig?

---

715 Zu prüfen ist, ob die Pflicht zur Preisauszeichnung die Grenzen der gesetzlichen Ermächtigung gem. Art. 80 I GG einhält. Das hängt entscheidend vom Zweck der Ermächtigung im Sinne von Art, 80 I 2 GG ab.

> „Zweck der Ermächtigung, das ‚Programm', das mit Hilfe des § 2 PreisG verwirklicht werden soll, ist danach die ‚Aufrechterhaltung des Preisstandes'. Die Ermächtigung zielt darauf ab, den Preisstand insgesamt zu halten, also das allgemeine Preisniveau zu stabilisieren. […] Die hier maßgeblichen Vorschriften der Preisangabenverordnung überschreiten die Grenzen der gesetzlichen Ermächtigung. Der Zweck dieser Bestimmung entspricht nicht demjenigen der gesetzlichen Ermächtigung. Wie sich aus der amtlichen Begründung ergibt, […] soll die Preisauszeichnung in erster Linie der Information und dem Schutz des Verbrauchers dienen. Sie soll zur Preisklarheit und Preiswahrheit beitragen und die Position des Verbrauchers durch Gewährleistung optimaler Preisauszeichnungsmöglichkeiten stärken." (BVerfGE 65, 249, 259 ff.)

716 Das Bundesverfassungsgericht hat also die Rechtsverordnung nicht dadurch gebilligt, dass es den Verbraucherschutz, also ein legitimes politisches Ziel, abweichend von der Konzeption des historischen Gesetzgebers des § 2 PreisG als Rechtfertigung herangezogen hat.

bb) Bestimmtheitsgebot

717 Das Bestimmtheitsgebot gebietet, dass Gesetze ihren Regelungsinhalt selbst festlegen und für Verwaltung, Justiz und Bürger hinreichend klare Anordnungen enthalten müssen.[50] Rechtsgrundlagen dieses Bestimmtheitsgebots sind Art. 80 I 2; 103 II GG sowie die Grundsätze vom Vorrang und Vorbehalt des Gesetzes. Der Vorbehalt des Gesetzes würde ausgehöhlt, wenn das Gesetz zwar die „wesentlichen" Fragen thematisiert, diese allerdings nicht „regelt".

718 Problematischer als die Begründung des Bestimmtheitsgebotes ist seine inhaltliche Konkretisierung. Weder braucht die Legislative jedes Detail zu regeln, noch kann das Bestimmtheitsgebot für jeden Fall das Gebot der Eindeutigkeit be-

---

50 BVerfGE 8, 274 (325 f.); 56, 1 (12 f.); 108, 282 (311 ff.); BVerfG, EuGRZ, 2023, 662 – Wahlrecht; weitergehend SV *König, Müller, Maidowski*. S. 690.

gründen. Rechtsnormen müssen demnach auch nicht umfassend bestimmt, sondern lediglich „**hinreichend bestimmt**“ sein. Das Bundesverfassungsgericht stellt dabei auf die Eigenheiten der zu regelnden Lebensverhältnisse ab und lässt großzügige Regelungen zu.[51] Die Regelungsadressaten sollen sich über das Ausmaß einer Belastung im Klaren sein.[52] Die Anforderungen des Bestimmtheitsgebots wachsen mit den Einwirkungen auf die Betroffenen.[53]

Schärfere Regelungen für die Bestimmtheit von Gesetzen treffen Art. 103 II GG für das Strafrecht, Art. 104 I für Freiheitsentziehungen und Art. 101 I GG für das Recht auf den gesetzlichen Richter.

2. Das Gesetzgebungsverfahren des Bundes

Art. 76 bis Art. 82 GG unterteilen das Gesetzgebungsverfahren in drei Phasen: Die Vorbereitungs- und Einbringungsphase, die Diskussions- und Beschlussphase im Bundestag sowie die Mitwirkung sonstiger Organe nach dem Gesetzesbeschluss. Sie unterliegen jeweils unterschiedlichen rechtlichen Regelungen. 719

a) Einbringungsverfahren

Die Einbringung von Gesetzentwürfen ist in Art. 76 GG geregelt. Danach werden Gesetzesvorlagen durch die **Bundesregierung**, aus der **Mitte des Bundestages** oder durch den **Bundesrat** eingebracht (s. Schaubild 1). Die Einbringung setzt eine fertige Vorlage voraus. Wo und wie diese zustande kommt, ist im Grundgesetz nicht geregelt. Regelmäßig werden die Vorlagen von den Einbringenden ausgearbeitet (s. dazu insbesondere §§ 75 ff. GO BT, 15 ff. GO BReg., §§ 26 I, 30 GOBR).[54] Während der Vorbereitungsphase fallen bereits wichtige praktische Vorentscheidungen. In neuerer Zeit wird das Gesetzgebungsverfahren denn auch als ein solches der Gewaltenkooperation, die Bundesregierung (auch) als Teil der gesetzgebenden Gewalt bezeichnet. Das im Grundgesetz normierte Gesetzgebungsverfahren setzt also erst relativ spät ein. Im Plenum des Bundestages werden die Gesetze nicht gemacht, sondern verbindlich gemacht. 720

---

51 BVerfGE 49, 168 (181); 133, 277 (Rn. 181).

52 BVerfGE 131, 268 (109); 108, 186 (235)- Abgabe; 108, 1 (20)-Gebühr.

53 BVerfGE 131, 88 (123).

54 Zur Beiziehung privaten Sachverstandes – etwa von Anwaltskanzleien – bei der Gesetzesvorbereitung *Kloepfer* (Hrsg.), Gesetzgebungsoutsourcing 2011.

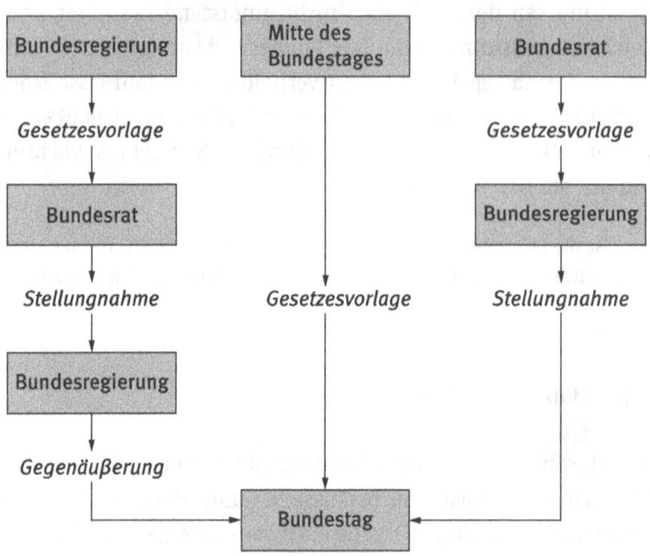

Schaubild 1: Einbringung von Gesetzesvorlagen im Bundestag

721 Aus der „**Mitte des Bundestages**" steht das Initiativrecht Abgeordneten in Fraktionsstärke oder von mindesten fünf von Hundert der Mitglieder des Bundestages zu (§ 76 GOBT).[55] In der Praxis werden Gesetzesvorlagen zu über 70 % von der Bundesregierung eingebracht, welche die Entwürfe von den Ministerien ausarbeiten lässt.

722 Die Gesetzesvorlagen sind „**beim Bundestag**" einzubringen. Dabei sind Entwürfe der Bundesregierung über den Bundesrat (Art. 76 II GG), solche des Bundesrates über die Bundesregierung dem Bundestag zuzuleiten (Art. 76 III GG). Dadurch sollen die zwischengeschalteten Organe in die Lage versetzt werden, zu dem Entwurf frühzeitig Stellung nehmen zu können.

Um dieses zeitraubende **Verfahren abzukürzen**, werden deshalb von der Regierung stammende Entwürfe bisweilen durch Abgeordnete der Mehrheitsfraktionen direkt beim Bundestag eingebracht.[56]

55 Dazu BVerfGE 84, 304 (323).
56 Dazu BVerfGE 30, 250 (261).

b) Beschlussverfahren

Ist der Gesetzentwurf eingebracht, so kommt ein Gesetz unter den Bedingungen des Art. 78 GG zustande.[57] Dieser sieht für einfache Gesetze fünf verschiedene Verfahrensweisen vor. 723

aa) Das Beschlussverfahren im Bundestag

Die Bundesgesetze werden gem. Art. 77 I 1 GG vom Bundestag **beschlossen.** Der Beschlussfassung geht eine **Beratung** des Entwurfs nach Art. 42 GG voraus. Wie diese Beratung zu gestalten ist, ist vom Grundgesetz nicht festgelegt. § 78 I GO BT sieht für Gesetzentwürfe drei **„Lesungen“**, für Gesetze nach Art. 59 II GG regelmäßig zwei „Lesungen“ vor. Hier handelt das Parlament im Rahmen seiner Geschäftsordnungsautonomie (Art. 40 I 2 GG) frei. 724

Unter Berufung auf das Übermaßverbot und auf Art. 3 GG haben Autoren eine verbindliche Begründung des Gesetzgebers eingefordert.[58] Das Parlament ist aber kein Verwaltungsorgan, dessen Gestaltungsraum nach dem Muster des Verwaltungsermessens eingeschränkt werden darf. Das gesetzgeberische Verfahren ist kein gerichtliches oder wissenschaftliches Erkenntnisverfahren, sondern Schauplatz politischer Darstellung und Gestaltung. Der Gesetzgeber schuldet grundsätzlich nichts als ein Gesetz, keine Begründung, auch wenn diese sich in den Bundestagsdrucksachen und Bundesratsdrucksachen findet. Aber zum Beispiel nicht für die Beratung im Vermittlungsausschuss. 725

Gesetzesbegründungen können für die Auslegung des Gesetzes bedeutungsvoll sein. Ebenso wie Änderungen derselben. Auch Äußerungen von Sachverständigen können hilfreich sein, zwingend für die Auslegung sind sie selbstredend nicht. Der Nationale **Normenkontrollrat**, der Gesetzesentwürfe prüft, um die Gesetzgebung zu verbessern und Bürokratiekosten zu senken,[59] kann nur die Regierung beraten, nicht aber die Gestaltungsfreiheit des Parlamentes einschränken.

Nach anfänglichen Unsicherheiten[60] hat das Bundesverfassungsgericht klargestellt, dass nur ausnahmsweise wie bei der Herleitung der Mindestsätze für soziale Sicherung[61] oder dem Alimentationsprinzip, das die Grundlage der amtsangemessenen Beamtenbesoldung bildet,[62] besondere Sachaufklärungs-, Begründungs- und Überwachungspflichten bestehen.

---

57 Zur Pflicht des Bundestages zur Behandlung der Intitiative BVerfG, JZ, 2017, 887, 888 ff.

58 S. *Schwerdtfeger*, FS H.P. Ipsen, 1977, S. 173; *Lücke*, Begründungszwang und Verfassung, 1987.

59 https://www.normenkontrollrat.bund.de.

60 BVerfGE 50, 333; 88, 203 (265); 90, 145 (171).

61 BVerfG Hartz IV, 1BvL 7/16 B. v. 03.11.2019.

62 BVerfGE 130, 263 (292); s.a. *Kluth*, NVwZ, 2023, 648; *Britz*, DV, 2023, 369.

726 Der **Gesetzesbeschluss** des Bundestages ergeht mit einfacher Mehrheit (Art. 42 II 1 GG). Eine qualifizierte Mehrheit ist nur insoweit erforderlich, als sie im Grundgesetz ausdrücklich vorgeschrieben ist (etwa: Art. 79 II GG). Nicht erforderlich ist die Anwesenheit einer bestimmten Zahl von Abgeordneten im Plenum bei der Abstimmung oder gar die positive Feststellung der Beschlussfähigkeit. Die **Beschlussfähigkeit** des Parlaments besteht, solange nicht ausdrücklich auf Antrag das Fehlen der Beschlussfähigkeit festgestellt ist (§ 45 GO BT).

So kann durchaus ein Bundesgesetz mit 42:24 Stimmen beschlossen werden. Darin liegt der Unterschied zwischen der einfachen und der absoluten Mehrheit (Art. 121 GG).

bb) Das Beschlussverfahren im Bundesrat

727 Gesetzesbeschlüsse des Bundestages sind unverzüglich dem Bundesrat zuzuleiten (Art. 77 I 2 GG). Dieser wirkt bei der Gesetzgebung nach Maßgabe der Art. 77 II–IV GG mit und zwar entweder im Verfahren der Zustimmungsgesetze oder im Verfahren der Einspruchsgesetze.

728 (1) **Zustimmungsgesetze** sind gem. Art. 77 II 4 GG solche, welche aufgrund verfassungsrechtlicher Bestimmungen dem Zustimmungsrecht des Bundesrates unterliegen. Solche Zustimmungsrechte finden sich im Grundgesetz an zahlreichen Stellen. Sinn und Zweck der Zustimmungserfordernisse im Grundgesetz ist, die Kompetenzen der Länder gegen Einbrüche des Bundes zu sichern. Das gilt insbesondere für die Verwaltungs- und die Finanzhoheit der Länder. Dementsprechend finden sich Zustimmungserfordernisse insbesondere in

- Art. 84 I, V; 85 I; 87 III 2; 87b II; 87c; 87d II; 87e V; 87f I; 91a II GG zum **Schutz der Länderkompetenzen,** insbesondere in der Exekutive;
- 104a IV, V; 104b II; 105 III; 106 III 3; IV 2; V 2; Va 3; VI 5; 106a S. 2; 107 I 2; 108 II, IV, V; 109 III, IV, V; 134 IV; 135 V GG zum **Schutz der Länderfinanzen**;
- Art. 29 VII GG zum **Schutz des (Gebiets-)Bestandes der Länder.**

729 Zustimmungsgesetze bedürfen eines eigenen Beschlusses des Bundesrates, durch welchen dieser zum Ausdruck bringt, dass er den Gesetzentwurf billigt. Die Zustimmung bezieht sich auf das ganze Gesetz, selbst wenn nur einzelne Vorschriften aus dem Gesetz das Zustimmungsrecht begründen. Daraus resultiert bisweilen das Bestreben, bei Differenzen zwischen Bundestag und Bundesrat Gesetzentwürfe in ein zustimmungsbedürftiges und ein zustimmungsfreies Gesetz aufzuteilen. Solche Aufteilungen sind vom Grundgesetz nicht untersagt.

Ursprünglich sollte das **Zustimmungsgesetz** unter allen Gesetzen **die Ausnahme** sein. In der Staatspraxis verkehrte sich indes das Verhältnis alsbald und bis zu 60 % der Gesetze wurden mit Zustimmung des Bundesrates erlassen.[63] Angesichts bisweilen entgegen gesetzter Mehrheiten in Bundestag und Bundesrat wurde unter den Stichworten der **Handlungsunfähigkeit** und **Blockademöglichkeiten** Reformbedarf in dieser Hinsicht attestiert.[64] Zentrale Vorschrift, welche die Zustimmungspflicht auslöste war Art. 84 I GG a.F. Hiernach bedurfte jedes Gesetz der Zustimmung des Bundesrats, welches Regelungen über das Verwaltungsverfahren oder die Behördeneinrichtung in den Ländern enthielt.

Mit dem Ziel der Reduzierung der Zustimmungsquote stehen dem Bund zwei alternative Verfahrenswege zur Verfügung. 730

- Entweder kann er – wie bislang – die Zustimmung des Bundesrates einholen (Art. 84 I 5, 6 GG).
- Er kann aber auch das Modell der sog. **Abweichungsgesetzgebung** (Art. 84 I 3 GG) wählen. Danach kann der Bundestag Gesetze mit Regelungen über das Verwaltungsverfahren oder die Behördeneinrichtung ohne Zustimmung des Bundesrates versehen. Die Länder können ihrerseits durch Gesetz von diesen Regelungen (Verwaltungsverfahren/Behördeneinrichtung) abweichen. Der Bundestag hat allerdings ebenso die Möglichkeit von diesen Abweichungen abzuweichen. (→ Rn. 446 f.)

Zur Vertiefung ein BVerfGE 37, 363 nachgebildeter Fall: 731

Im Jahre 1972 war mit Zustimmung des Bundesrates das Rentenreformgesetz erlassen worden. Im Jahre 1973 änderte der Bundestag allein einige Bestimmungen jenes Gesetzes, ohne dass diese geänderten Bestimmungen ihrerseits verfassungsrechtliche Zustimmungserfordernisse begründet hätten. Konnte der Bundestag allein ein – mit Zustimmung des Bundesrates beschlossenes – Gesetz ändern oder bedurfte er auch dazu der Mitwirkung des Bundesrates?

Das Änderungsgesetz selbst erfüllt keine der Voraussetzungen einer Verfassungsbestimmung, die ein Zustimmungserfordernis begründet. Eine Zustimmungspflicht könnte aber deshalb bestehen, weil das ursprüngliche Reformgesetz mit Zustimmung des Bundesrats beschlossen worden ist. Ein solches Zustimmungserfordernis wird insbesondere mit dem Argument postuliert, der Zustimmungsbeschluss des Bundesrates beziehe sich auf alle Bestimmungen des ursprünglichen Reformgesetzes; und was mit Zustimmung des Bundesrats beschlossen worden sei, könne nicht ohne seine Zustimmung wieder aufgehoben werden. Das Bundesverfassungsgericht entschied aber: 732

„Daraus, dass sich die Zustimmung des Bundesrates auf das ganze Gesetz als eine gesetzgebungstechnische Einheit bezieht, folgt aber nicht, dass jedes Änderungsgesetz wiederum der Zustimmung des Bundesrates bedarf. Die Auffassung vom Zustimmungsgesetz als einer ge-

63 BR-Drucks. 178/06.
64 Vgl. *Kahl*, NVwZ, 2008, 710 ff.

setzgebungstechnischen Einheit spricht vielmehr gegen die Zustimmungsbedürftigkeit von Änderungsgesetzen [...]. Auch das Änderungsgesetz ist eine gesetzgebungstechnische Einheit, bei dessen Erlass, ebenso wie bei jedem anderen Gesetz, sämtliche Voraussetzungen der Gesetzgebung erneut und selbständig zu prüfen sind: [...] Enthält das Gesetz nicht selbst auch zustimmungsbedürftige Vorschriften und ändert es auch keine solchen Vorschriften ab, so ist es nicht zustimmungsbedürftig (BVerfGE 37, 363, 381 f.)

733 Ein **Zustimmungsrecht bei Bundesgesetzen** entsteht nicht,

- soweit aus einem zustimmungsbedürftigen Gesetz **nur Vorschriften geändert werden, die ihrerseits nicht zustimmungsbedürftig sind;**
- wenn ein **Zustimmungsgesetz vollständig aufgehoben** wird, weil dadurch kein neuer Eingriff in die Verwaltungs- oder Finanzhoheit der Länder eintritt.[65]

734 Das **Verfahren des Bundesrates** bei Zustimmungsgesetzen richtet sich nach Art. 77 II GG (Schaubild 2). Er kann

- dem Gesetz **zustimmen**, dann kommt das Gesetz gem. Art. 78 GG zustande.
- den **Vermittlungsausschuss** gem. Art. 77 II 1, 2 GG **anrufen.** Der **Vermittlungsausschuss** wird je hälftig aus Vertretern des Bundestages und des Bundesrates besetzt. In ihm wirken regelmäßig hochrangige Politiker beider Häuser, die weisungsfrei und unabhängig unter Ausschluss der Öffentlichkeit den Kompromiss suchen sollen. Er kann nur Vorschläge an den Bundestag und Bundesrat machen, hingegen nicht selbst beschließen. Umgekehrt ersetzt die Beratung im Vermittlungsausschuss auch kein parlamentarisches Verfahren.[66]
- die **Zustimmung verweigern**; in diesem Fall können Bundesregierung und Bundestag den Vermittlungsausschuss anrufen. In jedem Fall hat der Bundesrat in angemessener Frist über die Zustimmung Beschluss zu fassen (Art. 77 IIa GG). Er darf das Zustandekommen eines Gesetzes nicht durch Untätigkeit blockieren.

735 (2) **Einspruchsgesetze** sind alle Bundesgesetze, **die nicht Zustimmungsgesetze sind** (Art. 77 III GG). Einer besonderen, verfassungsrechtlichen Anordnung des Einspruchsrechts bedarf es nicht. Es gibt im Bund nur Zustimmungs- oder Einspruchsgesetze. Das Gesetzgebungsverfahren für diese richtet sich nach Art. 77 III, IV GG (Schaubild 3). Danach kann der Bundesrat entweder

- **untätig bleiben**; nach drei Wochen kommt das Bundesgesetz gem. Art. 77 II 1 GG zustande. Demgegenüber kann ein Zustimmungsgesetz im Falle der Untätigkeit des Bundesrats niemals zustande kommen, da dessen Stillschweigen keine ausdrückliche Zustimmung darstellt (Art. 77 IIa GG) oder

---

65 BVerfGE 10, 20 (49); 14, 197 (219 f.).

66 BVerfGE 120, 56 (73), 150, 204- Kompetenzüberschreitung; Praxisbeispiel: *Steck*, ZG 2024, 164; *Dietlein* in: Schneider/Zeh (Hrsg.), Parlamentsrecht und Parlamentspraxis, 1989, § 57; *Klein/Krings* in Morlok/Schliesky/Wiefelspütz (Hrsg.) Parlamentsrecht S. 251.

– den **Vermittlungsausschuss anrufen** (Art. 77 II 1 GG): Dieser kann dann versuchen, einen Kompromiss mit dem Bundestag zu erzielen.

Eine Zustimmung zum Einspruchsgesetz ist im Grundgesetz nicht vorgesehen; sie wäre ebenso wie Stillschweigen zu bewerten. In einem solchen Fall kommt das Bundesgesetz zustande. Ist unklar, ob ein Gesetz ein Zustimmungs- oder Einspruchsgesetz darstellt, so legt der Bundesrat „vorsorglich" Einspruch ein.

Der **Vermittlungsausschuss darf allein das ihm überwiesene Gesetz behandeln** 736
und weder auf andere Regelungsvorhaben zugreifen noch unterschiedliche, im Anrufungsbeschluss nicht genannte Gesetzesvorhaben miteinander verbinden.[67] Nach Abschluss seines Verfahrens – und ggf. erneuter Beschlussfassung des Bundestages gem. Art. 77 II 5 GG – kann der Bundesrat entweder

– **untätig bleiben**; zwei Wochen danach kommt dann das Bundesgesetz zustande (Art. 77 III 1 GG), oder
– **Einspruch einlegen** (Art. 77 III 2 GG). Der Einspruch muss binnen zwei Wochen nach Abschluss des Vermittlungsverfahrens eingelegt sein. Der Einspruch kann zurückgenommen werden (Art. 78 GG); das Gesetz kommt dann mit der Rücknahme zustande.

Nach Einlegung des Einspruchs kann der **Bundestag** 737

– **untätig bleiben**; das Bundesgesetz ist dann gescheitert;

oder

– den **Einspruch zurückweisen** (Art. 77 IV GG); in einem solchen Fall kommt das Bundesgesetz zustande. Scheitert die Zurückweisung, so ist das Gesetz gescheitert.

Wichtig für die Zurückweisung ist das **Mehrheitsquorum** im Bundestag (Art. 77 IV GG): Legt der Bundesrat mit absoluter Mehrheit Einspruch ein, so ist auch zu dessen Zurückweisung die absolute Mehrheit im Bundestag (Art. 121 GG) erforderlich. Wurde der Einspruch des Bundesrates mit Zwei-Drittel-Mehrheit beschlossen, so bedarf es zu seiner Zurückweisung einer Zwei-Drittel-Mehrheit im Bundestag. Mit einer Zwei-Drittel-Mehrheit der im Bundesrat kann dieser also sämtliche Bundesgesetze zu Fall bringen, wenn die Mehrheitsparteien im Bundestag über keine Zwei-Drittel-Mehrheit verfügen.

Das Einspruchsrecht des Bundesrates ist wegen des Zurückweisungsrechts des 738
Bundestages i. d. R. nicht mehr als ein **aufschiebendes Veto**; hingegen ist die Bereitschaft des Bundestages zum Kompromiss im Vermittlungsausschuss i. d. R. bei Zustimmungsgesetzen wesentlich höher als bei Einspruchsgesetzen.

Zur Vertiefung:
Ossenbühl Verfahren der Gesetzgebung, in: HStR V, 3. Aufl., § 102; *Bergkämper* Das Vermitt-

67 BVerfGE 120, 56 (74 ff.).

lungsverfahren nach Art. 77 II GG, 2008; *Möllers* Vermittlungsausschuss und Vermittlungsverfahren, JURA 2010, 401; *Frenzel* Das Gesetzgebungsverfahren – Grundlagen, Problemfälle und neuere Entwicklungen, JuS 2010, 119; *Cancik* Parlamentarische Beschlussfähigkeit, DSt 2020, 7; *Guckelberger*, Modernisierung der Gesetzgebung aufgrund der Digitalisierung, DÖV 2020, 797.

c) Das Ausfertigungsverfahren

739 Ist ein Bundesgesetz gem. Art. 78 GG zustande gekommen, so wird es nach Gegenzeichnung (Art. 58 1 GG) durch den Bundeskanzler und/oder den/die zuständigen Bundesminister vom Bundespräsidenten ausgefertigt und im Bundesgesetzblatt verbindlich verkündet (Art. 82 I 1 GG). Durch die **Ausfertigung** stellt der Bundespräsident mit seiner Unterschrift fest, dass das **Gesetzgebungsverfahren abgeschlossen** ist, der vorliegende Text vom Bundestag beschlossen ist und dem Bundesrat vorgelegen hat und dass er mit deren Beschlüssen inhaltlich identisch ist. Diese Prüfung der Authentizität des Gesetzes bestätigt er durch seine Unterschrift unter dem Gesetz.

740 Ob der Bundespräsident sich bei der Ausfertigung auf die bloße Authentizitätsprüfung zu beschränken hat, oder ob er daneben noch **sonstige Prüfungsrechte** ausüben darf, ist eine in der Theorie „klassische" Streitfrage. Diskutiert werden

- das **formelle Prüfungsrecht:** Ist das Gesetz in Übereinstimmung mit den Kompetenz- und Verfahrensvorschriften des Grundgesetzes zustande gekommen?
- das **materielle Prüfungsrecht:** Steht das Gesetz inhaltlich mit dem Grundgesetz und dem Unionsrecht in Widerspruch?
- das **politische Prüfungsrecht:** Ist das vorliegende Gesetz politisch opportun oder ausgereift?

Das **politische Prüfungsrecht** des Bundespräsidenten wird einhellig abgelehnt. In der parlamentarischen Demokratie fällt die politische Entscheidung über Gesetze dem demokratisch unmittelbar legitimierten Parlament zu (Art. 77 I GG).

741 Das **formelle Prüfungsrecht** ist aus Art. 82 I 1 GG unmittelbar herzuleiten.[68] Fertigt der Bundespräsident die Gesetze aus, die „nach diesem Grundgesetz zustande gekommen" sind, kann er diese Aufgabe gar nicht wahrnehmen, ohne festzustellen, ob ein Gesetz derart zustande gekommen ist. Zu einer entsprechenden Prüfung ist er demnach berechtigt und verpflichtet. Ist das Gesetz formell verfassungswidrig, darf er es nach Art. 82 I GG nicht ausfertigen.

---

68 So die ganzherrschende Meinung; einschränkend: *Guckelberger* in: Friauf/Höfling (Hrsg.), GG, Art. 82, Rn. 53.

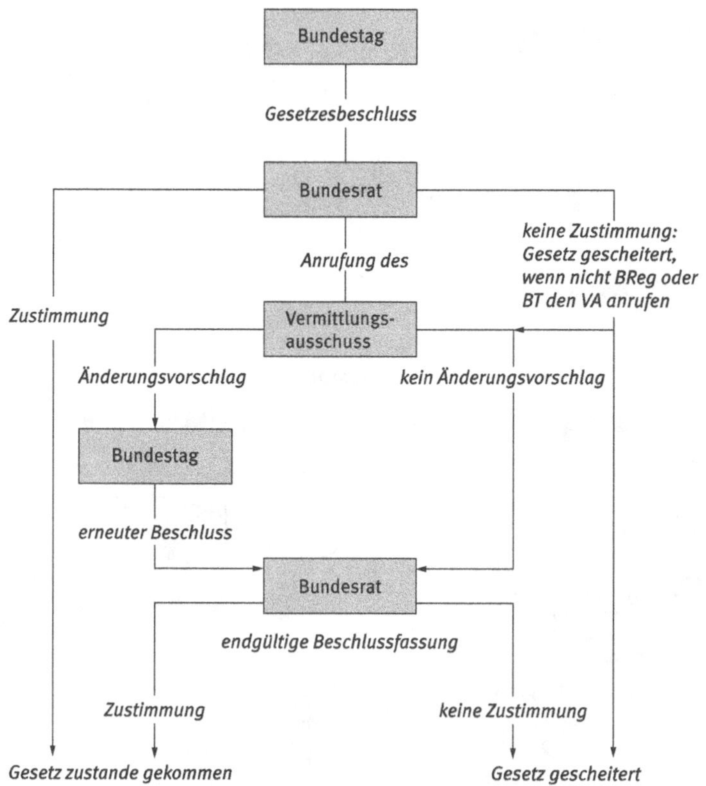

Schaubild 2: Die Beteiligung des Bundesrates bei Zustimmungsgesetzen

Das **materielle Prüfungsrecht,**[69] also die Überprüfung der inhaltlichen Vereinbarkeit eines Gesetzes mit dem Grundgesetz, ist weder aus dem Wortlaut von Art. 82 I GG noch dem von Art. 60 I GG – Ernennungs-, Entlastungs- und Begnadigungsrecht – herzuleiten. 742

Partiell wird es aus Art. 56, 20 III, 1 III GG hergeleitet: Wenn der Bundespräsident bei seiner Amtsführung an das Grundgesetz gebunden sei und dessen Wahrung in Art. 56 GG besonders beschwöre, so müsse er auch prüfen, ob seine Maßnahmen mit dem Grundgesetz in Übereinstimmung stehen. Dem ist entgegenzuhalten, dass die Pflicht zur Wahrung des Grundgesetzes nicht bedeutet, zum Zweck der Wahrung des Grundgesetzes in andere Zuständigkeiten einzugreifen. Daher verleihen Art. 1 III, 20 III, 56 GG **keine zusätzlichen Kompetenzen.**

69 So die überwiegende Meinung z.B. *Butzer*, in Hofmann (Hrsg.) FS 75 Jahre Grundgesetz, 2024 S. 663; a.A.: *Erichsen*, Jura 1985, 424; *Friesenhahn*, FS Leibholz II, 1966, S. 678.

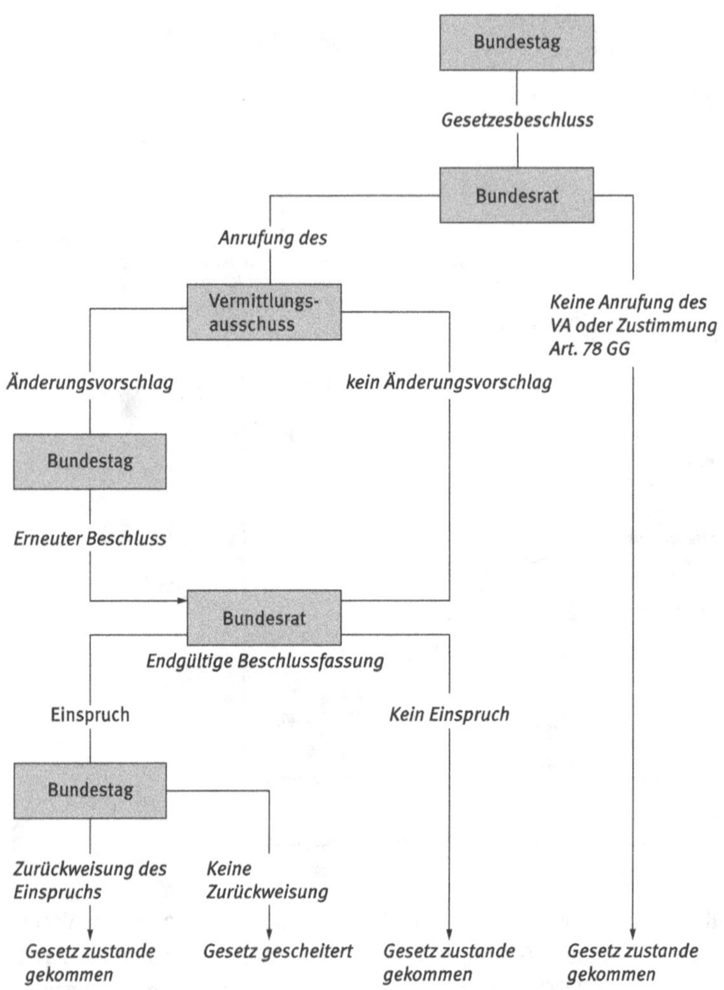

Schaubild 3: Die Beteiligung des Bundesrates bei Einspruchsgesetzen

743 Das materielle Prüfungsrecht ergibt sich am ehesten aus **Sinn und Zweck der Mitwirkung des Bundespräsidenten bei der Gesetzgebung** durch die Ausfertigung. Während im Konstitutionalismus das Mitwirkungsrecht des Monarchen bei der Gesetzgebung noch eine echte politische Mitwirkung war, wäre es für den Bundespräsidenten zur nahezu vollständigen Formalie herabgesunken, wenn er nur noch Authentizitäts- und formelles Prüfungsrecht ausüben dürfte.

744 In der **Praxis** übt der Bundespräsident das formelle und materielle Prüfungsrecht aus, beschränkt sich aber darauf, bei schweren eindeutigen Verfassungsverstößen die Ausfertigung zu verweigern. Der Staatspraxis entspricht es

auch, dass der Bundespräsident trotz schwerer Verfassungsbeschwerden nicht verpflichtet ist, die Ausfertigung zu verweigern. Er darf auf eine etwaige Nachprüfung durch das Bundesverfassungsgericht verweisen[70] oder das Verfahren anhalten bis der Bundestag nachgebessert hat.[71]

Die Bundesregierung und die Gesetzgebungsorgane sind im Weigerungsfalle berechtigt, das Verhalten des Bundespräsidenten im Wege der Organklage nach Art. 93 I Nr. 1 GG vom Bundesverfassungsgericht überprüfen zu lassen. Davor sind sie aber in der Praxis noch in jedem Weigerungsfalle zurückgeschreckt.

In den Fällen der Ernennung, Entlassung und Begründung nach **Art. 60 I GG** wird überwiegend anerkannt, dass der Bundespräsident anders als im Ausfertigungsverfahren von Gesetzen nicht erst bei schweren und offensichtlichen Verfassungsverstößen ein Prüfungsrecht hat.[72] 745

d) Das Verkündungsverfahren

Ist ein Bundesgesetz ausgefertigt, so wird es gem. Art. 82 I 1 GG im **Bundesgesetzblatt** verkündet. Soweit und solange ein Gesetz nicht verkündet ist, gilt es nicht. 746

Das Bundesgesetzblatt wird gem. Art. 82 I 2 GG i.V.m. § 2 I Verkündungs- und Bekanntmachungsgesetz[73] in elektronischer Form geführt

Das **Inkrafttreten** des Gesetzes ist im Gesetz selbst zu regeln. Geschieht dies nicht, so tritt das Gesetz 14 Tage nach Ablauf des Tages, an welchem das Bundesgesetzblatt ausgegeben worden ist, in Kraft (Art. 82 II 2 GG). Der Tag des Inkrafttretens kann von einer Bedingung abhängig gemacht werden.[74] Rückwirkend kann das Gesetz nur in Kraft treten, wenn dies ausdrücklich bestimmt ist und ein verfassungsrechtlicher Zulässigkeitsgrund für die Rückwirkung vorliegt.[75] Die Regelung des Inkrafttretens darf nicht auf andere Instanzen delegiert werden.[76] 747

Die Verkündung dient der Herstellung von Publizität und damit der **Rechtsklarheit.** Dieser rechtsstaatliche Grundsatz besagt nicht nur, dass ein Gesetz verkündet werden muss. Vielmehr lassen sich ihm auch Grundsätze dafür entnehmen, wie es zu verkünden ist. Zunächst entsteht dabei das Problem der **Verweisung.** 748

---

70 *Kloepfer*, Verfassungsrecht I, § 17, Rn. 137.

71 Zur Praxis *Kloepfer*, Verfassungsrecht I, § 17, Rn. 135.

72 *Herzog* in: D/H/S, Art. 60, Rn. 18; weitergehend *Nettesheim*, HbB StR III, 3. Aufl., § 62, Rn. 49.

73 20.12.2022, BGBl. I, S. 2752; dazu *Guckelberger*, DVBl., 2023, 569; *Dürrschmidt*, DSt, 2023, 643.

74 BVerfG B.v. 29.09.2020, 1BvR 1550/19.

75 Zur Rückwirkung → Rn. 605, 987 f.

76 BVerfGE 42, 263 (285 ff.), 45, 297 (326).

749 Verweisungen sind nur eingeschränkt zulässig unter dem Aspekt der Publikation: **Eine Verweisung in einem verkündeten Gesetz auf anderes Recht, das nicht verkündet worden ist, ist unzulässig.** Stets müssen demnach Verweisungsnorm und die Norm, auf welche verwiesen wird (Verweisungsobjekt), verkündet sein, wenn der Verweisungstatbestand wirksam sein soll. **Das Verkündungsorgan für das Recht, auf welches verwiesen wird, ist im Bundesgesetzblatt mit Fundstelle anzugeben.**

750 Nicht ausreichend ist,

- wenn die Norm, auf welche verwiesen wird, **überhaupt nicht verkündet worden ist.** Das gilt insbesondere für Verwaltungsvorschriften, deren Verkündung oft unterbleibt. Ausreichend soll hier sein, dass die Verwaltungsvorschriften den „beteiligten Kreisen" zugänglich sind, also etwa in Amtsblättern verkündet werden, die nur intern umlaufen, sofern diejenigen, auf welche die Verweisungsnorm angewendet werden soll, zu jenen Blättern Zugang hatten.[77] Eine Verkündung durch die **EU** in ihren Amtsblättern reicht als öffentliche Verkündung aus, soweit das Verweisungsobjekt dort hinreichend eindeutig und nicht nur wenigen Spezialisten erkennbar ist.[78] Dies kann insbesondere der Fall sein, wenn das Verweisungsobjekt dort selbst weitere Verweisungen enthält („Kettenverweisung").
- wenn die Norm, auf welche verwiesen wird, **nicht mehr oder noch nicht in Kraft ist.** Sonderregeln gelten bei Verweisungen auf nichtstaatliche Normen. Sie sind häufig anzutreffen und auch nicht generell unzulässig. Das BVerfG sieht die Grenzen bei gesetzlichen Verweisungen auf Tarifverträge aber als erreicht an, wenn der Bürger dadurch „schrankenlos einer normsetzenden Gewalt nichtstaatlicher Einrichtungen ausgeliefert" wird, die ihm gegenüber weder staatlich-demokratisch noch mitgliedschaftlich legitimiert sind.[79]

751 Zudem stellt sich bei Verweisungen die Kompetenzfrage: Verweist Bundesrecht auf Landesrecht, so kann der Landesgesetzgeber durch Änderung des Landesgesetzes zugleich den Inhalt eines Bundesgesetzes ändern. Dies ist problematisch bei sogenannten **„dynamischen Verweisungen"**, welche auf das jeweils geltende Landesrecht mit allen zukünftigen Änderungen verweisen; nicht hingegen bei **statischen Bezugnahmen**, die lediglich das Landesrecht einbeziehen, welches zum Zeitpunkt des Erlasses des verweisenden Bundesrechts galt. Die hier anzuwendenden Grundsätze gelten analog auch für den umgekehrten Fall, wenn Landesrecht auf Bundesrecht verweist. Dabei stellen sich folgende Probleme:

- Hat das Land für die jeweilige Materie überhaupt die **Gesetzgebungskompetenz?** Diese fehlt dem Land, wenn dem Bund die Materie zur ausschließlichen Gesetzgebung überwiesen ist (Art. 71 GG); für Fälle der konkurrierenden Gesetzgebungskompetenz kommt sie dem Land nur nach Art. 72 I GG zu.

77 BVerfGE 40, 237 (255 f.).

78 BVerfGE 110, 33 (62 ff.).

79 BVerfGE 64, 208 (214); Zu Verweisungen auf Regelwerke Privater *Gusy*, NVwZ, 1995, 105.

- Wie kann bei einer nachträglichen Änderung des Landesrechts, auf welches verwiesen wird, das notwendige **parlamentarische Verfahren** auch für die Änderung der Verweisungsnorm sichergestellt werden?

Zur Vertiefung ein BVerfGE 47, 285 nachgebildeter Fall: 752

Nach § 144 KostO des Bundes in Angelegenheiten der freiwilligen Gerichtsbarkeit von 1970 dürfen Notare nur ermäßigte Gebühren berechnen, wenn der Klient von der Zahlung von Gerichtsgebühren durch Bundes- oder Landesrecht ganz oder teilweise befreit ist. Seit 1970 nahmen die landesrechtlichen Befreiungstatbestände für Gerichtsgebühren erheblich zu. Dürfen auch die nach 1970 neu befreiten Rechtsträger von den Notaren eine Herabsetzung ihrer Gebühren verlangen? !

Die Antragssteller dürfen von den Notaren eine Herabsetzung der Gebühren verlangen, wenn sie durch Bundes- oder Landesgesetz wirksam von den Gebühren ganz oder teilweise befreit sind. Dies könnte vorliegend durch eine rechtmäßige dynamische Verweisung geschehen sein. 753

„Im vorliegenden Fall [...] besteht nicht nur keine Identität des Gesetzgebers; vielmehr betreffen darüber hinaus die bundesrechtliche Verweisungsnorm des § 144 III KostO und das in Bezug genommene Landesrecht Materien, die zu verschiedenen Rechtsbereichen gehören und nach verschiedenen Maßstäben zu beurteilen sind [...]. Hier hätte eine dynamische Verweisung zur Folge, dass die Gebührenermäßigung der Notare zugunsten der Gemeinden erweitert würde, ohne dass *irgendeine* gesetzgeberische Prüfung dieser Beschränkung der Berufsfreiheit gewährleistet wäre. [...] Als nämlich der Bundesgesetzgeber in Wahrnehmung seiner Gesetzgebungskompetenz für die Regelung der Notariatsgebühren die Verweisungsnorm des § 144 III KostO schuf, konnte er den Umfang künftiger landesrechtlicher Gebührenbefreiungen nicht vorhersehen; er hatte daher auch keinen Anlass zu der ihm obliegenden Prüfung, ob es gerechtfertigt ist, den Notaren eine erweiterte Gebührenermäßigungspflicht zugunsten der Gemeinden aufzuerlegen. Der Landesgesetzgeber seinerseits, der im Rahmen seiner Gesetzgebungskompetenz lediglich die Befreiung von gerichtlichen Gebühren zu regeln hatte, konnte sich bei der Erweiterung der Gebührenbefreiungstatbestände auf die Gründe konzentrieren, die für einen Gebührenverzicht des Staates sprachen, die aber keineswegs ohne weiteres auf die Notare zutrafen." (BVerfGE 47, 285, 316)

Dynamische Verweisungen zwischen verschiedenen Gesetzgebern sind demnach aus Gründen der Publikation, der bundesstaatlichen und der demokratischen Kompetenzordnung grundsätzlich **unzulässig.** 754

Ist das Gesetz verkündet, so stellt sich bisweilen die Notwendigkeit der **Berichtigung** von ausgefertigtem und verkündeten Recht.[80] Bis zur Verkündung können gem. § 122 III GOBT, § 61 III GGO Druckfehler oder offenbare Unrichtigkeiten vom Bundestagspräsidenten im Einver-

---

80 Dazu BVerfGE 105, 313 (334); *Butzer* in: D/H/S, Art. 82, Rn. 251.

nehmen mit dem federführenden Ausschuss, nach der Verkündung vom federführenden Minister im Einvernehmen mit dem Bundespräsidenten und dem Bundeskanzleramt berichtigt (§ 61 II GGO). Andere als die genannten Irrtümer dürfen nicht korrigiert werden; insbesondere darf der materielle Inhalt des Parlamentsbeschlusses nicht angetastet werden.

3. Übergangsbestimmungen: Alte Gesetze und neues Verfassungsrecht

755 Die Bundesrepublik begann rechtlich nicht in einer Stunde Null. Vielmehr fand sie 1949 einen Bestand von Rechtsnormen vor, die aus vorangegangenen Epochen wie Kaiserzeit, Weimarer Republik und Nationalsozialismus stammten. Umgekehrt war sie selbst nicht willens und in der Lage alle wesentlichen Materien neu zu regeln. Die Brücke zwischen dem Recht, das vor dem 23.5.1949 in Kraft trat („**vorkonstitutionelles Recht**“), und dem staatsrechtlichen Neuanfang durch das Grundgesetz schlägt Art. 123 GG. Danach **gilt vorkonstitutionelles Recht fort, soweit es dem Grundgesetz nicht widerspricht.**

Außer Betracht bleibt dabei das Recht der Besatzungsmächte, das weder am Grundgesetz gemessen noch seinerseits als Maßstab für das Landesrecht herangezogen wird. **Besatzungsrecht** gilt also ohne Rücksicht auf seine Vereinbarkeit mit der gegenwärtigen Rechtsordnung fort. Das BVerfG fordert allerdings die Anpassung durch den Gesetzgeber.[81]

756 Nach Art. 123 GG bleiben für die Vereinbarkeitsprüfung der alten Rechtsordnung mit dem Grundgesetz kompetenz- und verfahrensrechtliche Fragen außer Betracht. Weder kannte das alte Reichsrecht die Kompetenzverteilung des Grundgesetzes, noch wusste es um das Gesetzgebungsverfahren des Bundes. Die **Vereinbarkeitsfrage stellt sich demnach insbesondere in materieller Hinsicht.** Dabei gilt das Recht aus nationalsozialistischer Zeit fort, soweit es nicht „spezifische nationalsozialistische“ Gedanken positiviert.[82]

Grundsätzlich entscheidet über Meinungsverschiedenheiten das Bundesverfassungsgericht (Art. 126 GG); es überlässt allerdings die Prüfung der Fortgeltung alten Rechts – und damit auch seiner Vereinbarkeit mit dem Grundgesetz – grundsätzlich den Fachgerichten. Das **Verwerfungsmonopol des Bundesverfassungsgerichts gilt hier nicht.**

757 Der **Rang des fortgeltenden Rechts** ist in Art. 124 f. GG teils nach der Verteilung der Gesetzgebungskompetenzen im Grundgesetz, teils nach dem Geltungsbereich des alten Rechts geregelt. Für Staatsverträge gilt die Sonderregelung des Art. 123 II GG.

---

81 BVerfGE 15, 337 (350); 62, 169, (181 f.).
82 BVerfGE 6, 389 (418 f.).

Soweit altes Recht Verordnungsermächtigungen enthält, richten sich die Zuständigkeiten nach Art. 129 GG.

Ganz ähnlich regelt **Art. 9 Einigungsvertrag** das Fortgelten des „vorkonstitutionellen" Rechts der ehemaligen DDR; d. h. desjenigen Rechts, das dort vor dem Beitritt erlassen wurde. Dieses Recht gilt entweder als Landes- (Art. 9 I Einigungsvertrag) oder als Bundesrecht gem. Art. 9 II Einigungsvertrag fort, wenn es (1) weder durch die Anlagen zum Einigungsvertrag aufgehoben ist noch (2) dem Grundgesetz widerspricht, sofern es (3) nicht ausnahmsweise nach **Art. 143 GG** in Abweichung vom GG seine Geltung behält.

Übergangsprobleme stellen sich nicht nur für vorkonstitutionelle, sondern auch **für bestimmte nachkonstitutionelle Regelungen. Art. 125a ff. GG** beantworten die Frage nach der Fortgeltung von Gesetzen, deren verfassungsrechtliche Kompetenzgrundlagen sich verändert haben. 758

Nach **Wegfall der Gesetzgebungskompetenz des Bundes** geht diese, soweit keine anderweitige Zuweisung erfolgt, auf die Länder über (Art. 70 I GG). Im Übrigen ordnen die Art. 125a ff. GG regelmäßig an, dass das Bundesrecht **als Bundesrecht** fort gilt, bis es durch Landesrecht ersetzt wurde. Der alte Rang bleibt ungeachtet der neuen Regelungs- und Ersetzungskompetenz erhalten. 759

Schwierigkeiten tauchen allerdings immer dann auf, wenn **Änderungen** an dem fortgeltenden Gesetz vorgenommen werden sollen. Dafür steht dem Bund keine geschriebene Kompetenz mehr zur Verfügung. Doch soll er dazu im Einzelfall – nicht allerdings für grundsätzliche Änderungen – berechtigt sein.[83] Da das alte Recht als Bundesrecht fortgilt, kommt eine Änderung durch die Landesparlamente jedenfalls dann nicht in Betracht, wenn man die Länder auf die (vollständige) Ersetzungsbefugnis beschränkt und dadurch von der punktuellen Änderungsregelung ausschließt.[84]

Zur Vertiefung:
Ossenbühl Rechtsetzen, in: HStR V, 3. Aufl., §§ 102–105; *H. Schneider* Gesetzgebung, 3. Aufl., 2002.

IV. Regierung und Verwaltung

1. Grundfragen

Die Exekutive besteht aus der Regierung und der Verwaltung. Verwaltung ist hierarchisch organisiertes, gesetzesgebundenes staatliches Handeln.[85] Die in 760

83 BVerfGE 111, 10 (30); 111, 226 (269); 112, 226 (250).
84 So *Degenhart*,NVwZ, 2006, 1209 (1215).
85 Grundlegend *Dreier*, Hierarchische Verwaltung im demokratischen Staat, 1991; *Waldhoff*, HVwR I, § 11 – Verwaltung und Verwaltungsrecht.

Art. 20 Ill GG angeordnete Gesetzesbindung unterscheidet die zweite von der ersten Gewalt. Dies bedeutet nicht, dass Verwaltung stets Gesetzesausführung ist, sondern lediglich, dass sie bei ihrer Aufgabenerfüllung an Gesetze gebunden ist. In der hierarchischen Organisation und den daraus resultierenden Prinzipien der einheitlichen Verantwortung, Weisung und Aufsicht unterscheidet sie sich von der Rechtsprechung (s. Art. 97 I GG).

761 Einen materiellen Begriff der **Verwaltungsaufgaben** gibt es nicht. Verwaltungsaufgaben lassen sich auch nicht durch die Aufzählungen in den der Art. 83 bis 91e GG abschließend festlegen.

762 Immerhin weist das Grundgesetz der Exekutive im Gefüge der Gewaltenteilung einige Aufgaben zwingend zu:

- Die **Richtlinien der Politik** bestimmt der Bundeskanzler (Art. 65 S. 1 GG);
- **Rechtsverordnungen** werden von Regierung oder Ministern erlassen (Art. 80 I 1 GG);[86]
- **Verwaltungsvorschriften** ergehen durch die Exekutive (Art. 84 II, 85 II, 86 S. 1 GG);
- Der **Haushaltsplan** ist von der Bundesregierung zu erstellen und einzubringen (Art. 110 GG), durchzuführen und zu überwachen (Art. 113 GG);
- Die **Ausgabenpolitik** des Bundes überwacht der Bundesminister der Finanzen (Art. 112 GG);
- Den **Oberbefehl über die Streitkräfte** führt der Bundesminister der Verteidigung (Art. 65a GG).

763 Diese der Exekutive durch die Verfassung übertragenen Aufgaben könne **durch einfaches Gesetz nicht entzogen werden.** Sonstige Aufgaben werden aufgrund einfachen Gesetzes oder ohne Gesetz wahrgenommen; sie können daher von der Legislative wieder entzogen werden. Von prägender Bedeutung ist dabei das **Zugriffsrecht des Gesetzgebers:** Er kann Aufgaben, die bislang von der vollziehenden Gewalt wahrgenommen wurden, an sich ziehen, solange keine Norm des GG entgegensteht.

764 Bei der Wahrnehmung ihrer Aufgaben unterliegt die Exekutive in vollem Umfang der Bindung an das Gesetz (Art. 20 III GG). Maßnahmen der Legislative gehen ihren eigenen Maßnahmen vor. Soweit rechtliche Maßstäbe vorhanden sind, wird die Vollziehung von der Justiz kontrolliert (Art. 92, 19 IV GG), um so die Wirksamkeit der Gesetzesbindung sicherzustellen. Handlungskompetenzen der gesetzesgebundenen Verwaltung und Kontrollkompetenzen der gesetzesgebundenen Justiz gehören so untrennbar zusammen, Die richterlichen Kontrollaufgaben stoßen an ihre Grenzen, soweit rechtliche Maßstäbe fehlen. Insoweit kommt der Begrenzung der Justiz auf die Rechtmäßigkeitskontrolle und der Verpflichtung der Verwaltung auf Zweck- und Rechtmäßigkeit auch ein gewaltenteilender Aspekt zu.

86 → Rn. 704ff.

2. Bundesregierung

Die **Bundesregierung** ist **Teil der vollziehenden Gewalt.** Aber sie ist funktional von der ihr nachgeordneten Verwaltung zu unterscheiden. Insbesondere die Art. 65 – Kompetenzverteilung in der Regierung – 76 I – Gesetzesinitiativrecht – 110 ff – Haushaltsrecht – weisen der Regierung kraft Verfassungsrecht besondere Kompetenzen zu, die den Verwaltungsbehörden nicht zustehen. Diese besonderen Rechte entbinden die Regierung jedoch nicht von der Beachtung des Grundgesetzes sowie der einfachen Gesetze. 765

Die Regierung nimmt eine **Doppelstellung als politisches Führungsorgan** einerseits (Art. 65 ff GG) und andererseits **als oberste Instanz der Bundesverwaltung** (Art. 86 ff GG) ein. Grundlage der Kompetenzen der Bundesregierung und der Kompetenzverteilung in ihr ist Art. 65 GG, nicht hingegen Art. 83 ff. GG. Das Schwergewicht der Regierungskompetenzen liegt in ihrer politischen Steuerungsfunktion: Sie prägen den politischen Prozess, ohne allerdings rechtliche Verbindlichkeit zu begründen. In der Regierung wird Politik gemacht, im Parlament wird sie kontrolliert und in verbindliche Beschlüsse gegenüber den Bürgern umgesetzt. Art. 65 GG unterscheidet das Kanzlerprinzip, das Resortprinzip und das Kollegialprinzip (→ Rn. 138). 766

Verwaltungskompetenzen der Bundesregierung bestehen insbesondere hinsichtlich grundsätzlicher Fragen beim Erlass von Rechtsverordnungen (Art. 80 I 1 GG) oder Verwaltungsvorschriften (Art. 84 II, 85 II, 86 S. 2 GG). Ferner wird die Bundesregierung tätig bei der Aufsicht über die Aufgabenerfüllung der Länder im administrativen Bereich (Art. 84 III, IV, 85 III, IV GG). Ein Weisungsrecht steht der Bundesregierung oder Bundesministern nur ausnahmsweise zu (Art. 84 V, 85 III GG).[87] Im Übrigen sind Bundesbehörden den Landesbehörden nicht über-, sondern nebengeordnet. Soweit Bundesregierung, Bundeskanzler oder Bundesminister Verwaltungsaufgaben wahrnehmen, sind sie – wie jede andere Behörde – an die Gesetze gebunden. Das Grundgesetz weist Exekutivkompetenzen nahezu allein dem Bundeskabinett insgesamt oder aber den einzelnen Bundesministern zu; der Bundeskanzler wird demgegenüber nahezu ausschließlich in Regierungsfunktionen tätig. 767

Die **Bundesminister** sind zugleich Leiter der Ministerien als Behörden. In diesem Rahmen kommt ihnen die **Organisationsgewalt**[88] und die **Sachleitungsgewalt** (Sachkompetenz) zu.[89] Erstere begründet das Recht, organisatorisch die 768

87 Dazu BVerfGE 81, 310, (331 ff.).

88 Grundlegend *Böckenförde,* Die Organisationsgewalt im Bereich der Regierung, 1964.

89 Hierzu näher *Wißmann,* GVwR I, § 15 Rn. 33 ff.; *Suerbaum,* HVwR III, § 81, Rn. 42, 52.

Zuständigkeitsverteilung, die Behördeneinrichtung und die Arbeitsabläufe zu regeln. Letztere ist das Recht, auf die einzelnen Maßnahmen der Behörde Einfluss zu nehmen; sie betrifft also die Frage, mit welchem Inhalt die Behördenaufgaben wahrgenommen werden. Mittel hierzu ist das dienstliche **Weisungsrecht**, also das Recht, den Mitarbeitern vorzuschreiben, welche Maßnahmen sie auf welche Weise und mit welchem Inhalt vorzunehmen haben. Das Weisungsrecht kann entweder für den Einzelfall durch Einzelanweisungen oder für allgemeine Grundsätze in Form von allgemeinen Weisungen oder Verwaltungsvorschriften ausgeübt werden. Dem Weisungsrecht korrespondiert die Aufsicht, also die Nachprüfung, ob die Maßnahmen der Bediensteten in Übereinstimmung mit dem geltenden Recht **(Rechtsaufsicht)** oder zweckmäßig **(Fachaufsicht)** sind. Als Leiter der hierarchisch geordneten Behörde „Ministerium" steht den jeweiligen Ministern das oberste Weisungs- und Aufsichtsrecht zu.

769 Diese Rechte korrespondieren mit der **politischen Verantwortlichkeit,** welche den Minister für sämtliche Maßnahmen in seinem Zuständigkeitsbereich betrifft. Die Verantwortlichkeit trifft ihn nicht nur für Handlungen des Ministeriums selbst, sondern auch für Maßnahmen aller nachgeordneten Stellen. Der Verantwortungszusammenhang wird durch das **Hierarchieprinzip** und die dadurch begründeten Leistungs- und Kontrollrechte begründet und konkretisiert. Das Bundesverfassungsgericht fordert eine lückenlose Kette von Weisungs- und Aufsichtsrechten zur Begründung der Verantwortung der rechtlichen und politischen Vorgesetzten und ggf. der Ministeriumsspitze. Dieser Zurechnungszusammenhang soll vom Demokratieprinzip des GG geboten sein.[90] Politische Verantwortlichkeit des Ministers ist so ein zentrales Instrument auch des Parlaments zur Kontrolle der Exekutive. Daher ist es unzulässig, durch gesetzliche oder organisatorische Maßnahmen einen Bereich der Verwaltung dem Aufsichtsrecht des Ministers zu entziehen und so die parlamentarische Kontrolle leerlaufen zu lassen.

Die politische Verantwortung des Ministers für seinen Zuständigkeitsbereich kann zu seinem Rücktritt oder seiner Entlassung führen. Eine deliktische Haftung ist auf Exzesshaftung beschränkt. Anders als ein Staatssekretär haftet einer Minister nicht nach § 45 BeamtStG, § 75 BBG und auch nicht nach§ 839 BGB i.V.m. Art. 34 GG.[91]

90 Zu Beteiligungsrechten des Personalrats BVerfGE 93, 37 (68); 107, 59 (92).

91 *Pagenkopf* in: Gedächtnisschrift für Sachs GG, 2024, 215; *Battis*, FS Bemmann, 1997, S.7.

Ministerialfreie Räume darf es in der Zuständigkeits- und Verantwortungsverteilung nach dem Grundgesetz grundsätzlich nicht geben.[92] Die Fälle, in welchen das Grundgesetz ministerialfreie und damit unabhängige Aufgabenerfüllung fordert, sind ausdrücklich geregelt (Art. 97 I GG für die Richter; Art. 114 II 1 für den Bundesrechnungshof; Art. 88 GG für die Bundesbank). Umgekehrt bedeutet das Verbot des ministerialfreien Raums aber nicht, dass der Minister auf jede einzelne Entscheidung in vollem Umfang Einfluss nehmen können muss. 770

Dem setzt die Spezialisierung vieler naturwissenschaftlich geprägter Behörden und die damit einhergehende Expertifizierung des Verwaltungspersonals Grenzen. Die fachliche Spezialisierung begrenzt die Steuerungsfähigkeit der Ministerien. Insbesondere haben unional beeinflusst verselbstständigte, unabhängige Verwaltungseinheiten, die nicht körperschaftlich als Selbstverwaltungsorgane verfasst sind, stark zugenommen, z. B. nach angloamerikanischem Vorbild eingeführte Regulierungsagenturen.

Die Möglichkeit der ministeriellen Einflussnahme beschränkt sich auf allgemeine Weisungs- und Aufsichtsangelegenheiten sowie die adäquate Organisation des Arbeitsablaufs. Derartige, zurückgenommene Einflussmöglichkeiten verstoßen nicht gegen das Verbot des ministerialfreien Raumes.

Weiterführend:
Meinel Organisation und Kontrolle im Bereich der Regierung, DÖV 2015, S. 717; *Mehde*, HdB VerwR III, § 82 – Regierung und Verwaltung; *Neumeier*, Kompetenzen, 2022.

3. Öffentlicher Dienst

Die Aufgaben der Verwaltung werden von den Angehörigen des öffentlichen Dienstes wahrgenommen. Öffentlicher Dienst bezeichnet die **Gesamtheit derjenigen Personen, die zu einer juristischen Person des öffentlichen Rechts in einem Beschäftigungsverhältnis stehen.** Zum öffentlichen Dienst zählen Beamte (Art. 33 IV GG) und Tarifbeschäftigte im öffentlichen Dienst, ferner die Soldaten und die Richter (Art. 98 I, III GG). Die Rechtsstellung dieser vier Statusgruppen unterscheidet sich erheblich. . 771

Der Zugang zum öffentlichen Dienst ist für alle Statusgruppen in Art. 33 I–III GG geregelt. Diese begründen das **Recht auf gleichen Zugang zum öffentlichen Dienst.** Dieses Recht ist in verschiedenen Dimensionen besonders gesichert. Art. 33 II GG begründet einen abschließenden Positivkatalog. Art. 33 I, III GG einen – durch 772

92 Zum ministerialfreien Raum *Meinel*, HdB VerwR III, § 61; *Jestaedt*, Demokratieprinzip und Kondominialverwaltung, 1993; *Oebbecke*, Weisungs- und unterrichtsfreie Räume in der Verwaltung, 1986.

Art. 3 GG und die Einzelgrundrechte zu ergänzenden – Negativkatalog. „Befähigung“ und „fachliche Leistungen“ betreffen Vorbildung und Berufserfahrungen des Bewerbers und begründen somit das Leistungsprinzip; die „Eignung“ umfasst in einem weiteren Sinne diejenigen Persönlichkeitsmerkmale, die für das entsprechende Amt gefordert werden dürfen.[93] Art. 33 I GG verbietet die länderspezifische Differenzierung, also die Bevorzugung eigener „Landeskinder“;[94] Art. 33 III GG lässt das religiöse Bekenntnis als Kriterium ausscheiden. Die genannten Grundsätze werden vielfach durch Ämterpatronage verletzt (→ Rn. 109).

773 Art. 33 IV GG betrifft nur eine besondere Gruppe des öffentlichen Dienstes, nämlich die **Beamten** (im staatsrechtlichen Sinne). Dies sind Personen, die **in einem öffentlich-rechtlichen Dienst- und Treueverhältnis** stehen. Diesen ist die Ausübung hoheitlicher Befugnisse „als ständige Aufgabe“ „in der Regel“ zu übertragen. Demnach kann die Ausübung solcher Befugnisse als ständige Aufgabe ausnahmsweise auch anderen Personen übertragen werden; die Übertragung zur gelegentlichen Ausübung wird durch Art. 33 IV GG nicht untersagt. Das Verhältnis von Beamten und Tarifbeschäftigten im öffentlichen Dienst ist etwa eins zu zwei. Für diejenigen, denen ein solches Amt übertragen worden ist, begründet Art. 33 IV GG eine besondere Treuepflicht, die mit der eine besondere Fürsorgepflicht des Dienstherren korrespondiert. Bei der Ausübung hoheitlicher Befugnisse wird das Dienstverhältnis stärker vom staatlichen Funktionsgefüge als von den Grundrechten der Beamten dirigiert.[95]

774 Ebenso wie Art. 33 IV GG betrifft auch **Art. 33 V GG** das Recht der Beamten i. S. d. Art. 33 IV GG. Art. 33 V GG gebietet

- die **gesetzliche Regelung des öffentlichen Dienstes**, z.B. der Besoldung. Dieser **Gesetzesvorbehalt** führt das besondere „Dienst- und Treueverhältnis“ des Art. 33 IV GG aus.
- die **Berücksichtigung der hergebrachten Grundsätze des Berufsbeamtentums** schreibt ein Kernbestand von Strukturprinzipien und Substantibilität und Traditionalität fest und enthält einen Regelungsauftrag.[96] Das Grundgesetz normiert ausdrücklich keine Beachtungspflicht, sondern lediglich diejenige zur Berücksichtigung.
  Ein Grundsatz ist berücksichtigungsfähig, wenn er (1) historisch nachweisbar, (2) aus einer verfassungsrechtlich vergleichbaren Zeit stammt, insbesondere kein spezifisch monarchisches oder nationalsozialistisches Gedankengut widerspiegelt und (3) mit den verfassungsrechtlichen Rahmenbedingungen des Grundgesetzes übereinstimmt.[97]

---

93 Dazu *Battis* in: Ehlers/Fehling/Pünder (Hrsg.) Besonderes Verwaltungsrecht III 4. Aufl. 2021 § 87 Rn. 36, 70; zur Beschäftigung politischer Extremisten im öffentlichen Dienst → Rn. 108.

94 Dazu *Pfütze*, Die Verfassungsmäßigkeit von Landeskinderklauseln 1998; *Hufen*, JuS, 2009, 369.

95 Dazu *Battis* in: Sachs, GG, 10. Aufl., 2024, Art. 33, Rn. 75 m.w.N.

96 BVerfGE, 8, 343; ZBR, 2018, 238, 244; *Lindner*, ZBR, 2017, 187.

97 *Rottmann*, Der Beamte als Staatsbürger, 1981; *Budjarek* Das Recht des öffentlichen Dienstes und die Fortentwicklungsklausel, 2009.

– die **Fortentwicklung der hergebrachten Grundsätze des Berufsbeamtentums** durch Gesetz.

Aus der Berücksichtigungspflicht wurde partiell eine Befolgungspflicht. Aus 775
Art. 33 V GG i.V.m. der deutschen Rechtsgeschichte folgte in der älteren Rechtsprechung des Bundesverfassungsgerichts ein umfassender Kanon von Grundsätzen, welchen der Gesetzgeber im Beamtenrecht nachzuvollziehen hat.[98]

Die Grundsätze des Beamtenrechts, welche der Gesetzgeber normiert, dürfen zu anderen grundgesetzlichen Bestimmungen nicht in Widerspruch stehen. Zwar ist es durchaus zulässig, für Beamte besondere Grundrechtsschranken zu normieren, soweit diese aus Art. 33 IV, V GG legitimiert sind – wie etwa das Verbot des Arbeitskampfes[99] –, umgekehrt ist die paritätische Mitbestimmung im öffentlichen Dienst unzulässig, da andernfalls die demokratische Kontrolle der Ausübung von Staatsgewalt nicht mehr gewährleistet ist.[100]

Weiterführend:
Hoffmann/Faßbender Die verfassungsrechtlichen Grundlagen des öffentlichen Dienstrechts, JuS 2014, S. 597; *Voßkuhle/Kaiser*, Personal, in: Hoffmann-Riem/Schmidt-Aßmann/Voßkuhle (Hrsg.), GVwR III, § 43; *Battis*, ZBR, 2023, 397 – Künftige Personalgewinnung und Personalbindung; Munsonius, Das Amtsparadox, 2024.

4. Umfang der Staatsaufgaben

Der materielle Verwaltungsbegriff(→ Rn. 761) nimmt nicht auf bestimmte Aufgaben 776
des Staates Bezug. Dabei regelt das GG nicht nur das „**Wie**“ des staatlichen Handelns, es thematisiert auch an zahlreichen Stellen, „**was**“ der Staat und seine Verwaltung tun. Wenn etwa Art. 87 I 2 GG bestimmt, dass der Bund Bundesgrenzschutzbehörden einrichten kann, so lässt sich daraus zumindest schließen, dass der Staat die Bundesgrenzen schützen darf. Offen bleiben dabei aber zwei Fragen: Ob er Grenzschutzaufgaben wahrnehmen muss? Wie er diese Aufgabe wahrnehmen muss?

a) Arten der Staatsaufgaben

Die erste Frage richtet ihren Fokus auf den Komplex zulässiger Staatsaufgaben. Hier 777
lassen sich mehrere Formen von Staatsaufgaben unterscheiden. Das GG kann den Staat verpflichten, bestimmte Aufgaben wahrzunehmen. Solche rechtlich **notwen-**

98 Sehr weit etwa BVerfGE 44, 249 (262 ff.).
99 BVerfGE 148, 296 (378); ebenso EGMR, ZBR, 2024, 92; dazu *Battis*, ZBR, 2024, 73; *Lorse*, ebd., 75.
100 BVerfGE 9, 268; 93, 37.

digen Staatsaufgaben sind jedenfalls dann gegeben, wenn das GG dies ausdrücklich festschreibt.

Das GG enthält nur wenige ausdrücklich genannte Staatsaufgaben. Neben der Rechtsprechung (Art. 92 GG) fallen hierunter insbesondere einige der in Art. 87 ff. GG genannten Materien der Bundesverwaltung wie z. B. das Aufstellen von Streitkräften zur Verteidigung (Art. 87a GG). Darüber hinaus ergeben sich einige weitere notwendige Staatsaufgaben durch Auslegung. So ist anerkannt, dass das Sozialstaatsprinzip den Staat verpflichtet, jedem ein mit der Menschenwürde vereinbares Existenzminimum zu gewährleisten.[101] Des Weiteren muss der Staat ein – zumeist staatstheoretisch und verfassungshistorisch begründetes – Mindestniveau an Sicherheit durch Bereitstellung einer Polizei gewährleisten.[102]

778 Häufiger sind im GG Bestimmungen, welche eine Aufgabe thematisieren, ohne den Staat zu ihrer Erfüllung ausdrücklich zu verpflichten. Diese Aufgaben darf der Staat wahrnehmen, er muss es aber nicht. Neben den notwendigen Staatsaufgaben bestehen somit **fakultative Staatsaufgaben.** Hierunter fällt die oben erwähnte Grenzschutzaufgabe des Bundes aus Art. 87 I 2 GG, weil der Bund Grenzschutzbehörden (- Bundespolizei) einrichten „kann". Des Weiteren thematisieren die Kataloge der Gesetzgebungskompetenzen zahlreiche Materien in denen der Staat tätig werden kann, ohne dies deshalb zu müssen. Einen abschließenden Katalog von Staatsaufgaben enthält das Grundgesetz nicht. Vielmehr darf sich der Staat aufgrund seiner demokratischen Legitimation grundsätzlich jeder beliebigen Aufgabe annehmen, sofern ihm dies nicht durch das GG verwehrt ist. Damit gerät eine weitere Kategorie von Aufgaben in den Blick, die **verbotenen Staatsaufgaben.** So darf der Bund etwa gem. Art. 26 I GG keinen Angriffskrieg vorbereiten. Praktisch wichtiger sind hier jedoch die **Grundrechte.** Beschreiben die Grundrechte Freiheitsräume Privater, in die der Staat grundsätzlich nicht eingreifen darf, verbieten die Grundrechte bestimmte staatliche Handlungen. So darf es sich der Staat zum Beispiel nach Art. 4 I, II GG nicht zur Aufgabe machen, ein bestimmtes religiöses Bekenntnis, z. B. als „Reichskirche", durchzusetzen; nach Art. 5 III GG darf er weder die Kunst noch die Wissenschaft inhaltlich festlegen oder sich nach Art. 5 I, II GG gegen einzelne Meinungen wenden.[103]

Insgesamt ergibt sich damit aus dem Grundgesetz **kein Staatsaufgabenkatalog**; was der Staat tut, ist in erster Linie eine Frage der politischen Entscheidung.

---

101 BVerfGE 82, 60 (80); BVerfGE 125, 175 (222); 152, 68.

102 Näher *Di Fabio*, NJW, 2008, 412; *Brugger*/*Gusy*, VVDStRL 63, 101 (151); *Gramm*, Privatisierung und notwendige Staatsaufgabe, 2001; *Nitz*, Private und öffentliche Sicherheit, 2000.

103 Vgl. dazu BVerfGE 102, 370; 105, 279.

b) Privatisierung von Staatsaufgaben

Die politische Auseinandersetzung um den „schlanken Staat“ einerseits und „bringing the state back“, z. B. Rekommunalisierung. Andererseits hat gezeigt, dass der Staat nicht alle Aufgaben, die er jeweils wahrnimmt, auch wahrnehmen muss.[104] Dementsprechend kann er sich aus der Erfüllung fakultativer Staatsaufgaben vollständig zurückziehen und sie Privaten überlassen oder übertragen. Dieser Vorgang wird **materielle Privatisierung** genannt, z. B. Privatisierung der Bundespost. Daneben steht die **formelle Privatisierung** z. B. Privatisierung der DB, deren alleinige Aktionär die Bundesrepublik Deutschland ist. Bei letzterer erfüllt der Staat eine Aufgabe grundsätzlich weiterhin selbst, nur wechselt er die Rechts- oder Organisationsform seines Handelns. An die Stelle der öffentlich-rechtlichen Aufgabenerfüllung tritt eine privatrechtliche. Diese Form der Privatisierung sichert dem Staat einerseits einen größeren Einfluss auf die Aufgabenerfüllung als bei materieller Privatisierung. Durch eine formelle Privatisierung kann sich der Staat bestimmten Grenzen öffentlich-rechtlicher Bindungen entledigen, welche als uneffizient oder ineffektiv angesehen werden. 779

Das GG enthält für einzelne Staatsaufgaben konkrete Aussagen über Privatisierungen. So ermächtigt Art. 87d I 2 GG zu einer formellen Organisationsprivatisierung der Luftverkehrsverwaltung, Art. 90 II 2 GG der Bundesautobahnen. Nach Art. 87e GG besteht die notwendige Staatsaufgabe der Bundeseisenbahnverkehrsverwaltung; der Betrieb der Bundeseisenbahnen wird gemäß Art. 87e III 1 GG demgegenüber in privatrechtlicher Form durchgeführt. Art. 87f GG ermöglicht zusammen mit Art. 143b GG die Privatisierung der ehemaligen Bundespost.

Die neuere Diskussion konzentriert sich dementsprechend weniger auf einzelne verfassungsrechtliche Privatisierungsge- oder -verbote, sondern bemüht sich **staatliche Verantwortlichkeiten für die Erfüllung bestimmter Aufgaben** zu konkretisieren.[105] So kann der Staat sich aus der Erfüllung einer Aufgabe zwar möglicherweise zurückziehen, er behält dann aber unter Umständen näher zu bestimmende **Regulierungs-, Überwachungs- und Einstandspflichten.** Zur Herausarbeitung dieser gestuften Verantwortlichkeiten lassen sich zahlreiche Verfassungsbestimmungen fruchtbar machen, insbesondere etwa die Lehre von den grundrechtlichen Schutzpflichten. (→ Rn. 848) 780

---

104 Überblick bei *Burgi*, FS P. Kirchof II, 2013, § 108.

105 Grundlegend *Schmidt-Aßmann* in: Hoffmann-Riem/Schmidt-Aßmann/Schuppert, Reform des Allgemeinen Verwaltungsrechts, Bd. I, 1993, S. 13;für den Strafvollzug BVerfGE 130, 76 (114 ff.); *Willenbruch/Bischoff*, NJW, 2006, 1776; für das Gerichtsvollzieherwesen: *Pilz*, DGVZ, 2010, 65; für die Justiz *Zado*, Privatisierung der Justiz, 2013.

Weiterführend:
Baer Verwaltungsaufgaben, GVwR I, § 11; *Gusy* (Hrsg.), Privatisierung von Staatsaufgaben, 1998; *Grimm* (Hrsg.), Staatsaufgaben, 1994.

V. Rechtsprechung

1. Rechtsprechende Gewalt

781 Nach Art. 92 GG ist die „rechtsprechende Gewalt" den Richtern vorbehalten. Rechtsprechung ist die verbindliche, verselbstständigte Entscheidung in Fällen bestrittenen oder verletzten Rechts in einem besonderen Verfahren.[106] Sie ist charakterisiert durch ihren Einzelfallbezug im Gegensatz zur planmäßig handelnden Verwaltung, ihre Unbeteiligtheit, da sie im jeweiligen Rechtsstreit als verselbstständigter, unabhängiger Dritter entscheidet und ihre Entlastung von der Folgenverantwortung für die Entscheidung, die sie allein auf das geltende Recht verpflichtet.

782 Die „rechtsprechende Gewalt" i. S. d. Art. 92 GG ist materiell kaum zu qualifizieren. Das Grundgesetz enthält nur einzelne **Richtervorbehalte** (etwa in Art. 104 II 1, III 1, 13 II GG), welche den Rechtsschutz der Bürger sicherstellen und ihre Rechte vor übereilten Eingriffen schützen sollen. Über diese geht aber Art. 92 GG hinaus, indem er die gesamte Rechtsprechung den Gerichten zuweist. Dazu werden traditionell die Bereiche der ordentlichen Gerichtsbarkeit (Zivil- und Strafrechtspflege), der Arbeits-, Verwaltungs-, Finanz- und Sozialgerichtsbarkeit gezählt. Nicht hierher gehören demgegenüber Angelegenheiten der sog. „freiwilligen Gerichtsbarkeit", soweit sie Verwaltungsaufgaben durchführt (Grundbücher, amtliche Register u. a.) sowie Aufgaben der Zwangsvollstreckung. Das Bundesverfassungsgericht geht bei der Zuordnung typisierend vor, ohne eine Definition zu versuchen. Immerhin lässt sich feststellen, dass

- der Bereich des „**traditionellen Strafrechts**" dem Richtervorbehalt unterliegen soll. Der Gesetzgeber ist allerdings in Grenzen berechtigt, Straftatbestände in Ordnungswidrigkeiten umzuwandeln und so den Richtervorbehalt einzuengen, z. B. bei den Übertretungen nach § 22 StVO.[107]
- in anderen Fällen der Wirkungsbereich der Justiz auf die **Kontrollfunktion** begrenzt werden kann. Die Richter handeln dann nicht mehr – wie insbesondere im Strafverfahren – selbst, sondern prüfen Maßnahmen der Behörden – Ordnungsbehörden, Polizei, Staatsanwaltschaft – nur noch nach.

106 *Hesse*, Grundzüge, 1999, Rn. 548.
107 BVerfGE 22, 125, (132 f.).

– Der Wirkungsbereich der Justiz ist gewahrt, wenn ein Verfahren einer anderen Stelle gerichtlicher Kontrolle unterliegt. Art. 92 GG hält dann eine solche Überprüfungsmöglichkeit nur noch offen. Von selbständiger Bedeutung bleibt so insbesondere die **Zivilgerichtsbarkeit,** der kein **Staatshandeln** vorausgeht, und der Kern der **Strafgerichtsbarkeit.**

Von prägender Bedeutung für die Justizorganisation sind das Grundrecht des 783 Art. 101 GG[108] und die Garantie der **richterlichen Unabhängigkeit** in Art. 97 I GG. **Sachliche Unabhängigkeit** ist die Weisungsfreiheit des Richters in Angelegenheiten der richterlichen Aufgabenerfüllung. **Persönliche Unabhängigkeit** ist die Unabsetzbarkeit und grundsätzliche Unversetzbarkeit des Richters aus seinem Amt. Sie ist in Art. 97 II GG modifiziert.

Damit ist die Richterwahl im Bund (Art. 95 II GG) und – soweit landesrechtlich vorgesehen – in den Ländern schon wegen des Demokratieprinzips grundsätzlich vereinbar.[109] Die richterliche Unabhängigkeit ist gefährdet, wenn absetzbare **Proberichter** an einer Entscheidung mitwirken. Da dies jedoch zur Richterausbildung erforderlich ist, können solche Proberichter mitwirken, sofern sie in einem Spruchkörper nicht die Mehrheit haben.[110] So ist pro Spruchkörper nur ein Proberichter zulässig (§ 29 DRiG); bei Amtsgerichten entscheiden diese aber auch allein.

Sinn und Zweck der Unabhängigkeit ist die Verpflichtung der Richter auf das 784 **Gesetz.** Daher sind beide Grundsätze einander in Art. 97 I GG zugeordnet. Die Unabhängigkeit soll gerade die ausschließliche Gesetzesbindung der richterlichen Entscheidung gegenüber sachfremden Erwägungen sicherstellen. Die richterliche Gewalt soll von anderen Einflüssen als denen des Gesetzes freigehalten werden; deshalb ist die Unabhängigkeit die Freiheit von Einflüssen Dritter, insbesondere der Exekutive, nicht hingegen des Gesetzes. Der Richter darf insbesondere seine Gesetzesbindung nicht unter Hinweis auf seine Unabhängigkeit oder seine eigene Rechtsüberzeugung beiseiteschieben.[111] Gesetzesbindung und Unabhängigkeit bedingen einander. Dadurch erhält die Justiz erst ihre demokratische Legitimation, die in Art. 20 II 1 GG angeordnet und in Art. 97 I GG konkretisiert wird.

Unabhängig sind die Gerichte aber nicht nur gegenüber der Exekutive, sondern auch gegenüber anderen Gerichten. Das gilt grundsätzlich auch gegenüber Gerichten höherer Instanzen, da die Justiz grundsätzlich einzelfallbezogen entscheidet. Einzelne Ausnahmen bedürfen der besonderen gesetzlichen Regelung. Soweit die Gerichte für bestimmte Fallgruppen stabile

---

108 → Rn. 975; s.a EGMR, NVwZ-RR, 2024, 257 – Disziplinarstrafe wegen Äußerungen im Richterrat-Polen.

109 Dazu grundlegend *Böckenförde,* Verfassungsfragen der Richterwahl, 1998; BVerfGE 151, 191.

110 BVerfGE 14, 156, (162).

111 Zur Rechtsbindung der Justiz → Rn. 635 ff.

Entscheidungsgrundsätze gebildet haben, kann daraus das sog. **„Richterrecht“**[112] entstehen, welches zur Gleichbehandlung auch zukünftiger Fälle verpflichtet, soweit kein Abweichungsrecht entsteht. Aber auch das Richterrecht ist an den Vorrang und den Vorbehalt des Gesetzes gebunden.

785 **Zur Vertiefung** ein BVerfGE 22, 125 nachgebildeter Fall:

! Nach § 57 OWiG kann u. a. für bestimmte Verkehrsverstöße (§ 49 StVO) eine gebührenpflichtige Verwarnung vom Polizeibeamten verhängt werden. Ist diese Vorschrift mit dem Gewaltenteilungsgrundsatz vereinbar?

---

786 Die Vorschrift wäre mit dem Gewaltenteilungsprinzip unvereinbar, wenn eine gebührenpflichtige Verwarnung eine verdeckte Kriminalstrafe wäre, die gem. Art. 92 GG nur Richtern anvertraut werden darf. Anders wäre es, wenn der Gesetzgeber bestimmte Verkehrsverstöße statt dem vom Richter anzuwendenden Strafrecht dem Recht der Ordnungswidrigkeiten, dass die Exekutive vollziehen, zuordnen dürfe.

> „Wie der Gesetzgeber diese Tatbestände generell aus dem Strafrecht herausnehmen durfte, so darf er bei ihnen, solange sie zum Strafrecht gehören, statt des Legalitätsprinzips das Opportunitätsprinzip anwenden, unter Wahrung des Gleichheitssatzes in bestimmten Fällen von Strafverfolgung absehen und sie durch eine gebührenpflichtige Verwarnung beilegen lassen. Das gehört nicht zur Rechtsprechung, weil der Polizeibeamte nicht über eine Verkehrsübertretung urteilt, sondern diese nur zum Anlass einer Verwarnung nimmt. Der präventive Charakter der gebührenpflichtigen Verwarnung legt ohnehin nahe, sie in den traditionellen Aufgabenbereich der Polizei einzuordnen.“ (BVerfGE 22, 125, 133)

787 Hier wird demnach die richterliche Kontrolle als ausreichend angesehen, da die Ordnungswidrigkeit nicht zu dem „traditionellen Strafrecht“ zählt.

> „Geldstrafe und Verwarnungsgebühr wirken präventiv. Die Prävention ist aber kein Wesensmerkmal der Strafe, sondern eine Nebenwirkung, die auch anderen staatlichen Maßnahmen, z. B. der Geldbuße ähnelt. Jede Kriminalstrafe ist ihrem Wesen nach Vergeltung durch Zufügung des Strafübels. Die gebührenpflichtige Verwarnung bezweckt und bewirkt keine Vergeltung und unterscheidet sich vor allem dadurch wesensmäßig von der Strafe. Der Unrechtsgehalt leichter Verstöße gegen die Verkehrsregeln ist vielfach so gering, dass auf eine Vergeltung gegenüber einem Einsichtigen, auf frischer Tat betroffenen Täter ganz verzichtet werden kann. Die gebührenpflichtige Verwarnung enthält auch keinen ethischen Schuldvorwurf. Sie kann deshalb in ihrer Auswirkung auf den Betroffenen jedenfalls nicht als Kriminalstrafe angesehen werden.“ (BVerfGE 22, 125, 132)

---

112 Dazu schon → Rn. 201, 212; dazu BVerfGE 111, 54 (81); 118, 212 (243); differenzierend BVerfGE 122, 248; dazu *Möllers*, JZ, 2009, 668; s.a. *Gusy*, DÖV, 1992, 461.

Weiterführend:
Voßkuhle, Regulative Idee und Rechtsalltag in: Oswald (Hrsg.), Das Grundgesetz 2022, S. 327; *Sodan* Der Status des Richters, in: HStR V, 3. Aufl., § 113; *Wilke* Die rechtsprechende Gewalt, ebd., § 112.

2. Bundesverfassungsgericht

a) Stellung des Bundesverfassungsgerichts

Dem Bundesverfassungsgericht ist neben den im Grundgesetz vorgesehenen Bundesgerichten und den Gerichten der Länder die Rechtsprechung anvertraut (Art. 92 GG). Die Parallelisierung von Bundesverfassungsgericht und obersten Bundesgerichten bei der Wahrnehmung von Rechtsprechungsaufgaben verdeutlicht die **Eigenschaft des Bundesverfassungsgerichts als Gericht.**[113] 788

Demgegenüber ist die Qualifizierung des Bundesverfassungsgerichts als „Verfassungsorgan" eine Frage des Protokolls.

Das Bundesverfassungsgericht ist die letzte Instanz in **Verfassungsstreitigkeiten.** 789
Es misst Maßnahmen aller Staatsgewalt nahezu allein am Grundgesetz, nur ausnahmsweise an einfachen Gesetzen. Daraus resultiert ein zentraler Unterschied zu allen anderen Gerichten, deren Prüfungsmaßstab auch die einfachen Gesetze sind. Alle Gerichte prüfen demnach, ob Handlungen oder Unterlassungen mit dem Grundgesetz und einfachen Gesetzen vereinbar sind; das **Bundesverfassungsgericht prüft grundsätzlich nur, ob sie mit dem Grundgesetz vereinbar** sind. Ausnahmen ergeben sich insbesondere aus Art. 93 I Nr. 2 GG, nach welchem das Bundesverfassungsgericht auch die Vereinbarkeit von Landesrecht mit einfachem Bundesrecht prüft. Die Prüfung von Landesrecht am Landesverfassungsrecht obliegt demgegenüber den **Landesverfassungsgerichten,** die nach Landesrecht eingerichtet werden.[114]

Die Bindung der Rechtsprechung an das Gesetz gem. Art. 97 I GG gilt für das Bundesverfassungsgericht somit – bis auf die bundesstaatliche Normenkontrolle – jedenfalls bezüglich der Prüfungsmaßstäbe nicht, wohl aber hinsichtlich des Verfahrens. Damit nimmt es innerhalb der drei Gewalten eine Sonderstellung ein. Da das Verfassungsrecht überwiegend das Verhalten von Verfassungsorganen, ihre Kompetenzen und deren Abgrenzung gegeneinander regelt und so die rechtliche Rahmenordnung des politischen Prozesses darstellt, entscheidet das Bundesverfassungsgericht über Streitfälle, die ihren Ausgangspunkt und zumeist auch ihre

---

113 Dazu eingehend *Roellecke* in: HStR III, § 67 Rn. 15 ff.
114 Zur Prüfung von Bundesrecht durch Landesverfassungsgerichte BVerfGE 96, 345, 363 ff; *Gärditz* DVBl 2024, 870.

zentralen Auswirkungen im Politischen haben. **Wenn das Grundgesetz das Recht des Politischen ist, so ist das Bundesverfassungsgericht das Gericht für das Politische.** Daraus ergibt sich die Bedeutung des **Bundesverfassungsgerichts als politischer Faktor.**[115] Das Gericht entscheidet aber keine politischen Fragen, sondern Rechtsfragen. Alleiniger Prüfungsmaßstab ist das Grundgesetz, nicht das Politische. Das Gericht reicht demnach so weit, wie das Grundgesetz reicht. In diesem Sinne setzt das Bundesverfassungsgericht das Grundgesetz durch. Es ist als allein auf die Verfassung verpflichtete Gerichtsinstanz ein wesentlicher Mechanismus bei der Wahrung des Grundgesetzes: Die Verfassung ist – wie alles Recht – nur so wirksam, wie es die Mechanismen zu ihrer Durchsetzung sind. Umgekehrt erfährt allerdings das Gericht seine Legitimation nur durch seine Verfassungsbindung: Nur was aus dem Grundgesetz herleitbar ist, kann Rechtsgrundlage von Entscheidungen des Gerichts sein.

790 Die **Richterwahl** am Bundesverfassungsgericht wird im Verfahren des Art. 94 I GG durchgeführt. Wahlorgane sind für je die Hälfte der Richterinnen und Richter der Bundesrat und der Bundestag, welcher diese Aufgabe durch einen paritätisch besetzten **Verfassungsrichterwahlausschuss** wahrnehmen lässt.[116] Mindestens vier Richter müssen Bundesrichter sein, also aus anderen Bundesgerichten an das Bundesverfassungsgericht gewählt werden. Im Gericht bildet die Gesamtheit der Richter zwei Senate, die je getrennt voneinander und in wechselseitiger Unabhängigkeit die Rechtsprechungsaufgaben wahrnehmen. Jedem Senat gehören acht Richterinnen und Richter an.

Im Oktober 2024 gehörten dem 1. Senat drei Richterinnen und dem 2. Senat vier Richterinnen an.

791 **Organisation und Verfahren des Bundesverfassungsgerichts** sind im Bundesverfassungsgerichtsgesetz näher geregelt, welches auf der Grundlage des Art. 94 II 1 GG erlassen worden ist. Ausgelöst durch die Zunahme extremistischer Abgeordneter in deutschen Parlamenten und eingedenk der von Regierungen initiierten Manipulationen der Verfassungsgerichte bis hin zum Courtpacking, also der Veränderung der Spruchkörper sind durch Gesetz v. 20.12.2024, BGBl. I Nr. 439, wesentliche Fragen der Richterwahl und der Arbeitsweise des Gerichts in Art. 93, 94 GG festgeschrieben worden. In jüngerer Zeit wird nicht zuletzt wegen des Drucks auf die Verfassungsgerichte in Polen und Ungarn zurecht gefordert zumindest das Wahlverfahren für die Richter des Bundesverfassungsgerichts in der Verfassung festzuschreiben.[117] § 13 BVerfGG zählt die einzelnen Aufgaben des Gerichts auf. Dies sind im Wesentlichen die im Grundgesetz verstreuten Einzelaufgaben, ferner

115 Dazu *Böckenförde* NJW 1999, 9, 13; *Gusy* EuGRZ 1982, 93; *Hassemer* JZ 2008, 1; → Rn. 77 ff.
116 BVerfGE 131, 230, 233 ff.
117 *Voßkuhle*, JZ, 2024, 1.

die Zuständigkeiten nach Art. 93, 99, 100 GG. Es gibt **keine Generalklausel** für die Zuständigkeit des Bundesverfassungsgerichts.

Als Erstes ist daher zu prüfen, ob und in welchem Streitverfahren das Bundesverfassungsgericht zuständig ist. 792

Die drei wichtigsten Verfahrensarten werden in den folgenden beiden Abschnitten und in § 17 (Verfassungsbeschwerde), sowie im Anhang (→ Rn. 726 ff.) dargestellt. Daran anschließend erfolgt die Zulässigkeitsprüfung nach folgendem Muster: 793

- **Statthafte Rechtsschutzform.** Hier ist in § 13 BVerfGG dasjenige Streitverfahren zu suchen, welches vom gestellten Antrag ausgefüllt werden könnte. Der Antrag bestimmt demnach das Streitverfahren. Ist das maßgebliche Streitverfahren bestimmt, können im BVerfGG jeweils die für die konkrete Verfahrensart anwendbaren Bestimmungen aufgesucht werden.
- **Beteiligtenfähigkeit.** Hier ist festzustellen, ob nach den maßgeblichen Bestimmungen des GG und des BVerfGG für die konkrete Verfahrensart der **Antragsteller** überhaupt einen solchen Antrag stellen darf und ob er ihn gerade gegen diesen **Antragsgegner** stellen kann.
- **Antragsrecht.** Dieses Erfordernis ist von Bedeutung, wenn der Antragsteller mit seinem Antrag ein bestimmtes Recht geltend zu machen hat. So muss er etwa nach Art. 93 I Nr. 1 GG ein eigenes Recht als Staatsorgan geltend machen; nach Art. 93 I Nr. 4a GG muss er behaupten, in einem Grundrecht oder grundrechtsgleichen Recht verletzt zu sein. Derartige Antragsrechte müssen ausdrücklich im Grundgesetz vorgesehen sein.
- **Antragsform und -frist.** Für Anträge ist grundsätzlich Schriftform vorgesehen (§ 23 BVerfGG); Antragsfristen sind in einzelnen Fällen gesetzlich angeordnet (etwa: § 93 BVerfGG). Im Übrigen gelten keine Fristbestimmungen.
- **Sonstige Zulässigkeitsvoraussetzungen.** Diese gelten insbesondere im Verfassungsbeschwerdeverfahren.

b) Organstreit

Der Organstreit[118] nach Art. 93 I Nr. 1 GG betrifft den Inhalt und Umfang der Kompetenzen, welche vom Grundgesetz einzelnen Organen oder sonstigen Berechtigten verliehen worden sind. Greift ein Berechtigter in den Aufgabenkreis eines anderen Berechtigten ein, so kann dieser den Streit gegen jenen vor das Bundesverfassungsgericht tragen; das Gericht ist so Schiedsrichter zwischen den Staatsorganen nach Maßgabe der Verfassung. 794

Auf diese Weise sichert das Gericht die Funktionsdifferenzierung zwischen den verschiedenen Handlungseinheiten des Bundes. Ähnliche Aufgaben nimmt es für die vertikale Gewaltentei-

118 Eingehend *Grote* Der Verfassungsorganstreit, 2010; *Schlaich/Korioth* Das Bundesverfassungsgericht, 8. Aufl., 2010, Rn. 79.

lung im **Bund-Länder-Streitverfahren** nach Art. 93 I Nr. 3 GG wahr. Hier geht es um die Sicherung des Föderalismus.

795 Die Einzelheiten des Organstreits sind in §§ 63 ff. BVerfGG geregelt. Sie regeln die Zulässigkeitsvoraussetzungen und die besonderen Verfahrensanordnungen für dieses Streitverfahren. Dazu zählen

- die **Antragsberechtigten** (§ 63 BVerfGG). Dies sind –nur **Verfassungsorgane**, also der Bundespräsident, der Bundestag, der Bundesrat sowie die Bundesregierung. Ferner zählen dazu diejenigen **Teile jener Organe**, die in deren Geschäftsordnungen mit eigenen Rechten ausgestattet sind. Dies ist nicht „die Opposition“ und nahezu niemals die „XY-Fraktion“,[119] sondern das antragsberechtigte Quorum von Abgeordneten, der Untersuchungsausschuss (Art. 44 GG) oder der Fragesteller. Hier soll der **Minderheit** die Möglichkeit eingeräumt werden, die Rechte und Aufgaben des Organs durchzusetzen. Hat etwa der Bundesrat einem Zustimmungsgesetz nicht zugestimmt, so könnte die Mehrheit aus politischen Gründen von einem Antrag an das Bundesverfassungsgericht absehen, wenn sie aus ähnlichen Parteien wie die Bundestagsmehrheit oder die Bundesregierung zusammengesetzt ist. Hier sollen die „Oppositionsländer“ die Möglichkeit haben, die Rechte des Bundesrates insgesamt zu wahren.
- der **erforderliche Antrag** (§ 64 BVerfGG). Der Antrag muss erkennen lassen, welche Maßnahme des Antragsgegners (§ 64 II BVerfGG) den Antragsteller in einem aus dem Grundgesetz fließenden Recht verletzt haben soll. Auch die nach der Geschäftsordnung antragsberechtigten Teile dürfen keine Rechte aus der Geschäftsordnung, sondern **nur Recht aus dem Grundgesetz** geltend machen.
- die **Antragsfrist** (§ 64 III BVerfGG). Sie ist sechs Monate nach dem Zeitpunkt, zu welchem die angegriffene Maßnahme dem Antragsteller bekanntgeworden ist, abgelaufen.
- die **Entscheidung** (§ 67 BVerfGG). Entgegen dem Wortlaut des Art. 93 I Nr. 1 GG entscheidet das BVerfG nicht nur „über die Auslegung des Grundgesetzes“, sondern den Streit zwischen den Organen. Die Entscheidung lautete etwa: „Die Weigerung des Bundespräsidenten, das XY-Gesetz zu unterzeichnen, verstößt gegen Art. 82 I 1 GG.“

796 **Zur Vertiefung** ein BVerfGE 28, 97; 41, 399 nachgebildeter Fall:

! Die X-Vereinigung hat sich an den Bundestagswahlen beteiligt und 0,6 % der Zweitstimmen erlangt. Auf ihren Antrag, an der Wahlkampfkostenerstattung teilzunehmen, erklärt der Bundestagspräsident, sie sei keine „Partei“ und daher nicht erstattungsberechtigt. Kann die X-Vereinigung dagegen vorgehen?

Die X-Vereinigung könnte in ihren Rechten aus Art. 3, 21 GG beeinträchtigt sein. Äußerst problematisch ist allerdings ihre Antragsberechtigung, ob sie also ein „oberstes Bundesorgan oder anderer Beteiligter, die durch dieses Grundgesetz oder in der Geschäftsordnung eines obersten Bundesorgans mit eigenen Rechten ausgestattet sind“, ist. Parteien wirken gem. § 2

---

119 S. aber BVerfGE 2, 143, 160.

PartG einerseits bei der „politischen Willensbildung des Volkes“ mit und nehmen andererseits Vorbereitungsaufgaben bei den „Wahlen und Abstimmungen“ wahr. Sie haben eine Doppelfunktion: Ihre Existenz und Tätigkeit ist nicht staatlich, konstituiert aber den Staat mit. [120]

Das Bundesverfassungsgericht hat die Antragsberechtigung der Parteien im Organstreitverfahren unter eingeschränkten Voraussetzungen zumindest dann begründet,[121] soweit es um den verfassungsrechtlichen Status der Partei bei der Teilnahme an Parlamentswahlen geht.[122] Diese Rechtsprechung des Bundesverfassungsgerichts stößt auf systematische Schwierigkeiten: 797

- An keiner Stelle ist begründet, dass die Parteien ein oberstes Bundesorgan oder ein Teil davon seien. Wenn die Parteien ihnen nur „gleichzustellen“ sind, so steht dies im Widerspruch zur sonstigen Rechtsprechung: In anderen Fällen werden die Regeln über die Beteiligtenfähigkeit durchaus als abschließend angesehen.
- Dass die Parteien die Bundesrepublik als Parteienstaat mitkonstituieren, sagt über deren Charakter als Staatsorgan nichts aus: Die Bundesrepublik als Verfassungsstaat wird auch durch die Grundrechte konstituiert, ohne dass deren Träger damit Staatsorgane wären.
- Die **Abgrenzungsschwierigkeiten zur Verfassungsbeschwerde** werden unlösbar. So wurde im Beispiel der Organstreit für unzulässig gehalten, da der Bundestagspräsident als Verwaltungsbehörde handelt und das Rechtsverhältnis zu ihm sich nach §§ 18 ff. Parteiengesetz richtet.[123] Gegenwärtig gilt wohl: Streitigkeiten zwischen Parteien und Verfassungsorganen können im Organstreit entschieden werden; gegen sonstige staatliche Stellen sind Verwaltungsrechtsweg und Verfassungsbeschwerde zu suchen. Bisweilen geht das BVerfG von einer Subsidiarität der Verfassungsbeschwerde gegenüber dem Organstreit aus: Was nicht mit Letzterem geltend gemacht werden kann, kann in ersterer eingeklagt werden.[124] Praktisch erheben Parteien bei dem Bundesverfassungsgericht i. d. R. nebeneinander Organklage und Verfassungsbeschwerde, da nicht mehr übersehbar ist, welche Streitigkeiten im konkreten Fall anzuwenden wären.

c) Normenkontrolle

Die Normenkontrolle überprüft die **formelle und materielle Vereinbarkeit eines Gesetzes mit dem Grundgesetz.** Wenn ein Gesetz mit dem Grundgesetz unvereinbar ist, setzt das Bundesverfassungsgericht den Vorrang der Verfassung dadurch durch, dass es das Gesetz für nichtig erklärt. Diese Abweichung von dem Grundsatz, dass nur der Gesetzgeber seine eigenen Anordnungen aufheben kann, ist in §§ 78 798

120 S. dazu o. Rn. 226 ff.

121 Seit BVerfGE 4, 27, 30.

122 Zum Verhältnis dieser Rechtsprechung zum Wahlprüfungsverfahren (Art. 41 GG) BVerfGE 34, 81, 94; BVerfG, BayVBl. 2009, 750 ff.; → Rn. 225.

123 S. etwa BVerfGE 7, 99, 103 zur Zuteilung von Sendezeiten im Rundfunk; BVerfGE 47, 285; BVerfGE 57, 1, 6 ff. zum Verfassungsschutzbericht; *Dissmann* Rechtsschutz für politische Parteien, 1997.

124 BVerfGE 82, 322, 335 f.

S. 1; 82 I; 95 III 1 BVerfGG ausdrücklich niedergelegt. Das Bundesverfassungsgericht hat somit das Kassationsrecht im Unterschied zu jeglichem anderen Gericht. Ihm kommt das **Verwerfungsmonopol** zu.

799 Die **abstrakte Normenkontrolle**[125] gem. Art. 93 I Nr. 2 GG, §§ 76 ff. BVerfGG ist zulässig

- auf **Antrag.** Antragsberechtigt sind nur die in Art. 93 I Nr. 2 GG genannten Organe, insbesondere also keine Fraktionen oder Parteien.
- indem der Antragsteller die **Unvereinbarkeit** einer Norm mit dem Grundgesetz rügt. Dabei genügen „Meinungsverschiedenheiten oder Zweifel", dass die Antragsteller eine Norm für verfassungswidrig halten (§ 76 BVerfGG), ist hingegen nicht erforderlich und verfassungskonform iSd Art. 92 Abs. 1 Nr. 2 GG erweiternd auszulegen.

oder

- die **Gültigkeit behauptet**, nachdem eine staatliche Stelle eine Vorschrift als unvereinbar mit dem Grundgesetz nicht angewandt hat.

Sonderformen sind das **Kompetenzkontrollverfahren** nach Art. 93 I Nr. 2a GG und das **Kompetenzfreigabeverfahren** nach Art. 93 II GG. **Prüfungsmaßstab** des Bundesverfassungsgerichts ist gegenüber Bundesrecht allein das Grundgesetz, gegenüber Landesrecht alles Bundesrecht. Die Prüfung der Vereinbarkeit einer Rechtsverordnung an einem Bundesgesetz ist demnach nicht zulässig. Das Bundesverfassungsgericht prüft formelle Gesetze, Rechtsverordnungen und Satzungen.

800 Die **konkrete Normenkontrolle**[126] gem. Art. 100 GG unterscheidet sich in nahezu allen Zulässigkeitsvoraussetzungen von dem abstrakten Prüfungsverfahren. Während die abstrakte Normenkontrolle den politischen Motiven der Antragsteller überlassen bleibt, setzt Art. 100 GG eine konkrete Rechtsanwendungssituation voraus: Ein Gericht hat auf einen Rechtsstreit eine Norm anzuwenden (Art. 20 III; 97 I GG), hält diese aber für verfassungswidrig. Der daraus resultierende Streit, der in dieser Form seit dem Beginn des 19. Jh. in seinen Vorformen weit darüber hinaus zu den zentralen Auseinandersetzungen über das **„richterliche Prüfungsrecht"** führte, ist in Art. 100 GG positivrechtlich entschieden. Alle Gerichte dürfen die Vereinbarkeit des geltenden Rechts mit dem Grundgesetz prüfen, aber allein das Bundesverfassungsgericht darf ein verfassungswidriges Gesetz verwerfen. Gerade dies ist der Inhalt des **Verwerfungsmonopols.** Art. 100 GG klärt die Frage, wie das Verfahren vom prüfenden Richter zum entscheidungsbefugten Bundesverfas-

---

125 Dazu *Heun*, FS 50 BVerfG I, S. 615 ff.; *Löwer* in: HStR III, 3. Aufl., § 70 Rn. 55 ff.; *Mückl*, JURA 2005, 467.

126 Ausführlich *Heun*, AöR 122 (1997), 610; *Löwer* in: HStR III, § 70 Rn. 79 ff.

sungsgericht gelangen kann, im Sinne eines **Vorlageverfahrens.** Dessen Voraussetzungen sind:

- Vorliegen eines nachkonstitutionellen **Gesetzes.** Hier ist – im Gegensatz zur abstrakten Normenkontrolle – nur das förmliche Gesetz gemeint, da das Verwerfungsmonopol des Bundesverfassungsgerichts nur den Gesetzgeber schützen soll. Niederrangige Normen prüft das jeweilige Gericht selbst.[127] Geschützt ist nur der **nachkonstitutionelle Gesetzgeber**; vorkonstitutionelle Gesetze können von allen Gerichten selbst überprüft und verworfen werden.
- **Überzeugung des Gerichts von einem Verstoß gegen das Grundgesetz.** Das Gericht muss das Gesetz für verfassungswidrig halten; bloße Zweifel genügen nicht. Das Gesetz muss gerade gegen das Grundgesetz verstoßen; bei Verstößen gegen Landesverfassungen ist die Vorlage zum Landesverfassungsgericht zulässig (Art. 100 I 1. Alt. GG). Die Überzeugung muss vom vorlegenden Gericht begründet werden (§ 80 II BVerfGG).
- **Entscheidungserheblichkeit des Gesetzes.** Die Entscheidung des Rechtsstreits muss von der Gültigkeit oder Ungültigkeit des Gesetzes abhängen. Dies ist nur der Fall, wenn im konkreten Fall bei Gültigkeit eine andere Rechtsfolge als bei Ungültigkeit auszusprechen wäre. Daran scheitert – mangels Außenwirkung – die Vorlage des Haushaltsgesetzes.[128] Von dem Erheblichkeitserfordernis ist das Bundesverfassungsgericht abgewichen, um die Gefahr der Überflüssigkeit ungewöhnlich aufwändiger Beweisverfahren zu umgehen.[129]

Kommt das Bundesverfassungsgericht zu dem Ergebnis, dass ein Gesetz verfassungswidrig ist, so erklärt es dies gemäß §§ 78 S. 1; 82 I, 95 III BVerfGG für nichtig. 801

Dies entspricht der überkommenen Nichtigkeitslehre wonach ein verfassungswidriges Gesetz von Anfang an und ohne weiteren Gestaltungsakt nichtig oder teilnichtig ist.[130]
Anknüpfend an die Lehre von der bloßen Vernichtbarkeit verfassungswidriger Normen hat das Bundesverfassungsgericht pragmatisch die Folgen der Verfassungswidrigkeit modifiziert und zwar:

- Unvereinbarkeitserklärungen, z. B. bei Steuergesetzen
- oder bei Unterlassen des Gesetzgebers
- oder wegen Folgeproblemen durch Ungleichbehandlung.

Ein Gesetz ist hingegen weder nichtig, noch vernichtbar, wenn es verfassungskonform ausgelegt werden kann.[131]

127 BVerfGE 1, 184 ff.
128 BVerfGE 38, 121, 125 f.
129 BVerfGE 47, 146, 151 ff.
130 BVerfGE 127, 165.
131 Dazu *Battis*, HdB StR XII, 3. Aufl., 2014, Rn. 53 ff.

802 Die Wirkung der Nichtigerklärung auf bereits abgeschlossene Anwendungsfälle verfassungswidriger Gesetze wird in § 79 BVerfGG umschrieben. Grundsätzlich wirkt danach die Nichtigerklärung nicht zurück.[132]

803 Das häufigste Verfahren vor dem BVerfG, die **Verfassungsbeschwerde**, wird gesondert in §14 behandelt.

Weiterführend:
Schlaich/Korioth Das BVerfG, 14. Aufl., 2025; *Benda/Klein* Verfassungsprozessrecht, 3. Aufl., 2011; *Pestalozza* Verfassungsprozessrecht, 3. Aufl., 1991; *Gersdorf* Verfassungsprozessrecht und Verfassungsmäßigkeitsprüfung, 6. Aufl., 2024; *Lechner/Zuck* BVerfGG, 8. Aufl., 2019; *Maunz/Schmidt-Bleibtreu/Klein/Bethge* BVerfGG, Losebl.; *Burkiczak/Dollinger/Schorkopf* BVerfGG, 2. Aufl., 2021.

132 Zu Einzelheiten und Ausnahmen *Bethge* in: Maunz/Schmidt-Bleibtreu/Klein/Bethge, BVerfGG, § 79 Rn. 22 ff.

2. Teil
Die Grundrechte

Das Grundgesetz überschreibt seinen einleitenden Abschnitt mit „Die Grundrechte". Es stellt so die Menschen und ihre Rechte an die Spitze und statuiert erst danach die Bestimmungen über Aufbau, Ausgestaltung und Wirken des Staates. In dieser nicht zufällig gewählten Reihenfolge liegt das Bekenntnis zu den Menschenrechten als Grundlage und Ziel der staatlichen Ordnung. Ganz in diesem Sinne sollte Art. 1 I GG ursprünglich lauten: „Der Staat ist um des Menschen willen da, nicht der Mensch um des Staates willen." (Art. 1 I HChE). **Grundrechte sind subjektive Rechte der Menschen im Staat mit Verfassungsrang.** Sie sind nicht nur – wie alle anderen staatsgerichteten Rechte – mithilfe des fachgerichtlichen Rechtsschutzes durchsetzbar. Vielmehr steht zu ihrer Geltendmachung zusätzlich die nur auf sie erstreckte Verfassungsbeschwerde (Art. 93 I Nr. 4a GG)[1] offen. Charakteristika dieser Grundrechte sind demnach **804**

- ihre Eigenschaft als **subjektive Rechte** der Menschen im Staat,
- ihr **besonderer Rang** in der Rechtsordnung als Elemente des Grundgesetzes und
- ihre besondere **prozessuale Durchsetzbarkeit** auch beim Bundesverfassungsgericht.

Grundrechte finden sich nicht nur im Grundgesetz. Die meisten **Landesverfassungen** statuieren gleichfalls eigenständige Grundrechte oder verweisen auf die Grundrechte des GG. Sie binden jedoch allein die jeweiligen Länder; zudem kommt ihnen wegen ihrer Nachrangigkeit gegenüber dem Bundesrecht gem. Art. 31, 142 GG nur sehr begrenzte Bedeutung zu.[2] Die Landesverfassungsgerichte sind für die Prüfung des Landesrechts am Maßstab des Landesverfassungsrechts zuständig.[3] Die Landesverfassungsgerichte können im Hinblick auf die Landesgrundrechte eigene Akzente setzen, in der Praxis geschieht dies jedoch kaum, weil Landesgrundrechte, welche mit Bundesgrundrechten übereinstimmen, von den Landesverfassungsgerichten in der Regel in inhaltlicher Übereinstimmung mit den Bundesgrundrechten ausgelegt werden.[4]

Auch das **supra- und internationale Recht** kennt zahlreiche Menschenrechtsgarantien. Aus derselben Zeit wie das GG stammen die – allerdings rechtlich unverbindliche – **Allgemeine Erklärung der Menschenrechte** der UN (AEMR) vom 10. 12. 1948, welcher der 1. Abschnitt des GG manche Formulierungen verdankt, und **805**

---

1 Zu ihr s. u. Rn. 1201 ff.

2 Dazu grundlegend BVerfGE 96, 345, 364 ff.; hierzu *Dietlein* JURA 2000, 19.

3 S. o. Rn. 484 u. 789.

4 Ausf. dazu *Edenharter* Grundrechtsschutz in föderalen Mehrebenensystemen, 2018, S. 367 ff.

https://doi.org/10.1515/9783111271309-011

die **Europäische Konvention zum Schutze der Menschenrechte und Grundfreiheiten** des Europarates (EMRK vom 4. 11. 1950)[5] samt ihrer zahlreichen Zusatzprotokolle. An die AEMR knüpfen insbesondere der Internationale Pakt über bürgerliche und politische Rechte (IPbpR) und der Internationale Pakt über wirtschaftliche, soziale und kulturelle Rechte (IPwskR) vom 19. 12. 1966 an.[6] Die genannten Menschenrechtsabkommen gelten als völkerrechtliche Verträge gem. Art. 59 II GG in Deutschland im Rang eines einfachen Bundesgesetzes, soweit nach der bundesstaatlichen Kompetenzverteilung der Bundesgesetzgeber zuständig ist. Soweit die völkerrechtlichen Verpflichtungen Landeskompetenzen betreffen, etwa im Bereich der Schulbildung, obliegt den Ländern die Überführung in nationales Recht.

806 Besondere Bedeutung für die Interpretation der Grundrechte des Grundgesetzes hat die **EMRK.** Da Grundgesetz und EMRK derselben Zeit und denselben Ideen entstammen, sind die Überschneidungen vergleichsweise groß. Die Konvention bindet in Deutschland als transformiertes Bundesrecht (Art. 59 II GG) alle Behörden und Gerichte (Art. 20 III GG). Das Bundesverfassungsgericht betont das Nebeneinander der nationalen und internationalen Schutzsysteme: Einerseits sei eine Verfassungsbeschwerde unter Berufung allein auf Konventionsrechte unzulässig. Wo sich beide jedoch überschnitten, seien die deutschen Garantien auch im Sinne des europäischen Rechts auszulegen.[7] Im Rahmen der Heranziehung der **EMRK als Auslegungshilfe** berücksichtigt das BVerfG Entscheidungen des zur Durchsetzung der EMRK bestehenden **Europäischen Gerichtshofs für Menschenrechte (EGMR)**, und zwar auch dann, wenn sie nicht denselben Streitgegenstand betreffen. Entscheidungen des EGMR gegen die Bundesrepublik Deutschland sind nach Art. 46 I EMRK ohnehin zu befolgen. Die umfassende Berücksichtigung der EGMR-Judikatur durch das BVerfG beruht auf der jedenfalls faktischen **Orientierungs- und Leitfunktion**, die der Rechtsprechung des EGMR für die Auslegung der EMRK auch über den konkret entschiedenen Einzelfall hinaus zukommt.[8] Die innerstaatlichen Wirkungen der Entscheidungen des EGMR erschöpfen sich daher nicht in einer auf den konkreten Lebenssachverhalt begrenzten Berücksichtigungspflicht.[9] Die Heranziehung der Rechtsprechung des EGMR als

---

5 BGBl. II 1952 S. 686, 953; dazu *Frowein/Peukert* EMRK, 2009; *Meyer-Ladewig/Nettesheim/v. Raumer* EMRK, 5. Aufl. 2023; s. o. Rn. 11.

6 Internationaler Pakt über bürgerliche und politische Rechte vom 19. 12. 1966 (BGBl. 1973 II S. 1533); *Nowak* UNO-Pakt über bürgerliche und politische Rechte und Fakultativprotokoll, 1989; Internationaler Pakt über wirtschaftliche, soziale und kulturelle Rechte vom 19. 12. 1966 (BGBl. 1973 II S. 1569).

7 BVerfGE 111, 307, 315 ff.; 128, 326, 367 f. u. 371; 131, 268, 295.

8 BVerfGE 111, 307, 320; 128, 326, 368; 148, 296 Rn. 129.

9 BVerfGE 111, 307, 328; 148, 296 Rn. 129.

Auslegungshilfe auf der Ebene des Verfassungsrechts über den Einzelfall hinaus dient dazu, den Garantien der EMRK in Deutschland möglichst umfassend Geltung zu verschaffen, und kann darüber hinaus dazu beitragen, Verurteilungen Deutschlands durch den EGMR zu vermeiden.[10] Allerdings sind bei der Orientierung an der Rechtsprechung des EGMR jenseits des Anwendungsbereichs des Art. 46 EMRK die konkreten Umstände des Falls im Sinne einer Kontextualisierung in besonderem Maße in den Blick zu nehmen.[11] Die Möglichkeiten einer konventionsfreundlichen Auslegung enden nach Auffassung des BVerfG dort, wo diese nach den anerkannten Methoden der Gesetzesauslegung und Verfassungsinterpretation nicht mehr vertretbar erscheint.[12] Angesichts der engen Orientierung des BVerfG an der EMRK in ihrer Auslegung durch den EGMR lässt sich sagen, dass sich in dem Überschneidungsbereich von GG und EMRK das BVerfG nicht nur als Hüter der deutschen Grundrechte, sondern auch der Konventionsrechte versteht.[13] Daher nähert sich die Grundrechtsauslegung von BVerfG und EGMR einander vielfach an.[14] Bisweilen zitiert das BVerfG Urteile des EGMR sogar wie eigene Vorentscheidungen.[15] Nur vereinzelt zeigen sich Differenzen zwischen dem EGMR und dem BVerfG.[16]

In der Rechtsprechung des BVerfG ist zudem mittlerweile anerkannt, dass auch 807
die **UN-Behindertenrechtskonvention (BRK)** vom 13. 12. 2006,[17] die in Deutschland nach Art. 59 II GG Gesetzeskraft hat, als Auslegungshilfe für die Bestimmung von Inhalt und Reichweite der nationalen Grundrechte herangezogen werden kann.[18] Allerdings lehnt es das BVerfG bislang ab, Stellungnahmen, Berichte oder Empfehlungen des **UN-Behindertenrechtsausschusses** zu berücksichtigen, da der Ausschuss, anders als der EGMR in Bezug auf die EMRK, kein Mandat zur verbindlichen Auslegung der BRK besitze.[19] Dementsprechend sind die nationalen Gerichte nach Ansicht des BVerfG zwar verpflichtet, sich mit den Standards der BRK und den Verlautbarungen des UN-Behindertenrechtsausschusses auseinander zu

---

10 BVerfGE 128, 326, 369; 148, 296 Rn. 130.

11 BVerfGE 148, 296 Rn. 132.

12 BVerfGE 111, 307, 329; 128, 326, 371.

13 BVerfGE 111, 307, 319 ff.; NVwZ 2007, 808, 811.

14 Dazu *Cremer* in: Dörr/Grote/Marauhn, Konkordanzkommentar, 3. Aufl., 2022, Kap. 4 Rn. 8 ff..

15 BVerfG, NJW 2009, 1133, 1134.

16 Insbesondere EGMR, NJW 1997, 2809; NJW 2004, 2647; 3397.

17 Gesetz zu dem Übereinkommen der Vereinten Nationen vom 13.12.2006 über die Rechte von Menschen mit Behinderungen sowie zu dem Fakultativprotokoll vom 13.12.2006 zum Übereinkommen der Vereinten Nationen über die Rechte von Menschen mit Behinderungen vom 21.12.2008 (BGBl 2008 II, S. 1419).

18 BVerfGE 128, 282, 306.

19 BVerfGE 151, 1 Rn. 65.

setzen, eine Pflicht zur Übernahme dieser Standards bestehe aber nicht.[20] Diese Rechtsprechung des BVerfG ist auf andere internationale Menschenrechtsdokumente, namentlich den **IPbpR**, **IPwskR** oder auch die **Europäische Sozialcharta**[21] übertragbar, da auch sie keine eigenen gerichtlichen Durchsetzungsmechanismen enthalten. Ihre Einhaltung wird durch besondere Monitoringverfahren und in politischen Verfahren überwacht.[22]

808 Die seit 2009 rechtsverbindlich geltende **Europäische Grundrechte-Charta**[23] der EU (**GRC**) enthält neben den klassischen Freiheits- und Gleichheitsrechten auch politische, wirtschaftliche und soziale Grundrechte und ist daher ein moderneres Dokument als das GG. Nach Art. 6 I EUV ist die GRC mit den EU-Verträgen gleichrangig, besitzt also **Primärrechtsqualität.** Mit Hilfe der GRC soll die einheitliche Anwendung des in den Mitgliedstaaten unmittelbar geltenden Unionsrechts sichergestellt werden. Die Grundrechte der GRC können die Grundrechte des GG verdrängen, soweit dies für die einheitliche Anwendung des Unionsrechts in den Mitgliedstaaten erforderlich ist,[24] sie haben mithin am Anwendungsvorrang des Unionsrechts gegenüber dem nationalen Recht teil.[25] Nach Art. 51 I 1 GRC sind die Mitgliedstaaten allerdings nur dann an die GRC gebunden, wenn sie Unionsrecht durchführen, also unionales Primär- oder Sekundärrecht umsetzen und anwenden.[26] Dies bedeutet, dass das Unionsrecht und damit die **Unionsgrundrechte** nur **dann Prüfungsmaßstab** für deutsches Recht sind, wenn und soweit das Unionsrecht **zwingende Vorgaben** macht (**unionsrechtliche Determinierung**). Seit der Entscheidung *Recht auf Vergessen II* aus dem Jahr 2019 prüft das BVerfG die Durchführung des Unionsrechts durch die deutschen Stellen, d.h. die behördliche und gerichtliche Anwendung von unionsrechtlich vollständig determinierten innerstaatlichen Gesetzen, am Maßstab der Grundrechte-Charta.[27] **Prüfungsmaßstab** bei einer Verfassungsbeschwerde sind in solchen Fällen allein die **Unionsgrundrechte.**[28] Die Grundrechte des Grundgesetzes sind im Falle von unionsrechtlicher Determinierung dementsprechend nicht anwendbar. Etwas anderes gilt nur dann, wenn im konkreten Fall durch die Nichtanwendung der nationalen Grundrechte die von Art. 79 III GG geschützte Verfassungsidentität be-

---

20 BVerfGE 151, 1 Rn. 65.
21 Europäische Sozialcharta v. 18. 10. 1963 (BGBl. 1964 II, S. 1261).
22 Dazu *Gusy* (Hrsg.) Grundrechtsmonitoring, 2011.
23 Dazu *Franzius* DÖV 2008, 933; *Pache/Rösch*, EuR 2009, 769; *Schulte-Herbrüggen*, ZEuS 2009, 343.
24 *Kingreen/Poscher* Grundrechte, Rn. 80.
25 Zum Anwendungsvorrang des Unionsrechts s. o. Rn. 12.
26 BVerfGE 147, 364 Rn. 46.
27 BVerfGE 152, 216 Rn. 57 ff.; 156, 182 Rn. 36.
28 BVerfGE 156, 182 Rn. 36.

einträchtigt würde.[29] Allerdings muss das BVerfG die Unionsgrundrechte nach den Vorgaben der EuGH-Rechtsprechung interpretieren und bei Auslegungszweifeln ein Vorabentscheidungsverfahren zum EuGH nach Art. 267 AEUV einleiten.[30] Das BVerfG begründet die unmittelbare Heranziehung der GRC in unionsrechtlich determinierten Fällen mit der aus Art. 23 I GG folgenden Integrationsverantwortung, die es erfordere, dass die Verletzung von Unionsgrundrechten durch die Fachgerichtsbarkeit verfassungsrechtlich geprüft werden könne, zumal das Unionsrecht selbst keine Verfassungsbeschwerde kenne.[31] Grundsätzlich unzulässig ist eine Verfassungsbeschwerde, die sich gegen ein innerstaatliches Gesetz richtet, das zwingendes Unionsrecht umsetzt, da andernfalls der Anwendungsvorrang und die einheitliche Geltung des Unionsrechts unterminiert würden.[32] Macht das Unionsrecht den Mitgliedstaaten hingegen keine zwingenden Vorgaben und wird den Mitgliedstaaten dementsprechend ein **Gestaltungsspielraum** eingeräumt (**unionsrechtlich nicht determinierter Bereich**), kommen **grundsätzlich allein die Grundrechte des GG** zur Anwendung. Allerdings kommt in diesen Fällen eine Auslegung der nationalen Grundrechte im Lichte der Charta-Grundrechte in Betracht, wie das BVerfG in seiner diesbezüglichen Leitentscheidung *Recht auf Vergessen I* aus dem Jahr 2019 herausgearbeitet hat.[33] Dadurch soll sichergestellt werden, dass auch im nicht-determinierten Bereich das Schutzniveau der Grundrechte-Charta gewahrt bleibt,[34] wobei das BVerfG im nicht-determinierten Bereich freilich weiterhin seine von ihm selbst entwickelten dogmatischen Ansätze wie etwa die mittelbare Drittwirkung anwendet.[35] Entscheidend für die Frage, ob das GG oder die GRC als Prüfungsmaßstab herangezogen wird, ist demnach die Ausgestaltung des Unionsrechts. Die Abgrenzung von determiniertem und nicht-determiniertem Bereich richtet sich nach einer Auslegung des jeweils anzuwendenden unionsrechtlichen Fachrechts.[36] Die Frage der Gestaltungsoffenheit ist dabei jeweils in Bezug auf die konkret auf den Fall anzuwendenden Vorschriften in ihrem Kontext zu beurteilen.[37] Eine vollständig determinierte Regelung ist grundsätzlich anzunehmen, wenn eine Verordnung einen bestimmten Sachverhalt abschließend

29 BVerfGE 140, 317 Rn. 53.
30 BVerfGE 152, 216 Rn. 70; BVerfG, NStZ-RR 2021, 86, 87.
31 BVerfGE 152, 216 Rn. 53 u. 60 ff.
32 BVerfGE 163, 107 Rn. 56.
33 BVerfGE 152, 152 Rn. 60.
34 BVerfGE 152, 152 Rn. 46 ff.
35 S. dazu *Edenharter* EuR 2022, 302, 309 ff.
36 BVerfGE 152, 216 Rn. 78; 163, 107 Rn. 57; s. dazu *Wendel* EuR 2022, 327, 328 ff.
37 BVerfGE 152, 216 Rn. 78.

regelt.[38] Problematisch ist in diesem Zusammenhang eine Entscheidung des 2. Senates des BVerfG zur Zulassung von Tierarzneimitteln, der die Unterscheidung zwischen vollständig determiniertem und nicht-determiniertem Bereich als obsolet ansieht, da Grundgesetz und GRC weitgehend inhaltsgleiche Grundrechtskataloge enthielten.[39] Dadurch werden unterschiedliche Grundrechtstraditionen und Rechtsprechungsentwicklungen schlichtweg ignoriert, wobei als weitere Problematik hinzu kommt, dass der 2. Senat in der Entscheidung zu verstehen gibt, die Unionsgrundrechte im Lichte seiner Rechtsprechung zu den Grundrechten des Grundgesetzes auszulegen.[40]

Hinweis für Klausuren und Hausarbeiten:
In unionsrechtlich nicht determinierten Bereichen sind alleine die Grundrechte des GG als Prüfungsmaßstab heranzuziehen. Eine Prüfung der Unionsgrundrechte ist nicht angezeigt. Unionsgrundrechte sind nur dann als Prüfungsmaßstab zu verwenden, wenn aus dem Sachverhalt hervorgeht, dass der Unionsrechtsakt den nationalen Stellen verbindliche Vorgaben macht.

809 Deutlich zurückhaltender als bei den Grundrechten ist das GG bei den **Grundpflichten**,[41] die jedenfalls nirgends explizit statuiert, sondern allenfalls vorausgesetzt sind. Solche Pflichten wie etwa Steuer-, Wehr- oder Schulpflicht bedürfen daher in jedem Falle einer Statuierung durch besondere Gesetze.

Zur Vertiefung:
Edenharter Die EU-Grundrechte-Charta als Prüfungsmaßstab des Bundesverfassungsgerichts, DÖV 2020, S. 349; *dies.* Wie argumentieren EuGH und BVerfG in Grundrechtsfragen, EuR 2022, S. 302; *Lindner* Landesgrundrechte, JuS 2018, S. 233; *Ludwigs* Grundrechtsschutz im Kooperationsverhältnis – Entwicklungslinien der BVerfG-Judikatur und offene Fragen, EuZW 2024, S. 445; *Neumann/Eichberger* Die Unionsgrundrechte vor dem Bundesverfassungsgericht, JuS 2020, S. 502; *Preßlein* Grundgesetz vs. Grundrechtecharta?, EuR 2021, S. 247; *Thym* Freundliche Übernahme, oder: die Macht des „ersten Wortes“ – „Recht auf Vergessen“ als Paradigmenwechsel, JZ 2020, S. 1017; *Toros/Weiß* Echte Kooperation?! – Wandel des Grundrechtsschutzes im Mehrebenensystem, ZJS 2020, S. 100; *Uerpmann-Wittzack* Die Bedeutung der EMRK für den deutschen und unionalen Grundrechtsschutz, Jura 2014, S. 916.

---

38 BVerfGE 152, 216 Rn. 79.

39 BVerfGE 158, 1 Rn. 57 ff.

40 BVerfGE 158, 1 Rn. 69 ff.; ähnlich auch schon BVerfGE 156, 182 Rn. 37; krit. auch *Kingreen/Poscher* Grundrechte, Rn. 87.

41 Dazu *Hofmann/Götz* VVDStRL 41, S. 42/7; *Rill* (Hrsg.) Grundrechte – Grundpflichten – eine untrennbare Verbindung, 2001.

§ 8 Zentralfragen der Grundrechtsdogmatik – Die Menschenwürde

Abschnitt I enthält zentrale Grundrechtsgarantien des GG. Sie sind **rechtliche Mindeststandards des menschlichen Zusammenlebens**; also Verbürgungen, die nicht unterschritten werden dürfen. Demgegenüber steht es allen Staatsorganen rechtlich frei, weitere Rechte und Freiheiten über den Rahmen des Grundgesetzes hinaus zu garantieren und so aktive Freiheits- bzw. Gleichheitspolitik zu betreiben. Der bisweilen öffentlich verbreitete Eindruck, Grundrechte und Bundesverfassungsgericht seien für Freiheit und Gleichheit, der Gesetzgeber im Gegensatz dazu für die Verwirklichung anderer Belange, insbesondere denen des Gemeinwohls, zuständig, entspricht jedenfalls nicht der verfassungsrechtlich vorgesehenen Lage. Auch die Grundrechte denken, namentlich in ihren Schrankenbestimmungen, das Gemeinwohl mit; und alle Staatsorgane, nicht nur das Bundesverfassungsgericht, sind auch zur Durchsetzung der Grund- und Menschenrechte da. Auf besonders drastische Weise wurde die Bedeutung der Grundrechte für nahezu alle Bereiche des menschlichen Lebens während der Corona-Pandemie sichtbar, als es in Folge der staatlichen Schutzmaßnahmen zu den schwersten Grundrechtseingriffen seit Ende des Zweiten Weltkrieges kam und bisher als selbstverständlich erachtete Freiheiten mit einem Mal stark eingeschränkt wurden. Die Besonderheit der Grundrechte als subjektive Rechte besteht im Wesentlichen darin, dass für ihren Schutz eine zusätzliche Instanz, nämlich die Gerichte berufen sind. Sie sind also auch ein **zentrales Element der Gewaltenteilung:** Wo es um Grundrechtsschutz geht, ist regelmäßig auch die Justiz zuständig.[1] Wo hingegen kein subjektives Recht ist, ist regelmäßig auch kein Richter. 810

Die Aufnahme einer Bestimmung in Abschnitt I begründet eine **Vermutung zugunsten ihrer Eigenschaft als Grundrecht.** Doch nicht alle Bestimmungen dieses Abschnitts enthalten solche Garantien. Namentlich Art. 7 I, III; 12a I; 15 S. 1; 17a, 18 GG sind keine Rechte im genannten Sinne. Sie finden sich hier lediglich aufgrund des Sachzusammenhangs mit Grundrechtsbestimmungen.

Umgekehrt enthält das Grundgesetz Garantien, die zwar nicht im Abschnitt I stehen, 811
wohl aber gem. Art. 93 I Nr. 4a GG mit der Verfassungsbeschwerde geltend gemacht werden können. Die dort ausdrücklich genannten Garantien – und nur sie! – sind also den Grundrechten gleichgestellt und werden daher als **grundrechtsgleiche Rechte** bezeichnet. Aus der unterschiedlichen Bezeichnung folgen keine rechtli-

1 Dazu schon o. Rn. 781 ff.

https://doi.org/10.1515/9783111271309-012

chen Unterschiede. Auch dies zeigt: Die Überschrift zu Abschnitt I bedeutet nicht, dass der dortige Rechtekatalog als abschließend angesehen werden könnte.

812 Nicht nach ihrem systematischen Standort, sondern nach dem Inhalt der einzelnen Rechte erfolgt die Differenzierung zwischen **Freiheitsrechten** und **Gleichheitsrechten.**[2] Die bereits in Art. 2 und 3 GG vorausgesetzte und zum Ausdruck gebrachte Differenzierung ist ihrerseits nicht abschließend. Vielmehr finden sich daneben **Verfahrensgarantien**,[3] also Mitwirkungsrechte an staatlichen Verfahren (s. etwa Art. 19 IV; 38 I; 103 I GG), vereinzelt auch **soziale Grundrechte** (s. etwa Art. 6 IV; V GG).[4] Namentlich letztere sind im Grundgesetz nur äußerst spärlich aufgenommen; sie fanden sich in weitaus größerem Umfang in der Weimarer Verfassung (s. etwa Art 119 I, III; 145; 161; 162; 163 II WRV), in vielen Landesverfassungen (s. etwa Art. 11 I BWLV; 106 I, 168 III BayLV; 18 BerlLV; 45 BbgLV; 28 HeLV; 4 I NdsLV; 24 I 3 NRWLV; 53 III RPLV; 45 S. 2 SlLV; 25 I LSALV; 20 S. 1 ThürLV) und in neueren Verfassungsdokumenten, insbesondere der EU-Grundrechtecharta (s. etwa Art. 14 I, II; 15 I GRC). Der Parlamentarische Rat hat auf ihre Aufnahme in das GG weitgehend verzichtet. Dies entsprach dem internationalen Stand der Menschenrechtsdiskussion zur Entstehungszeit des GG. Maßgeblich dafür waren wohl der offenkundige Widerspruch zwischen sozialen Verheißungen einerseits und der wirtschaftlichen und sozialen Lage des Jahres 1949 andererseits, sowie der Umstand, dass soziale Rechte im Wesentlichen vom Gesetzgeber, nicht hingegen von den Gerichten durchgesetzt werden könnten. Die Berechtigung dieser Argumente wird in neuerer Zeit unter Hinweis auf ausländische und europarechtliche Vorbilder in Zweifel gezogen. Dem entspricht es, dass in regelmäßigen Abständen gegenwärtig die Aufnahme von Kinderrechten in das Grundgesetz im Wege einer Grundgesetzänderung diskutiert wird.

Das Grundgesetz hat soziale Anliegen also ganz überwiegend nicht dem Grundrechtsabschnitt, sondern anderen Verfassungsnormen zugewiesen. Im Zentrum steht das **Sozialstaatsprinzip**,[5] welches nicht nur staatliche Handlungspflichten begründen, sondern auch ggf. entgegenstehende Grundrechte begrenzen kann. Auch die Verpflichtung auf das gesamtwirtschaftliche Gleichgewicht (Art. 109 II GG) enthält soziale Dimensionen, insbesondere eine auf Vollbeschäftigung gerichtete Wirtschaftspolitik.[6] Rechtsprechung und Rechtswissenschaft sind zunehmend dazu übergegangen, einzelnen Grundrechten nicht mehr allein klassische Frei-

---

2 Dazu näher u. Rn. 866 f.

3 Dazu näher *Schmidt-Aßmann* in: HGRe II, § 45.

4 Zu diesen näher *Calliess* in: HGRe II, § 40; zum Recht auf Arbeit exemplarisch *Wank* Recht auf Arbeit, 1980; s. a. *Papier* RdA 2000, 1.

5 Dazu o. Rn. 571 ff.

6 Dazu o. Rn. 523 ff.

heits- oder Gleichheitsrechte, sondern daneben auch Verfahrens- oder soziale Mindestgarantien zu entnehmen. So wird schon Art. 1 I GG auch ein **Anspruch auf das Existenzminimum** entnommen,[7] wobei dem Gesetzgeber bei der Ausgestaltung der Leistungen der sozialen Sicherung ein Gestaltungsspielraum hinsichtlich der Art und der Höhe der Leistungen zukommt.[8] Andere Garantien werden auch als politische Handlungs- (z. B. Art. 8 I GG: Versammlungsfreiheit) oder verfahrensrechtliche Mitwirkungsrechte verstanden. Nach gegenwärtigem Grundrechtsverständnis verliert demnach die exklusive Einteilung in Freiheits- und Gleichheitsrechte ihren Erklärungswert: Zahlreiche, wenn nicht alle Grundrechte enthalten nebeneinander ganz unterschiedliche Dimensionen rechtlicher Garantien für die Menschen.

Am Anfang der grundgesetzlichen Freiheits- und Gleichheitsverbürgungen steht die **813** Garantie der **Menschenwürde** (Art. 1 I GG). Ihre Nennung zu Beginn des Grundgesetzes stellt die Antithese zur nationalsozialistischen Unrechts- und Gewaltherrschaft, ihrer Vernichtung „lebensunwerten Lebens" oder „minderwertiger Rassen" dar. Doch darf die Bestimmung nicht auf diesen Gehalt reduziert werden. Sie soll ein menschenwürdiges Leben gerade unter den Rahmenbedingungen des Grundgesetzes gewährleisten. Ihr geht es um die Eigenwertigkeit des Menschen als Person in der Gemeinschaft. Der Staat ist um der Menschen und ihrer Würde willen da. Ihnen kommt ein sozialer Wert und Achtungsanspruch zu.[9] Dies schließt es aus, Menschenwürde allein auf den Bereich zu begrenzen, wo die Einzelnen mit sich allein sind. Sie hat vielmehr auch ihre kommunikative und soziale Dimension. Um der Menschenwürde willen bekennt sich das deutsche Volk gem. Art. 1 II GG zu unverletzlichen und unveräußerlichen Menschenrechten. Die **Statuierung von Grundrechten im Grundgesetz erfolgt somit wesentlich zur Sicherung der Menschenwürde.** Sie ist die **oberste Maxime** und der **primäre Zweck staatlichen Handelns.** Auch das Grundrecht auf Leben ist somit nicht absolut zu setzen, sondern muss immer vor dem Hintergrund der Menschenwürde gesehen werden.

Nicht unumstritten ist demgegenüber die Frage, **ob Art. 1 I GG selbst ein Grundrecht darstellt.** Dagegen wird die Formulierung des Art. 1 III von den „nachfolgenden Grundrechten" herangezogen: Was vorangehe, könne demnach kein Grundrecht sein. Für die Grundrechtseigenschaft des Art. 1 I GG wird neben der Abschnittsüberschrift („Die Grundrechte"), die direkt vor der Menschenwürdegarantie steht, deren unmittelbare Bindungswirkung nach Art. 1 I 2 GG angeführt: Was Art. 1 III GG für die „nachfolgenden Grundrechte" anordne, sei für dessen 1. Absatz bereits zuvor festgestellt, so dass sich eine weitere Geltungsanordnung erübrige. So weitreichend die Unterschiede in der Begründung, so gering sind hingegen diejenigen im Ergebnis. Auch wer den Grundrechtscharakter verneint, sieht **Art. 1 I GG als Präambel, als**

7 BVerfGE 125, 175, 222 ff.; 132, 134 Rn. 62; 152, 68 Rn. 117 ff.; 163, 254 Rn. 52 f.; schon früher BVerfGE 1, 97, 104 f.

8 BVerfGE 125, 175 (222, 224 f.); 132, 134 Rn. 62, 67; 137, 34 Rn. 74, 76 u. 78; BVerfGE 152, 68 Rn. 121.

9 BVerfGE 27, 1, 6 ff.

Interpretationsleitlinie und als Zweck der Grundrechte: Alle folgenden Einzelnormen sind wesentlich mit Blick auf die Menschenwürdegarantie und ihre Verwirklichung in allen Bereichen des Rechts auszulegen. In diesem Sinne wirkt Art. 1 I GG also weniger neben als vielmehr in den systematisch verstandenen Einzelgrundrechten. In einem ähnlichen Sinne wendet auch das BVerfG die Bestimmung an. Es stützt also einzelne Rechte nicht allein auf die Menschenwürde, sondern immer „in Verbindung mit" anderen Garantien (z. B. Art. 1 i. V. m. Art. 2 I GG: „Recht der informationellen Selbstbestimmung"). So bleibt der Streit um den Grundrechtscharakter des Art. 1 I GG von geringer praktischer Bedeutung.

814 So unbestritten Rang und Bedeutung der Menschenwürde sind, so schwierig ist doch ihre inhaltliche Konkretisierung. Sie ist nicht primär aus einzelnen älteren oder jüngeren rechtsphilosophischen Begriffsverwendungen – etwa bei Kant –, sondern mehr aus dem Kontext des Grundgesetzes selbst zu verstehen. Gegenwärtig hat sich ein **eher enges Begriffsverständnis** durchgesetzt, weil nur so den „nachfolgenden Grundrechten" eigenständiger Raum für die konkrete Verwirklichung konkreter Freiheits- und Gleichheitsrechte gelassen wird. Bei einem weiten Konzept von Menschenwürde wären die Einzelgrundrechte wahrscheinlich überwiegend entbehrlich. Hier muss die prägnante **Objekt-Formel**,[10] wonach der Einzelne nicht zum bloßen Objekt staatlichen Handelns gemacht werden dürfe, am ehesten als ein ebenso plakativer wie zugleich unzulänglicher Appell verstanden werden. Sie geht zu weit, weil Verpflichtungen auch gegen den Willen Betroffener und ggf. mit Zwang und Gewalt durchgesetzt werden müssen.[11] Sie bleibt aber auch zu eng, weil sie etwa wichtige politische und soziale Dimensionen der Menschenwürde ausklammert. Rechtlich anerkannt sind gegenwärtig insbesondere folgende **Dimensionen:**

- **Verbot unmenschlicher Behandlung,** insbesondere das Verbot der Folter, der Zerstörung der Persönlichkeit – etwa durch überlange Haftdauer[12] oder unmenschliche Haftbedingungen[13] – oder sonstige erniedrigende Behandlung oder Strafe. Dieses Verbot wird auch in Anlehnung an Art. 3 EMRK[14] konkretisiert. Auf Unionsebene schützt Art. 4 GRC vor Folter und unmenschlicher oder erniedrigender Behandlung oder Strafe. Das Folterverbot findet sich auch in Art. 104 I 2 GG; vor Auslieferung an einen Staat, in dem der Betroffene gefoltert

10 Dazu grundlegend *Dürig* AöR 81 (1956), 117; s. a. etwa BVerfGE 87, 209, 228; BVerwGE 64, 274, 278.

11 So z. B. BVerfGE 30, 1, 25 f.

12 BVerfGE 45, 187, 245 ff.

13 BVerfG NJW 2016, 1872 Rn. 27.

14 Dazu EGMR, NStZ 2008, 699, 700 f.; NJW 2007, 246; NJW-Spezial 2010, 472. Überblick bei *Bank* in: Dörr/Grote/Marauhn, Konkordanzkommentar, 3. Aufl, 2022, Kap. 11; *Gusy* in: Huber/Voßkuhle, GG, Art. 104 Rn. 30 ff.

würde, schützt am ehesten Art. 1 i. V. m. Art. 2 II GG.[15] Die Versagung eines Entschädigungsanspruchs wegen der mit einer Entkleidung verbundenen körperlichen Durchsuchung stellt vor dem Hintergrund von Art. 3 EMRK einen Eingriff in Art. 2 I i.V.m. Art. 1 I GG dar.[16]

- **Recht auf Anerkennung als Rechtssubjekt:** Sklaverei, Leibeigenschaft, Menschenhandel und andere Formen systematischer Diskriminierung sind unzulässig. Jeder Mensch ist prinzipiell gleichberechtigt und als solcher Träger von subjektiven öffentlichen und privaten Rechten, die er selbst geltend machen kann. Betreuung oder sonstige Maßnahmen, welche die Rechtsträgerschaft oder deren Ausübbarkeit wesentlich beeinträchtigen, sind nur zum Schutz des Betroffenen selbst zulässig. Am Verfahren ist er selbst zu beteiligen, seine Ersetzung durch einen amtlich bestellten Betreuer reicht nicht aus.[17]
- **unantastbarer Kernbereich der Privatsphäre:**[18] In ihm sind staatliche Ausforschungs- oder Überwachungseingriffe unzulässig. Seine Konkretisierung ist aber wenig geklärt; hierzu zählt etwa das Verbot der Verabreichung von Wahrheitsdrogen oder der Anwendung von Lügendetektoren.[19] Der Bereich umfasst insbesondere nicht die Kommunikation über (die Vorbereitung von) Straftaten.
- **Recht auf gleiche soziale Achtung:** Der Staat darf niemanden herabwürdigen, indem er ihn als Menschen zweiter Klasse behandelt.[20] Jeder Mensch muss „als gleichberechtigtes Glied mit Eigenwert anerkannt werden“.[21] Untersagt sind insbesondere rassistische und antisemitische Diskriminierung.[22] Ebenfalls ein Verstoß gegen die Menschenwürde ist gegeben, wenn der Staat einem Menschen einen unzutreffenden oder lächerlichen Namen verleiht, der etwa das Geschlecht falsch wiedergibt,[23] oder ihn nötigt, einen solchen Namen beizubehalten. Entsprechendes gilt für die zwangsweise Zuordnung zu einem Geschlecht, dem die Person nicht angehört, namentlich, wenn das Personenstandsrecht dazu zwingt, das Geschlecht zu registrieren, aber nur die Einträge

15 Dazu BVerfG, NVwZ 1990, 453; 1992, 660; 2008, 71; BVerwGE 67, 184 ff.

16 BVerfG, NJW 2023, 2632 Rn. 30 ff.

17 BVerfGE 10, 302, 317 ff.; 63, 340 ff.; 83, 24 ff.

18 Seit BVerfGE 109, 279, 313 ff.; konkreter nunmehr BVerfG, NJW 2016, 1781, 1786.

19 BVerfG, NJW 1982, 37; *Seiterle* Hirnbild und „Lügendetektion“, 2010. Für Zulässigkeit bei Einverständnis: *Wapler* in: Dreier, GG, Art. 1 I Rn. 108 (allerdings Beweismitteltauglichkeit verneinend); *Herdegen* in: DHS, GG, Art. 1 Rn. 85.

20 *Jarass* in: Jarass/Pieroth, GG, Art. 1 Rn. 12.

21 BVerfGE 45, 187, 228.

22 BVerfGE 144, 20 Rn. 541.

23 BVerfGE 49, 286 ff.; 115, 1, 14 ff.; BayObLG, NJW 1996, 791, 792; S. a. BVerfGE 121, 175.

„männlich" und „weiblich" vorsieht.[24] Verboten ist schließlich auch die Diskriminierung im Aussehen durch Kleidung oder Veränderungen der Frisur oder des Bartes.

- **Recht auf sozialen Kontakt:** Eine vollständige Isolierung ist auch in der Haft unzulässig, sofern sie länger als nur kurze Zeit dauert. Ein „Verschwindenlassen" der Bürger durch den Staat ist ebenso unzulässig (s. a. Art. 104 IV GG)[25] wie der völlige Ausschluss der Kommunikation mit den eigenen Angehörigen.[26] Eine pauschale Isolation von Bewohnern von Alten- und Pflegeheimen gegen deren Willen zum Zwecke der Bekämpfung der Corona-Pandemie ist mit dem Recht auf ein selbstbestimmtes Leben unvereinbar.[27]
- **Recht auf Selbstdarstellung:** Hierzu zählt neben dem Verbot, den Einzelnen durch staatliche Datenerhebung vollständig zu erfassen,[28] insbesondere die Garantie, dass jedermann in ihn betreffenden staatlichen Verfahren das Recht haben muss, sich selbst zu beteiligen und nicht durch seinen Datenschatten verdrängt oder ersetzt zu werden. Diese Garantie ist für das Gerichtsverfahren in Art. 103 I GG näher ausgeformt, für das Verwaltungsverfahren in den Verfahrensgesetzen anerkannt. Geschützt ist auch das Recht, in Strafverfahren und ähnlichen Verfahren nicht zur Selbstbelastung gezwungen zu werden (sog. Nemo-tenetur-Grundsatz).[29]
- **Recht auf selbstbestimmtes Sterben:** Dies schließt das Recht auf Selbsttötung ein. Der Grundrechtsschutz erstreckt sich auch auf die Freiheit, hierfür bei Dritten Hilfe zu suchen und sie, soweit sie angeboten wird, in Anspruch zu nehmen,[30] wobei freilich zu beachten ist, dass die Entscheidung des Betroffenen tatsächlich frei erfolgt, was häufig problematisch sein wird.[31] Zum Recht auf selbstbestimmtes Sterben gehört schließlich auch, dass der Sterbende – wenn er dies wünscht – in Anwesenheit seiner Angehörigen sterben kann; staatliche Verbote, die dies untersagen, sind mit der Menschenwürdegarantie auch dann unvereinbar, wenn sie der Pandemiebekämpfung dienen.

---

24 BVerfGE 147, 1 Rn. 36; s. auch EGMR, Urt. v. 31. 01. 2023, 76888/17, Y/Frankreich, BeckRS 2023, 690.

25 *Bröhmer* Transparenz als Verfassungsprinzip, 2004, S. 247 f.; *Gusy* in: Huber/Voßkuhle, GG, Art. 104 Rn. 72 ff.

26 Vgl. BVerfGE 35, 35; 57, 170; KG Berlin, NStZ 1992, 558.

27 *Glaab/Schwedler* NJW 2020, S. 1702 ff.

28 Vgl. BVerfGE 150, 244 Rn. 37.

29 BVerfGE 95, 220, 241; BVerfG, NJOZ 2022, 373, 374 f.

30 BVerfGE 153, 182 Rn. 208; *Boehme-Neßler* NJW 2020, 1012.

31 *Augsberg* in: Huber/Voßkuhle, GG, Art. 1 Rn. 73.

- **Recht auf eine ausreichende materielle Lebensgrundlage:** Hierfür ist der notwendige Bedarf wenigstens typisierend realitätsnah zu berücksichtigen.[32] Die Unterbringung einer siebenköpfigen Familie in einem einzigen Raum ist unzulässig.[33] Grundsätzlich zulässig sind Sanktionen gegenüber Beziehern von Sozialleistungen, wenn diese ihre Mitwirkungspflichten verletzen, etwa die Aufnahme einer zumutbaren Arbeit ablehnen, doch müssen die Sanktionen verhältnismäßig sein und es dürfen Selbsthilfepotentiale dadurch nicht geschwächt werden.[34] Nicht zulässig ist es, wenn der Gesetzgeber im Hinblick auf alleinstehende Asylsuchende, die in Sammelunterkünften leben, ohne gesicherte Erkenntnisse einen geringeren Bedarf vermutet, weil er davon ausgeht, dass diese regelmäßig mit anderen Bewohnerinnen und Bewohnern der Sammelunterkünfte gemeinsam wirtschaften und dadurch für den Regelbedarf relevante Einsparungen erzielen.[35] Ein unmittelbarer Zahlungsanspruch ergibt sich aus Art 1 I GG aber nicht.[36]

Die **Menschenwürde garantiert so nicht nur ein Sein, sondern auch ein elementares Handeln** der Menschen. Einzelne ihrer genannten Dimensionen werden nicht allein aus Art. 1 I GG, sondern daneben auch aus anderen Verfassungsnormen hergeleitet. Doch gilt für sie alle: „Alle staatliche Gewalt" ist verpflichtet, sie zu achten und zu schützen (Art. 1 I 2 GG); d. h. **selbst Beeinträchtigungen zu unterlassen wie auch Beeinträchtigungen durch Dritte zu verhindern.** Die Würde des Menschen liegt dem Staat nicht bloß voraus, sondern ist ihm zu besonderer Für- und Vorsorge aufgegeben. Daraus können nicht nur Unterlassungs-, sondern auch Handlungspflichten entstehen. Eingriffe in die „unantastbare" Menschenwürde sind stets unzulässig; der eng verstandene Schutzbereich ist weder abwägungs- noch einschränkungsoffen.[37] Das gilt auch dann, wenn der Staat mit dem Eingriff in die Menschenwürde des einen diejenige eines anderen schützen will. Erst recht ist **Art. 1 I GG keine Grundpflicht:** Eine Pflicht der Menschen, sich menschenwürdig zu verhalten, lässt sich dieser Verfassungsnorm nicht entnehmen.[38] 815

32 BVerfGE 125, 175, 225; *Klostermann* JURA 2020, 664.

33 OVG Berlin, NJW 1980, 2482 f.

34 BVerfGE 152, 68 Rn. 121 ff.; 163, 254 Rn. 60 ff.

35 BVerfGE 163, 254 Rn. 70 ff.

36 BVerfGE 1, 97, 104 f.

37 Anders z. B. auf der Basis eines weiteren Schutzbereichskonzepts *Herdegen* in: DHS, GG, Art. 1 I Rn. 46 ff., der einen Menschenwürdekern und einen darüber hinausgehenden Schutzbereich unterscheiden will.

38 BVerwGE 84, 314; anders noch BVerwGE 64, 274, 279.

816 Der Schutz der Menschenwürde kommt **allen natürlichen Personen** zu,[39] also etwa auch Ausländern und Kindern[40]. Auch das werdende Leben im Mutterleib ist von der Menschenwürde geschützt.[41] Nicht erfasst sind hingegen juristische Personen.[42] Ebenfalls nicht geschützt sind Maschinen, Computersysteme und Künstliche Intelligenz (KI), auch dann nicht, wenn diese selbstlernend sind.[43]

817 Die einzelnen **Grundrechte und grundrechtsgleichen Rechte** werden zumeist **als Ausprägungen der Menschenwürde** angesehen, welche diese für unterschiedliche soziale Bereiche näher konkretisieren. Bei deren Auslegung stellen sich der Grundrechtsdogmatik insbesondere vier Zentralfragen:

818 (1) **Wer ist Grundrechtsberechtigter?** Damit ist die Frage nach dem **Träger der Grundrechte** angesprochen.[44] Sie findet ihre teilweise Beantwortung in Art. 19 III GG. Dieser gilt jedoch nur für juristische, nicht hingegen für natürliche Personen.

819 (2) **Wer ist Grundrechtsverpflichteter?** Diese Frage nach den **Grundrechtsadressaten**[45] beantwortet sich ansatzweise aus Art. 1 III GG. Danach binden die Grundrechte alle Staatsgewalt. Offen bleibt hingegen, ob und welche Rechtsbeziehungen sie zwischen Privaten begründen können.

820 (3) **Was ist der Grundrechtstatbestand?** Hier geht es um die persönlichen und sachlichen Voraussetzungen des Grundrechtsschutzes; namentlich die Frage, welche Sachbereiche von ihnen geregelt sind. Was also bedeutet „Versammlung“, „Beruf“ oder „Religionsausübung“? Solche **Grundrechtsschutzbereiche**[46] stehen prinzipiell nebeneinander. Im Falle tatbestandlicher Überschneidungen kann sich die Frage nach den Grundrechtskonkurrenzen stellen. Greift etwa die Schließung eines Betriebs in Art. 12 GG oder in Art. 14 GG oder in beide Grundrechte ein?

821 (4) **Was sind die Rechtsfolgen der Grundrechte?** Hier kann es einerseits um die Frage gehen, was „Freiheit“ oder „Gleichheit“ eigentlich ist. Daneben stellt sich die Frage nach den Ansprüchen, welche aus den Grundrechten hergeleitet werden können.[47]

822 Zur Beantwortung dieser Fragen hat die Rechtswissenschaft mehrere **Grundrechtstheorien** entwickelt, welche für alle oder zumindest für mehrere Rechte Anwendbarkeit beanspruchen. Sie stehen gleichsam „hinter“ den einzelnen Ga-

---

39 *Jarass* in: Jarass/Pieroth, GG, Art. 1 Rn. 7.
40 BVerfGE 74, 102, 124 f.
41 BVerfGE 39, 1, 41; 88, 203, 251.
42 BVerfGE 149, 160 Rn. 92.
43 *Geminn* DÖV 2020, 172, 179.
44 Dazu Rn. 928 ff.
45 Dazu Rn. 945 ff.
46 Dazu Rn. 823 ff.
47 Dazu Rn. 860 ff.

rantien. Aus ihnen werden Rückschlüsse auf Inhalte und Wirkungsweisen der jeweiligen Garantien gezogen. Solche Schlüsse erfolgen teils explizit, teils implizit. Hier sollen zunächst die wichtigsten Theorien mit Beispielen vorgestellt und sodann ihre Auswirkungen auf die Beantwortung der oben genannten Zentralfragen verdeutlicht werden.

Zur Vertiefung:
Bernstorff Der Streit um die Menschenwürde im Grund- und Menschenrechtsschutz, JZ 2013, S. 905; *Boehme-Neßler* Das Grundrecht auf Suizid, NJW 2020, S. 1012; *Böckenförde* Menschenwürde als normatives Prinzip, JZ 2003, S. 809; *Buchholtz* Das Grundrecht auf Gewährleistung eines menschenwürdigen Existenzminimums und die staatliche Grundsicherung, JuS 2021, S. 503; *Classen* Die Menschenwürde ist – und bleibt – unantastbar, DÖV 2009, S. 689; *Enders* Die Menschenwürde in der Verfassungsordnung, 1997; *Geminn* Deus ex machina?, 2023; *ders.* Menschenwürde und menschenähnliche Maschinen und Systeme, DÖV 2020, S. 172; *Höfling* Die Unantastbarkeit der Menschenwürde, JuS 1995, S. 857; *Hömig* Die Menschenwürdegarantie des Grundgesetzes in der Rechtsprechung der Bundesrepublik Deutschland, EuGRZ 2007, S. 633; *Hong* Der Menschenwürdegehalt der Grundrechte, 2019; *Hufen* Die Menschenwürde, Art. 1 I GG, JuS 2010, S. 1; *ders.* Erosion der Menschenwürde?, JZ 2004, S. 313; *Kirste/Sarlet* Das Recht auf ein menschenwürdiges Existenzminimum, Der Staat 62 (2023), S. 27; *Klostermann* Ein Lehrbuch der Selbstbestimmung, JURA 2020, S. 664; *Linke* Die Menschenwürde im Überblick, JuS 2016, S. 888; *Meyer-Ladewig* Menschenwürde und Europäische Menschenrechtskonvention, NJW 2004, S. 981; *Nettesheim* Die Garantie der Menschenwürde zwischen metaphysischer Überhöhung und bloßem Abwägungstopos, AöR 130 (2005), S. 71; *ders.* Leben in Würde, JZ 2019, S. 1; *Neuhöfer* Grundrechtsfähigkeit Künstlicher Intelligenz, 2023; *Schneider* Kernbereich privater Lebensgestaltung, JuS 2021, S. 29; *Wallau* Die Menschenwürde in der Grundrechtsordnung der Europäischen Union, 2010.

§ 9 Der Freiheitsschutz der Grundrechte

823 Dass die Grundrechte Freiheit und Gleichheit schützen, ist unumstritten. Wie sie dies allerdings gewährleisten und welche Freiheit bzw. Gleichheit sie garantieren, ist theorieabhängig. Die meisten Grundrechtstheorien betreffen nicht alle Grundrechtsbestimmungen des 1. Abschnitts gleichermaßen, sondern ganz überwiegend die Freiheitsrechte. **Grundrechtstheorie ist maßgeblich Freiheitsrechtstheorie.** Deren Ausgangspunkte bilden regelmäßig zwei Fragen:

- **Was ist Freiheit?** Freiheit wird gegenwärtig ganz überwiegend als **Abwesenheit von Fremdbestimmung** verstanden. Schon problematischer ist dagegen, ob als unerwünschte Fremdbestimmung nur diejenige durch staatlichen Zwang oder aber auch diejenige durch andere Akteure – etwa Unternehmen, Monopole, Verbände – zu verstehen ist. Die ältere Auffassung, wonach Freiheit als Einsicht in das Richtige, Notwendige oder Vernünftige zu qualifizieren sei, spielt in der Grundrechtsdiskussion keine Rolle mehr.
- **Wie kann Freiheit rechtlich gesichert werden?** Ist das Recht (auch) eine Zwangsordnung, so stellt sich die Frage, auf welche Weise es Abwesenheit von Zwang und damit Freiheit sichern kann. Ist Abwesenheit von Fremdbestimmung identisch mit Abwesenheit von Recht, Freiheit also nur in rechtsfreien Räumen möglich? Oder kann das Recht Freiheit auch herstellen, verwirklichen oder sichern? Die Frage wird auch so gestellt: Sichern die Grundrechte rechtliche oder aber reale Freiheit?[1]

I. Freiheitsrechte als Eingriffsabwehr

824 Der Grundrechtsschutzbereich ist eine bestimmte Sphäre der Menschen, in welche der Staat grundsätzlich nicht eingreifen darf. Diese Sphäre wird als „frei" bezeichnet, wenn sie eingriffsfrei ist. Unfrei wird sie in dem Moment, in welchem der Staat hineinregiert. Der zugrunde liegende **negative Freiheitsbegriff**[2] konkretisiert sich in dem Sinne: **Freiheit ist Abwesenheit von Fremdbestimmung durch den Staat.** Aus jenem Gegensatz von Freiheit und Staat wird weitergehend ein Gegensatz von Freiheit und Recht hergeleitet: Freiheit ist Selbstbestimmung, Recht ist Fremdbestimmung. Den Grundrechten kommt konsequent im Wesentlichen die Funktion zu, einzelne individuelle oder soziale Sphären (Leben, Gewissen, Beruf, Versammlung u. a.) zu benennen, zu umschreiben und sie zugleich gegen staatliche

---

1 Dazu grundlegend *Krebs* in: HGRe II, § 31 Rn. 1 ff.

2 Dazu o. Rn. 685 ff.

https://doi.org/10.1515/9783111271309-013

Einwirkung zu sichern. Umgekehrt darf die öffentliche Hand in jene Bereiche nur hineinwirken, soweit sie dazu durch konkrete Einschränkungstatbestände ermächtigt ist. Als grundsätzlich unzulässige und daher im Einzelfall rechtfertigungsbedürftige Einwirkung der öffentlichen Hand gilt der **Grundrechtseingriff.**

Der **klassische Eingriffsbegriff** hat vier Voraussetzungen: Er verlangt, dass der Eingriff final und nicht bloß unbeabsichtigte Folge des staatlichen Handelns ist. Weiterhin muss der Eingriff unmittelbar erfolgen und darf nicht bloß eine zwar beabsichtigte, aber nur mittelbare Folge des staatlichen Handelns sein. Daneben ist eine rechtliche Wirkung erforderlich, während eine bloß tatsächliche Wirkung nicht ausreicht. Schließlich muss der Eingriff mit Befehl angeordnet bzw. durchgesetzt werden.[3] Mit dem modernen Grundrechtsverständnis ist der klassische Eingriffsbegriff indes nicht zu vereinbaren, da er sich als zu eng erweist und insbesondere die objektiv-rechtlichen Grundrechtsgehalte nicht zu erfassen vermag. 825

„Freiheit" in jenem Sinne zeichnet sich also durch Abwesenheit bestimmter staatlicher Maßnahmen aus, sie erscheint als **„Freiheit vom Staat"**. Tatsächlich ist die Lehre von den Grundrechten als Eingriffsabwehr die älteste und völlig unumstrittene Grundrechtstheorie. Sie entspricht nicht nur dem Wortlaut zahlreicher Einzelgrundrechte. Sie entspricht zudem der maßgeblichen Interessenlage zur Zeit der Grundrechtsentstehung, als das wohlhabende und durch Steuern staatstragend gewordene Bürgertum Freiheit und Mitspracherechte beanspruchte. Sie entsprach auch der Interessenlage der vordemokratischen Grundrechtslehre, welche die Bereiche des Einzelnen, des Staates und der Mitwirkung der Volksvertretungen am Staat eindeutig – und eher einschränkend – abgrenzen wollte. Aus dieser Gleichsetzung von Freiheit und Staatsfreiheit folgt aber auch die relative Blindheit dieser Theorie für nicht staatliche Freiheitsbedrohungen durch „Private" bzw. gesellschaftliche Monopole, Verbände oder Unternehmen.

Das BVerfG verwendet daher heute den **modernen Eingriffsbegriff.** Grundrechtseingriff ist danach jedes staatliche Handeln, das dem Einzelnen ein Verhalten, das in den Schutzbereich eines Grundrechts fällt, ganz oder teilweise unmöglich macht, gleichgültig ob diese Wirkung final oder unbeabsichtigt, unmittelbar oder mittelbar, rechtlich oder tatsächlich oder mit oder ohne Befehl und Zwang erfolgt.[4] 826

Elemente jenes Grundrechtskonzepts sind demnach 827

- die rechtliche Anerkennung einer grundrechtlich geschützten Sphäre,
- deren Schutz allein gegen den Staat und gegen von ihm ausgehende Eingriffe besteht,
- deren Verbürgung durch Verbotsnormen und Unterlassungsansprüche,

3 BVerfGE 105, 279, 300.

4 BVerfGE 105, 279, 303; BVerfG, NVwZ 2018, 1224 Rn. 29; BVerfGE 153, 182 Rn. 214 ff.; 155, 238 Rn. 119; 161, 299 Rn. 114; 162, 378 Rn. 81; zum Ganzen s. auch *Bruckert/Zimmermann* JuS 2024, 415 ff.

– Zulassung von Eingriffen bzw. sonstigen Beschränkungen allein aufgrund gesetzlicher Ermächtigung zugunsten der öffentlichen Hand.

828 Daraus folgt, dass beispielsweise auch die Verletzung eines unbeteiligten Dritten bei einem Polizeieinsatz oder sog. **Gefährderansprachen**, d. h. die in einem konkreten Fall an einen potenziellen Gefahrenverursacher gerichtete Ermahnung, Störungen der öffentlichen Sicherheit zu unterlassen, als Eingriffe zu werten sind.[5]

829 Bei der **öffentlichen Warnung staatlicher Stellen**,[6] etwa vor bestimmten Produkten, ist zu differenzieren. Grundsätzlich gilt: Auch hier liegt ein Eingriff vor, wenn die Äußerung **einzelne Personen oder Unternehmen** in grundrechtlich geschützten Persönlichkeitsrechten **betrifft.**[7] Die amtliche Warnung vor allgemeinen Gefahren durch Produkte, Verhalten oder Zustände ohne persönliche Nennung ihrer Urheber („Rauchen ist tödlich“) reicht dagegen nicht aus. Die Rechtsprechung bemüht sich um weitere Konkretisierung. Danach ist staatliche Öffentlichkeitsarbeit Annex ihrer allgemeinen Aufgaben: **Wer eine Aufgabe wahrnimmt, darf über sie und ihre Wahrnehmung informieren.** Hinsichtlich der Grundrechtsbetroffenheit wird aber nur in Einzelfällen und dann ausschließlich bei natürlichen Personen auf eine Beeinträchtigung des Rufes oder der persönlichen Ehre abgestellt. Eher wird auf mittelbare Beeinträchtigungen von Handlungsfreiheiten oder -chancen hingewiesen: Vor wem gewarnt wird, kann weniger verkaufen (Art. 12 GG),[8] hat Nachteile bei der Religionsausübung (Art. 4 GG)[9] oder im politischen Meinungskampf (Art. 5 GG).[10] Doch ist nicht jeder Eingriff unzulässig. Vielmehr hält auch die Rechtsprechung staatliche Warnungen für zulässig, wenn

(1) die **warnende Stelle** für die Maßnahme **zuständig** war. Dabei verfährt die Rechtsprechung insbesondere zugunsten der Bundesregierung äußerst großzügig.

(2) die Warnung durch die **allgemeinen Regierungsaufgaben** (Art. 65 GG) gedeckt oder aber zum **Schutz grundrechtlicher Positionen Dritter**, insbesondere ihrer Gesundheit oder ihres Lebens, notwendig war. Bei „mittelbaren“ Eingriffen durch Warnung vor bestimmten Modalitäten von Grundrechtsbetätigung (etwa: Teilnahme an bestimmten Versammlungen) wird von Gerichten zunehmend eine Befugnisnorm verlangt.

(3) die Warnung inhaltlich zutraf. Dabei ist eine ex-ante-Betrachtung anzustellen.

5 Zu den sog. Gefährderansprachen s. *Hebeler* NVwZ 2011, 1364, 1365.

6 Neuerer Überblick bei *Hillgruber* in: Kahl/Ludwigs, HVwR V, ., 2023, § 151 Rn. 45 ff.

7 Grundlegend *Philipp* Staatliche Verbraucherinformationen im Umwelt- und Gesundheitsrecht, 1989, S. 87 ff.; s. a. *Gröschner* DVBl. 1990, 619; *Gusy* JZ 1989, 1003, 1005.

8 BVerfGE 105, 252.

9 BVerfGE 105, 279.

10 BVerfGE 113, 63, 78.

(4) die **Warnung weder willkürlich noch inhaltlich einseitig** erging, also dem Gebot grundsätzlicher staatlicher Neutralität genügt.

Darüber hinaus sind nach dem modernen Eingriffsbegriff Eingriffe in folgenden Konstellationen möglich: 830

(1) Eingriffe im Zusammenhang mit staatlichen Leistungen sind in zwei Fallkonstellationen denkbar. Die **Versagung staatlicher Leistungen** kann nur dann einen Eingriff darstellen, wenn der Leistungsanspruch seinerseits grundrechtlichen Rang hat. Da Grundrechte keine Leistungsrechte sind, ist dies nach allen Auffassungen regelmäßig zu verneinen. **Bedingungen für die Vergabe staatlicher Leistungen** stellen nur dann Grundrechtseingriffe dar, wenn sie eine Freiheit beeinträchtigen, welche durch die Leistung weder begründet noch erweitert worden ist. Beispiel: Bei der Vergabe einer Subvention wurde dem Empfänger die Auflage gemacht, dem Staat Einblick in seine Geschäftsbücher und Geschäftsräume zu ermöglichen.

(2) Die **Verletzung verfahrensrechtlicher Positionen** des Bürgers stellt nur dann einen Eingriff dar, wenn das im Einzelfall beeinträchtigte Verfahrensrecht durch ein Grundrecht zwingend vorgeschrieben ist.[11]

(3) **Wirtschaftliche Betätigung des Staates** stellt nach Ansicht des BVerfG auch dann keinen Grundrechtseingriff dar, wenn sie zu einer Beeinträchtigung der beruflichen Chancen privater Konkurrenten führen kann.[12] Anderes wird bisweilen bei sog. „erdrosselnder Wirkung" der Betätigung der öffentlichen Hand diskutiert.

(4) **Staatliche Datenverarbeitung** stellt einen Grundrechtseingriff dar, wenn die Daten personenbezogen sind,[13] wenn sie also Informationen über individualisierbare Personen zulassen können. Dagegen fehlt allgemeinen Informationen, statistischen oder sachbezogenen Aussagen der Bezug zu den Rechten des Einzelnen und damit der Grundrechtsbezug.

(5) **Nicht reversible eingriffsähnliche Vorwirkungen** auf die künftige Ausübung grundrechtlich geschützter Freiheiten, die auf Grund der gegenwärtigen (unzureichenden) staatlichen Klimaschutzregelungen entstehen, sind zwar keine Grundrechtseingriffe, doch werden sie vom BVerfG im Klimaschutz-Beschluss zum Zwecke einer „intertemporalen Freiheitssicherung" denselben Anforderungen an die Rechtfertigung unterstellt wie Grundrechtseingriffe.[14]

Aus der Erweiterung des Eingriffsbegriffs ergeben sich zahlreiche Folgeprobleme. 831
Insbesondere ist die Grenzziehung zwischen der Grundrechtsrelevanz einer Be-

---

11 S. näher etwa BVerfGE 52, 380, 389 f.; 56, 216, 236; 57, 295, 320; 63, 131, 141; 78, 123, 126.

12 BVerfGE 46, 120, 137; 47, 1, 21; enger: BVerwG, NJW 1978, 1539 f.; BGH, DÖV 1974, 785 hält hier mit Recht eher das UWG für anwendbar.

13 Seit BVerfGE 65, 1, 41 ff.

14 BVerfGE 157, 30 Rn. 183 ff.; s. dazu *Britz* NVwZ 2022, 825, 829; *Calliess* ZUR 2021, 355, 356 f.; *Klement* in: Stern/Sodan/Möstl, StR, § 80 Rn. 71 ff.; *Möllers/Steinberg* JZ 2021, 1069, 1072 ff. *Sinder* JZ 2021, 1078, 1080 f.; *Schlacke* NVwZ 2021, 912, 914 f.

einträchtigung und einer bloßen Belästigung mitunter schwierig. Außerdem können sich Probleme ergeben, wenn das staatliche Handeln gegenüber einem Adressaten erfolgt, die Folgen aber unbewusst bzw. ungewollt bei einer anderen Person, mithin einem Drittbetroffenen, eintreten.[15] Ein Beispiel, an dem sich die Auswirkungen der Verwendung des modernen Eingriffsbegriffs zeigt, ist das sog. **Nudging.** Darunter versteht man staatliche Anreize, mit deren Hilfe das Verhalten der Menschen gesteuert werden soll, wobei die Letztentscheidung beim Bürger verbleibt.[16] Nudging liegt beispielsweise vor, wenn ein Lebensmittelhändler gesetzlich dazu verpflichtet wird, Produkte so anzuordnen, dass sich der Käufer stärker als sonst für bestimmte (in der Regel gesunde) Produkte entscheidet.[17] Hierin wird in der Regel ein mittelbar-faktischer Eingriff zu sehen sein, welcher den Anforderungen des modernen Eingriffsbegriffs entspricht, sofern der Staat das belastende Verhalten entweder gezielt intendiert hat oder die Belastung zumindest objektiv vorhersehbar war und vom Staat billigend in Kauf genommen wurde.[18]

832 Der moderne Eingriffsbegriff hat in jüngerer Zeit eine zusätzliche Erweiterung erfahren durch die Anerkennung des **sog. additiven Grundrechtseingriffs** durch das BVerfG. Beim additiven Eingriff geht es darum, dass mehrere staatliche Belastungen, die sich als Gesamtbelastung darstellen, auf ein Grundrecht eines Grundrechtsträgers einwirken.[19] Konkret formuliert das BVerfG:

> „Mehrere für sich betrachtet möglicherweise angemessene oder zumutbare Eingriffe in grundrechtlich geschützte Bereiche können in ihrer Gesamtwirkung zu einer schwerwiegenden Beeinträchtigung führen, die das Maß der rechtsstaatlich hinnehmbaren Eingriffsintensität überschreitet. Kumulativen oder „additiven" Grundrechtseingriffen [...] wohnt ein spezifisches Gefährdungspotential für grundrechtlich geschützte Freiheiten inne [...]. Ob eine Kumulation von Grundrechtseingriffen das Maß der rechtsstaatlich hinnehmbaren Eingriffsintensität noch wahrt, hängt von einer Abwägung aller Umstände ab, in die auch gegenläufige Verfassungsbelange einzubeziehen sind."[20]

833 Damit kann sich über die einzelnen Eingriffe in ein Grundrecht hinaus ein additiver Grundrechtseingriff ergeben, wenn die Eingriffsintensität durch die Kumulation der Maßnahmen erhöht wird. Additive Eingriffe können sich beispielsweise im Steuerrecht[21] ergeben, aber auch bei der Strafverfolgung sowie im Polizeirecht,

---

15 *Kingreen/Poscher* Grundrechte, Rn. 340 ff..

16 Vgl. *Honer* DÖV 2019, 940, 942; *Kirchhof,* ZRP 2015, 136, 136 f.

17 *Honer* DÖV 2019, 940, 943.

18 *Honer* DÖV 2019, 940, 946.

19 Ausf. dazu *Ruschemeier* Der additive Grundrechtseingriff, 2019, S. 15 ff.; *Brade* Additive Grundrechtseingriffe, 2020, S. 33 ff.

20 BVerfGE 130, 372, 392.

21 BVerfGE 114, 196, 247.

wenn verschiedenen Überwachungsmaßnahmen kumulativ angewendet werden und in ein und dasselbe Grundrecht eingreifen.[22] Ein weiterer Anwendungsbereich könnten schließlich die Corona-Schutzmaßnahmen sein, wo sich die einzelnen Eingriffe in ein und dasselbe Grundrecht einer Person ebenfalls zu einem zusätzlichen Eingriff in Form einer Gesamtbelastung aufaddieren können.[23]

Zur Vertiefung:
Brade Additive Grundrechtseingriffe, 2020; *Bruckert/Zimmermann Der Grundrechtseingriff in der Fallbearbeitung, JuS 2024, S. 415; Lübbe-Wolff* Die Grundrechte als Eingriffsabwehrrechte, 1988; *Hobusch* Der moderne Eingriffsbegriff in der Fallbearbeitung, JA 2019, S. 278; *von Kielmannsegg* Grundfälle zu den allgemeinen Grundrechtslehren, JuS 2009, S. 19 u. 118; *Poscher* Grundrechte als Abwehrrechte, 2003; *Ruschemeier*, Der additive Grundrechtseingriff, 2019; *Sachs* Grundrechtseingriff und Grundrechtsbetroffenheit, in: Stern, Staatsrecht, III/2, § 78, S. 75–224; *Voßkuhle/Kaiser* Der Grundrechtseingriff, JuS 2009, S. 313.

II. Neuere Grundrechtsdimensionen: Freiheit als Voraussetzung, Auftrag und Ziel der Grundrechte

1. Defizite des Freiheitsschutzes als Eingriffsabwehr – Schutz des Lebens und der körperlichen Unversehrtheit (Art. 2 II 1 GG)

§§ 218 ff. StGB lassen die Abtreibung unter bestimmten Voraussetzungen straffrei. Ist dies mit dem Grundgesetz vereinbar? (nach: BVerfGE 39, 1; 88, 203; zum Fall u. Rn. 859) !

Der Grundrechtstatbestand des Art. 2 II 1 GG garantiert das **Recht auf Leben und körperliche Unversehrtheit.** Leben bedeutet körperliches Dasein.[24] Das Recht auf Leben beginnt bereits vor der Geburt und endet mit dem Tod. Unter „körperlicher Unversehrtheit" ist die Gesundheit im biologisch-physiologischen Sinn, aber auch die psychische Gesundheit zu verstehen.[25] Der Staat darf weder töten noch die Gesundheit oder körperliche Integrität beeinträchtigen. Daran muss sich ein polizeilicher Todesschuss[26] ebenso messen lassen wie körperliche Untersuchungen, welche die Gesundheit gefährden oder (auch kleinere) operative Eingriffe not- 834

22 S. dazu BVerfGE 112, 304, 319 f.
23 Zurückhaltend jedoch *Ruschemeier* RW 2020, 450, 457.
24 BVerfGE 115, 118, 139; *Kingreen/Poscher* Grundrechte, Rn. 562.
25 *Jarass* in: Jarass/Pieroth, GG, Art. 2 Rn. 99.
26 Dazu *Arzt* DÖV 2007, 230; *Beisel* JA 1998, 721; *Pausch* Die Rechtmäßigkeit der vorhandenen gesetzlichen Regelungen des Todesschusses in den Polizeigesetzen des Bundes und der Länder, 1996; *Westenberger* DÖV 2003, 627.

wendig machen.[27] Entsprechendes gilt für Impfpflichten. Ein mittelbarer Eingriff liegt vor, wenn im Falle einer Pflicht zum Nachweis einer Impfung Personen, die sich nicht impfen lassen, erhebliche persönliche Nachteile wie berufliche Tätigkeits- und Betretungsverbote oder Betreuungsverbote in Kindertagesstätten drohen,[28] wie dies im Fall der COVID-19-Impfpflicht und der Masernimpfpflicht der Fall ist. Auch die Zwangsbehandlung bei entgegenstehender Patientenverfügung ist als Eingriff in die körperliche Unversehrtheit zu werten.[29] Entsprechendes gilt für die hoheitliche Aufforderung, großflächige Tätowierungen zu entfernen,[30] nicht jedoch für die Verpflichtung, diese nur abzudecken und nur im privaten Bereich offen zu tragen.[31] Je schwerwiegender der Eingriff ist, desto höhere Anforderungen sind an seine Zulässigkeit zu stellen. Eher niedrig sind demnach die Anforderungen an die Abnahme einzelner Haare oder Speichelproben für Zwecke der DNA-Analyse, welche kaum in Art. 2 II 1 GG, stärker hingegen in andere Grundrechte eingreifen kann.[32] Einschränkungen sind nach Art. 2 II 3 GG nur aufgrund eines Gesetzes zulässig. Dieses kann und muss auch regeln, inwieweit die Einwilligung des Grundrechtsträgers Eingriffe, Beschränkungen und Gefährdungen zu rechtfertigen vermag.[33] Art. 2 II 1 GG wird jedenfalls nicht als Autonomieprinzip, also als uneinschränkbares Verfügungsrecht des Einzelnen über sein Leben oder seine Gesundheit begriffen: Ein Recht auf (freiwillige) Selbsttötung wird ihm ebenso wenig entnommen wie ein Recht auf Sterbehilfe. Solche Garantien können sich jedoch aus anderen Freiheitsrechten ergeben, jedenfalls umfasst Art. 2 I i.V.m. 1 I GG auch das **Recht auf einen menschenwürdigen Tod und auf selbstbestimmtes Sterben.**[34] Der Staat ist nicht verpflichtet, das Leben um jeden Preis zu erhalten; Verfügungen des Einzelnen („Patientenverfügungen") müssen insoweit anerkannt werden. Umfang und Reichweite dieser Anerkennung können gesetzlich ausgestaltet werden.[35] Art. 1 I 2 i.V.m. Art. 2 II 1 GG verpflichten jedoch den Staat, die Autonomie des Einzelnen bei der Entscheidung über die Beendigung seines Lebens und hierdurch das Leben als solches zu schützen.[36]

---

27 Zu Untersuchungen im Rahmen strafrechtlicher Ermittlungen BVerfGE 16, 194, 198 ff.; 17, 108, 117.
28 BVerfGE 161, 299 Rn. 114; 162, 378, Rn. 81.
29 BVerfGE 158, 131 Rn. 55 ff.
30 BVerwGE 160, 370, 381.
31 BVerfG, NVwZ 2020, 1424 Rn. 23 ff.
32 Dazu näher BVerfGE 103, 21; s. a. BVerfGE 47, 239, 246 ff.
33 Zu Gefährdungen etwa BVerfGE 49, 89, 142 (Nutzung der Kernenergie); 66, 39, 58 ff. (militärische Aktivitäten); 77, 170, 220 f.
34 S. o Rn. 814.
35 Zu den Patientenverfügungen § 1901a BGB; zum Problem *Reus* JZ 2010, 80.
36 BVerfGE 153, 182 Rn. 232.

Eingriffe in das Recht auf Leben sind nur ganz ausnahmsweise zulässig. Da man nicht mehr oder weniger leben, sondern nur leben oder nicht leben kann, ist hier ein Eingriff mit einer Vernichtung des Schutzgutes gegenüber dem Betroffenen verbunden. Dies zeigt sich etwa beim **polizeilichen Todesschuss.** Für den Sonderfall der **Todesstrafe** findet sich eine Regelung in Art. 102 GG: Dieser schließt Tötungen durch deutsche Staatsorgane als strafrechtliche Sanktion gänzlich aus. Auslieferungen, Abschiebungen oder sonstige Überstellungen an andere Staaten sind nicht zulässig, sofern dem Betroffenen dort die Hinrichtung droht.[37]

Grundrechtsträger ist **„Jeder"**, also „jeder Lebende (und) daher auch das noch ungeborene Leben".[38] Dies wird aus der Entstehungsgeschichte sowie Sinn und Zweck des Grundrechts hergeleitet. Ein solcher Grundrechtsschutz ab der Nidation kann etwa vorgeburtlicher Diagnostik und Therapie entgegenstehen.[39] Insoweit können Unterlassungsansprüche gegen den Grundrechtsadressaten, also den Staat, entstehen. Der Grundrechtsschutz endet mit dem Tod. 835

Die strafrechtlichen Regelungen des Schwangerschaftsabbruchs gehen allerdings darüber hinaus. Sie betreffen nicht nur staatliche Stellen, sondern auch Privatpersonen, etwa Ärzte oder (private) Kliniken. Dies ist keine Frage des Grundrechtstatbestands, sondern der **Adressaten und der Rechtsfolgen des Grundrechts.** Wenn die Garantie ausschließlich staatsgerichtet ist, so ist ihr Anwendungsbereich sehr reduziert: Durch das Gesetz, also §§ 218 ff. StGB (allein) wird keine Schwangerschaft abgebrochen. Der Grundrechtsschutz betrifft dann allein Abtreibungen durch die öffentliche Hand, also etwa in staatlichen oder kommunalen Kliniken. Begründen sie aber ausschließlich Unterlassungsansprüche, so kann aus ihnen auch keine Pflicht des Staates zum Schutz gegen Schwangerschaftsabbrüche durch andere Personen hergeleitet werden, denn ein solcher Schutz ist durch bloßes Unterlassen nicht möglich, sondern bedingt ein aktives Handeln, etwa den Erlass und die Durchsetzung von Rechtsnormen des Sozial-, des Arzt-, und Umweltrechts und zuletzt möglicherweise auch des Strafrechts.[40]All dies ergibt sich aus der aus Art. 2 II 1 GG folgenden staatlichen Schutzpflicht, bei deren Erfüllung der Staat einen erheblichen Spielraum hat.[41] Ein bloßer Unterlassungsanspruch reicht dazu also nicht aus. 836

37 BVerfG, NVwZ 2018, 1393 Rn. 44 ff.; s. auch *Gusy* in: Huber/Voßkuhle, GG, Art. 102 Rn. 19 ff. m. w. N.

38 BVerfGE 39, 1, 36 ff.

39 Dazu etwa *Frommel* KJ 2002, 411; *Middel* Verfassungsrechtliche Fragen der Präimplantationsdiagnostik und des therapeutischen Klonens, 2006; *Ratzel* GesR 2004, 77.

40 Zu diesen Regelungsebenen einerseits BVerfGE 88, 203, 315 ff.; andererseits *Böckenförde* abw. Votum ebd., S. 359 ff.

41 BVerfGE 56, 54 73 ff.; 77, 170, 214

Hier gilt nochmals festzuhalten: Auch wenn **Grundrechte** allein staatsgerichtete Freiheitsrechte wären, enthielten sie doch nur **verfassungsrechtliche Minimalgarantien.** Der Gesetzgeber wäre also berechtigt, auch über diesen Minimalstandard hinauszugehen. Dies zeigt ein Vergleich mit dem **Lebensschutz der Menschen nach der Geburt:** Sie sind in §§ 211 ff. StGB nicht allein gegen den Staat, sondern gegen jeden Dritten geschützt. Insoweit besteht ein umfassender strafrechtlicher Schutz. Auch zugunsten Ungeborener darf der Gesetzgeber über die Minimalstandards der Verfassung hinausgehen. Er ist also dazu berechtigt, aber (aus abwehrrechtlich gedeuteten Grundrechten) nicht verpflichtet. Doch genau um eine mögliche Verpflichtung geht es in der Diskussion um den Schwangerschaftsabbruch. Konkret geht es um die Frage, ob die gesetzlichen Ausnahmen von der Strafdrohung hinter den verfassungsrechtlichen Pflichten zurückbleiben.

837 Für die Verfassungsdogmatik geht es um die Frage: **Sind die Grundrechte nur Abwehrrechte gegen den Staat oder enthalten sie auch weitergehende Garantien?** Dabei ist darauf hinzuweisen: Als bloße Abwehrrechte gegen den Staat lassen sie die Freiheit in mehrfacher Hinsicht schutzlos:

- Freiheitseingriffe durch Privatpersonen bleiben grundrechtslos, dies thematisiert den **Drittwirkungsaspekt des Freiheitsschutzes.**
- Fehlt bestimmten Menschen die wirtschaftliche Grundlage der Freiheitsausübung, wird der Grundrechtsschutz für sie illusorisch: Wer keinen Ausbildungsplatz bekommt, hat nichts von der freien Wahl der Ausbildungsstätte (Art. 12 I 1 GG), dies thematisiert den **Leistungsaspekt des Freiheitsschutzes.**
- Wer umgekehrt über besonders viele Ressourcen verfügt, kann die Freiheit anderer leerlaufen lassen. Wenn nach einer bekannten Metapher die Pressefreiheit die Freiheit von 200 reichen Leuten ist, ihre Meinung zu verbreiten, so entsteht die Frage nach dem **Verteilungsaspekt des Freiheitsschutzes.**

838 Jene Schutzlücken resultieren aus folgendem Umstand: **Freiheitsschutz gegen staatliche Eingriffe setzt voraus, dass überhaupt Freiheit vorhanden ist.** Wo nichts ist, ist jeder Schutz gegen Eingriffe und Beschränkungen zwar nicht rechtlich, wohl aber faktisch sinnlos. Ganz ohne staatliches Zutun kann eine Freiheit fehlen, wenn entweder die erforderlichen Mittel nicht vorhanden sind (fehlende Ausbildung) oder aber private Unternehmen, Verbände oder Personen die Freiheit anderer beschränken oder ausschließen können (z. B. durch Oligopole, Allgemeine Geschäftsbedingungen u. ä.). Die zivilrechtliche Diskussion etwa über die Vertragsfreiheit kennt viele Beispiele.[42]

---

42 Dazu BVerfGE 89, 214; *Bäuerle* Vertragsfreiheit und Grundgesetz, 2001; *Höfling* Vertragsfreiheit, 1991.

2. Historische und rechtliche Grundlagen des Konzepts der Abwehrrechte

Seit Beginn des zwanzigsten Jahrhunderts war die Frage, ob Freiheitsrechte allein Abwehrrechte gegen den Staat sein sollten, umstritten. Ein solches Konzept kommt zwar im Text einzelner, aber jedenfalls nicht aller Grundrechtsgarantien zum Ausdruck. Es ist vielmehr eine Folge historischer Grundrechtstheorien. Sie entstammen dem staatsrechtlichen Konstitutionalismus. Die Abwendung vom Absolutismus erfolgte in Deutschland nicht durch eine revolutionäre Ablösung der Monarchie etwa durch eine Republik, sondern durch einen Kompromiss: Konnte und wollte man die Monarchie nicht abschaffen, so suchte das aufsteigende Bürgertum **Mitsprache am und Schutz vor dem Staat.** Es ging also um Beschränkung des Staates, weil er in der Hand des Monarchen war und blieb. Seine Herrschaftsaufgaben und -befugnisse sollten begrenzt werden. Genau dies konnten und sollten Freiheitsrechte, verstanden als Abwehrrechte, bieten. Sie richteten sich gegen den Staat, insbesondere die monarchische Exekutive, und sie waren auf Unterlassung von Freiheitsbeschränkungen gerichtet. Sie sollten den Staat nicht begründen, sondern begrenzen. Dies war das Konzept der **Freiheitsrechte als staatszentrierte Abwehrrechte.**[43] 839

Die philosophisch angeleitete Grundrechtstheorie differenzierte damals zwischen der Gesellschaft als Hort der Freiheit, namentlich der Vertragsfreiheit, und dem Staat als Ort der Herrschaft. Beide waren aufeinander angewiesen: Der Staat erhielt von der Gesellschaft Einnahmen und damit die finanziellen Mittel, die ihn überhaupt handlungsfähig machten; die Gesellschaft erhielt vom Staat Regeln, Sicherheit und Ordnung. Wegen seiner Herrschaftsrechte müsse der Zugriff des Staates auf die freie Gesellschaft aber begrenzt werden. Diese Grenzen seien die Grundrechte, welche der Staat zwar beschränken, die er aber nicht verletzen dürfe. Die Grenze zwischen Beschränkung und Verletzung wurde durch das Gesetz gezogen, welches aber nicht vom Staat allein, sondern nur mit Zustimmung der Betroffenen ergehen dürfe. Diese Zustimmung erteilten sie nicht persönlich, sondern durch die Kammern: **Kein Grundrechtseingriff ohne Zustimmung der Kammern.** Form und Verfahren dieser Zustimmung bildeten das Gesetz, welches im Konsens von Herrschern und Volksvertretungen ergehen musste. Hier trafen sich Grundrechtsschutz, Gesetzesvorbehalt[44] und Gesetzgebungsverfahren: Maßgebliches Instrument zum Schutz der Grundrechte war damals weniger die Justiz als vielmehr die Legislative.

Das dem zugrunde liegende Freiheitskonzept basierte auf zwei Prämissen: **Freiheit wurde definiert als Abwesenheit von Staat und Recht,** namentlich polizeilicher 840

43 Dazu und zu anderen Traditionen der Grundrechtslehren *Hermes* Das Grundrecht auf Schutz von Leben und Gesundheit, 1987, S. 168 ff.; *Kühne* Die Reichsverfassung der Paulskirche, 2. Aufl., 1998, S. 159 ff.

44 Dazu o. Rn. 685 ff.

und justizieller Machtmittel. Diesem folgte die Vorstellung von Freiheit der Gesellschaft, wenn und weil **sie frei vom Staat, also staatsfrei, sei.** Dem entsprach

- die **Gleichsetzung von Freiheit der Gesellschaft und Freiheit:** Wenn die Gesellschaft insgesamt frei sei, habe auch der Einzelne die besten Chancen frei zu sein.
- der **negative Freiheitsbegriff:** Freiheit sei Abwesenheit von Fremdbestimmung, genauer: von Staat und Herrschaft, nicht hingegen von freiwillig begründeter oder übernommener Fremdbestimmung, sei es durch Vertrag, sei es durch vereinbartes Gesetz.
- das Verständnis der **Grundrechte als Abwehrrechte:** Fernhaltung des Staates geschieht am besten durch staatsgerichtete Verbotsnormen und Unterlassungsansprüche, also Abwehrrechte.

Diese Konzepte entsprachen der politischen Situation des 19. Jh. und der Staatsform des Konstitutionalismus jedenfalls in Deutschland. Dabei waren die Defizite und Blindstellen jener Lehren schon damals unübersehbar. **Freiheit der Gesellschaft war schon damals nicht identisch mit Freiheit der Menschen.** In jener reichen die Freiheiten der Einzelnen nur so weit, wie andere bereit sind, ihnen diese einzuräumen. Wesentliche Entwicklungen der Zeit – namentlich die Industrialisierung, Maßstabsvergrößerung durch den Deutschen Zollverein und später die Reichseinigung sowie die dadurch begünstigte Herausbildung von Oligopolen bzw. Monopolen und Kartellen indizierten nicht nur ein eklatantes Gleichheits-, sondern auch ein mindestens eben so großes Freiheitsproblem. Dem entsprach auch die Zusammensetzung der Kammern: Sie waren praktisch überall durch Zensus- oder Klassenwahlrechte auf die Vertretung von Eliteninteressen festgelegt. Hätte man die Lehre von der freien Gesellschaft wörtlich genommen, so hätten die im Wettbewerb Unterlegenen keine Änderung herbeiführen können, weil sie dies nicht konnten und der Staat hätte nichts für sie tun können, weil er dies nicht durfte. Das Modell der freien Gesellschaft als Hort der Freiheit erscheint so tendenziell als Ort der Freiheit Weniger und der Unfreiheit Vieler. Wir wissen längst: Freier Wettbewerb ist nicht die Folge der Abwesenheit von Recht, sondern Ergebnis seiner Herstellung, Förderung und Erhaltung durch Recht.

841 **Freiheit entsteht erst durch Recht, Rechtlosigkeit bringt Unfreiheit hervor.** Die Grundlagen dieser Einsichten entstammten gleichfalls dem 19. Jh. Dementsprechend war das zuvor skizzierte Modell der Freiheit als Abwesenheit von Staat und Recht nicht das konsentierte Modell der zeitgenössischen Verfassungen und Verfassungsgeber, wohl aber das Vorherrschende der damaligen Verfassungsrechtsdogmatik. Und sie war eine spezifisch deutsche Richtung: Begriffen wie „Grundrechtseingriff" kommt in anderen europäischen Rechtsordnungen eine unterschiedliche und zumeist geringere Bedeutung zu als in Deutschland. So lag die Notwendigkeit einer Neujustierung von Verfassungstheorie und Verfassungsdogmatik jedenfalls nahe. Die Bedeutung von **Grundrechten im demokratischen Sozialstaat** ist durchaus komplexer als diejenige in der Monarchie. Schon die

Weimarer Reichsverfassung ging weit über die älteren Bestände hinaus und statuierte neben Abwehr- auch soziale Grundrechte und politische Mitwirkungsansprüche. Dass die Grundrechtsgarantien des GG dahinter zurückblieben und sich ganz überwiegend auf die Formulierung von Abwehrrechten konzentrierten, entsprach dem überwiegenden Zeitgeist der späten 40er Jahre des 20. Jh. nicht nur in Deutschland.

Gewiss: Nach wie vor ist der Staat mit seiner Staatsgewalt und den durch sie begründeten Herrschaftsansprüchen und -chancen immer noch eine Quelle von Freiheitsbeschränkungen und -gefährdungen. Dies wurde besonders deutlich während der **Corona-Pandemie**, als der Staat durch die verhängten Schutzmaßnahmen viele Grundrechte massiv einschränkte. Aber auch zur Abwehr anderer Bedrohungen wie etwa durch den **internationalen Terrorismus** werden regelmäßig Freiheitsrechte eingeschränkt. Die Gefahr von Freiheitsbeschränkungen zeigt sich erst recht, wenn man das demokratische Mehrheitsprinzip in Rechnung stellt: Hier geht es um den Schutz von Minderheiten gegen Mehrheiten. Insoweit ist es richtig, dass der **Freiheitsschutz durch Abwehrrechte nach wie vor den Ausgangspunkt der Grundrechtsdogmatik** darstellt. Es geht nicht darum diesen abzulösen, sondern vielmehr darum, ihn durch weitere Dimensionen zu ergänzen. 842

Grundrechte sind nicht nur Grenze, sondern auch Grundlage der Demokratie. Eine freie, grundrechtlich begründete Gesellschaft ist die beste Grundlage und Voraussetzung von Demokratie, Mehrheitsbildung und Minderheitenschutz. Demokratie ist die Staatsform der Freiheit und Gleichheit, des sozialen Ausgleichs und des gesellschaftlichen Wettbewerbs, aber auch der Konsensbildung durch Mehrheitsbildung. Hierfür sind die Grundrechte zwar nicht die einzige, wohl aber eine wesentliche rechtliche Basis. Und namentlich die demokratische Staatsform beschränkt Freiheitsschutz nicht mehr auf bloße Staatsabwehr, sondern auch auf Mitwirkung der Bürger und ihrer Volksvertreter an der Gewährung, Ausgestaltung und Durchsetzung der Freiheit durch den Staat. **Indem der Staat Freiheit und Gleichheit herstellt, sichert und schützt, fördert er zugleich sich selbst in seiner vom Grundgesetz vorgesehenen Form.** Staat, Staatsform und Grundrechtsschutz sind somit nicht stets und überall ein Widerspruch, sondern immer auch ein Verhältnis wechselseitiger Hervorbringung, Ergänzung und Förderung. 843

Grundrechte sind nicht nur Grenze, sondern auch Grundlage des Sozialstaats. Dieser tritt seinen Bürgern nicht allein als nehmender Steuerstaat, sondern ebenso als Erbringer von Leistungen entgegen, welche eine wesentliche Grundlage und Voraussetzung der Freiheitsausübung sind. Herstellung von Infrastruktur, Bildungseinrichtungen und Kultur, Gewährleistung sozialer Rechte auch über das Existenzminimum hinaus, Förderung von Arbeitsplätzen, Existenzgründungen und Schaffung der Regeln für einen annähernd fairen Wettbewerb setzen einen Staat voraus, der sich gerade nicht von der Gesellschaft fernhält, sondern mit den Mitteln 844 des Rechts interveniert. Auch die Gesellschaft ist nicht rechtsfrei. Solche Regeln können aber nicht nur Grenzen, sondern auch Chancen der Freiheit und der Gleichheit eröffnen. Auch Freiheit und Recht sind also keine notwendigen Gegensätze.

845 Das so formulierte Zielbündel erfordert also zugleich

- **Freiheit vom Recht** und vom Staat durch Unterlassung nicht gerechtfertigter Beschränkungen,
- **Freiheit durch Recht** und den Staat durch Schaffung und Durchsetzung freiheitsermöglichender und -fördernder Regeln, sowie
- **Freiheit im Recht** und im Staat durch ein grundrechtskonformes Verhältnis von Freiheitsherstellung, -sicherung und -beschränkung.

Jenen drei Funktionen entsprechen aber nicht einfach drei Grundrechtskategorien, wie etwa die traditionellen Statuslehren[45] (status negativus: Freiheitsschutz durch Abwehrrechte; status positivus: Freiheitsschutz durch Leistungsrechte; status activus: Freiheitsschutz durch politische Mitwirkungsrechte). Vielmehr können einzelne Grundrechte durchaus unterschiedliche Funktionen nebeneinander verwirklichen. Sie sind in jener Terminologie dann nicht bloß einem, sondern unterschiedlichen Status zuzuordnen.

Der heute zumeist zugrunde gelegte **„positive Freiheitsbegriff"** ist mehr als die Abwesenheit von Fremdbestimmung durch Staat und Recht. Er enthält das anspruchsvolle Ziel nicht nur rechtlicher, sondern auch tatsächlicher Chancen der Selbstdarstellung, Selbstgestaltung und -verwirklichung der eigenen Lebensentwürfe. Ein solches Ziel ist nach seinem Inhalt wie seiner Erreichbarkeit im Gemeinwesen keineswegs homogen, sondern durchaus spannungsvoll und bisweilen widersprüchlich. Es mutet den Staatsorganen nichts weniger zu, als einerseits Recht zu setzen und durchzusetzen, um grundrechtliche Freiheit dort zu verwirklichen, wo sie sich andererseits gerade im Interesse der Freiheit als Abwesenheit von Fremdbestimmung fernhalten sollten. Hierfür angemessene Maßstäbe zu finden ist die **Aufgabe einer zeitgemäßen Grundrechtsdogmatik**, welche auf diesem Weg im Einzelnen unterschiedliche Richtungen geht. Die heute vorherrschende Richtung ist hingegen bestrebt, die zusätzlichen Bedürfnisse und Dimensionen der Freiheitssicherung gerade durch die Grundrechte zu realisieren. Dabei geht es darum, **über die überkommene Sicherung negativer Freiheit durch Abwehrrechte hinaus neue Grundrechtsdimensionen zu begründen.** Im Ergebnis sollen so die Freiheitsrechte nicht mehr bloß Freiheit gegen den Staat, sondern zugleich Freiheit im Staat und Freiheit durch den Staat garantieren.

45 Dazu *Jarass* AöR 1995, 345; ursprünglich *G. Jellinek* System der subjektiven öffentlichen Rechte, 2. Aufl., 1905.

3. Begründungsansätze: Grundrechte als Werte und Prinzipien

> „Ohne Zweifel sind die Grundrechte in erster Linie dazu bestimmt, die Freiheitssphäre des Einzelnen gegen Eingriffe der öffentlichen Gewalt zu sichern; sie sind Abwehrrecht des Bürgers gegen den Staat [...]. Ebenso richtig ist es aber, dass das Grundgesetz, das keine wertneutrale Ordnung sein will [...], in seinem Grundrechtabschnitt auch eine objektive Wertordnung aufgerichtet hat [...]. Dieses Wertsystem, das seinen Mittelpunkt in der innerhalb der sozialen Gemeinschaft sich frei entfaltenden Persönlichkeit und ihrer Würde findet, muss als verfassungsrechtliche Grundentscheidung für alle Bereiche des Rechts gelten: Gesetzgebung, Verwaltung und Rechtsprechung empfangen von ihm Richtlinien und Impulse [...]. Keine Vorschrift darf in Widerspruch zu ihm stehen, jede muss in seinem Geiste ausgelegt werden."[46]

In diesem wegweisenden Zitat sind **zwei Grundrechtsdimensionen** nebeneinander gestellt: Die Bedeutung als **Abwehrrechte** und daneben diejenige als Teil einer **„objektiven Wertordnung"**. Die Rechtsprechung begreift Freiheitsrechte seitdem nicht bloß als individuelle Abwehransprüche, sondern daneben auch als objektive Ordnungselemente. Sie verpflichten alle Staatsorgane, wirksamen Freiheitsschutz nicht nur zu respektieren, sondern auch herzustellen, zu sichern und auszugleichen. Objektiver und subjektiver Gehalt der Freiheitsrechte treten so auseinander und nebeneinander, Freiheit ist nicht allein ein individueller, sondern zugleich ein gesellschaftlicher Zustand. Ganz in diesem Sinne sollen die **Grundrechte in alle Bereiche des Rechts ausstrahlen**, ihnen kommen insoweit zwei Grundfunktionen zu: 846

- die **Auftragsfunktion,** also die Verpflichtung aller Staatsorgane, Freiheit nicht nur durch Unterlassen zu respektieren, sondern sie auch durch aktive Maßnahmen aller Zweige der Staatsgewalt herzustellen und zu garantieren. Staat und Freiheit kommen so in ein positives Verhältnis wechselseitiger Konstituierung und Ausgestaltung: So wie die Freiheit den demokratischen Staat mitbegründet, begründet der Staat die individuelle und gesellschaftliche Freiheit mit.
- die **Ausstrahlungsfunktion**, also die Pflicht namentlich von Exekutive und Justiz, im Rahmen ihrer Gesetzesbindung (Art. 20 III GG) alles Recht im Lichte des Grundgesetzes und der Grundrechte freiheitskonform auszulegen und anzuwenden. Alle Gesetzesauslegung – längst nicht mehr nur diejenige der Generalklauseln des einfachen Rechts – ist so je nach Materie teils mehr, teils weniger auch Grundgesetzauslegung. Zugleich wird diese Auslegung auch durch die Rechtsprechung des Bundesverfassungsgerichts dirigiert und subsidiär kontrolliert.

---

46 BVerfGE 7, 198, 204 f.; Zur Grundrechtsdogmatik *Böckenförde* NJW 1974, 1529; *ders.* Der Staat 1990, 1; *ders.* Der Staat 2009, 387.

Im Extremfall könnte dies die **Konstitutionalisierung der gesamten Rechtsordnung** bewirken: Alles Recht ist grundgesetzgeleitet zu erlassen und auszulegen. Im – allerdings völlig unrealistischen – Idealzustand wäre dann alles Recht Verfassungsanwendung und -auslegung, Gesetzgebung und Fachrechtsprechung wäre dann überflüssig. Doch ist dieses Szenario zwar Gegenstand mancher Kritik, aber von der Wirklichkeit sowohl der Verfassungs- wie auch der fachgerichtlichen Rechtsprechung weit entfernt. Insbesondere hat sie es nicht vermocht, der Rechtsprechung des Bundesverfassungsgerichts eine neue Richtung zu geben.

847 In diesem Sinne sind **Grundrechte nicht nur Verbotsnormen**, Unterlassungs- und Abwehransprüche, sondern enthalten auch positive Handlungsaufträge an alle Staatsorgane. Sie **können also auch Gebotsnormen, Handlungs- und Vornahmeansprüche begründen.** Die früher sehr verbreitete, aber auch viel kritisierte Wertordnungslehre bildet zwar die theoretische Voraussetzung, aber gegenwärtig wohl nicht mehr die dogmatische Grundlage der neueren Ansätze.

Eher in der Formulierung als in der Sache neu ist demgegenüber die Deutung der **Grundrechte als Prinzipien.**[47] Unter Prinzipien versteht man Normen, welche – wie etwa das Sozialstaatsprinzip[48] – auf Optimierung, Ausgestaltung und Abwägung angelegt sind. Hierzu zählen auch die genannten Auftrags- und Ausstrahlungswirkungen. Als solche sollen sie im Gegensatz zu „deontischen Normen“ stehen, welche nur die eindimensionale Abgrenzung von zulässigem und unzulässigem Verhalten enthalten (z. B. Art. 102 GG). Derartige Regeln fordern, anders als Prinzipien, strikte Beachtung, wobei sie entweder erfüllt oder nicht erfüllt werden.

a) Grundrechtliche Schutzpflichten und Pflichtenkollisionen

„Die Pflicht des Staates, jedes menschliche Leben zu schützen, lässt sich bereits unmittelbar aus Art. 2 II 1 GG herleiten. Sie ergibt sich darüber hinaus auch aus der ausdrücklichen Vorschrift des Art. 1 I 2 GG. […]. Die Schutzpflicht des Staates ist umfassend, sie verbietet nicht nur selbstverständlich unmittelbare staatliche Eingriffe in das sich entwickelnde Leben, sondern gebietet dem Staat auch, sich schützend und fördernd vor dieses Leben zu stellen, d. h. vor allem es auch vor rechtswidrigen Eingriffen von Seiten anderer zu bewahren. Die Schutzpflicht des Staates muss umso ernster genommen werden, je höher der Rang des infrage stehenden Rechtsgutes innerhalb der Wertordnung des Grundgesetzes anzusetzen ist.“[49]

848 Was hier vom BVerfG für Art. 2 II 1 GG ausgeführt worden ist, ist inzwischen für sämtliche Freiheitsrechte anerkannt. Sie begründen **über ihren Charakter als Abwehrrechte hinaus auch Schutzansprüche** gegen den Staat. Der maßgebliche Unterschied liegt darin, dass erstere sich gegen staatliche Eingriffe richten, letztere hingegen staatliche Vorkehrungen gegen Übergriffe Privater oder sonstiger Dritter

---

47 S. dazu *Alexy* Theorie der Grundrechte, 1986, S. 71 ff., 75 f.; *Borowski* Grundrechte als Prinzipien, 3. Aufl. 2018.

48 Dazu o. Rn. 571 ff.

49 BVerfGE 39, 1, 41 ff.

fordern. Dann sollen die öffentlichen Hände nicht allein berechtigt, sondern darüber hinaus auch verpflichtet sein, die Rechte eines Grundrechtsträgers gegen einen anderen Grundrechtsträger zu schützen. Die Anwendbarkeit der einen oder anderen Dimension hängt also von der Frage ab, von wem die Schmälerung eines grundrechtlich geschützten Rechtsgutes erwartet wird, also dem **Urheber der Beeinträchtigung.** Dieser Umstand prägt allerdings zugleich den Inhalt des Anspruchs.

- Ist der **Urheber der Staat, erfolgt der Grundrechtsschutz durch Unterlassenspflichten und Abwehransprüche.** Aus ihnen können auch bestimmte Folgeansprüche hergeleitet werden, wenn etwa ein Eingriff schon geschehen ist oder zusätzliche Sicherungen formeller oder materieller Art im Staat gegen Grundrechtsbeeinträchtigungen begründet werden sollen.[50]
- Sind die Urheber Dritte, so erfolgt der Grundrechtsschutz durch aktives staatliches Tun, etwa durch Gesetzgebung, Gesetzesdurchsetzung, Rechtsprechung u. a., was sich schon damit begründen lässt, dass der Staat über das Gewaltmonopol verfügt und er dementsprechend Regelungen zum Zusammenleben der Bürger treffen muss. Hier fallen also Grundrechtsbeeinträchtigender einerseits und Grundrechtsadressat bzw. Grundrechtsschützer andererseits auseinander. Daher kann zum wirksamen Grundrechtsschutz ein bloßes Unterlassen der öffentlichen Hände allein nicht ausreichen. Der Gesetzgeber kann allerdings ggf. Dritte dazu verpflichten, selbst Übergriffe in Grundrechte anderer zu unterlassen oder sonstige eigene Maßnahmen zum Schutz der Grundrechte potentiell Betroffener zu treffen.

So sind alle Menschen verpflichtet, Tötungen oder Körperverletzungen gegenüber Dritten zu unterlassen (§§ 211 ff., 223 ff. StGB). Auch können datenverarbeitende Unternehmen verpflichtet werden, wirksame Datenschutzvorkehrungen zugunsten ihrer Nutzer oder Dritter zu treffen. Versammlungen können verpflichtet werden, andere Versammlungen nicht zu stören (§§ 2 I 2; 21 VersG), die Presse darf Ehre und Privatsphäre Dritter nicht grenzenlos herabwürdigen.

Das zuletzt genannte Beispiel deutet aber bereits an: Nimmt der Staat seine 849
Schutzpflicht zugunsten eines Grundrechts wahr, so kann dies zugleich zu Lasten von Grundrechten Dritter geschehen. Eine solche **Grundrechtskollision** tritt ein, wenn die Freiheitsausübung eines Menschen diejenige eines anderen beeinträchtigen kann. Ein solcher Fall ist keineswegs selten: Wo eine Versammlung stattfindet, kann nicht zeitgleich eine andere Veranstaltung durchgeführt werden, wo Kir-

---

50 Dazu näher *Lübbe-Wolff* Die Grundrechte als Eingriffsabwehrrechte, 1988; *Poscher* Grundrechte als Abwehrrechte, 2003.

chenglocken läuten, können sich andere Menschen in ihrer Ruhe gestört fühlen und wenn einer ein knappes Gut kauft, kann es ein anderer nicht mehr kaufen. Wo einer Vielzahl von Personen eine Vielzahl von Freiheitsrechten garantiert wird, sind solche Kollisionen nahezu unvermeidlich. Sie sind eine Folge der Freiheit, die jedenfalls nicht überall grenzenlos sein und auf unbegrenzte Ressourcen stoßen kann.

Grundsätzlich gilt: Freiheit des einen ist primär Chance und Medium anderer. **Freiheit ist auch und in hohem Maße kooperativ**, nicht immer und nur konfrontativ. Wer etwas verkaufen will, braucht immer jemanden der kaufen will. Hingegen kann bei der Frage, wer bei dem Kauf den anderen übervorteilt oder unangemessen benachteiligt, rasch die Grenze der Kooperation und der kooperativen Freiheit erreicht sein. Hier können dann Grundrechtskollisionen entstehen.

850 Soweit solche Kollisionen die normale Folge normaler Freiheitsbetätigung sind, entstehen für die öffentlichen Hände keine besonderen Schutzpflichten. Notwendig sind am ehesten rechtliche Rahmenregelungen: Kaufen und verkaufen kann man regelmäßig nur, wenn es ein Kaufrecht gibt. Im Übrigen **fallen Risiken und Lasten der Freiheitsausübung den Beteiligten selbst zur Last.**

851 Anderes kann aber gelten, wenn ein Fall der Grundrechtskollision vorliegt, welcher unvertretbare Nachteile für Beteiligte, betroffene Dritte oder die Allgemeinheit begründet. Wer Eigentumsgegenstände besitzt, welche etwa Emissionen auslösen und daher die Umwelt und das Eigentum Dritter schädigen, kann dadurch staatliche Schutzrechte und -pflichten auslösen.

852 Rechtspositionen Dritter können also

- **staatliche Grundrechtsbeschränkungsrechte** begründen: Die öffentliche Hand ist dann berechtigt, bestimmte Freiheitsausübungen ganz oder teilweise zu untersagen. Dies gilt immer dann, wenn ein Belang der Allgemeinheit oder Dritter geeignet ist, Grundrechtseinschränkungen zu rechtfertigen.[51]
- **staatliche Grundrechtseinschränkungspflichten** begründen: Eine solche Pflicht setzt das Einschränkungsrecht voraus. Nicht immer wenn ein Schutzrecht entsteht, entsteht gleichermaßen schon eine Schutzpflicht. Der Kreis der **Schutzpflichten** ist daher notwendig enger als der Kreis der Schutzrechte.

853 **Schutzpflichten sichern** also die Grundrechte nicht gegen den Staat, sondern durch den Staat; und dieser setzt sie **gegen grundrechtsgefährdende andere Grundrechtsträger** durch. Sie können insbesondere entstehen, wenn

51 Dazu u. Rn. 874 ff.

- die **Freiheitsbetätigung des einen die Freiheit des anderen** nicht nur beschränkt, sondern ganz oder in wesentlichen Teilen **vernichtet** (Beispiel: Raser im Straßenverkehr können die Gesundheit anderer Verkehrsteilnehmer unwiederbringlich beeinträchtigen).
- die **Freiheitsbetätigung des einen die Freiheit von Personen beeinträchtigen, die sich nicht angemessen wehren können** (etwa: Minderjährige; Behinderte; Personen, die von dem Eingriff gar nichts erfahren, etwa bei der heimlichen Videoüberwachung oder der Weitergabe persönlicher Daten).
- die Freiheitsbetätigung des einen die Rechte anderer **aufgrund einer erheblich überlegenen wirtschaftlichen oder sozialen Machtstellung unangemessen benachteiligen** kann (Beispiele: Monopole; Kartelle; Verbände; Eigentümer knapper wirtschaftlicher oder sozialer Ressourcen, wie etwa Arbeits- und Ausbildungsplätzen).
- die öffentliche Hand durch Beteiligungen, Genehmigungen oder Förderung bestimmter Grundrechtsausübung erhebliche Gefährdungs- oder Nachteilspotentiale für Dritte mitbegründet hat (Beispiele: Genehmigung von Flugverkehr und Fluglärm; Zulassung von Konditionenkartellen und Verbraucherschutz).
- **unabhängig von einem Handeln Dritter** Gefahren durch den Klimawandel drohen[52] oder wenn die Gefahr durch einen ausländischen Staat verursacht wird.[53]

In solchen und vergleichbaren Fällen können die Grundrechtsadressaten nicht nur berechtigt, sondern sogar verpflichtet sein, die Freiheit Betroffener gegen Folgen der Freiheitsbetätigung anderer zu schützen. Diese Schutzpflicht schützt dann das eine Grundrecht zu Lasten des anderen. Ob und inwieweit dies zulässig ist, wird hierbei im Wege der **Abwägung** festgestellt. Sie setzt voraus, zunächst (1) den Rang der kollidierenden Freiheiten zu bestimmen und sodann (2) festzulegen, ob und in welchem Umfang der zu schützende Belang überwiegt und daher einen besonderen Schutz auf Kosten des anderen erfordert und rechtfertigt. Während die Frage (1) die Bedeutung der betroffenen Rechte in der Rechtsordnung betrifft, um so **Vorrang und Nachrang** im Einzelfall feststellen zu können, betrifft die Frage (2) die davon zu unterscheidende Suche nach den **Abwägungsmaßstäben.** 854

(1) Die **Rangfrage** stellt auch die Frage nach der **„Wertordnung des Grundgesetzes“**. Inzwischen hat sich gezeigt: Weder die Wertphilosophie noch die Rechtswissenschaft haben es vermocht, eine rationale Begründung für eine solche 855

52 BVerfGE 157, 30 Rn. 147 ff.
53 BVerfG NJW 2018, 2312 Rn. 31 f.

Rangordnung konkreter Werte aufzustellen.[54] Offenkundig wird dies in der Praxis. So hat das BVerfG zwar schon zahlreichen Grundrechten einen „hohen Rang“ oder gar „Höchstrang“ zugesprochen, aber noch keinem einen solchen abgesprochen. Auf diese Weise lassen sich Vor- und Nachrangverhältnisse kaum klären. So musste das Gericht in Einzelfällen schon zwei Werte gegeneinander abwägen, welche beide für die Verfassungsordnung des Grundgesetzes „von höchstem Rang“ bzw. „schlechthin konstituierend“ waren.[55]

Vor- und Nachrangfragen lassen sich so nicht hinreichend begründen: Die Argumente können nur diejenigen überzeugen, welche dem Ergebnis ohnehin zustimmen, nicht aber Personen, welche ihm nicht zustimmen wollen: Damit kann jene Formel aber einen zentralen Anspruch juristischer Begründungen nicht einlösen, nämlich den Versuch einer objektivierbaren Begründung im Konfliktfall. Begründungen sollen nach Möglichkeit nicht nur den Prozessgewinner, sondern auch die Öffentlichkeit und – wenn möglich – den Verlierer überzeugen. Dieses aber vermag eine Wertbegründung nicht. So bleibt die **Rangfrage die Achillesferse** jener Lehre. Sie soll einerseits abstrakt (Welches Recht geht vor?), andererseits aber auch konkret (Welches Recht ist im Einzelfall stärker betroffen?) entschieden werden.

856 (2) Hinsichtlich der **Abwägungsmaßstäbe** sind die älteren Formeln nach **„praktischer Konkordanz“** bzw. einem wechselseitigen **schonenden Ausgleich der kollidierenden Grundrechte** in eine Heranziehung des Übermaßverbots eingemündet. Die Wertkollision wird danach entsprechend den Grundsätzen der Geeignetheit, Erforderlichkeit und Angemessenheit[56] vorgenommen. Hier kommt namentlich den Kriterien der Intensität des Eingriffs und der Möglichkeit weniger beeinträchtigender und daher grundrechtsschonenderer Maßnahmen eigenständige Bedeutung zu. Dabei ist deren Wirkungsweise bei Grundrechtskollisionen eine zweiseitige: Beide kollidierenden Rechte

- müssen einerseits im Mindestmaß hinreichend geschützt werden (sog. **Untermaßverbot**)[57] und
- dürfen andererseits nicht einseitig zulasten des jeweils anderen Belangs durchgesetzt werden (**Übermaßverbot**[58]).

Die dabei vorzunehmende Abwägung kann im Einzelfall schon wegen der offenen Rangfrage methodisch wenig gesteuert werden und kann den Gestaltungsfreiraum des Gesetzgebers er-

---

54 Nach wie vor grundlegend *Goerlich* Wertordnung und Grundgesetz, 1973; *Grabitz* Freiheit und Verfassungsrecht, 1976, S. 217 ff.; *Podlech* AöR 95 (1970), 185.

55 S. etwa BVerfGE 35, 221 f.; zur Praxis *Schneider* Die Güterabwägung des BVerfG bei Grundrechtskonflikten, 1979.

56 Dazu näher u. Rn. 914 ff.

57 Dazu *Grzeszick* in: DHS, GG, Art. 20, VII. Art. 20 und die allgemeine Rechtsstaatlichkeit, Rn. 128 ff.

58 S. u. Rn. 914 ff.

heblich beschränken. Für Standardkonstellationen (z. B. die sog. Drittwirkung der Grundrechte[59] oder die Kollision von Meinungsfreiheit und Allgemeinem Persönlichkeitsrecht[60]) haben sich partiell Sonderdogmatiken etabliert, welche die überaus vagen allgemeinen Grundsätze näher zu konkretisieren suchen.

Besonders relevant wurde die Schutzpflichtendiskussion im Zusammenhang mit der **Corona-Pandemie.** Dem Staat obliegt eine Schutzpflicht zu Gunsten von Leben und Gesundheit der Bürger (Art. 2 II 1 GG). Dabei muss dem Untermaßverbot Rechnung getragen werden, d. h., der Staat ist verpflichtet, Schutzmaßnahmen gegen die Überlastung des Gesundheitssystems und zum Schutz von Risikogruppen zu ergreifen. Gleichzeitig aber darf die Schutzpflicht zu Gunsten von Leben und Gesundheit, welche zum Schutz vor Corona aktiviert wird, nicht einseitig zu Lasten anderer grundrechtlich geschützter Belange wie der körperlichen und psychischen Unversehrtheit Dritter (Art. 2 II 1 GG),[61] der Berufsfreiheit (Art. 12 I GG) oder der Versammlungsfreiheit (Art. 8 I GG) durchgesetzt werden.[62] Die Rechtsprechung billigt dem Gesetzgeber in diesen Fällen allerdings einen Spielraum zu im Hinblick auf die Wertung des Ausgleichs der Grundrechte und die Einschätzung der auf Ungewissheiten basierenden Tatsachengrundlage.[63] 857

Immer größere Bedeutung erlangt die Diskussion um grundrechtliche Schutzpflichten im Zusammenhang mit der Einforderung von **Klimaschutzmaßnahmen.** Es wird argumentiert, dem Staat obliege eine Schutzpflicht aus Art. 2 II 1 GG, hinreichende Schutzmaßnahmen gegen den Klimawandel zu treffen,[64] nach dem das Staatsziel Umweltschutz (Art. 20a GG) keine subjektiven Rechte begründet.[65] Die Besonderheit in derartigen Konstellationen besteht darin, dass die Kläger noch keinen persönlichen Schaden erlitten haben, sondern geltend machen, dass eine Handlungspflicht besteht, um künftige Grundrechtsverletzungen zu verhindern.[66] Die Verletzung von Schutzpflichten im Bereich des Umweltrechts ist schon oft vor dem BVerfG geltend gemacht worden, doch bislang wurde nie eine Schutzpflichtverletzung festgestellt.[67] Auch in seiner Entscheidung zum Bundes-Klimaschutzgesetz hat das Gericht eine Schutzpflichtverletzung mit Blick auf den Spielraum des 858

59 Dazu näher Rn. 953 ff.; *Guckelberger* JuS 2003, 1151.
60 Dazu u. Rn. 1024 ff.
61 Zu Rechtsfragen der Verteilung medizinischer Ressourcen s. *Taupitz* MedR 2020, 440.
62 Zu Schutzpflichten in der Corona-Pandemie s. *Goldhammer/Neuhöfer* JuS 2021, 212, 215.
63 BVerfG, NVwZ 2020, 876 Rn. 10.
64 VG Berlin, Urt. v. 31. 10. 2019 – VG 10 K 412.18, BeckRS 2019, 35475 Rn. 17 u. 19.
65 Vgl. BVerfG, NVwZ 2010, 114, 116; s. o. Rn. 95.
66 *Groß* NVwZ 2020, 337, 340.
67 *Voßkuhle* NVwZ 2013, 1, 7; *Groß* NVwZ 2020, 337, 338.

Gesetzgebers zur Erfüllung seiner Schutzpflicht aus Art. 2 II 1 GG verneint.[68] Stattdessen argumentiert das Gericht, dass die Grundrechte als intertemporale Freiheitsrechte subjektivrechtlich vor einer einseitigen Verlagerung der durch Art. 20a GG aufgegebenen Treibhausgasminderungslast in die Zukunft schützten. Auch der objektivrechtliche Schutzauftrag des Art. 20a GG schließe die Notwendigkeit ein, mit den natürlichen Lebensgrundlagen so sorgsam umzugehen und sie der Nachwelt in solchem Zustand zu hinterlassen, dass nachfolgende Generationen diese nicht nur um den Preis radikaler eigener Enthaltsamkeit weiter bewahren können.[69]

859 ***Lösung zum Beispielsfall*** *(s. o. Rn. 834):*

Der Schwangerschaftsabbruch begründet nach der Rechtsprechung eine Grundrechtskollision zwischen dem Lebensrecht des ungeborenen Kindes einerseits und dem Selbstbestimmungsrecht der Frau über sehr intime Vorgänge in ihrem Körper andererseits. Dabei sieht das BVerfG abstrakt den Rang des Grundrechts auf Leben als „Höchstwert" im System des Grundgesetzes. Konkret stellt es weiter darauf ab, dass das Leben eigentlich nicht eingeschränkt, sondern nur „vernichtet" werden kann. Ein solcher vollständiger Grundrechtsverlust sei schon wegen Art. 19 II GG grundsätzlich nicht hinnehmbar. Eine Kollisionslösung durch einen beiderseits grundrechtsschonenden Ausgleich sei daher nicht möglich. Der Vorrang des Grundrechts auf Leben schließe die Rechtmäßigkeit des Schwangerschaftsabbruchs regelmäßig aus, nur in besonderen Ausnahmefällen und unter besonderen materiellen und prozeduralen Vorkehrungen könne dieser im Einzelfall straflos sein. Den Gesetzgeber treffe insoweit eine Schutzpflicht (und nicht nur ein Schutzrecht); diese könne durch unterschiedliche gesetzliche Vorkehrungen erfüllt werden. Äußerstenfalls bestehe auch eine Pflicht zur Strafandrohung. Eine strafrechtliche Freigabe des Schwangerschaftsabbruchs auch nur innerhalb bestimmter Fristen sei damit grundsätzlich unvereinbar (BVerfGE 39, 1, 58; 88, 203, 262; krit. dazu abw. Votum BVerfGE 39, 1, 68; BVerfGE 88, 203, 343 ff.).

Zur Vertiefung:
Augsberg Grundfälle zu Art. 2 II 1 GG, JuS 2011, S. 128; *Fink* Recht auf Leben und körperliche Unversehrtheit HGRe IV, § 88; *Dreier* Grenzen des Tötungsverbotes, JZ 2007, S. 261; 317; *Hermes* Das Recht auf Schutz von Leben und Gesundheit, 1987; *Hong* Todesstrafenverbot und Folterverbot, 2019; *Isensee* Der grundrechtliche Konnex von Menschenleben und Menschenwürde, ZfL 2009, S. 114; *Kutscha* Das Grundrecht auf Leben unter Gesetzesvorbehalt – ein verdrängtes Problem, NVwZ 2004, S. 801; *Meyer* Risikovorsorge als Eingriff in das Recht auf körperliche Unversehrtheit, AöR 136 (2011), S. 428; *Müller-Terpitz* Recht auf Leben und körperliche Unversehrheit, in: HStR VII, § 147; *Steiner* Der Schutz des Lebens durch das Grundgesetz, 1992.

68 BVerfGE 157, 30 Rn. 143 ff.
69 BVerfGE 157, 30 Rn. 188 ff.; s. auch *Lenz* Der Staat 61 (2022), 73, 76 ff.

b) Grundrechtliche Ausgestaltungs-, Verfahrens- und Teilhaberegeln

860 Grundrechte können demnach nicht nur Unterlassungs-, sondern auch Handlungspflichten begründen. Sie gehen über die geschilderten Vorkehrungen zum Schutz gegen Freiheitsbeeinträchtigungen Dritter hinaus und können weitere Dimensionen der Freiheitsherstellung und -sicherung im Staat erfassen. Hierzu zählen primär **Ausgestaltungsansprüche**, welche die rechtlichen Vor- und Rahmenbedingungen der Freiheit herstellen und sichern.

Einzelne Ausgestaltungsaufträge enthält bereits der **Text der Freiheitsrechte.** So werden „Inhalt und Schranken" des Eigentums durch Gesetze bestimmt (Art. 14 I 2 GG): Ohne ein gesetzliches Eigentumsrecht gibt es also weder Schranken des Eigentums noch das Eigentum selbst. Die Gesetze stellen also das Schutzgut des Grundrechts überhaupt erst her. Der früher behauptete Gegensatz von Freiheit und Recht erscheint hier geradezu in sein Gegenteil verkehrt: Das **Grundrecht schützt nicht Freiheit vom Recht, sondern auch Freiheit durch Recht.** Ähnliches gilt etwa für den Schutz von Ehe und Familie (Art. 6 GG), der Vereinigungs- und Koalitionsfreiheit (Art. 9 I, III GG) und des Berufsbeamtentums (Art. 33 V GG). In einem weiteren Sinne kann dies aber auch für weitere Garantien gelten, welche zu ihrer Wahrnehmung, Durchsetzung und Abgrenzung der Gesetze bedürfen, wie etwa die Freiheit der Presse und des Rundfunks (Art. 5 I 2 GG), die Berufsfreiheit (Art. 12 I GG) und erst recht die zahlreichen Justizgrundrechte, welche ohne gesetzliche Ausgestaltung ganz undenkbar sind (Art. 19 IV, 101, 103, 104 GG).

861 Grundrechtsausgestaltung ist schon wegen der Lehre vom **Vorbehalt des Gesetzes**[70] primär Aufgabe der Legislative, innerhalb des gesetzlichen Rahmens aber auch von Vollziehung und Rechtsprechung. Sie haben die Aufgabe, den Grundrechtsschutz wesentlich erst herzustellen. Dabei entsteht ein methodisches Problem: Wie kann die öffentliche Hand eine Freiheit sichern, wenn ihr diese Freiheit vom Grundrecht noch nicht konkret vorgegeben ist, sondern von den Grundrechtsadressaten erst hergestellt werden soll? Ist hier nicht letztlich die Gesetzgebung an sich selbst gebunden; ein Zustand, der mit Art. 1 III; 20 III GG unvereinbar wäre? Daraus entsteht ein **Zentralproblem der Grundrechtsinterpretation,** welches auf der Basis von Wertordnungslehre und Prinzipientheorie allein nicht gelöst werden kann. Der in den Grundrechten anerkannte „hohe Wert" bzw. der in ihnen angelegte Optimierungsauftrag kann nur erfüllt werden, wenn man weiß, was anerkannt, was optimiert werden soll; konkret: welchen Inhalt jene Werte und Prinzipien also haben. Darauf geben die genannten Ansätze aber keine Antwort. Hier haben sich zwei unterschiedliche Antwortrichtungen herausgebildet.

70 Dazu o. Rn. 685 ff.

Die allgemeine **Grundrechtslehre von den institutionellen Garantien**[71] sucht die Antwort in einer allgemeinen Grundrechtstheorie. Danach vollzieht sich Freiheit in unterschiedlichen sozialen Lebensbereichen, welche nicht allein durch tatsächliche Verhältnisse, sondern auch durch soziale Normen, Zwänge und Regeln (sog. „Institutionen") geprägt sind. Nach dieser eher soziologisch geleiteten Beobachtung ist etwa der Beruf durch Handelsbräuche, technisch und ökonomisch motivierte Arbeitsabläufe, Zulieferer- und Abnehmerkonditionen, Markt- und Konkurrenzverhältnisse strukturiert. Der einzelne Berufstätige kann diese regelmäßig allenfalls marginal beeinflussen. Sie sind im Einzelnen und für die Einzelnen mehr oder weniger freiheitskonform oder aber freiheitsbeschränkend. Hier setzt der grundrechtliche Auftrag an, die geltenden Regeln freiheitsfördernd aus- und umzugestalten. Dazu sollen sie die immanenten **Leitbilder der Grundrechte und Freiheiten** in konkretes Handeln umsetzen, um so mit den Mitteln des Rechts den Lebensbereich als Freiheitsbereich auszugestalten. In diesem Sinne sind die Freiheitsrechte zentrale nicht Unterlassungs-, sondern Handlungsansprüche an den Staat. Sie bedingen die Erkenntnis der maßgeblichen Leitbilder, die Auswahl der für ihre Wirkung notwendigen Instrumente und deren ziel- und zweckgerichteten Einsatz zum Zweck der Freiheitsherstellung, -sicherung und -erhaltung. Dass diese ihrerseits in den vorgefundenen Institutionen wirken und ihnen daher funktionsgerecht angepasst sein müssen, ist eine weitere zentrale Einsicht jener Lehre.

862 Hier nun trifft sich jene allgemeine grundrechtstheoretische Lehre mit der **anderen Antwortrichtung**, welche auf die **Dogmatik der Einzelgrundrechte** abstellt. Ihr jeweiliger Schutzbereich – und nicht allgemeine Theorien – prägt die konkreten Freiheitsgarantien nach Inhalt, Ausmaß und Schranken. Ihre Dogmatik ist demnach prinzipiell aus ihnen selbst heraus zu entwickeln. Maßgeblich dafür ist zunächst das **Menschenbild des Grundgesetzes**, welches die Menschen und ihre Freiheit nicht als jeweils isolierte Monaden, sondern als soziale, interaktive, kooperative wie auch konkurrierende Subjekte begreift.[72] Darin ist sowohl die jeweils eigene Freiheit wie auch die Freiheit der anderen bereits mit bedacht. Freiheit ist dann immer auch die Freiheit der anderen, die Freiheit nicht nur der Menschen, sondern auch der Gesellschaft als Medium individueller Freiheitschancen möglichst vieler Menschen. Nicht die Maximalisierung der Entfaltung des einen auf Kosten des anderen, sondern die Maximalisierung der Freiheitschancen aller ist das Leitbild. Weitere Interpretationsmaxime ist die **Offenheit des Grundrechtsschutzes:**[73] Dieser muss sich zu unterschiedlichen Zeiten und unter ganz heterogenen wirtschaftlichen, sozialen und technischen Rahmenbedingungen realisieren lassen. Daher darf die Freiheitsverwirklichung nicht vorschnell auf ganz konkrete Situationen und Maßnahmen festgelegt werden, vielmehr müssen die Staatsorgane in der Lage sein, ausreichend flexibel zu reagieren. Das Leitbild muss also einerseits hinreichend

71 Grundlegend: *Häberle* Die Wesensgehaltgarantie des Art. 19 Abs. 2 GG, 2. Aufl., 1972, S. 96 ff.
72 BVerfGE 4, 7, 15 f.
73 Dazu *Höfling* Offene Grundrechtsinterpretation, 1987.

konkret sein, um im Einzelfall erkennbare und umsetzbare Direktiven zu ermöglichen, andererseits muss es demgegenüber aber auch hinreichend flexibel sein, um für den sozialen Wandel ausreichend offen zu bleiben.

Beispiele dafür können etwa die **Neuakzentuierungen des Konzepts der Menschenwürde- oder auch Wandlungen des Familienkonzepts des GG** sein, welche sich aus den sozialen, rechtlichen und politischen Anschauungen der Nachkriegszeit hinaus fortentwickelt und sich so als zeitlich und inhaltlich offen erwiesen haben.

Als weitere, schon eher rechtsfolgenorientierte Anforderungen an die Grund- 863
rechtausgestaltungen werden das **Unter- und das Übermaßverbot** genannt.[74] Sie werden in diesem Kontext z.T. weiter konkretisiert und erscheinen sodann als Anforderungen der Sach-, System-[75] oder Funktionsgerechtigkeit. Dabei ist aber stets zu berücksichtigen: Was jeweils die konkrete Sache, Funktion oder Gerechtigkeit ausmacht, erschließt sich nicht durch allgemeine Lehren, sondern durch die Besonderheiten des Einzelgrundrechts. Schließlich sind in jedem Falle das **Bestimmtheitsgebot**,[76] die **Gleichheitsrechte**[77] und sonstige Verfassungsgarantien zu berücksichtigen.

Vor dem Hintergrund dieser allgemeinen Lehren haben sich insbesondere drei 864
konkretisierbare Fallgruppen herausgebildet. Sie betreffen

– das Recht auf **Schaffung grundrechtskonformen Organisationsrechts:** Wo Grundrechte in oder durch Organisationen verwirklicht werden sollen, müssen diese Organisationen ihrerseits grundrechtskonform ausgestaltet sein. Das gilt etwa für die Rundfunkorganisation[78], die Koalitionsfreiheit[79] oder die Universitäten,[80] welche so organisiert sein müssen, dass sowohl die Freiheit der Mitglieder wie auch diejenige der Nutzer wie auch diejenige möglicher Außenseiter oder Konkurrenten angemessen verwirklicht wird.
– das Recht auf **Schaffung grundrechtskonformen Verfahrensrechts:** Wenn Grundrechte in staatlichen Verfahren, namentlich Rechtssetzungs-, Verwaltungs- und Gerichtsverfahren, geltend gemacht und durchgesetzt werden können, müssen die Verfahren dem Grundrechtsträger die Möglichkeit eröff-

---

74 Zum Untermaßverbot sowie zum Übermaßverbot o. Rn. 856.
75 Dazu *Peine* Systemgerechtigkeit, 1985.
76 Dazu o. Rn. 717 f.
77 Dazu u. Rn. 1154 ff.
78 *Alexy* Theorie der Grundrechte, 1985, S. 451 f.
79 Dazu u. Rn. 1077 ff.
80 Dazu BVerfGE 35, 109, 119 ff.

nen seine Rechte vorzubringen, sie zum Gegenstand der Entscheidungsfindung und der Entscheidung selbst zu machen.[81]

- das Recht auf **Teilhabe an grundrechtsförderlichen staatlichen Leistungen oder Verfahren:** Was mit dem Recht auf gleichen Zugang, Kapazitätsauslastung von Hochschulen und Zugang zu nicht ausgelasteten Kapazitäten begann,[82] gilt längst nicht mehr nur für Einrichtungen der Berufsbildung und -förderung, sondern für alle staatlichen Verfahren zur Förderung aller Grundrechte. Dazu zählen etwa Schulen, Veranstaltungen der Kunst- und Kulturförderung, staatlich verwaltete Rundfunkfrequenzen oder Übertragungskapazitäten[83], Mobilfunkfrequenzen[84] oder Weihnachtsmärkte.[85]

Die Kritik an dieser Lehre setzt weniger an den Ergebnissen als vielmehr an ihren grundrechtstheoretischen Prämissen an. Ganz allgemein erscheinen die **Leitbilder zu abstrakt**, als dass sie der Gesetzgebung wirksame Richtlinien und Impulse setzen könnten. Die traditionellen Formulierungen der Grundrechte deuteten eher auf deren Festhalten an überkommenen Auslegungen, weniger hingegen auf grundsätzliche Neuorientierungen ihrer Gehalte hin. Problematisch ist auch das **Verhältnis der Bindungen des Gesetzgebers an das Grundrecht im Verhältnis zu seinen Bindungen an eigene frühere Ausgestaltungen:** Wer einmal „a" gesagt hat, kann später nur unter hohen Kosten noch „non a" sagen. So verfestigt sich der politische Status quo, soziale Privilegien und Besitzstände unter dem Schutz wenig aussagekräftiger Grundrechtsgarantien. Schließlich wird auch das Verhältnis zwischen Grundrechtsschutz und Grundrechtsbeschränkung thematisiert: **Wer die Voraussetzungen des Grundrechtsschutzes schafft, schafft zugleich Grundrechtsschutz entsprechend diesen Voraussetzungen.** Dann aber wird das Verhältnis zwischen Grundrechtsausgestaltung, -umgestaltung und -einschränkung undeutlich – und damit auch der Anwendungsbereich der Regeln über die Grenzen der Grundrechtseinschränkung. Wo alles umgestaltet werden kann, braucht dann scheinbar nichts mehr eingeschränkt zu werden. Die Ergebnisse bleiben allerdings unter beiden Prämissen ähnlich oder gleich.

III. Zusammenfassung: Grundrechtliche Freiheitsansprüche

865 Die Diskussion um die Auslegung der Grundrechte hat gezeigt: Freiheit ist mehr und anderes als Freiheit vom Staat. Sie wird vielmehr durch die öffentliche Gewalt oft überhaupt erst ermöglicht. Freiheit und Recht sind keine Gegensätze, dies zeigen nicht zuletzt die neueren Grundrechtsdimensionen. Doch bleibt weiter festzuhal-

---

81 BVerfGE 35, 79; 53, 30; 56, 216; besonders deutlich BVerfGE 49, 220, 235 (abw. Votum).
82 BVerfGE 33, 303, 331; s. auch BVerfGE 147, 253 Rn. 102 ff.
83 BVerfGE 83, 238, 323; *Ory* AfP 1998, 155; *Ronellenfitsch* VerwArch 1992, 119.
84 BVerfGE 105, 185.
85 Dazu BVerfG, DVBl. 2003, 257; BVerwG, KommJur 2009, 424; *Herbst* NJ 2003, 81.

ten: Freiheitssicherung ist nach dem Grundgesetz nicht allein Grundrechtsschutz. Dass daneben dem Demokratie-, dem Rechts- und dem Sozialstaatsprinzip wichtige Aufgaben zukommen, hat sich gleichfalls gezeigt. Umso wichtiger ist es, ein weiteres Mal das Spezifikum gerade des Grundrechtsschutzes festzuhalten. Während alle anderen Verfassungsprinzipien dem politischen Prozess zur Verwirklichung aufgegeben sind, gilt dies für die Grundrechte zwar auch, darüber hinaus begründen diese jedoch auch **subjektive öffentliche Rechte**, welche gerichtlich bis zum BVerfG einklagbar und ggf. durchsetzbar sind. **Die Grundrechte verleihen also eine Instanz mehr**, oder genauer: einen Instanzenzug mehr.[86]

Dies schließt die Zuständigkeit der sonstigen öffentlichen Gewalt, also Legislative, Exekutive und Fachgerichte, für Grundrechtsverwirklichung, -ausgestaltung und -schutz nicht aus. Sie können dies oft sogar besser und effektiver als die Verfassungsgerichte. Die Justiz kann also andere Aufgabenträger und Organe am ehesten ergänzen und kontrollieren.

Gerichte entscheiden über Ansprüche. Aber **welche Ansprüche verleihen die** 866
Grundrechte? „Freiheit" und „Gleichheit" sind keine Ansprüche. Hier sind zunächst die einzelnen Garantien zu befragen. Dort sind die Befunde vielfältig. Es gibt schlichte Verbotsnormen, welche allein Unterlassungsansprüche begründen (z. B. Art. 5 I 3; Art. 2 II 2 i. V. m. Art. 102 GG). Es gibt Verfahrensnormen, welche Ansprüche auf allgemeine Durchführung solcher Verfahren und auf individuelle Beteiligung an ihnen begründen können (z. B. Art. 38 I GG). Und es kann Leistungsansprüche geben, welche Ansprüche auf Zurverfügungstellung oder zumindest Teilhabe an vorhandenen Leistungen gewähren können (z. B. Art. 6 IV, V GG). Welches Recht welche Rechtsfolgen begründen kann, hängt insoweit eher von seiner konkreten Ausgestaltung und weniger von seiner Zuordnung zu „sozialen Grundrechten", dem status negativus, positivus oder activus oder vergleichbaren Kategorien[87] ab. Der Text zahlreicher Garantien enthält zudem keine derart konkretisierten Rechtsfolgen. Diese können demnach allein durch Auslegung ermittelt werden. Derart konkretisierbare Ansprüche können insbesondere sein:[88]

(1) **Unterlassungsansprüche:** Jeder Grundrechtsträger hat Anspruch darauf, dass die Staatsorgane (zukünftiges oder noch andauerndes) grundrechtswidriges Verhalten unterlassen.

(2) **Aufhebungsansprüche:** Ist ein rechtswidriger Eingriff geschehen, so hat der Grundrechtsträger einen Anspruch auf dessen Aufhebung, solange der Eingriff noch fortbesteht. Grundrechtswidrige Gesetze sind für nichtig oder jedenfalls

86 Dazu noch näher u. Rn. 964 ff.

87 Dazu o. Rn. 813 f.

88 Überblick und Einzelheiten bei *Gusy* ZJS 2008, 233.

für unanwendbar zu erklären (§§ 95 III; 78 BVerfGG); rechtswidrige Verwaltungsakte sind aufzuheben.

(3) **Beseitigungsansprüche:** Zeigt der rechtswidrige Eingriff über seine Aufhebung oder sonstige Erledigung hinaus weitere rechtswidrige Folgen, so begründen die Grundrechte einen Anspruch auf deren Beseitigung. Das rechtswidrige Steuergesetz ist aufzuheben (Aufhebung); rechtswidrig erhobene Steuern sind zurückzuzahlen (Beseitigung).

(4) **Berücksichtigungsansprüche:** Bei allen grundrechtsbezogenen Maßnahmen haben die zuständigen Staatsorgane die Grundrechte potentiell Betroffener zu ermitteln, zu berücksichtigen und abzuwägen. Dabei handelt es sich sowohl um verfahrensrechtliche als auch um materiell-rechtliche Pflichten.

(5) **Organisations-, Verfahrens- und Teilhabeansprüche:** Sind zur Verwirklichung eines Grundrechts besondere Organisationsformen, Verfahren oder Leistungen notwendig, so hat der Grundrechtsträger einen Anspruch auf deren Schaffung, Zugang zu ihnen und (im Rahmen der verfügbaren Kapazitäten) Teilhabe an ihnen.[89]

(6) **Schutzansprüche:** Grundrechte begründen Ansprüche auf staatlichen Schutz gegen rechtswidrige und daher nicht hinzunehmenden Freiheitsbeeinträchtigungen durch Dritte.[90]

867 Dagegen begründen Freiheitsrechte **keine unmittelbaren Leistungs- und Zahlungsansprüche.**[91] Ihre Verletzung begründet als solche auch **keine Schadensersatz- oder Entschädigungsansprüche.** Solche können allein durch Gesetze geschaffen werden, wie schon der Wortlaut des Art. 14 III 1 GG zeigt.[92] Eine derartige Norm ist etwa Art. 50 EMRK, die Ansprüche im Falle der Verletzung von Konventionsrechten ermöglicht, aber auch nicht zwingend vorsieht.[93]

Zur Vertiefung:
Alexy Grundrechte als subjektive Rechte und als objektive Normen, DSt 1990, 49; *Böckenförde* Grundrechtstheorie und Grundrechtsinterpretation, NJW 1974, S. 1529; *Cornils* Die Ausgestaltung der Grundrechte, 2005; *Gellermann* Grundrechte im einfachgesetzlichen Gewand, 2000; *Jarass* Funktionen und Dimensionen der Grundrechte, in: HGRe II, § 38; *Jestaedt* Grundrechtsentfaltung im Gesetz, 1999; *Murswiek* Grundrechte als Teilhaberechte, in: HStR V, 2. Aufl.,

89 S. o. Rn. 864.

90 Beispiel o. Rn. 834 ff., u. Rn. 836 ff. zur wichtigen „Drittwirkungskonstellation" der Grundrechte u. Rn. 953 ff.

91 BVerfGE 125, 175, 224; s. a. *Heintschel von Heinegg/Haltern* JA 1995, 333.

92 Zum Meinungsstand und seiner Fortentwicklung *Axer* DVBl. 2001, 1322; *Höfling* VVDStRL 61, S. 260 ff.; *Stern* DÖV 2010, 241.

93 So etwa EGMR, NStZ 2008, 699.

1992, § 112; *Schmidt-Aßmann* Grundrechte als Organisations- und Verfahrensgarantien, in: HGRe II, § 45; *Sachs* Abwehrrechte, in: HGRe II, § 39; *Rüfner* Leistungsrechte, in: HGRe II, § 40; *Starck* Teilnahmerechte, in: HGRe II, § 41.

IV. Grundrechtsschranken

1. Überblick

Nicht jeder Grundrechtseingriff ist verfassungsrechtlich untersagt. Im Gegenteil: Schon der Text der Art. 8 II, 10 II 1, 14 I 2 GG u. a. zeigt, dass bestimmte Einschränkungen explizit zugelassen werden sollen. Das GG unterscheidet demnach zulässige von unzulässigen Eingriffen. **Unzulässige Eingriffe sind Grundrechtsverletzungen** i. S. d. Art. 19 IV; 93 I Nr. 4a GG. Nur solche Verletzungen werden durch die Freiheitsrechte als Abwehrrechte zwingend untersagt. Die Annahme jeder Grundrechtsverletzung setzt demnach eine bejahende Antwort auf zwei Fragen voraus: 868

(1) Liegt ein Grundrechtseingriff vor?
(2) Ist dieser Eingriff rechtswidrig?

In den **Grundrechtsschranken** enthalten die Freiheitsrechte des GG Aussagen darüber, in welchen Fällen – und partiell unter welchen Voraussetzungen – ein Eingriff zulässig sein kann. 869

Die meisten Freiheitsrechte sind im Grundgesetz nicht schrankenlos normiert, vielmehr sind unterschiedliche Einschränkungsvorbehalte beigefügt. Diese begründen die Möglichkeit, individuelle Freiheit einzuschränken. Das kann etwa zu dem Zweck geschehen, Interessen der Allgemeinheit zur Geltung zu bringen[94] oder aber die Freiheit des einen zugunsten der Freiheit des anderen zu limitieren.[95] Ist Freiheit eben nicht einfach vorhanden, sondern herstellungs- und ausgestaltungsbedürftig,[96] so sind dazu auch Eingriffe in Grundrechte unumgänglich. Dazu enthalten die Schrankenbestimmungen die erforderlichen Eingriffsermächtigungen.

Jede Schrankenbestimmung steht prinzipiell im Kontext einer besonderen Freiheitsgarantie und ist auch in diesem Kontext auszulegen. **Freiheitsrecht und -schranke gehören untrennbar zusammen.** Das Grundgesetz hält demnach die Zuordnung von Grundrechtsschutz und staatlicher Sozialgestaltung, welche sich 870

---

94 Etwa: BVerfGE 6, 32 ff.; 7, 198 ff.; 7, 377 ff.; 103, 293, 306.
95 Etwa: BVerfGE 7, 198 ff.; 28, 243, 264; 35, 202, 219; 88, 203, 251 ff.; 94, 1, 10 f.; 100, 271, 283.
96 S. o. Rn. 834 ff., 846 ff.

u. a. im Demokratieprinzip und in den Schrankenvorbehalten verwirklicht, selbst offen. Ob und wie der Gesetzgeber handelt, steht ihm im Rahmen der Schrankenregelungen frei. Hier ist Raum für politische Gestaltungsfreiheit. Als grundrechtsübergreifende **Sonderformen der Grundrechtsschranken** seien hier erwähnt:

- die **Grundrechtsverwirkung** (Art. 18 GG).[97] Diese bislang nicht angewandte Bestimmung sollte ursprünglich die Aberkennung des Grundrechtsschutzes für Personen bewirken, welche die gewährten Freiheiten zum Kampf gegen die freiheitliche demokratische Grundordnung missbrauchen. Sie ist wegen ihrer restriktiven Voraussetzungen und ihres aufwendigen Verfahrens vor dem Bundesverfassungsgericht nur äußerst selten praktisch geworden und spielt in der Wirklichkeit keine Rolle.
- das **Verbot der Störung des internationalen Friedens** (Art. 26 I GG).[98] Hierzu zählen nicht nur Angriffskriege, sondern auch Vorbereitungsformen, welche auf einen Angriffskrieg gerichtet sein können. Dabei kommt Art. 26 I GG insbesondere als Schranke der Meinungs- und Versammlungsfreiheit in Betracht.[99] Bisweilen werden Maßnahmen gegen den militanten Rechtsextremismus auf diese Bestimmung gestützt. Dies entspricht auch ihrer historischen Zielsetzung.
- die **Grundrechtsschranken im Soldatenverhältnis** (Art. 17a GG). Im Soldatenverhältnis können Grundrechte eingeschränkt werden, um Zusammenleben in und Funktionsfähigkeit der Truppe zu sichern.[100] Zulässig sind nur Beschränkungen im Rahmen des Art. 17a GG und nach Maßgabe dieser Bestimmung, nicht allgemein darüber hinaus. Art. 17a GG ist nicht analog auf andere Gruppen des öffentlichen Dienstes, insbesondere die Polizei, anwendbar. Hier gilt Art. 33 V GG.[101]
- Grundrechtsschranken im **Verteidigungsfall** (Art. 17a II GG). Sie gelten nur unter den Voraussetzungen des Art. 115a GG.

871 Eine Sonderform von Grundrechtseinschränkungen ist das **Parteiverbot**[102] (Art. 21 II GG) als Spezialfall des Vereinsverbots aus Art. 9 II GG.

872 Im Übrigen sind Grundrechtsschranken den einzelnen Freiheitsbestimmungen beigefügt. Grundsätzlich können drei Typen von Freiheitseinschränkungen unterschieden werden:

- Grundrechte mit **allgemeinem Schrankenvorbehalt** (etwa: Art. 10 II 1 GG),
- Grundrechte mit **limitiertem Schrankenvorbehalt** (etwa: Art. 9 II, Art. 5 II GG),
- Grundrechte **ohne Schrankenvorbehalt** (etwa: Art. 9 III, Art. 5 III GG).

---

97 Ausführlich *Dürig/Klein* in: DHS, GG, Art. 18 Rn. 1 ff., *Homer/Vogt* NVwZ 2024, 1472 ff.

98 Dazu *Kunze* Der Stellenwert des Art. 26 I GG innerhalb des grundgesetzlichen Friedensgebotes, 2004.

99 Hierzu *Frank* Abwehr völkerfriedensgefährdender Presse durch innerstaatliches Recht, 1974.

100 Dazu etwa BVerfGE 44, 197, 205.

101 Dazu o. Rn. 774.

102 S. dazu o. Rn. 275 ff.

Eine Schrankenregelung im Verfassungstext fehlt auch in den Art. 4 I, II, III; 8 I (für Versammlungen in geschlossenen Räumen); 9 III; 16 II; 17 GG. **Prinzipiell sollen daher diese Grundrechte uneingeschränkt gewährleistet werden.** Diese „Schrankensystematik" der Freiheitsrechte mit allgemeinen, limitierten Gesetzesvorbehalten und vorbehaltlosen Grundrechten lässt eine Abstufung erkennen, die durch Verfassungsauslegung nicht hinweginterpretiert werden darf. 873

Die Grenzen der Freiheitsrechte ohne Gesetzesvorbehalt sollen danach entsprechend der „Wertordnungslehre" aus dem Grundgesetz selbst bestimmt werden. Sofern zwischen zwei Rechtsgütern, die in der Verfassung geschützt werden, eine Kollision auftritt, ist im Wege der Wertabwägung zu entscheiden, wo die Grenze der Freiheit zu ziehen ist. Das BVerfG entschied sich für eine Abwägung im Einzelfall. 874

> „Nur kollidierende Grundrechte Dritter oder andere mit Verfassungsrang ausgestattete Rechtswerte sind mit Rücksicht auf die Einheit der Verfassung und die von ihr geschützte gesamte Wertordnung ausnahmsweise imstande, auch uneinschränkbare Grundrechte in einzelnen Beziehungen zu begrenzen. Dabei auftretende Konflikte lassen sich nur lösen, indem entschieden wird, welche Verfassungsbestimmung für die konkret zu entscheidende Frage das höhere Gewicht hat. Die schwächere Norm darf nur insoweit zurückgedrängt werden, wie das logisch und systematisch zwingend erscheint; ihr sachlicher Grundwertgehalt muss in jedem Fall respektiert werden." (BVerfGE 28, 248, 260 f.)

Können demnach Grundrechte ohne eigenen Schrankenvorbehalt nur durch **verfassungssystematische Schranken** eingeschränkt werden, so können solche kollidierenden Verfassungs- und damit Einschränkungsnormen insbesondere sein: 875

- **Grundrechte Anderer,**[103]
- **Verfassungsrechtliche Staatsstrukturbestimmungen**, insbesondere die Prinzipien des Art. 20 I GG,
- **„Bestand und Funktionsfähigkeit verfassungsrechtlich geschützter Einrichtungen"** (Art. 7 GG: Schulverhältnis; Art. 12a, 17a GG: Wehrpflicht- bzw. Soldatenverhältnis; Art. 33 V GG: Beamtenverhältnis; Art. 104 GG: Strafgefangenenverhältnis u. a.).[104]

Ob daneben den **Kompetenzzuweisungen** an den (Bundes-)Gesetzgeber, insbesondere in Art. 73 f., 87 ff. GG, zugleich der Charakter von Grundrechtsschranken zukommen kann, ist umstritten.[105] Grundsätzlich weisen die Kompetenznormen den einzelnen Hoheitsträgern eigene Zuständigkeiten in Abgrenzung zu anderen Staatsorganen zu. Über deren inhaltliche Ausübung treffen sie dagegen keine Aussage. Soweit jedoch eine Kompetenznorm sinnvoll über-

103 BVerfGE 30, 173, 179 ff.

104 Exemplarisch BVerfGE 28, 243, 260 ff.; 33, 1, 12 ff.

105 Zu Art. 22 GG als Schranke der Kunstfreiheit verneinend BVerfGE 81, 278, 293; s. a. BVerfGE 81, 298, 308 ff.

haupt nur ausgenutzt werden kann, indem in Grundrechte eingegriffen wird, kann die Kompetenznorm möglicherweise als Grundrechtsschranke fungieren.[106]

876 Solche **verfassungssystematischen Grundrechtsschranken** können betroffene Freiheitsrechte nicht „unmittelbar" einschränken. Jeder Grundrechtseingriff unterliegt dem Vorbehalt des Gesetzes, im Falle von Grundrechtskollisionen zwischen Privaten also demjenigen des Bürgerlichen Rechts; im Falle einer Kollision grundrechtlicher und staatlicher Belange dem Vorbehalt des öffentlichen Rechts. Sie sind also – ebenso wie verfassungstextlich limitierte oder unlimitierte Einschränkungsvorbehalte – nichts anderes als **Ermächtigungen der Legislative zur Schaffung gesetzlicher Eingriffsermächtigungen.** Im Übrigen sind Grundrechtsschranken den einzelnen Freiheitsbestimmungen beigefügt.

2. Der allgemeine Schrankenvorbehalt – allgemeine Handlungsfreiheit und allgemeines Persönlichkeitsrecht (Art. 2 I GG; Art. 2 I i.V.m. Art. 1 I GG)

! F ist als Fußballfan regelmäßiger Zuschauer bei internationalen Spielen. Bereits zweimal sind gegen ihn im Ausland Ermittlungsverfahren wegen Teilnahme an gewalttätigen Ausschreitungen eingeleitet worden. Aus einem anderen Staat wurde er nach einem Länderspiel als gefährlicher Ausländer in die Bundesrepublik abgeschoben. Vor dem nächsten Champions-League-Spiel „seines" Vereins untersagt ihm die zuständige Behörde die Ausreise in das Nachbarland, weil im Internet Aufrufe zu „Kampfeinsätzen" rund um das Spiel standen. Dieses Szenario ähnelt denen vor den früheren Spielen, bei denen F aufgefallen war. F hält dies für verfassungswidrig, da er noch nie verurteilt worden sei (nach: BVerwGE 129, 142; dazu Fall Rn. 897).

877 Gefragt ist nach der möglichen Grundrechtsverletzung durch das Ausreiseverbot. Hier könnte gegen Art. 11 GG oder gegen Art. 2 I GG verstoßen worden sein.

Sofern eine Maßnahme in den Schutzbereich mehrerer Grundrechte eingreifen kann, ist die Konkurrenz zwischen den jeweiligen Bestimmungen zu prüfen. Im Falle einer solchen **Grundrechtskonkurrenz** bestehen grundsätzlich zwei Möglichkeiten: Entweder ist nur ein Grundrecht anwendbar und das andere tritt zurück, oder aber alle einschlägigen Grundrechte sind nebeneinander anwendbar.

878 Art. 11 I GG garantiert allen **Deutschen** das Recht auf Freizügigkeit. Freizügigkeit ist das **Recht**, den **Wohn- und Aufenthaltsort frei zu bestimmen,** also die Freiheit,

---

106 Instruktiv BVerfGE 12, 45, 50; 41, 205, 223 ff.

einen Ort (zeitweise) als Lebensmittelpunkt zu wählen oder aber an einen anderen Ort umzuziehen.[107] Dazu gehört aber nicht die Ausreisefreiheit.[108]

Ist Art. 11 GG demnach auf Ausreise und Auswanderung nicht anwendbar, so kann mangels anderer, thematisch einschlägiger Spezialfreiheiten nur **Art. 2 I GG** anwendbar sein. Er garantiert allen Menschen die **freie Entfaltung der Persönlichkeit.** 879

Art. 2 I GG gewährleistet jedem das Recht, „seine" Persönlichkeit frei zu entfalten. Das Grundrecht normiert somit kein monistisches Menschenbild, das dem Einzelnen vorgegeben ist, sondern erkennt die Vielfalt der Persönlichkeiten an. Auch die Formulierung des Parlamentarischen Rates, nach der jeder „das Recht (hat), innerhalb der Schranken der Rechtsordnung und der guten Sitten alles zu tun, was anderen nicht schadet",[109] spricht gegen die dargestellte Auffassung, da die Wahl des endgültigen Wortlautes nur auf sprachlichen, nicht auf sachlichen Erwägungen beruhte. Daher wurde und wird der Schutzbereich des Art. 2 I GG zumeist anders verstanden. 880

> „Das Grundgesetz kann mit der „freien Entfaltung der Persönlichkeit" nicht nur die Entfaltung innerhalb jenes Kernbereichs der Persönlichkeit gemeint haben, der das Leben des Menschen als geistig-sittliche Person ausmacht, denn es wäre nicht verständlich, wie die Entfaltung innerhalb dieses Kernbereichs gegen das Sittengesetz, die Rechte anderer oder sogar gegen die verfassungsmäßige Ordnung seiner freiheitlichen Demokratie sollte verstoßen können. Gerade diese, dem Individuum als Mitglied der Gemeinschaft auferlegten Beschränkungen zeigen vielmehr, dass das Grundgesetz in Art. 2 I GG die Handlungsfreiheit im umfassenden Sinne meint." (BVerfGE 6, 32, 36).

Für diese Lehre von der **„allgemeinen Handlungsfreiheit"** zieht das Gericht die zitierte Formel des Parlamentarischen Rates als Beleg für seine Auffassung heran. Als **„allgemeine Handlungsfreiheit"** schützt Art. 2 I GG demnach alle Handlungsfreiheiten im umfassenden Sinne. **Alle Menschen dürfen im Rahmen der Gesetze tun und lassen, was sie wollen** und wie sie es wollen. Dieses Recht wird weit verstanden. Zu ihm zählen etwa die Vertragsfreiheit, die Teilnahme am Straßenverkehr und die Ausreise- und Auswanderungsfreiheit, der Besuch eines Sonnenstudios[110] sowie der freie Zugang zur Natur[111]. Der Schutzbereich reicht demnach genau so weit wie die Zahl potentieller Handlungsalternativen und 881

107 Vgl. BVerfGE 2, 266, 273; 80, 137, 150; 110, 177, 190.
108 BVerfGE 6, 32, 35; s. u. Rn. 1101 ff.
109 Dazu JöR 1, S. 54.
110 BVerfG, NJW 2012, 1062 Rn. 17 f.
111 S. nur BVerwGE 159, 337, 345 f.

Rechtsgüter der Menschen. Folglich lässt sich der Schutzbereich des Grundrechts positiv nicht abschließend bestimmen.[112]

882 Die allgemeine Handlungsfreiheit tritt in solchen Bereichen, in denen der Schutzbereich von Spezialfreiheitsrechten tangiert wird (etwa: Versammlungen im Rahmen des Art. 8 GG, Berufstätigkeit im Rahmen des Art. 12 GG) in **Konkurrenz** zu jenen Grundrechtsbestimmungen. Zu dieser Konkurrenz meint das Bundesverfassungsgericht:

„Neben der allgemeinen Handlungsfreiheit, die Art. 2 I GG gewährleistet, hat das Grundgesetz die Freiheit menschlicher Betätigung für bestimmte Lebensbereiche, die nach den geschichtlichen Erfahrungen dem Zugriff der öffentlichen Gewalt besonders ausgesetzt sind, durch besondere Grundrechtsbestimmungen geschützt; bei ihnen hat die Verfassung durch abgestufte Gesetzesvorbehalte abgegrenzt, in welchem Umfang in den jeweiligen Grundrechtsbereich eingegriffen werden kann. Soweit nicht solche besonderen Lebensbereiche grundrechtlich geschützt sind, kann sich der Einzelne bei Eingriffen der öffentlichen Gewalt in seine Freiheit auf Art. 2 I GG berufen." (BVerfGE 6, 32, 37).

883 Art. 2 I GG tritt hinter die Spezialfreiheitsrechte zurück. Die **allgemeine Handlungsfreiheit ist subsidiär.** Soweit eine Maßnahme in den Schutzbereich eines besonderen Freiheitsrechts eingreift, ist Art. 2 I GG daneben nicht anwendbar. Im Anwendungsbereich der Spezialgrundrechte kann ein Grundrecht nicht gegen die allgemeine Handlungsfreiheit verstoßen und darf daher auch nicht an ihr geprüft werden.

Insbesondere kann eine staatliche Freiheitsbeschränkung nicht „in jedem Falle gegen Art. 2 I GG verstoßen". Dies kann sie vielmehr nur in bestimmten Fällen, nämlich dann, wenn keine spezielleren und daher vorrangigen Grundrechtsgarantien einschlägig und daher anzuwenden sind.

884 Nur, aber auch immer dann, wenn kein Spezialfreiheitsrecht tangiert ist, bietet Art. 2 I GG Grundrechtsschutz. Danach statuiert das Grundgesetz ein geschlossenes **„System" der Freiheitsrechte:** Gegen jeden staatlichen Eingriff wird Grundrechtsschutz gewährt, entweder durch ein Spezialfreiheitsrecht oder durch den subsidiären Art. 2 I GG. In diesem Grundrechtssystem ist Art. 2 I GG ein „**Auffanggrundrecht**", welches alle Freiheiten schützt, die durch kein anderes Freiheitsrecht verbürgt werden.[113] Art. 2 I GG wirkt auch intertemporal und gewährleistet daher auch die Möglichkeit zukünftiger Freiheitsausübung.[114]

---

112 Systematik nach *Scholz* AöR 100 (1975), 80, 265.
113 Dazu BVerfGE 6, 32, 37; 30, 292, 335 f.; 58, 358, 363; 83, 182, 194; 95, 173, 188; 101, 106, 121.
114 BVerfGE 157, 30 Rn. 184 f.; s. o. Rn. 830.

Seine Wurzeln in Art. 2 I GG hat auch das **allgemeine Persönlichkeitsrecht**, 885
welches das BVerfG aus Art. 2 I i.V. m. Art. 1 I GG herleitet.[115] Der Bezug zu Art. 2 I GG besteht deshalb, weil sich das allgemeine Persönlichkeitsrecht, ebenso wie die allgemeine Handlungsfreiheit, nicht auf bestimmte Lebensbereiche begrenzen lässt, sondern sämtliche Lebensbereiche berührt.[116] Mit Art. 1 I GG ist das allgemeine Persönlichkeitsrecht eng verbunden, weil es die Autonomie des Einzelnen, welche den Kern der Menschenwürde bildet, schützt. Art. 2 I GG i.V. m. Art. 1 I GG gewährleistet die **engere persönliche Lebenssphäre** und die Erhaltung ihrer Grundbedingungen.[117] Als Teilbereiche werden das Recht auf Selbstbestimmung, das Recht auf Selbstbewahrung sowie das Recht auf Selbstdarstellung garantiert.[118] Dementsprechend werden auch der **Schutz der persönlichen Ehre, der personenbezogenen Daten und die Vertraulichkeit und Integrität informationstechnischer Systeme** gewährleistet. Eine mit dem allgemeinen Persönlichkeitsrecht vergleichbare Garantie findet sich in Art. 7 GRC.

Das **Recht auf Selbstbestimmung** garantiert „jedem einzelnen einen autono- 886
men Bereich privater Lebensgestaltung, in dem er seine Individualität entwickeln und wahren kann".[119] Dazu gehört etwa die Entscheidung über die äußere Erscheinung. So ist das Tragen von Schmuck[120] oder einer Tätowierung[121] von Art. 2 I i.V. m. Art. 1 I GG geschützt. Das Recht auf Selbstbestimmung beinhaltet auch das Recht, über die eigene Fortpflanzung zu entscheiden[122] oder sich selbst zu töten[123] bzw. eine Behandlung abzulehnen, soweit der Betroffene seinen Willen frei bilden und danach handeln kann.[124] Ebenso ist die eigene sexuelle Identität geschützt, auch die von jenen Personen, die weder dem männlichen noch dem weiblichen Geschlecht zuzuordnen sind.[125] Gefangene und Sicherungsverwahrte haben einen Anspruch auf Resozialisierung, in deren Rahmen ihnen die Fähigkeit und der Wille zu eigenverantwortlicher Lebensführung vermittelt werden sollen.[126] Schließlich

115 So etwa BVerfGE 120, 274, 302; 141, 186 Rn. 32.
116 *Kingreen/Poscher* Grundrechte, Rn. 525.
117 BVerfGE 121, 69, 90; *Jarass* in: Jarass/Pieroth, GG, Art. 2 Rn. 36a.
118 *Kingreen/Poscher* Grundrechte, Rn. 525.
119 BVerfGE 79, 256, 268; 117, 202, 225; 141, 186 Rn. 32.
120 BVerfG, NJW 2000, 1399.
121 BVerwGE 160, 370 Rn. 33.
122 Vgl. BVerfGE 88, 203, 254.
123 BVerfGE 153, 182 Rn. 209 ff.; s. auch o. Rn. 814.
124 BVerwGE 158, 142 Rn. 24; BVerfGE 142, 313 Rn. 79.
125 BVerfGE 147, 1 Rn. 39 ff.; s. u. Rn. 1166.
126 BVerfGE 166, 196 Rn. 153 ff.

zählt zur Selbstbestimmung auch das Recht auf Vergessenwerden im Internet[127] sowie das Recht auf Kenntnis der eigenen Abstammung.[128]

887 Zum **Recht der Selbstbewahrung** gehört das Recht des Einzelnen auf Privat-/Intimsphäre. Es geht dabei um das Recht des Menschen auf Selbstfindung im Alleinsein und in enger Beziehung zu ausgewählten Vertrauten.[129] Geschützt ist beispielsweise der vertrauliche Kontakt zwischen Arzt und Patient.[130] Ebenso sind die Gesundheitsdaten einer Person geschützt.[131] Zum Recht auf Selbstbewahrung gehört außerdem die Vertraulichkeit des Tagebuchs[132] und der Rückzug in abgeschiedene Örtlichkeiten.[133] Nicht zuletzt gehört zur Selbstbewahrung auch der Schutz der Beziehungen zwischen Eltern und Kindern[134] und generell der persönlichen Beziehungen zwischen Familienmitgliedern.[135]

888 Zum Recht auf Rückzug hat das BVerfG die sog. **Sphärentheorie** entwickelt. Danach ist zwischen einer Intimsphäre, d. h. dem Kernbereich der privaten Lebensgestaltung und einer Privatsphäre zu unterscheiden.[136] Während Eingriffe in die Intimsphäre grundsätzlich untersagt sind,[137] darf in die Privatsphäre unter strikter Beachtung des Verhältnismäßigkeitsgrundsatzes eingegriffen werden.[138]

889 Das allgemeine Persönlichkeitsrecht in seiner Ausprägung als **Recht auf Selbstdarstellung** verbürgt das Recht des Einzelnen, „selbst darüber befinden [zu] dürfen, wie er sich gegenüber Dritten oder der Öffentlichkeit darstellen will".[139] Damit schützt Art. 2 I i. V. m. Art. 1 I GG vor herabsetzender, verfälschender, entstellender und unerbetener öffentlicher Darstellung.[140] Daraus folgt auch der Schutz der persönlichen Ehre.[141] So hat der Einzelne ein Recht auf Gegendarstellung und Berichtigung,[142] ein Recht am eigenen Namen,[143] Bild[144] und Wort.[145] Auch die

---

127 BVerfGE 152, 152 Rn. 106 ff.

128 BVerfGE 117, 202, 225 ff.

129 *Jarass* in: Jarass/Pieroth, GG, Art. 2 Rn. 51.

130 BVerfGE 32, 373, 379.

131 BVerfG, NJW 2013, 3086 Rn. 19.

132 BVerfGE 80, 367, 373 ff.

133 BVerfGE 101, 361, 383 f.

134 BVerfGE 119, 1, 24.

135 BVerfGE 121, 69, 90.

136 BVerfGE 27, 344, 351; 32, 373, 379; 65, 1, 45 f.; 89, 69, 82 f.

137 Dazu näher BVerfGE 34, 238, 245; 80, 367, 374; 109, 279, 317; 141, 220, 276 ff.

138 BVerfGE 27, 344, 351; 32, 373, 379;

139 BVerfGE 63, 131, 142; 54, 148, 155; 114, 339, 346.

140 *Kingreen/Poscher* Grundrechte, Rn. 531.

141 BVerfGE 54, 208, 217; 93, 266, 290; 119, 1, 24.

142 BVerfGE 63, 131, 142 f.; 97, 125, 148 f.

143 BVerfGE 97, 391, 399; 104, 373, 387 u. 392; 109, 256, 266; 115, 1, 14 f.

144 BVerfGE 87, 334, 340; 97, 228, 268, 120, 180, 198.

kindgerechte Entwicklung und Entfaltung in der Öffentlichkeit ist geschützt.[146] Zudem schützt das allgemeine Persönlichkeitsrecht vor einem Zugriff auf personenbezogene Verbindungsdaten nach Abschluss des Telekommunikationsvorgangs,[147] d. h. wenn Art. 10 I GG nicht einschlägig ist.[148]

Eine spezielle Ausprägung des allgemeinen Persönlichkeitsrechts ist das **Recht auf informationelle Selbstbestimmung**, welches das BVerfG im sog. Volkszählungsurteil aus dem Jahr 1983 aus Art. 2 I i. V. m. Art. 1 I GG abgeleitet hat. Aufgrund seiner wachsenden Bedeutung wird das Recht auf informationelle Selbstbestimmung heute zunehmend als eigenständiges Grundrecht angesehen.[149] Es gibt dem Einzelnen die Befugnis, „grundsätzlich selbst zu entscheiden, wann und innerhalb welcher Grenzen persönliche Lebenssachverhalte offenbart werden".[150] Dabei kommt es nicht darauf an, aus welcher Sphäre die fraglichen Informationen über eine Person stammen; sie sind stets schutzbedürftig,[151] zumal es auf Grund der digitalen Verarbeitung und Verknüpfung „kein ‚belangloses Datum'"[152]gibt. Das Recht auf informationelle Selbstbestimmung ergänzt besonders geregelte Garantien der Privatheit, die ihm vorgehen, insbesondere das Post- und Fernmeldegeheimnis nach Art. 10 GG[153] und den durch Art. 13 GG gewährleisteten Schutz der räumlichen Privatsphäre des Wohnungsinhabers.[154] Ein vergleichbares Grundrecht findet sich in Art. 8 GRC, das neben dem Persönlichkeitsrecht (Art. 7 GRC) ein eigenständiges Grundrechte auf den Schutz personenbezogener Daten darstellt. Der EuGH wendet die beiden Grundrechte nebeneinander und ohne genaue Abgrenzung an.[155] 890

Als weitere Ausprägung des allgemeinen Persönlichkeitsrechts hat das BVerfG das **Grundrecht auf Gewährleistung der Vertraulichkeit und Integrität informationstechnischer Systeme** entwickelt.[156] Dieses Grundrecht schützt vor einem geheimen Zugriff auf Daten, auf deren Vertraulichkeit der Einzelne vertraut, und damit insbesondere vor Online-Durchsuchungen, mit denen private Computer wie sonstige informationstechnische Systeme manipuliert und ausgelesen werden. 891

145 BVerfGE 54, 148, 154; 106, 28, 39; 130, 1, 35.
146 BGHZ 206, 347 Rn. 18.
147 BVerfGE 115, 166, 187 ff.
148 S. dazu o. Rn. 814.
149 Vgl. BVerfGE 115, 320, 341; 133, 277 Rn. 105; zur Entwicklung des Grundrechts auch *Roßnagel* JURA 2023, 1363 ff.; *Hofmann/Greve* DVBl. 2024, 865 ff.
150 BVerfGE 65, 1, 42; 113, 29, 47; 118, 168, 183 ff.
151 *Kingreen/Poscher* Grundrechte, Rn. 533.
152 BVerfGE 65, 1, 45.
153 BVerfGE 100, 313, 358; 115, 166, 189.
154 Vgl. BVerfGE 51, 97, 105; 109, 279, 325 f.
155 So etwa in EuGH, Rs. C-131/12, EU:C:2014:317 Rn. 97 – Google Spain.
156 BVerfGE 120, 274, 302; 141, 220 Rn. 209 f.

Weiterhin schützt es davor, dass persönliche Daten, die auf externen Servern in einem berechtigten Vertrauen auf Vertraulichkeit ausgelagert sind, erfasst und Bewegungen der Betroffenen im Netz verfolgt werden.[157] Zudem ergibt sich aus dem Grundrecht eine Schutzpflicht des Staates dahingehend, dass eine Regelung darüber geschaffen wird, wie die Behörde bei der Entscheidung über ein Offenhalten unerkannter Sicherheitslücken den Zielkonflikt zwischen dem notwendigen Schutz vor Infiltration durch Dritte einerseits und der Ermöglichung von Quellen-Telekommunikationsüberwachungen andererseits aufzulösen hat.[158]

892 Der weite Schutzbereich des Art. 2 I GG sowie des Art. 2 I i. V. m. Art. 1 I GG gilt allerdings lediglich im Rahmen der **Grundrechtsschranken**, wie sie im Text des Art. 2 I GG niedergelegt sind. Art. 2 I GG normiert drei Schranken: die „Rechte anderer", die „verfassungsmäßige Ordnung" und das „Sittengesetz". Von größter praktischer Bedeutung unter ihnen ist die **„verfassungsmäßige Ordnung"**.

„Wird [...] in Art. 2 I GG mit der freien Entfaltung der Persönlichkeit die allgemeine Handlungsfreiheit gewährleistet, die – soweit sie nicht Rechte anderer verletzt oder gegen das Sittengesetz verstößt – nur an die verfassungsmäßige Ordnung gebunden ist, so kann unter diesem Begriff nur die **allgemeine Rechtsordnung** verstanden werden, **die die materiellen und formellen Normen der Verfassung zu beachten hat**, also eine verfassungsmäßige Rechtsordnung sein muss." (BVerfGE 6, 32, 37 f.).

893 Zur verfassungsmäßigen Ordnung zählt somit jedes **formell und materiell verfassungsmäßige Gesetz;** also jedes Gesetz, welches die formellen und materiellen Anforderungen des Grundgesetzes für Grundrechtseinschränkungen erfüllt. Diese Anforderungen ergeben sich nicht aus Art. 2 I GG selbst, sondern aus den übrigen Normen der Verfassung. Dieses Verständnis relativiert und reduziert den Anwendungsbereich der anderen Schrankenbestimmungen des Grundrechts. Da auch die **„Rechte anderer"** stets durch Gesetz begründet sein müssen, erlangen sie als Schranke des Art. 2 I GG keine eigenständige Bedeutung. Das „Sittengesetz" hat daneben faktisch jede Relevanz verloren.

894 Diese weite Auslegung der „verfassungsmäßigen Ordnung" bedeutet keineswegs, dass jedes beliebige Gesetz Art. 2 I GG rechtmäßig einschränken könnte. Dann liefe dieses Grundrecht leer, da es vor gesetzlichen Beschränkungen keinen Schutz bieten würde.

„Gesetze sind nicht schon dann „verfassungsmäßig", wenn sie formell ordnungsgemäß ergangen sind. Sie müssen auch materiell in Einklang mit den obersten Grundwerten der freiheitlichen demokratischen Grundordnung als der verfassungsrechtlichen Wertordnung ste-

157 BVerfGE 141, 220 Rn. 210.
158 BVerfGE 158, 260 Rn. 44.

hen, aber auch den ungeschriebenen elementaren Verfassungsgrundsätzen und den Grundentscheidungen des GG entsprechen, vornehmlich dem Prinzip der Rechtsstaatlichkeit und dem Sozialstaatsprinzip. Vor allem dürfen die Gesetze daher die Würde des Menschen nicht verletzen, die im GG der oberste Wert ist, aber auch die geistige, politische und wirtschaftliche Freiheit des Menschen nicht so einschränken, dass sie in ihrem Wesensgehalt angetastet würde (Art. 19 II; 1 III; 2 I GG).[159] Hieraus ergibt sich, dass dem einzelnen Bürger eine Sphäre privater Lebensgestaltung verfassungsmäßig vorbehalten ist, also ein letzter unantastbarer Bereich menschlicher Freiheit besteht, der der Einwirkung der gesamten öffentlichen Gewalt entzogen ist. Ein Gesetz, das in ihn eingreifen würde, könnte nie Bestandteil der verfassungsmäßigen Ordnung sein." (BVerfGE 6, 32, 40 f.).

Das Bundesverfassungsgericht konkretisiert hier ansatzweise die inhaltlichen Anforderungen an solche Gesetze, die in Art. 2 I GG eingreifen. Dabei neigt es zu einer differenzierenden Sicht: 895

- **Je eher der Eingriff die „Sphäre privater Lebensgestaltung" betrifft, desto strengeren Bindungen unterliegt das Gesetz.** Der maßgebliche Grund hierfür liegt darin, dass Handlungen in der Privatsphäre nur selten rechtlich relevante Belange Anderer oder der Allgemeinheit berühren. Solche Belange Dritter können daher auch Grundrechtseinschränkungen kaum je rechtfertigen. Das gilt etwa für die Privatsphäre, namentlich die Intimsphäre; das Führen von Tagebüchern und die „Integrität und Vertraulichkeit informationstechnischer Systeme". Der **„Kernbereich der Privatsphäre"** gilt sogar als **„unantastbar".**[160]
- **Je stärker der Eingriff Handlungen mit Sozialbezug betrifft, desto geringer sind die verfassungsrechtlichen Voraussetzungen.**[161] Hier, namentlich bei wirtschaftlich relevanten Tätigkeiten, können eher Belange der Allgemeinheit oder Dritter berührt sein. Zu deren Schutz können dann Grundrechtsbeschränkungen sinnvoll oder gar notwendig sein. Dies gilt etwa bei Handlungen im (wirtschaftlichen) Wettbewerb, bei gewerblicher Verarbeitung von Daten oder für Dritte, bei nachteiligen Folgen individueller Betätigung für Umwelt, Natur, Gesundheit oder die rechtlich verfasste staatliche Ordnung.
- Für **Eingriffe in das Recht auf informationelle Selbstbestimmung und in das Recht auf die Integrität informationstechnischer Systeme** hat das BVerfG **besondere Anforderungen** entwickelt:

---

159 Zum Wesensgehalt s. u. Rn. 906 ff.

160 Dazu näher BVerfGE 34, 238, 245; 80, 367, 374; 109, 279, 317; 141, 220, 276 ff.; s. o Rn. 888.

161 Grundlegend hierzu *Scholz* AöR 100 (1975), 80, 265.

- So ist etwa bei der **Zuordnung dynamischer IP-Adressen**, die mit einer erhöhten Eingriffsintensität einher geht, eine Dokumentation der Entscheidungsgrundlagen erforderlich.[162]
- Für den **Austausch personenbezogener Daten** gilt das „Doppeltür-Prinzip“, wonach sowohl für die Übermittlung als auch für die Abfrage der Daten eine gesetzliche Ermächtigungsgrundlage erforderlich ist.[163] Unschädlich ist dabei, wenn die fragliche gesetzliche Grundlage sowohl zur Übermittlung als auch zur Abfrage der Daten ermächtigt, solange ein und derselbe Hoheitsträger, d. h. der Bund oder die Länder, dadurch ermächtigt werden.[164]
- Für den **Datenaustausch zwischen Nachrichtendiensten und der Polizei** gilt ein **informationelles Trennungsprinzip**, was bedeutet, dass personenbezogene, mit nachrichtendienstlichen Mitteln erhobene Daten und Informationen nur dann an die Polizei oder Staatsanwaltschaft übermittelt werden dürfen, wenn die Übermittlung dem Schutz eines besonders gewichtigen Rechtsguts dient, für das wenigstens eine hinreichend konkretisierte Gefahr besteht.[165] Grund dafür ist, dass bei der Datenerhebung durch die Nachrichtendienste niedrigere Eingriffsschwellen gelten als bei der Datenermittlung durch Polizei und die für die Polizei geltenden Anforderungen durch eine Einschaltung der Nachrichtendienste ansonsten unterlaufen werden könnten.
- Bei **automatisierten Datenanalysen durch Sicherheitsbehörden** ist eine ausdrückliche gesetzliche Regelung erforderlich, die den besonderen Transparenzanforderungen und Diskriminierungsrisiken Rechnung trägt.[166] Werden die vom BVerfG aufgestellten Voraussetzungen gewahrt, ist auch die **Nutzung Künstlicher Intelligenz (KI)** nicht kategorisch ausgeschlossen.[167]
- Bei der **Infiltration informationstechnischer Systeme** besteht eine grundrechtliche Schutzpflicht des Staates, die eine Regelung zur grundrechtskonformen Auflösung des Zielkonflikts zwischen dem Schutz informationstechnischer Systeme vor Angriffen Dritter mittels unbekannter Sicherheitslücken

---

162 BVerfGE 155, 119 Rn. 244 ff.

163 BVerfGE 130, 151, 184; 155, 119 Rn. 93 ff.; ausf. zur Datenübermittlung, insb. an Private *Prange* Verfassungsrechtliche Möglichkeiten und Grenzen polizeilicher Datenübermittlungen an Private, 2024.

164 BVerfGE 155, 119 Rn. 95 ff.

165 BVerfGE 162, 1 Rn. 162 ff., 178 ff. u. 234 ff.; 163, 43 Rn. 116 ff.; s. dazu auch *Gusy* GSZ 2021, 141 ff.; *Gutjahr/Limberger* DÖV 2022, 848 ff.; *Unterreitmeier* DÖV 2021, 659 ff.; *Ruschemeier* Die Entwicklung des informationellen Trennungsprinzips, VerfBlog, 2022/5/13, https://verfassungsblog.de/os7-info-trennung/ (zuletzt abgerufen am 27.08.2024).

166 BVerfGE 165, 363 Rn. 67 ff. u. 76 ff.

167 *Wischmeyer* Grundrechte: Automatisierte Datenanalyse durch Polizei, JuS 2023, 797, 798.

einerseits und der Offenhaltung solcher Lücken zur Ermöglichung einer der Gefahrenabwehr dienenden Quellen-Telekommunikationsüberwachung andererseits verlangt.[168]

Grundrechtseingriffe dürfen wegen des Gesetzesvorbehaltes[169] nur durch oder aufgrund eines Gesetzes vorgenommen werden; sonstige Eingriffe sind unzulässig. Der **allgemeine Eingriffs- oder Schrankenvorbehalt** des Art. 2 I GG ist mit anderen grundgesetzlichen Schrankenbestimmungen vergleichbar, namentlich denen in Art. 2 II 3, 8 II, 10 II 1 und 12 I 2 GG. Diese Bestimmungen selbst legen dem Gesetzgeber demnach keine eigenständigen Grenzen bei der Grundrechtseinschränkung auf; sie enthalten am ehesten Verweisungen auf die allgemeinen Anforderungen anderer Verfassungsnormen. Erforderlich ist also allein, dass die grundrechtsbeschränkenden Gesetze und die auf sie gestützten sonstigen Eingriffe formell wie materiell verfassungsmäßig sind. Der Einzelne hat somit ein Recht auf **Freiheit von unberechtigten, weil nicht verfassungsmäßigen staatlichen Eingriffen.** 896

Verfahrensrechtlich bedeutet das: Jedermann kann im Wege gerichtlicher Klage (Art. 19 IV 1 GG) oder subsidiär der **Verfassungsbeschwerde** (Art. 93 I Nr. 4a GG) geltend machen, ein seine Handlungsfreiheit beschränkendes Gesetz gehöre nicht zur verfassungsmäßigen Ordnung, weil es (formell oder materiell) gegen einzelne Verfassungsbestimmungen oder allgemeine Verfassungsgrundsätze verstoße; deshalb werde sein Grundrecht aus Art. 2 I GG verletzt.

Kein Eingriff liegt vor im Fall des **Grundrechtsverzichts**, da in diesem Fall die staatliche Maßnahme mit dem Einverständnis des betroffenen Grundrechtsträgers erfolgt.[170] Inwiefern auf ein Grundrecht verzichtet werden kann, hängt von dem jeweiligen Grundrecht ab. Auf das Recht auf Leben kann im Wege der Grundrechtsausübung verzichtet werden,[171] auf die Menschenwürde nach Art. 1 I GG hingegen nicht.[172]

Lösung zum Beispielsfall (Rn. 877): 897

Das regelmäßig auf §§ 7, 10 Abs. 1 PassG gestützte Ausreiseverbot ist grundrechtlich hinsichtlich der Ausreisefreiheit relevant und greift daher in Art. 2 I GG ein. Demnach kommt es darauf an, ob eine hinreichend spezielle Rechtsgrundlage mit Befugnis begrenzenden Tatbestandselementen gilt. Dies ist für das PassG vielfach bejaht worden. Hinsichtlich der maßgeblichen Gefahrenprognose im Einzelfall ist darauf abzustellen, ob mit hinreichender Wahrschein-

---

168 BVerfGE 158, 170 Rn. 34 ff.

169 Dazu o. Rn. 685 ff.

170 *Kingreen/Poscher* Grundrechte, Rn. 227.

171 BVerfGE 153, 182 Rn. 209 ff.

172 *Jarass*, in: Jarass/Pieroth, GG, Art. 1 Rn. 13; zum Ganzen auch *Jarass*, in: Jarass/Pieroth, GG, Vorb. v. Art. 1 Rn. 35 f.

lichkeit belegt ist, dass der Kläger sich bei der Veranstaltungsteilnahme an gewalttätigen Ausschreitungen beteiligen wird. Dabei wird sowohl auf den Charakter der Veranstaltung einschließlich ihrer öffentlichen Ankündigung im Internet wie auch auf das Verhalten der einzelnen potentiellen Teilnehmer abgestellt. Auf die Frage einer rechtskräftigen Verurteilung kommt es dafür nicht an. Im Beispiel sprechen starke Indizien für und keine gegen die Zulässigkeit des Ausreiseverbots. (BVerwGE 129, 142, 148 f.).

Zur Vertiefung:
Zu den Grundrechtsschranken:
Bethge Grundrechtswahrnehmung, Grundrechtsverzicht, Grundrechtsverwirkung, in: HStR IX, § 203; *Hillgruber* Grundrechtsschranken, in: HStR IX, § 201; *Kube* Einzelfragen zur Rechtmäßigkeitsprüfung von Grundrechtsschranken, JuS 2003, S. 461; *Pecher* Verfassungsimmanente Schranken von Grundrechten, 2002; *Tiedemann* Von den Schranken des allgemeinen Persönlichkeitsrecht, DÖV 2003, S. 74; *Winkler* Kollision verfassungsrechtlicher Schutznormen – zur Dogmatik der „verfassungsimmanenten" Grundrechtsschranken, 2000.

Zu Art. 2 I GG:
Allgemeine Handlungsfreiheit:
Cornils Allgemeine Handlungsfreiheit, in: HStR VII, § 168; *Degenhart* Die allgemeine Handlungsfreiheit des Art. 2 I GG, JuS 1990, 161; *Höfling* „Sittlichkeit" und Freiheit, Jus 2017, 617; *Kahl* Grundfälle zu Art. 2 I GG, JuS 2008, S. 595; *ders.* Die Schutzergänzungsfunktion von Art. 2 Abs. 1 Grundgesetz, 2000; *Kukk* Verfassungsgeschichtliche Aspekte zum Grundrecht der allgemeinen Handlungsfreiheit (Art. 2 Abs. 1 GG), 2000; *Scholz* AöR 100 (1975), 80; 265.

Allgemeines Persönlichkeitsrecht:
Albers Grundrechtsschutz der Privatheit, DVBl 2010, S. 1061; *Bantlin* Grundrechtsschutz bei Telekommunikationsüberwachung und Online-Durchsuchung, JuS 2019, S. 669; *Behrendt* Entzauberung des Rechts auf informationelle Selbstbestimmung, 2023; *Britz* Freie Entfaltung der Persönlichkeit (Art. 2 I 1 GG) – Verfassungsversprechen zwischen Naivität und Hybris?, NVwZ 2019, S. 672; *Buchholtz* Grundrechte und Datenschutz im Dialog zwischen Karlsruhe und Luxemburg, DÖV 2017, S. 837; *Eifert* Das Allgemeine Persönlichkeitsrecht des Art. 2 Abs. 1 GG, JURA 2015, S. 1181; *Gounalakis* Verdachtsberichterstattung durch den Staatsanwalt, NJW 2012, 1473; *Gutjahr/Limberger* Informationelle Trennungsgrundsätze in der Sicherheitsarchitektur des 21. Jahrhunderts, DÖV 2022, S. 848; *Hillgruber* Die Erlaubnis zum Erwerb eines Betäubungsmittels in tödlicher Dosis für Sterbenskranke, JZ 2017, 777; *Horn* Schutz der Privatsphäre, in: HStR VII, § 149; *Jarass* Das allgemeine Persönlichkeitsrecht im Grundgesetz, NJW 1989, 857; *Klostermann* Ein Lehrbuch der Selbstbestimmung, JURA 2020, S. 664; *Kühling*/Sackmann Das Mehrebenensystem der Datenschutzgrundrechte im Lichte der Rechtsprechung von BVerfG und EuGH, JURA 2018, S. 364; *Kutscha* Mehr Datenschutz – aber wie?, ZRP, 2010, 112; *Lücke* Die spezifischen Schranken des allgemeinen Persönlichkeitsrechts und ihre Geltung für vorbehaltlose Grundrechte, DÖV 2002, S. 93; *Pieper* Grundstrukturen des verfassungsrechtlichen Datenschutzes, JA 2018, S. 598; *Placzek* Allgemeines Persönlichkeitsrecht und privatrechtlicher Informations- und Datenschutz, 2006; *Poscher* Menschenwürde und Kernbereichsschutz, JZ 2009, S. 269; *Prange* Verfassungsrechtliche Möglichkeiten und Grenzen polizeilicher Datenübermittlungen an Private, 2024; *Schertz* Der Schutz des Individuums in der modernen Mediengesellschaft, NJW 2013, 721; *Singer/Beck* Das „Recht auf Vergessenwerden" im Internet, JA 2019, S. 125; *Stender-Vorwachs* Veröffentlichung von Fotos minderjähriger Kinder von Prominenten, NJW 2010, 1414.

V. Grenzen der Einschränkbarkeit von Grundrechten

Die Einschränkungsvorbehalte, welche den meisten Freiheitsrechten beigefügt sind, indizieren: **Nicht jeder Grundrechtseingriff ist verfassungsrechtlich untersagt.** Vielmehr sind im Rahmen der Schrankenvorbehalte Grundrechtseingriffe prinzipiell zulässig. Dies bedeutet aber nicht, dass wegen der Schrankenbestimmungen jeglicher Eingriff durch oder aufgrund Gesetzes zulässig wäre. Vielmehr enthält das Grundgesetz mehrere Normen, welche die Zulässigkeit von Grundrechtseinschränkungen durch Gesetz ihrerseits beschränken („Schrankenschranken"). Schon die Existenz solcher Normen zeigt: **Es gibt zulässige und unzulässige Eingriffe in Freiheitsrechte.** Unzulässige Eingriffe sind Grundrechtsverletzungen. 898

Ein Grundrecht ist demnach verletzt, wenn (1) in seinen Schutzbereich eingegriffen ist und (2) dieser Eingriff rechtswidrig ist. Die Rechtswidrigkeit des Eingriffs kann folgen aus 899

- **formellen Gründen:** Formeller Art sind Rechtsverstöße, die vom Inhalt der Maßnahme unabhängig sind (etwa: Unzuständigkeit der handelnden Stelle; fehlerhaftes Verfahren u. ä.).
- **materiellen Gründen:** Dazu zählen Fehler, die gerade aus dem Inhalt der Maßnahme folgen etwa aus ihrer Unverhältnismäßigkeit.

1. Die formellen Anforderungen an freiheitseinschränkende Gesetze

Die wichtigste formelle Anforderung an Grundrechtseinschränkungen liegt im **Vorbehalt des Gesetzes:** Kein Grundrechtseingriff ohne Gesetz. Ein Gesetz ist nicht bloß dann erforderlich, wenn in ein Grundrecht aufgrund eines Einschränkungs-(Gesetzes-)Vorbehaltes eingegriffen werden soll, sondern auch dann, wenn der Eingriff aufgrund verfassungssystematischer Schranken erfolgt. Auch „kollidierende Rechtswerte" ermächtigen nicht jedes Staatsorgan zum Eingriff, sondern nur den Gesetzgeber zur Schaffung verfassungskonformer Eingriffsgrundlagen. Mit und ohne ausdrückliche Positivierung im einzelnen Grundrecht gilt somit der **Gesetzesvorbehalt** als allgemeiner Eingriffsvorbehalt.[173] 900

Ein Gesetz, welches zulässigerweise in ein Grundrecht eingreifen will, muss zunächst mit den formellen Anforderungen des Grundgesetzes an die Gesetzgebung vereinbar sein. Dazu zählen zunächst 901

---

173 Dazu schon o. Rn. 694.

- die **Gesetzgebungskompetenz** der normsetzenden Körperschaft, also des Bundes oder eines Landes;[174]
- das **ordnungsgemäße Gesetzgebungsverfahren.** Dies ist für den Bund in Art. 76 ff. GG,[175] für die Länder in den jeweiligen Landesverfassungen geregelt.
- die Anforderungen aus **Art. 19 I GG**[176].

902 Art. 19 I 1 GG enthält das **Verbot des Einzelfallgesetzes** für grundrechtseinschränkende Gesetze. Ob ein Gesetz ein Einzelfallgesetz ist, richtet sich nach der Formulierung seines Tatbestandes: Wenn sich wegen dessen abstrakter Fassung nicht genau übersehen lässt, auf wie viele und welche Fälle das Gesetz Anwendung findet, so dass also nicht nur ein einmaliger Eintritt der vorgesehenen Rechtsfolgen möglich ist, so ist das Gesetz mit Art. 19 I 1 GG vereinbar. Dabei kommt es nicht darauf an, dass die Norm im Zeitpunkt ihres Erlasses tatsächlich eine Vielzahl von Fällen erfasst – was stets voraussetzen würde, dass es mehrere zu regelnde Fälle gäbe –, sondern darauf, dass die Vorschrift ihrem Tatbestand nach potentiell eine nach einheitlichen Kriterien abgegrenzte Vielzahl von Fällen erfassen kann. Gibt es also bei Erlass des Gesetzes nur einen Fall, der unter die Regelung fallen würde, so muss das Gesetz so gefasst werden, dass später eintretende gleichartige Fälle gleichfalls unter die Rechtsfolgen der erlassenen Norm fallen würden.

So waren Regelungen für Apotheken in Bahnhöfen auch zulässig, als es nur eine Bahnhofsapotheke gab; die Ausdehnung der Mitbestimmung nach Kriterien, von denen zunächst nur ein Unternehmen betroffen war, ist mit Art. 19 I 1 GG vereinbar, da die Rechtsfolgen auch für spätere Fälle gelten sollten, die dieselben Kriterien erfüllen würden[177].

903 Art. 19 I 2 GG statuiert das **„Zitiergebot"**. Es soll den Vorrang der Verfassung gegenüber der Gesetzgebung zum Ausdruck bringen, indem es verhindert, dass Gesetze die Grundrechte aushöhlen, indem sie Grundrechtseinschränkungen enthalten, die dem Gesetzgeber unbewusst bleiben. Bei jeder Freiheitseinschränkung soll Art. 19 I 2 GG sichern, dass der Gesetzgeber sich der Freiheitseinschränkung bewusst wird und eine entsprechende Klausel in das Gesetz aufnimmt.[178] Daher gilt das Zitiergebot nur für **nachkonstitutionelle Gesetze.**

---

174 Dazu Rn. 439 ff.
175 Dazu Rn. 719 ff.
176 Zu dieser Vorschrift eingehend *Menger* GS Klein, 1977, S. 321; *Selk* JuS 1992, 816.
177 BVerfGE 25, 371 ff.
178 BVerfGE 85, 386, 403 f.; BVerfGE 154, 152 Rn. 135.

Die Rechtsprechung des Bundesverfassungsgerichts hat die Anwendung des Art. 19 I 2 GG allerdings eingeschränkt. Er soll nicht gelten:

- wenn ein nachkonstitutionelles Gesetz einen vorkonstitutionellen Freiheitseingriff wiederholt, aber nicht verschärft.[179] Hingegen begründet die **Ausweitung oder Verschärfung einer schon geltenden Eingriffsermächtigung** erneut die Zitierpflicht.[180]
- wenn eine Vorschrift nur darauf abzielt, ein Grundrecht „im Rahmen der in ihm selbst angelegten Grenzen einzuschränken". Dementsprechend wendet das Bundesverfassungsgericht Art. 19 I 2 GG nicht auf Gesetze nach Maßgabe der Art. 2 I 2. Hs., 5 II, 12 I 2 u. 14 I 2 GG an[181]; ferner nicht bei Gesetzen aufgrund verfassungssystematischer Grundrechtsschranken.
- wenn ein Fall des Art. 14 III 2 GG vorliegt, da Art. 19 II GG hinter dieser Vorschrift zurücktritt[182].
- wenn der Eingriff in ein bestimmtes Grundrecht offensichtlich ist, da in diesem Fall die Warnfunktion von Art. 19 I 2 GG leer läuft.[183]

Insgesamt zeigt sich, dass das BVerfG bei Grundrechten, bei denen ein Gesetzesvorbehalt fehlt oder dieser anders formuliert ist als in Art. 19 I 2 GG, das Zitiergebot nicht anwendet.[184] In der Klausur ist eine etwaige Verletzung von Art. 19 I 2 GG entweder im Rahmen der formellen[185] oder der materiellen[186] Verfassungsmäßigkeit zu prüfen.

2. Die Wesensgehaltsgarantie des Art. 19 II GG

§ 14 Abs. 3 LuftsicherheitsG ließ zu, dass bei drohenden Gefahren durch entführte Flugzeuge diese zum Schutz von Menschenleben im Extremfall abgeschossen werden durften, auch wenn dadurch das Leben unschuldiger Passagiere oder von Menschen an der Absturzstelle nicht zu retten war. Dadurch sollten Attentate nach dem Vorbild des 11. September 2001 verhindert werden (nach: BVerfGE 115, 118; zum Fall Rn. 913). **!**

Maßgeblich ist hier Art. 2 II 1 GG. Danach hat jedermann ein **Recht auf Leben und körperliche Unversehrtheit. Leben** ist das körperliche Dasein, die biologisch-physische Existenz vom Zeitpunkt ihres Entstehens bis zum Eintritt des Todes.[187] Körperliche Unversehrtheit meint die Gesundheit im biologisch-physiologischen 904

179 BVerfGE 5, 13, 16; 15, 288, 293; 35, 185, 188 f.; 61, 82, 113; dagegen *Alberts* JA 1986, 72, 73.
180 BVerfGE 113, 348, 366 f.
181 BVerfGE 28, 282, 288 ff.
182 BVerfGE 21, 92, 93; 24, 367, 397 f.
183 BVerfG, BeckRS 2020, 40592 Rn. 341.
184 BVerfGE 162, 378 Rn. 92; s. dazu auch *Kingreen/Poscher* Grundrechte Rn. 446.
185 BVerfGE 150, 309 Rn. 60 f.; 161, 299 Rn. 122.
186 BVerfGE 130, 1, 39.
187 BVerfGE 115, 118, 139; s. o. Rn. 354.

Sinn, aber auch die Gesundheit im psychischen Bereich.[188] Durch einen gezielten Schuss wird in das Recht auf körperliche Unversehrtheit, durch den Todesschuss in das Recht auf Leben eingegriffen. Dieses Recht steht allerdings nach Art. 2 II 3 GG unter einem allgemeinen Gesetzesvorbehalt. Aufgrund Gesetzes darf demnach in jene Rechte eingegriffen werden.

Dagegen gilt die Spezialregelung des Art. 102 GG ohne einen solchen Gesetzesvorbehalt. Sie **untersagt die Todesstrafe**, also die Tötung als Sanktion nach einem gerichtsförmigen Verfahren[189]. Eine solche liegt hier nicht vor.

905 Die **Polizeigesetze** nahezu aller Bundesländer[190] enthalten Ermächtigungen für gezielte polizeiliche Schüsse, die auch tödlich wirken können (sog. **„Rettungsschuss“**) in Fällen der Geiselnahme bzw. anderer akuter Gefahren für Leben, Freiheit oder Gesundheit Anderer (etwa: Amoklauf), sofern die schweren Gefahren nicht auf andere Weise abgewehrt werden können. Diese Befugnisse richten sich ausschließlich gegen die Urheber der Gefahren selbst, nicht hingegen gegen Dritte. Das bloße Vorhandensein eines ermächtigenden Gesetzes reicht jedoch nicht aus, jede beliebige Grundrechtseinschränkung vorzunehmen. Vielmehr kennt das Verfassungsrecht auch materielle Grenzen der Einschränkbarkeit von Grundrechten.

906 Explizit statuiert Art. 19 II GG die Garantie des unantastbaren **„Wesensgehalts“** der Grundrechte. Strittig ist jedoch, worin der Wesensgehalt der Grundrechte besteht.[191] Offenbar ist: Art. 19 II GG will den letzten Kernbereich der Grundrechtsgarantien schützen; also einen Bereich, der von staatlichen Eingriffen und Beschränkungen frei sein soll. Dessen Ermittlung bereitet jedoch gerade die ebenso altertümliche wie inhaltsarme Formulierung von „Wesen“ zusätzliche Schwierigkeiten.

907 Jedes Grundrecht enthält eine **objektive Grundrechtsnorm**, die die jeweils garantierte Freiheit zum Bestandteil des sozialen Lebens erklärt. So verbürgt etwa Art. 2 II 2 GG „die Freiheit der Person“, Art. 5 I 1 GG „die Meinungsfreiheit“. Diese ist im Wesentlichen identisch mit einer Kombination aus Schutzbereich und grundgesetzlicher Rechtsfolgenanordnung. Teilweise wird der Wesensgehalt in der objektiven Grundrechtsnorm gesehen. Er ist daher verletzt, wenn dem Grundrecht

---

188 *Jarass* in: Jarass/Pieroth, GG, Art. 2 Rn. 99; s. o. Rn. 834.

189 Dazu BVerfGE 18, 112; 60, 348, 354.

190 So etwa § 68 II BWPolG; Art. 83 II 2 BayPAG; § 66 II 2 BbgPolG; § 25 II 1 HHSOG; § 60 II 2 HSOG; § 76 II 2 NdsSOG; § 63 II 2 PolG NRW; § 82 II 2 RPPOG; § 57 I S. 2 SlPolG; § 34 II SächsPolG; § 65 II 2 SOG LSA; § 64 II 2 ThürPAG; *Jakobs* DVBl. 2006, 83; *Mußgnug* Das Recht des polizeilichen Schusswaffengebrauchs, 2001, S. 82 ff.

191 Gute Übersicht bei *Remmert* in: DHS, GG, Art. 19 Abs. 2 Rn. 36 ff.; s. a. *Drews* Die Wesensgehaltsgarantie des Art 19 II GG, 2005.

nach seiner Einschränkung für das soziale Leben im Ganzen keinerlei Bedeutung mehr zukommt, wenn also **nach der Beschränkung von ihm „nichts mehr übrig bleibt“**[192]. Diese Auffassung **verhindert immerhin ein völliges Leerlaufen der Grundrechte**, wie es nach älterem deutschem Verfassungsrecht angeblich zulässig war. Sie berücksichtigt jedoch nicht, dass die Grundrechte als Ausprägungen der Menschenwürde nur dann Realität besitzen, wenn sie auch ihren Trägern zugute kommen. Freiheit ist nicht anders denkbar als Freiheit der Menschen. Das Recht auf Leben wäre demnach in seinem Wesensgehalt nicht angetastet, solange überhaupt noch Menschen in der Bundesrepublik leben.

Dem trägt die Gegenauffassung Rechnung, die bei dem subjektiven Recht als 908 Bestimmungsfaktor des Wesensgehalts ansetzt. Danach stellt jede Grundrechtsnorm ein **subjektives Recht jedes einzelnen** Trägers dar. Die in der „objektiven Grundrechtsnorm“ verbürgte Freiheit vermag sich nur dann zu realisieren, wenn diese Freiheit auch dem Berechtigten zugute kommt. So garantiert das Grundrecht nicht abstrakt „Recht auf Leben“, sondern das Recht des A, B, C usw. auf Leben. Nach der **„absoluten Theorie“** darf das dem einzelnen Grundrechtsträger verbürgte subjektive Recht nicht zunichte gemacht werden. Danach ist also maßgeblich, welche Bedeutung dem Grundrecht nach seiner Einschränkung für den konkret betroffenen Grundrechtsträger noch zukommt[193]. Wenn ein Grundrechtsträger die verbürgte Freiheit in keiner Weise mehr ausüben kann, ist das Grundrecht in seinem Wesensgehalt tangiert. Diese Auffassung vermeidet die Schwächen der Gegenauffassung, vermag jedoch ein als Grenzfall anerkanntes Problem nicht zu lösen: Die lebenslängliche Unterbringung von gefährlichen unheilbar Geisteskranken in geschlossenen Anstalten. Sie wäre als Eingriff in den Wesensgehalt des Art. 19 II GG stets unzulässig.

Dagegen geht die **„relative Theorie“** davon aus, dass in den Wesensgehalt eines 909 Freiheitsrechts erst dann eingegriffen sei, wenn das geschützte Rechtsgut stärker beeinträchtigt würde, als es zum **Schutz höherwertiger Rechtsgüter** erforderlich sei[194]. Im Falle einer Kollision mit besonders hochrangigen Rechtsgütern ist daher im Extremfall der völlige Entzug einer Freiheit gegenüber einzelnen Trägern zulässig. Im Normalfall reicht dagegen diese Definition des Wesensgehalts weiter als diejenige der „absoluten Theorie“, weil sie nicht allein den vollständigen Grundrechtsverlust thematisiert, sondern auch darüberhinausgehende Wirkungen des Art. 19 II GG anerkennt.

---

192 Etwa: *Stern* Staatsrecht III/2, § 85, S. 865.

193 *Stein/Frank* Staatsrecht, § 30 VI.

194 *Häberle* Die Wesensgehaltsgarantie, 3. Aufl., 1983, S. 234 ff.; *Hesse* Grundzüge, Rn. 332 f.

Nach dieser Formulierung wäre Art. 19 II GG weitgehend mit dem **Übermaßverbot**[195] identisch. Ihre Problematik liegt in der Vereinbarkeit mit dem Wortlaut der Bestimmung, wonach der Wesensgehalt „in keinem Falle" – und das heißt eigentlich: auch nicht zugunsten höherwertiger Rechtsgüter – eingeschränkt werden darf.

910 Die genannten Formeln legen nahe, dass die Problematik der Wesensgehaltsgarantie nicht mit allgemeinen Formeln, sondern vom konkreten Grundrecht her zu lösen sei. Hier legt Art. 2 II 1 GG den Gedanken nahe, dass das **Grundrecht auf Leben mit seinem eigenen Wesensgehalt identisch** ist. Der Mensch kann nur leben oder nicht leben, das Leben kann nicht eingeschränkt werden. Wenn zudem oft darauf abgestellt wird, dass Art. 19 II GG den Menschenwürdegehalt eines Grundrechts garantieren soll und die Menschenwürde ihrerseits kein Abstraktum, sondern konkretes Gut jedes Menschen ist[196], so erscheint jede Tötung als Eingriff in den Wesensgehalt. Dies gilt umso mehr, wenn das Leben an anderer Stelle stets als „höchster Wert" im Grundgesetz dargestellt wird.[197] Dies ist aber nicht das Leben im Allgemeinen, sondern das konkrete, einzelne menschliche Leben. Sieht man es so, so wäre der gezielte Todesschuss mit Art. 19 II GG unvereinbar.

Dieser Schluss wird jedoch in der Praxis von nahezu niemandem gezogen. Ihm wird regelmäßig entgegen gehalten, dass Art. 2 II 3 GG schon seinem Wortlaut nach auch Einschränkungen des Rechts auf Leben zulasse. Dann könne aber nicht jeder Eingriff in dieses Grundrecht wegen Verstoßes gegen Art. 19 II GG unzulässig sein. Vielmehr wird regelmäßig darauf abgestellt, dass hier die Konstellation „Leben gegen Leben" vorliege und daher der Staat nur die „Wahl" habe, die Tötung des Täters oder des Opfers, des A oder der Geisel, in Kauf zu nehmen. Hier könne die Abwägung nur zu Lasten des A ausgehen. Die Praxis orientiert sich so an der relativen Theorie, welche die Wesensgehaltsgarantie als Abwägungskriterium ansieht.

911 Die jüngere Rechtsprechung hat eine differenzierte Haltung eingenommen. Auch die Wesensgehaltsgarantie gewährleistet demnach den Lebensschutz jedenfalls nicht stets absolut und uneinschränkbar. Dies wurde während der Corona-Pandemie vielfach übersehen, als der Schutz des Lebens eines jeden Einzelnen vielfach zum obersten Verfassungswert erklärt wurde, dem alle übrigen Freiheitsrechte untergeordnet wurden.[198]

912 Nach den bislang erkennbaren Formulierungen des BVerfG sind **Grundrechtseingriffe, welche zum vollständigen Grundrechtsverlust führen können,**

---

195 Dazu o. Rn. 856.

196 *Dürig* AöR 81 (1956), 117 ff.

197 BVerfGE 39, 1, 42.

198 Vgl. etwa BVerfG, NJW 2020, 1427 Rn. 14; eine Verletzung der Wesensgehaltsgarantie durch besonders eingriffsintensive Maßnahmen in Erwägung ziehend etwa *Schmitz/Neubert* NVwZ 2020, 666, 669.

mit Art. 19 II GG vereinbar gegenüber Personen, welche den Eingriff durch rechtmäßiges und zumutbares Alternativverhalten vermeiden können oder hätten vermeiden können.[199] In der Konstellation „Leben gegen Leben" ist dies allein dem Geiselnehmer, nicht hingegen der Geisel möglich. Viel diskutierte Problemfälle sind neben dem Todesschuss insbesondere die lebenslange Freiheitsstrafe[200] und die Sicherungsverwahrung.[201]

Ein zusätzliches Problem stellt sich dann, wenn in einem Notfall **keine spezielle gesetzliche Regelung** gilt, wie es etwa im Jahre 2001 für Konstellationen wie das Attentat auf das World-Trade-Center in Deutschland der Fall war. Für diese Fälle ist erwogen worden, §§ 32, 34 StGB als **Ermächtigungsgrundlagen** heranzuziehen. Die Bestimmungen aus dem Strafgesetzbuch sind Notrechte, die Einzelnen gegen rechtswidrige Beeinträchtigungen eigener oder bestimmter fremder Rechtsgüter zuerkannt sind, wenn staatliche Hilfe nicht rechtzeitig zu erlangen ist. Sie betreffen also das Verhalten der Menschen untereinander und nicht die Staat-Bürger-Beziehung. Demgegenüber normieren öffentlich-rechtliche Eingriffsermächtigungen spezielle Rechtsbeziehungen im Staat-Bürger-Verhältnis. Staatliche Maßnahmen gegenüber den Menschen sind nicht schon dann zulässig, wenn sich die Amtsträger nicht strafbar machen. Daher werden solche Bestimmungen gegenwärtig nicht mehr als staatliche Eingriffsbefugnisse anerkannt. Sie regeln allenfalls die Frage, ob eine Person – auch ein Amtsträger – wegen eines bestimmten Verhaltens strafrechtlich zur Verantwortung gezogen werden darf oder nicht.[202] Äußerste Zurückhaltung bei der Anwendung des § 34 StGB als Eingriffsermächtigung ist insbesondere angebracht, wenn dadurch tatbestandliche Grenzen einer speziellen Eingriffsermächtigung relativiert werden. Keineswegs dürfen gesetzgeberische Abwägungen, welche sich in restriktiver Tatbestandsfassung geäußert haben, durch einen pauschalen Rückgriff auf das Strafrecht „überwunden" werden. Denn der Zweck als „hoher Wert" heiligt nicht jedes Mittel.[203] **§ 34 StGB ist demnach keine taugliche Eingriffsermächtigung.** Unter Hinweis auf ihn kann die Wesensgehaltsgarantie daher weder beschränkt noch umgangen werden.

Lösung zum Beispielsfall *(Rn. 904):* 913

Im Beispiel zeigt sich die Schwierigkeit einer Abwägung von Leben gegen Leben. Dieses ist nach der Rechtsprechung stets gleichwertig: Es gibt kein höherwertiges, aber auch kein geringerwertiges Leben. Dass die Passagiere im entführten Flugzeug möglicherweise „dem Tod geweiht" sind, schränkt daher den ihnen zustehenden Lebensschutz nicht ein. Aber auch die Zahl möglicher Opfer – eher weniger bei einem Flugzeugabsturz auf freiem Feld, möglicherweise viel mehr bei dem Einsturz eines Hochhauses nach Art des World Trade Centers – be-

---

199 BVerfGE 115, 118, 153 ff. einerseits; BVerfGE 115, 118, 160 f. andererseits.

200 Zu ihr BVerfGE 45, 187; *Erichsen* NJW 1976, 1721; *Kinzig* JR 2007, 165; *Müller-Dietz* JURA 1994, 72.

201 Zu ihr BVerfGE 109, 133; s. a. EGMR, NJW 2010, 2495; *Kett-Straub* GA 2009, 586; *Laue* JR 2010, 198.

202 *Amelung* NJW 1977, 833, 835 f.; *Böckenförde* NJW 1978, 1881; grundlegend aus strafrechtlicher Sicht *Seebode* FS Klug, 1983, S. 359; s. a. BGH NJW 1977, 2172; OLG München, NJW 1972, 2275; OLG Frankfurt, NJW 1975, 271; 1977, 859.

203 Ablehnend *Amelung* NJW 1978, 623 f.

gründet keine höhere Schutzpflicht zugunsten der einen und zulasten der anderen. Eine solche Kollision gleichwertiger Güter ist gesetzlich praktisch kaum regelbar. Das BVerfG hat die Abschussermächtigung insoweit für grundgesetzwidrig erklärt, als sie auch Flugzeuge betrifft, in denen Passagiere sitzen. Soweit hingegen nur Entführer betroffen wären, wäre der Abschuss zulässig.[204]

Zur Vertiefung:
Drews Die Wesensgehaltsgarantie des Art. 19 II GG, 2005; *Engel* Das Zitiergebot, 2022; *Leisner-Egensperger*, Wesensgehaltsgarantie, in: HGRe III, § 70; *Middendorf* Zur Wesensgehaltgarantie des Grundgesetzes, JURA 2003, S. 232; *Lindner* Zur Bindung des Landesgesetzgebers an das Zitiergebot (Art. 19 I 2 GG), JURA 2020, S. 1180; *Schaks* Die Wesensgehaltsgarantie, JuS 2015, 407.

3. Das Übermaßverbot

! A ist wegen versuchten Totschlags in Untersuchungshaft genommen worden. Aus dem Gefängnis heraus schreibt er einen Brief an seine Eltern, in welchem er sich bitter über das gegen ihn laufende Verfahren beklagt, seine Richter beschimpft und die Gefängnisverwaltung hart angreift. Der Brief wird nach § 119 I StPO kontrolliert und angehalten, obwohl sich A später bei den Richtern entschuldigt. (nach BVerfGE 57, 170; zum Fall Rn. 926).

§ 119 I StPO: „Soweit dies zur Abwehr einer Flucht-, Verdunkelungs- oder Wiederholungsgefahr erforderlich ist, können einem inhaftierten Beschuldigten Beschränkungen auferlegt werden. Insbesondere kann angeordnet werden, dass ... 2. Besuche, Telekommunikation sowie der Schrift- und Paketverkehr zu überwachen sind...“.

914 Gesetze, die als Eingriffsgrundlagen für Grundrechtseingriffe dienen, sind nicht unbegrenzt zulässig. Sie müssen vielmehr ihrerseits dem **Übermaßverbot** Rechnung tragen. Entsprechendes gilt für den Grundrechtseingriff selbst. Diese praktisch wichtigste Grenze gegen Freiheitseingriffe untersagt Grundrechtsbeschränkungen, die einschneidender wirken, als durch ihr Ziel geboten ist. Trotz seiner inzwischen unbestrittenen Geltung besteht über die verfassungsrechtlichen Grundlagen des im Grundgesetz nicht erwähnten Übermaßverbotes kein Konsens.

915 Partiell wird das **Rechtsstaatsprinzip** als Grundlage dieses Verbots angesehen.[205] Diese Auffassung steht in Übereinstimmung mit der historischen Entwicklung im Polizeirecht im 19. Jh. Danach sollte die Exekutive, insbesondere die Polizei, zu Freiheitseingriffen nach Maßgabe der Gesetze nur im Rahmen des Übermaßverbotes berechtigt sein. Diese Grenze der staatlichen Befugnisse wurde unter der Geltung des Grundgesetzes von den Gerichten ausdifferenziert und auf die Ge-

204 BVerfGE 115, 118; 153 ff. einerseits; BVerfGE 115, 118, 160 f. andererseits.
205 BVerfGE 2, 1, 79.

setzgebung ausgeweitet. Als weitere Grundlage des Übermaßverbotes werden die **Freiheitsrechte**, der allgemeine Gleichheitssatz sowie Art. 19 II GG in seiner relativen Interpretation genannt. Danach müssen verfassungsrechtlich geschützte Werte im Falle von Kollisionen unter dem Aspekt **„praktischer Konkordanz"** in der Weise harmonisiert werden, dass jedes Gut trotz möglicherweise vorhandener formaler Widersprüche möglichst weitgehend verwirklicht wird. Im Falle von Kollisionen darf der vorrangige Wert den nachrangigen nur insoweit zurückdrängen, als dies notwendig ist. Keineswegs darf der „sachliche Grundwertgehalt" des nachrangigen Wertes völlig beseitigt werden.[206]

Diese Auffassung basiert auf der Wertordnungslehre, die in allen Grundrechten „objektive Werte" sieht.[207] Danach ist das Übermaßverbot die maßgebliche Leitlinie für die Zuordnung aller im Grundgesetz garantierten Werte. Geltungsweise und **Inhalt des Übermaßverbotes** sind jedoch weitgehend unabhängig vom Streit über dessen verfassungsrechtliche Grundlage. Nach allgemeiner Ansicht gilt das Übermaßverbot gegenüber Gesetzgebung, Exekutive und Rechtsprechung in doppelter Weise: Zunächst ist der **Gesetzgeber bei der Normsetzung an das Übermaßverbot als Schranke der Grundrechtseingriffe gebunden.** Sodann werden **Verwaltung und Gerichte bei der Anwendung der Gesetze gleichfalls durch das Übermaßverbot verpflichtet.** Dieses Prinzip ist daher häufig zweifach zu berücksichtigen. Die Rechtsfolgen des Übermaßverbotes sind durch eine lange Rechtsprechungstradition weitgehend geklärt.

Danach dürfen Grundrechte nicht in stärkerem Maße eingeschränkt werden, als es 916 zur Verfolgung eines legitimen Zwecks **geeignet**, **erforderlich** und **angemessen,** mithin **verhältnismäßig im engeren Sinn** ist.

Voraussetzung für jede Grundrechtseinschränkung ist demnach, dass diese der 917 Verwirklichung eines **legitimen Zwecks** dient. Während ein solcher Zweck Verwaltung und Rechtsprechung durch verfassungskonforme Gesetze bereits vorgegeben ist, ist die Legislative bei der Zweckauswahl infolge ihrer politischen Gestaltungsfreiheit freier. Keineswegs ist sie durch die Notwendigkeit der Verwirklichung eines legitimen Zwecks auf die Verfolgung solcher Ziele festgelegt, die verfassungsrechtlich angeordnet oder geboten sind. Vielmehr kann der Gesetzgeber die Zweckauswahl unter allen öffentlichen und privaten Belangen vornehmen, die ihm schützenswert erscheinen. Insoweit ist er ungebunden. **„Legitim" ist der Zweck eines Gesetzes, wenn er verfassungsgemäß ist**, also nicht gegen das Grundgesetz verstößt. Ein Verstoß kann sich etwa aus den Gleichheitssätzen,

---

206 Auf dieser Grundlage ergibt sich eine von der hier vorgestellten partiell abweichenden Konzeption des Übermaßverbotes als Abwägungsmaxime; dazu grundlegend *Hirschberg* Der Grundsatz der Verhältnismäßigkeit, 1981; *Lerche* Übermass und Verfassungsrecht, 1961.
207 Dazu o. Rn 846 ff.

dem Verbot des Angriffskriegs (Art. 26 I GG) oder Grundrechten Dritter herleiten lassen.

918 ***Anwendung auf den Beispielsfall*** (Rn. 914):

Die Aufrechterhaltung der Sicherheit und Ordnung in der Haft dient dazu, den Vollzug von Untersuchungs- und Strafhaft überhaupt erst zu ermöglichen. Da solche Maßnahmen im Rahmen der Strafrechtspflege notwendig sind und durch das Grundgesetz zumindest nicht untersagt werden, handelt es sich insoweit um einen legitimen Zweck.

919 Verfassungsgemäß ist ein Eingriff zu einem derartigen Zweck nur, wenn er zu dessen Verfolgung geeignet ist. Die **Geeignetheit** liegt stets vor, wenn durch den Grundrechtseingriff der legitime Zweck gefördert wird.[208] Keineswegs muss die angeordnete oder getroffene Maßnahme das Mittel sein, das am besten geeignet ist. Es genügt, dass der **legitime Zweck überhaupt eine Förderung erfahren kann.** Bei prognostischen Entscheidungen genügt es nach Auffassung des BVerfG, dass die staatlichen Organe im Entscheidungszeitpunkt davon ausgehen durften, dass die getroffenen Maßnahmen wirksam sind.[209] An der Geeignetheit der Maßnahme ändere sich auch dann nichts, wenn sich die Erkenntnisse im Nachhinein als unzutreffend herausstellen.[210] Mit dieser Argumentation wurden vom BVerfG Ausgangs- und Kontaktbeschränkungen während der Corona-Pandemie für geeignet befunden, zumal Ausgangsbeschränkungen zumindest nicht offensichtlich wirkungslos oder gar kontraproduktiv seien.[211] Im Ergebnis läuft die Argumentation des BVerfG bezüglich der Anforderungen an die Geeignetheit einer Maßnahme und die Annahme einer extrem weiten Einschätzungsprärogative des Gesetzgebers auf eine Beweislastumkehr zu Ungunsten des Beschwerdeführers einer Verfassungsbeschwerde hinaus.[212]

920 ***Anwendung auf den Beispielsfall*** (Rn. 914):

Das Bundesverfassungsgericht begründet die Eignung damit, dass sich andernfalls der Absender gegenüber Mithäftlingen seiner Ausführungen rühmen könnte. Dies wird allerdings durch ein Kontrollieren des Briefes nicht gehindert. Überhaupt sind Eingriffe in die Privatsphäre zur Verfolgung legitimer öffentlicher Belange kaum je geeignet. Da das Private nur in sehr eingeschränktem Maße in das Öffentliche hineinwirkt, darf umgekehrt auch das Öf-

208 BVerfGE 30, 292, 316; 33, 71, 187.
209 BVerfGE 159, 223 Rn. 186.
210 BVerfGE 159, 223 Rn. 186.
211 BVerfGE 159, 223 Rn. 279.
212 Krit. auch *Degenhart* NJW 2022, 123, 126; *Kingreen/Poscher* Grundrechte, Rn. 412.

fentliche grundsätzlich nur in eingeschränktem Maße in das Private hineinwirken. Ist das Private so weitgehend öffentlichkeitsfest, so ist der Bereich privater Lebensgestaltung Grundrechtseinschränkungen kaum zugänglich.

Neben der Geeignetheit muss der Grundrechtseingriff zur Verfolgung des legitimen Zwecks erforderlich sein.[213] Das Gebot der **Erforderlichkeit,** das auch **„Gebot des mildesten Mittels“** genannt wird, verlangt, dass kein weniger eingreifendes Mittel zur Verfügung steht, mit dem **derselbe Zweck** erreicht werden könnte. Gesetzgeber, Verwaltung und Rechtsprechung sind demnach gehalten, zur Verfolgung ihrer Ziele das mildeste Eingriffsmittel, das ihnen zur Verfügung steht, einzusetzen. Eine Minderung der Effektivität der Maßnahme braucht jedoch nicht einzutreten. Weniger schwere Eingriffe, die das konkret angestrebte Ziel nur partiell verwirklichen würden, dürfen nicht in Ansatz gebracht werden. 921

Insoweit ist die Terminologie „Erforderlichkeit“ deutlicher als das „Gebot des mildesten Mittels“. Dabei besteht weitgehend die Tendenz, die Schwere des Eingriffs ausschließlich anhand der Beeinträchtigungen des jeweils tangierten Grundrechts zu messen. Die Zahl der davon betroffenen Personen wird kaum je in Ansatz gebracht. Demnach werden die Belange Weniger nicht hinter denjenigen großer Gruppen oder der Allgemeinheit zurückgesetzt.

Anwendung auf den Beispielsfall (Rn. 914): 922

Sofern die Kontrolle – mit der Möglichkeit des Anhaltens – des Briefes tatsächlich als geeignet angesehen wird, ist kaum ein milderes Mittel denkbar, um denselben Effekt zu erreichen. Geeignetheit und Erforderlichkeit hängen vielfach eng zusammen, zumal die Erforderlichkeit gerade an dem konkreten Zweck, zu welchem die Maßnahme geeignet sein soll, zu messen ist.

Darüber hinaus muss der Freiheitseingriff angemessen, mithin verhältnismäßig im engeren Sinn sein[214]. Die **Angemessenheit** fordert, dass durch die Freiheitsbeschränkung verursachte Nachteile die durch die Verfolgung des legitimen Zwecks erzielten Vorteile nicht wesentlich überwiegen. Zu ihrer Feststellung ist daher eine **Zweck-Mittel-Relation** aufzustellen, um zu prüfen, ob die öffentlichen Zwecke den Nachteil des Mittels legitimieren. Diese Relation wird insbesondere zumeist im Wege der **Güterabwägung** vorgenommen. Insgesamt nimmt die Angemessenheitsprüfung in der Rechtsprechung des BVerfG breiten Raum ein.[215] Die Anwendung dieses Prinzips weist jedoch ungeachtet seiner unstrittigen Anerkennung 923

213 BVerfGE 39, 165.

214 BVerfGE 10, 117; 35, 382, 401; 38, 281, 302; 69, 11, 35; 76, 1, 51.

215 S. nur BVerfGE 162, 1 Rn. 152 ff.

mehrere dogmatische Schwächen auf, welche Prognostizierbarkeit und Begründbarkeit von Entscheidungen erheblich mindern können.

924 Ein Eingriff in ein Grundrecht, das notwendig Verfassungsrang hat, tangiert ein hohes Rechtsgut. Daraus könnte die Forderung hergeleitet werden, wonach auch der mit dem Eingriff verfolgte Zweck Verfassungsrang haben müsse, um die Nachteile des Mittels bei der Abwägung auf verfassungsrechtlicher Ebene zu kompensieren. Tatsächlich finden sich Tendenzen, die fordern, dass jeder Freiheitseingriff durch einen verfassungsrechtlich geschützten Zweck legitimiert sein müsste. Dem entspricht eine Tendenz, die gesamte **staatliche Sozialgestaltung als Ausprägung der grundgesetzlichen Wertordnung** anzusehen. Sofern sich keine explizit geschriebenen Werte finden lassen, werden die „Funktionsfähigkeit der Staatsgewalt" oder ihre Effektivität herangezogen. Eine solche Lehre würde die Anforderungen an die Einschränkbarkeit der Freiheitsrechte ohne eigenen Gesetzesvorbehalt[216] auf alle Grundrechte übertragen. Solche Voraussetzungen würden die gesetzgeberische Gestaltungsfreiheit auf den Nachvollzug mehr oder weniger expliziter Verfassungsaufträge reduzieren. Darüber hinaus ergäbe sich die Gefahr, dass jeder Zweck in einen verfassungsrechtlich geschützten Belang uminterpretiert würde, um so Politik nicht übermäßig zu hemmen. Eine derartige Vermengung der Kompetenzen von Legislative und Rechtsprechung („Politisierung der Gerichte" oder „Verrechtlichung der Politik") brächte erhebliche Gefahren für Verfassung und Politik mit sich. Insbesondere bei der Anwendung des Verhältnismäßigkeitskriteriums gegenüber Gesetzen ist daher größte Vorsicht geboten. Die Rechtsprechung betont hier vielfach den **„Gestaltungsfreiraum der Politik"**,[217] ohne dass verfassungsrechtliche Relevanz hinreichend eindeutig erkennbar wäre.

Daneben können weitere Unsicherheiten auftreten. In der klassischen **Grundrechtseingriffsdogmatik** war die Zuordnung noch relativ eindeutig: Hier galt abstrakt die Freiheit als vorrangig, während konkret – also im Hinblick auf einzelne Gesetze oder Verwaltungsmaßnahmen – der Vorrang der von ihnen zu schützenden Güter gegenüber dem Freiheitsschutz nachzuweisen ist. Komplexer wird die Abwägung in anderen grundrechtlich relevanten Fallkonstellationen, wenn etwa **zwei Grundrechte gegeneinander abzuwägen** sind. Hier kann nur selten eine abstrakte Vermutung des Vorrangs einer Freiheit gegenüber der anderen behauptet werden. Ist dies nicht möglich, so müssen zunächst beide kollidierenden Freiheiten wertmäßig festgelegt werden, um sodann eine Feststellung ihres Vor- oder Nachrangs zu ermöglichen. Jene Festlegung wird aber auch einzelfallbezogen vorgenommen (Welches Grundrecht ist in stärkerem Maße eingeschränkt?) und ist daher im Vorhinein wenig prognostizierbar. Die Schwankungen der Praxis etwa im Hinblick auf die Kollision von Mei-

216 Dazu o. Rn. 871 ff.

217 Dazu exemplarisch *Bräunig* Die Gestaltungsfreiheit des Gesetzgebers in der Rechtsprechung des Bundesverfassungsgerichts zur deutschen Wiedervereinigung, 2007.

nungsfreiheit und Persönlichkeitsrechten[218] sind hierfür ein illustratives Beispiel. Die beiden Konstellationen unterscheiden sich dermaßen voneinander, dass von zwei unterschiedlichen Erscheinungs- und Anwendungsformen des Übermaßverbots gesprochen wird.

Die Unsicherheiten bei der Konkretisierung des Verhältnismäßigkeitsgebots schlugen sich in der vorliegenden Entscheidung in vollem Umfang nieder. Dabei war die Berücksichtigung der Grundrechte der Gefangenen zentraler Diskussionsgegenstand. 925

Anwendung auf den Beispielsfall (Rn. 914): 926

„Für die seelische Stabilisierung auch von erwachsenen Familienmitgliedern gewinnt das Eltern-Kind-Verhältnis in Krisensituationen der Persönlichkeit erhöhte Bedeutung. Die Familie gewährt den von öffentlicher Kontrolle freien Raum für eine entlastende Selbstdarstellung; sie trägt auch zur Erhaltung der Fähigkeit zu gesellschaftlicher Integration der Person bei. [...] Die Verfassungsgarantien (von Ehe und Familie) verlangen, bei der Bewertung der brieflichen Äußerungen eines Untersuchungsgefangenen die Bedeutung des Eltern-Kind-Verhältnisses, wie es sich im konkreten Fall darstellt, zu berücksichtigen und alle Feststellungen, die der richterlichen Antwort auf die entscheidende Frage nach der Gefährdung der Anstaltsordnung zugrunde liegen, im Lichte der angesprochenen Grundrechte zu würdigen. [...] Im vorliegenden Fall ist nicht auszuschließen, dass (die beteiligten Staatsorgane) bei der Beurteilung der Frage, ob eine konkrete Gefährdung der Anstaltsordnung durch den Brief zu besorgen war, bei Anwendung des dargelegten verfassungsrechtlichen Maßstabs zu einer anderen rechtlichen Würdigung gelangt wäre(n).“ (BVerfGE 57, 170, 178–180).[219]

Die **Anwendung des Übermaßverbots** gestaltet sich in Rechtsprechung und Rechtswissenschaft demnach wie folgt: 927

- **Feststellung des Zwecks** der zu beurteilenden Maßnahme. Dieser Zweck ergibt sich regelmäßig durch Auslegung der zu beurteilenden Gesetze, Verwaltungsmaßnahmen oder Gerichtsentscheidungen.
- **Prüfung der „Legitimität“, d. h. der Vereinbarkeit dieses Zwecks mit dem Grundgesetz.** Ist der Zweck eines Gesetzes durch das Grundgesetz nicht verboten, so ist er ein legitimer Zweck. Verwaltungs- oder Gerichtsentscheidungen müssen zusätzlich mit den sie bindenden Gesetzen und sonstigen Rechtsnormen (Art. 20 III GG) vereinbar sein.
- **Prüfung der Geeignetheit** der Maßnahme. Die Maßnahme muss überhaupt den legitimen Zweck fördern. Nicht erforderlich ist, dass dieser durch die Maßnahme erreicht wird oder dass sie das einzige oder beste Mittel darstellt, diesen Zweck zu verwirklichen oder zu fördern.

---

218 Dazu u. Rn. 1024.

219 So schon BVerfGE 35, 35, 39 f.; 42, 234, 236 f.; 90, 255, 259 ff.; Überblick bei *Gusy* FS Bemmann, 1997, S. 673 ff.

- **Prüfung der Erforderlichkeit** der Maßnahme. Dabei ist zu prüfen, ob derselbe Effekt durch ein milderes Mittel erreicht werden kann.
- **Prüfung der Angemessenheit** der Maßnahme. Hier ist eine Abwägung zwischen dem geförderten legitimen Zweck sowie den Nachteilen, welche die konkrete Maßnahme bewirkt hat, vorzunehmen.

Zur Vertiefung:
Klatt/Meister Der Grundsatz der Verhältnismäßigkeit, JuS 2014, S. 193; *Kloepfer* Die Entfaltung des Verhältnismäßigkeitsprinzips, in: FS 50 Jahre BVerwG (2003), S. 329; *Kraft* Der Grundsatz der Verhältnismäßigkeit im deutschen Rechtsverständnis, BayVBl. 2007, 577; *Schlink* Der Grundsatz der Verhältnismäßigkeit, in: FS 50 Jahre BVerfG II (2001), S. 445; *Voßkuhle* Der Grundsatz der Verhältnismäßigkeit, JuS 2007, 429; *Wienbracke* Der Verhältnismäßigkeitsgrundsatz, ZJS 2013, 148.

§ 10 Die Bindungswirkung der Grundrechte

Die Bindungswirkung der Grundrechte sucht Antworten auf zwei Fragen: Wer ist Berechtigter der Garantien des GG, also **Grundrechtsträger?** Und wer ist Verpflichteter jener Rechte, also **Grundrechtsadressat?** 928

I. Grundrechtsträger

Grundrechtsträger ist, wer aus den Grundrechten eigene subjektive Rechte herleiten kann. Die dabei entstehenden Fragen sind im Grundgesetz selbst nur ansatzweise geregelt. 929

1. Natürliche Personen

Grundrechte sind subjektive Rechte der Menschen im Staat mit Verfassungsrang. 930 Daher berechtigen sie natürliche Personen und zwar grundsätzlich alle Menschen (s. etwa Art. 3 I GG) oder „Jeden" (s. etwa Art. 2 I GG). Diese **Menschen**- oder **Jedermannrechte** berechtigen **alle natürlichen Personen.** Ihre Grundrechtsträgerschaft beginnt mit der Geburt und endet mit dem Tod.

Ausnahmen davon sind bisweilen anerkannt, wenn und soweit sich aus dem konkret anwendbaren Grundrecht solche herleiten lassen. In Einzelfällen wurde auch die Grundrechtsträgerschaft Ungeborener, d. h. des Embryo bzw. des nasciturus (insbesondere Art. 2 II 1,[1] Art. 1 I,[2] 14 I GG[3]), in anderen Entscheidungen der Ehrschutz Verstorbener bejaht.[4] Der Ehrschutz zu Gunsten Verstorbener wird jedoch vom BVerfG nicht aus dem allgemeinen Persönlichkeitsrecht nach Art. 2 I i.V.m. Art. 1 I GG abgeleitet, sondern allein aus der Menschenwürde (Art. 1 I GG). Verstorbene sollen auf diese Weise „vor grober Herabwürdigung und Erniedrigung"[5] geschützt werden, wobei das Schutzbedürfnis aber in dem Maße nachlassen soll, „in dem die Erinnerung an den Verstorbenen verblasst".[6] Künftige Generationen oder die Summe der einzelnen erst künftig lebenden Menschen sind jedoch nicht grundrechtsfähig, auch nicht vor

1 BVerfGE 39, 1, 37; 88, 203, 251 ff.; s. o. Rn. 834 ff.

2 BVerfGE 88, 203, 251.

3 BVerfGE 112, 332, 346.

4 BVerfGE 30, 173, 194; BVerfG, NJW 2001, 594; zum Ganzen *Klinge* Todesbegriff, Totenschutz und Verfassung, 1996.

5 BVerfG, NJW 2023, 755 Rn. 32.

6 BVerfGE 30, 173, 196; BVerfG, NJW 2023, 755 Rn. 29.

https://doi.org/10.1515/9783111271309-014

dem Hintergrund der aus Art. 20a GG abgeleiteten objektivrechtlichen intergenerationellen Schutzverpflichtung des Staates gegenüber den Gefahren des Klimawandels.[7]

931 Demgegenüber gelten **einzelne Grundrechte nur für Deutsche.** Derartige Grundrechte werden „Deutschen-Rechte" oder – weniger eindeutig – „Bürgerrechte" genannt. Sie finden sich in Art. 8, 9, 11, 12, 16, 33 I–III, 38 GG.[8] Ob ein Grundrecht als Menschen- oder Deutschenrecht ausgestaltet werden sollte, ist im Parlamentarischen Rat stets eingehend diskutiert worden. Grundsätzlich gilt: **Grundrechte sind Menschenrechte, soweit sich aus ihrem Wortlaut oder ihrer sonstigen Auslegung nicht eindeutig das Gegenteil ergibt.** Insoweit gilt ein striktes Regel-Ausnahme-Verhältnis zugunsten der Grundrechtsträgerschaft aller Menschen.

932 Die Eigenschaft als **Deutscher** ist in Art. 116 GG thematisiert, der drei Gruppen nennt:

- deutsche **Staatsangehörige**;
- deutsche **Volkszugehörige**, sobald sie als Flüchtlinge oder Vertriebene, deren Ehegatte oder Abkömmling in dem Gebiet des ehemaligen Deutschen Reichs Aufnahme gefunden haben;
- ausgebürgerte ehemalige deutsche Staatsangehörige, soweit sie einen Antrag auf Einbürgerung gestellt haben oder in die Bundesrepublik zurückgekehrt sind (Art. 116 II GG).

Die Materie steht gem. Art. 116 I GG der gesetzlichen Regelung offen. Das **Staatsangehörigkeitsgesetz** von 2000 hat sie auf eine neue Grundlage gestellt und, entsprechend dem Übergangscharakter der beiden letzten Gruppen, staatsangehörigkeitsrechtlich geregelt. Sie sind entweder Staatsangehörige geworden oder haben einen Anspruch auf die deutsche Staatsangehörigkeit.

933 Soweit Deutsche allein Grundrechtsträger sind, ist umstritten, ob Ausländer sich insoweit auf andere, thematisch gleichfalls einschlägige Grundrechte berufen können, ob also Ausländer im Schutzbereich der Art. 8, 9, 11, 12 GG Grundrechtsschutz aus Art. 2 I GG genießen.[9] Während das Bundesverfassungsgericht die personelle Subsidiarität des Art. 2 I GG bejaht,[10] hat sich die Gegenauffassung von der Exklusivität der Spezialgrundrechte für ihren jeweiligen Anwendungsbereich nicht durchgesetzt. Dagegen dürfen EU-Bürger gem. Art. 18 AEUV gegenüber Deutschen wegen ihrer anderen Staatsangehörigkeit nicht diskriminiert werden. Während für sie überwiegend ein europarechtlicher Gleichbehandlungsanspruch auch im Schutzbereich der Deutschen-Rechte angenommen wird, mehren sich die Stimmen,

---

7 BVerfGE 157, 30 Rn. 146.

8 Nach BVerfGE 60, 71; 83, 37, 50 ff.; zu diesen Rechten näher *Siehr* Die Deutschenrechte des Grundgesetzes, 2001.

9 Zum Schutzbereich des Art. 2 I GG s. Rn. 389 ff.

10 BVerfGE 35, 382, 399; 38, 52, 57; 49, 168, 180 f.; 78, 179, 196.

welche eine Auslegung des „Deutschen-Vorbehalts" bei der Grundrechtsträgerschaft im Sinne einer Erstreckung auf alle EU-Bürger bejahen. Sie wären insoweit nicht nur europarechtlich, sondern schon kraft Grundgesetzes als Grundrechtsträger anzusehen.[11] Das BVerfG neigt dazu, eine solche Gleichstellung wegen des entgegenstehenden eindeutigen Wortlauts der Grundrechtsgarantien und ihrem darin ausgedrückten Sinn und Zweck abzulehnen und als Rechtsgrundlage der europarechtlich gebotenen Gleichstellung von EU-Bürgern Art. 18 AEUV einerseits und einen weit ausgelegten subsidiären Art. 2 Abs. 1 GG anzusehen.[12] Eine Gleichbehandlung von Unionsbürgern beim Grundrechtsschutz ist jedoch nur insoweit erforderlich, als das Unionsrecht eine solche auch tatsächlich verlangt, was nicht der Fall ist, wenn der Anwendungsbereich des Unionsrechts schon gar nicht eröffnet ist.[13] Andererseits kann auch eine Grundrechtsberechtigung von Drittstaatsangehörigen erforderlich sein, soweit das Unionsrecht eine entsprechende Gleichbehandlung vorschreibt.[14] In vollständig durch Unionsrecht determinierten Bereichen ist ohnehin die Europäische Grundrechte-Charta anwendbar, die nicht zwischen Deutschen und EU-Ausländern unterscheidet.[15] Einen Sonderfall stellt das Asylrecht dar: Träger des Grundrechts aus Art. 16a GG können nur Ausländer sein.435

Inzwischen weitgehend geklärt sind die Folgeprobleme der Grundrechtsgeltung 934
in Sonderverbindungen zwischen Bürger und Staat, die früher als **„besondere Gewaltverhältnisse"** bezeichnet wurden. Hierzu zählen gegenwärtig insbesondere das Beamtenverhältnis, aber auch Benutzungsverhältnisse staatlicher Einrichtungen, wie etwa das Schulverhältnis.

Die Figur der „besonderen Gewaltverhältnisse" entstammt dem konstitutionellen Staatsrecht. Waren dort die Grundrechte Vorschriften zum Schutz der Gesellschaft vor dem Staat, so blieben sie unanwendbar, wenn die Gesellschaft von einer staatlichen Maßnahme überhaupt nicht betroffen war. Dies wurde immer dann angenommen, wenn der Einzelne aus der Gesellschaft herausgetreten war und sich in ein **besonderes staatliches Rechts- und Pflichtenverhältnis** („Innenrecht") begeben hat. Dessen Prototyp war das Beamtenverhältnis, in welchem der Einzelne als Teil der Staatsorganisation, nicht hingegen der Gesellschaft, erschien. Dazu kamen Strafgefangenen-, Schul- und Benutzungsverhältnisse. Hier galten die Grundrechte nicht, da der Einzelne nicht als Teil der Gesellschaft erschien.

11 Hierzu näher *Bauer* JBl 2000, 750; *Bauer/Kahl* JZ 1995, 1077.
12 BVerfG, NJW 2016, 1436, 1437; BVerwGE 148, 344 Rn. 11; s. schon zuvor BVerfGE 104, 337, 346.
13 *Kingreen/Poscher* Grundrechte, Rn. 203.
14 BVerfGE 153, 182 Rn. 187; *Kingreen/Poscher* Grundrechte, Rn. 203.
15 BVerfGE 152, 216 Rn. 104; s. o. Rn. 808.

935 Jene Rechtsfigur ist erst unter dem Grundgesetz aufgegeben worden.[16] Inzwischen ist anerkannt: Die Grundrechte bleiben auch im „Sonderstatus“ anwendbar, sind aber auf besondere Weise regelbar. Der Beamte im Dienst (sog. „Betriebsverhältnis“) unterliegt weitergehenden Pflichten als außerhalb des Dienstes (sog. „Grundverhältnis“). Dies zeigt schon Art. 33 IV GG. Weitere Sonderstatusverhältnisse sind das Wehrdienst-, Schul- und Strafvollzugsverhältnis. Bei allen Sonderstatusverhältnissen geht es heute nicht mehr um das Ob, sondern nur noch um das Wie des Grundrechtsschutzes. Rechtsgrundlage von Grundrechtseinschränkungen ist und bleibt das Gesetz. Insoweit gilt auch hier die Lehre vom **Vorbehalt des Gesetzes**, welcher dem Gesetzgeber die Regelung des „Wesentlichen“ beim Ob und Wie der Grundrechtbeschränkungen zuweist.[17] Je intensiver die Grundrechtsbetroffenheit, desto eher bedarf es eines förmlichen Gesetzes.[18] Aufgrund Gesetzes können dann weitere Einzelheiten durch Rechtsverordnung, Satzung und ggf. weitere „Ordnungen“ (Schulordnung u. ä.) geregelt werden. Die Einzelheiten sind in den unterschiedlichen Rechtsgebieten partiell noch umstritten.[19] Die prinzipielle Anerkennung der Grundrechtsgeltung schließt auch die Möglichkeit der gerichtlichen Überprüfung (Art. 19 IV GG) ein.

936 Kein Problem der Grundrechtsträgerschaft ist die **Grundrechtsmündigkeit.**[20] Die Grundrechtsträgerschaft beginnt mit der Geburt und ist unabhängig vom Lebensalter. Die Frage nach der Grundrechtsmündigkeit erlangt praktische Bedeutung vornehmlich in zwei Fällen: Bei der – im BVerfGG nicht näher geregelten – **Beteiligtenfähigkeit im Verfassungsrechtsstreit** und bei der **Abwägung von Grundrechten der Kinder mit denjenigen der Eltern** im Rahmen des Erziehungsrechts (Art. 6 II GG).[21] Schwierige Abwägungsprobleme bereitet hier insbesondere die religiöse Kindererziehung.[22]

---

16 Seit BVerfGE 33, 1; 116, 69; *Kokott* in: HGRe I, § 22 Rn. 22.

17 S. dazu o. Rn. 694.

18 BVerfGE 49, 89, 94.

19 Zum Strafvollzugsrecht *Lübbe-Wolff* NStZ 2009, 616; 677; zum Schulrecht *Niehues/Fischer/Jeremias* Prüfungsrecht, 8. Aufl., 2022, Rn. 20 ff.

20 Dazu näher *Brüser* Die Bedeutung der Grundrechte im Kindesalter für das Elternrecht, 2010; *Roth* Die Grundrechte Minderjähriger im Spannungsfeld selbstständiger Grundrechtsausübung, elterlichen Erziehungsrechten und staatlicher Grundrechtsausübung, 2003.

21 *Jarass* in: Jarass/Pieroth, GG, Art. 19 Rn. 16 f..

22 S. dazu u. Rn. 1003.

2. Juristische Personen

In der Gemeinde A ist ein Kraftwerk an der Grenze zur Gemeinde G errichtet worden. Die G befürchtet erhebliche Immissionen, welche die Gesundheit ihrer Bürger, den Bestand der gemeindeeigenen Wälder und ihres historischen Rathauses gefährden. Nachdem sie den Rechtsweg erschöpft hat, will sie unter Berufung auf ihre Grundrechte Verfassungsbeschwerde gegen die Genehmigung erheben. (nach: BVerfGE 61, 82; s. dazu Rn. 957) **!**

Grundrechte sind subjektive Rechte des Menschen, also der natürlichen Personen. 937
Art. 19 III GG erstreckt ihre Geltung darüber hinaus auf inländische juristische Personen. **Juristische Person** ist jeder Personenzusammenschluss, der grundrechtsfähig sein kann. Dies sind zunächst alle **rechtsfähigen Vereinigungen i. S. d. Zivilrechts.** Für sie begründet Art. 19 III GG eine **eigene Grundrechtsfähigkeit.** Diese reicht jedoch partiell über das Bürgerliche Recht hinaus. Grundrechtsfähig können daher auch nichtrechtsfähige Personenmehrheiten sein, sofern ihnen ein Grundrecht zustehen kann, etwa Gewerkschaften oder Arbeitgeberverbände i. S. d. Art. 9 III GG, Parteien nach Art. 21 GG, Vereine oder Gesellschaften nach Art. 9 I GG. Maßgeblich für die Grundrechtsfähigkeit ist, **dass die „juristische Person" nach ihrem eigenen Ziel in der Lage ist, unabhängig von der Person ihrer einzelnen Mitglieder ein Grundrecht auszuüben.** Dies setzt ein Mindestmaß an organisierter Willensbildung und Verselbstständigung voraus. Im Einzelfall können dies auch BGB-Gesellschaften oder OHGs sein. Hier hat sich die Rechtsprechung in jüngerer Zeit erheblich differenziert.[23]

Inländisch ist eine juristische Person, die ihren Sitz im Inland i. S. d. Präambel 938
des GG hat. Die Grundrechtsträgerschaft korrespondiert so mit dem Organisationsstatut. Nur wer nach deutschem Recht organisiert ist und tätig wird, kann sich auf die Grundrechte berufen. Dadurch wird der Konnex zwischen Grundrechtsträgerschaft einerseits und staatlicher Rechtsetzungsbefugnis andererseits hergestellt.[24] **Ausländische juristische Personen sind keine Grundrechtsträger.** Davon macht das Bundesverfassungsgericht aber Ausnahmen für Art. 101, 103 GG, da diese Garantien wesentliche Elemente des Rechtsstaats seien.[25] Im Anwendungsbereich von Jedermann-Garantien sollen alle **Unternehmen mit Sitz in der EU** als „inländische" angesehen werden können. Für Deutschen-Grundrechte hat das BVerfG eine entsprechende Ausweitung bislang abgelehnt.[26] Aber auch hier gilt: Juristischen Personen aus anderen EU-Staaten steht der **Gleichbehandlungsanspruch**

---

23 Z. B. BVerfGE 97, 67, 76 (KG); BVerfG, JZ 2003, 43 (BGB-Gesellschaft).

24 BVerfGE 12, 8; 18, 447; 21, 209; 23, 236; möglicherweise einschränkend BVerfG, NVwZ 2010, 373.

25 BVerfGE 3, 359, 363; 12, 6, 8; 21, 362, 373.

26 BVerfGE 129, 78, 94 ff; s. a. BVerfG, NJW 2016, 1436, 1437.

des Art. 18 AEUV zu, Art. 2 I GG ist mithin wie das entsprechende Deutschen-Grundrecht auszulegen.[27] Entsprechendes gilt für juristische Personen aus Drittstaaten, soweit das Unionsrecht eine Gleichbehandlung verlangt.[28]

939 Juristische Personen sind Grundrechtsträger nur, soweit die Rechte der Art. 1–19 GG auf sie **„ihrem Wesen nach" anwendbar** sind. Das – auch in Art. 19 II GG erwähnte – „Wesen" der Grundrechte ist allerdings theoretisch nicht zu klären, da es sich hierbei um eine Leerformel handelt. Gesichert ist, dass

- nicht alle Grundrechte pauschal für juristische Personen gelten.
- solche Grundrechte nicht anwendbar sind, die an einen **Tatbestand** anknüpfen, welcher von juristischen Personen nicht erfüllt werden kann. Hierzu zählen etwa das Recht auf Leben und die persönliche Freiheit (Art. 2 II GG), der Schutz von Ehe und Familie (Art. 6 GG) sowie die Testierfreiheit (Art. 14 I GG).
- Art. 19 III GG **Regelungen nicht ausschließt, welche die juristische Person ausgestalten, insbesondere die Rechtsstellung der Mitglieder in ihnen stärken.**[29]

Praktische Bedeutung erlangen für juristische Personen überwiegend die Eigentumsgarantie (Art. 14 GG), die Berufsfreiheit (Art. 12 GG) und die wirtschaftlichen Dimensionen des Art. 2 I GG, ferner für religiöse Vereinigungen und Kirchen Art. 4 GG, für Presseunternehmen Art. 5 GG. Diese stehen den genannten juristischen Personen unstreitig zu.

940 **Keine Grundrechtsträger sind der Staat, seine Organe oder Einrichtungen.** Das Rederecht des Abgeordneten im Bundestag ist demnach nicht Ausprägung seiner Meinungsfreiheit aus Art. 5 GG, sondern vielmehr seines Rederechts, welches ihm aus seinem verfassungsrechtlichen Status als Mitglied des Bundestages (Art. 38 GG)[30] erwächst.

941 Überaus umstritten ist demgegenüber, ob andere **juristische Personen des öffentlichen Rechts** ihrem Wesen nach Grundrechtsträger sein können. Das zentrale Argument ist das sog. „Konfusionsargument", wonach niemand aus einer Norm zugleich berechtigt und verpflichtet sein kann. Konkret lautet es also, dass **der Staat Verpflichteter, nicht hingegen Berechtigter der Grundrechte sei.**[31] Richtig ist, dass im Verhältnis zum Bürger der Staat Grundrechtsadressat ist (Art. 1 III GG). **Gegen den Bürger stehen dem Staat keine Grundrechte zu**; er hat weder Handlungs- noch Vertragsfreiheit. Staatswillensbildung und -betätigung sind ausschließlich durch das Staatsorganisationsrecht und das Demokratiegebot geregelt.

---

27 BVerfG, NJW 2016, 1436, 1437.

28 BVerfGE 153, 182 Rn. 187.

29 *Dietmair* Die juristische Grundrechtsperson des Art. 19 Abs. 3 GG, 1988; *Suhr* Entfaltung der Menschen durch die Menschen, 1976, 175 ff.

30 Vgl. dazu o. Rn. 296.

31 BVerfGE 15, 256, 262; 21, 362, 369 f.; 45, 63.

Hierdurch ist aber noch nichts darüber gesagt, ob eine staatliche Unterorganisation gegenüber einer anderen Grundrechtsträger sein kann, wie etwa die Gemeinde gegen das Land oder etwa ein Land gegen den Bund, wenn ein Grundstück des Landes für militärische Zwecke enteignet wird. Hier geht es um die Frage, ob in solchen Fällen die betreffende juristische Person des öffentlichen Rechts in einer vergleichbaren Lage wie der betroffene Bürger sein würde.

> „Die Gemeinde befindet sich auch bei Wahrnehmung nicht-hoheitlicher Tätigkeit in keiner „**grundrechtstypischen Gefährdungslage**"; sie wird auch in diesem Raum ihres Wirkens durch einen staatlichen Hoheitsakt nicht in gleicher Weise wie eine Privatperson „gefährdet" und ist mithin auch insoweit nicht „grundrechtsschutzbedürftig". [...] Verfehlt ist schon, undifferenziert davon auszugehen, juristische Personen des öffentlichen Rechts seien bei ihrer Betätigung außerhalb dieses Bereichs in jedem Fall hoheitlichen Eingriffen ebenso unterworfen wie private Personen. Öffentliche Körperschaften genießen bei ihrer wirtschaftlichen Betätigung oder als Vermögensträger verschiedene „Vorrechte" [...], die Privaten nicht zustehen [...] und die – wenn auch verfassungsrechtlich nicht gewährleistet – ihre Stellung von der Privater abhebt. Diese Privilegien können bei der Beurteilung ihrer Schutzbedürftigkeit nicht außer Betracht gelassen werden." (BVerfGE 61, 82, 105–107).

Mit dieser zutreffenden, aber nicht unumstrittenen Begründung verneinte das Bundesverfassungsgericht die Grundrechtsträgerschaft der juristischen Personen des öffentlichen Rechts, einschließlich öffentlicher Unternehmen, aus eigenem Recht.[32] Gemeinden können also ihr Eigentum nicht mit der Verfassungsbeschwerde geltend machen. Sie können sich allenfalls auf ihre Rechtsstellung aus Art. 28 II GG berufen, soweit diese einschlägig ist, und ggf. eine Kommunalverfassungsbeschwerde (Art. 93 I Nr. 4b GG)[33] erheben. Ein Arbeitgeberverband, dessen Mitglieder überwiegend von der öffentlichen Hand beherrscht werden, kann sich ebenfalls nicht auf Art. 9 III GG berufen.[34] 942

Demnach ist bei der Grundrechtsträgerschaft inländischer juristischer Personen von folgenden Grundsätzen auszugehen: 943

(1) **Juristische Personen des Privatrechts sind prinzipiell Grundrechtsträger.** Sie können sich insbesondere auf die Rechte aus Art. 2 I, 3, 5 I (Pressefreiheit), 9, 12 I, 14, 19 IV, 101, 103 GG berufen.
(2) **Juristische Personen des öffentlichen Rechts sind prinzipiell keine Grundrechtsträger.** Dies gilt für Bund, Länder und Gemeinden, die allerdings

32 S. etwa BVerfGE 68, 193, 206; 75, 192, 196; 107, 299, 309 ff.; 147, 50 Rn. 239; s. auch BVerfG NVwZ 2020, 1500 Rn. 29 ff.

33 Dazu u. Rn. 1201.

34 BVerwGE 167, 202 Rn. 20 ff.

aus Art. 28 II GG eigene Rechte herleiten können, ebenso wie für sonstige Selbstverwaltungskörperschaften.[35]

(3) Ausnahmsweise wird die **Grundrechtsträgerschaft juristischer Personen** des öffentlichen Rechts aber bejaht für die **Justizgrundrechte** aus Art. 101, 103 GG als „Ausprägungen des Rechtsstaatsprinzips“. Weitere Ausnahmen sind anerkannt für staatliche Einrichtungen, die im Garantiebereich von Grundrechten errichtet wurden. Dazu zählen die **Universitäten im Schutzbereich des Art. 5 III GG** und die **Rundfunkanstalten im Schutzbereich des Art. 5 I 2 GG.** Sie genießen aber nur diese jeweiligen Spezialrechte, nicht etwa darüber hinaus auch alle anderen Grundrechte. Schließlich wird die Grundrechtsträgerschaft juristischer Personen des öffentlichen Rechts ausnahmsweise bejaht, soweit sie nicht bei der Wahrnehmung gesetzlich geregelter öffentlicher Aufgaben betroffen sind und insoweit auch keine rechtliche Sonderstellung gegenüber Privaten genießen.[36]

(4) **Religionsgemeinschaften sind grundrechtsfähig** unabhängig von ihrer Anerkennung als Körperschaften des öffentlichen Rechts, weil mit diesem Status keine Teilhabe an der Staatsgewalt verbunden ist.[37]

944 Was für die juristische Person des öffentlichen Rechts gilt, wird auch für solche privatrechtlichen Kapitalgesellschaften angenommen, derer sich Träger öffentlicher Gewalt zur Erfüllung ihrer Aufgaben bedienen (etwa: Stadtwerke-AG; Verkehrsbetriebe-GmbH). Obwohl solche **öffentlichen Unternehmen** „formell“ dem Art. 19 III GG unterfallen, wird ihre Grundrechtsträgerschaft jedenfalls dann verneint, wenn sie zu wesentlichen Teilen im Eigentum der öffentlichen Hand stehen und der Erfüllung öffentlich-rechtlicher Aufgaben zu dienen bestimmt sind.[38]

957 ***Lösung zum Beispielsfall*** (Rn. 937):

Demnach kann sich die Gemeinde nicht auf Art. 14 GG berufen. Auch der Umstand, dass eine juristische Person des öffentlichen Rechts öffentliche Aufgaben, also Aufgaben im Interesse der Allgemeinheit, wahrnimmt, macht sie nicht zum grundrechtsgeschützten „Sachwalter“ des Einzelnen bei der Wahrnehmung seiner Grundrechte, mag die Erfüllung der öffentlichen Aufgaben auch der Verwirklichung seiner Grundrechte (möglicherweise mittelbar) förderlich sein, wie dies etwa bei der Daseinsvorsorge möglich ist. Verlässt die juristische Person des öffentlichen Rechts den Bereich der Wahrnehmung öffentlicher Aufgaben, so besteht noch

---

35 BVerfGE 21, 362, 377 (für Rentenversicherungsträger); 39, 302, 314 ff. (für AOKs); 77, 340, 344 (für Sozialversicherungsträger allgemein); 70, 1, 18 (für kassenärztliche Vereinigungen und Innungen).

36 BVerfGE 68, 193; 70, 15, 21.

37 BVerfGE 19, 129, 139; 53, 366, 387; 102, 370, 387; s. u. Rn. 1007.

38 BVerfG, NJW 1990, 1783.

weniger Grund, sie als „Sachwalterin" des privaten Einzelnen anzusehen. Grundsätzlich ist davon auszugehen, dass der Bürger selbst seine Grundrechte wahrnimmt und etwaige Verletzungen geltend macht (nach: BVerfGE 61, 82, 103 f.).

Zur Vertiefung:
Rüfner Grundrechtsträger in: HStR IX, 3. Aufl., 2011, § 196; *Huber* Natürliche Personen als Grundrechtsträger, in: HGRe II, § 49; *Brüser* Die Bedeutung der Grundrechte im Kindesalter für das Elternrecht, 2010; *Siehr* Die Deutschenrechte des Grundgesetzes, 2001; *Heintzen* Ausländer als Grundrechtsträger, in: HGRe II, § 50; *Krausnick* Grundfälle zu Artikel 19 III GG, JuS 2008, 869, 965; *Goldhammer* Grundrechtsberechtigung und -verpflichtung gemischtwirtschaftlicher Unternehmen, JuS 2014, S. 891; *Goldhammer/Sieber* Juristische Person und Grundrechtsschutz in Europa, JuS 2018, S. 22; *Kulick* Vom Kopf auf die Füße. Die juristische Person des Privatrechts und die wesensmäßige Anwendbarkeit der Grundrechte, JöR 2017, S. 57; *Ludwigs/Friedmann* Die Grundrechtsberechtigung juristischer Personen nach Art. 19 III, JA 2018, S. 807; *Ludwigs* Grundrechtsberechtigung ausländischer Rechtssubjekte, JZ 2013, S. 434; *Rauber* Zur Grundrechtsberechtigung fremdstaatlich beherrschter juristischer Personen: Art. 19 Abs. 3 GG unter dem Einfluss von EMRK, EU-Grundrechtecharta und allgemeinem Völkerrecht, 2019; *Tonikidis* Die Grundrechtsfähigkeit juristischer Personen nach Art. 19 III GG, JURA 2012, S. 517; *Tettinger* Zur Grundrechtsberechtigung juristischer Personen des Privatrechts, in: HGRe II, § 51; *Schnapp* Die Grundrechtsberechtigung juristischer Personen des öffentlichen Rechts, in: HGRe II, § 52; *Selmer* Die Grundrechtsberechtigung von Mischunternehmen, in: HGRe II, § 53.

II. Grundrechtsadressaten

1. Grundrechtsbindung der öffentlichen Hand

Art. 1 III GG nennt die Grundrechtsadressaten, also diejenigen, die aus den Grundrechten verpflichtet sind. Danach **binden die Grundrechte** Gesetzgebung, Vollziehung und Rechtsprechung, also **„alle Staatsgewalt"** der Bundesrepublik Deutschland i. S. d. Art. 20 II 2 GG. 945

Als umstritten erwies sich die Grundrechtsbindung für den Fall der **Begnadigung von Strafgefangenen.** Auch sie – vom Bundespräsidenten (Art. 60 II GG) und den Ministerpräsidenten der Länder vorgenommen – ist Ausübung von Staatsgewalt und daher an Grundrechte gebunden. Dagegen wandte sich zunächst das Bundesverfassungsgericht unter Rückgriff auf „System und Gesamtgefüge des Grundgesetzes"[39], wobei vier von acht Richtern der Entscheidung nicht zustimmten. Später wurde demgegenüber der Widerruf einer Begnadigung als grundrechtlich gebundene Staatsgewalt qualifiziert[40] und schließlich, unter Rückgriff auf die **Wesentlichkeitsformel**, wegen der „existenziellen Bedeutung" der Entscheidung für den

---

39 BVerfGE 25, 352.
40 BVerfGE 30, 108.

Einzelnen, jedenfalls bei einer lebenslänglichen Freiheitsstrafe, eine gesetzliche Regelung gefordert,[41] die sich ihrerseits an den Grundrechten orientieren muss.

946 **Staatsgewalt** i. S. d. Art. 1 III GG wird von **Bund, Ländern, Gemeinden und sonstigen Einrichtungen**, welche mit der Ausübung von Gesetzgebung, Vollziehung oder Rechtsprechung betraut sind, ausgeübt. Die Grundrechte gelten gegenüber dem Staat, egal wo, wie und wann auch immer er handelt. Da praktisch alles, was Gesetzgebung, Vollziehung und Rechtsprechung tun, Ausübung von Staatsgewalt ist[42], kann es für sie keine grundrechtsfreien Bereiche geben. Wo ein Grundrecht seinem Schutzbereich nach einschlägig ist, bindet es den Staat. Insbesondere kann sich kein Zweig der Staatsgewalt darauf berufen, er habe nur leistend und nicht eingreifend gehandelt, da namentlich der Gleichheitsschutz nicht auf Eingriffe beschränkt ist.[43] Auch wenn der Staat nach Zivilrecht und nicht nach öffentlichem Recht handelt, ist Grundrechtsbindung nicht ausgeschlossen. **Staatsgewalt kann auch zivilrechtlich ausgeübt werden:** auch in Zivilrechtsform bleibt der Staat immer der Staat. Die Grundrechte gelten auch, wenn die öffentliche Hand eine Aufgabe auf eine zivilrechtlich organisierte juristische Person delegiert,[44] denn der Staat darf sich seiner Aufgaben, Befugnisse und Rechtsbindungen nicht einfach entziehen: Wenn die Aufgaben der Gemeinden, welche den Grundrechten unterliegen, von privatrechtlich organisierten Stadtwerken erfüllt werden, so gelten die Grundrechte auch für diese. Die hier genannten Fragestellungen, die früher als **„Fiskalgeltung" der Grundrechte** thematisiert wurden, sind gegenwärtig weitgehend geklärt.[45]

947 Die **Grundrechtsbindung** der deutschen Staatsgewalt endet nicht an der Staatsgrenze,[46] sondern gilt **auch im Ausland.** Dies hat das BVerfG in seinem **BND-Urteil** aus dem Jahr 2020 explizit festgestellt.[47] Dementsprechend ist die deutsche Staatsgewalt ohne Ansehung des Handlungsorts an die Grundrechte gebunden, auch gegenüber Nicht-Deutschen im Ausland; also etwa diplomatische und konsularische Stellen sind grundrechtsgebunden.[48] Gleiches gilt für die Wahrnehmung militärischer oder polizeilicher Aufgaben durch deutsche Stellen im Ausland, was etwa bei Auslandseinsätzen der Bundeswehr von Bedeutung ist. Art. 1 III GG

41 BVerfGE 45, 246; s. a. BVerfG, NJW 1995, 3244.
42 Vgl. o. Rn. 658.
43 Vgl. dazu Rn. 1154 ff.
44 S. dazu BVerfGE 128, 226, 244 ff.
45 BGHZ 52, 325, 327 ff.; 91, 84, 98; differenzierend dagegen noch BGHZ 36, 91, 95; 97, 312, 316.
46 *Kunig/Kotzur* in: v. Münch/Kunig, GGK, Art. 1 Rn. 75.
47 BVerfGE 154, 152 Rn. 88 ff.
48 *Kunig/Kotzur* in: v. Münch/Kunig, GGK, Art. 1 Rn. 75.

überwindet aber nicht nur die Bindung an den Handlungsort, sondern auch diejenige an den Erfolgsort, er unterscheidet nicht danach, ob „Wirkungen im In- oder Ausland eintreten“.[49] Das Verständnis der staatlichen Gewalt ist dabei weit zu fassen und erstreckt sich nicht nur auf imperative Maßnahmen, sondern umfasst sämtliche dem Staat zurechenbare Entscheidungen. Eingeschlossen sind hiervon Maßnahmen, Äußerungen und Handlungen hoheitlicher wie nicht hoheitlicher Art.[50] Die Grundrechtsbindung korrespondiert mit einer Grundrechtsberechtigung derjenigen, die durch die jeweiligen Grundrechtsgarantien als geschützte Grundrechtsträger ausgewiesen sind.[51]

Umstritten war früher die **Grundrechtsbindung der Europäischen Union.** 948
Sie ist unstreitig an die Garantien des Europarechts gebunden, welche sich teils in Art. 17 ff. AEUV, teils in der Europäischen Grundrechte-Charta und teils in der Europäischen Menschenrechtskonvention finden (Art. 6 III EuV). Ob daneben bzw. darüber hinaus auch die Grundrechte des GG rechtliche Bindungen für die Union erzeugen, ist vom BVerfG mehrfach unterschiedlich entschieden worden.

Die EU übt unmittelbare Hoheitsrechte in der Bundesrepublik aus, welche ihr durch den zuständigen deutschen Gesetzgeber übertragen sind. Sie kann sowohl gegenüber der Bundesrepublik wie gegenüber ihren Bürgern verbindliche Maßnahmen erlassen, selbst wenn diese mit dem aktuellen politischen Willen der deutschen Staatsorgane nicht übereinstimmen. Nach Art. 288 AEUV kann die Union **Verordnungen** erlassen, die für und gegen jedermann unmittelbar gelten; an einzelne Bürger oder Staaten können **Beschlüsse** ergehen; und die Staaten – regelmäßig nicht die Bürger – sind an **Richtlinien** der Union gebunden.

Grundsätzlich gilt: **Die Grundrechte binden nur deutsche Staatsgewalt.** Aber ist 949
die EU in diesem Sinne wirklich „ausländisch“? Kann sich der Staat durch Übertragung von Kompetenzen an supranationale Organisationen seinen Grundrechtsbindungen entziehen? Wenn Staatsgewalt, welche an Grundrechte gebunden ist, nur in diesem Rahmen – also einschließlich Grundrechtsbindung – „übertragen“ werden kann, würde dies für eine Bindung auch der EU an die Grundrechte des GG sprechen. Gegen diese Erwägung des nationalen Rechts spricht umgekehrt ein Argument aus dem Europarecht: Die EU kann nur dann selbst Hoheitsgewalt ausüben, wenn sie diese in allen Mitgliedstaaten gleichermaßen wahrnehmen kann. Das gelingt aber nur, wenn die Union dazu die rechtlichen Möglichkeiten hat. Dies ist auch der politische Sinn des Zusammenschlusses, der zwischen den beteiligten Staaten gerade deshalb erfolgt ist, um einen gemeinsamen Rechtsstandard

49 BVerfGE 6, 290, 295; 57, 9, 23.
50 BVerfGE 154, 152 Rn. 91.
51 BVerfGE 154, 152 Rn. 92.

durch EU-Recht zu erlangen. Jene politische Absicht findet ihren Ausdruck etwa in Art. 288–292 AEUV. Eine solche Vereinheitlichung ist allerdings unmöglich, wenn in allen Mitgliedstaaten unterschiedliche Grundrechtskataloge existieren und die Union an jedes Grundrecht jedes Staates gebunden wäre.

950 Die Einheitlichkeit des EU-Rechts und die Verschiedenheit des nationalen Rechts stehen so in einem Widerspruch. **Europarecht will dem nationalen Recht vorgehen.** Für das deutsche Verfassungsrecht stellt sich die Frage, ob es dies auch darf. Hier hat die Auslegung des Art. 23 I GG einzusetzen. Das BVerfG stellte anfangs maßgeblich darauf ab, dass durch die Übertragung von Hoheitsgewalt die Grundrechte des GG nicht wesentlich beeinträchtigt werden dürften.[52] Dies sei jedenfalls **solange** der Fall, wie das Gemeinschaftsrecht (heute: Unionsrecht) noch über keinen dem GG vergleichbaren Grundrechtskatalog verfüge. Damit war Raum eröffnet für den **Kompensationsgedanken:** Kein Grundrechtsverlust wäre zu befürchten, wenn die EU hinreichende eigene Grundrechte hätte. **Soweit** also die EU einen vergleichbaren Grundrechtsstandard wie das GG aufweist, ist sie nicht an die deutschen Grundrechte gebunden. Inzwischen weist die Union einen Grundrechtsstandard auf, welcher dem deutschen Recht im Wesentlichen vergleichbar ist.[53] Dies bedeutet konkret: Die Organe der EU sind an die europäischen Grundrechte, die deutschen Staatsorgane grundsätzlich an diejenigen des deutschen Rechts gebunden[54].

951 Die Rechtsprechung des BVerfG wählt einen zweifachen Ausgangspunkt: Sie knüpft einerseits an den Akt der Übertragung von Hoheitsgewalt und andererseits an den Akt ihrer Ausübung durch die EU an. Sie bindet beide folgerichtig lediglich an die **unantastbaren Kerngehalte des Art. 79 III GG**, also namentlich an die Garantie der Menschenwürde und die Staatsstrukturprinzipien.[55] Über deren Einhaltung wacht nach wie vor das BVerfG.[56]

952 Im unionsrechtlich determinierten Bereich kommen die Grundrechte des GG ausnahmsweise dann zur Anwendung, wenn im Einzelfall die durch Art. 1 I i. V. m. Art. 79 III GG verbürgte grundrechtliche Identität beeinträchtigt wird.[57] Das BVerfG aktiviert in derartigen Fällen die sog. **Identitätskontrolle**, welche als Kontrollvorbehalt neben der **Ultra-vires-Kontrolle**[58] die Wahrung der Verfassungsidentität gegenüber dem Unionsrecht sicher stellen soll und welche dann zum Tragen

52 BVerfGE 37, 271, 277 ff.
53 BVerfGE 52, 187; 73, 339, 374 ff.; BVerfG, NJW 1990, 974.
54 Zum Prüfungsmaßstab des BVerfG s. o. Rn. 808 u. 1219.
55 BVerfGE 89, 155, 184; 123, 267, 334.
56 S. o. Rn. 399 ff.
57 BVerfGE 140, 317 Rn. 44 ff.; 152, 216 Rn. 47; 156, 182 Rn. 57 ff.
58 S. o. Rn. 44.

kommt, wenn die Grenze der übertragbaren Hoheitsrechte in hinreichend qualifizierter Weise überschritten wird.[59]

2. Grundrechtsbindung Privater

Im Betrieb des A verrichten Frau F und Mann M die gleiche Arbeit. F erhält dafür weniger Lohn als M. Kann die F sich auf Art. 3 II, III 1 GG berufen? (nach: BAGE 1, 258; dazu Rn. 974). !

Der Gesetzgeber ist im Rahmen seiner demokratischen Legitimation und seiner 953
politischen Gestaltungsfreiheit berechtigt, die Grundrechte der Menschen auch gegen die Freiheitsausübung anderer natürlicher oder juristischer Personen zu sichern, wenn jene von dieser betroffen sind. Ihm kommt insoweit ein Schutzauftrag zu. Aber ist er zu dessen Ausübung in bestimmten Fällen auch verpflichtet? Kann ein Grundrecht einen rechtlich gebundenen Schutzanspruch gegen Grundrechtswirkungen anderer Personen begründen? Eine solche **„Drittwirkung der Grundrechte"**, also deren Geltung in Rechtsbeziehungen zwischen Privaten, ist lediglich in Art. 9 III 2 GG für das Grundrecht der Koalitionsfreiheit ausdrücklich angeordnet, in Art. 1 III GG für alle Grundrechte hingegen nicht festgeschrieben. Daraus ließe sich der Schluss ziehen: Art. 9 III GG gilt unter Privaten, alle anderen Grundrechte nicht.

Dieser Satz erwies sich als Problem, wenn unter Privaten Freiheitsbeeinträchtigungen stattfanden, die denen durch den Staat nicht nachstanden, etwa bei extremem Machtungleichgewicht zwischen den Beteiligten eines Rechtsverhältnisses. So ist es nicht verwunderlich, dass das Arbeitsrecht der Motor der Rechtsprechung war. Ähnliche Fragen stellen sich aber auch im Wirtschaftsrecht bei ungleichem Wettbewerb und im Bürgerlichen Recht, wenn Allgemeine Geschäftsbedingungen das Vertragsverhältnis extrem ungleich ausgestalten.

Die elementarste Begründung der Drittwirkung geht dahin, dass die **Gerichte** stets 954
Staatsgewalt ausüben. Dies gelte auch, wenn sie Streitigkeiten nach Zivilrecht entschieden. Daher seien sie auch bei solchen Entscheidungen an die Grundrechte gebunden, die so zwangsläufig in die Entscheidung und damit auch in das entschiedene Rechtsverhältnis einfließen.[60]

Jene Auffassung zieht den Schluss von der Bindung des Gerichts auf die Rechtsgrundlagen seiner Entscheidung. Damit kehrt es die maßgebliche Fragestellung um. Die streitentscheidende Tätigkeit der Gerichte ist darauf beschränkt, das geltende Recht auf den entschei-

59 BVerfGE 123, 267, 354; 126, 286, 302; 146, 216 Rn. 52; ausf. o. Rn. 399 ff., 652.

60 *Schwabe* Die sog. Drittwirkung der Grundrechte, 1971, S. 105 ff.; *ders.* AöR 100 (1975), 442.

dungserheblichen Sachverhalt anzuwenden. Welches Recht dies ist, ergibt sich aus den auf das Rechtsverhältnis anwendbaren Normen des materiellen Rechts. Nur diese können daher die Entscheidung determinieren. Ob die Grundrechte auf einen privatrechtlich zu beurteilenden Sachverhalt anwendbar sind, ist aber gerade die Frage. Davon zu unterscheiden ist, dass die Gerichte bei prozessualen Maßnahmen (Ladung, Haft, Anhörung der Parteien) an die Grundrechte etwa des rechtlichen Gehörs (Art. 103 I GG) gebunden sind. Dies hat zwar mit der Entscheidungsfindung, aber nichts mit den materiellen Rechtsgrundlagen der Entscheidung selbst zu tun.

955 Das Bundesarbeitsgericht begründet die **„unmittelbare Drittwirkung“** der Grundrechte so:

„Zwar nicht alle, aber doch eine Reihe bedeutsamer Grundrechte der Verfassung sollen nicht nur Freiheitsrechte gegenüber der Staatsgewalt garantieren, sie sind vielmehr Ordnungsgrundsätze für das soziale Leben, die in einem aus dem Grundrecht näher zu entwickelndem Umfang unmittelbare Bedeutung auch für den Rechtsverkehr der Bürger untereinander haben. So dürfen sich privatrechtliche Abmachungen, Rechtsgeschäfte und Handlungen nicht in Widerspruch setzen zu dem, was man das Ordnungsgefüge, den ordre public einer konkreten Staatsordnung nennen kann […]. Solche Grundrechte berühren also nicht nur das Verhältnis des einzelnen Bürgers zum Staat, sondern auch das der Bürger dieses Staates als Rechtsgenossen untereinander. Auch das normative Bekenntnis des GG zum sozialen Rechtsstaat (Art. 20, 28 GG), das für die Auslegung des GG und anderer Gesetze von grundlegender Bedeutung ist, spricht für die unmittelbare privatrechtliche Wirkung der Grundrechtsbestimmungen.“ (BAGE 1, 185, 192 f.).

956 Diese vom BAG in ständiger Rechtsprechung vertretene Auffassung[61] ist möglicherweise Ausdruck eines praktischen Bedürfnisses im Arbeitsrecht, doch fehlt eine Auseinandersetzung mit den einschlägigen Normen des GG, namentlich dem Art. 1 III GG, welcher eine Drittwirkung gerade nicht vorsieht. Darüber hinaus ist auch unklar, wieso die Grundrechte, die gerade rechtliche Reaktionen auf die staatliche Herrschaft sein sollen, im Arbeitsrecht überhaupt einschlägig sind. Während sich nach Art. 1 III GG Grundrechtsträger und Staatsgewalt mit ihren besonderen Aufgaben und Befugnissen gegenüberstehen, passt im Privatrecht der Grundrechtsschutz schlecht: Wie soll bei zwei Vertragsparteien die Vertragsfreiheit der einen diejenige der anderen Partei einschränken oder ausschließen? Das Bundesverfassungsgericht ist daher der Auffassung des BAG nicht gefolgt. Vielmehr begründete das Bundesverfassungsgericht seine Lehre von der **„mittelbaren Drittwirkung“:**

„Ohne Zweifel sind die Grundrechte in erster Linie dazu bestimmt, die Freiheitssphäre des Einzelnen vor Eingriffen der öffentlichen Gewalt zu sichern; sie sind Abwehrrechte des Bür-

61 Bericht bei *Heither* JöR 1984, 315.

gers gegen den Staat. [...] Ebenso richtig ist aber, dass das Grundgesetz, das keine wertneutrale Ordnung sein will, in seinem Grundrechtsabschnitt auch eine objektive Wertordnung aufgerichtet hat, und dass gerade hierin eine prinzipielle Verstärkung der Geltungskraft der Grundrechte zum Ausdruck kommt. Dieses Wertsystem, das seinen Mittelpunkt in der innerhalb der sozialen Gemeinschaft sich frei entfaltenden menschlichen Persönlichkeit und ihrer Würde findet, muss als verfassungsrechtliche Grundentscheidung für alle Bereiche des Rechts gelten; Gesetzgebung, Verwaltung und Rechtsprechung empfangen von ihm Richtlinien und Impulse. So beeinflusst es selbstverständlich auch das Bürgerliche Recht; keine bürgerlichrechtliche Vorschrift darf im Widerspruch zu ihm stehen, jede muss in seinem Geiste ausgelegt werden." (BVerfGE 7, 198, 204 f.).

Diese Begründung[62] gelangt über die Wertordnung des Grundgesetzes[63] dazu, die 957
Generalklauseln des Zivilrechts als Einfallstor der Grundrechte zu benutzen. Maßgeblich hierfür sind etwa die §§ 134, 138, 242, 315, 826 BGB. Inzwischen hat sich die Lehre von der **„mittelbaren Drittwirkung"** der Grundrechte weitgehend durchgesetzt. Sie hat sogar eine naheliegende Ausweitung erfahren. Inzwischen werden nicht mehr nur die Generalklauseln, sondern alle Normen des Zivilrechts „im Lichte der Grundrechte" ausgelegt. Diese Rechtsprechung teilt die Schwächen der Wertordnungsrechtsprechung. Sind an einem Zivilrechtsverhältnis mehrere Private beteiligt, so sind die Grundrechte aller Beteiligten zu berücksichtigen. Diese geraten dann aber in einen Widerspruch, wie der Beispielsfall (Rn. 953) zeigt: Soll sich hier der Gleichbehandlungsanspruch des Arbeitnehmers oder die Vertragsfreiheit des Arbeitgebers durchsetzen? Derartige Widersprüche, sog. **„Grundrechtskollisionen"**,[64] sind aber nicht mit Anspruch auf Wahrheitsfähigkeit auflösbar, da es keine objektive Wertordnung des GG gibt, die angeben könnte, welchem Recht generell der Vorzug einzuräumen wäre. Im Gegenteil: Je mehr Werten das BVerfG im Grundgesetz den „höchsten Rang" zuspricht, desto mehr höchstrangige Werte können untereinander in Kollision geraten. Und welcher Wert nimmt dann den Vorrang ein?

Aber auch die konkrete, fallbezogene Abwägung hilft nicht weiter. Denn sie bedarf der Kriterien, die überhaupt erst entwickelt werden müssen. Diese Kriterien sind aber derart zahlreich und flexibel, dass schon ihr Inhalt, in jedem Falle aber die Auswahl unter ihnen beliebig wird. Manche Wertungen erscheinen schwer harmonisierbar.[65]

---

62 Grundlegend *Dürig* FS Nawiasky, 1956, S. 157.

63 S. o. Rn. 847 ff.; krit. dazu *Honer* DÖV 2023, 411, der stattdessen auf die Schutzpflichtendogmatik zurückgreifen möchte.

64 Dazu *Britz* Der Staat 2003, 33; *Martins* Die Grundrechtskollision, 2001; *Winkler* Kollision verfassungsrechtlicher Schutznormen, 2000.

65 S. nur im Vergleich BVerfGE 42, 143 mit BVerfGE 42, 163; BVerfGE 54, 148 mit BVerfGE 54, 208.

958 Das BVerfG hat seine Rechtsprechung daraufhin weiterentwickelt und präzisiert.

> „Selbst wenn der Gesetzgeber davon absieht, zwingendes Vertragsrecht für bestimmte Lebensbereiche oder für spezielle Vertragsformen zu schaffen, bedeutet das keineswegs, dass die Vertragspraxis dem freien Spiel der Kräfte unbegrenzt ausgesetzt wäre. Vielmehr greifen dann ergänzend solche zivilrechtlichen Generalklauseln ein […]. Gerade bei der Konkretisierung und Anwendung dieser Generalklauseln sind die Grundrechte zu beachten. Der entsprechende Schutzauftrag der Verfassung richtet sich hier an den Richter, der den objektiven Grundentscheidungen der Grundrechte in Fällen gestörter Vertragsparität mit den Mitteln des Zivilrechts Geltung zu verschaffen hat und diese Aufgabe auch auf vielfältige Weise wahrnimmt." (BVerfGE 81, 242, 255 f.)

959 Hier werden also die **grundrechtlichen Schutzpflichten** als Begründung herangezogen. Danach ist der Staat berechtigt und verpflichtet, die Schutzgüter der Grundrechte auch gegen Beeinträchtigungen durch Dritte zu schützen.[66] Es geht also weniger um Grundrechtsbindung Privater, als vielmehr um die Verpflichtungen des Staates als Grundrechtsadressat zur Ausgestaltung der Grundrechtswirkungen unter Privaten. Hierzu erwähnt das BVerfG zwei Dimensionen:
- Schutzpflichten für den Gesetzgeber, also einen **Regelungsauftrag**, und
- Schutzpflichten für die Rechtsprechung, also einen **Rechtsanwendungs- und -auslegungsauftrag.**

960 Zugleich hat das BVerfG seine Rechtsprechung präzisiert. Zwar sind alle Staatsorgane berechtigt, die Grundrechte gegen die Grundrechtsausübung Anderer zu schützen. Eine gerichtlich durchsetzbare **Schutzpflicht** hierzu ergibt sich aber nur **unter eher engen Voraussetzungen.** Diese sind:
(1) hoher Rang eines Rechts im Grundgesetz,
(2) ein eklatantes Machtungleichgewicht zwischen Privaten, welches rechtliche Selbstbestimmung in faktische Fremdbestimmung umschlagen lässt,
(3) schließlich die daraus resultierende Unmöglichkeit der schwächeren Seite, eine Freiheit auch wirklich auszuüben. Die Schutzpflicht besteht also, wenn grundrechtlich verbürgte Selbstbestimmung in wirtschaftlich bedingte Fremdbestimmung umschlägt.[67]

974 ***Lösung zum Beispielsfall** (o. Rn. 953):*

Im **Beispiel** hat das BAG den Satz „Gleicher Lohn für gleiche Arbeit", aufgrund seiner Rechtsprechung zur unmittelbaren Drittwirkung der Grundrechte, aus Art. 3 GG hergeleitet. Auch

---

66 S. dazu o. Rn. 852 ff.

67 Dazu BVerfGE 39, 1, 42; 46, 120, 164 f.; 49, 89, 140 ff.; 53, 30, 65 f.; 79, 174, 202; 81, 242, 254 ff.; 88, 203, 251.

das BVerfG würde hier eine Schutzpflicht bejahen: Das Arbeitsrecht ist durch ein besonderes Machtungleichgewicht der Beteiligten geprägt, die Arbeitnehmer sind – gerade in Zeiten hoher Arbeitslosigkeit – besonders schutzbedürftig. Die Gleichbehandlung von Mann und Frau im Arbeitsrecht ist durch Art. 157 AEUV und das dazu geltende sekundäre Unionsrecht[68] sowie durch §§ 7 I i. V. m. 1; 2 I Nr. 2 AGG zwingend vorgeschrieben.

Darüber hinaus hat das BVerfG seine Rechtsprechung zur mittelbaren Drittwirkung 961 gegenüber Privaten in den letzten Jahren nochmals weiterentwickelt und ausgebaut, indem es den Grundrechten nunmehr auch Rechtsfolgen entnimmt, die sich nicht auf einfach-gesetzliche Grundlagen stützen lassen.[69] Hintergrund ist der Einfluss des Unionsrechts, welches nicht zwischen unmittelbarer und mittelbarer Drittwirkung unterscheidet, ja den Begriff der Drittwirkung nicht einmal kennt. Die Grundfreiheiten entfalten nach der Rechtsprechung des EuGH jedenfalls für Akteure mit Monopolstellung, etwa nationale Sportverbände[70] oder Gewerkschaften[71], unmittelbare Horizontalwirkung. Auch in Bezug auf einzelne Unionsgrundrechte nimmt der EuGH eine unmittelbare Horizontalwirkung an, insbesondere hinsichtlich der Diskriminierungsverbote des Art. 21 GRC.[72] Die Orientierung des BVerfG am Unionsrecht führt dazu, dass auch im deutschen Verfassungsrecht, mithin nach dem GG, die Grundrechtsbindung bei der Regulierung von Grundrechtskollisionen in Dreiecksverhältnissen einer unmittelbaren Grundrechtsbindung der privaten Grundrechtsträger nahe kommt. In der **Fraport-Entscheidung** aus dem Jahr 2011 betonte das BVerfG, dass nicht nur Eigenunternehmen der Grundrechtsbindung unterliegen, sondern auch solche, die vom Staat beherrscht werden.[73] In der Entscheidung **„Bierdosen-Flashmob“** aus dem Jahr 2015[74] argumentierte das BVerfG folgendermaßen:

> „Private [können] im Wege der mittelbaren Drittwirkung von Grundrechten freilich unbeschadet ihrer eigenen Grundrechte auch ähnlich oder auch genauso weit wie der Staat durch die Grundrechte in Pflicht genommen werden, insbesondere, wenn sie in tatsächlicher Hinsicht in eine vergleichbare Pflichten- oder Garantenstellung hineinwachsen wie traditionell der Staat. [...] Je nach Gewährleistungsinhalt und Fallgestaltung kann die mittelbare Grundrechtsbindung Privater einer Grundrechtsbindung des Staates nahe- oder auch gleichkommen. Für den Schutz der Kommunikation kommt das insbesondere dann in Betracht, wenn private

68 Grundlegend: EuGH, NJW 1984, 202; EuGRZ 1986, 28, 30; EuZW 1994, 729; EuZW 2000, 211.
69 *Jobst* NJW 2020, 11.
70 EuGH, Rs. C-415/93, Slg.1995, I-4921, Rn. 82 ff. – Bosman.
71 EuGH, Rs. C-438/05, Slg. 2007, I-10779, Rn. 42 ff. – International Transport Workers‘ Federation.
72 EuGH, Rs. C-414/16, NJW 2018, 1869 Rn. 76 – Egenberger; Rs. C-68/17, NJW 2018, 3086 Rn. 69 – Chefarzt; ähnlich auch EuGH Rs. C-804/18 und C-341/19, NJW 2021, 2715 Rn. 62 – WABE u. a.
73 BVerfGE 128, 226, 246.
74 BVerfG, NJW 2015, 2485.

> Unternehmen die Bereitstellung schon der Rahmenbedingungen öffentlicher Kommunikation selbst übernehmen und damit in Funktionen eintreten, die früher in der Praxis allein dem Staat zugewiesen waren […].“[75]

962 In dem **Beschluss zum Stadionverbot** aus dem Jahr 2018 entschied das BVerfG, dass die Grundrechte von Nutzern von Einrichtungen von großer sozialer Bedeutung verlangen könnten, dass Privatpersonen vor Ausübung ihres Hausrechts einem Verwaltungsverfahren vergleichbare Anhörungs- und Begründungspflichten auferlegt werden. Das BVerfG begründet dies mit der mittelbaren Drittwirkung des Art. 3 I GG, welche beispielsweise dann bestehe, wenn einzelne Personen mittels des privatrechtlichen Hausrechts von Veranstaltungen ausgeschlossen werden, die von Privaten aufgrund eigener Entscheidung einem großen Publikum ohne Ansehen der Person geöffnet werden und wenn der Ausschluss für die Betroffenen in erheblichem Umfang über die Teilhabe am gesellschaftlichen Leben entscheidet.[76] Die Veranstalter dürften hier ihre Entscheidungsmacht nicht dazu nutzen, bestimmte Personen ohne sachlichen Grund von einem solchen Ereignis auszuschließen.[77] Die Stadionverbots-Entscheidung wendet demnach die früheren Kriterien der Vertragskorrektur aus Art. 2 I GG auf die Ausübung des Hausrechts durch den Stadionbetreiber unter dem Einfluss von Art. 3 I GG an.[78] In der Sache führt diese Argumentation zu einer unmittelbarer Drittwirkung der Grundrechte gegenüber privaten Stadionbetreibern,[79] wenngleich das BVerfG eine unmittelbare Drittwirkung der Grundrechte bislang offiziell ablehnt, wie dies im Hinblick auf Art. 3 III 1 GG im Fall eines Hausverbots durch einen Hotelier gegenüber einem NPD-Funktionär deutlich wurde.[80] Eine mögliche mittelbare Drittwirkung aus Art. 3 III 1 GG hat das Gericht ausdrücklich offen gelassen, wobei es selbst im Fall der Bejahung einer mittelbaren Drittwirkung aus Art. 3 III 1 GG einen Ausgleich mit entgegen stehenden Rechten verlangt.[81] Für die Betreiber marktbeherrschender sozialer Netzwerke erwägt das BVerfG im sog. **„III. Weg“-Beschluss** jedoch nunmehr eine mittelbare Drittwirkung des Art. 3 I GG bei der Zulassung von Nutzern durch Online-Plattformen wie Facebook.[82] In Bezug auf Art. 3 III 2 GG schließlich nahm das

75 BVerfG, NJW 2015, 2485 Rn. 6; krit. dazu *Michl* JURA 2017, 1062.
76 BVerfGE 148, 267 Rn. 41; krit. dazu *Greiner/Kalle* JZ 2022, 542, 549 ff.
77 BVerfGE 148, 267 Rn. 41.
78 *Smets* NVwZ 2019, 34, 35.
79 So auch *Hellgardt* JZ 2018, 901; *Michl* JZ 2018, 910, 916.
80 BVerfG, NJW 2019, 3769 Rn. 11.
81 BVerfG, NJW 2019, 3769 Rn. 5 ff., Rn. 11; ähnlich BVerfG, NJW 2023, 976 Rn. 8 zum Ausschluss eines NPD-Mitglieds aus einem Sportverein.
82 BVerfG, NJW 2019, 1935 Rn. 15 ff.; s. dazu *Augsberg/Petras* JuS 2022, 97 ff.

BVerfG eine mittelbare Drittwirkung sogar ohne eine besondere Stellung des Privaten an.[83]

Zur Vertiefung:
Azzola Die Wirkungsweise der Grundrechte im Privatrecht, JURA 2024, S. 829; *Dietz* Mittelbare Drittwirkungsnormen im Sachenrecht?, DÖV 2021, S. 147; *Kempen* Grundrechtsverpflichtete, in: HGRe II, § 54; *Papier* Drittwirkung, in: HGRe II, § 55; *Gusy* in Masing u. a., Strukturfragen des Grundrechtsschutzes in Europa, 2015, S. 97; *Jarass* Die Grundrechte: Abwehrrechte und objektive Grundsatznormen, in: 50 Jahre BVerfG II, 2001, S. 35; *Classen* Die Drittwirkung der Grundrechte in der Rechtsprechung des BVerfG, AöR 122 (1997), 65; *Greiner/Kalle* Gleichbehandlung als Produkt der Freiheits- oder der Gleichheitsrechte? Zur Drittwirkung nach der Stadionverbotsentscheidung, JZ 2022, S. 542; *Guckelberger* Die Drittwirkung der Grundrechte, JuS 2003, S. 1151; *Hellgardt* Wer hat Angst vor der unmittelbaren Drittwirkung?, JZ 2018, S. 901; *Honer* Die Grundrechtswirkung zwischen Privaten, DÖV 2023, S. 411; *Jobst* Konsequenzen einer unmittelbaren Grundrechtsbindung Privater, NJW 2020, S. 11; *Michl* Situativ staatsgleiche Grundrechtsbindung privater Akteure, JZ 2018, S. 910; *Neuner* Das BVerfG im Labyrinth der Drittwirkung, NJW 2020, S. 1851.

83 BVerfG, NJW 2020, 1282 Rn. 37 ff.

§ 11 Der Schutz der Grundrechte

963 Grundrechtlicher Freiheits- und Gleichheitsschutz stellt sich nicht von selbst ein. Seine Herstellung, Sicherung und Durchsetzung bedarf vielfältiger Maßnahmen aller Zweige der Staatsgewalt. Grundrechtsschutz ist so viel wert wie diejenigen Mechanismen von Legislative, Exekutive und Justiz, welche zu seiner Realisierung vorhanden sind. Zugleich gilt aber auch: **Freiheitsschutz ist mehr als Grundrechtsschutz:** Garantieren die Freiheitsrechte unmittelbar nur einzelne Dimensionen der Freiheit, so kann Grundrechtsschutz auch nur einzelne Dimensionen der Freiheit sichern. Dies ist am Beispiel der Schutzpflichten und der Grundrechtsausgestaltung deutlich gemacht worden.[1] In diesem Sinne stellt Grundrechtsschutz Freiheit nur selten von selbst her, sondern sichert nur einzelne ihrer Mindestbedingungen. Insbesondere ist der **Gesetzgeber berechtigt, über das grundrechtlich vorgesehene Schutzniveau hinauszugehen** und mehr Freiheit oder Gleichheit einzuräumen, als es die Verfassung selbst vorsieht. Dies gilt für die Rechtsprechung wegen ihrer Verfassungs- und Gesetzesbindung (Art. 20 III; 97 I GG) an das formelle und materielle Recht hingegen nur eingeschränkt.

I. Grundrechtsschutz durch Rechtsschutz – Rechtsschutzgarantie

---

! A, der vor dem Amtsgericht einen Prozess verloren hat, ist der Auffassung, ihm sei vom Gericht rechtliches Gehör versagt worden. Das – zulässige – Rechtsmittel wird mit der Begründung abgewiesen, für die Behebung von Grundrechtsverstößen sei nicht das Landgericht, sondern das Bundesverfassungsgericht zuständig. (nach: BVerfGE 49, 252; dazu Rn. 973)

---

964 Art. 19 IV GG statuiert die Garantie des gerichtlichen Schutzes aller Rechte, nicht nur der Grundrechte. Soweit dem Bürger subjektive Rechte zustehen, soll er berechtigt sein, diese bei Bedarf gerichtlich durchzusetzen. In diesem Sinne begründet Art. 19 IV GG die **Rechtsschutzgarantie.** Diese Garantie ist ein Menschenrecht; sie gilt auch für Ausländer, soweit ihnen in der Bundesrepublik Rechte zustehen. Rügefähig sind nur Rechtsverletzungen, also Verletzungen bestehender **subjektiver Rechte, unabhängig davon**, ob diese im Grundgesetz oder in der sonstigen Rechtsordnung verbürgt sind. Ein solches Recht setzt voraus, dass eine Rechtsnorm Interessen eines abgrenzbaren Personenkreises – nicht der Allgemeinheit – tatsächlich schützt und zu schützen bestimmt ist. Dazu zählen alle **Grundrechte und**

---

1 Dazu o. Rn. 847 ff., 860 ff.

https://doi.org/10.1515/9783111271309-015

grundrechtsgleichen Rechte sowie sonstige subjektive Rechte aus Gesetzes- und anderen Rechtsnormen. Abgrenzungsschwierigkeiten finden sich namentlich im Bau-, Planungs- und Umweltrecht. Das Bestehen solcher Rechte setzt die Rechtsschutzgarantie voraus: Die Rechtsschutzgarantie richtet sich gegen **Rechtsverletzungen,**[2] also gegen rechtswidrige Eingriffe in jene Rechte. **Art. 19 IV GG gewährt keine materiellen Rechte, sondern nur prozessuale Rechte.**

Die Rechtsschutzgarantie richtet sich gegen **„Maßnahmen der öffentlichen Gewalt“.** Diese sind sowohl in Art. 19 IV GG als auch in Art. 93 I Nr. 4a GG genannt. Die Auslegung jenes Begriffs ist allerdings nicht einheitlich. Im Kontext des erst 1968 in das Grundgesetz eingefügten Art. 93 GG umfasst jener Begriff „alle Staatsgewalt“ i. S. d. Art. 20 II 2 GG.[3] Dagegen wird seine Bestimmung in der Rechtsschutzgarantie enger vorgenommen. **Öffentliche Gewalt i. S. d. Art. 19 IV GG sind jedenfalls alle Maßnahmen der Exekutive.** Alles Verwaltungshandeln, das Rechte der Bürger verletzen kann, ist demnach justiziabel. Das gilt für die rechtssetzende ebenso wie für die rechtsvollziehende wie auch die planende Verwaltung. „Justizfreie Hoheitsakte“ kann es daher nicht geben. Alle Maßnahmen im Anwendungsbereich geltenden Rechts können zum Gegenstand gerichtlicher Überprüfung gemacht werden. Der Umfang der gerichtlichen Nachprüfbarkeit folgt dem Umfang der Rechtsbindung. 965

Strittig ist dies gegenwärtig allenfalls für **Gnadenentscheidungen:** Folgt der Umfang des Gerichtsschutzes dem Umfang der Rechtsbindung, so sind auch Gnadenentscheidungen gerichtlich überprüfbar, soweit sie an die Grundrechte – und ggf. einfaches Recht – gebunden sind[4].

Dass die **Gesetzgebung** zur öffentlichen Gewalt i. S. d. Art. 19 IV GG zählt, wird vom Bundesverfassungsgericht regelmäßig verneint;[5] und zwar am ehesten mit dem Argument, Art. 19 IV GG gewährleiste Rechtsschutz nach Maßgabe der Gesetze, nicht Rechtsschutz gegen Gesetze. Diese Argumentation ist allerdings systematisch bedenklich, soweit Art. 19 IV GG den Schutz der Grundrechte betrifft, die gem. Art. 1 III GG aber auch den Gesetzgeber binden. 966

Näherliegend ist es insoweit, auf das in Art. 100 GG begründete **Verwerfungsmonopol des Bundesverfassungsgerichts** abzustellen. Lässt dieses eine Entscheidung der Fachgerichte

2 Dazu schon o. Rn. 898.

3 S. o. Rn. 659.

4 BVerfGE 30, 108 (zum Widerruf von Gnadenakten); 45, 187; anders aber BVerfGE 25, 352, 358 ff.; BVerfG, NJW 2001, 3771.

5 Seit BVerfGE 24, 33, 49; 367, 401; 25, 352, 365; 31, 364, 367 f.

über die Vereinbarkeit eines förmlichen Gesetzes mit dem Grundgesetz nicht zu, so ist der Rechtsweg zum Bundesverfassungsgericht der sachnähere und daher vorrangige Rechtsbehelf.[6]

967 **Gerichtsentscheidungen** sollen gleichfalls nicht dem Anwendungsbereich der Rechtsweggarantie unterfallen, da Art. 19 IV GG Rechtsschutz durch Gerichte, nicht gegen Gerichte einräumt.[7] Dieser Ausschluss wird aber nur angewandt, wenn die Rechtsverletzung durch „spezifisch richterliches Handeln", genauer im Rahmen eines gerichtlichen Verfahrens i. S. d. Art. 92 ff. GG, erfolgt ist. Rechtsschutz gegen sonstiges Handeln der Gerichte ohne vorheriges justizielles Verfahren – etwa bei Maßnahmen der Gerichtsverwaltung oder der Ausübung von Richtervorbehalten im Kontext der Art. 13 II, 104 GG[8] – zählen dazu nicht und unterfallen der Rechtsschutzgarantie. Im Übrigen aber gilt: **Art. 19 IV GG eröffnet keinen Rechtsweg gegen Urteile oder Beschlüsse von Gerichten.** Rechtsbehelfe gegen gerichtliche Entscheidungen können allerdings vom Gesetzgeber eingeführt werden und sind im Rahmen der Prozessordnungen auch in weitem Umfang statuiert.

Indem Art. 19 IV GG nur gegen Rechtsverletzungen „durch die öffentliche Gewalt" schützt, erfasst er nicht privatrechtliche Streitigkeiten zwischen Privatpersonen. Für diese besteht aber ebenfalls eine **allgemeine Justizgewährungspflicht**, die überwiegend aus dem Rechtsstaatsprinzip i. V. m. Art. 92 GG hergeleitet wird.[9]

968 Öffentliche Gewalt i. S. v. Art. 19 IV GG meint ausschließlich die **Hoheitsgewalt deutscher Hoheitsträger.**[10] Das BVerfG entnimmt Art. 19 IV GG allerdings darüber hinaus ein subjektives Recht auf Gewährleistung eines effektiven Rechtsschutzes in Fällen, in denen Hoheitsgewalt auf die EU übertragen wurde. Eine Verletzung von Art. 19 IV GG liegt demnach vor, wenn auf supranationaler Ebene strukturelle Mängel bei der Gewährleistung eines effektiven Rechtsschutzes bestehen.[11]

969 Rechtsschutz ist von allen Gerichten im Rahmen der Zuständigkeitsordnungen zu gewähren: Art. 19 IV 1 GG begründet keine Zuständigkeit, sondern setzt ein nach Maßgabe des Art. 101 I 2 GG aufgrund Gesetzes zuständiges Gericht voraus. Kein Gericht darf also unter Hinweis auf Art. 19 IV GG seine Zuständigkeit überschreiten.

---

6 Zum Rechtsschutz gegen Normen umfassend *Schenke* Rechtsschutz bei normativem Unrecht, 1979; *Kuntz* Der Rechtsschutz gegen unmittelbar wirkende Rechtsverordnungen des Bundes, 2001; *Lapp* Vorbeugender Rechtsschutz gegen Normen, 1994.

7 BVerfGE 15, 275, 280; kritisch *Voßkuhle* Rechtsschutz gegen den Richter, 1993.

8 Dazu Rn. 989 ff.

9 BVerfGE 54, 277, 292; 80, 103, 107; 85, 337, 345.

10 BVerfGE 149, 346 Rn. 43.

11 BVerfGE 149, 346 Rn. 36 ff.

Ist im Einzelfall kein zuständiges Gericht vorhanden, so gilt gem. Art. 19 IV 2 GG die ordentliche Gerichtsbarkeit als zuständig. Besondere Zuständigkeitsgarantien finden sich auch in Art. 14 III 4, 34 S. 3 GG.

Nach Art. 19 IV GG steht „der Rechtsweg offen". Dies begründet eine Vielzahl 970
von Ansprüchen:

- Für die Rechtskontrolle muss überhaupt ein **Gericht zur Verfügung stehen.** Das Gericht muss den Anforderungen der Art. 92, 97 GG genügen.[12] Es muss ferner sachlich zuständig sein; die Unzuständigkeit darf – und kann gem. Art. 19 IV 2 GG – nicht für alle vorhandenen Gerichte gelten. Eines Rechtsweges bedarf es trotz des Umstandes, dass in einem Rechtsstaat von den Staatsorganen regelmäßig rechtmäßiges Handeln erwartet wird.[13]
- Der **Zugang zum Gericht** darf nicht durch übermäßige Barrieren verhindert werden. Zumutbare **Rechtsschutzfristen** sind zulässig, auf sie ist in **Rechtsbehelfsbelehrungen** hinzuweisen.[14] Angemessene Gerichtskosten und Anwaltszwang sind allerdings zulässig. Zulässig ist auch die Obliegenheit, Rechtsverletzungen vor der gerichtlichen Geltendmachung bei der Verwaltung innerhalb einer bestimmten Frist zu rügen und an die Unterlassung der Rüge bei der Verwaltung den Verlust des Rechtsschutzanspruchs zu knüpfen **(Präklusion).**[15]
- Das Gericht darf die **Annahme eines Rechtsbehelfs** nicht einfach ablehnen. Insbesondere darf das Gericht nicht willkürlich seine Zuständigkeit verneinen oder den Zugang durch eine dem Rechtsmittelführer ungünstige, fernliegende Interpretation des Verfahrensrechts erschweren[16]. Rechtsmittelfristen gelten grundsätzlich bis zum Ablauf des Tages, an welchem die Frist abläuft, nicht etwa nur bis Dienstschluss.[17]
- **Verzögerungen der Briefbeförderung** und Zustellung durch die Post dürfen dem Bürger nicht als Verschulden zugerechnet werden, wenn die normale Postlaufzeit die Frist gewahrt hätte.[18] Das gilt auch für Verzögerungen der Annahme des Rechtsbehelfs bei Gericht, etwa Störungen des internen Postablaufs[19].
- **Ausländern** ohne Deutschkenntnisse ist **Wiedereinsetzung** in den vorigen Stand zu gewähren, wenn sie eine deutschsprachige Rechtsmittelbelehrung nicht verstanden haben und deshalb die Rechtsmittelfrist versäumt haben,[20] sofern sie sich hinreichend um Übersetzung bemüht haben.

---

12 BVerfGE 4, 343 ff.; 6, 63; 11, 233; 49, 257, 340 (zu „Rechtsweg" zum „Gericht"). Zum Rechtsschutz durch den EuGH BVerfGE 73, 339, 373 f.; 89, 155, 174 f.

13 Anders OLG Frankfurt, GA 1984, 26.

14 BVerfG, Beschluss vom 23. Oktober 2013 – 2 BvR 28/13, BeckRS 2013, 58077.

15 Zur Zulässigkeit des Widerspruchsverfahrens BVerfGE 40, 237, 256 f.; es gibt aber keine Pflicht des Gesetzgebers, gegen Verwaltungshandeln ein Widerspruchsverfahren zu garantieren, BVerfGE 60, 253, 291; 69, 1, 48. Zur Präklusion BVerfGE 32, 305, 309 f.; 36, 98; 55, 72, 93 ff.

16 BVerfGE 40, 272, 274 ff.; vgl. *Gusy*, JuS 1992, 28.

17 BVerfGE 41, 323, 327 ff.

18 BVerfGE 51, 354 f.; 62, 334; BVerfG, NJW 1995, 2546.

19 BVerfGE 62, 216, 221 ff.; BVerfG, NJW 1997, 1770.

20 BVerfGE 40, 95; 42, 120. Art. 19 IV GG gilt auch für Ausländer, BVerfGE 35, 401; 67, 58; 78, 99. Zum Anspruch auf einen Dolmetscher im Prozess BVerfGE 64, 144 f.; BVerfG, NJW 1990, 3072; Rechtsschutz

- Der **Rechtsschutz** muss **rechtzeitig** sein, darf also nicht erst so spät kommen, dass er auf vollendete Tatsachen stößt.[21] Dies ist insbesondere der Fall, wenn die Verwaltung vollendete Tatsachen schafft, die durch nachträgliche Rechtskontrolle nicht mehr behoben werden können (etwa: Abschiebung von Ausländern in einen anderen Staat). Hier ist zumindest vorläufiger Rechtsschutz geboten. Der Rechtsschutz muss schließlich binnen angemessener Zeit stattfinden: Wirksamer Rechtsschutz ist nur zeitgerechter Rechtsschutz (s. a. Art. 6 EMRK).[22]
- In Fällen tiefgreifender, aber bereits **erledigter Grundrechtseingriffe** muss deren Rechtmäßigkeit überprüft werden können.[23]
- Die Rechtsschutzgarantie gebietet nur eine gerichtliche Instanz; ein **„Rechtsweg" mit mehreren Instanzen ist grundgesetzlich** – im Unterschied zu zahlreichen Regelungen des einfachen Rechts – **nicht vorgesehen**[24]. Sind gesetzlich Rechtsbehelfe gegen Gerichtsurteile eingeräumt, so darf deren Einlegung nicht durch unzumutbare Erschwerung behindert oder unmöglich gemacht werden.

971 Die einzelnen Dimensionen werden gegenwärtig bisweilen unter der Sammelbezeichnung „**Anspruch auf effektiven Rechtsschutz**"[25] zusammengefasst. Darüber hinaus wird aus den Grundrechten der Anspruch auf ein faires Gerichtsverfahren (s. a. Art. 6 EMRK) hergeleitet. Die **„verfahrensrechtliche Dimension der Grundrechte"** gebietet insbesondere, anwendbare Grundrechte in der Entscheidung zu berücksichtigen und abzuwägen, den Grundrechtsschutz gegenüber allen öffentlichen Stellen zu effektivieren und zu optimieren sowie alles zu unterlassen, was die Grundrechte im Einzelfall leerlaufen lassen würde.[26]

972 Art. 19 IV GG ist vorbehaltslos gewährleistet, so dass Eingriffe nach den allgemeinen Grundsätzen nur zu Gunsten von kollidierendem Verfassungsrecht zulässig wären. Allerdings macht das BVerfG hiervon bei Art. 19 IV GG eine Ausnahme, indem es für die Rechtfertigung von Eingriffen Gründe „von hinreichendem Gewicht" genügen lässt.[27] Bei sämtlichen Eingriffen ist der Verhältnismäßigkeitsgrundsatz zu beachten.[28]

---

darf auch vom Ausland her betrieben werden, setzt also keinen Aufenthalt im Inland voraus, BVerfGE 69, 220, 228 f.

21 BVerfGE 35, 274; 51, 284; 53, 67 f.; 65, 70; 67, 58.

22 BVerfG, StV 2008, 198; BVerfG, EuGRZ 2009, 699.

23 BVerfGE 96, 27, 41 f.

24 BVerfGE 11, 233; 54, 143; 87, 48, 61; 92, 365, 410.

25 BVerfGE 35, 263, 274; 78, 88, 99; 96, 27, 39.

26 Dazu etwa BVerfGE 57, 250, 275; 86, 288, 317; *Starck* in: HStR III, § 33 Rn. 18 ff.

27 BVerfGE 101, 106, 124 f.; 143, 216 Rn. 52.

28 BVerfGE 88, 118, 124 f.; 116, 1, 18 f.

Lösung zum Beispielsfall (Rn. 946): 973

„Nach Art. 19 IV 1 GG steht demjenigen, dessen Rechte durch Maßnahmen der öffentlichen Gewalt betroffen werden, der Rechtsweg offen. Dieses Verfahrensgrundrecht garantiert dem Bürger einen Anspruch auf eine tatsächlich wirksame gerichtliche Kontrolle. Der Rechtsweg darf weder ausgeschlossen werden, noch darf die Wahrnehmung der Instanzen in unzumutbarer, aus Sachgründen nicht mehr zu rechtfertigender Weise erschwert werden. [...] Eröffnet die Rechtsweggarantie des Art. 19 IV GG dem Betroffenen den Weg zu einem staatlichen Gericht, das den Grundsätzen der Art. 92 und 97 GG genügen muß, so bedeutet der grundrechtliche Anspruch auf effektiven Rechtsschutz, daß die Gerichte im jeweiligen Verfahren der normativen Geltung der Grundrechte tatsächliche Wirksamkeit verschaffen müssen. Sie haben nicht nur die negative Verpflichtung, mit der Verfassung nicht in Einklang stehende Eingriffe in grundrechtlich geschützte Bereiche zu unterlassen, sondern auch die positive Verpflichtung, die Grundrechte durchzusetzen. Dem Verfahrensrecht kommt hierbei eine wesentliche Rolle zu. Es dient nicht nur dem Ziel, einen geordneten Verfahrensgang zu sichern, sondern ist im grundrechtlich relevanten Bereich auch das Mittel, im konkreten Fall dem Grundrechtsträger zu seinem verfassungsmäßigen Recht zu verhelfen. Demgemäß muß das Verfahrensrecht im Blick auf die Grundrechte ausgelegt und angewendet werden. Bei mehreren Auslegungsmöglichkeiten ist diejenige zu wählen, die dem Gericht ermöglicht, die Grundrechte der Verfahrensbeteiligten durchzusetzen und zu verwirklichen. Aus dem verfassungsrechtlichen Grundsatz eines effektiven Rechtsschutzes ergibt sich [...] für die Gerichte nicht nur die selbstverständliche Pflicht, rechtliches Gehör zu gewähren, sondern auch, einen etwaigen Verstoß durch die Vorinstanz zu beseitigen. Dem läßt sich nicht entgegenhalten, dem Betroffenen stehe in einem solchen Fall die Verfassungsbeschwerde zur Verfügung. Die Verfassungsbeschwerde ist ein außerordentlicher Rechtsbehelf, dem nicht die Funktion zukommt, Rechtsmittel, die nach anderen Prozeßordnungen gegeben sind, zu ersetzen.“ (BVerfGE 49, 252, 256 ff.)

Zur Vertiefung:
Bickenbach Grundfälle zu Art. 19 IV GG, JuS 2007, 813; 910; *Oster* Grundrechtsschutz in Deutschland im Lichte des Europarechts, JA 2008, 96; *Papier* Rechtsschutzgarantie gegen die öffentliche Gewalt, in: HStR VII, § 177; *Remmert* Die Rechtsschutzgarantie des Art. 19 IV 1 GG, JURA 2014, 906; *Schoch* in: Hoffmann-Riem/Schmidt-Aßmann/Voßkuhle (Hrsg.), GVwR III, 2. Aufl., 2013, § 50; vergleichend *Ehlers/Schoch* (Hrsg.), Rechtsschutz im öffentlichen Recht, 2009.

II. Justizgrundrechte

Das gerichtliche Verfahren, welches den in Art. 19 IV GG gewährleisteten Rechtsschutz sichern soll, kann nicht beliebig ausgestaltet sein. Vielmehr hält das Grundgesetz eine Vielzahl von **Justizgrundrechten** bereit, um das Verfahren zu organisieren. Sie werden vom Bundesverfassungsgericht auch aus dem Rechts- 974 staatsprinzip hergeleitet und bisweilen als „**Anspruch auf ein faires Verfahren**“[29] (s. a. Art. 6 EMRK) bezeichnet.

1. Anspruch auf den gesetzlichen Richter

! Gegen welches Grundrecht hat die Entscheidung des Landgerichts im **Beispielsfall** (o. Rn. 964) verstoßen?

975 Für die Organisation der Justiz von prägender Bedeutung ist das **Grundrecht auf den gesetzlichen Richter** (Art. 101 I 2 GG). Es steht an der Spitze jener Justizgrundrechte, die in Art. 101, 103, 104 GG – ergänzt um das Verbot der Todesstrafe in Art. 102 GG – niedergelegt sind. Danach muss der **zuständige Richter gesetzlich bestimmt** sein: Durch Auslegung und Anwendung der förmlichen Gesetze und der auf ihrer Grundlage erlassenen sonstigen Normen muss der im Einzelfall zuständige Richter zu ermitteln sein. Damit begründet Art. 101 GG den Gesetzesvorbehalt für Justizzuständigkeiten. Die auf den ersten Blick formalistisch anmutende Bestimmung erschließt ihren Sinngehalt aus ihrer inneren Systematik: Ausnahme- oder Sondergerichte, die für bestimmte Fälle früher eventuell sogar nachträglich begründet wurden, sind unzulässig (Art. 101 I 1 GG).

Ausnahmegerichte sind Gerichte, die unter willkürlicher Abweichung von der gesetzlichen Zuständigkeit besonders gebildet und zur Entscheidung von **konkret** und **individuell bestimmten** Fällen berufen sind.[30] „Gericht“ in diesem Sinne ist nicht nur ein Gericht im organisatorischen Sinne, sondern auch ein besonderer Spruchkörper innerhalb bestehender anderer Gerichte. Derartige Ausnahmegerichte sind unzulässig (Art. 101 I 1 GG). **Sondergerichte** sind Gerichte, die für besondere Sachgebiete nach **abstrakten** und **generellen Kriterien** eingerichtet worden sind. Sie sind nach Art. 101 II GG nur durch Gesetz zulässig. Abgrenzungskriterium ist die Norm, welche die Zuständigkeitsordnung regelt. Ist sie abstrakt, also sachlich allgemein gefasst und generell, indem sie alle Personen umfasst, welche jene Voraussetzungen erfüllen, so liegt kein Ausnahmegericht vor. Nicht ganz einfach ist allerdings Umgehungsversuchen zu begegnen, die im Nachhinein „im Hinblick auf bestimmte Fälle“ abstrakte Regeln schaffen, welche ihren tatsächlichen Anwendungsbereich überwiegend oder ausschließlich in jenen konkreten Fällen finden.

976 Unabhängig von der Bestimmung über Sondergerichte muss die **Zuständigkeit jedes Richters gesetzlich bestimmt** sein. „**Richter**“ i. d. S. ist der zuständige Einzelrichter, Spruchkörper sowie die personelle Besetzung, in welcher dieser ent-

---

29 S. dazu jüngst BVerfG, NJW 2023, 2932 Rn. 32 ff.

30 BVerfGE 3, 223; 8, 182; 10, 212 ff.

scheidet. Das Gebot des gesetzlichen Richters dient zur Verhinderung von Willkür oder Manipulation bei der Richterauswahl im Einzelfall. Nicht nur solche Missbräuche, sondern schon der Anschein bzw. Verdacht soll verhindert werden. Dadurch sollen **Unabhängigkeit, Neutralität und Unparteilichkeit** sowohl **der Justiz** insgesamt wie auch der im Einzelfall handelnden Richter gestärkt werden. Dieser Zweck bestimmt dann auch die Rechtsprechung des Bundesverfassungsgerichts, welches die Bestimmung allein als **Willkürverbot** deutet: Art. 101 I 2 GG untersagt willkürliche Eingriffe in die gerichtliche Kompetenzordnung.[31] Demnach wird weniger auf die Notwendigkeit eines Gesetzes als vielmehr auf die Verhinderung von Willkür abgestellt. Willkürliche Eingriffe können von Gesetzgebung, Vollziehung und Rechtsprechung ausgehen. Art. 101 I 2 GG gebietet demnach:

- die **gesetzliche Ordnung der Gerichtszuständigkeit.** Dies gilt für alle Gerichte einschließlich des EuGH,[32] dessen Zuständigkeit durch Normen des deutschen wie des Europarechts begründet werden kann. Die Zuständigkeit wird grundsätzlich durch förmliche Gesetze für die einzelnen Sachgebiete, innerhalb des Gerichts durch Geschäftsverteilungspläne geregelt, die insoweit den gesetzlichen Richter konkretisieren.
- das **Verbot der nachträglichen Zuständigkeitsänderung.** Zuständigkeitsänderungen sind nur für die Zukunft, nicht für die Vergangenheit zulässig. Jede Sache hat bei dem Gericht zu verbleiben, bei welchem sie ursprünglich aufgrund Gesetzes anhängig war. Die nachträgliche Begründung von Zuständigkeiten ist – auch durch Gesetz – nicht zulässig.[33] Die Annahme, dass zunächst das erstzuständige, nach der gesetzlichen Änderung das zweitzuständige Gericht das „gesetzliche" war, geht an dem Umstand vorbei, dass aufgrund Gesetzes andernfalls nachträgliche oder gar rückwirkende Manipulationen denkbar wären. Das Bundesverfassungsgericht nimmt diese Aussage auf das Willkürverbot zurück: Danach sind nachträgliche Zuständigkeitsänderungen zulässig, soweit sie sachlich notwendig und nicht willkürlich sind.[34]
- die **Anklage bei dem zuständigen Gericht.** Das zuständige Gericht darf nicht durch die Exekutive ausgewählt werden. Das Recht der Staatsanwaltschaft, in bestimmten Fällen selbst auszuwählen, ist nur insoweit unzweifelhaft, als die „Auswahl" selbst durch das Gesetz determiniert ist.[35]
- die **Annahme durch den zuständigen Richter.** Das zuständige Gericht darf weder seine eigene Zuständigkeit rechtswidrig verneinen noch eine Sache, für die es gesetzlich zuständig ist, an ein anderes Gericht abgeben. Sofern ein anderes Gericht zuständig ist, hat das unzuständige Gericht die Sache zu verweisen (§§ 17a ff. GVG). Sofern gesetzlich begründete

31 BVerfGE 3, 364; etwas strenger BVerfGE 95, 322. Überblick bei *Roth* Das Grundrecht auf den gesetzlichen Richter, 2000; *Voßen* Die Rechtsprechung des Bundesverfassungsgerichts zu [...] den Verfahrensgarantien nach Art. 101 Abs. 1 Satz 2 GG [...], 2002; *Wipfelder* VBlBW 1982, 33.

32 Zum EuGH als gesetzlichem Richter BVerfGE 73, 339, 366 ff.; 82, 159, 192 ff.

33 Beispiel: BVerwG, NJW 1984, 2961.

34 BVerfGE 17, 294, 299 f.; 20, 336, 344; 22, 254, 258 f.; BVerfG, NJW 2001, 3533; BVerfG, NJW 2010, 2036.

35 BVerfGE 9, 223, 226 ff.; s. a. BVerfG, wistra 2002, 118.

Vorlagepflichten – etwa an das Bundesverfassungsgericht oder den EuGH – bestehen, unterfallen auch diese dem Anwendungsbereich des Art. 101 I 2 GG.[36]

– die **Mitwirkung der zuständigen Richter.** In Spruchkörpern dürfen nur die gesetzlich bestimmten Richter mitwirken. Unzuständige Richter sind ausgeschlossen. Von einer im Gesetz vorgesehenen Zuständigkeitsregelung darf nicht abgewichen werden.[37] Befangene Richter dürfen gleichfalls nicht mitwirken, da sie gesetzlich ausgeschlossen sind, während bei Besorgnis der Befangenheit ein Verfahren zur Ablehnung des betroffenen Richters zur Verfügung stehen muss.[38] Keine Verletzung des Rechts auf den gesetzlichen Richter liegt vor, wenn es keine Möglichkeit zur (rechtzeitigen) Überprüfung einer ordnungsgemäßen Besetzung des Berichts gab; in diesem Fall kommt jedoch ein Verstoß gegen das Recht auf ein faires Verfahren in Betracht.[39]

977 Eine verfassungsrechtliche Rechtfertigung von Eingriffen in Art. 101 I 2 GG kommt mangels Gesetzesvorbehalt nicht in Betracht.[40] Soweit das BVerfG einen möglichen Verstoß gegen die Garantie des gesetzlichen Richters wegen des Unterlassens einer Vorlage an den EuGH im Rahmen eines Vorabentscheidungsersuchens nach Art. 267 II, III AEUV prüft, wendet es einen eingeschränkten Prüfungsmaßstab an. Ebenso wie bei der Prüfung von Verstößen gegen Art. 101 I 2 GG im Rahmen der fachgerichtlichen Regelungsanwendung beschränkt sich das Bundesverfassungsgericht auf eine Vertretbarkeitskontrolle.[41]

978 ***Lösung zum Beispielsfall*** (Rn. 964):

Zur Überprüfung der Wahrung des gesetzlichen Richters sind primär die Fachgerichte berufen. Jedes Gericht hat zu prüfen, ob es ordnungsgemäß besetzt und für die Entscheidung zuständig ist. Rechtsmittelgerichte haben – jedenfalls auf Antrag eines Beteiligten – die ordnungsgemäße Besetzung des Gerichts zu prüfen, welches die angegriffene Entscheidung erlassen hat. Dabei hat es die gesetzliche Zuständigkeitsordnung anzuwenden. Hat das unzuständige Gericht gehandelt, so war das Urteil formell fehlerhaft. Gegen die erste Dimension hat das Landgericht im **Beispiel** verstoßen, als es seine Zuständigkeit rechtswidrig verneinte. Das BVerfG beschränkt seine Überprüfungskompetenz auf willkürliche Verstöße gegen die gesetzlichen Zuständigkeitsregelungen. Darin liegt allerdings keine Rücknahme der materiellen Prüfungsmaßstäbe, sondern vielmehr ein Ausdruck der Zuständigkeitsdifferenzierung zwischen Fachgerichten und Verfassungsgerichtsbarkeit.

---

36 BVerfGE 82, 159; s. a. BVerfG, NVwZ 2007, 197; BVerfG, NJW 2010, 1268; BVerfGE 138, 64 Rn. 65 ff.
37 BVerfG, NJW 2023, 2336 Rn. 50 ff.
38 BVerfG, NVwZ 2021, 1220 Rn. 14 ff.
39 BVerfG, NJW 2024, 891 Rn. 7 f.
40 *Kingreen/Poscher* Grundrechte, Rn. 1395.
41 BVerfGE 82, 159, 195; 128, 157, 187; 147, 364, 381.

2. Rechtliches Gehör

A ist wegen einer Straftat angeklagt. Das Gericht hat den Zeugen V, einen V-Mann der Polizei, geladen. Im Prozess erscheint statt V der Polizeipräsident P und erklärt, der V könne nicht erscheinen, da andernfalls seine Identität und damit die Arbeitsfähigkeit der Polizei gefährdet sei. P sagt aus, was er von V über die Tatbeteiligung des A gehört habe und versichert, V sei glaubwürdig. Darf das Gericht dieses Vorbringen gegen A verwerten? (nach: BVerfGE 57, 250; dazu Rn. 984 f.) **!**

Gemäß Art. 103 I GG hat jedermann vor Gericht Anspruch auf rechtliches Gehör. Der Anspruch steht allen Menschen in allen Verfahren zu, in denen ihre Rechte Verfahrensgegenstand sind oder werden können. Dort steht es Parteien und sonstigen Beteiligten zu, für und gegen die das Urteil Wirkungen begründen kann. **Keine gerichtliche Entscheidung darf auf einen Umstand gestützt werden, ohne dass die Betroffenen zuvor Gelegenheit hatten, sich dazu zu äußern.**[42] 979

Der Anspruch entsteht vor Gericht, d. h. in **jedem Verfahren, das vor einer gerichtlichen Instanz stattfindet.** Dies gilt nicht nur im Strafverfahren, sondern in jeglichem Verfahren unabhängig davon, welche Maßnahme an seinem Ende stehen kann. Wo der Richter handelt, entsteht der Anspruch auf rechtliches Gehör. Die Anhörungspflicht folgt den Regeln des jeweiligen Prozessrechts. Soweit dieses keine näheren Aussagen trifft, folgt sie unmittelbar aus Art. 103 I GG. Der Anspruch entsteht lediglich vor Gerichten i. S. d. Art. 92 GG; für private Schiedsgerichte gilt er ebenso wenig wie für Behörden, für welche allerdings das einfache Gesetz (etwa: § 28 VwVfG) die Anhörung vorschreibt. Darf die Entscheidung nur auf Aspekte gestützt werden, zu welchen die Beteiligten sich äußern konnten, so ist das rechtliche Gehör **vor der Entscheidung** zu gewähren. Dieser Grundsatz der Vorherigkeit des rechtlichen Gehörs gilt nur dann nicht, wenn durch das rechtliche Gehör der Zweck der Maßnahmen vereitelt würde. 980

Solche Fälle liegen etwa vor, wenn der Schuldner vor Erlass des Durchsuchungsbeschlusses angehört würde und dadurch die Möglichkeit erhielte, pfändbare Sachen beiseite zu schaffen. Ähnliches gilt etwa vor Erlass des Haftbefehls. Solche ausnahmsweisen Hindernisse aus verfahrensexternen Gründen können die Nachträglichkeit des rechtlichen Gehörs begründen. In diesen Fällen sind allerdings vor dem rechtlichen Gehör nur Sicherungsmaßnahmen zulässig, die revidierbar sein müssen. Der Betroffene ist auf die Möglichkeit des nachträglichen Gehörs, das auch in der Erhebung einer Beschwerde, Gegenvorstellung oder der Einlegung eines Rechtsbehelfs liegen kann, ausdrücklich hinzuweisen. **Ein Verfahren ohne rechtliches Gehör schließt eine Instanz niemals ab.** Nachträgliches Gehör ist von der Instanz zu gewähren, welche die ursprüngliche Maßnahme angeordnet hat.

---

42 S. nur BVerfG, NJW 2023, 2336 Rn. 45.

981 Nach vorherrschender Auffassung bezieht sich der Anspruch auf rechtliches Gehör nur auf **Tatsachenfragen, nicht** hingegen auf **Rechtsfragen.**[43] Diese aus dem überkommenen Prozessrecht herrührende Auffassung gerät bereits in erhebliche Kollision mit dem Wortlaut des Art. 103 I GG, wo gerade vom „rechtlichen" Gehör gesprochen wird. Zudem sind die Tatsachen- und Rechtsfragen oft untrennbar verquickt. Erst **aus den anwendbaren Vorschriften lässt sich der entscheidungserhebliche Sachverhalt erschließen.** Wendet das Gericht Vorschriften an, die in der Verhandlung nicht in Betracht kamen, so kann es wegen ihres Tatbestands oder ihrer Rechtsfolgen einen Sachverhalt zugrunde legen, der zuvor gar nicht erörtert worden ist oder stillschweigend undiskutiert blieb, da es darauf nicht „ankam". Zumindest zu solchen Rechtsfragen ist dem Beteiligten Gelegenheit zum Gehör zu geben.[44]

982 Im gerichtlichen Verfahren[45] gebietet der Grundsatz des rechtlichen Gehörs insbesondere:

- den **Beteiligten Gelegenheit zum Gehör zu gewähren.** Die Beteiligten müssen Gelegenheit haben, sich mündlich oder schriftlich zu den erheblichen Fragen zu äußern. Insbesondere ist es unzulässig, die Entscheidung ganz oder teilweise vor der Anhörung zu fällen. Hat das Gericht eine Äußerungsfrist gesetzt, so muss es sich daran halten und darf nicht vor deren Ende entscheiden. Nach ständiger Rechtsprechung gewährt Art. 103 I GG nicht das Recht auf Beiziehung eines Rechtsanwalts,[46] wohl aber auf Äußerung durch einen beigezogenen Anwalt.
- den **Beteiligten das Wort zu erteilen.** Die Beteiligten sind auf den Zeitpunkt, zu welchem sie gehört werden können, hinzuweisen. Zur mündlichen Verhandlung sind sie in zumutbarer Weise zu laden. Bei Gericht ist ihr Erscheinen festzustellen, Erschienenen ist das Wort zu erteilen; ein bloßes Abwarten des Gerichts auf Äußerungen der Beteiligten reicht jedenfalls dann nicht, wenn diese keine Kenntnis von ihrer Äußerungsmöglichkeit haben. Notwendig ist insbesondere der hinreichend eindeutige und verständliche Aufruf einer Sache.[47]
- den **Beteiligten den Verfahrensgegenstand bekanntzugeben.** Wozu sich die Beteiligten äußern dürfen, hängt vom Gegenstand des Verfahrens ab. Hierzu ist ihnen der Gegenstand, der für sie maßgebliche Tatsachenstoff und – soweit erforderlich – die Rechtsfrage mitzuteilen, die entscheidungserheblich ist. Diese Gelegenheit ist ihnen zu „geben"; bloße Verhandlung in Anwesenheit stumm Dabeisitzender reicht nicht. Insbesondere sind die Beteiligten darauf hinzuweisen, dass sie sich äußern können, wozu sie sich äußern können

43 BVerfGE 31, 370; 54, 100, 117.

44 BVerfGE 84, 188, 190. Zum Verbot von Überraschungsentscheidungen durch fehlerhafte oder unvorhersehbare Auslegung von Rechtsnormen BVerfGE 107, 395, 410; BVerfG Beschl. v. 27. 11. 2008, Az. 2 BvR 1012/08.

45 S. auch *Hornfischer/Janson* JuS 2021, 321 ff.

46 BVerfGE 9, 124, 132, s. a. BVerfGE 39, 156, 168.

47 BVerfGE 42, 371 f.

und dass sie ggf. im Verfahren Anträge stellen können[48]. Zu dieser **Hinweispflicht** tritt die Pflicht zur Gewährung von **Akteneinsicht**[49], die nicht allein mit der Begründung versagt werden darf, dass in einem anderen Verfahren erst später Einsicht gewährt werden dürfe oder könne.

- das **Vorbringen entgegenzunehmen.** Das Gericht hat das Vorbringen der Betroffenen entgegenzunehmen, insbesondere Vorträge anzuhören, Schriftstücke anzunehmen und Beweismittel zu empfangen. Weder dürfen sie zurückgewiesen noch einfach „zu den Akten genommen" werden. Schriftstücke dürfen nicht in der Geschäftsstelle liegen bleiben oder abgelegt werden, sie müssen vielmehr dem entscheidenden Gericht zur Kenntnis gegeben werden. Insbesondere darf das Gericht eine Entscheidung nicht damit begründen, dass der Betroffene seiner Vortragsobliegenheit nicht oder nicht fristgerecht nachgekommen sei, wenn er genau dies vorgetragen hat[50]. Richter dürfen während der Verhandlung weder den Saal verlassen noch schlafen.[51]
- das **Urteil auf den verhandelten Tatsachenstoff einschließlich des Vorbringens zu stützen.** Dazu zählt insbesondere, das Vorbringen „in Erwägung zu ziehen"[52] also bei der Entscheidungsfindung zu berücksichtigen. Ein Vorbringen, das unzulässig (etwa verspätet), nicht zur Sache oder abwegig war, braucht nicht berücksichtigt zu werden. Erhebliches Vorbringen muss in der Entscheidung grundsätzlich erwogen und beschieden werden.

Die genannten Dimensionen ergänzen die Erwägungen aus Art. 19 IV GG zum **Gebot des effektiven Rechtsschutzes.** Das rechtliche Gehör kann von der Rechtsmittelinstanz nachgeholt werden, sofern der Entscheidungsgegenstand unverändert ist und der Betroffene dadurch keine verfahrensrechtlichen Rechtsverschlechterungen erleidet[53]. 983

Lösung zum Beispielsfall (Rn. 979): 984

Der Anspruch des Angeklagten auf ein faires Verfahren steht dem Beweismittel des „Zeugen vom Hörensagen" grundsätzlich nicht entgegen. Allerdings stellt die nur begrenzte Zuverlässigkeit dieses Beweismittels besondere Anforderungen an die Beweiswürdigung und die Begründung der tatrichterlichen Entscheidung; dies gilt in verstärktem Maße, wenn der Gewährsmann anonym bleibt (BVerfGE 57, 250).

Findet eine mündliche Verhandlung statt, so hat jeder Beteiligte ein **Recht auf Anwesenheit** bei dieser Verhandlung. Solche formellen Verfahrensvorschriften, die nicht überflüssige Förmlichkeiten sind, sondern das rechtsstaatliche Verfahren 985

48 BVerfGE 42, 72; 46, 325; 49, 220; 252; 51, 150, s. a. BVerfG, NJW 1996, 3202.
49 BVerfGE 18, 405; 63, 45, 60 ff.
50 BVerfGE 42, 364; 83, 24, 35.
51 Zum blinden Richter BVerfG, NJW 1992, 2075. Zum Anwesenheitsgebot *Gusy* JuS 1990, 712.
52 Seit BVerfGE 11, 218, 220.
53 BVerfGE 42, 243, 259.

erst begründen, werden inhaltsleer, wenn die für den Prozessausgang maßgeblichen Aspekte in der mündlichen Verhandlung nicht mehr zum Gegenstand gemacht werden. Das gilt im **Beispiel** für folgende Fragen: Stimmt die Aussage des P mit der des V inhaltlich überein oder nicht? Wie ist die Glaubwürdigkeit des V vom Gericht zu beurteilen? Hat der V in Übereinstimmung mit der Rechtsordnung gehandelt oder etwa gegen Rechtsvorschriften verstoßen, die ein Verwertungsverbot begründen? Die Fragen werden mit einem Rückgriff auf die Äußerungen des P nicht nur der Beurteilung des Gerichts, sondern zugleich dem rechtlichen Gehör – und damit der Möglichkeit des A, Gegenargumente, -beweise oder -beweisanträge vorzubringen – entzogen. Dabei können sie für den Verfahrensausgang von maßgeblicher Bedeutung sein. Darf also der Richter das rechtliche Gehör insoweit verkürzen, als er die Abwanderung derart zentraler Fragen aus dem Prozess zulässt? Am allerwenigsten ist hier mit der bloß verbalen Umbenennung als „Zeuge vom Hören-Sagen" gewonnen: Er ist nur Zeuge für das, was er gehört hat, nicht für das, worüber er gehört hat.

> „Art. 103 Abs. 1 GG gewährleistet, dass der Angeklagte im Strafverfahren Gelegenheit erhält, sich zu dem einer Entscheidung zugrundeliegenden Sachverhalt grundsätzlich vor deren Erlass zu äußern und damit das Gericht in seiner Willensbildung zu beeinflussen. Es dürfen also einer gerichtlichen Entscheidung regelmäßig nur solche Tatsachen und Beweisergebnisse zugrunde gelegt werden, zu denen die Beteiligten Stellung nehmen konnten [...] Der Anspruch auf rechtliches Gehör gewährleistet indessen weder ein Recht auf ein bestimmtes Beweismittel noch auf bestimmte Arten von Beweismitteln [...] Die Anhörung (des P statt des V) in der Hauptverhandlung [...] verletzt das Grundrecht auf rechtliches Gehör daher nicht [...] Es liegt indessen auf der Hand, dass es verfassungsmäßig legitimierte staatliche Aufgaben gibt, die zu ihrer Erfüllung der Geheimhaltung bedürfen, ohne dass dagegen verfassungsrechtliche Bedenken zu erheben wären. Die Wahrnehmung derartiger – in ihrer rechtlichen Gebundenheit nicht außerhalb des Rechtsstaates stehender – Aufgaben würde erheblich erschwert und in weiten Teilen unmöglich gemacht, wenn die Aufdeckung geheimhaltungsbedürftiger Vorgänge im Strafverfahren ausnahmslos geboten wäre. [...]. (Dies kann) deshalb nur dadurch gerechtfertigt werden, dass es unabweisbare, zwingende Sachgründe verbieten, das Gericht selbst darüber entscheiden zu lassen, ob ein bestimmter Beweis erhoben werden kann." (BVerfGE 57, 250, 273 f., 284, 287 f.)

986 Das Bundesverfassungsgericht hat hier zwei Fragen vermengt, die sorgfältig voneinander zu trennen sind. (1) Darf der Staat geheim arbeiten? (2) Kann das Ergebnis einer derart indirekten „Beweisaufnahme" gegen A verwendet werden? Beide Fragen sind voneinander grundsätzlich zu trennen. Die Polizei hat einerseits Straftaten aufzuklären; sie sind dem Täter andererseits in einem an den Grundrechten orientierten Verfahren nachzuweisen. Dazu zählt auch das Grundrecht aus Art. 103 I GG. Ist ein solcher Nachweis – aus was für Gründen auch immer – nicht möglich, so darf der Angeklagte nicht verurteilt werden. Jedenfalls ein Urteil zu

seinen Lasten kann nicht auf solche „indirekten Beweise" unter Ausschluss des rechtlichen Gehörs gestützt werden[54].

3. Grundrechtsgarantien im Strafrecht und Strafprozessrecht

Als A neulich von der Polizei verhaftet wurde, kreuzte der ihn vernehmende Beamte auf einem Formular als Begründung „Flucht- bzw. Verdunkelungsgefahr" und als zu treffende Maßnahme „Untersuchungshaft für zunächst 2 Wochen" an. Dieses Formular wurde dem Richter vorgelegt und von ihm unterschrieben. A verlangt am nächsten Tag seine Freilassung (nach: BVerfGE 83, 24; dazu Rn. 997). !

Wirkungsweisen und Anwendungsbereiche der Justizgrundrechte, die ihren Gegenstand nahezu allein im Straf- und Strafprozessrecht haben, setzen einige Vorkenntnisse dieser Materien voraus, die hier nicht vermittelt werden können. Daher können hier nur einige Grundelemente jener Garantien aufgezeigt werden.

Art. 103 II GG begründet den Grundsatz: **„nulla poena sine lege" (keine Strafe ohne vorheriges Gesetz)**. „Strafe" in diesem Sinne ist jede (nachträgliche) Sanktion eines Verhaltens aufgrund eines Schuldvorwurfs gegen den Verurteilten.[55] Das materielle Strafrecht – und darüber hinaus nach vielfach vertretener Auffassung auch das Strafverfahrensrecht – stehen demnach unter umfassendem Gesetzesvorbehalt:[56] Jedes Strafurteil muss auf ein förmliches Gesetz gestützt werden, das im Zeitpunkt der abzuurteilenden Tat bereits in Kraft war. Dies gilt für Tatbestand und Rechtsfolgenanordnung. Daraus folgen insbesondere: 987

- das **Rückwirkungsverbot** von Strafnormen.[57] Nur so kann das Strafrecht seine Aufgabe erfüllen, menschliches Verhalten zu steuern. Wer das Strafrecht nicht kennen konnte, konnte sich auch nicht darauf einstellen und nicht danach handeln.[58] Das Rückwirkungsverbot gilt sowohl für den Tatbestand der Strafnorm, also die Bestimmung der maßgeblichen Straftat, wie auch für ihre Rechtsfolgen, also Art und Höhe der Strafen.[59]

54 So grundsätzlich BGH, JZ 2004, 922 (Motassadeq); StV 2007, 284.

55 In diesem Sinne BVerfG, NJW 2008, 3205, 3206; BVerfGE 156, 354 Rn. 107; *Appel* Verfassung und Strafe, 1998.

56 Zu diesem o. Rn. 685 ff.

57 Zu möglichen Ausnahmen im Zusammenhang mit DDR-Unrecht BVerfGE 95, 96 m. Anm. *Starck* JZ 1997, 142; s. a. *Erb* ZStW 1996, 266.

58 Eine gewisse Rückwirkung lässt Art. 7 II EMRK für bestimmte schwerwiegende Straftaten zu. Dazu EGMR, NJW 2001, 3042 (Mauerschützen). Art. 103 II GG enthält eine solche Ausnahme allerdings nicht.

59 EGMR, NStZ 2010, 263; differenzierend noch BVerfGE 109, 133, 167 (für Sicherungsverwahrung als Maßregel der Sicherung und Besserung); BVerfGE 128, 326, 376 f, 392 f; 131, 268, 306.

- das **Bestimmtheitsgebot.**[60] Jedes Strafgesetz muss seinen Anwendungsbereich hinreichend bestimmt umschreiben. Nur so kann der Inhalt der Ge- und Verbote in ausreichender Weise erkannt werden.[61]
- das **Verbot des Gewohnheits- bzw. Richterrechts** im Strafrecht. Dies gilt jedenfalls zu Lasten des Betroffenen, nicht notwendig hingegen zu seinen Gunsten.
- das **Analogieverbot** zu Lasten des Angeklagten. Dessen Abgrenzung von der Auslegung stellt das zentrale methodische Problem des Strafrechts bei der Anwendung des Art. 103 II GG dar.

988 Das **Verbot der Doppelbestrafung („ne bis in idem")** (Art. 103 III GG) gilt nur für das „allgemeine Strafrecht", d. h. alle Normen des Straf- und des Ordnungswidrigkeitenrechts.[62] Unberührt bleiben demgegenüber insbesondere das Disziplinarrecht der Beamten und der freien Berufe. Die Vorschrift wird nicht nur auf die Bestrafung selbst, sondern auch auf das Strafverfahren angewendet. Unzulässig ist demnach nicht nur eine spätere Verurteilung aufgrund einer schon früher abgeurteilten Tat, sondern auch ein erneutes Verfahren, wenn das frühere mit einem Freispruch endete. Geschützt wird hier der Gedanke der Rechtssicherheit bei abgeschlossenen Strafverfahren. Die **Rechtskraft** früherer Urteile darf zulasten des Betroffenen nur im Interesse übergeordneter Belange der materiellen Urteilsrichtigkeit, insbesondere bei nachträglich bekannt gewordenen schwerwiegenden Rechtsfehlern, durchbrochen werden (s. näher § 362 StPO). Freigesprochene dürfen darauf vertrauen, dass die Rechtskraft des Freispruchs nur aufgrund der zum Zeitpunkt des Eintritts der Rechtskraft geltenden Rechtslage durch eine Wiederaufnahme des Verfahrens durchbrochen werden kann.[63]

989 Art. 104 GG regelt das **Verfahren bei Freiheitsbeschränkungen** und **Freiheitsentziehungen.** Da die Freiheitsentziehung die gravierendste Maßnahme des Staates gegen die Menschen darstellt, sind hierfür besondere verfahrensrechtliche Garantien vorgesehen. Materiell-rechtlich richtet sich die Zulässigkeit solcher Maßnahmen nach Art. 2 II 2, 3 GG: Sie schränken die **„Freiheit der Person"** im Sinne der körperlichen Bewegungsfreiheit ein: Diese garantiert das Recht, jeden Ort betreten und den Ort, das Gebäude oder Grundstück, auf dem man sich aufhält, verlassen zu dürfen.[64] Während Art. 2 II 2 GG die Zulässigkeit des „Ob" einer Beschränkung oder Entziehung der Freiheit betrifft, bestimmt sich das „Wie" solcher

---

60 BVerfGE 85, 69; 87, 209; 92, 1 m. Anm. *Gusy* JZ 1995, 778; BVerfGE 110, 33, 53.

61 Näher BVerfGE 110, 141 (Landeshundegesetze).

62 Ausf. zum Ganzen *Gärditz* JURA 2023, 277 ff.

63 BVerfGE 166, 359 Rn. 142 ff.; s. dazu *Grünewald* JZ 2024, 101 ff.

64 Hierzu näher BVerfG, NVwZ 2009, 1033; BVerfG, NJW 2010, 670; *Gusy* NJW 1992, 457; ausf. auch *Kuch* Freiheitsentziehung, 2023, S. 191 ff. *Brunner* JURA 2020, 1328, 1330 ff.

Maßnahmen nach Art. 104 GG. **Art. 2 II 2 GG und Art. 104 GG gehören untrennbar zusammen.**[65]

Freiheitsbeschränkung (Art. 104 I GG) ist jede Maßnahme, welche die Ausübung der körperlichen Bewegungsfreiheit erschwert oder unmöglich macht.[66] **Freiheitsentziehung** sind Maßnahmen, die verhindern sollen, dass ein Mensch einen Ort verlässt. Freiheitsbeschränkung ist der umfassendere Begriff, der auch die Freiheitsentziehung einschließt. Beide Einschränkungsformen unterscheiden sich letztlich hinsichtlich ihrer Intensität. 990

Ein in der Rechtsprechung vielfach herangezogenes Indiz ist die **Dauer des Festhaltens.**[67] Bloßes Anhalten zur Ausweis- oder Verkehrskontrolle ist keine Freiheitsentziehung. Die Rechtsprechung neigt dazu, Maßnahmen als Freiheitsbeschränkung zu bezeichnen, wenn sie nur „von kurzer Dauer" oder „wenig intensiv" in die Rechte des Betroffenen eingreifen. Dagegen stellt die Literatur[68] nicht selten darauf ab, ob das **Festhalten mit technischen Mitteln** („Schloss und Riegel") stattfindet oder nicht: Im ersteren Falle liege eine Freiheitsentziehung, im letzteren eine -beschränkung vor. Trennschärfer ist die Abgrenzung danach, ob das Festhalten die Nebenpflicht einer Handlungspflicht (etwa: Mitnahme zur Identitätsfeststellung; Schulunterricht) ist. In solchen Fällen wäre sie als Freiheitsbeschränkung zu qualifizieren. Findet es hingegen als selbstständige Maßnahme statt (etwa: Wartenlassen auf der Polizeiwache vor der Identitätsfeststellung, Einkesselung von Demonstranten), ist eine Freiheitsentziehung anzunehmen.

Prototypen der Freiheitsentziehung sind Straf- und Untersuchungshaft; die zwangsweise Unterbringung in einer psychiatrischen Anstalt; der präventive Polizeigewahrsam sowie die Abschiebungs- und Auslieferungshaft. **Nicht hierunter** fallen demgegenüber Reisebeschränkungen an bestimmte Orte oder Ausreisebeschränkungen in das Ausland (etwa gegen Hooligans bei Sportveranstaltungen oder gegen bekannte Gewalttäter bei Demonstrationen) und Meldeauflagen bei der Polizei zu deren Durchsetzung sowie Ausgangsbeschränkungen wie in der Corona-Pandemie[69]; insoweit handelt es sich um bloße Freiheitsbeschränkungen. 991

Für alle Maßnahmen der Freiheitsbeschränkung und Freiheitsentziehung gelten nach Art. 104 I GG: 992

– der **Vorbehalt des förmlichen Gesetzes.** Das Gesetz muss die Förmlichkeiten von Freiheitsbeschränkung und Freiheitsentziehung vorschreiben. Diese bin-

65 S. nur BVerfGE 159, 223 Rn. 242 ff.

66 S. dazu auch BVerfG, NJOZ 2021, 1391 Rn. 222 zur elektronischen Fußfessel.

67 S. etwa BVerfGE 105, 239, 250.

68 S. etwa *Hantel* Der Begriff der Freiheitsentziehung in Art. 104 Abs. 2 GG, 1988; *Gusy* in *Huber/Voßkuhle*, GG, Art. 104 Rn. 18 ff. (Nachw.).

69 BVerfGE 159, 223 Rn. 247 ff.; s. dazu *Kingreen* JURA 2023, 43 ff.; zur Rechtswidrigkeit derartiger Ausgangsbeschränkungen s. BVerwG, NVwZ 2023, 1011 Rn. 16 ff.

den die handelnden Organe von Exekutive und Justiz. Obwohl Art. 2 II 3, Art. 104 I 1 GG schon ausweislich ihres Wortlauts Eingriffe nur „auf Grund eines förmlichen Gesetzes“ erlauben, geht das BVerfG davon aus, dass auch Eingriffe unmittelbar durch Gesetz zulässig sind,[70] was jedenfalls mit dem Wortlaut der Norm schwer zu vereinbaren ist und überdies auch den Rechtsschutz für die Betroffenen verkürzt.[71]
– das **Misshandlungsverbot**[72] (Art. 104 I 2 GG). Es gilt absolut und würde insoweit über den Art. 1 GG noch hinausgehen, wenn dieser Misshandlungen ausnahmsweise zulassen würde.[73] Die lebenslängliche Freiheitsstrafe ist in Art. 104 I 2 GG weder verboten noch erlaubt.[74]

993 Darüber hinausgehend stehen alle Maßnahmen der **Freiheitsentziehung** (nicht der Freiheitsbeschränkung) unter **Richtervorbehalt** (Art. 104 II, III GG).[75] Über die Zulässigkeit der Freiheitsentziehung entscheidet allein der Richter. Das gilt sowohl für deren erstmalige Begründung als auch für deren spätere Fortsetzung. Art. 104 GG differenziert hier nach dem Grund der Maßnahme. Maßnahmen „wegen des Verdachts einer strafbaren Handlung“ sind in Art. 104 II 1, 3; III GG geregelt. Maßnahmen aus sonstigen Gründen, insbesondere der Verhinderung zukünftiger Straftaten oder der Ermöglichung der Abschiebung (§§ 58, 58a AufenthaltsG) oder Auslieferung (§§ 15 ff. IRG) von Ausländern unterfallen dem Art. 104 II GG.

994 Die richterliche Entscheidung ist entweder vor der Freiheitsentziehung oder „unverzüglich“ nach ihr herbeizuführen. Die Freiheitsentziehung ohne richterliche Entscheidung darf in keinem Fall länger als bis zum Ende des Tages nach ihrem Beginn fortgesetzt werden (Art. 104 II 3 GG). **„Unverzüglich“ beginnt die Pflicht zur Einholung der richterlichen Mitwirkung bei der Festnahme selbst, spätestens nach zwei bis drei Stunden ist die Information des Richters zwingend geboten.** Am Ende des folgenden Tages ist für „unverzügliche“ Maßnahmen keine Zeit mehr, die Festnahme ist in jedem Fall aufzuheben.

Das Verfahren vor dem Richter hat unmittelbar stattzufinden. Der Richter hat die Sach- und Rechtsgründe der Festnahme zu prüfen und den Betroffenen dazu selbst zu hören. Stellvertretung – etwa durch einen amtlich bestellten Vormund – ist nur bei psychisch Kranken und

70 BVerfGE 159, 223 Rn. 272.

71 Krit. auch *Lepsius* Der Staat 60 (2021), 609, 626 ff.; *Kingreen* JURA 2023, 43, 47 ff. *Mast* AöR 148 (2023), 154, 187 ff.

72 EKMR, EuGRZ 1975, 455; BVerfGE 49, 24, 64.

73 Zum Misshandlungsverbot des Art. 3 EMRK EGMR, NStZ 2008, 699; EuGRZ 2010, 417, 423 ff.; *Grabenwarter/Pabel*, EMRK, § 20 Rn. 44 ff.; zum Misshandlungsverbot aus Art. 1 GG o. Rn. 992.

74 Näher BVerfGE 45, 187; 86, 288; zur Sicherungsverwahrung BVerfGE 109, 133, 150.

75 Zu Sinn und Zweck des Richtervorbehalts s. u. Rn. 1126.

auch bei ihnen nur insoweit zulässig, als sie nicht zu einer völligen Abwesenheit des Betroffenen führt. Das Verfahren dient der **Verwirklichung des rechtlichen Gehörs** (Art. 103 I GG). Dem Betroffenen sind daher nach den Grundsätzen jener Vorschrift die Gründe der Festnahme mitzuteilen und ihm Gelegenheit zur Stellungnahme zu geben. Dazu zählt wesentlich die Möglichkeit, zu vorhandenen Beweismitteln Stellung zu nehmen und die Akten einzusehen[76].

Das **Verfahren** richtet sich im Übrigen für Maßnahmen wegen Verdachts einer strafbaren Handlung nach Art. 104 III GG, für alle anderen Maßnahmen nach Art. 104 II 2 GG. Am Abend des auf die Festnahme nachfolgenden Tages ist der Betroffene zu entlassen, wenn keine richterliche Mitwirkung erreichbar ist, und zwar unabhängig von den Gründen für deren Ausbleiben. Die **richterliche Entscheidung** dient dem Schutz des Betroffenen. Sie braucht und **darf** daher **nicht mehr eingeholt werden, wenn sich die Maßnahme**, zu deren Zweck die Freiheitsentziehung stattfand, **erledigt hat.** Ist die Vorführung zur Vernehmung bereits abgeschlossen, da die Vernehmung stattgefunden hat, oder der Gewahrsam eines sinnlos Betrunkenen gegenstandslos, da er wieder nüchtern ist, darf der Betroffene nicht mehr festgehalten werden, bis er dem Richter vorgeführt werden kann. In diesem Fall ist die Freiheitsentziehung sofort aufzuheben. 995

Ist die richterliche Zustimmung bereits vor der Festnahme im Rahmen eines Verfahrens ergangen, das den Grundsätzen des Art. 103 I GG entspricht (etwa in einem Strafurteil), so ist die nachträgliche Vorführung nicht mehr erforderlich. In diesem Fall entscheidet der Richter später über die „Fortdauer" der Freiheitsentziehung (Art. 104 II 1 GG). Daraus ergibt sich zwingend das verfassungsrechtliche **Befristungsgebot für Freiheitsentziehungen.** Mit Fristablauf ist die Freilassung des Betroffenen oder aber die notwendige richterliche Nachprüfung des Fortbestands der Gründe, welche die Freiheitsentziehung veranlasst haben, geboten.

Von der **richterlichen** Anordnung der Festnahme ist gem. Art. 104 IV GG eine **Person des Vertrauens des Betroffenen zu unterrichten.** Die Vorschrift dient dem Schutz des Verhafteten selbst, dessen Kontakt nach außen sichergestellt sein soll, aber auch dem Schutz der Vertrauensperson, die vor dem „Verschwinden" ihrer Angehörigen geschützt sein soll. Daher ist ein völliger Verzicht des Festgenommenen auf die Unterrichtung nicht möglich, da er für die Vertrauensperson nicht verzichten kann. Umgekehrt hat die Mitteilung **nicht die öffentliche Bloßstellung des Betroffenen** zum Gegenstand. Er hat daher grundsätzlich das Bestimmungsrecht über die zu unterrichtende Person. Übt er dies nicht aus, so geht es auf die Behörde über. 996

76 BVerfGE 83, 24, 33 ff.; zu Art. 104 GG eingehend *Gusy* NJW 1992, 457; *Hantel* JuS 1990, 865.

Das Verfahren der Freiheitsentziehung ist gesetzlich zu regeln (Art. 104 I 1; II 4 GG). Dies ist durch die Vorschriften der §§ 112 ff. StPO und sonst überwiegend durch Landesrecht geschehen. Deren Garantien gehen über diejenigen des Grundgesetzes z.T. hinaus und begründen zusätzliche Rechte im Verfahren.

997 ***Lösung zum Beispielsfall** (Rn. 987)*

Das Verfahren im Beispielsfall richtete sich nach Art. 104 III GG. Die danach gebotene Entscheidung des Richters setzt grundsätzlich die persönliche Anhörung des Betroffenen durch den Richter voraus. Diese wird weder durch die Lektüre des Formulars noch durch die – ggf. zusätzlichen – Äußerungen des vernehmenden Beamten ersetzt. Der Betroffene hat selbst das Recht, seine Rechte beim Richter vorzubringen und geltend zu machen. Das BVerfG hat hiervon zwar einzelne Ausnahmen zugelassen (BVerfGE 83, 24, 35), deren Anforderungen jedoch im Beispielsfall nicht erfüllt waren. Zudem hat der Richter eine einzelfallbezogene Prüfung und Begründung vorzunehmen, welche auf die besondere Situation des Falles und des A jedenfalls knapp Bezug nehmen muss. Das Ankreuzen eines Formulars, auf dem nur der generell-abstrakte Gesetzeswortlaut abgedruckt ist, ohne jede Äußerung zum Einzelfall reicht dafür nicht aus (BVerfGE 83, 24, 35). Hat der Richter offensichtlich nicht ordnungsgemäß mitgewirkt, ist A am Ende des nächsten Tages freizulassen.

III. Sonstige Garantien

998 Informelles, aber bisweilen wirksames Mittel der Durchsetzung eigener Rechte ist das **Petitionsrecht** (Art. 17 GG)[77]. Es steht Deutschen wie Ausländern zu, die sich im In- oder Ausland aufhalten. Das Recht kann einzeln oder gemeinsam ausgeübt werden; in letzterem Fall garantiert Art. 17 GG auch das Recht auf Sammlung von Unterschriften für Petitionen. Bitten oder Beschwerden sind **Eingaben, die auf ein Handeln des Adressaten gerichtet sind.** Der Adressat soll Abhilfe schaffen; Meinungsäußerungen oder Informationsübermittlung sind also keine Petitionen, da die bloße Entgegennahme solcher Erklärungen nicht als Petitionsziel ausreicht. Vergleichsweise neu ist die sog. **öffentliche Petition**, bei der die Petition auf der Internetseite des Petitionsausschusses veröffentlicht wird und die dort innerhalb einer vierwöchigen Frist von andern mitunterzeichnet werden kann.[78] Geregelt ist die öffentliche Petition lediglich in einer Richtlinie des Bundestages, welche dieser kraft seiner Geschäftsordnungsautonomie erlassen hat.[79] Das Petitionsrecht ist an die **Schriftform** gebunden. Zuständige Stellen sind Behörden, die eine Maßnahme

77 Dazu näher *Graf Vitzthum* Petitionsausschuß und Volksvertretung, 1983; *ders.* JZ 1985, 809.
78 Ausf. dazu *Guckelberger* DÖV 2008, 85 ff.
79 S. dazu *Krüper* DÖV 2017, 800, 802 ff.

getroffen haben oder treffen sollen. Daneben kann sich der Petent auch an die Volksvertretung – auch die Gemeindevertretung – wenden. Im Unterschied zu ausländischen und europäischen Vorbildern[80] kennt das deutsche Recht **nur vereinzelt besondere Bürgerbeauftragte** als Petitionsadressaten in der Exekutive.

Das Petitionsrecht dient nur mittelbar der Rechtsdurchsetzung. Es setzt nämlich keine Rechtsverletzung voraus und kann daher sogar ausgeübt werden, wenn auch der Petent eine ergangene Maßnahme für rechtmäßig hält, sie aber aus politischen oder sonstigen Gründen als inopportun ansieht. In diesem Sinne ist es auch ein demokratisches Instrument als „Seismograph für die Stimmungen im Volk". Rechtsfolgen des Petitionsrechts sind: 999

- **Verbot von Sanktionen** für Petitionen: Diese ursprünglichste Dimension des Petitionsrechts stellt einen **Sonderfall der Meinungsfreiheit** (Art. 5 I GG) dar. Sie ist nach wie vor aktuell, wenn die in ihnen geäußerten Meinungen politisch unerwünscht sind.
- **Pflicht zur Entgegennahme** der Petition: Der Adressat darf den Petenten nicht abweisen. Zur Entgegennahme zählt – jedenfalls auf Wunsch – die Ausstellung einer Eingangsbestätigung.
- **Pflicht zur Kenntnisnahme:** Ob und inwieweit darüber hinaus weitere Befassungsansprüche entstehen, ist umstritten. Ein bestimmter **Erledigungsanspruch besteht nicht.**[81] Dass ein Anspruch auf Bescheidung besteht, wird in der Praxis oft bejaht[82]. Angesichts von weit über 10 000 Petitionen pro Legislaturperiode allein an den Bundestag – nicht gerechnet die Sammelpetitionen – stößt dies allerdings nicht nur auf praktische Probleme. Zu Recht hat daher das Grundgesetz das Petitionsrecht einerseits und die Behandlung der Petitionen im **Petitionsausschuss** (Art. 45c GG) getrennt (s. ferner das Gesetz über die Befugnisse des Petitionsausschusses, Sartorius 5).

Die **Garantie der Staatshaftung**[83] im Falle von Amtspflichtverletzungen in Art. 34 GG ist selbst kein Grundrecht, dient aber wesentlich dem Grundrechtsschutz. Die Vorschrift begründet keine Ansprüche, sondern regelt lediglich den Anspruchsgegner. Für Amtspflichtverletzungen ist diejenige Körperschaft verantwortlich, welcher die Maßnahme zuzurechnen ist; also diejenige juristische Person des öffentlichen Rechts, in deren Dienst der Handelnde steht oder für die er tätig geworden ist. „In Ausübung eines öffentlichen Amtes" handelt jeder, der staatliche 1000

80 Zum europäischen Bürgerbeauftragten aufgrund Art. 228 AEUV näher *Guckelberger* Der Europäische Bürgerbeauftragte und die Petitionen zum Europäischen Parlament, 2004. Vergleichend *Kadelbach* in: Dörr/Grote/Marauhn, EMRK, 3. Aufl., 2022, Kap. 30 Rn. 175 f.

81 Zuletzt EuGH, EuZW 2004, 436.

82 Dazu eingehend OVG Bremen, JZ 1990, 965 m. Anm. *Lücke*; zur Begründungspflicht von Petitionsbescheiden BVerfG, DVBl. 1993, 32; *Rühl* DVBl. 1993, 14, s. a. VGH BW, VBlBW 2009, 274.

83 Zum Recht der Staatshaftung in der Bundesrepublik näher *Baldus/Grzeszick/Wienhues* Staatshaftungsrecht, 5. Aufl., 2018; *Ossenbühl/Cornils* Staatshaftungsrecht, 6. Aufl., 2013; s. a. *Sauer* JuS 2012, 695.

Aufgaben wahrnimmt, also nicht nur „Beamte" i. S. d. Art. 33 IV, V GG, sondern der gesamte öffentliche Dienst im weitesten Sinne. Eine entsprechende Anwendung von Art. 34 GG soll für die Kirchen in Betracht kommen, wenn Geistliche sexuellen Missbrauch an Kindern und Jugendlichen begehen.[84] Die Regelungen des Art. 34 GG besagen demnach:

- **Anspruchsverpflichteter ist der Staat.** Haftungsansprüche wegen Amtspflichtverletzungen – nur solche werden von dem Artikel erfasst – finden sich im Grundgesetz allerdings nicht, sondern nur im einfachen Gesetzesrecht (insbesondere: § 839 BGB). Die konkurrierende Gesetzgebungskompetenz hierfür steht dem Bund zu (Art. 74 I Nr. 25 GG).[85]
- **Rückgriffsvorbehalt für den Staat.** Der Staat kann, soweit er Ersatz geleistet hat, die dafür aufgewendeten Beträge unter den Voraussetzungen des Art. 34 S. 2 GG von dem Beamten zurückverlangen. Auch die Anspruchsgrundlage für diesen Rückgriff ist nicht im Grundgesetz, sondern im Beamtenrecht geregelt (s. § 48 BeamtStG).
- **Garantie des ordentlichen Rechtsweges.** Der Anspruch auf Schadensersatz ist vor den Zivilgerichten – und nicht vor den sachnäheren Verwaltungsgerichten – geltend zu machen. In der Praxis treten durch die rechtspolitisch umstrittene Vorschrift eher Rechtsverschlechterungen als -verbesserungen für den Bürger ein: Verwaltungsgerichte ermitteln von Amts wegen, vor den Zivilgerichten muss der Kläger Tatsachen und Beweismittel selbst vorbringen.

Zur Vertiefung:

Zur Freiheit der Person, den Justizgrundrechten und zum Petitionsrecht:

Bauer Das Petitionsrecht: Eine Petitesse?, in: FS Stern, 2012, S. 1211; *Brodowski* Grundfälle zu den Justizgrundrechten, JuS 2012, 892; 980; *Brunner* Das Grundrecht auf Freiheit der Person (Art. 2 II 2, Art. 104 GG), JURA 2020, 1328; *Calliess* Der EuGH als gesetzlicher Richter im Sinne des Grundgesetzes, NJW 2013, 1905; *Gärditz* Ne bis in idem als Justizgrundrecht, JURA 2023, S. 277; *Guckelberger* Neue Erscheinungen des Petitionsrechts – E-Petitionen und öffentliche Petitionen, DÖV 2008, S. 85; *Hornfischer/Janson* Die Gewährung rechtlichen Gehörs in der Praxis, JuS 2021, S. 321; *Knemeyer* Rechtliches Gehör im Gerichtsverfahren, in: HStR VIII, § 1178; *Krüper* Normsetzung im Kraftfeld des Art. 17 GG, DÖV 2017, S. 800; *Kuch* Freiheitsentziehung, 2023; *ders.* Recht auf den gesetzlichen Richter (Art. 101 Abs. 1 S. 2 GG), JURA 2020, S. 228; Langenfeld Das Petitionsrecht, in: HStR III, § 39; *Möstl* Grundrechtliche Garantien im Strafverfahren, HStR VIII, § 179; *Otto* Grundfälle zu den Justizgrundrechten: Art. 103 I GG, JuS 2012, S. 412; *Schroeder* Die Justizgrundrechte des Grundgesetzes, JA 2010, 167; *Voßkuhle/Kaiser* Der allgemeine Justizgewährungsanspruch, JuS 2014, 312; *Wittreck* Freiheit der Person, in: HStR VII, § 151.

Zur Staatshaftung:

Höfling in: Hoffmann-Riem/Schmidt-Aßmann/Voßkuhle (Hrsg.), GVwR III, 2. Aufl. 2013, § 51;

---

84 LG Köln, NJW 2023, 2496 Rn. 51 ff.; s. dazu *Ogorek* JZ 2024, 271 ff. *Rixen* NVwZ 2023, 1481 ff.
85 Anders nach früherem Recht noch BVerfGE 61, 149.

Morlok in: Hoffmann-Riem/Schmidt-Aßmann/Voßkuhle (Hrsg.), GVwR III, 2. Aufl. 2013, §§ 52, 54; *Osterloh* in: Hoffmann-Riem/Schmidt-Aßmann/Voßkuhle (Hrsg.), GVwR III, 2. Aufl., 2013, § 55; *Papier* Justizgewähranspruch/Staatshaftung, in: HStR VI, 1. Aufl., 1989, § 157 (zu Art. 34 GG); *Raap* Staatshaftungsansprüche im Auslandseinsatz der Bundeswehr?, NVwZ 2013, 552; *Sauer* Staatshaftungsrecht, JuS 2012, S. 695 u. 800; *Schlick* Die Rechtsprechung des BGH zu den öffentlich-rechtlichen Ersatzleistungen, NJW 2017, 2509; *Wittreck/Wagner* Der Amtshaftungsanspruch nach Art. 34 S. 1 GG/§ 839 I 1 BGB, JURA 2013, 1213.

§ 12 Schutzbereich und Schranken einzelner Freiheitsrechte

1001 Ein Freiheitsrecht ist anwendbar, wenn im Einzelfall seine Tatbestandsvoraussetzungen und seine Rechtsfolgen einschlägig sind. Die aus anderen Rechtsgebieten geläufige Bezeichnung von Grundrechtstatbestand und -rechtsfolgen hat sich im Verfassungsrecht kaum durchgesetzt. Hier spricht man vom Schutzbereich der Freiheitsrechte. Dabei ist Folgendes zu beachten:

- **Schutzbereich** oder Tatbestand der Freiheitsrechte: Er beschreibt denjenigen Sachbereich, auf welchen ein Grundrecht in personeller und sachlicher Hinsicht angewandt werden soll. Hier stellt sich also neben der Grundrechtsträgerschaft[1] die Frage: Was heißt Freiheit der „Versammlung" (Art. 8 GG), der „Wissenschaft" (Art. 5 III GG), des „Berufs" (Art. 12 GG)? Während der Grundrechtsträger den **„persönlichen Grundrechtstatbestand"** benennt, zählen die übrigen Voraussetzungen zum sog. **„sachlichen Grundrechtstatbestand"**. Der sachliche **Grundrechtstatbestand** der Freiheitsrechte thematisiert die konkreten Einzelfreiheiten, die im jeweiligen Grundrecht garantiert sind. Diese verbürgen eben nicht allgemein Freiheit, sondern etwa „Freiheit der Versammlung" (Art. 8 GG) oder „Freizügigkeit" (Art. 11 GG). Dementsprechend ist bei der Beurteilung eines konkreten Falles zunächst festzustellen, welches Grundrecht thematisch einschlägig ist. Dieses ist nach dem **Grundrechtsschutzbereich** zu bestimmen.
- das **Fehlen schutzbereichsimmanenter Ausnahmeregelungen.** So gilt etwa Art. 8 I GG nicht für alle Versammlungen, sondern nur für solche, die „friedlich und ohne Waffen" stattfinden. Die Freizügigkeit gilt allein im Bundesgebiet. Das Grundrecht auf Kriegsdienstverweigerung (Art. 4 III GG) gilt nur für den Kriegsdienst „mit der Waffe" und nur aufgrund seines „Gewissens". Schutzbereich und Ausnahmeregelung werden bisweilen „Regelungsbereich" genannt, wobei allerdings die Terminologie fließend ist und die Bedeutung des Regelungsbereichs daher schwankt.

Zur Vertiefung:
Hillgruber Grundrechtlicher Schutzbereich, Grundrechtsausgestaltung und Grundrechtseingriff, in: HStR IX, § 200; *Höfling* Grundrechtstatbestand, Grundrechtsschranken, Grundrechtsschrankenschranken, JURA 1994, S. 169 ff.; *Ipsen* Grundzüge einer Grundrechtsdogmatik, Der Staat 2013, S. 266; *Lerche* Grundrechtlicher Schutzbereich, Grundrechtsprägung und

1 S. dazu o. Rn. 928 ff.

https://doi.org/10.1515/9783111271309-016

Grundrechtseingriff, in: HStR V, 2. Aufl., 1992, § 121 Rn. 11 ff.; *Rüfner* Grundrechtsträger, in: HStR IX, § 196; *Schröder* Der Schutzbereich der Grundrechte, JA 2016, S. 641.

I. Glaubens-, Weltanschauungs- und Gewissensfreiheit (Art. 4 GG)

Die Lehrerin L trägt während des Unterrichts aus religiösen Gründen ein Kopftuch, obwohl die einschlägige Vorschrift des § 57 IV NRWSchulG a. F. dies untersagt. Nachdem sie sich weigert, es abzulegen, wurden gegen sie arbeitsrechtliche Sanktionen verhängt, welche von den Arbeitsgerichten bestätigt wurden. Zu Recht? (nach: BVerfGE 138, 296; dazu Rn. 1006). **!**

Art. 4 I, II GG garantiert die Freiheit des Glaubens und des religiösen und weltanschaulichen Bekenntnisses sowie das Recht der ungestörten Religionsausübung. Es handelt sich dabei um ein **einheitliches Grundrecht.**[2] Die Glaubensfreiheit stellt eine Ausprägung der Menschenwürde dar[3] und steht damit in engem Zusammenhang mit der Persönlichkeit eines Menschen. Art. 4 I, II GG werden ergänzt durch die über Art. 140 GG inkorporierten Artikel der Weimarer Reichsverfassung. Es handelt sich bei Art. 4 I, II GG in erster Linie um ein Abwehrrecht. Zusätzlich lassen sich der Norm Gleichbehandlungs-, Leistungs- und Schutzgehalte entnehmen.[4] **1002**

In persönlicher Hinsicht schützt Art. 4 GG **alle natürlichen Personen.** Bei Kindern wird das Grundrecht aus Art. 4 GG bis zum Erreichen der sog. Grundrechtsmündigkeit vom elterlichen Erziehungsrecht (Art. 6 II GG) überlagert.[5] **Religionsmündigkeit** ist mit Vollendung des 14. Lebensjahres anzunehmen.[6] Träger der Glaubensfreiheit sind außerdem nach Art. 19 **III GG juristische Personen und Vereinigungen**, die Tätigkeiten ausüben, welche in den Schutzbereich von Art. 4 GG fallen.[7] **1003**

Art. 4 GG unterscheidet die Grundrechte der **1004**

- **Glaubensfreiheit**, also der Überzeugung vom Ursprung bzw. Sinn der Welt bzw. des menschlichen Lebens ohne Rücksicht darauf, ob sie religiösen, areligiösen oder antireligiösen Ideen entstammt.[8] Der Grundrechtsschutz umfasst

---

2 BVerfGE 125, 39, 79; 138, 296 Rn. 85.

3 BVerfGE 33, 23, 28 f.; 108, 282, 305 f.

4 *Jarass* in: Jarass/Pieroth, GG, Art. 4 Rn. 4.

5 BVerfGE 30, 415, 424.

6 *Bongartz*, in: Gsell/Krüger/Lorenz/Reymann/Wellenhofer, BeckOGK, Stand: 1.6.2024, § 5 RelKErzG Rn. 6.

7 BVerfGE 105, 279, 293.

8 BVerfGE 41, 29, 50; BVerwGE 90, 112, 115; BAGE 79, 319, 338.

die Überzeugungsfreiheit („Haben“ einer Auffassung), deren Mitteilung und die Handlungsfreiheit (Art. 4 II GG). Dazu gehört insbesondere das Recht, sich zu Glaubensgemeinschaften zusammenzuschließen und sich als solche zu betätigen. Geschützt sind **spezifisch glaubensgemäße Handlungen** (Glockenläuten, Gottesdienst, Umzüge, Ruf des Muezzin; Schächten[9]); bei neutralen Handlungen wird am ehesten auf eine nach außen erkennbare glaubensmäßige Motivation abgestellt (soziale Einrichtungen u. a.).[10] Geschützt ist daneben auch die negative Glaubensfreiheit,[11] also auch die Freiheit, nicht zu glauben, einen Glauben oder eine Weltanschauung nicht zu teilen, aus der Kirche oder Weltanschauungsgemeinschaft auszutreten[12] oder dem Einfluss eines bestimmten Glaubens und dessen Handlungen und Symbolen nicht ausgesetzt zu sein.[13]

- **Gewissensfreiheit**, also der Freiheit der ernsten sittlichen, an den Kategorien von Gut und Böse orientierten Entscheidung, welche der Einzelne als für sich verbindlich ansieht.[14] Daraus können im Einzelfall Weigerungsrechte gegenüber generellen gesetzlichen Ge- oder Verboten entstehen. Bekanntester Fall ist das Grundrecht der Kriegsdienstverweigerung (Art. 4 III GG; s. a. Art. 12a GG).[15] Ferner berufen sich nicht selten Umweltaktivisten auf das Grundrecht der Gewissensfreiheit, etwa im Fall des sog. Containerns oder bei Kraftwerksbesetzungen[16] Entsprechendes gilt im Fall des Kirchenasyls.[17] Das Grundrecht kann auch das Direktionsrecht staatlicher und privater Arbeitgeber einschränken.[18]

1005 Konflikte entstehen vor allem bei **religiösen Handlungen im Rahmen von staatlichen Pflichtveranstaltungen.** Hier gilt einerseits Teilnahmepflicht (etwa für Schüler), anderseits haben die Betroffenen keine Möglichkeit, sich den Einwirkungen der Veranstaltung (etwa: Unterricht) zu entziehen. Entsprechende Konflikte treten dementsprechend vor allem in der **Schule** oder vor **Gericht** auf. Hier kommt

---

9 BVerfGE 104, 337, 350 f.; s. dazu auch EuGH, Rs. C-336/19, EU:C:2020:1031 Rn. 52 – Centraal Israëlitisch Consistorie van België u. a.

10 BVerfGE 24, 236, 247; 53, 366, 392 f.; 70, 138, 163.

11 BVerfGE 41, 29, 49; 108, 282, 301.

12 BVerfG, NJW 2008, 2978 Rn. 20.

13 BVerfGE 93, 1, 16.

14 BVerfGE 12, 45, 55; 48, 127, 173; BVerwGE 127, 302, 325; s. dazu *Widmaier* DVBl. 2024, 137 ff.

15 Dazu näher BVerfGE 12, 45, 53; 28, 243, 259; 32, 40, 45; 48, 117, 163; dagegen kennt das GG kein Recht auf Verweigerung des Zivildienstes; s. BVerfGE 78, 391, 395; 80, 354, 359.

16 S. dazu *Brand/Winter* JuS 2021, 113 ff.

17 *Larsen* ZAR 2017, 121 ff.

18 BAGE 47, 363, 376 ff. jedenfalls für den Fall einer zumutbaren Alternative.

es auf die Zumutbarkeit von Alternativverhalten an: Kreuze im Gerichtssaal,[19] Kruzifixe[20] und Schleier[21] im Klassenzimmer und Schulgebete in staatlichen Pflichtschulen[22] lassen sich – im Unterschied zur freien Schulwahl, Privatschulen und Kindergärten[23] – nicht umgehen. Dabei muss aber auch eine mögliche Grundrechtsstellung derjenigen, welche diese Handlungen vornehmen oder Symbole tragen, beachtet werden. Die staatliche Schule muss für andere Religionen und Weltanschauung offen sein.[24] Eine generelle Verweigerung des Schulbesuchs aus religiösen Gründen ist auch dann unzulässig, wenn Eltern stattdessen die Kinder zuhause unterrichten,[25] während eine Unterrichtsbefreiung aus religiösen Gründen an bestimmten Tagen zulässig ist.[26] Die Schulträger sind jedenfalls nicht verpflichtet, für religiöse Zwecke besondere Räume zur Verfügung zu stellen.[27] Störende Handlungen können in öffentlichen Räumen dagegen untersagt werden, wenn Betroffene sie nicht vermeiden oder ignorieren können. Ein glaubensgebotenes Gebet muss in der Schule nicht zugelassen werden, wenn dadurch der Schulfrieden gestört wird.[28] Sonderreglungen über den Schulunterricht enthalten auch die Art. 7 II–IV GG.[29] Lehrkräften kann das **Tragen eines Kopftuchs** nicht bereits wegen der abstrakten Eignung zur Störung des Schulfriedens verboten werden.[30] Anders verhält es sich aber dann, wenn das äußere Erscheinungsbild von Lehrkräften zu einer hinreichend konkreten Gefährdung oder Störung des Schulfriedens oder der staatlichen Neutralität führt oder wesentlich dazu beiträgt.[31] Stets zulässig ist ein Verbot der Ganzkörperverschleierung, etwa ein Verbot der Burka, da andernfalls der persönliche Kontakt zu den Schülern zu sehr beeinträchtigt wird.[32] Verfassungsrechtlich nicht zu beanstanden ist auch ein Burka- und Niqab-Verbot für Schülerinnen während des Unterrichts.[33] Rechtsreferendarinnen darf das

19 Dazu BVerfGE 35, 366.
20 Dazu BVerfGE 93, 1, 16 f.; BVerwGE 109, 40, 59.
21 Dazu BVerfGE 108, 282.
22 Für deren grundrechtliche Zulässigkeit BVerfGE 52, 223.
23 Für Zulässigkeit des Gebets im Kindergarten vgl. BVerfG, NJW 2003, 3468.
24 BVerfGE 138, 296 Rn. 111.
25 BVerfG, NVwZ 2008, 72; NJW 2009, 3151; BVerwG, NVwZ 2010, 525.
26 BVerwGE 42, 128, 130.
27 Zum islamischen Gebet in Schulräumen VG Berlin, NVwZ-RR 2010, 189; anders OVG Berlin-Brandenburg, NVwZ 2010, 1310; BVerwG, NVwZ 2012, 162.
28 BVerwGE 141, 223 Rn. 42.
29 Zur Zulässigkeit eines Ethik-Unterrichts als Alternative zum Religionsunterricht BVerfG, DÖV 2007, 653.
30 BVerfGE 138, 296 Rn. 101; anders noch BVerfGE 108, 282, 310.
31 BVerfGE 138, 296 Rn. 113.
32 *Jarass* in: Jarass/Pieroth, GG, Art. 4 Rn. 36; *Edenharter* DÖV 2018, 351, 355 f.
33 *Edenharter* DÖV 2018, 351, 356 ff.

Tragen eines Kopftuchs im Gerichtssaal untersagt werden,[34] wenngleich das Verwenden eines religiösen Symbols im richterlichen Dienst nach Ansicht des BVerfG für sich genommen nicht geeignet ist, Zweifel an der Objektivität der betreffenden Richter zu begründen.[35] Das im März 2021 in NRW verabschiedete Justizneutralitätsgesetz verbietet es Richtern, Staatsanwälten und Referendaren generell, im Gerichtssaal und bei Ausübung hoheitlicher Tätigkeiten, bei der mit einer Wahrnehmung durch Dritte zu rechnen ist, religiös oder weltanschaulich konnotierte Kleidung, etwa ein Kopftuch, zu tragen. Ein religiöses Gebot, das der Einhaltung der Helmpflicht beim Motorradfahren entgegen steht wie etwa das Gebot der Gesichtsverschleierung, überwiegt nicht gegenüber kollidierenden Verfassungsgütern, da ein Ausweichen auf andere Verkehrsmittel möglich und zumutbar ist.[36]

Eine Grundrechtskollision zwischen der Glaubensfreiheit und anderen Grundrechten ergab sich auch in Zeiten der Corona-Pandemie, als zum Schutz von Leben und Gesundheit (Art. 2 II 1 GG) religiöse Zusammenkünfte in Kirchen, Synagogen und Moscheen untersagt wurden. Das BVerfG stufte das Verbot für verfassungsgemäß ein, mahnte jedoch eine strikte Verhältnismäßigkeitsprüfung während der gesamten Dauer des Verbots an.[37]

Konflikte können sich schließlich dann ergeben, wenn der Staat im Eingangsbereich staatlicher Behörden die Anbringung eines Kreuzes anordnet, wie dies im sog. Kreuzerlass der Bayerischen Staatsregierung geschehen ist. Allerdings hat das BVerwG entschieden, dass sich weder aus dem Grundrecht auf Glaubensfreiheit des Art. 4 I, II GG noch aus dem Verbot der Diskriminierung wegen des Glaubens und der Weltanschauung nach Art. 3 III 1 GG in Verbindung mit dem Grundsatz weltanschaulich-religiöser Neutralität des Staates ein Anspruch einer Weltanschauungsgemeinschaft auf Entfernung derartiger Kreuze ergibt, da das Kreuz in diesem Fall Ausdruck der geschichtlichen und kulturellen Prägung Bayerns sei und keine Werbung für die christlichen Kirchen darstelle.[38] Diese Argumentation ist wenig überzeugend, da ein Kreuz zumindest auch immer ein religiöses Symbol ist.[39]

1006 ***Lösung zum Beispielsfall*** *(Rn. 1002):*

Der Schutz des Grundrechts auf Glaubens- und Bekenntnisfreiheit nach Art. 4 I, II GG gewährleistet auch Lehrkräften in der öffentlichen bekenntnisoffenen Gemeinschaftsschule die Freiheit, einem aus religiösen Gründen als verpflichtend verstandenen Bedeckungsgebot zu genügen, wie dies etwa durch das Tragen eines islamischen Kopftuchs der Fall sein kann. Ein landesweites gesetzliches Verbot religiöser Bekundungen wie nach § 57 IV NRWSchulG a. F. durch das äußere Erscheinungsbild schon wegen der bloß abstrakten Eignung zur Begründung

34 BVerfGE 153, 1 Rn. 10 4 ff.

35 BVerfGE 153, 1 Rn. 99; ausf. zum Ganzen *Schäfer* AöR 148 (2023), 413, 437 ff.

36 OVG Münster, NJW 2021, 2982 Rn. 15 ff.; ähnlich OVG Münster BeckRS 2024, 17609 Rn. 65 ff.

37 BVerfG, NJW 2020, 1427 Rn. 14 f.

38 BVerwG, NVwZ 2024, 673 Rn. 15 ff.

39 BVerfGE 93, 1, 19 f.; so auch *Muckel* JZ 2024, 724, 728.

einer Gefahr für den Schulfrieden oder die staatliche Neutralität in einer öffentlichen bekenntnisoffenen Gemeinschaftsschule ist unverhältnismäßig, wenn dieses Verhalten nachvollziehbar auf ein als verpflichtend verstandenes religiöses Gebot zurückzuführen ist. Ein angemessener Ausgleich der verfassungsrechtlich verankerten Positionen – der Glaubensfreiheit der Lehrkräfte, der negativen Glaubens- und Bekenntnisfreiheit der Schülerinnen und Schüler sowie der Eltern, des Elterngrundrechts und des staatlichen Erziehungsauftrags – erfordert eine einschränkende Auslegung der Verbotsnorm, nach der zumindest eine hinreichend konkrete Gefahr für die Schutzgüter vorliegen muss. Wird in bestimmten Schulen oder Schulbezirken auf Grund substanzieller Konfliktlagen über das richtige religiöse Verhalten bereichsspezifisch die Schwelle zu einer hinreichend konkreten Gefährdung oder Störung des Schulfriedens oder der staatlichen Neutralität in einer beachtlichen Zahl von Fällen erreicht, kann ein verfassungsrechtlich anzuerkennendes Bedürfnis bestehen, religiöse Bekundungen durch das äußere Erscheinungsbild nicht erst im konkreten Einzelfall, sondern etwa für bestimmte Schulen oder Schulbezirke über eine gewisse Zeit auch allgemeiner zu unterbinden.[40]

Neben der individuellen Glaubens- und Weltanschauungsfreiheit ist auch die **korporative Religions- und Weltanschauungsfreiheit** durch Art. 4 I, II GG i. V. m. Art. 19 III GG geschützt.[41] Diese kommt religiösen und weltanschaulichen Vereinigungen als solchen zu und wird durch Art. 137 II 2 WRV i. V. m. Art. 140 GG ergänzt. Die **Rechtsstellung der Kirchen**[42] findet ihre Grundlage in Art. 4 i. V. m. Art. 140 GG/Art. 136 ff. WRV. Danach nehmen die Kirchen und andere Religionsgemeinschaften eine eigenartige Doppelstellung ein: Sie sind vom Staat prinzipiell getrennt (Art. 137 I WRV) und können unter bestimmten Voraussetzungen[43] zugleich Körperschaften des öffentlichen Rechts werden (Art. 137 V WRV), womit bestimmte Privilegien wie die Dienstherrenfähigkeit, das Besteuerungsrecht (Art. 137 VI WRV) sowie die Rechtssetzungsautonomie und das Recht auf Einrichtung einer unabhängigen Gerichtsbarkeit[44] verbunden sind.[45] Die Titulierung von Religionsgemeinschaften als Körperschaften des öffentlichen Rechts ist irreführend. Dies liegt daran, dass als Körperschaften des öffentlichen Rechts im technischen Sinn heute mit Rechtsfähigkeit ausgestattete Personenverbände bezeichnet werden, die unter staatlicher Aufsicht Staatsaufgaben wahrnehmen.[46] Derartige 1007

40 BVerfGE 138, 296 (Ls. 1–3).

41 BVerfGE 105, 279, 293.

42 Dazu näher: *v. Campenhausen/de Wall* Staatskirchenrecht, 5. Aufl., 2022; *Jeand'Heur/Korioth* Grundzüge des Staatskirchenrechts, 2000; *Unruh* Religionsverfassungsrecht, 5. Aufl., 2023; s. a. *Heinig* Öffentlich-rechtliche Religionsgesellschaften, 2003; *Classen* Religionsrecht, 3. Aufl., 2021.

43 Dazu BVerfGE 102, 370, 400.

44 BVerwGE 153, 282, 286 ff.

45 Ausf. zum Ganzen *Jarass* in: Jarass/Pieroth, GG, Art. 140 Rn. 27 ff.

46 *Maurer/Waldhoff* Allgemeines Verwaltungsrecht, 21. Aufl. 2024, § 23 Rn. 35; *von Campenhausen/de Wall* Staatskirchenrecht, 5. Aufl. 2022, § 18 Rn. 1 ff.

Aufgaben übernehmen die Religionsgemeinschaften aber gerade nicht. Die Bezeichnung als Körperschaften des öffentlichen Rechts geht vielmehr auf die Weimarer Reichsverfassung zurück. Dadurch sollen den betreffenden Religionsgemeinschaften bestimmte Körperschaftsrechte vermittelt und ihre Bedeutung für die öffentliche Ordnung anerkannt werden.[47] Während materiell Staatsferne vorgesehen ist, kann als Organisationsform ein öffentlich-rechtlicher Status gewählt werden, der sonst nur für Träger von Staatsgewalt vorgesehen ist. Anders ausgedrückt: **Kirchen können zwar wie Träger von Staatsgewalt organisiert sein; sind aber grundsätzlich keine solchen Träger.** Staat und Kirche sind prinzipiell getrennt, es gibt keine Staatskirche (Art. 140 GG/Art. 137 I WRV). Der Staat hat zwischen den Religionsgemeinschaften prinzipiell **Neutralität**[48] zu wahren; zwischen den Religionsgemeinschaften gilt grundsätzlich das Recht der **Parität.** Aus diesem organisatorischen Sonderrecht werden auch grundrechtliche Besonderheiten abgeleitet:

(1) **Kirchen sind** – anders als sonstige Körperschaften des öffentlichen Rechts – **Grundrechtsträger.**[49]
(2) **Kirchen sind keine Grundrechtsadressaten** gem. Art. 1 III GG.[50]

Kirchen können demnach Körperschaften des öffentlichen Rechts sein. Grundrechtlich werden sie jedoch wie Private behandelt. Daraus folgt insbesondere: Alle **Religionsgemeinschaften** – Körperschaften und sonstige „Religionsgesellschaften" (Art. 137 II WRV) – **genießen gegenüber dem Staat den vollen Grundrechtsschutz.** Im Einzelfall wird zwischen der Rechtsstellung der Kirchen einerseits und den entgegenstehenden Belangen des Staates und Dritter andererseits abgewogen.[51] Staatliche **Warnungen** vor Glaubens- oder Religionsgemeinschaften sind nur bei objektiv nachweisbaren Gefahren für vorrangige Rechtsgüter Dritter oder der Allgemeinheit zulässig.[52]

1008 Umgekehrt ist das Recht aus Art. 137 III WRV, die eigenen Angelegenheiten selbstständig, innerhalb des für alle geltenden Gesetzes, zu ordnen und zu verwalten, nicht an die Grundrechte der Kirchenmitglieder gebunden. **Sofern in einem Rechtsstreit zwischen Kirche und Kirchenmitgliedern überhaupt Grundrechte**

47 *Maurer/Waldhoff* Allgemeines Verwaltungsrecht, 21. Aufl. 2024, § 23 Rn. 35; *von Campenhausen/de Wall* Staatskirchenrecht, 5. Aufl. 2022, § 18 Rn. 4.

48 Zu ihr umfassend *Huster* Der Grundsatz der religiös-weltanschaulichen Neutralität des Staates – Gehalt und Grenzen, 2014, S. 27 ff.; *ders.* Die ethische Neutralität des Staates, 2017.

49 BVerfGE 19, 1, 5; 57, 220, 240 f.; 70, 138, 161; s. o. Rn. 943.

50 BVerfGE 18, 385, 387.

51 BVerfGE 125, 39, 78.

52 BVerfGE 105, 279.

Anwendung finden können, können dies demnach nur Drittwirkungsfälle sein. Rechtsstreitigkeiten entstehen hierbei vor allem im Bereich des Arbeitsrechts.[53]

Das Kirchenrecht erlegt kirchlichen Arbeitnehmern besondere Loyalitätsob- **1009** liegenheiten gegenüber ihrem Arbeitgeber auch außerhalb des Dienstes auf. Verstöße können zur Kündigung des Arbeitsverhältnisses führen. Grundrechtsfragen entstehen daraus, wenn die Pflichtverletzung des Arbeitnehmers in einer Handlung besteht, die ihrerseits grundrechtlichen Schutz genießt. Äußert der Arbeitnehmer außerdienstlich eine kirchenkritische Meinung oder verstößt er im katholischen Bereich gegen das kirchliche Eherecht, etwa durch Eingehung einer gleichgeschlechtlichen Ehe oder durch Wiederheirat nach vorangegangener Scheidung, so entstehen Drittwirkungsfälle: Die – weit verstandene – Glaubensfreiheit der Kirche kollidiert mit der Meinungs- oder Eheschließungsfreiheit des Arbeitnehmers. Das **BAG** – und ähnlich der EGMR – sehen die Kirchen arbeitsrechtlich als „Tendenzbetriebe" und prüfen im Einzelfall, inwieweit das Verhalten des Arbeitnehmers geeignet war, den besonderen rechtlichen Schutz des Arbeitgebers zu beeinträchtigen.[54] Dabei werden die Bedeutung des konkreten Arbeitnehmers für den kirchlichen Verkündungsauftrag, die Beeinträchtigung des Verkündungsauftrages im Einzelfall und das Gewicht des Rechtsverstoßes in Abwägung zu den Rechten der Kirche einbezogen. Hier erlangt das Verhalten des Pfarrers anderes Gewicht, als dasjenige der Registraturangestellten; der öffentlich bekanntgemachte Aufruf gegen die Kirche andere Bedeutung als die heimlich geschlossene Ehe mit einem gleichgeschlechtlichen Partner.

Das BVerfG beurteilt vergleichbare Fälle vom **kirchlichen Selbstbestim-** **1010** **mungsrecht** her.[55] Danach sei es das freie Recht der Kirchen, ihre „eigenen Angelegenheiten" selbst zu regeln (Art. 137 III WRV). Dieses Recht schließe die einseitige Gestaltung des kirchlichen Dienstes durch den Arbeitgeber ein; und zwar sowohl hinsichtlich des inner- als auch des außerdienstlichen Verhaltens. Prägend hierfür sei das Selbstverständnis der Kirchen, das bei der Interpretation des Arbeitsvertrages besonders zu beachten sei. Praktisch bedeutet dies: Angesichts des einseitigen Selbstbestimmungsrechts der Kirche und ihrer fehlenden Grundrechtsbindung, kann den Rechtspositionen der Arbeitnehmer nur periphere Bedeutung zukommen. Sie werden in die Abwägung nur eingestellt, soweit das „Willkürverbot" (Art. 3

---

53 Zum kirchlichen Arbeitsrecht und seinen Besonderheiten *Richardi* Arbeitsrecht in der Kirche, 8. Aufl., 2020.

54 BAGE 30, 247; 47, 144; 292; s. a. BAGE 58, 92; in der Sache ähnlich EGMR, EuGRZ 2010, 571, 576; 560, 568.

55 BVerfGE 70, 138, 162 ff.; 137, 273 Rn. 90 ff.

GG), die „guten Sitten" oder der ordre public entgegenstehen. Es findet damit nur eine sehr eingeschränkte Kontrolle durch die staatlichen Gerichte statt.

1011 Der Unterschied zwischen beiden Positionen zeigt sich in einem divergierenden Verständnis der grundrechtsfreien „eigenen Angelegenheiten" der Kirchen. Wenn das BVerfG hierzu erhebliche Teile des Arbeitsrechts zählt, stellt sich die weitere Frage, warum der Verkauf des Kirchengrundstücks, die Haftpflicht bei Unfällen des Dienstwagens des Bischofs oder die Streupflicht auf dem Bürgersteig vor dem Gemeindehaus nicht gleichfalls dem Kirchenrecht unterliegen.[56] Dass dieses nicht der Fall ist, zeigt die Grenze des kirchlichen Selbstbestimmungsrechts, nämlich das **„für alle geltende Gesetz"**.[57] Kauf-, Haftpflicht- und Arbeitsrecht sind staatliche Normen, die gegenüber dem kirchlichen Auftrag neutral sind und für jedermann gelten. Sie sind daher in der Lage, das kirchliche Selbstbestimmungsrecht einzuschränken. Das gilt erst recht, wenn die Kirche aufgrund freiwilliger Rechtswahl das staatliche Recht einem Vertrag zugrunde legt, wie dies beim Arbeitsvertrag – im Unterschied zum kirchlichen Amtsrecht der Geistlichen – der Fall ist. Vor diesem Hintergrund ist die Rechtsprechung von EGMR und BAG konsequenter. Sie erkennt den Konflikt als dasjenige, was er nach der sonstigen Judikatur des BVerfG tatsächlich ist, nämlich ein Fall von Grundrechtskollision und -drittwirkung.

1012 In jüngster Zeit gerät die Rechtsprechung des BVerfG zum kirchlichen Arbeitsrecht zunehmend unter Druck durch die **Judikatur des EuGH**, der vor dem Hintergrund des Antidiskriminierungsrechts hohe Anforderungen an eine Ungleichbehandlung aus Gründen der Religion stellt. So hat der EuGH in den Fällen *Egenberger*[58] und *Chefarzt*[59] entschieden, dass die nationalen Gerichte bei der Beurteilung der Rechtmäßigkeit einer Loyalitätsobliegenheit eine Verhältnismäßigkeitskontrolle durchzuführen haben. In deren Rahmen soll entscheidend sein, ob das geforderte loyale und aufrichtige Verhalten eine „wesentliche, rechtmäßige und gerechtfertigte berufliche Anforderung angesichts des Ethos der Kirche oder Organisation" darstellt.[60] „Gerechtfertigt" ist eine Loyalitätsobliegenheit aus Sicht des EuGH nur dann, wenn sie durch ein staatliches Gericht überprüfbar und wenn sie notwendig ist, um eine Gefahr der Beeinträchtigung des Ethos oder des Selbstbestimmungsrechts abzuwenden.[61]

---

56 BVerfGE 72, 278, 288 ff., verneinte sogar die Pflicht zur Bildung von Berufsbildungsausschüssen für kirchliche Ausbildungsverhältnisse. Zur kirchlichen Sonderstellung im Insolvenzrecht noch BVerfGE 66, 1, 19 ff.

57 Zur Reichweite des Gesetzesvorbehalts aus Art. 137 III WRV *Wieland* Der Staat 1986, 321.

58 EuGH, Rs. C-414/16, NJW 2018, 1869.

59 EuGH, Rs. C-68/17, NJW 2018, 3086.

60 EuGH, Rs. C-414/16, NJW 2018, 1869 Rn. 62 ff.; EuGH, Rs. C-68/17, NJW 2018, 3086 Rn. 61.

61 EuGH, Rs. C-414/16, NJW 2018, 1869 Rn. 65; EuGH, Rs. C-68/17, NJW 2018, 3086 Rn. 53.

Zur Vertiefung:
Zu Art. 4/140 GG:
Barczak Die Glaubens- und Gewissensfreiheit des Grundgesetzes, JURA 2015, S. 463; *Bielefeldt* Religionsfreiheit, 2008; *Borowski* Glaubens- und Gewissensfreiheit des Grundgesetzes, 2006; *Czermak* Religions- und Weltanschauungsrecht, 2008; *v. Campenhausen* Religionsfreiheit, in: HStR VII, § 157; *Edenharter* Vollverschleierungsverbote im Bildungs- und Erziehungsbereich, DÖV 2018, S. 351; *Fischer/Groß* Die Schrankendogmatik der Religionsfreiheit, DÖV 2003, S. 932; *Grote* Religionsfreiheit zwischen individueller Selbstbestimmung, Minderheitenschutz und Staatskirchenrecht, 2001; *Hofmann* Religiöse Symbole in Schule und Öffentlichkeit, NVwZ 2009, S. 74; *Holterhus/Aghazadeh* Die Grundzüge des Religionsverfassungsrechts, JuS 2016, S. 19 u. 117; *Klein* Das Recht der Kirchen im Tauziehen zwischen Luxemburg und Karlsruhe – Das kirchliche Arbeitsrecht als Machtprobe?, EuR 2019, S. 338; *Krewerth* Besondere Loyalitätsobliegenheiten in kirchlichen Arbeitsverhältnissen, 2022; *Leitmeier* Das Kopftuchverbot für Rechtsreferendarinnen, NJW 2020, S. 1036; *Mückl* Grundlagen des Staatskirchenrechts, in: HStR VII, § 159; *Neureither* Grundfälle zu Art. 4 I, II GG, JuS 2006, S. 1067; *Payandeh* Das Kopftuch der Richterin aus verfassungsrechtlicher Perspektive, DÖV 2018, S. 482; *Schäfer* Religiöse Symbole und staatliche Neutralität, AöR 148 (2023), S. 413; *Schaub/Gölzer/Fischer-Uebler* Religionsausübung in Zeiten der Covid-19-Pandemie, DVBl. 2022, S. 146; *Schneedorf* Diskriminierungsschutz nach dem EuGH – Bröckelt das Fundament des kirchlichen Arbeitsrechts?, NJW 2019, S. 177; *Steinberg* Religiöse Symbole im säkularen Staat, Der Staat 56 (2017), S. 157; *Vosgerau* Freiheit des Glaubens und Systematik des GG, 2007; *Walter* Religionsverfassungsrecht, 2006.

Zur Gewissensfreiheit:
Bethge Gewissensfreiheit, in: HStR VII, § 158; *Borowski* Glaubens- und Gewissensfreiheit des Grundgesetzes, 2006; *Brand/Winter* Grundrechte als strafrechtliche Rechtfertigungsgründe, JuS 2021, S. 113; *Filmer* Das Gewissen als Argument im Recht, 2000; *Freihalter* Gewissensfreiheit – Aspekte eines Grundrechts, 1973; *Grochtmann* Justitiabilität der Gewissensfreiheit, 2009; *Kohlhofer* Gewissensfreiheit und Militärdienst, 2000; *Vosgerau* Freiheit des Glaubens und Systematik des GG, 2007; *Widmaier* Die Berufung auf das Gewissen – ein Überblick über höchst unterschiedliche Konfliktlagen und deren Lösung, DVBl. 2024, S. 137.

II. Meinungsfreiheit-, Informations-, Presse-, Rundfunk- und Filmfreiheit (Art. 5 I, II GG)

! Die Z-Zeitschrift enthält überwiegend illustrierte Reportagen über das Leben der Reichen und Schönen. In ihrer letzten Ausgabe berichtete sie über eine Prominente, welche beim Shopping mit ihren Kindern gezeigt wurde. Im Text wurde berichtet, dass in Krisenzeiten auch die Reichen sparen müssen. P und ihre Kinder fühlen sich durch die Veröffentlichung in ihrer Privatsphäre verletzt und fordern unter Berufung auf die §§ 1004, 823 BGB Unterlassung (nach: BVerfGE 120, 180; EGMR NJW 2004, 2647; zum Fall Rn. 1034).

1013 Art. 5 I 1 GG garantiert die Freiheit der Meinungsäußerung. **Meinung** ist jede **Mitteilung von Tatsachen oder Werturteilen.** Während dies für Letztere unstreitig ist, soll es für Erstere jedenfalls dann gelten, wenn die Information als Grundlage oder im Zusammenhang mit Wertungen übermittelt wird oder einen Beitrag zur Bildung der öffentlichen Meinung leisten kann.[62] Der so verstandene Schutzbereich wird weit ausgelegt und soll grundsätzlich wahre und unwahre, „wertvolle" und „wertlose", politische und unpolitische Äußerungen umfassen. Dies gilt auch unabhängig von der politischen Tendenz einer Äußerung in Übereinstimmung oder im Gegensatz zu zentralen Wertentscheidungen des Grundgesetzes (s. dazu einerseits Art. 18 GG, andererseits etwas enger Art. 17 EMRK).[63] Äußerungen, die sich gezielt gegen eine Minderheit richten, hetzerischen und rassistischen Gehalt aufweisen, fallen daher nicht schon deshalb aus dem sachlichen Schutzbereich des Art. 5 I 1 GG.[64] Meinungen sind allerdings nur geschützt als Medium geistiger Wirkungen auf die Umwelt. Weder rechtfertigt Meinungsfreiheit die Anwendung oder Androhung von Gewalt noch wirtschaftlichen Boykott.[65] Nicht geschützt ist nach Ansicht des BVerfG schließlich die erwiesen oder bewusst unwahre Tatsachenbehauptung, da die unrichtige Information kein schützenswertes Gut sei.[66]

Faktisch ist die Meinungsfreiheit immer die Freiheit der abweichenden Meinung. Aus der so garantierten Freiheit der Vielzahl öffentlicher und privater Meinungsäußerungen ergibt sich die pluralistische **öffentliche Meinung**, die aber selbst keine eigene Meinung, sondern eine Resultante individueller Meinungen ist. Sie ist im pluralistischen Gemeinwesen regelmäßig vielschichtig und differenziert. Meinungsfreiheit und -vielfalt ist hier zugleich eine der zentralen Grundlagen der Demokratie, welche eben nicht nur staatsorganisatorisch, sondern auch

---

62 Vgl. BVerfGE 90, 241, 247; BVerfG, NJW 2011, 47 Rn. 19; ähnlich *Manssen* Staatsrecht II Rn. 387 ff.; krit. dazu *Buchheim* Der Staat 59 (2020), 159, 181 ff., der nur „das eigene Sich-Verhalten zur Welt" schützen will.

63 Zur sog. „Auschwitz-Lüge" EGMR, Beschl. v. 13. 12. 2005 – Nr. 7485/03. Zum GG BVerfGE 90, 241, 247; s. a. BVerfGE 124, 300, 331.

64 BVerfG, NJW 2019, 3567 Rn. 17 f.

65 BVerfGE 25, 256, 264 f.

66 BVerfG, NJW 2018, 2858 Rn. 20.

grundrechtlich gesichert ist. **Freiheit und Gleichheit sind** eben nicht nur Grenzen, sondern vor allem **die rechtliche Basis der demokratischen Staatsform.** Umgekehrt ist die Demokratie mit ihrer offenen Mehrheits-, Minderheits- und Kompromisssuche sowie dem gewaltenteilenden System von checks and balances in besonderer Weise geeignet, Grundrechte zu sichern und zu beachten.

Medien der Meinungsfreiheit sind die – weit auszulegenden – Formen von **Wort, Schrift** und **Bild.** Wird die Meinung über die Presse verbreitet, ist dennoch die Meinungsfreiheit des Art. 5 I 1 1. Var. GG einschlägig und nicht die Pressefreiheit nach Art. 5 I 2 GG.[67] Zur Meinungsäußerung gehört so auch die „Ein-Mann-Demonstration" mit Plakaten oder sonstigen Medien. Sie ist nach Art. 5 I GG, nicht nach Art. 8 I GG geschützt. Geschützt ist grundsätzlich auch die Meinungskundgabe im Internet, wenn sie über die Zusammenstellung von Textinformationen für einen unbestimmten Personenkreis hinausgeht, mit der Folge, dass sich Betreiber von Suchmaschinen nicht auf Art. 5 I 1 1. Var. GG berufen können.[68] **Neue Medien**, die nicht auf Massenkommunikation, sondern auf Individualkommunikation ausgelegt sind, etwa Messenger-Dienste, unterfallen grundsätzlich der Meinungsfreiheit.[69] 1014

Geschützt ist auch die **negative Meinungsfreiheit**, mithin das Recht, Meinungen nicht zu äußern und nicht zu verbreiten.[70] Dementsprechend schützt die Meinungsfreiheit vor der Pflicht zur Teilnahme an staatlich organisierten Grußbotschaften und Ergebenheitsbekundungen.[71] Nicht berührt ist die negative Meinungsfreiheit jedoch, wenn staatliche Informationen als staatliche Information verbreitet werden müssen, etwa in Form des Aufdrucks „Rauchen gefährdet die Gesundheit".[72] 1015

Komplementärgarantie zur Meinungsfreiheit ist die **Informationsfreiheit.** Garantiert die eine die Kundgabe von Äußerungen, so verbürgt die andere die Kenntnisnahme von Meinungen. Allerdings bezieht sich das Recht, sich zu informieren, nur auf „allgemein zugängliche Quellen". Dies sind Quellen, die bestimmt und technisch geeignet sind, der Allgemeinheit Informationen zu verschaffen.[73] Voraussetzung ist also, dass die Quelle zugänglich ist; es existiert kein Grundrecht, die Quelle erst zugänglich zu machen. Ein Auskunfts- oder Akteneinsichtsrecht (sog. 1016

67 BVerfGE 152, 152 Rn. 94; BVerfG, NJW 2023, 510 Rn. 11; *Kingreen/Poscher* Grundrechte, Rn. 779.
68 BVerfGE 152, 216 Rn. 105; *Kingreen/Poscher* Grundrechte Rn. 762.
69 *Bethge* in: Sachs, GG, Art. 5 Rn. 45; vgl. auch *Schiff* MMR 2018, 366, 367 f.; zur Massenkommunikation s. u. Rn. 1020.
70 BVerfGE 65, 1, 40.
71 *Kingreen/Poscher* Grundrechte Rn. 660.
72 BVerfGE 95, 173, 182.
73 BVerfGE 27, 71, 81 ff.; s. a. BVerfGE 15, 288, 295; 18, 310, 315; 27, 104, 109 f.; 33, 52, 65 ff.

Informationszugangsrecht, **„freedom of information"**) wird aus dieser Garantie nur vereinzelt hergeleitet. Es findet seine Begründung und Ausgestaltung eher in den Informationsfreiheitsgesetzen (IFG) von Bund und Ländern.[74] Eine Bereichsausnahme von der Informationsfreiheit zu Gunsten des Bundesnachrichtendienstes (BND) besteht nicht.[75]

1017 Für die öffentliche Zugänglichkeit nicht maßgeblich ist insbesondere die Herkunft der Quelle aus dem In- oder Ausland. Neben Zeitungen, Rundfunk, Flugblättern, Anschlägen an Plakatsäulen und Ausstellungen zählen hierzu auch ausländische Rundfunksendungen oder Zeitungen aus dem Ausland. Deren Abhören oder Import darf nicht beeinträchtigt werden. Dieser Ausprägung kommt durch die Satellitenkommunikation gesteigerte Bedeutung zu. Neben der positiven Freiheit ist auch die negative Informationsfreiheit geschützt, d. h. es besteht Schutz vor unentrinnbar aufgedrängter Information.[76]

1018 Die **Pressefreiheit** (Art. 5 I 2 GG) umfasst die **Herstellung und Verbreitung von Druckerzeugnissen.** Nicht maßgeblich ist der Inhalt des Erzeugnisses[77]: Geschützt sind redaktionelle und Anzeigenteile[78] bei Zeitungen, Büchern, Flugblättern, Plakaten und Handzetteln. Maßgebliches Kriterium zur Abgrenzung von Neuen Medien ist das Mittel der Verbreitung: Was auf elektronische Weise verbreitet wird, ist Rundfunk oder Fernmeldeverkehr (Telekommunikation); was auf sonstige Weise verbreitet wird, ist Presse. **Träger der Pressefreiheit** sind Presseunternehmer und Journalisten. Die Rechtsbeziehungen zwischen diesen werden durch das Arbeitsrecht geregelt, das die dabei auftretenden Kollisionen weitgehend zugunsten des Verlegers löst. Demnach sollen Direktionsrecht des Arbeitgebers und Beschränkungen der Mitbestimmung in sog. Tendenzbetrieben aus Art. 5 I GG gerechtfertigt sein.[79] Art. 5 I 2 GG schützt:

– die **Informationserlangung (Recherchefreiheit) durch die Presse.** Was die Presse an Informationen zu erlangen sucht, erfolgt in Wahrnehmung berechtigter Belange.[80] Diesem Schutz kommt für Pressefotos nach § 23 KUG Drittwirkung zu.[81] Die Pressefreiheit kann

74 Dazu *Schoch* in: Schoch, Informationsfreiheitsgesetz, 3. Aufl., 2024, § 1 Rn. 15 ff., 199 ff.; Gusy JZ 2014, 171.

75 BVerwG, NVwZ 2020, 305 Rn. 18.

76 *Jarass* in: Jarass/Pieroth, GG, Art. 5 Rn. 25.

77 A. a. aber nun BVerwGE 165, 82 Rn. 29.

78 BVerfGE 21, 271, 278; 64, 108, 114.

79 Zum „Tendenzschutz" BVerfGE 21, 271, 278; 37, 84, 91; 42, 53, 63; 48, 271, 278; 52, 283, 301.

80 Zu den Grenzen BVerfGE 66, 116, 133 ff.: Das Einschleichen in eine Redaktion unter falscher Identität ist unzulässig.

81 Dazu BVerfGE 120, 180, 213.

auch einen verfassungsunmittelbaren Auskunftsanspruch der Presse gegenüber Behörden begründen.[82]

- das **Redaktionsgeheimnis.** Dieses lässt Durchsuchungen von Presseorganen oder das Abhören der Telefone von Journalisten[83] nur in Ausnahmefällen zu.[84] Presseangehörigen steht vor Gericht grundsätzlich ein Zeugnisverweigerungsrecht über Vorgänge zu, die dem Redaktionsgeheimnis unterliegen.[85]
- die **Freiheit der Berichterstattung**, Kommentierung und Aufmachung der Artikel durch die Presse. Dazu zählen namentlich die Auswahl der Nachrichten, die Meinungsfreiheit hinsichtlich ihrer Bewertung und die Form der Präsentation (Schlagzeile, Innenteil) durch Wort, Schrift und Bild.
- die **Herstellung, Verbreitung und der Vertrieb von Presseerzeugnissen.** Nicht hierzu zählt allerdings das Recht auf ermäßigte Postgebühren.[86]
- die **Eröffnung und den Betrieb von Presseunternehmen.** Der Betrieb ist frei, ein Anspruch auf staatliche Hilfe besteht nicht. Die Subventionierung von Presseunternehmen unterliegt dem Gesetzesvorbehalt.[87] Ob wegen der zunehmenden Pressekonzentration Maßnahmen zur Erhaltung der Pressevielfalt erfolgen können, ist überaus umstritten. Unzulässig sind Auflagenlimitierungen für Presseorgane; die Unterstellung der Presse unter das geltende Wettbewerbsrecht einschließlich der Wettbewerbsaufsicht ist zulässig.
- den **freien Zugang zu Presseberufen.**
- als Teilhaberecht die **Möglichkeit der Berichterstattung an gerichtlichen Verfahren** (Art. 5 I 2 i.V.m. Art. 3 I GG).[88]

Neben der Pressefreiheit garantiert Art. 5 I 2 GG die Freiheit der Berichterstattung 1019
durch Rundfunk. Diese sog. „Rundfunkfreiheit“[89] betrifft die Verbreitung von Kommunikation an einen unbestimmten Personenkreis in elektronischer Form, also wellen- oder kabelgestützt. Das Grundrecht ist zunächst aus sich selbst und nicht primär aus der „freiheitlichen Kommunikationsverfassung des Grundgesetzes“ auszulegen. Danach unterscheidet es sich nicht nur textlich, sondern auch sinngemäß von der zuvor dargestellten anderen Medienfreiheit, nämlich derjenigen der Presse. Dem Wortlaut und der Entstehungsgeschichte des Rundfunkgrundrechts lässt sich jedenfalls nicht entnehmen, dass sämtliche der genannten Einzelfreiheiten des Pressegrundrechts auch auf den Rundfunk unmittelbar anwendbar sein sollen oder können. Ausgangspunkt hat dabei zu sein, dass der Parlamentarische Rat in Art. 5 I 2 GG nur die Berichterstattung, nicht den Betrieb von

82 BVerwGE 146, 56 Rn. 17 ff.; 151, 348 Rn. 23 ff.; offen gelassen aber von BVerfG, NJW 2016, 50 Rn. 12.
83 Dazu BVerfGE 20, 162, 176; 64, 108, 114 f.; 66, 116, 131 ff.; BVerfG, NJW 1990, 701, 702.
84 BVerfGE 20, 162, 176 ff.; BVerfG, NJW 1992, 815 f.
85 BVerfGE 20, 162, 176 ff.; 36, 193, 204; 77, 65, 82. Zur Beschlagnahme BVerfGE 77, 65, 78 ff.
86 BVerwGE 78, 184, 186 ff.
87 OVG Berlin, NJW 1975, 1938.
88 BVerfG, NJW 2020, 3166 Rn. 8.
89 Dazu *Thum* DÖV 2008, 653; *Schult* JURA 2023, 789, 790 ff.

Rundfunkanstalten geregelt hat und regeln wollte. Weder gebietet noch verbietet Art. 5 I 2 GG den öffentlich-rechtlichen oder den Privatrundfunk. Die Entscheidung sollte vielmehr dem Gesetzgeber überantwortet bleiben.[90] Der Gesetzgeber hat sich – mit Billigung der Rechtsprechung[91] – für eine duale Rundfunkordnung entschieden. Sie basiert auf einem Nebeneinander von privaten und öffentlich-rechtlichen Rundfunkveranstaltern. Danach gilt:

- Die zugelassenen **privaten Rundfunk- und Fernsehbetreiber** genießen die Unternehmensfreiheit (Art. 12 GG) und die Rundfunkfreiheit im Umfang des Art. 5 I 2 GG. Ihre Zulassung und ihr Betrieb sind gesetzlich zu regeln.[92] Dabei ist darauf zu achten, dass zwischen den Anbietern Wettbewerb möglich bleibt, welcher eine Vielzahl unterschiedlicher Auffassungen in den unterschiedlichen Anstalten und Redaktionen ermöglicht. So soll Dualismus durch Konkurrenz zwischen Veranstaltern **(„Außenpluralismus")** entstehen. Die Ausgestaltung und Einhaltung dieser Regeln wird von besonderen Behörden (Landesmedienanstalten) reguliert und beaufsichtigt.
- **Öffentlich-rechtliche Rundfunkanstalten**[93] sind neben den Privaten grundsätzlich zulässig. Sie haben einen eigenständigen Auftrag der rundfunkmäßigen **„Grundversorgung"** an Nachrichten, Informations-[94] und Kulturangeboten, welcher zwar nicht die Auffassungen, wohl aber einzelne Gegenstände ihrer Sendungen rahmenartig vorgibt. Doch sind die Anstalten darauf nicht beschränkt. Unterhaltung zählt auch zur Grundversorgung; es gibt für sie auch keine Pflicht zur Langeweile. Die Freiheit der Berichterstattung betrifft auch die Wahl des Mediums: Aktivitäten der Rundfunkanstalten im Internet sind also gleichfalls grundrechtlich geschützt. Die Anstalten müssen **rechtlich und politisch unabhängig sein**; dürfen insbesondere weder staats- noch parteinah sein. Die Zusammensetzung ihrer Aufsichtsgremien muss eine entsprechende Eigenständigkeit garantieren. Zudem ist sicherzustellen, dass in den einzelnen Anstalten unterschiedliche Auffassungen zu Worte kommen, um so einen internen Pluralismus **(„Binnenpluralismus")** zu garantieren. Wegen ihrer besonderen Aufgaben haben die öffentlich-rechtlichen Anstalten Anspruch auf eine ausreichende staatliche Finanzierungsgarantie.[95]

1020 Problematisch ist, wie sich die sog. **Neuen Medien** einordnen lassen. Ist ein derartiges Medium nicht auf Massenkommunikation angelegt, wird man das Grundrecht der Meinungsfreiheit heranziehen können.[96] Bei Neuen Medien, die auf

---

90 *Wieland* Der Staat 1981, 97, 118.

91 BVerfGE 12, 205, 226; 31, 314, 325; 74, 297, 351 ff.; 83, 238, 302; 87, 181, 201; 90, 60, 87; 91, 125, 134; 103, 44, 59.

92 BVerfGE 57, 295, 319.

93 Zu diesen BVerfGE 12, 205, 260 ff.; 31, 314, 322; 59, 231, 257 ff.; 73, 118, 152; 74, 297, 323.

94 Zum Recht auf Kurzinformation BVerfGE 97, 228.

95 BVerfGE 74, 297, 342. Zu den nicht immer unumstrittenen Einzelheiten BVerfGE 90, 60, 87 ff. Die Begründung relativiert allerdings in zu hohem Maße die besondere Legitimation und den daraus folgenden Gestaltungsauftrag des Parlaments.

96 *Bethge* in: Sachs, GG, Art. 5 Rn. 45; s. o. Rn. 1014.

Massenkommunikation angelegt sind, insbesondere bei elektromagnetisch verbreiteten Produkten, ist nicht die Pressefreiheit, sondern vielmehr die Rundfunkfreiheit einschlägig.[97] Im Detail ist im Fall der sog. **Medienkonvergenz** noch vieles umstritten, teilweise werden Online-Angebote von Printmedien auch der Pressefreiheit zugeordnet.[98] Klar ist jedenfalls, dass Art. 5 I GG kein spezifisches Recht der Internetfreiheit enthält, sondern dass im konkreten Fall zu untersuchen ist, wie das entsprechende Medium ausgestaltet ist.

Die **Filmfreiheit** schützt die Übermittlung von Gedankeninhalten durch Bilderreihen, die zur Projektion bestimmt sind.[99] Erfasst werden neben herkömmlichen chemisch-optischen Bildträgern auch elektronische Bild-Ton-Träger wie Videokassetten und DVDs sowie die Präsentation von Filmen im Internet auf Abruf über Streaming-Dienste.[100] Geschützt ist die Herstellung und Verbreitung der Filme sowie die Werbung für einen Film.[101] Ebenso wie die Rundfunkfreiheit schützt die Filmfreiheit nicht nur die Berichterstattung, sondern jegliche Inhalte, also etwa auch Spielfilme, Dokumentarfilme oder Kulturfilme.[102] Public Viewing-Events, z. B. im Rahmen von Sportereignissen, unterfallen hingegen nicht der Filmfreiheit, weil es insoweit an einem Drehbuch fehlt, welches typisches Kennzeichen eines Filmes ist. 1021

Das **Zensurverbot** des Art. 5 I 3 GG ist eine verfahrensrechtliche Stärkung aller Teilfreiheiten des Art. 5 I GG, insbesondere für Druckwerke, Presse- und Rundfunk. Sie bezieht sich allein auf die **Vorzensur,**[103] enthält also ein Verbot von Genehmigungspflichten vor der Veröffentlichung.[104] Eine nachträgliche Prüfung, ob die Meinungsäußerung mit dem Grundrecht des Art. 5 I GG und seinen Schranken in Art. 5 II GG vereinbar war, ist zulässig. Andernfalls wären die Schranken des Art. 5 II GG undurchsetzbar. 1022

Alle Grundrechte des Art. 5 I 1, 2 GG unterliegen nach Art. 5 II GG drei **Schranken:** den „allgemeinen Gesetzen", dem „Schutz der Jugend" und der „persönlichen Ehre". Anders als etwa in Art. 2 I und Art. 10 I GG vermag somit nicht jedes formell und materiell verfassungsmäßige Gesetz die Meinungsfreiheit einzuschränken, sondern nur ein Gesetz, das nach Verfahren, Inhalt oder Zweck bestimmte qualifizierte Voraussetzungen erfüllt. Da ein solcher Gesetzesvorbehalt 1023

97 S. o. Rn. 1018; *Bethge* in: Sachs, GG, Art. 5 Rn. 88; *Jarass* in: Jarass/Pieroth, GG Art. 5 Rn. 48; s. auch BGHZ 205, 195 Rn. 66; differenzierend *Grabenwarter* in: DHS, GG, Art. 5 Rn. 652.

98 So etwa *Grabenwarter* in: DHS, GG, Art. 5 Rn. 652.

99 *Kingreen/Poscher* Grundrechte, Rn. 788.

100 *Jarass* in: Jarass/Pieroth, GG, Art. 5 Rn. 61.

101 *Jarass* in: Jarass/Pieroth, GG, Art. 5 Rn. 62.

102 *Jarass* in: Jarass/Pieroth, GG, Art. 5 Rn. 62; a. A. *Reupert* NVwZ 1994, 1155.

103 BVerfGE 33, 52, 71 ff.; näher *Nessel* Das grundgesetzliche Zensurverbot, 2003.

104 Zum Jugendschutz und der Indizierung BVerfGE 7, 320 ff.; 83, 130, 152 f.; 87, 209; 90, 1, 16 ff.

enger ist als der allgemeine Gesetzesvorbehalt, wird er **„limitierter Gesetzesvorbehalt“** genannt. Außer in Art. 5 II GG finden sich solche Schrankenbestimmungen auch in Art. 6 III; 9 II; 13 II, VII; 16 I 2; 19 IV 3 i. V. m. 10 II 2; 104 II GG. Dabei normieren einige Bestimmungen besondere materiellrechtliche Eingriffsgrenzen (etwa: Art. 11 II, 13 VII GG), andere spezifische verfahrensrechtliche Eingriffsvoraussetzungen (etwa: Art. 13 II, 104 II GG).

Die Schranke des **Jugendschutzes**[105] betrifft in der Gegenwart weniger die früher besonders umstrittenen Publikationen über Themen mit sexuellem Inhalt oder Bezug als vielmehr die Verherrlichung, Verharmlosung oder Beschönigung von Gewalt. Sie rechtfertigt eher bestimmte Verbreitungs- oder Vertriebsbeschränkungen – nicht an Kinder und Jugendliche – und nur im äußersten Fall das Verbot von Meinungsäußerungen oder Publikationen.

1024 Die Schranke der **persönlichen Ehre**[106] – sie ist grundrechtlich sowohl in Art. 5 II GG als auch in Art. 2 I GG als Ausprägung des Allgemeinen Persönlichkeitsrechts geschützt – ist ungeachtet der langen Tradition des straf- und zivilrechtlichen Schutzes vor Beleidigung, übler Nachrede und Verleumdung (§§ 185 ff. StGB, 823 BGB) keineswegs geklärt. Im Gegenteil: Seit die Meinungs- und Pressefreiheit in der Praxis der Rechtsprechung angekommen und angenommen ist, hat sich eine gewisse Ambivalenz eingestellt. Der Grund hierfür liegt in dem Umstand, dass zwar einerseits die Ehre durch Meinungsäußerungen beeinträchtigt werden kann. Andererseits ist sie aber – namentlich, aber nicht nur bei „Prominenten“ und Personen von öffentlichem Interesse[107] – ganz wesentlich auch durch die Meinungsfreiheit konstituiert: **Guter Ruf und Ehre sind im sozialen Kontext nichts anderes als Folge der Ansichten Anderer über eine Person.** Die Bildung und Artikulation dieser Ansichten steht aber in der Freiheit derer, die sie haben; nicht in derjenigen der Person, auf welche sie sich beziehen. Am Beispiel: Wer als Politiker in der Öffentlichkeit das Bild als Familienmensch pflegt, muss damit rechnen, dass die Presse über sein Familienleben einschließlich dessen Vor- und Nachteile recherchiert und ggf. berichtet. Ähnliches gilt für andere Selbstinszenierungen (als Bischof und Hüter der Moral; als Filmstar mit prominentem Freund; als empathische Lehrerin usw.).[108] Wo beginnt hier die – grundrechtsneutrale – Herstellung des Rufes bzw. der Ehre? Und wie grenzt sie sich ab von der Ehrabschneidung? Fest steht jedenfalls, dass die Gesichtspunkte der Machtkritik und der Veranlassung

---

105 Dazu BVerfG zum Jugendschutz BVerfGE 30, 336, 347 f.; 77, 346, 356; 83, 130, 139 ff.; 90, 1, 16; BVerfG, MMR 2023, 189 Rn. 17 ff.

106 Zum Ehrenschutz BVerfGE 33, 1, 16 f.; 42, 143, 152 ff.; 47, 130, 143; 54, 129, 136 ff.; 69, 257, 269; 93, 266, 294; 114, 339, 352.

107 Zum Öffentlichkeitsbezug einer Äußerung s. etwa BVerfG, NJW 2018, 770.

108 BVerfG, NJW 2020, 2622 Rn. 26, 29 ff.

durch vorherige eigene Wortmeldungen im Rahmen der öffentlichen Debatte in eine Abwägung eingebunden werden müssen und nicht jede auch ins Persönliche gehende Beschimpfung von Amtsträgern oder Politikern erlauben.[109] Gegenüber einer auf die Person abzielenden, insbesondere öffentlichen Verächtlichmachung oder Hetze setzt die Verfassung allen Personen gegenüber äußerungsrechtliche Grenzen und nimmt hiervon Personen des öffentlichen Lebens und Amtsträger nicht aus, mit der Folge, dass Politiker nicht nur vor Schmähkritik geschützt werden.[110] Nicht auf den Schutz der persönlichen Ehre berufen kann sich hingegen der Staat als solcher bzw. die Bundesrepublik Deutschland, mit der Folge, dass bei Kritik am Staat das Gewicht des für die freiheitlich-demokratische Ordnung schlechthin konstituierenden Grundrechts der Meinungsfreiheit besonders hoch zu veranschlagen ist.[111]

Bei der Abwägung ist einerseits der Inhalt der einschränkenden Gesetze 1025
maßgeblich. Sie schützen zu Recht nur die **Individualehre** einzeln erkennbarer Personen, **nicht** hingegen die **Kollektivehre** großer Personenmehrheiten oder aller ihrer Mitglieder. Behauptungen wie „Abgeordnete sind überbezahlt“, „Beamte sind faul“ oder „Soldaten sind Mörder“[112] sind zulässig, soweit sie nicht erkennbar einzelne bestimmte Mitglieder des Personenkreises treffen oder gegen sie gerichtet sein sollen. Andererseits kommt es wesentlich auf die Wahrung und Anerkennung der Meinungs- und Pressefreiheit an, deren Ausübung sich ganz wesentlich auf Informationen, Belange und den Ruf dritter Personen bezieht. Hier geht es darum, nicht nur ein Grundrecht, sondern beide Garantien zur Entfaltung zu bringen. Maßgeblich wird daher vielfach eher die Form der Veröffentlichung als ihr Inhalt sein. So ist der Grad der Persönlichkeitsbeeinträchtigung bei einer über das **Internet** verbreiteten abfälligen Äußerung höher einzuschätzen als bei einer entsprechenden Äußerung im kleinen Kreis.[113] Mit Blick auf Form und Begleitumstände einer Äußerung kann nach den Umständen des Falls insbesondere erheblich sein, ob sie ad hoc in einer hitzigen Situation oder im Gegenteil mit längerem Vorbedacht gefallen ist,[114] wobei im letztgenannten Fall der Persönlichkeitsschutz des Adressaten besonders zu gewichten ist. Der Inhalt einer Äußerung bedarf in jedem Falle der **grundrechtskonformen Auslegung:** Wenn aus der Sicht Dritter

109 BVerfG, NJW 2020, 2622 Rn. 32.

110 BVerfG, NJW 2020, 2622 Rn. 32ff.

111 BVerfG, NJW 2024, 1868 Rn. 28f.

112 Dazu BVerfGE 93, 266, 293 ff., mit abweichendem Votum; zur Entwicklung BVerfGE 90, 241, 248 f.; 255, 259; 82, 43, 51; 272, 281 ff.; 66, 116, 151.

113 BVerfG, NJW 2020, 2622 Rn. 32; ausf. zu Meinungsäußerungen in sozialen Netzwerken *Seifert* Hassrede in sozialen Netzwerken, 2024, 57ff.

114 BVerfG, NJW 2020, 2622 Rn. 33.

auch eine ehrenschutzneutrale Auslegung möglich ist, so ist der Meinungsfreiheit der Vorzug einzuräumen.[115] Die Rechtsprechung stellt nicht selten auf die aus dem Strafrecht stammende Formel von der **Schmähkritik** ab, welche lediglich auf die Diffamierung einer Person abzielt. Hier tritt die Meinungsfreiheit regelmäßig hinter dem Recht der persönlichen Ehre zurück.[116] Allerdings unterliegt die Annahme einer Schmähkritik einem strengen Maßstab, wobei bei einer die Öffentlichkeit wesentlich berührenden Frage Schmähkritik nur ausnahmsweise bejaht wird.[117]

1026 Hinsichtlich der Einschränkung der **Pressefreiheit** bestand wegen ihrer „schlechthin konstituierenden Bedeutung für die Demokratie“[118] eine starke Tendenz, einen gewissen Vorrang vor kollidierenden Belangen des Persönlichkeitsschutzes einzuräumen. Daher war in jedem Einzelfall der Nachweis erforderlich, dass ungeachtet des allgemein hohen Ranges der Kommunikationsgrundrechte ausnahmsweise ein Persönlichkeitsrecht überwog. Die Grundlagen dieser Rechtsprechung wurden aber namentlich durch die Praxis der yellow press, der Papparazzi und anderer Übergriffe gegen Dritte (u. a. „Versteckte Kamera“) modifiziert. Namentlich der EGMR mahnte eine differenzierte Sichtweise, weniger der Funktion der Presse insgesamt als vielmehr der einzelnen Veröffentlichung, an und stärkte zugleich die Rechtspositionen Betroffener. Als gesichert kann auch im Hinblick auf die Pressefreiheit gegenwärtig gelten:

- Die Behauptung **falscher Tatsachen** zum Nachteil der persönlichen Ehre Anderer oder ihrer Eigentumsrechte ist unzulässig.[119] Die Veröffentlichung wahrer Tatsachen ist dagegen zulässig.
- Im Fall sog. **Schmähkritik**, welche lediglich auf die Diffamierung einer Person abzielt, tritt die Meinungs- bzw. Pressefreiheit regelmäßig hinter dem Recht der persönlichen Ehre zurück.[120]
- Die Äußerung extrem herabsetzender Wertungen ist zulässig, sofern sie nicht die Grenze zur Formalbeleidigung (etwa: „Gestapo-Methode“) überschreitet. Sie kann eher zulässig sein, wenn der Betroffene die Möglichkeit des **„Gegenschlages“** hat, indem er mit ähnlich publizistischer Wirkung auftreten kann.[121] Wer andere kritisiert, muss mit einem Angriff vergleichbarer Schärfe rechnen. Das gilt etwa für den Wahlkampf, konkurrierende Werbekampagnen oder Presseorgane.

---

115 So etwa BVerfGE 93, 266, 295; BVerfG, NJW 2024, 745 Rn. 4; ie das BVerfG *Grimm* NJW 1995, 1697; BVerwG, NVwZ 2023, 1167 Rn. 29 f.; kritisch etwa *Schmitt Glaeser* NJW 1996, 873.

116 BVerfGE 93, 266, 294; BVerfG, NJW 2016, 2870 Rn. 13.

117 BVerfGE 93, 266, 294; BVerfG, NJW 2013, 3021 Rn. 15; NJW 2017, 1460 Rn. 14.

118 So schon BVerfGE 7, 198, 208.

119 BVerfGE 54, 148 ff.; 208, 219 ff.; 71, 206, 216.

120 BVerfGE 93, 266, 294; BVerfG, NJW 2016, 2870 Rn. 13; s. o. Rn. 1025.

121 BVerfGE 12, 113, 126 ff.; 24, 278, 282 ff.; 54, 129, 138; 61, 1, 13; BVerfG, NVwZ 2016, 761 Rn. 23 ff.; Überblick über die Rechtsprechung des BVerfG bei *Kübler* NJW 1999, 1281; *Schmitt Glaeser* NJW 1996, 873; krit.: *Seitz* NJW 2003, 3523.

- Veröffentlichungen sind unzulässig, wenn sie die **Privatsphäre Anderer „unberechtigt an die Öffentlichkeit zerren“**[122]. Dies ist der Fall, wenn die Betroffenen weder selbst in die Presse gegangen sind noch ein überwiegendes öffentliches Interesse gerade an der Berichterstattung über sie besteht.[123] Dies gilt keineswegs für jede „relative Person der Zeitgeschichte“ (etwa: Unfallopfer, trauernde Angehörige nach einem Attentat). Bei Prominenten wird darauf abgestellt, ob sie selbst die Öffentlichkeit suchten („Roter Teppich“) oder ob die Veröffentlichung im Zusammenhang mit einer öffentlichen Funktion (Politiker) stand. Erheblich gestärkt ist namentlich der Schutz von Familienangehörigen, Begleitpersonen und minderjährigen Kindern Prominenter, die nur ganz ausnahmsweise in die Öffentlichkeit gezerrt werden dürfen.[124] Allein die fehlende Verpixelung des Bildes einer Person rechtfertigt nicht die strafrechtliche Verurteilung des Fotojournalisten wegen unzulässigen Verbreitens eines Bildnisses, da es jedenfalls in der Regel in der Verantwortung der jeweiligen Redaktionen liegt, bei einer Veröffentlichung von Bildaufnahmen die Rechte der Abgebildeten zu wahren.[125]

Die meistdiskutierte Schrankenbestimmung ist diejenige der **„allgemeinen Gesetze“**. Die Vorschrift wird in der Praxis weit ausgelegt und hat den Ehrenschutz partiell in den Hintergrund gedrängt: „Allgemeine“ Gesetze können danach eben auch die Ehre schützen. Doch wann ist ein Gesetz „allgemein“? Es besteht weitgehend Einigkeit, dass diese Formulierung nicht anhand des Art. 19 I 1 GG ausgelegt werden darf. Die Frage, unter welchen Voraussetzungen ein Gesetz „allgemein“ i. S. d. Art. 5 II GG ist, wurde unter der Geltung des insoweit gleichlautenden Art. 118 I 1 WRV unterschiedlich beantwortet.[126] Allgemeine Gesetze waren danach entweder 1027

- **Gesetze, die** sich nicht gegen die Äußerung bestimmter Meinungen richten, also **nicht einzelne Meinungen wegen ihres Inhalts verbieten.** Diese Meinung wurde damals als problematisch angesehen, wenn nicht einzelne, sondern alle Meinungsäußerungen verboten würden, da dann jene Formel nicht passt. Eine solche Maßnahme wäre allerdings mit Art. 19 II GG unvereinbar.
- oder **Gesetze, die** ohne Rücksicht auf die gerade herrschenden geistigen Strömungen, Anschauungen und Erkenntnisse das menschliche Leben in seiner Allgemeinheit regeln, also **sich nicht spezifisch gegen Meinungsäußerungen** überhaupt – unabhängig von ihrem Inhalt – **richten.** Dies wurde als problematisch angesehen, weil dann Defizite hinsichtlich des Ehrenschutzes auftreten könnten. Jenes Bedenken ist in Art. 5 II GG ausgeräumt, da hier die persönliche Ehre neben die allgemeinen Gesetze als zusätzliche Schranke gestellt wird.

---

122 BVerfGE 34, 269, 282 ff.

123 BVerfGE 97, 391, 403 ff.; 99, 185, 196 f.

124 EGMR, NJW 2004, 2647; BGH, NJW 2010, 1454; 2009, 1502; 2008, 3134; 3138; Überblick bei *Stender-Vorwachs* NJW 2009, 334.

125 BVerfG, NJW 2020, 2531 Rn. 18.

126 Überblick in BVerfGE 7, 198, 209 f. m. w. N.

- oder **Gesetze, die zum Schutz anderer, höherwertiger Rechtsgüter als der Meinungsfreiheit erlassen worden sind**, unabhängig von ihrem Inhalt. Diese Meinung ist problematisch, weil hier das allgemeine Übermaßverbot[127] in Art. 5 II GG hineininterpretiert wird und so das besondere Kriterium des „allgemeinen" Gesetzes keinen spezifischen Gehalt mehr aufweist.

1028 Das Bundesverfassungsgericht entschied sich im **Lüth-Urteil** für folgende Auffassung:

> „Der Begriff des „allgemeinen" Gesetzes war von Anfang an umstritten [...] Jedenfalls ist (er) dahin ausgelegt worden, dass darunter alle Gesetze zu verstehen sind, die „nicht eine Meinung als solche verbieten, die sich nicht gegen die Äußerung der Meinung als solche richten", die vielmehr „dem Schutze eines schlechthin, ohne Rücksicht auf eine bestimmte Meinung zu schützenden Rechtsguts dienen", dem Schutze eines „Gemeinschaftswerts", der gegenüber der Betätigung der Meinungsfreiheit den Vorrang hat." (BVerfGE 7, 198, 209 f.).

1029 Hier werden alle Auffassungen kombiniert, ohne sich für eine Auslegung zu entscheiden. Diese klassische Formel hat das Bundesverfassungsgericht verbal stets aufrechterhalten, ohne sie allerdings in jedem Falle konsequent anzuwenden.[128] „Allgemeine Gesetze" sind demnach etwa die polizei- oder ordnungsrechtliche Generalklausel,[129] die Mehrheit der Vorschriften des Straf-, Strafprozess- und Strafvollzugsrechts[130] sowie die Bestimmungen des Straßenverkehrs-, Bau- und Gewerberechts[131] und das aus §§ 858 ff., 1004 BGB abzuleitende Hausrecht.[132] Kein allgemeines Gesetz ist hingegen ein Stadtratsbeschluss zur Beschränkung des Widmungsumfangs einer kommunalen öffentlichen Einrichtung, der deren Nutzung allein aufgrund der Befassung mit einem bestimmten Thema ausschließt.[133]

1030 Eine explizite **Ausnahme vom Allgemeinheitserfordernis** macht das BVerfG seit dem sog. **Wunsiedel-Beschluss** für „Meinungsäußerungen, die eine positive Bewertung des nationalsozialistischen Regimes in seiner geschichtlichen Realität zum Gegenstand haben",[134] mit der Folge, dass sich diese Gesetze auch gegen eine bestimmte Meinung richten dürfen, mithin Sonderrecht sein dürfen. Konkret gilt

---

127 Dazu Rn. 1114 ff.

128 S. etwa BVerfGE 28, 199 ff.; 71, 206, 214 ff. Zum Folgenden *Hochhuth* Die Meinungsfreiheit im System des Grundgesetzes, 2007.

129 BVerwGE 84, 247, 256.

130 BVerfGE 71, 206, 214 f.; BVerfG, NJW 2014, 2777 Rn. 20 ff.

131 *Kingreen/Poscher* Grundrechte, Rn. 803.

132 BVerfGE 128, 226, 266 ff.

133 BVerfG, NVwZ 2023, 169 Rn. 21, wobei insoweit eher die Verhältnismäßigkeit der Widmungsbeschränkung problematisch ist.

134 BVerfGE 124, 300, 331.

dies für § 130 IV StGB, der die Volksverhetzung durch Störung des öffentlichen Friedens unter Strafe stellt. Den Anforderungen des Art. 5 II GG genügen nach Auffassung des BVerfG auch Art. 130 I Nr. 1,[135] III und V StGB.[136]

Das BVerfG geht grundsätzlich von der **Wechselwirkung** der beteiligten Rechtsgüter aus: Ein Recht, welches die Meinungsfreiheit einschränkt, wird seinerseits gleichfalls durch die Meinungsfreiheit eingeschränkt. Damit entspricht die Wechselwirkungslehre dem Grundsatz der verfassungskonformen Auslegung.[137] Trotz dieser ausdrücklichen Betonung der Bedeutung der Meinungsfreiheit bereitet die Bestimmung des Rangverhältnisses und somit die Abwägung nach wie vor erhebliche Schwierigkeiten. 1031

Der Grund hierfür liegt nicht zuletzt darin, dass hier zwei potentiell besonders hochrangige Rechtsgüter (Demokratie einerseits, Menschenwürde und Allgemeines Persönlichkeitsrecht andererseits) kollidieren, zwischen denen kein abstraktes Vor- oder Nachrangverhältnis besteht. Daher bedarf es einer Bestimmung des Rangverhältnisses im Einzelfall, welches wesentlich an der Schwere des Eingriffs einerseits und der Gewichtung der sie rechtfertigenden Umstände andererseits zu bemessen ist.[138] Aus einer solchen Praxis lassen sich nur unter Schwierigkeiten verallgemeinerungsfähige Grundsätze entnehmen. Als Mindestgehalt des Art. 5 I GG kann aber festgehalten werden: **Eingriffe in die Meinungs- und Pressefreiheit dürfen nicht erfolgen wegen der allein geistigen Wirkungen der Äußerung.**[139] Diese Formel könnte auch zur Konkretisierung des Art. 5 II GG insgesamt noch weiter ausgebaut werden. 1032

Neben den allgemeinen Eingriffs- oder Schrankenvorbehalten in einigen Grundrechten tritt in anderen Garantien demnach der limitierte Vorbehalt, welcher erfordert, dass nicht nur irgendeine gesetzliche Regelung den Eingriff rechtfertigt, sondern diese zusätzlich bestimmten Verfahren, Inhalten oder Zwecken unterstellt. Maßgeblich ist stets der Text der einzelnen Schrankenregelung. Das grundrechtseinschränkende Gesetz muss in solchen Fällen also auch die zusätzlichen Anforderungen aus der verfassungsrechtlichen Limitierung erfüllen; in Einzelfällen mag es zulässig sein, gesetzliche Schrankenbestimmungen im Lichte der limitierten Einschränkungsvorbehalte verfassungskonform auszulegen. 1033

---

135 BVerfG, NJW 2021, 297 Rn. 13.

136 BVerfG, NJW 2018, 2861 Rn. 21.

137 *Kingreen/Poscher* Grundrechte, Rn. 807.

138 Vgl. jüngst BVerfG, NJW 2021, 148 Rn. 19 ff.

139 So etwa BVerfGE 124, 300, 345 ff. zu § 130 IV StGB.

1034 ***Lösung zum Beispielsfall*** (Rn. 1013):

Der Unterlassungsanspruch ist begründet, wenn Z das allgemeine Persönlichkeitsrecht rechtswidrig missachtet, also verletzt hat (§§ 823 I, 1004 I BGB). Die Äußerung der Z könnte jedoch rechtmäßig sein, wenn sie durch deren Grundrechte geschützt ist. Hier kommt namentlich der Schutz der **Meinungs- und Pressefreiheit** (Art. 5 I 1, 2 GG) in Betracht. Grundsätzlich verleihen Grundrechte nur subjektive Rechte gegen den Staat. Die Staatsgerichtetheit der Grundrechte findet ihre Grundlage in Art. 1 III GG. Danach binden die Grundrechte „Gesetzgebung, vollziehende Gewalt und Rechtsprechung". Von einer weitergehenden Bindung Privater findet sich dort nichts. Doch schließt die Norm umgekehrt Grundrechtswirkungen auch gegenüber Privaten, insbesondere im Wege der mittelbaren Drittwirkung, nicht aus.[140]

Das Beispiel thematisiert das Spannungsverhältnis zwischen Pressefreiheit einerseits und der rechtlich geschützten Privatsphäre andererseits. Die Freiheit der Presse schützt die Fragen des „Ob" und „Wie" der Berichterstattung einschließlich Fragen der Illustration. Hier geht es um eine Prominente, die als solche zwar in der Öffentlichkeit steht, diese aber bei ihrem Einkaufsbummel nicht gesucht hat.[141] Ihre Darstellung hat auch keinen zwingenden Zusammenhang mit dem Text: Dass gerade sie sparen muss oder spart, ist nicht ausgesagt. Da auch kein Bezug zu einem öffentlichen Amt vorhanden ist,[142] ist die Veröffentlichung der Aufnahme durch die Pressefreiheit kaum zu rechtfertigen. Das gilt erst Recht für die Veröffentlichung des Kindes auf dem Foto.

Zur Vertiefung:
Zur Meinungsfreiheit:
Buchheim Rechtlicher Richtigkeitsschutz, Der Staat 59 (2020), S. 159; *Bull* Freiheit und Grenzen des politischen Meinungskampfes, in: 50 Jahre BVerfG II, 2001, S. 163; *Ceffinato* Hate Speech zwischen Ehrverletzungsdelikten und Meinungsfreiheit, JuS 2020, S. 495; *Epping/Lenz* Das Grundrecht der Meinungsfreiheit, JURA 2007, 881; *Gosche* Das Spannungsverhältnis zwischen Meinungsfreiheit und Ehrenschutz in der fragmentierten Öffentlichkeit, 2008; *Hillgruber* Die Meinungsfreiheit als Grundrecht der Demokratie, JZ 2016, S. 495; *Hochhuth* Die Meinungsfreiheit im System des Grundgesetzes, 2007; *Hufen* Grundrechte: Schranken der Meinungsfreiheit bei Tatsachenbehauptungen, JuS 2017, 86; *Ladeur* Die Kollision von Meinungsfreiheit und Ehrenschutz in der interpersonalen Kommunikation, JZ 2020, 943; *Milstein/Lippold* Suchmaschinenergebnisse im Lichte der Meinungsfreiheit der nationalen und europäischen Grund- und Menschenrechte, NVwZ 2013, 182; *Qualmann* Karlsruher Sommer der Meinungsfreiheit – die Prüfung von Art. 5 I S. 1 Var. 1 GG im Lichte der neueren Rechtsprechung des Bundesverfassungsgerichts, JA 2017, S. 1016; *Rixen* Entgrenzte Meinungsfreiheit, reduzierter Persönlichkeitsschutz?, JURA 2020, S. 1151; *Schmidt-Jortzig* Meinungs- und Informationsfreiheit, in: HStR VII, § 162; *Schwarz* Meinungsfreiheit und Persönlichkeitsschutz, JA 2017, S. 241; *Warg* Meinungsfreiheit zwischen Zensur und Selbstzensur, DÖV 2018, S. 473.

Zur Informationsfreiheit:
Caspar Informationsfreiheit, Transparenz und Datenschutz, DÖV 2013, 371; *Gallwas* Der allgemeine Konflikt zwischen dem Recht auf informationelle Selbstbestimmung und der Infor-

140 S. o. Rn. 953 ff.
141 BGH, NJW 2009, 1502 f.
142 Ein solcher kann auch kurze Zeit nach dem Amtsverlust noch bestehen; s. BGH 177, 119.

mationsfreiheit, NJW 1992, S. 2785; *Ingold* Grundfälle zum Informationsfreiheitsgrundrecht, JuS 2024, S. 734; *Kugelmann* Informationsfreiheit als Element moderner Staatlichkeit, DÖV 2005, S. 851; *Kulaga* Das Grundrecht der Informationsfreiheit in der Fallbearbietung, JA 2021, S. 1003; *Lerche* Grundfragen der Informationsfreiheit, JURA 1995, 561; *Redder* Die „rechtswidrige Informationsbeschaffung aus verfassungsrechtlicher Sicht, JA 2019, S. 519; *Rossi* Informationszugangsfreiheit und Verfassungsrecht, 2004; *Roßnagel* Konflikt zwischen Informationsfreiheit und Datenschutz, MMR 2007, 16; *Schoch* Aktuelle Fragen des Informationsfreiheitsrechts, NJW 2009, 2987; *ders.* Das Recht auf informationelle Selbstbestimmung, JURA 2008, 325; *Wirtz/Brink* Die verfassungsrechtliche Verankerung der Informationszugangsfreiheit, NVwZ 2015, S. 1166.

Zur Presse- und Rundfunkfreiheit:
Degenhart Verfassungswidrige Zusammensetzung der Gremien des ZDF?, NVwZ 2010, S. 877; *Eifert* Die Rundfunkfreiheit, JURA 2015, 356; *Fiedler* Zunehmende Einschränkung der Pressefreiheit, ZUM 2010, S. 18; *Hoffmann-Riem* Kommunikations- und Medienfreiheit, in: HVerfR § 7; *Korte* Die dienende Funktion der Rundfunkfreiheit in Zeiten medialer Konvergenz, AöR 2014, 384; *Lehr* Pressefreiheit und Persönlichkeitsrechte – ein Spannungsverhältnis für die Öffentlichkeitsarbeit der Justiz, NJW 2013, 728; *Pomorin* Rundfunkstrukturen im Wandel, ZUM 2010, S. 573; *Thum* Das Grundrecht der Rundfunkfreiheit nach deutschem und europäischen Recht, DÖV 2008, S. 653.

III. Kunst- und Wissenschaftsfreiheit (Art. 5 III GG)

! Schriftsteller S hat in einem Schlüsselroman das Leben der Kunst- und Kulturboheme in München zum Thema gemacht. Darin beschreibt er u. a. auch seine intimen Beziehungen, namentlich zu der Künstlerin K, die trotz Pseudonym aufgrund zahlreicher Angaben aus ihrem wahren Leben für viele Leser erkennbar ist. Das gilt ebenso für deren Mutter (M), die als drogenabhängige Alkoholikerin und psychisch gestört charakterisiert wird. K und M verlangen Unterlassung und Schmerzensgeld. (nach: BVerfGE 119, 1; dazu Rn. 1043).

Die in Art. 5 GG garantierten Kommunikationsgrundrechte erfahren eine zusätzliche Ausprägung in Art. 5 III GG. Dessen Konkretisierung bereitet besondere Schwierigkeiten, da die in ihm verwandten Begriffe „Wissenschaft" und „Kunst" einer inhaltlichen Konkretisierung kaum zugänglich sind, ohne dass die Konkretisierungen ihrerseits Leerformeln darstellen. 1035

Wissenschaft ist nach Ansicht des Bundesverfassungsgerichts alles, „was nach Inhalt und Form als ernsthafter planmäßiger Versuch zur Ermittlung der Wahrheit anzusehen ist".[143] Knapper lässt sich Wissenschaft umschreiben als das Streben, 1036

143 BVerfGE 35, 79, 113; weit BVerfGE 90, 1, 11 ff.; vgl. auch BVerfGE 111, 333, 354; 128, 1, 40; zum Wissenschaftsbegriff *Blankenagel* AöR 105 (1980), 35, 38 ff.

Aussagen als wahr oder unwahr zu erweisen. **Forschung** ist der auf Hervorbringung wissenschaftlicher Erkenntnisse gerichtete Prozess.[144] **Lehre** ist die Vermittlung wissenschaftlicher Erkenntnisse.[145] In diesem Sinne gibt es keine Wissenschaft außerhalb von Forschung und Lehre. Die – daher als Oberbegriff verwendete – „Wissenschaftsfreiheit" ist nicht auf Hochschulen beschränkt, sondern gilt auch in privaten Einrichtungen. **Dimensionen der Wissenschaftsfreiheit** sind:

- die freie **Auswahl der eigenen Forschungsgegenstände.** Was der Wissenschaftler erforscht, steht ihm selbst frei. Er hat auch das Recht auf Auswahl der eigenen wissenschaftlichen Methoden. Insoweit steht dem Staat kein Aufsichtsrecht über die Wissenschaft zu. Ein schwerwiegender Eingriff in die Wissenschaftsfreiheit ist die Verpflichtung zur Akkreditierung von Studiengängen, da es dadurch zu einer präventiven Kontrolle von Lehrinhalten kommt.[146] Der sachliche Schutzbereich der Wissenschaftsfreiheit umfasst auch die Erhebung und die Vertraulichkeit von Daten im Rahmen wissenschaftlicher Forschungsprojekte, welche gerade im Bereich der empirischen Forschung von zentraler Bedeutung ist.[147]
- die **freie inhaltliche Gestaltung der Lehre.** Was der Inhalt der Lehrveranstaltung ist, bestimmt der Lehrende selbst. Der Lehrplan ist auf die Bedürfnisse des Studienbetriebes abzustellen. Hier – und nicht primär bei der Frage nach „Wissenschaftlichkeit" oder „Unwissenschaftlichkeit" – unterscheiden sich Hochschule und Schule: Letztere steht nach Art. 7 I GG unter der Aufsicht des Staates, Erstere nicht. Die Freiheit der Lehre findet ihre Grenze in Art. 5 III 2 GG.
- die **organisatorische Hochschulautonomie.** Diese ist allerdings für gesetzliche Ausgestaltungen offen.[148] Deren Ziel muss es sein, die sonstigen Dimensionen der Wissenschaftsfreiheit zu sichern. Ein Grundrecht auf die Errichtung von Universitäten gerade als Körperschaft gibt es nicht. In der Hochschule ist für die Wissenschaftsfreiheit der Lehrenden und Lernenden auch gegenüber Hochschulleitung und -verwaltung Sorge zu tragen.

1037 Für die Hochschulorganisation soll aus Art. 5 III GG die Garantie der Mehrheit der Hochschullehrer in den Hochschulgremien bei der Entscheidung über Fragen von Forschung und Lehre sowie der **Anspruch des Hochschullehrers auf angemessene Teilhabe an den Arbeitsmöglichkeiten der Hochschule** folgen.[149] Während die erste Dimension das Problem des Verhältnisses von Autonomie der Hochschule

---

144 BVerfGE 61, 237, 244; 64, 323, 359; dazu *Classen* Wissenschaftsfreiheit außerhalb der Hochschule, 1994; *Losch* Wissenschaftsfreiheit, Wissenschaftsschranken, Wissenschaftsverantwortung, 1993; *Trute* Die Forschung zwischen grundrechtlicher Freiheit und staatlicher Institutionalisierung, 1994.

145 BVerfGE 35, 79, 113; 141, 143 Rn. 49.

146 BVerfGE 141, 143 Rn. 50 ff.; s. dazu *Quapp* DÖV 2017, 271 ff.

147 BVerfG, NVwZ 2024, 416 Rn. 13.

148 BVerfGE 35, 79, 116; 43, 242, 268; 47, 327, 387; 93, 85, 94 ff.; zum Berufungs-(„Kooptations-")recht der Hochschulen einschränkend BVerfGE 15, 256, 264 f.; s. dazu *Stumpf* DÖV 2017, 620 ff.

149 Seit BVerfGE 35, 71, 114 ff.

einerseits und individueller Wissenschaftsfreiheit ihrer Mitglieder andererseits aufwirft, ist die zweite Dimension eher dem Beamtenrecht als der „Freiheit“ der Wissenschaft zuzuordnen. Eingriffe in die Wissenschaftsfreiheit sind in verschiedener Gestalt möglich. So liegt etwa in der Pflicht zur Akkreditierung ein Eingriff in die Wissenschaftsfreiheit, da dadurch eine präventive Kontrolle von Studieninhalten erfolgt.[150] Die Anordnung der Durchsuchung der Räumlichkeiten eines Lehrstuhls und der Beschlagnahme forschungsrelevanter Unterlagen stellt ebenfalls einen Eingriff in die Wissenschaftsfreiheit dar.[151] Die Rechtfertigung eines Eingriffs in die Wissenschaftsfreiheit ist durch kollidierendes Verfasssungsrecht möglich.[152] Ein Konflikt zwischen Wissenschaftsfreiheit und kollidierenden Verfassungsgütern ist unter Rückgriff auf weitere einschlägige verfassungsrechtliche Bestimmungen und Prinzipien sowie auf den Grundsatz der praktischen Konkordanz durch Verfassungsauslegung zu lösen.[153] Der Wissenschaftsfreiheit kommt bei der Abwägung ein umso höheres Gewicht zu, je stärker das konkrete Forschungsvorhaben und bestimmte Forschungsbereiche beispielsweise auf die Vertraulichkeit bei Datenerhebungen und -verarbeitungen angewiesen sind und die betroffene Forschung auch für die Rechtsstaatlichkeit von besonderer Bedeutung ist.[154]

Neben der Wissenschaftsfreiheit ist in Art. 5 III 1 GG die **Kunstfreiheit** ga- 1038
rantiert. Da kein Konsens über eine Definition der „Kunst“ besteht, ist der Schutzbereich dieses Grundrechts schwer zu umreißen.[155] Das Meinungsspektrum reicht von der Forderung nach völliger Offenheit des Schutzbereichs in materieller Hinsicht (Was Kunst ist, bestimmt der Schaffende selbst) bis hin zur Forderung nach einer möglichst präzisen rechtlichen Umschreibung (Was der Staat garantiert, muss beschreibbar und begrenzbar sein). Die Diskussion ähnelt sehr derjenigen zur Religionsfreiheit.

> „Das Wesentliche der künstlerischen Betätigung ist die freie schöpferische Gestaltung, in der Eindrücke, Erfahrungen, Erlebnisse des Künstlers durch das Medium einer bestimmten Formensprache zu unmittelbarer Anschauung gebracht werden. Alle künstlerische Tätigkeit ist ein Ineinander von bewussten und unbewussten Vorgängen, die rational nicht aufzulösen sind. Beim künstlerischen Schaffen wirken Intuition, Phantasie und Kunstverstand zusammen. Es ist primär nicht Mitteilung, sondern Ausdruck, und zwar unmittelbarer Ausdruck der individuellen Persönlichkeit des Künstlers. Die Kunstfreiheitsgarantie betrifft in gleicher Weise

150 BVerfGE 141, 143 Rn. 50 ff.

151 BVerfG, NVwZ 2024, 416 Rn. 13.

152 S. nur BVerfGE 47, 327, 369; 122, 89, 107; BVerfG, NVwZ 2024, 416 Rn. 14.

153 BVerfG, NVwZ 2024, 416 Rn. 14.

154 BVerfG, NVwZ 2024, 416 Rn. 15.

155 S. zu Einzelfragen BVerfGE 30, 336, 350; 67, 213, 225 ff.; 75, 369, 377. Zur Freiheit der Kunstvermittlung BVerfGE 30, 173, 191 (Buchverleger); 36, 321, 331 f. (Schallplattenhersteller).

den „Werkbereich" und den „Wirkbereich" des künstlerischen Schaffens. Beide Bereiche bilden eine unlösbare Einheit. Nicht nur die künstlerische Betätigung (Werkbereich), sondern darüber hinaus auch die Darbietung und Verbreitung des Kunstwerks sind sachnotwendig für die Begegnung mit dem Werk als einem ebenfalls kunstspezifischen Vorgang; dieser „Wirkbereich", in dem der Öffentlichkeit Zugang zu dem Kunstwerk verschafft wird, ist der Boden, auf dem die Freiheitsgarantie des Art. 5 III GG vor allem erwachsen ist." (BVerfGE 30, 173, 188 f.).

1039 Diese Umschreibung, die subjektiven Wertungen vielfache Möglichkeiten bietet, lässt folgende Kriterien erkennen. (1) Kunst ist ein **Kommunikationsvorgang** zwischen Künstlern und Dritten. Daher sind auch nur kommunikative Wirkungen geschützt, nicht hingegen etwa die Beanspruchung fremden Eigentums für die eigene Kunst.[156] (2) Kunst ist eine kommunikative Äußerung des Künstlers, die in einer Handlung (Schauspiel, Musik) oder einer Sache als **Kunstwerk** (Bild, Film) besteht. Die Vornahme dieser Handlung oder die Herstellung dieses Kunstwerks ist der sog. **„Werkbereich"**. Demgegenüber betrifft die öffentliche Präsentation und Wirkung des Werks auf Dritte den **„Wirkbereich"**. A, B und C dürfen ein Theaterstück spielen (Werkbereich); ob sie dies allerdings dem Publikum nachts lautstark in einem Wohngebiet präsentieren dürfen, ist eine Frage des Wirkbereichs. Entgegen der neueren Auffassung des BVerfG[157] ist die eigenmächtige Inanspruchnahme oder Beeinträchtigung fremden Eigentums zum Zwecke der künstlerischen Entfaltung schon nicht Teil des Wirkbereichs und dementsprechend auch nicht von Art. 5 III 1 GG geschützt. (3) Kunst kommt ein die bloße Deskription oder Wertung **überschießender Bedeutungsgehalt** zu: Die Bedeutung des Kunstwerks muss über die bloße Existenz des Gegenstandes oder seine sinnlich wahrnehmbare Form hinausgehen. Aussagen über Personen oder Sachen sind als solche niemals Kunst; sie werden dies erst, wenn ihnen weitere Bedeutungen bzgl. sonstiger, außerhalb ihrer selbst liegenden Gegenstände und Gehalte zukommen.[158] Sie zeichnen sich typischerweise durch eine potentielle Vielfalt, Uneindeutigkeit und daher besonders hohe Interpretationsfähigkeit und -bedürftigkeit aus. Hier ist die Problematik der Abgrenzung zwischen Kunstfreiheit und Freiheit der Meinungsäußerung thematisiert. Der **Kunstbegriff ist so eher formal charakterisiert und inhaltlich weitgehend offen.** Die dem Künstler garantierte Freiheit umschreibt das Bundesverfassungsgericht so:

---

156 BVerfG NJW 1984, 1293 f.; *Henschel* NJW 1990, 1937, 1942.

157 BVerfG, NJW 2021, 1939 Rn. 21; BVerG, NJW 2024575 Rn. 29 zum sog. Adbusting; gegen eine Einbeziehung der Inanspruchnahme fremden Eigentums in den Schutzbereich noch BVerfG, NJW 1984, 1293, 1294.

158 BVerfGE 67, 213, 225 ff. Überblick bei *Würkner* Das Bundesverfassungsgericht und die Freiheit der Kunst, 1994.

> „Die Art und Weise, in der der Künstler der Wirklichkeit begegnet und die Vorgänge gestaltet, die er in dieser Begegnung erfährt, darf ihm nicht vorgeschrieben werden, wenn der künstlerische Schaffensprozess sich frei soll entwickeln können. Über die „Richtigkeit" seiner Haltung gegenüber der Wirklichkeit kann nur der Künstler selbst entscheiden. Insoweit bedeutet die Kunstfreiheitsgarantie das Verbot, auf Methoden, Inhalte und Tendenzen der künstlerischen Tätigkeiten einzuwirken, insbesondere den künstlerischen Gestaltungsraum einzuengen oder allgemeinverbindliche Regeln für diesen Schaffensprozess vorzuschreiben. Für das erzählende Kunstwerk ergibt sich daraus im Besonderen, dass die Verfassungsgarantie die freie Themenwahl und die freie Themengestaltung umfasst, indem sie dem Staat verbietet, diesen Bereich spezifischen künstlerischen Ermessens durch verbindliche Regeln oder Wertungen zu beschränken." (BVerfGE 30, 173, 190 f.).

In diese Garantie greifen staatliche Verbote oder Zensurmaßnahmen ebenso ein **1040**
wie Unterlassungs- und Schadensersatzansprüche Dritter, wobei die Drittwirkungsdimension der Kunstfreiheit in letzter Zeit besondere Bedeutung erlangt.[159] Eine unmittelbare Drittwirkung der Kunstfreiheit erkennt das BVerfG jedoch bislang nicht an und ist auch abzulehnen.[160] Ein **Eingriff** in die Kunstfreiheit kann nur rechtmäßig sein, wenn er im Rahmen der Grenzen der Kunstfreiheit erfolgt. Im Gegensatz zu den bislang in diesem Abschnitt behandelten Grundrechten ist jedoch der Kunstfreiheit **kein geschriebener Einschränkungsvorbehalt beigefügt.** Art. 5 III 2 GG bezieht sich nur auf die Freiheit der Lehre.

Anfangs hat man partiell versucht, die Schrankenlosigkeit der Wissenschafts- und Kunstfreiheit durch eine enge Interpretation der Schutzbereiche zu umgehen und dadurch Kollisionen der garantierten Freiheiten mit Rechtsgütern Anderer oder der Allgemeinheit zu vermeiden. Andere Autoren wollten die Schranken des Art. 2 I GG auf alle vorbehaltlos gewährleisteten Freiheitsrechte übertragen. Diese Schranken sollten allen Grundrechten angeblich „immanent" sein; man nannte sie daher **„grundrechtsimmanente Schranken"**. Gegen eine solche Übertragung spricht insbesondere, dass Art. 2 I GG gegenüber den Spezialfreiheitsrechten subsidiär ist.[161] Soweit speziellere Freiheitsgarantien einschlägig sind, ist Art. 2 I GG unanwendbar. Das gilt für Schutzbereich und Schranken.[162] Auch eine Übertragung der Schranken des Art. 5 II GG auf Art. 5 III GG verbietet sich, da dieses Grundrecht gegenüber der Meinungsfreiheit die speziellere Norm darstellt.[163]

Das **BVerfG** verfolgt einen anderen Ansatz: **1041**

> „Andererseits ist das Freiheitsrecht nicht schrankenlos gewährleistet. Die Freiheitsverbürgung in Art. 5 III 1 GG geht wie alle Grundrechte vom Menschenbild des Grundgesetzes aus, d. h. vom

---

159 Ausf. hierzu *Marsch* JZ 2022, 1129, 1130 ff.
160 So auch *von Coelln* JURA 2024, 940, 942 f.
161 S. o. Rn. 882.
162 BVerfGE 30, 173, 192 f.
163 *Ridder/Stein* DÖV 1962, 361, 365 f. m. w. N.

Menschen als eigenverantwortlicher Persönlichkeit, die sich innerhalb der sozialen Gemeinschaft frei entfaltet [...] Jedoch kommt der Vorbehaltlosigkeit des Grundrechts die Bedeutung zu, dass die Grenzen der Kunstfreiheitsgarantie nur von der Verfassung selbst zu bestimmen sind [...] (Dabei) ist ein im Rahmen der Kunstfreiheitsgarantie zu berücksichtigender Konflikt nach Maßgabe der grundgesetzlichen Wertordnung und unter Berücksichtigung der Einheit dieses grundlegenden Wertsystems durch Verfassungsauslegung zu lösen." (BVerfGE 30, 173, 193)

1042 Daraus folgt, dass bei der rechtlichen Würdigung von mehreren möglichen Interpretationen eines Kunstwerks diejenige zu Grunde zu legen ist, in der das Kunstwerk fremde Rechte nicht beeinträchtigt.[164] Falls die Ausübung der Kunstfreiheit in Rechte Dritter eingreift, müssen die Rechte Dritter einen wirksamen Schutz erfahren.[165] Dabei kann eine kunstspezifische Betrachtung angezeigt sein.[166]

1043 ***Lösung zum Beispielsfall*** (Rn. 1035):

Das **Beispiel** illustriert den nicht ganz seltenen Fall der **Kollision zwischen Kunstfreiheit** einerseits **und allgemeinem Persönlichkeitsrecht**[167] andererseits. Rechtswidrig ist daher die Einbeziehung von K und M in den Roman nur, wenn dem Persönlichkeitsrecht im konkreten Fall ein höherer Rang zukommt als der Kunstfreiheit. Maßgebliche Abwägungsfaktoren sind dabei einerseits das Grundrecht des Künstlers, sich mit anderen Personen auch kritisch auseinanderzusetzen; andererseits das Recht des Betroffenen, nicht durch grob entstellende, unwahre Unterstellungen „geschmäht" zu werden. Anders als bei Meinungsäußerungen kann es bei der Kunst nicht um „wahre" oder „unwahre" Inhalte gehen: Kunst verzerrt und verallgemeinert immer und ist daher notwendig „unwahr". Hier geht es vielmehr um die Frage, inwieweit die Angaben über K und M deren Diskretionsinteressen aus einer (früheren) Lebensgemeinschaft verletzen oder aber diese öffentlich in einen herabsetzenden Zusammenhang stellen.

Beim BVerfG waren die Auffassungen – wie in solchen Fällen nicht selten – gespalten: Während die Mehrheit die realistischen, z.T. sehr intimen Schilderungen als rechtswidrigen Eingriff in das Persönlichkeitsrecht sah, hat die Minderheit die künstlerische Gestaltung und die dadurch notwendige Verallgemeinerung und Entpersonalisierung dieser Eingriffe als maßgeblich angesehen. Während die Mehrheit daher Ansprüche von K und M bejahte, wollte sie die Minderheit verneinen.[168]

Zur Vertiefung:
Zur Kunstfreiheit:
v. Arnauld Freiheit der Kunst, in: HStR VII, § 167; *Beisel* Die Kunstfreiheitsgarantie des

164 BVerfGE 67, 213, 230.
165 BVerfGE 119, 1, 23.
166 BVerfGE 142, 74 Rn. 90 u. 92.
167 Dieses Recht wird aus Art. 1 i. V. m. Art. 2 GG hergeleitet; s. o. Rn. 885.
168 S. BVerfGE 119, 1, 36 ff.; BGH, NJW 2009, 751; früher BVerfGE 30, 173, 194 ff., einerseits, 200 ff. andererseits; s. a. BVerfGE 75, 369, 377 f.

Grundgesetzes und ihre strafrechtlichen Grenzen, 1997; *Bülow* Persönlichkeitsverletzungen durch künstlerische Werke, 2013; *v. Coelln* Die Kunstfreiheit, JURA 2024, S. 940; *Faßbender* Was darf die Satire?, NJW 2019, S. 705; *Henschel* Die Kunstfreiheit in der Rechtsprechung des BVerfG, NJW 1990, S. 1937; *Hufen* Kunstfreiheit, in: HGRe IV, § 101; *Lenski* Die Kunstfreiheit des GG, JURA 2016, S. 36; *Marsch* Kunst unter Druck – Zu Zweck und Reichweite des grundrechtlichen Schutzes von Art. 5 Abs. 3 Satz 1 GG, insbesondere in der Drittwirkungsdimension, JZ 2022, S. 1129; *Müller* Freiheit der Kunst als Problem der Grundrechtsdogmatik, 1969; *Mahrenholz* Freiheit der Kunst, in: HVerfR, § 26; *Oechsler* Die Satire – Rechtliche Grenzen eines Kulturinstituts, NJW 2017, S. 757; *Palm* Öffentliche Kunstförderung zwischen Kunstfreiheitsgarantie und Kulturstaat, 1998; *Reber* „Celebrity Impersonators" zwischen Persönlichkeitsschutz und Kunstfreiheit, GRUR Int 2010, 22; *Schneider* Die Freiheit der Baukunst, 2002; *Seitz* Realität im Film – Der schmale Grat zwischen Persönlichkeitsschutz und Kunstfreiheit, ZUM 2016, S. 817; *Ujica/Loef* Quod licet jovi, non licet bovi – Was darf die Kunst, was die Medien nicht dürfen?, ZUM 2010, S. 670; *Vlachopoulos* Kunstfreiheit und Jugendschutz, 1996; *Würkner* Das Bundesverfassungsgericht und die Freiheit der Kunst, 1994.

Zur Wissenschaftsfreiheit:
Finger/P. Müller „Körperwelten" im Spannungsfeld von Wissenschaftsfreiheit und Menschenwürde, NJW 2004, S. 1073; *Geis* Autonomie der Universitäten, in: HGRe IV, § 100; *Groß* Die Autonomie der Wissenschaft im europäischen Rechtsvergleich, 1992; *Hendler* Die Universität im Zeichen von Ökonomisierung und Internationalisierung, VVDStRL 65, S. 148; *Hufen* Wissenschaft zwischen Freiheit und Kontrolle, NVwZ 2017, S. 1265; *Lindner* Das Grundrecht der Wissenschaftsfreiheit, JURA 2018, S. 240; *Mager* Freiheit von Forschung und Lehre, in: HStR VII, § 166; *Miechielsen* Hochschulorganisation und Wissenschaftsfreiheit, 2013; *Schulze-Fielitz* Freiheit der Wissenschaft, in: HVerfR, § 27; *Spranger* Auswirkung einer Staatszielbestimmung „Tierschutz" auf die Forschungs- und Wissenschaftsfreiheit, ZRP 2000, S. 285.

IV. Ehe und Familie (Art. 6 GG)

!

X und Y sind als Ehepaar gemeinsame Inhaber eines Internetanschlusses. Über den Anschluss wurde ein Musikalbum mittels einer so genannten Filesharing-Software in einer Internet-„Tauschbörse" zum Herunterladen angeboten. Der Z-GmbH stehen die Verwertungsrechte an den betroffenen Musiktiteln zu. X und Y gaben auf die Abmahnung der Z-GmbH eine Unterlassungsverpflichtungserklärung ab, verweigerten aber die Zahlung von Schadensersatz und Rechtsanwaltskosten. Sie selbst hätten ihren Anschluss während der maßgeblichen Zeit nicht genutzt; sie wüssten zwar, dass eines ihrer Kinder den Anschluss genutzt hätte, wollten aber unter Berufung auf das durch Art. 6 I GG geschützte Recht auf Familie nicht offenbaren, welches. Daraufhin wurden X und Y zur Zahlung von Schadensersatz und Erstattung außergerichtlicher Rechtsanwaltskosten wegen Urheberrechtsverletzung verurteilt. Zu Recht? (nach BVerfG, NJW 2019, 1510; s. u. Rn. 1054)

Art. 6 GG schützt **Ehe und Familie** und stellt sie unter den „besonderen Schutz" der staatlichen Ordnung. Schutzbereich und Rechtsfolgen des Art. 6 GG begründen spezielle Rechtsfragen: „Ehe" und „Familie" sind nicht tatsächlich vorhanden, namentlich erstere wird unter staatlicher Mitwirkung erst rechtlich begründet. In- 1044 wieweit solche rechtlich notwendigen Grundrechtsvoraussetzungen mitgarantiert sind, ist umstritten. Die Diskussion steht unter dem Stichwort **„institutioneller Gehalt des Art. 6 GG"** in Anlehnung an die Theorie der institutionellen Garantien[169]. Daneben stellt sich die Frage, was mit dem **„besonderen Schutz"** in Art. 6 GG gemeint ist. Ist dieser ein Freiheits-, ein Leistungs- oder ein sonstiges Recht? Sodann ist das Verhältnis zwischen der „institutionellen Garantie" und diesen besonderen Rechtsfolgen sowie etwa vorhandenen grundrechtlichen Freiheitsansprüchen durch Abwehrrechte schwierig zu bestimmen.

1045 **Ehe** ist die „rechtlich verbindliche und in besonderer Weise mit gegenseitigen Einstandspflichten einhergehende, auf Dauer angelegte Lebensgemeinschaft [..], die aufgrund eines jeweils freien Entschlusses durch die Eheschließung als formalisiertem, nach außen erkennbaren Akt begründet wird"..[170] Das BVerfG, das einen verfassungsrechtlichen Schutz der gleichgeschlechtlichen Ehe über Art. 6 I GG früher abgelehnt hatte,[171]geht nunmehr stillschweigend und ohne Auseinandersetzung mit seiner bisherigen Rechtsprechung davon aus, dass die Ehe i. S. v. Art. 6 I GG nicht auf die Gemeinschaft zwischen Frau und Mann zu beschränkt ist und somit auch die gleichgeschlechtliche Ehe umfasst.[172] Grund dafür dürfte die seit 2017 bestehende, durch gesellschaftliche Entwicklungen angestoßene einfachgesetzliche Erstreckung des Ehebegriffs in § 1353 I BGB auf gleichgeschlechtliche Beziehungen sein. Zwar darf das Grundgesetz grundsätzlich nicht im Lichte des einfachen Rechts interpretiert werden, im Bereich des Familienrechts jedoch haben gesellschaftliche Entwicklungen, welche auf verfassungsrechtlicher Ebene nicht ignoriert werden können, zuerst zu einer Anpassung des einfachen Rechts geführt. Nichteheliche Lebensgemeinschaften hingegen unterfallen nicht dem Schutz des Art. 6 GG, sondern demjenigen des Art. 2 I GG;[173] Art. 6 I GG gebietet insoweit keine Gleichbehandlung mit der Ehe.[174] Auf der Grundlage ausländischen Rechts eingegangene Lebensgemeinschaften ehelicher Art sind grundsätzlich von Art. 6 I GG geschützt,[175] was auch für sog. hinkende Ehen gilt, nach der einen beteiligten Rechtsordnung wirksam, nach der anderen aber unwirksam sind.[176] Im Ausland

---

169 Zu dieser Theorie o. Rn. 861 ff.; zum Folgenden grundlegend *Campenhausen/Steiger* VVDStRL 45, S. 7/55.

170 BVerfGE 166, 1 Rn. 114; in diese Richtung zuvor schon BVerfGE 149, 86 Rn. 105; s. auch *Leisner-Egensperger*, in: Stern/Soldan/Möstl, StR, § 104 Rn. 23;

171 S. BVerfGE 62, 323, 330; 103, 89, 101; 105, 313, 345 f.; 115, 1, 19.

172 S. *Kingreen/Poscher* Grundrechte, Rn. 864.

173 BVerfGE 9, 20, 34 f.; 36, 146, 165; 128, 109, 125.

174 BVerfG, NJW 2019, 1793 Rn. 55 ff.

175 BVerfGE 76, 1, 41.

176 BVerfGE 62, 323, 330 f.

geschlossene Lebensgemeinschaften ehelicher Art unterfallen allerdings dann nicht ohne Weiteres dem Schutzbereich von Art. 6 I GG, wenn die fragliche Gemeinschaft mit der Vorstellung des Grundgesetzes von Ehe und Familie nicht vereinbar ist, sie also verfassungsrechtlichen Strukturprinzipien zuwiderläuft,[177] wie dies etwa bei der Zwangsehe oder Kinderehe[178] der Fall ist. Ebenfalls nicht erfasst werden nachgewiesene Namens- und Scheinehen.[179]

Wie die Ehe staatlich sanktioniert, also von Rechts wegen geschlossen, und wie sie gesetzlich ausgestaltet wird, unterliegt der **Gestaltungsfreiheit des Gesetzgebers.** Die Rechtsprechung geht von mehreren Grundsätzen aus: 1046

- **Gleichgültigkeit der Geschlechtszugehörigkeit.**[180]
- **Freiheit der Eheschließung**, also insbesondere der Partnerwahl.[181]
- Freiheit der Ausgestaltung der ehelichen Beziehungen zwischen den Ehegatten.[182]
- **Möglichkeit des Zusammenlebens** der Ehegatten; der Staat darf also die eheliche Gemeinschaft nicht trennen oder unmöglich machen. Ausländer, die mit Deutschen verheiratet sind und/oder Kinder haben, dürfen nur unter Beachtung der Grenzen des Art. 6 GG ausgewiesen werden, d. h. die ehelichen und familiären Bindungen zu in Deutschland rechtmäßig lebenden Personen müssen hinreichend berücksichtigt werden.[183] Allerdings schützt Art. 6 I GG nicht generell vor **Abschiebung** oder **Ausweisung**, da die Vorschrift keinen Anspruch auf Aufenthalt oder Nachzug begründet.[184] Art. 6 I GG schützt die Wahl eines gemeinsamen[185] oder von getrennten Lebensmittelpunkten sowie die Aufgabenverteilung[186] in der Ehe.
- Wechselseitige **Unterhaltsansprüche und -verpflichtungen.**[187] Diese können vom Gesetzgeber aus- und umgestaltet werden. Was zusammen erworben ist, ist zu verteilen; was an Unterhaltsansprüchen nach der Ehescheidung bestehen kann, ist nach Billigkeitskriterien zu entscheiden. Hier kommt der Legislative Gestaltungsfreiheit zu.
- Besonderer **Schutz der ehelichen Privatsphäre**, etwa gegen staatliche Ausforschung, Ermittlungshandlungen u. a.[188]

---

177 BVerfGE 166, 1 Rn. 110.

178 S. dazu aber BVerfG 166, 1 Rn. 154 ff.

179 *Jarass* in: Jarass/Pieroth, GG, Art. 6 Rn. 5; a.A. *Kingreen/Poscher* Grundrechte, Rn. 867.

180 Ausf. *Leisner-Egensperger*, in: Stern/Soldan/Möstl, StR, § 104 Rn. 25 ff.

181 BVerfGE 29, 166, 175; 31, 58, 69 ff. für Ehen mit Ausländern.

182 BVerfGE 11, 64, 69; 12, 151, 165; 39, 169, 183; 48, 327, 338; 80, 81, 92.

183 BVerfGE 51, 386. Zum Familiennachzug BVerfGE 76, 1, 41 ff.; *Hailbronner* FamRZ 2008, 1583; *Kingreen* ZAR 2007, 13.

184 BVerfGE 76, 1, 47 f.; 80, 81, 92.

185 BVerfGE 114, 316, 335 f.

186 BVerfGE 105, 1, 11; 133, 377 Rn. 82.

187 Grundlegend BVerfGE 47, 85; 53, 224, 250 ff.

188 Zur Ehe als besonders geschütztes Vertrauensverhältnis vgl. BVerfGE 21, 329, 353; 35, 35, 40; BVerfG NStZ 1992, 558; *Gusy* JA 1986, 183.

- **Auflösbarkeit der Ehe.** Auch die Scheidung fällt in den Schutzbereich des Art. 6 I GG, da durch sie die Eheschließungsfreiheit wieder erlangt werden kann.[189] Schließlich wird auch die negative Eheschließungsfreiheit, d. h. die Freiheit, keine Ehe einzugehen, geschützt.[190]

1047 Der Schutz der **Familie** umfasst die **Gemeinschaft von Eltern mit ihren Kindern,**[191] unabhängig davon, ob diese homolog oder heterolog gezeugt sind.[192] In den Schutzbereich fallen auch Adoptivkinder, Pflegekinder,[193] Alleinerziehende mit Kindern und unverheiratet Zusammenlebende mit ihren gemeinsamen Kindern.[194] Im Gegensatz zu älteren Auslegungen setzt „Familie" keine „Ehe" mehr voraus. Die Rechtsprechung geht vom juristischen hin zum materiellen Familienbegriff. Zu der Familie zählt auch das Verhältnis zwischen Eltern und ihren erwachsenen Kindern. In Anlehnung an die Rechtsprechung des EGMR[195] zum Familienbegriff ist der Familienbegriff des Art. 6 I GG heute nicht mehr auf die Kleinfamilie beschränkt, sondern erstreckt sich auf alle nahen Verwandten, die einander durch die Familienbande verbunden sind, also etwa auch auf die Beziehung der Großeltern zu ihren Enkeln, sofern ein entsprechendes Näheverhältnis besteht.[196] Das Familiengrundrecht des Art. 6 I GG setzt den Bestand rechtlicher Verwandtschaft nicht voraus, sondern erfasst auch gelebte sozial-familiäre Bindungen.[197]

1048 Ein **Eingriff** in Art. 6 I GG liegt vor, wenn eine staatliche Maßnahme Ehe und Familie schädigt, stört oder in sonstiger Weise beeinträchtigt.[198] Dies ist etwa dann der Fall, wenn rechtliche Nachteile gerade an Ehe und/oder Familie geknüpft werden.[199] Ein Eingriff liegt auch vor, wenn Ausländer, die in Deutschland verheiratet sind und/oder Kinder haben, ausgewiesen werden.[200] Allerdings stellen nicht alle staatlichen Maßnahmen, die Ehe und Familie berühren, einen Grundrechtseingriff dar, da Ehe und Familie als rechtliche Gebilde der Ausgestaltung bedürfen.[201] So sind etwa die Regelungen zur Ehescheidung eine zulässige Ausgestaltung

---

189 BVerfGE 53, 224, 245; 55, 134, 142; *Jarass* in: Jarass/Pieroth, GG, Art. 6 Rn. 6.

190 *Jarass* in: Jarass/Pieroth, GG, Art. 6 Rn. 6; a. A. aber BVerfGE 56, 363, 384 f., wonach die negative Eheschließungsfreiheit nur nach Art. 2 I GG geschützt sei.

191 BVerfGE 127, 263, 287; 108, 82, 112; 115, 80, 81 u. 90; *Manssen* Staatsrecht II, Rn. 482.

192 *Jarass* in: Jarass/Pieroth, GG, Art. 6 Rn. 9.

193 BVerfG, NJW 2023, 3282 Rn. 15.

194 S. nur BVerfGE 151, 101 Rn. 56.

195 EGMR, Entsch v. 13. 6. 1979, NJW 1979, 2449, Rn. 45.

196 BVerfGE 136, 382 Rn. 21 ff.; *Brosius-Gersdorf* in: Dreier, GG, Art. 6 Rn. 230;

197 BVerfG BeckRS 2024, 9156 Rn. 21.

198 BVerfGE 6, 55, 76; 81, 1, 6.

199 BVerfGE 76, 1, 72; 99, 216, 232.

200 BVerfGE 76, 1, 45 f.

201 BVerfGE 81, 1, 6 f.; 133, 59 Rn. 68.

des Art. 6 I GG.[202] Entsprechendes gilt für den Ausschluss der Stiefkindadoption in nichtehelichen Familien.[203]

Art. 6 I GG stellt Ehe und Familie unter den „**besonderen Schutz**" der staatlichen Ordnung. Darin liegt zunächst ein Schutzauftrag, also der über ein bloßes Eingriffsverbot hinaus reichende Auftrag zur Schaffung und Durchsetzung einer rechtlichen Ordnung zu diesem Zweck. Dazu gehört beispielsweise eine entsprechende Ausgestaltung des Privatrechts. Schwieriger zu bestimmen ist allerdings die Frage nach dem „Besonderen" des Schutzes. Darin liegt gewiss ein **Diskriminierungsverbot** gegenüber anderen Lebensgemeinschaften, etwa der nicht-ehelichen Lebensgemeinschaft. Abgesehen davon kann der Gesetzgeber im Rahmen seiner Gestaltungsfreiheit selbst bestimmen, wie er den besonderen Schutzauftrag verwirklichen will.[204] Zulässig sind beispielsweise steuerliche Privilegierungen, etwa im Rahmen des Ehegattensplittings.[205] Außerdem hat der Staat dafür zu sorgen, dass die Kindererziehung nicht zu beruflichen Nachteilen führt.[206] 1049

Art. 6 I GG ist vorbehaltslos gewährleistet.[207] Soweit ein Eingriff und nicht eine bloße Ausgestaltung von Ehe und Familie vorliegt, kommt eine Rechtfertigung durch kollidierendes Verfassungsrecht in Betracht. Notwendig ist stets eine gesetzliche Grundlage. Außerdem ist Art. 6 III GG zu beachten. 1050

Das **Erziehungsrecht der Eltern** (Art. 6 II GG) dient in erster Linie dem Schutz des Kindes und ist daher von den Eltern nicht selbstbezogen, sondern zum Wohl ihres Kindes auszuüben.[208] Es stellt ein Abwehr- bzw. Freiheitsgrundrecht dar, das im Verhältnis zu Art. 6 I GG lex specialis ist. Das elterliche Erziehungsrecht ist zugleich Recht und Pflicht: Es findet seinen maßgeblichen Bezugspunkt und daher seine inhaltliche Richtschnur in dem Ziel des „**Kindeswohls**", welches in Art. 6 III, 2 I GG geschützt ist. Dieser Bezugspunkt ist nicht Schranke, sondern Inhalt des Erziehungsrechts. Das Elternrecht umfasst die freie Gestaltung der Pflege (Sorge für das körperliche Wohl, Ernährung, Gesundheit, Vermögen, Entscheidung über eine Impfung[209], Entscheidung über den Aufenthalt[210]) und der Erziehung (Sorge für die seelische und geistige Entwicklung, Vermittlung von Wissen und Wertorientierung, 1051

202 *Kingreen/Poscher* Grundrechte, Rn. 871.
203 BVerfGE 151, 101 Rn. 57; insoweit liegt aber ein Verstoß gegen Art. 3 I GG vor.
204 BVerfGE 62, 323, 333; 112, 50, 66.
205 *Jarass* in: Jarass/Pieroth, GG, Art. 6 Rn. 19.
206 BVerfGE 99, 216, 234.
207 BVerfGE 31, 58, 68 f.
208 BVerfGE 59, 360, 376 f.; 133, 59 Rn. 49; zum Ganzen auch *Sanders* JURA 2024, 701, 702.
209 BVerfGE 162, 378 Rn. 81 f.
210 BVerfG NJW 2024, 2389 Rn. 24.

Auswahl eines Vormundes[211]) des Kindes.[212] Es steht jedem Elternteil für sich zu,[213] den Pflegeeltern hingegen grundsätzlich nicht.[214] Eltern im Sinne von Art. 6 II 1 GG muss es grundsätzlich möglich sein, Elternverantwortung für ihre Kinder erhalten und ausüben zu können.[215] Das gibt nicht zwingend vor, das Innehaben von Elternverantwortung und die Anzahl der Träger des Elterngrundrechts von vornherein auf zwei Elternteile zu beschränken; Träger können daher nach Auffassung des BVerfG in Abkehr von seiner früheren Rechtsprechung auch Mutter, leiblicher Vater und rechtlicher Vater nebeneinander sein. doch muss die Zahl der Elternteile aus Gründen des Kindeswohls eng begrenzt bleiben.[216] Dem leiblichen Vater muss wegen Art. 6 II 1 GG die Möglichkeit gewährt werden, auch rechtlicher Vater seines Kindes zu werden.[217] Spiegelbildlich zum Elternrecht sind die Eltern zur Pflege und Erziehung des Kindes verpflichtet, d. h. es ergibt sich ein entsprechendes Grundrecht des Kindes.[218] Darüber hinaus gibt es immer wieder Bestrebungen, in den Normtext des Art. 6 GG explizit Kinderrechte aufzunehmen.[219]

1052 **Eingriffe in das elterliche Erziehungsrecht** sind solche, die das Elternrecht im Verhältnis zum Kind beschränken.[220] Ein besonders schwerer Eingriff liegt vor, wenn das Kind von seinen Eltern gegen deren Willen getrennt wird.[221] Ferner finden sich staatliche Eingriffe in das Eltern-Kind-Verhältnis vor allem im Schulrecht. Das Erziehungsrecht der Eltern begründet Probleme insbesondere bei der Abgrenzung zur **staatlichen Schulhoheit** in Art. 7 GG. Hier stehen sich zwei Ansichten gegenüber. Entweder werden beide Sphären voneinander getrennt und bezeichnen tatsächlich Verschiedenes, wobei die Abgrenzung schwierig ist.[222] Oder aber sie bezeichnen eine „gemeinsame Verantwortung von Staat und Eltern für das Kindeswohl", wobei der Bereich der Schule immer weiter ausgedehnt wird und umgekehrt durch Mitwirkungsrechte der Eltern in der Schule kompensiert werden soll. Dieser Tendenz folgt insbesondere die Schulgesetzgebung der Länder. Ebenso

---

211 BVerfG BeckRS 2023, 40019 Rn. 8.
212 BVerfGE 108, 282, 301; *Jarass* in: Jarass/Pieroth, GG, Art. 6 Rn. 42.
213 BVerfGE 99, 145, 164; 133, 59 Rn. 51.
214 BVerfG, NJW 2023, 3282 Rn. 13.
215 BVerfG, NJW 2024, 1732 Rn. 32 ff.
216 BVerfG, NJW 2024, 1732 Rn. 41 ff.; ausf. dazu v. *Landenberg-Roberg* JZ 2024, 530 ff.; *Sanders* JZ 2024, 559 ff.
217 BVerfG, NJW 2024, 1732 Rn. 38 ff.
218 *Kingreen/Poscher* Grundrechte, Rn. 877.
219 Ausf. *Eufinger* NJ 2021, 53 ff.
220 *Jarass* in: Jarass/Pieroth, GG, Art. 6 Rn. 49.
221 BVerfGE 24, 119, 142; 60, 79, 91.
222 Eingehend *Schmitt-Kammler* Elternrecht und schulisches Erziehungsrecht nach dem GG, 1983. S. a. *Bumke* NVwZ 2005, 519.

ist in der Einleitung eines strafrechtlichen Ermittlungsverfahrens gegen das Kind ein Eingriff auch in das Elternrecht zu sehen.[223] Ein weiteres Beispiel für einen Eingriff in das elterliche Erziehungsrecht sind staatliche Maßnahmen, die das jeweilige Sorge- und Umgangsrecht regeln.[224]

Das Elternrecht ist vorbehaltlos gewährleistet. Eine Beschränkungsmöglichkeit 1053
ergibt sich aber aus dem in Art. 6 II 2 GG verankerten Wächteramt der staatlichen Gemeinschaft über die Pflicht der Eltern zur Pflege und Erziehung der Kinder.[225] Eingriffe in das Elternrecht können auch durch sonstiges kollidierendes Verfassungsrecht gerechtfertigt werden, etwa durch die staatliche Schulhoheit nach Art. 7 I GG.[226] Bei sämtlichen Eingriffen ist die Schranken-Schranke des Art. 6 III GG zu beachten.

Lösung zum Beispielsfall (s. Rn. 1044): 1054

Das BVerfG nahm zwar einen Eingriff in das Grundrecht auf Achtung des Familienlebens aus Art. 6 I GG an. Dieses Grundrecht stelle die Familie unter den besonderen Schutz des Staates. Damit seien Bestimmungen unvereinbar, welche die Familie schädigen, stören oder sonst beeinträchtigen könnten. Familienmitglieder sind berechtigt, ihre Gemeinschaft nach innen in familiärer Verantwortlichkeit und Rücksicht frei zu gestalten. Der Schutzbereich des Art. 6 I GG erfasse auch das Verhältnis zwischen Eltern und ihren volljährigen Kindern. Die Schutzgebote, Garantien und Rechte des Art. 6 I GG gelten, wie das BVerfG betont, für den Gesamtbereich der Rechtsordnung und damit auch für das für die Privatrechtsbeziehungen maßgebliche Bürgerliche Recht. Die Auslegung und Anwendung einfachen Rechts, besonders in seinen eine Wertung oder Abwägung erfordernden Klauseln, müsse den grundrechtlichen Grundsatznormen Rechnung tragen. Dadurch, dass Anschlussinhabern zur Abwendung ihrer täterschaftlichen Haftung im Rahmen der sekundären Darlegungslast im Zivilprozess Tatsachenvortrag abverlangt wird, der das Verhalten ihrer volljährigen Kinder betrifft und diese dem Risiko einer zivil- oder strafrechtlichen Inanspruchnahme aussetzt, werde die in den Schutzbereich von Art. 6 GG fallende innerfamiliäre Beziehung beeinträchtigt. Die Beeinträchtigung ist jedoch nach Auffassung des BVerfG von Verfassungs wegen nicht zu beanstanden. Das Grundrecht aus Art. 6 I GG stehe der Annahme einer zivilprozessualen Obliegenheit nicht entgegen, der zufolge X und Y zur Entkräftung der Vermutung für ihre Täterschaft als Anschlussinhaber ihre Kenntnisse über die Umstände einer eventuellen Verletzungshandlung mitzuteilen haben, mithin auch aufdecken müssen, welches ihrer Kinder die Verletzungshandlung begangen hat, sofern sie davon tatsächliche Kenntnis erlangt haben. Dem Schutz des Art. 14 GG, auf den sich die Z-GmbH als Rechteinhaberin berufen könne, komme bei der Abwägung der widerstreitenden Grundrechtsgüter Vorrang zu.[227]

223 BVerfGE 107, 104, 121.

224 Vgl. BVerfGE 61, 358, 371 ff.

225 *Jarass*, in: Jarass/Pieroth, GG, Art. 6 Rn. 56 f.

226 BVerfGE 34, 165, 183; 108, 282, 301; s. u. Rn. 1055 ff.

227 Vgl. BVerfG, NJW 2019, 1510 Rn. 10 ff.

Zur Vertiefung:
Bäcker Begrenzter Wandel – Das Gewollte als Grenze des Verfassungswandels am Beispiel des Art. 6 I GG, AöR 143 (2018), S. 339; *Böhm* Dynamische Grundrechtsdogmatik von Ehe und Familie?, VVDStRL 73 (2014), S. 211; *Britz* Das Grundrecht des Kindes auf staatliche Gewährleistung elterliche Pflege und Erziehung, JZ 2014, S. 1069; *Brosius-Gersdorf* Die Ehe für alle durch Änderung des BGB, NJW 2015, S. 3557; *Burgi* Elterliches Erziehungsrecht, in: HGRe IV, § 109; *Classen* Dynamische Grundrechtsdogmatik von Ehe und Familie?, DVBl. 2013, S. 1086; *Eufinger* Kinderrechte ins Grundgesetz – Was lange währt, wird endlich gut?, NJ 2021, S. 53; *Germann* Dynamische Grundrechtsdogmatik von Ehe und Familie?, VVDStRL 73 (2014), S. 257; *Heiderhoff* Aktuelle Fragen zu Art. 6 GG: Flüchtlingsfamilien, Regenbogenfamilien, Patchworkfamilien – und das Kindergrundrecht, NZFam 2020, S. 320; *Herzmann* Der Schutz von Ehe und Familie nach Art. 6 I GG, JURA 2015, S. 248; *Höfling* Elternrecht, in: HStR VII, § 155; *Ipsen* Ehe für alle – verfassungswidrig?, NVwZ 2017, S. 1096; *ders.* Ehe und Familie, in: HStR VII, § 154; *Leisner-Egensperger* Schutz von Ehe, Familie und der Eltern-Kind-Beziehung sowie Gewährleistung des Schulwesens, in: Stern/Sodan/Möstl StR, § 104; *Pschorr/Drechsler* Die Verfassungsmäßigkeit der Ehe für alle, JA 2018, S. 122; *Sanders* Elternschaft und elterliche Verantwortung im Familienverfassungsrecht, JURA 2024, S. 701; *Schaefer* Die „Ehe für alle" und die Grenzen der Verfassungsfortbildung, AöR 143 (2018), S. 393; *Steiner* Schutz von Ehe und Familie, in: HGRe IV, § 108; *Uhle* Abschied vom engen Familienbegriff, NVwZ 2015, S. 272.

V. Schulwesen, Privatschulfreiheit (Art. 7 GG)

! Bundesweit tätige Zusammenschlüsse von islamischen Verbänden (Dachverbände) in der Rechtsform eines eingetragenen Vereins streben die Einrichtung islamischen Religionsunterrichts als ordentliches Lehrfach an öffentlichen Schulen im Bundesland N an. Sie bezeichnen sich als islamische Religionsgemeinschaften. Den Dachverbänden gehören Landesverbände an, die rund 240 Moscheegemeinden und deren Mitglieder sowie islamische Verbände, Gemeinschaften und Jugend- und Studentenvereine vertreten. Die Dachverbände fördern die islamische Religion und deren Pflege in den Mitgliedsverbänden. Zu diesem Zweck führen sie unter anderem religiöse Bildungsveranstaltungen durch und erstellen Informationsschriften und Lehrpläne. Außerdem legen sie die Gebetszeiten, die islamischen Feiertage sowie Beginn und Ende des Fastenmonats Ramadan fest und klären die Halal betreffenden Fragen. Ein Vorstandsmitglied (Sheikh ul-Islam) ist als geistlicher Leiter verantwortlich für religiöse Angelegenheiten und Lehrentscheidungen. Die Klagen der Dachverbände mit dem Ziel, das Land N zur Einführung islamischen Religionsunterrichts als ordentliches Lehrfach an öffentlichen Schulen nach den religiösen Grundsätzen der Dachverbände zu verpflichten, sind erfolglos geblieben. Besteht ein Anspruch der Dachverbände auf Einführung islamischen Religionsunterrichts als ordentliches Lehrfach? (nach BVerwG, NVwZ 2019, 236; s. u. Rn. 1063).

1055 Art. 7 I GG überträgt dem Staat einen eigenständigen **Bildungs- und Erziehungsauftrag im Schulbereich.**[228] Durch die Schulaufsicht wird der Staat verpflichtet, ein leistungsfähiges Schulwesen bereit zu stellen, sei es durch Errichtung und Be-

228 BVerfGE 47, 46, 71 f.; 98, 218, 244; *Jarass* in: Jarass/Pieroth, GG, Art. 7 Rn. 1.

trieb staatlicher Einrichtungen als auch durch die Überwachung von Privatschulen.[229] Die dem Staat gemäß Art. 7 I GG obliegende Gestaltung des Schulsystems umfasst die organisatorische Gliederung der Schule, die strukturellen Festlegungen des Ausbildungssystems, das inhaltliche und didaktische Programm der Lernvorgänge und das Setzen der Lernziele, die Entscheidung darüber, ob und wieweit diese Ziele von den Schülern erreicht worden sind, sowie die Bestimmung der Voraussetzungen für den Zugang zur Schule, den Übergang von einem Bildungsweg zum anderen und die Versetzung innerhalb eines Bildungsganges.[230] Es handelt sich bei Art. 7 I GG für sich genommen nicht um ein Grundrecht, sondern um eine organisationsrechtliche Vorgabe und um einen **Verfassungsauftrag.** Art. 7 I GG legitimiert Eingriffe in Grundrechte, insbesondere in die Glaubensfreiheit (Art. 4 GG) und das elterliche Erziehungsrecht (Art. 6 II GG).[231] Allerdings ist Bildung Teil des durch Art. 2 I GG geschützten Rechts von Kindern und Jugendlichen auf freie Entwicklung und Entfaltung ihrer Persönlichkeit,[232] welches ohne funktionierendes Schulwesen nicht verwirklicht werden kann. Daher leitet das BVerfG nunmehr aus Art. 2 I i.V.m. Art. 7 I GG ein **Recht von Kindern und Jugendlichen auf schulische Bildung** ab.[233] Das BVerfG unterscheidet bei dem Recht auf schulische Bildung eine abwehrrechtliche, eine leistungsrechtliche und eine teilhaberechtliche Dimension.

– In seiner **abwehrrechtlichen Dimension** schützt Art. 2 I i.V.m. Art. 7 I GG vor ungerechtfertigten Eingriffen des Staates in die schulische Bildung von Schülerinnen und Schülern an staatlichen Schulen, aber auch an Privatschulen.[234] Werden Schülerinnen und Schüler daher durch den Staat in ihrer Möglichkeit, mit Hilfe schulischer Bildung ihre Persönlichkeit frei zu enthalten, eingeschränkt, liegt grundsätzlich ein Eingriff in Art. 2 I i.V.m. Art. 7 I GG vor, der einer Rechtfertigung bedarf. Allerdings liegt das Schulwesen in staatlicher Verantwortung, wobei die Landesgesetzgeber bei der Ausgestaltung einen weiten Gestaltungsspielraum haben. Das Recht auf schulische Bildung ist damit, ähnlich wie Art. 14 GG,[235] ein normgeprägtes Grundrecht. Daraus folgt, dass

---

229 *Jarass* in: Jarass/Pieroth, GG, Art. 7 Rn. 3f.

230 BVerfGE 159, 355 Rn. 54 unter Bezugnahme auf BVerfGE 34, 165, 182 sowie BVerfGE 45, 400, 415 und BVerfGE 53, 185, 196.

231 *Jarass* in: Jarass/Pieroth, GG, Art. 7 Rn. 8ff.

232 BVerfGE 159, 355 Rn. 44.

233 BVerfGE 159, 355 Rn. 44ff.; s. dazu *Wißmann/Domsgen* JURA 2022, 1044, 1046f.; *Voßkuhle/Schemmel* JuS 2024, 312, 314f.; *Christ* NVwZ 2023, 1; *v. Landenberg-Roberg* DVBl. 2022, 389; krit. *Nettesheim* JZ 2022, 525.

234 BVerfGE 159, 355 Rn. 65.

235 S. u. Rn. 1129.

Schülerinnen und Schüler sich nur gegen solche Maßnahmen wenden können, die zwar die Ausübung des Rechts auf schulische Bildung einschränken, das vom Staat bereitgestellte Schulsystem selbst jedoch unberührt lassen. Dazu gehört etwa der der Schulausschluss wegen Störung des Schulfriedens.[236] Auch das mit dem Infektionsschutz begründete Verbot des Präsenzunterrichts an Schulen während der Corona-Pandemie stellte einen Eingriff in Art. 2 I i.V.m. Art. 7 I GG dar, der jedoch angesichts des einfachen Gesetzesvorbehalts des Art. 2 I GG und des damit verfolgten Zwecks des Schutzes von Leben und Gesundheit nach Ansicht des BVerfG verhältnismäßig und damit gerechtfertigt war.[237]

– In seiner **leistungsrechtlichen Dimension** vermittelt das Recht auf schulische Bildung wegen seiner Normgeprägtheit den einzelnen Schülerinnen und Schülern „im Grundsatz keinen originären Leistungsanspruch auf eine bestimmte Gestaltung staatlicher Schulen“[238] oder auf „die wunschgemäße Gestaltung von Schule“[239]. Allerdings ergibt sich aus dem Recht auf schulische Bildung für die Schülerinnen und Schüler ein Anspruch auf „Einhaltung eines nach allgemeiner Auffassung für ihre chancengleiche Entwicklung zu einer eigenverantwortlichen Persönlichkeit unverzichtbaren Mindeststandards von Bildungsangeboten an staatlichen Schulen“[240]. Zum Mindeststandard schulischer Bildung in der besonderen Situation der Corona-Pandemie gehörte nach Auffassung des BVerfG „die Durchführung von Distanzunterricht, weil ansonsten über einen längeren Zeitraum überhaupt kein Unterricht an Schulen stattgefunden hätte. Soweit daher an einzelnen Standorten staatlicher Schulen nicht dafür gesorgt wurde, dass anstelle von Präsenzunterricht in nennenswertem Umfang Distanzunterricht stattfinden konnte, bestand ein Anspruch der betroffenen Schüler auf entsprechende Vorkehrungen, sofern dem keine durchgreifenden Hindernisse personeller, sächlicher oder organisatorischer Art entgegenstanden.“[241]
– In seiner **teilhaberechtlichen Dimension** gewährleistet das Recht auf schulische Bildung in Verbindung mit dem allgemeinen Gleichheitssatz des Art. 3 I GG

---

236 BVerfGE 159, 355 Rn. 63; zum Schulfrieden *Moir*, Der Schulfrieden als Schranke der Religionsfreiheit. Eine Untersuchung zum Schutz der Religionsausübung und der Bedeutung staatlicher Funktionsinteressen in der Schule, 2022.
237 BVerfGE 159, 355 Rn. 72 ff.
238 BVerfGE 159, 355 Rn. 52.
239 BVerfGE 159, 355 Rn. 55; ausf. zur leistungsrechtlichen Dimension des Rechts auf schulische Bildung *Munaretto* Der Staat 62 (2023), 419, 429 ff.
240 BVerfGE 159, 355 Rn. 57.
241 BVerfGE 159, 355 Rn. 174.

ein „Recht auf gleiche Teilhabe an den staatlichen Bildungsleistungen“[242]. Das Recht ist verletzt, wenn Zugangsvoraussetzungen zu staatlichen Bildungsleistungen willkürlich oder diskriminierend ausgestaltet oder angewendet werden.[243]

Art. 7 II GG garantiert das **Recht der Erziehungsberechtigten (i. d. R. der Eltern), über die Teilnahme des Kindes am Religionsunterricht zu bestimmen.** Dies beinhaltet auch das Recht, die Teilnahme der Kinder am Religionsunterricht zu verweigern. Es handelt sich dabei um eine Konkretisierung der Grundrechte aus Art. 4 GG und Art. 6 II GG. Ein Anspruch der Eltern auf eine bestimmte Ausgestaltung des Religionsunterrichts besteht hingegen nicht.[244] Kinder selbst sind keine Träger des Grundrechts aus Art. 7 II GG; sie können sich nach Erreichen der sog. Religionsmündigkeit[245] auf Art. 4 GG berufen und über die Teilnahme am Religionsunterricht entscheiden. Eingriffe in Art. 7 II GG können nur durch kollidierendes Verfassungsrecht gerechtfertigt werden, insbesondere durch Grundrechte der Kinder und der Religionsgemeinschaften.[246] Schon kein Eingriff liegt vor, wenn ein nicht am Religionsunterricht teilnehmendes Kind dazu verpflichtet wird, einen weltanschaulich neutralen und dem Religionsunterricht gleichwertigen Ethikunterricht zu besuchen.[247] 1056

Art. 7 III 1, 2 GG gewährt den Religionsgemeinschaften ein **Grundrecht auf Einrichtung eines Religionsunterrichts an öffentlichen Schulen.** Es handelt sich dabei um ein Grundrecht der Religionsgemeinschaften, nicht der Eltern oder Schüler.[248] Zu den von Art. 7 III GG erfassten Religionsgemeinschaften zählen grundsätzlich auch solche, die von ausländischen Staaten beeinflusst werden, soweit die Einflussnahme dem religiösen Selbstverständnis der Religionsgemeinschaft entspricht; Grenzen ergeben sich jedoch aus der Schulaufsicht.[249] Nicht von Art. 7 III GG erfasst werden hingegen islamische Dachverbände, da es ihnen am personalen Substrat fehlt.[250] Im Verhältnis zu Art. 4 GG sind Art. 7 III 1, 2 GG lex specialis und eine Erweiterung insoweit, als sie die Religionsausübung in Form des 1057

242 BVerfGE 159, 355 Rn. 59; s. auch BVerfG NJW 2024, 424 Rn. 62.

243 BVerfGE 159, 355 Rn. 60.

244 *Robbers* in: Huber/Voßkuhle, GG I, Art 7 Rn. 111.

245 S. dazu o. Rn. 1003.

246 *Brosius-Gersdorf* in: Dreier, GG, Art. 7 Rn. 224.

247 BVerwGE 107, 75, 80 ff.

248 *Brosius-Gersdorf* in: Dreier, GG, Art. 7 Rn. 231 f.; a. A. *Robbers* in: Huber/Voßkuhle, GG I, Art. 7 Rn. 123.

249 *Faßbender* Religionsunterricht aus dem Ausland, 2022, S. 256 ff.

250 Ausf. zum Ganzen *Janssen* JZ 2023, 385 ff.

Religionsunterrichts innerhalb des staatlichen Schulwesens und als Teil der Ausübung öffentlicher Gewalt sichern.[251] Art. 7 III 1, 2 GG führt zu einer Durchbrechung der grundsätzlichen Trennung von Staat und Kirche.[252]

1058 **Träger des Grundrechts** aus Art. 7 III 1, 2 GG sind die **Religionsgemeinschaften**, ohne dass hierfür der Status einer Körperschaft des öffentlichen Rechts i. S. v. Art. 140 GG i. V. m. Art. 137 V WRV vorliegen muss. Ausreichend ist die Rechtsfähigkeit nach bürgerlichem Recht, so dass etwa auch **islamische Gemeinden** Religionsunterricht an öffentlichen Schulen erteilen können.[253] Art. 7 III GG gilt nur für öffentliche Schulen, nicht auch für Privatschulen.[254] Ausdrücklich ausgenommen sind darüber hinaus bekenntnisfreie Schulen.[255] Weiterhin ist die Sondervorschrift des Art. 141 GG zu beachten, von der Berlin, Bremen und Brandenburg insoweit Gebrauch gemacht haben, als sie einen ethischen und religionskundlichen Unterricht neben dem lediglich freiwilligen Religionsunterricht als ordentliches Lehrfach vorsehen. Ordentliches Lehrfach i. S. v. Art. 7 III 1 GG bedeutet, dass der Religionsunterricht Pflichtfach ist und bei der Versetzungsentscheidung berücksichtigt werden kann.[256] Die Inhalte des Religionsunterrichts werden von den Religionsgemeinschaften bestimmt. Daher ist auch konfessionell-kooperativer, bi-konfessioneller, ökumenischer oder geöffneter Religionsunterricht möglich, wenn sich die beteiligten Religionsgemeinschaften dafür entscheiden.[257] Ein Eingriff in Art. 7 III 1, 2 GG liegt vor, wenn in einer öffentlichen Schule kein Religionsunterricht veranstaltet wird.[258] Eine Rechtfertigung von Beeinträchtigungen ist nur durch kollidierendes Verfassungsrecht möglich, wobei insoweit insbesondere die staatliche Schulaufsicht i. S. v. Art. 7 I GG zum Tragen kommen kann.[259]

1059 Art. 7 III 3 GG gewährleistet das **Recht der Lehrer, die Erteilung von Religionsunterricht abzulehnen.** Neben Art. 4 I, II GG hat das Grundrecht deshalb Bedeutung, weil es ausschließt, dass verbeamtete Lehrer auf Grund ihres Sonderstatus als Beamte dazu gezwungen werden, gegen ihren Willen Religionsunterricht erteilen.[260]

---

251 *Kingreen/Poscher* Grundrechte, Rn. 908.
252 *Jarass* in: Jarass/Pieroth, GG, Art. 7 Rn. 18.
253 BVerwGE 123, 49, 54 ff.
254 *Brosius-Gersdorf* in: Dreier, GG, Art. 7 Rn. 243 f.
255 BVerwGE 89, 368, 377.
256 BVerwGE 42, 346, 349.
257 *Kingreen/Poscher* Grundrechte, Rn. 912; ausf. dazu *Mückl* ZevKR 64 (2019), S. 225 ff.
258 BVerfGE 74, 244, 251.
259 *Jarass* in: Jarass/Pieroth, GG, Art. 7 Rn. 27.
260 BVerwGE 110, 326, 342.

Art. 7 IV, V GG gewährleisten jedermann, d. h. allen natürlichen Personen sowie juristischen Personen des Privatrechts[261] und Personenvereinigungen und öffentlich-rechtlichen Religions- und Weltanschauungsgemeinschaften, das Grundrecht, **Privatschulen zu errichten.** Neben der Einrichtung ist auch der Betrieb von Privatschulen geschützt.[262] Konkret schützt Art. 7 IV, V GG folgende Aspekte: 1060

- das Recht auf Gestaltung des **äußeren Schulbetriebs**, d. h. Organisation von Schule und Unterricht
- die Gestaltung des **inneren Schulbetriebs**, d. h. der Inhalte des Religionsunterrichts, die Lehrmethode usw.
- die freie Schülerwahl
- die freie Lehrerwahl.[263]

Privatschulen, die als Ersatz für eine in dem Land vorhandene oder grundsätzlich vorgesehene öffentliche Schule dienen, werden **Ersatzschulen** genannt.[264] Liegt diese Funktion nicht vor, handelt es sich um eine **Ergänzungsschule.** Die Unterscheidung ist wichtig, weil Art. 7 IV 1 GG für Ersatz- und Ergänzungsschulen, Art. 7 IV 2–4, V GG nur für Ersatzschulen gilt.[265] 1061

Ein **Eingriff** in das Grundrecht aus Art. 7 IV, V GG liegt vor, wenn die Errichtung oder der Betrieb von Privatschulen durch Maßnahmen eines Grundrechtsverpflichteten behindert oder unmöglich gemacht wird.[266] Speziell für Ersatzschulen werden die Möglichkeiten zur Rechtfertigung eines Grundrechtseingriffs in Art. 7 IV 2–4, V GG näher umschrieben, da Ersatzschulen öffentliche Schulen ersetzen und sie dementsprechend zumindest ein Mindestmaß an Verträglichkeit mit den vorhandenen staatlichen Schulstrukturen aufweisen müssen.[267] Insbesondere haben die Länder nach Art. 7 IV 2–4 GG durch Gesetz einen **Genehmigungsvorbehalt** einzuführen und die Voraussetzungen für den Betrieb von Ersatzschulen näher zu regeln. Von der Genehmigung ist die **Anerkennung** zu unterscheiden, die Voraussetzung dafür ist, dass eine Ersatzschule Zeugnisse, Versetzungen und Hochschulzugangsberechtigungen mit öffentlich-rechtlicher Wirkung erteilt.[268] Vom BVerfG 1062

261 BVerwGE 40, 347, 349.
262 *Jarass* in: Jarass/Pieroth, GG, Art. 7 Rn. 31.
263 BVerfGE 27, 195, 200 f.; *Kingreen/Poscher* Grundrechte, Rn. 919.
264 BVerfGE 27, 195, 201 f.; 90, 128, 139.
265 *Kingreen/Poscher* Grundrechte, Rn. 920.
266 *Jarass* in: Jarass/Pieroth, GG, Art. 7 Rn. 33.
267 BVerwGE 112, 263, 267 ff.
268 BVerwGE 112, 263, 270 f.

ist die Zulässigkeit des Verlangens einer Anerkennung zusätzlich zu der Genehmigung bejaht worden.[269]

1063 ***Lösung zum Beispielsfall*** (s. Rn. 1055):

Nach Art. 7 III 1, 2 GG steht Religionsgemeinschaften ein verfassungsunmittelbarer Anspruch gegen den Schulträger zu, dass dieser an öffentlichen Schulen, die nicht bekenntnisfrei sind, einen ihren Glaubensinhalten entsprechenden Religionsunterricht als ordentliches Lehrfach einrichtet. Dachverbände, die zusammen mit selbstständigen Untergliederungen in Form von fachorientierten Vereinigungen und örtlichen Kultusgemeinden einen mehrstufigen Verband bilden, müssen bestimmte Kriterien erfüllen, um als Teil des Gesamtverbandes eine Religionsgemeinschaft zu sein: Erstens müssen die verschiedenen Stufen des Gesamtverbandes durch ein organisatorisches Band zusammengehalten werden, das vom Dachverband bis zu den Gläubigen in den Gemeinden reicht, in denen das religiöse Leben stattfindet. Zweitens müssen die Gemeinden, in denen das religiöse Leben der Gläubigen, insbesondere die Ausübung des Kults, stattfindet, prägenden Einfluss auf den Dachverband haben. Drittens muss der Dachverband für die Wahrnehmung von Aufgaben zuständig sein, die für die Identität der Religionsgemeinschaft wesentlich sind (identitätsstiftende Aufgaben). Dagegen darf der Staat für die Annahme einer Religionsgemeinschaft nicht verlangen, dass die Erkenntnisse der theologisch kompetenten Stelle zu Glaubensinhalten und daraus abgeleiteten Verhaltensanforderungen verbindlich sind, d. h. von den religiös Verantwortlichen und den Gläubigen als verpflichtend anerkannt und auf der Grundlage des Bekenntnisses nicht infrage gestellt werden. Damit besteht ein Anspruch der Dachverbände auf Errichtung eines islamischen Religionsunterrichts, falls sie die entsprechenden Voraussetzungen erfüllen.[270]

Zur Vertiefung:
Beaucamp/Wißmann Islamischer Religionsunterricht, DVBl. 2017, 1517; *Brosius-Gersdorf* Privatschulen zwischen Autonomie und staatlicher Aufsicht, VerwArch 103 (2012), S. 389; *Christ* Schulschließungen in der Pandemie und das Recht auf schulische Bildung, NVwZ 2023, S. 1; *Faßbender* Religionsunterricht aus dem Ausland, 2022; *Hanschmann* Staatliche Bildung und Erziehung, 2017; *Jestaedt* Schule und außerschulische Erziehung, in: HStR VII, § 156; *Kümper* die Akzessorietät der privaten Ersatzschule, VerwArch 107 (2016), S. 120; *Loschelder* Schulische Grundrechte und Privatschulfreiheit, in: HStR VII, § 156; *Moir*, Der Schulfrieden als Schranke der Religionsfreiheit. Eine Untersuchung zum Schutz der Religionsausübung und der Bedeutung staatlicher Funktionsinteressen in der Schule, 2022; *Mückl* Religionsunterricht bikonfessionell, ökumenisch, multireligiös, ZevKR 64 (2019), S. 225; *Munaretto* Das Mögliche und das Mindeste – Zur Grundrechtsdogmatik der Leistungsrechte am Beispiel des Grundrechts auf schulische Bildung, Der Staat 62 (2023), S. 419; *Nettesheim* Das Grundrecht auf Unterstützung und Förderung der jugendlichen Persönlichkeitsentwicklung, JZ 2022, S. 525; *Tillmanns* Die Freiheit der Privatschulen nach dem GG, 2006; *Uhle* Integration durch Schule, NVwZ 2014, S. 541; *Wißmann/Domsgen* Von Freiheitsentfaltung und Freiheitssicherung: Grundrechte in der Schule, JURA 2022, S. 1044; *Wrase/Moir* Schulpflicht und Distanzunterricht: Rechtliche Anforderungen an den Digitalunterricht, RdJB 70 (2022), S. 451.

---

269 BVerfGE 27, 195, 204 ff.; s. dazu *Brosius-Gersdorf* in: Dreier, GG, Art. 7 Rn. 323.
270 Vgl. BVerwG, NVwZ 2019, 236 ff.

VI. Versammlungsfreiheit (Art. 8 GG)

Im Staat S hat ein Militärputsch stattgefunden, die demokratische Regierung wurde abgesetzt. Nach ordnungsgemäßer Anmeldung versammeln sich ca. 3 000 Personen zu einer Demonstration vor dem Generalkonsulat vom S in der deutschen Stadt M. Die Bundesregierung warnt vor einer Teilnahme, weil die Versammlung die guten Beziehungen zum Staat S stören und die Sicherheit der Deutschen in S beeinträchtigen könnte. (vgl. dazu Rn. 1076). !

Art. 8 GG garantiert das Recht auf **Versammlungsfreiheit.** Versammlung ist eine **Zusammenkunft mehrerer Menschen zur Verfolgung eines gemeinsamen Zwecks.**[271] Eine Versammlung muss aus mindestens zwei Personen bestehen.[272] Die bloße Zusammenkunft allein reicht als Zweck nicht aus, die Beteiligten müssen auch gemeinsam handeln. Es kommt nicht (allein) auf das Zusammenkommen an, sondern darauf, was die Zusammengekommenen tun. Dieses kollektive Handeln macht die Besonderheit der Versammlungsfreiheit aus: Bloßes Stehen und Gaffen genügt nicht. Als gemeinsamer Zweck kommt namentlich die **gemeinsame Meinungsbildung und -artikulation** in Betracht. In diesem Sinne garantiert Art. 8 GG die kollektive Meinungsäußerungsfreiheit und steht so im systematischen Kontext des Art. 5 I GG. Was geäußert wird, richtet sich dann nach der Meinungsfreiheit; wie es geäußert werden darf, richtet sich für Personenmehrheiten (auch) nach Art. 8 GG.[273] Das BVerfG beschränkt in jüngerer Zeit den Zweck einer Versammlung auf die Teilhabe an der öffentlichen Meinungsbildung,[274] wobei etwa Fahrbahnblockaden durch Klimaaktivisten dem Versammlungsbegriff des Art. 8 GG unterfallen.[275] Keine Versammlungen sind daher kommerzielle oder rein unterhaltende Veranstaltungen, „die nur der bloßen Zurschaustellung eines Lebensgefühls dienen oder die als eine auf Spaß und Unterhaltung ausgerichtete Massenparty gedacht sind."[276] Auch sog. „Online-Versammlungen", die rein im virtuellen Raum stattfin- 1064

271 Näher BVerfGE 69, 315, 342 ff.; zum Folgenden *Gusy* in: Huber/Voßkuhle, GG I, Art. 8 Rn 15 ff. (Nachw.).

272 *Höfling* in: Sachs, GG, Art. 8 Rn. 13; *Gusy* in: Huber/Voßkuhle, GG I, Art. 8 Rn. 15; a. A. etwa *Hoffmann-Riem* in: AK I, Art. 8 Rn. 18.

273 In diese Richtung wohl BVerfG, NJW 2001, 2459; *Hoffmann-Riem* in: AK-GG I, Art. 8 Rn. 16; *ders.* NVwZ 2002, 257.

274 BVerfGE 104, 92, 104; BVerfG, NVwZ 2011, 422 Rn. 19.

275 Vgl. nur KG Berlin NZV 2024, 335 Rn. 11.

276 BVerfGE 90, 241 ff.; BVerfG, NJW 2001, 2459 (Love-Parade); BVerwGE 129, 42 (zur Fuck-Parade); wichtig *Tschentscher* NVwZ 2001, 1243.

den, unterfallen nicht dem Versammlungsbegriff des Art. 8 I GG, da sich mangels physischer Präsenz der Teilnehmer keine besondere Schutzbedürftigkeit ergibt.[277]

Wichtigste Erscheinungsform der Versammlung ist die **Demonstration**, welche von Art. 8 GG umfasst ist. Finden sich neben dem Kommunikationszweck noch andere Nebenzwecke, so ist dies für den Versammlungscharakter unerheblich, solange sie nicht selbst Hauptzweck werden. Bei der Beurteilung ist auf das Gesamtgepräge der Zusammenkunft abzustellen.[278] Besteht hingegen kein gemeinsamer Zweck, so genießt eine derartige **Ansammlung** (etwa: bloßer Zuschauer) nicht den Schutz der Versammlungsfreiheit. Im Zweifel ist aber der Versammlungscharakter zu bejahen.[279] Eine Musik- und Tanzveranstaltung wird nicht allein dadurch zu einer Versammlung i. S. v. Art. 8 I GG, dass bei ihrer Gelegenheit auch Meinungskundgaben erfolgen.[280] Enthält eine Veranstaltung sowohl Elemente, die auf die Teilhabe an der öffentlichen Meinungsbildung gerichtet sind, als auch solche, die diesem Zweck nicht zuzurechnen sind, richtet sich die rechtliche Beurteilung danach, ob sich die Veranstaltung aus der Sicht eines durchschnittlichen Betrachters ihrem Gesamtgepräge nach als Versammlung darstellt oder ob andere Zwecke im Vordergrund stehen.[281] Problematisch ist auch der Versammlungscharakter bei Veranstaltungen von Abtreibungsgegnern vor Schwangerenkonfliktberatungsstellen. Während bei Mahnwachen und Demonstrationen unproblematisch eine Versammlung vorliegt,[282] handelt es sich bei sog. Gehsteigberatungen, bei denen Abtreibungsgegner Schwangere vor Konfliktberatungsstellen gezielt individuell ansprechen, mangels öffentlicher Kommunikation nicht um Versammlungen, so dass allein die Meinungsfreiheit des Art. 5 I 1 GG einschlägig ist.[283] Keine Versammlung i. S. v. Art. 8 I GG ist die sog. Verhinderungsblockade, bei der das kommunikative Anliegen lediglich als Vorwand benutzt wird, wobei jedoch ein strenger Maßstab anzulegen ist.[284]

1065 So erhält das Grundrecht notwendig einen **demokratischen Charakter:** Versammlungsfreiheit ist auch die Freiheit zur Bildung und Artikulation des Willens des Volkes, von welchem gem. Art. 20 II 1 GG alle Staatsgewalt ausgeht.[285] Hier tritt sie neben die Medien, Parteien und politischen Organisationen als politisches Ur-Grundrecht derjenigen, die sonst keine Stimme haben. Doch bleibt festzuhalten,

---

277 *Sinder* NVwZ 2021, 103, 104; *Kingreen/Poscher* Grundrechte Rn. 941; a.A. *Welzel* MMR 2021, 220; *Martini/Thiessen/Ganter* Digitale Versammlungsbeobachtung, 2023, S. 46; *Hinderks* JURA 2024, 235, 238 ff.

278 BVerfGE 143, 161 Rn. 112.

279 BVerfGE 143, 161 Rn. 112 f.; BVerwGE 129, 42, 47.

280 OVG Münster, BeckRS 2022, 19270 Rn. 4.

281 OVG Münster, BeckRS 2022, 19270 Rn. 4.

282 BVerwG NVwZ 2023, 1427 Rn. 17; VGH Kassel NVwZ 2022, 1742 Rn. 16; VGH Mannheim NVwZ 2022, 1746 Rn. 42; s. dazu auch *Lorenz* DÖV 2023, 235; *Weber* KommJur 2023, 124, 128 ff.; ausf. *Graf/Vasovic* NVwZ 2022, 1679.

283 VGH Mannheim NJW 2011, 2532, 2533 f.; *Graf/Vasović* NVwZ 2022, 1679.

284 BVerfG, NVwZ 2024, 1008 Rn. 50

285 BVerfGE 69, 315, 344 f.; 128, 226, 250; BVerfG, NVwZ 2020, 711 Rn. 18.

dass auch eine noch so große Versammlung nicht das Volk ist, sondern allenfalls ein politisch aktiver Teil des Ganzen. Sie sind nicht das Volk, sondern wirken – neben Anderen – an dessen politischer Willensbildung mit. Daher knüpft das BVerfG auch in der Corona-Pandemie Einschränkungen der Versammlungsfreiheit an strikte Voraussetzungen. Es betont, dass bei Regelungen in Rechtsverordnungen, die die Ausübung der Versammlungsfreiheit einem grundsätzlichen Verbot mit Erlaubnisvorbehalt unterwerfen, der Versammlungsfreiheit im Rahmen der Ermessensausübung und möglichst auf der Grundlage einer kooperativen, einvernehmlichen Lösung mit dem Versammlungsveranstalter durch eine hinreichende Berücksichtigung der konkreten Umstände des jeweiligen Einzelfalls (etwa Teilnehmerzahl, Versammlungsort, Termin, Schutzmaßnahmen) im Wege der praktischen Konkordanz Rechnung getragen werden müsse.[286] Das **Grundrecht ist politisch neutral** und steht allen Meinungen und ihrer Kundgabe offen, keine Ansicht ist allein wegen ihres Inhalts ausgeschlossen.[287] Beschränkungen oder Eingriffe sind also nicht wegen der geäußerten Anschauungen, sondern aufgrund der für alle geltenden Gesetze und des Verhaltens der Versammelten zulässig. Beschränkbar ist also weniger das mögliche Versammlungsthema als vielmehr die Art und Weise seiner Äußerung durch die Versammelten. Umgekehrt rechtfertigt aber auch keine Anschauung kollektive Übergriffe, Bedrohungen, Einschüchterungen oder Beleidigungen Einzelner oder ganzer Bevölkerungsgruppen durch Versammlungen. Dem vorzubeugen ist ein zentrales Anliegen der Grundrechtsschranken und der auf ihrer Grundlage erlassenen Gesetze.[288]

Art. 8 GG begründet **keine Rechte der Versammlung als solche**, sondern 1066
solche der Veranstalter und Teilnehmer an der Versammlung. Schutzrichtung des Art. 8 GG ist vielmehr der Schutz der Versammlungsteilnehmer vor Verboten oder Behinderungen, welche sich gerade dagegen richten können, dass eine Vielzahl von Personen gemeinsam anwesend ist und dadurch Dritte ggf. behindert, einschüchtert oder verunsichert. Gerade in dieser Gemeinsamkeit liegt ein Aspekt, der oft als gefährlich angesehen wurde und wird, sobald das Handeln oder die Ziele der Beteiligten als politisch inopportun erscheinen und weil größere Menschenmengen weniger kontrollier- und ggf. steuerbar sind als Einzelne. Diese üben als Versammlungsteilnehmer ihre Rechte selbst aus, nicht hingegen durch eine von ihnen rechtlich verschiedene Versammlung. Versammlungen sind eben keine Vereine; sie

286 BVerfG, NVwZ 2020, 711 Rn. 24.

287 Anders aber der Tendenz nach früher OVG Münster, NJW 2001, 1118.

288 Dazu BVerfGE 90, 241; 111, 147; BVerfG, DVBl. 2004, 697; NVwZ 2006, 815 (Holocaustleugnung); EGMR 2004, 3691; BVerfG, NJW 2001, 1409 (Auschwitz-Gedenktag); BVerfG, NVwZ 2002, 714 und NJW 2005, 3202. In der Auseinandersetzung mit der Rechtsprechung des OVG Münster (dazu *Waechter* VerwArch 1997, 289) trat dieser zuletzt genannte Aspekt manchmal etwas in den Hintergrund.

haben keine Organe, welche im Namen aller handeln und deren Handeln allen zugerechnet werden könnte. Art. 8 GG schützt das Recht,

- eine **Versammlung einzuberufen und abzuhalten.** Dieses Recht steht allen Deutschen – auch juristischen Personen[289] – auf jedem Grundstück zu, das dem öffentlichen Verkehr gewidmet ist. Versammlungen sind Nutzungen, die rechtlich zulässig sind. Die Versammlung darf grundsätzlich auch nicht unter Hinweis auf entgegenstehende Belange des Straßenverkehrs untersagt werden,[290] sie darf allerdings zur gleichzeitigen Ermöglichung sowohl der Versammlung als auch des gewöhnlichen Straßenverkehrs begrenzt werden.[291] Zielgerichtete Blockaden des Straßenverkehrs bzw. des Zu- oder Ausgangs von Gebäuden sind nicht per se als Nötigung (i. S. d. § 240 StGB) strafbar.
- **Zeit, Ort und Form der Versammlung selbst zu bestimmen.** Das Bestimmungsrecht kommt Veranstaltern und ggf. Teilnehmern selbst zu; sie dürfen weder auf eine ungünstige Zeit[292] noch auf die grüne Wiese[293] abgedrängt werden. Die Versammlungsform bezieht sich etwa auf die Durchführung als Fahrradkorso, Umzug oder Sitzstreik. Ein Ausgleich ist nur mit den Bedürfnissen des Straßenverkehrs und ggf. der Anlieger zulässig. Auch Versammlungen auf Privatgrundstücken sind nicht per se zu verbieten, sondern entscheidend ist vielmehr insbesondere, ob die betroffene Fläche dem allgemeinen Publikum zum kommunikativen Verkehr geöffnet ist,[294] wobei sich auch unabhängig davon im Einzelfall die Versammlungsfreiheit gegenüber dem Eigentumsgrundrecht durchsetzen kann.
- auf **Teilnahme an der Versammlung,** insbesondere der Anreise,[295] der Beteiligung[296] und der Abreise. Dieses Recht ist für den Ausrichter und jeden sonstigen Teilnahmewilligen geschützt. Auch die Errichtung von sog. Protestcamps kann von Art. 8 I GG geschützt sein, wenn sie in einem funktionalen oder symbolischen Zusammenhang mit dem Versammlungszweck stehen.[297] Entsprechendes gilt für Lager, die der Unterkunft dienen, um eine Versammlungsteilnahme zu ermöglichen.[298] Die Teilnahme an einer Versammlung wie im Fall der sog. „Fridays for Future"-Demonstrationen kann jedenfalls dem Grunde nach als wichtiger Grund für eine Befreiung vom Schulunterricht dienen, wobei freilich bei der Abwägung die Schulpflicht im Wege der praktischen Konkordanz zu berücksichtigen ist.[299]

---

289 BVerwG, NVwZ 1999, 991.
290 BVerwG, NVwZ 1989, 872; BayVGH, NJW 1984, 2116 m. w. N.
291 BVerfGE 69, 315, 353; 73, 206, 250.
292 BVerfG, NJW 2001, 1407, 1408.
293 BVerfGE 73, 206, 249.
294 BVerfGE 128, 226, 246 ff.; BVerfG, NJW 2015, 2485; VG Aachen, BeckRS 2022, 55087 Rn. 6 ff.; zum Ganzen auch *Hohnerlein* JZ 2023, 843 ff.
295 Zur Anreisefreiheit BVerfGE 69, 315, 367 ff.; 84, 203, 209 (Anreise von Versammlungsstörern); BVerwG, NVwZ 2007, 1439, 1441 ff. (Anreise zur Versammlung im Ausland).
296 BVerfG, NVwZ 2008, 671, 672 (Skandieren von Parolen oder gemeinsames Singen); zum Tragen gemeinsamer Kleidung BVerfG, NJW 1982, 1803.
297 BVerwGE 175, 346 Rn. 27 ff.; OVG Hamburg, NVwZ 2017, 1390 Rn. 32 ff.; BVerfG, NVwZ 2020, 1505 Rn. 4 ff.; offen gelassen von BVerfG, NVwZ 2017, 1374 Rn. 22 ff.; s. dazu *Fischer* NVwZ 2022, 353.
298 BVerwGE 160, 169, 179 f.
299 Ausf. dazu *Friedrich* NVwZ 2019, 598, 600 ff.

- Die **negative Versammlungsfreiheit**, also diejenige des Fernbleibens von einer Versammlung, ist ebenfalls über Art. 8 I GG geschützt.[300]

Art. 8 I GG schützt nur Deutsche, Ausländer können sich nicht auf dieses Grundrecht berufen. EU-Ausländer genießen wegen Art. 18 AEUV einem dem Art. 8 I GG entsprechenden Schutz über Art. 2 I GG.[301] Über Art. 8 I GG hinaus geht § 1 VersG, welcher den Schutz nicht von der Staatsangehörigkeit abhängig macht. Auch Minderjährige sind Träger des Grundrechts aus Art. 8 I GG, soweit sie hinreichend einsichtsfähig sind,[302] so dass sich Schüler im Rahmen der Fridays for Future-Demonstrationen auf das Grundrecht aus Art. 8 I GG berufen können. 1067

Art. 8 I GG enthält einen Grundrechtstatbestand, begrenzt diesen aber zugleich durch explizite **schutzbereichsimmanente Ausschlusstatbestände.** Die Versammlungsfreiheit ist nur **„friedlich und ohne Waffen"** garantiert. Dieses Merkmal begründet keine Grundrechtsschranke, sondern begrenzt bereits den Tatbestand. Unfriedliche oder bewaffnete Versammlungen unterfallen nicht dem Schutz des Art. 8 GG.[303] 1068

Vergleichbare schutzbereichsimmanente Ausschlusstatbestände finden sich etwa in Art. 4 III GG (Kriegsdienstverweigerung nur aus „Gewissensgründen") und Art. 12 III GG (Verbot der Zwangsarbeit außer bei „gerichtlich angeordneter Freiheitsentziehung"). Dagegen wird Art. 9 II GG trotz seiner Formulierung nicht als Ausschlusstatbestand, sondern als Eingriffsermächtigung verstanden.

„Friedlich" ist eine Versammlung, wenn sie keinen gewalttätigen oder aufrührerischen Verlauf nimmt(s. a. §§ 5 Nr. 3, 13 Abs. 1 Nr. 2 VersG).[304] „Aufrührerisch" ist eine Versammlung dann, wenn mit ihr aktiv gewaltsamer Widerstand gegen rechtmäßig handelnde Vollstreckungsbeamte geleistet wird.[305] „Gewalttätig" ist eine Versammlung, wenn Personen aktiv auf andere Personen oder auf Sachen einwirken und wenn die körperliche Einwirkung aggressiv und von einiger Erheblichkeit ist.[306] Daher macht nicht jeder Rechtsverstoß eine Versammlung unfriedlich. Selbst wenn bei rein passiven Sitzblockaden, vom BGH nach der sog. Zweite-Reihe-Rechtsprechung der objektive Tatbestand der Nötigung nach § 240 I 1069

300 BVerfGE 69, 315, 343.

301 *Jarass* in: Jarass/Pieroth, GG, Art. 8 Rn. 11.

302 *Jarass* in: Jarass/Pieroth, GG, Art. 8 Rn. 11.

303 S. nur BVerfGE 73, 206, 248; VGH München BeckRS 1996, 22300; *Höfling* in: Sachs, GG, Art. 8 Rn. 29.

304 BVerfGE 69, 315, 360; 73, 206, 250.

305 *Kingreen/Poscher* Grundrechte, Rn. 944.

306 BVerfGE 104, 92 (106); *Kingreen/Poscher* Grundrechte, Rn. 944; *Jarass*, in: Jarass/Pieroth, GG Art. 8 Rn. 8.

StGB als erfüllt angesehen wird,[307] führt dies nicht dazu, dass derartige Sitzblockaden dem Schutzbereich des Art. 8 I GG entzogen wären.[308] Sitzblockaden, bei denen keine physische Gewalt angewendet wird, sind demnach friedlich i. S. v. Art. 8 I GG.[309] Dementsprechend fallen auch rein passive Sitzblockaden von Klimaaktivisten in den Schutzbereich des Art. 8 I GG, selbst dann, wenn sich die Aktivisten dabei festkleben.[310] Unfriedlich wird eine Versammlung auch nicht alleine dadurch, dass bei der Versammlung israelfeindliche Parolen gerufen werden, selbst wenn diese Parolen im konkreten Fall einen Straftatbestand erfüllen; insoweit besteht lediglich eine Gefahr für die öffentliche Sicherheit, die ein Versammlungsverbot oder eine Versammlungsauflösung rechtfertigen kann.[311] Demgegenüber ist die Unfriedlichkeit einer Versammlung dann zu bejahen, wenn es zu aggressiven körperlichen Auseinandersetzungen kommt bzw. nach Berücksichtigung sämtlicher Umstände derartige Auseinandersetzungen zu erwarten sind. Dass einzelne Teilnehmer einer Versammlung unfriedlich sind, begründet hingegen nicht die Unfriedlichkeit der gesamten Versammlung; Maßnahmen sind primär nur gegen diese Teilnehmer zulässig.[312] Anderes gilt erst, wenn die übrigen Teilnehmer sich an derartigen Taten beteiligen oder das Vorgehen der Polizei gegen die Täter behindern. Eine Sitzblockade ist nicht als Gewalt zu werten.[313] **„Ohne Waffen"** finden Versammlungen statt, wenn die Teilnehmer keine gefährlichen Werkzeuge mit sich führen (s. a. § 2 III VersG). Hier gilt der Begriff der Waffe im untechnischen Sinne. Was auf gefährliche Weise eingesetzt werden kann, ist demnach eine Waffe. Dies sind zunächst Waffen im technischen Sinn i. S. v. § 1 WaffG, etwa Pistolen, Messer oder Schlagringe. Daneben werden aber auch sonstige gefährliche Gegenstände erfasst, die ihrer Art nach zur Verletzung von Personen oder zur Beschädigung von Sachen objektiv geeignet und von ihren Trägern subjektiv dazu bestimmt sind, etwa Baseballschläger, Eisenketten oder Spazierstöcke.[314] Keine Waffen sind Schutzgegenstände (sog. **Schutzwaffen**) wie Helme, Schutzschilde, Gasmasken, Taschentücher oder Zitronenscheiben (gegen Tränengas).[315] Dementsprechend ist auch das

307 BGHSt 41, 182.

308 BVerfGE 104, 92, 105 f.

309 BVerfGE 104, 92, 105 f.

310 So etwa AG Berlin-Tiergarten, Beschl. v. 05.10.2022 – (303 Cs) 237 Js 2450/22 (202/22, BeckRS 2022, 31817 Rn. 9.

311 S. dazu VGH Kassel, NVwZ 2024, 847 Rn. 15; VGH Mannheim, BeckRS 2023, 38296 Rn. 51.

312 BVerfGE 69, 315, 360.

313 BVerfGE 92, 1, 16 ff.; a. A. aber noch BVerfGE 73, 206, 257 ff.

314 *Höfling* in: Sachs, GG, Art. 8 Rn. 38.

315 *Jarass* in: Jarass/Pieroth, GG, Art. 8 Rn. 9; *Höfling* in: Sachs, GG, Art. 8 Rn. 39; *v. Mutius* JURA 1988, 30, 37.

sog. Schutzwaffen- und Vermummungsverbot nach § 17a VersG dahingehend auszulegen, dass „friedliche“ Vermummung oder Schutzbewaffnung zulässig ist.

Bezüglich der **Schranken der Versammlungsfreiheit** differenziert Art. 8 GG 1070
nach dem Ort der Versammlung. **„Unter freiem Himmel“** (Art. 8 II GG) finden sie statt, wenn sie jedermann ohne weiteres zugänglich sind und unmittelbar auf Außenstehende wirken. Typische Fälle sind Veranstaltungen auf öffentlichen Straßen, Plätzen oder Anlagen. Daneben kommen auch private Flächen als Versammlungsort in Betracht, wobei die damit verbundene Einschränkung der Grundrechte der privaten Eigentümer im Einzelfall gerechtfertigt werden kann.[316] Versammlungen unter freiem Himmel unterliegen nämlich den Schrankenregelungen des Art. 8 II GG, also dem Vorbehalt des Gesetzes. Allerdings gilt dieser Gesetzesvorbehalt nur für versammlungsspezifische Eingriffe, während für meinungsspezifische Eingriffe in Versammlungen der Vorbehalt des Art. 5 II GG zu beachten ist.[317]

Die Gesetzgebungskompetenz ist seit der Verfassungsreform 2006 auf die Länder übergegangen, da das „Versammlungsrecht“ aus Art. 74 I Nr. 3 GG gestrichen worden ist. Doch haben die Länder von ihrer neuen Zuständigkeit nur in Einzelfällen komplett, im Übrigen allein für Einzelfragen Gebrauch gemacht. Im Übrigen gilt das **VersG** des Bundes aufgrund Art. 125a I GG fort. Es regelt die Materie weitgehend abschließend; weitere Grundrechtsschranken können sich aus den Bundes- und Landesgesetzen über befriedete Bezirke bzw. „Bannmeilen“ zum Schutz von Parlamenten bzw. bestimmten Gerichten ergeben, nicht hingegen aus den allgemeinen Feiertagsgesetzen der Länder.[318] Einen Sonderfall stellen Maßnahmen dar, welche sich nicht gegen die Versammlung, sondern gegen einzelne dort geäußerte Meinungen richten. Sie greifen nicht in den Schutzbereich des Art. 8 GG ein, sofern sie nicht die Versammlung insgesamt verhindern (etwa durch das Verbot des Mottos oder des Themas insgesamt), sondern vielmehr in denjenigen des Art. 5 GG ein, wenn etwa bestimmte einzelne Reden oder Parolen untersagt werden.[319]

Sonstige Versammlungen, die nicht unter freiem Himmel stattfinden, sind solche, 1071
bei denen der Zugang und die unmittelbare Kommunikation nach außen durch bauliche Vorkehrungen, etwa Mauern, Wände und Türen limitiert sind. Es kommt also nicht auf das Vorhandensein eines Daches an. Art. 8 I GG schützt nicht davor, durch Regen nass zu werden. Maßgeblich sind vielmehr Wände nach außen; „unter freiem Himmel“ findet eine Versammlung nicht statt, wenn sie in einem geschlossenen Zelt oder umbauten Innenhof abläuft.[320] §§ 5 ff. VersG nennen solche

---

316 BVerfGE 128, 226, 255; BVerfG, NJW 2015, 2485 Rn. 6 ff.; s. o. Rn. 961 ff.

317 BVerfGE 82, 236, 258 ff.

318 BVerfG, NVwZ 2009, 441 ff.

319 BVerfG, NVwZ 2002, 713; zu § 130 IV StGB s. BVerfGE 124, 300.

320 §§ 5 ff. VersG nennt diese etwas irreführend: „Versammlungen in geschlossenen Räumen“. *Frowein* NJW 1969, 1081, 1083.

Veranstaltungen „**Versammlungen in geschlossenen Räumen**". Sie unterliegen nicht dem Einschränkungsvorbehalt des Art. 8 II GG, sondern allein den genannten schutzbereichsimmanenten Ausschlusstatbeständen und den verfassungssystematischen Schranken aus kollidierenden Grundgesetznormen, die in §§ 5 ff. VersG näher konkretisiert sind. Jedenfalls für Großveranstaltungen in großen Arenen ist die Annahme einer Veranstaltung „unter freiem Himmel" vertretbar.

1072 Sämtliche Versammlungen sind nach Art. 8 I GG **anmeldungs-** und **erlaubnisfrei.** Das Recht auf Versammlung unter freiem Himmel kann nach Art. 8 II GG beschränkt werden. Dies ist im Versammlungsgesetz (VersG) geschehen. Es sieht einen **Anmeldungszwang** vor; nicht angemeldete Versammlungen sind strafbar (§ 26 Nr. 2 VersG) und können aufgelöst werden (§ 15 III VersG). Diese Einschränkung wird gegenwärtig grundsätzlich für zulässig gehalten, dagegen wäre eine Genehmigungspflicht mit Art. 8 I GG unvereinbar. Rechtsfragen entstehen allerdings hinsichtlich der **Spontanversammlung**,[321] die sich aus kurzfristigem Anlass ohne besondere vorherige Planung, öffentliche Bekanntmachung und Organisation zusammenfindet und daher gar nicht angemeldet werden kann. Für Spontanversammlungen sind Ausnahmen vom Anmeldezwang zu machen.

Spontanversammlungen, zu denen u. a. die Straßenblockaden von Klimaaktivisten zählen, „unterstehen der Gewährleistung des Art. 8 GG; versammlungsrechtliche Vorschriften sind auf sie nicht anwendbar, soweit der mit der Spontanveranstaltung verfolgte Zweck bei Einhaltung dieser Vorschriften nicht erreicht werden könnte. Ihre Anerkennung trotz Nichtbeachtung solcher Vorschriften lässt sich damit rechtfertigen, dass Art. 8 GG in seinem Absatz 1 grundsätzlich die Freiheit garantiert, sich **"ohne Anmeldung oder Erlaubnis"** zu versammeln, dass diese Freiheit zwar nach Absatz 2 für Versammlungen unter freiem Himmel auf gesetzlicher Grundlage beschränkbar ist, dass solche Beschränkungen aber die Gewährleistung des Absatzes 1 nicht gänzlich für bestimmte Typen von Veranstaltungen außer Geltung setzen dürfen, dass vielmehr diese Gewährleistung unter den genannten Voraussetzungen von der Anmeldepflicht befreit." (BVerfGE 69, 315, 350 f.).

1073 Ist demnach die vorherige Anmeldung unmöglich, so entfällt die Anmeldepflicht und eine Auflösung der Versammlung kann vor dem Hintergrund von Art. 8 I GG nicht mit der fehlenden Anmeldung begründet werden. Ist demgegenüber nur die Einhaltung der Anmeldefrist (48 Stunden vor der Bekanntgabe) unmöglich, so ist für eine derartige **Eilversammlung** die Anmeldung unverzüglich nachzuholen,[322] wobei auch hier eine Versammlungsauflösung nicht mit der Begründung erfolgen kann, dass die 48-Stunden-Frist nicht eingehalten worden sei.

---

321 Zur Spontanversammlung BVerfGE 69, 315, 350 ff.; *Ossenbühl* Der Staat 1971, 53.
322 BVerfG, NJW 1992, 890.

Ein Eingriff in die Versammlungsfreiheit liegt vor beim Verbot und bei der Auflösung von Versammlungen, bei Auflagen, Ausschließung einzelner Teilnehmer sowie bei Behinderungen bei der Anfahrt und Abreise.[323] Auch Anmelde- und Erlaubnispflichten stellen einen Grundrechtseingriff dar.[324] Faktische Behinderungen sind dann als Eingriff zu werten, wenn sie von einem solchen Gewicht sind, dass sie einer imperativen Maßnahme gleich kommen.[325] Dies ist dann der Fall, wenn die Maßnahme potentielle Teilnehmer von der Teilnahme abschreckt.[326] Daher können auch exzessive Überwachungen, etwa durch polizeiliche Bildaufnahmen,[327] sowie Registrierungen als Eingriff in die Versammlungsfreiheit gewertet werden.[328] Entsprechendes gilt für Tiefflüge von Tornado-Kampfjets über Protestcamps.[329] 1074

Die **Rechtfertigung** eines Eingriffs in die Versammlungsfreiheit kommt bei Versammlungen unter freiem Himmel unter den Voraussetzungen des Art. 8 II GG in Betracht, mithin auf Grundlage der Versammlungsgesetze. Art. 8 II GG greift jedoch nur im Hinblick auf versammlungsspezifische Eingriffe. Soll hingegen die Äußerung einer bestimmten Meinung bei der Versammlung untersagt werden, ist Art. 5 II GG einschlägig.[330] Eine Grundrechtseinschränkung auf Grundlage von Art. 8 II GG ist im „Lichte der grundlegenden Bedeutung des Art. 8 I GG auszulegen",[331] wobei insbesondere der Verhältnismäßigkeitsgrundsatz zu beachten ist.[332] So können beispielsweise Versammlungen auf Autobahnen nicht pauschal verboten werden, sondern nur dann, wenn im konkreten Fall die Sicherheit und Leichtigkeit des Verkehrs gegenüber dem Interesse an der Durchführung der Versammlung überwiegt.[333] Weitere Einschränkungen neben den Versammlungsgesetzen enthalten u. a. die Polizei- und Ordnungsgesetze, die Sonn- und Feiertagsgesetze, das Straßen- und Wegerecht und nicht zuletzt das Infektionsschutzrecht. Zu beachten ist die **Polizeifestigkeit** im Versammlungsrecht, d. h. in Bezug auf versammlungsspezifische Gefahren darf, soweit die Versammlungsgesetze entsprechende Vorschriften bereithalten, nur auf diese als Rechtsgrundlage zurückgegriffen werden, nicht aber beispielsweise auf das allgemeine Polizei- und Ordnungsrecht.[334] Keine 1075

323 BVerfGE 69, 315, 349; BVerfG, NVwZ 2007, 1181; *Kingreen/Poscher* Grundrechte, Rn. 953.
324 *Jarass* in: Jarass/Pieroth, GG, Art. 8 Rn. 12.
325 *Jarass* in: Jarass/Pieroth, GG, Art. 8 Rn. 13.
326 BVerfGE 65, 1, 43; 122, 342, 369; 140, 225 Rn. 11 f.
327 OVG Lüneburg, NVwZ-RR 2016, 98, 99.
328 BVerfGE 65, 1, 43; 122, 342, 368 ff.
329 BVerwGE 160, 169, 179 f.
330 BVerfGE 82, 236, 258 ff.
331 BVerfGE 87, 399, 407.
332 BVerfGE 87, 399, 407; 128, 226, 260.
333 Dazu etwa OVG Lüneburg, BeckRS 2023, 7543 Rn. 9.
334 BVerwG, NVwZ 2019, 1281 ff.; *Bünnigmann* JuS 2016, 695, 695.

Sperrwirkung entfalten die Versammlungsgesetze hingegen bei sonstigen Eingriffen, so dass etwa die Anordnung, bei einer Versammlung zur Verhinderung der Ausbreitung einer Viruserkrankung eine Mund-Nasen-Bedeckung zu tragen, auf das Infektionsschutzrecht gestützt werden kann.[335] Im Hinblick auf Versammlungen in geschlossenen Räumen existiert kein Gesetzesvorbehalt, so dass Eingriffe nur auf gesetzlicher Grundlage und zum Schutz kollidierenden Verfassungsrechts gerechtfertigt werden können.

1076 ***Lösung zum Beispielsfall*** (Rn. 1064):

Im **Beispiel** stellt sich die Frage sowohl nach der Eingriffsqualität der Warnung als auch danach, in welches Grundrecht hier eingegriffen worden sein könnte. Da die Bundesregierung ihre Äußerung ausschließlich auf mögliche Verhaltensweisen der Regierung des Staates S, nicht hingegen auf das Verhalten von Veranstaltern oder Demonstranten, stützt, kommt ein Eingriff in deren persönliche Ehre oder ihren guten Ruf nicht in Betracht. Stattdessen ist eher Art. 8 GG betroffen – dass auch Deutsche an der Versammlung teilnehmen, ist im Beispiel jedenfalls nicht ausgeschlossen. Dies hängt davon ab, ob durch die Warnung die Teilnahme an der Versammlung wesentlich erschwert oder potentielle Teilnehmer von ihr abgehalten werden könnten. Dies ist im Einzelfall schwer nachzuweisen. Erscheint es im Einzelfall plausibel, wird ein Eingriff bejaht.[336]

Zur Vertiefung:
Arndt/Droege Versammlungsfreiheit versus Sonn- und Feiertagsschutz?, NVwZ 2003, 906; *Battis/Grigoleit* Rechtsextremistische Demonstrationen und öffentliche Ordnung – Roma locuta?, NJW 2004, 3459; *Dietel/Gintzel/Kniesel* Versammlungsgesetze, 18. Aufl., 2019; *Dirscherl* Versammlungen jenseits des öffentlichen Straßenraums, 2002; *Ebeling* Die organisierte Versammlung, 2017; *Enders* Der Schutz der Versammlungsfreiheit, JURA 2003, 34, 103; *Friedrich* „Fridays for Future" statt Freitag in der Schule: Unterrichtsbefreiung für Schülerstreik?, NVwZ 2019, S. 598; *Froese* Das Zusammenspiel von Versammlungsfreiheit und Versammlungsgesetz, JA 2015, S. 679; *Geis* Die „Eilversammlung" als Bewährungsprobe verfassungskonformer Auslegung, NVwZ 1992, 1025; *Hartmann* Protestcamps als Versammlungen iSv Art. 8 I GG, NVwZ 2018, S. 200; *Hoffmann-Riem* in: HGRe IV, § 106; *Hollo* Schutz von Versammlungen auf fremdem Grund, JZ 2021, S. 61; *Kersten/Meinel* Grundrechte in privatisierten öffentlichen Räumen, JZ 2007, 1127; *Kloepfer* Versammlungsfreiheit, in: HStR VII, § 164; *Leinebach* Examensschwerpunkte des Versammlungsrechts, JA 2018, S. 8; *Kruschke* Die Bedeutung der Versammlungsfreiheit für den freiheitlichen Rechtsstaat. Lehren für eine Zeit nach der Corona-Krise, NVwZ 2022, S. 1017; *Martini/Thiessen/Ganter* Digitale Versammlungsbeobachtung, 2023; *dies.* Zwischen Vermummungsverbot und Maskengebot: Die Versammlungsfreiheit in Zeiten der Corona-Pandemie, NJOZ 2020, S. 929; *Schaefer* Wie viel Freiheit für die Gegner der Freiheit? DÖV 2010, 379; *Schier* Konflikte mit der Versammlungsfreiheit bei polizeilicher Öffentlichkeitsarbeit in sozialen Medien, 2022; *Sinder* Versammlungsfreiheit unter Pandemiebedingungen, NVwZ 2021, S. 103; *dies.*, Von Autobahnen, Baumhäusern und Drohnen, JURA 2022, 683; *Steinberg* Versamm-

---

335 S. dazu BVerfG, NVwZ 2020, 1509 Rn. 11 ff.

336 ThVerfGH, ThVBl 2016, 281, 283.

lungsfreiheit nach dem 7. Oktober, NVwZ 2024, S. 302; *Trurnit* Grundfälle zum Versammlungsrecht, JURA 2014, 486; *Ullrich* Das Demonstrationsrecht, 2015; *Voßkuhle/Schemmel* Grundwissen – Öffentliches Recht: Die Versammlungsfreiheit, JuS 2022, S. 1113; *Wendt* Recht zur Versammlung auf fremdem Eigentum?, NVwZ 2012, S. 606.

VII. Vereinigungs- und Koalitionsfreiheit (Art. 9 GG)

A hat bei der Betriebsratswahl gegen die Liste der G-Gewerkschaft, deren Mitglied er ist, kandidiert, und ist daraufhin aus der G ausgeschlossen worden. Er fühlt sich in seinen Grundrechten verletzt. (nach: BVerfGE 100, 214; dazu Rn. 1092). !

Die **Koalitionsfreiheit** (Art. 9 III GG) steht in engem systematischen Konnex zur **Vereinigungsfreiheit** (Art. 9 I GG). Nach letzterer sind alle **Deutschen** berechtigt, Vereine oder Gesellschaften zu bilden. Da **Vereine und Gesellschaften** gleichgestellt sind, kommt es auf deren nähere Abgrenzung nicht an. Die Vereinigungsfreiheit von Ausländern folgt aus Art. 2 I GG, EU-Bürger sind gem. Art. 18 AEUV gleichzustellen. Sie dürfen gegenüber Deutschen nicht schlechter gestellt werden. Der Schutz politischer Parteien, die auch „Vereinigungen“ darstellen, richtet sich ganz überwiegend nach Art. 21 GG.[337] Die Vereinigungsfreiheit begründet mehrere Dimensionen: 1077

- das Recht, eine **Vereinigung zu gründen.** Vereinigung ist jede für längere Zeit zu einem gemeinsamen Zweck zusammengeschlossene Mehrheit von Personen, die sich einer gemeinsamen Willensbildung unterworfen haben (s. auch § 2 VereinsG). An die Dauerhaftigkeit und die gemeinsame Willensbildung sind keine hohen Anforderungen zu stellen; sie grenzen die Vereinigung von der Versammlung ab. Nicht geschützt von der individuellen Vereinigungsfreiheit ist hingegen der Fortbestand der Vereinigung als solches, so dass im Falle eines Vereinsverbotes insoweit kein Grundrechtseingriff vorliegt.[338]
- das Recht, **einer bestehenden Vereinigung beizutreten, sich in einer bestehenden Vereinigung zu betätigen und darin zu bleiben** Sehr umstritten ist, ob auch das Fernbleiben geschützt ist (sog. **„negative Vereinigungsfreiheit“**). Das Bundesverfassungsgericht lehnt dies mit dem Argument ab, Art. 9 I GG gelte nur für freiwillige und daher nach dem Bürgerlichen Recht gegründete Vereinigungen. Auf Zwangsvereine, die nur durch öffentliches Recht begründet werden können, sei das Grundrecht schon tatbestandlich nicht anwendbar.[339] Ergänzend ist auf den Zweck des Art. 9 GG abzustellen. Dieser schützt gerade gegen Maßnahmen, die sich gegen kollektive Betätigungen richten, etwa Vereinsverbote

337 Dazu Rn. 227 ff.

338 BVerwGE 167, 293, 297.

339 BVerfGE 10, 89, 102; 10, 354, 361 f.; 11, 105, 126; 12, 319, 323; 15, 235, 239; 146, 164 Rn. 78; BVerfG, NVwZ 2002, 335, 336; ablehnend *Friauf* FS Reinhardt, 1972, S. 389; *Jarass* in: Jarass/Pieroth, GG, Art. 9 Rn. 7; historisch *F. Müller* Körperschaft und Assoziation, 1965, S. 231 ff.

oder Überwachungsmaßnahmen, nicht hingegen das Verbleiben in der Individualität.[340] Diese wird allein in Art. 2 I GG geschützt. Nach diesen Grundsätzen sind etwa öffentlich-rechtliche **Träger der Sozialversicherung** oder die **Kammern** der Wirtschaft zu beurteilen.

1078 Die genannten Grundsätze werden als **individuelle Vereinigungsfreiheit** bezeichnet, da sie nur Einzelpersonen, nicht hingegen die Vereinigungen selbst berechtigen.[341] Die **kollektive Vereinigungsfreiheit** umfasst hingegen zunächst den Schutz des **Bestandes,** des Namens und der grundsätzlichen Betätigungsmöglichkeit **der Vereinigung.**[342] Während diese Grundsätze bisweilen noch der Vereinigungsfreiheit selbst entnommen werden, beurteilt sich die grundrechtliche Zulässigkeit einzelner Handlungen des Zusammenschlusses, also die Frage, wie sich der Verein betätigen darf, nicht nach Art. 9 I GG, sondern aus dem jeweiligen Spezialfreiheitsrecht i. V. m. Art. 19 III GG. Die Herausgabe der Vereinszeitung ist demnach nicht durch Art. 9 GG, sondern nur durch Art. 5 i. V. m. Art. 19 III GG geschützt. Auch das Vereinsvermögen unterliegt dem Schutz des Art. 14 GG, nicht hingegen demjenigen des Art. 9 GG. Andernfalls wäre Art. 19 III GG schlicht überflüssig; zudem wären die Rechte juristischer Personen wesentlich stärker geschützt als diejenigen der natürlichen Personen, da Art. 9 II GG nur ganz elementare Schranken kennt. Art. 9 I GG schützt auch nicht gegen das staatliche Vereinsrecht, also gesetzliche Regelungen zur Stellung der Mitglieder in der Vereinigung. Insoweit handelt es sich um Ausgestaltungen des Grundrechts.[343]

1079 Die **Grenzen der Vereinigungsfreiheit** sind in Art. 9 II GG geregelt. Danach sind bestimmte Vereinigungen unzulässig, sie sind allerdings (entgegen dem Wortlaut der Norm) nicht von selbst unzulässig. Vielmehr können sie von den Landesregierungen oder vom Bundesminister des Innern verboten werden (§ 3 VereinsG), was einen Eingriff in die kollektive Vereinigungsfreiheit darstellt.[344] Die Verbotsgründe sind in Art. 9 II GG abschließend aufgezählt, so dass ein Vereinsverbot aus anderen Gründen nicht in Betracht kommt; insoweit handelt es sich um einen verfassungsrechtlichen Rechtfertigungstatbestand für Eingriffe.[345] Verboten sind danach Vereinigungen, deren Zwecke oder Tätigkeit den Strafgesetzen zuwiderlaufen oder die sich gegen die verfassungsmäßige Ordnung oder den Gedanken der Völkerverständigung[346] richten.[347] Wie bei Art. 18 S. 1 und Art. 21 II GG setzt

340 Zum Austrittsrecht BVerfGE 38, 281, 298.
341 Dazu BVerfGE 13, 174, 175; 30, 227, 241; 50, 290, 353 f.
342 BVerfGE 4, 96, 102 ff.; 13, 174, 175 ff.; 30, 227, 241 ff.; 50, 290, 353 ff.
343 *Kingreen/Poscher* Grundrechte, Rn. 989.
344 BVerwGE 167, 293 Rn. 18.
345 BVerfGE 149, 160 Rn. 100; *Kingreen/Poscher* Grundrechte, Rn. 994.
346 BVerfG, NVwZ 2020, 226 Rn. 13 zur mittelbaren Unterstützung der Hisbollah.

„richten" eine „aggressiv kämpferische Haltung"[348] voraus, so dass bloße Kritik oder Ablehnung gegenüber den in Art. 9 II GG geschützten Rechtsgütern nicht ausreicht.[349] Anders als bei Art. 21 II GG ist hingegen nicht erforderlich, dass von dem Verein eine konkrete Gefahr für die freiheitlich-demokratische Grundordnung ausgeht.[350] Für den Fall, dass sich einzelne Vereinsmitglieder aggressiv kämpferisch verhalten, kommt es darauf an, ob dieses Verhalten dem Verein zurechenbar ist, etwa durch Billigung des Verhaltens durch die Mehrheit der Mitglieder.[351] Auf Art. 9 Abs. 2 GG kann auch das Verbot von Kennzeichen eines Vereins gestützt werden, ohne dass zugleich ein Vereinsverbot ausgesprochen wird.[352] Das Kennzeichenverbot ist insoweit ein milderes Mittel. Ein Vereinsverbot kann außerdem als Instrument des „präventiven Verfassungsschutzes" auch gegenüber zum Zweck der Verbreitung von Nachrichten und Meinungsbeiträgen gegründeten Medienorganisationen erlassen werden.[353]

Über jene Mindestgarantien geht das Grundrecht der (nach einer älteren Terminologie gegenwärtig immer noch so bezeichneten) **Koalitionsfreiheit** in mehrfacher Hinsicht hinaus. Sie ist in Art. 9 III GG als **Menschenrecht**, nicht bloß als Deutschen-Grundrecht, ausgestaltet. Sie garantiert zudem bestimmte Zwecke der Vereinigung und deren Verfolgung. Und sie unterliegt nicht der Schrankenbestimmung des Art. 9 II GG. Faktisch sind Koalitionen gegenwärtig **Arbeitgeberverbände und Gewerkschaften.** 1080

Der früher anders als heute verwendete Begriff der „**Koalitionen**" i. S. d. Art. 9 III GG wird umschrieben als freie, gegnerfreie, auf überbetrieblicher Grundlage gebildete Vereinigungen von Arbeitgebern oder Arbeitnehmern, die das geltende Tarifrecht für sich als verbindlich anerkennen und die Interessen ihrer Mitglieder in Wirtschafts- und Arbeitsfragen nachhaltig vertreten.[354] Diese wenig präzise Umschreibung ist allerdings eher eine Bestandsaufnahme der vorhandenen Vereinigungen als eine an Art. 9 III GG orientierte Definition. „Frei" gebildet sind Vereinigungen, die keine staatlichen Zwangszusammenschlüsse darstellen (etwa: Arbeitnehmerkammern)[355]. „Gegnerfrei" sind sie, wenn sie entweder ausschließ- 1081

347 S. dazu etwa BVerfGE 149, 160 Rn. 104, 131; BVerwG NVwZ-RR 2024, 591 Rn. 49 ff. u. 81 ff.

348 BVerfGE 149, 160 Rn. 108 f.; BVerfG, NVwZ 2020, 1424 Rn. 39.

349 *Kingreen/Poscher* Grundrechte, Rn. 1000.

350 BVerfGE 149, 160 Rn. 109.

351 BVerwGE 80, 299, 306 ff.

352 BVerfG, NVwZ 2020, 1424 Rn. 32.

353 BVerwG, BeckRS 2024, 20294 Rn. 13; krit. im Hinblick auf die Kompetenz des Bundes für ein solches Verbot *Rhein-Fischer* Zeitungsverbot durch die Hintertür?: Zum Compact-Verbot, VerfBlog, 2024/7/19, https://verfassungsblog.de/compact-verbot/ (zuletzt abgerufen am 28.08.2024).

354 BVerfGE 4, 96, 106 f.; 50, 290, 367 f.

355 Zu ihnen BVerfG, NJW 1975, 1265 f.

lich Arbeitgeber oder aber Arbeitnehmer – und nicht beide Seiten[356] – organisieren.[357] „Überbetrieblich" müssen Koalitionen jedenfalls dann nicht verfasst sein, wenn es im ganzen Bundesgebiet nur einen Betrieb der Branche gibt. Die „Nachhaltigkeit" der Interessenvertretung verlangt zwar nicht die Bereitschaft zum Streik, wohl aber eine gewisse Durchsetzungsmacht.

Das früher in der Bundesrepublik anzutreffende System der **„Einheitsgewerkschaft"** (ein Betrieb – eine Gewerkschaft) ist inzwischen durch eine gewisse Konkurrenz auf Arbeitnehmerseite abgelöst worden.[358] Auf der Arbeitgeberseite ist umgekehrt die Beteiligung an den Arbeitgebervereinigungen vor allem bei kleineren und mittleren Unternehmen stark zurückgegangen. Auch internationale Großkonzerne gehören häufig keiner Arbeitgebervereinigung an.

1082 Zur **individuellen Koalitionsfreiheit** zählen – weitgehend parallel zur Vereinigungsfreiheit des Art. 9 I GG – insbesondere:

- das Recht, **Koalitionen zu gründen**, ihnen **beizutreten** oder **auszutreten.** Insoweit unterscheidet sich die Koalitionsfreiheit nicht von der Vereinigungsfreiheit. Die **„negative Koalitionsfreiheit"**, also die Freiheit des Fernbleibens, wird vom Bundesverfassungsgericht gleichfalls aus Art. 9 III GG hergeleitet.[359]
- das Recht, sich als Koalitionsmitglied für die Koalition zu **betätigen.** Der Arbeitnehmer darf etwa für die Gewerkschaften werben.[360]

1083 Im Unterschied zu Art. 9 I GG garantiert Art. 9 III GG auch die **kollektive Koalitionsfreiheit.**[361] Sie umfasst alle Maßnahmen zur **Wahrung und Förderung der Arbeits- und Wirtschaftsbedingungen.** Solche Maßnahmen sind in Art. 9 III GG mitgarantiert, da bloß untätig existierende Organisationen diesen ausdrücklichen Zweck der Koalitionsfreiheit gar nicht erfüllen können. Denn die Koalitionen (selbst) sollen gerade an der Wahrung und Förderung der Arbeits- und Wirtschaftsbedingungen teilnehmen. Dies kann aber allein durch kollektives Handeln, nicht schon durch die bloße Existenz der Organisation geschehen. Zur kollektiven Koalitionsfreiheit zählen etwa:

- die **Definition der eigenen Ziele** im Arbeits- und Wirtschaftsleben.

---

356 Zur insoweit problematischen Tariffähigkeit von Handwerksinnungen BVerfGE 20, 312 f.; BGHZ 49, 209, 213.

357 BVerfGE 18, 18, 28. Zur Beurteilung der unternehmerischen Mitbestimmung unter diesem Aspekt BVerfGE 50, 290, 371 ff.

358 Dazu BAG, BeckRS 2010, 70648; 70729.

359 BVerfGE 31, 297, 302; 44, 322, 352; 50, 290, 354; s. a. EGMR, NJW 1982, 2717.

360 BVerfGE 57, 220, 245 f.; 93, 352, 357 f.

361 Näher BVerfGE 146, 71 Rn. 130 ff.

- die **Werbung von Mitgliedern** für die eigenen Ziele. Problematisch ist hier das **Zutrittsrecht zum Betrieb** für betriebsfremde Gewerkschaftsmitglieder.[362] Werbung im Betrieb durch Betriebsangehörige ist zulässig.
- die Aushandlung und der Abschluss von **Tarifverträgen.** Diese gelten grundsätzlich nur für die Mitglieder, werden aber in der Praxis auch auf Nichtmitglieder angewandt und können nach dem Tarifvertragsgesetz für allgemeinverbindlich erklärt werden.[363] Hierzu zählt grundsätzlich auch der in Art. 9 III 3 GG ausdrücklich erwähnte **Arbeitskampf.**[364]

Diese Garantien sind nicht auf den „Kernbereich" der Koalitionsfreiheit beschränkt, 1084
sondern umfassen **jede „spezifisch koalitionsmäßige Betätigung".**[365] Adressaten sind gem. Art. 1 III GG Gesetzgebung, Vollziehung und Rechtsprechung, daneben gem. Art. 9 III 2 GG auch jeder Dritte. Demnach ist dieses Grundrecht **das einzige mit unmittelbarer Drittwirkung.**

Konsequenzen kommen ihr namentlich gegenüber Koalitionen der jeweiligen Gegenseite zu. So dürfen Gewerkschaftsmitglieder weder von Arbeitgebern noch von Arbeitgeberverbänden wegen ihrer Gewerkschaftszugehörigkeit benachteiligt werden.

Die Gesamtheit dieser Garantien und ihr Ergebnis, nämlich eine auf Vereinba- 1085
rungen zwischen den „Sozialpartnern" basierende Gestaltung der Arbeits- und Wirtschaftsbedingungen, werden von Rechtsprechung und Literatur oft als **„Tarifautonomie"** bezeichnet. Deren Elemente sind in Art. 9 III GG garantiert; und zwar nicht nur als „Kernbereich", sondern vielmehr im Hinblick auf alle zu ihrer Herstellung und Erhaltung sinnvollen und geeigneten Maßnahmen.[366] Deren Beurteilung obliegt grundsätzlich primär den Koalitionen selbst; zulässig sind insbesondere auch neuartige Formen der Verhandlung, Auseinandersetzung und Einigung. Inhalte und Themen ihrer Vereinbarungen unterliegen ihrer Selbstbestimmung. Dabei können auch neuartige Materien einbezogen werden, wenn sie auf die Arbeits- und Wirtschaftsbedingungen bezogen sind (etwa: Überstunden(-abbau), Kündigungsschutz oder Fortbildung im Betrieb). Dabei ist ein gewisser Doppelcharakter der Tarifautonomie nicht zu verkennen. Einerseits ist sie eine **Freiheit der Sozialpartner**, die sich gegen Fremdbestimmung durch den Staat richtet: Es sind in erster Linie die Koalitionen, welche die Arbeits- und Wirtschaftsbedingungen wahren und fördern dürfen. Andererseits ist sie aber zugleich

362 Verneinend BVerfGE 57, 246 f.

363 Dazu BVerfGE 44, 322, 338 ff.

364 BVerfGE 148, 296 Rn. 116.

365 Zu neuen Arbeitskampfformen BAG, JZ 2010, 254, einerseits; *Rüthers/Höpfner* JZ 2010, 254; *Säcker/Mohr* JZ 2010, 440, andererseits.

366 BVerfGE 93, 352, 358 ff.

eine Kompetenzzuweisung: Die Tarifverträge enthalten nämlich auch Bestandteile, welche nicht nur Arbeitgeberverbände und Sozialpartner, sondern auch Dritte – namentlich ihre Mitglieder – binden. Aus deren Sicht ist diese **Normsetzungskompetenz auch ein Recht zur Berechtigung und Verpflichtung Dritter.** In diesem Sinne ist Tarifautonomie wie alle Autonomie[367] nicht nur Freiheit, sondern stets zugleich Recht auf Herrschaft über Dritte und daher zugleich delegierte Staatsgewalt.

1086 Dieses Recht ist aber kein Monopol. In jedem Falle bleibt auch der Gesetzgeber berechtigt, von seiner Gesetzgebungskompetenz für das Arbeitsrecht (Art. 74 I Nr. 12 GG) Gebrauch zu machen. Insoweit kann es zu einer Rechtssetzungskonkurrenz zwischen Staat und Sozialpartnern kommen. Wem im Kollisionsfall der Vorrang zukommt, lässt sich jedenfalls nicht allein aus Art. 9 III GG entscheiden: Dieser begründet **kein generelles Subsidiaritätsprinzip zwischen Verbänden und Staat.** Vielmehr kommt dem Gesetzgeber ein Ausgestaltungsrecht zu, von welchem er allerdings bislang nur vereinzelt (etwa: durch das Tarifvertragsgesetz) Gebrauch gemacht hat. Das Bundesverfassungsgericht betont einerseits dieses Recht der Legislative, hält aber andererseits das Fehlen gesetzlicher Regelungen nicht für verfassungswidrig: Die Gestaltung der Beziehungen zwischen den Sozialpartnern unterliege **nicht in gleichem Umfang dem Vorbehalt des Gesetzes** wie die Regelung staatlicher Grundrechtseingriffe.[368] Maßnahmen einer Koalition haben danach für andere Koalitionen nicht dieselbe Wirkung wie Grundrechtseinschränkungen durch die öffentliche Gewalt. Die weitgehende Gestaltung des Arbeitskampfrechts durch Richterrecht ist daher nicht per se grundrechtswidrig.

1087 Der Staatsgewalt kommt demnach gegenüber der Tarifautonomie – ebenso wie dieser selbst – eine Doppelfunktion zu. Einerseits hat sie diese zu respektieren und rechtswidrige Eingriffe zu unterlassen. Andererseits muss sie diese organisieren und so den **Schutzbereich des Art. 9 III GG ausgestalten.**[369] Dabei muss sie zugleich:

– **die Tarifvertragsparteien in die Lage versetzen, ihre Rechte im Bereich der Arbeits- und Wirtschaftsbedingungen wirksam nutzen zu können.** Diese Aufgabe wird dadurch erschwert, dass die Sozialpartner vielfach entgegengesetzte Interessen haben und daher kontrovers reden und handeln. Daher obliegt es dem Staat beispielsweise, das Verhältnis der Koalitionen untereinander zu regeln.[370]

367 S. zur kommunalen Selbstverwaltung o. Rn. 429.
368 BVerfGE 116, 202, 228.
369 Zur Tarifeinheit bei konkurrierenden Gewerkschaften BVerfGE 146, 71 Rn. 142 ff.
370 BVerfGE 84, 212, 228.

- das Wirken der Sozialpartner durch eigene Rechtssetzung ergänzen, unterstützen und ggf. ersetzen: So können etwa **Tarifverträge für allgemeinverbindlich erklärt**[371] oder durch staatliches Recht Mindestarbeitsbedingungen festgesetzt werden, wo Tarifverträge fehlen.
- die **Tarifautonomie vor strukturellen Defiziten** – etwa fehlende durchsetzungsfähige Arbeitgeber- oder Arbeitnehmerorganisationen in einzelnen Bezirken oder Branchen – oder einem Versagen im Einzelfall – etwa fehlender Tarifvertrag mangels Einigung – im Interesse der Mitglieder zu **schützen.** Nicht zuletzt um diesen Aspekt geht es in der jüngeren Debatte um die Verfassungskonformität staatlich festgesetzter **Mindestlöhne.**[372]

Traditionsreiches Diskussionsfeld im Hinblick auf staatliche Ausgestaltungsrechte und -pflichten ist das **Arbeitskampfrecht.** Die bislang nahezu ausschließlich durch Richterrecht geprägte Materie hat davon auszugehen, dass das Grundgesetz einerseits sowohl Streiks als auch Aussperrungen grundrechtlich verbürgt, andererseits hierfür keine ausdrücklichen Schrankenregelungen enthält: Da Art. 9 II GG auf die Koalitionsfreiheit nicht anwendbar ist, kommen allenfalls verfassungssystematische Grenzen aus konkurrierenden, gleichfalls grundgesetzlich geschützten Belangen in Betracht. Ein viel diskutiertes Leitbild der Ausgestaltung soll dabei dem **Sinn und Zweck der Tarifautonomie** entnommen werden, welche funktionsgerecht Arbeits- und Wirtschaftsbedingungen gestalten und nicht zerstören soll. Solche eher institutionellem Verfassungsverständnis[373] entnommene Grundgedanken münden etwa in die Lehre von der **Parität der Sozialpartner,**[374] welche auf Gleichberechtigung und faktischer „Waffengleichheit“ beruhen müsse. Keine Partei darf die andere fremdbestimmen oder beherrschen. Ihre Kampfmittel müssen also wesentlich gleichwertig und gleichgewichtig sein. Dementsprechend darf der einen Seite nicht genommen werden, was der anderen gegeben wird. Sind also für die Arbeitnehmer **Streiks** zulässig,[375] so müssen demnach für die Arbeitgeber **Aussperrungen** gleichfalls grundsätzlich möglich sein.[376] 1088

Das Beispiel des Art. 9 III GG zeigt: Der sachliche Schutzbereich der Grundrechte ist also nicht stets einfach da oder durch Verfassungsauslegung zu ermitteln. Gewiss, es gibt auch solche Fälle, etwa für Art. 2 II (Leben, Gesundheit, Freiheit), Art. 11 (Freizügigkeit) oder Art. 13 GG (Wohnung). In zahlreichen anderen Fällen ist der Grundrechtsschutzbereich hingegen rechtlich ausgestaltungsbedürftig, etwa für Art. 6 (Ehe, Familie), Art. 9 (Verein, Gesellschaft) oder Art. 14 GG (Eigentum). Diese 1089

371 BVerfGE 55, 7, 28; BVerfG, NJW 2000, 3704, 3705.

372 Dazu *Schäfer* in: Bieback u. a., Tarifgeschützte Mindestlöhne, 2007, S. 12 ff.; *Löwisch* RdA 2009, 215, 236; *Thüsing/Lembke* ZfA 2007, 87 ff.

373 Dazu o. Rn. 861.

374 BVerfGE 84, 212, 229; 92, 365, 394 f.

375 BVerfGE 88, 103, 114; 92, 365, 394; BVerfGE 146, 71 Rn. 138 ff.

376 BAG, NJW 1980, 1642.

Grundrechtsausgestaltung stellt den Schutzbereich eigentlich erst her und begrenzt ihn zugleich. Zumindest letzteres ist bisweilen von der Grundrechtseinschränkung im Rahmen der Schrankenbestimmungen kaum zu unterscheiden:[377] Bei der Ausgestaltung von Art. 9 III GG, namentlich der Tarifautonomie, hat der Gesetzgeber einen weiten Gestaltungsspielraum, den er dazu nutzen konnte, um ein Verbot des Einsatzes von Leiharbeitnehmern bei Streik gesetzlich festzulegen.[378] Im Fall des Verbots des Einsatzes von Leiharbeitnehmern bei Streik ging das BVerfG also von einer Ausgestaltung des Art. 9 III GG aus, nicht von einer Einschränkung.[379] Andererseits: Ist das Erfordernis einer 2/3-Mehrheit für Arbeitskämpfe innerhalb einer Koalition als Schutz der Tarifautonomie (im Sinne einer Subsidiarität der Kampfmittel gegenüber anderen „spezifisch koalitionsmäßigen Betätigungen") oder aber als Grundrechtsschranke zum Schutz der Rechtsgüter Dritter (Versorgungsleistungen, vertragliche Lieferungs- und Leistungsansprüche usw.) zu qualifizieren? Die Abgrenzung wird dort notwendig, wo die verfassungsrechtlichen Anforderungen an Ausgestaltung einerseits oder Einschränkung andererseits differieren.

Die **Zulässigkeit der Grundrechtsausgestaltung** setzt die besondere Ausgestaltungsbedürftigkeit eines Grundrechtsschutzbereiches durch Recht, namentlich im Hinblick auf die wirksame Ausübung oder Teilhabe einzelner Grundrechtsträger an der jeweiligen Garantie, voraus. Sie unterliegt nicht denselben formellen Anforderungen wie Grundrechtseingriffe, insbesondere **gelten Gesetzesvorbehalt und Zitiergebot (Art. 19 I 2 GG) hier nicht.** In materieller Hinsicht ist sie zunächst an die inhaltlichen Ziele und Vorgaben des jeweiligen Grundrechts, mithin an dessen Strukturprinzipien,[380] gebunden (etwa: „Wahrung und Förderung der Arbeits- und Wirtschaftsbedingungen"). In einem zweiten Schritt ist sodann zu prüfen, ob die Ausgestaltung für alle Grundrechtsträger geeignet, sachgerecht und zumutbar, mithin verhältnismäßig ist.,[381] Dabei ist zu beachten, dass dem Gesetzgeber ein Gestaltungsspielraum zusteht.[382]

1090 **Einschränkungen der Koalitionsfreiheit**[383] können nicht auf Art. 9 II GG gestützt werden, da dieser allein gegenüber Art. 9 I GG Geltung beansprucht. Sie können allenfalls gestützt werden auf:

---

377 S. dazu *Kingreen/Poscher* JZ 2022, 961, 963 ff.

378 BVerfG, NZA 2020, 1186 Rn. 19 ff.

379 BVerfG, NZA 2020, 1186 Rn. 19.

380 So explizit BVerfG, NZA 2020, 1186 Rn. 18–21; s. auch BVerfGE 166, 1 Rn. 115 im Hinblick auf Art. 6 I GG.

381 BVerfGE 60, 253, 295; 74, 297, 334; 88, 275, 284; BVerfG, NZA 2020, 1186 Rn. 25 ff.; *Jarass* in: HGRe II, § 38 Rn. 56 ff.; *Kingreen/Poscher* JZ 2022, 961, 970; zum Ganzen auch *Klein* NJW 2020, 3069, 3070 f.

382 BVerfG, NZA 2020, 1186 Rn. 25.

383 Zur Zulässigkeit von Eingriffen in Art. 9 III GG BVerfGE 92, 365, 396; 94, 268, 284 f.

- kollidierende Normen des GG (dazu sollen etwa die Regelungen über das Selbstbestimmungsrecht der Religionsgemeinschaften[384] oder des Beamtenrechts (Art. 33 V GG)[385] zählen),
- die Rechte anderer Koalitionen oder Träger der Koalitionsfreiheit,[386]
- im Notstandsfall in den besonderen Grenzen des Art. 9 III 3 GG. Diese werden vom Bundesverfassungsgericht „erst recht" außerhalb des Notstandsfalles angewandt.

Das BVerfG geht davon aus, dass Art. 33 V GG die Rechtfertigung für ein generelles **Streikverbot für Beamte** enthält.[387] Daran ändert seiner Ansicht nach auch Art. 11 EMRK und die einschlägige Rechtsprechung des EGMR nichts, so dass das Streikverbot für Beamte in Deutschland nicht auf exklusiv hoheitliche Tätigkeiten i. S. v. Art. 33 IV GG beschränkt werden muss.[388] Aufgrund kollidierenden Verfassungsrechts unzulässig sind auch Arbeitskämpfe, die die **Funktionsfähigkeit kritischer Infrastrukturen** wie Krankenhäuser, Feuerwehren und vergleichbare lebensnotwendige Betriebe gefährden.[389] Ein weiterer Fall, in dem das BVerfG eine Einschränkung der Koalitionsfreiheit für gerechtfertigt erachtet hat, ist das sog. **Tarifeinheitsgesetz**, durch das das Verhältnis konkurrierender Tarifverträge in einem Betrieb zu Gunsten des Tarifvertrags der Mehrheitsgesellschaft aufgelöst wird.[390] Das BVerfG argumentiert in diesem Fall mit der durch Art. 9 III GG geschützten Funktionsfähigkeit des Tarifsystems als legitimen Zweck, fordert aber gleichzeitig Schutzvorkehrungen gegen die einseitige Vernachlässigung der Angehörigen einzelner Berufsgruppen oder Branchen durch die jeweilige Mehrheitsgewerkschaft.[391] Ebenfalls auf die Funktionsfähigkeit der Tarifautonomie rekurriert das BVerfG zur Rechtfertigung des Verbots des Einsatzes von Leiharbeitnehmern bei einem Streik.[392] 1091

384 Dazu o. Rn. 1007 ff.; s. auch BAG, NZA 2013, 448 Rn. 94 ff.

385 BVerfGE 44, 249, 264; 148, 296 Rn. 144; nicht hingegen für Angestellte und Arbeiter im öffentlichen Dienst; BVerfGE 88, 103, 114.

386 BVerfGE 84, 212, 228.

387 BVerfGE 148, 296 Rn. 144.

388 BVerfGE 148, 296 Rn. 161; a. A. BVerwGE 149, 117, 130 ff.

389 *Kingreen/Poscher* Grundrechte, Rn. 1012; *Jarass* in: Jarass/Pieroth, GG, Art. 9 Rn. 53.

390 BVerfGE 146, 71 Rn. 166 ff.

391 BVerfGE 146, 71 Rn. 172 ff.

392 BVerfG, NZA 2020, 1186 Rn. 30 ff.

1092 ***Lösung zum Beispielsfall*** (o. Rn. 1077):

Das Beispiel beleuchtet einen ungewöhnlichen Fall der **Kollision zweier Garantien aus Art. 9 III GG.** Koalitionen – also auch die G – genießen ihre **kollektive Koalitionsfreiheit** zur Wahrung und Förderung der Arbeits- und Wirtschaftsbedingungen. Ihre Fähigkeit dazu hängt nicht zuletzt von der Solidarität ihrer Mitglieder und der Geschlossenheit ihres Auftretens nach außen ab. Die hierfür erforderlichen satzungsmäßigen Vorkehrungen darf die G im Rahmen ihres Selbstbestimmungsrechts als Koalition treffen. Demgegenüber steht dem A die **individuelle Koalitionsfreiheit** auf Beitritt zu einer Koalition und dem Verbleib in ihr zu. Diese ist durch den Ausschluss betroffen, jedoch nicht allzu schwer: Als Gewerkschaftsmitglied hatte A das Recht, sich in der G zu engagieren und zu versuchen, seine Ansichten dort durchzusetzen. Dass er den Weg der Konkurrenz außerhalb der G gewählt hat, schwächt deren Glaubwürdigkeit und deren Ansehen. Der Ausschluss war daher grundrechtskonform (BVerfGE 100, 214, 221 ff.). Einer gesetzlichen Ermächtigung dafür bedurfte es hier nicht.[393]

Zur Vertiefung:
Zur Vereinigungsfreiheit:
Badura in: Staatsrecht, S. 226 ff.; *Günther/Franz* Grundfälle zu Art. 9 GG, JuS 2006, S. 788 u. 873; *Murswiek* Grundfälle zur Vereinigungsfreiheit, JuS 1992, 116; *Reichert/Schimke/Dauernheim* Handbuch Vereins- und Verbandsrecht, 15. Aufl., 2023; *Sauter/Schweyer/Waldner* Der eingetragene Verein, 21. Aufl., 2021; *Schmitt Glaeser* Die grundrechtliche Freiheit des Bürgers zur Mitwirkung an der Willensbildung, in: HStR III, § 38 Rn. 21; *Schiffbauer* Über Freiheit und Verbote von Vereinigungen, JZ 2019, S. 130.

Zur Koalitionsfreiheit:
Chassein Das Verbot einer verfassungswidrigen Gewerkschaft 2022; *Hänsle* Streik und Daseinsvorsorge, 2016; *Jacobs/Payandeh* Das beamtenrechtliche Streikverbot, JZ 2019, S. 19; *Klein* Neue Akzente in der verfassungsgerichtlichen Rechtsprechung zum Streikrecht, NJW 2020, S. 3069; *Kluth* Die Vereinigungs- und Koalitionsfreiheit gem. Art. 9 GG, JURA 2019, S. 719; *Kocher/Krüger/Sudhof* Streikrecht in der Kirche, NZA 2014, 880; *Krönke* Ausgestaltung der Koalitionsfreiheit durch das Tarifeinheitsgesetz, DÖV 2015, 788; *Linsenmaier* Koalitionsfreiheit, in: Müller-Glöge et al., Erfurter Kommentar zum Arbeitsrecht, 24. Aufl., 2024, Art. 9 GG Rn. 15 ff.; *Meisen* Koalitionsfreiheit, Tarifvorrang und Tarifvorbehalt, 2007; *Poscher* Die Koalitionsfreiheit als ausgestaltungsbedürftiges Grundrecht, RdA 2017, S. 235; *Scholz* Koalitionsfreiheit, in: HStR VIII, § 175; *Sodan/Zimmermann* Tarifvorrangige Mindestlöhne versus Koalitionsfreiheit, NJW 2009, 2001; *Stöhr* Grundlagen des Tarifrechts und Koalitionsrechts, JURA 2016, S. 58; *Wienbracke* Das Tarifeinheitsgesetz im Spiegel der BVerfG-Rechtsprechung, NJW 2017, 2506.

393 Dazu BGH, NJW 1991, 485.

VIII. Brief-, Post- und Fernmeldegeheimnis (Art. 10 GG)

Nach dem Gesetz über den Bundesnachrichtendienst (BNDG) ist die sog. Ausland-Ausland-Fernmeldeaufklärung, u. a. die Übermittlung der dadurch gewonnenen Erkenntnisse an inländische und ausländische Stellen und die in diesem Zusammenhang ermöglichte Kooperation mit ausländischen Nachrichtendiensten zulässig. Mit einer Verfassungsbeschwerde wurde ein Eingriff in Art. 10 GG gerügt. Zu Recht? (nach BVerfGE 154, 152; Lösung s. Rn 1100)

Der Schutz der **Privatsphäre** ist im Grundgesetz auf mehrere Freiheitsrechte verteilt; namentlich die Art. 13;[394] 10; 6 und 2 I GG.[395] Wenn die Schutzbereiche mehrerer Grundrechte einschlägig sein können, liegt ein Fall der **Grundrechtskonkurrenz** vor. In einem solchen Fall sind grundsätzlich sämtliche einschlägigen Rechte nebeneinander anzuwenden. Dann gelten deren Rechtsfolgen unabhängig voneinander und nebeneinander. Ein Eingriff ist nur verfassungsgemäß, wenn er keinem der zu prüfenden Rechte widerspricht. Ausnahmsweise gilt demgegenüber das Verhältnis von **Spezialität** und Generalität: Anwendbare Spezialfreiheitsrechte gehen dem Art. 2 I GG, spezielle Gleichheitsrechte dem Art. 3 I GG vor. 1093

Art. 10 GG garantiert das **Brief-, Post- und Fernmeldegeheimnis**[396]. Das Grundrecht schützt private Kommunikation vor staatlichem Eindringen und enthält damit eine „spezielle Gewährleistung der Privatsphäre".[397] Im Zeitalter der Digitalisierung und der damit verbundenen Auflösung der Unterscheidung zwischen Brief- und Fernmeldekommunikation wird Art. 10 GG zu einem „Telekommunikationsgeheimnis"[398]. Es steht allen Beteiligten des Kommunikationsvorgangs zu. Jeder Einzelne von ihnen ist geschützt vor der Kenntnisnahme, ob eine Sendung an ihn gerichtet ist, von wem sie stammt und was ihr Inhalt ist. Art. 10 GG schützt die **Vertraulichkeit der Kommunikation**, nicht deren Stattfinden. Es setzt also Post- und Fernmeldeverkehr voraus, einen Benutzungs- oder Beförderungsanspruch begründet das Grundrecht nicht. Eine Kenntnisnahme ist nur insoweit zulässig, als sie zur Beförderung der Sendung unausweichlich ist. Insbesondere ist sie unzulässig durch die Polizei und die Nachrichtendienste. Auch darf der Fernsprechverkehr nicht allgemein registriert werden, etwa durch EDV-Aufzeichnungen von Absendern oder Empfängern. Da das Grundrecht allen Beteiligten zusteht, genügt es 1094

394 S. dazu Rn. 1122 ff.

395 Dazu Rn. 877 ff.

396 Zum Post- und Fernmeldegeheimnis grundlegend BVerfGE 67, 157, 171 f.; BVerfGE 106, 28; 113, 348; 115, 166; *Gusy* JuS 1986, 89.

397 BVerfGE, NJW 2016, 3508 Rn. 42.

398 BVerfG NJW 2016, 3508 Rn. 33 ff.; *Eichenhofer* JURA 2020, 684, 688.

auch nicht, dass lediglich ein Beteiligter einem Eingriff zustimmt, um den Schutz aufzuheben. Vielmehr müssen alle Beteiligten einwilligen.

Das gilt etwa für **Fangschaltungen** zur Ermittlung von Anrufern[399] oder für die Aufzeichnung von Ferngesprächen, Teilnehmern, Zeitpunkt und Dauer zu Abrechnungszwecken. So genügt es nicht, dass der Anrufer verlangt, alle seine Gespräche sollen nach Zeit und Adressat aufgezeichnet werden, um die Abrechnung zu erleichtern. Vielmehr muss auch der Angerufene einwilligen, was regelmäßig vorher gar nicht möglich ist.

1095 Art. 10 GG schützt das **Briefgeheimnis**, d. h. die körperliche Übermittlung von Briefen.[400] Brief ist jede mit einem verkörperten Medium verbundene Kommunikation.[401] Voraussetzung ist allerdings, dass es sich um eine individuelle schriftliche Mitteilung handelt. Geschützt sind daher neben den Briefen im engeren Sinn auch Postkarten, Päckchen und Pakete, während Zeitungs- und Büchersendungen, Waren- und Postwurfsendungen und offene Drucksachen mangels individueller Mitteilung nicht in den Schutzbereich fallen.[402] Das Briefgeheimnis erstreckt sich auf den Inhalt der Sendung sowie auf alle Umstände der Beförderung, also auch auf die Identität von Absender und Empfänger.[403] Die Beförderungsunternehmen hingegen werden von Art. 10 GG nicht geschützt.[404]

1096 In den Schutzbereich des **Postgeheimnisses** fallen alle postalisch beförderten Sendungen von der Einlieferung bei der Post bis zur Ablieferung beim Empfänger.[405] Geschützt sind etwa Briefe, Päckchen, Pakete und Warenproben, aber auch unverschlossene Sendungen.[406] Voraussetzung ist allerdings die Adressierung an einen bestimmten Empfänger.[407] Wie beim Briefgeheimnis erstreckt sich der Schutz auch beim Postgeheimnis auf den Kommunikationsinhalt und auf sämtliche Kommunikationsumstände. Das Postgeheimnis hat durch die Aufhebung des Beförderungsmonopols der Deutschen Bundespost an Bedeutung verloren. Die Grundrechtsbindung des Nachfolgeunternehmens, der Deutschen Post AG, richtet sich nach den allgemeinen Regeln, d. h. eine unmittelbare Grundrechtsbindung des privaten Unternehmens ist, wie die anderer privater Postdienstleister, zu vernei-

---

399 BVerfGE 85, 386, 395 ff.
400 BVerfGE 67, 157, 171.
401 *Jarass* in: Jarass/Pieroth, GG, Art. 10 Rn. 3.
402 *Kingreen/Poscher* Grundrechte, Rn. 1021.
403 BVerfGE 107, 299, 312 f.
404 BVerwGE 162, 178, 187.
405 *Jarass* in: Jarass/Pieroth, GG, Art. 10 Rn. 4.
406 BVerwGE 113, 208, 210.
407 *Jarass* in: Jarass/Pieroth, GG, Art. 10 Rn. 4.

nen.[408] Allerdings existieren mit §§ 202 ff. StGB, § 39 PostG und § 88 TKG einfachgesetzliche Vorschriften, die dem Schutz des Postgeheimnisses dienen.[409]

Das **Fernmeldegeheimnis**, heute der in der Praxis mit Abstand wichtigste Bereich des Art. 10 GG, schützt individuelle Kommunikationsvorgänge über das Medium drahtloser oder drahtgebundener elektromagnetischer Wellen. Geschützt wird die Übermittlung durch Telefon, Telefax, Telegramm, aber auch über Computernetze, insbesondere das Internet.[410] Damit fallen auch E-Mail und SMS sowie über Messenger ausgetauschte Chat-Nachrichten in den Schutzbereich. Noch nicht abschließend geklärt ist, ob auch die vertrauliche Kommunikation zwischen Maschinen ohne menschliche Beteiligung geschützt ist.[411] Von Art. 10 GG geschützt ist der gesamte Kommunikationsvorgang, mithin auch die Daten, die bei den Anbietern eines Kommunikationsmittels anfallen, insbesondere zu den Kommunikationspartnern sowie die Zuordnung dynamischer IP-Adressen.[412] Der Inhalt der Kommunikation ist nicht prinzipiell besser geschützt als die Verbindungsdaten. Art. 10 GG greift nicht ein, wenn Informationen zum Standort einer Person mittels Lokalisierung des Handys dieser Person erlangt werden, da auf diese Weise keine Rückschlüsse auf einen bestimmten Kommunikationsvorgang gezogen werden können.[413] 1097

Ein **Grundrechtseingriff** liegt vor, wenn der Inhalt oder das Stattfinden von Kommunikation während des Beförderungsvorgangs durch die öffentliche Hand zur Kenntnis genommen und ggf. registriert werden. Eingriffe liegen besonders dann vor, wenn Kommunikation zu nachrichtendienstlichen Zwecken bzw. zur Bekämpfung schwerer Kriminalität abgehört wird und die auf diese Weise erlangten Informationen aufgezeichnet, gespeichert, abgeglichen, ausgewertet, selektiert und übermittelt werden.[414] Ein Eingriff kann auch darin bestehen, dass die Verbindungsdaten bei den Dienstbetreibern auf staatliche Anordnung aufgezeichnet und vorgehalten werden (sog. **Vorratsdatenspeicherung**).[415] Auch die Anordnung gegenüber Kommunikationsunternehmen, bestimmte Daten zu Inhalt oder Umständen der Kommunikation an staatliche Stellen zu übermitteln, begründet einen Eingriff.[416] Nicht zu den Eingriffen zählt dagegen die Beschlagnahme einge- 1098

408 *Pagenkopf* in: Sachs, GG, Art. 10 Rn. 20.
409 *Kingreen/Poscher* Grundrechte, Rn. 1027.
410 BVerfGE 120, 274, 307; *Jarass* in: Jarass/Pieroth, GG, Art. 10 Rn. 5.
411 S. dazu *Marosi/Skobel* DÖV 2018, 837, 838 ff.
412 BVerfGE 130, 151, 181; *Kingreen/Poscher* Grundrechte, Rn. 1029.
413 BVerfG, NJW 2007, 351, 353 f.; krit. *Schwabenbauer* AöR 137 (2012), 1, 22 f.
414 BVerfGE 125, 260, 310; *Kingreen/Poscher* Grundrechte, Rn. 1033.
415 Dazu BVerfGE 121, 1; BVerfGE 125, 260.
416 BVerfGE 107, 299, 313; 113, 348, 364; 125, 260, 311; *Jarass* in: Jarass/Pieroth, GG, Art. 10 Rn. 11.

gangener Briefe beim Empfänger oder das Ablesen seiner Telefonate auf seinem Handy.[417] **Art. 10 GG schützt die Vertraulichkeit des Kommunikationsvorgangs, nicht des Kommunikationsergebnisses.** Dieses kann allerdings dem Schutz der informationellen Selbstbestimmung (Art. 2 I i. V. m. Art. 1 I GG) unterfallen.[418] So schützt Art. 10 GG dynamische IP-Adressen,[419] während statische IP-Adressen dem Recht auf informationelle Selbstbestimmung unterfallen.[420] Auch das spätere Übermitteln des Inhalts an Dritte stellt einen mittelbaren Folgeeingriff dar, welcher besonderen Beschränkungen unterliegt: Was nur unter rechtlich eingeschränkten Bedingungen zur Kenntnis genommen werden darf, darf auch nur unter rechtlich eingeschränkten Bedingungen genutzt und Dritten zugänglich gemacht werden.[421] Hier überschneiden sich partiell die Schutzbereiche des Art. 10 I GG und des Art. 2 I i. V. m. Art. 1 I GG. Art. 10 I GG begründet neben einem Abwehrrecht einen Auftrag an den Staat, vor dem Zugriff privater Dritter auf die dem Fernmeldegeheimnis unterfallende Kommunikation zu schützen.[422]

1099 Das Grundrecht des Art. 10 GG unterliegt nach Art. 10 II 1 GG dem allgemeinen **Gesetzesvorbehalt**, der insbesondere in §§ 99 ff. StPO für das Strafverfahren,[423] im G-10 für die Nachrichtendienste sowie im Abgaben- und Insolvenzrecht konkretisiert ist. Dessen Anwendung unterliegt allerdings wegen der Nähe des Post- und Fernmeldegeheimnisses zur Privatsphäre strikten Grenzen im Einzelfall. Da die Eingriffe für die Betroffenen zugleich schwerwiegend sowie vorab (und zumeist auch nachher) nicht erkennbar sind, dürfen sie nur nach vorheriger Zustimmung durch einen Richter vorgenommen werden, unterliegen also einem **Richtervorbehalt.**[424] Die Einräumung der Befugnis zur Auslandsaufklärung im Wege der strategischen Fernmeldeüberwachung ist durch Art. 10 GG nicht von vornherein ausgeschlossen. Obwohl sie nicht auf konkrete und objektiviert bestimmte Anlassfälle begrenzt ist und damit ohne Eingriffsschwelle zu schweren Grundrechtseingriffen berechtigt, kann sie durch das Ziel der Auslandsaufklärung und deren besondere Handlungsbedingungen bei hinreichend begrenzter Ausgestaltung vor Art. 10 GG und dem Verhältnismäßigkeitsgrundsatz gerechtfertigt werden.[425] Die Befugnisse zur strategischen Überwachung, zur Übermittlung der mit ihr gewon-

417 BVerfGE 115, 166, 181 ff.
418 Dazu o. Rn. 890.
419 BVerfGE 130, 151, 181.
420 *Jarass* in: Jarass/Pieroth, GG, Art. 10 Rn. 8.
421 BVerfGE 100, 313, 360 f.; 109, 279, 374 ff.; BVerfGE 125, 260, 331.
422 BVerfGE 106, 28, 37; 158, 70 Rn. 32.
423 Zum Polizeirecht BVerfGE 113, 348.
424 BVerfGE 120, 274, 331 ff.
425 BVerfGE 154, 152 Rn. 143.

nenen Erkenntnisse und zur diesbezüglichen Zusammenarbeit mit ausländischen Geheimdiensten sind mit den Anforderungen der Verhältnismäßigkeit nur vereinbar, wenn sie durch eine unabhängige objektivrechtliche Kontrolle flankiert sind. Sie ist als kontinuierliche Rechtskontrolle auszugestalten, die einen umfassenden Kontrollzugriff ermöglicht.[426]

Lösung zum Beispielsfall (Rn. 1093): 1100

„Die strategische Auslandstelekommunikationsüberwachung ist mit Art. 10 I GG nicht grundsätzlich unvereinbar. Als anlasslose, im Wesentlichen nur final angeleitete und begrenzte Befugnis ist sie jedoch eine Ausnahmebefugnis, die auf die Auslandsaufklärung durch eine Behörde, welche selbst keine operativen Befugnisse hat, begrenzt bleiben muss und nur durch deren besonderes Aufgabenprofil gerechtfertigt ist. Erforderlich sind danach insbesondere Maßgaben zur Aussonderung der Telekommunikationsdaten von Deutschen und Inländern, eine Begrenzung der zu erhebenden Daten, die Festlegung qualifizierter Überwachungszwecke, die Strukturierung der Überwachung auf der Grundlage eigens festgelegter Maßnahmen, besondere Anforderungen an gezielt personenbezogene Überwachungsmaßnahmen, Grenzen für die bevorratende Speicherung von Verkehrsdaten, Rahmenbestimmungen zur Datenauswertung, Vorkehrungen zum Schutz von Vertraulichkeitsbeziehungen, die Gewährleistung eines Kernbereichsschutzes und Löschungspflichten. Die Übermittlung personenbezogener Daten aus der strategischen Überwachung ist **nur zum Schutz besonders gewichtiger Rechtsgüter zulässig** und setzt eine konkretisierte Gefahrenlage oder einen hinreichend konkretisierten Tatverdacht voraus. [...] Die Übermittlung setzt eine förmliche Entscheidung des Bundesnachrichtendienstes voraus und bedarf der Protokollierung unter Nennung der einschlägigen Rechtsgrundlage. Vor der Übermittlung an ausländische Stellen ist eine Vergewisserung über den rechtsstaatlichen Umgang mit den Daten geboten; hierbei bedarf es einer auf die betroffene Person bezogenen Prüfung, wenn es Anhaltspunkte gibt, dass diese durch die Datenübermittlung spezifisch gefährdet werden kann. Regelungen zur Kooperation mit ausländischen Nachrichtendiensten genügen grundrechtlichen Anforderungen nur, wenn sie sicherstellen, dass die rechtsstaatlichen Grenzen durch den gegenseitigen Austausch nicht überspielt werden und die Verantwortung des Bundesnachrichtendienstes für die von ihm erhobenen und ausgewerteten Daten im Kern gewahrt bleibt. [...] Die Befugnisse zur strategischen Überwachung, zur Übermittlung der mit ihr gewonnenen Erkenntnisse und zur diesbezüglichen Zusammenarbeit mit ausländischen Diensten sind **mit den Anforderungen der Verhältnismäßigkeit nur vereinbar**, wenn sie **durch eine unabhängige objektivrechtliche Kontrolle flankiert** sind. Sie ist als kontinuierliche Rechtskontrolle auszugestalten, die einen umfassenden Kontrollzugriff ermöglicht. Hierfür ist einerseits eine mit abschließenden Entscheidungsbefugnissen verbundene gerichtsähnliche Kontrolle sicherzustellen, der die wesentlichen Verfahrensschritte der strategischen Überwachung unterliegen, sowie anderseits eine administrative Kontrolle, die eigeninitiativ stichprobenmäßig den gesamten Prozess der Überwachung auf seine Rechtmäßigkeit prüfen kann. Zu gewährleisten ist eine Kontrolle in institutioneller Eigenständigkeit. [...]“[427]

---

426 BVerfGE 154, 152 Ls. 8.

427 BVerfGE 154, 152 Ls. 5–8.

Zur Vertiefung:
Bantlin Grundrechtsschutz bei Telekommunikationsüberwachung und Online-Durchsuchung, JuS 2019, S. 669; *Eichenhofer* Das Telekommunikationsgeheimnis (Art. 10 GG), JURA 2020, S. 684; *Funke/Lüdemann* Grundfälle zu Art. 10 GG, JuS 2008, S. 780; *Gärditz* Grundrechtliche Grenzen strategischer Ausland-Ausland-Telekommunikationsaufklärung, JZ 2020, S. 825; *Gött* Extraterritoriale Bindung deutscher Grundrechte, DÖV 2022, S. 616; *Hadamek* Art. 10 GG und die Privatisierung der Deutschen Bundespost, 2002; *Huber* Das BVerfG und die Ausland-Ausland-Fernmeldeaufklärung des BND, NVwZ-Beilage 2020, S. 3; *Link* Grundrechtsbindung der Bundeswehr im Ausland, 2020; *Marosi/Skobel* Von Menschen und Maschinen – Zur Technologieneutralität von Art. 10 Abs. 1 Var. 3 GG, DÖV 2018, S. 837; *Papier* Beschränkungen der Telekommunikationsfreiheit durch den BND an Datenaustauschpunkten, NVwZ 2016, S. 1057; *Schoch* Der verfassungsrechtliche Schutz des Fernmeldegeheimnisses, JURA 2011, S. 194; *Schwabenbauer* Kommunikationsschutz durch Art. 10 GG im digitalen Zeitalter, AöR 137 (2012), S. 1; *Stettner* Schutz des Brief-, Post- und Fernmeldegeheimnisses, HGRe IV, § 92; *Uerpmann-Wittzack* Der offene Rechtsstaat und seine Freunde: Das Urteil des BVerfG zur strategischen Ausland-Ausland-Fernmeldeaufklärung, JURA 2020, S. 953.

IX. Freizügigkeit (Art. 11 GG)

! A möchte Urlaub in X im Bundesland B machen und sich zu diesem Zweck in einem Hotel einquartieren. In seinem Heimatort gab es jedoch kurz zuvor einen massiven Corona-Ausbruch, so dass die sog. 7-Tages-Inzidenz kurz vor der Abreise 150 betrug. § 2 I CoronaVO des Landes B verbietet jedoch die Beherbergung von Gästen, die sich in einem Land-, Stadtkreis oder einer kreisfreien Stadt innerhalb der Bundesrepublik Deutschland aufgehalten oder darin ihren Wohnsitz haben, in dem die sog. 7-Tages-Inzidenz den Schwellenwert von 50 Neuinfektionen pro 100.000 Einwohner überschritten hat. Dies will A nicht hinnehmen. Er geht gerichtlich gegen § 2 I CoronaVO des Landes B vor, da er sich in seinem Grundrecht auf Freizügigkeit (Art. 11 I GG) verletzt sieht. Mit Erfolg? (nach: VGH Mannheim, Beschl. v. 15. 10. 2020 – 1 S 3156/20, BeckRS 2020, 26559; dazu Rn. 1105).

1101 Art. 11 I GG garantiert allen **Deutschen** das Recht auf Freizügigkeit. Freizügigkeit als **Recht**, den **Wohn- und Aufenthaltsort frei zu bestimmen,** also die Freiheit, einen Ort (zeitweise) als Lebensmittelpunkt zu wählen oder aber an einen anderen Ort umzuziehen.[428] Indiz dafür ist mindestens eine Übernachtung. **Ausgangssperren**, wie sie in Zeiten der Corona-Pandemie verhängt wurden, können in den Schutzbereich des Art. 11 I GG eingreifen.[429] Entsprechendes gilt für polizeiliche Aufenthaltsverbote, wie sie etwa gegen gewaltbereite Fußballfans ausgesprochen wer-

428 Vgl. BVerfGE 2, 266, 273; 80, 137, 150; 110, 177, 190.
429 So etwa VGH München, NvwZ 2020, 635, 638; *Schiffbauer* JuS 2021, 37, 39; *Ogorek* in: BeckOK GG, Stand: 15. 06. 2024, Art. 11 Rn. 26; *Ziekow* DVBl. 2020, 732, 734; lediglich einen Eingriff in Art. 2 II 2 GG bejahend hingegen *Kingreen/Poscher* Grundrechte, Rn. 1057; *Kingreen* JURA 2023, 43, 55.

den.[430] Nicht zum Schutzbereich von Art. 11 I GG zählt dagegen das Recht, den Aufenthaltsort zu verlassen, ohne einen anderen Lebensmittelpunkt zu wählen (s. dazu Art. 2 II GG) oder aber das Recht auf Benutzung einer bestimmten Wegstrecke oder Reiseroute (s. dazu Art. 2 I GG). Umgekehrt enthält Art. 11 I GG auch die **„negative Freizügigkeit“**, also das Recht auf Verbleib am bisherigen Aufenthaltsort. Darüber hinaus garantiert er insbesondere das **Bleiberecht im Bundesgebiet.** Dies ergibt sich weniger aus allgemeinen Erwägungen über „negative Grundrechte“ als vielmehr aus dem Umstand, dass Freizügigkeit auch so ausgeübt werden kann, dass man den Lebensmittelpunkt mehrfach wechselt und sodann an den ursprünglichen Aufenthaltsort zurückkehrt. Unter dieser Prämisse kann man Art. 11 I GG zugleich ein Bleiberecht entnehmen. Andererseits gewährleistet Art. 11 I GG kein allgemeines Recht auf Heimat, welches vor jeglichen Umsiedlungsvorhaben, die zum Zwecke des Braunkohletagebaus unternommen werden, schützt.[431]

Das Grundrecht garantiert die Freizügigkeit **„im Bundesgebiet“**, welches in der 1102
Präambel des GG umschrieben ist. Wo dieses Gebiet endet, endet auch die Freizügigkeit. Daraus entnehmen Rechtsprechung und Literatur ein Recht auf freien Zug im Bundesgebiet[432] und darüber hinaus als Grundrechtsvoraussetzung die Einreise in das Bundesgebiet: Wer sich nicht in Deutschland aufhalten darf, kann hier auch keine Freizügigkeit ausüben. Art. 11 GG gewährt also den Deutschen ein **Einreiserecht, nicht** hingegen die **Auswanderungsfreiheit** oder auch nur das Ausreiserecht (s. ebenso Art. 45 GRC). Das entspricht auch der Intention des Parlamentarischen Rates. Er wollte im Jahre 1949 keinesfalls garantieren, dass ein erheblicher Teil der Bevölkerung aus der zerstörten und notleidenden Bundesrepublik auswandere. Daher beschränkte er das Freizügigkeitsrecht auf das Bundesgebiet. Somit garantiert Art. 11 I GG die Ausreisefreiheit nicht.[433]

Grenzüberschreitende Freizügigkeit ist hingegen für EU-Bürger in **Art. 21** 1103
AEUV im gesamten Unionsgebiet garantiert. Die Einreise von Nicht-EU-Bürgern ist in Deutschland grundrechtlich allein unter den Voraussetzungen des Art. 16a GG geschützt,[434] im Übrigen gelten allenfalls die Garantien des Art. 2 I GG.[435]

---

430 So auch *Böhm/Mayer* DÖV 2017, 325, 331; a. A. aber VG Ansbach, Beschl. v. 22. 11. 2012, AN 5 S 12.02114, BeckRS 2012, 60082.

431 BVerfGE 134, 242 Rn. 263 ff.; a.A.. *Baer* NVwZ 1997, 27, 30 ff.; ähnlich *Mensel* Der Staat 59 (2020), 49, 72 f.

432 Zum Schutzbereich ausführlich *Ziekow* Über Freizügigkeit und Aufenthalt, 1997, S. 437 ff.; *Hailbronner* in: HStR VII, § 152 Rn. 37 ff.

433 BVerfGE 6, 32, 35; Überblick bei Gusy in: Huber/Voßkuhle, I, Art. 11 Rn 36 ff. (Nachw.).

434 Zum Begriff der „politischen Verfolgung“ BVerfGE 74, 51, 54; 76, 143, 157; 80, 315, 334 f.; 91, 142, 151.

435 Dazu verneinend BVerwG, DVBl. 1986, 110 ff.; lediglich Anwendung des Verhältnismäßigkeitsprinzips und allgemeine Geltung des Rechtsstaatsprinzips BVerfGE 35, 382, 399 ff.; 87, 48, 62 ff.

1104 Die **Schranken der Freizügigkeit** ergeben sich aus Art. 11 II GG. Die Ausweisung bzw. Abschiebung eines Deutschen aus dem Bundesgebiet würde gegen Art. 11 i. V. m. 19 II GG verstoßen. Eine Auslieferung Deutscher zu Zwecken der Strafverfolgung ist allenfalls in den engen Grenzen des Art. 16 II 2 GG zulässig.[436]

1105 ***Lösung zum Beispielsfall*** (Rn. 1101):

Der Schutzbereich des Art. 11 I GG ist eröffnet. Art. 11 I GG schützt die Freizügigkeit aller Deutschen, d. h. das Recht, unbehindert durch die deutsche Staatsgewalt an jedem Ort innerhalb des Bundesgebiets Wohnsitz und Aufenthalt zu nehmen. Ganz überwiegend wird (zumindest) das vorübergehende Verlassen des bisherigen Lebenskreises gefordert. Dies ist beim vorübergehenden Verlassen des Wohnorts zum Zwecke des Urlaubs erfüllt. In den Schutzbereich dieses Grundrechts greift § 2 I CoronaVO schwerwiegend ein. A wird daran gehindert, in einem Beherbergungsbetrieb zu übernachten. Dieser gravierende Eingriff in das Grundrecht aus Art. 11 I GG ist nicht gerechtfertigt. In das Grundrecht auf Freizügigkeit darf nur durch Gesetz oder aufgrund eines Gesetzes und nur in dem Fall eingegriffen werden, wenn es zur Bekämpfung von Seuchengefahr erforderlich ist (Art. 11 II GG). Diesen Anforderungen wird § 2 I CoronaVO nicht gerecht. Sie dient zwar einem legitimen Zweck und stellt ein geeignetes sowie erforderliches Mittel dar, ist aber nicht angemessen, da nicht nachweisbar ist, dass im Zusammenhang mit der Beherbergung ein besonders hohes Infektionsrisiko besteht, dem mit so drastischen Maßnahmen begegnet werden müsste.[437]

Zur Vertiefung:
Baumert Völker- und verfassungsrechtliche Fragen der Rückübernahme deutscher IS-Anhänger aus dem Ausland, NVwZ 2020, S. 110; *Frenzel* Grundfälle zu Art. 11 GG, JuS 2011, S. 595; *Hailbronner* Freizügigkeit in: HStR VII, § 152; *Hamdan* Das Grundrecht auf Freizügigkeit nach Art. 11 GG, JA 2019, S. 165; *Kingreen* Der verfassungsrechltiche Schutz der Mobilität, JURA 2023, S. 43; *Schoch* Das Grundrecht der Freizügigkeit, JURA 2005, S. 34; *Winkler/Schadtle* Ausreisefreiheit quo vadis?, JZ 2016, S. 764; *Ziekow* Die Verfassungsmäßigkeit von sog. „Ausgangssperren" nach dem Bundesinfektionsschutzgesetz, DVBl. 2020, S. 732.

X. Berufsfreiheit

! Bis zum Jahre 2002 durften Anwälte ihre Zulassung nur bei einem Land- oder Oberlandesgericht beantragen (sog. Singularzulassung). So konnten Kanzleien, welche einen Rechtsstreit in der ersten Instanz geführt hatten, diesen in der Berufungsinstanz nicht mehr führen. Dies wurde begründet mit der Qualitätssicherung der OLG-Anwälte und dem besseren Kontakt zwischen Anwälten und Gerichten im Interesse der Rechtspflege (nach BVerfGE 103, 1; zum Fall Rn. 1121).

436 Dazu restriktiv BVerfGE 113, 273.

437 Vgl. VGH Mannheim, Beschl. v. 15. 10. 2020 – 1 S 3156/20, BeckRS 2020, 26559 Rn. 21 ff.; a. A. aber etwa OVG Magdeburg, Beschl. v. 24. 11. 2020 – 3 R 220/20, BeckRS 2020, 32485 Rn. 71.

Art. 12 GG garantiert berufliche Tätigkeiten, getrennt nach **Berufswahl** 1106
(Art. 12 I 1 GG) und **Berufsausübung** (s. Art. 12 I 2 GG). Das Grundrecht ist als **Deutschen-Recht** ausgestaltet. Doch dürfen EU-Bürger schon wegen der Niederlassungsfreiheit der Unternehmer und der Freizügigkeit der Arbeitnehmer nicht diskriminiert werden (s. a. Art. 15 f. GRC).

Beruf ist **jede rechtmäßige Tätigkeit, die auf Dauer angelegt ist und der** 1107
Schaffung und Erhaltung der Lebensgrundlage dient.[438] Die Tätigkeit muss eine gewisse Nachhaltigkeit aufweisen; einmalige Handlungen (Verkauf eines Hauses) zählen dazu auch dann nicht, wenn sie Gewinn abwerfen. Was als Handlung verboten ist (Menschenhandel, illegales Glückspiel u. a.), darf auch nicht zu Geld gemacht werden. Die Prostitution hingegen ist ein Beruf, da durch Geschlechtsverkehr gegen Entgelt nach § 1 ProstG eine rechtswirksame Forderung begründet wird. Die Schaffung der Lebensgrundlage muss vom Handelnden beabsichtigt sein;[439] ob die Tätigkeit wirklich rentabel ist, zeigt sich oft erst im Nachhinein und zählt zum Berufsbegriff nicht hinzu. Unerheblich ist die Selbständigkeit oder Unselbständigkeit und die soziale Wertigkeit der Tätigkeit (etwa: Astrologie). Der inhaltlich unbestimmte Berufsbegriff garantiert demnach kaum eigenständige Handlungen; er ist eher das Grundrecht darauf, Handlungen zu kommerzialisieren, also zu Geld zu machen.

So ist etwa die Wahrnehmung eigener Rechtsangelegenheiten – auch vor Gericht – vom Grundgesetz vorausgesetzt; auch beruflich fremde Rechtsangelegenheiten dürfen von Jedermann wahrgenommen werden.[440] Die Rechtsberatung gegen Geld ist ein Beruf und unterliegt den berufsbezogenen Freiheiten und sonstigen berufsbezogenen Regelungen.

Art. 12 I 1 GG gewährleistet seinem Wortlaut nach nur das Recht, einen Beruf frei zu 1108
„wählen". Diese Alternative betrifft also die **Freiheit der Berufswahl.** Sie lässt sich dem Verfassungstext unschwer entnehmen. Hingegen ist die **Freiheit der Berufsausübung** allein in Art. 12 I 2 GG angesprochen: Sie kann danach durch den Gesetzgeber geregelt werden. Von einer Ausübungsfreiheit ist somit im Normtext keine Rede. Wie weit der Schutzbereich im Einzelnen reicht, war früher umstritten.[441]

---

438 BVerfGE 7, 377, 397.

439 Dazu zählen geringfügigste Einnahmen – etwa aus ambulanten Zeitungsverkäufen – nicht, wenn sie keinen erheblichen Beitrag zur Existenzsicherung erbringen; s. dazu OLG Hamm, NJW 1977, 399.

440 BVerfG, NJW 2002, 3531; BGH, NJW 2000, 2108; 2005, 2458; LG Dresden, NJW-RR 2001, 1506. Zur unentgeltlichen Rechtsberatung: BVerfG, NJW 2004, 2662; 2006, 1502.

441 Überblicke dazu bei *Gusy* JA 1992, 258; *Sodan* NJW 2003, 257; *Frenz* JA 2009, 252.

Gelegentlich wurde als „Berufswahl" lediglich der „innere Entschluss einer Person, einen Beruf zu ergreifen", als Berufsausübung dagegen die „tatsächliche berufliche Betätigung" angesehen. Somit wäre die Freiheit der Berufswahl lediglich die Freiheit eines inneren Vorgangs, der jedoch staatlicher Regelung ohnehin nicht offensteht. Andere sahen die Berufswahl als den Beginn bzw. die „Aufnahme" der beruflichen Betätigung, die Berufsausübung als deren zeitliche Fortsetzung. Damit wäre gegen Berufsverbote, die an die Aufnahme bestimmter Tätigkeiten anknüpfen, Schutz gewährt; nicht jedoch gegen solche, die an die spätere berufliche Betätigung anknüpfen. Gegen Normen, die von ihrer Wirkung her gleich sind, wäre somit ein unterschiedlicher Schutz gewährt.

1109 Das Bundesverfassungsgericht äußert sich zu dieser Abgrenzung wie folgt:

„Die Begriffe ‚Wahl' und ‚Ausübung' des Berufs lassen sich nicht so trennen, dass jeder von ihnen nur eine bestimmte zeitliche Phase des Berufslebens bezeichnet, die sich mit der anderen nicht überschnitte; namentlich stellt die Aufnahme der Berufstätigkeit sowohl den Anfang der Berufsausübung dar wie die gerade hierin – und häufig nur hierin – sich äußernde Betätigung der Berufswahl; ebenso sind der in der laufenden Berufsausübung sich ausdrückende Wille zur Beibehaltung des Berufs und schließlich die freiwillige Beendigung der Berufsausübung im Grund zugleich Akte der Berufswahl. Die beiden Begriffe erfassen den einheitlichen Komplex, beruflicher Betätigung' von verschiedenen Gesichtspunkten her." (BVerfGE 7, 377, 400 f.)

1110 Somit sind für das Bundesverfassungsgericht Berufswahl und Berufsausübung untrennbare Bestandteile ein und derselben Betätigung. In Beginn, Fortsetzung und Beendigung der beruflichen Tätigkeit liegt deren Ausübung. Gleichzeitig liegt ihnen aber auch der Entschluss zugrunde, den Beruf erstmalig, weiterhin oder letztmalig auszuüben. Dieser – sich nach außen allein in der Berufsausübung zeigende – innere Entschluss ist die Berufswahl. Sind aus dieser Sicht beide Alternativen des Art. 12 I GG unterschiedliche Sichtweisen ein- und desselben Vorgangs, so erscheint es naheliegend, wenn das Gericht dem Art. 12 GG ein **„einheitliches Grundrecht der Berufsfreiheit"** entnimmt[442]. Die Terminologie der „Berufswahl" und „Berufsausübung" ist dann insoweit ohne eigenständige Bedeutung: Aufnahme und Betätigung des Berufs sind frei. Durch den Aspekt der Einheitlichkeit ist dann zugleich die Freiheit der Berufsausübung mit garantiert.[443]

1111 Über die genannten Dimensionen der Berufsfreiheit hinaus enthält Art. 12 GG:

– die freie Wahl des **Arbeitsplatzes,**[444] also der Stätte, an welcher eine Berufstätigkeit im konkreten Fall ausgeübt wird. Bei abhängig Beschäftigten ist auch das Recht auf Zutritt zum

442 BVerfGE 7, 377, 402; 9, 338, 344 f.; 17, 269, 276.
443 So denn auch BVerfGE 7, 377, 401 f.
444 BVerfGE 41, 378, 399; 84, 133, 146; *Manssen* Staatsrecht II, Rn. 647.

Arbeitsplatz und die Wahl des Vertragspartners geschützt.[445] Diese Freiheit begründet **kein Recht auf einen Arbeitsplatz**, also auf Arbeit überhaupt; dieses kann nur im Rahmen staatlicher Wirtschaftspolitik begründet werden.

- die freie Wahl der **Ausbildungsstätte**, also der Stätte, die – über die allgemeinbildende Schule hinaus – der Ausbildung für einen oder mehrere Berufe dient. Hierzu zählen auch berufsbildende Schulen, nicht hingegen allgemeinbildende. Ein Zulassungsanspruch aus Art. 12 GG besteht nicht, wohl aber ein Anspruch auf gleiche Zugangschancen aus Art. 3 GG[446].
- ein Schutzrecht bei **Verfahren für Prüfungen**, welche den Zugang zu Berufen eröffnen oder versperren, z. B. die juristischen Staatsexamina.[447]
- das Verbot des **Arbeitszwanges** (Art. 12 II GG).[448] Arbeitszwang ist die Heranziehung zu einer selbständigen Leistungspflicht für öffentliche Zwecke, nicht die Auferlegung von Neben- oder Sorgfaltspflichten für bestimmte Bevölkerungsgruppen.
- das Verbot der **Zwangsarbeit** (Art. 12 III GG). Die Heranziehung zu sonstigen Arbeitspflichten ist nur bei gerichtlich angeordneter Freiheitsentziehung zulässig.

Art. 12 GG ist **kein Leistungsrecht**; er gibt insbesondere keinen Anspruch auf die staatliche Verschaffung eines bestimmten Berufs oder einer Stelle im öffentlichen Dienst. Für den Zugang zum öffentlichen Dienst ist Art. 12 GG nur insoweit anwendbar, als Art. 33 GG keine Sonderreglungen enthält.[449] 1112

Ein **Eingriff** ist nur rechtmäßig, wenn er im Rahmen der **Schranken des Art. 12 I GG** erfolgt und mit den sonstigen Rechtmäßigkeitsvoraussetzungen des Grundgesetzes für Grundrechtseingriffe vereinbar ist. Zudem muss er eine subjektiv oder zumindest **objektiv berufsregelnde Tendenz** aufweisen,[450] d. h. die Maßnahme muss gerade auf die Berufsregelung abzielen oder sich jedenfalls auf die berufliche Tätigkeit unmittelbar auswirken oder im Falle mittelbarer Auswirkungen die berufliche Tätigkeit „nennenswert" behindern.[451] Das BVerfG hat zur objektiv berufsregelnden Tendenz eine umfangreiche Kasuistik entwickelt,[452] die nicht immer einer strikten Logik folgt, so dass in der Klausur das Problem am besten argumentativ zu lösen ist. Verneint hat das BVerfG eine berufsregelnde 1113

445 BVerfGE 84, 133, 146; 128, 157, 176.

446 BVerfGE 33, 303, 329 ff.

447 BVerwGE 99, 185, 189 ff.; *Kingreen/Poscher* Grundrechte, Rn. 1130; zu den Anforderungen an das Prüfungsverfahren BVerwGE 165, 202 Rn. 12, das u. a. die Geltung einheitlicher Regeln verlangt.

448 Zu Arbeitszwang und Zwangsarbeit näher BVerfGE 74, 102; BVerfG, NJW 1988, 477; *Gusy* JuS 1989, 710.

449 Dazu etwa BVerfGE 7; 377, 398; 54, 237, 246; 73, 280; 84, 133, 147; BVerwGE 131, 242; BVerwG, NVwZ 2010, 251.

450 BVerfGE 128, 1, 82; 137, 350 Rn. 69

451 BVerfGE 81, 108, 122; 97, 228, 253 f.

452 S. dazu *Jarass*, in: Jarass/Pieroth, GG, Art. 12 Rn. 21 ff.

Tendenz etwa bei strafprozessualen Normen,[453] bejaht hingegen bei einer Vorschrift, die die Betreiber von Windenergieanlagen zur Beteiligung von Anwohnern und standortnahen Gemeinden in Form von Windenergie-Beteiligungsgesellschaften verpflichtet.[454] Fehlt es einem Eingriff an der objektiv berufsregelnden Tendenz, liegt nur ein Eingriff in die allgemeine Handlungsfreiheit nach Art. 2 I GG vor.[455] Im Hinblick auf den **Schrankenvorbehalt** normiert Art. 12 I 2 GG explizit nur die Befugnis des Gesetzgebers, die „Berufsausübung" durch Gesetz oder aufgrund eines Gesetzes zu regeln. Über die Schranken der Berufswahlfreiheit sagt der Verfassungstext hingegen nichts. Doch will das Bundesverfassungsgericht diese offenbar nicht allein den verfassungssystematischen Einschränkungsregelungen kollidierender Verfassungswerte entnehmen. Vielmehr zog es auf der Beschränkungsebene die Konsequenzen aus seiner Auffassung zum Grundrechtsschutzbereich:

> „(Enthält Art. 12 I GG ein einheitliches Grundrecht der Berufsfreiheit, so) kann eine Auslegung, die dem Gesetzgeber jeden Eingriff in die Freiheit der Berufswahl schlechthin verwehren wollte, nicht richtig sein; sie würde der Lebenswirklichkeit nicht entsprechen und deshalb auch rechtlich nicht zu einleuchtenden Ergebnissen führen. [...] Das geschieht vor allem dann, wenn Voraussetzungen für die Berufsaufnahme, also den Beginn der Berufsausübung festgelegt werden, mit anderen Worten, wenn der Beginn der Berufsausübung von einer Zulassung abhängig wird. Dass das Grundgesetz Zulassungsregelungen nicht schlechthin hat ausschließen wollen, beweist Art. 74 Nr. 19, der eine Kompetenz zur Gesetzgebung für die ‚Zulassung' zu bestimmten Berufen begründet. Auch die Entstehungsgeschichte zeigt, dass man eine Ermächtigung zu Beschränkungen der Zulassung zwar grundsätzlich vermeiden, andererseits aber die zahlreichen bestehenden Zulassungsbeschränkungen nicht allgemein für unzulässig erklären wollte." (BVerfGE 7, 377, 401 f.).

1114 Die Ansicht, das einheitliche Grundrecht der Berufsfreiheit aus Art. 12 I GG unterliege auch einheitlichen Schranken, wird hier vom Bundesverfassungsgericht **historisch** unter Berufung auf die Entstehungsgeschichte und **systematisch** unter Hinweis auf Art. 74 Nr. 19 GG begründet. Art. 12 I 2 GG vermag demnach Eingriffe in die Berufsfreiheit zu legitimieren, wenn die sonstigen Rechtmäßigkeitsvoraussetzungen für Grundrechtsbeschränkungen erfüllt sind. Die praktisch wichtigste unter ihnen ist das **Übermaßverbot.** Danach dürfen Grundrechte nicht in stärkerem Maße eingeschränkt werden, als es zur Verfolgung eines legitimen öffentlichen Zwecks geeignet, erforderlich und angemessen ist.[456] Konkret bedeutet dies: Je schwerwiegender der einzelne Grundrechtseingriff ist, desto höher sind die Anforderungen an den ihn rechtfertigenden Belang.

---

453 BVerfGE 113, 29, 48; 129, 208, 267.
454 BVerfGE 161, 63 Rn. 47 ff.
455 *Jarass*, in: Jarass/Pieroth, GG, Art. 12 Rn. 20.
456 S. o. Rn. 914 ff.

Speziell zu Art. 12 GG hat das Bundesverfassungsgericht früher den Versuch unternommen, das Verhältnismäßigkeitskriterium zu begründen und zu rationalisieren. Für die Zulassung von Grundrechtseingriffen ergaben sich danach gewissermaßen **drei Stufen:** 1115

„Am freiesten ist der Gesetzgeber, wenn er eine **reine Ausübungsregelung** trifft, die auf die Freiheit der Berufswahl nicht zurückwirkt, sondern nur bestimmt, in welcher Art und Weise die Berufsangehörigen ihre Berufstätigkeit im Einzelnen zu gestalten haben. Hier können im weiten Maße Gesichtspunkte der Zweckmäßigkeit zur Geltung kommen. [...] Eine Regelung dagegen, die schon die Freiheit der Berufswahl berührt, ist nur gerechtfertigt, sofern dadurch ein überragendes Gemeinschaftsgut, das der Freiheit des Einzelnen vorgeht, geschützt werden soll. Dabei besteht offensichtlich ein bedeutsamer Unterschied je nachdem, ob es sich um ‚subjektive' Voraussetzungen, vor allem solche der Vor- und Ausbildung handelt oder um objektive Bedingungen der Zulassung, die mit der persönlichen Qualifikation des Berufsanwärters nichts zu tun haben und auf die er keinen Einfluss nehmen kann.

Die Regelung **subjektiver Voraussetzungen der Berufsaufnahme** ist ein Teil der rechtlichen Ordnung eines Berufsbildes; sie gibt den Zugang zum Beruf nur den in bestimmter – und zwar meist formaler – Weise qualifizierten Bewerbern frei [...]. Hier gilt das Prinzip der Verhältnismäßigkeit in dem Sinne, dass die vorgeschriebenen subjektiven Voraussetzungen zu dem angestrebten Zweck der ordnungsgemäßen Erfüllung der Berufstätigkeit nicht außer Verhältnis stehen dürfen.

Anders liegt es bei der Aufstellung **objektiver Bedingungen für die Berufszulassung.** Ihre Erfüllung ist dem Einfluss des Einzelnen schlechthin entzogen. Dem Sinne des Grundrechts wirken sie strikt entgegen, denn sogar derjenige, der durch Erfüllung aller von ihm geforderten Voraussetzungen die Wahl des Berufes bereits real vollzogen hat und hat vollziehen dürfen, kann trotzdem von der Zulassung zum Beruf ausgeschlossen bleiben [...]. Daraus ist abzuleiten, dass an den Nachweis der Notwendigkeit einer solchen Freiheitsbeschränkung besonders strenge Anforderungen zu stellen sind; im Allgemeinen wird nur die Abwehr nachweisbarer oder höchstwahrscheinlicher schwerer Gefahren für ein überragend wichtiges Gemeinschaftsgut diesen Eingriff in die freie Berufswahl legitimieren können." (BVerfGE 7, 377, 405–408).

Die Voraussetzungen für Eingriffe in das Grundrecht aus Art. 12 I GG richten sich demzufolge nach dem jeweils eingeschränkten Schutzgut. Dabei erlangt die **Unterscheidung zwischen Berufswahl und Berufsausübung**, deren Bedeutung vom Bundesverfassungsgericht bei der Herleitung des „einheitlichen Grundrechts der Berufsfreiheit" gering eingeschätzt worden war, Relevanz. Hierzu differenziert das Gericht zwischen Wahl und Ausübung, die sich nach seinen Ausführungen zum Schutzbereich des Art. 12 I GG zeitlich nicht trennen lassen, folgendermaßen: 1116

– **Berufswahl** ist der innere Entschluss, einen Beruf aufzunehmen oder fortzuführen, dessen äußere Betätigung, insbesondere die Zulassung zum Beruf („Substanzverwirklichung"); also das „Ob" der beruflichen Tätigkeit. Die Wahl setzt sich während der gesamten beruflichen Betätigung fort. Eingriffe können in „subjektiven“ und „objektiven“ Zulassungsvoraussetzungen bestehen. **Objektive Zulassungsschranken** liegen vor bei der Anordnung von Monopolen oder der Kontingentierung, etwa beim Linienverkehr oder für das Taxigewerbe. Beispiele für **subjektive Zulassungsschranken** sind die Statuierung von Ausbildungsanforderungen, Altersgrenzen,[457] Impfpflichten für Beschäftigte in Gesundheitswesen und Pflege[458] oder sonstigen Zulassungsregelungen[459] zum Beruf.

– **Berufsausübung** umfasst Form, Mittel und die Bestimmung des Umfanges und des Inhalts der Berufstätigkeit („Modalitätsverwirklichung“), also das „Wie“ der beruflichen Tätigkeit. Typische Eingriffe sind Steuerpflichten oder Sozialabgaben, die Statuierung von Arbeits-, Öffnungs- bzw. Schließungszeiten, die Verpflichtung zur Ausarbeitung eines Hygienekonzepts zum Schutze vor dem Corona-Virus sowie Wettbewerbsregeln.

1117 Für die **Verhältnismäßigkeitsprüfung** bedeutet die Drei-Stufen-Theorie Folgendes:
– **Objektive Zulassungsschranken** sind nur gerechtfertigt, wenn sie zur Abwehr nachweisbarer oder höchstwahrscheinlicher schwerer Gefahren für ein überragend wichtiges Gemeinschaftsgut erforderlich sind;
– **subjektive Zulassungsschranken** sind nur gerechtfertigt, wenn andernfalls die Berufsausübung mit Gefahren oder Schäden für die Allgemeinheit verbunden wäre;
– **Berufsausübungsregelungen** sind gerechtfertigt, wenn Gesichtspunkte der Zweckmäßigkeit sie verlangen und sie den Betroffenen nicht übermäßig belasten, mithin die Maßnahme durch vernünftige Gründe des Gemeinwohls gerechtfertigt ist.

1118 Dies bedeutet, dass Eingriffe auf einer höheren Stufe nur verhältnismäßig sind, wenn der Zweck des Eingriffs nicht auch durch einen Eingriff auf einer niedrigeren Stufe erreicht werden kann. Auch auf ein- und derselben Stufe kann es eine unterschiedliche Eingriffsintensität geben.[460]

1119 Allerdings hat die Praxis gezeigt, dass sich die **Stufen nicht immer klar voneinander abgrenzen lassen.** Zudem kann ein Eingriff auf einer niedrigeren Stufe intensiver sein als ein Eingriff auf einer höheren Stufe. Dies lässt sich am Beispiel

---

457 S. etwa BVerfGE 9, 338, 345; 103, 172, 184; BVerfG, NJW 2008, 1212, 1213; die Einordnung von Altersgrenzen ist strittig, teilweise wird auch eine objektive Berufszulassungsschranke angenommen, vgl. *Mann* in: Sachs, GG, Art. 12 Rn. 130.

458 BVerfGE 161, 299 Rn. 252.

459 StGH Bremen, BeckRS 2022, 28654 Rn. 48 ff. zu Immatrikulationshindernissen.

460 StGH Bremen, BeckRS 2022, 28654 Rn. 48 ff.; *Kingreen/Poscher* Grundrechte, Rn. 1110.

der Schließung von Hotels, Gaststätten, Kindertagesstätten und Einzelhandel während der Corona-Pandemie zeigen. Bei den entsprechenden Eingriffen handelt es sich um Berufsausübungsregelungen,[461] die jedoch die Ausübung des Berufs für einen nicht unerheblichen Zeitraum stark erschwerten oder sogar ganz unmöglich machten. Im Gegensatz dazu kann eine subjektive Zulassungsvoraussetzung wie das Erfordernis des Bestehens einer bestimmten Prüfung mit vergleichsweise einfachen Mitteln erfüllt werden, so dass der Beruf ausgeübt werden kann und der Eingriff in die Berufsfreiheit weniger einschneidend ist.

Zu beachten ist weiterhin, dass bei der Prüfung der Verhältnismäßigkeit von 1120
Eingriffen in das Grundrecht aus Art. 12 I GG die Drei-Stufen-Theorie selbst vom BVerfG nicht konsequent angewendet wird. Sie wird in einigen Fällen durch eine allgemeine Verhältnismäßigkeitsprüfung, die die dargestellten Mängel des Stufenschemas vermeidet, ersetzt.[462] Außerdem tendiert das BVerfG nunmehr dazu, den Schwerpunkt der Prüfung auf die Verhältnismäßigkeit im engeren Sinn, also die Angemessenheit, zu legen und das Kriterium der Erforderlichkeit nicht mehr konsequent zu prüfen,[463] wodurch die Prüfung der Drei-Stufen-Theorie verwässert wird. In einigen Fällen wendet das BVerfG die Drei-Stufen-Theorie gar nicht mehr an. Konkret gilt dies etwa für die Prüfung von Gesamtbelastungen, d. h., wenn ein sog. additiver Grundrechtseingriff[464] im Raum steht.[465]

Anwendung der Grundsätze auf den Beispielsfall (Rn. 1106): 1121

Das Bundesverfassungsgericht ging vom Berufsbild des Rechtsanwalts aus, welches den maßgeblichen Berufsbegriff prägte. Mit dem längst etablierten weiten Berufsbegriff wird also nicht unterschieden zwischen dem Beruf des LG- und des OLG-Anwalts. Vielmehr gibt es nur einen Anwaltsberuf. Die Zulassung bei einzelnen Gerichten betreffe also stets das „Wie“, nicht das „Ob“ des Berufs und damit die Berufsausübung. Deren Beschränkung sei aus vorrangigen Gründen des Gemeinwohls zulässig. Solche vermag das Gericht aber nicht zu erkennen: Der persönliche Kontakt von Anwalt und Gericht nehme angesichts der verbreiteten elektronischen Medien an Bedeutung ab. Und die Qualität der Anwaltschaft hänge nicht von der Zulassung bei bestimmten Gerichten, sondern von der Eigenschaft als Fachanwalt – etwa für Familien-, Arbeits-, u. a. -Recht – ab. Daher sei die Singularzulassung nicht mehr gerechtfertigt. (BVerfGE 103, 1, 13 ff., 17 f.).[466]

---

461 Vgl. VGH Mannheim, VBlBW 2020, 414 Rn. 27.

462 So schon BVerfGE 13, 97, 104 f.; 21, 173, 180 f.; *Ipsen* JuS 1990, 634 (Übermaßverbot bei Berufsfreiheit).

463 So etwa in BVerfGE 121, 317, 355 ff.; ausf. dazu *Kingreen/Poscher* Grundrechte, Rn. 1121 ff.

464 Zum Begriff s. o. Rn. 832.

465 So etwa in BVerfGE 145, 20 Rn. 121 u. 133; ausf. *Ruschemeier* Der additive Grundrechtseingriff, 2019, S. 69 f.; s. auch o. Rn. 832.

466 Anders für die Singularzulassung am BGH, aber BVerfGE 106, 216; s. a. BVerfG, NJW 2008, 1293.

Zur Vertiefung:
Breuer Freiheit des Berufs, in: HStR VIII, § 170; *Klafki* Grundrechtsschutz im Hochschulzulassungsrecht, JZ 2018, S. 541; *Kluth* Das Grundrecht der Berufsfreiheit, JURA 2001, 371; *Mann/Worthmann* Berufsfreiheit (Art. 12 GG), JuS 2013, 385; *Manssen* Berufsfreiheit bei der Berufsausübung?, BayVBl. 2001, 641; *Müller-Franken* Berufliche Ausbildung, in: HStR VIII, § 172; *Nolte/Tams* Grundfälle zu Art. 12 I GG, JuS 2006, S. 31; *Schneider* Berufsfreiheit, in: HGRe V, § 113.

XI. Die Unverletzlichkeit der Wohnung (Art. 13 GG)

! Der V-Verein hat Vereinsräume und betreibt einen daran angrenzenden Aufenthaltsraum, in welchem eine öffentlich zugängliche Teestube betrieben wird. Nach Hinweisen auf möglichen Rauschgifthandel führt die Polizei in der Teestube Personenkontrollen durch, bei denen die Ausweise mehrerer Personen überprüft und einzelne von ihnen in Gewahrsam genommen werden. V beruft sich gegen diese Maßnahmen auf den Schutz des Art. 13 GG. Zu Recht? (nach: BVerwGE 121, 345; zum Fall u. Rn. 1128)

1122 Die Besichtigung soll in den Räumen des V stattfinden. Daher könnte der Schutzbereich des Art. 13 GG tangiert sein. Dessen **Grundrechtstatbestand** nennt die **Unverletzlichkeit der Wohnung als räumlichen Schutz der Privatsphäre.** Hierzu zählen alle Räume, in welchen sich Privatheit entfalten kann, weil der Inhaber sich dahin zurückziehen („Rückzugsraum") sowie über die Zugangsmöglichkeit Dritter zu ihnen und deren Aufenthaltsmöglichkeit in ihnen disponieren kann. Nicht maßgeblich ist, dass er dort allein ist, maßgeblich ist vielmehr, dass er berechtigt ist, allein zu sein, andere zuzulassen oder ihnen den Zutritt zu verwehren. Dazu zählen die **klassische Wohnung**, ihre Nebenräume (Treppenhäuser, Keller), Hotel- und Krankenzimmer, nicht hingegen Räume, in denen sich der Inhaber unfreiwillig aufhält (Gefängniszellen) oder aber eingefriedete Grundstücke ohne Wohnbauten. Wohnung i. S. v. Art. 13 GG ist hingegen ein zugewiesenes Zimmer in einer Erstaufnahmeeinrichtung für Geflüchtete.[467]

1123 Darüber hinaus werden auch gewerblich genutzte Räume dem Grundrechtsschutz unterstellt. Ursprünglich wohl am ehesten für mit der Wohnung unmittelbar zusammenhängende Gewerberäume gedacht, werden nunmehr **auch Arbeits-, Betriebs- und Geschäftsräume einbezogen, soweit sie nicht generell der Öffentlichkeit zugänglich sind.** Auf den Zusammenhang mit einer „Wohnung" im klassischen Sinne kommt es dabei nicht mehr an. Vielmehr ist allein maßgeblich, ob der Zutritt begrenzt ist oder nicht. Natürliche Personen, die Geschäfts- oder Amtsräume nutzen, ohne selbst Geschäftsinhaber oder Dienstherr zu sein, können sich nur dann auf Art. 13 GG berufen, wenn die genutzten Räume auch als indivi-

467 VGH Mannheim, BeckRS 2022, 8043 Rn. 67 ff.

dueller Rückzugsbereich fungieren und sie deshalb der persönlichen bzw. räumlichen Privatsphäre der natürlichen Person zuzuordnen sind.[468] Soweit und solange Räume für die Allgemeinheit geöffnet sind (z. B. Geschäfte, Gaststätten), ist die Rechtslage umstritten: Teils werden sie dem Schutz des Art. 13 GG, teils hingegen demjenigen des Art. 2 I GG unterstellt.[469] Diese letztere Lösung wird nicht nur dem Zweck des Wohnungsschutzes zur Verwirklichung der Privatsphäre, sondern auch den Schrankenbestimmungen des Art. 13 II–VII GG besser gerecht.

Grundrechtsträger sind alle Menschen. Konkret geschützt ist der **Inhaber des Nutzungsrechts**, also nicht nur der Eigentümer, sondern auch der Mieter, Untermieter oder sonstige Nutzer unabhängig davon, ob er dieses (noch) berechtigt ausübt oder nicht (z. B. der gekündigte Mieter). Geschützt ist der Eigentümer allerdings nur, wenn er Nutzungsberechtigter ist und die Wohnung auch tatsächlich zu privaten Wohnzwecken selbst nutzt, so dass bloß mittelbarer Besitz nicht ausreicht.[470] Bei mehreren Nutzern sind alle grundrechtsberechtigt. Nach vorherrschender Auffassung soll dies auch für juristische Personen i. S. d. Art. 19 III GG gelten.

Soweit Räume grundrechtlich geschützt sind, ist dieser Schutz allerdings nicht ab- 1124
solut. Die weiteren Absätze des Art. 13 GG deuten an, dass unter bestimmten Voraussetzungen Beschränkungen zulässig sind. Die garantierte „Unverletzlichkeit“ gilt nur grundsätzlich und ist relativ. Das **Grundrecht untersagt also nicht jegliche staatliche Maßnahme, sondern nur solche, welche nicht durch die Schrankenbestimmungen des GG gerechtfertigt werden können.** Diese Bestimmungen sind allerdings in Art. 13 GG recht kompliziert. Welche von ihnen einschlägig sein könnte, hängt von der Qualifikation der jeweiligen staatlichen Handlung ab. Danach gilt

- für **Durchsuchungen** der Art. 13 II GG,
- für die (heimliche) Überwachung von Wohnungen mit technischen Mitteln **(Lauschangriffe)** der Art. 13 III–VI GG und
- für Eingriffe und Beschränkungen im Übrigen der Art. 13 VII GG.

Durchsuchung i. S. d. Art. 13 II GG ist das **ziel- und zweckgerichtete Suchen** 1125
staatlicher Organe nach Personen oder Sachen oder zur Ermittlung eines Sachverhalts, um etwas aufzufinden, was der Inhaber der Wohnung nicht von sich aus offenlegen oder herausgeben will.[471] Dies kann auch der Wohnungsinhaber

468 BVerfG, NJW 2018, 2395 Rn. 39; BVerfG, NJW 2021, 1452 Rn. 50.
469 Einerseits BVerfGE 97, 228, 265; andererseits BVerfG, NJW 2003, 2669.
470 BVerfG, NVwZ 2024, 571 Rn. 13.
471 BVerfGE 51, 97, 106 ff.

selbst sein, etwa, wenn er sich versteckt, um seine Abschiebung zu verhindern.[472] Die Suche muss in einer Wohnung stattfinden, demnach **setzt** die Maßnahme **das Betreten der Wohnung voraus.** Aufnahmen von außerhalb, etwa mit Hilfe von Infrarot- oder Wärmebildkameras, zählen auch dann nicht dazu, wenn sie Gegenstände sichtbar machen, welche in der Wohnung nicht unmittelbar sichtbar wären, etwa den Inhalt von Schränken. Umgekehrt reicht bloßes Betreten allein nicht aus, um die Maßnahme als Durchsuchung zu qualifizieren. Wer nur offen erkennbare Gegenstände abtransportieren will, durchsucht nicht. Indizien können etwa das Öffnen oder Wegräumen von Möbeln, das Abklopfen von Wänden oder die Einsichtnahme in Behältnisse sein. Unmaßgeblich ist demgegenüber der Zweck oder Rechtsgrund der Maßnahme: Der Anwendungsbereich des Art. 13 II GG ist insbesondere nicht auf das Strafverfahren begrenzt.

1126 Eine Durchsuchung bedarf grundsätzlich eines vorherigen richterlichen Beschlusses und muss überdies verhältnismäßig sein.[473] Der **Richtervorbehalt** soll angesichts der Schwere des Eingriffs und der Unmöglichkeit, rechtzeitigen Rechtsschutz zu erlangen, eine vorherige Berücksichtigung der Rechte der Betroffenen ermöglichen. Die Maßnahme findet regelmäßig für Betroffene überraschend statt, damit diese nicht die Möglichkeit erlangen, Gegenstände vorab zu verbergen oder zu vernichten. Der Richter muss erreichbar sein[474] und er muss die Zulässigkeit der Maßnahme prüfen und genehmigen.[475] Die vorherige richterliche Mitwirkung schließt nachträglichen Rechtsschutz Betroffener schon deshalb nicht aus, weil sie vorab kein rechtliches Gehör (Art. 103 I GG) erlangen konnten.

Ist die Einschaltung des Richters wegen besonderer Eilbedürftigkeit nicht möglich, so liegt **Gefahr im Verzug** vor. In solchen Fällen dürfen ausnahmsweise gesetzlich ermächtigte Organe (etwa die Staatsanwaltschaft und ihre polizeilichen Ermittlungspersonen, § 105 I StPO) eine Durchsuchung auch ohne richterlichen Beschluss vornehmen. Doch ist diese Regelung auf Ausnahmefälle zu begrenzen und darf – im Unterschied zur älteren Praxis – nicht der Regelfall werden.[476] Die Gefahr im Verzug ist von der Behörde im Einzelfall zu prüfen und zu dokumentieren.[477] Kann die Maßnahme auch in zwei Stunden noch durchgeführt werden, muss die Anrufung des Richters jedenfalls versucht werden.[478] Auch nach Feierabend und am Wo-

---

472 VG Hamburg, Urt. v. 15. 02. 2019 – 9 K 1669/18 –, BeckRS 2019, 4385 Rn. 30 ff.; a.A. VGH Mannheim, BeckRS 2022, 8043 Rn. 100.

473 Zum Erfordernis der Verhältnismäßigkeit s. BVerfG, NJW 2024, 575 Rn. 26.

474 BVerfGE 151, 67 Rn. 56 f.

475 Zu den Einzelheiten *Gusy* NStZ 2010, 353.

476 BVerfGE 139, 245 Rn. 70 ff.

477 BVerfGE 103, 142, 159 ff.

478 BVerfG, NJW 2005, 1637, 1639.

chenende ist ein Bereitschaftsdienst erforderlich, die Gerichte müssen mithin sicherstellen, dass Richter erreichbar sind.[479]

Die **elektronische Wohnraumüberwachung** mit Minispionen, Richtmikrofonen oder Kameras (sog. „Lausch-" oder „Spähangriff") stellt einen besonders schwerwiegenden Grundrechtseingriff dar. Dies bezieht sich nicht allein auf das Betreten der Räume, um die Geräte anzubringen und abzubauen. Vielmehr werden durch die Geräte Handlungen und Vorgänge in der Wohnung aufgezeichnet, welche einen hohen Grad an Privatheit aufweisen. Die Wohnung als Rückzugsraum und Ort der Entfaltung von Privatheit wird so in hohem Maße entprivatisiert. Darin liegt ein Eingriff nicht nur in Art. 13 GG, sondern auch in sonstige Garantien der Privatsphäre, etwa die informationelle Selbstbestimmung[480] und im Extremfall die Garantie der Menschenwürde.[481] Sofern man dies überhaupt für zulässig hält,[482] ist der **unantastbare Kernbereich der Privatsphäre** zu respektieren. Dafür und für den Schutz besonderer Vertrauensverhältnisse (Beichtgeheimnis, Strafverteidigung usw.) sind hinreichende gesetzliche und technische Vorkehrungen zu treffen. Zu Zwecken der Aufklärung begangener Straftaten ist die Maßnahme im Rahmen des Art. 13 III GG zulässig, welche die Installation technischer Mittel zur akustischen Überwachung wie Richtmikrofone oder Wanzen vorsieht (Großer Lauschangriff). Für Zwecke der Verhinderung zukünftiger Straftaten und Gefahren ist nach Art. 13 IV GG die Verwendung sowohl optischer als auch akustischer und sonstiger technischer Mittel zulässig, u.a die Verwendung einer Videokamera oder eines Bewegungsmelders (Großer Lauschangriff). Die Tatbestandsvoraussetzungen sind durch Gesetzgeber und Vollzugsbehörden strikt einzuhalten, insbesondere ist erforderlich, dass bedeutende Rechtsgüter betroffen sind und dass die Wahrscheinlichkeit eines Schadenseintritts sehr sorgfältig begründet wird.[483] Auch hier gilt ein – in Abs. 3 näher qualifizierter – **Richtervorbehalt.** Ausnahmen gelten nur im Rahmen des Art. 13 V GG, der nicht auf das Eindringen in die Wohnung, sondern vielmehr auf den Schutz eingesetzter Personen, z. B. V-Leute, abzielt (Kleiner Lauschangriff). Ein besonderes Kontrollinstrument ist die Informationspflicht der betretenden und besichtigenden Beamten gegenüber dem Hausrechtsinhaber, welche das BVerwG in den Fällen des Art. 13 VI GG annimmt.[484]

Sonstige Eingriffe und Beschränkungen i. S. d. Art. 13 VII GG sind solche, welche 1127
weder „Durchsuchungen" noch technische Überwachungsmaßnahmen darstellen. Dazu zählt namentlich das (bloße) **Betreten** der Wohnung.[485] Solche Maßnahmen

479 BVerfGE 151, 67 Rn. 56 f.

480 Dazu näher BVerfGE 65, 1.

481 Dazu o. Rn. 814.

482 Dagegen BVerfGE 109, 279, 311 ff.; s. a. *Gusy/Ziegler* Journal für Rechtspolitik 1996, 193; dafür aber mit Einschränkungen BVerfGE 109, 279, 313 ff.

483 BVerfGE 162, 1 Rn. 177 ff.

484 BVerwGE 78, 251, 255 ff.

485 Für ein bloßes Betreten der Wohnung auch im Fall der Suche nach einem Geflüchteten in dessen Zimmer in einer Erstaufnahmeeinrichtung zum Zwecke der Abschiebung VGH Mannheim, BeckRS 2022, 8043 Rn. 100 ff.

dürfen allein auf der Grundlage eines Gesetzes und nur zu einem der dort genannten Zwecke erfolgen. Auch hier sind demnach die Grundsätze über den **Vorbehalt des Gesetzes** anwendbar und zwar ungeachtet des insoweit missverständlichen Wortlauts des Art. 13 II GG auch für die beiden ersten Alternativen. Auch hier gilt also der allgemeine Satz: **Kein Grundrechtseingriff ohne Gesetz.** Die von der Eingriffsermächtigung zugelassenen Zwecke sind eng formuliert, sie gelten allein für die Bekämpfung gemeiner Gefahren, von Lebens- und bestimmten **dringenden Gefahren.** Dieses letzte Merkmal kombiniert Ausmaß und Wahrscheinlichkeit des Schadens: Je höher der drohende Schaden oder je wahrscheinlicher sein Eintritt, desto eher sind Beschränkungen aufgrund Gesetzes[486] zulässig.

Für routinemäßige Betriebsbesichtigungen oder -besuche (sog. **„Nachschau") während der Öffnungszeiten** lässt namentlich das BVerfG weitere Einschränkungen zu: Je mehr die Räume für die Aufnahme sozialer bzw. geschäftlicher Kontakte für Dritte bestimmt seien und je größer der Kontakt nach außen sei, desto schwächer werde der grundrechtliche Schutz.[487] Diese (mit Text und Systematik des Art. 13 GG eigentlich nicht vereinbare) Rechtsprechung findet ihre Grundlage in der dargestellten weiten Erstreckung des Schutzbereichs: Während der Öffnungszeiten sollen Kunden und Besucher vor typischen Gefahren – etwa durch Mängel bei der Ausübung eines Gewerbes – geschützt werden. Im Ergebnis nähern sich hier der Inhalt und Umfang des Schutzes demjenigen aus Art. 2 I GG an,[488] es läge daher näher, den Schutz auch aus diesem Grundrecht herzuleiten.[489] Sofern Räume auch privat genutzt werden, ist Art. 13 VII GG strikt anzuwenden. Bloße Auskunftspflichten über die Räume oder deren Nutzung – ohne Betreten – greifen nicht in die Unverletzlichkeit der Wohnung ein.

1128 ***Lösung zum Beispielsfall*** (o. Rn. 1122):

Die Anwendbarkeit des **Tatbestandes** des Art. 13 GG wirft mehrere Probleme auf. Der V betreibt eine öffentlich zugängliche Teestube als Teil seiner Vereinsräume. Jedenfalls wegen dieses Zusammenhangs öffentlicher und nicht öffentlicher Räume wird der sachliche Schutzbereich des Art. 13 GG für einschlägig gehalten (BVerwGE 121, 345, 348). Von der Rechtsprechung würde dies wohl auch dann angenommen, wenn alle Vereinsräume öffentlich wären. Dass der V eine juristische Person ist, soll einer Grundrechtsträgerschaft gleichfalls nicht entgegenstehen (s. o. Rn. 437 ff.). Einschlägiger **Schrankentatbestand** ist dann nicht Art. 13 II GG – durchsucht werden nicht die Räume, sondern allenfalls betroffene Personen, also nicht „Wohnungen" (BVerwGE 121, 345, 349 f.) –, sondern Art. 13 VII GG, weil zu diesem Zweck

---

486 Dazu können auch verfassungssystematisch einschränkend ausgelegte Generalklauseln zählen, sofern die sonstigen Voraussetzungen des Art. 13 GG wie auch des GG insgesamt beachtet werden. S. etwa BVerwGE 47, 31, 38 f.; *Jarass/Pieroth* GG, Art. 13 Rn. 36. (Nachw.).

487 Seit BVerfGE 32, 54, 76; s. a. BVerfGE 97, 228, 266.

488 Dazu *Stein/Frank* Staatsrecht, 21. Aufl., 2010, S. 293 f.; dahingehend auch *Kühne* in: Sachs, GG, Art. 13 Rn. 4.

489 Zur insoweit vergleichbaren Rechtsprechung des EGMR *Böhringer/Marauhn* in: Dörr/Grote/Marauhn, Konkordanzkommentar, 3. Aufl., 2022, Kap. 16 Rn. 56 ff.

die geschützten Räume betreten werden. Da dies während der Öffnungszeiten geschah, ist hier die weite Auslegung der Schrankenbestimmungen einschlägig: Es muss eine besondere gesetzliche Bestimmung zum Betreten der Räume ermächtigen, das Betreten der Räume und die Vornahme der Besichtigungen und Prüfungen müssen einem erlaubten Zweck dienen und für dessen Erreichung erforderlich sein, das Gesetz muss den Zweck des Betretens, des Gegenstands und Umfangs der zugelassenen Besichtigung und Prüfung deutlich erkennen lassen und das Betreten der Räume sowie die Vornahme der Besichtigung und Prüfung ist nur in den Zeiten gestattet, zu denen die Räume für die jeweilige geschäftliche und betriebliche Nutzung zur Verfügung stehen (BVerfGE 32, 54, 77; BVerwGE 121, 345, 352). Soweit die Hinweise auf möglichen Rauschgifthandel also hinreichend konkret waren, sind diese Voraussetzungen auch dann erfüllt, wenn die Maßnahme aufgrund generalklauselartiger gesetzlicher Grundlagen erfolgte.

Zur Vertiefung:
Ennuschat Behördliche Nachschau in Geschäftsräume und die Unverletzlichkeit der Wohnung gem. Art 13 GG, AöR 127 (2002), S. 252; *Gusy* Lauschangriff und Grundgesetz, JuS 2004, S. 457; *Krings* Der Grundrechtsberechtigte des Grundrechts aus Art. 13 GG, 2009; *Lepsius* Die Unverletzlichkeit der Wohnung bei Gefahr im Verzug, JURA 2002, S. 259; *Schneider* Kernbereich privater Lebensgestaltung, JuS 2021, S. 29; *Schoch* Die Unverletzlichkeit der Wohnung nach Art. 13 GG, JURA 2010, S. 22; *Wißmann* Grundfälle zu Art. 13 GG, JuS 2007, S. 324; 426.

XII. Eigentum (Art. 14 und 15 GG)

A bezieht Rente. Im letzten Jahr wurde die jährliche Rentenanpassung, die bislang laut Gesetz zum 30.6. jeden Jahres stattfand, um sechs Monate verschoben. Zugleich wurde die Erhöhung von 5 % nach dem alten Bemessungsmaßstab auf 4 % gekürzt. Ist dies mit der grundgesetzlichen Eigentumsgarantie vereinbar? (nach: BVerfGE 64, 87; zum Fall Rn. 1141 f. u. 1146). **!**

Das **Eigentum** ist kein natürliches Phänomen; es entsteht vielmehr erst durch das 1129
Recht und bedarf somit notwendig gesetzlicher Ausformung: **Ohne Gesetz kein Eigentum.** Den entsprechenden Verfassungsauftrag zur Ausgestaltung des Eigentums enthält Art. 14 I 2 GG. Dadurch unterscheidet sich Art. 14 I GG von anderen Freiheitsgarantien des Grundgesetzes: Das Eigentum ist dem Gesetzgeber nicht einfach vorgegeben, sondern aufgegeben. Ähnliche Ansätze finden sich insbesondere noch in Art. 6 I GG für die „Ehe“ und in Art. 9 I GG für „Vereine“. Wie der Gesetzgeber das Eigentum ausgestaltet, steht ihm grundsätzlich zunächst frei: Er kann selbst abgrenzen, was zum Eigentum zählen soll und was nicht. Ob etwa das Grundwasser zum Bodeneigentum zählt oder aber der Allgemeinheit zusteht, kann gesetzlich geregelt werden.[490] Ob im Unternehmen der Unternehmer allein bestimmt oder das Unternehmen der Mitbestimmung unterliegt, kann der Gesetzge-

490 BVerfGE 58, 300, 330 ff.

ber ebenso ausgestalten.[491] Die verfassungsrechtliche Garantie des Eigentums in Art. 14 I GG enthält daher eine Vielzahl normativer Spannungslagen:

- Wie kann das Grundrecht aus Art. 14 I 1 GG gem. Art. 1 III GG den Gesetzgeber binden, wenn der Inhalt des Eigentums gem. Art. 14 I 2 GG erst vom Gesetzgeber bestimmt wird?
- Was bleibt von dem Recht des Gesetzgebers zur Schrankenbestimmung nach Art. 14 I 2 GG, wenn die Legislative auch den Inhalt des Eigentums bestimmen kann?
- Wie sollen Inhalts- und Schrankenbestimmung (Art. 14 I 2 GG) und Enteignung durch Gesetz (Art. 14 III 2 GG) abgegrenzt werden?
- Was ist gem. Art. 19 II GG der gesetzesfeste „Wesensgehalt" des Art. 14 I 1 GG, wenn der Gesetzgeber den Inhalt des Rechts erst bestimmt?

1130 Das Ergebnis der gesetzlichen Ausgestaltung ist dann das Eigentum: **Eigentum ist die Summe aller vermögenswerten subjektiven Privatrechte.**[492] Dazu können absolute Rechte, etwa das Eigentum iSd BGB, daneben aber auch sonstige dingliche Rechte an beweglichen und unbeweglichen Sachen, sowie relative Rechte, etwa geldwerte Forderungen gegen Dritte, zählen. Eigentum ist nicht das Vermögen, insbesondere nicht der wirtschaftliche Wert solcher Rechte, sondern nur deren Bestand. Eigentum ist eine **Rechtsgarantie, keine Wertgarantie.** Eigentum schützt somit weder gegen Geldentwertung noch gegen Wechselkursänderungen. Was den Wert einer Sache ausmacht, ist nicht garantiert. Nicht zum Eigentum zählen andere als vermögenswerte Privatrechte, namentlich Persönlichkeitsrechte wie der gute Ruf oder die persönliche Ehre. Umstritten ist, ob der **eingerichtete und ausgeübte Gewerbebetrieb**, d. h. die Gesamtheit eines Unternehmens über die einzelnen Vermögensgüter hinaus von Art. 14 GG geschützt ist. Während BGH[493] und BVerwG[494] einen derartigen Schutz tendenziell bejahen, lässt das BVerfG[495] einen Schutz des Unternehmens selbst regelmäßig offen bzw. verneint ihn, da Faktoren wie Geschäftsverbindungen, Lage und Kundenstamm den künftigen Erwerbschancen zuzurechnen seien. Zusammenfassend lässt sich sagen: Art. 14 GG schützt das Erworbene, Art. 12 I GG den Erwerb, also die Betätigung selbst.[496]

1131 Nicht in den Schutzbereich von Art. 14 GG fallen **vermögenswerte öffentliche Rechte** der Menschen. Solche Ansprüche gegen den Staat sind regelmäßig sozialstaatliche Leistungen, welche durch Gesetz begründet sind. Sie sind Konsequenz

---

491 BVerfGE 50, 290, 339 f.

492 Überblick bei *Papier* DVBl. 2000, 1398; *Papier/Shirvani* in: DHS, GG, Art. 14 Rn. 160 ff; *Manssen* Staatsrecht II, Rn. 750.

493 BGHZ 187, 177 Rn. 14.

494 BVerwGE 143, 249 Rn. 35.

495 BVerfGE 96, 375, 397; 105, 252, 278; 143, 246 Rn. 240.

496 BVerfGE 88, 366, 377; 126, 112, 135 f.

sozialstaatlicher Politik und insoweit grundsätzlich nicht eigentumsfähig. Eine Ausnahme davon wird lediglich gemacht, sofern **subjektive öffentliche Rechte durch eigene Leistungen des Bürgers erworben worden sind**[497] und der Existenzsicherung dienen. Dazu zählen insbesondere sozialversicherungsrechtliche Ansprüche auf Altersrenten, Krankenversorgung oder die Arbeitslosenversicherung. Sie sind staatlich angeordnete Surrogate individueller Vorsorge (also etwa eigener Sparrücklagen für Notfälle) und genießen insoweit einen vergleichbaren Schutz: Der rechtliche Regimewechsel (öffentlich-rechtliche Versicherung statt privatrechtlicher Sparanstrengungen) bleibt so unter dem Aspekt der Eigentumsgarantie unschädlich. Nicht hierzu zählen Versorgungsansprüche aus der Sozialhilfe oder die Beamtenbezüge (vgl. dazu Art. 33 V GG).

Der Eigentumsbegriff des Grundgesetzes ist somit einerseits enger, andererseits aber auch weiter als derjenige des § 903 BGB. Zum verfassungsrechtlichen Eigentum zählt das ausgestaltete Eigentum nach Maßgabe der Gesamtrechtsordnung, also mit allen rechtlichen Bindungen und Lasten, insbesondere denjenigen des öffentlichen Rechts.

Art. 14 GG garantiert dem Eigentümer: 1132
- das **Nutzungsrecht** an seinem Eigentum: Er darf sein Haus bewohnen, sein Grundstück verpachten oder sein Unternehmen betreiben.
- das **Verfügungsrecht** an seinem Eigentum: Er darf es verkaufen, verschenken, vererben.[498]

Ist das Eigentum gesetzlich konstituiert, so lässt Art. 14 GG mehrere **Eingriffsmöglichkeiten** zu: 1133
- die entschädigungslose **Schrankenziehung** (Art. 14 I 2 GG),
- die **Enteignung** gegen Entschädigung (Art. 14 III GG),
- die **Sozialisierung** gegen Entschädigung (Art. 15 GG) (nur bei Grund und Boden, Naturschätzen und Produktionsmitteln zulässig)

Die Zulässigkeit von Inhalts- und Schrankenbestimmungen unterliegt dem Übermaßverbot. Demnach setzen sie voraus, dass: 1134
- **das beeinträchtigte Recht Gegenstand der Eigentumsgarantie ist.** Der Entzug subjektiver öffentlicher Rechte ist demnach insbesondere zulässig, sofern die Leistung, welche der Bürger erbracht hat, durch seine Vorteile aus dem subjektiven öffentlichen Recht verbraucht ist. Hat der Bürger einen Anspruch

497 BVerfGE 64, 87, 97; 69, 272; 100, 1, 32 f.; BVerfG, DVBl. 2007, 1228.
498 Zur gleichfalls in Art. 14 GG verbürgten Erbrechtsgarantie BVerfGE 19, 202; 67, 329; 99, 341, 112, 332.

auf befristete Versicherungsleistung (etwa aus der Arbeitslosenversicherung) erworben und ist die Frist abgelaufen, so erlischt der Versicherungsanspruch ohne Eigentumsbeeinträchtigung.

- **ein legitimes öffentliches Interesse die Beschränkung fordert.** Hieraus ergibt sich eine Differenzierung: **Persönliches Eigentum** ist solches, das der Eigentümer nur selbst nutzt oder verbraucht (Kleidung, eigene Wohnung). Es hat keinen Bezug zu den Rechten Dritter. Daher ist ein Eingriff regelmäßig unzulässig, da insoweit keine legitimen öffentlichen Interessen bestehen. **Eigentum im öffentlichen Bereich** (Unternehmen, wirtschaftlich genutzte Grundstücke) ragt in den öffentlichen Bereich und damit in die Rechte Dritter hinein. Es ist grundsätzlich im legitimen öffentlichen Interesse einschränkbar.[499]
- **der Eingriff geeignet, erforderlich und angemessen ist.** Das Eigentumsgrundrecht kann durch Gesetz eingeschränkt werden. Das gilt allerdings nur, soweit das Gesetz formell und materiell verfassungsmäßig ist. Der Gesetzgeber muss sowohl die Bedeutung des vermögenswerten Gutes oder Rechts für den Eigentümer als auch die Sozialbindung des Eigentums berücksichtigen.[500] Eigentumsbeschränkende Gesetze, die diese Anforderungen nicht erfüllen, sind verfassungswidrig.

1135 Ein Gesetz kann nur so lange das Eigentum und dessen Sozialbindung konkretisieren, wie es keine Enteignung darstellt. Da letztere nur gegen Entschädigung, Inhalts- und Schrankenbestimmungen aber entschädigungslos zulässig sind, ist hier die Abgrenzung zwischen beiden Formen entscheidend.

Doch sind die maßgeblichen Abgrenzungskriterien umstritten. Insbesondere hat sich der **„klassische Enteignungsbegriff"** in der Vergangenheit weitgehend aufgelöst. Er stellte auf drei Merkmale ab: Den Eingriff in ein Eigentumsrecht, die dadurch bewirkte Entziehung eines Eigentumsgegenstandes und dessen Übertragung auf ein anderes Rechtssubjekt im Interesse eines öffentlichen Zwecks.

Die vielfach vertretene **Einzelaktslehre** des BGH[501] stellt für den Enteignungsbegriff darauf ab, ob die Maßnahme den Eigentümer als Einzelnen oder aber lediglich als Teil aller Eigentümer betrifft. Im Zweifel soll es darauf ankommen, ob die Maßnahme den Eigentümer ungleich trifft oder nicht. Das Problem dieser Lehre besteht darin, dass eine Enteignung, die nach Art. 14 III GG zulässig sein soll, praktisch stets gegen Art. 3 I GG[502] und bei Enteignungen

---

499 Grundlegend *Suhr* Eigentumsinstitut und Aktieneigentum, 1966; *Rittstieg* Eigentum als Verfassungsproblem, 2. Aufl., 1976, S. 313 ff.

500 Vgl. etwa BVerfG, NJW 2019, 3054 Rn. 69 ff. zur Mietpreisbremse.

501 Seit BGHZ 6, 270. Darstellung bei *Ossenbühl/Cornils* Staatshaftungsrecht, 6. Aufl., 2013, S. 192 ff.; 200 ff.

502 Dazu u. Rn. 1181 ff.

durch Gesetz auch gegen Art. 19 I 1 GG verstoßen würde. Sie wäre daher stets unzulässig; zulässige Enteignungen würde es gar nicht geben.

Die alternativ dazu vertretene **Schwerelehre**[503] stellt auf die Intensität ab, mit welcher der Eingriff den Eigentümer trifft. Ist der Eingriff „schwer" und „unerträglich", so soll eine Enteignung, andernfalls eine Sozialbindung vorliegen. Was „schwer" oder „unerträglich" ist, lässt sich jedoch kaum exakt ermitteln. Es gibt mehrere Formen schwerwiegender Eigentumsbeeinträchtigungen, die stets als Sozialbindung bezeichnet wurden (etwa: Tötung des tollwütigen Hundes;[504] Abfahren ölverseuchten Erdreichs[505]). Zudem ist eine „unerträgliche" Enteignung keineswegs unzulässig, sondern zulässig, aber eben nur gegen Entschädigung. Unerträglich wäre also nicht der Eingriff, sondern das Fehlen der Entschädigung. Hier wird von der Rechtsfolge auf den Tatbestand geschlossen.

Das **BVerfG** hat sich weder zum einen noch zum anderen Kriterium bekannt. Nach seiner Auffassung legen **Schrankenbestimmungen** (Art. 14 I 2 GG) „generell und abstrakt die Rechte und Pflichten des Eigentümers fest". Umgekehrt bedeutet **Enteignung,** „durch Gesetz einem bestimmten oder bestimmbaren Personenkreis konkrete Eigentumsrechte zu entziehen"[506]. Danach sind beide Institute etwa anhand folgender Kriterien abzugrenzen: 1136

- Die idealtypische **Inhalts- und Schrankenbestimmung** erfüllt drei Kriterien: Sie ist **abstrakt** (= auf eine Vielzahl von Sachverhalten bezogen), **generell** (= auf eine Vielzahl von Personen bezogen) und eine **Beschränkung** vorhandener Eigentumsrechte.
- Die idealtypische **Enteignung** ist **konkret** (= einzelfallbezogen), **individuell** (auf eine oder wenige Personen bezogen) und stellt eine **Entziehung** vorhandener Eigentumsrechte dar.

Manche sich daraus ergebenden Einzelfragen sind nach wie vor umstritten.[507] Die Entziehung privaten Eigentums und seine Übertragung auf den Staat ist stets Enteignung (sog. „klassischer Enteignungsbegriff"). Das gilt auch für die Belastung des Eigentums mit dinglichen Rechten zugunsten des Staates.[508] Mieterschutz ist umgekehrt stets Inhalts- und Schrankenbestimmung; ist er übermäßig, so wird die Maßnahme nicht zur Enteignung, sondern zum rechtswidrigen Eingriff[509]. Weitere Beispiele für Inhalts- und Schrankenbestimmungen sind die Befristung

503 Seit BVerwGE 5, 143. S. a. BVerwGE 19, 94; 32, 173; BGHZ 57, 359, 365; *Ossenbühl* Staatshaftungsrecht, 6. Aufl., 2013, S. 193 ff.

504 Dazu BVerfGE 20, 351, 359; BVerfG, BayVBl. 1990, 276.

505 Dazu BVerfG, NVwZ 2001, 65; s. a. BVerfGE 102, 1.

506 BVerfGE 58, 300, 330 f.; s. a. BVerfGE 52, 1, 27, 72; 66, 76.

507 S. dazu *Böhmer* Der Staat 1985, 157; *ders.* NJW 1988, 2561; *Maurer* FS Dürig, 1990, S. 293; *Schmidt-Aßmann* JuS 1986, 833; *Schmitt-Kammler* FS E. Wolf, 1984, S. 595; *ders.* FS 600 Jahre Universität Köln, 1988, S. 821.

508 Dazu BVerfGE 45, 297, 338; 56, 249, 260; zur Flurbereinigung BVerfGE 74, 264, 283.

509 BVerfGE 37, 132.

der Laufzeiten von Kernkraftwerken,[510] die Verpflichtung zur Ablieferung von Pflichtexemplaren von Druckwerken an Bibliotheken[511] sowie gesetzliche Vorgaben zur Bebaubarkeit von Grundstücken. Doch bleiben Problemfälle: Die schon erwähnte Entziehung störenden Eigentums (Tötung des tollwütigen Hundes u. a.) ist unzweifelhaft Inhalts- und Schrankenbestimmung, ohne dass sich dies mit den genannten Formeln aber begründen lässt. Hier könnte der Grund der jeweiligen Maßnahme Bedeutung erlangen, wenn man so formulieren würde: Inhalts- und Schrankenbestimmungen sind Eingriffe aus Gründen, die in dem Eigentumsrecht oder der Wirkung des Eigentumsgegenstandes auf seine Umwelt begründet sind. Enteignungen sind Eingriffe, die aus Anforderungen der Umwelt an das Eigentum begründet sind. Im Ergebnis findet sich jedenfalls beim BVerfG eine gewisse Rückkehr zum klassischen Enteignungsbegriff.

1137 **Zulässigkeitsvoraussetzungen der Enteignung** nach Art. 14 III 2 GG sind:

- **Gesetzliche Ermächtigung:** Die Enteignung kann gem. Art. 14 III 2 GG unmittelbar durch Gesetz[512] oder aufgrund Gesetzes durch die Exekutive geschehen.
- Maßnahme „zum **Wohl der Allgemeinheit**“: Dies verlangt nicht, dass die Enteignung stets zugunsten des Staates erfolgt. Sie kann auch zugunsten Privater, die eine staatliche Aufgabe nach Maßgabe des öffentlichen Rechts wahrnehmen, zulässig sein.[513]
- **Entschädigungsregelung im Gesetz:** Das Gesetz muss selbst die Entschädigung regeln.[514] Die Entschädigung muss „angemessen“ sein (Art. 14 III 3 GG). Dabei sind die öffentlichen Belange gegen die privaten Interessen abzuwägen. Höchstgrenze – und keineswegs stets notwendiger Entschädigungssatz – ist der Marktwert; eine „symbolische Entschädigung“ ist unzulässig.
- Der **Rechtsweg** ist gem. Art. 14 III 4 GG zu den **ordentlichen Gerichten** eröffnet. Auch verbindliche behördliche Vorentscheidungen wie ein Planfeststellungsbeschluss mit enteignungsrechtlicher Vorwirkung müssen gerichtlich am Maßstab des Art. 14 III GG überprüfbar sein.[515]

1138 Das Gesetzesrecht geht über die Entschädigungspflichten des Art. 14 III GG dem Grunde wie der Höhe nach oft hinaus. Solche Regelungen genießen keinen Verfassungsrang.

1139 Neben Enteignungen und Inhalts- und Schrankenbestimmungen sind Eingriffe in Art. 14 GG in Form von **Realakten** möglich. Insoweit können sich staatshaftungsrechtliche Entschädigungsansprüche ergeben. Konkret gilt dies für enteignende und enteignungsgleiche Eingriffe. Ein **enteignender Eingriff** liegt vor, wenn

510 BVerfGE 143, 246 Rn. 14 ff.

511 BVerfGE 58, 137, 144 f.

512 Einschränkend BVerfG NJW 1997, 383, 385.

513 Dazu näher BVerfGE 66, 248, 257; 74, 264, 287 ff.

514 Zum Problem der „salvatorischen Klausel“ BVerwGE 94, 1, 5 ff.; BGHZ 21, 379, 381; zur Entschädigung s. auch *Hermann/Schott* NJW 2023, 3041 ff.

515 BVerfG, NVwZ-RR 2021, 873 Rn. 17 ff.

durch rechtmäßiges Verwaltungshandeln in nicht vorhersehbarer Weise, d. h. als bloße Nebenfolge in eine von Art. 14 GG geschützte Rechtsposition eingegriffen wird. Beim **enteignungsgleichen Eingriff** hingegen muss ein rechtswidriger staatlicher Realakt vorliegen, der in von Art. 14 GG geschützte Rechtspositionen eingreift. Weiterhin muss sowohl bei enteignenden als auch beim enteignungsgleichen Eingriff der Eingriff **unmittelbar** sein und dem Betroffenen ein **Sonderopfer** abverlangen. Unmittelbarkeit liegt vor, wenn sich die besondere Gefahr verwirklicht, die bereits in der hoheitlichen Maßnahme selbst angelegt ist.[516] Ein Sonderopfer ist gegeben, wenn die Nachteile für den Betroffenen die Schwelle des enteignungsrechtlich Zumutbaren überschreite, weil der Zugriff ihn zu einem besonderen, anderen nicht zugemuteten Opfer für die Allgemeinheit zwingt.[517] Sowohl der enteignende als auch der enteignungsgleiche Eingriff beruht damit auf dem in §§ 74, 75 Einl. PrALR verankerten und gewohnheitsrechtlich anerkannten Gedanken der **Aufopferung.**[518]

Beispiele für einen enteignenden Eingriff sind die Verursachung eines Waldbrands durch rechtmäßig angeordnete Schießübungen der Bundeswehr[519] oder die Beschädigung von Gegenständen durch einen rechtmäßig durchgeführten Polizeieinsatz.[520] Beispiele für einen enteignungsgleichen Eingriff sind unsachgemäß durchgeführte Straßenbauarbeiten[521] oder der Abriss eines Hauses ohne gesetzliche Grundlage.[522]

Zu den sonstigen Eingriffen in das Eigentum zählt auch die in Art. 15 GG vorgesehene **Vergesellschaftung**, die sich nur auf Grund und Boden, Naturschätze und Produktionsmittel beziehen darf. Produktionsmittel sind alle Wirtschaftsunternehmen, unabhängig davon, ob sie in der Produktion tätig sind oder Dienstleistungen erbringen.[523] Auch Wohnungsunternehmen fallen demnach darunter, in Bezug auf die eine Vergesellschaftung jüngst – wie durch den Volksentscheid in Berlin im Jahr 2021 – immer wieder ins Spiel gebracht wurde.[524]

Im Zuge der **Corona-Pandemie** wurden die Ansprüche aus enteignendem und enteignungsgleichem Eingriff als mögliche Anspruchsgrundlagen für Entschädigungen in Folge von Betriebs- und Geschäftsschließungen thematisiert. Von der Rechtsprechung werden derartige Ansprüche bislang verneint, da schon kein Ein- **1140**

516 BGHZ 131, 163, 166; 100, 335, 339.
517 BGHZ 197, 43 Rn. 8; *Jarass* in: Jarass/Pieroth, GG, Art. 14 Rn. 57.
518 BGHZ 91, 20, 27 f.; *Hendler* DVBl. 1983, 873, 881.
519 BGHZ 37, 44.
520 Vgl. BGHZ 197, 43 Rn. 8 ff.
521 BGH MDR 194, 656, 657.
522 BGHZ 13, 88.
523 *Jarass*, in: Jarass/Pieroth, GG, Art. 15 Rn. 2.
524 S. dazu *Dersarkissian* DÖV 2024, 473 ff.; *Kloepfer/Jessen* NVwZ 2023, 1222.

griff in Art. 14 GG vorliege.[525] Außerdem würden etwaige Ansprüche aus enteignendem bzw. enteignungsgleichem Eingriff durch spezialgesetzliche Ausprägungen der beiden Rechtsinstitute verdrängt.[526] Die Verneinung eines Eingriffs in Art. 14 GG in derartigen Konstellationen überzeugt indes nicht, da sich eine behördliche Betriebsschließung unmittelbar auf die Eigentumsposition des Gewerbetreibenden auswirkt.[527] Problematisch ist demgegenüber das Vorliegen eines Sonderopfers, da sämtliche Betriebe einer Branche gleichermaßen von den Schließungen betroffen waren und daher keine Rede davon sein kann, dass ein bestimmter Betrieb besonders stark betroffen war. Es kann auch nicht argumentiert werden, dass bestimmte Branchen im Verhältnis zu anderen, vergleichbaren Branchen besonders stark betroffen waren, da der Begriff des Sonderopfers ein besonderes, anderen nicht zugemutetes Opfer für die Allgemeinheit verlangt.[528]

! Wie beurteilt sich eigentumsrechtlich der **Beispielsfall** (s. o. Rn. 1129)?

1141 Im Beispiel ist in die Rentenansprüche des A nicht eingegriffen worden, sondern lediglich in die **Höhe der Rentenerwartung**, die sich aus dem Vorliegen gesetzlicher Regelungen ergab.

> „Die Beschränkung der Eigentumsgarantie auf den einmal bewilligten Rentenbetrag könnte daher den für die Versicherungsrente verbürgten Schutz nach Art. 14 GG in kurzer Zeit leerlaufen lassen […]. Auf der anderen Seite ist zu beachten, dass jede Anpassung von Bestandsrenten eines besonderen Gesetzes bedarf. Demgemäß kann die Anpassung, die nahezu 20 Jahre hindurch der Veränderung der allgemeinen Bemessungsgrundlage folgte, nicht schon in ihrer 1959 ausgeübten Form durch Art. 14 Abs. 1 S. 1 GG geschützt sein. […] Auch wenn unterstellt wird, dass die Rentenanpassung von der Eigentumsgarantie der Versichertenrente und der Rentenanwartschaft mit umfasst wird, hat sich der Gesetzgeber mit den angegriffenen Normen jedenfalls im Rahmen seiner aus Art. 14 Abs. 1 S. 2 GG folgenden Befugnis gehalten, Inhalt und Schranken des Eigentums zu bestimmen. Das gilt sowohl hinsichtlich der Modalität der Anpassung als auch hinsichtlich ihres Zeitpunkts.“ (BVerfGE 64, 87, 97 f.).

1142 Die Ausführungen legen den Schluss nahe, dass zwar der Rentenanspruch, nicht aber die Rentenhöhe der Eigentumsgarantie unterliegen soll. Dies entspricht auch der Differenzierung von Rechts- und Wertgarantie.

> „[…] Die Befugnis des Gesetzgebers zur Inhalts- und Schrankenbestimmung ist […] weiter, je mehr das Eigentumsobjekt in einem sozialen Bezug und einer sozialen Funktion steht. Dem

525 Vgl. LG Heilbronn, NVwZ 2020, 975 Rn. 22.
526 LG Heilbronn, NVwZ 2020, 975 Rn. 22.
527 So auch *Eibenstein* NVwZ 2020, 930, 934; *Giesberts/Gayger/Weyand* NVwZ 2020, 417, 421.
528 BGHZ 197, 43 Rn. 8.

entspricht es, dass Eigentumsbindungen stets verhältnismäßig sein müssen […]. Solchen Anforderungen genügt die vom Gesetzgeber vorgenommene Ausgestaltung der Rentenanpassung nach Modalitäten und Zeit. Dabei ist davon auszugehen, dass die angegriffenen Vorschriften […] die Erwartungen der Rentner auf die Steigerung ihrer Rente nicht unerheblich enttäuscht haben […] Dies bedeutet indessen nicht, dass die Anpassung […] die Funktion der Renten „als Element der Sicherung der Freiheit des Einzelnen" so ernsthaft berührt hätte, dass sich daraus verfassungsrechtliche Bedenken ergeben konnten […]. Die Ausgestaltung der Anpassung durch die angegriffenen Normen steht auch in einem angemessenen Verhältnis zu dem mit ihr verfolgten Zweck. Zeitlich […] war es das Ziel […], dem […] aufgetretenen Defizit in der gesetzlichen Rentenversicherung entgegenzuwirken." (BVerfGE 64, 87, 101, 102, 103).

Neben der Eigentumsgarantie thematisiert das Bundesverfassungsgericht den Grundsatz des **Vertrauensschutzes.** Dieser soll nach überkommener Rechtsprechung aus dem Rechtsstaatsprinzip folgen, für die Eigentumsgarantie allerdings aus Art. 14 GG unmittelbar abgeleitet werden[529]. Die letzte Variante ist die überzeugende, zumal schon zuvor der Vertrauensschutz als Schutzprinzip des Bürgers vor dem Staat anerkannt wurde und somit sein Umfang an dem Anwendungsbereich der Grundrechte orientiert blieb, nicht hingegen allgemein das Rechtsstaatsprinzip konkretisiert. Richtigerweise ist demnach **Vertrauensschutz als Element aller Grundrechte** anzusehen. 1143

Das Vertrauensschutzprinzip gebietet, dass **schutzwürdiges Vertrauen nicht verletzt werden darf**[530]. Was einmal als rechtmäßig anerkannt worden ist, darf später nicht mehr rückwirkend ohne besondere Kautelen als rechtswidrig bewertet werden. Daraus folgt insbesondere: 1144

– das **Rückwirkungsverbot:** Gesetze dürfen grundsätzlich nicht **mit Wirkung für die Vergangenheit** rückwirkend gelten.[531] Für das Strafrecht ist dieser Grundsatz sogar ohne Ausnahme garantiert (Art. 103 II GG).[532] Rückwirkung liegt vor, wenn ein Gesetz einen Sachverhalt erfasst, der im Zeitpunkt seines Erlasses abgeschlossen war. Sie ist nur zulässig, wenn das in der Vergangenheit begründete Vertrauen nicht geschützt war. Dies ist zunächst der Fall, wenn der Betroffene **nicht vertraut hat**, indem er ein Recht nicht ausübte oder einen Eigentumsgegenstand nicht nutzte. Rückwirkung ist ferner zulässig, wenn das **Vertrauen nicht schutzwürdig** war. Hier haben sich mehrere Fallgruppen herausgebildet: Verfassungswidriges Recht darf rückwirkend durch verfas-

529 Für Herleitung aus dem Rechtsstaatsprinzip BVerfGE 25, 269, 289 f.; für Begründung aus Art. 14 GG BVerfGE 64, 87, 104 f.; für Herleitung aus den Grundrechten allgemein *Schmidt* JuS 1983, 529.

530 Näher hierzu *Bauer* NVwZ 1984, 220; *Jekewitz* NJW 1990, 3114; *Pieroth* JZ 1984, 971.

531 Hierzu BVerfGE 11, 139; 88, 384; 95, 64; 101, 239; 123, 186; ausf. zum Rückwirkungsverbot im Strafrecht auch BVerfGE 166, 359 Rn. 143 ff

532 Dazu BVerfGE 25, 269; 81, 132; 95, 96; 105, 135.

sungsgemäßes Recht ersetzt werden. Unklares Recht darf rückwirkend durch klares Recht ersetzt werden. Und Rückwirkung ist zulässig, wenn die Betroffenen mit rückwirkenden Rechtsänderungen rechnen mussten.

- Das **Vertrauensschutzprinzip:**[533] Eine in der Vergangenheit anerkannte Rechtsposition darf **mit Wirkung für die Zukunft** nicht aufgehoben werden, sofern der Betroffene ein schutzwürdiges Vertrauen auf deren Fortbestand hatte. Dies gilt insbesondere, wenn Betroffene einen **besonderen Vertrauenstatbestand** (Zusage, Vertrag) innehaben. Das allgemeine Vertrauen auf die Stabilität der Rechtsordnung ist nicht geschützt.

1145 Leitsatzhaft lässt sich formulieren:

- Ein Eingriff mit Rückwirkung ist grundsätzlich unzulässig, sofern nicht besondere Gründe die Rückwirkung rechtfertigen.[534]
- Ein Eingriff ohne Rückwirkung ist grundsätzlich zulässig, sofern nicht besondere Gründe entgegenstehen.

1146 **Vertrauensschutz ist grundsätzlich Bestandsschutz.** Im Sonderfall des Art. 14 III 2 GG sind allerdings Eingriffsmöglichkeiten vorgesehen, durch welche sich der Vertrauensschutz in einen Vermögensschutz verdünnt, sofern die besonderen Eingriffsvoraussetzungen vorliegen. Die genannten Grundsätze sind von älteren Lehren zur „echten“ oder „unechten“, „retroaktiven“ und „retrospektiven“ Rückwirkung partiell verdunkelt worden.

! Welche Bedeutung kommt dem Grundsatz des Vertrauensschutzes für den **Beispielsfall** (Rn. 1129) zu?

„Der rechtsstaatliche Grundsatz des Vertrauensschutzes hat für vermögenswerte Güter im Eigentumsgrundrecht eine eigene Ausprägung und verfassungsrechtliche Ordnung erfahren [...]. Soweit Rentner darauf vertraut haben, die Anpassung ihrer Bestandsrenten werde sich stets nach Maßgabe der allgemeinen Bemessungsgrundlage [...] vollziehen, konnte sich dieses Vertrauen nicht auf die bestehende Gesetzeslage gründen [...] Anders ist es allerdings mit dem Zeitpunkt der Anpassung. Die Festlegung des Zeitpunktes künftiger Anpassung [...] konnte eine Erwartung der Rentner auf Anpassungen zu dem gesetzlich vorgesehenen Zeitpunkt rechtfertigen. Unbeschadet solcher gesetzlicher Festlegungen mag bei vielen Rentnern die Erwartung geweckt worden sein, die Renten würden auch künftig wie 20 Jahre hindurch alljährlich nach der jeweiligen Veränderung der allgemeinen Bemessungsgrundlage angepasst werden [...]. Indessen treten mit dem Ende einer lang andauernden Periode wirtschaftlichen Aufschwungs die gesetzlichen Vorschriften, die für Zeiten der wirtschaftlichen Abschwächung geschaffen worden sind, wieder in den Vordergrund. Berücksichtigt man das, so kommt dem

533 Dazu BVerfGE 72, 9; 114, 258; 116, 96.

534 S. dazu BVerfGE 156, 354 Rn. 137 ff.

Vertrauen des Einzelnen auf die stets unveränderte Fortgeltung einer gesetzlichen Regelung – was den Zeitpunkt und die Höhe der Anpassung betrifft – bei der gebotenen Abwägung keine erhebliche Bedeutung zu." (BVerfGE 64, 87, 104, 105).

Zur Vertiefung:
Zur Eigentumsgarantie:
Badura HVerfR, § 12; *Beaucamp* Der Einfluss der Eigentumsfreiheit des Art. 14 GG auf das öffentliche Baurecht, JA 2018, S. 487; *Berkemann* Der Atomausstieg und das Bundesverfassungsgericht, DVBl 2017, S. 793; *Brenner* Entschädigungsansprüche von Hotels und Gaststätten im Angesicht von COVID-19?, DÖV 2020, S. 660; *v. Brünneck* Die Eigentumsgarantie des Grundgesetzes, 1984; *Depenheuer* Eigentum, in: HGRe V, § 111; *Eibenstein* Zur Entschädigung von durch Schließungsanordnung betroffenen Gewerbetreibenden, NVwZ 2020, S. 930; *Dersarkissian* Vergesellschaftung und Verhältnismäßigkeit, DÖV 2024, S. 473; *Froese* Mietpreisbegrenzung im Lichte des Verfassungsrechts, ZG 2020, S. 336; *Harke* Eigentum und Erbrecht, Der Staat 59 (2020), S. 397; *Herrmann/Schott* Grundlage und Umfang der Enteignungsentschädigung, NJW 2023, S. 3041; *Jasper* Von Inhalten, Schranken und wichtigen Weichenstellungen: Die Eigentumsgarantie des Art. 14 GG in der allgemeinen Grundrechte-Eingriffs-Dogmatik, DÖV 2014, S. 872; *Jochum/Durner* Grundfälle zu Art. 14 GG, JuS 2005, S. 220, 320 u. 412; *Kingreen* Die Eigentumsgarantie (Art. 14 GG), JURA 2016, S. 390; *Kreuter-Kirchhof* Verfassungsmäßigkeit von Mietpreisbremse und Mietendeckel?, DÖV 2021, S. 103; *Kloepfer/Jessen* Die Vergesellschaftung von Wohnungsunternehmen und Verfassungsrecht, NVwZ 2023, S. 1222; *Landwehr* Art. 15 GG in der Sozialen Marktwirtschaft, 2024; *Lege* Das Eigentumsrecht aus Art. 14 GG, JURA 2011, S. 507 u. 826; *Leisner* Eigentum, in: HStR VIII, § 173; *ders.* Erbrecht, in: HStR VIII, § 174; *Michl* „Datenbesitz" – ein grundrechtliches Schutzgut, NJW 2019, S. 2729; *ders.* Grundrechtlicher Eigentumsschutz in Deutschland und Europa, JuS 2019, S. 343 u. 431; *Ogorek* Eigentum und Gemeinwohl, DÖV 2018, S. 465; *Schoch* Die Eigentumsgarantie des Art. 14 GG, JURA 1989, 113; *Shirvani* Eigentumsschutz und Grundrechtskollision, DÖV 2014, S. 173; *Thiel*, Art. 15 GG – obsolet?, DÖV 2019, S. 497; *Wendt* Eigentum und Gesetzgebung, 1985.

Zum Vertrauensschutz:
Maurer Kontinuitätsgewähr und Vertrauensschutz, in: HStR IV, § 79. *Voßkuhle/Kaufhold* Vertrauensschutz, JuS 2011, S. 794.

XIII. Schutz vor Ausbürgerung und Auslieferung, Asylrecht (Art. 16, 16a GG)

1. Schutz vor Ausbürgerung und Auslieferung (Art. 16 GG)

A hat bei seiner Einbürgerung in Deutschland falsche Angaben gemacht, aufgrund derer er die deutsche Staatsangehörigkeit erlangt hat. Darf diese nachträglich entzogen werden, wenn A keine andere Nationalität besitzt? (nach: BVerfGE 116, 24, 69; s. dazu Rn. 1149) !

Die deutsche Staatsangehörigkeit ist in Art. 16 I GG geschützt. Dieser verbietet die 1147
„Entziehung", lässt aber den **„Verlust" der Staatsangehörigkeit** zu. Beide Maß-

nahmen können nicht danach unterschieden werden, ob sie durch Gesetz oder durch die Exekutive vorgenommen werden. Denn auch der „Verlust auf Antrag" (Entlassung) wird durch die Exekutive auf gesetzlicher Grundlage vollzogen. **„Verlust"** ist das **Ende der deutschen Staatsangehörigkeit aus staatsangehörigkeitsrechtlichen Gründen**, insbesondere wegen Erwerbs einer neuen Staatsangehörigkeit durch einen Deutschen. Die **Entziehung** ist das **Ende der Staatsangehörigkeit aus anderen als staatsangehörigkeitsrechtlichen Gründen**, insbesondere politischen Motiven. Ein Verlust der Staatsangehörigkeit darf gem. Art. 16 I GG nur eintreten:

- **aufgrund gesetzlicher Bestimmungen** ohne Zustimmung des Betroffenen; dieser darf dadurch nicht staatenlos werden.
- aufgrund gesetzlicher Bestimmungen **mit Zustimmung des Betroffenen**, insbesondere auf seinen Antrag.

1148 Umgekehrt ist Art. 16 I GG kein Grundrecht auf Wechsel der Staatsangehörigkeit. Der Gesetzgeber ist berechtigt, die Verlusttatbestände einzuschränken. Dies geschieht insbesondere zur **Verhinderung der Staatenlosigkeit,**[535] die auch mit Zustimmung des Betroffenen nicht mehr eintreten kann. Art. 16 I 1 GG verbietet allerdings die Entziehung der Staatsangehörigkeit vorbehaltslos, d. h. die Entziehung der Staatsangehörigkeit ist stets verfassungswidrig.

1149 ***Lösung zum Beispielsfall*** (o. Rn. 1147):

Ein problematischer Fall ist die **nachträgliche Aufhebung der Einbürgerung.** War sie rechtmäßig, so ist der Widerruf nur nach Maßgabe des Art. 16 I GG zulässig. War sie nichtig, so war der Betroffene nicht Deutscher und genießt daher nicht den Schutz des Art. 16 I GG. War sie rechtswidrig, aber wirksam, so ist die Anwendung des Art. 16 I GG umstritten. Die Rechtsprechung lässt eine nachträgliche Rücknahme der Einbürgerung zu, wenn die Gründe für die Rechtswidrigkeit in der Person des Eingebürgerten lagen, z. B. durch Beibringung falscher Unterlagen oder Täuschung.[536] In solchen Fällen soll der Verlust sogar eintreten, wenn der Betroffene dadurch staatenlos wird. Faktisch wird dadurch der Schutz des Art. 16 I GG auf die „fehlerfrei erworbene deutsche Staatsangehörigkeit" begrenzt.

1150 Art. 16 II 2 GG schützt alle deutschen Staatsbürger vor **Auslieferung.** Auslieferung ist die Entfernung einer Person durch einen Grundrechtsverpflichteten aus dem Hoheitsbereich der Bundesrepublik Deutschland und Überstellung an eine aus-

535 Zur Vermeidung der Staatenlosigkeit näher *Hailbronner* in: Hailbronner u. a., Staatsangehörigkeitsrecht, 7. Aufl., 2022, Teil I, F Rn. 412 ff.

536 BVerfGE 116, 24, 44 f.; BVerwGE 118, 216, 218 f.; 119, 17, 19.

ländische Hoheitsgewalt auf deren Ersuchen.[537] Darunter fällt beispielsweise die Übergabe auf Grund eines **Europäischen Haftbefehls.**[538] Entsprechendes gilt für die **Überstellung an ein internationales Gericht.** Daneben fällt auch die sog. **Durchlieferung** unter Art. 16 II GG, d. h. die Auslieferung eines Deutschen von einem Staat in einen anderen unter Durchquerung des deutschen Staatsgebiets.[539] Keine Auslieferung ist hingegen die Ausweisung, also das ohne Ersuchen eines ausländischen Staates ergehende Gebot, Deutschland zu verlassen.[540] Umstritten ist, ob die sog. **Rücklieferung**, d. h. die Auslieferung eines Deutschen ins Ausland, nachdem dieser zuvor vorläufig nach Deutschland verbracht worden war, als Auslieferung anzusehen ist. Das BVerfG verneint dies, da die Rücklieferung nur den Status quo ante herstelle.[541] Dagegen wird argumentiert, dass Art. 16 II GG jedwede Übergabe eines Deutschen an eine fremde Macht gegen dessen Willen untersage.[542]

Eine **Auslieferung** kann nach Art. 16 II 2 GG nur **verfassungsrechtlich gerechtfertigt** werden, wenn sie an einen EU-Mitgliedstaat oder an einen internationalen Gerichtshof erfolgt und gewährleistet ist, dass für den Ausgelieferten dort rechtsstaatliche Grundsätze wie richterliche Unabhängigkeit, rechtliches Gehör, faires Verfahren und die Unschuldsvermutung existieren.[543] 1151

2. Asylrecht (Art. 16a GG)

Das in **Art. 16a GG** gewährleistete **Asylrecht** schützt **politisch Verfolgte.** Verfolgung i. S. v. Art. 16a GG liegt vor bei einer schwerwiegenden Verletzung grundlegender Menschenrechte.[544] Bei Beeinträchtigungen von Leib, Leben und persönlicher Freiheit ist eine schwerwiegende Menschenrechtsverletzung generell anzunehmen.[545] Die Verfolgung muss durch einen Staat oder durch Private, deren Handlungen einem Staat zurechenbar sind, erfolgen[546] und zudem gegenwärtig sein sowie den Grundrechtsträger selbst betreffen.[547] Dass jemand einer Gruppe angehört, die Verfolgungsmaßnahmen ausgesetzt ist, begründet eine eigene Verfolgung, 1152

537 BVerfGE 113, 273, 293.
538 BVerfG, NStZ-RR 2017, 55, 55 ff.
539 BVerfGE 10, 10, 136, 139 f.
540 *Jarass* in: Jarass/Pieroth, GG, Art. 16 Rn. 17.
541 BVerfGE 29, 183, 193 f.
542 So etwa *Kämmerer* in: BK, Art. 16 Rn. 128.
543 *Jarass* in: Jarass/Pieroth, GG, Art. 16 Rn. 22.
544 Vgl. BVerfGE 80, 315, 335; *Eichenhofer* in: Dreier, GG, Art. 16a Rn. 55.
545 BVerfGE 76, 143, 157.
546 BVerfGE 76, 143, 157 f.; 80, 315, 334; BVerwGE 85, 12, 19 f.
547 *Jarass* in: Jarass/Pieroth, GG, Art. 16a Rn. 15 f.

wenn die Gruppenangehörigen wegen eines bei allen vorliegenden asylrelevanten Merkmals verfolgt werden und sie sich in einer nach Ort, Zeit und Wiederholungsträchtigkeit vergleichbaren Lage befinden.[548] Daneben muss die Verfolgung aus politischen Gründen stattfinden, d. h. aus Gründen, „die allein in seiner politischen Überzeugung, seiner religiösen Grundentscheidung oder in für ihn unverfügbaren Merkmalen liegen, die sein Anderssein prägen (asylerhebliche Merkmale)".[549] Auch die Unterdrückung der öffentlichen Betätigung des Glaubens ist asylrelevant.[550] Eine Verfolgung aus anderen Gründen wird nicht erfasst. Insbesondere ist Art. 16a GG nicht einschlägig „bei Nachteilen, die jemand auf Grund der allgemeinen Zustände in seinem Heimatstaat zu erleiden hat, wie Hunger, Naturkatastrophen, aber auch bei den allgemeinen Auswirkungen von Unruhen, Revolutionen und Kriegen".[551] Keine Verfolgung liegt vor, wenn der Betroffene eine inländische Fluchtalternative hat, d.h. er in verfolgungsfreie Landesteile seines Heimatlandes ausweichen kann.[552] Entsprechendes gilt im Falle einer ausländischen Fluchtalternative, d. h., wenn der Betroffene in einem anderen Staat Schutz vor Verfolgung erhalten hat.[553]

1153 Nach der **Schutzbereichsbegrenzung** des Art. 16a II 1 GG ist die Berufung auf Art. 16a I GG demjenigen verwehrt, der aus der **EU** nach Deutschland einreist.[554] Art. 16a II 2 GG enthält darüber hinaus einen **Gesetzesvorbehalt** für die Bestimmung anderer **sicherer Drittstaaten** durch den Gesetzgeber. Angesichts des Umstandes, dass alle Nachbarstaaten Deutschlands zu den sicheren Drittstaaten gehören, kommt eine Asylgewährung in Deutschland bei Einreise auf dem Landweg in der Regel nicht in Betracht.

Ein **Eingriff** in Art. 16a GG liegt vor, wenn ein Asylsuchender an der Grenze abgewiesen wird.[555] Weitere Eingriffe sind die Ablehnung eines Asylantrags, die Verweigerung der Aufenthaltsbefugnis, der Entzug der Aufenthaltsbefugnis, die Ausweisung, Abschiebung und Auslieferung.[556] Auch die Beeinträchtigung von Verfahrensrechten kann einen Eingriff begründen.[557]

548 BVerfGE 83, 216, 231 ff.; BVerwG, NVwZ 2006, 1420, 1421 f.; *Jarass* in: Jarass/Pieroth, GG, Art. 16 Rn. 16.
549 BVerfGE 80, 315, 333; BVerfG, NVwZ 2015, 1204 Rn. 11.
550 BVerfG, NVwZ 2020, 950 Rn. 26 f. im Anschluss an EuGH, Rs. C-71/11 und C-99/11, Y und Z, ECLI:EU:C:2012:518 = NVwZ 2012, 1612.
551 BVerfGE 80, 315, 335; *Jarass* in: Jarass/Pieroth, GG, Art. 16a Rn. 12.
552 BVerfGE 80, 315, 342 f.; 81, 58, 65 f.
553 BVerwGE 79, 347, 351; *Kingreen/Poscher* Grundrechte, Rn. 1265.
554 BVerfGE 94, 49, 85.
555 BVerwGE 105, 28, 32.
556 Ausf. *Jarass* in: Jarass/Pieroth, GG, Art. 16a Rn. 31.

Die **verfassungsrechtliche Rechtfertigung** eines Eingriffs in Art. 16a I GG richtet sich nach Art. 16a II 2, III GG. Art. 16a II 3, IV GG enthalten als lex specialis zu Art. 19 IV GG Beschränkungen des gerichtlichen Rechtsschutzes bei der Asylgewährung. Nach Art. 16a V GG können durch völkerrechtliche Verträge und entsprechende Zustimmungsgesetze Zuständigkeitsregelungen für die Prüfung von Asylbegehren und die gegenseitige Anerkennung von Asylentscheidungen getroffen werden, wodurch das Grundrecht eingeschränkt werden kann.[558] Konkret gilt dies etwa für die Dublin III-Verordnung, welche als Teil des Unionsrechts Anwendungsvorrang vor dem nationalen Recht genießt. Das Asylrecht wird dementsprechend maßgeblich vom unionalen Flüchtlingsrecht beeinflusst und determiniert.

Zur Vertiefung:
Zu Ausbürgerung, Auslieferung:
Grawert Staatsvolk und Staatsangehörigkeit, in: HStR II, § 16; *Kießling* Die Funktion der Staatsangehörigkeit als verlässliche Grundlage gleichberechtigter Zugehörigkeit, Der Staat 54 (2015), S. 1; *Lübbe-Wolff* Entziehung und Verlust der deutschen Staatsangehörigkeit – Art. 16 I GG, JURA 1996, S. 57; *Meßmann/Kornblum* Grundfälle zu Art. 16, 16a GG, JuS 2009, S. 688 u. 810; *Schmahl* Rücknahme erschlichener Einbürgerungen trotz drohender Staatenlosigkeit?, ZAR 2007, S. 174; *Schmalenbach* Verbot der Auslieferung und des Entzugs der Staatsangehörigkeit, in: HGRe V, § 122; *Uhle* Auslieferung und Grundgesetz, NJW 2001, S. 1889.

Zum Asylrecht:
Dörig/Langenfeld Vollharmonisierung des Flüchtlingsrechts in Europa, NJW 2016, S. 1; *Ellerbrok/Hartmann* Grundzüge des Flüchtlingsrechts und das Recht in der Flüchtlingskrise, ZJS 2016, S. 157; *Fontana* Verfassungsrechtliche Fragen der aktuellen Asyl- und Flüchtlingspolitik im unions- und völkerrechtlichen Kontext, NVwZ 2016, S. 735; *Hailbronner* Asylrecht, in: HGRe V, § 123; *Hong* Asylgrundrecht und Refoulementverbot, 2008; *Langenfeld* Asyl und Migration unter dem Grundgesetz, NVwZ 2019, S. 677; *Meßmann/Kornblum* Grundfälle zu Art. 16, 16a GG, JuS 2009, S. 688 u. 810; *Moll* Das Asylgrundrecht bei staatlicher und frauenspezifischer Verfolgung, 2007; *Randelzhofer* Asylrecht, in: HStR VII, § 153; *Thym* Europäisches Asylrecht auf der Überholspur, ZRP 2020, S. 52.

557 BVerfGE 52, 391, 401; 65, 76, 94.
558 *Jarass* in: Jarass/Pieroth, GG, Art. 16a Rn. 41.

§ 13 Der Gleichheitsschutz des Grundgesetzes

1154 Die Gleichheit ist in den Grundrechten neben der Freiheit als Ausprägung der Menschenwürde statuiert. Ihre umfassendste Konkretisierung findet sie in Art. 3 I GG. Im Gegensatz zu Art. 109 I WRV („Alle Deutschen sind vor dem Gesetz gleich") berechtigt Art. 3 I GG **„alle Menschen"**. Die Bestimmung knüpft lediglich an das allgemeine Kriterium der Menschen an. Dagegen nennen die übrigen Gleichheitssätze einen besonderen Tatbestand (etwa: Geschlecht, Heimat u. a.), welcher Maßstab der Gleichbehandlung sein soll. Dementsprechend wird Art. 3 I GG als **„allgemeiner Gleichheitssatz"** bezeichnet, während seine spezifischen Konkretisierungen in anderen Grundrechten **„besondere Gleichheitssätze"** genannt werden.

Das **Verhältnis von Freiheit und Gleichheit**[1] wird vielfach als Gegensatz dargestellt. Danach soll Freiheit der Gleichheit, Gleichheit der Freiheit entgegenstehen. Ein Gegensatz wurde offenbar nicht stets empfunden. So forderte etwa das Bürgertum in der französischen Revolution „Freiheit, Gleichheit, Brüderlichkeit". Ihre Devise war demnach „Freiheit und Gleichheit", nicht Freiheit oder Gleichheit.

1155 Das Maß an Freiheit in der Gesellschaft kann auf zweifache Weise festgestellt werden. Einerseits kann man, ausgehend vom autonomen Individuum, diejenige Gesellschaft als freieste bezeichnen, in der das einzelne Individuum ohne Rücksicht auf Andere das größtmögliche Maß an subjektiver Beliebigkeit entfalten kann. Je größer der potentielle Freiraum für den Einzelnen, desto freier ist das Gemeinwesen. Nach diesem liberalen Konzept **sind Freiheit und Gleichheit** tatsächlich **Gegensätze.** Jede Maßnahme zur Herstellung von Gleichheit gefährdet die Freiheit als potentiell schrankenlose, individuelle Beliebigkeit.

1156 Dagegen kann die Freiheit in einem Gemeinwesen auch danach gemessen werden, in welchem Umfang jedermann oder zumindest der Mehrheit tatsächlich soziale Entfaltungschancen zur Verfügung stehen. Je mehr Menschen tatsächlich Freiheit genießen, desto freier ist das Gemeinwesen.

Hier sind Freiheit und Gleichheit keine Gegensätze, sie ergänzen sich vielmehr. Je gleicher die Chancen aller sind, desto größer ist die allgemeine Freiheit. In einem so konzipierten Gemeinwesen ist weder „völlige Freiheit" auf Kosten der Gleichheit noch „absolute Gleichheit" auf Kosten der Freiheit möglich oder erwünscht; Freiheit und Gleichheit sind komplementäre gesellschaftliche Gestaltungselemente (**„gleiche Freiheit"**).[2] Die Anwendung dieses Modells in

1 Ausf. zum Verhältnis von Freiheit und Gleichheit *Kirchhof* in: HStR VIII, § 181 Rn. 68 ff.
2 S. *Kirchhof* in: HStR VIII, § 181 Rn. 60 ff.; *Zippelius* VVDStRL 47, S. 7, 16.

https://doi.org/10.1515/9783111271309-017

der Realität bringt zwar notwendig Verkürzungen der Freiheit bisher Privilegierter mit sich, stellt jedoch die Mehrheit der Bevölkerung besser.

Der **Anwendungsbereich der grundrechtlichen Gleichheitssätze** bezieht sich auf alle Bereiche des Rechts. Er ist insbesondere **nicht auf Grundrechtseingriffe begrenzt.** Vielmehr erfasst er auch Leistungen, sonstige Begünstigungen und Teilhaberechte.

I. Das Gleichheitskonzept des Grundgesetzes

Der Sohn des A besucht den kommunalen Kindergarten in der Stadt S. Die städtische Gebührensatzung staffelt das Entgelt nach dem Einkommen der Eltern. Danach hat der wohlhabende A den Höchstsatz zu zahlen. Er meint diese Regelung verstoße gegen die Gleichheitsrechte. (nach: BVerfG, NJW 1998, 2128; BVerwG, NVwZ 1995, 173; dazu Rn. 1161) !

Das Beispiel, in dem kein besonderer Gleichheitssatz einschlägig ist, lässt unterschiedliche Anwendungsmöglichkeiten des allgemeinen Gleichheitssatzes zu. Voraussetzung der Gebührenschuld ist die Benutzung des Kindergartens. Bezüglich der Nutzung unterscheidet sich der Sohn des A nicht von anderen Kindern. Stellt man somit bezüglich der Gebührenhöhe auf das Kriterium der gleichen Nutzung ab, so wäre eine ungleiche Gebühr mit Art. 3 I GG unvereinbar:[3] Gleiches müsste gleich behandelt werden. 1157

Stellt man dagegen auf die Funktion des Kindergartens ab, die darin liegt, den Kindern elementare Grundlagen für ihre spätere Bildung, ihre sozialen Chancen und ihre Integration in die Gemeinschaft mit Anderen und damit für ihr gesamtes späteres Leben zu vermitteln, so ist seine Benutzung eine wesentliche Voraussetzung für die Herstellung von Chancengleichheit. Würde für alle Kinder die gleiche Gebühr gefordert, würden sozial schwächere Schichten, die des Kindergartens besonders bedürfen, erheblich stärker belastet als wohlhabende Eltern. So würde Gleichheit der Chancen hergestellt, wenn das Entgelt sozial gestaffelt wird; die Staffelung wäre nicht gleichheitswidrig, sondern durch den Gleichheitssatz geradezu geboten.[4]

Die unterschiedlichen Lösungsmöglichkeiten stellen die Frage nach dem Gleichheitskonzept des Grundgesetzes: Ist es das der **formalen Gleichheit** vor dem Recht, wie es die erste Lösungsalternative vorsieht, oder diejenige eines sozialen Ausgleichs, der **Chancengleichheit,** wie es die zweite Alternative nahelegt? 1158

Der allgemeine Gleichheitssatz hat seinen Ursprung in der Forderung nach Abbau der Privilegien des Adels. Diese Forderung setzte sich zunächst in den USA durch, wo die neue Staatsordnung ohne traditionelle ständische Elemente errichtet werden konnte. Section 1 der

3 VGH Mannheim, NJW 1977, 452.

4 BVerfG, NJW 1998, 2128, 2130; *Nußberger* in: Sachs, GG, Art. 3 Rn. 172 f. m. w. N.

Virginia Bill of Rights lautete: „Alle Menschen sind von Natur aus in gleicher Weise frei [...]!" Die Französische Revolution folgte dem Aufruf nach „Freiheit, Gleichheit, Brüderlichkeit". Art. 1 der „Déclaration des droits de l'homme et du citoyen" von 1789 statuierte: „Die Menschen sind und bleiben von Geburt an frei und gleich an Rechten." Entsprechend den politischen Zielen des wirtschaftlich dominierenden Bürgertums sollte die Gleichheit jedoch keine wirtschaftliche sein. Durch diese hätten die Bürger zugunsten der breiten Masse der Armen nur verlieren können.[5] So wurde während der französischen Revolution weitgehend nur kirchlicher und feudaler Besitz verstaatlicht. Damals wurde die **Gleichheit in staatsbürgerlicher Hinsicht** erstrebt: Gleiche Bürger sollten gegenüber dem Staat gleiche Rechte und Pflichten haben. Diese Gleichheitsvorstellung wird schon durch den Wortlaut der zitierten Menschenrechtsartikel zum Ausdruck gebracht. Dementsprechend gestaltete sich auch die Gleichheitskonzeption im 19. Jh. Danach war der Staat den Bürgern rechtlich übergeordnet; unter den Menschen sollte in der Gesellschaft rechtliche Gleichheit herrschen, ein einheitliches Recht war auf alle gleichermaßen anwendbar. Als Konsequenz entstand in Art. 6 der belgischen Verfassung von 1831 die Formel: „Es gibt im Staat keine Standesunterschiede. **Alle Bürger sind vor dem Gesetz gleich [...]**". Diese Formel fand in ähnlichen Kontexten Eingang in § 137 des Verfassungsentwurfs der Paulskirche und den Text des Art. 109 WRV.[6] Sie ist auch in Art. 3 I GG wörtlich übernommen; doch fehlt hier der systematische Zusammenhang der allgemeinen mit der staatsbürgerlichen Gleichheit (s. dazu Art. 38 I; Art. 33 GG).

1159 Tatsächlich nahm die Bedeutung der verfassungsrechtlichen Sicherung staatsbürgerlicher Gleichheit ab. Spätestens in der Weimarer Republik wurden die letzten ständischen Relikte beseitigt. Das traditionelle Ziel des Gleichheitspostulats der bürgerlichen Bewegung war insoweit erreicht. Wurde dementsprechend dem herkömmlich ausgelegten Gleichheitssatz nur geringe Bedeutung beigemessen, so erlangte die gesellschaftliche Entwicklung gleichheitsgefährdende Relevanz. Wies die ständische Ordnung dem Menschen unterschiedliche Rechte (und Pflichten) zu, so definiert sich fortan bei (formal) gleichen Rechten und Pflichten die rechtliche Stellung des Einzelnen aus seinen ökonomischen Möglichkeiten, seine Rechte wahrzunehmen. Wesentliches Kriterium der Stellung des Einzelnen war und ist nicht mehr seine ständische Zuordnung, sondern seine wirtschaftliche Lage. **Die Gesellschaft als „Hort der Freiheit" ist der Ursprung der sozialen Differenzierung.** Dem kann die Auslegung des Art. 3 I GG auf zweierlei Weisen Rechnung tragen: Entweder bleibt sie bei dem tradierten Verständnis stehen; dann wird die Bestimmung faktisch und rechtlich bedeutungslos. Oder aber sie öffnet sich den gewandelten Herausforderungen und Sichtweisen und erlangt so eine neue Bedeutung.

5 Zur Geschichte der Gleichheitsrechte *Dann* Gleichheit und Gleichberechtigung, 1980, S. 31 ff.; *Ebel* JURA 1986, 561; 1987, 302.

6 Die Schweizer Bundesverfassung überschreibt Art. 8 mit „Rechtsgleichheit".

Die Grundgesetzinterpretation sucht an dieser Stelle einen Mittelweg.[7] Einerseits stellt sich soziale Gleichheit in der Gesellschaft auch im Falle einer Interpretation des Gleichheitssatzes als Medium sozialer Egalisierung nicht von selbst ein. Sie bedarf der Verwirklichung durch Maßnahmen von Gesetzgebung und Verwaltung. Soll das grundgesetzliche Gleichheitsgebot dazu verpflichten, so wird Art. 3 I GG als Verfassungsauftrag zur Herstellung sozialer Gleichheit ausgelegt. Eine solche Interpretation würde Art. 3 I GG als **soziales Grundrecht** erscheinen lassen. 1160

Das macht etwa der Wortlaut des Art. 6 V GG deutlich: Gleiche Chancen für „uneheliche“ Kinder stellen sich nicht von selbst ein, sondern müssen erst durch die Gesetzgebung geschaffen werden. Der Wortlaut des Art. 6 V GG geht von einem Zustand sozialer Gleichheit aus, der durch den Staat erst herzustellen ist. Dagegen enthält Art. 3 I GG einen solchen Auftrag nicht; er geht davon aus, dass alle Menschen vor dem Gesetz gleich „sind“. Soll demnach der allgemeine Gleichheitssatz unmittelbar anwendbares Recht darstellen, so kann er keinen Verfassungsauftrag zur Herstellung gleicher Chancen enthalten.

Andererseits wird das traditionelle Verständnis der Gleichheit als staatsbürgerliche 1161
Gleichheit nicht unverändert aufrechterhalten. War etwa in Art. 109 II WRV noch von der Gleichheit „staatsbürgerlicher Rechte“ die Rede, so wurde schon Art. 109 I WRV in einem weiteren Sinne ausgelegt. Nicht mehr nur staatsbürgerliche Gleichheit, sondern **Rechtsgleichheit** schlechthin sollte garantiert werden. Doch geht diese über die Forderung nach Allgemeinheit und Gleichheit der Gesetze (s. Art. 19 I 1 GG) weit hinaus. Schon in der Weimarer Republik galt als Ausgangspunkt dieser Auffassung die Herleitung des Gleichheitsgebotes aus dem Ziel der Gerechtigkeit.[8] Heute wird der Auftrag zur Herstellung eines sozialen Ausgleichs gegenwärtig überwiegend nicht in Art. 3 I GG, sondern im Sozialstaatsprinzip gesehen.[9] Dessen Wirkungen sollen durch die Gleichheitssätze allerdings nicht rückgängig gemacht, sondern vielmehr sinnvoll ergänzt werden. **Chancengleichheit und sozialer Ausgleich durch gleiches Recht** lautet das Konzept des GG.

Anwendung der so hergeleiteten Auslegung des allgemeinen Gleichheitssatzes auf den Beispielsfall (Rn. 1157) **!**

Das Beispiel zeigt einen Fall der Kollision formaler Gleichheit mit sozialer Gerechtigkeit. Ist Art. 3 I GG im genannten Sinne ausschließlich als Gebot formaler Gerechtigkeit auszulegen, so

7 Zum Folgenden *Davy/Axer* VVDStRL 68, 122/177; *P. Kirchhof* in: Mellinghoff/Palm (Hrsg.), Gleichheit im Verfassungsstaat, 2008, S. 1 ff.; *Kube* ebd., S. 23 ff.

8 *Leibholz* Die Gleichheit vor dem Gesetz, 2. Aufl., 1959, S. 72 ff.; *Hesse* AöR 77 (1951), 197 ff.; *Zippelius* VVDStRL 47, 7, 10 ff.

9 Dazu o. Rn. 571 ff.

ist von den beiden angegebenen Lösungsvarianten die erste zutreffend. „Gleich" ist die Benutzung des Kindergartens durch den Sohn des A und die übrigen Kinder, sie sind daher gem. Art. 3 I GG auch bei der Gebührenerhebung „gleich" zu behandeln. Die gestaffelte Gebühr verstieße demnach gegen Art. 3 I GG. Das GG ist jedoch bei einem derart formalen Konzept nicht stehen geblieben. Vielmehr verpflichtet das Sozialstaatsprinzip den Staat, für einen sozialen Ausgleich Sorge zu tragen. Da Kindergärten eine elementare Basis der Chancengleichheit darstellen, ist ihre Benutzung durch Kinder aus sozial schwachen Familien ein wichtiges sozialstaatliches Anliegen. Art. 20 I GG i. V. m. Art. 3 I GG kann eine soziale Gebührenstaffelung rechtfertigen,[10] um Kindern den Kita-Besuch zu ermöglichen oder jedenfalls zu erleichtern.

II. Die Verwirklichung dieses Gleichheitskonzepts in den besonderen Gleichheitssätzen

1162 Das Bundesland L hat eine Frauenförderungsrichtlinie für den öffentlichen Dienst beschlossen. Aufgrund dieser Verwaltungsvorschrift sollen Frauen bei gleicher Leistung, Befähigung und Eignung bevorzugt eingestellt und befördert werden, bis sie die Hälfte aller Stellen der jeweiligen Laufbahn besetzen. Ist dieses Konzept mit dem GG vereinbar? (dazu OVG Münster, NJW 1989, 2561; dazu Rn. 1176).

1163 Der Gleichheitsschutz des Grundgesetzes wird in vielfältigen **besonderen Gleichheitssätzen** für spezifische Sachverhalte konkretisiert:

- **gleicher Zugang zum öffentlichen Dienst** wird in Art. 33 II GG geregelt;[11]
- **Gleichheit der Wahl** (Art. 38 I GG);
- Gleichheit des zivilen Ersatzdienstes mit dem Wehrdienst (Art. 12a II 2 GG);
- **Gleichheit der „unehelichen" mit den ehelichen Kindern** (Art. 6 V GG); die Ungleichbehandlung der Eltern ehelicher und nicht-ehelicher Kinder ist dadurch untersagt, wenn sie mittelbar auf die Rechtsstellung der Kinder zurückwirkt;[12]
- Art. 3 II, III GG enthalten **besondere Differenzierungsverbote**, die unabhängig von einzelnen Sachbereichen verpönt sind.

1164 Art. 3 III 1 GG verbietet die Differenzierung nach:

---

10 BVerfG, NJW 1998, 2128, 2130; BVerwG, NVwZ 1995, 173; OVG Bremen, DVBl. 1988, 250; OVG Münster, NWVBl 1988, 377.

11 S. dazu o. Rn. 771.

12 BVerfGE 118, 45 ff.; NJW 2009, 1065 ff.; zur Gleichstellung nichtehelicher Abkömmlinge von Menschen, die vor dem NS-Regime geflohen waren, bei der Einbürgerung s. BVerfG, NJW 2021, 223.

- **Abstammung**, also der natürlichen Beziehung des Menschen zu seinen Vorfahren,[13] insbesondere Eltern und Adoptiveltern. Hierzu zählen wohl auch Ehelichkeit bzw. Nichtehelichkeit (s. a. Art. 6 V GG).
- **Rasse**, d. h. Bevölkerungsgruppen mit vermeintlichen gemeinsamen, vererblichen Eigenschaften. Hierzu zählt insbesondere die Hautfarbe;[14] aber – als historische Reaktion auf den Nationalsozialismus – auch die Eigenschaft als Jude unabhängig von der Frage, dass es sich hier nicht um eine „Rasse“, sondern um eine Religionsgemeinschaft handelt, die lediglich aufgrund vorgeblicher „rassischer“ Merkmale verfolgt wurde. Eine Diskriminierung auf Grund der Rasse liegt auch vor, wenn sich die Auswahl der Adressaten bei polizeirechtlichen Identitätskontrollen an der Hautfarbe oder einem „ausländischen Aussehen“ orientiert (sog. **Racial Profiling**),[15] gegebenenfalls kommt jedoch eine Rechtfertigung durch kollidierendes Verfassungsrecht in Betracht.[16] Das Merkmal „Rasse“ steht in jüngster Zeit in der Kritik, da es bei unbefangener Betrachtung implizieren kann, dass es unterschiedliche „Menschenrassen“ gäbe.[17] Gegen Bestrebungen zur Streichung des Begriffs lässt sich indes einwenden, dass rassistische Diskriminierungen dann nicht mehr von Art. 3 III 1 GG erfasst wären, ein Ergebnis, das so nicht gewollt sein kann. Daher käme allenfalls eine Umformulierung des Verbotstatbestandes ohne Rückgriff auf den Rassenbegriff in Betracht.[18]
- **Sprache**, als ethnisch-kultureller Ausdrucksform. Das Merkmal dient dem Schutz von Minderheiten (Dänen in Schleswig-Holstein, Sorben).
- **Heimat**, nämlich dem örtlichen Bereich, in dem man geboren oder ansässig ist.[19]
- **Herkunft**, das ist die Zugehörigkeit zu einer sozialen Schicht. Dies sind etwa „Adelige“, „Kapitalisten“ oder „Werktätige“; aber auch etwa die Eigenschaft als „Beamter“ oder Bediensteter des öffentlichen Dienstes. Weder zur „Heimat“ noch zur „Herkunft“ zählt die **Staatsangehörigkeit**, so dass Art. 3 I GG zur Anwendung kommt; daher dürfen Ausländer vorbehaltlich anderslautender Normen des Völker-, Europa- oder Verfassungsrechts rechtlich anders behandelt werden als Inländer, es ist jedoch eine strikte Verhältnismäßigkeitsprüfung durchzuführen.[20] Im Hinblick auf Unionsbürger wird eine Ungleichbehandlung aus Gründen der Staatsangehörigkeit in der Regel bereits wegen Art. 20 i. V. m. Art. 18 AEUV unzulässig sein.
- **Glaube** als religiösem oder antireligiösem Bekenntnis. Hier wird die Religionsfreiheit in der Dimension der Gleichheit gesichert (s. a. Art. 33 III GG).

---

13 Seit BVerfGE 9, 128.

14 S. dazu etwa BVerfG, NZA 2020, 1704 Rn. 18.

15 OVG Münster, NVwZ 2018, 1497, 1499; ausf. *Kingreen* in: BK, GG, Stand: Februar 2020, Art. 3 Rn. 519; s. auch EGMR, Entsch. v. 18.10.2022, 215/19, Basu/Deutschland; s. dazu *Payandeh* NJW 2023, 123.

16 S. Rn. 1172.

17 Zum Ganzen s. *Kischel* AöR 145 (2020), 227 ff.; für eine Ersetzung des Rassebegriffs etwa *Tabbara* Der Staat 60 (2021), 577, 598 ff.

18 Zur Diskussion s. etwa *Liebscher* Das Problem heißt Rassismus: Zur Debatte um den Rasse-Begriff im Grundgesetz und den Vorteilen einer postkategorialen Alternative, VerfBlog, 2020/6/11, https://verfassungsblog.de/das-problem-heisst-rassismus/ (25. 08. 2024); *Ludyga* NJW 2021, 911 ff.; *Kutting/Amin* DÖV 2020, 612 ff.

19 BVerfGE 5, 22; 23, 262; BVerwGE 22, 69 f.

20 BVerfGE 9, 124, 125 ff.; einschränkend BVerfGE 51, 1, 23 ff., 29; 130, 240, 255 ff.; s. dazu u. Rn. 1180.

- **politischer Anschauung.** Hierzu zählt nicht nur das „Haben“, sondern auch das Äußern einer Auffassung.

1165 Art. 3 III 2 GG statuiert das **Verbot, jemanden wegen seiner Behinderung zu benachteiligen.** Eine Behinderung im verfassungsrechtlichen Sinne liegt vor, wenn eine Person infolge eines regelwidrigen körperlichen, geistigen oder psychischen Zustands in der Fähigkeit zur individuellen und selbstständigen Lebensführung längerfristig beeinträchtigt ist.[21] Geringfügige Beeinträchtigungen sind nicht erfasst, sondern nur Einschränkungen von Gewicht.[22] Geschützt sind auch chronisch oder psychisch Kranke, wenn sie entsprechend längerfristig und gewichtig beeinträchtigt sind.[23] Eine Behinderung i. S. v. Art. 3 III 2 GG liegt auch im Falle von Legasthenie vor.[24] Eine Benachteiligung i. S. d. Art. 3 III 2 GG ist gegeben, wenn einem Menschen wegen einer Behinderung Entfaltungs- und Betätigungsmöglichkeiten vorenthalten werden, die anderen offenstehen, soweit dies nicht durch eine auf die Behinderung bezogene Fördermaßnahme hinlänglich kompensiert wird.[25] Art. 3 III 2 GG findet auch Anwendung auf Benachteiligungen von Menschen mit einer bestimmten Behinderung gegenüber Menschen mit einer anderen Behinderung.[26] Der Anwendungsbereich von Art. 3 III 2 GG ist eröffnet, wenn eine rechtliche Gleichbehandlung typischerweise und nach Art und Umfang vorhersehbar faktische Benachteiligungen wegen einer Behinderung zur Folge hat.[27] Das BVerfG hat in seinem **Legasthenie-Urteil** entschieden, dass das Gebot, im Falle einer Nichtbewertung von Teilleistungen eines Prüfungsfaches wegen behinderungsbedingter Leistungseinschränkungen eine Bemerkung hierüber im Abschlusszeugnis anzubringen, mit Art. 3 III 2 GG und mit den als Auslegungshilfe heranzuziehenden Anforderungen aus der UN-Behindertenrechtskonvention in Einklang steht.[28] Ein Verstoß gegen Art. 3 III 2 GG liegt nach Ansicht des BVerfG hingegen vor, wenn eine Nichtbewertung von Prüfungsleistungen ausschließlich in den Zeugnissen legasthener Schüler vermerkt wird.[29] Im Gegensatz zu den Differenzierungsverboten des Art. 3 III 1 GG stellt Satz 2 nur ein Benachteiligungsverbot dar. Eine Bevorzugung in

---

21 BVerfG, NJW 2024, 426 Rn. 36.
22 BVerfG, NJW 2024, 426 Rn. 36.
23 BVerfGE 160, 79 Rn. 90; BVerfG, NJW 2024, 426 Rn. 36.
24 BVerfG, NJW 2024, 426 Rn. 35.
25 BVerfGE 160, 79 Rn. 91; BVerfG, NJW 2024, 426 Rn. 45.
26 BVerfG, NJW 2024, 426 Rn. 53.
27 BVerfGE 128, 138, 156; BVerfG, NJW 2024, 426 Rn. 66.
28 BVerfG, NJW 2024, 424 Rn. 87 ff.
29 BVerfG, NJW 2024, 424 Rn. 115.

Anknüpfung an eine Behinderung kann demgegenüber zulässig sein.[30] Auf das Privatrecht kann sich Art. 3 III 2 GG im Wege der mittelbaren Drittwirkung auswirken.[31] Besteht das Risiko, dass Menschen in einer **Triage-Situation** bei der Zuteilung intensivmedizinischer Behandlungsressourcen wegen einer Behinderung benachteiligt werden, verdichtet sich der Schutzauftrag aus Art. 3 III 2 GG zu einer konkreten Pflicht des Staates, hiergegen wirksame Vorkehrungen zu treffen,[32] d.h. es besteht insoweit eine Schutzpflicht zu Gunsten Behinderter.

Die **Gleichheit zwischen Frauen und Männern** ist sowohl in Art. 3 II 1 GG als 1166
auch in Art. 3 III 1 GG geregelt. Trotz des vergleichsweise verständlichen Wortlauts ist die Auslegung dieser Bestimmungen überaus umstritten. Zentrale Gründe dafür liegen einerseits in ihrem Wortlaut: Geht es „nur" um Gleichberechtigung im juristischen Sinne oder aber auch um Gleichstellung im sozialen Sinne? Nicht eindeutig ist zudem das Verhältnis der Regelungen der Art. 3 II, III GG zueinander. Daraus resultiert eine große Zahl von Auslegungsschwierigkeiten.

Nach Art. 3 II GG sind Männer und Frauen gleichberechtigt; gem. Art. 3 III 1 GG 1167
darf niemand wegen seines Geschlechts bevorzugt oder benachteiligt werden, wobei der Begriff des Geschlechts auch auf ein Geschlecht jenseits von männlich oder weiblich anwendbar ist (sog. **Drittes Geschlecht**).[33] Art. 3 III 1 schützt demnach Menschen, die sich den Kategorien „männlich" und „weiblich" in ihrer geschlechtlichen Identität nicht zuordnen, vor Diskriminierungen wegen dieses weder allein männlichen noch allein weiblichen Geschlechts.[34]

Im Beispielsfall werden Frauen und Männer unterschiedlich behandelt. Ob 1168
darin ein Verstoß gegen die genannten Gleichheitsrechte liegt, hängt von deren Schutzbereich und ihren Rechtsfolgen ab. Art. 3 III 1 GG verbietet Unterscheidungen nach einzelnen, näher genannten Kriterien. Ein solches Verbot bedeutet jedoch nicht notwendig, dass die Vergleichspaare schematisch stets gleich zu behandeln wären. Die spezifischen Kriterien aller besonderen Gleichheitssätze – nicht nur derjenigen des Art. 3 III 1 GG – untersagen nicht, Differenzierungen vorzunehmen. Sie verbieten lediglich, eine ungleiche Behandlung mit jenen Merkmalen zu **be-**

---

30 Abschlussbericht der Gemeinsamen Verfassungskommission, BT-Drucks. 12/6000, S. 50 ff.; *Nußberger* in: Sachs, GG, Art. 3 Rn. 310; ausf. zu möglichen Ausgleichs- und Fördermaßnahmen *Straßmair* Der besondere Gleichheitssatz aus Art. 3 Abs. 3 Satz 2 GG, 2002, S. 178 ff.

31 BVerfG, NJW 2020, 1282 Rn. 37 ff.

32 BVerfGE 160, 79 Rn. 109.

33 BVerfGE 147, 1 Rn. 58; zum Schutz des allgemeinen Persönlichkeitsrechts in diesen Fällen s. o. Rn. 886.

34 BVerfGE 147, 1 Rn. 58.

gründen.[35] Anders ausgedrückt: Die rechtliche Ungleichbehandlung von Männern und Frauen darf gem. Art. 3 II 1, III 1 GG nicht durch ihr ungleiches Geschlecht begründet werden. Ist der maßgebliche Gesichtspunkt dagegen ein anderer, von der Rechtsordnung zugelassener Aspekt, so verstößt die Differenzierung nicht gegen das **Begründungsverbot** und somit nicht gegen einen besonderen Gleichheitssatz.

Das **Differenzierungsverbot als Begründungsverbot** wirkt etwa so: Werden bspw. Frauen und Männer oder Deutsch- und Fremdsprachige von der Rechtsordnung unterschiedlich behandelt, so ist der Grund dieser Differenzierung zu ermitteln. Maßgeblich dafür ist die Auslegung des anwendbaren Rechts unter besonderer Berücksichtigung seiner Entstehungsgeschichte. So darf etwa die Entschädigung jüdischer Opfer des Nationalsozialismus weder wegen ihrer „Religion" noch wegen ihrer „Rasse", sondern allein wegen ihrer besonderen Schäden und Leiden zwischen 1933 und 1945 erfolgen.

1169 In engem Zusammenhang mit der Frage nach dem Inhalt des Differenzierungsverbotes steht das Problem, welche Art von Diskriminierungen von Art. 3 III GG erfasst sind.[36] Zunächst wurden nur **unmittelbare Diskriminierungen** darunter gefasst, d. h. Differenzierungen, die selbst und unmittelbar mit einem „verpönten" Merkmal begründet wurden.[37] Nach dieser Auslegung wurde die versteckte, mittelbare Ungleichbehandlung,[38] die zwar nicht an ein verbotenes Differenzierungskriterium anknüpft, sich aber im Ergebnis faktisch benachteiligend auswirkt, nicht von Art. 3 III GG erfasst.[39] Inzwischen wird im Hinblick auf das europarechtliche Diskriminierungsverbot (Art. 157 AEUV), das sich auch auf mittelbare Diskriminierungen erstreckt,[40] Art. 3 III 1 GG zu Recht vermehrt erweiternd ausgelegt und angewandt.[41] Teilweise wird bei mittelbaren Ungleichbehandlungen Art. 3 II GG angewandt.[42]

---

35 *Podlech* Gehalt und Funktion des allgemeinen Gleichheitssatzes, 1974, S. 94 m. w. N.; *Schlink* Der Staat 1976, 335, 349 f.

36 Weit *Somek* Rationalität und Diskriminierung, 2001; kritisch *Huster* Der Staat 2003, 145.

37 *Scholz* in: MD, GG, Art. 3 II Rn. 1, 2 (1996); *Hesse* Grundzüge des Verfassungsrechts, 20. Aufl. 1999, Rn. 436.

38 Zum Begriff s. etwa BVerfGE 113, 1, 15 f.; 126, 29, 53; *Jarass* in: Jarass/Pieroth, GG, Art. 3 Rn. 137; *Nußberger* in: Sachs, GG, Art. 3 Rn. 254 f.

39 So etwa *Sachs*, in: HStR VIII, § 182 Rn. 32.

40 S. hierzu EuGH, Slg. 1986, 1607, 1622; 1991, I-297, 318; EuGH, Slg. 1995, I-4625, 4658 ff., Rn. 26 ff.; EuGH, Slg. 2007 I-10573, 10581 ff.

41 BVerfG, BeckRS 2010, 49565; *Jarass* in: Jarass/Pieroth, GG, Art. 3 Rn. 109 ff.; *Nußberger* in: Sachs, GG, Art. 3 Rn. 262 f.; *Wollenschläger* in: Huber/Voßkuhle, GG, Art. 3 Rn. 421.

42 So etwa in BVerfGE 113, 1, 15; offen gelassen in BVerfGE 132, 72 Rn. 57.

Demnach könnte etwa ein Sonderurlaub ausschließlich für Mütter nach der Geburt der Kinder nicht mit der Erforderlichkeit einer besonderen pädagogischen Betreuung des Kindes begründet werden. Ein Grund kann zur Begründung einer Ungleichbehandlung nur dann herangezogen werden, wenn er tatsächlich eine unterschiedliche Behandlung der Betroffenen gebietet. Demnach wäre eine solche Differenzierung nur zulässig, wenn Kinder der pädagogischen Sorge gerade durch die Mutter bedürfen, während die Väter diesen Erfordernissen nicht nachkommen könnten. Nur in einem solchen Fall wäre die Ungleichbehandlung hinreichend begründet.

Im **Beispielsfall** (Rn. 1163) wäre demnach zu fragen: Gab es andere Gründe als das Geschlecht, welche rechtlich zulässig und zugleich in der Lage sind, die Bevorzugung von Frauen im öffentlichen Dienst zu begründen? Maßgebliches Abgrenzungskriterium ist das Geschlecht. Über andere Gemeinsamkeiten als das Geschlecht verfügt weder der bevorzugte noch der benachteiligte Personenkreis. Aber auch die Gründe für die Bevorzugung bzw. Benachteiligung liegen im Geschlecht. Dies zeigt nicht nur der Zweck („Frauenförderung"), sondern auch der Umstand, dass hier keine sonstigen Gründe ersichtlich sind, welche eine Bevorzugung rechtfertigen könnten. Insbesondere geht es der Richtlinie nicht um die Bevorzugung solcher Gruppen, die bislang im öffentlichen Dienst benachteiligt wurden. Vielmehr greift sie nur eine Gruppe heraus, ohne andere Benachteiligte (Schwerbehinderte, Kinder ausländischer Arbeitnehmer u. ä.) zu berücksichtigen. Demnach ist also das Geschlecht der maßgebliche Grund für die Ungleichbehandlung. 1170

Eine solche Rechtfertigung folgt auch nicht aus den früher vielfach herangezogenen **„biologisch-funktionalen" Unterschieden** zwischen Frauen und Männern.[43] Zumindest das „funktionale" Argument folgt nicht zuletzt aus den überkommenen gesellschaftlichen Rollenverteilungen und -zuweisungen. Im Übrigen ist jener „Grund" aber auch eine Leerformel, deren Bedeutung völlig vage ist. So kann sie auch nicht in der Lage sein, irgendwelche Unterschiede zu „begründen". Mit ihr könnte man auch „begründen", dass Frauen keine schwere körperliche Arbeit übernehmen sollten – jedenfalls dann, wenn es sich um bezahlte Berufsarbeit handelt.[44] Die Beliebigkeit solcher Verwendung eines „Grundes" zeigt an, dass es ihm gerade an dem Begründungsgehalt fehlt. Ein solcher Gehalt kommt einem Argument nur zu, wenn es in der Lage ist, eine Aussage über die Wahrheit oder Unwahrheit einer zu begründenden Behauptung zu ermöglichen. Daran fehlt es den inhaltsleeren „biologisch-funktionalen" Unterschieden.

Die Wertentscheidung des Art. 3 II GG wird nach Ansicht des BVerfG verfehlt, wenn ein familiärer Zusammenhang abhängig vom Geschlecht nur im Verhältnis von Mutter und Kind, nicht aber im Verhältnis von Vater und Kind anerkannt wird. So sei die Wertentscheidung des Art. 3 II GG verletzt, wenn im Staatsangehörigkeitsrecht der Erwerb der deutschen Staatsan-

---

43 So aber früher BVerfGE 6, 389, 422 f.; 31, 1, 4 f.; 68, 384, 390; BVerwGE 40, 17, 24; einschränkend BVerfGE 85, 191, 207; 92, 91, 109; 114, 357, 364.

44 S. dazu BVerfGE 85, 191, 207 f.

gehörigkeit nach dem Abstammungsprinzip nur im Verhältnis zu einem Elternteil, im Falle einer nichtehelichen Geburt allein zur Mutter, anerkannt wird.[45]

1171 Aber nicht jede Differenzierung im Anwendungsbereich des Art. 3 III 1 GG macht eine Maßnahme verfassungswidrig. Vielmehr liegt Verfassungswidrigkeit nur bei einer **Grundrechtsverletzung** vor, also einem Eingriff, der seinerseits rechtswidrig ist. Demnach ist im Beispielsfall zu fragen, ob der Eingriff formell und materiell gerechtfertigt ist. Hier stellt sich die Frage nach den **Grundrechtsschranken des Art. 3 GG.** Dabei sind – mangels ausdrücklichen Einschränkungsvorbehaltes in Art. 3 GG – die Grundsätze über verfassungssystematische Schranken anzuwenden.[46] Demnach ist zu fragen, ob kollidierende Rechtsgüter mit Verfassungsrang die Einschränkung des Art. 3 II 1, III 1 GG legitimieren können.

Wichtigste Grundrechtsschranke sind die **Ungleichbehandlungsgebote des GG.** Als solche kommen insbesondere Art. 12a I, IV; 6 IV GG in Betracht. Während Art. 12a GG im Beispielsfall offensichtlich ausscheidet, ist die Bedeutung des Art. 6 IV GG für die Beseitigung von rechtlichen oder sozialen Benachteiligungen gegenüber Frauen immer noch wenig untersucht. Betrifft er nur „Mütter", also Frauen, die schon Kinder haben? Die Bestimmung wird vielfach noch enger ausgelegt, so dass sie nur auf Mütter anzuwenden wäre, deren Kinder noch auf das Stillen oder eine besondere persönliche Betreuung – etwa unterhalb des Kindergartenalters – angewiesen wären. Oder gilt sie auch für werdende Mütter, also Frauen, die Kinder erwarten? Oder aber alle Frauen im Hinblick auf die Tatsache, dass sie früher Mutter geworden sind oder später Mutter werden könnten?

1172 Als weitere Schranke des Diskriminierungsverbots aus Art. 3 III 1 GG wird das **Gleichberechtigungsgebot des Art. 3 II 1 GG** diskutiert. Diese Auffassung nimmt ihren Ausgangspunkt darin, dass es unsinnig wäre, gleiches Recht für Frauen und Männer im Grundgesetz zweimal anzuordnen. Hätte Art. 3 II 1 GG dieselbe Bedeutung wie Art. 3 III 1 1. Alt. GG, so wäre eine der beiden Bestimmungen sinnlos. Eine solche Auslegung würde gegen den methodischen Satz verstoßen, wonach keine Rechtsnorm so ausgelegt werden darf, dass sie selbst oder eine andere Norm sinnlos würde. Also geht dieser systematische Ansatz dahin, Art. 3 II 1 GG so zu verstehen, dass ihm ein eigenständiger Sinn zukommt.[47] Zu den verschiedenen Auslegungsansätzen des Art. 3 II 1 GG gehört zunächst die Interpretation als Verfassungsauftrag zur Herstellung sozialer Gleichheit von Mann und Frau, der auch mit einer in Art. 3 II 1 GG konkretisierten Ausprägung des Sozialstaatsprinzips und des „objektiven Gehalts der Grundrechte" begründet wird. Als derartiger Verfas-

45 BVerfG, NJW 2021, 223 Rn. 63.

46 Dazu o. Rn. 871 ff.

47 So auch BVerfGE 147, 1 Rn. 60.

sungsauftrag würde Art. 3 II 1 GG staatliche Maßnahmen rechtfertigen, welche dazu bestimmt sind, gesellschaftliche Diskriminierungen der Frau zu beseitigen. Sofern dieser Zweck nur durch rechtliche Bevorzugungen oder Benachteiligungen erreicht werden könnte, würde Art. 3 II 1 GG als **Gleichstellungsauftrag** auch solche Ungleichbehandlungen rechtfertigen. In diesem Sinne wird Art. 3 II 1 GG jedenfalls auch als Differenzierungsgebot gedeutet.[48]

> „Der über das Diskriminierungsverbot des Art. 3 III GG hinausreichende Regelungsgehalt von Art. 3 II GG besteht darin, dass er ein Gleichberechtigungsgebot aufstellt und dieses auch auf die gesellschaftliche Wirklichkeit erstreckt. Der Satz 'Männer und Frauen sind gleichberechtigt' will nicht nur Rechtsnormen beseitigen, die Vor- oder Nachteile an Geschlechtsmerkmale anknüpfen, sondern für die Zukunft die Gleichberechtigung der Geschlechter durchsetzen. Er zielt auf die Angleichung der Lebensverhältnisse."[49]

Schranken des Art. 3 III 1 GG ergeben sich aus dem kollidierenden Verfassungs- 1173
recht.[50] Im Rahmen der Prüfung der Rechtfertigung von Ungleichbehandlungen ist eine strikte Verhältnismäßigkeitsprüfung durchzuführen.[51] Besonders relevant ist dies in jüngster Zeit im Zusammenhang mit dem sog. **Racial Profiling.**[52] Die Polizei darf bei verdachtsunabhängigen Identitätskontrollen zwar nicht an die Hautfarbe anknüpfen, sie darf jedoch dann Kontrollen durchführen, wenn bestimmte Personengruppen statistisch gesehen häufiger durch Straftaten auffallen. Insoweit liegt zwar eine Diskriminierung auf Grund der Rasse vor, diese kann jedoch durch kollidierende Verfassungsgüter der potentiellen Opfer gerechtfertigt werden.[53] Kein Verstoß gegen Art. 3 III 1 GG liegt schließlich vor, wenn ein Knabenchor die Aufnahme von Mädchen verweigert, diese Diskriminierung auf Grund des Geschlechts aber mit dem besonderen Klangbild des Chores gerechtfertigt werden kann.[54]

Art. 3 II 2 GG enthält den Auftrag an den Gesetzgeber, die **tatsächliche** 1174
Gleichberechtigung zu fördern, also in einem entsprechenden Sinne auf die Lebenswirklichkeit einzuwirken (Chancengleichheit). In diesem Rahmen sind dann

48 So oder ähnlich BVerfGE 48, 327, 337 f.; 74, 163, 180; 84, 9, 17 ff.; 85, 191, 207 f.; 87, 1, 42; 87, 234, 258; 89, 276, 286 ff.; 92, 91, 109; 147, 1 Rn. 60; s. auch schon BVerfGE 15, 337, 345; *Pfarr/Fuchsloch* Quoten und Grundgesetz, 1988; *Slupik* Die Entscheidung des GG für Parität im Geschlechtsverhältnis, 1988.

49 BVerfGE 85, 191, 206 f.; s. auch BVerfG, NJW 1992, 2213, 2214 f.

50 *Nußberger* in: Sachs, GG, Art. 3 Rn. 246.

51 *Nußberger* in: Sachs, GG, Art. 3 Rn. 246.

52 S. o. Rn. 1164.

53 OVG Münster, NVwZ 2018, 1497, 1499; OVG Hamburg, NVwZ 2022, 1219 Rn. 66 ff.; so auch *Kingreen/Poscher* Grundrechte, Rn. 646, die in diesem Fall jedoch schon keine Diskriminierung wegen der Rasse annehmen wollen; zum Ganzen *Boysen* JURA 2020, 1192 ff.; gegen eine Rechtfertigung *Gausmann* DÖV 2023, 655, 662.

54 BVerwG, NVwZ-RR 2022, 610 Rn. 14 ff.

auch ausgleichende Förderungsmaßnahmen zulässig.[55] Zum Teil wird in Satz 2 eine Rechtsgrundlage für die Verfassungsmäßigkeit von Frauenquoten gesehen. Hingegen hätte er bei einer weiten Auslegung des Art. 3 II 1 GG als Gleichstellungsauftrag oder Diskriminierungsverbot allein deklaratorische Wirkung.[56] Unabhängig von diesen Fragen ist umstritten ob Paritätsgesetze mit Art. 3 II GG gerechtfertigt werden können, da Parteien und Parlament nicht Gegenstand dieser Vorschrift sind.[57]

Als weitere Möglichkeit einer Rechtfertigung der Quotenregelung käme letztlich noch der vom BVerfG gelegentlich herangezogene **Kompensationsgedanke** in Betracht. Danach soll die rechtliche Bevorzugung von Frauen zulässig sein, wenn sie sich nicht als Diskriminierung der Männer darstellt, sondern als „eine Maßnahme, die auf eine Kompensation erlittener Nachteile zielt“[58]. Der dabei geäußerte Grundgedanke wurde insbesondere im Rentenrecht angewandt: Waren die Antragstellerinnen früher im Berufsleben diskriminiert, so sollte sich diese Benachteiligung nicht auch noch bei der Rente fortsetzen. Doch lässt sich dieser Gedanke schwerlich generalisieren: Dass die frühere Diskriminierung benachteiligter Frauengenerationen bzw. begünstigter Männergenerationen heute durch umgekehrte Diskriminierung kompensationsfähig ist, ist wohl kaum begründbar.[59]

1175 Neben dem „Ob“ ist aber auch das „Wie“ der Herstellung von Gleichheit diskussionsbedürftig. Der **Vorbehalt des Gesetzes** gilt nicht nur bei Eingriffen in Freiheits-, sondern auch in Gleichheitsrechte.

1176 ***Lösung zum Beispielsfall*** *(Rn. 1163):*

„Jedenfalls reicht eine Verwaltungsvorschrift […] als Rechtsgrundlage für derartige Kompensationsmaßnahmen nicht aus. Denn die sozialstaatlich motivierte Bevorzugung der Frauen im Rahmen eines typisierenden Quotensystems führt im Einzelfall zu einer empfindlichen Benachteiligung des als Beförderungsbewerber unterlegenen Mannes; sie läuft insoweit faktisch auf eine Einschränkung des sich aus Art. 3 II 1 und III GG ergebenden Diskriminierungsverbots hinaus. Das Sozialstaatsprinzip vermag aus sich heraus jedoch nicht unmittelbar grundrechtseinschränkende Wirkungen zu entfalten. Insoweit bedarf es vielmehr in jedem Fall einer näheren Konkretisierung durch den Gesetzgeber. Abgesehen davon ist die Präzisierung des

---

55 BVerfGE 92, 91, 109; 109, 64, 89.

56 BVerfGE 92, 91, 109; s. dazu *Boysen* in: v. Münch/Kunig, GGK Art. 3 Rn. 164.

57 Vgl. ThürVerfGH, NVwZ 2020, 1266 Rn. 123 ff. zum thüringischen Landesverfassungsrecht; ähnlich BbgVerfGH, NVwZ 2021, 59 Rn. 209 ff.; allgemein s. *Hecker* NJW 2020, 3563, 3564; zur Paritätsgesetzgebung s. o. Rn. 202.

58 BVerfGE 74, 163, 180.

59 *Maidowski* Umgekehrte Diskriminierung 1989, S. 128; s. dazu auch *Döring* Frauenquoten und Verfassungsrecht 1996, S. 205 ff., zur Kritik: S. 207; kritisch auch *Haverkate* Verfassungslehre 1992, S. 242 ff., 245.

Sozialstaatsprinzips ohnehin in erster Linie Sache des Gesetzgebers" (OVG Münster, NJW 1989, 2561; noch einschränkender OVG Münster, NVwZ 2017, 807 m. Anm. Trierweiler/Baumanns).

Im **Arbeitsrecht** ist die Gleichberechtigung von Frauen und Männern durch Art. 157 AEUV und das dazu ergangene sekundäre Unionsrecht weitgehend verwirklicht. Hierzu bedarf es der Figur der „Drittwirkung" des Art. 3 II, III GG nicht mehr. Im **Bürgerlichen Recht** enthält § 1 des Allgemeinen Gleichbehandlungsgesetzes (AGG) entsprechende Anforderungen. Der EuGH hat über die Zulässigkeit von Frauenquoten im öffentlichen Dienst entschieden. Danach ist eine Quote, welche automatisch weiblichen Bewerbern den Vorzug gibt, bis eine paritätische Besetzung der Stellen erreicht ist, nicht mit dem im Europarecht verankerten Gleichheitssatz vereinbar.[60] Flexible bzw. weiche Quoten seien demgegenüber zulässig, wenn sie Raum für eine einzelfallbezogene Abwägung lassen, die sich am Verhältnismäßigkeitsprinzip orientiert, z. B. durch die Einfügung von Härtefallklauseln (Öffnungsklauseln) für potentiell benachteiligte Männer.[61] 1177

Zusammenfassend bleibt festzuhalten: Die Bevorzugung von Frauen mit dem Ziel einer tatsächlichen Chancengleichheit im Arbeitsleben ist mit dem Wortlaut des Art. 3 III 1 1. Alt. GG schwerlich vereinbar. Diesem geht es eher um formale Gleichberechtigung als um materielle Gleichheit. Sie kann hingegen begründet werden 1178

- entweder mit einem weit ausgelegten Art. 3 II 1 GG, dem dann über das Ziel der Gleichberechtigung hinaus dasjenige der materiellen Gleichheit entnommen werden muss,
- oder mit Art. 3 II 2 GG, welcher über das Gleichberechtigungsgebot hinaus als Gleichstellungsgebot verstanden werden kann,
- oder im Anwendungsbereich des Europarechts mit dem weit ausgelegten Art. 157 AEUV und den auf seiner Grundlage ergangenen Richtlinien bzw. im Anwendungsbereich des Zivilrechts mit §§ 1, 5 AGG.

Nach wohl allen Auffassungen ist gesetzliche Gleichstellung zulässig, soweit nicht im Einzelfall besondere Merkmale, besondere verfassungsrechtlich geschützte Gründe entgegenstehen (sog. **„weiche Quote"**). 1179

Ist keines der in Art. 3 III GG genannten Merkmale erfüllt, ist im Falle einer Ungleichbehandlung Art. 3 I GG anzuwenden. In derartigen Fällen ist aber dennoch eine strikte Verhältnismäßigkeitsprüfung erforderlich, wenn das Merkmal, an das 1180

60 EuGH, Slg. 1995, I-3051, 3055 ff.; s. a. schon EuGH, Slg. 1988, 6315, 6319 ff.

61 EuGH, NJW 1997, 3429 f.; s. auch *Peters/Altwicker* in: Dörr/Grote/Marauhn, Konkordanzkommentar, 3. Aufl., 2022, Kap. 21 Rn. 160.

die Differenzierung anknüpft, für den Einzelnen nicht oder nur sehr eingeschränkt verfügbar ist. Konkret gilt dies etwa für das **Lebensalter**,[62] die **Staatsangehörigkeit**[63] oder die **sexuelle Orientierung**[64]. Daher sind Diskriminierungen etwa auf Grund des Alters nur in ganz engen Grenzen zulässig, was nicht zuletzt auf die entsprechenden Vorgaben des Unionsrechts, insbesondere Art. 21 GRC, zurückzuführen ist, welche eine Ungleichbehandlung aus den genannten Gründen untersagen und so das nationale Verfassungsrecht beeinflussen.

Zur Vertiefung:
Boysen Racial Profiling, JURA 2020, S. 1192; *Classen* Freiheit und Gleichheit im öffentlichen und im privaten Recht, EuR 2008, 627 ff.; *Desens* Neid als Grundrechtsausübungsmotiv, AöR 2008, 404; *Ebsen* Verbindliche Quotenregelungen für Frauen und Männer in Parteistatuten, 1988; *Gausmann* Racial Profiling auf dem Prüfstand von Art. GG Artikel 3 Abs. GG Artikel 3 Absatz 3 Satz 1 Var. 3 GG, DÖV 2023, S. 655; *Kischel* Rasse, Rassismus und Grundgesetz, AöR 145 (2020), S. 227; *ders.* Systembindung des Gesetzgebers und Gleichheitssatz, AöR 124 (1999), 174; *Ludyga* Rasse als Rechtsbegriff?, NJW 2021, S. 911; *Milej* Verfassungsmäßigkeit der Unterscheidung nach dem Merkmal der Staatsangehörigkeit im Bereich der gewährenden Staatstätigkeit, NVwZ 2013, 687; *Pieroth* Die Herstellung der Rechtsgleichheit zwischen Frauen und Männern: Erfolgsgeschichte und Zukunftsaufgabe, JURA 2019, S. 687; *Sachs* Besondere Gleichheitsgarantien, in: HStR VIII, § 182; *ders.* Auswirkungen des allgemeinen Gleichheitssatzes auf die Teilrechtsordnungen, in: HStR VIII, § 183; *ders.* Quotenregelungen für Frauen im staatlichen und im gesellschaftlichen Bereich, ZG 2013, S. 52; *Sacksofsky* Das Grundrecht auf Gleichberechtigung, 2. Aufl., 1996; *Schiek* Gleichbehandlungsrichtlinien der EU – Umsetzung im deutschen Arbeitsrecht, NZA 2004, 873; *Straßmair* Der besondere Gleichheitssatz aus Art. 3 Abs. 3 Satz 2 GG, 2002; *Wiemann* Rosige Aussichten für die Gleichstellung gleichgeschlechtlicher Lebenspartner mit Ehegatten?, NJW 2010, 1427.

III. Die Verwirklichung dieses Gleichheitskonzepts im allgemeinen Gleichheitssatz

! Im Steuerrecht waren die für die Betreuung von Kindern vorgesehenen Freibeträge zeitweise niedriger als die Summen, welche nach dem Sozialhilferecht als Existenzminimum für Kinder vorgesehen waren. War dies mit dem Gleichheitssatz vereinbar? (nach: BVerfGE 99, 246; dazu Rn. 1195).

1181 Ist kein besonderer Gleichheitssatz anwendbar, so kann sich ein Differenzierungsverbot nur aus dem **allgemeinen Gleichheitssatz des Art. 3 I GG** ergeben.

62 BVerfGE 142, 353 Rn. 69.
63 S. dazu o. Rn. 1164.
64 BVerfGE 147, 1 Rn. 59.

Dieser ist nur anwendbar, wenn die Gleichheit „vor dem Gesetz“ auch den Gesetzgeber selbst bindet.

Der Wortlaut dieses Grundrechts ist gewählt worden, da er europäischer Verfassungstradition entspricht. Deutlich kommt in ihm das Grundrechtsverständnis des 19. Jh. zum Ausdruck, das Grundrechtsschutz nach Maßgabe der Gesetze garantieren wollte, ihn hingegen nicht gegen den Gesetzgeber kehrte. Das Grundgesetz hat sich jedoch von diesem Verständnis abgewandt. Die Bindung auch des Gesetzgebers an die Freiheits- und Gleichheitsrechte ist in Art. 1 III GG ausgedrückt. Der Wortlaut des Art. 3 I GG kann nicht als Ausnahme von jenem Grundsatz herangezogen werden, da er nur aus historischen und nicht aus Sachgründen gewählt wurde. Dementsprechend bestand im Parlamentarischen Rat Einigkeit, dass Art. 1 III GG (i. V. m. Art. 20 III GG) auch die Gesetzgebung an den allgemeinen Gleichheitssatz binden sollte.[65] Die **Gesetzgebung muss dementsprechend den Anforderungen dieses Gleichheitssatzes genügen.**

Schwieriger ist die inhaltliche Konkretisierung der Gleichheitsbindung. Offenkundig sinnlos wäre es, wenn der Staat alles gleich behandeln müsste. Die Rechte der Verkäufer sind andere als die der Käufer; die Rechtsstellung des Mieters muss anders sein als die des Vermieters; diejenige des Täters (im Strafrecht) anders als diejenige des Opfers oder des Zeugen. Die Rechtsordnung wirkt und funktioniert nur durch Differenzierung. Kaum eine Norm stellt pauschal auf die „Menschen“ ab (s. jedoch § 1 BGB; § 212 StGB). Kann und darf der Staat nicht alles gleich behandeln, stellt sich demnach die Frage, was er denn gleich behandeln muss bzw. ungleich behandeln darf.

Diese Abgrenzung erfolgt nach wie vor grundsätzlich anhand der Formel, wonach 1182
der Staat durch Art. 3 I GG verpflichtet ist, bei steter Orientierung am Gerechtigkeitsgedanken **Gleiches gleich und Ungleiches – seiner jeweiligen Eigenart entsprechend – ungleich zu behandeln**[66].

Die **Gleichheitsbindung von Exekutive und Justiz** ist danach vergleichsweise einfacher zu konkretisieren. Ihnen sind die Gesetze als Maßstab von „gleich“ und „ungleich“ vorgegeben. Differenziert das Gesetz zwischen „Käufern“ und „Verkäufern“, so sind diese Gruppen untereinander jeweils gleich zu behandeln. Für die Gesetzesanwendung stehen daher die Kriterien von gleich und ungleich weitgehend fest.[67]

Größere Schwierigkeiten bereitet hingegen die **Gleichheitsbindung der Gesetz-** 1183
gebung. Sie ist im Rahmen ihrer politischen Gestaltungsfreiheit an inhaltliche Vorgaben nicht gebunden und kann insoweit über ihre Maßstäbe selbst entschei-

65 S. dazu JöR 1, S. 66 ff.; BVerfGE 1, 14, 52 f.

66 Seit BVerfGE 1, 14, 52; *Gusy* NJW 1988, 2505; *Robbers* DÖV 1988, 749; *Sachs* NWVBl 1988, 295; *Schoch* DVBl. 1988, 863; *Zippelius* VVDStRL 47, S. 7, 10 ff.

67 Eingehend zur Bindung der Exekutive an den Gleichheitssatz *Erichsen* VerwArch 1980, 289; *Gusy* NJW 1988, 2509 f.

den. Daher entfaltet der allgemeine Gleichheitssatz gegenüber der Gesetzgebung wesentlich weitmaschigere Wirkungen als gegenüber den anderen Zweigen der Staatsgewalt. Die Problematik jener Formel, wonach Gleiches gleich und Ungleiches ungleich zu behandeln sei, liegt für den Gesetzgeber darin, dass die Realität keine absolute Gleichheit (= Identität) kennt,[68] sondern mehrere Phänomene trotz aller übereinstimmenden Merkmale stets auch Unterschiede aufweisen. Wo alles verschieden ist, müsste nichts gleich behandelt werden. Demnach könnte das Gleichheitspostulat gegenstandslos werden. Andererseits kann Gleichheit durchaus bestehen, wenn ein oder mehrere Kriterien als Vergleichsmaßstab gewählt werden. Unter einzelnen Aspekten können eigentlich verschiedene Phänomene durchaus als „gleich" erscheinen. So lassen sich etwa unter den Menschen **gleiche Eigenschaften oder Rollen** als Mutter, Konfessionsangehöriger, Arbeitnehmer oder Grundstückseigentümerin feststellen. Tatsächlich erfasst die staatliche Normsetzung und -anwendung den Einzelnen nahezu stets nicht in seiner Gesamtheit, sondern knüpft in ihrem Tatbestand an bestimmte persönliche Merkmale an. Werden diese Tatbestandsmerkmale von mehreren Personen erfüllt, so sind sie insoweit gleich.

1184 Ausgangspunkt jeder Beurteilung der Vereinbarkeit eines Gesetzes mit dem allgemeinen Gleichheitssatz muss die Feststellung einer **Gleich- oder Ungleichbehandlung durch dieselbe Rechtssetzungsgewalt** sein. Dazu bedarf es zunächst einmal einer Vergleichbarkeit der Sachverhalte, d. h., der **Bildung von Vergleichsgruppen.** Bezugspunkt der Ungleichbehandlung ist damit der **gemeinsame Oberbegriff**, das sog. *genus proximum*, unter den sich die rechtlich unterschiedlich behandelten Personen oder Sachverhalte fassen lassen.[69] So lassen sich etwa Tennisspieler und Fußballerin unter den gemeinsamen Oberbegriff des Sportlers subsumieren, Cafébesitzer und Restaurantinhaber unter den des Gaststättenbetreibers. Außerdem muss die Ungleichbehandlung durch dieselbe Rechtssetzungsgewalt erfolgen. Dementsprechend liegt keine rechtlich relevante Ungleichbehandlung vor, wenn die Bürger in Bundesland A durch ein Landesgesetz anders gestellt werden als die Bürger in Bundesland B, das kein entsprechendes Landesgesetz erlassen hat.[70] An einer rechtlich relevanten Ungleichbehandlung fehlt es auch dann, wenn eine Universität durch Satzung ihren Studierenden besondere Verpflichtungen auferlegt, eine andere Universität hingegen auf derartige Maßnahmen verzichtet. Besondere Probleme ergeben sich immer wieder, wenn EU-Ausländer etwa auf Basis der Grundfreiheiten wegen des Anwendungsvorrangs des

68 Zum folgenden *Hesse* AöR 77 (1951), 172 ff.
69 *Kingreen/Poscher* Grundrechte, Rn. 617; krit. dazu *Mülder/Weitensteiner* JURA 2019, 51, 54 f.
70 BVerfGE 33, 224, 231; *Kingreen/Poscher* Grundrechte, Rn. 615.

Unionsrechts besser behandelt werden als Inländer, die sich mangels grenzüberschreitenden Sachverhalts nicht auf die unionalen Grundfreiheiten berufen können (sog. **Inländerdiskriminierung**).[71] Auch in diesen Fällen liegt jedoch keine verfassungsrechtlich relevante Ungleichbehandlung vor, da die Ungleichbehandlung nicht durch Rechtssetzung ein- und derselben Stelle ausgelöst wird.[72]

Anschließend ist dann die **Ungleichbehandlung festzustellen.** Sie ergibt sich aus dem Tatbestand des Gesetzes, welcher regelt, auf welche Fälle die angeordneten Rechtsfolgen anzuwenden bzw. nicht anzuwenden sind. 1185

Schließlich bedarf die Ungleichbehandlung einer **Rechtfertigung.** Dazu ist auf den **Zweck** der Gleich- oder Ungleichbehandlung abzustellen. Gesetze differenzieren nicht um der bloßen Unterscheidung willen, vielmehr verfolgen sie damit jeweils ein bestimmtes Ziel. Dieses **Differenzierungsziel** ist regelmäßig aus dem Regelungszweck des Gesetzes herzuleiten. Gesetze ergehen als politische Reaktion auf soziale Gestaltungsdefizite, verfolgen also stets einen Zweck, der über den bloßen Gesetzeserlass hinausgeht. Dieses Regelungsziel des Gesetzes bestimmt das Differenzierungsziel. Es steht nicht ausdrücklich im Gesetz, sondern ist durch Auslegung zu ermitteln. Über solche Ziele entscheidet im Rahmen der Festlegung des gesetzlichen Regelungszwecks die Gesetzgebung selbst. Dieses Differenzierungsziel muss seinerseits verfassungsgemäß sein. 1186

Der allgemeine Gleichheitssatz gebietet oder untersagt selbst kein Regelungsziel. Daher kann sich die Verfassungswidrigkeit des Regelungszwecks nur aus anderen Bestimmungen des Grundgesetzes ergeben, insbesondere den besonderen Gleichheitssätzen, den Staatszielbestimmungen oder den Freiheitsrechten.

Der allgemeine Gleichheitssatz verbietet Ungleichbehandlungen, die mit einem unzulässigen Differenzierungszweck begründet oder aus einem zulässigen Zweck nicht begründet sind. Dementsprechend fordert die Rechtsprechung für jede Ungleichbehandlung einen „sachlich einleuchtenden Grund“.[73] Insoweit stellt Art. 3 I GG ein **„Willkürverbot“**[74] dar. Danach darf wesentlich Gleiches nicht ohne Grund (= willkürlich) ungleich behandelt werden. Gleichheit als Ausprägung formaler Gerechtigkeit soll durch die Vermeidung von Willkür angestrebt werden. Was nach der gesetzgeberischen Zielsetzung als gleich erscheint, muss auch in der Durch- 1187

71 Zu dem Problem s. etwa *Breuer*, in: HStR VIII, § 170 Rn. 25; *Streinz*, Europarecht, 12. Aufl. 2023, Rn. 853 ff.

72 Einen Verstoß gegen Art. 3 I GG verneinend auch BGHZ 108, 342, 345 ff.

73 Seit BVerfGE 1, 14, 52; 1, 119, 140 f.

74 Diese Deutung geht zurück auf *Leibholz* Die Gleichheit, S. 88 ff.

führung gleich behandelt werden. „Willkür" liegt demnach stets dann vor, wenn sich für die Ungleichbehandlung aus dem Differenzierungsziel kein „sachlich einleuchtender Grund" herleiten lässt. Wesentlich **Ungleiches** unterfällt hingegen dem Gleichbehandlungsgebot nicht. Es **darf**, muss aber nicht **ungleich behandelt werden.**

1188 Der Erste Senat des Bundesverfassungsgerichts hat zwischenzeitlich die Willkürformel durch die sog. **„neue Formel"** weiterentwickelt und ergänzt:[75]

> „Diese Verfassungsnorm (Art. 3 I GG) gebietet, alle Menschen vor dem Gesetz gleich zu behandeln. Demgemäß ist dieses Grundrecht vor allem dann verletzt, wenn eine Gruppe von Normadressaten im Vergleich zu anderen Normadressaten anders behandelt wird, obwohl zwischen beiden Gruppen keine Unterschiede von solcher Art und solchem Gewicht bestehen, dass sie die ungleiche Behandlung rechtfertigen können." (BVerfGE 55, 72, 88).[76]

1189 Durch die „neue Formel" wird das **Übermaßverbot** als materielles Kriterium in die Prüfung einer Verletzung des Gleichheitssatzes hineingezogen.[77] Nicht mehr nur irgendein sachlich nachvollziehbarer Grund für eine Differenzierung sollte diese rechtfertigen können. Vielmehr ist nun erforderlich, dass die Ungleichbehandlung in einem angemessenen Verhältnis zu den Unterschieden steht.

> „Aus dem allgemeinen Gleichheitssatz ergeben sich je nach Regelungsgegenstand und Differenzierungsmerkmalen unterschiedliche Grenzen für den Gesetzgeber, die vom bloßen Willkürverbot bis zu einer strengen Bindung an Verhältnismäßigkeitserfordernisse reichen. [...] [D]er Gesetzgeber [unterliegt] bei einer Ungleichbehandlung von Personengruppen regelmäßig einer strengen Bindung. Diese Bindung ist umso enger, je mehr sich die personenbezogenen Merkmale den in Art 3 Abs. 3 GG genannten annähern und je größer deshalb die Gefahr ist, dass eine an sie anknüpfende Ungleichbehandlung zur Diskriminierung einer Minderheit führt. [...] Kommt als Maßstab nur das Willkürverbot in Betracht, so kann ein Verstoß gegen Art 3 Abs. 1 GG nur festgestellt werden, wenn die Unsachlichkeit der Differenzierung evident ist. Dagegen prüft das Bundesverfassungsgericht bei Regelungen, die Personengruppen verschieden behandeln oder sich auf die Wahrnehmung von Grundrechten nachteilig auswirken, im Einzelnen nach, ob für die vorgesehene Differenzierung Gründe von solcher Art und solchem Gewicht bestehen, dass sie die ungleichen Rechtsfolgen rechtfertigen können." (BVerfGE 88, 87, 96 f.)[78]

---

75 BVerfGE 55, 72, 88. Der Zweite Senat hat sich ihr mittlerweile angenähert, BVerfGE 75, 108, 157; 78, 249, 287 und insbesondere BVerfGE 75, 256, 329 f.; 88, 87, 87 ff.; zu der Entwicklung *Thiele* in: Dreier, GG, Art. 3 Rn. 33.

76 S. auch BVerfGE 82, 126, 146; 88, 87, 96 f.; 91, 389, 401; 92, 26, 51 f.

77 *Müller* VVDStRL 47, S. 37, 41, 51; s. dazu auch *Nußberger* in: Sachs, GG, Art. 3 Rn. 13 ff.

78 Dies wird teilweise als „neueste Formel" bezeichnet, *Kischel* in: BeckOK GG, Art. 3 Rn. 28 f. Dabei kann es nur um die „Plakatierung" einer Entwicklungsstufe gehen, denn der Sache nach handelt es sich hierbei um den Verhältnismäßigkeitsgrundsatz.

Mit der Einbeziehung des Kriteriums der **Verhältnismäßigkeit** wird einerseits die Rechtfertigung einer Ungleichbehandlung präzisiert und demnach ein Grundrechtseingriff vorhersehbarer.[79] Außerdem ermöglicht das Verhältnismäßigkeitsprinzip Abstufungen entsprechend der Eingriffsintensität und ist von daher mehr konturiert als die Entscheidung, ob ein irgendwie plausibler Grund vorliegt. Andererseits wird die gerichtliche, insbesondere verfassungsgerichtliche Kontrolldichte erhöht. Damit wird die im Zusammenhang mit Art. 3 GG viel betonte Gestaltungsfreiheit des Gesetzgebers enger, was zu der Kritik Anlass bot, dass verfassungsgerichtliche Wertungen vermehrt diejenigen des Gesetzgebers ersetzen könnten.[80] Welche Rollen als maßgeblich für Gleichheit oder Ungleichheit angesehen werden sollen, soll der Sozialgestaltung des Gesetzgebers überantwortet bleiben. Jedenfalls ist das Gesetz kein bloßer Nachvollzug grundgesetzlicher Wertungen, das Grundgesetz kein „Gesetzgebungsverfahrensgesetz" (etwa analog dem Verwaltungsverfahrensgesetz). 1190

Maßgeblich für die Bestimmung hinreichend gewichtiger Gründe für „Art und Maß" der Ungleichbehandlung[81] ist demnach die Bewertung des Gewichts der Ungleichbehandlung. Eine besonders schwerwiegende Ungleichbehandlung, mit der Folge, dass im Rahmen der Rechtfertigungsprüfung eine **strikte Verhältnismäßigkeitsprüfung** durchzuführen ist, ist demnach **in folgenden Fällen** anzunehmen: 1191

- wenn der **Schutzbereich eines Freiheitsgrundrechts** durch die Ungleichbehandlung inzident mit **berührt** ist;
- wenn an **Merkmale angeknüpft wird, die für den Einzelnen nicht oder nur sehr schwer verfügbar sind**;
- wenn an **Merkmale angeknüpft wird, die den in Art. 3 III GG verbotenen Differenzierungskriterien ähneln.**[82]

Liegt kein Umstand vor, der eine strenge Prüfung verlangt, genügt hingegen eine Willkürprüfung, d. h. die Ungleichbehandlung ist dann mit Art. 3 I GG vereinbar, wenn sie „bei einer am Gerechtigkeitsgedanken orientierten Betrachtungsweise nicht als willkürlich angesehen werden kann".[83] In jüngster Zeit wird zunehmend 1192

79 Vgl. *Böckenförde* Der allgemeine Gleichheitssatz und die Aufgabe des Richters, 1957, S. 49 ff.; s. auch *Schoch* DVBl. 1988, 863, 875.

80 *H.-P. Ipsen* in: Neumann/Nipperdey/Scheuner, Grundrechte II, S. 111, 184; *Robbers* Gerechtigkeit als Rechtsprinzip, 1980, S. 98 ff., 108 ff.

81 BVerfGE 124, 199, 220; *Nußberger* in: Sachs, GG, Art. 3 Rn. 92.

82 BVerfGE 129, 49 Rn. 65; 141, 1 Rn. 93; 145, 106 Rn. 98; s. dazu etwa *Thiele* in: Dreier, GG, Art. 3 Rn. 34; *Kischel* in: BeckOK GG, Art. 3 Rn. 45 ff.

83 BVerfGE 137, 350 Rn. 51; zur Willkürformel s. auch BVerfGE 116, 135, 161; 133, 1 Rn. 66;

aber **generell eine Verhältnismäßigkeitsprüfung durchgeführt, die sich in bestimmten Fällen auf eine bloße Willkürprüfung beschränkt,**[84] was der Rechtsprechung des EuGH zum Gleichheitssatz entspricht[85] und die bisher bestehenden Unterschiede zwischen den Fällen, in denen die sog. Neue Formel anzuwenden war und denjenigen, die nach der Willkürprüfung zu prüfen waren, zunehmend nivelliert. Man kann daher insoweit von einem **„stufenlosen Prüfungsmaßstab"** sprechen.[86]

1193 Insgesamt lässt sich für die Prüfung des allgemeinen Gleichheitssatzes folgendes **Schema** festhalten:
- Bildung eines gemeinsamen Oberbegriffs,
- Feststellung der Ungleichbehandlung,
- Prüfung der Rechtfertigung der Ungleichbehandlung.

1194 Schließlich ist zu beachten, dass der allgemeine Gleichheitssatz nach der Rechtsprechung des BVerfG **Drittwirkung** bei der Auslegung des Privatrechts entfaltet Dies gilt etwa beim Zugang zu monopolartig erbrachten Dienstleistungen wie sozialen Netzwerken oder beim Zugang zu für die Allgemeinheit geöffneten Veranstaltungen wie Fußballstadien.[87]

1195 ***Lösung zum Beispielsfall** (Rn. 1181):*

Das Existenzminimum für Kinder ist grundsätzlich unabhängig von der Frage, in welchem Rechtsgebiet (Steuerrecht, Sozialrecht) es zur Anwendung gelangt. Hier stellt sich demnach die Frage nach einem möglicherweise rechtfertigenden Grund für die Ungleichbehandlung.

> „Verfassungsrechtlicher Prüfungsmaßstab ist der sich aus Art. 1 i. V. m. Art. 20 Abs. 1 GG ergebende Grundsatz, dass der Staat dem Steuerpflichtigen sein Einkommen insoweit steuerfrei belassen muss, als es zur Schaffung der Mindestvoraussetzungen für ein menschenwürdiges Dasein benötigt wird. Der existenznotwendige Bedarf bildet von Verfassungs wegen die Untergrenze für den Zugriff durch die Einkommensteuer. [...] Der Gleichheitssatz (Art. 3 Abs. 1 GG) begründet [...] weitere verfassungsrechtliche Anforderungen. [...] Die von Verfassungs wegen zu berücksichtigenden existenzsichernden Aufwendungen müssen nach dem tatsächlichen Bedarf – realitätsgerecht – bemessen werden. Dessen Untergrenze ist durch die Sozialhilfeleistungen konkretisiert, die das im Sozialstaat anerkannte Existenzminimum gewährleisten sollen. [...] Mindestens das, was der Gesetzgeber dem Bedürftigen zur Befriedigung seines existenznotwendigen Bedarfs aus öffentlichen Mitteln zur Verfügung stellt, muss er

---

84 So etwa in BVerfGE 132, 179 Rn. 30 f.; 138, 136 Rn. 121 f.; s. dazu *Britz* NJW 2014, 346, 347 ff.

85 *Jarass* in: Jarass/Pieroth, GG, Art. 3 Rn. 23.

86 So etwa *Thiele* in: Dreier, GG, Art. 3 Rn. 34;

87 S. dazu o. Rn. 962.

auch dem Einkommensbezieher von dessen Erwerbsbezügen belassen.“ (BVerfGE 99, 246, 259 ff.). Ein zulässiger Differenzierungsgrund besteht danach nicht.[88]

IV. Folgeprobleme

Die Ehe zwischen F und M ist geschieden worden. Da sie sich über ihr Einfamilienhaus im Wert von ca. 150 000 € nicht einvernehmlich auseinandersetzen konnten, wird die Zwangsversteigerung durchgeführt. Da zum Termin nur die sonst vermögenslose F und der M erschienen sind, wird das Haus entsprechend dem Gebot des M für 2 000 € sofort zugeschlagen. F, die nicht darüber informiert worden ist, dass sie einen neuen Versteigerungstermin hätte beantragen können, verlor dadurch praktisch ihre gesamte wirtschaftliche Habe. Sie fühlt sich in ihren Rechten verletzt. (nach: BVerfGE 42, 64; dazu Rn. 1199). !

Setzt der allgemeine Gleichheitssatz nach traditioneller Auslegung (o. III) aufgrund der Notwendigkeit des Vergleichs „gleicher“ und „ungleicher“ Behandlung stets das Vorhandensein mehrerer Phänomene als tatsächliche Grundlage des Vergleichs voraus, so wird dieses Kriterium hier aufgegeben. Statt der **Willkür** als ungerechtfertigter Gleich- oder Ungleichbehandlung wird hier Willkür als „objektive“, d. h. tatsächliche und eindeutige Unangemessenheit einer Maßnahme im Verhältnis zu der tatsächlichen Situation, derer sie Herr werden soll, qualifiziert. Das Verbot willkürlicher Differenzierung wird hier zum allgemeinen Willkürverbot mit dem Ziel der Herstellung allgemeiner Gerechtigkeit durch Gesetzgebung, Verwaltung und Rechtsprechung. 1196

Die Herleitung eines **allgemeinen Gerechtigkeitsgebotes** aus Art. 3 I GG stimmt zwar mit historischen Interpretationsansätzen überein, die das Willkürverbot begründet haben. Dennoch ist diese Auslegung bislang vereinzelt geblieben.[89] Nichtsdestoweniger zeigt die dargestellte Entscheidung eine allgemeine Tendenz, die Art. 3 I GG in vielen Rechtsbereichen als Grundsatz der speziellen Sachgerechtigkeit versteht. Hierzu zählen etwa die „Steuergerechtigkeit“,[90] die „Gebührengerechtigkeit“[91] und die „Wehrgerechtigkeit“[92]. Solche Ausdifferenzierungen weisen die Tendenz auf, vorhandenen Normbeständen, soweit sie als „ge- 1197

88 Zu einzelnen verfahrensrechtlichen Grenzen der Gleichbehandlung BVerfGE 99, 246, 261 ff.
89 BVerfGE 46, 325 ff.; 49, 220 ff., 252 ff.
90 BVerfGE 13, 290, 295, 298; 26, 302, 310.
91 VGH Kassel, NJW 1977, 452, 453 f. m. w. N.
92 BVerfGE 48, 127, 162 f.

recht" empfunden werden, quasi Verfassungsrang zu verleihen. Derartige Gesetze können dann von der Legislative kaum noch geändert oder aufgehoben werden. Zugleich müssen sich neue Gesetze nicht bloß am GG, sondern zugleich am Maßstab seiner einfachgesetzlichen Ausprägungen messen lassen. Besonders deutlich wird diese Tendenz in dem Bemühen, die **„Systemgerechtigkeit"**[93] als Ausdruck des allgemeinen Gleichheitssatzes zu postulieren. Entsprechend dieser Form der „Folgerichtigkeit",[94] der „inneren Konsequenz einer gesetzlichen Regelung" soll die Legislative an ihr eigenes, früheres Recht gebunden sein in der Weise, dass „wer A sagt, auch B sagen muss".

Solche Ausweitungen des Gleichheitssatzes beziehen aus Art. 3 I GG jedoch keine rationalen Kriterien. Die in diesem Zusammenhang zitierte „Einheit der Rechtsordnung" enthält solche Maßstäbe ebenso wenig wie „Folgerichtigkeit und Einheit als Emanationen und Postulate der Rechtsidee". Versteht man „Systemgerechtigkeit" als übergreifendes „Konsequenzgebot", werden dem Gesetzgeber über den allgemeinen Gleichheitssatz weitreichende politische Selbstbindungen auferlegt. Vielfach dient aber eine Inkonsequenz auch als Korrektiv unerwünschter Folgen gesetzgeberischer Pauschalierungen und Typisierungen. So mag eine unterschiedliche Wertung Resultat eines politischen Kompromisses sein. Dass hier nun über Art. 3 I GG der Gesetzgeber zu allgemein konsequentem Handeln verpflichtet sein soll, entbehrt rationaler Kriterien.

Betrachtet man „Systemgerechtigkeit" hingegen als eine Art Gebot systemimmanenter Schlüssigkeit oder Logik, folgt daraus für den Gesetzgeber eine eher konkrete Selbstbindung in dem Sinne, dass er von eigens implementierten Funktionslogiken eines Systems – bspw. mathematische Berechnungen –, nicht beliebig abweichen darf. Für den Gesetzgeber folgt daraus eine **Begründungslast.**[95] Häufig wird dies allerdings eher aus anderen, spezielleren verfassungsrechtlichen Zusammenhängen folgen (bspw. Sozialstaat, Rechtsstaat, Freiheitsrechten). In diesem Sinne wäre eine so verstandene Form der „Systemgerechtigkeit" eine Ausprägung des Verhältnismäßigkeitsgrundsatzes (neue Formel).

1198 Der positive Gehalt dieser Vorschrift gebietet somit die **Begründbarkeit des Staatshandelns.**[96] Mit der Anführung sachlicher Gründe für einzelne Maßnahmen ist den Anforderungen des Art. 3 I GG genüge getan. Die jeweils angeführten Gründe müssen „sachlich einleuchtend" bzw. „vernünftig" sein. Nur solche Begründungen genügen den Anforderungen des allgemeinen Gleichheitssatzes. Für das Ausreichen solcher Gründe sind jedoch rationale Kriterien kaum zu ermitteln. Ist der Grund

---

93 Dafür *Degenhart* Systemgerechtigkeit und Selbstbindung des Gesetzgebers als Verfassungspostulat, 1976; ablehnend *Battis* FS Ipsen, 1977, S. 11, 26 ff.; *Peine* Systemgerechtigkeit, 1985; vgl. auch BVerfGE 105, 17 ff.; 118, 1 ff.; BVerfG, NJW 2010, 505 ff.

94 Zur Folgerichtigkeit s. *Erdmann* NVwZ 2020, 1798 ff.

95 I. d. S. anerkennend wohl BVerfGE 118, 1 ff.; BVerfG, NJW 2010, 505 ff.

96 Grundlegend *Luhmann* Grundrechte als Institutionen, 1965, S. 164 ff.

nur unzutreffend, indem er etwa auf Tatsachen beruht, die sich nachträglich als falsch herausstellen, so verstößt die Maßnahme nicht gegen Art. 3 I GG. Trotz vielfacher Betonung des politischen Entscheidungsspielraums des Gesetzgebers hängen so die Grenzen der Entscheidungsfreiheit der Legislative von kaum vorhersehbaren Gerichtsentscheidungen ab. Dabei besteht die Gefahr, dass die entscheidenden Richter ihre eigenen subjektiven Wertungen an die Stelle derjenigen des Gesetzgebers setzen und so den vom Grundgesetz gleichfalls gewünschten demokratischen Prozess übermäßig einengen.

Ein Rechtssatz, der gegen sozialgestaltende Maßnahmen, die vielfach notwendig Wohlhabende stärker treffen als ärmere Schichten, geltend gemacht werden kann, stabilisiert hier so wirtschaftliche Vorteile der Bessergestellten. So wird der allgemeine Gleichheitssatz zu einem Instrument sozialer Differenzierung.[97] An die Stelle politischer Ungleichheit träte die soziale Ungleichheit, welche durch den Gleichheitssatz stabilisiert würde. Dies wird dem Gehalt einer Norm, in welcher es um Gleichheit, nicht hingegen um Ungleichheit geht, nicht gerecht. Der Schutz vorhandener Besitzstände vor „Gleichmacherei“ ist hingegen durch Art. 14 GG, das Rückwirkungsverbot und den Vertrauensschutz hinreichend garantiert. Eine zentrale Fragestellung wird auch für die Zukunft die Definition der Rolle der Gleichheit im Sozialstaat, den nicht Standes-, sondern Schichtenunterschiede kennzeichnen, sein.

Lösung zum Beispielsfall *(Rn. 1196):* 1199

Das Beispiel zeigt, dass eine verfassungsgerichtliche „Pannenhilfe“ für unvertretbare Entscheidungen oder Entscheidungswirkungen nur schwerlich auf Art. 3 I GG gestützt werden kann. Wo nicht verglichen werden kann, kann auch nichts „gleich“ oder „ungleich“ behandelt werden.

„Ebenso wie die besonderen Wertentscheidungen des Grundgesetzes die Freiheit des Gesetzgebers einschränken, selbst zu bestimmen, was „gleich“ oder „ungleich“ sein soll, [...] werden auch der Rechtsprechung [...] durch das Willkürverbot gewisse, äußerste Grenzen gezogen. Diese sind u. a. dann überschritten, wenn sich für eine bei der Auslegung und Anwendung einer einfach-rechtlichen Norm getroffene Abwägung sachlich zureichende, plausible Gründe nicht mehr finden lassen. [...] Alles das gilt nicht nur bei der Auslegung und Anwendung materiellen Rechts; es gilt auch für die Handhabung des Verfahrensrechts. Das Verfahrensrecht dient der Herbeiführung gesetzmäßiger und unter diesem Blickpunkt richtiger, also darüber hinaus auch im Rahmen dieser Richtigkeit gerechter Entscheidungen. [...] Die die Entscheidung des Ausgangsverfahrens tragende Auffassung, trotz des Unterbleibens der Aufklärung der Beschwerdeführerin über die Tragweite des sofortigen Zuschlags habe die Versteigerung nicht an einem erheblichen Verfahrensmangel gelitten, welcher dem Zuschlag entgegengestanden habe, ist willkürlich.“ (BVerfGE 42, 64, 72 ff.)

---

97 Krit. *Scholler* Die Interpretation des Gleichheitssatzes als Willkürverbot oder als Gebot der Chancengleichheit, 1969, S. 35. Zur ursprünglich entgegengesetzten Tendenz des Gleichheitsschutzes *Gusy* NJW 1988, 2506 f.

1200 Was wäre etwa, wenn das Gericht stets auf die dort beschriebene Weise gehandelt hätte? Hätte es dann nicht den hier entschiedenen Fall „gleich“ behandeln müssen? Gewiss: Es gibt **keine Gleichheit im Unrecht.** Doch folgt dieses nicht aus Art. 3 GG. Es folgt vielmehr aus anderen Verfassungsnormen, welche eher hätten herangezogen und angewendet werden sollen. Hier wäre namentlich Art. 103 I GG einschlägig gewesen. So wird denn auch der Beschluss des BVerfG im abweichenden Votum kritisiert.

> „Die rechtsstaatliche Verfassung der Bundesrepublik Deutschland besteht nicht nur aus dem Willkürverbot; will sagen: nicht alles, was rechtsstaatlich unerträglich ist, ist verfassungsrechtlich wegen Verletzung des Art. 3 GG zu beanstanden. Es ist unerträglich, die Entscheidung über Freiheitsentzug der Exekutive zu überlassen; die Verfassungswidrigkeit ergibt sich nicht aus einer Verletzung des Art. 3, sondern aus der Verletzung des Art. 104 II S. 1, 19 IV GG. Es ist unerträglich, einen Rechtsstreit durch einen parteiischen Richter entscheiden zu lassen, die Verfassungswidrigkeit ergibt sich nicht aus einer Verletzung des Art. 3, sondern aus der Verletzung der Art. 101, 97 GG. Es ist unerträglich, in einem gerichtlichen Verfahren gegen eine Partei zu entscheiden, die zwar körperlich anwesend ist, aber die evidentermaßen außer Stande war, der Verhandlung zu folgen und ihren Sinn zu erkennen; die Verfassungswidrigkeit ergibt sich nicht aus einer Verletzung des Art. 3, sondern aus einer Verletzung des Art. 103 I GG. [...] Es gibt eben eine Reihe von Verfassungsnormen, die je für ihren Anwendungsbereich eine Konkretisierung des Rechtsstaatsprinzips darstellen. Genauer heißt das: Der Satz vom Willkürverbot ist als Maßstab beschränkt auf Fälle, in denen die rechtliche Operation darin besteht, zwei Tatbestände miteinander zu vergleichen, um zu dem Schluss gelangen zu können: es ist mangels eines plausiblen Grundes ‚willkürlich‘, sie verschieden zu behandeln (oder sie gleich zu behandeln)“.[98]

Zur Vertiefung:
Britz Der allgemeine Gleichheitssatz in der Rechtsprechung des BVerfG, NJW 2014, S. 346; *Kempny/Lämmle* Der „allgemeine Gleichheitssatz“ des Art. 3 I GG im juristischen Gutachten, JuS 2020, S. 22, 113 u. 215; *Kirchhof* Der allgemeine Gleichheitssatz, in: HStR VIII, § 181; *Mellinghoff/Palm* Gleichheit im Verfassungsstaat, 2008; *Mülder/Weitensteiner* Der allgemeine Gleichheitssatz (Art. 3 Abs. 1 GG), JURA 2019, S. 51; *Osterloh* Der verfassungsrechtliche Gleichheitssatz, EuGRZ 2002, S. 309; *Pietzcker* Der allgemeine Gleichheitssatz, HGRe V, § 125; *Sachs/Jasper* Der allgemeine Gleichheitssatz, JuS 2016, S. 769; *Scherzberg/Mayer* Die Prüfung des Gleichheitssatzes in der Verfassungsbeschwerde, JA 2004, 137 ff.; *Zippelius/Müller* Der Gleichheitssatz, VVDStRL 47, S. 7/37; *Gusy* Der Gleichheitssatz, NJW 1988, S. 2505.

98 *Geiger* in: BVerfGE 42, 20, 29 ff.; s. a. *Weitzel* JuS 1976, 722, 724 f. m. w. N.

§ 14 Die Verfassungsbeschwerde

X fühlt sich durch die Corona-Schutzverordnung des Landes Bayern, welche das Verlassen des Hauses zwischen 22 Uhr und 5 Uhr untersagt, in seinem Grundrecht aus Art. 6 I GG verletzt, weil er auf diese Weise gezwungen ist, zu seinem Ehemann zu ziehen, obwohl sich beide dafür entschieden hatten, während ihrer Ehe in getrennten Wohnungen zu leben. Er erhebt per De-Mail Verfassungsbeschwerde zum BVerfG, ohne zuvor einen Rechtsweg beschritten zu haben. Ist die Verfassungsbeschwerde zulässig? (nach BVerfG, NVwZ 2019, 162 hinsichtlich der Form der Beschwerdeeinlegung; s. u. Rn. 1216).

Die **Verfassungsbeschwerde**[1] ist das **Instrument des Bürgers, seine Grundrechte prozessual in einem gesonderten Verfahren geltend zu machen.** Rügefähig sind alle Grundrechte des ersten Abschnitts des Grundgesetzes sowie die in Art. 93 I Nr. 4a GG genannten **„grundrechtsgleichen Rechte“**. Zu deren Schutz ist mit der Verfassungsbeschwerde eine zusätzliche Instanz eingerichtet worden. Grundsätzlich binden die Grundrechte alle Staatsgewalt, gegen die gem. Art. 19 IV GG Rechtsschutz gewährleistet ist. Dementsprechend sind die Grundrechte in jedem Verfahren vor jedem Gericht anzuwenden, soweit sie einschlägig sind. Jener gerichtliche Grundrechtsschutz ist durch Art. 93 I Nr. 4a GG ergänzt und erweitert durch ein besonderes Verfahren. Einstweiliger Rechtsschutz wird bei Verfassungsbeschwerden – wie bei sämtlichen Verfahren zum BVerfG – nach § 32 BVerfGG garantiert. 1201

Nicht rügefähig sind diejenigen Verfassungsbestimmungen, die in Art. 93 I Nr. 4a GG fehlen. Dazu zählt etwa Art. 21 GG für die politischen Parteien, Art. 34 GG als Garantie der Staatshaftung und Art. 102 (Abschaffung der Todesstrafe). Für die Garantie der kommunalen Selbstverwaltung in Art. 28 II GG ist eigens die **kommunale Verfassungsbeschwerde** eingeführt worden (Art. 93 I Nr. 4b GG), die in § 91 BVerfGG eigenen Zulässigkeitsvoraussetzungen unterliegt.

Die hohe Zahl von Verfassungsbeschwerden – ca. 96,5 % aller Anträge zum Bundesverfassungsgericht[2] und, in Zahlen ausgedrückt, jährlich über 5000 Beschwerden – und ihre geringen Erfolgsaussichten – ca. 2 %[3] – haben zu einer erheblichen 1202

1 Zur Verfassungsbeschwerde s. *Zuck* Das Recht der Verfassungsbeschwerde, 6. Aufl., 2022; *Hain* Die Individualverfassungsbeschwerde nach Bundesrecht, 2002; *Gusy* Die Verfassungsbeschwerde, FS f. d. BVerfG, Bd. I, 2001, S. 641.

2 Bundesverfassungsgericht, Verfahrenszahlen, Verfahren seit 7. September 1951 bis 31. Dezember 2020, abrufbar unter https://www.bundesverfassungsgericht.de/DE/Verfahren/Jahresstatistiken/2020/statistik_2020_node.html (zuletzt abgerufen am 26. 08. 2024).

3 Bundesverfassungsgericht, Jahresstatistik 2020, Anteil der stattgegebenen an den entschiedenen Verfassungsbeschwerden pro Jahr seit 1987, abrufbar unter https://www.bundesverfassungsge-

https://doi.org/10.1515/9783111271309-018

Überlastung des Gerichts geführt, welche auf der Grundlage des Art. 94 II 2 GG zu immer neuen Entlastungsvorschlägen geführt hat.[4] Zumindest für die nähere Zukunft dürfte eine weitere Überlastung drohen, nachdem im Zuge der Corona-Pandemie zahlreiche Verfassungsbeschwerden gegen die staatlichen Corona-Schutzmaßnahmen eingereicht wurden.[5]

I. Zulässigkeitsvoraussetzungen

1. Zuständigkeit

1203 Die Zuständigkeit des BVerfG für Verfassungsbeschwerden ergibt sich aus Art. 93 I Nr. 4a GG, §§ 13 Nr. 8a, 90 ff. BVerfGG.

2. Beschwerdefähigkeit

1204 Nach § 90 I BVerfGG kann „jedermann" Verfassungsbeschwerde erheben. Dies bedeutet, dass Voraussetzung für die Beschwerdefähigkeit nur ist, dass der Beschwerdeführer überhaupt Träger irgendeines Grundrechts oder grundrechtsgleichen Rechts ist. Die Beschwerdefähigkeit fällt mit der **Grundrechtsfähigkeit** zusammen.[6] Der Umstand, dass bestimmte Grundrechte ihrem Wesen nach auf juristische Personen nicht anwendbar sind, ist jedoch erst im Rahmen der Beschwerdebefugnis zu prüfen, wenn es darum geht, ob eine Verletzung in dem als betroffen gerügten Grundrecht möglich ist. Entsprechendes gilt für die Frage, ob sich Ausländer auf ein bestimmtes Grundrecht berufen können. Bei ausländischen juristischen Personen des Privatrechts mit Sitz außerhalb der EU ist bei der Beschwerdefähigkeit zu beachten, dass sich diese auf die Justizgrundrechte berufen können, mithin auf Art. 101 I GG,[7] Art. 103 I GG[8] und Art. 19 IV GG[9].

---

richt.de/DE/Verfahren/Jahresstatistiken/2020/statistik_2020_node.html (zuletzt abgerufen am 26. 08. 2024).

4 Dazu bspw. *Albers* ZRP 1997, 198; *Böckenförde* ZRP 1996, 281; *Wahl/Wieland* JZ 1996, 1137; *BMJ* Entlastung des BVerfG-Kommissionsbericht, 1998.

5 Bundesverfassungsgericht, Hohe Verfahrenszahlen und Herausforderungen in der Corona-Pandemie, abrufbar unter https://www.bundesverfassungsgericht.de/DE/Verfahren/Jahresstatistiken/2020/gb2020/vorwort.html (zuletzt abgerufen am 26. 08. 2024).

6 S. dazu näher Rn. 864 ff.

7 BVerfGE 18, 441, 447; 64, 1, 11.

8 BVerfGE 12, 6, 8; 64, 1, 11.

9 *Jarass* in: Jarass/Pieroth, GG, Art. 19 Rn. 56.

3. Prozessfähigkeit

Prozessfähig ist grundsätzlich derjenige, der die Fähigkeit besitzt, Prozesshandlungen selbst oder durch bestimmte Bevollmächtigte vorzunehmen. Die Prozessfähigkeit findet im BVerfGG keine ausdrückliche Regelung, ergibt sich aber aus einer Analogie zum sonstigen Verfahrensrecht. Aufgrund der Eigenart der verfassungsgerichtlichen Verfahren können allerdings die entsprechenden Bestimmungen anderer Verfahrensgesetze, insbesondere §§ 51 ff. ZPO, nicht ohne Weiteres entsprechend angewandt oder der ihnen zugrundeliegende Rechtsgedanke ohne Weiteres allgemein auf das Verfahren vor dem Bundesverfassungsgericht übertragen werden.[10] Im Rahmen der Verfassungsbeschwerde richtet sich deshalb die Fähigkeit, die erforderlichen Verfahrenshandlungen vorzunehmen, nach der Ausgestaltung der in Anspruch genommenen Grundrechte und deren Beziehung auf das im Ausgangsverfahren streitige Rechtsverhältnis.[11] Abzustellen ist somit auf die Einsichts- und Handlungsfähigkeit des Betroffenen im Hinblick auf den betroffenen Grundrechtsinhalt, die sog. Grundrechtsmündigkeit, wobei eine typisierende Betrachtung vorzunehmen ist. Bei der Religionsfreiheit (Art. 4 I, II GG) ist davon auszugehen, dass ein 14-Jähriger prozessfähig ist.[12] Für Minderjährige,[13] die noch nicht grundrechtsmündig sind, kann, ebenso wie bei geschäftsunfähigen Volljährigen,[14] nur der gesetzliche Vertreter handeln. Für juristische Personen, die per se prozessunfähig sind, handeln ihre Organe. 1205

4. Beschwerdegegenstand

Tauglicher Beschwerdegegenstand ist gemäß Art. 93 I Nr. 4a GG, §§ 13 Nr. 8a, 90 I BVerfGG jeder Akt der öffentlichen Gewalt. Dies sind gem. Art. 20 II 2 GG alle Maßnahmen der deutschen Staatsgewalt, also der Legislative, Exekutive und Judikative. Nicht hierzu zählt Recht aus der Besatzungszeit. Unterlassungen können zwar gerügt werden, was sich aus §§ 92, 95 I 1 BVerfGG ergibt, sie werden allerdings regelmäßig nicht gegen rügefähige Rechte verstoßen. Rechtsakte der Unionsorgane können vor dem BVerfG nicht direkt angegriffen werden.[15] Auch in Fällen vollständiger unionsrechtlicher Determinierung ist daher immer auf die Rechtsakte der 1206

10 BVerfGE 1, 87, 89.
11 BVerfGE 51, 405.
12 S. o. Rn. 1003.
13 Vgl. BVerfGE 107, 104, 121.
14 BVerfGE 19, 93, 100.
15 BVerfGE 151, 202 Rn. 112.

nationalen Stellen, in der Regel also auf die Entscheidungen der nationalen Gerichte als Beschwerdegegenstand abzustellen. Bei mehreren Akten der öffentlichen Gewalt in ein und derselben Sache, z. B. bei zwei instanzgerichtlichen Urteilen und einem abschließenden BGH-Urteil, bleibt es dem Beschwerdeführer überlassen, ob er nur die letztinstanzliche Entscheidung oder auch die vorangegangenen Entscheidungen angreift.[16] In jedem Fall liegt aber nur eine einzige Verfassungsbeschwerde vor. Enthält der Klausursachverhalt keine Angaben, wogegen der Beschwerdeführer sich wenden möchte, ist im Zweifel davon auszugehen, dass er sämtliche gegen ihn ergangenen belastenden Entscheidungen, also auch solche der Verwaltung, angreifen möchte.

5. Beschwerdebefugnis

1207 Der Beschwerdeführer muss nach § 90 I BVerfGG behaupten, in seinen Rechten verletzt zu sein. Gemäß § 92 BVerfGG muss er dabei die Maßnahme und das Recht, das verletzt sein soll, angeben.

1208 Aus seinem Vortrag muss sich die **Möglichkeit einer Grundrechtsverletzung** ergeben. Der Beschwerdeführer muss daher vortragen, durch den angegriffenen Rechtsakt in einem seiner in Art. 93 I Nr. 4a GG genannten Grundrechte oder grundrechtsgleichen Rechte verletzt zu sein. Auch die Möglichkeit einer Verletzung in Unionsgrundrechten kann hinreichend sein,[17] wobei die Frage nach dem Prüfungsmaßstab des BVerfG im Rahmen der Prüfung der Möglichkeit einer Grundrechtsverletzung zu diskutieren ist, da Art. 93 I Nr. 4a GG auf den ersten Blick gegen eine Einbeziehung auch der Unionsgrundrechte spricht und die entsprechende Rechtsprechung des BVerfG noch vergleichsweise neu ist. Die Möglichkeit einer Grundrechtsverletzung ist dann hinreichend klar dargelegt, wenn diese nach dem Vortrag nicht von vornherein ausgeschlossen werden kann. Die Möglichkeit einer Grundrechtsverletzung scheidet beispielsweise von vornherein aus, wenn der Akt der öffentlichen Gewalt weder rechtliche noch tatsächliche Wirkung gegenüber dem Beschwerdeführer entfaltet, wie dies etwa bei Verwaltungsvorschriften der Fall ist. Wird eine Verletzung einer Schutzpflicht gerügt, bestehen gesteigerte Anforderungen an die Darlegung der Möglichkeit einer Grundrechtsverletzung. Das BVerfG verlangt insoweit, dass die einschlägigen Regelungen des als unzureichend beanstandeten Normkomplexes jedenfalls in ihren Grundzügen dargestellt werden und dass begründet wird, warum vom Versagen der gesetzgeberischen Konzeption

16 S. dazu auch *Kingreen/Poscher* Grundrechte, Rn. 1461.
17 S. o. Rn. 808.

auszugehen ist.[18] Die Möglichkeit einer Grundrechtsverletzung ist immer im Hinblick auf das durch den Angriffsgegenstand konkret als verletzt gerügte Grundrecht zu prüfen.[19]

Im Rahmen der Beschwerdebefugnis ist weiterhin die sog. **qualifizierte Betroffenheit** zu prüfen, mithin, ob der Beschwerdeführer durch die gerügte staatliche Maßnahme selbst, gegenwärtig und unmittelbar betroffen ist. 1209

Der Beschwerdeführer ist **selbst** betroffen, wenn er möglicherweise in eigenen Grundrechten verletzt ist. Damit ist die Erhebung einer sog. Popularverfassungsbeschwerde ausgeschlossen.[20] Selbstbetroffenheit ist unproblematisch gegeben, wenn der Beschwerdeführer unmittelbarer oder zumindest mittelbarer Adressat des Angriffsgegenstandes ist.[21] Somit sind von Regelungen zu Ladenöffnungszeiten nicht nur die Geschäftsinhaber selbst, sondern auch die Verbraucher[22] und die Kirchen[23] selbst betroffen. Zulässig ist auch eine Prozessstandschaft, bei der fremde Grundrechte im eigenen Namen geltend gemacht werden, wenn andernfalls die betroffenen Grundrechte keine Wirkung entfalten könnten. So kann beispielsweise der Verfahrenspfleger eines schwer psychisch Kranken dessen Grundrechte im eigenen Namen geltend machen.[24] Verneint hat das BVerfG hingegen die Möglichkeit einer Prozessstandschaft durch Personen, die noch nicht in einem Pflegeheim wohnen für pflegebedürftige Personen, die bereits in einem solchen Heim wohnen.[25] Wer für eine juristische Person Verfassungsbeschwerde einlegt, muss eine Rechtsverletzung der juristischen Person und nicht seiner selbst behaupten. 1210

Ferner muss der Beschwerdeführer **gegenwärtig** in seinen Grundrechten betroffen sein. Diese Voraussetzung ist erfüllt, wenn der Beschwerdeführer von dem angegriffenen Akt der öffentlichen Gewalt aktuell, also schon oder noch, betroffen ist oder wenn konkret absehbar ist, dass er von diesem in Zukunft betroffen sein wird.[26] Es genügt daher, wenn die angegriffene Maßnahme beschlossen und ausgefertigt, aber noch nicht in Kraft getreten ist, wenn das Inkrafttreten nur noch eine Frage der Zeit ist. Problematisch ist die gegenwärtige Betroffenheit bei Maßnahmen, die sich bei Erhebung der Verfassungsbeschwerde bereits erledigt haben. In derartigen Fällen ist entscheidend, ob die Grundrechtswidrigkeit fortwirkt bzw. ob 1211

18 BVerfGE 158, 170 Rn. 51; 162, 1 Rn. 95.
19 *Hillgruber/Goos* Verfassungsprozessrecht, 5. Aufl. 2020, Rn. 231.
20 BVerfGE 79, 1, 14.
21 BVerfGE 102, 197, 206 f.; 119, 181, 212.
22 BVerfGE 13, 230, 232 f.
23 BVerfGE 125, 39, 75.
24 BVerfGE 149, 293, 314 f.
25 BVerfG, NVwZ 2016, 841 Rn. 22 ff.
26 BVerfGE 146, 71, 110.

noch ein Interesse an der Feststellung der Grundrechtswidrigkeit besteht.[27] Ein solches Interesse ist jedenfalls bei schwerwiegenden und folgenschweren Grundrechtseingriffen zu bejahen, die sich typischerweise erledigen, bevor der Betroffene eine Entscheidung des BVerfG erlangen kann.[28] Zudem kann bei bereits erledigten Maßnahmen die gegenwärtige Betroffenheit dann zu bejahen sein, wenn eine Wiederholungsgefahr besteht,[29] welche sich freilich auf konkrete Tatsachen stützen muss und nicht bloß pauschal behauptet werden darf.

1212 Schließlich muss der Beschwerdeführer durch den Akt der öffentlichen Gewalt **unmittelbar** in seinen Grundrechten betroffen sein. An der unmittelbaren Betroffenheit fehlt es, wenn nicht der angegriffene Rechtsakt, sondern erst ein weiterer, späterer Vollzugsakt die Grundrechtsverletzung begründet.[30] Bei Verwaltungsakten und Gerichtsentscheidungen, die gegen den Beschwerdeführer ergangen sind, ist die unmittelbare Betroffenheit in der Regel zu bejahen, da hier keine weiteren Vollzugsakte erforderlich sind. Etwas anderes gilt hingegen im Hinblick auf Rechtsnormen. Hier fehlt es grundsätzlich an der unmittelbaren Betroffenheit, wenn sie auf den Vollzug durch Behörden und Gerichte ausgelegt sind. Etwas anderes gilt lediglich für Normen des Straf- und Ordnungswidrigkeitenrechts, da von dem Betroffenen in diesen Fällen nicht verlangt werden kann, zuerst gegen die Straf- oder Ordnungswidrigkeitennorm zu verstoßen, um dann im Straf- oder Bußgeldverfahren die Verfassungswidrigkeit der Norm geltend zu machen.[31] Entsprechendes gilt für heimlich oder verdeckt erfolgende Vollzugsakte, für die die gesetzlichen Regelungen vorsehen, dass der Betroffene nicht in Kenntnis gesetzt werden muss. Auch hier ist ein Vorgehen unmittelbar gegen die Rechtsnorm möglich.[32] Völkerrechtliche Verträge hingegen berühren Rechte der Bürger ebenso wenig wie Haushaltsgesetze ohne Außenwirkung.

6. Rechtswegerschöpfung

1213 Nach § 90 II 1 BVerfGG kann der Beschwerdeführer erst nach Erschöpfung des Rechtswegs Verfassungsbeschwerde erheben.[33] Dies gilt freilich nur, soweit gegen den angegriffenen Akt überhaupt ein Rechtsweg zulässig ist. Bei formellen Gesetzen

---

27 *Hillgruber/Goos* Verfassungsprozessrecht, 5. Aufl. 2020, Rn. 279.
28 Vgl. BVerfGE 107, 299, 311.
29 BVerfGE 52, 42, 51 f.; 56, 99, 106.
30 BVerfGE 140, 42 Rn. 60 ff.
31 BVerfGE 81, 70, 82 f.; *Hillgruber/Goos* Verfassungsprozessrecht, 5. Aufl. 2020, Rn. 284.
32 BVerfGE 120, 378, 394; 133, 277, 311 f.; 162, 1 Rn. 99.
33 BVerfGE 112, 50; *Posser* Die Subsidiarität der Verfassungsbeschwerde, 1993; *Linke* NJW 2005, 2190.

ist, wie sich auch aus § 93 III BVerfGG ergibt, kein Rechtsweg eingeräumt, so dass hier die Verfassungsbeschwerde direkt zulässig ist. Zum Rechtsweg gehören alle gesetzlich geregelten Rechtsschutzmöglichkeiten, mit deren Hilfe der Beschwerdeführer die Korrektur des Aktes der öffentlichen Gewalt erreichen kann, dessen Grundrechtswidrigkeit er rügt.[34] Nicht zum Rechtsweg gehören offensichtlich unzulässige Rechtsbehelfe.[35] Entsprechendes gilt für offensichtlich aussichtslose Rechtsbehelfe.[36] Allerdings muss der Rechtsweg vor Erhebung der Verfassungsbeschwerde beschritten werden, wenn die Statthaftigkeit, die Zulässigkeit oder die Erfolgsaussichten eines Rechtsbehelfs im konkreten Fall lediglich zweifelhaft sind.[37] „Erschöpft" ist der Rechtsweg erst dann, wenn der gesamte Instanzenzug durchlaufen wurde. Die Regelung des § 90 II 2 BVerfGG, wonach unter bestimmten Voraussetzungen vom Erfordernis der Rechtswegerschöpfung abgesehen werden kann, kommt zwar in der Praxis in einzelnen Konstellationen zum Tragen, in der Klausur ist sie jedoch grundsätzlich nicht anzuwenden, da die Entstehung schwerer und unabwendbarer Nachteile beim Festhalten am Gebot der Rechtswegerschöpfung in diesem Rahmen kaum geprüft werden kann.

7. Subsidiarität

Eng verbunden mit dem Erfordernis der Rechtswegerschöpfung ist der Grundsatz 1214
der Subsidiarität der Verfassungsbeschwerde. Er geht insoweit über das Erfordernis der Rechtswegerschöpfung hinaus, als es beispielsweise verlangt, dass auch außergerichtliche Rechtsbehelfe ausgeschöpft werden müssen. So wird in einschlägigen Konstellationen etwa verlangt, dass der Beschwerdeführer die G 10-Kommission zur Überprüfung von Beschränkungen des Brief-, Post- und Fernmeldegeheimnisses nach Art. 10 II 2 GG vor Erhebung einer Verfassungsbeschwerde anruft.[38] Für den Fall, dass der Beschwerdeführer eine gerichtliche Entscheidung, die im einstweiligen Rechtsschutz ergangen ist, angreifen möchte, wird gefordert, dass er den Rechtsweg des Eilverfahrens erschöpft.[39] Bei Verfassungsbeschwerden unmittelbar gegen Gesetze müssen zur Wahrung der Subsidiarität zuvor auch alle mittelbaren fachgerichtlichen Rechtsschutzmöglichkeiten ausge-

34 BVerfGE 122, 190, 203; *Hillgruber/Goos* Verfassungsprozessrecht, 5. Aufl. 2020, Rn. 290.
35 BVerfGE 91, 93, 106.
36 BVerfGE 9, 3, 7 f.
37 BVerfGE 145, 20 Rn. 85.
38 Vgl. BVerfG, NVwZ 1994, 367.
39 *Hillgruber/Goos* Verfassungsprozessrecht, 5. Aufl. 2020, Rn. 307.

schöpft worden sein, wozu v.a. die Erhebung einer Feststellungs- oder Unterlassungsklage vor den Verwaltungsgerichten zählt.[40]

8. Form

1215 Die Verfassungsbeschwerde ist nach § 23 I 1 BVerfGG schriftlich einzureichen.[41] Die Einreichung per Fax[42] oder Telegramm[43] reicht hierfür aus, während eine E-Mail nicht hinreichend ist. Außerdem ist die Verfassungsbeschwerde nach § 93 I BVerfGG zu begründen. Die Begründung muss nach § 92 BVerfGG das Recht, das verletzt sein soll und die hoheitliche Maßnahme, gegen die der Beschwerdeführer sich wenden möchte, bezeichnen.

9. Fristen

1216 Für Maßnahmen der Exekutive und Gerichte gilt grundsätzlich die Monatsfrist des § 93 I 1 BVerfGG; Verfassungsbeschwerden gegen Gesetze sind binnen eines Jahres nach deren Inkrafttreten zulässig (§ 93 III BVerfGG), wobei die Jahresfrist bei Gesetzen im Fall einer inhaltlichen Gesetzesänderung erneut zu laufen beginnt.[44] Problematisch ist hier der Fall, wenn der Beschwerdeführer erst über ein Jahr nach dem Inkrafttreten einen Tatbestand erfüllt, wonach er dem Gesetz unterliegt. Wer gegen Bestimmungen des Straßenverkehrsgesetzes oder der Straßenverkehrsordnung Verfassungsbeschwerde einlegen will, kann dies zumeist erst, wenn er ein KFZ besitzt, da ihm vorher die Antragsbefugnis mangels gegenwärtiger Verletzung fehlte. Hat er dieses Fahrzeug erst über ein Jahr nach Inkrafttreten jener Normen erworben, so ist die Verfassungsbeschwerdefrist verstrichen. Hier kann verfassungsgerichtlicher Rechtsschutz nur noch in einem Straf- oder Bußgeldverfahren erlangt werden. Wurde die Monatsfrist des § 93 I 1 BVerfGG unverschuldet versäumt, kommt nach § 93 II BVerfGG die Wiedereinsetzung in den vorigen Stand in Betracht.

---

40 BVerfGE 162, 1 Rn. 100 f.
41 Dazu *Lübbe-Wolff* EuGRZ 2004, 669.
42 BVerfG, NJW 2007, 2838.
43 BVerfGE 32, 365, 368.
44 BVerfG, NVwZ 2020, 1424 Rn. 12.

Wie ist nach den genannten Bedingungen die Zulässigkeit der Verfassungsbeschwerde im **Beispielsfall** (Rn. 1201) zu beurteilen? **!**

Das Bundesverfassungsgericht ist nach Art. 93 I Nr. 4a GG, § 13 Nr. 8a, §§ 90 ff. BVerfGG für Verfassungsbeschwerden zuständig. Die Corona-Schutzverordnung des Bundeslandes ist als Akt der öffentlichen Gewalt tauglicher Beschwerdegegenstand i. S. v. Art. 93 I Nr. 4a GG. X als natürliche Person kann sich auf Grundrechte berufen, ist also beschwerdeberechtigt (§ 90 I BVerfGG). Auch die Beschwerdebefugnis ist gegeben, da die Möglichkeit einer Verletzung in Art. 6 I GG besteht. Die qualifizierte Betroffenheit ist ebenfalls gegeben, denn X ist durch die bayerische Corona-Schutzverordnung selbst gegenwärtig und auch unmittelbar betroffen, nachdem diese keiner weiteren Vollzugsakte bedarf. Problematisch ist allerdings, dass X entgegen den Vorgaben des § 90 II 1 BVerfGG den Rechtsweg nicht erschöpft hat. Ein solcher besteht nach §§ 47 I Nr. 2 VwGO, Art. 4 S. 1 AGVwGO im Bundesland Bayern gegen Rechtsverordnungen des Landes, nachdem dagegen der VGH München angerufen werden kann. Schon aus diesem Grund ist die Verfassungsbeschwerde des X unzulässig. Außerdem wurde die Verfassungsbeschwerde nicht formgerecht eingelegt. § 23 I 1 BVerfGG verlangt, dass die Schriftform eingehalten wird. Die als De-Mail eingereichte Verfassungsbeschwerde genügt nicht dem Schriftformerfordernis. Dieses verlangt, dass ein körperliches Schriftstück eingeht. Eine Einreichung per E-Mail, die – anders als ein Fax – nicht zum sofortigen Ausdruck bestimmt ist, reicht dafür nicht aus. Der Gesetzgeber hat gerade darauf verzichtet, in das BVerfGG eine § 130a ZPO, § 55a VwGO, § 46c ArbGG, § 65a SGG oder § 52a FGO entsprechende Regelung aufzunehmen. Damit ist die Verfassungsbeschwerde des X unzulässig.

In Aufgabenstellungen ist i. d. R. davon auszugehen, dass Zulässigkeitsvoraussetzungen erfüllt sind, wenn darüber nichts ausgesagt wird. Bei der Erschöpfung des Rechtsweges ist auf dieses Erfordernis hinzuweisen: Die Verfassungsbeschwerde ist – nach Erschöpfung des Rechtsweges – zulässig. 1217

Über eine zulässige Verfassungsbeschwerde muss das BVerfG allerdings nicht zwingend entscheiden. Vielmehr bedarf die Verfassungsbeschwerde nach §§ 93a ff. BVerfGG aus Entlastungsgründen einer ausdrücklichen **Annahme zur Entscheidung** durch die zuständige Kammer oder den Senat, wobei die Annahme nur in zwei Fällen vorgeschrieben ist:[45] 1218

- soweit der Verfassungsbeschwerde grundsätzlich verfassungsrechtliche Bedeutung zukommt;
- wenn die Annahme zur Grundrechtsdurchsetzung angezeigt ist, was auch dann der Fall sein kann, wenn dem Beschwerdeführer ansonsten ein schwerer Nachteil entsteht.

45 Näher BVerfGE 90, 22, 25; *Kreuder* NJW 2001, 1243, 1247; ausführlich: *Klein/Sennekamp* NJW 2007, 945.

Die Ablehnung der Verfassungsbeschwerde ist nach § 93d I BVerfGG weder anfechtbar, noch bedarf sie einer Begründung. Eine solche Nichtannahmeentscheidung ergeht in ca. 98 % der Fälle. Die Verfassungsbeschwerde ist so zu einem oft aussichtslosen Unterfangen geworden.

II. Die Begründetheit der Verfassungsbeschwerde

1. Prüfungsmaßstab

1219 Prüfungsmaßstab des BVerfG bei einer Verfassungsbeschwerde sind nach Art. 93 I Nr. 4a GG alle Grundrechte und grundrechtsgleichen Rechte. Ebenso können die Unionsgrundrechte in bestimmten Konstellationen Prüfungsgegenstand sein.[46] Ist eine Verfassungsbeschwerde zulässig, prüft das BVerfG die Beschwerde in vollem Umfang, d. h. in Bezug auf das gesamte Verfassungsrecht, so dass auch Grundrechte geprüft werden können, die vom Beschwerdeführer gar nicht als verletzt gerügt wurden. Auf diese Weise dient die Verfassungsbeschwerde nicht nur der Durchsetzung grundrechtlicher Garantien des Einzelnen, sondern auch der Einhaltung des objektiven Verfassungsrechts.[47]

2. Verletzung von spezifischem Verfassungsrecht

1220 Das BVerfG ist als Verfassungsgericht nicht Teil des Instanzenzuges, sondern steht außerhalb dessen. Es ist keine „Superrevisionsinstanz“ und hat daher nicht die Aufgabe, im Rahmen einer Verfassungsbeschwerde die Entscheidungen der Instanzgerichte bis ins letzte Detail zu überprüfen und auch die Anwendung des einfachen Gesetzesrechts durch die Fachgerichte zu kontrollieren. Daher hat es Ansätze zur Beschränkung seiner Prüfungsbefugnis im Verfahren der Verfassungsbeschwerde entwickelt. Der wohl wichtigste davon ist die sog. **Heck'sche Formel.** Danach kann das BVerfG „nur bei einer Verletzung von ‚**spezifischem Verfassungsrecht**‘ durch die Gerichte [...] auf Verfassungsbeschwerden hin eingreifen“.[48] Die Gestaltung des Verfahrens, die Feststellung und Würdigung des Sachverhalts sowie die Auslegung und Anwendung des einfachen Rechts hingegen soll allein die Sache der Instanzgerichte sein und ist damit dem Zugriff des BVerfG entzogen. Eine Verletzung von spezifischem Verfassungsrecht nimmt das BVerfG

46 S. o. Rn. 808.

47 BVerfGE 45, 63, 74; 126, 1, 17; *Kingreen/Poscher* Grundrechte, Rn. 1508.

48 BVerfGE 18, 85, 92.

an, wenn bei der Auslegung und Anwendung des einfachen Rechts der Einfluss der Grundrechte grundlegend verkannt wurde.[49] Dies ist dann der Fall, wenn in der Entscheidung der Instanzgerichte Grundrechte übersehen oder grundsätzlich falsch angewendet wurden und die entsprechende Entscheidung darauf beruht. Eine falsche Grundrechtsanwendung kann sich u. a. daran zeigen, dass der Umfang des Schutzbereichs eines Grundrechts verkannt wurde, die Voraussetzungen des Vorliegens eines Eingriffs völlig falsch definiert wurden, die Anforderungen an die Rechtfertigung eines Grundrechtseingriffs unrichtig bemessen wurden oder der Schutzzweck einer grundrechtlichen Schutzpflicht grundlegend falsch gesehen wurde.[50] Ob eine solche falsche Grundrechtsanwendung tatsächlich vorliegt, hängt vor allem von der Sorgfalt der Überprüfung durch die Fachgerichte ab, wobei das BVerfG umso strenger prüft, je einschneidender der in Rede stehende Grundrechtseingriff ist.[51]

Zur Vertiefung:
Benda/Klein Verfassungsprozessrecht, 4. Aufl., 2020; *Burkiczak/Dollinger/Schorkopf* BVerfGG, 2. Aufl., 2021; *Gersdorf* Verfassungsprozessrecht und Verfassungsmäßigkeitsprüfung, 6. Aufl. 2024; *Gusy* Die Verfassungsbeschwerde, in: FS 50 Jahre BVerfG, 2001, Bd. I, S. 641; *Hillgruber/Goos* Verfassungsprozessrecht, 5. Aufl., 2020; *Kempny* Mittelbare Rechtssatzverfassungsbeschwerde und unmittelbare Grundrechtsverletzung, Der Staat 53 (2014), S. 577; *Lechner/Zuck* BVerfGG, 8. Aufl., 2019; *Schmidt-Bleibtreu/Klein/Bethge* BVerfGG, Losebl., 63. EL 2023; *Pestalozza* Verfassungsprozessrecht, 3. Aufl., 1991; *Pieroth/Aubel* die Rechtsprechung des Bundesverfassungsgerichts zu den Grenzen richterlicher Entscheidungsfindung, JZ 2003, S. 504; *Scherzberg/Mayer* Die Zulässigkeit der Verfassungsbeschwerde, JURA 2004, S. 373 u. 513; *dies.* Die Begründetheit der Verfassungsbeschwerde bei der Rüge von Freiheitsverletzungen, JURA 2004, S. 663; *Schlaich/Korioth* Das BVerfG, 12. Aufl., 2021.

49 BVerfGE 89, 276, 285; BVerfG, NVwZ 2021, 398 Rn. 15 m. w. N.
50 BVerfGE 95, 96, 128; BVerfG, NVwZ 2021, 398 Rn. 15; *Kingreen/Poscher* Grundrechte, Rn. 1520; *Gersdorf* Verfassungsprozessrecht und Verfassungsmäßigkeitsprüfung, 6. Aufl. 2024, Rn. 73–76.
51 BVerfGE 75, 302, 314.

Anhang
Hinweise zur Bearbeitung staatsrechtlicher Fälle

A. Einführung und Gang der Darstellung

1221 Die Bearbeitung staatsrechtlicher Fälle fällt erfahrungsgemäß nicht nur den Studierenden in den ersten Semestern besonders schwer. Das liegt zum einen an der Komplexität des Staatsrechtes und zum anderen daran, dass sich, außer im Bereich der Grundrechte,[1] kein umfassend anwendbares Bearbeitungsschema findet. Zudem sind die Normen des Grundgesetzes in der Regel sehr abstrakt formuliert, um eine Vielzahl von Lebenssachverhalten erfassen zu können und damit eine Fortentwicklung der gesellschaftlichen Ordnung zu ermöglichen.

1222 Daher sollen nachfolgend einige Hilfestellungen gegeben werden, die eine Lösung verfassungsrechtlicher Fälle erleichtern.

1223 Nach allgemeinen Hinweisen zur Falllösung (B.) und der Darlegung des juristischen Handwerkszeuges (C.) folgt zur Verdeutlichung ein verfassungsrechtlicher Fall mit gutachterlicher Lösung (D.).

1224 Dieser Text soll aber nicht eines der zahlreichen Bücher zur Falllösung ersetzen, sondern den Einstieg in die Falllösung erleichtern.

B. Allgemeine Hinweise für die Falllösung

1225 Bei der Falllösung geht es darum, innerhalb der Prüfungszeit die gestellte Frage in einem gut strukturierten Gutachten zu beantworten. Das Gutachten besticht dabei im Idealfall durch eine überzeugende Erörterung der relevanten Rechtsprobleme mit stringenter rechtlicher Argumentation.[2]

1226 Wie in den anderen Rechtsgebieten auch, hängt der Erfolg der Fallbearbeitung maßgeblich davon ab, ob die Fallfrage richtig verstanden wurde und das juristische Handwerkszeug beherrscht wird. Nur so können auch unbekannt erscheinende Probleme überzeugend gelöst werden. Dies soll aber nicht darüber hinwegtäuschen, dass ein hinreichendes Maß an fachspezifischem Wissen erforderlich ist.

---

1 Auch dies ist zu relativieren, da unterschieden nach Freiheits- und Gleichheitsgrundrechten zwei Schemata zur Verfügung stehen. Und bei den Freiheitsrechten finden sie sich hauptsächlich zu Eingriffskonstellationen.

2 Vgl. *Schoch* Übungen im Öffentlichen Recht I, 2000, S. 34.

https://doi.org/10.1515/9783111271309-019

I. Wie gehe ich an einen Fall heran?

Stellt man sich nun die Frage, wie an die Fallbearbeitung heranzugehen ist, erhält man sicher stets die gleiche Antwort: Zuerst muss der **Sachverhalt gelesen werden!** Nach einem ersten orientierenden Lesen folgt ein zweiter, wenn nicht gar dritter Durchgang, der garantiert, dass der Sachverhalt verstanden wurde. Notfalls ist eine Zeittafel oder ein Zeitstrahl zu fertigen, der eine Übersicht über die Geschehnisse gibt. Denn in der Regel sind alle Sachverhaltsangaben für die Lösung von Bedeutung. Überflüssige Informationen werden zumeist nicht gegeben. Beim zweiten bzw. dritten Durchgang kann auch schon ein schwerpunktmäßiges Lesen erfolgen. Dadurch können die Probleme des Falles herausgearbeitet und die für die Beantwortung der Fallfrage wichtigen Argumentationshinweise vergegenwärtigt werden. Hier ist vor allem auf im Sachverhalt dargestellte Rechtsansichten der widerstreitenden Parteien zu achten und auf eventuell genannte Normen. 1227

Wenn der Sachverhalt soweit erfasst wurde, ist das Augenmerk auf die **Fallfrage** zu legen. Nur deren Beantwortung ist Ziel des Gutachtens. Die Fallfrage gibt also den Prüfungsumfang vor. Ein falsches Verständnis der Fallfrage führt mehr oder weniger zwangsläufig zu einem fehlerhaften Lösungsansatz und damit zu einer unzutreffenden Lösung. Dass die Fragestellung verstanden wurde, kann am besten dadurch verdeutlicht werden, indem sie im ersten Obersatz des Gutachtens aufgegriffen wird. Dies erfreut in der Regel den Prüfer, denn nach einem solchen Obersatz erwartet er eine zielgerichtete Darstellung. Die Art der Fragestellung kann äußerst unterschiedlich sein. Im öffentlichen Recht wird in der Regel nach der Rechtmäßigkeit von Maßnahmen staatlicher Organe gefragt. Im Verfassungsrecht sind folgende Fallfragen typisch: 1228

- Ist das Gesetz X verfassungsgemäß?
- Ist der Beschluss über die Regelung der Redezeit verfassungsgemäß?
- Kann der Bundespräsident die Ausfertigung des Gesetzes Z verweigern?
- Hat eine Verfassungsbeschwerde des Y vor dem Bundesverfassungsgericht Aussicht auf Erfolg?

Nicht wenige Bearbeitungen scheitern bereits daran, dass der Sachverhalt nur überflogen und andere als die gestellte(n) Frage(n) erörtert werden. Das zu erstellende Gutachten dient aber nur dazu, den konkreten und nicht etwa den (vermeintlich) „bekannten" Fall durch die Beantwortung der gestellten Frage zu lösen. Der Sachverhalt ist als feststehend hinzunehmen und zu bearbeiten und nicht durch eine „Sachverhaltsquetsche" in den bekannten oder Standardfall umzudeuten. Außerdem verbietet sich jegliche sonstige Wissenswiedergabe, jede Erörterung, die nicht durch die Ausgangsfrage veranlasst ist. Solch ein Vorgehen führt zu 1229 überflüssigen und damit falschen Darstellungen. Überflüssig sind z. B. „Einleitungen", „historische Rückblicke" oder rechtspolitische Stellungnahmen.

1230 Als nächstes sollten, wie oben bereits erwähnt, die **Probleme des Falles** verdeutlicht werden. Diese sollten auf einem Extrablatt notiert werden. Außerdem sollten Stichpunkte mit Gedanken, die dazu in den Sinn kommen (erste Assoziation), gemacht werden. Gegebenenfalls sollten im Sachverhalt entsprechende Passagen, die für die Lösung relevant sind, namentlich mitgeteilte Rechtsansichten, farbig markiert werden. Diese müssen in der Bearbeitung natürlich auf ihre Tragfähigkeit hin überprüft werden. Aber sie geben mögliche Argumentationslinien vor und machen auf Probleme aufmerksam, welche nicht immer sofort zu erkennen sind. Wenn die Rechtsfragen des Falles aufgespürt sind, müssen diese schließlich noch gewichtet werden. Dies ist ein wichtiger Schritt, denn hier entscheidet sich, wie viele (Seiten) Ausführungen im Gutachten zu den einzelnen Problemen geschrieben werden. Bei der Gewichtung darf nicht entscheidend sein, zu welchem Thema das meiste Wissen vorhanden ist. Überflüssige Wissensabladung führt zu einer Abwertung der Arbeit!

1231 Anschließend sollten unbedingt die genannten Rechtsnormen nachgelesen und nach weiteren Vorschriften gesucht werden, die für die Beantwortung der Fallfrage ernsthaft in Betracht kommen (zweite Assoziation). Das setzt voraus, dass der Stoff beherrscht wird und ein Überblick über das Gesetz, hier also das Grundgesetz und etwaige Geschäftsordnungen, vorhanden ist. Nach der Lektüre des Falles muss eine ungefähre Vorstellung davon vorliegen, mit welchen verfassungsrechtlichen Normen und Grundsätzen die zu überprüfende Maßnahme kollidieren könnte. Hier stellt sich im Verfassungsrecht mitunter das Problem, dass erst die Zusammenschau mehrerer Normen die Beantwortung einer Rechtsfrage ermöglicht.

1232 Unabhängig davon, ob es eine einschlägige Norm gibt oder mehrere Normen herangezogen werden müssen, sind die Normen zu prüfen. Sind die Tatbestandsvoraussetzungen erfüllt? Was bedeutet das für die Lösung? An dieser Stelle ist zu beweisen, dass **das juristische Handwerkszeug** beherrscht wird und auch unbekannte **Normen ausgelegt werden können.** Außerdem ist bereits jetzt zu überlegen, an welchem Tatbestandsmerkmal gegebenenfalls aufgefundene Rechtsprobleme anzuknüpfen sind. Im Gutachten kann keine abstrakte Problemdarstellung abgeliefert werden. Stets muss normorientiert argumentiert und aufgebaut werden.

1233 Bevor schließlich das Gutachten in einem sauberen **Gutachtenstil** verfasst wird, ist eine **Lösungsskizze anzufertigen.** Diese sollte alle Ideen und Gedanken „verarbeiten", die während der vorhergehenden Schritte entwickelt wurden. Wie umfassend die Lösungsskizze sein sollte, lässt sich pauschal nicht sagen. Wichtig ist, dass der Fall gedanklich einmal durchgelöst und die Prüfungsreihenfolge für das Gutachten festgelegt wurde.

II. Zusammenfassung

Zusammenfassend lässt sich folgende Arbeitsanleitung geben: 1234
1. Sachverhalt erfassen und Fallfrage verstehen.
2. Probleme des Falles auffinden und gewichten.
3. Normen für die Problemlösung heraussuchen.
4. Gedankengang sortieren/Lösungsskizze erstellen.
5. Gutachten im Gutachtenstil verfassen.

C. Das juristische Handwerkszeug

Die Beherrschung des juristischen Handwerkszeugs ist zwingende Voraussetzung 1235 für eine gelungene Falllösung. Sowohl die Auslegung von Verfassungsnormen (I.) als auch der Gutachtenstil (II.) müssen beherrscht werden.

I. Auslegung von Verfassungsnormen

Die Auslegung von Normen ist elementarer Bestandteil einer jeden juristischen 1236 Falllösung. Die Arbeit mit einer gesetzlichen Regelung ist besonders wichtig. Durch sie wird der objektive Sinngehalt einer Norm ermittelt und entfaltet. Dies geschieht nicht zum Selbstzweck. Vielmehr gilt es festzustellen, ob die Voraussetzungen der fraglichen Normen im konkreten Fall vorliegen und deshalb diese Normen auf den Fall anwendbar sind. Speziell das Verfassungsrecht ist durch die Offenheit seiner Regelungen gekennzeichnet, was zu einer gewissen inhaltlichen Unbestimmtheit der Verfassungsnormen führt.[3] Deshalb ist besonders im Bereich des Grundgesetzes eine saubere Auslegungsarbeit geboten, die den Inhalt der jeweiligen Norm konkretisiert.

Auch das Grundgesetz ist ein Gesetz, auf das zunächst die klassischen Ausle- 1237 gungsmethoden angewendet werden können, da das Grundgesetz selbst keine bestimmte Interpretationsmethode vorschreibt.[4] Als Aufforderung an jeden Rechtsanwender hat den Inhalt der klassischen Methodik *Hassemer* wie folgt beschrieben: „Triff deine Entscheidung nach dem Wortlaut des Gesetzes; achte auf den systematischen Zusammenhang, in dem das Gesetz steht; verfolge das Regelungsziel, das der Gesetzgeber im Auge hatte, und richte dich nach dem Sinn, den das Gesetz heute

3 *Schoch* Übungen im Öffentlichen Recht I, 2000, S. 12.
4 BVerfGE 88, 145, 166 f.; s. o. Rn. 64.

hat. Das nenne ich: das Gesetz ernst nehmen und daraus eine Lehre für den Umgang mit dem Gesetz erschließen, die dem Gesetz gerecht wird."[5] Zudem sind auf Grund der Bedeutung und des Stellenwertes des Grundgesetzes in unserer Rechtsordnung bei der Verfassungsauslegung zusätzlich besondere Aspekte wie das Prinzip der praktischen Konkordanz zu berücksichtigen.[6]

II. Der Gutachtenstil

1238 1. Ein **juristisches Gutachten** ist ein aufgeschriebener Gedankengang, der bei der Ausgangsfrage/Fallfrage beginnt und die hier ansetzenden rechtlichen Überlegungen in geordneter, folgerichtiger Form darstellt. Am Ende muss das Ergebnis und damit die Antwort auf die ursprüngliche Frage stehen. Aus dieser Charakterisierung folgt, dass bei einem Gutachten nicht allein die Mitteilung eines Ergebnisses erwartet wird. Für die Bewertung einer juristischen Arbeit ist vielmehr die umfassende Darstellung der Lösungsfindung ausschlaggebend. Der Leser soll überzeugt werden, dass die vom Gutachter vorgeschlagene Lösung richtig ist. Dabei muss der Aufbau des Gutachtens aus sich heraus verständlich und konsistent sein.

1239 Im Gegensatz zum Gutachten wird bei einem Urteil das gefundene Ergebnis den Erörterungen vorangestellt (sog. Tenor) und erst im Anschluss durch die Entscheidungsgründe gegenüber den Verfahrensbeteiligten begründet.

1240 Der Weg von der Ausgangsfrage zum Ergebnis ist allerdings nicht in das Belieben des Bearbeiters gestellt, sondern hat sich im Rahmen von bestimmten Aufbauregeln zu vollziehen. Neben der Form – dem Gutachtenstil (dazu sogleich) – sind dies allgemeine Regeln, wie z. B. der Grundsatz, dass Spezialvorschriften vor allgemeinen Normen zu prüfen sind oder auch die Erkenntnis, dass es keine abstrakte Problemdarstellung geben sollte. Eine Prüfung hat immer sachverhalts- und normorientiert zu erfolgen.

1241 2. Der **Gutachtenstil** folgt idealtypisch fünf Schritten:

Obersatz

1242 Im Obersatz wird eine These aufgestellt. Die These ist dabei als Fragestellung formuliert, die auch das mögliche Ergebnis enthält.

1243 Z. B.:

---

5 *Hassemer* ZRP 2007, 213, 215.

6 S. o. Rn. 65.

- Die Verfassungsbeschwerde des X hat Aussicht auf Erfolg, wenn sie zulässig und begründet ist.
- Das Gesetz könnte gegen Art. 12 GG verstoßen und daher verfassungswidrig sein.
- Das Gesetz ist verfassungsgemäß, wenn es formell und materiell mit der Verfassung im Einklang steht.

Voraussetzungen

Anschließend wird die (erste) Voraussetzung (wiederum in Form eines Obersatzes) 1244
formuliert. Diese Voraussetzung muss erfüllt sein, damit sich die These als richtig erweist. Die Voraussetzungen einer Norm sind deren Tatbestandsmerkmale. Diese müssen hier also nacheinander geprüft werden.

Definition

Die zu prüfende Voraussetzung wird abstrakt definiert. Dies ist notwendig, damit 1245
die Rechtsbegriffe handhabbarer werden. Hier wird vom Bearbeiter, wenn er die gängige Definition nicht kennt oder es keine gibt, die Auslegungsarbeit nach den oben beschriebenen Kriterien erwartet.

Subsumtion

Bei der Subsumtion wird geprüft, ob der Lebenssachverhalt unter die Definition 1246
„passt". Sie stellt damit die Gesetzesanwendung im konkreten Fall dar. In Form einer Schlussfolgerung wird dann als Zwischenergebnis festgehalten, dass die Voraussetzung gegeben bzw. nicht gegeben ist. Die Subsumtion im Gutachtenstil ist gekennzeichnet durch Formulierungen wie „daher", „somit", „also", „mithin" usw. Diese Worte signalisieren, dass aus einer Problemdiskussion eine Schlussfolgerung gezogen wurde.

Ergebnis

Im Ergebnis wird der aufgestellte Obersatz positiv oder negativ beantwortet. Re- 1247
gelmäßig sind innerhalb eines Gesamtgutachtens mehrere kleine Gutachten zu fertigen. Dies beruht auf der Tatsache, dass die zu prüfende Vorschrift oft mehr als ein problematisches Tatbestandsmerkmal aufweist. Hinzu kommt, dass innerhalb eines Falles meist mehr als eine Norm entscheidungserheblich ist.

3. Ein **Gutachten ist zu gliedern**, damit der Leser den Ausführungen besser folgen 1248
kann. Dabei gibt es grundsätzlich keine zwingenden Vorschriften, wann ein neuer Gliederungspunkt zu wählen ist. Da ein schlüssiger Gedankengang vermittelt werden soll, ist es sinnvoll eine Abschichtung nach ggf. formellen und materiellen Gesichtspunkten, unterschiedlichen zu prüfenden Normen oder Zulässigkeit und

Begründetheit (als Grobraster) vorzunehmen. Die Gliederung hat dabei der gängigen Darstellungsweise zu folgen (A. I. 1. a) aa) usw.).

1249 4. **Sprachlich** muss sich im Gutachten ein Äquivalent zur gedanklichen Vorgehensweise finden. Da die Antwort auf eine Fallfrage hergeleitet werden soll, muss sich das „Tastende", „Suchende" auch in der Wortwahl wiederfinden. Dies geschieht durch die Verwendung des Konjunktivs im Obersatz. Zudem müssen Schlussfolgerungen durch „daher", „somit", „deshalb" usw. verdeutlicht werden.

1250 5. **Abschließend** sollen noch einige Punkte Erwähnung finden:

- Auch wenn der Gutachtenstil langweilig und langatmig wirkt, ist er doch das ganze Gutachten hinweg durchzuhalten. Das Gutachten ist jene Arbeitstechnik, die in der Ersten Juristischen Prüfung verlangt wird. Nur an wirklich unproblematischen Stellen (z. B.: das Tatbestandsmerkmal liegt eindeutig vor) kann und sollte in den Urteilsstil gewechselt werden.
- Wenn ein Standardproblem in einem Fall ausfindig gemacht wurde und die gängigen Argumentationslinien bekannt sind, müssen diese auch dargestellt werden. Dabei sind Formulierungen zu verwenden, die neutral sind (z. B.: einerseits/andererseits) und nicht die Bezeichnungen „herrschende Meinung" und „Mindermeinung". Allein das Anführen der „herrschenden Meinung" ersetzt keine Argumentation. Im Gutachten ist ein stringenter Gedankengang darzustellen. Dafür ist es unerheblich zu wissen, welche Ansicht überwiegend vertreten wird.
- Sollte es für die zu prüfende Norm bzw. den Normkomplex ein etabliertes Schema geben (z. B. bei Grundrechtseingriffen), dann ist es zweckmäßig, dieses zur Gliederung des Gutachtens zu nutzen. Es vermittelt Sicherheit und garantiert, dass keine wesentlichen Punkte übersehen werden.

D. Beispielsfall

I. Sachverhalt[7]

1251 Der sechzehnjährige Fußballfan F verbringt grundsätzlich jede freie Minute im Stadion, um seinen Lieblingsverein V, der in der Ersten Bundesliga spielt, zu un-

7 Der Fall samt Abwandlung ist an die Entscheidungen des BVerfGE 148, 267 und BVerfGE 152, 216 angelehnt. Er wurde von Frau Ass. iur. Anne Wagner maßgeblich entwickelt. Die hier abgedruckten Regelungen der SVRL entsprechen nicht dem aktuell gültigen Stand.

terstützen. In der letzten Zeit wurde F's Liebe zum Fußball aufgrund einiger Vorkommnisse jedoch stark getrübt.

Zu einem Auswärtsspiel reiste F extra mit seinem Verein, um diesen als treuer 1252
Anhänger gegen den gastgebenden Verein A zu unterstützen. Nach Spielende umgab sich F mit einer Gruppe von etwa 80 weiteren Anhängern des V, die überwiegend zu einer gewaltbereiten „Ultra"-Fangruppe gehörten. Im Folgenden kam es, ausgehend von dieser Gruppierung, zu Auseinandersetzungen mit den Fans des A, bei denen es zu mehreren Körperverletzungen und Sachbeschädigungen kam. Aufgrund dessen wurde gegen F ein Ermittlungsverfahren wegen Landfriedensbruchs nach § 125 StGB eingeleitet. A erließ anschließend ein bundesweites Stadionverbot gegen F, welches auf zwei Jahre festgesetzt wurde. A handelte insoweit im Namen des Deutschen Fußball-Bundes, des Ligaverbandes sowie sämtlicher Vereine der Fußball-Bundesliga, welche sich für die Festsetzung solcher Verbote wechselseitig bevollmächtigt haben. A stützte sich hierbei auf sein Hausrecht und die von ihm im Lizenzierungsverfahren anerkannten „Richtlinien zur einheitlichen Behandlung von Stadionverboten" des Deutschen Fußball-Bundes (SVRL). Wenige Monate später wurde das Ermittlungsverfahren gegen F gemäß § 153 I StPO wegen Geringfügigkeit eingestellt. A prüfte die staatsanwaltschaftliche Ermittlungsakte und beschloss jedoch, an dem Stadionverbot festzuhalten.

F ist empört. Zwar sei er mit dieser Gruppierung unterwegs gewesen, jedoch sei 1253
ihm keine Beteiligung an den konkreten Tathandlungen nachzuweisen, maximal sei er als ein Mitläufer anzusehen gewesen. Spätestens nach Einstellung des Strafverfahrens gemäß § 153 Abs. 1 StPO hätte das Verbot doch aufgehoben werden müssen. Das bundesweite Stadionverbot sei demnach nicht gerechtfertigt, es könne nicht angehen, dass er lediglich aufgrund eines bloßen Verdachts von sämtlichen Stadionbesuchen ausgeschlossen werde.

F beschließt daher, gerichtlich dagegen vorzugehen. Im Folgenden erhebt er 1254
Klage gegen A und begehrt die Aufhebung des bundesweiten Stadionverbots. Jedoch bleibt seine Klage vor den Zivilgerichten und dem BGH erfolglos. Nach Erschöpfung des Rechtswegs erhebt er Verfassungsbeschwerde und beruft sich hierbei auf eine Verletzung von Art. 3 I GG. In Anbetracht der überragenden sozialen Bedeutung und des öffentlichen Stellenwerts, den der Fußball in der Gesellschaft einnimmt, läge in dem bundesweiten Stadionverbot nicht nur eine Verletzung einfachen Rechts, sondern auch seiner Grundrechte in Form einer willkürlichen Ungleichbehandlung.

Bearbeitervermerk: Hat die Verfassungsbeschwerde des F Aussicht auf Erfolg? 1255
Auf andere Grundrechte als Art. 3 I GG ist bei der Bearbeitung nicht einzugehen.

Regelungen der SVRL: 1256

§ 1 Definition, Zweck und Wirksamkeit des Stadionverbots 1257

1258 (5) Das Stadionverbot kann auch für den Bereich anderer Platz- oder Hallenanlagen festgesetzt werden (überörtliches, sog. bundesweites Stadionverbot – § 4 Abs. 3, 4 und 5). Die Vereine und der DFB bevollmächtigen sich hierzu durch eine gesonderte Erklärung [...] gegenseitig. Die Erklärung ist jeweils vor Beginn einer Spielzeit neu auszufertigen und wird beim DFB (Zentralverwaltung) bzw. der DFL Deutsche Fußball Liga GmbH hinterlegt.

§ 4 Adressat, Fälle des Stadionverbotes

1259 (1) Ein Stadionverbot ist gegen eine Person zu verhängen, die im Zusammenhang mit dem Fußballsport, insbesondere anlässlich einer Fußballveranstaltung der Lizenz- oder Regionalligen, des DFB oder Ligaverbandes oder eines Spiels eines internationalen Wettbewerbs, das dem DFB, dem Ligaverband oder einem Verein zur Ausrichtung übertragen worden ist, in einem oder mehreren der nachfolgend ausgeführten Fälle innerhalb oder außerhalb einer Platz- bzw. Hallenanlage sicherheitsbeeinträchtigend aufgetreten ist.

(2) [...]

1260 (3) Ein überörtliches Stadionverbot (§ 1 Abs. 5) soll ausgesprochen werden bei eingeleiteten Ermittlungs- oder sonstigen Verfahren, insbesondere in folgenden Fällen (schwerer Fall):

[...]

1261 7. Landfriedensbruch (§§ 125, 125a, 126 (1) Nr. 1 StGB)

§ 6 Aufhebung des Stadionverbotes bei Änderung der Tatsachengrundlage

1262 (1) Das Stadionverbot ist von der festsetzenden Stelle aufzuheben, wenn der Betroffene nachweist, dass

- das zugrunde liegende Ermittlungsverfahren nach § 170 Abs. 2 StPO oder nach einer entsprechenden Regelung des JGG eingestellt worden ist, es sei denn, es sei aus anderen Gründen aufrechtzuerhalten;
- [...].

II. Abwandlung

1263 Sieben Jahre nach diesen Vorkommnissen widmet sich der mittlerweile berufstätige F einigen Recherchen im Internet. Aus einer Laune heraus beschließt er, seinen eigenen Namen in die Online-Suchmaschine G einzugeben und eine entsprechende Suche zu starten. Überrascht stellt er fest, dass bereits als eines der ersten Suchergebnisse ein sieben Jahre alter Fernsehbeitrag mit dem Titel: „Gewalt im Fußballsport – Wie gewaltbereite Hooligans diese Sportart zerstören“ erscheint. In diesem Beitrag wird F namentlich erwähnt und bezüglich seines Bundesligaverbotes befragt. F ist entsetzt. Zwar kann er sich erinnern, im Zuge der damaligen Rechtsstreitigkeit ein freiwilliges Interview zu diesem Beitrag gegeben zu haben, um seine Position zu bekräftigen. Doch scheint es nun so, als wäre er gemeinhin als gewaltbereiter Hooligan abgestempelt. Hatte er doch gehofft, dieses Kapitel endgültig abgeschlossen zu haben, ist im Gegenteil sein Name – zumindest im Internet – untrennbar mit dieser Auseinandersetzung verbunden. F sieht hierin eine Verletzung seines allgemeinen Persönlichkeitsrechts und des Grundrechts auf informationelle Selbstbestimmung gemäß Art. 2 I. i. V. m. Art. 1 I GG.

F geht daher gerichtlich gegen G vor, um die Unterlassung der Verknüpfung 1264
seines Namens mit diesem Beitrag zu erstreiten, scheitert jedoch in allen Instanzen des zivilrechtlichen Rechtszuges. Auch die Revision vor dem BGH bleibt ohne Erfolg. F erhebt daher form- und fristgerecht Verfassungsbeschwerde, befürchtet jedoch, dass ihm das Bundesverfassungsgericht einen Strich durch die Rechnung machen könnte. Denn F ist sich schon über die Zulässigkeit seines Antrages unsicher, da Quellen im Internet das Datenschutzrecht als Materie des Europarechts beschreiben. F fragt sich daher, ob in einem solchen Verfahren nicht vielmehr Unionsgrundrechte zu beachten wären. Zudem könnte das Bundesverfassungsgericht als deutsches Gericht diesbezüglich dann vielleicht auch gar nicht zu einer Überprüfung befugt sein.

Bearbeitervermerk: Ist die Verfassungsbeschwerde des F zulässig?

III. Lösungsvorschlag zum Ausgangsfall

Die Verfassungsbeschwerde des F hat Aussicht auf Erfolg, wenn sie zulässig und 1265
begründet ist.

A. Zulässigkeit

Die Beschwerde des F ist zulässig, wenn sämtliche Sachentscheidungsvorausset- 1266
zungen erfüllt sind.

I. Zuständigkeit des Bundesverfassungsgerichts

Die Zuständigkeit des Bundesverfassungsgerichts für Verfassungsbeschwerden er- 1267
gibt sich aus Art. 93 I Nr. 4a GG, §§ 13 Nr. 8a, 90 ff. BVerfGG.

II. Beschwerdefähigkeit

Gemäß Art. 93 I Nr. 4a GG i. V. m. § 90 I BVerfGG kann die Verfassungsbeschwerde 1268
von jedermann erhoben werden, der behauptet, durch die öffentliche Gewalt in

einem seiner Grundrechte oder grundrechtsähnlichen Rechte verletzt zu sein, soweit er Träger eines dieser Rechte sein kann.[8] F kann sich als natürliche Person jedenfalls auf die allgemeine Handlungsfreiheit des Art. 2 I GG berufen und ist somit beschwerdefähig.

III. Prozessfähigkeit

1269 F müsste aber auch prozessfähig sein. Prozessfähig ist grundsätzlich derjenige, der die Fähigkeit besitzt, Prozesshandlungen selbst oder durch bestimmte Bevollmächtigte vorzunehmen.[9] Die Prozessfähigkeit findet im BVerfGG keine ausdrückliche Regelung, ergibt sich aber aus einer Analogie zum sonstigen Verfahrensrecht. Aufgrund der Eigenart der verschiedenen verfassungsgerichtlichen Verfahren können allerdings die entsprechenden Bestimmungen anderer Verfahrensgesetze, insbesondere §§ 51 ff. ZPO, nicht ohne Weiteres entsprechend angewandt oder der ihnen zugrundeliegende Rechtsgedanke ohne weiteres allgemein auf das Verfahren vor dem Bundesverfassungsgericht übertragen werden. Im Rahmen der Verfassungsbeschwerde richtet sich deshalb die Fähigkeit, die erforderlichen Verfahrenshandlungen vorzunehmen, nach der Ausgestaltung der in Anspruch genommenen Grundrechte und deren Beziehung auf das im Ausgangsverfahren streitige Rechtsverhältnis.[10] Abzustellen ist somit auf die Einsichts- und Handlungsfähigkeit des Betroffenen im Hinblick auf den betroffenen Grundrechtsinhalt, die sog. Grundrechtsmündigkeit. Im vorliegenden Fall ist F bereits 16 Jahre alt, sodass von einer hinreichenden Reife hinsichtlich des in Rede stehenden Grundrechts aus Art. 3 I GG auszugehen ist. F ist somit selbst prozessfähig.

IV. Beschwerdegegenstand

1270 Die Verfassungsbeschwerde müsste sich gemäß Art. 93 I Nr. 4a GG, § 90 I BVerfGG gegen einen Akt der öffentlichen Gewalt und somit gegen einen Hoheitsakt richten.[11] Als öffentliche Gewalt sind alle drei Teilgewalten anzusehen, somit sind alle Akte der Exekutive, Legislative und Judikative mit der Verfassungsbeschwerde überprüfbar. Damit kann die Verfassungsbeschwerde gegen die Entscheidungen sämtlicher Gerichte erhoben werden, mit Ausnahme der Entscheidungen des Bundesverfassungsgerichts selbst. Fraglich ist demnach, was genau den von F angegriffenen Beschwerdegenstand bildet. Hier richtet sich der F gegen die Rechtsanwendung der Gerichte, zuletzt in Form des gegen ihn ergangenen Urteils des BGH.

---

8 S. o. Rn. 1204.
9 S. o. Rn. 1205.
10 BVerfGE 51, 405.
11 S. o. Rn. 1206.

Mangels gegenteiliger Anhaltspunkte im Sachverhalt ist davon auszugehen, dass F sämtliche Gerichtsentscheidungen und nicht nur das letztinstanzliche BGH-Urteil angreifen will. Er wendet sich somit gegen Akte der Judikative (sog. Urteilsverfassungsbeschwerde). Ein tauglicher Beschwerdegegenstand liegt damit vor.

V. Beschwerdebefugnis

F müsste beschwerdebefugt sein. Dazu müsste er gemäß § 90 I BVerfGG behaupten, 1271
durch die öffentliche Gewalt in einem seiner Grundrechte verletzt zu sein. Das Bundesverfassungsgericht konkretisierte diese Anforderungen und setzt voraus, dass die behauptete Verletzung des betroffenen Grundrechts aufgrund eines substanziierten Vortrages des Beschwerdeführers zumindest möglich erscheinen muss, zudem müsste der Beschwerdeführer, hier F, selbst, unmittelbar und gegenwärtig betroffen sein.[12]

1. Möglichkeit einer Grundrechtsverletzung

F beruft sich hier auf eine Verletzung von Art. 3 I GG. Fraglich ist jedoch, ob die 1272
Grundrechte im vorliegenden Rechtsverhältnis überhaupt Schutzwirkung entfalten. Die Grundrechte regulieren in erster Linie das Verhältnis der Bürgerinnen und Bürger zum Staat und sind grundsätzlich auf eine Anwendung zwischen diesen Akteuren beschränkt. Die angegriffene Entscheidung des BGH betrifft jedoch einen Rechtsstreit zwischen sich als Private gegenüberstehenden Parteien über die Reichweite der zivilrechtlichen Befugnisse aus Eigentum und Besitz gegenüber Dritten. Jedoch sind auch die Zivilgerichte gemäß Art. 1 III GG an die Grundrechte gebunden. Des Weiteren sind die Grundrechte als Teil einer objektiven Wertordnung zu verstehen, sodass die Wertentscheidungen des Verfassungsgebers auch im Zivilrecht bei der Auslegung zivilrechtlicher Vorschriften im Wege einer mittelbaren Drittwirkung der Grundrechte zu berücksichtigen sind. F macht geltend, dass die Fachgerichte mit der Bestätigung des auf das Hausrecht gestützten Stadionverbots diese Ausstrahlungswirkung der Grundrechte in das Zivilrecht nicht hinreichend beachtet hätten. Die lediglich auf einen bloßen Verdacht gestützte Verhängung des Stadionverbotes auch nach Einstellung des Ermittlungsverfahrens nach § 153 I StPO stelle eine willkürliche Ungleichbehandlung dar. Damit hat F eine mögliche Verletzung von Verfassungsrecht nach den Grundsätzen der mittelbaren Drittwirkung hinreichend dargelegt.

---

12 S. o. Rn. 1207 ff.

2. Qualifizierte Betroffenheit

1273 F müsste daneben durch die Gerichtsentscheidungen qualifiziert, d. h. selbst, gegenwärtig und unmittelbar betroffen sein. Selbst betroffen ist er, wenn er in eigenen Grundrechten betroffen ist. Dies ist jedenfalls dann der Fall, wenn er Adressat des Akts der öffentlichen Gewalt ist. F ist vorliegend Adressat der Gerichtsentscheidungen und damit selbst betroffen.

1274 Daneben müsste er auch gegenwärtig, d. h. schon oder noch betroffen sein. Die Gerichtsentscheidungen sind ergangen und wurden nicht aufgehoben, so dass F auch gegenwärtig betroffen ist.

1275 Schließlich müsste er auch unmittelbar betroffen sein. Dies ist dann der Fall, wenn es keines weiteren Vollzugsaktes bedarf. Die Gerichtsentscheidungen entfalten hier unmittelbar für und gegen F Wirkung, so dass unmittelbare Betroffenheit gegeben und F insgesamt qualifiziert betroffen ist. Er ist somit beschwerdebefugt.

VI. Rechtswegerschöpfung

1276 Gemäß § 90 II 1 BVerfGG kann die Verfassungsbeschwerde erst nach vollständiger Erschöpfung des Rechtsweges erhoben werden, d. h., F müsste alle gesetzlich vorgesehenen, ihm zumutbaren Rechtsmittel ausgeschöpft haben, um gegen die behauptete Grundrechtsverletzung vorzugehen.[13] F hat den Zivilrechtsweg vollständig bis zum BGH durchlaufen und wendet sich nun gegen die Entscheidungen, insbesondere auch gegen das letztinstanzliche Urteil. Der Rechtsweg wurde somit erschöpft.

VII. Subsidiarität

1277 Zudem dürften dem F auch keine anderweitigen zumutbaren Möglichkeiten, sein Rechtsschutzziel zu erreichen, eröffnet sein.[14] Andere Möglichkeiten, gegen die geltend gemachte Grundrechtsverletzung vorzugehen, hat F nicht, sodass auch die Subsidiarität der Verfassungsbeschwerde gewahrt ist.

VIII. Beschwerdefrist, ordnungsgemäßer Antrag

1278 F müsste den Antrag form- und fristgerecht erhoben haben. Gemäß § 93 I 1, 3 BVerfGG ist die (Urteils-)Verfassungsbeschwerde innerhalb eines Monats nach Verkündung des letztinstanzlichen Urteils zu erheben;[15] gemäß §§ 92, 23 I BVerfGG

---

13 S. o. Rn. 1213.

14 S. o. Rn. 1214.

15 S. o. Rn. 1216.

ist sie schriftlich[16] darzulegen und zu begründen. Von der Einhaltung dieser Vorgaben ist laut Sachverhalt auszugehen.

IX. Zwischenergebnis

Die Verfassungsbeschwerde des F ist somit zulässig. 1279

B. Begründetheit

Die Verfassungsbeschwerde ist begründet, wenn F durch den angegriffenen Hoheitsakt in Form des Urteils des BGH in seinen Grundrechten verletzt ist. 1280

I. Prüfungsmaßstab des Bundesverfassungsgerichtes

Fraglich ist jedoch zunächst, welchen Prüfungsmaßstab das Bundesverfassungsgericht bei der Überprüfung zivilgerichtlicher Urteile zu Grunde legt. Das Bundesverfassungsgericht ist keine sog. Superrevisionsinstanz, sondern ist auf die Prüfung der Verletzung von spezifischem Verfassungsrecht beschränkt (sog. Heck'sche Formel).[17] Die Auslegung und Anwendung des bürgerlichen Rechts obliegt demnach grundsätzlich den Fachgerichten. Die Schwelle eines Verstoßes gegen Verfassungsrecht, den das Bundesverfassungsgericht zu korrigieren hat, ist daher erst erreicht, wenn die Auslegung der Zivilgerichte Fehler erkennen lässt, die auf einer grundsätzlich unrichtigen Anschauung von der Bedeutung der betroffenen Grundrechte beruhen und auch in ihrer materiellen Bedeutung für den konkreten Rechtsfall von einigem Gewicht sind. Dies kann insbesondere dann der Fall sein, wenn die Anforderungen an die Rechtfertigung eines Eingriffs, das Vorliegen einer grundrechtlichen Schutzpflicht oder der Ausgleich kollidierender Rechtspositionen grundsätzlich falsch gesehen wurden und das entsprechende Urteil darauf beruht. Im vorliegenden Fall ist möglich, dass die Zivilgerichte die Ausstrahlungswirkung von Art. 3 I GG auf das Verhältnis zwischen Privaten verkannt haben. 1281

Nach Art. 1 III GG ist nur die öffentliche Gewalt unmittelbar grundrechtsverpflichtet.[18] Das Stadionverbot wurde jedoch von dem privaten Verein A erlassen, der nicht nach Art. 1 III GG grundrechtsverpflichtet ist. Deshalb können die Grundrechte hier lediglich über die Grundsätze der mittelbaren Drittwirkung zur Anwendung gelangen.[19] Demnach verpflichten die Grundrechte die Privaten zwar grundsätzlich nicht unmittelbar untereinander selbst, sie entfalten jedoch auch auf 1282

16 S. o. Rn. 1215.
17 S. o. Rn. 1120.
18 S. o. Rn. 945 ff.
19 S. o. Rn. 955 ff.

die privatrechtlichen Rechtsbeziehungen Ausstrahlungswirkung und sind von den Fachgerichten, insbesondere über die zivilrechtlichen Generalklauseln und unbestimmten Rechtsbegriffe, bei der Auslegung des Fachrechts zur Anwendung zu bringen. Die Grundrechte entfalten hierbei ihre Wirkung als verfassungsrechtliche Wertentscheidungen und strahlen als Richtlinien in das Zivilrecht hinein.

1283 Auch zwischen Privaten kollidierende Grundrechtspositionen sind hierfür in ihrer Wechselwirkung zu erfassen und nach dem Grundsatz der praktischen Konkordanz so in Ausgleich zu bringen, dass sie für alle Beteiligten möglichst weitgehend wirksam werden. Die Reichweite der mittelbaren Grundrechtswirkung hängt dabei von den Umständen des jeweiligen Einzelfalles ab. Maßgeblich ist, dass die Freiheitssphären der Bürgerinnen und Bürger in einen Ausgleich gebracht werden müssen, der die in den Grundrechten liegenden Wertentscheidungen hinreichend zur Geltung bringt. Dabei kann insbesondere auch die Unausweichlichkeit von Situationen, das Ungleichgewicht zwischen sich gegenüberstehenden Parteien, die gesellschaftliche Bedeutung von bestimmten Leistungen oder die soziale Mächtigkeit einer Seite eine maßgebliche Rolle spielen.

1284 Das Bundesverfassungsgericht hat daher im vorliegenden Fall die Verletzung spezifischen Verfassungsrechts im Rahmen der sog. mittelbaren Drittwirkung der Grundrechte zu prüfen. Fraglich ist somit, ob im vorliegenden Verfahren Vorschriften fehlerhaft ausgelegt wurden, indem tangierte Grundrechte der Beteiligten fehlerhaft gewichtet wurden.

II. Verletzung des Gleichbehandlungsgebotes aus Art. 3 I GG

1285 Durch die Entscheidungen der Zivilgerichte, insbesondere durch das Urteil des BGH, in welchem das Stadionverbot des A gegenüber F bestätigt wurde, könnte gegen den allgemeinen Gleichheitssatz aus Art. 3 I GG verstoßen worden sein.

1. Verfassungsrechtlich relevante Ungleichbehandlung

1286 Gemäß Art. 3 I GG ist der Staat verpflichtet, bei steter Orientierung am Gerechtigkeitsgedanken Gleiches gleich und Ungleiches – seiner jeweiligen Eigenart entsprechend – ungleich zu behandeln. Insoweit begründet Art. 3 I GG ein sog. „Willkürverbot", wonach wesentlich Gleiches nicht ohne Grund ungleich behandelt werden darf.[20] Willkür soll stets dann vorliegen, wenn sich für die Ungleichbehandlung aus dem Differenzierungsziel kein sachlich einleuchtender Grund herleiten lässt.

20 S. o. Rn. 1187 f.

Somit müsste für eine Verletzung von Art. 3 I GG zunächst wesentlich Gleiches ungleich behandelt worden sein. Mit dem Stadionverbot durch A wird F die Teilnahme an einer einem breiten Publikum geöffneten Großveranstaltung verwehrt, während alle anderen Fußballfans das Stadion weiterhin besuchen dürfen. F und die anderen Personen lassen sich unter den gemeinsamen Oberbegriff „Fußballfans" subsumieren, so dass eine Vergleichbarkeit gegeben ist. Die Ungleichbehandlung besteht darin, dass nur F das Stadion nicht mehr besuchen darf. 1287

2. Anwendbarkeit des Art. 3 I GG auch im Privatrechtsverhältnis

Fraglich ist jedoch, inwiefern das Gleichheitsrecht des Art. 3 I GG auch unter Privaten bindend ist. Grundsätzlich gehört es zur Freiheit jeder Person (hier der juristischen Person A), nach eigenen Präferenzen darüber zu entscheiden, mit wem sie wann unter welchen Bedingungen welche Verträge abschließen und hierbei von ihrem Eigentum Gebrauch machen will. Zwar wird diese Freiheit durch die Rechtsordnung näher ausgestaltet, ein allgemeiner Grundsatz, wonach private Vertragsbeziehungen jeweils den Rechtfertigungsanforderungen des Gleichbehandlungsgebotes aus Art. 3 I GG unterlägen, erfolgt jedoch auch nicht über die Grundsätze der mittelbaren Drittwirkung. 1288

Etwas anderes könnte sich jedoch aus einer hier zugrundeliegenden spezifischen Konstellation ergeben. Das ausgesprochene Stadionverbot entfaltet eine bundesweite Wirksamkeit. Grundsätzlich wird jedoch bei sportlichen Großveranstaltungen wie den hier gegenständlichen Fußballspielen der Zugang einem großen Publikum ohne Ansehen der Person eröffnet. Gleichzeitig wird aufgrund der Reichweite des Verbots für den jeweils Betroffenen in erheblichem Umfang über die Teilnahme am gesellschaftlichen Leben entschieden. Im Zusammenspiel mit der Sozialbindung des Eigentums gem. Art. 14 II GG unterfällt somit auch A als privater Veranstalter eines solchen sportlichen Großereignisses dem Gleichbehandlungsgebot insoweit, als er seine Entscheidungsmacht nicht dazu nutzen darf, bestimmte Personen ohne sachlichen Grund von solchen Veranstaltungen bundesweit auszuschließen.[21] 1289

Somit findet Art. 3 I GG auch auf den vorliegenden Fall Anwendung. Das Spannungsverhältnis zwischen den Eigentümerbefugnissen des A und dem Gleichbehandlungsgebot müsste daher vom BGH in seiner Urteilsfindung ausreichend berücksichtigt worden sein. 1290

21 S. o. Rn. 962.

3. Rechtfertigung der Ungleichbehandlung

1291 Das privatrechtliche Hausrecht der Stadionbetreiber stützt sich auf die §§ 862, 1004 BGB und stellt somit einen Ausfluss der Eigentumsgarantie des Art. 14 I i. V. m. Art. 19 III GG dar. Insofern sind die Rechte der Stadionbetreiber in dem zivilrechtlichen Rechtsstreit in einer Weise auszulegen, die dem Gehalt der Eigentumsfreiheit nach Art. 14 I GG Rechnung trägt. Der BGH müsste das Spannungsverhältnis zwischen den sich gegenüberstehenden Grundrechten hinreichend berücksichtigt haben.

1292 Unter Beachtung des Prüfungsmaßstabes des Bundesverfassungsgerichtes müsste der BGH somit sichergestellt haben, dass das Stadionverbot gegen F nicht willkürlich festgesetzt wurde. Das Stadionverbot gegen F müsste auf einem sachlichen Grund beruhen. Ein solcher müsste aufgrund objektiver Tatsachen und nicht nur subjektiver Auffassungen bestehen.

1293 Hier könnte ein sachlicher Grund in der Gefahr bestehen, dass durch F auch künftige Störungen für in Stadien durchgeführte Großveranstaltungen zu besorgen seien.

1294 Dieser sachliche Grund könnte sich demnach aus § 4 I der SVRL sowie dem von der Staatsanwaltschaft gegen F eingeleiteten Ermittlungsverfahren wegen Landfriedensbruches gemäß § 125 StGB ergeben. § 4 I der SVRL sieht ein überörtliches Stadionverbot bei der Einleitung staatsanwaltschaftlicher Ermittlungsverfahren explizit bei Landfriedensbruch gemäß § 125 StGB vor. Die SVRL besitzen zwar im Verhältnis der Parteien A und F zueinander keine unmittelbare Geltung. Dies schließt jedoch nicht aus, dass A sich bei dem Ausspruch eines solchen Stadionverbotes an den Richtlinien orientieren darf. Diese enthalten einheitliche Maßstäbe für Stadionverbote, insbesondere für die Voraussetzungen, den Umfang, die vorzeitige Aufhebung und das dabei einzuhaltende Verfahren. Sie stellten ein um Ausgleich bemühtes Regelwerk dar, welches die Vereine der verschiedenen Fußballigen anerkannt haben. Ein staatsanwaltliches Ermittlungsverfahren wird zudem auf Grundlage eines auf Tatsachen beruhenden Anfangsverdachts eingeleitet, an welchem auch A sich orientieren darf. In einer solchen Konstellation wie der vorliegenden ist darüber hinaus zu berücksichtigen, dass dem Hausrechtsinhaber zumeist keine besseren Erkenntnisse über den Tatablauf und die Beteiligung des Betroffenen zur Verfügung stehen. Aufgrund dessen kann die Einleitung eines Ermittlungsverfahrens zur Begründung eines sachlichen Grundes herangezogen werden, sofern dieses nicht offensichtlich willkürlich oder aufgrund erkennbar falscher Tatsachengrundlagen eingeleitet wurde. Hierfür sind jedoch keine Umstände ersichtlich.

1295 Aufgrund des eingeleiteten Ermittlungsverfahrens konnte A daher hinreichend die Annahme begründen, dass von F auch in der Zukunft die Gefahr weiterer Störungen der einzelnen Spiele bestehe. Eine solche Gefahr stellt somit zunächst einen sachlichen Grund im Sinne der oben genannten Auffassung dar.

Fraglich ist jedoch, wie es sich auswirkt, dass das Verfahren gegen F gemäß § 153 I StPO eingestellt wurde, die Tat dem F somit nicht nachgewiesen wurde. Gemäß § 6 I der SVRL ist das Stadionverbot dann aufzuheben, wenn der Betroffene nachweist, dass das zugrundeliegende Ermittlungsverfahren gem. § 170 II StPO eingestellt wurde. Fraglich ist, inwiefern eine solche Regelung dem F als Betroffenen eine Nachweispflicht auferlegen kann. 1296

Hier ist jedoch zu berücksichtigen, dass die Aufrechterhaltung des Stadionverbots unabhängig von dieser Regelung der SVRL auf einer eigenständigen rechtlichen Wertung des A beruht. A hat die staatsanwaltliche Ermittlungsakte geprüft und dennoch an dem Verbot festgehalten. F hat sich unabhängig von dem Ausgang des Ermittlungsverfahrens bewusst als Teil einer gewaltausübenden Gruppierung bewegt und sich mit dieser umgeben. Von dieser Gruppierung aus ist es auch in erheblichem Umfang zu Körperverletzungsdelikten gekommen. Allein die Zugehörigkeit zu dieser Gruppe rechtfertigt die Annahme, dass F sich bei Fußballveranstaltungen in einem zu Gewalttätigkeiten neigenden Umfeld bewege und deshalb weitere Gefährdungen zu befürchten sind. Maßgeblich kann somit nicht die Verurteilung wegen einer Straftat sein, sondern allein das Verhalten des Betroffenen, wenn dieses befürchten lässt, dass auch bei künftigen Spielen sicherheitsrelevante Störungen zu befürchten sind. A hat als Stadionbetreiber ein berechtigtes Interesse an einem störungsfreien Verlauf der Fußballspiele und kommt damit seiner Verantwortung für die Sicherheit der Sportler und des Publikums nach. 1297

Das gegenüber F ausgesprochene Stadionverbot beruht somit auf einem tragfähigen sachlichen Grund. Der BGH hat den sich gegenüberstehenden Grundrechten in seiner Urteilsfindung somit ausreichend Rechnung getragen. 1298

Eine Verletzung von Art. 3 I GG liegt somit nicht vor. 1299

III. Zwischenergebnis

Eine Verletzung spezifischen Verfassungsrechts durch das angegriffene Urteil des BGH liegt somit nicht vor. Die Verfassungsbeschwerde des F ist unbegründet. 1300

C. Gesamtergebnis

Die Verfassungsbeschwerde des F ist zulässig, aber unbegründet und wird daher keine Aussicht auf Erfolg haben. 1301

Abwandlung

Das Bundesverfassungsgericht hat über die Angelegenheit zu entscheiden, wenn die Verfassungsbeschwerde des F vor dem Bundesverfassungsgericht zulässig ist. 1302

A. Zulässigkeit der Verfassungsbeschwerde

1303 Die Verfassungsbeschwerde ist zulässig, wenn die Sachentscheidungsvoraussetzungen erfüllt sind.

I. Zuständigkeit des Bundesverfassungsgerichts

1304 Die Zuständigkeit des Bundesverfassungsgerichts für Verfassungsbeschwerden ergibt sich aus Art. 93 I Nr. 4a GG, §§ 13 Nr. 8a, 90 ff. BVerfGG.

II. Beschwerde- und Prozessfähigkeit des Beschwerdeführers

1305 F ist gemäß Art. 93 I Nr. 4a GG, § 90 I BVerfGG als natürliche Person Träger zumindest des Grundrechts aus Art. 2 I GG und somit beschwerdefähig. F ist mittlerweile volljährig, sodass er in jedem Fall prozessfähig ist.[22]

III. Beschwerdegegenstand

1306 Die zivilgerichtlichen Urteile als Akte der Judikative bilden auch hier einen tauglichen Beschwerdegegenstand gemäß § 90 I BVerfGG.

IV. Beschwerdebefugnis

1307 F müsste beschwerdebefugt sein. Dazu müsste er gemäß § 90 I BVerfGG behaupten, durch die öffentliche Gewalt in einem seiner im Grundgesetz garantierten Grundrechte verletzt zu sein. Diese Verletzung des betroffenen Grundrechts müsste aufgrund eines substanziierten Vortrages des F zumindest möglich erscheinen. Daneben müsste F qualifiziert, d. h. selbst, unmittelbar und gegenwärtig betroffen sein.

1. Anwendbarkeit der Grundrechte des Grundgesetzes

1308 Eine Verletzung des F in eigenen Grundrechten erscheint grundsätzlich nur dann möglich, wenn die im Grundgesetz garantierten Grundrechte in dem fraglichen Fall überhaupt zur Anwendung kommen. Einer Anwendbarkeit der Grundrechte könnte entgegenstehen, dass der Rechtsstreit im Datenschutzrecht eine unionsrechtlich vollständig vereinheitlichte Materie betrifft.

1309 Eine unionsrechtlich vollständig vereinheitlichte Materie liegt dann vor, wenn die unionsrechtliche Regelung sich nicht auf eine Mindestharmonisierung beschränkt, sondern eine umfassende Vereinheitlichung der nationalen Rechtsvor-

22 S. o. Rn. 1205.

schriften herbeiführt.[23] Der von F verfolgte Anspruch auf Aufhebung der Verknüpfung seines Namens mit dem in Rede stehenden Fernsehbeitrag innerhalb der Suchmaschine G könnte sich aus den Vorschriften der Datenschutz-Grundverordnung (DSGVO) ergeben. Die Frage, welche personenbezogenen Daten eine Suchmaschine auf Suchabfragen durch Bereitstellung eines Links nachweisen darf, fällt in den Anwendungsbereich der DSGVO. Bei der DSGVO müsste es sich somit um eine unionsrechtlich vollständig vereinheitlichte Materie handeln.

Mit der DSGVO hat die Europäische Union in der Rechtsform der Verordnung in allen Mitgliedstaaten unmittelbar anwendbares Recht geschaffen, um so der verbliebenen unterschiedlichen Handhabung des Datenschutzrechtes im Hinblick auf den Schutz personenbezogener Daten in den Mitgliedstaaten wirksamer entgegenzutreten und dem Anspruch eines unionsweit gleichwertigen Datenschutzes größeren Nachdruck zu verleihen. Dies ergibt sich insbesondere unter der Heranziehung der Erwägungsgründe 9 und 10 der DSGVO. Zwar enthält die DSGVO sog. Öffnungsklauseln, um den Mitgliedstaaten punktuell die Schaffung abweichender Regelungen zu ermöglichen. Die hier vorliegende Konstellation fällt jedoch nicht in den Bereich einer solchen Öffnungsklausel, sodass von einer vollständig unionsrechtlich determinierten Materie auszugehen ist. 1310

Bei der Anwendung unionsrechtlich vollständig vereinheitlichter Regelungen sind grundsätzlich nicht die deutschen Grundrechte, sondern allein die Unionsgrundrechte maßgeblich;[24] das Unionsrecht hat hier gegenüber den Grundrechten des Grundgesetzes Anwendungsvorrang. Dieser Anwendungsvorrang der Unionsgrundrechte ist Konsequenz der Übertragung von Hoheitsbefugnissen auf die Europäische Union nach Art. 23 I 2 GG.[25] Wenn die Union im Rahmen dieser Befugnisse Regelungen schafft, die in der gesamten Union gelten und einheitlich angewendet werden sollen, muss auch der bei der Anwendung dieser Regelungen zu gewährleistende Grundrechtsschutz einheitlich sein. Diesen Grundrechtsschutz gewährleistet die Charta der Grundrechte der Europäischen Union, Art. 51 I 1 GRC. Die deutschen Grundrechte sind in diesen Fällen nicht anwendbar, da dies das Ziel der Rechtsvereinheitlichung konterkarieren würde. 1311

Das Bundesverfassungsgericht erkennt den Anwendungsvorrang des Unionsrechts jedoch nur unter dem Vorbehalt an, dass der Grundrechtsschutz durch die stattdessen zur Anwendung kommenden Grundrechte der Union hinreichend wirksam ist.[26] Den Grundrechten des Grundgesetzes verbleibt somit eine sog. Reservefunktion. Nach dem derzeitigen Stand des Unionsrechts unter Geltung der GRC 1312

23 S. o. Rn. 808.
24 S. o. Rn. 808.
25 S. o. Rn. 394 ff.
26 S. o. Rn. 808.

ist aber davon auszugehen, dass der Grundrechtsschutz der Union gegenüber dem Grundrechtsschutz des Grundgesetzes als im Wesentlichen gleich zu erachten ist. Damit können im vorliegenden Fall die Grundrechte des Grundgesetzes keine Anwendung finden.

2. Prüfungsumfang des Bundesverfassungsgerichts

1313 Fraglich ist demnach, welcher Prüfungsumfang dem Bundesverfassungsgericht in einer solchen Konstellation verbleibt. Damit die Verfassungsbeschwerde des F zulässig ist, müsste das Bundesverfassungsgericht im Rahmen einer Verfassungsbeschwerde auch zur Überprüfung von Unionsgrundrechten befugt sein.

1314 Eine solche Prüfungskompetenz des Bundesverfassungsgerichtes für die Unionsgrundrechte könnte sich aus Art. 23 I GG in Verbindung mit den grundgesetzlichen Vorschriften über die Aufgaben des Bundesverfassungsgerichtes im Bereich des Grundrechtsschutzes ergeben. Durch eine Prüfung der Rechte der Charta der Grundrechte der EU im Verfahren der Verfassungsbeschwerde nach Art. 93 I Nr. 4a GG könnte das Bundesverfassungsgericht seine Integrationsverantwortung aus europäischer Ebene wahrnehmen. Nach Art. 23 I GG wirkt die Bundesrepublik Deutschland an der Verwirklichung eines vereinten Europas mit und kann der Union hierfür Hoheitsrechte übertragen.[27] Dies erfolgte insbesondere durch die Übertragung der Befugnisse zum Erlass eigener Rechtsakte, Art. 288 ff. AEUV. Art. 23 I GG begründet jedoch auch weitergehend eine Mitwirkungspflicht der Bundesrepublik an der Entfaltung der übertragenen Rechtsmaterien. Umsetzung und Anwendung des Unionsrechts liegen somit in der Integrationsverantwortung der Bundesrepublik Deutschland mit all ihren Staatsorganen, folglich auch der innerstaatlichen Gerichte.

1315 Fraglich ist, ob auch die Überprüfung der fachgerichtlichen Anwendung der Unionsgrundrechte durch das Bundesverfassungsgericht einen Teil dieser Integrationsverantwortung darstellt. Für eine solche Auslegung spricht insbesondere die staatliche Pflicht zur Gewährleistung eines effektiven (Grund-)Rechtsschutzes, welche zu den zentralen Aufgaben des Bundesverfassungsgerichts zählt. Auch die Unionsgrundrechte gehören heute zu dem gegenüber der Staatsgewalt durchzusetzenden Grundrechtsschutz; sie sind nach Maßgabe des Art. 51 I 1 GRC innerstaatlich anwendbar und bilden ein sog. Funktionsäquivalent zu den Grundrechten des Grundgesetzes. Indem sie ihre Auslegung in Art. 52, 53 GRC an die Europäische Menschenrechtskonvention bindet, beruft sich die GRC zudem auf dieselbe Tradition, in die Art. 1 II GG auch die Grundrechte des Grundgesetzes stellt.

27 S. o. Rn. 394 ff.

Ohne Einbeziehung der Unionsgrundrechte in den Prüfungsmaßstab des Bundesverfassungsgerichts bliebe danach der Grundrechtsschutz gegenüber der fachgerichtlichen Rechtsanwendung nach dem heutigen Stand des Unionsrechts unvollständig. Dies gilt insbesondere für Rechtsmaterien, die (wie hier) durch das Unionsrecht vollständig vereinheitlicht sind. Ein verfassungsrechtlicher Grundrechtsschutz ist vor diesem Hintergrund nur dann gewährleistet, wenn das Bundesverfassungsgericht für die Überprüfung fachgerichtlicher Rechtsanwendung die Unionsgrundrechte zum Prüfungsmaßstab nimmt. Würde das Bundesverfassungsgericht sich in solchen Fällen aus dem Grundrechtsschutz herausziehen, könnte es diese Aufgabe bei zunehmender Verdichtung des Unionsrechts immer weniger wahrnehmen. Die so entstehende Schutzlücke bezüglich der fachgerichtlichen Anwendung der Unionsgrundrechte würde auch nicht durch vergleichbare Rechtsbehelfe auf der Ebene des Unionsrechts geschlossen: Eine Möglichkeit Einzelner, die Verletzung von Unionsgrundrechten durch die Gerichte des Mitgliedsstaates unmittelbar vor dem EuGH geltend zu machen, existiert nicht. 1316

Nichts Gegenteiliges kann sich daraus ergeben, dass schon die Fachgerichte den unionsrechtlichen Grundrechtsschutz zu gewährleisten haben. Denn eine wirksame Wahrnehmung der Aufgaben des Bundesverfassungsgerichts (wie vom Grundgesetz ausdrücklich vorgesehen) erfordert es, dass das Bundesverfassungsgericht auch gegenüber den Fachgerichten seine grundrechtsspezifische Kontrollfunktion wahrnehmen kann. Die Verfassungsbeschwerde ergänzt den fachgerichtlichen Rechtsschutz bewusst um eine eigene verfassungsrechtliche Kontrolle. Ohne die Verfassungsbeschwerde vor dem Bundesverfassungsgericht wäre eine Kontrolle der fachgerichtlichen Rechtsanwendung auf ihre Vereinbarkeit mit Grundrechten jenseits von Art. 267 AEUV nicht möglich. Es reicht insoweit auch nicht aus, die Fachgerichte unter der Perspektive der Garantie des gesetzlichen Richters (Art. 101 I 2 GG) nur daraufhin zu kontrollieren, ob sie ihren unionsrechtlichen Vorlagepflichten genügen. Als Garant eines umfassenden innerstaatlichen Grundrechtsschutzes hat das Bundesverfassungsgericht die Fachgerichte diesbezüglich zu kontrollieren. Das aber erfordert eine Kontrolle nicht nur am Maßstab des Art. 101 I 2 GG, sondern die Einbeziehung der Unionsgrundrechte selbst in seinen Prüfungsmaßstab. 1317

Gegen eine solche Auslegung der verfassungsrechtlichen Befugnisse des Bundesverfassungsgerichtes könnte zwar der Wortlaut des Art. 93 I Nr. 4a GG sprechen.[28] Aus der dem Bundesverfassungsgericht nach Art. 23 I 1 GG aufgetragenen Mitwirkung an der Anwendung von Unionsrecht im Rahmen der hiermit verbundenen Integrationsverantwortung folgt jedoch zugleich, dass Art. 93 I Nr. 4a GG 1318

28 Ausf. zur Verfassungsinterpretation s. o. Rn. 52 ff. u. 1236 f.

insoweit auf Rügen einer Verletzung von Rechten der GRC dementsprechend Anwendung finden muss.

1319 F könnte sich somit hier auch vor dem Bundesverfassungsgericht auf eine mögliche Verletzung seiner Unionsgrundrechte berufen. In Betracht kommt hier u. a. eine Verletzung von Art. 8 GRC (Schutz personenbezogener Daten). F könnte demnach in seinem Grundrecht auf den Schutz personenbezogener Daten verletzt sein. Fraglich ist, wie es sich auswirkt, dass F sich lediglich auf eine Verletzung seines Rechts auf informationelle Selbstbestimmung und nicht auf die Grundrechte der GRC berufen hat. Im Rahmen einer Verfassungsbeschwerde ist das Bundesverfassungsgericht jedoch nicht auf die vorgebrachten Rechtsausführungen beschränkt. Vielmehr hat es den vorgebrachten Sachverhalt insgesamt auf eine Verletzung von spezifischem Verfassungsrecht zu überprüfen, wozu im Fall unionsrechtlicher Determinierung auch die Unionsgrundrechte gehören. Maßgeblich ist somit das inhaltliche Vorbringen des F. Hier beruft sich F darauf, durch die dauerhafte Verknüpfung seines Namens mit der damaligen Berichterstattung auch noch nach sieben Jahren in die Nähe einer gewaltbereiten Ultra-Szene gerückt zu werden. Als personenbezogene Daten i. S. v. Art. 8 GRC sind alle Informationen über eine identifizierte oder **identifizierbare natürliche Person** einzustufen. Eine Verletzung dieses Rechtes auf Grundlage des von F vorgetragenen Sachverhaltes ist zumindest nicht ausgeschlossen.

3. Qualifizierte Betroffenheit

1320 Als Adressat der zivilgerichtlichen Urteile ist F auch qualifiziert, d. h. selbst, unmittelbar und gegenwärtig betroffen.

4. Zwischenergebnis

1321 F ist somit beschwerdebefugt.

V. Form und Frist

1322 F hat laut Sachverhalt die Form- und Fristvorgaben der § 93 I 1, 3 BVerfGG, §§ 92, 23 I BVerfGG beachtet.

VI. Rechtswegerschöpfung

1323 F müsste nach § 90 II 1 BVerfGG den Rechtsweg erschöpft haben. Vorliegend hat letztinstanzlich der BGH entschieden, so dass F auch hier den zivilrechtlichen Rechtsweg ausgeschöpft hat.

VII. Subsidiarität

Fraglich ist, ob die Subsidiarität der Verfassungsbeschwerde gewahrt wurde.[29] Insoweit ist fraglich, ob F nicht vor Erhebung der Verfassungsbeschwerde auch gegen den Inhalteanbieter des Fernsehbeitrages hätte vorgehen und von diesem die Unterlassung der Bereitstellung des Beitrages im Internet verlangen müssen. In solchen Fällen ist jedoch streng zwischen den einzelnen grundrechtlich relevanten Maßnahmen zu differenzieren. Sowohl die Bereitstellung des Beitrages im Internet als auch die Verknüpfung durch den Suchmaschinenbetreiber stellen jeweils eigene Datenverarbeitungsmaßnahmen dar, welche eine unterschiedliche grundrechtliche Bewertung erfordern. F ist nicht gezwungen, eine Grundrechtsverletzung hinzunehmen, nur weil er stattdessen gegen eine andere vorgehen könnte. Die Voraussetzung der Subsidiarität ist somit gewahrt 1324

B. Gesamtergebnis

Die Verfassungsbeschwerde des F vor dem Bundesverfassungsgericht ist somit zulässig. 1325

29 S. o. Rn. 1214.

Sachregister

https://doi.org/10.1515/9783111271309-020